Excel 2013 常用财务与会计管理实用案例课堂

唐　琳　李少勇　编著

清华大学出版社

北京

内容简介

本书以105个精彩实例向读者详细介绍了Excel 2013强大的财务和会计管理功能。包括财务票据表格的制作、会计账款表格的制作、公司货币资金管理表格的制作、应收账款类表格的制作、库存管理表格的制作、企业固定资产表格的制作、企业负债类表格的制作、企业管理数据表的制作、财务管理数据图表的制作、销售管理、采购管理表、企业月末账表、员工工资管理等内容。

本书注重理论与实践紧密结合，实用性和可操作性强。本书并不是简单地罗列Excel的使用功能，而是在办公使用中还包括制作方法和技巧等，力求在学习的过程中培养用户对财务数据的管理能力和对Excel软件的操作能力。

本书适合想从事财务管理与会计工作以及办公应用的人员学习，也可供从事相关工作的人员参考。

图书在版编目(CIP)数据

Excel 2013常用财务与会计管理实用案例课堂/唐琳，李少勇编著. --北京：清华大学出版社，2015
ISBN 978-7-302-40438-5

Ⅰ. ①E…　Ⅱ. ①唐…　②李…　Ⅲ. ①表处理软件—应用—会计　②表处理软件—应用—财务管理　Ⅳ. ①F232　②F275-39

中国版本图书馆CIP数据核字(2015)第122755号

责任编辑：张彦青
装帧设计：杨玉兰
责任校对：马素伟
责任印制：刘海龙
出版发行：清华大学出版社
网　址：http://www.tup.com.cn, http://www.wqbook.com
地　址：北京清华大学学研大厦A座　　邮　编：100084
社 总 机：010-62770175　　邮　购：010-62786544
投稿与读者服务：010-62776969, c-service@tup.tsinghua.edu.cn
质量反馈：010-62772015, zhiliang@tup.tsinghua.edu.cn
印 装 者：清华大学印刷厂
经　销：全国新华书店
开　本：190mm×260mm　　印　张：36.25　　字　数：882千字
(附DVD 1张)
版　次：2015年7月第1版　　印　次：2015年7月第1次印刷
印　数：1～3000
定　价：69.00元

产品编号：063684-01

前言

在现代企业财务和会计管理工作中，人们不再通过人工进行会计核算和财务管理，而是借助 Excel 等数据处理软件进行财务管理工作。Excel 是微软办公套装软件的一个重要组成部分，利用它可以进行各种数据的处理、统计分析和辅助决策操作，它已广泛地应用于管理、统计财经、金融等众多领域。

本书以 105 个精彩实例向读者详细介绍了 Excel 2013 强大的财务和会计管理功能。本书注重理论与实践紧密结合，实用性和可操作性强。本书并不是简单地罗列 Excel 的使用功能，而是在办公使用中还包括制作方法和技巧等，力求在学习的过程中培养用户对财务数据的管理能力和对 Excel 软件的操作能力。相对于同类 Excel 实例书籍，本书具有以下特色：

- 信息量大。105 个实例为每一位读者架起一座快速掌握 Excel 的桥梁。使用与操作 105 种实例制作方法使每一位初学者融会贯通、举一反三。
- 实用性强。105 个实例经过精心设计、选择，不仅效果精美，而且非常实用。
- 注重方法的讲解与技巧的总结。本书特别注重对各实例制作方法的讲解与技巧总结，在介绍具体实例制作的详细操作步骤的同时，对于一些重要且常用的实例制作方法和操作技巧做了较为精辟的总结。
- 操作步骤详细。书中各实例的操作步骤介绍非常详细，即使是初级入门的读者，只需一步一步按照书中介绍的步骤进行操作，一定能做出相同的效果。
- 适用广泛。本书实用性和可操作性强，适用于日常工作、学习使用，也可以作为职业学校和会计学等相关专业的教学使用教材。

一本书的出版可以说凝结了许多人的心血、凝聚了许多人的汗水和思想。在这里衷心感谢在本书出版过程中给予帮助，以及为这本书付出辛勤劳动的编辑老师、光盘测试老师，感谢你们！

本书主要由唐琳、李向瑞、张林、朱晓会、代乐、刘志富、杨月、张朋、张炜、段晖、韩宜波、闫鲁超、徐慧、张波、郑艳、王明皓、刘学敏、李少勇、叶丽丽编写，王雄健、刘峥、罗冰录制多媒体教学视频，其他参与编写的还有刁海龙、李春辉、王成志、王新颖、刘希望、杨雁、郁陶、赵锴，北方电脑学校的温振宁、康金兵、刘德生、宋明、刘景君老师，

德州职业技术学院的张锋、相世强和胡静老师，感谢苏利、张树涛、李绍臣为本书提供了大量的财务数据素材，谢谢你们在书稿前期材料的组织、版式设计、校对、编排以及大量图片的处理所做的工作。

这本书总结了作者从事多年会计工作的实践经验，目的是帮助想从事会计工作或财务管理工作的广大读者迅速入门并提高学习和工作效率，同时对有一定财务与会计图表制作经验的朋友也有很好的参考作用。

由于水平所限，疏漏之处在所难免，恳请读者和专家指教。如果您对书中的某些技术问题持有不同的意见，欢迎与作者联系，E-mail：Tavili@tom.com。

编　者

目录
Contents

目录

Contents

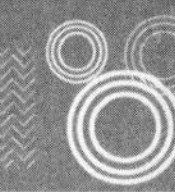

第 1 章
财务票据表格的制作

本章重点

- 借款单
- 物资采购比价表
- 转账凭证
- 现金缴款单
- 凭证交接清单
- 请款单
- 支出证明单
- 支票登记簿
- 奖金审批单
- 差旅费报销凭证

在我国，票据即汇票(银行汇票和商业汇票)、支票及本票(银行本票)的统称。票据一般是指商业上由出票人签发，无条件约定自己或委托他人无条件支付一定金额，可流通转让的有价证券，持有人具有一定权力的凭证。本章将介绍常用财务票据表格的制作，包括转账凭证、请款单、支出证明单和奖金审批单等。

案例精讲 001 借款单

案例文件：CDROM\场景\Cha01\借款单.xlsx

视频文件：视频教学\Cha01\借款单.avi[①]

制作概述

本案例介绍借款单的制作。首先输入标题；然后通过合并单元格和输入文字制作借款单；最后通过设置边框和绘制直线等来美化借款单。完成后的效果如图 1-1 所示。

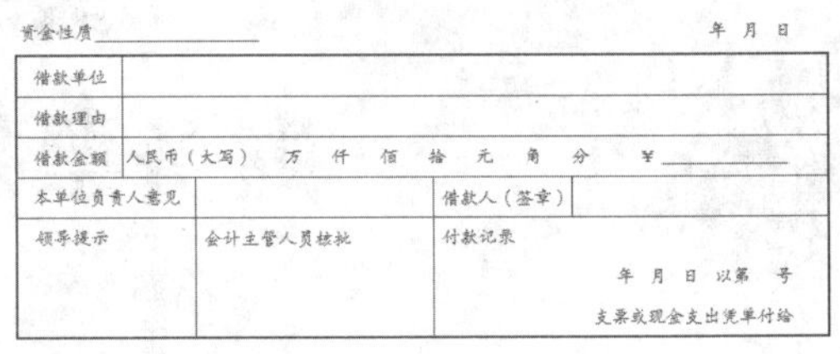

借款单

资金性质＿＿＿＿＿＿　　　　年　月　日

借款单位			
借款理由			
借款金额	人民币（大写）　万　仟　佰　拾　元　角　分　¥＿＿＿＿		
本单位负责人意见		借款人（签章）	
领导提示	会计主管人员核批	付款记录 年　月　日　以第　号 支票或现金支出凭单付给	

图 1-1　借款单

学习目标

- 学习设置单元格边框的方法。
- 掌握绘制并设置直线的方法。

操作步骤

step 01 按 Ctrl+N 组合键新建一个空白工作簿，选择 B2:F2 单元格区域，在功能区的【开始】选项卡的【对齐方式】选项组中单击【合并后居中】按钮，如图 1-2 所示。

知识链接

借款单是指因工作或业务需要在完成相关报销或付款手续之前需要提前借款办理的业务而填写的单据。

---

step 02 即可将选择的单元格合并，然后在【单元格】选项组中单击【格式】按钮，在弹出的下拉菜单中选择【行高】命令，如图 1-3 所示。

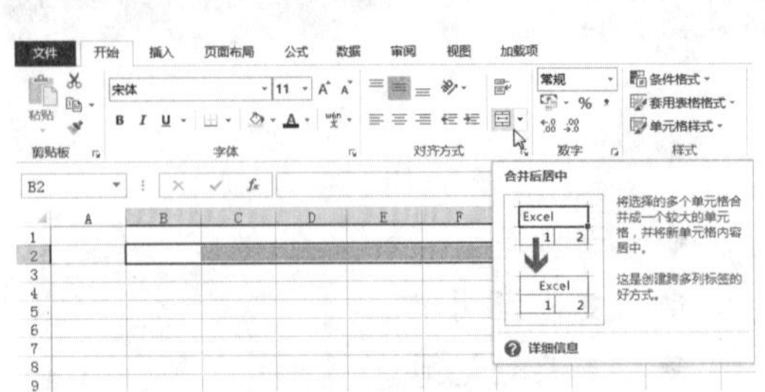

图 1-2　单击【合并后居中】按钮

图 1-3　选择【行高】命令

① 与本书配套的光盘中的案例文件名及视频文件名,与书中所列可能稍有出入，如多了“制作”或“表”，但不影响书与盘的对应关系，特此说明。

step 03 弹出【行高】对话框，设置【行高】为60，单击【确定】按钮，效果如图1-4所示。

step 04 然后在合并后的单元格中输入文字，并选择输入的文字，在【字体】选项组中将【字体】设置为【微软雅黑】，将【字号】设置为22，如图1-5所示。

提示 在每个文字之间加一个空格。

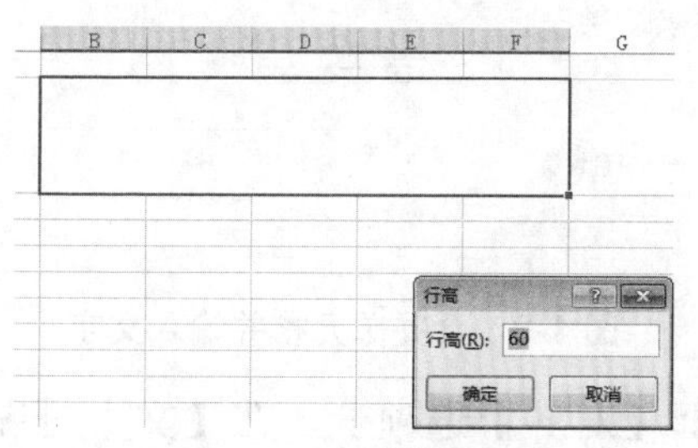

图1-4 设置行高

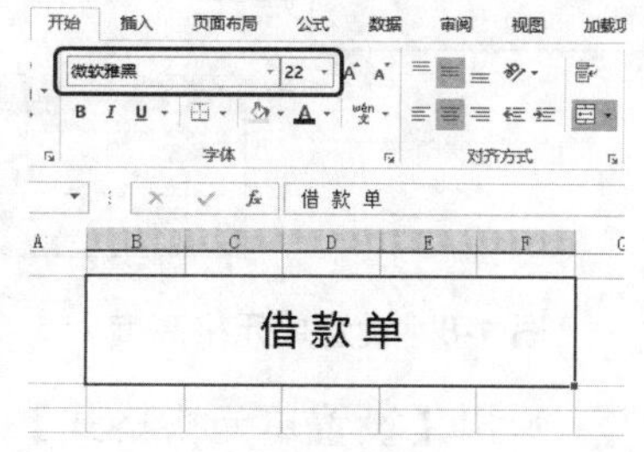

图1-5 输入并设置文字

step 05 单击【字体颜色】按钮右侧的按钮，在弹出的下拉菜单中选择【其他颜色】命令，弹出【颜色】对话框，选择【自定义】选项卡，将【红色】、【绿色】和【蓝色】的值分别设置为0、130、176，单击【确定】按钮，如图1-6所示。

step 06 即可为选择的文字填充该颜色。选择B3:D3单元格区域，在【开始】选项卡的【对齐方式】选项组中单击【合并后居中】按钮右侧的按钮，在弹出的下拉菜单中选择【合并单元格】命令，如图1-7所示。

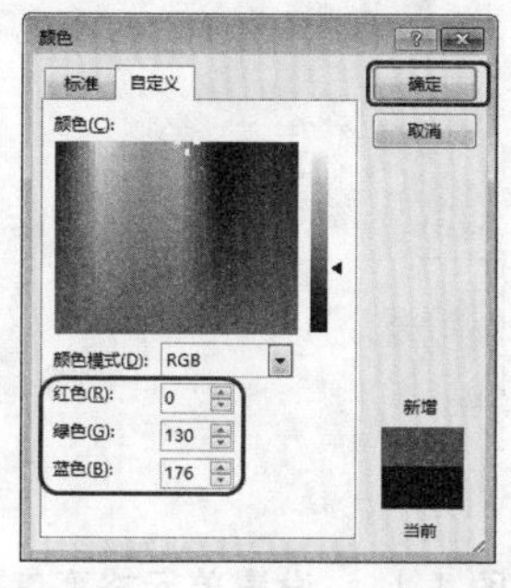

图1-6 设置文字颜色

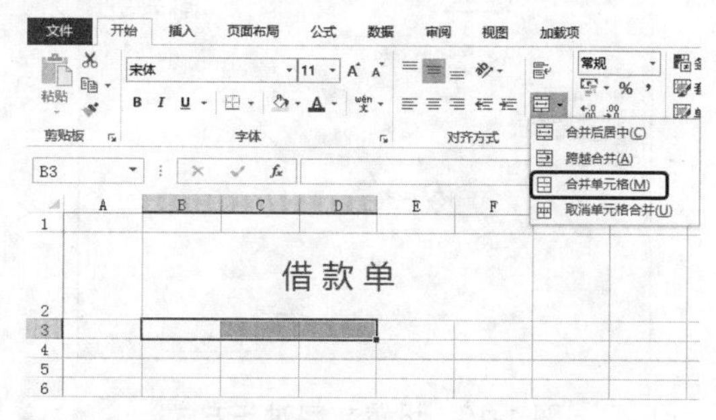

图1-7 选择【合并单元格】命令

step 07 在【单元格】选项组中单击【格式】按钮，在弹出的下拉菜单中选择【行高】命令，弹出【行高】对话框，设置【行高】为30，单击【确定】按钮，其效果如图1-8所示。

step 08 在合并后的单元格中输入文字，使用同样的方法，将E3:F3单元格合并，并输入文字，然后选择该合并后的单元格，在【对齐方式】选项组中单击(启动对话框)按钮，如图1-9所示。

提示 在每个文字之间加3个空格。

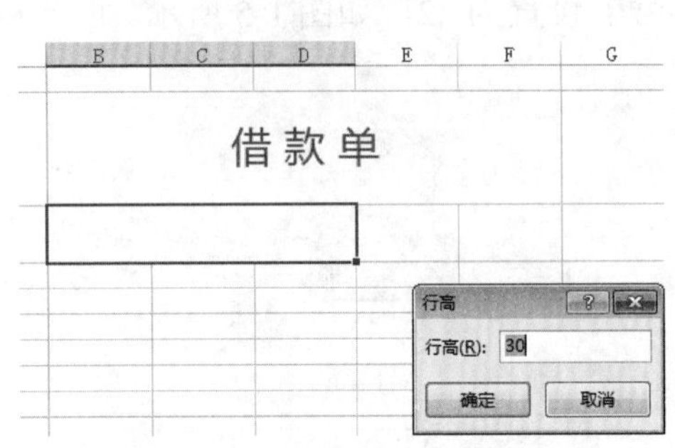

图 1-8　设置单元格高度

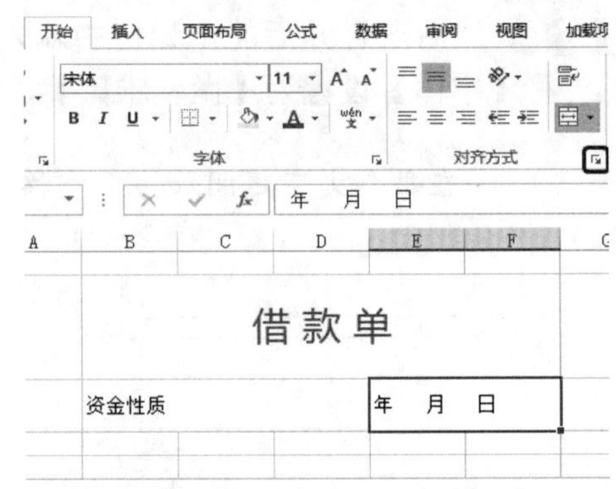

图 1-9　合并单元格并输入文字

step 09 弹出【设置单元格格式】对话框，选择【对齐】选项卡，在【文本对齐方式】选项组中将【水平对齐】设置为【靠右(缩进)】，将缩进值设置为 1，单击【确定】按钮，如图 1-10 所示。

step 10 选择 B4:B6 单元格区域，在【单元格】选项组中单击【格式】按钮，在弹出的下拉菜单中选择【行高】命令，弹出【行高】对话框，设置【行高】为 25，单击【确定】按钮，效果如图 1-11 所示。

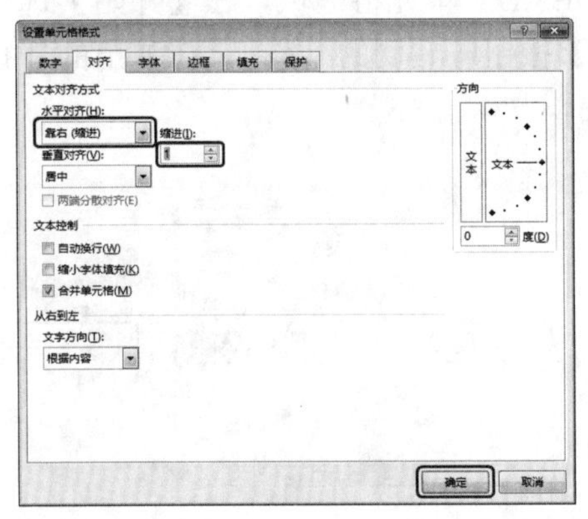

图 1-10　设置文字对齐方式

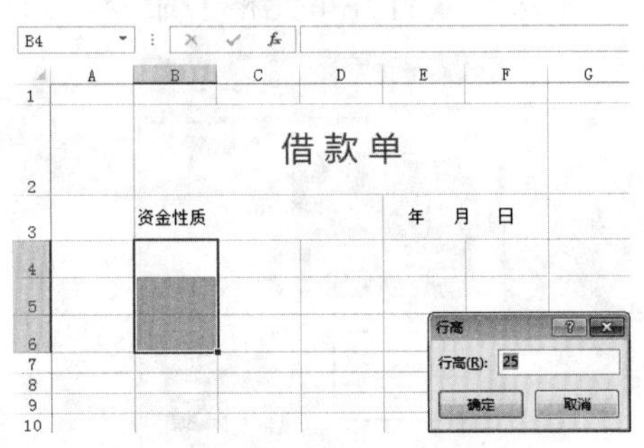

图 1-11　设置单元格高度

step 11 再次单击【格式】按钮，在弹出的下拉菜单中选择【列宽】命令，弹出【列宽】对话框，设置【列宽】为 10.13，单击【确定】按钮，效果如图 1-12 所示。

step 12 选择 C4:F4 单元格区域，在【开始】选项卡的【对齐方式】选项组中单击【合并后居中】按钮右侧的按钮，在弹出的下拉菜单中选择【合并单元格】命令，如图 1-13 所示。

step 13 即可将选择的单元格合并，使用同样的方法，合并其他单元格，如图 1-14 所示。

step 14 选择 C 列单元格，在【单元格】选项组中单击【格式】按钮，在弹出的下拉菜单中选择【列宽】命令，弹出【列宽】对话框，设置【列宽】为 6.88，单击【确定】按钮，效果如图 1-15 所示。

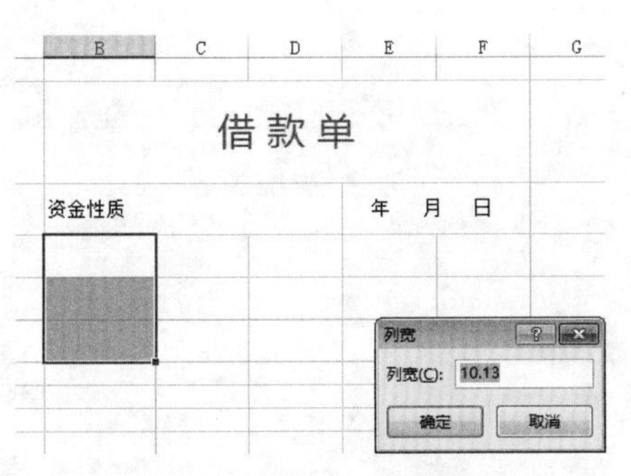

图 1-12　设置单元格宽度

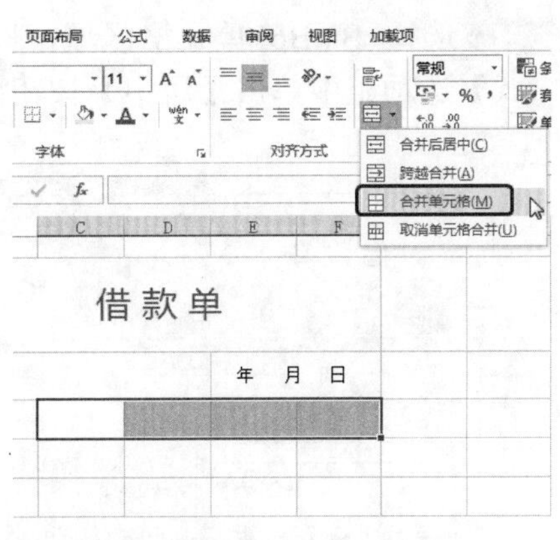

图 1-13　选择【合并单元格】命令

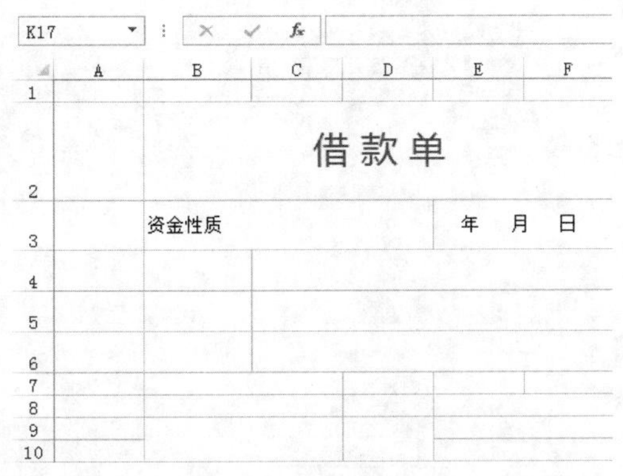

图 1-14　合并其他单元格

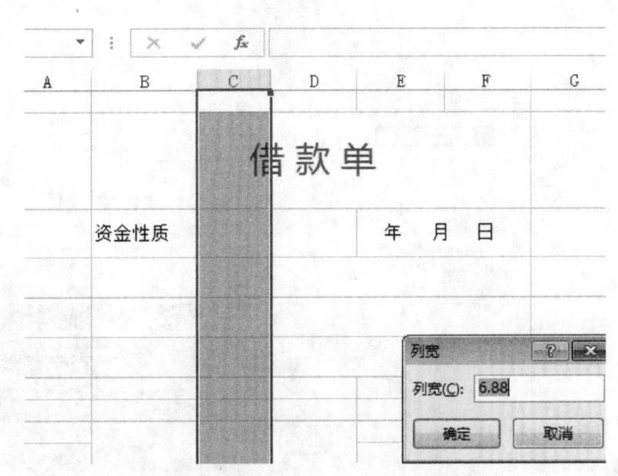

图 1-15　设置【列宽】

知识链接

在 Excel 中可以使用以下方法来选择单元格区域。

整行：单击工作簿的行号。

整列：单击工作簿的列标。

整个工作簿：单击工作簿左上角行号 1 与列标 A 的交叉处，或按 Ctrl+A 组合键。

相邻的行或列：单击工作簿行号或列标，并按住鼠标左键拖动。

不相邻的行或列：单击第一个行号或列标，按住 Ctrl 键，再单击其他的行号或列标。

step 15 选择 D7 单元格，将列宽设置为 23.5，如图 1-16 所示。

step 16 使用同样的方法，将 E7 单元格宽度设置为 13.5，将 F7 单元格宽度设置为 25.75，然后选择 B7:F10 单元格区域，将行高设置为 25，如图 1-17 所示。

step 17 然后在单元格中输入文字，并选择 B3:F10 单元格区域，在功能区的【开始】选项卡的【字体】选项组中，将【字体】设置为【方正楷体简体】，为其填充与文字【借款单】相同的颜色，如图 1-18 所示。

step 18 选择 B4:B6 单元格区域，以及如图 1-19 所示的合并后的单元格，在【对齐方式】选项组中单击【居中】按钮。

图 1-16 设置单元格宽度

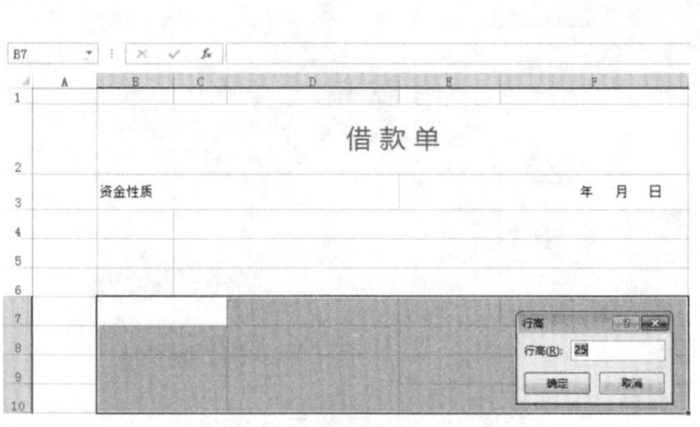

图 1-17 设置单元格高度

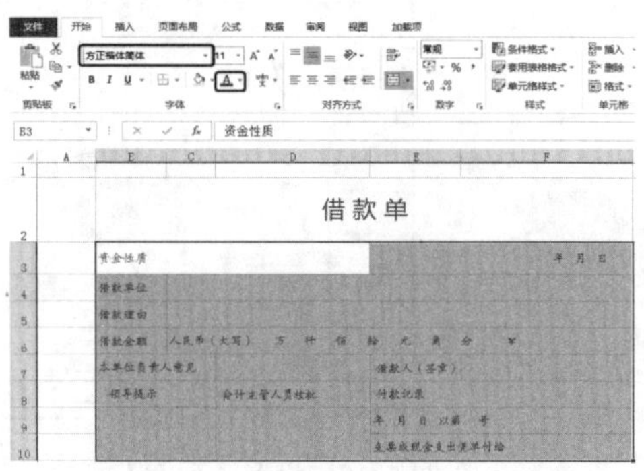

图 1-18 输入并设置文字

图 1-19 设置文字对齐方式

step 19 选择如图 1-20 所示的单元格区域，结合前面介绍的方法，将【水平对齐】设置为【靠右(缩进)】，将缩进值设置为 1。

step 20 选择 B4:F10 单元格区域，并在选择的单元格上右击，在弹出的快捷菜单中选择【设置单元格格式】命令，如图 1-21 所示。

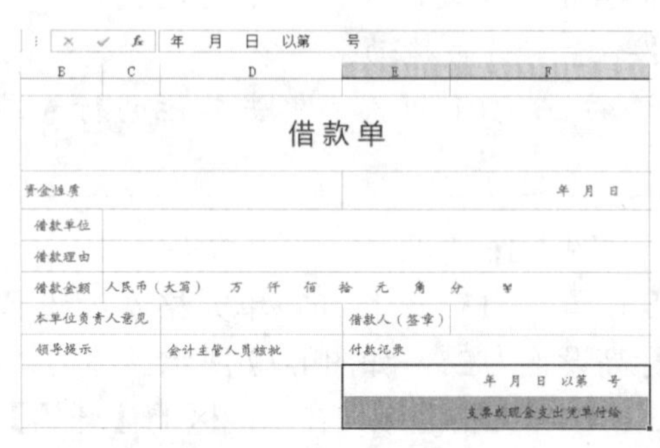

图 1-20 设置对齐方式

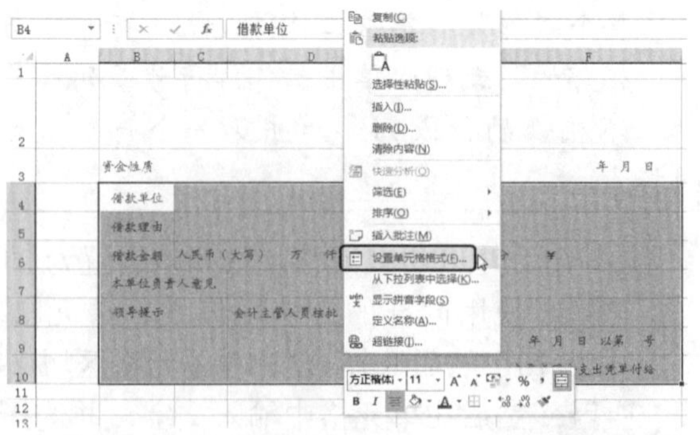

图 1-21 选择【设置单元格格式】命令

step 21 弹出【设置单元格格式】对话框，选择【边框】选项卡，在【样式】列表框中

选择如图 1-22 所示的线条样式，将【颜色】设置为与文字相同的颜色，在【预置】选项组中单击【外边框】按钮，然后单击【确定】按钮。

step 22 再次在单元格上右击，在弹出的快捷菜单中选择【设置单元格格式】命令，弹出【设置单元格格式】对话框，选择【边框】选项卡，在【样式】列表框中选择如图 1-23 所示的线条样式，在【预置】选项组中单击【内部】按钮，然后单击【确定】按钮。

知识链接

在选择的单元格上右击，然后在弹出的快捷菜单中选择【设置单元格格式】命令，在弹出的对话框中选择【边框】选项卡，在【预置】选项组中单击【无边框】按钮，可以将边框删除。

或者在功能区的【开始】选项卡的【字体】选项组中单击【下框线】按钮右侧的 按钮，在弹出的下拉菜单中选择【无框线】命令，同样可以将边框删除。

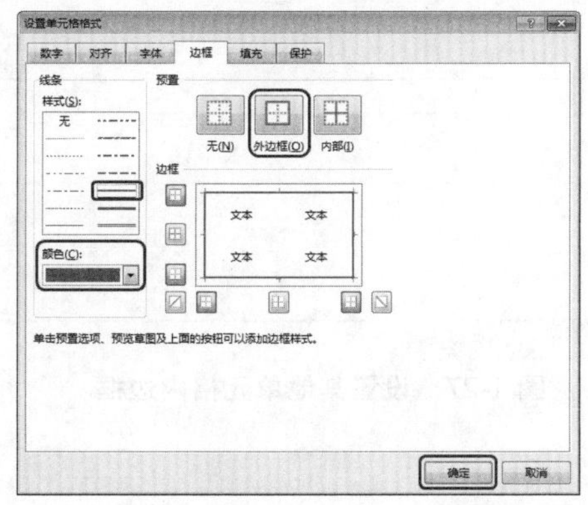

图 1-22 设置【外边框】

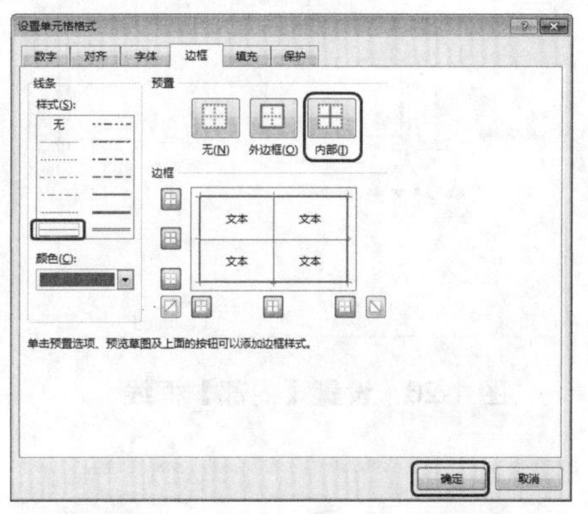

图 1-23 设置【内部】框线

step 23 设置边框后的效果如图 1-24 所示。

step 24 选择 B8:C10 单元格区域并右击，在弹出的快捷菜单中选择【设置单元格格式】命令，如图 1-25 所示。

step 25 弹出【设置单元格格式】对话框，选择【边框】选项卡，在【样式】列表框中选择【无】，在【预置】选项组中单击【内部】按钮，然后单击【确定】按钮，如图 1-26 所示。

step 26 即可将选择单元格的内边框设置为无，使用同样的方法，将 D8:D10 单元格区域及 E8:F10 单元格区域的内边框设置为无，如图 1-27 所示。

step 27 在功能区选择【插入】选项卡，在【插图】选项组中单击【形状】按钮，在弹出的下拉列表中选择【直线】选项，如图 1-28 所示。

step 28 然后在单元格中绘制直线，并选择绘制的直线，在【绘图工具】下【格式】选项卡的【形状样式】选项组中单击【形状轮廓】按钮，在弹出的下拉菜单中选择如图 1-29 所示的颜色。

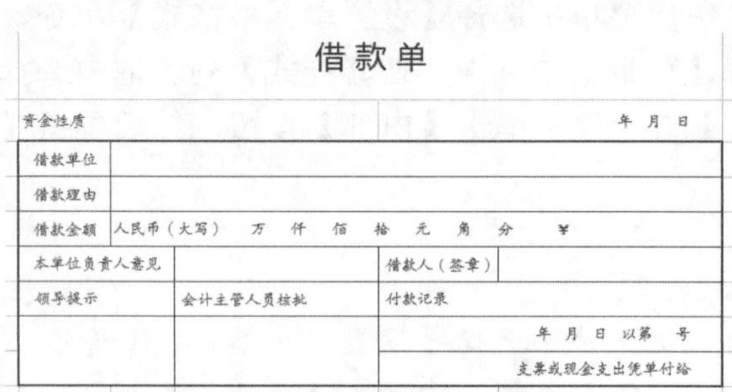

图 1-24 设置边框后的效果

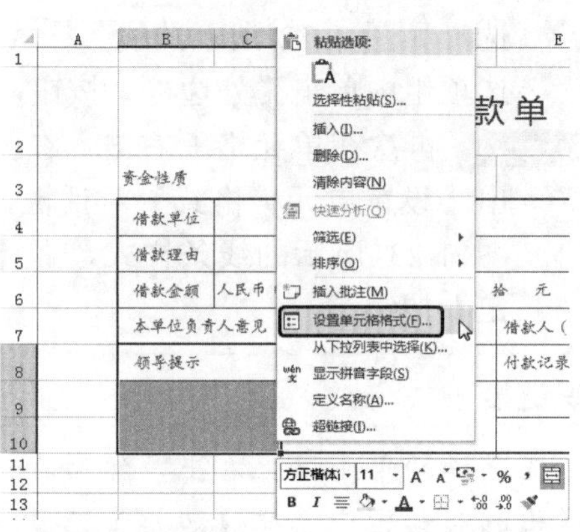

图 1-25 选择【设置单元格格式】命令

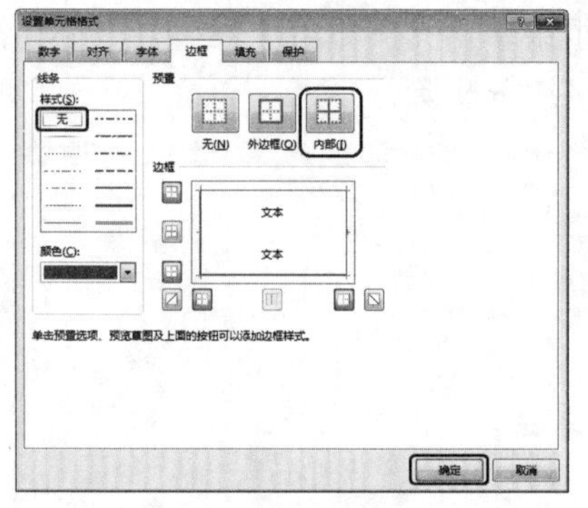

图 1-26 设置【内部】框线

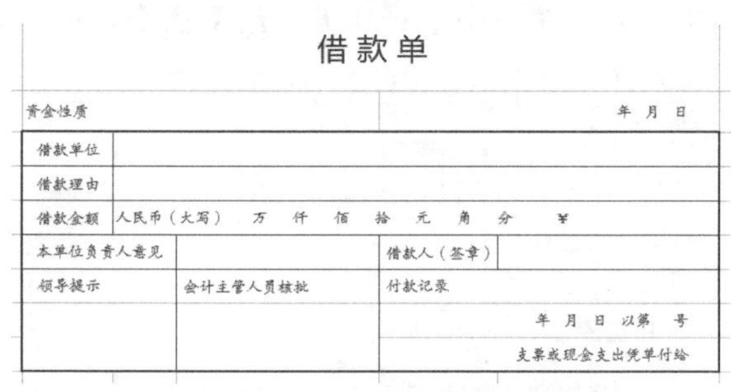

图 1-27 设置其他单元格内边框

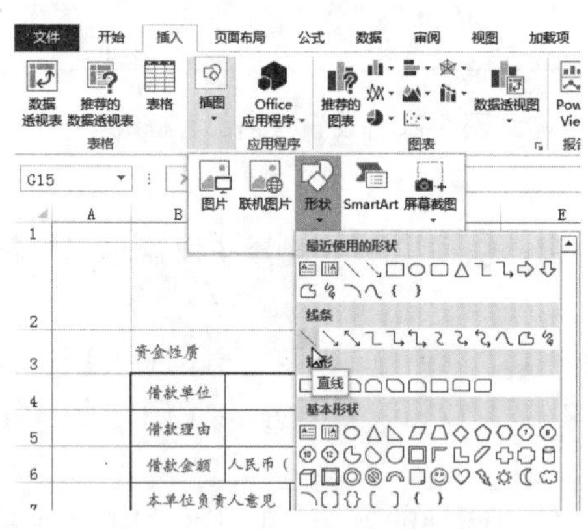

图 1-28 选择【直线】选项

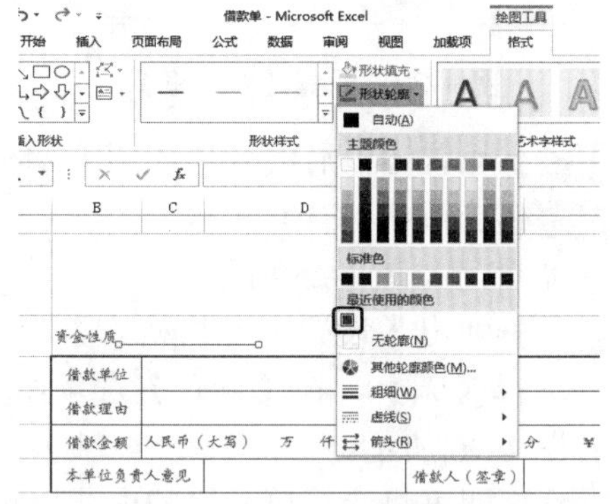

图 1-29 绘制直线并设置颜色

step 29 使用同样的方法，绘制其他直线，如图 1-30 所示。

step 30 在功能区中选择【视图】选项卡，在【显示】选项组中取消选中【网格线】复选框，即可隐藏网格线，效果如图 1-31 所示。

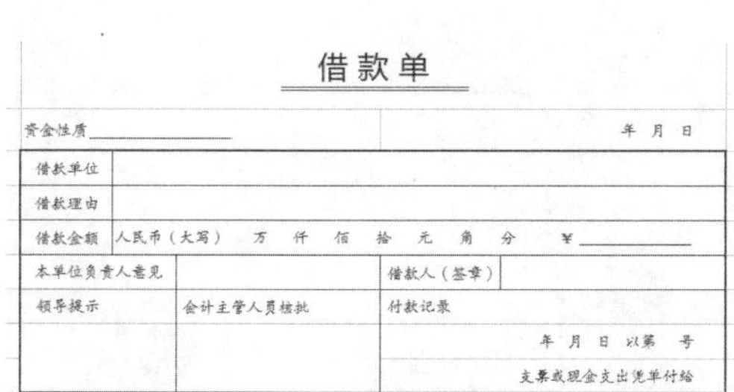

借款单

资金性质____ 年 月 日

借款单位		
借款理由		
借款金额	人民币（大写） 万 仟 佰 拾 元 角 分 ￥____	
本单位负责人意见		借款人（签章）
领导批示	会计主管人员核批	付款记录 年 月 日 以第 号 支票或现金支出凭单付给

图 1-30 绘制其他直线

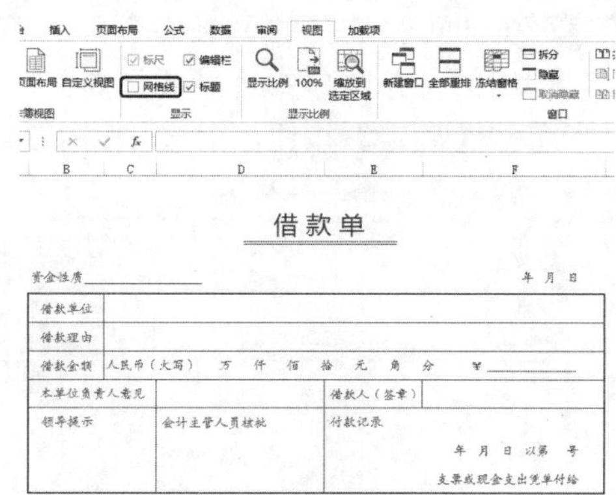

借款单

资金性质____ 年 月 日

借款单位		
借款理由		
借款金额	人民币（大写） 万 仟 佰 拾 元 角 分 ￥____	
本单位负责人意见		借款人（签章）
领导批示	会计主管人员核批	付款记录 年 月 日 以第 号 支票或现金支出凭单付给

图 1-31 隐藏网格线

案例精讲 002 物资采购比价表

案例文件：CDROM\场景\Cha01\物资采购比价表.xlsx

视频文件：视频教学\Cha01\物资采购比价表.avi

制作概述

本案例介绍物资采购比价表的制作。首先通过合并单元格和输入文字等来制作物资采购比价表；然后通过设置文字颜色和设置边框来美化物资采购比价表，完成后的效果如图 1-32 所示。

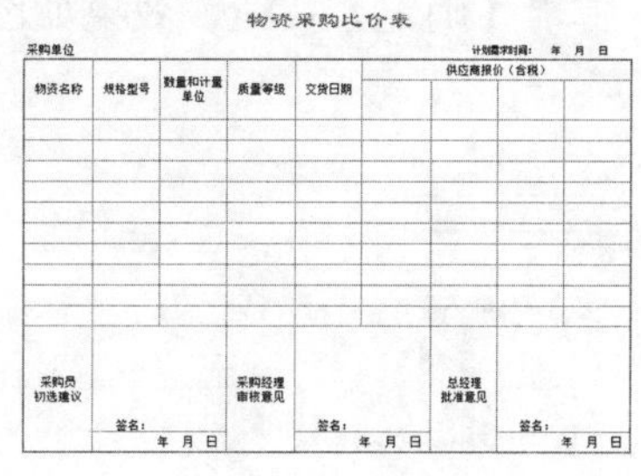

物资采购比价表

采购单位　计划需求时间： 年 月 日

物资名称	规格型号	数量和计量单位	质量等级	交货日期	供应商报价（含税）		
采购员初选建议 签名： 年 月 日		采购经理审核意见 签名： 年 月 日			总经理批准意见 签名： 年 月 日		

图 1-32 物资采购比价表

学习目标

- 学习设置外边框的方法。
- 掌握设置文字对齐方式的方法。

操作步骤

step 01 按 Ctrl+N 组合键新建一个空白工作簿，选择 B1:J1 单元格区域，在功能区的【开始】选项卡的【对齐方式】选项组中单击【合并后居中】按钮，如图 1-33 所示。

知识链接

在 Excel 中还可以使用以下两种方法新建空白工作簿。

单击【文件】按钮，在弹出的界面中选择【新建】选项，在右侧的【新建】区域下单击选择【空白工作簿】命令，即可新建空白工作簿。

单击快速访问工具栏右侧的下三角按钮，在弹出的下拉列表中选择【新建】选项，即可将【新建】按钮添加到快速访问工具栏中，然后单击【新建】按钮，就可以创建一个空白工作簿。

step 02 即可将选择的单元格合并，然后在【单元格】选项组中单击【格式】按钮，在弹出的下拉菜单中选择【行高】命令，弹出【行高】对话框，设置【行高】为 40，单击【确定】按钮，效果如图 1-34 所示。

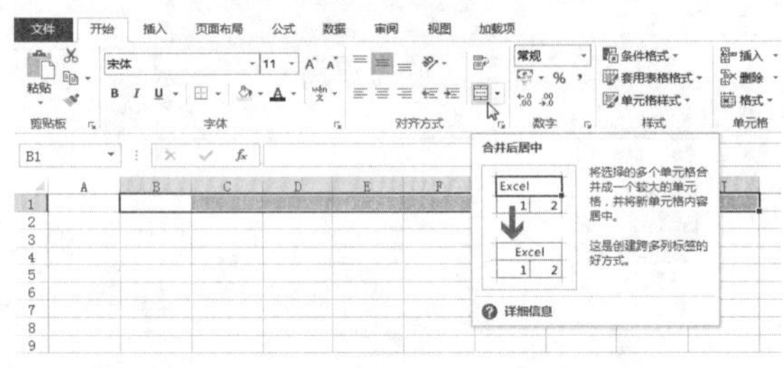

图 1-33 单击【合并后居中】按钮

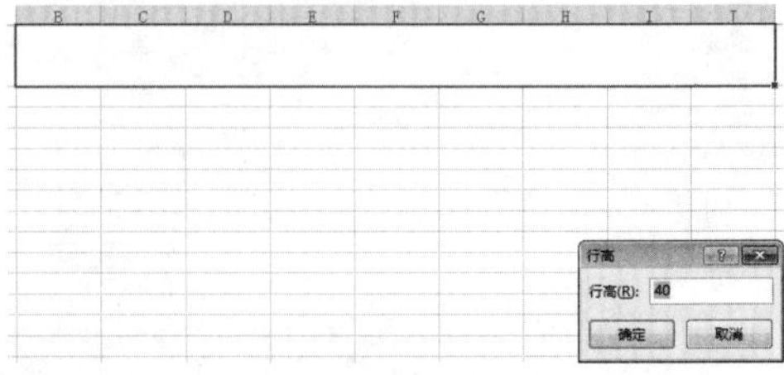

图 1-34 设置单元格高度

step 03 在合并后的单元格中输入文字，并选择输入的文字，在【字体】选项组中将【字体】设置为【隶书】，将【字号】设置为 22，将【字体颜色】设置为【绿色，着色 6，深色 25%】，如图 1-35 所示。

step 04 选择 B2:J14 单元格区域，在【单元格】选项组中单击【格式】按钮，在弹出的下拉菜单中选择【行高】命令，弹出【行高】对话框，设置【行高】为 20，单击【确定】按钮，效果如图 1-36 所示。

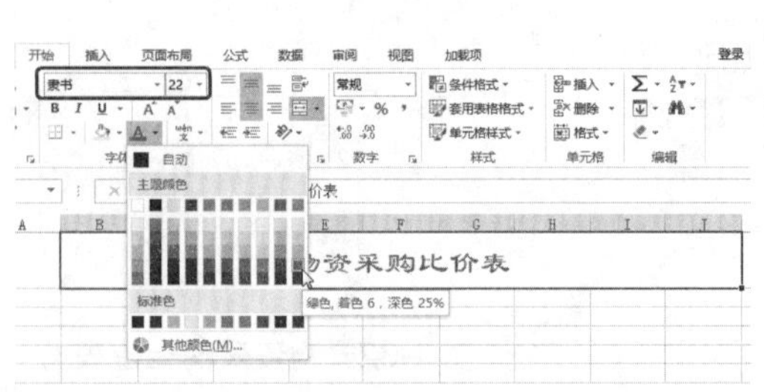

图 1-35 输入并设置文字

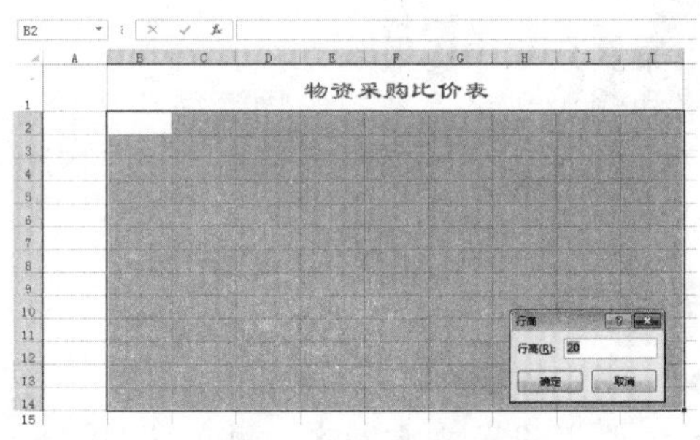

图 1-36 设置单元格高度

step 05 再次单击【格式】按钮，在弹出的下拉菜单中选择【列宽】命令，弹出【列宽】对话框，设置【列宽】为 10，单击【确定】按钮，效果如图 1-37 所示。

step 06 选择 C2:J2 单元格区域，在【对齐方式】选项组中单击【合并后居中】按钮，即可将选择的单元格合并，如图 1-38 所示。

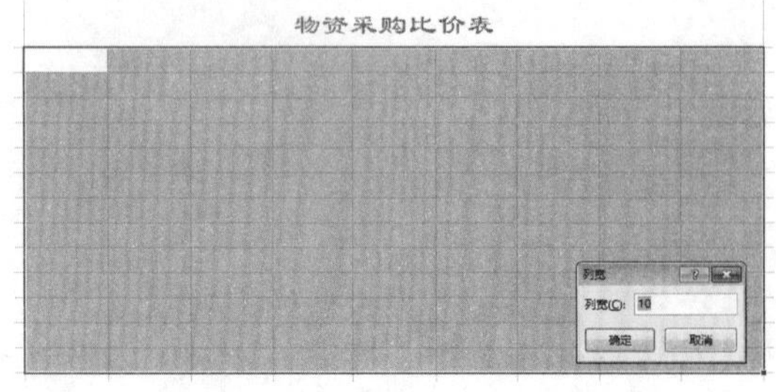

图 1-37 设置单元格宽度

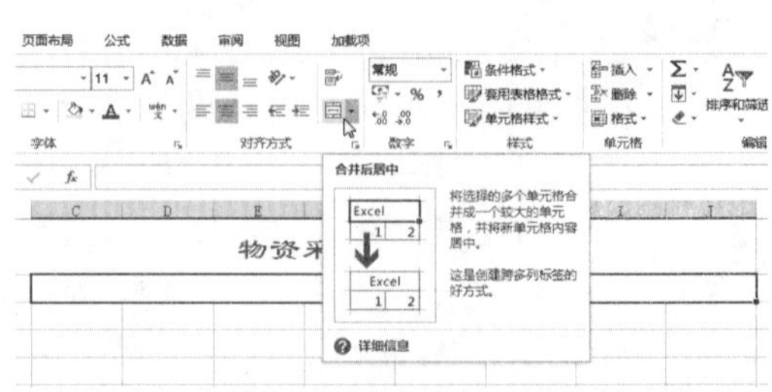

图 1-38 合并单元格

step 07 使用同样的方法，合并其他单元格，效果如图 1-39 所示。

step 08 选择 G4:J4 单元格区域，在【单元格】选项组中单击【格式】按钮，在弹出的下拉菜单中选择【行高】命令，弹出【行高】对话框，设置【行高】为 37.5，单击【确定】按钮，效果如图 1-40 所示。

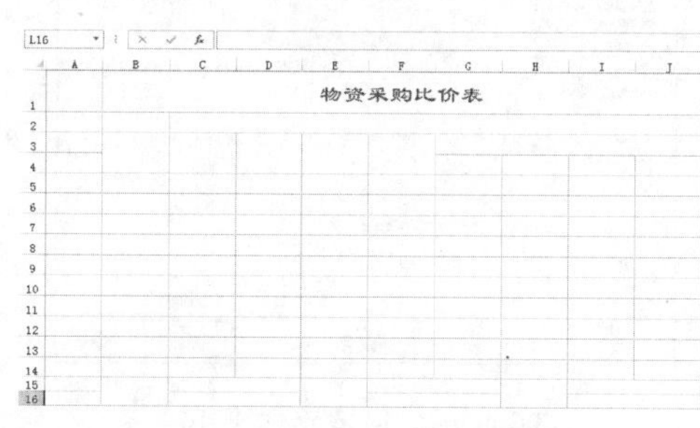

图 1-39　合并其他单元格

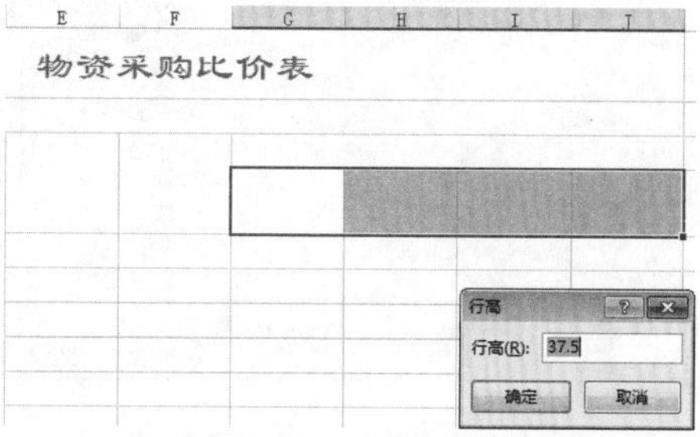

物资采购比价表

行高

行高(R): 37.5

确定　取消

图 1-40　设置单元格高度

step 09 选择如图 1-41 所示的单元格，用上一步方法将【行高】设置为 100。

step 10 选择如图 1-42 所示的单元格，用上一步方法将【行高】设置为 19.5。

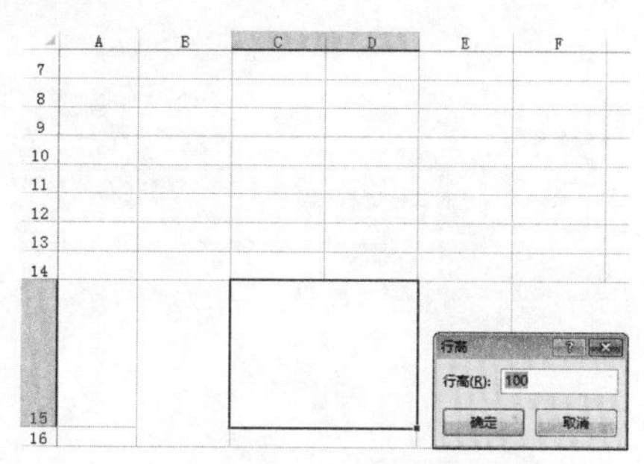

图 1-41　设置单元格高度

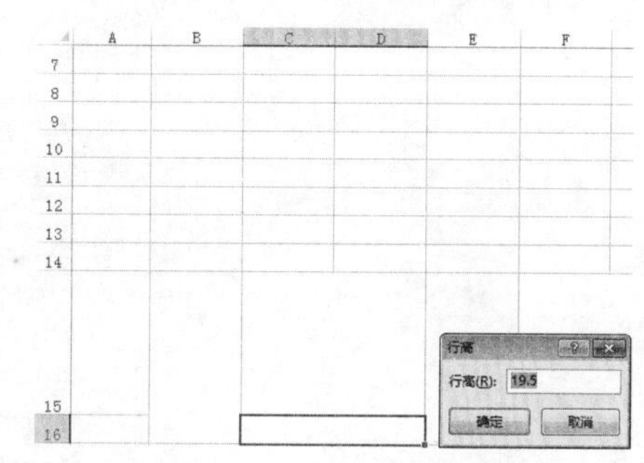

图 1-42　设置【行高】

step 11 然后在单元格中输入文字，效果如图 1-43 所示。

step 12 选择如图 1-44 所示的单元格，然后在【对齐方式】选项组中单击 (启动对话框)按钮。

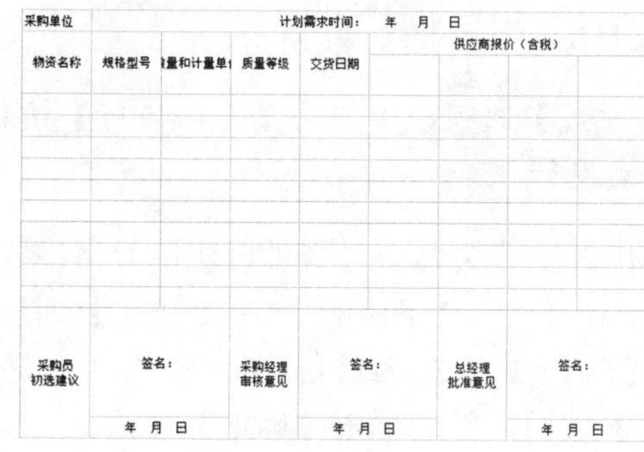

图 1-43　输入文字

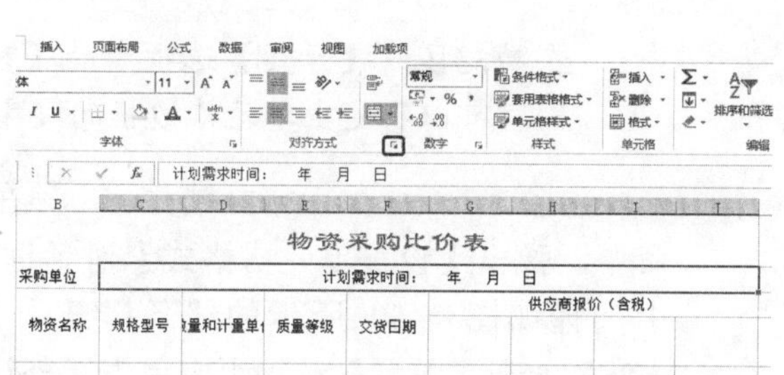

图 1-44　单击 (启动对话框)按钮

step 13 弹出【设置单元格格式】对话框，选择【对齐】选项卡，在【文本对齐方式】选项组中将【水平对齐】设置为【靠右(缩进)】，将缩进值设置为 1，如图 1-45 所示。

step 14 选择【字体】选项卡，将【字号】设置为9，单击【确定】按钮，如图1-46所示。

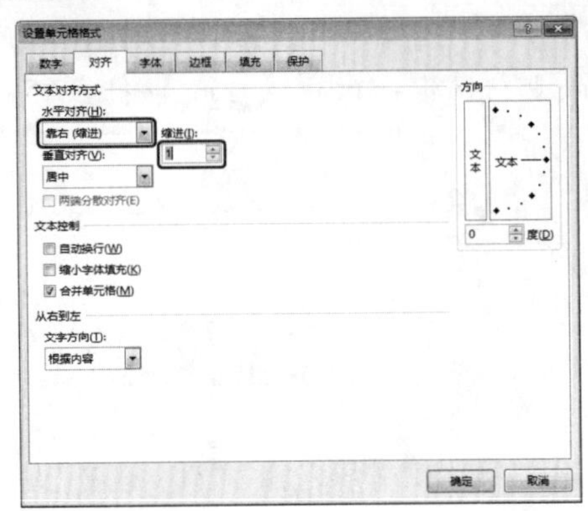

图 1-45　设置文字对齐方式

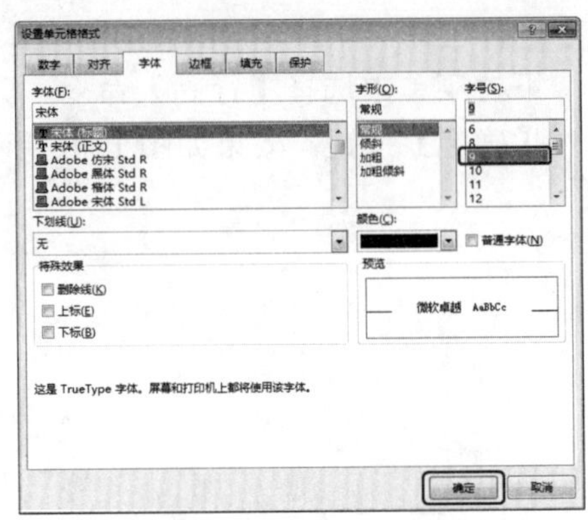

图 1-46　设置文字大小

step 15 使用同样的方法，设置其他文字对齐方式，效果如图1-47所示。

step 16 选择如图 1-48 所示的单元格并右击，在弹出的快捷菜单中选择【设置单元格格式】命令。

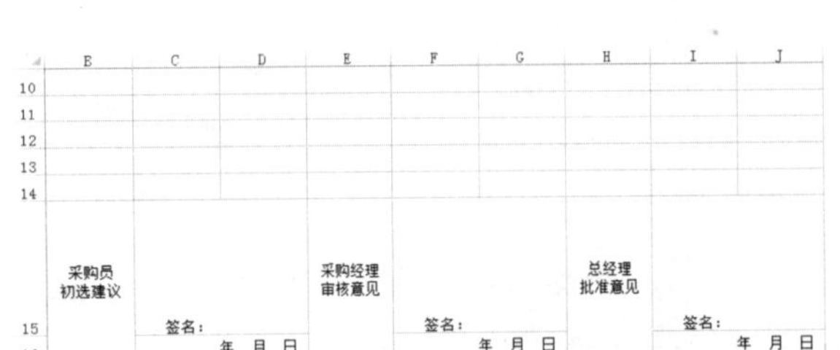

图 1-47　设置文字对齐方式后的效果

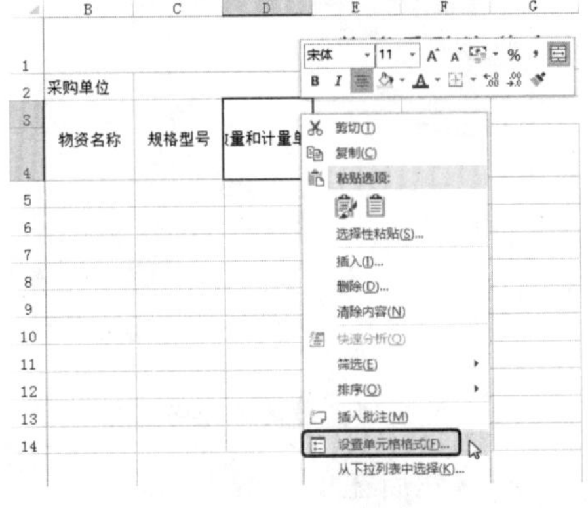

图 1-48　选择【设置单元格格式】命令

step 17 弹出【设置单元格格式】对话框，选择【对齐】选项卡，在【文本控制】选项组中选中【自动换行】复选框，单击【确定】按钮，如图1-49所示。

在功能区的【开始】选项卡的【对齐方式】选项组中单击【自动换行】按钮，同样可以将超出单元格边框的文字自动换行。

step 18 选择 B3:J16 单元格区域并右击，在弹出的快捷菜单中选择【设置单元格格式】命令，弹出【设置单元格格式】对话框，选择【边框】选项卡，在【样式】列表框中选择如图 1-50 所示的线条样式，将【颜色】设置为【绿色，着色 6，深色 25%】，在【预置】选项组中单击【外边框】按钮，然后单击【确定】按钮。

step 19 再次在单元格上右击，在弹出的快捷菜单中选择【设置单元格格式】命令，弹出【设置单元格格式】对话框，选择【边框】选项卡，在【样式】列表框中选择如图 1-51 所示的线条样式，在【预置】选项组中单击【内部】按钮，然后单击【确

定】按钮。

step 20 设置边框后的效果如图 1-52 所示。

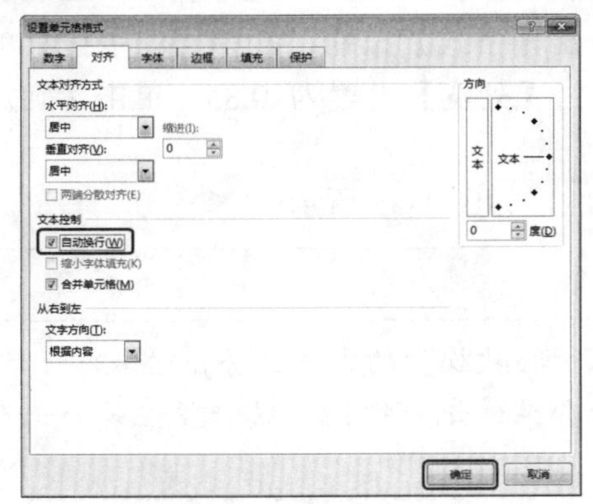

图 1-49 设置自动换行

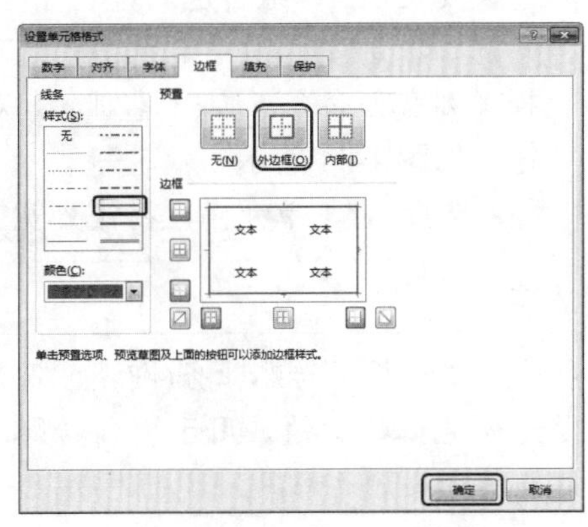

图 1-50 设置【外边框】

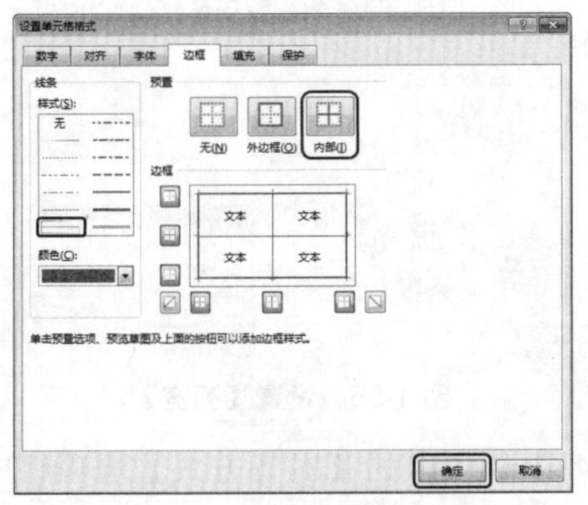

图 1-51 设置【内部】框线

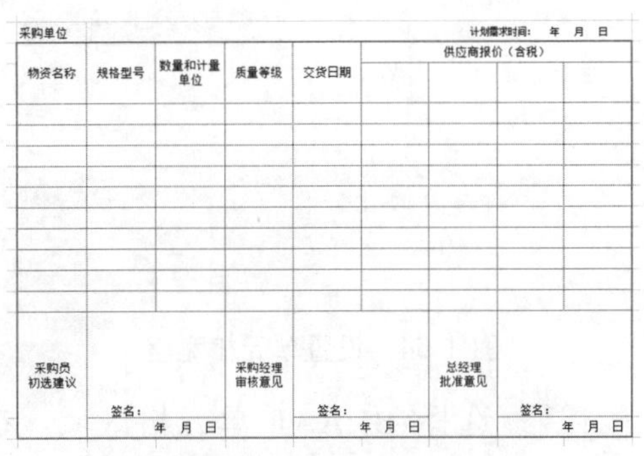

采购单位					计划需求时间： 年 月 日			
物资名称	规格型号	数量和计量单位	质量等级	交货日期	供应商报价（含税）			
采购员初选建议	签名： 年 月 日		采购经理审核意见	签名： 年 月 日		总经理批准意见	签名： 年 月 日	

图 1-52 设置边框后的效果

案例精讲 003 转账凭证

案例文件：CDROM\场景\Cha01\转账凭证.xlsx

视频文件：视频教学\Cha01\转账凭证.avi

制作概述

本案例介绍转账凭证的制作。首先通过设置单元格和输入文字来制作转账凭证；然后设置边框，并为单元格填充颜色。完成后的效果如图 1-53 所示。

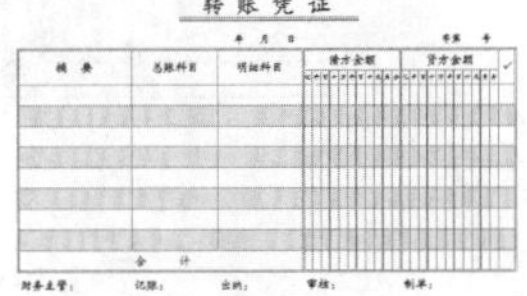

图 1-53 转账凭证

学习目标

- 学习为单元格填充颜色的方法。
- 掌握在单元格中插入符号的方法。

操作步骤

step 01 按 Ctrl+N 组合键新建一个空白工作簿，选择 E1:Z1 单元格区域，在功能区的【开始】选项卡的【单元格】选项组中单击【格式】按钮，在弹出的下拉菜单中选择【列宽】命令，弹出【列宽】对话框，将【列宽】设置为 0.85，单击【确定】按钮，如图 1-54 所示。

step 02 选择 AA1 单元格，将【列宽】设置为 2，如图 1-55 所示。

知识链接

转账凭证是根据转账业务(即不涉及现金和银行存款收付的各项业务)的原始凭证填制或汇总原始凭证填制的，用于填列转账业务会计分录的记账凭证。转账凭证是登记有关明细账与总分类账的依据。

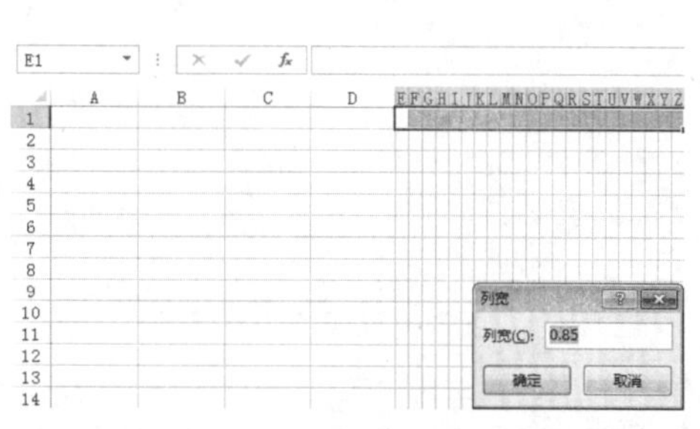

图 1-54　设置单元格宽度

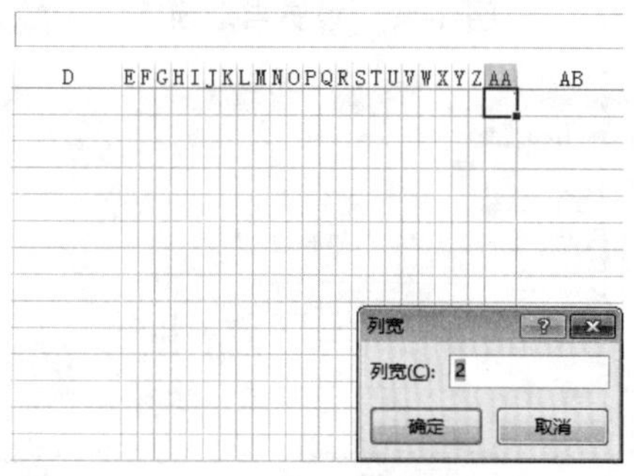

图 1-55　设置【列宽】

step 03 选择 B1:AA1 单元格区域，在【开始】选项卡的【对齐方式】选项组中单击【合并后居中】按钮，如图 1-56 所示。

step 04 即可将选择的单元格合并，然后将【行高】设置为 45，效果如图 1-57 所示。

图 1-56　合并单元格

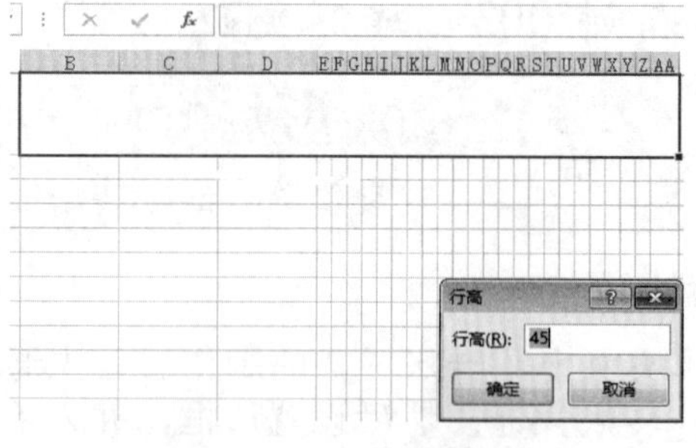

图 1-57　设置单元格高度

step 05 在合并后的单元格中输入文字，并选择输入的文字，在【字体】选项组中将【字体】设置为【方正楷体简体】，将【字号】设置为 22，如图 1-58 所示。

在每个文字之间加两个空格。

step 06 选择 B 列单元格，将【列宽】设置为 17，然后选择 C 列和 D 列单元格，分别将【列宽】设置为 13，效果如图 1-59 所示。

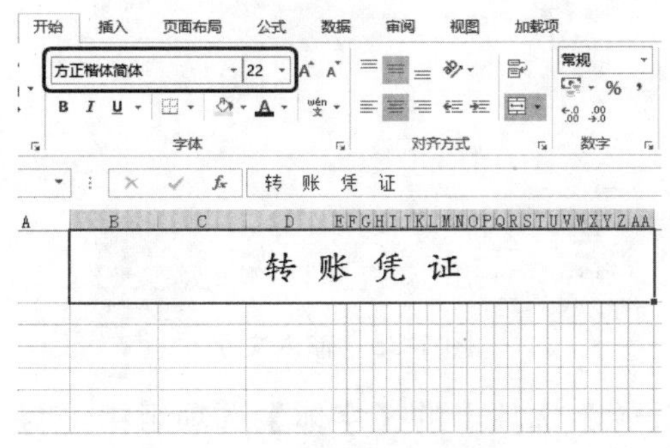

图 1-58　输入并设置文字

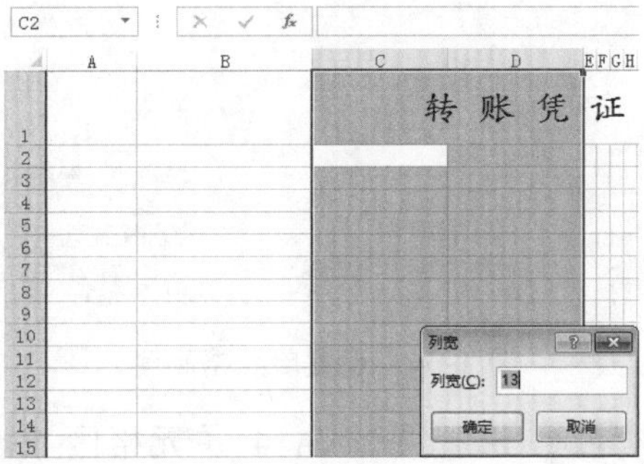

图 1-59　设置【列宽】

step 07 选择 C2:O2 单元格区域，在【对齐方式】选项组中单击【合并后居中】按钮，即可将选择的单元格合并，并将其【行高】设置为 20，效果如图 1-60 所示。

step 08 使用同样的方法，合并其他单元格，效果如图 1-61 所示。

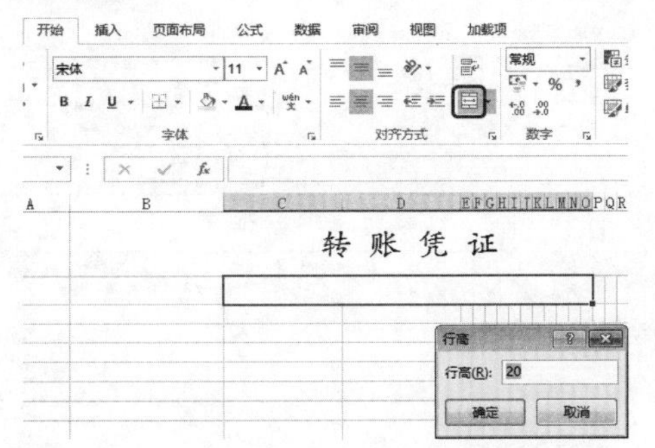

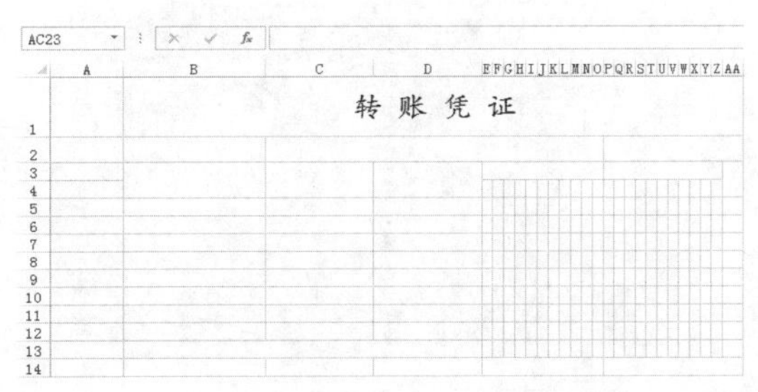

图 1-60　合并单元格并设置高度

图 1-61　合并其他单元格

step 09 选择 E3:Z3 及 B5:AA13 单元格区域，分别在【单元格】选项组中单击【格式】按钮，在弹出的下拉菜单中选择【行高】命令，如图 1-62 所示。

step 10 弹出【行高】对话框，将【行高】设置为 20，单击【确定】按钮，如图 1-63 所示。

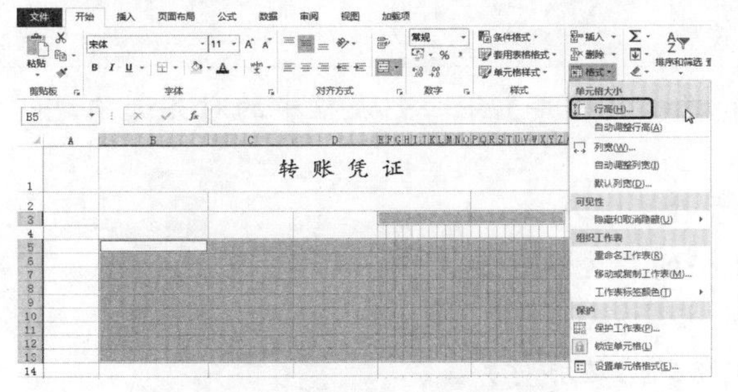

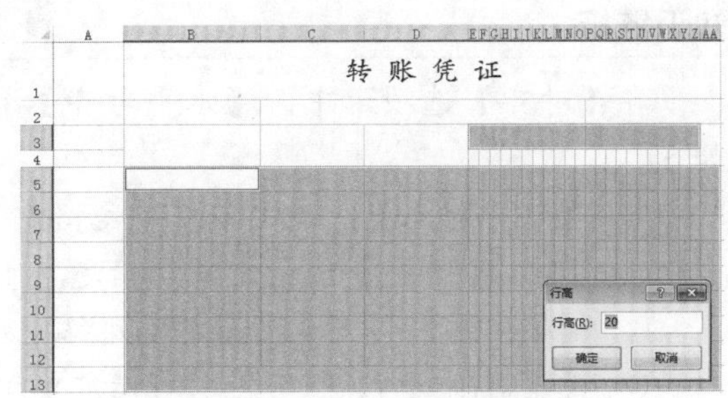

图 1-62　选择【行高】命令

图 1-63　设置单元格高度

step 11 选择 B14:AA14 单元格区域，将【行高】设置为 25，如图 1-64 所示。

step 12 然后在单元格中输入文字，效果如图 1-65 所示。

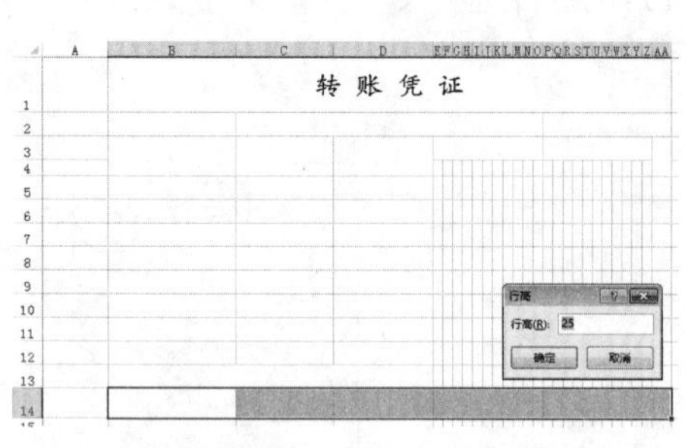

图 1-64　设置单元格高度

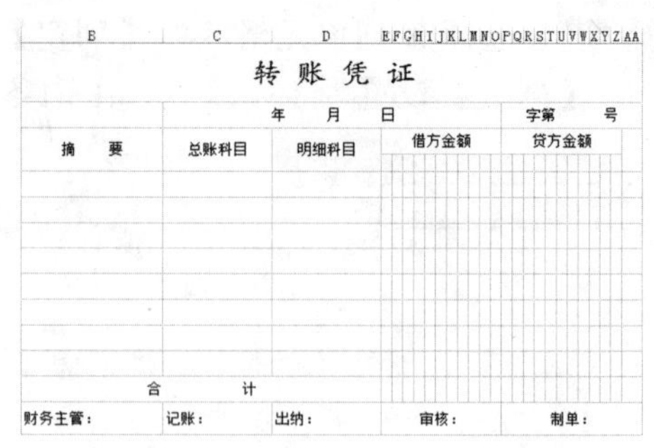

图 1-65　输入文字

step 13 选择 B2:AA14 单元格区域，在【开始】选项卡的【字体】选项组中，将【字体】设置为【方正楷体简体】，如图 1-66 所示。

step 14 选择 C2:AA2 单元格区域，在【字体】选项组中将【字号】设置为 10，如图 1-67 所示。

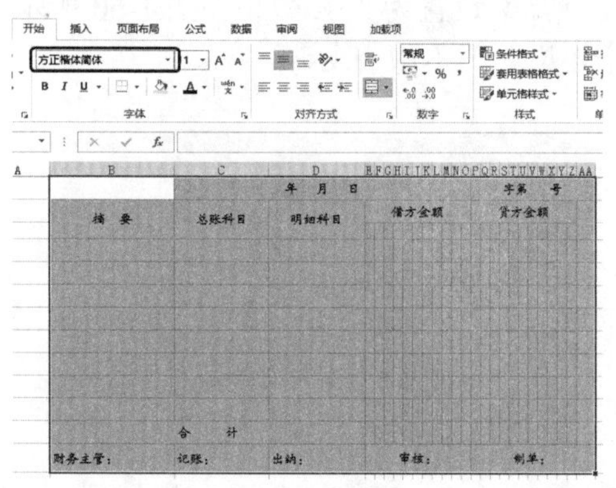

图 1-66　设置字体

图 1-67　设置字号

step 15 选择 P2:AA2 单元格区域，在【对齐方式】选项组中单击(启动对话框)按钮，弹出【设置单元格格式】对话框，选择【对齐】选项卡，将【水平对齐】设置为【靠右(缩进)】，将缩进值设置为 1，如图 1-68 所示。

知识链接

在【对齐】选项卡中，【水平对齐】和【垂直对齐】下拉列表框中的对齐选项说明如下。

(1) 【水平对齐】：使文本在单元格中左右居中。

① 【靠左(缩进)】：将文本与指定单元格的左边界对齐。

② 【居中】：将文本在指定单元格中水平居中显示。

③ 【靠右(缩进)】：将文本与指定单元格的右边界对齐。

④ 【填充】：使文本重复地将单元格填满。

⑤ 【两端对齐】：将文本在指定单元格中按照水平方向上两边对齐。

⑥ 【跨列居中】：当同时选择多个单元格时，使用该对齐方式，系统会将位于同一

行的多个单元格看作是一个大单元格，没有了列的限制，使这些单元格中的内容居中显示在大单元格中。

⑦ 【分散对齐(缩进)】：将文本在指定单元格中按照水平方向上靠左右两边对齐。

(2) 【垂直对齐】：使文本在单元格中上下居中。

① 【靠上】：将文本与指定的单元格上边界对齐。

② 【居中】：将文本在指定的单元格中垂直居中显示。

③ 【靠下】：将文本与指定的单元格下边界对齐。

④ 【两端对齐】：将文本在指定单元格中按照垂直方向上两边对齐。

⑤ 【分散对齐】：将文本在指定单元格中按垂直方向上两边上下对齐。

step 16 选择 AA3:AA4 单元格区域，然后在功能区中选择【插入】选项卡，在【符号】选项组中单击【符号】按钮，如图 1-69 所示。

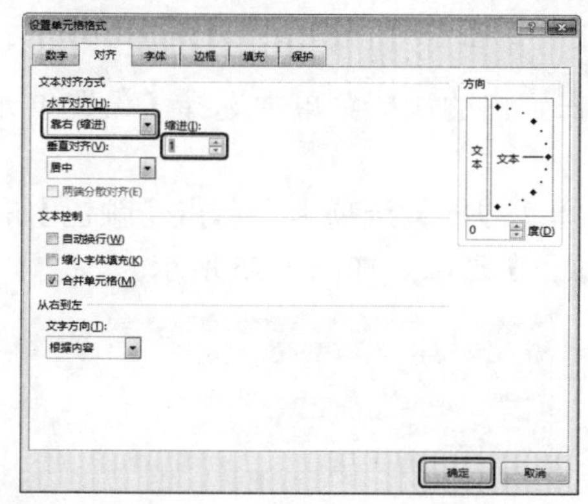

图 1-68 设置文字对齐方式

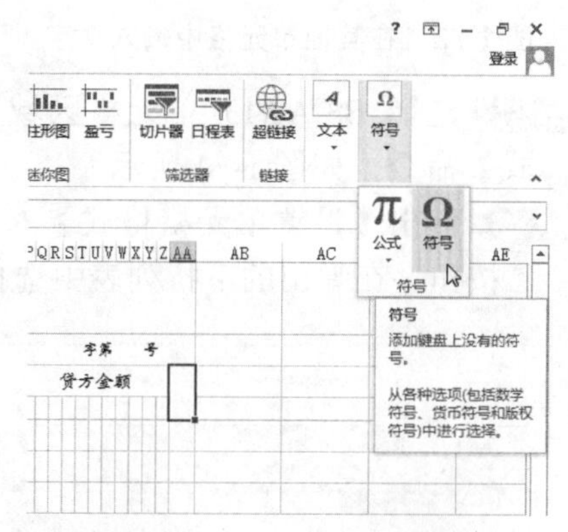

图 1-69 单击【符号】按钮

step 17 弹出【符号】对话框，选择【符号】选项卡，将【字体】设置为 Wingdings 2，在列表框中选择如图 1-70 所示的符号，并单击【插入】按钮。

step 18 即可在单元格中插入该符号，然后单击【关闭】按钮。在 E4 单元格中输入文字，并选择输入的文字，在功能区的【开始】选项卡的【字体】选项组中，将【字体】设置为【方正楷体简体】，将【字号】设置为 6，如图 1-71 所示。

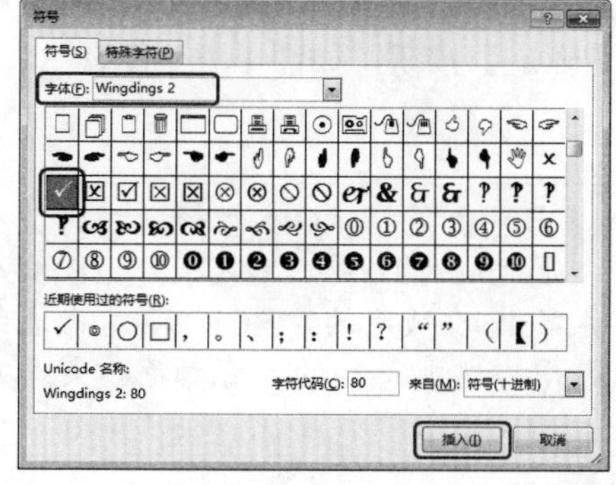

图 1-70 选择符号

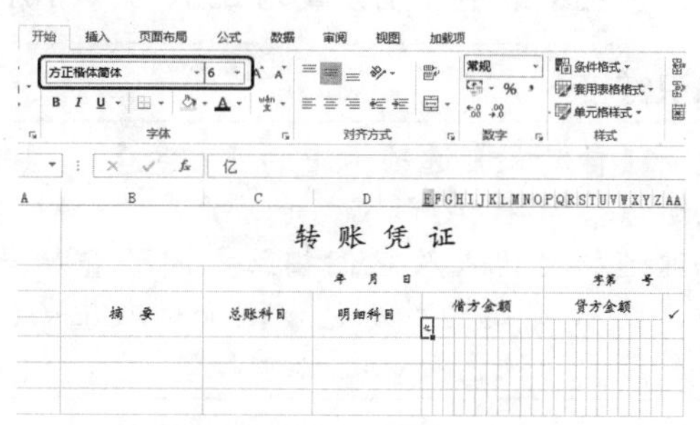

图 1-71 输入并设置文字

step 19 使用同样的方法，在其他单元格中输入文字，效果如图 1-72 所示。

step 20 选择 E14:AA14 单元格区域，在【对齐方式】选项组中单击【左对齐】按钮，如图 1-73 所示。

图 1-72　在其他单元格中输入文字

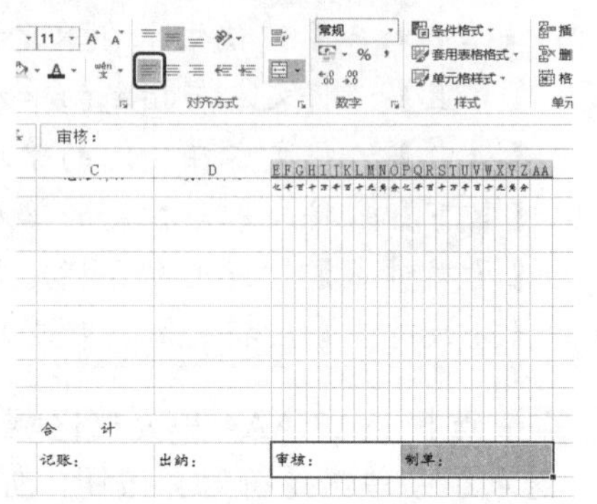

图 1-73　设置文字对齐方式

step 21 选择 B3:AA13 单元格区域并右击，在弹出的快捷菜单中选择【设置单元格格式】命令，如图 1-74 所示。

step 22 弹出【设置单元格格式】对话框，选择【边框】选项卡，单击【颜色】右侧的按钮，在弹出的下拉列表中选择【其他颜色】选项，如图 1-75 所示。

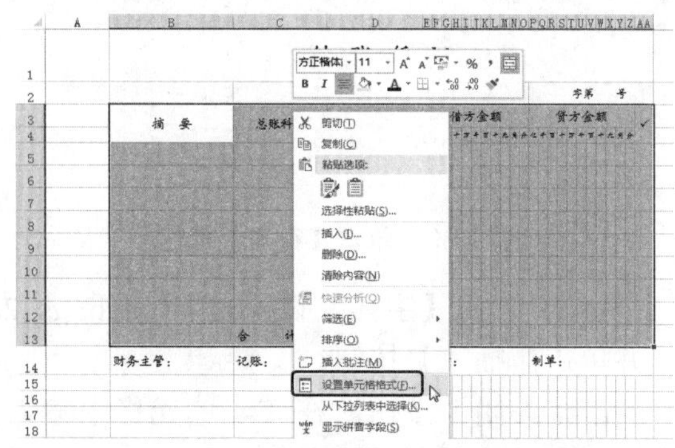

图 1-74　选择【设置单元格格式】命令

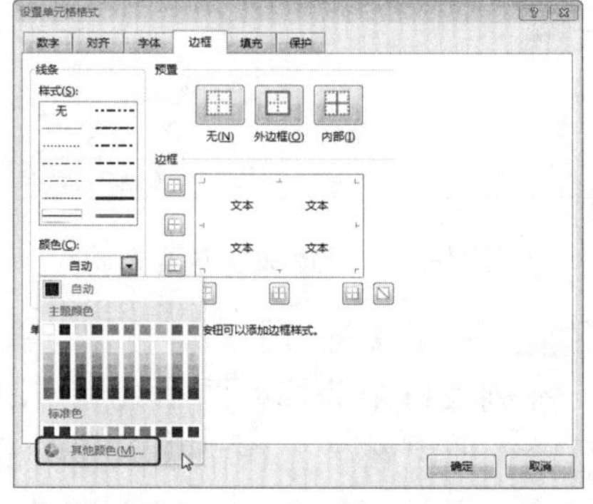

图 1-75　选择【其他颜色】选项

step 23 弹出【颜色】对话框，选择【自定义】选项卡，将【红色】、【绿色】和【蓝色】的值分别设置为 255、97、101，单击【确定】按钮，如图 1-76 所示。

知识链接

【自定义】选项卡中的【红色】、【绿色】和【蓝色】是指 RGB 色彩模式的 3 个颜色通道。RGB 色彩模式是工业界的一种颜色标准，是通过对红(R)、绿(G)、蓝(B)3 个颜色通道的变化以及它们相互之间的叠加来得到各式各样的颜色的，RGB 即是代表红、绿、蓝 3 个通道的颜色，这个标准几乎包括了人类视力所能感知的所有颜色，是目前运用最广泛的颜色模式之一。

step 24 在【样式】列表框中选择如图 1-77 所示的线条样式，在【预置】选项组中单击【外边框】按钮。

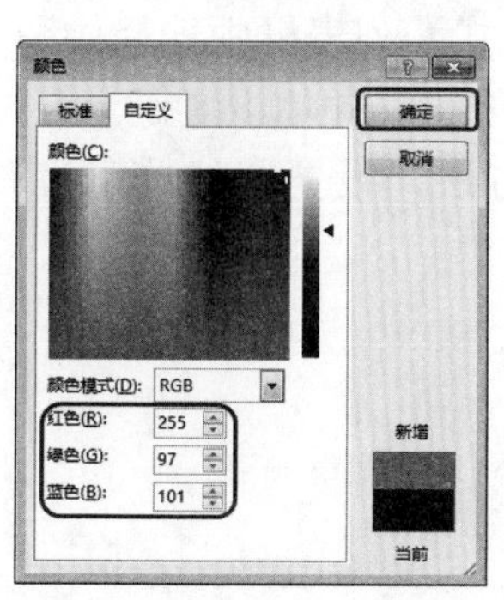

图 1-76　设置边框颜色

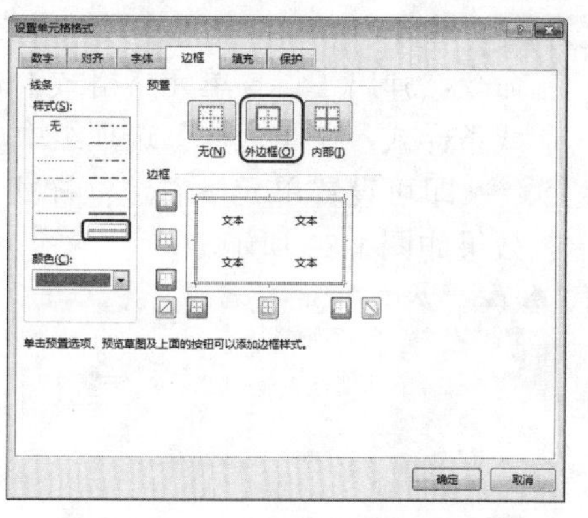

图 1-77　设置【外边框】

step 25 然后在【样式】列表框中选择如图 1-78 所示的线条样式，在【预置】选项组中单击【内部】按钮，并单击【确定】按钮。

step 26 为单元格设置边框后的效果如图 1-79 所示。

step 27 选择 B3:D13 单元格区域并右击，在弹出的快捷菜单中选择【设置单元格格式】命令，弹出【设置单元格格式】对话框，在【样式】列表框中选择如图 1-80 所示的线条样式，在【边框】选项组中单击(右框线)按钮，并单击【确定】按钮。

step 28 设置右边框样式后的效果如图 1-81 所示。

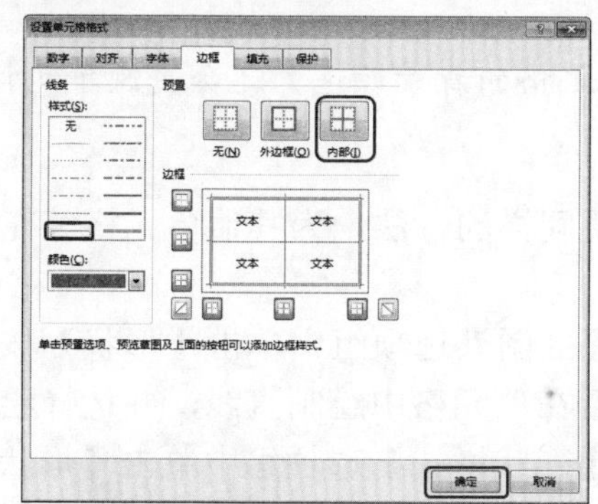

图 1-78　设置【内部】框线

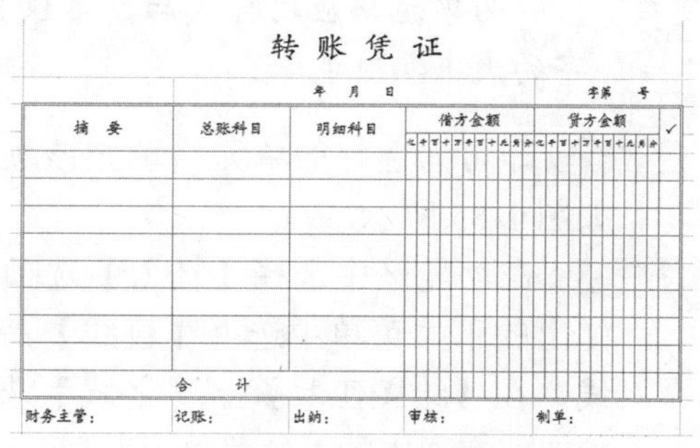

转账凭证

年 月 日　　字第 号

摘要	总账科目	明细科目	借方金额	贷方金额	✓
合计					

财务主管：　记账：　出纳：　审核：　制单：

图 1-79　设置边框后的效果

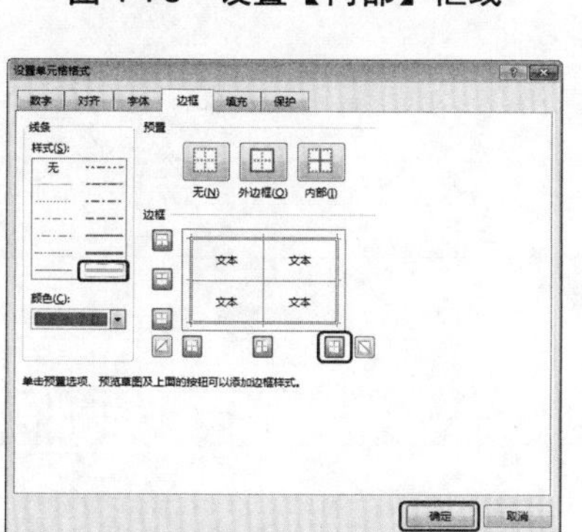

图 1-80　设置右侧边框样式

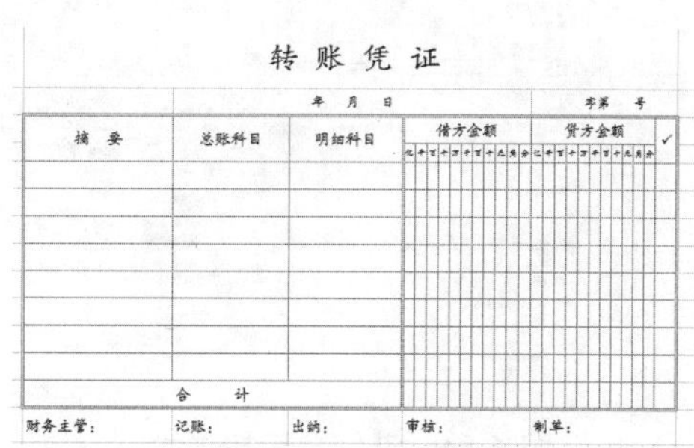

转账凭证

年 月 日　　字第 号

摘要	总账科目	明细科目	借方金额	贷方金额	✓
合计					

财务主管：　记账：　出纳：　审核：　制单：

图 1-81　设置右边框样式后的效果

step 29 选择 G4:G13 单元格区域并右击，在弹出的快捷菜单中选择【设置单元格格式】命令，弹出【设置单元格格式】对话框，在【样式】列表框中选择如图 1-82 所示的线条样式，在【边框】选项组中单击(右框线)按钮，并单击【确定】按钮。

step 30 即可设置单元格右边框样式。使用同样的方法，设置其他单元格右边框样式，效果如图 1-83 所示。

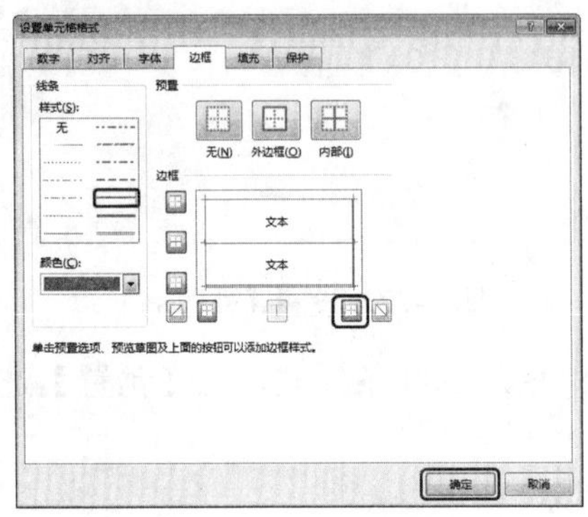

图 1-82　设置右边框样式

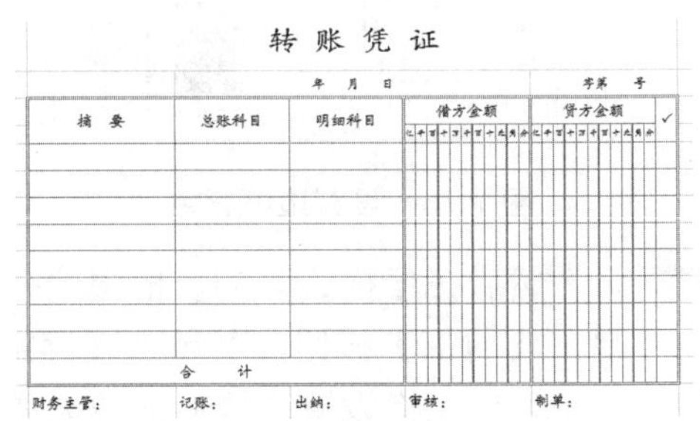

图 1-83　设置其他单元格

step 31 选择 B6:AA6 单元格区域，在功能区的【开始】选项卡的【样式】选项组中单击【单元格样式】按钮，在弹出的下拉列表框中选择单元格样式【20%-着色 2】，如图 1-84 所示。

为单元格应用样式后，不仅会改变单元格的背景颜色，还会更改单元格中文字的大小和颜色等。

step 32 即可为选择的单元格填充该颜色。使用同样的方法，为其他单元格填充颜色，如图 1-85 所示。

step 33 在功能区中选择【插入】选项卡，在【插图】选项组中单击【形状】按钮，在弹出的下拉菜单中选择【直线】命令，然后在单元格中绘制直线，并选择绘制的直线，在【绘图工具】下【格式】选项卡的【形状样式】选项组中单击【形状轮廓】按钮，在弹出的下拉菜单中选择与单元格边框相同的颜色，效果如图 1-86 所示。

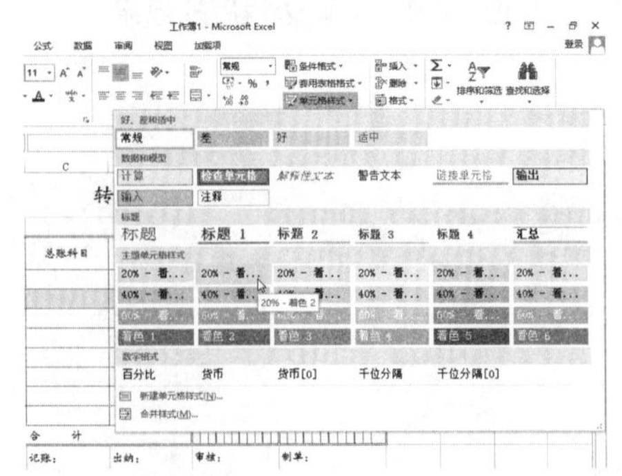

图 1-84　选择单元格样式

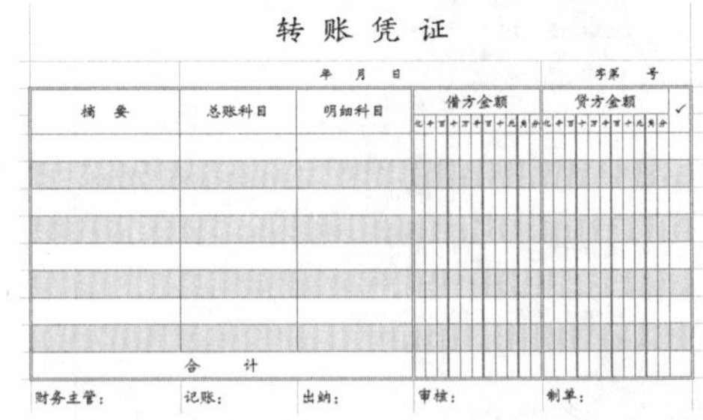

图 1-85　为其他单元格填充颜色效果

step 34 按 Ctrl+D 组合键复制绘制的直线，并调整复制后的直线位置，然后在【形状样

式】选项组中单击【形状轮廓】按钮，在弹出的下拉菜单中选择【粗细】→【1.5磅】命令，如图1-87所示。

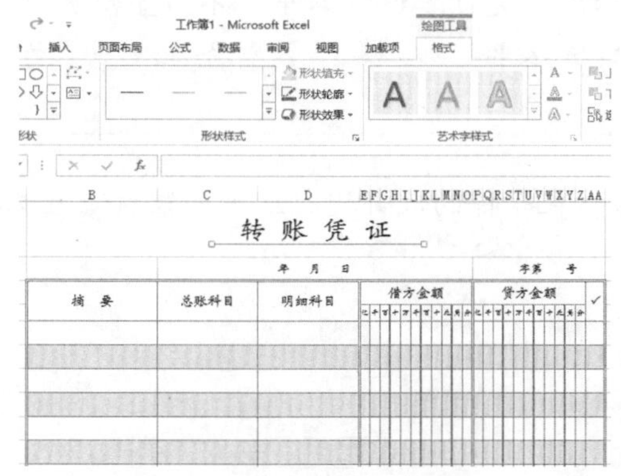

图1-86　绘制直线并设置颜色

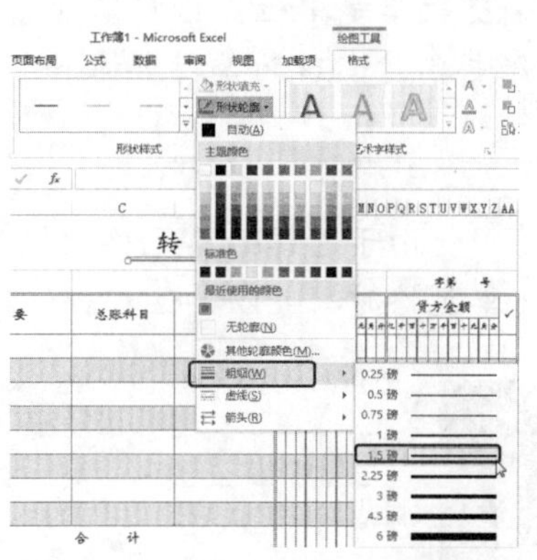

图1-87　复制并调整直线

案例精讲004　现金缴款单

案例文件：CDROM\场景\Cha01\现金缴款单.xlsx

视频文件：视频教学\Cha01\现金缴款单.avi

制作概述

本案例主要讲解银行所用的现金缴款单的制作。该缴款单共分为两部分，一部分是客户填写的部分，另一部分是银行填写的部分。其完成后的效果如图1-88所示。

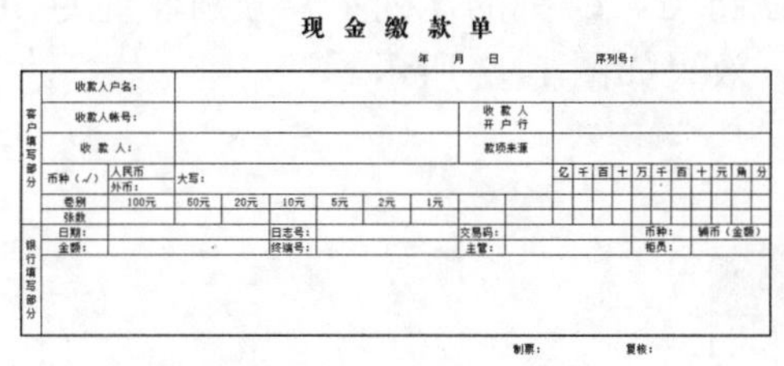

图1-88　现金缴款单

学习目标

- 学习现金缴款单的制作。
- 掌握现金缴款单的制作流程及单元格的基本操作。

操作步骤

step 01 启动Excel 2013软件后，在【新建】选项组中单击【空白工作簿】选项，如图1-89所示。

step 02 在场景中选择B列、M:W列，在功能区的【开始】选项卡的【单元格】选项组中单击【格式】按钮，在弹出的下拉菜单中选择【列宽】命令，如图1-90所示。

知识链接

现金交款单是单位去银行交现金，只有往账户上交时才填进账单，不用盖财务章；收到转账支票时，后面盖财务章和手章，然后填进账单，第二联上盖财务章和手章留银行。

由于选择的单元格比较多，用户可以在软件的底部进行适当的缩放，在选择单元格时，可以按住 Ctrl 键进行选择。

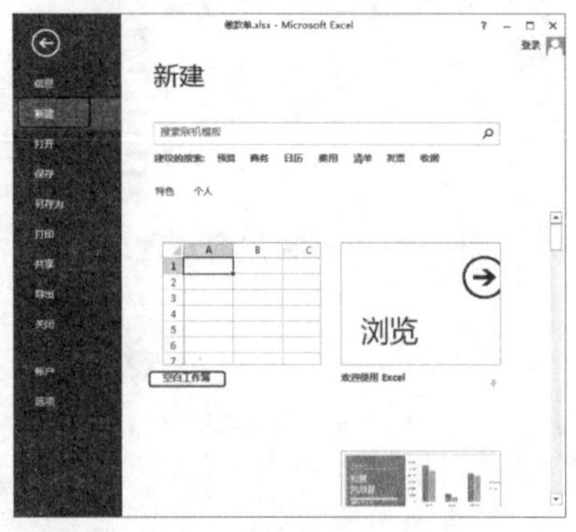

图 1-89　选择【空白工作簿】选项

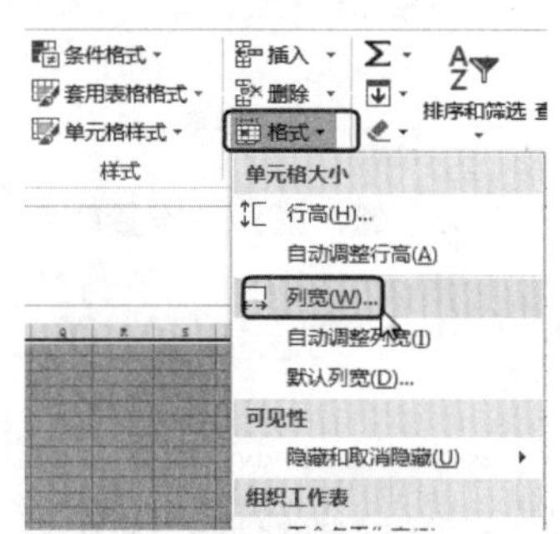

图 1-90　选择【列宽】命令

step 03 弹出【列宽】对话框，将【列宽】设为 2.5，并单击【确定】按钮，如图 1-91 所示。

step 04 使用同样的方法将 C、D 列的【列宽】分别设置为 10，将 E:L 列单元格的【列宽】分别设置为 7，效果如图 1-92 所示。

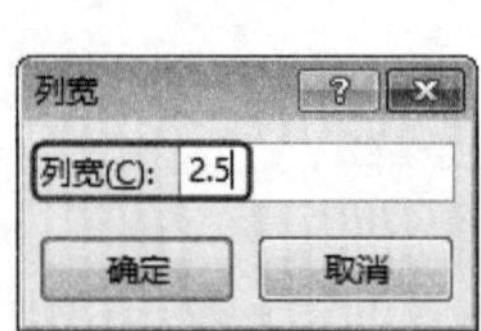

图 1-91　设置【列宽】

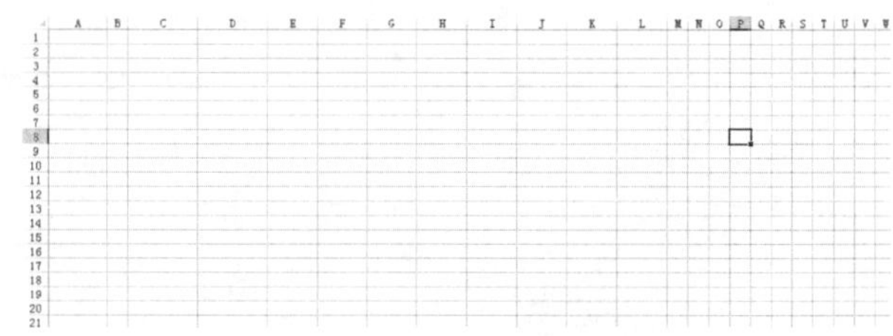

图 1-92　设置完列宽后的效果

step 05 选择第 2 行单元格区域，在数字 2 位置右击，在弹出的快捷菜单中选择【行高】命令，如图 1-93 所示。

step 06 弹出【行高】对话框，将【行高】设为 35，单击【确定】按钮，如图 1-94 所示。

step 07 选择 B2:W2 单元格区域，在功能区选择【开始】选项卡，在【对齐方式】选项组中单击【合并后居中】按钮，将其合并居中，如图 1-95 所示。

step 08 在上一步合并的单元格中配合空格键输入【现金缴款单】，在【字体】选项组中，将【字体】设置为【方正大标宋简体】，【字号】设置为 24，如图 1-96 所示。

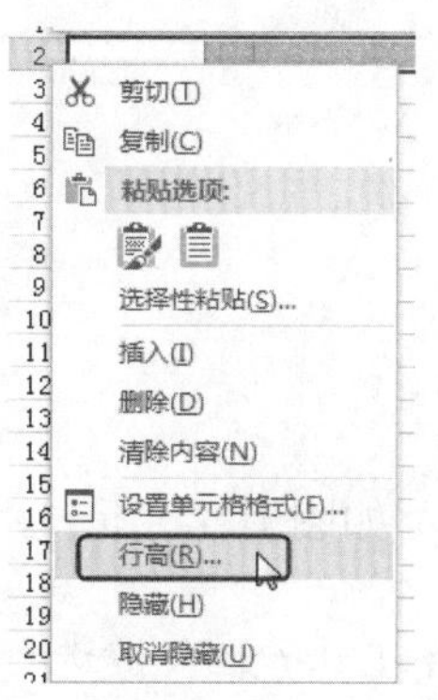

图 1-93 选择【行高】命令

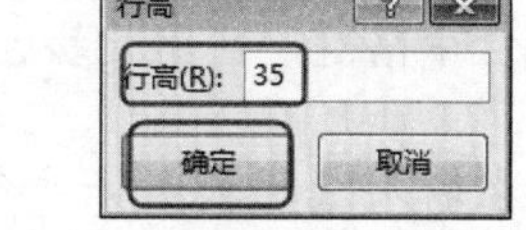

图 1-94 设置【行高】

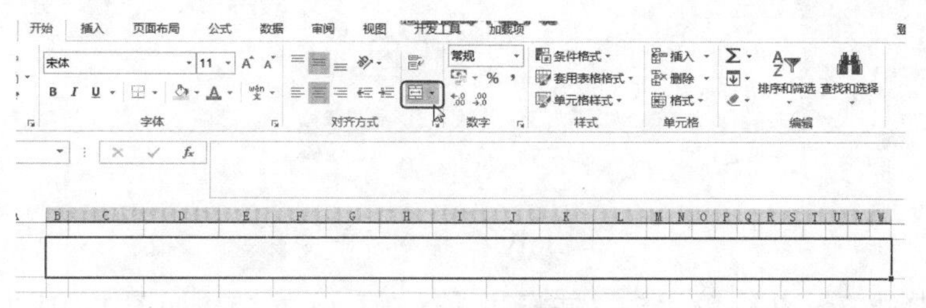

图 1-95 合并单元格

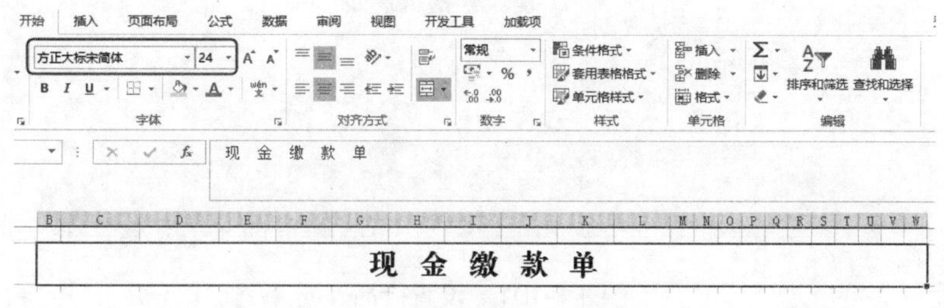

图 1-96 设置文字属性

由于 Excel 无法设置文字的间距，可以通过空格键对其进行设置。

step 09 使用前面讲过的方法，将第 3 列单元格的【行高】设置为 25.5，并将 I3:L3 和 O3:W3 单元格区域进行合并，如图 1-97 所示。

step 10 在上一步合并的单元格中配合空格键输入文字，并将 O3:W3 单元格区域设置为【左对齐】，如图 1-98 所示。

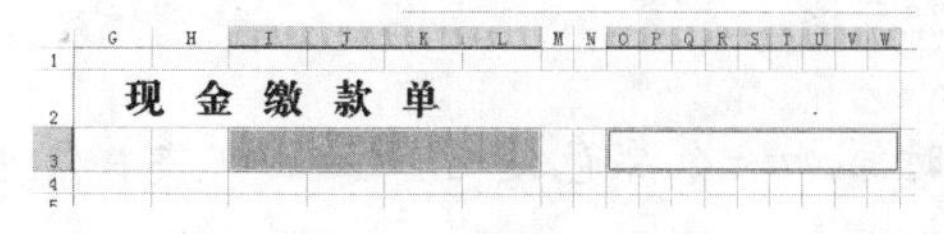

图 1-97 合并单元格

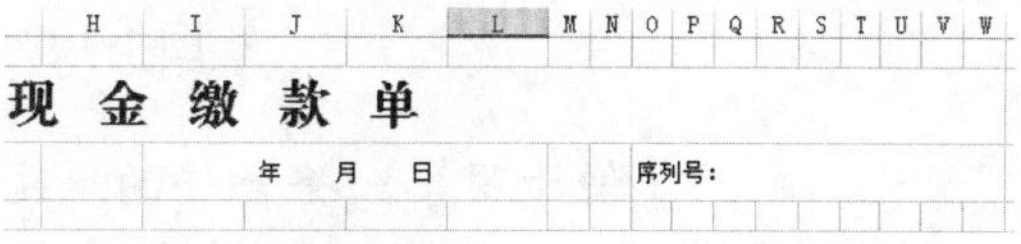

图 1-98 输入文字

step 11 将第 4～6 行单元格的行高设置为 30，并对单元格进行合并，如图 1-99 所示。

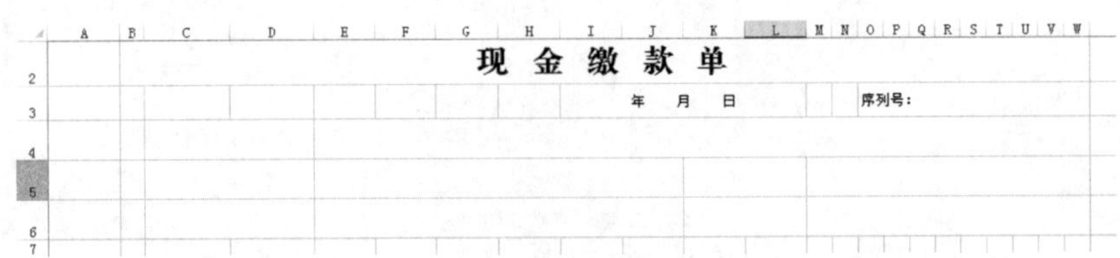

图 1-99 合并单元格

step 12 配合空格键，在上一步合并的单元格中输入文字，如图 1-100 所示。

在输入【收款人开户行】时，用户可以按 Alt+Enter 组合键进行换行。

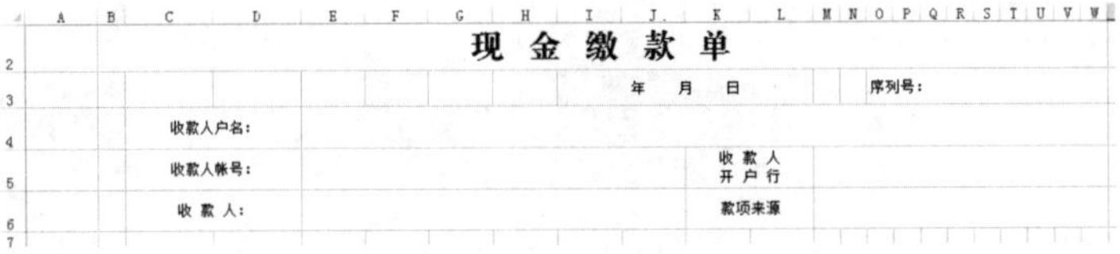

图 1-100 输入文字

step 13 选择第 7～12 行单元格，并将其【行高】设为 15，如图 1-101 所示。

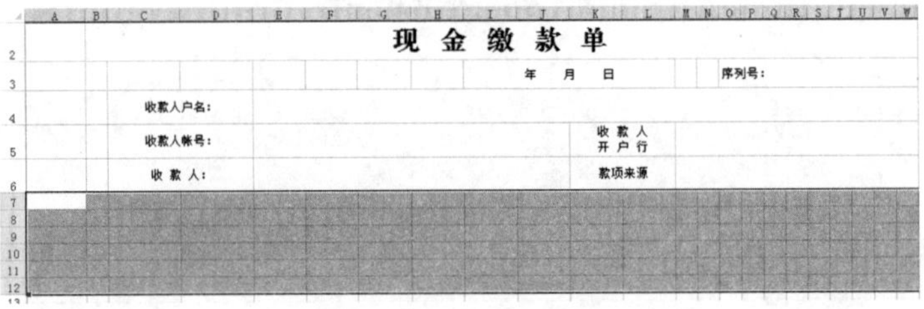

图 1-101 设置行高

step 14 使用前面讲过的方法，对单元格进行合并，如图 1-102 所示。

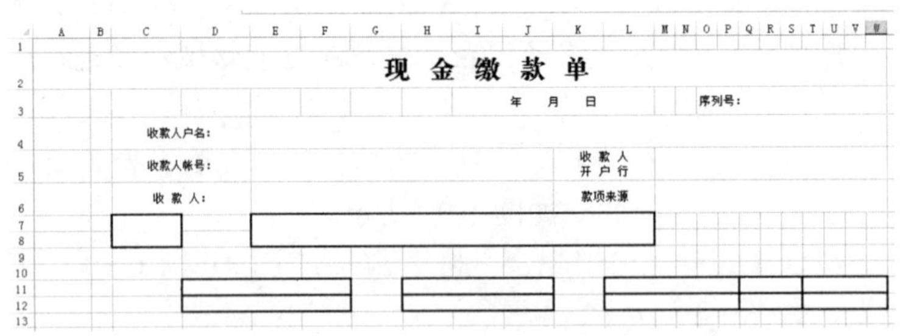

图 1-102 合并单元格

为了便于观察，将合并的单元格暂时添加一个黑色边框。最后需要将黑色边框取消。

step 15 在单元格中输入文字，并适当调整位置的对齐方式，完成后的效果如图 1-103 所示。

图 1-103 输入文字

step 16 选择第 13 行单元格，将其【行高】设置为 80，并对单元格进行合并，完成后的效果如图 1-104 所示。

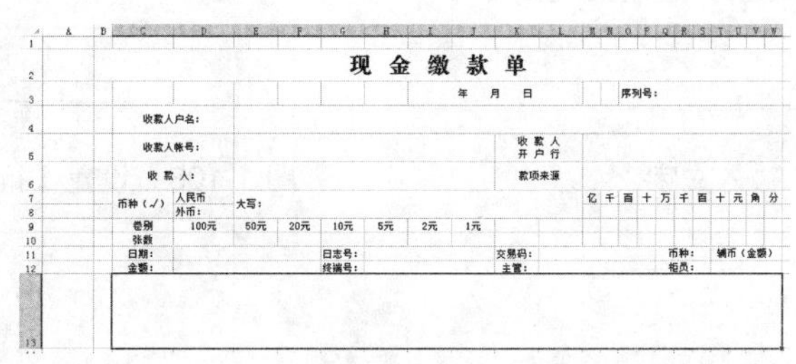

图 1-104 设置【行高】并合并单元格

step 17 分别将 B4:B10 和 B11:B13 单元格区域进行合并，如图 1-105 所示。

step 18 选择上一步合并的单元格，在功能区选择【开始】选项卡，在【对齐方式】选项组中单击【方向】按钮，在弹出的下拉菜单中选择【竖排文字】命令，如图 1-106 所示。

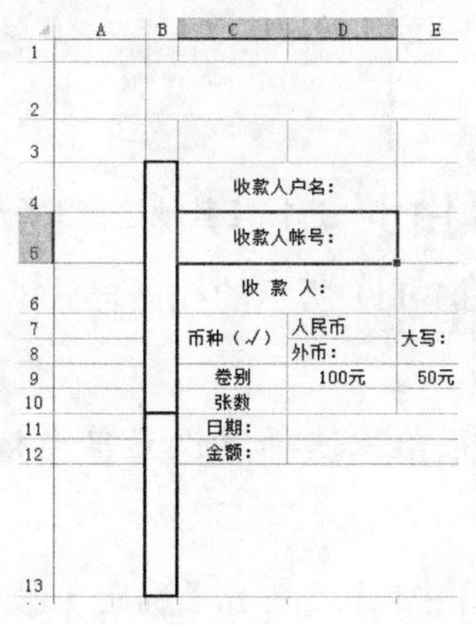

图 1-105 合并单元格

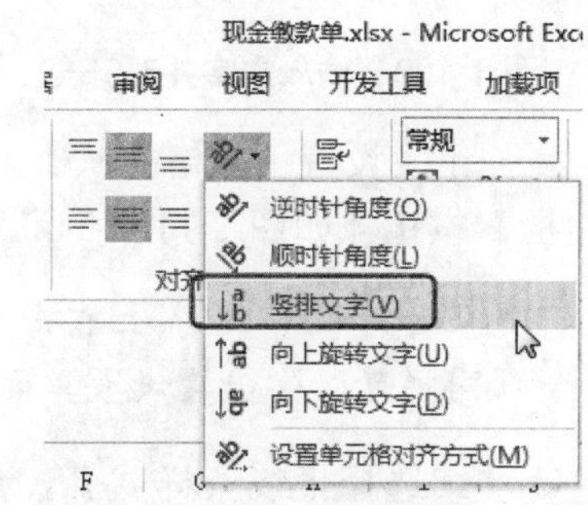

图 1-106 选择【竖排文字】命令

step 19 在上一步设置的单元格中输入文字，如图 1-107 所示。

step 20 使用前面讲过的方法，将第 14 行单元格的【行高】设置为 26，并将 M14:O14、P14:R14、S14:W14 单元格区域分别进行合并，如图 1-108 所示。

step 21 在第 14 行单元格中输入文字，并将其【对齐方式】设置为【居中对齐】，如图 1-109 所示。

step 22 在场景中选择 B4:W13 单元格区域，在【开始】选项卡的【字体】选项组中单击【边框设置】右侧的下三角按钮，在弹出的下拉菜单中选择【其他边框】命令，如图 1-110 所示。

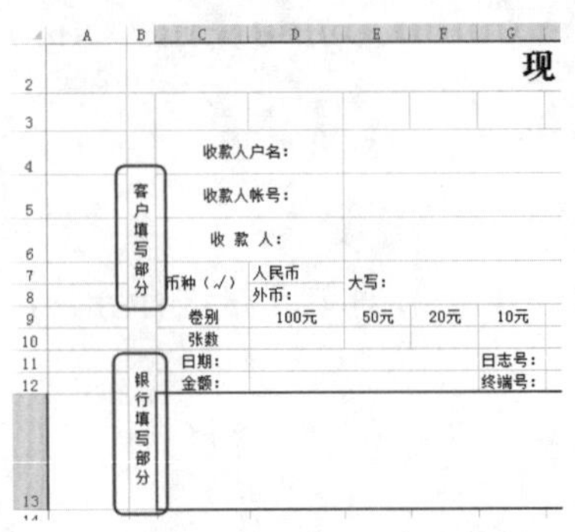

图 1-107 输入文字

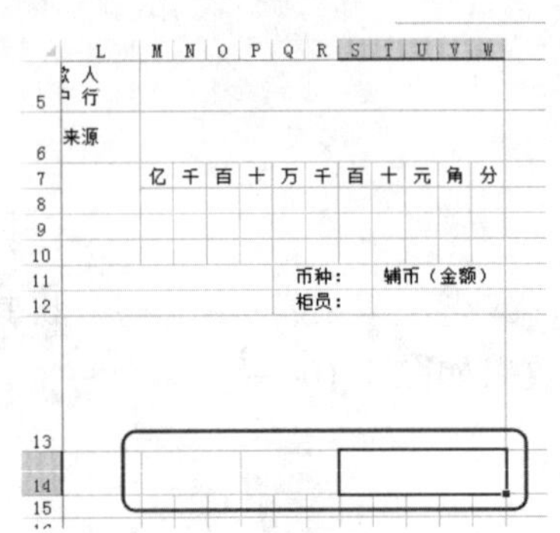

图 1-108 设置【行高】并合并单元格

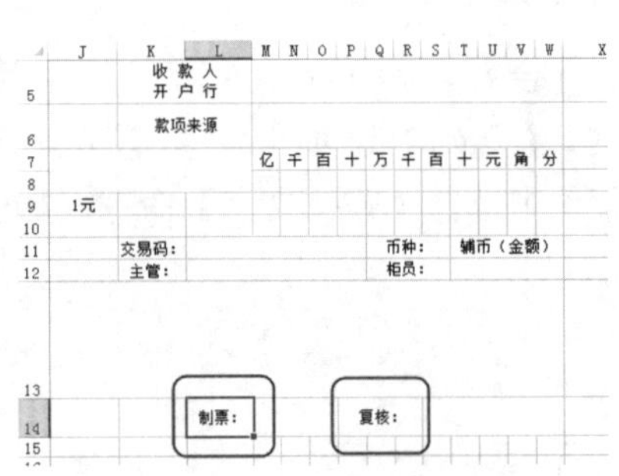

图 1-109 输入文字并对齐

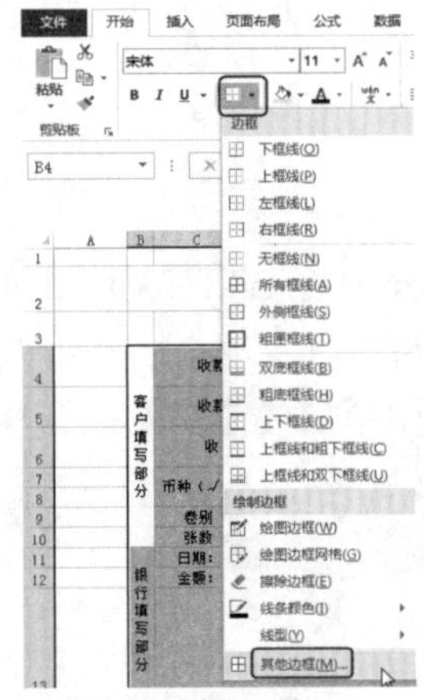

图 1-110 选择【其他边框】命令

step 23 弹出【设置单元格格式】对话框，选择如图 1-111 所示的线条样式，并单击【外边框】按钮，如图 1-111 所示。

在选择的单元格上右击，在弹出的快捷菜单中选择【设置单元格格式】命令，同样可以弹出【设置单元格格式】对话框。

step 24 继续选择【线条样式】，然后单击【内部】按钮，单击【确定】按钮，完成设置，如图 1-112 所示。

step 25 设置边框后的效果如图 1-113 所示。

step 26 在功能区选择【视图】选项卡，在【显示】选项组中取消选中【网格线】复选框，如图 1-114 所示。

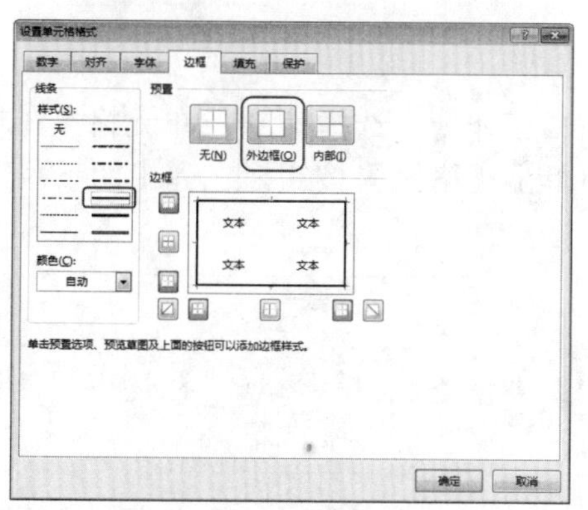

图 1-111　设置【外边框】

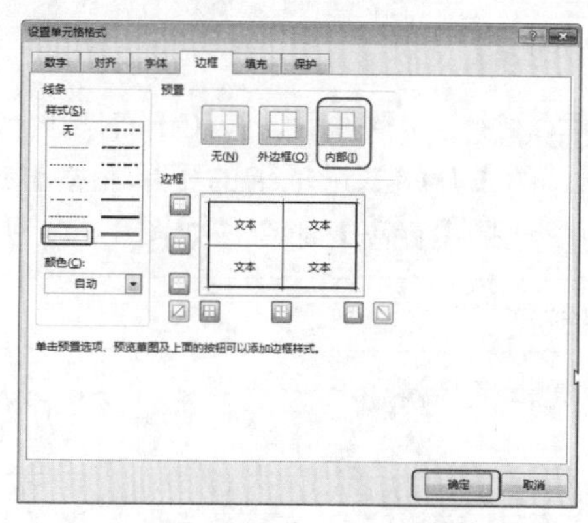

图 1-112　设置【内部】框线

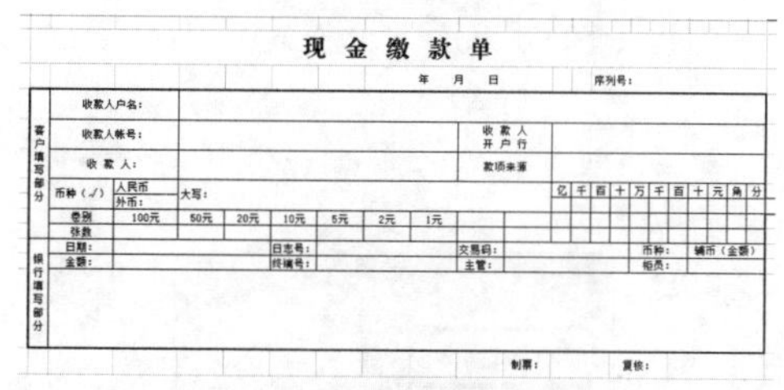

图 1-113　设置后的效果

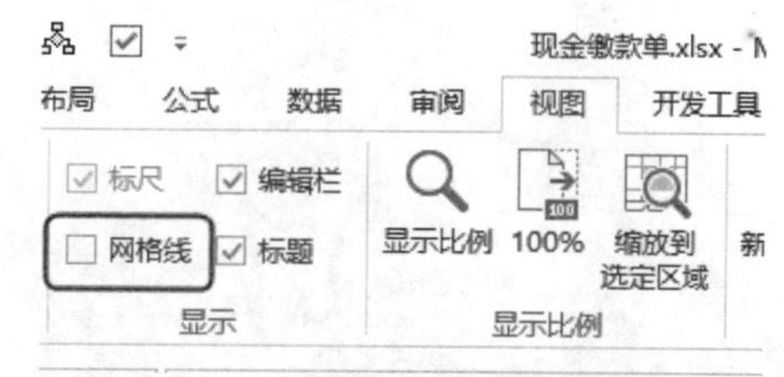

图 1-114　取消【网格线】的显示

案例精讲 005　凭证交接清单

案例文件：CDROM\场景\Cha01\凭证交接清单.xlsx

视频文件：视频教学\Cha01\凭证交接清单.avi

制作概述

本案例将讲解如何制作凭证交接清单，完成后的效果如图 1-115 所示。

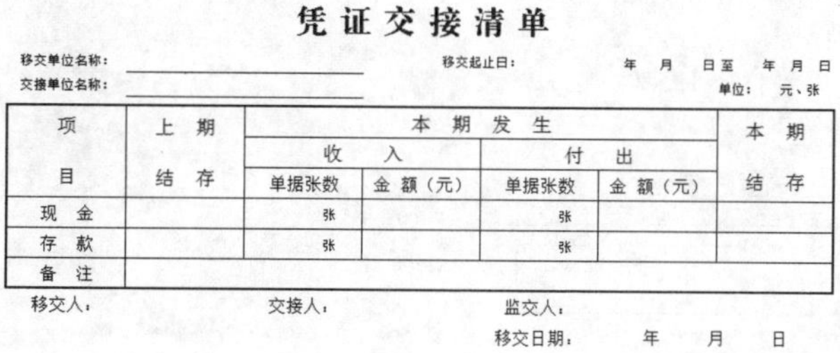

凭 证 交 接 清 单

移交单位名称：＿＿＿＿＿＿　　移交起止日：　年　月　日至　年　月　日

交接单位名称：＿＿＿＿＿＿　　单位：　元、张

项目	上期结存	本期发生				本期结存
		收入		付出		
		单据张数	金额（元）	单据张数	金额（元）	
现金		张		张		
存款		张		张		
备注						

移交人：　　交接人：　　监交人：

移交日期：　年　月　日

图 1-115　凭证交接清单

学习目标

- 学习凭证交接清单的制作。
- 掌握凭证交接清单的制作和单元格的基本操作。

操作步骤

step 01 启动软件后，按 Ctrl+N 组合键新建空白工作簿，选择第 2 行单元格，在功能区的【开始】选项卡的【单元格】选项组中单击【格式】按钮，在弹出的下拉菜单中选择【行高】命令，如图 1-116 所示。

知识链接

凭证交接清单是一种依据清单，为以后有什么事情查找提供依据，也是为了保护制表者。

step 02 弹出【行高】对话框，将【行高】设置为 45，单击【确定】按钮，如图 1-117 所示。

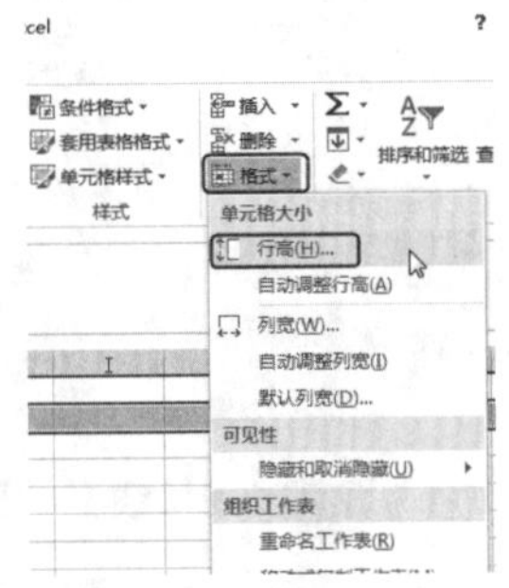

图 1-116　选择【行高】命令

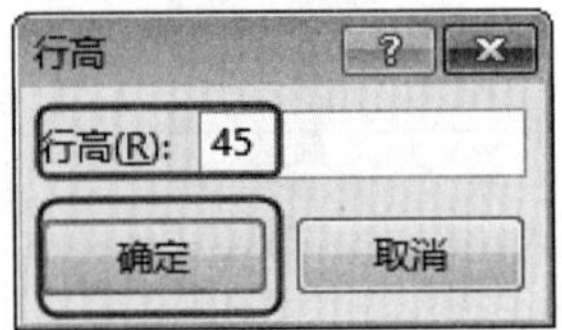

图 1-117　设置【行高】

step 03 选择 B2:H2 单元格区域，在功能区的【开始】选项卡的【对齐方式】选项组中单击【合并后居中】按钮，将其合并，如图 1-118 所示。

step 04 选择 B 列至 H 列单元格区域，在其字母列位置右击，在弹出的快捷菜单中选择【列宽】命令，如图 1-119 所示。

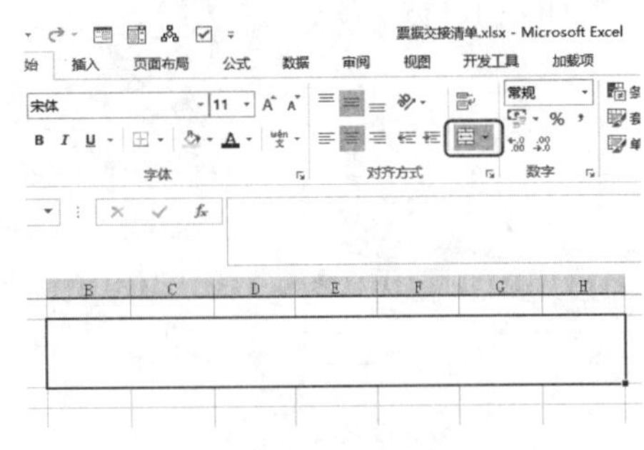

图 1-118　合并单元格

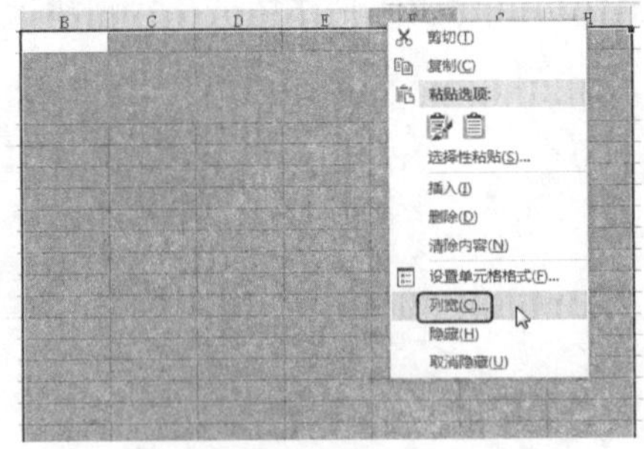

图 1-119　选择【列宽】命令

step 05 弹出【列宽】对话框，将【列宽】设置为 15，效果如图 1-120 所示。

step 06 在合并的单元格中配合空格键输入【凭证交接清单】，在【字体】选项组中将【字体】设置为【方正大标宋简体】，【字号】设置为 26，如图 1-121 所示。

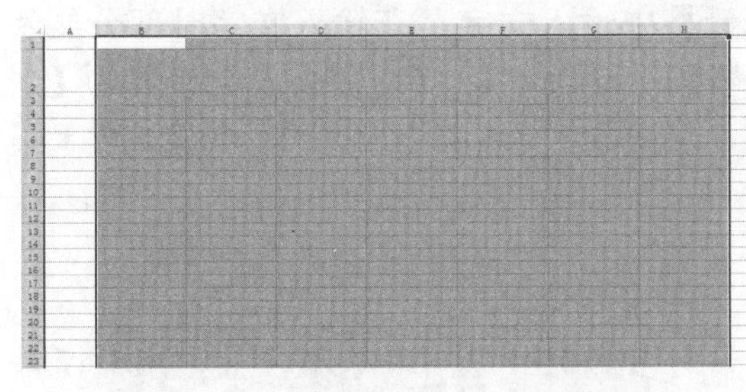

图 1-120 设置单元格的【列宽】

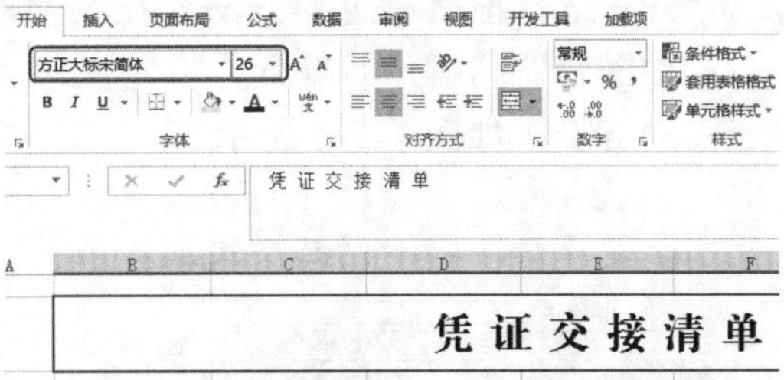

图 1-121 输入文字并设置其属性

step 07 使用前面讲过的方法，将第 3、4 行单元格的【行高】设置为 20，并将 C3:D3、C4:D4、E3:F3 单元格区域分别进行合并，如图 1-122 所示。

step 08 依次选择上一步合并的两个单元格，在功能区的【开始】选项卡的【字体】选项组中单击【边框】按钮，在弹出的下拉菜单中选择【下框线】命令，如图 1-123 所示。

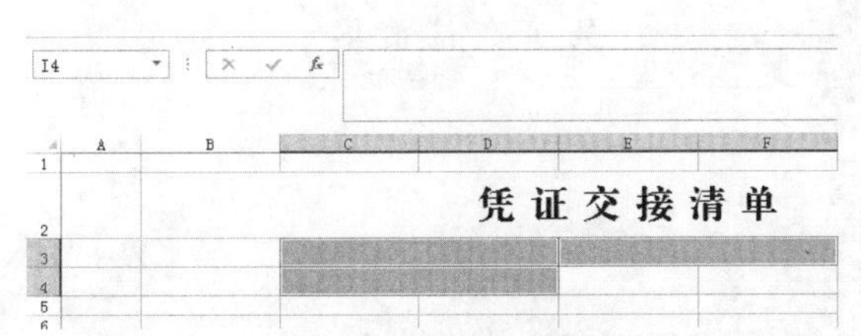

图 1-122 合并单元格

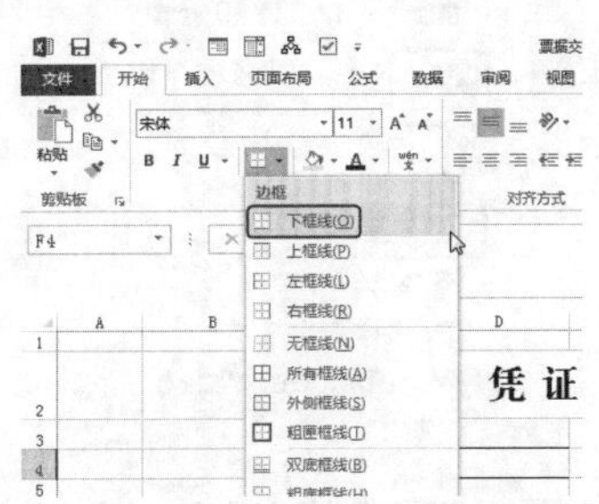

图 1-123 选择【下框线】命令

step 09 在其他的单元格中配合空格键输入文字，并将其【对齐方式】设置为【居中对齐】，完成后的效果如图 1-124 所示。

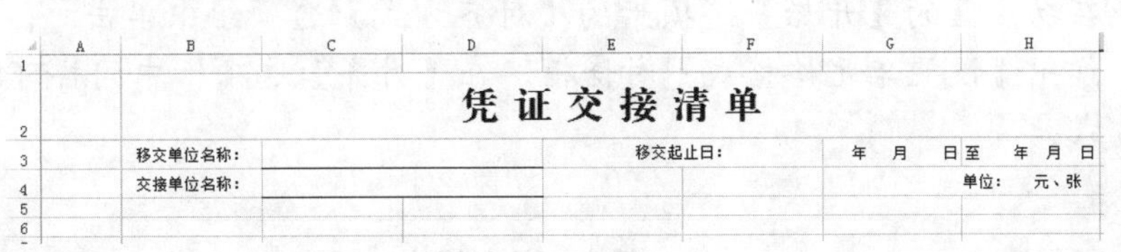

图 1-124 输入文字

step 10 使用前面讲过的方法，将第 5 行单元格的【行高】设置为 8，将第 6～13 行单元格的【行高】设置为 25，如图 1-125 所示。

step 11 使用前面介绍的方法对 B6:B8、C6:C8、D6:G6、H6:H8、D7:E7、F7:G7、C11:H11、G13:H13 单元格区域分别进行合并，如图 1-126 所示。

提示 上一步合并单元格外侧的黑色边框为了便于读者观察，属于后期加的，不在制表过程中。

step 12 选择 B6:B8 单元格区域，在功能区中选择【开始】选项卡，在【对齐方式】选项组中单击【方向】按钮，在弹出的下拉菜单中选择【竖排文字】命令，如图 1-127 所示。

step 13 结合前面讲过的方法，在其他的单元格中输入文字，在输入文字时部分文字需要配合空格键进行输入，并将文字【字号】设置为 16，【对齐方式】设置为【居中对齐】，如图 1-128 所示。

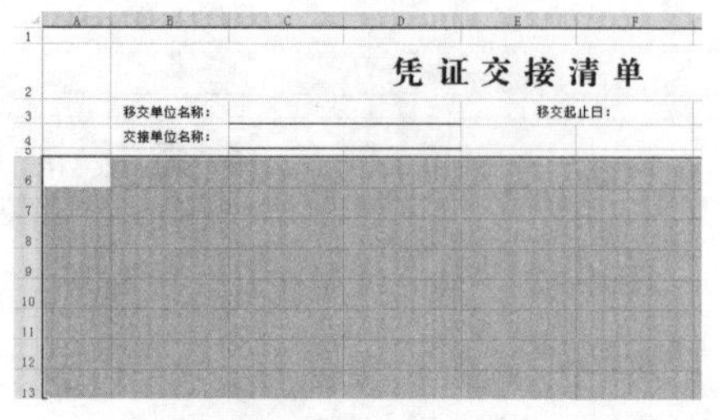

图 1-125　设置单元格的【行高】

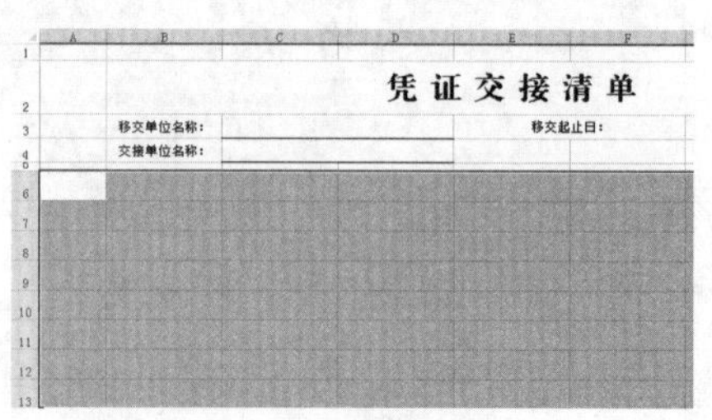

图 1-126　合并单元格

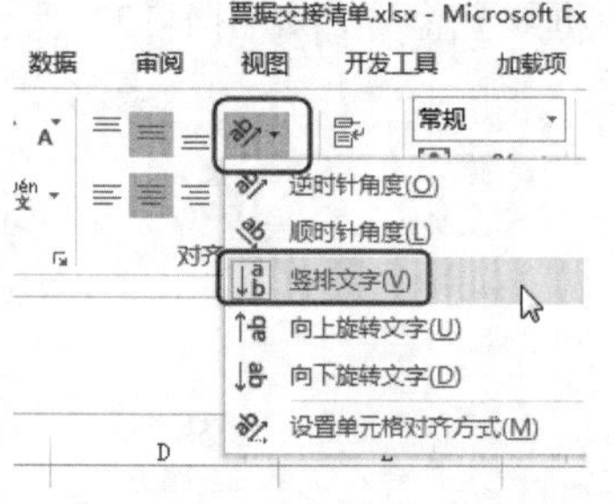

图 1-127　选择【竖排文字】命令

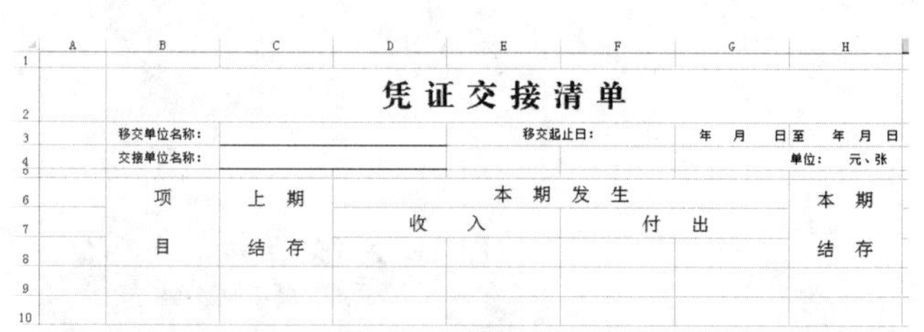

图 1-128　输入文字

step 14 继续配合空格键输入文字，将文字的【字号】设置为 14，并将其【对齐方式】设置为【居中对齐】，如图 1-129 所示。

提示

在功能区的【开始】选项卡的【对齐方式】选项组中单击(启动对话框)按钮，弹出【设置单元格格式】对话框，在【对齐】选项卡中同样可以设置文字对齐方式。

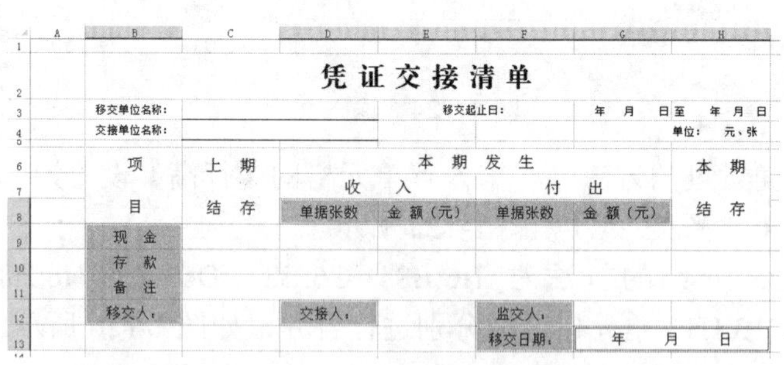

图 1-129　输入文字

step 15 分别在 D9、D10、F9、F10 单元格中配合空格键输入文字【张】，并将其【对齐方式】设置为【居中对齐】，如图 1-130 所示。

step 16 在场景中选择 B6:H11 单元格区域，在【开始】选项卡的【字体】选项组中单击【边框】按钮，在弹出的下拉菜单中选择【其他边框】命令，如图 1-131 所示。

图 1-130　输入文字

图 1-131　选择【其他边框】命令

step 17 弹出【设置单元格格式】对话框，在【线条】选项组的【样式】列表框中选择如图 1-132 所示的线条样式，并单击【外边框】按钮，如图 1-132 所示。

step 18 再次选择线条样式，然后单击【内部】按钮，并单击【确定】按钮，如图 1-133 所示。

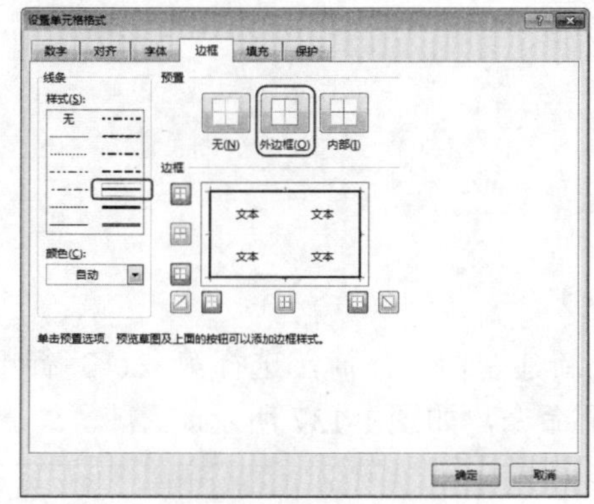

图 1-132　设置单元格格式

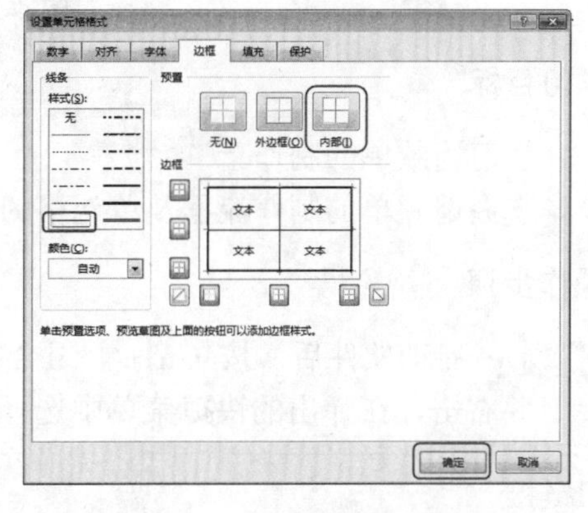

图 1-133　设置【内部】框线

step 19 设置边框后的效果如图 1-134 所示。

step 20 在功能区中选择【视图】选项卡，在【显示】选项组中取消选中【网格线】复选框，显示效果如图 1-135 所示。

凭证交接清单

移交单位名称：　　移交起止日：　　年　月　日至　年　月　日

交接单位名称：　　单位：元、张

项目	上期结存	本期发生				本期结存
		收入		付出		
		单据张数	金额（元）	单据张数	金额（元）	
现金		张		张		
存款		张		张		
备注						

移交人：　　交接人：　　监交人：

移交日期：　　年　月　日

图 1-134　设置边框后的效果

凭证交接清单

移交单位名称：　　移交起止日：　　年　月　日至　年　月　日

交接单位名称：　　单位：元、张

项目	上期结存	本期发生				本期结存
		收入		付出		
		单据张数	金额（元）	单据张数	金额（元）	
现金		张		张		
存款		张		张		
备注						

移交人：　　交接人：　　监交人：

移交日期：　　年　月　日

图 1-135　取消选中【网格线】后的效果

案例精讲 006　请款单

案例文件：CDROM\场景\Cha01\请款单.xlsx

视频文件：视频教学\Cha01\请款单.avi

制作概述

本案例将讲解如何制作请款单，其操作重点是单元格的合并及竖排文字的创建。完成后的效果如图 1-136 所示。

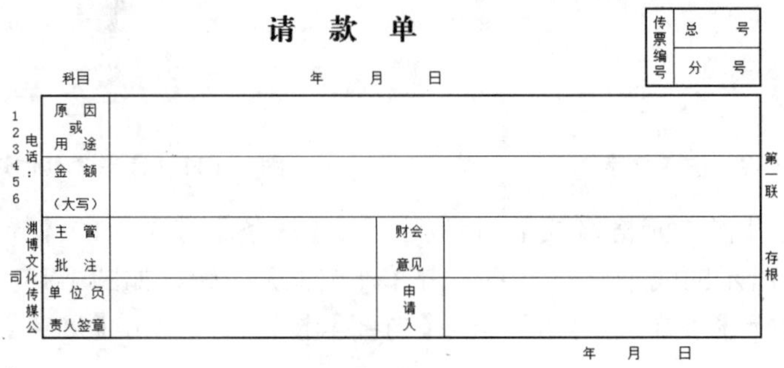

请　款　单

传票编号	总　号
	分　号

科目　　年　月　日

原因或用途			
金额（大写）			
主管批注		财会意见	
单位负责人签章		申请人	

电话：123456

淄博文化传媒公司

第一联　存根

年　月　日

图 1-136　请款单

学习目标

- 学习请款单的制作。
- 掌握请款单的制作流程及单元格的基本操作。

操作步骤

step 01 启动软件后，按 Ctrl+N 组合键，弹出新建空白工作簿，选择第 2、3 行单元格并右击，在弹出的快捷菜单中选择【行高】命令，如图 1-137 所示。

知识链接

请款单是请予付款的申请单据。

请款单可根据具体情况自行设计，一般有标题、请款事由及日期等。请款单是财务支付款项的原始凭证。

请款单作为单位内部因业务发生向有关领导进行申请的传递凭证，一般应经过单位内部审批流程，部门和分管领导审核，最后由主管领导签字批准，财务以此作为付款的依据。

step 02 弹出【行高】对话框，将【行高】设置为 32，单击【确定】按钮，如图 1-138 所示。

step 03 选择 C2:K2 单元格区域，在功能区的【开始】选项卡的【对齐方式】选项组中单击【合并后居中】按钮，如图 1-139 所示。

当用户第一步使用【合并后居中】命令后，系统会自动以该命令为主显示，如上一步中选择的【合并后居中】选项，则该选择为主显示选项。

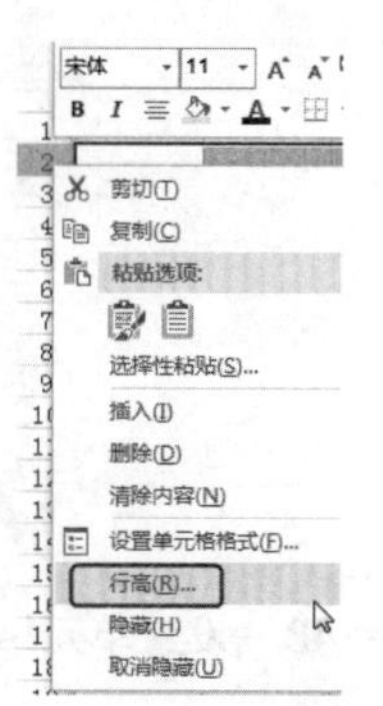
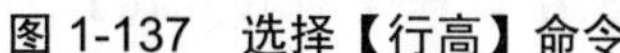

图 1-137　选择【行高】命令

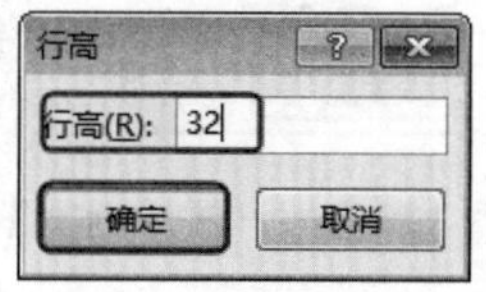

图 1-138　设置【行高】

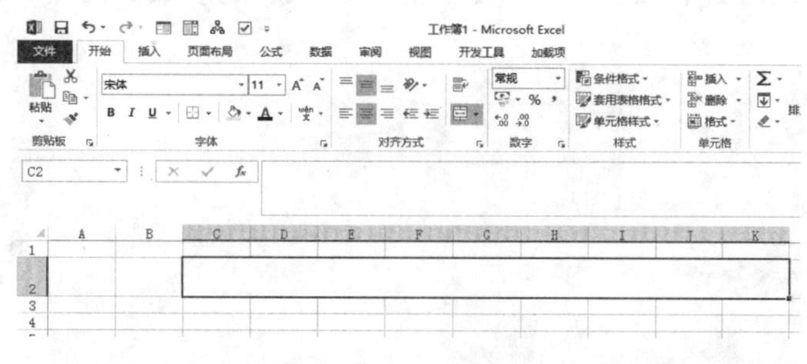

图 1-139　合并单元格

step 04 在上一步合并的单元格中配合空格键输入【请款单】文字，将其【字体】设置为【方正大标宋简体】，将【字号】设置为 24，如图 1-140 所示。

step 05 选择 L 列单元格并右击，在弹出的快捷菜单中选择【列宽】命令，如图 1-141 所示。

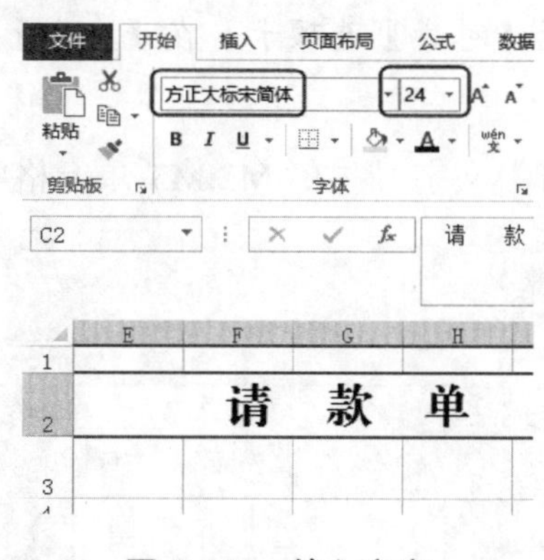

图 1-140　输入文字

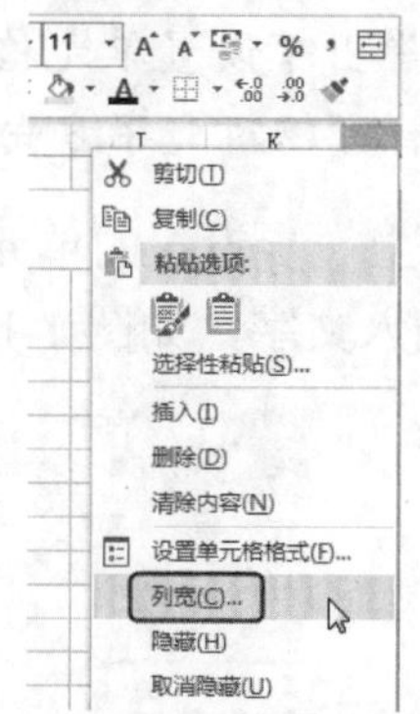

图 1-141　选择【列宽】命令

step 06 弹出【列宽】对话框，将【列宽】设置为 3，并单击【确定】按钮，如图 1-142 所示。

step 07 使用同样的方法，将 M 列单元格的【列宽】设置为 11，如图 1-143 所示。

step 08 在场景中选择 D3:E3、F3:I3、L2:L3 单元格区域，在【对齐方式】选项组中单击【合并后居中】按钮，如图 1-144 所示。

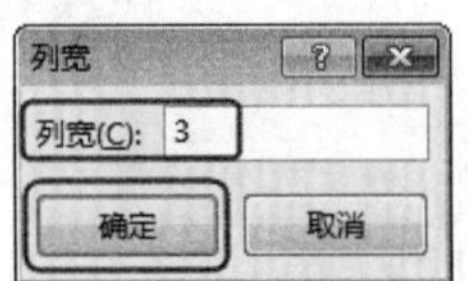

图 1-142　设置【列宽】

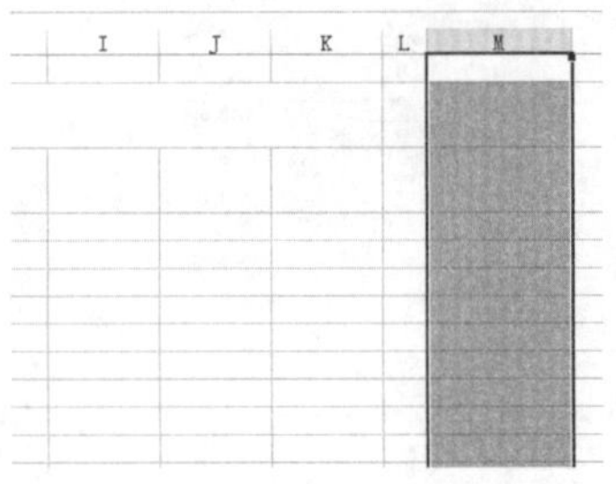

图 1-143　设置单元格宽度

step 09 在 C3、F3:I3 单元格区域中配合空格键输入文字，在【对齐方式】选项组中分别单击【低端对齐】和【居中对齐】按钮，完成后的效果如图 1-145 所示。

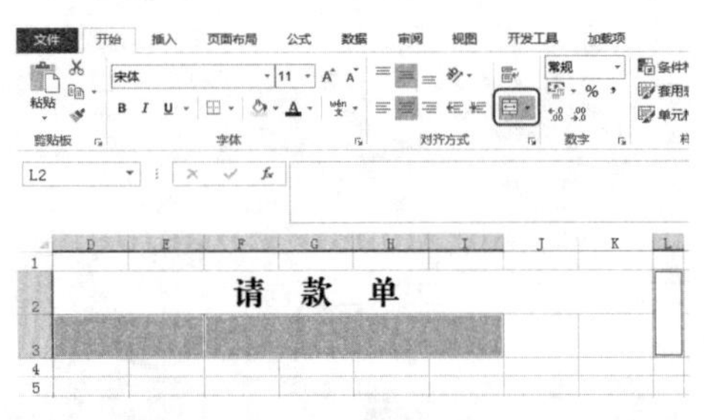

图 1-144　合并单元格

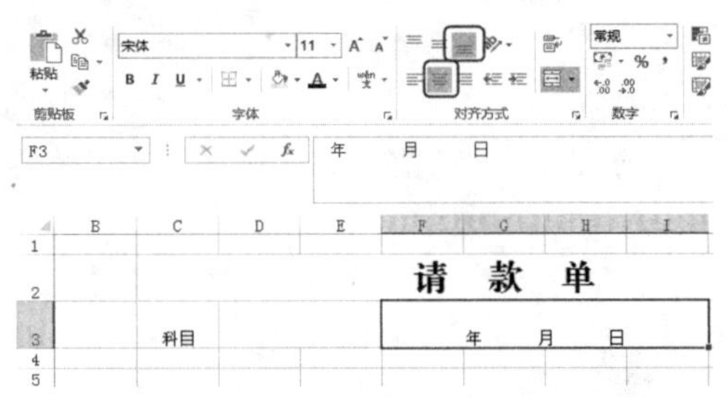

图 1-145　输入文字设置对齐方式

step 10 选择 L2:L3 单元格区域，在功能区选择【开始】选项卡，在【对齐方式】选项组中单击【方向】按钮，在弹出的下拉菜单中选择【竖排文字】命令，如图 1-146 所示。

在选择的单元格上右击，在弹出的快捷菜单中选择【设置单元格格式】命令，弹出【设置单元格格式】对话框，选择【对齐】选项卡，在【方向】选项组中同样可以对文字方向进行设置。

step 11 在上一步设置的单元格中输入【传票编号】文字，并在 M2:M3 单元格中配合空格键输入文字，如图 1-147 所示。

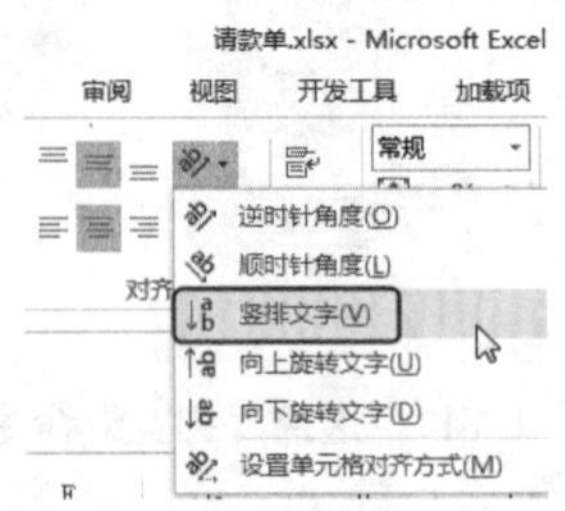

图 1-146　选择【竖排文字】命令

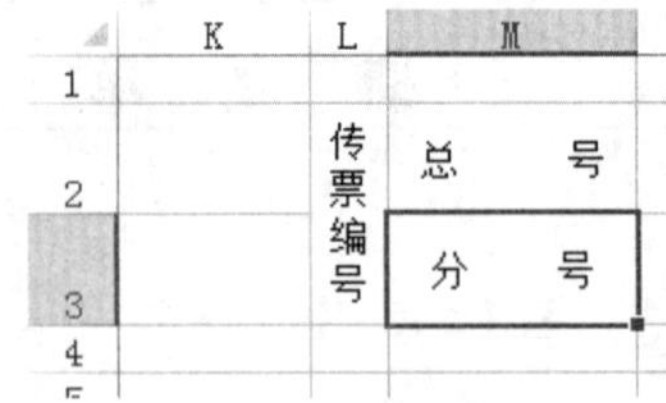

图 1-147　输入文字

step 12 选择 L2:M3 单元格区域，在功能区选择【开始】选项卡，在【字体】选项组中单击【边框】按钮，在弹出的下拉菜单中选择【其他边框】命令，如图 1-148 所示。

step 13 弹出【设置单元格格式】对话框，在【边框】选项卡中选择如图 1-149 所示的线

条样式，然后单击【外边框】按钮，如图 1-149 所示。

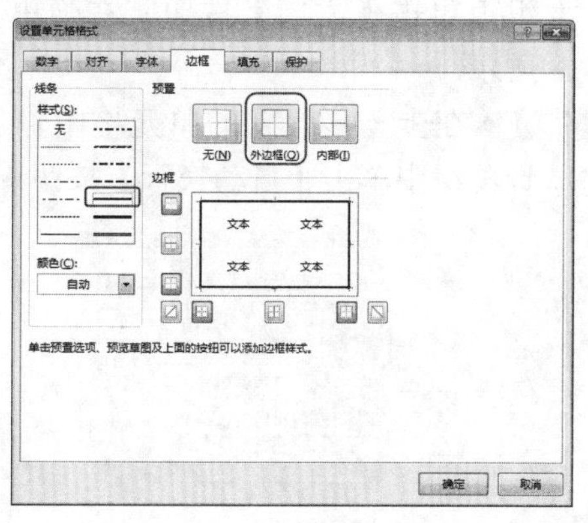

图 1-148　选择【其他边框】命令

图 1-149　设置【外边框】

step 14 继续在【边框】选项卡中选择线条样式，然后单击【内部】选项，再次单击【确定】按钮，如图 1-150 所示。

step 15 设置完成后的效果如图 1-151 所示。

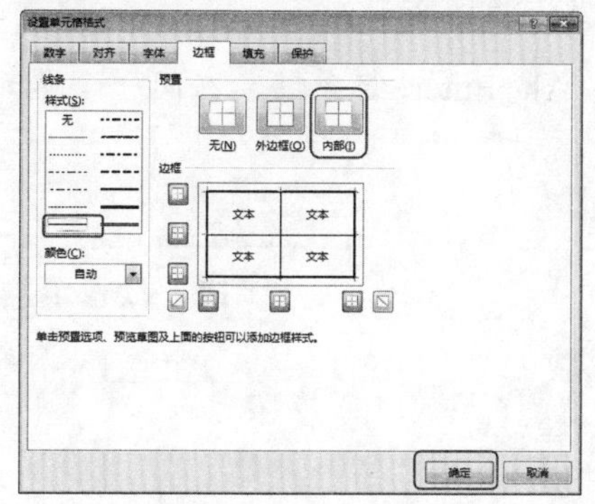

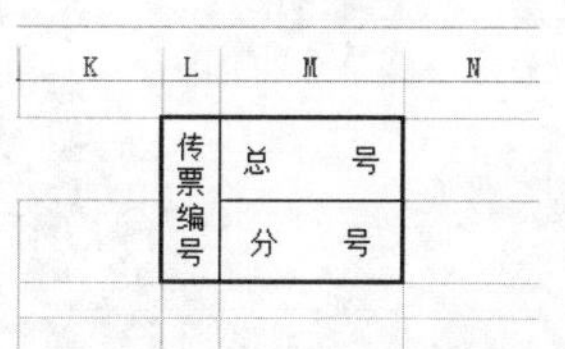

图 1-150　设置【内部】框线

图 1-151　完成后的效果

step 16 使用前面讲过的方法，将第 4 行的【行高】设置为 8，第 5～8 行单元格的【行高】设置为 50，第 9 行的【行高】设置为 25，效果如图 1-152 所示。

step 17 使用前面讲过的方法，将 B5:B6、B7:B8、D5:M5、D6:M6、D7:G7、I7:M7、D8:G8、I8:M8 单元格区域分别进行合并，如图 1-153 所示。

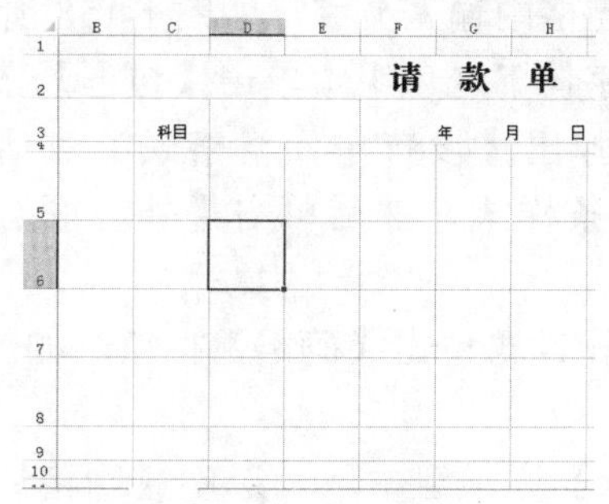

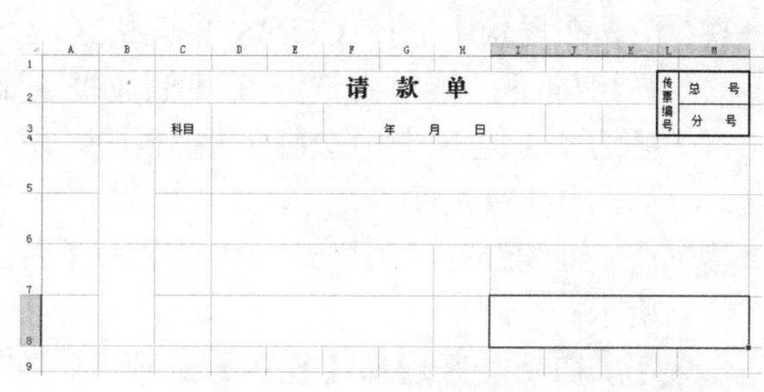

图 1-152　设置单元格行高

图 1-153　合并单元格

step 18 选择 B5:B6 单元格区域，在功能区选择【开始】选项卡，在【对齐方式】选项组中单击【方向】按钮，在弹出的下拉菜单中选择【竖排文字】命令，如图 1-154 所示。

step 19 在上一步设置的单元格中输入【电话：123456】，输入完成后在【对齐方式】选项组中单击【自动换行】按钮和【右对齐】方式，完成后效果如图 1-155 所示。

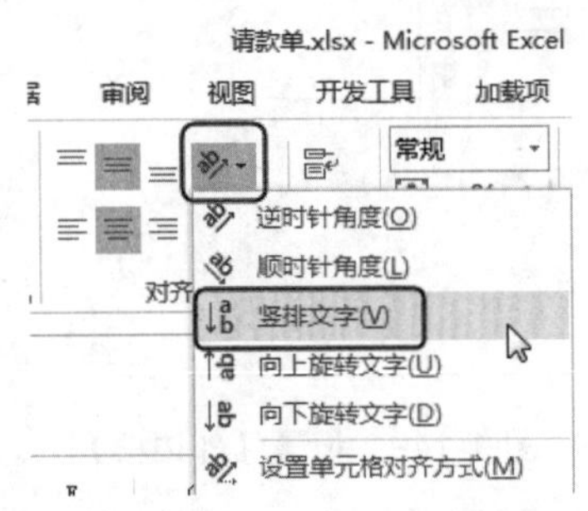

图 1-154 选择【竖排文字】命令

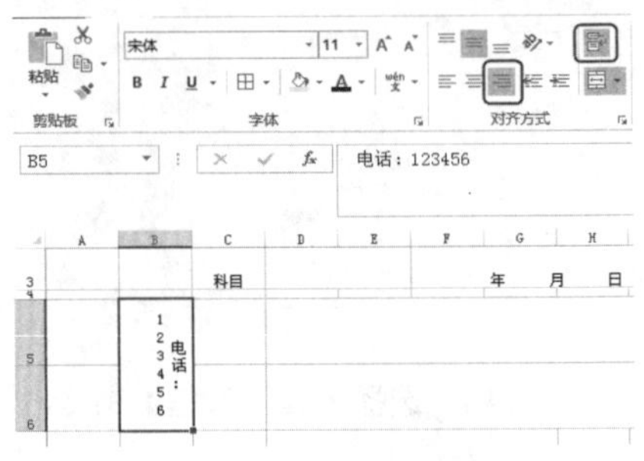

图 1-155 输入文字

step 20 使用同样的方法在 B7:B8、H8 单元格中输入竖排文字，如图 1-156 所示。

step 21 在其他的单元格中输入横排文字，如图 1-157 所示。

提示 在输入上一步文字时，用户可以按住 Alt+Enter 组合键，在同一个单元格内进行换行。

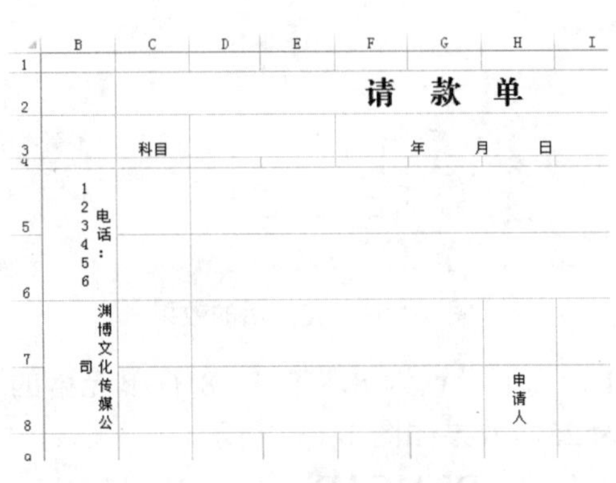

图 1-156 输入竖排文字

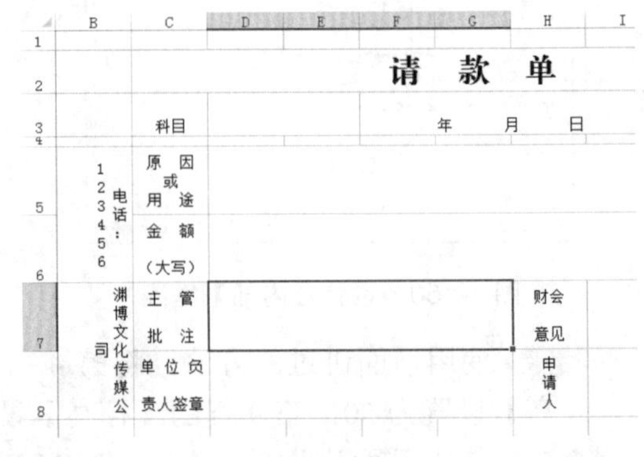

图 1-157 输入横排文字

step 22 使用前面讲过的方法在 N5:N8、J9:M9 单元格中输入文字，如图 1-158 所示。

step 23 在场景中选择 C5:M8 单元格区域，在【字体】选项组中单击【边框】按钮，在弹出的下拉菜单中选择【其他边框】命令，弹出【设置单元格格式】对话框，在【边框】选项卡中选择如图 1-159 所示的线条样式，然后单击【外边框】选项，如图 1-159 所示。

step 24 继续选择线条样式，然后单击【内部】按钮，再单击【确定】按钮，如图 1-160 所示。

step 25 在功能区选择【视图】选项卡，在【显示】选项组中取消选中【网格线】复选框，完成后的效果如图 1-161 所示。

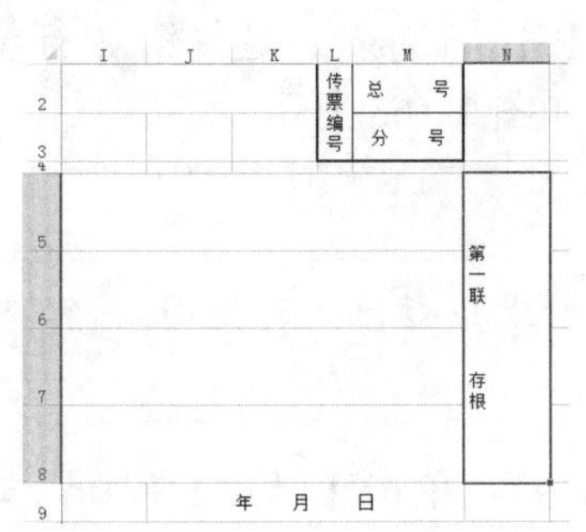

图 1-158　合并单元格并输入文字

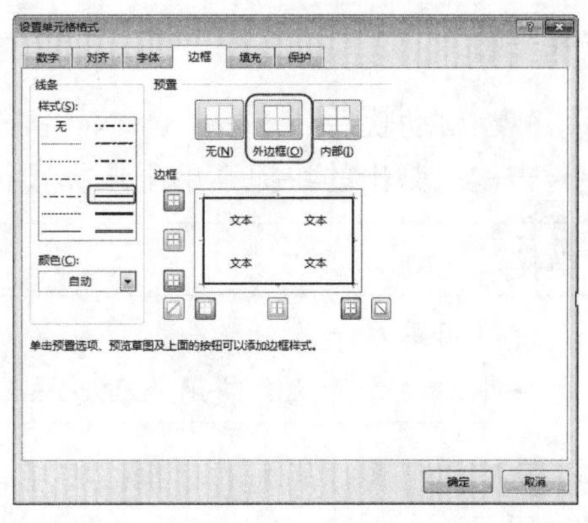

图 1-159　设置【外边框】

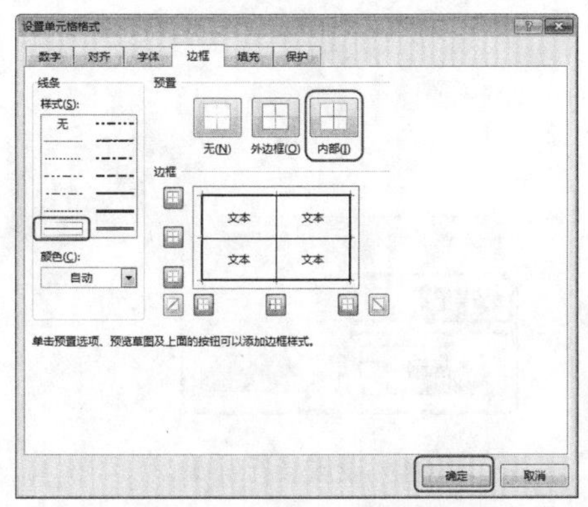

图 1-160　设置【内部】框线

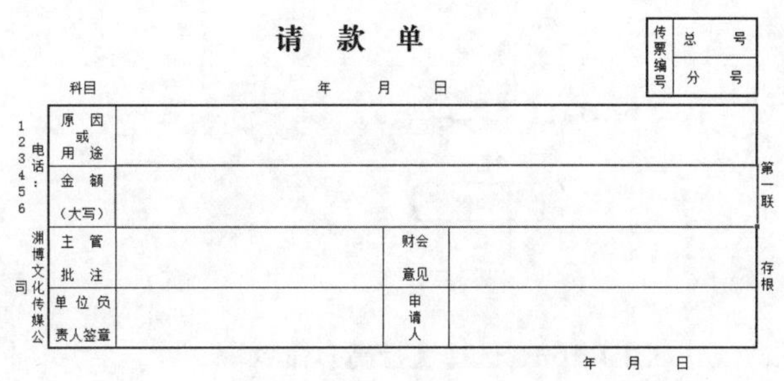

图 1-161　完成后的效果

案例精讲 007　支出证明单

案例文件：CDROM\场景\Cha01\支出证明单.xlsx

视频文件：视频教学\Cha01\支出证明单.avi

制作概述

本案例将讲解如何制作支出证明单，其制作技巧重点是单元格的基本操作以及单元格格式的应用。完成后的效果如图 1-162 所示。

学习目标

- 学习支出证明单的制作。
- 掌握支出证明单的制作流程及单元格的基本操作。

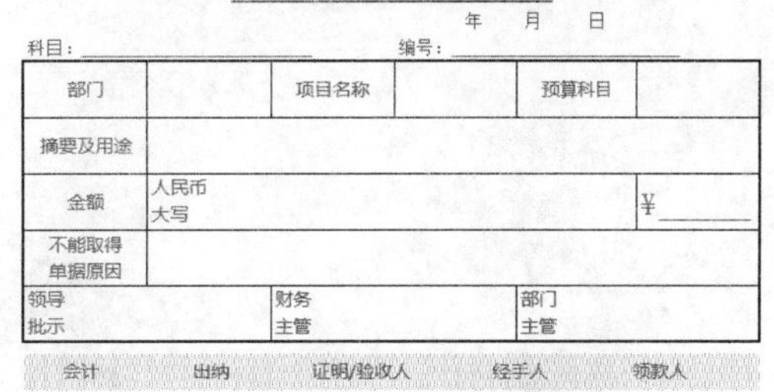

支出证明单

年　月　日

科目：________　编号：________

部门		项目名称		预算科目	
摘要及用途					
金额	人民币 大写				¥______
不能取得单据原因					
领导批示		财务主管		部门主管	

会计　出纳　证明/验收人　经手人　领款人

图 1-162　支出证明单

操作步骤

step 01 启动软件后，按 Ctrl+N 组合键，弹出新建空白工作簿，选择第 2 行单元格并右击，在弹出的快捷菜单中选择【行高】命令，如图 1-163 所示。

知识链接

支出证明单属于收款、付款等相关类别，在付现金或银行付款时使用(现金较少)，也可以在给外部人员付款时使用，但也要附上原始凭证。

step 02 弹出【行高】对话框，将【行高】设置为 47，单击【确定】按钮，如图 1-164 所示。

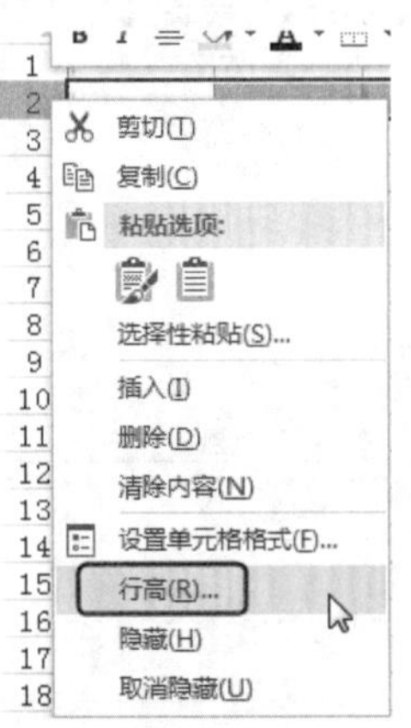

图 1-163　选择【行高】命令

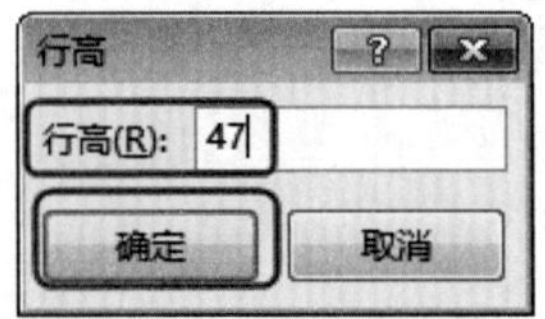

图 1-164　设置【行高】

step 03 选择 B 列至 G 列单元格，在功能区选择【开始】选项卡，在【单元格】选项组中单击【格式】按钮，在弹出的下拉菜单中选择【列宽】命令，如图 1-165 所示。

step 04 弹出【列宽】对话框，将【列宽】设置为 12，并单击【确定】按钮，如图 1-166 所示。

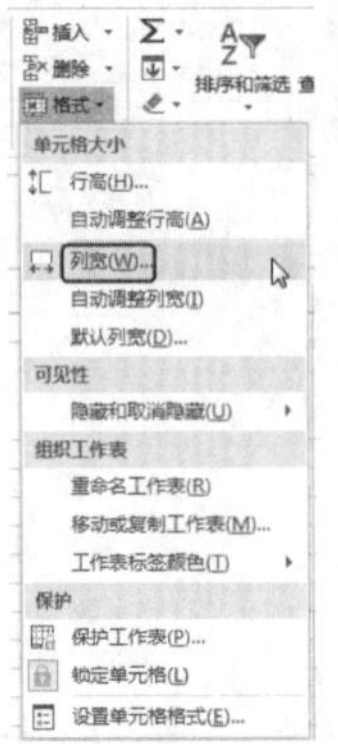

图 1-165　选择【列宽】命令

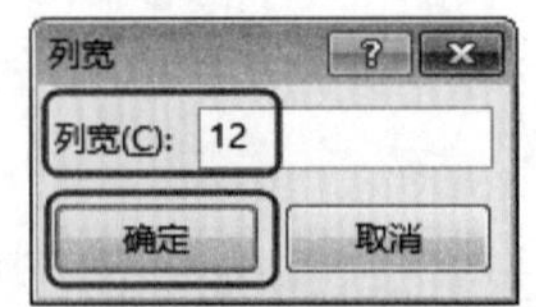

图 1-166　设置【列宽】

step 05 在场景中选择 B2:G2 单元格区域，在功能区的【开始】选项卡的【对齐方式】

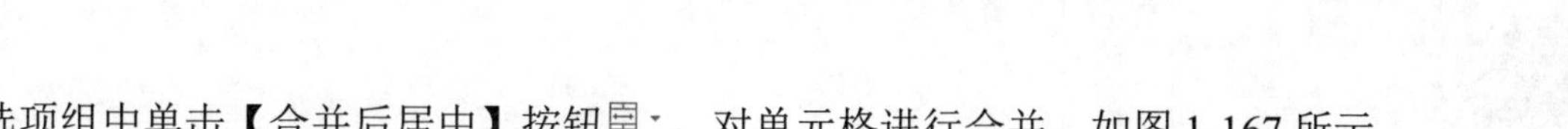

选项组中单击【合并后居中】按钮，对单元格进行合并，如图 1-167 所示。

step 06 在合并的单元格中配合空格键输入【支出证明单】，将【字体】设置为【方正大标宋简体】，【字号】设置为 28，如图 1-168 所示。

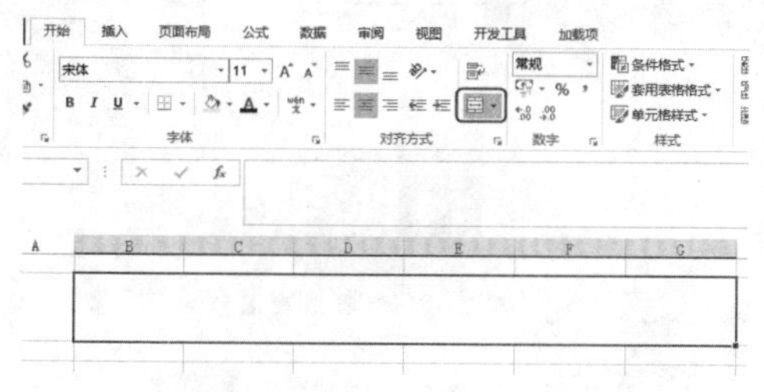

图 1-167 合并单元格

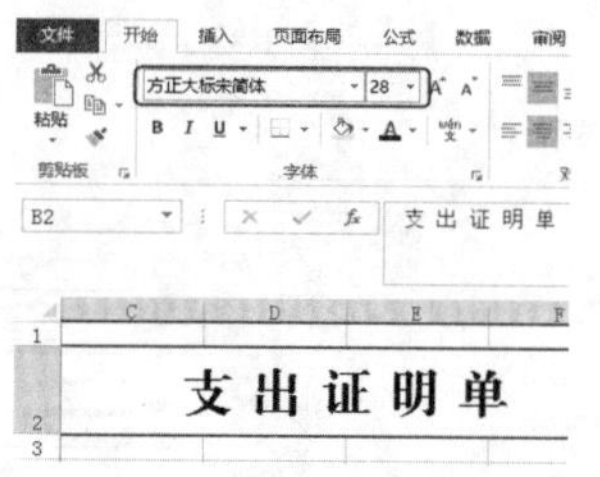

图 1-168 输入文字

step 07 继续选择合并的单元格，在【字体】选项组中单击【字体颜色】后面的下三角按钮，在弹出的下拉菜单中选择【橙色，着色 2，深色 25%】命令，如图 1-169 所示。

在下拉菜单中选择【其他颜色】命令，在弹出的【颜色】对话框中可以自定义文字的颜色。

step 08 在功能区选择【插入】选项卡，在【插图】选项组中单击【插图】按钮，在弹出的下拉列表中选择【形状】，并单击【形状】下的下三角按钮，在弹出的下拉列表中选择【线条】选项组中的【直线】选项，如图 1-170 所示。

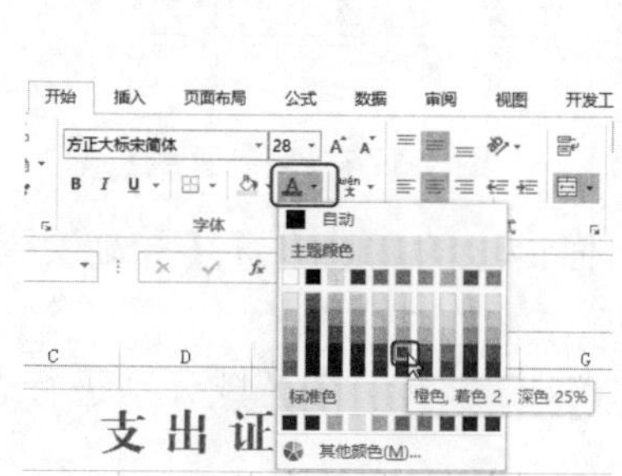

图 1-169 设置字体颜色

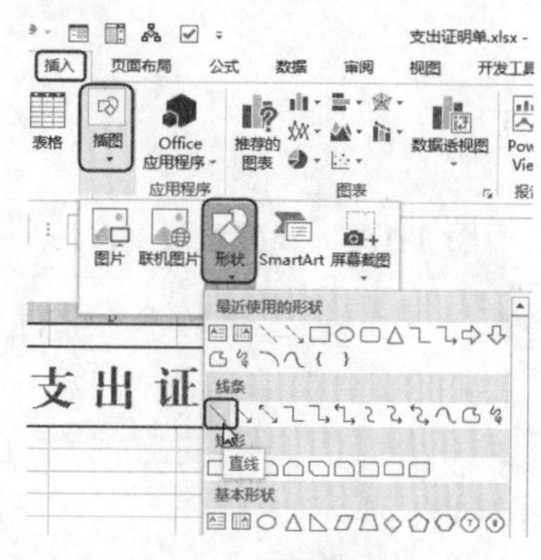

图 1-170 选择【直线】选项

step 09 在场景中按住 Shift 键绘制直线，选择绘制的直线，切换到功能区【绘图工具】下的【格式】选项卡，在【形状样式】选项组中单击【形状轮廓】按钮，在弹出的下拉菜单中选择【粗细】命令，在弹出的子菜单中选择【1.5 磅】，如图 1-171 所示。

在绘制直线时，用户可以按住 Shift 键进行绘制，这样可以绘制垂直或水平的直线。绘制形状时，用户也可以按住 Shift 键，这样可以绘制正形状，比如按住 Shift 键绘制椭圆，可以绘制出正圆。

step 10 确认直线处于选中状态，继续单击【形状轮廓】按钮，在弹出的下拉菜单中选择【橙色，着色 2，深色 25%】命令，如图 1-172 所示。

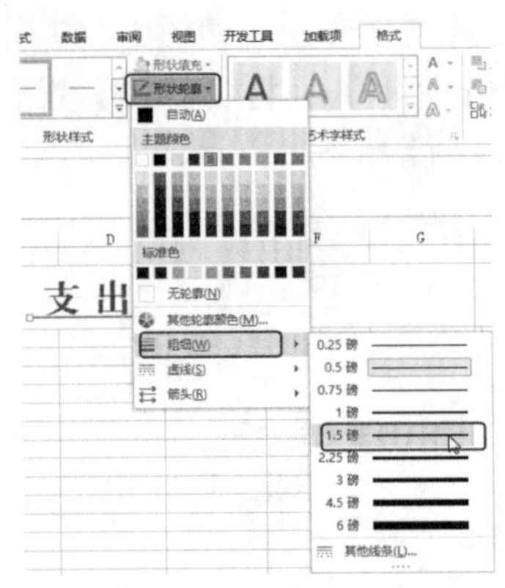

图 1-171 设置直线的粗细

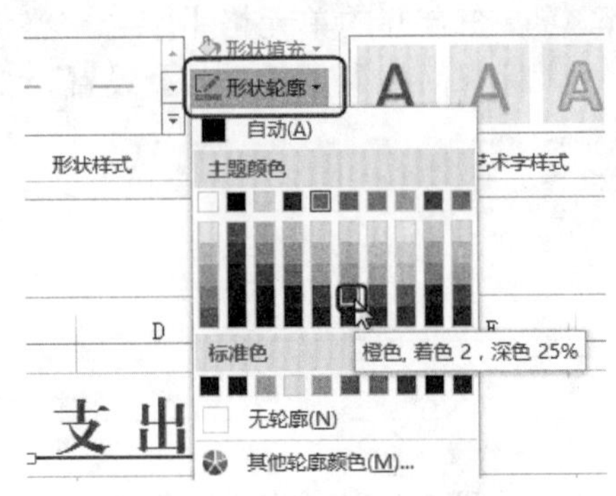

图 1-172 设置线条颜色

step 11 确认直线处于选择状态，在功能区的【绘图工具】下的【格式】选项卡，选择【大小】选项组，将【形状宽度】设置为 7 厘米，并在图中调整直线的位置，如图 1-173 所示。

step 12 选择上一步创建的直线，按 Ctrl+C 组合键进行复制，按 Ctrl+V 组合键进行粘贴，并调整位置，如图 1-174 所示。

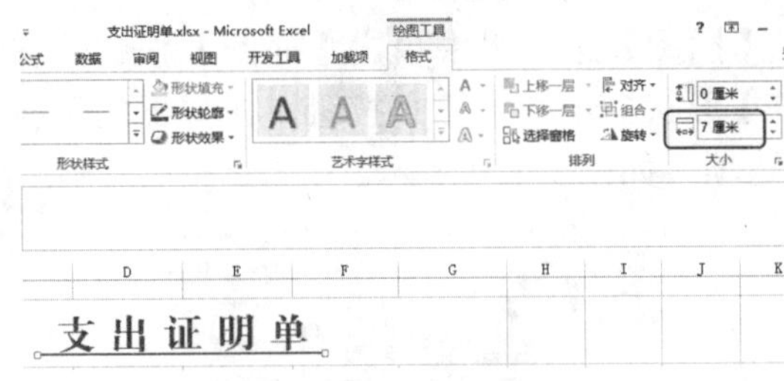

图 1-173 设置直线宽度

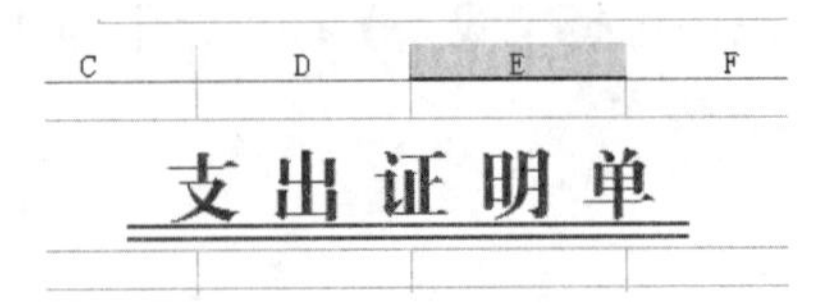

图 1-174 复制直线

step 13 在场景中选择第 3、4 行单元格，使用前面讲过的方法设置【行高】为 17，如图 1-175 所示。

step 14 使用前面介绍的方法对 E3:G3、B4:D4、E4:G4 单元格区域分别进行合并，如图 1-176 所示。

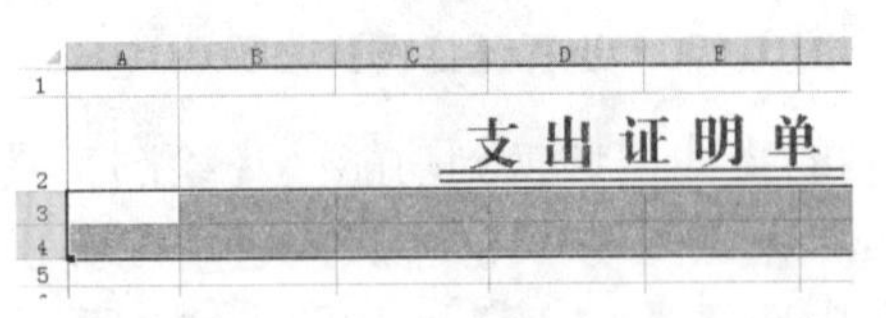

图 1-175 设置【行高】

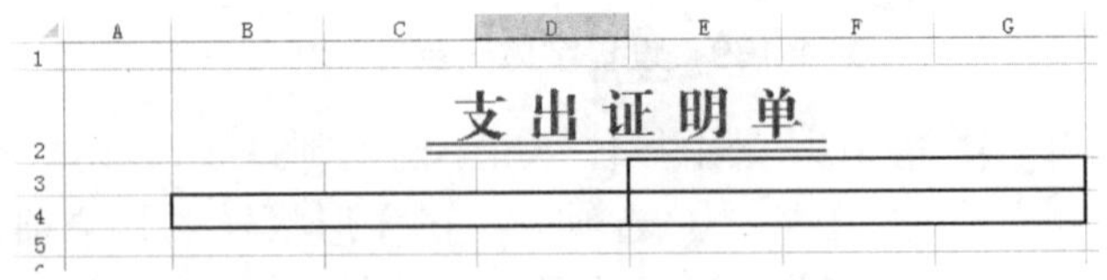

图 1-176 合并单元格

为了便于读者观察，此处对合并的单元格添加黑色边框，属于后期添加的，不参与制表过程。

step 15 在上一步合并的单元格中输入文字，并将其【字体颜色】设置为【橙色，着色 2，深色 25%】，并将【对齐方式】设置为【左对齐】，如图 1-177 所示。

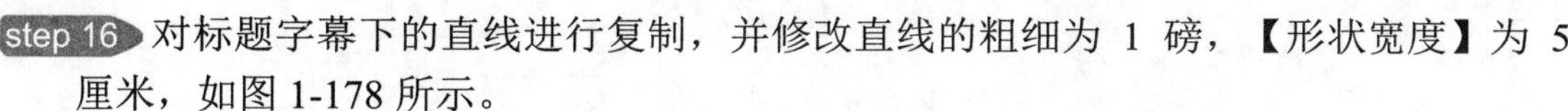

step 16 对标题字幕下的直线进行复制，并修改直线的粗细为 1 磅，【形状宽度】为 5 厘米，如图 1-178 所示。

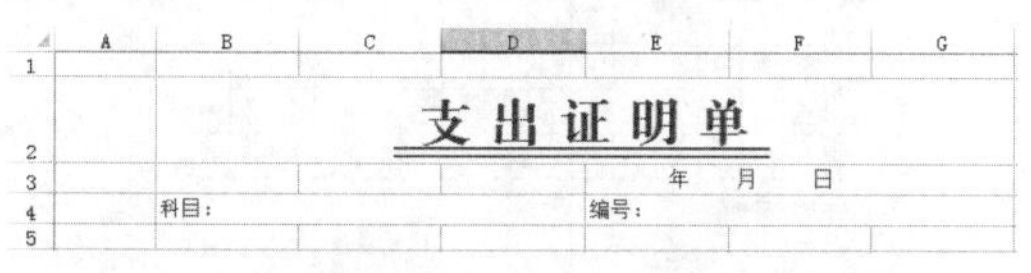

图 1-177　输入文字

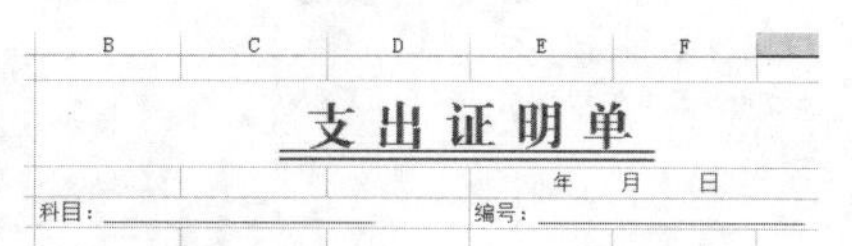

图 1-178　复制直线

step 17 将第 5～9 行的【行高】设置为 35，如图 1-179 所示。

step 18 使用前面介绍的方法对 C6:G6、C7:F7、C8:G8、B9:C9、D9:E9、F9:G9 单元格区域分别进行合并，如图 1-180 所示。

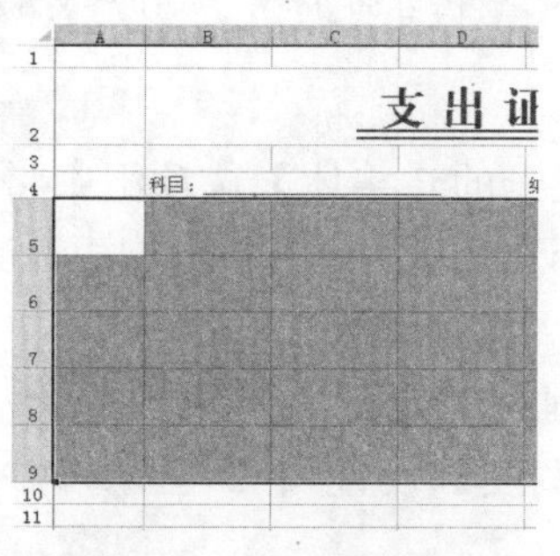

图 1-179　设置【行高】

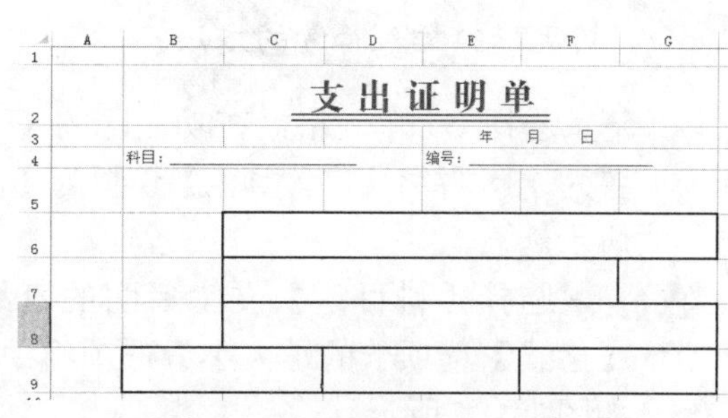

图 1-180　合并单元格

step 19 在相应的单元格中输入文字，将其【字体】设置为【微软雅黑】，【字体颜色】设置为【橙色，着色 2，深色 25%】，并设置【对齐方式】为【居中方式】，如图 1-181 所示。

step 20 继续在其他的单元格中输入文字，将其【字体】设置为【微软雅黑】，【字体颜色】设置为【橙色，着色 2，深色 25%】，并设置【对齐方式】为【左方式】，如图 1-182 所示。

step 21 选择 G7 单元格，在功能区选择【插入】选项卡，在【符号】选项组中单击【符号】按钮，在其下拉列表中选择【符号】选项，如图 1-183 所示。

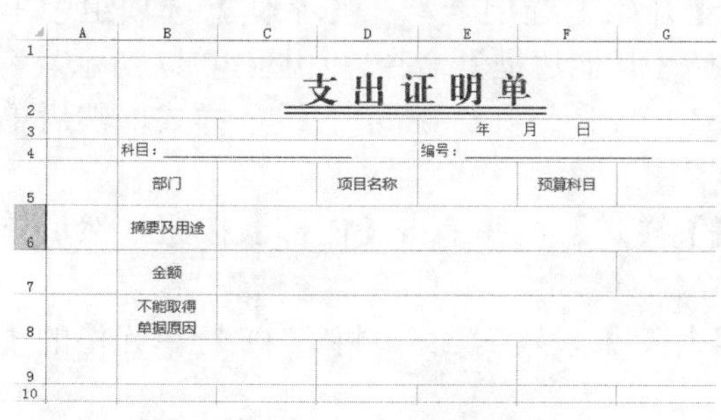

图 1-181　输入文字并设置

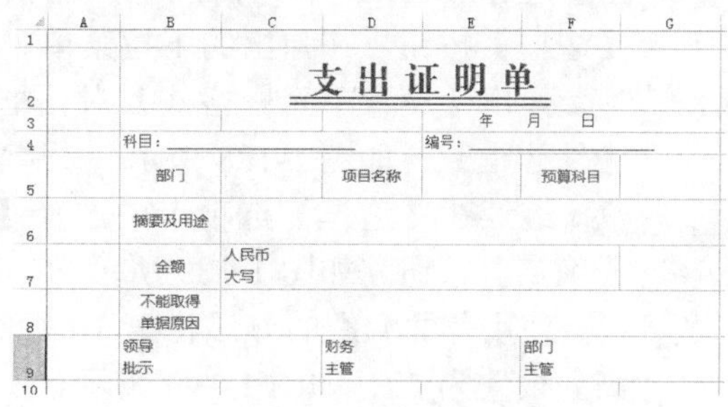

图 1-182　输入文字

step 22 弹出【符号】对话框，选择【符号】选项卡，将【字体】设置为【(普通文本)】，然后选择如图 1-184 所示符号，并单击【插入】按钮。

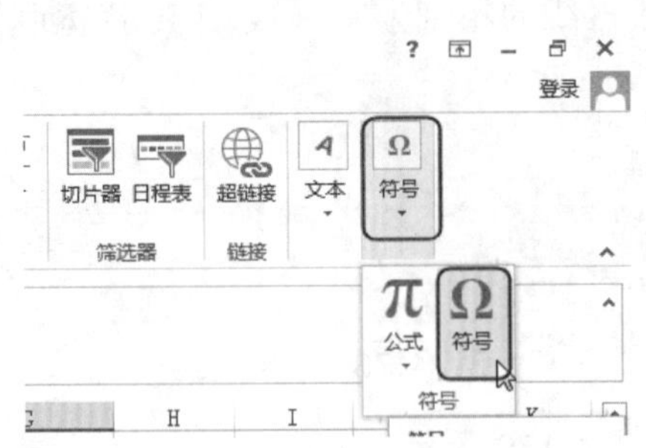

图 1-183　选择【符号】选项

图 1-184　选择符号

除了用上述方法插入符号外，还有些输入法中自带符号。用户可以根据具体情况选择插入符号的方法。

step 23 选择 G7 单元格，在功能区的【开始】选项卡的【字体】选项组中将【字号】设置为 18，并将【字体颜色】设置为【橙色，着色 2，深色 25%】，完成后的效果 1-185 所示。

step 24 选择【科目：】文字后面的直线进行复制，并在功能区的【绘图工具】下的【格式】选项卡的【大小】选项组中将【形状宽度】设置为 2 厘米，并调整位置，如图 1-186 所示。

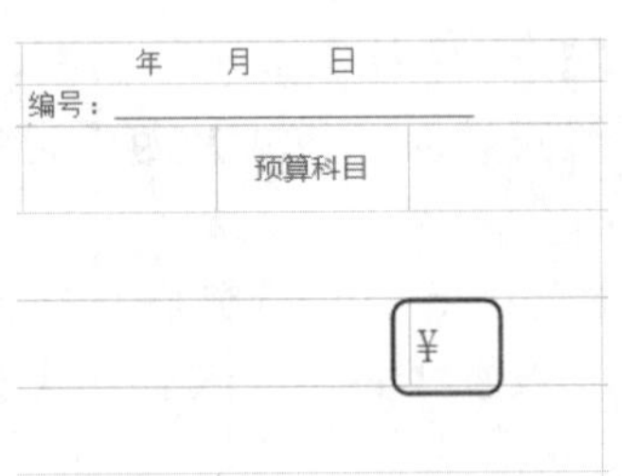

图 1-185　设置单元格属性

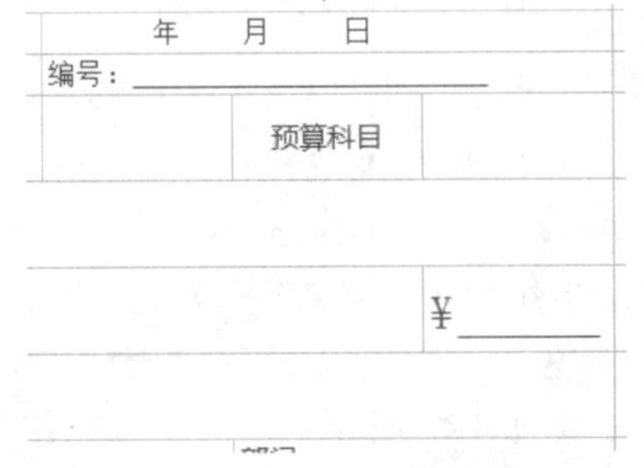

图 1-186　复制直线

step 25 选择 B5:G9 单元格区域，切换到【开始】选项卡，在【字体】选项组中单击【边框】按钮，在弹出的下拉菜单中选择【其他边框】命令，如图 1-187 所示。

step 26 弹出【设置单元格格式】对话框，选择如图 1-188 所示的线条样式，然后单击【外边框】，如图 1-188 所示。

step 27 继续在【边框】选项卡中选择【线条样式】，并单击【内部】按钮，然后单击【确定】按钮，如图 1-189 所示。

step 28 使用前面介绍的方法将第 10 行的【行高】设置为 4.5，将第 11 行单元格的【行高】设置为 22，如图 1-190 所示。

step 29 选择 B11:G11 单元格并对其进行合并，选择合并的单元格并右击，在弹出的快捷菜单中选择【设置单元格格式】命令，如图 1-191 所示。

step 30 弹出【设置单元格格式】对话框，切换到【填充】选项卡，将【图案颜色】设置为【橙色】，【图案样式】设置为 25%灰色，然后单击【确定】按钮，如图 1-192 所示。

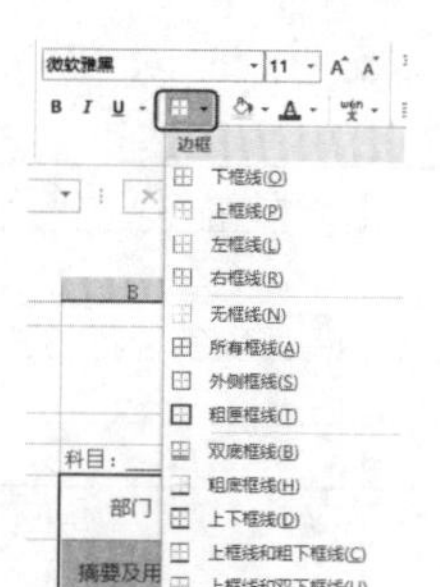

图 1-187 选择【其他边框】命令

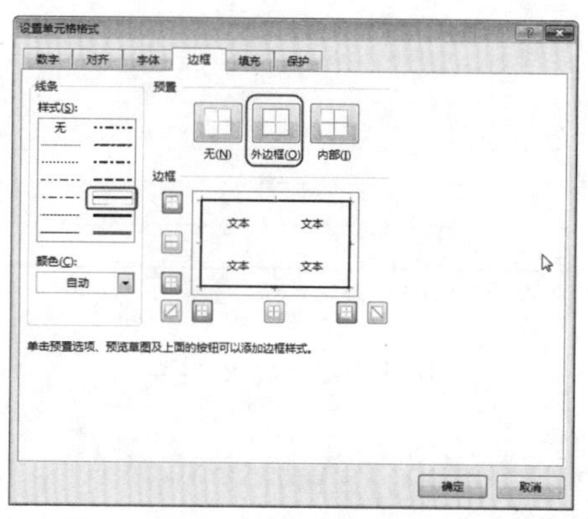

图 1-188 设置【外边框】

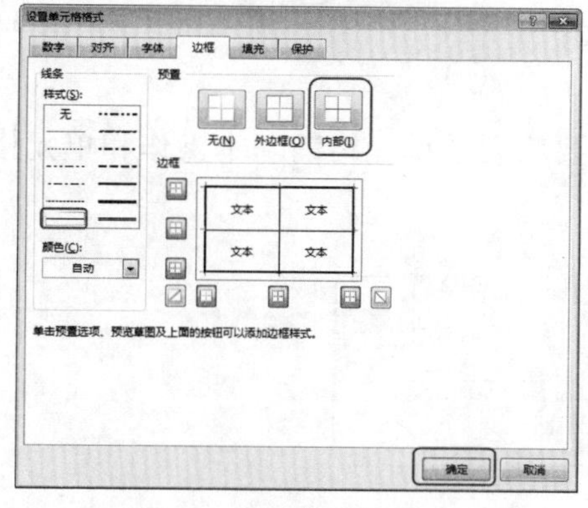

图 1-189 设置【内部】框线

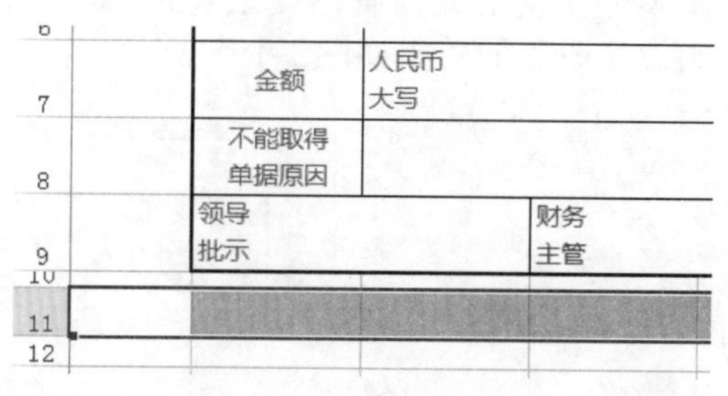

图 1-190 设置【行高】

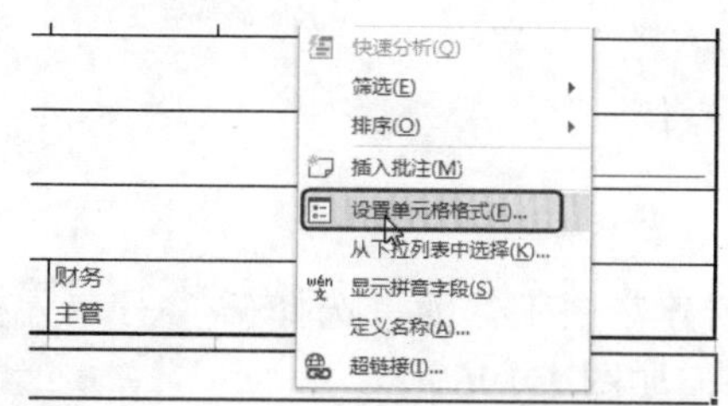

图 1-191 选择【设置单元格格式】命令

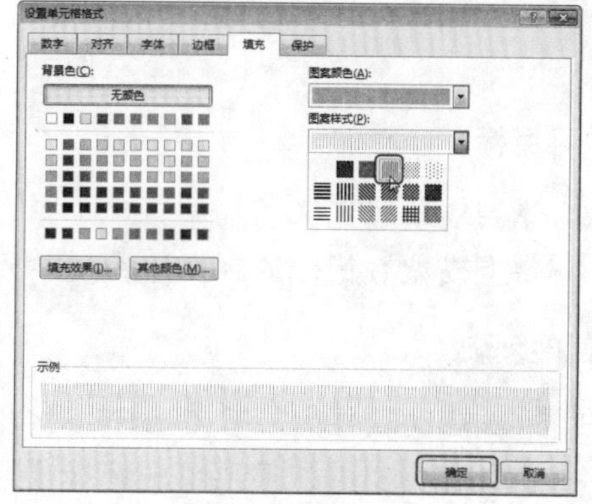

图 1-192 设置图案填充

step 31 在上一步填充的单元格区域内，配合空格键输入文字，并将【字体】设置为【微软雅黑】，【字体颜色】设置为【橙色，着色 2，深色 25%】，如图 1-193 所示。

step 32 在功能区选择【视图】选项卡，在【显示】选项组中取消选中【网格线】复选框，其显示效果如图 1-194 所示。

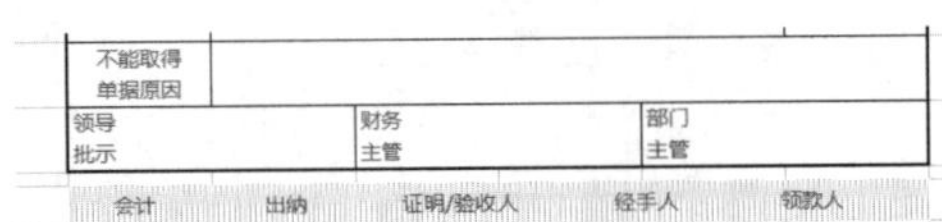

图 1-193　输入文字

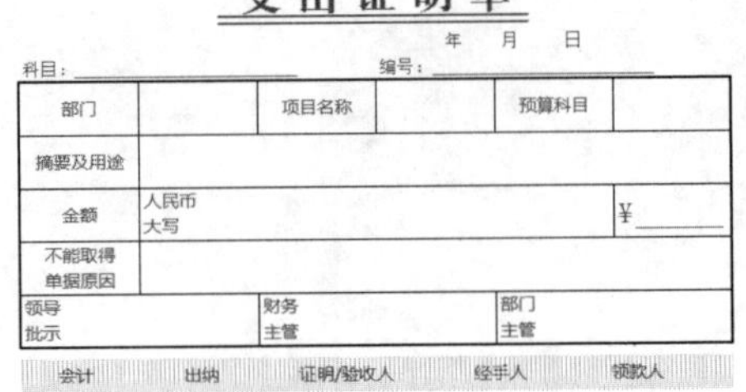

图 1-194　显示效果

案例精讲 008　支票登记簿

案例文件：CDROM\场景\Cha01\支票登记簿.xlsx

视频文件：视频教学\Cha01\支票登记簿.avi

制作概述

本案例将讲解如何制作支票登记簿，其制作主要应用了单元格的基本操作和单元格格式的应用。完成后的效果如图 1-195 所示。

图 1-195　支票登记簿

学习目标

- 学习支票登记簿的制作。
- 掌握支票登记簿的制作流程及单元格的基本操作。

操作步骤

step 01 启动软件后，按 Ctrl+N 组合键，弹出新建空白工作簿，选择第 3 行单元格并右击，在弹出的快捷菜单中选择【行高】命令，如图 1-196 所示。

知识链接

支票登记簿不必每年更换，作废的支票要在登记簿中标明作废，每次买回来支票都要在登记簿中写清支票号码，按流水号记下，不必每个月都分页，只需写清领取日期就可以了。对于作废的支票，要把右上角的支票号码剪下来，贴在登记簿上。

step 02 弹出【行高】对话框，将【行高】设置为 40，单击【确定】按钮，如图 1-197 所示。

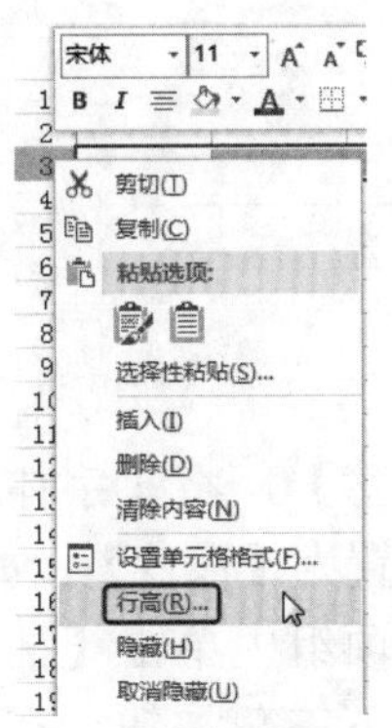
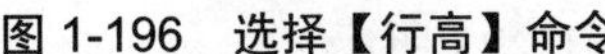

图 1-196　选择【行高】命令

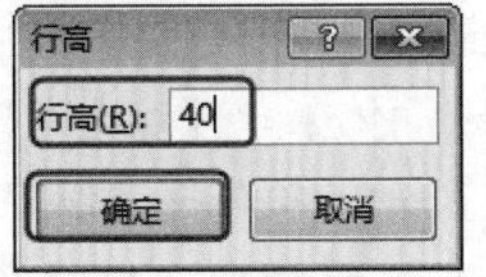

图 1-197　设置【行高】

step 03 选择 B、C 列单元格并右击，在弹出的快捷菜单中选择【列宽】命令，如图 1-198 所示。

step 04 弹出【列宽】对话框，将【列宽】设置为 5，并单击【确定】按钮，如图 1-199 所示。

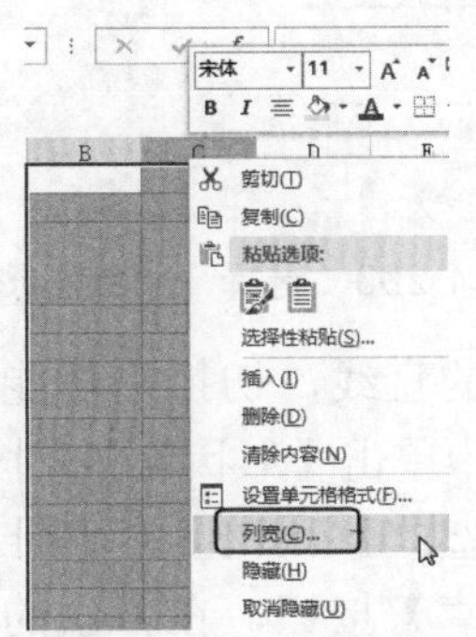

图 1-198　选择【列宽】命令

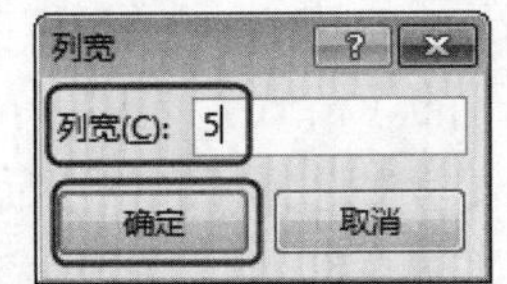

图 1-199　设置【列宽】

step 05 使用同样的方法将 D、P、Q、R 列的【列宽】均设置为 12，E 列设置为 21，F 列至 O 列单元格的【列宽】均设置为 3，完成后的效果如图 1-200 所示。

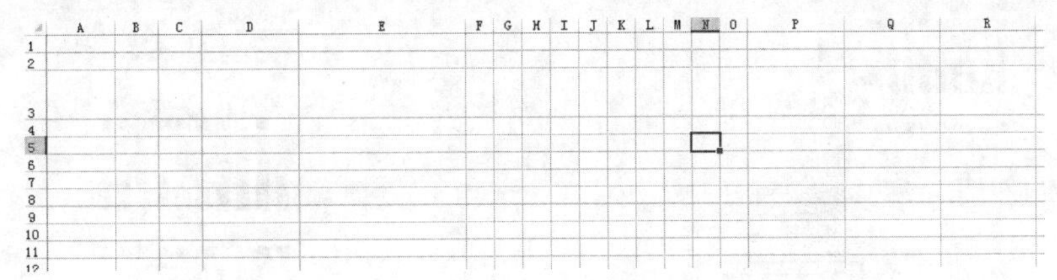

图 1-200　设置【列宽】

step 06 在场景中选择 B3:R3 单元格区域，在功能区选择【开始】选项卡，在【对齐方式】选项组中单击【合并后居中】按钮，如图 1-201 所示。

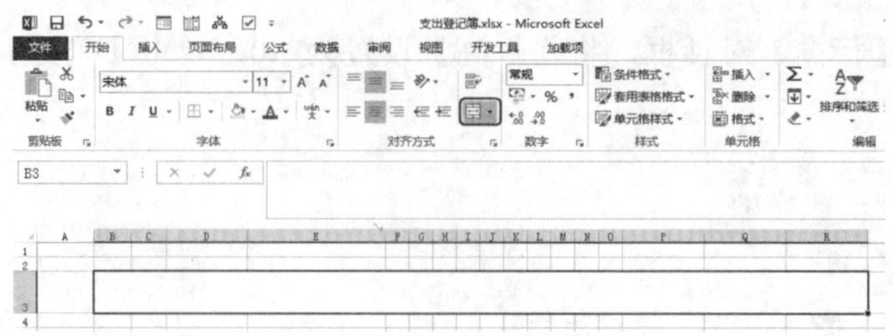

图 1-201　合并单元格

step 07 在合并的单元格中配合空格键输入【支票登记簿】，将【字体】设置为【方正大标宋简体】，【字号】设置为 28，【字体颜色】设置为【浅蓝】，如图 1-202 所示。

step 08 在功能区选择【插入】选项卡，在【插图】选项组中单击【插图】按钮，在弹出的下拉列表中选择【形状】，并单击【形状】的下三角按钮，在弹出的下拉列表中选择【线条】选项组中的【直线】选项，如图 1-203 所示。

图 1-202　设置文字属性

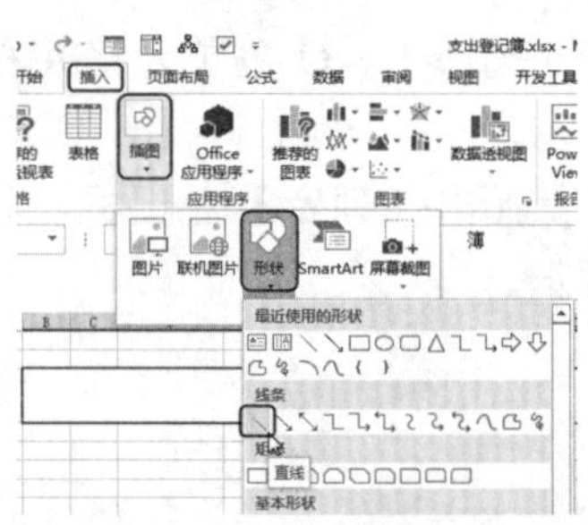

图 1-203　选择【直线】形状

step 09 在场景中按住 Shift 键绘制直线，选择绘制的直线，切换到功能区的【绘图工具】下的【格式】选项卡，在【形状样式】选项组中单击【形状轮廓】按钮，在弹出的下拉菜单中选择【粗细】命令，在弹出的子菜单中选择【1.5 磅】，如图 1-204 所示。

step 10 确认直线处于选择状态，继续单击【形状轮廓】按钮，在弹出的下拉菜单中选择【浅蓝】命令，如图 1-205 所示。

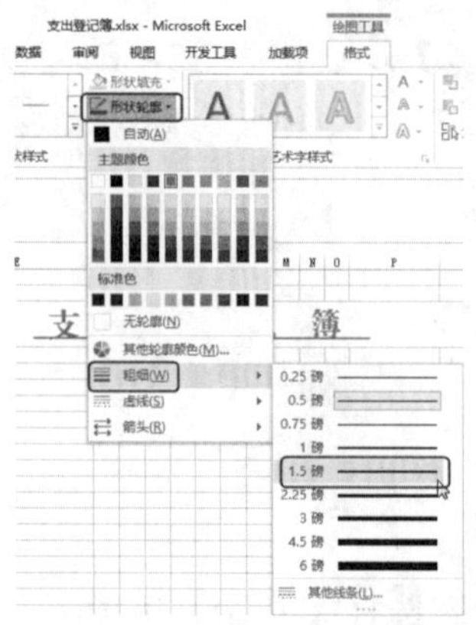

图 1-204　设置直线的粗细

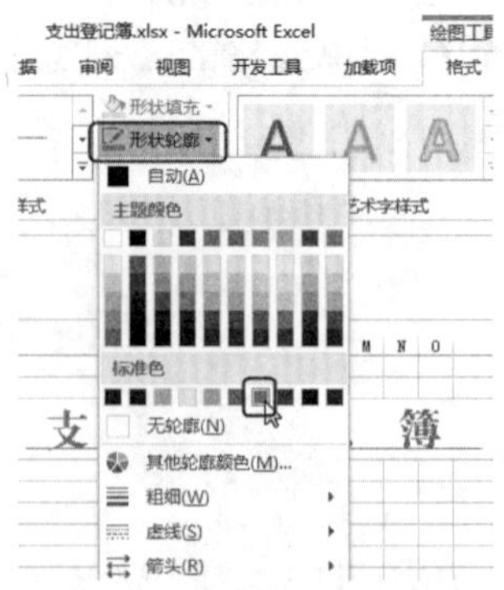

图 1-205　设置线条颜色

在【形状轮廓】的下拉菜单中选择【虚线】命令，再在弹出的子菜单中可以设置直线样式。

step 11 确认直线处于选择状态，在功能区的【绘图工具】下的【格式】选项卡，选择【大小】选项组，将【形状宽度】设置为 10 厘米，并在图中调整直线的位置，如图 1-206 所示。

step 12 选第 4～15 行单元格区域，使用前面介绍的方法将其【行高】设置为 20，如图 1-207 所示。

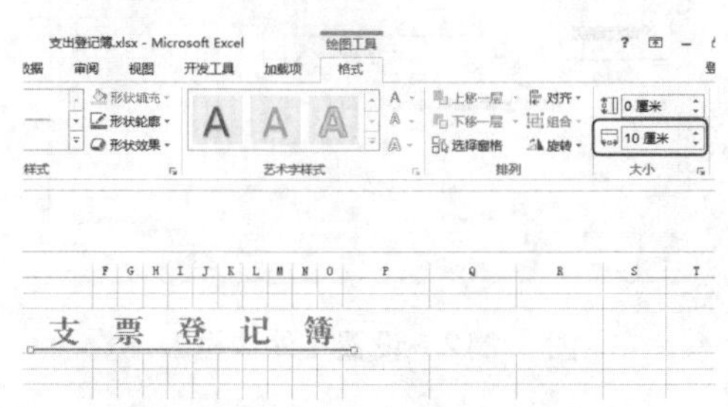

图 1-206 设置【形状宽度】

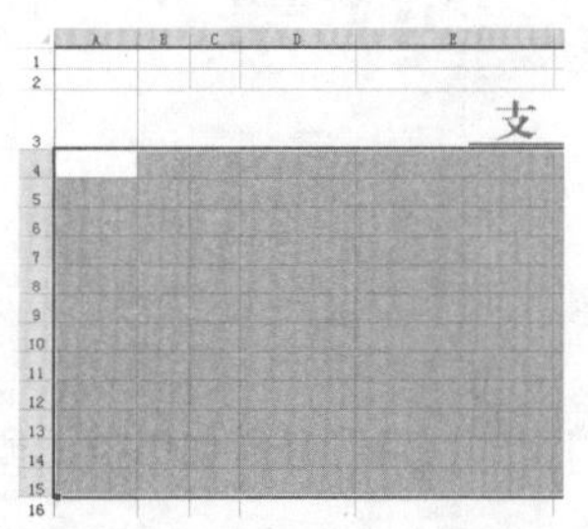

图 1-207 设置【行高】

step 13 分别选择 B4:C4、F4:O4 单元格区域，对其进行合并，如图 1-208 所示。

step 14 在 B4:C4 单元格内输入【年】，将【字体】设置为【隶书】，【字号】设置为 13，并将其【对齐方式】设置为【右对齐】，【字体颜色】设置为【浅蓝】。在 F4:O4 单元格配合空格键输入【金额】，将【字体】设置为【隶书】，【字号】设置为 13，【字体颜色】设置为【浅蓝】，如图 1-209 所示。

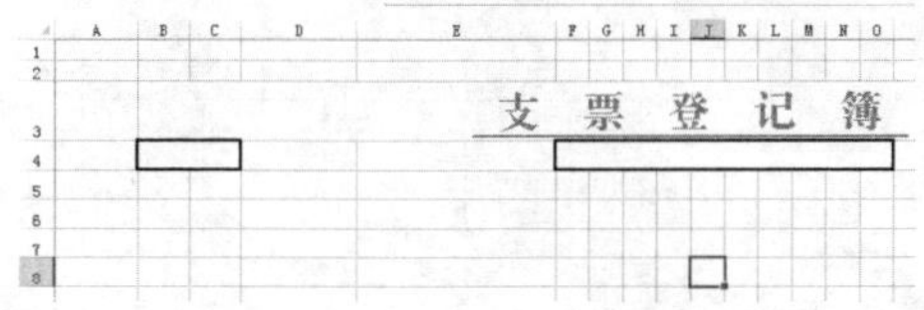

图 1-208 合并单元格

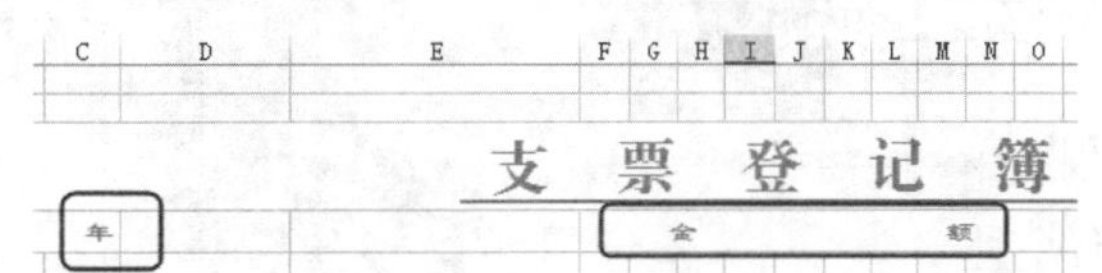

图 1-209 输入文字

step 15 使用同样的方法将 D4:D5、E4:E5、P4:P5、Q4:Q5、R4:R5 单元格区域分别进行合并。然后在剩余的单元格中配合空格键输入文字，将【字体】设置为【隶书】，【字号】设置为 13，并将其【对齐方式】设置为【居中对齐】，完成后的效果如图 1-210 所示。

图 1-210 输入文字

step 16 选择 B4:R15 单元格区域，在功能区选择【开始】选项卡，在【字体】选项组中单击【边框】按钮，在弹出的下拉菜单中选择【其他边框】命令，如图 1-211 所示。

step 17 弹出【设置单元格格式】对话框，选择如图 1-212 所示的线条样式，并将【颜色】设置为【深红】，然后单击【外边框】按钮，如图 1-212 所示。

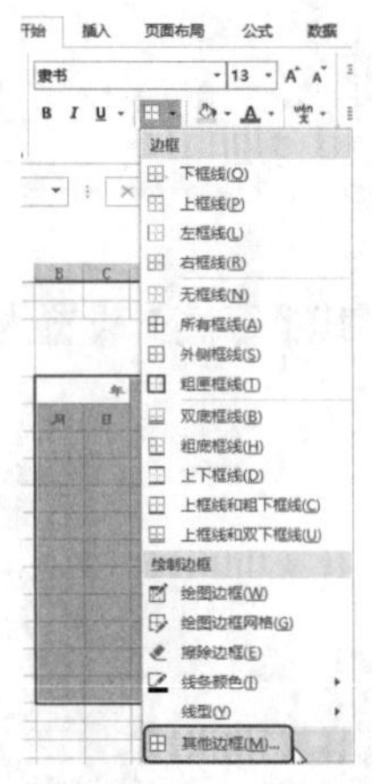

图 1-211　选择【其他边框】命令

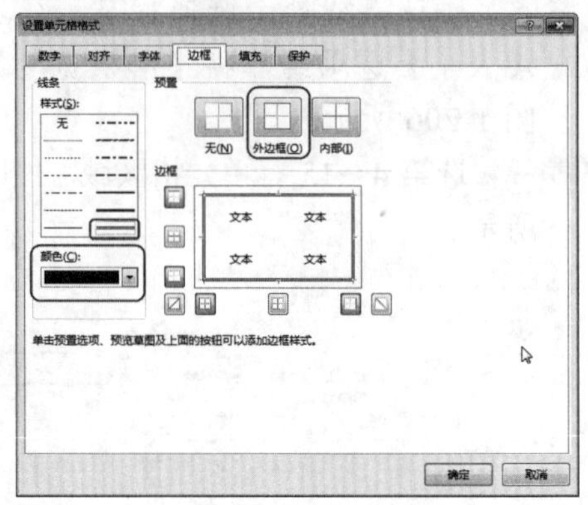

图 1-212　设置【外边框】

step 18 继续选择【线条样式】，将【颜色】设置为【浅蓝】，然后单击【内部】按钮，如图 1-213 所示。

step 19 单击【确定】按钮，完成后的效果如图 1-214 所示。

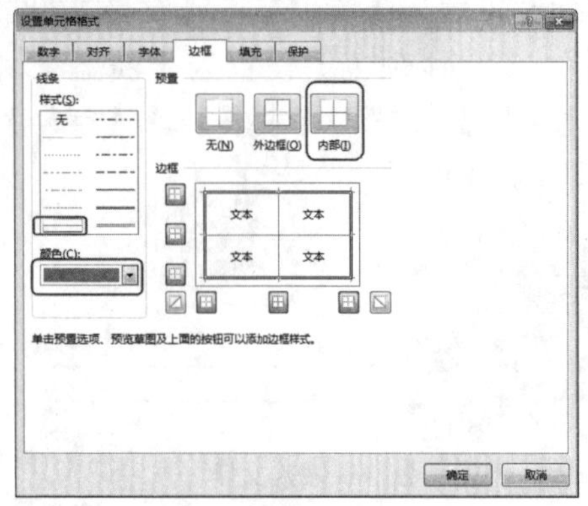

图 1-213　设置【内部】框线

图 1-214　完成后的效果

step 20 在场景中按住 Ctrl 键选择 B4:C15、M5:M15 单元格区域，在功能区的【开始】选项卡的【字体】选项组中单击【边框】按钮，在弹出的下拉菜单中选择【其他边框】命令，弹出【设置单元格格式】对话框，选择线条样式，将【颜色】设置为【深红】，然后单击【右侧边框】按钮，如图 1-215 所示。

step 21 单击【确定】按钮，设置完成后的效果如图 1-216 所示。

step 22 在场景中选择 E4:E15、F4: O15 单元格区域在功能区的【开始】选项卡的【字体】选项组中单击的【边框】按钮，在弹出的下拉菜单中选择【其他边框】命令，弹出【设置单元格格式】对话框，选择线条样式，将【颜色】设置为【深红】，然后单击【右侧边框】按钮，如图 1-217 所示。

step 23 单击【确定】按钮，完成后的效果如图 1-218 所示。

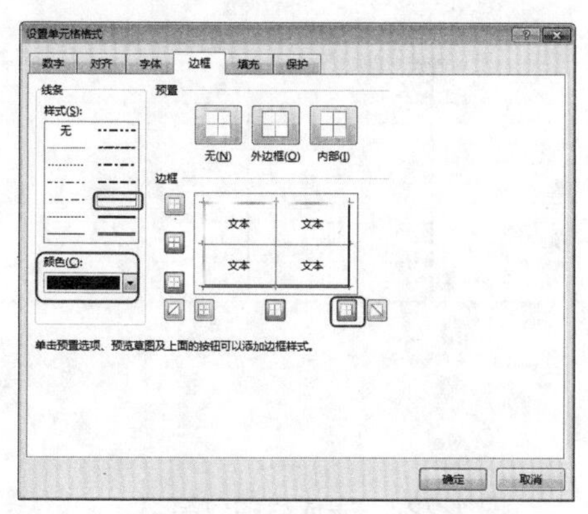

图 1-215　设置边框

图 1-216　设置边框后的效果

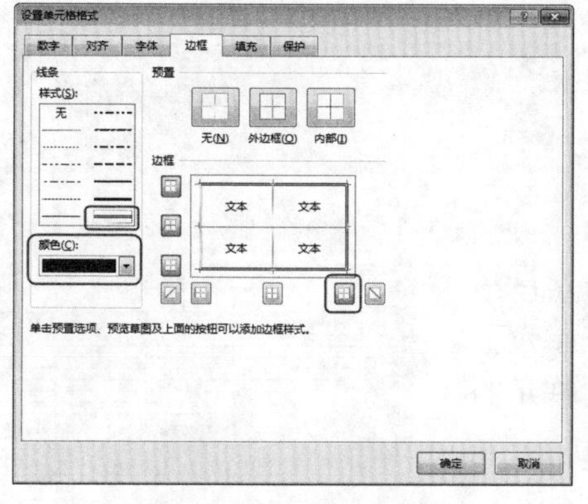

图 1-217　设置边框

图 1-218　完成后的效果

step 24 使用前面讲过的方法，将第 16 行单元格的【行高】设置为 37，将 17～22 行单元格的【行高】设置为 18，如图 1-219 所示。

step 25 使用前面讲过的方法，将 C17:D17、C18:D18、C19:D19、C20:D20、C21:D21、C22:D22 单元格区域分别进行合并，如图 1-220 所示。

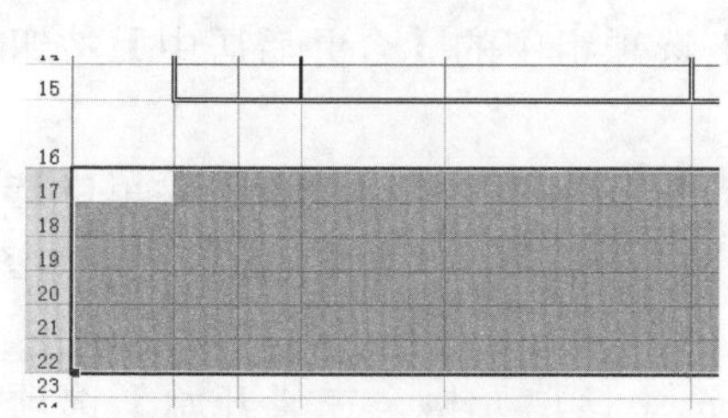

图 1-219　设置【行高】

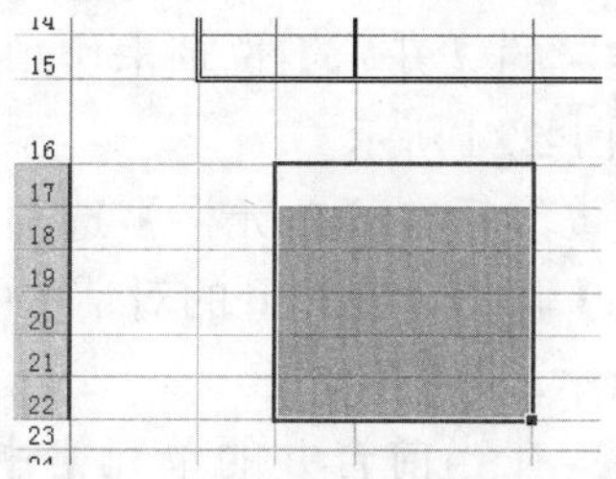

图 1-220　合并单元格

step 26 在单元格中输入文字，并将【字体颜色】设置为【浅蓝】，将正文内容分别设置为【右对齐】和【左对齐】，完成后的效果如图 1-221 所示。

step 27 在功能区选择【视图】选项卡，在【显示】选项组中取消选中【网格线】复选框，完成后的效果如图 1-222 所示。

16		
17	填充说明:	
18	签发时间:	签发支票的时间
19	支票号码:	按支票号码后四位填写
20	用途:	按支票的用途填写
21	经办人:	支票经办人签名
22	收回日期:	填写支票报销或退回时间
23		

图 1-221　输入文字

图 1-222　完成后的效果

案例精讲 009　奖金审批单

案例文件：CDROM\场景\Cha01\奖金审批单.xlsx

视频文件：视频教学\Cha01\奖金审批单.avi

制作概述

本案例将讲解如何制作奖金审批单。首先利用合并后居中命令合并单元格；然后通过对单元格的参数设置改变宽、高大小，在单元格中输入文字并进行设置；最后设置单元的填充颜色。完成后的效果如图 1-223 所示。

图 1-223　奖金审批单

学习目标

- 学习奖金审批单的制作过程。
- 掌握奖金审批单的制作流程，掌握表格中宽、高的设置。

操作步骤

step 01 启动软件后，新建空白工作簿，进入工作簿后，选择 B1:K1 单元格区域，在功能区的【开始】选项卡中单击【对齐方式】选项组中的【合并后居中】按钮，如图 1-224 所示。

step 02 然后在【单元格】选项组中单击【格式】按钮，在弹出的下拉菜单中选择【行高】命令，在打开的对话框中将【行高】设置为 60，单击【确定】按钮，如图 1-225 所示。

step 03 在当前合并的单元格中输入文字，并选中该单元格，在【开始】选项卡下的【字体】选项组中将【字体】设置为【Adobe 黑体 Std R】，【字号】设置为 24，如图 1-226 所示。

step 04 选择 B2 单元格，在功能区的【开始】选项卡的【单元格】选项组中，单击【格式】按钮，在下拉菜单中选择【行高】命令，在打开的对话框中将【行高】设置为 15，单击【确定】按钮，如图 1-227 所示。

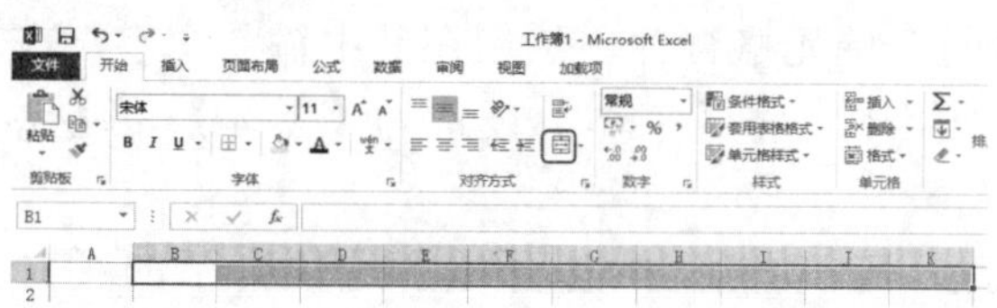

图 1-224 单击【合并后居中】按钮

图 1-225 设置【行高】

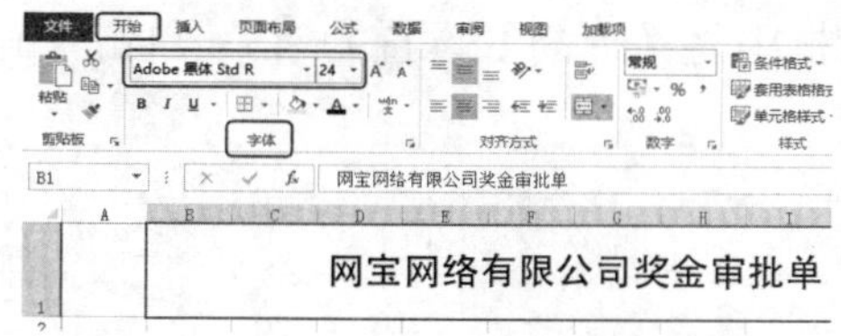

图 1-226 输入文字并设置

图 1-227 设置 B2 单元格行高

step 05 选择 C2:H2 单元格区域，再单击【合并后居中】按钮，合并单元格。选择 J2:K2 单元格区域，再单击【合并后居中】按钮，合并单元格，效果如图 1-228 所示。

step 06 在第 2 行单元格中输入文字，并选中输入文字的单元格，在功能区的【开始】选项卡下的【单元格】选项组中，单击【格式】按钮，在弹出的下拉菜单中选择【自动调整列宽】命令，如图 1-229 所示。

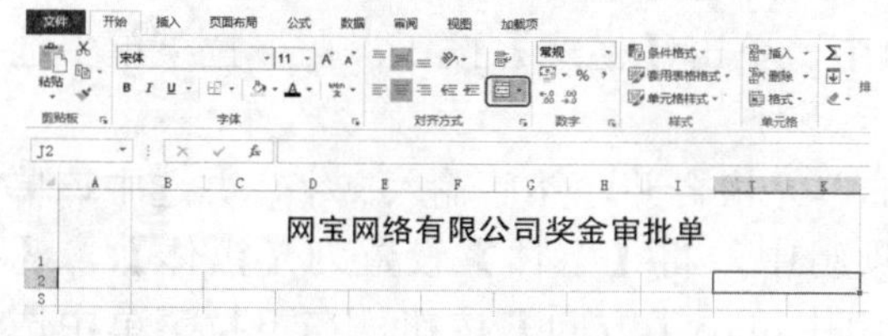

图 1-228 合并单元格

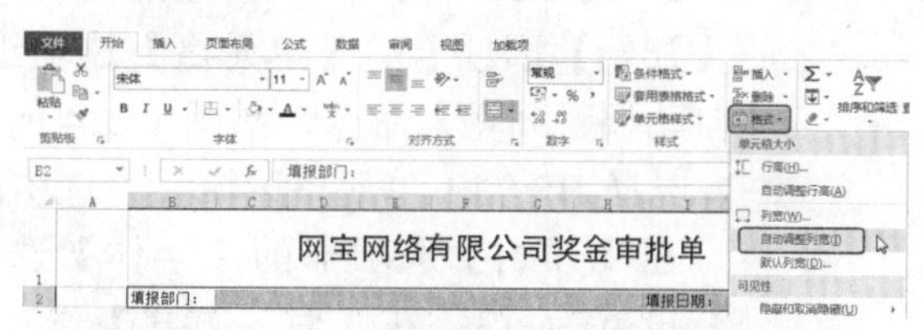

图 1-229 选择【自动调整列宽】命令

step 07 在合并后的 J2:K2 单元格中输入日期，并选中单元格，在功能区的【开始】选项卡的【数字】选项组中，单击【数字格式】按钮，打开【设置单元格格式】对话框，选择【分类】列表框中的【日期】，在右侧的【类型】选项组中选择图 1-230 所示选项，单击【确定】按钮。

step 08 然后在【对齐方式】选项组中，单击【右对齐】按钮，使单元格中的文字右对齐，如图 1-231 所示。

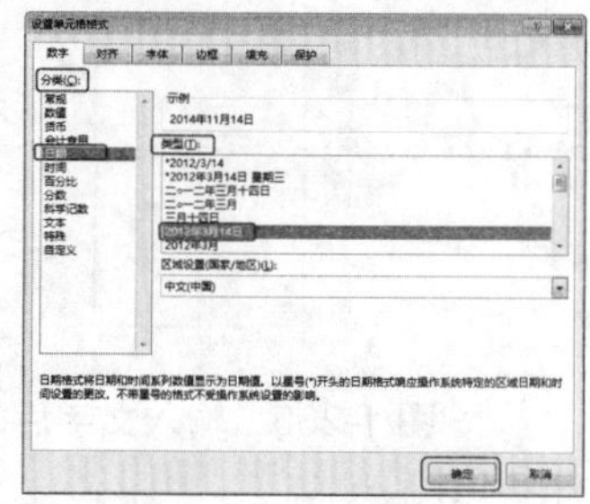

图 1-230 【设置单元格格式】对话框

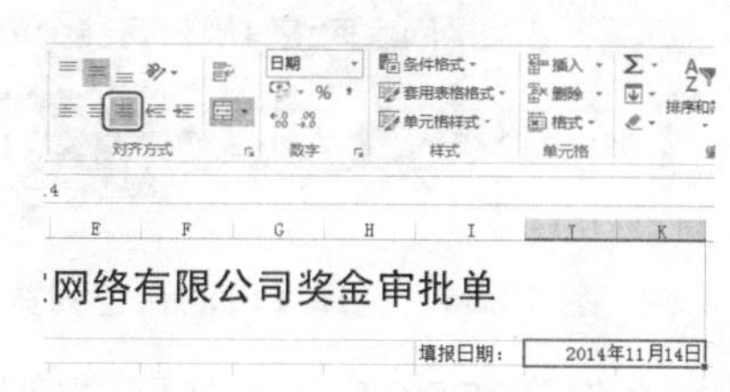

图 1-231 使文字右对齐

step 09 选择 B3:B4 单元格区域，将这两个单元格合并，然后在其中输入文字，在功能区的【开始】选项卡的【字体】选项组中，将【字体】设置为【黑体】，【字号】设置为 13，如图 1-232 所示。

step 10 然后继续选中上一步中的单元格，在功能区的【开始】选项卡下的【对齐方式】选项组中单击【自动换行】按钮，然后单击【方向】按钮，在下拉菜单中选择【竖排文字】命令，在【单元格】选项组中单击【格式】按钮，在弹出的下拉菜单中选择【行高】命令，在弹出的对话框中将【行高】设置为 35，单击【确定】按钮，如图 1-233 所示。

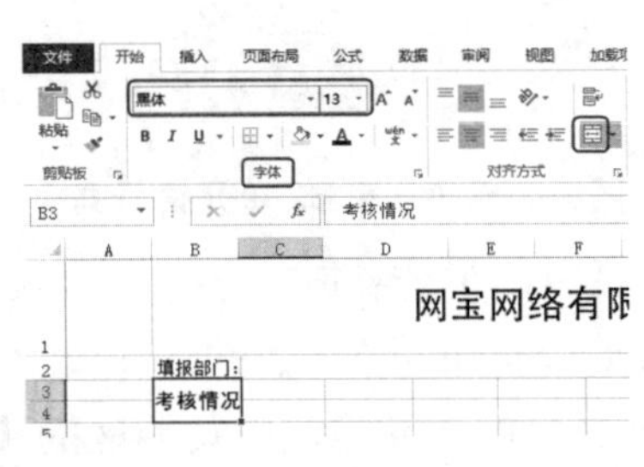

图 1-232　输入文字并设置

图 1-233　设置文字排列、行高

step 11 在 C3:K3 单元格中输入文字，输入完成后选中新输入文字的单元格，在功能区的【开始】选项卡的【单元格】选项组中，单击【格式】按钮，在下拉菜单中选择【自动调整列宽】命令，如图 1-234 所示。

step 12 选择 B5:B14 单元格区域，将选中的单元格合并，然后输入文字，并选中该单元格，在【开始】选项卡的【字体】选项组中，将【字体】设置为【黑体】，【字号】设置为 13，在【对齐方式】选项组中单击【方向】按钮，在下拉菜单中选择【竖排文字】命令，然后单击【自动换行】按钮，在【单元格】选项组中单击【格式】按钮，在弹出的下拉菜单中选择【行高】命令，在弹出的对话框中将【行高】设置为 17，单击【确定】按钮，效果如图 1-235 所示。

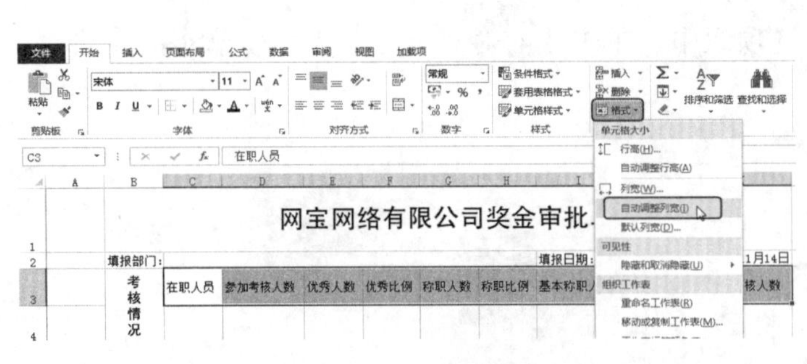

图 1-234　选择【自动调整列宽】命令

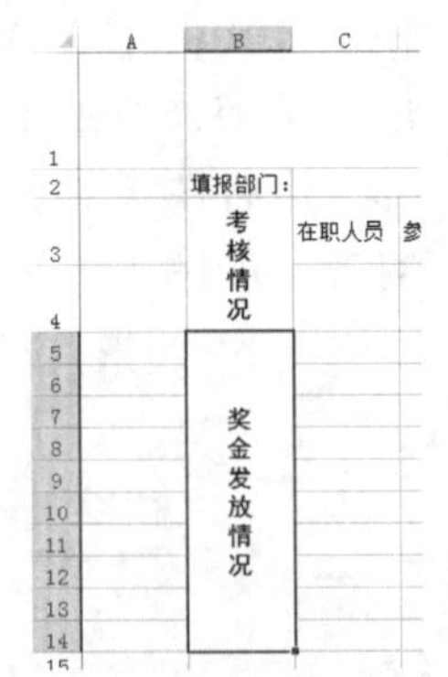

图 1-235　输入文字后的效果

step 13 选择 C5:G5 单元格区域，将几个单元格合并，并输入文字，然后选中单元格，将【开始】选项卡的【字体】选项组中的【字体】设置为【方正小标宋简体】，

【字号】设置为 15，如图 1-236 所示。

step 14 根据前面介绍的方法对单元进行合并，输入文字并进行设置，制作出其他效果，如图 1-237 所示。

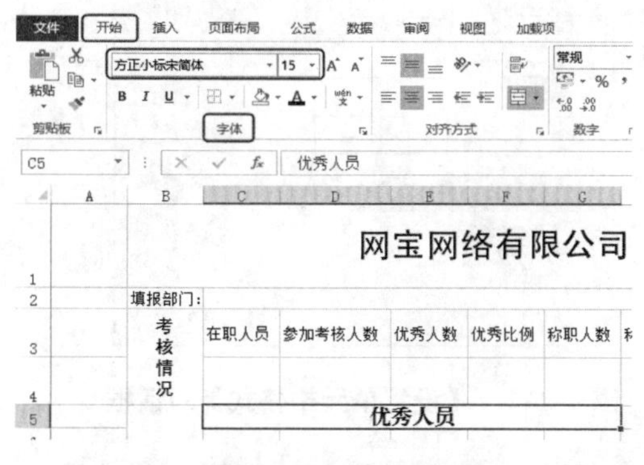

图 1-236　输入文字并设置

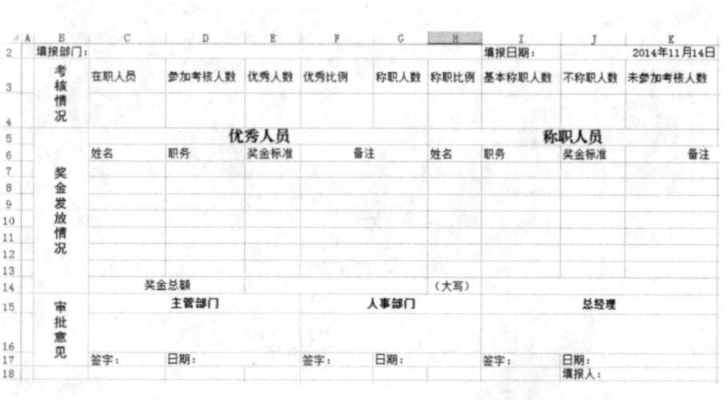

图 1-237　输入其他文字并设置

step 15 然后选择 B1 单元格，在功能区【开始】选项卡的【字体】选项组中，单击【填充颜色】右侧的三角按钮，在下拉菜单中选择【蓝色着色 1，淡色 60%】命令，如图 1-238 所示。

step 16 使用同样的方法，为其他的单元格填充不同的颜色，如图 1-239 所示。

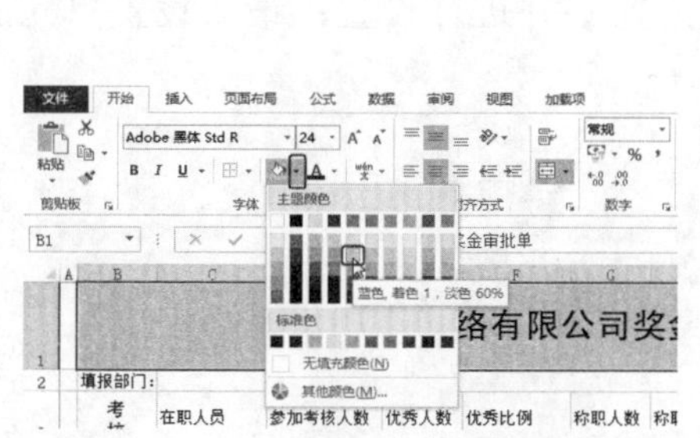

图 1-238　设置单元格颜色

图 1-239　设置其他单元格颜色

在选择的单元格上右击，在弹出的快捷菜单中选择【设置单元格格式】命令，弹出【设置单元格格式】对话框，选择【填充】选项卡，在该选项卡中可以选择单元格的填充颜色，也可以自定义设置单元格的填充颜色，还可以为单元格填充渐变颜色。

step 17 选择 B3:K17 单元格区域，在功能区的【开始】选项卡的【字体】选项组中单击【边框】按钮右侧的下三角按钮，在下拉菜单中选择【粗匣线框】命令，如图 1-240 所示。

step 18 然后在【开始】选项卡的【字体】选项组中，单击【字体设置】按钮，在打开的对话框中，选择【边框】选项卡，选择【样式】列表框中的线条，在右侧单击【内部】按钮，然后单击【确定】按钮，如图 1-241 所示。

step 19 制作完成后，对文件进行保存即可。

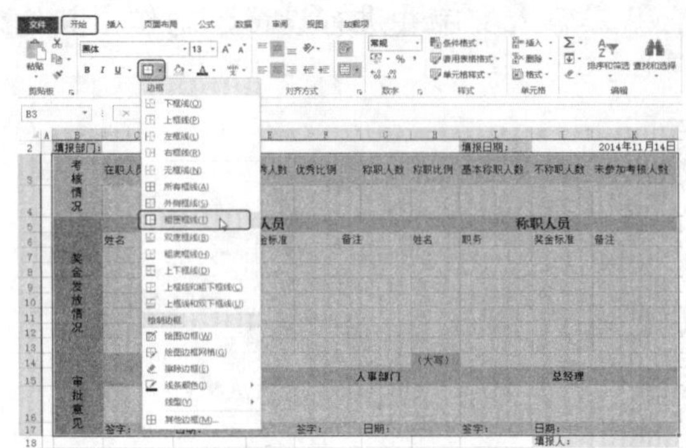

图 1-240　设置边框

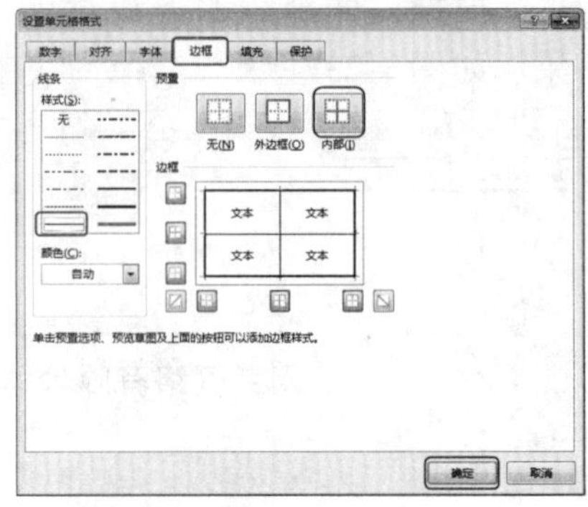

图 1-241　【设置单元格格式】对话框

案例精讲 010　差旅费报销凭证

案例文件：CDROM\场景\Cha01\差旅费报销凭证.xlsx

视频文件：视频教学\Cha01\差旅费报销凭证.avi

制作概述

本案例将讲解如何制作差旅费报销凭证。首先利用合并后居中命令合并单元格；然后通过对单元格的参数设置改变宽、高大小，在单元格中输入文字并进行设置；最后设置单元的填充颜色。完成后的效果如图 1-242 所示。

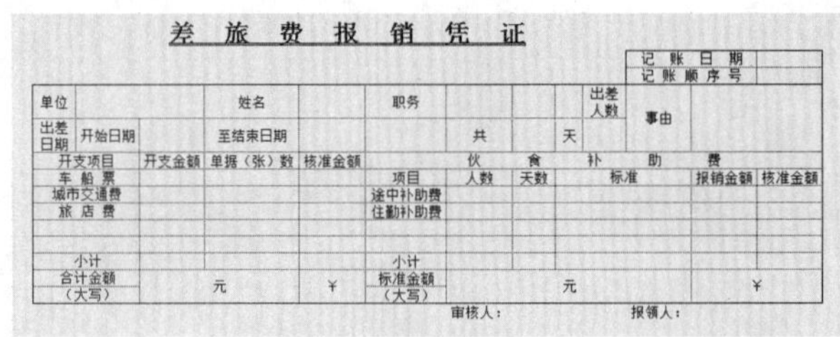

差　旅　费　报　销　凭　证

记账日期	
记账顺序号	

单位		姓名		职务			出差人数	事由	
出差日期 开始日期		至结束日期			共		天		
开支项目	开支金额	单据（张）数	核准金额	伙食补助费					
车船票				项目	人数	天数	标准	报销金额	核准金额
城市交通费				途中补助费					
旅店费				住勤补助费					
小计				小计					
合计金额（大写）	元		¥	标准金额（大写）	元			¥	

审核人：　　报领人：

图 1-242　差旅费报销凭证

学习目标

- 学习差旅费报销凭证的制作过程。
- 掌握差旅费报销凭证的制作流程，掌握表格的合并。

操作步骤

step 01 启动软件后新建空白工作簿，选择 E3:J4 单元格区域，在功能区的【开始】选项卡的【对齐方式】选项组中单击【合并后居中】按钮，将单元格合并，如图 1-243 所示。

step 02 然后在单元格中输入文字，并选中单元格，在【开始】选项卡的【字体】选项组中，将【字体】设置为【宋体】，【字号】设置为 20，单击【加粗】按钮 B，单击【下划线】按钮右侧的下三角按钮，在弹出的下拉菜单中选择【双下划线】命令，效果如图 1-244 所示。

选择输入文字的单元格后，在【字体】选项组中单击 按钮，弹出【设置单元格格式】对话框，选择【字体】选项卡，在【下划线】下拉列表框中同样可以选择下划线样式。

图 1-243　合并单元格

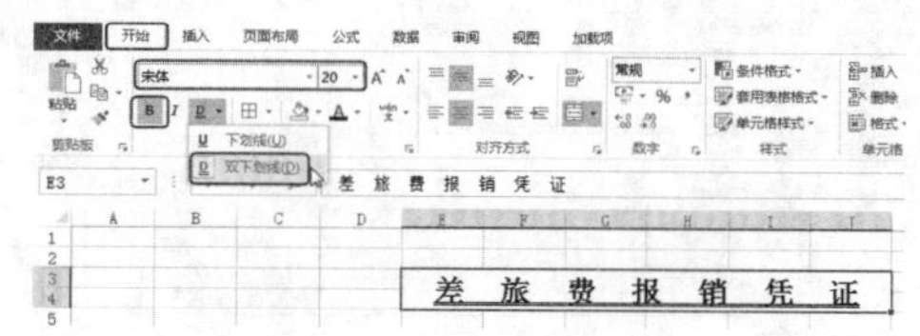

图 1-244　设置文字

step 03 选择 M5:N5 单元格区域，将两个单元格合并，输入文字，选择 M6:N6 单元格区域，将两个单元格合并，输入文字，如图 1-245 所示。

step 04 然后选择 M5:O6 单元格区域，在功能区的【开始】选项卡的【字体】选项组中单击【字体设置】按钮 ，在打开的对话框中选择【边框】选项卡，在【线条】选项组中选择【样式】下的线条，在右侧单击【预置】选项组中的【外边框】按钮，如图 1-246 所示。

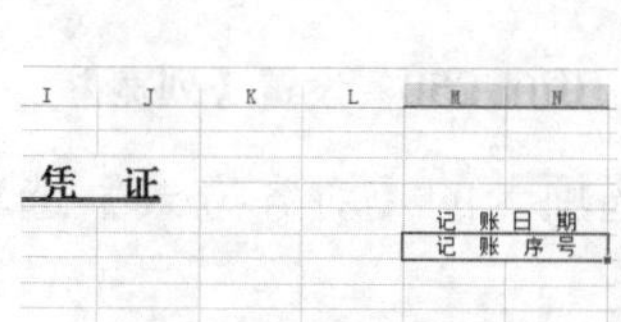

图 1-245　合并单元格并输入文字

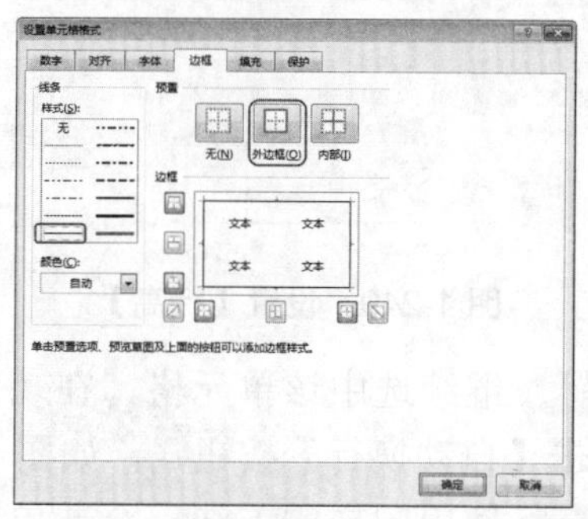

图 1-246　设置【外边框】

step 05 然后在【线条】选项组中选择【样式】列表框中的线条，在右侧单击【预置】选项组中的【内部】按钮，单击【确定】按钮，如图 1-247 所示。

step 06 在 C7 单元格中输入文字，选择 D7:E7 单元格区域，将两个单元格合并，在功能区的【开始】选项卡的【单元格】选项组中单击【格式】按钮，在下拉菜单中选择【行高】命令，在打开的对话框中将【行高】设置为 27，单击【确定】按钮，如图 1-248 所示。

知识链接

差旅费是指出差期间因办理公务而产生的交通费、住宿费和公杂费等各项费用。不同单位或部门对差旅费的具体开支范围的规定可能会有所不同。根据一个单位或部门的具体规章制度，规定限额内的差旅费可以按照一定的程序凭据报销。

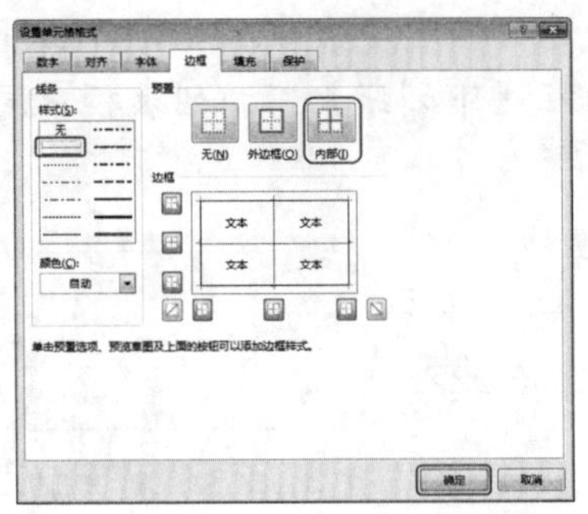

图 1-247　添加【内部】框线

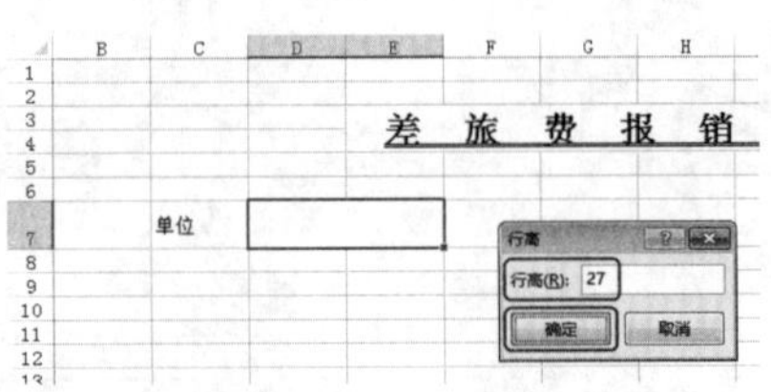

图 1-248　设置【行高】

step 07 使用同样的方法合并单元格，在其他单元格中，输入文字，选择 C8 单元格，将该单元格的【行高】设置为 27，如图 1-249 所示。

step 08 然后在【单元格】选项组中单击【格式】按钮，在下拉菜单中选择【列宽】命令，在弹出的对话框中将【列宽】设置为 5，单击【确定】按钮，如图 1-250 所示。

图 1-249　设置【行高】

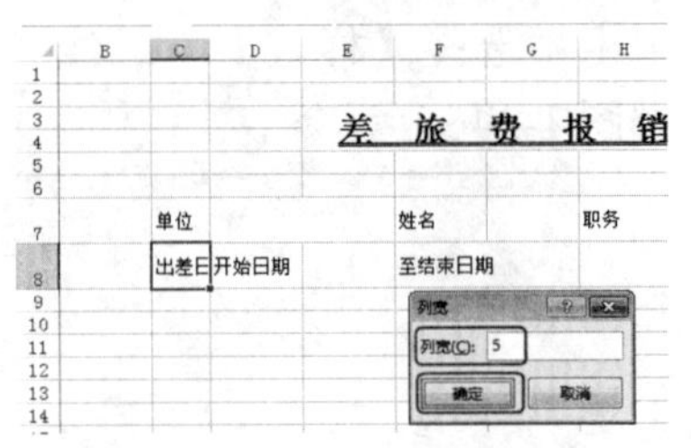

图 1-250　设置【列宽】

step 09 继续选中该单元格，在功能区的【开始】选项卡的【对齐方式】选项组中，单击【自动换行】按钮，如图 1-251 所示。

step 10 使用同样的方法，合并单元格，设置其他单元格的列宽，并输入文字，使文字居中对齐，如图 1-252 所示。

图 1-251　设置单元格的对齐方式

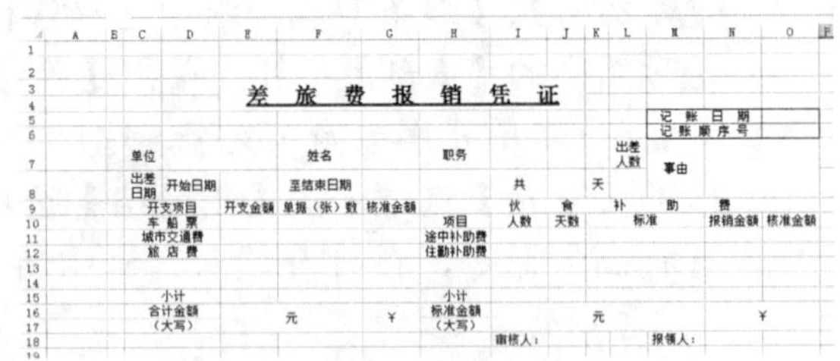

图 1-252　输入其他文字

step 11 选择 C7:O17 单元格区域，在【开始】选项卡的【字体】选项组中，单击【字体设置】按钮，在弹出的对话框中选择【边框】选项卡，在【线条】选项组中选择样式，在右侧单击【外边框】按钮，如图 1-253 所示。

step 12 然后在【线条】选项组的【样式】列表框中选择样式，在右侧单击【内部】按钮，然后单击【确定】按钮，如图 1-254 所示。

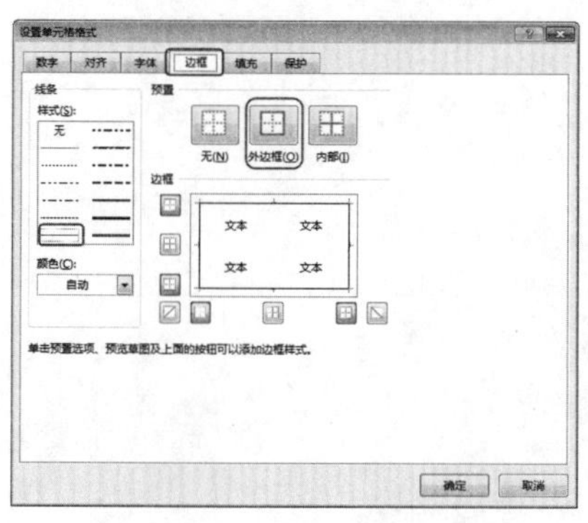

图 1-253　设置【外边框】

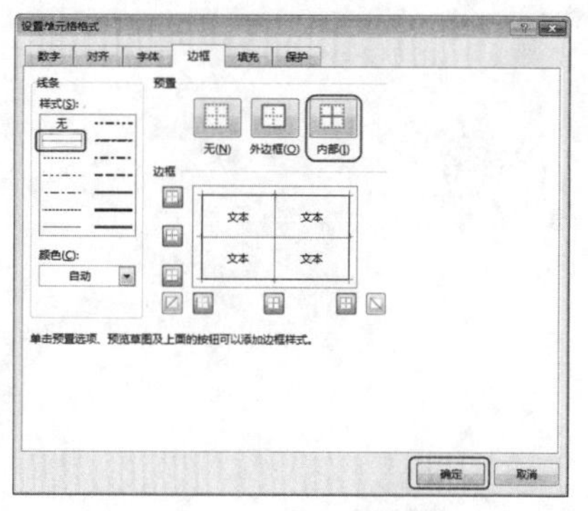

图 1-254　设置【内部】框线

step 13 选择 B3:P19 单元格区域，在功能区的【开始】选项卡的【字体】选项组中单击【填充颜色】按钮右侧的下三角按钮，在下拉菜单中选择【橙色 着色 6 淡色 80%】命令，如图 1-255 所示。

若列表中没有要选择的颜色，可选择【其他颜色】命令。在弹出的【颜色】对话框中，将【自定义】选项卡中的【红色】设置为 253，【绿色】设置为 233，【蓝色】设置为 217。

step 14 设置完成后，按 Ctrl+S 组合键，在打开的对话框中选择文件的保存位置，输入文件名称，单击【保存】按钮即可将文件保存，如图 1-256 所示。

如果是在现有工作簿上直接编辑，在保存的同时又不想覆盖原有的工作簿，可以单击【文件】按钮，在打开的界面中选择【另存为】命令，然后选择【计算机】并单击【浏览】按钮，在弹出的【另存为】对话框中可以设置编辑后的工作簿的保存路径和文件名称等。

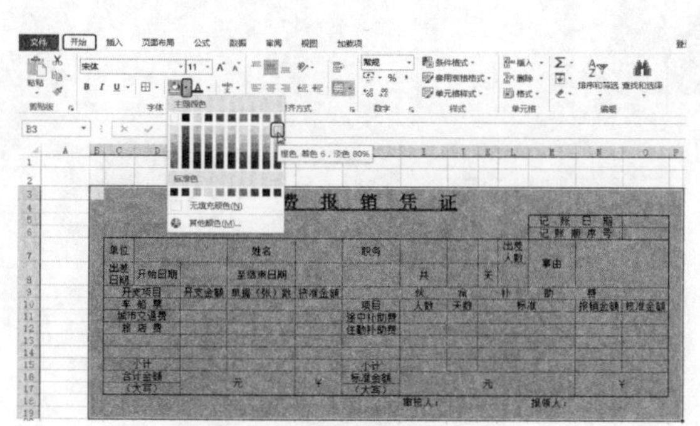

图 1-255　设置填充颜色

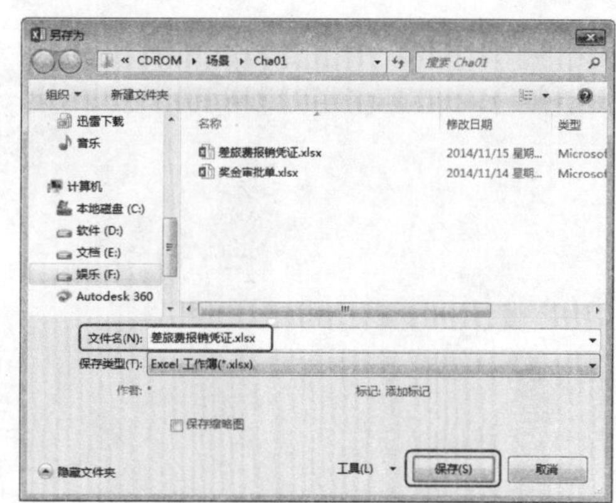

图 1-256　保存文件

第 2 章 会计账款表格的制作

本章重点

- 日记账
- 资产负债表
- 总分类账
- 试算表
- 会计科目余额表
- 通用记账凭证
- 账簿启用表
- 会计科目表
- 科目汇总表
- 发票

财务会计是现代企业的一项重要的基础性工作，会计账款表格为企业管理和决策提供积极、有用的信息，有利于提高企业经济效益，并促进市场经济的健康、有序发展。本章将介绍会计账款表格的制作方法。

案例精讲 011　日记账

案例文件：CDROM\场景\Cha02\日记账.xlsx

视频文件：视频教学\Cha02\日记账.avi

制作概述

日记账是按照经济业务的发生或完成时间的先后顺序逐日逐笔登记的账簿。本案例有两个工作表，分别为首页工作表和现金日记账工作表，主要是设置单元格的边框和填充，如图 2-1 所示。

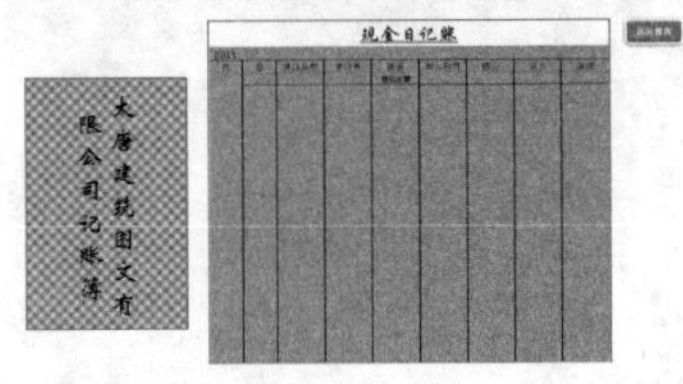

图 2-1　日记账

学习目标

- 学习如何设置单元格的边框和填充。
- 学习如何设置列宽。

操作步骤

step 01 启动 Excel 2013 软件后，新建一个空白工作簿。选择 E5:H29 单元格区域，在功能区的【开始】选项卡中单击【对齐方式】选项组中【合并后居中】右侧的下三角按钮，在弹出的下拉菜单中选择【合并后居中】命令，如图 2-2 所示。

step 02 选择合并后的单元格并右击，在弹出的快捷菜单中选择【设置单元格格式】命令，打开【设置单元格格式】对话框，在该对话框中选择【边框】选项卡，然后将【样式】设置为如图 2-3 所示的样式，在【预置】选项组中单击【外边框】按钮，在【线条】选项组中将【颜色】设置为蓝色。

知识链接

设置边框也可以在【开始】选项卡的【字体】选项组中单击【下边框】右侧的下三角按钮，在弹出的下拉菜单中选择相应的边框，也可以设置边框颜色、边框线型。

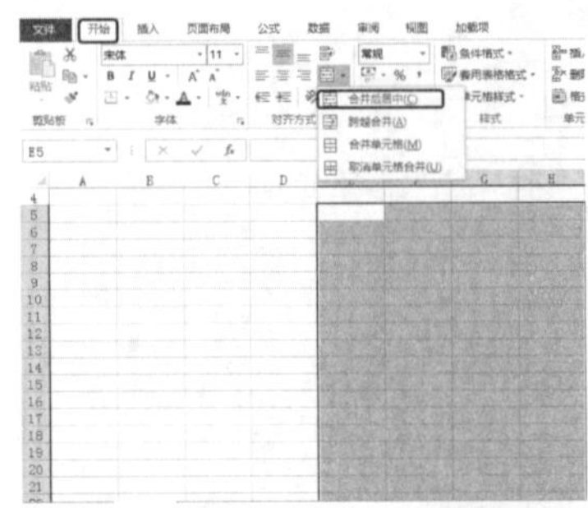

图 2-2　选择【合并后居中】命令

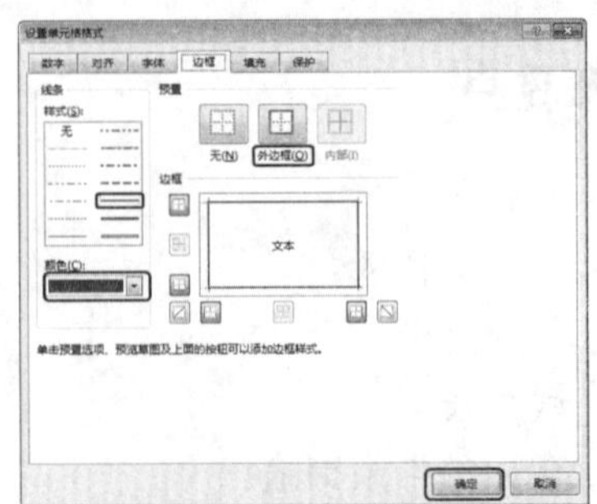

图 2-3　设置边框

step 03 选择【填充】选项卡，将【图案颜色】设置为蓝色，将【图案样式】设置为【细，对角线，剖面线】，如图 2-4 所示。

step 04 单击【确定】按钮，在合并后的单元格内输入文字“大唐建筑图文有限公司记账簿”。选择输入的文字，将【字体】设置为【华文新魏】，将【字号】设置为 35，在【对齐方式】选项组中单击【方向】按钮，在弹出的下拉菜单中选择【竖排文字】命令，然后单击【自动换行】按钮，如图 2-5 所示。

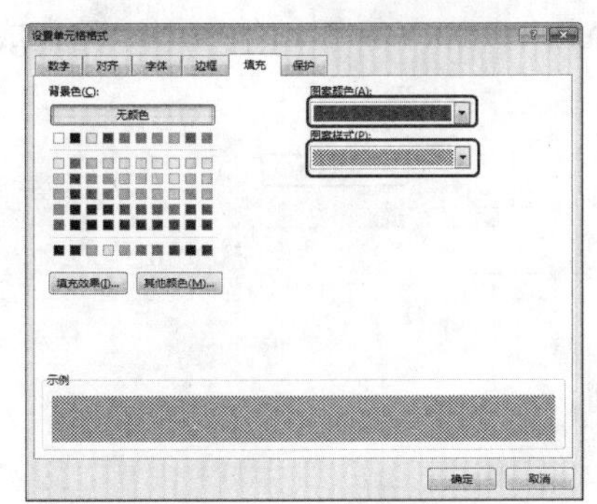

图 2-4 【填充】选项卡

图 2-5 输入文字并进行设置

step 05 将工作表命名为【首页】，在功能区选择【视图】选项卡，在【显示】选项组中取消选中【网格线】复选框，完成后的效果如图 2-6 所示。

step 06 单击【新工作表】按钮⊕，新建工作表，将工作表名称命名为【现金日记账】，选择第 2 行单元格并右击，在弹出的快捷菜单中选择【行高】命令，在弹出的对话框中将【行高】设置为 34.5，选择 B2:J2 单元格区域，在功能区的【开始】选项卡中单击【对齐方式】选项组中的【合并后居中】按钮，在合并后的单元格内输入文字【现金日记账】，将【字体】设置为【华文行楷】，将【字号】设置为 26，单击【下划线】右侧的下三角按钮，在弹出的下拉菜单中选择【双下划线】命令，将【字体颜色】设置为红色，完成后的效果如图 2-7 所示。

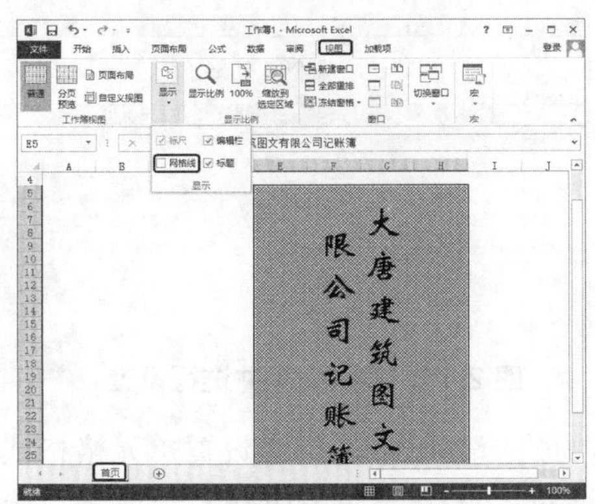

图 2-6 取消网格线显示

图 2-7 输入文字

step 07 选择 B～J 列单元格并右击，在弹出的快捷菜单中选择【列宽】命令，在弹出的对话框中将【列宽】设置为 10，如图 2-8 所示。

知识链接

在【开始】选项卡中的【单元格】选项组中单击【格式】按钮，在弹出的下拉菜单中选择【列宽】命令也可以设置单元格的列宽。

step 08 选择 3、4 行单元格并右击，在弹出的快捷菜单中选择【行高】命令，在弹出的对话框中将【行高】设置为 18，选择第 5～30 行单元格，将【行高】设置为 15。选择 B3 单元格，在编辑栏中输入公式【=YEAR(TODAY())】，按 Enter 键完成运算，如图 2-9 所示。

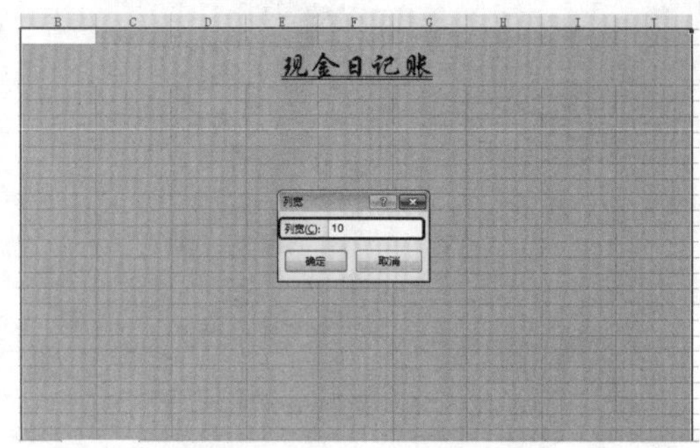

图 2-8　设置【列宽】

图 2-9　在编辑栏输入公式

step 09 继续选择 B3 单元格，在【开始】选项卡中将【字号】设置为 12，单击【加粗】按钮将文字进行加粗，将【字体颜色】设置为蓝色，如图 2-10 所示。

step 10 在 B4:J4 单元格区域中输入文字，然后选择输入的文字，将【字体】设置为【黑体】，将【字体颜色】设置为蓝色，将【字号】设置为 12，单击【对齐方式】选项组中的【居中】按钮，如图 2-11 所示。

图 2-10　设置文字

图 2-11　输入文字并进行设置

step 11 选择 B4:J4 单元格区域并右击，在弹出的快捷菜单中选择【设置单元格格式】命令，弹出【设置单元格格式】对话框，在该对话框中选择【边框】选项卡，选择如图 2-12 所示的线型，将【颜色】设置为【绿色，着色 6，深色 25%】，单击如图 2-12 所示的按钮。

step 12 单击【确定】按钮，在【开始】选项卡中单击【字体】选项组中的【边框】右

侧的下三角按钮，在弹出的下拉菜单中选择【上框线】命令，如图 2-13 所示。

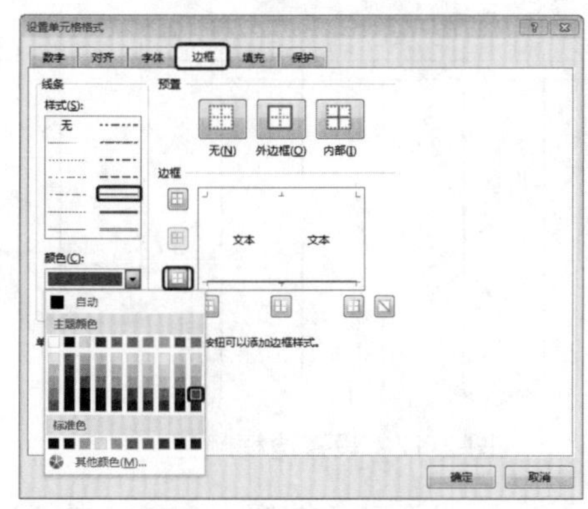

图 2-12　设置下边框

图 2-13　选择【上框线】命令

step 13 继续单击【边框】右侧的下三角按钮，在弹出的下拉菜单中选择如图 2-14 所示的线型。选择线型后，光标变成铅笔形状，然后在上框线上单击为上框线设置线型，按 Esc 键完成操作。

step 14 再次单击【边框】右侧的下三角按钮，在弹出的下拉菜单中选择【线条颜色】→【绿色，着色 6，深色 25%】命令，如图 2-15 所示。选择颜色后，光标变成铅笔形状，然后在上框线上单击为上框线设置颜色，按 Esc 键完成操作。

图 2-14　选择线型

图 2-15　设置颜色

step 15 选择 B6:J30 单元格区域并右击，在弹出的快捷菜单中选择【设置单元格格式】命令，弹出【设置单元格格式】对话框，在该对话框中选择【边框】选项卡，在【线条】选项组中选择如图 2-16 所示的线条。将【颜色】设置为黑色，单击【预置】选项组中的【内部】按钮，然后在【边框】选项卡中单击如图 2-16 所示的按钮。

step 16 单击【确定】按钮，选择 B4:J5 单元格区域，在【开始】选项卡中单击【上框线】右侧的下三角按钮，在弹出的下拉菜单中选择【所有框线】命令。单击【所有框线】右侧的下三角按钮，在弹出的下拉菜单中选择【线条颜色】下的【黑色】命令。选择此命令后光标变成铅笔形状，在如图 2-17 所示的线条上单击，设置线条颜色。

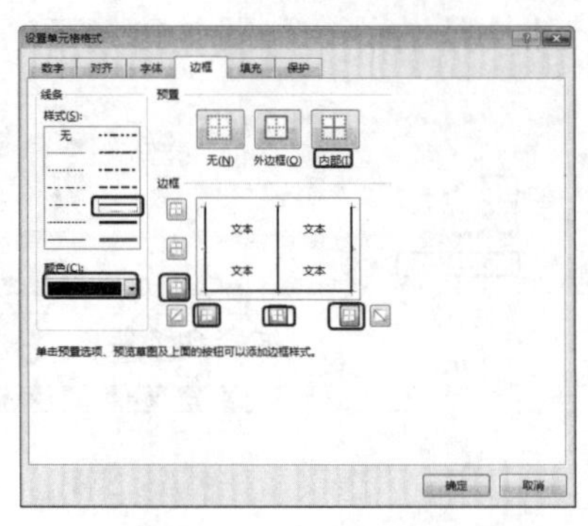

图 2-16　设置边框

现金日记账								
2014								
月	日	凭证类型	凭证号	摘要	对方科目	借方	贷方	余额

图 2-17　设置边框颜色

step 17 按 Esc 键完成操作，单击【所有边框】右侧的下三角按钮，在弹出的下拉菜单中选择【擦除边框】命令，然后将 B5 单元格下边框删除，完成后的效果如图 2-18 所示。

step 18 选择 C5:J5 单元格区域，在 F5 单元格内输入文字【期初余额】，选择该单元格，将【字体】设置为【宋体】，将【字号】设置为 10，单击【对齐方式】选项组中的【居中】按钮，如图 2-19 所示。

现金日记账								
2014								
月	日	凭证类型	凭证号	摘要	对方科目	借方	贷方	余额

图 2-18　擦除多余的线条

图 2-19　输入文字并进行设置

step 19 选择 B、C 列单元格，将【列宽】设置为 7。选择 B3:J30 单元格区域，在功能区的【开始】选项卡中单击【填充颜色】右侧下三角按钮，在弹出的下拉菜单中选择【绿色，着色 6，淡色 60%】命令，如图 2-20 所示。

step 20 选择 A5 单元格，在功能区选择【视图】选项卡，单击【窗口】选项组中的【冻结窗格】按钮，在弹出的下拉菜单中选择【冻结拆分窗格】命令，如图 2-21 所示。

冻结窗口就是固定某行和某列，方便查看标题。

step 21 在功能区的【插入】选项卡中单击【插图】选项组中的【形状】按钮，在弹出的下拉菜单中选择【圆角矩形工具】命令，如图 2-22 所示。

step 22 绘制圆角矩形，在功能区【绘图工具】下的【格式】选项卡中，单击【形状样式】选项组中的【形状效果】按钮，在弹出的下拉菜单中选择【预设】→【预设 1】命令，如图 2-23 所示。

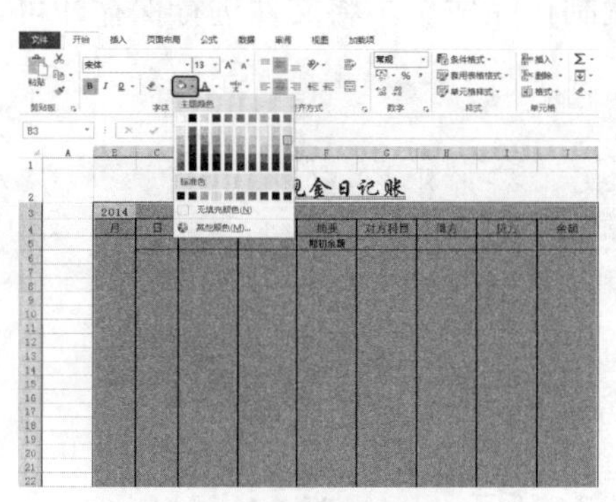

图 2-20　设置填充颜色

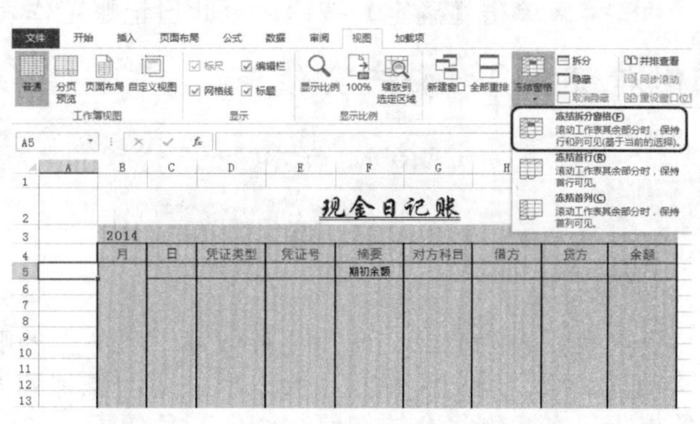

图 2-21　选择【冻结拆分窗格】命令

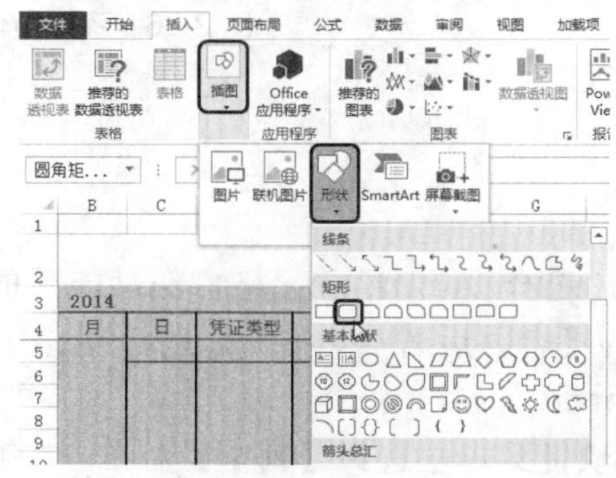

图 2-22　选择【圆角矩形工具】命令

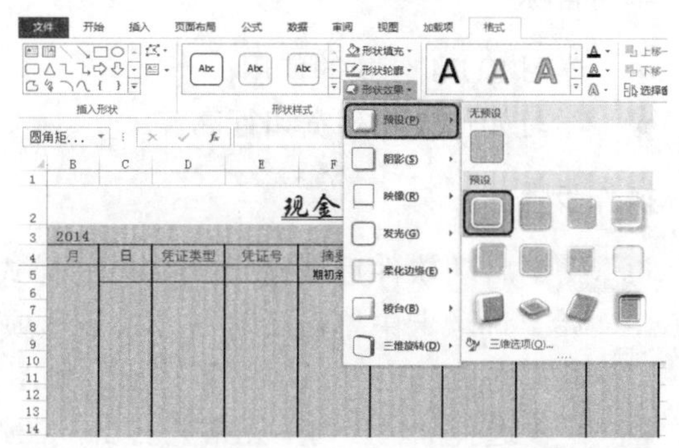

图 2-23　选择预设类型

step 23 在绘制的圆角矩形上右击，在弹出的快捷菜单中选择【编辑文字】命令，输入文字【返回首页】，选择输入的文字，将【字体】设置为【黑体】，将【字号】设置为 12，单击【对齐方式】选项组中的【垂直居中】和【居中】按钮，如图 2-24 所示。

step 24 在绘制的圆角矩形上右击，在弹出的快捷菜单中选择【超链接】命令，弹出【编辑超链接】对话框，在该对话框中单击【本文档中的位置】按钮，在【请键入单元格引用】文本框中输入 E5，在【或在此文档中选择一个位置】列表框中选择【首页】选项，如图 2-25 所示。

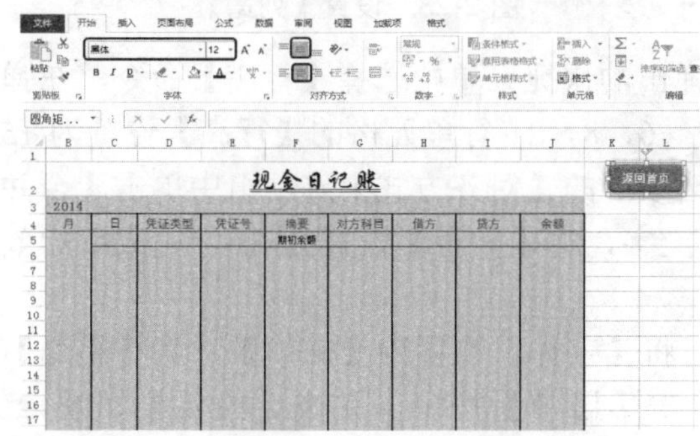

图 2-24　设置文字

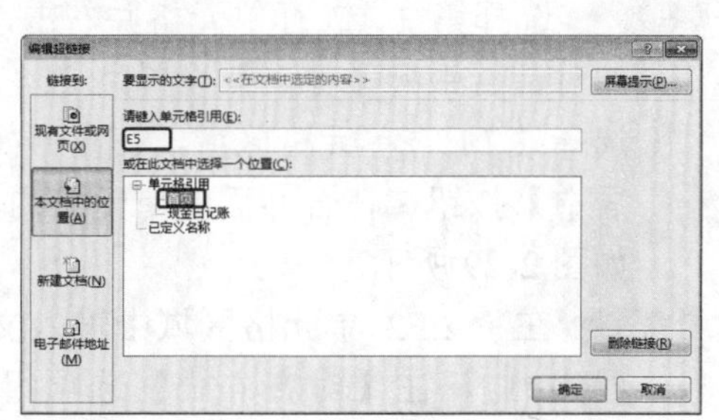

图 2-25　【编辑超链接】对话框

step 25 单击【确定】按钮，至此日记账工作表就制作完成了，将文件进行保存即可。

案例精讲 012　资产负债表

案例文件：CDROM\场景\Cha02\资产负债表.xlsx
视频文件：视频教学\Cha02\资产负债表.avi

制作概述

资产负债表为会计、商业会计或簿记实务上的财务报表之一，与购销损益账、现金流量表、股东权益变动表并列为企业四大常用财务报表。本案例将介绍如何制作资产负债表，如图 2-26 所示。

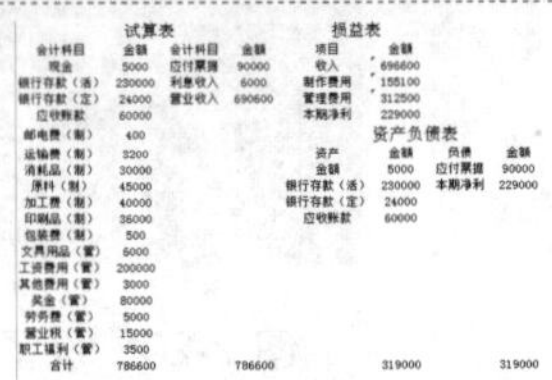

图 2-26　资产负债表

学习目标

- 学习 SUM 公式的使用。
- 学习如何设置列宽和行高。

操作步骤

step 01 启动软件后新建一个空白的样式文稿，选择 A1:D1 单元格，在功能区的【开始】选项卡中单击【对齐方式】选项组中的【合并后居中】按钮，选择 E1:F1 单元格，单击【合并后居中】按钮，如图 2-27 所示。

step 02 选择 A、E 列单元格并右击，在弹出的快捷菜单中选择【列宽】命令，在弹出的对话框中将【列宽】设置为 13，如图 2-28 所示。

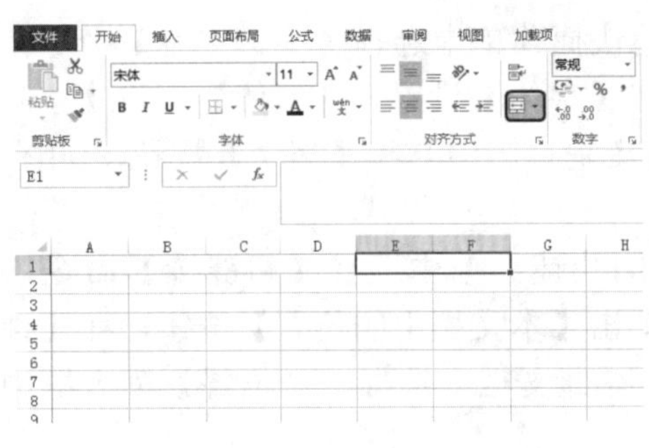

图 2-27　合并单元格

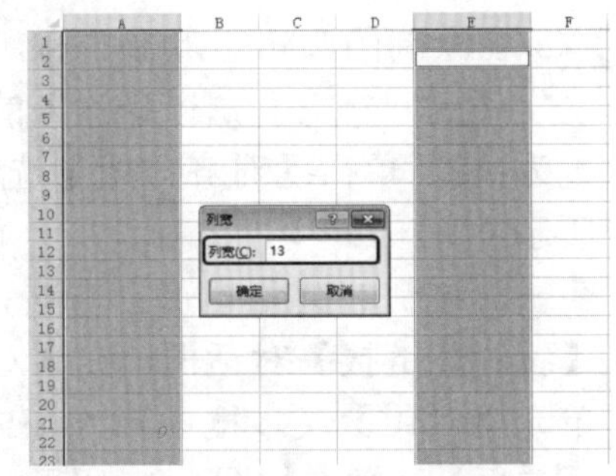

图 2-28　设置【列宽】

step 03 选择第 1、7 行单元格并右击，在弹出的快捷菜单中选择【行高】命令，在弹出的对话框中将【行高】设置为 21，将 2～6、8～21 行单元格的【行高】设置为 15，选择 E7:H7 单元格区域，在【开始】选项卡的【对齐方式】选项组中单击【合并后居中】按钮，在合并后的单元格内输入文字，将【字号】设置为 16，完成后的效果如图 2-29 所示。

step 04 在 A2:F2 单元格区域中输入文字，将【字体】设置为【宋体】，将【字号】设置为 11，在【对齐方式】选项组中单击【居中】按钮，完成后的效果如图 2-30 所示。

step 05 使用同样的方法，在图 2-31 所示的单元格内输入文字，选择 A1:H21 单元格区

域，在【开始】选项卡中单击【对齐方式】选项组中的【居中】按钮，如图 2-31 所示。

step 06 选择 F3 单元格，在编辑栏中输入公式【=SUM(D4:D5)】，按 Enter 键完成公式运算，效果如图 2-32 所示。

知识链接

SUM 函数

主要功能：回某一单元格区域中数字、逻辑值及数字的文本表达式之和。

使用格式：=SUM(number1,number2, ...)

参数说明：number1，number2，...为 1～30 个需要求和的参数。直接输入到参数表中的数字、逻辑值及数字的文本表达式将被计算。如果参数为数组或引用，只有其中的数字将被计算。数组或引用中的空白单元格、逻辑值、文本将被忽略。

图 2-29 设置单元格并输入文字

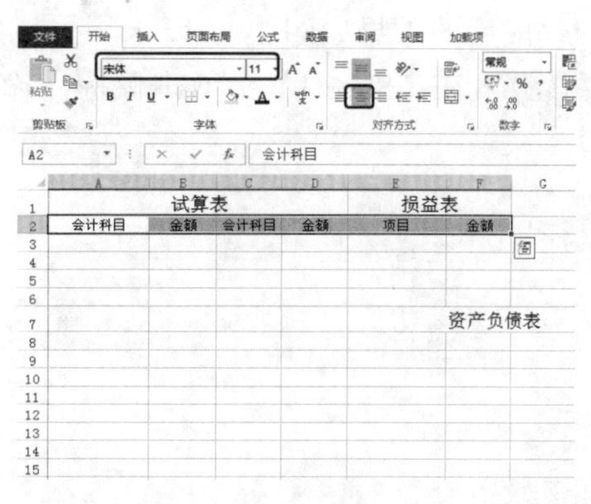

图 2-30 输入文字

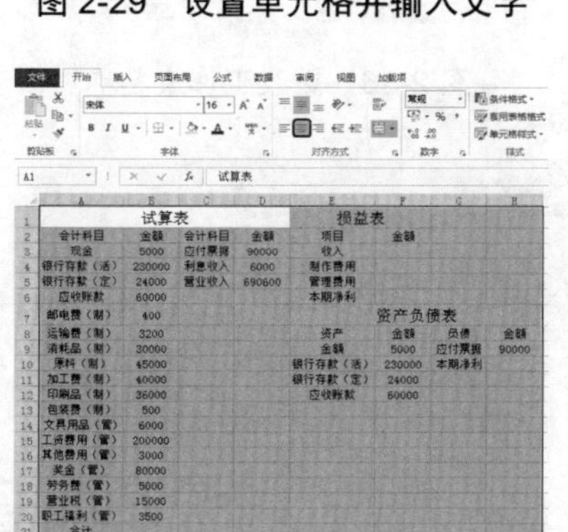

图 2-31 输入文字并将文字居中

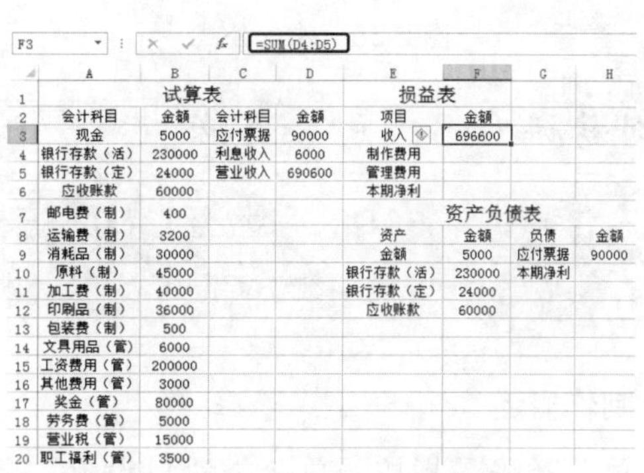

图 2-32 输入公式并完成运算

step 07 选择 F4 单元格，在编辑栏中输入公式【=SUM(B7:B13)】，按 Enter 键完成操作，如图 2-33 所示。

step 08 在 F5 单元格内输入公式【=SUM(B14:B20)】，在 F6 单元格内输入公式【=F3-F4-F5】，如图 2-34 所示。

F4 =SUM(B7:B13)

	A	B	C	D	E	F	G	H
1	试算表				损益表			
2	会计科目	金额	会计科目	金额	项目	金额		
3	现金	5000	应付票据	90000	收入	696600		
4	银行存款（活）	230000	利息收入	6000	制作费用	155100		
5	银行存款（定）	24000	营业收入	690600	管理费用			
6	应收账款	60000			本期净利			
7	邮电费（制）	400			资产负债表			
8	运输费（制）	3200			资产	金额	负债	金额
9	消耗品（制）	30000			金额	5000	应付票据	90000
10	原料（制）	45000			银行存款（活）	230000	本期净利	
11	加工费（制）	40000			银行存款（定）	24000		
12	印刷品（制）	36000			应收账款	60000		
13	包装费（制）	500						
14	文具用品（管）	6000						
15	工资费用（管）	200000						
16	其他费用（管）	3000						
17	奖金（管）	80000						
18	劳务费（管）	5000						
19	营业税（管）	15000						
20	职工福利（管）	3500						

图 2-33　在 F4 单元格中输入公式

F6 =F3-F4-F5

	A	B	C	D	E	F	G	H
1	试算表				损益表			
2	会计科目	金额	会计科目	金额	项目	金额		
3	现金	5000	应付票据	90000	收入	696600		
4	银行存款（活）	230000	利息收入	6000	制作费用	155100		
5	银行存款（定）	24000	营业收入	690600	管理费用	312500		
6	应收账款	60000			本期净利	229000		
7	邮电费（制）	400			资产负债表			
8	运输费（制）	3200			资产	金额	负债	金额
9	消耗品（制）	30000			金额	5000	应付票据	90000
10	原料（制）	45000			银行存款（活）	230000	本期净利	
11	加工费（制）	40000			银行存款（定）	24000		
12	印刷品（制）	36000			应收账款	60000		
13	包装费（制）	500						
14	文具用品（管）	6000						
15	工资费用（管）	200000						
16	其他费用（管）	3000						
17	奖金（管）	80000						
18	劳务费（管）	5000						
19	营业税（管）	15000						
20	职工福利（管）	3500						
21	合计							

图 2-34　在 F5 单元格中输入公式

step 09 在 H10 单元格中输入公式【=$F$6】，在 B21 单元格中输入公式【=SUM(B3:B20)】，在 D21 单元格内输入公式【=SUM(D3:D20)】，在 F21 单元格内输入公式【=SUM(F9:F20)】，在 H21 单元格内输入公式【=SUM(H9:H20)】，完成后的效果如图 2-35 所示。

step 10 在【Sheet1】上双击鼠标，输入文字【制作资产负债表】，如图 2-36 所示。

	A	B	C	D	E	F	G	H
1	试算表				损益表			
2	会计科目	金额	会计科目	金额	项目	金额		
3	现金	5000	应付票据	90000	收入	696600		
4	银行存款（活）	230000	利息收入	6000	制作费用	155100		
5	银行存款（定）	24000	营业收入	690600	管理费用	312500		
6	应收账款	60000			本期净利	229000		
7	邮电费（制）	400			资产负债表			
8	运输费（制）	3200			资产	金额	负债	金额
9	消耗品（制）	30000			金额	5000	应付票据	90000
10	原料（制）	45000			银行存款（活）	230000	本期净利	229000
11	加工费（制）	40000			银行存款（定）	24000		
12	印刷品（制）	36000			应收账款	60000		
13	包装费（制）	500						
14	文具用品（管）	6000						
15	工资费用（管）	200000						
16	其他费用（管）	3000						
17	奖金（管）	80000						
18	劳务费（管）	5000						
19	营业税（管）	15000						
20	职工福利（管）	3500						
21	合计	786600		786600		319000		319000

图 2-35　输入公式

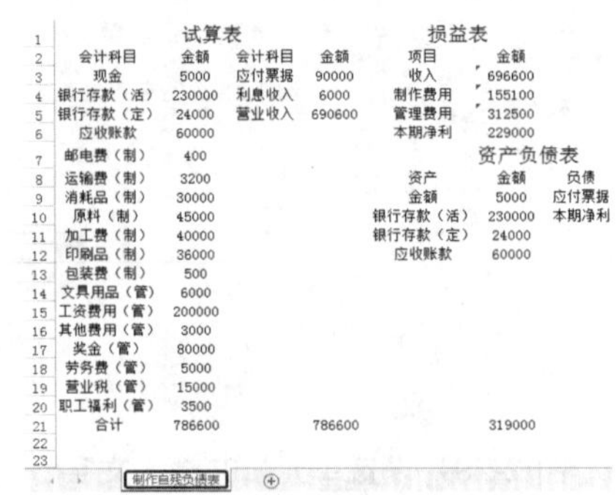

	A	B	C	D	E	F	G
1	试算表				损益表		
2	会计科目	金额	会计科目	金额	项目	金额	
3	现金	5000	应付票据	90000	收入	696600	
4	银行存款（活）	230000	利息收入	6000	制作费用	155100	
5	银行存款（定）	24000	营业收入	690600	管理费用	312500	
6	应收账款	60000			本期净利	229000	
7	邮电费（制）	400			资产负债表		
8	运输费（制）	3200			资产	金额	负债
9	消耗品（制）	30000			金额	5000	应付票据
10	原料（制）	45000			银行存款（活）	230000	本期净利
11	加工费（制）	40000			银行存款（定）	24000	
12	印刷品（制）	36000			应收账款	60000	
13	包装费（制）	500					
14	文具用品（管）	6000					
15	工资费用（管）	200000					
16	其他费用（管）	3000					
17	奖金（管）	80000					
18	劳务费（管）	5000					
19	营业税（管）	15000					
20	职工福利（管）	3500					
21	合计	786600		786600		319000	
22							
23							

制作资产负债表

图 2-36　更改工作表名称

案例精讲 013　总分类账

案例文件：CDROM\场景\Cha02\总分类账.xlsx

视频文件：视频教学\Cha02\总分类账.avi

制作概述

总分类账是指按照总分类科目设置，公允货币计量单位进行登记，总分类账用于提供总括核算资料的账户。本案例将介绍如何制作总分类账，如图 2-37 所示。

总分类账

日期	传票号码	摘要	借方	贷方	余额
		期初余额	200000		200000
20100501	10001	订货现款	80000		280000
20100503	10002	运费	2200		282200
20100504	10003	光明电子		53000	229200
20100504	10004	复印机		8000	221200
20100506	10005	应收货款		23000	198200
20100508	10006	新兴机电		15000	183200
20100508	10007	费用支付		25000	158200
		合计	282200	124000	

图 2-37　总分类账

学习目标

- 学习如何设置单元格边框。
- 学习如何设置行高和列宽。

操作步骤

step 01 启动软件后新建空白的工作簿，选择 A1:F11 单元格区域并右击，在弹出的快捷菜单中选择【设置单元格格式】命令，如图 2-38 所示。

step 02 打开【设置单元格格式】对话框，在该对话框中选择【边框】选项卡，在【线条】选项组中将【颜色】设置为黑色，在【预置】选项组中单击【外边框】和【内部】按钮，如图 2-39 所示。

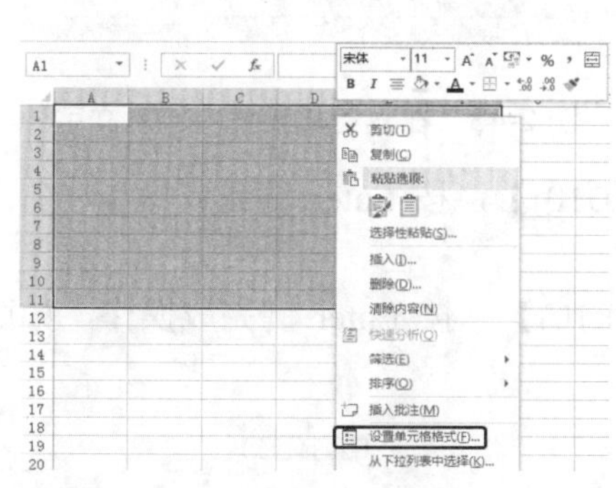

图 2-38 选择【设置单元格格式】命令

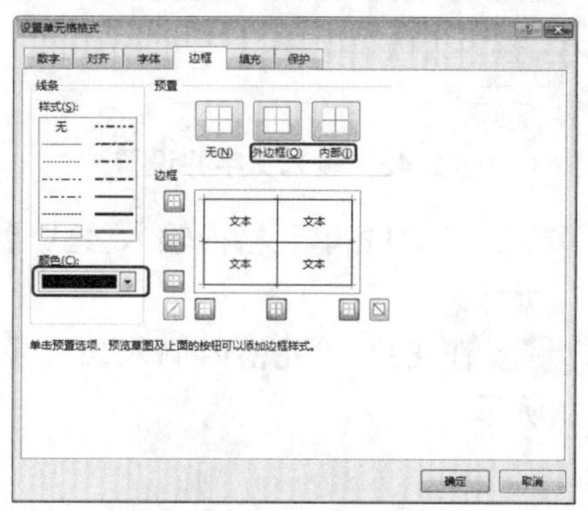

图 2-39 设置表格属性

step 03 单击【确定】按钮，即可为选择的单元格填充边框，完成后的效果如图 2-40 所示。

step 04 选择第 1 行单元格并右击，在弹出的快捷菜单中将【行高】设置为 35，如图 2-41 所示。

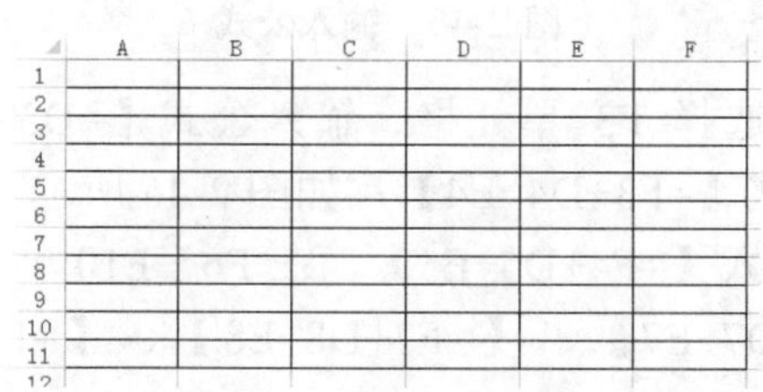

图 2-40 添加边框后的效果

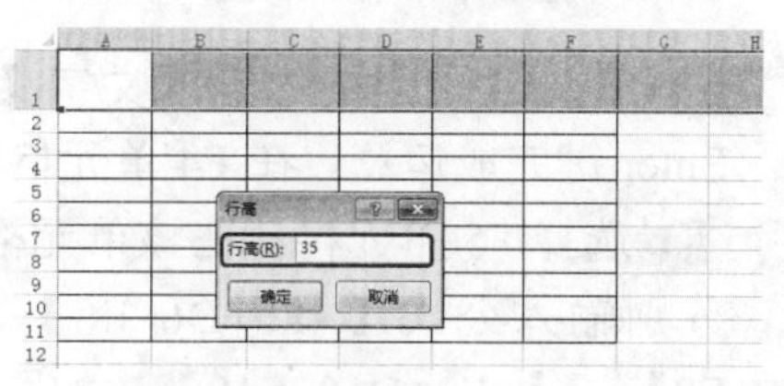

图 2-41 设置【行高】

step 05 选择 A1:F1 单元格区域，在功能区的【开始】选项卡的【对齐方式】选项组中单击【合并后居中】按钮，然后在合并后的单元格内输入文字【总分类账】，将【字体】设置为【方正魏碑简体】，将【字号】设置为 18，如图 2-42 所示。

step 06 选择 A～F 列并右击，在弹出的快捷菜单中选择【列宽】命令，在弹出的对话框中，将【列宽】设置为 10，单击【确定】按钮选择 2～11 行，将【行高】设置为 18，单击【确定】按钮。

step 07 在单元格内输入文字，选择 A2:F11 单元格区域，在【开始】选项卡中单击【对齐方式】选项组中的【居中】按钮，如图 2-43 所示。

图 2-42　输入文字并设置

图 2-43　在其他单元格内输入文字

step 08 在 D11 单元格内输入公式【=SUM(D3:D10)】，按 Enter 键完成操作，如图 2-44 所示。

step 09 在 E11 单元格内输入公式【=SUM(E6:E10)】，按 Enter 键完成操作，如图 2-45 所示。

图 2-44　输入公式

图 2-45　输入公式

step 10 在 F2 单元格内输入文字【余额】，选择 F3 单元格，输入公式【=D3】，按 Enter 键完成运算。在 F4 单元格内输入公式【=F3+D4−E4】，如图 2-46 所示。

step 11 选择 F5 单元格，在该单元格内输入公式【=F4+D5−E5】，在 F6～F10 单元格内分别输入公式【=F5+D6−E6】、【=F6+D7−E7】、【=F7+D8−E8】、【=F8+D9−E9】、【=F9+D10−E10】，如图 2-47 所示。

F4　=F3+D4-E4

	A	B	C	D	E	F
1	总分类账					
2	日期	传票号码	摘要	借方	贷方	余额
3			期初余额	200000		200000
4	20100501	10001	订货现款	80000		280000
5	20100503	10002	运费	2200		
6	20100504	10003	光明电子		53000	
7	20100504	10004	复印机		8000	
8	20100506	10005	应收货款		23000	
9	20100508	10006	新兴机电		15000	
10	20100508	10007	费用支付		25000	
11			合计	282200	124000	

图 2-46　输入公式

	A	B	C	D	E	F
1	总分类账					
2	日期	传票号码	摘要	借方	贷方	余额
3			期初余额	200000		200000
4	20100501	10001	订货现款	80000		280000
5	20100503	10002	运费	2200		282200
6	20100504	10003	光明电子		53000	229200
7	20100504	10004	复印机		8000	221200
8	20100506	10005	应收货款		23000	198200
9	20100508	10006	新兴机电		15000	183200
10	20100508	10007	费用支付		25000	158200
11			合计	282200	124000	

图 2-47　输入公式

step 12 将工作表名称设置为制作总分类账。至此，总分类账表就制作完成了，将文件进行保存即可。

案例精讲 014　试算表

案例文件：CDROM\场景\Cha02\试算表.xlsx

视频文件：视频教学\Cha02\试算表.avi

制作概述

试算表是定期地加计分类账各账户的借贷方发生额及余额的合计数，用以检查借贷方是否平衡暨账户记录有无错误的一种表式。本案例将介绍如何制作试算表，如图 2-48 所示。

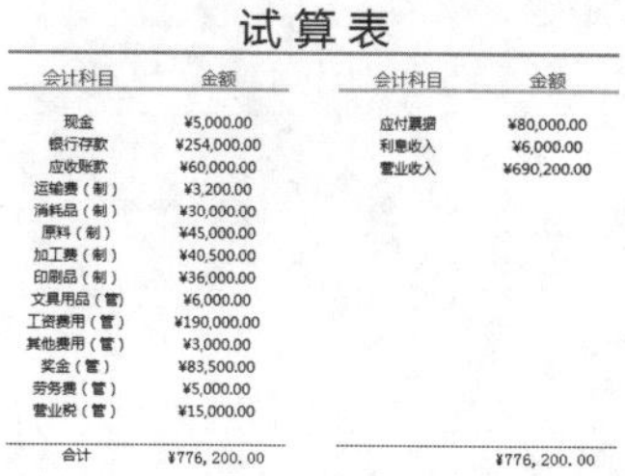

试算表

会计科目	金额	会计科目	金额
现金	¥5,000.00	应付票据	¥80,000.00
银行存款	¥254,000.00	利息收入	¥6,000.00
应收账款	¥60,000.00	营业收入	¥690,200.00
运输费（制）	¥3,200.00		
消耗品（制）	¥30,000.00		
原料（制）	¥45,000.00		
加工费（制）	¥40,500.00		
印刷品（制）	¥36,000.00		
文具用品（管）	¥6,000.00		
工资费用（管）	¥190,000.00		
其他费用（管）	¥3,000.00		
奖金（管）	¥83,500.00		
劳务费（管）	¥5,000.00		
营业税（管）	¥15,000.00		
合计	¥776, 200. 00		¥776, 200. 00

图 2-48　试算表

学习目标

- 学习如何设置下边框。
- 学习如何设置单元格属性。

操作步骤

step 01 启动软件后新建空白工作簿，选择第 1 行单元格，在第 1 行单元格中右击，在弹出的快捷菜单中选择【行高】命令，在弹出的对话框中将【行高】设置为 35，如图 2-49 所示。

step 02 选择 D1:H1 单元格区域，在功能区的【开始】选项卡中单击【对齐方式】选项组中的【合并后居中】按钮，在该单元格内输入文字【试算表】，将【字体】设置为【微软雅黑】，将【字号】设置为 28，将【字体颜色】设置为【蓝色，着色 5，深色 50%】，如图 2-50 所示。

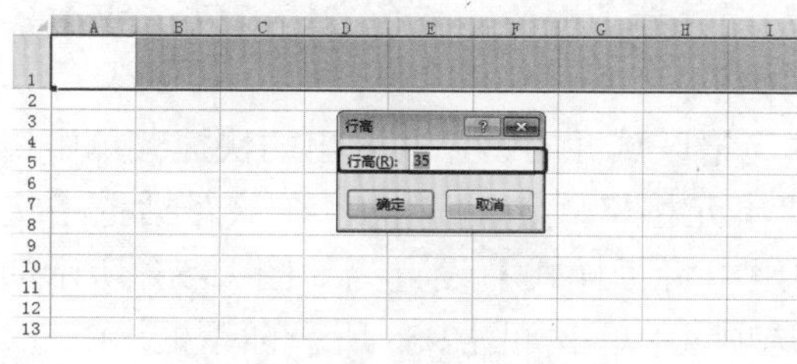

图 2-49　设置【行高】

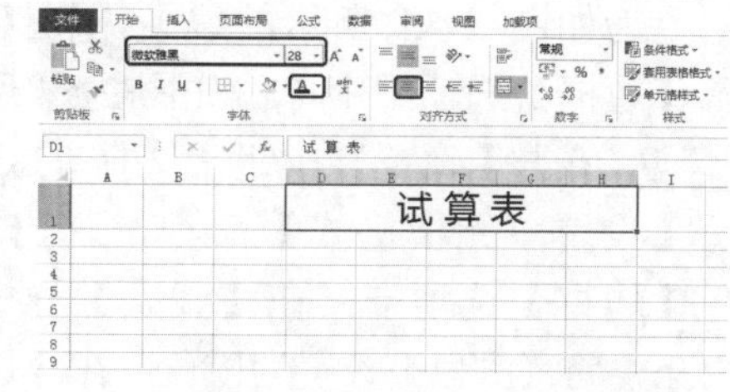

图 2-50　输入文字并进行设置

step 03 选择 D1 单元格并右击，在弹出的快捷菜单中选择【设置单元格格式】命令，在弹出的对话框中选择【边框】选项卡，在【线条】选项组中将【样式】设置为如图 2-51 所示的线条，将【颜色】设置为【蓝色，着色 1】，在【边框】选项组中单击如图 2-51 所示的按钮。

step 04 选择 D～E 列、G～H 列单元格，将其【列宽】设置为 15，将 F 列单元格的【列宽】设置为 5。将第 2 行单元格的【行高】设置为 10，选择 3～20 行单元格，将其【行高】设置为 15，在单元格内输入文字，将【字体】设置为【微软雅黑】，如图 2-52 所示。

step 05 选择第 3 行单元格，将【字号】设置为 12，将【字体颜色】设置为【蓝色，着色 5，深色 25%】，将其余输入的文字的【字号】设置为 10，完成后的效果如图 2-53 所示。

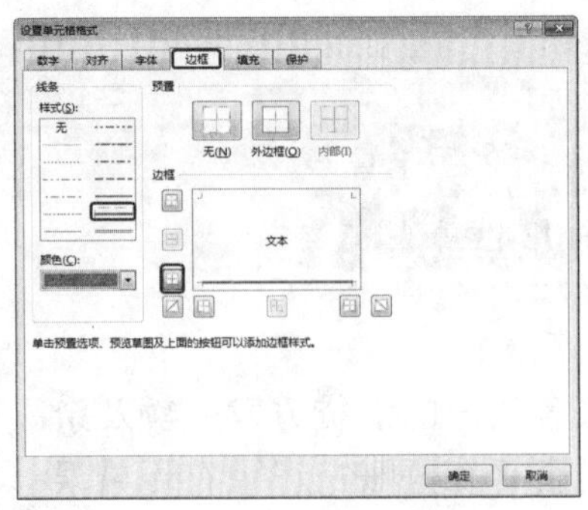

图 2-51　添加边框

试算表

会计科目	金额	会计科目	金额
现金	5000	应付票据	80000
银行存款	254000	利息收入	6000
应收账款	60000	营业收入	690200
运输费（制）	3200		
消耗品（制）	30000		
原料（制）	45000		
加工费（制）	40500		
印刷品（制）	36000		
文具用品（管）	6000		
工资费用（管）	190000		
其他费用（管）	3000		
奖金（管）	83500		
劳务费（管）	5000		
营业税（管）	15000		
合计			

图 2-52　输入文字

图 2-53　设置文字属性

step 06 选择 D3:E3 单元格区域并右击，在弹出的快捷菜单中选择【设置单元格格式】命令，在弹出的对话框中选择【边框】选项卡，在【线条】选项组中将【样式】设置为如图 2-54 所示的线条，将【颜色】设置为【橙色，着色 2，淡色 40%】，在【边框】选项组中单击如图 2-54 所示的按钮。

step 07 单击【确定】按钮，选择 G3:H3 单元格区域并右击，在弹出的快捷菜单中选择【设置单元格格式】命令，弹出【设置单元格格式】对话框，在该对话框中选择【边框】选项卡，在【线条】样式选项组中将【样式】设置为如图 2-55 所示的线条，将【颜色】设置为橙色，在【边框】选项组中单击如图 2-55 所示的(下框线)按钮。

图 2-54　【设置单元格格式】对话框

图 2-55　设置边框、线条和颜色

step 08 使用同样的方法设置 D19:E19、G19:E19 单元格区域的边框，在 E20 单元格内输入公式【=SUM(E5:E19)】，按 Enter 键完成操作。在 H20 单元格内输入公式【=SUM(H5:H19)】，完成后的效果如图 2-56 所示。

step 09 按住 Ctrl 键选择 E5:E20、H5:H20 单元格区域并右击，在弹出的快捷菜单中选择【设置单元格格式】命令，在弹出的对话框中选择【数字】选项卡，在【分类】列表框中选择【货币】选项，将【小数位数】设置为 2，将【货币符号(国家/地区)】设置为¥，如图 2-57 所示。

试算表

会计科目	金额	会计科目	金额
现金	5000	应付票据	80000
银行存款	254000	利息收入	6000
应收账款	60000	营业收入	690200
运输费（制）	3200		
消耗品（制）	30000		
原料（制）	45000		
加工费（制）	40500		
印刷品（制）	36000		
文具用品（管）	6000		
工资费用（管）	190000		
其他费用（管）	3000		
奖金（管）	83500		
劳务费（管）	5000		
营业税（管）	15000		
合计	776200		776200

图 2-56　设置边框和输入公式

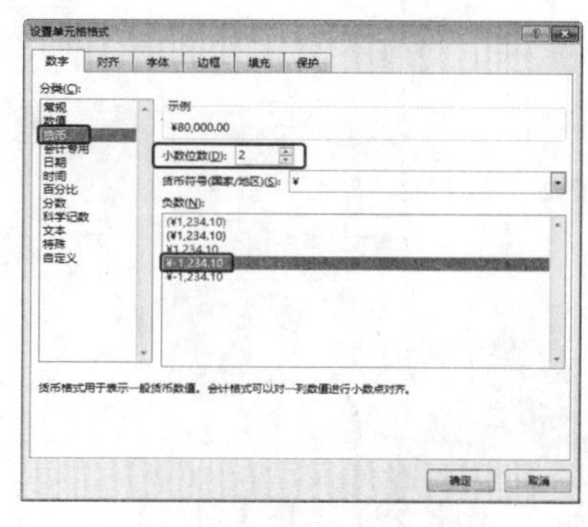

图 2-57　设置数字格式

step 10 单击【确定】按钮，在功能区的【视图】选项卡的【显示】选项组中取消选中【网格线】复选框。至此试算表就制作完成了，将文件进行保存即可。

案例精讲 015　会计科目余额表

案例文件：CDROM\场景\Cha02\会计科目余额表.xlsx

视频文件：视频教学\Cha02\会计科目余额表.avi

制作概述

会计科目是按照经济业务的内容和经济管理的要求，对会计要素的具体内容进行分类核算的科目，称为会计科目。本案例将介绍如何制作会计科目余额表，如图 2-58 所示。

会计科目余额表

编制单位：　　2014年10月　　单位：元

			本期发生						本期发生		
序号	资产及支出	期初金额	借方金额	贷方金额	期末金额	序号	权益及收入	期初金额	借方金额	贷方金额	期末金额
1	现金	¥ 56,000.00	¥ 25,600.00	¥ 30,000.00	¥ 51,600.00	9	应付账款	¥ 200,000.00	¥ 560,000.00		¥-360,000.00
2	银行存款	¥ 200,000.00		¥ 5,000.00	¥ 195,000.00	10	应付工资	¥ 81,000.00	¥ 39,000.00		¥ 42,000.00
3	应收账款	¥ 25,000.00	¥ 3,000.00		¥ 28,000.00	11	投资收益	¥ 200,000.00		¥ 200,600.00	¥ 400,600.00
4	固定资产	¥ 600,000.00		¥ 50,000.00	¥ 550,000.00	12	经营收益	¥ 400,000.00		¥ 300,000.00	¥ 700,000.00
5	管理费用		¥ 5,000.00		¥ 5,000.00						
6	其他支出		¥ 3,000.00		¥ 3,000.00						
7	短期投资			¥ 50,000.00	¥ -50,000.00						
8	总计	¥ 881,000.00	¥ 36,600.00	¥ 135,000.00	¥ 782,600.00		总计	¥ 881,000.00	¥ 599,000.00	¥ 500,600.00	¥ 782,600.00

单位负责人：　　主管会计：　　制表人：　　编制日期：

图 2-58　会计科目余额表

学习目标

- 学习如何设置单元格的数字属性。
- 学习如何擦除边框线。
- 学习自动填充功能的使用。

操作步骤

step 01 启动软件后，新建空白工作簿，选择 C～G 列、I～M 列，在选择的列上右击，在弹出的快捷菜单中选择【列宽】命令，在弹出的对话框中将【列宽】设置为 14.28，如图 2-59 所示。

step 02 单击【确定】按钮，选择 B、H 列，用上述方法将其【列宽】设置为 3.5，将 A 列单元格的【列宽】设置为 2，将第 2 行的【行高】设置为 30。选择 B2:M2 单元格区域，在功能区的【开始】选项卡中单击【对齐方式】选项组中的【合并后居中】按钮，然后在合并后的单元格内输入文字，如图 2-60 所示。

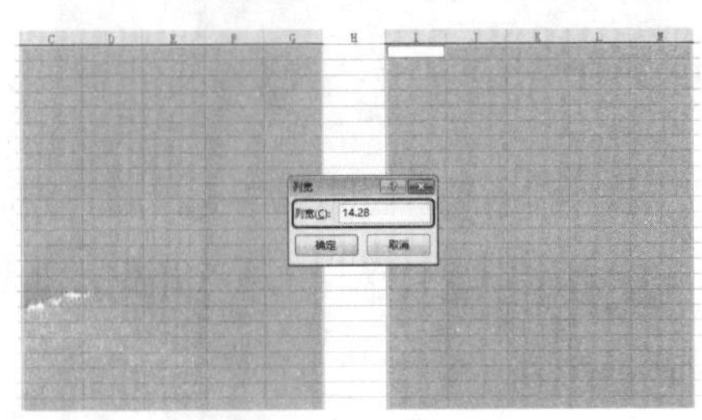

图 2-59　设置【列宽】

图 2-60　合并单元格并输入文字

step 03 选择合并后的单元格，在【开始】选项卡中将【字号】设置为 20，完成后的效果如图 2-61 所示。

step 04 选择 B4:C4 单元格，在【开始】选项卡的【对齐方式】选项组中单击【合并后居中】右侧的下三角按钮，在弹出的下拉菜单中选择【合并单元格】命令，在合并后的单元格内输入文字，如图 2-62 所示。

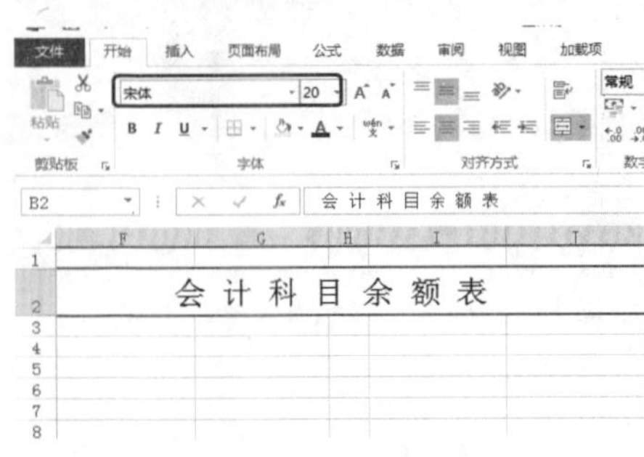

图 2-61　设置字号

图 2-62　合并单元格并输入文字

step 05 在 F4 单元格内输入【2014/10/1】，在该单元格上右击，在弹出的快捷菜单中选择【设置单元格格式】命令，在弹出的对话框中选择【数字】选项卡，在【分类】列表框中选择【自定义】选项，在【类型】文本框中输入【yyyy"年"m"月"】，单击【确定】按钮，如图 2-63 所示。

知识链接

日期格式将日期和时间系列数值显示为日期值。以星号开头的日期格式响应操作系统特定的区域日期和时间设置的更改。不带星号的格式不受操作系统设置的影响。

step 06 在 J4、K4 单元格内分别输入【单位】、【元】，选择 J4 单元格，在【开始】选项卡的【对齐方式】选项组中单击【右对齐】按钮。选择 B5:M14 单元格区域并右击，在弹出的对话框中选择【设置单元格格式】命令，弹出【设置单元格格式】对话框，在该对话框中选择【边框】选项卡，在【预置】选项组中单击【外边框】和【内部】按钮，如图 2-64 所示。

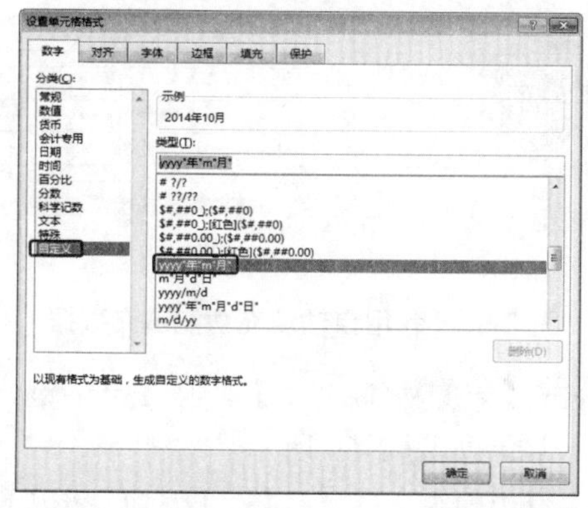

图 2-63 设置数字样式

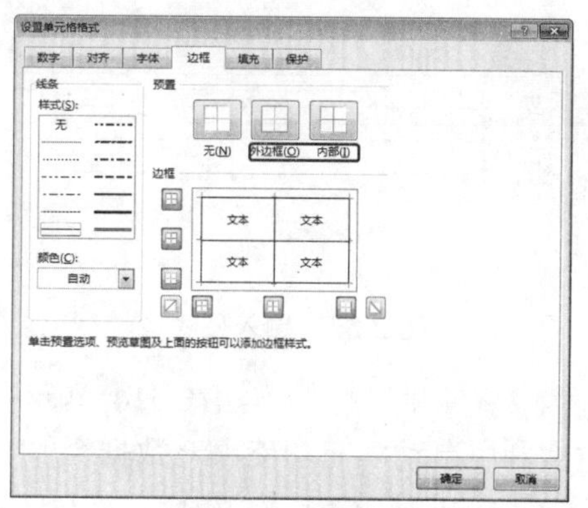

图 2-64 设置边框

step 07 将 E5:F5 单元格、K5:L5 单元格进行合并居中，然后在合并后的单元格内输入文字【本期发生】。在【开始】选项卡的【字体】选项组中单击【下框线】右侧的下三角按钮，在弹出的下拉菜单中选择【擦除边框】命令，然后在需要删除的边框上单击擦除边框，完成后的效果如图 2-65 所示。

图 2-65 擦除多余的边框

step 08 使用前面介绍的方法输入文字，完成后的效果如图 2-66 所示。

会计科目余额表

编制单位:			2014年10月					单位:	元		
			本期发生						本期发生		
序号	资产及支出	期初金额	借方金额	贷方金额	期末金额	序号	权益及收入	期初金额	借方金额	贷方金额	期末金额
1	现金	56000	25600	30000		9	应付账款	200000	560000		
2	银行存款	200000		5000		10	应付工资	81000	39000		
3	应收账款	25000	3000			11	投资收益	200000		200600	
4	固定资产	600000		50000		12	经营收益	400000		300000	
5	管理费用		5000								
6	其他支出		3000								
7	短期投资			50000							
8	总计						总计				
单位负责人:			主管会计:			制表人:			编制日期:		

图 2-66 输入文字后的效果

step 09 在 D14 单元格内输入公式【=SUM(D7:D13)】，按 Enter 键完成操作，效果如

图 2-67 所示。

step 10 将光标移动至 D14 单元格中的右下角处，当光标变成黑色实心十字形状时单击并拖动至 G14 单元格中，如图 2-68 所示。

图 2-67　输入公式

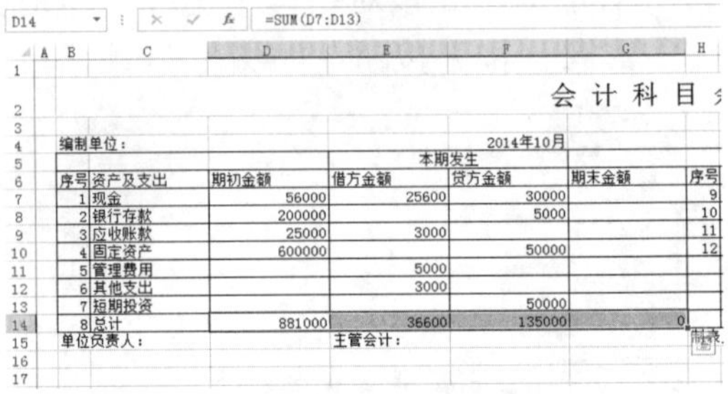

图 2-68　利用自动填充功能填充数据

step 11 使用同样的方法在 J14 单元格内输入公式【=SUM(J7:J10)】，按 Enter 键，然后利用自动填充功能填充数据至 M14 单元格区域，如图 2-69 所示。

step 12 按住 Ctrl 键选择 D7:D14、E7:E14、F7:F14、G7:G14，J7:J14、K7:K14、L7:L14、M7:M14 单元格区域并右击，在弹出的快捷菜单中选择【设置单元格格式】命令，在弹出的对话框中选择【数字】选项卡，在【分类】列表框中选择【会计专用】选项，将【小数位数】设置为 2，将【货币符号(国家/地区)】设置为￥，如图 2-70 所示。

知识链接

会计格式可以对一列数值进行货币符合和小数点对齐。货币格式用于表示一般货币数值。

图 2-69　填充数据

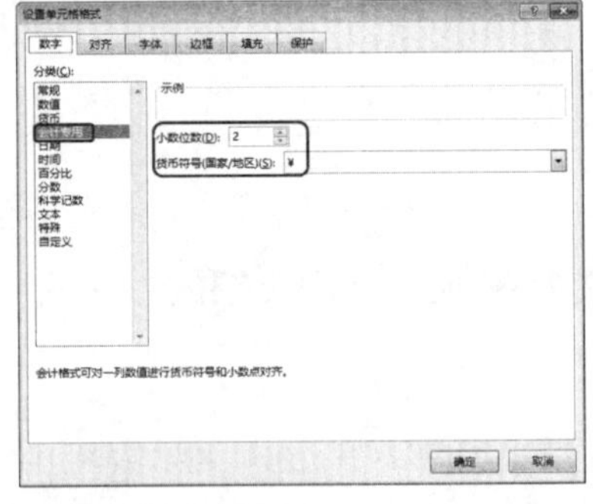

图 2-70　【设置单元格格式】对话框

step 13 单击【确定】按钮，在 G7 单元格内输入公式【=D7+E7−F7】，按 Enter 键完成输入，然后利用自动填充功能填充至 G13 单元格，完成后的效果如图 2-71 所示。

step 14 在 M7 单元格内输入公式【=J7−K7+L7】，按 Enter 键完成输入，然后利用自动填充功能填充至 M13 单元格，完成后的效果如图 2-72 所示。

G7 =D7+E7-F7

会计科目余额表

编制单位：				2014年10月	
			本期发生		
序号	资产及支出	期初金额	借方金额	贷方金额	期末金额
1	现金	¥ 56,000.00	¥ 25,600.00	¥ 30,000.00	¥ 51,600.00
2	银行存款	¥ 200,000.00		¥ 5,000.00	¥ 195,000.00
3	应收账款	¥ 25,000.00	¥ 3,000.00		¥ 28,000.00
4	固定资产	¥ 600,000.00		¥ 50,000.00	¥ 550,000.00
5	管理费用		¥ 5,000.00		¥ 5,000.00
6	其他支出		¥ 3,000.00		¥ 3,000.00
7	短期投资			¥ 50,000.00	¥ -50,000.00
8	总计	¥ 881,000.00	¥ 36,600.00	¥ 135,000.00	¥ 782,600.00
单位负责人：			主管会计：		

图 2-71　填充数据

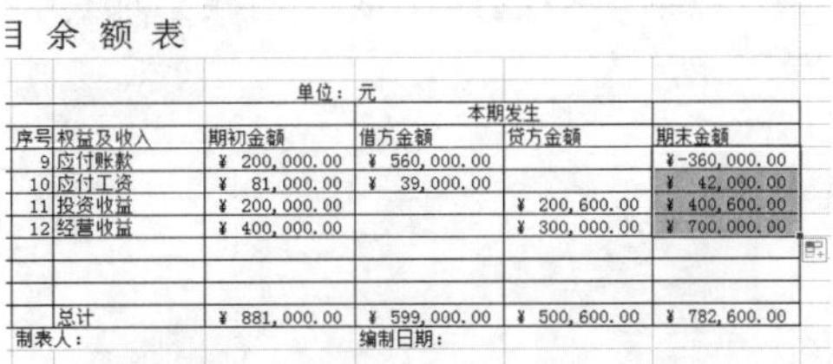

		单位：	元		
			本期发生		
序号	权益及收入	期初金额	借方金额	贷方金额	期末金额
9	应付账款	¥ 200,000.00	¥ 560,000.00		¥-360,000.00
10	应付工资	¥ 81,000.00	¥ 39,000.00		¥ 42,000.00
11	投资收益	¥ 200,000.00		¥ 200,600.00	¥ 400,600.00
12	经营收益	¥ 400,000.00		¥ 300,000.00	¥ 700,000.00
	总计	¥ 881,000.00	¥ 599,000.00	¥ 500,600.00	¥ 782,600.00
制表人：			编制日期：		

图 2-72　利用自动填充功能填充数据

step 15 至此，会计科目余额表就制作完成了，将文件进行保存即可。

案例精讲 016　通用记账凭证

案例文件：CDROM\场景\Cha02\通用记账凭证.xlsx

视频文件：视频教学\Cha02\通用记账凭证.avi

制作概述

通用记账凭证是相对于专用记账凭证而言的。专用记账凭证按其反映经济业务的内容不同，可分为收款凭证、付款凭证和转账凭证。本案例将介绍如何制作通用记账凭证，如图 2-73 所示。

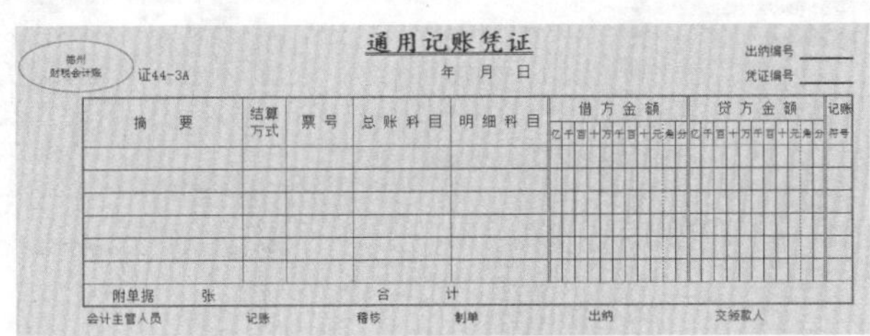

图 2-73　通用记账凭证

学习目标

- 学习如何画文字的双下划线。
- 学习如何设置单元格边框。

操作步骤

step 01 启动软件后新建空白工作簿，将 C、D、E、F、G 列的【列宽】设置为 20、5、8、12、12，将 H～AC 列宽设置为 1，将 AD 列的【列宽】设置为 3。将第 5、6、7 行的【行高】设置为 30、20、10，将第 8、9 行的【行高】设置为 20，将第 10～17 行的【行高】设置为 18，完成后的效果如图 2-74 所示。

step 02 选择 E5:L5 单元格区域，在功能区的【开始】选项卡的【对齐方式】选项组中单击【合并后居中】按钮，在合并后的单元格内输入文字【通用记账凭证】，将【字体】设置为【楷体】，将【字号】设置为 20，将【字体颜色】RGB 设置为

68、89、48，单击【加粗】按钮，单击【下划线】右侧的下三角按钮，在弹出的下拉菜单中选择【双下划线】命令，完成后的效果如图 2-75 所示。

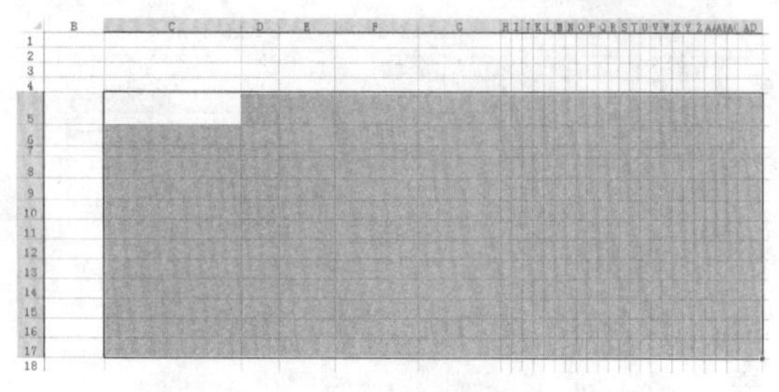

图 2-74　设置【列宽】和【行高】

图 2-75　合并单元格并输入文字

step 03 将 F6:G6、W5:AA5、W6:AA6、AB5:AD5、AB6:AD6 单元格合并，在合并的单元格内输入文字并进行相应的设置。将 F6 单元格内的文字【字号】设置为 11，将其右对齐。将 W5、W6 单元格内文字的【字号】设置为 10，将其底端对齐，将刚刚输入的文字的【字体颜色】RGB 设置为 68、89、48，完成后的效果如图 2-76 所示。

step 04 选择 AB5 单元格并右击，在弹出的快捷菜单中选择【设置单元格格式】命令，在弹出的对话框中选择【边框】选项，在【线条】选项组中选择如图 2-77 所示的线条，将【颜色】RGB 设置为 68、89、48，然后单击如图 2-77 所示的按钮。

图 2-76　设置文字属性

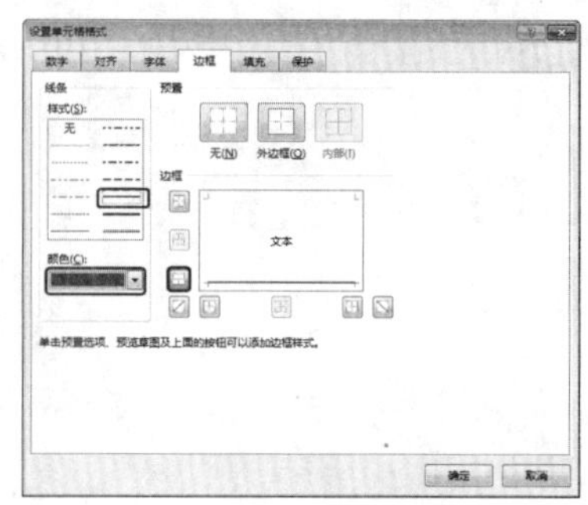

图 2-77　设置边框

step 05 选择 C8:AD16 单元格区域并右击，在弹出的快捷菜单中选择【设置单元格格式】命令，在弹出的对话框中选择【边框】选项卡，选择图 2-78 所示的线条，将【颜色】RGB 设置为 226、100、103，然后单击【外边框】按钮，如图 2-78 所示。

step 06 单击如图 2-79 所示的线条，然后单击如图 2-79 所示的(内部竖线)按钮。

step 07 再次单击如图 2-80 所示的线条，将【颜色】RGB 设置为 68、89、48，然后单击如图 2-80 所示的(内部横线)按钮。

step 08 单击【确定】按钮，即可为选择单元格应用边框样式。完成后的效果如图 2-81 所示。

step 09 选择 C15:AD15 单元格并右击，在弹出的快捷菜单中选择【设置单元格格式】命令，在弹出的对话框中选择【边框】选项卡，选择如图 2-82 所示的线条，将【颜色】RGB 设置为 226、100、103，然后单击如图 2-82 所示的(下框线)按钮。

step 10 单击【确定】按钮，使用同样的方法为 C8:AD9 单元格区域设置相同的下框线，然后将相应的单元格进行合并。完成后的效果如图 2-83 所示。

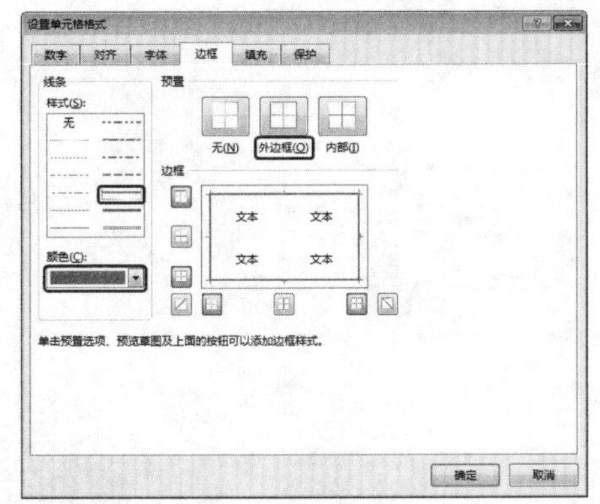

图 2-78 设置【外边框】

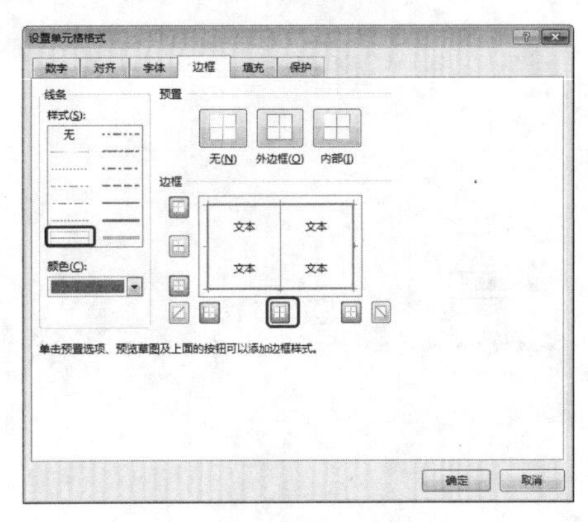

图 2-79 设置【内部】框线

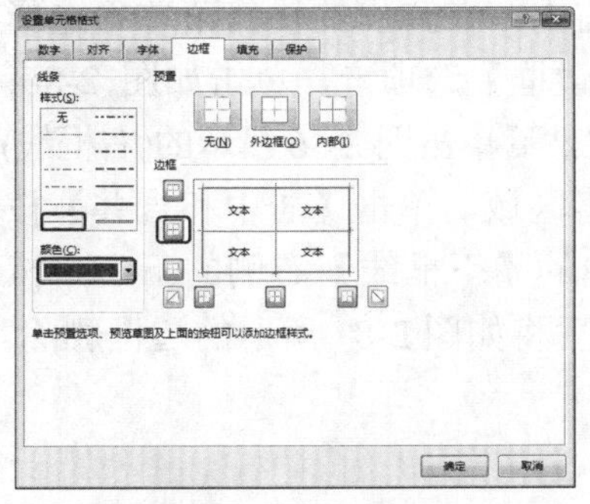

图 2-80 设置框线

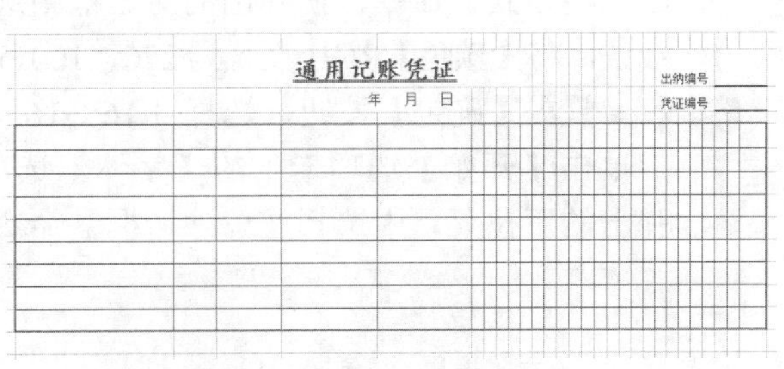

图 2-81 设置完成后的效果

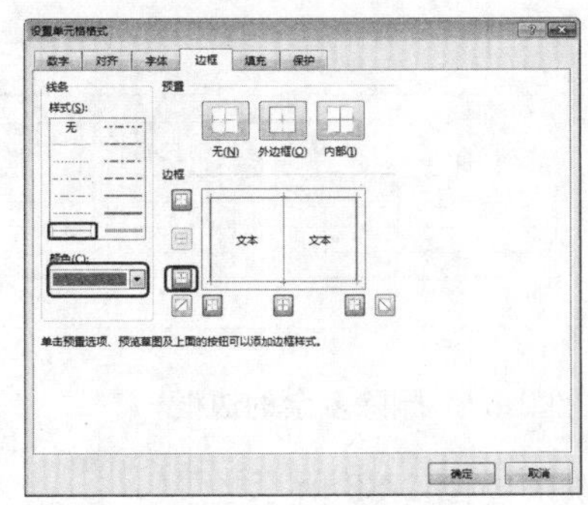

图 2-82 设置框线

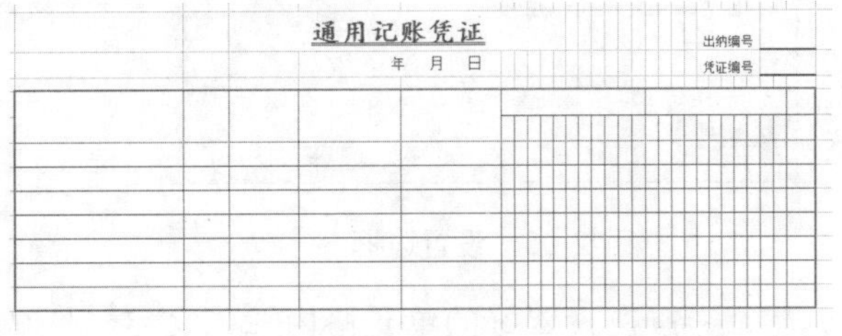

图 2-83 设置完成后的效果

step 11 按住 Ctrl 键选择 H9:J16、K9:M16、N9:R16、S9:T16、U9:U16、X9:AC16 单元格区域并右击，在弹出的快捷菜单中选择【设置单元格格式】命令，在弹出的对话框中选择【边框】选项卡，选择图 2-84 所示的线条，将【颜色】RGB 设置为 68、89、48，然后单击图 2-84 所示的按钮。

step 12 单击【确定】按钮，按住 Ctrl 选择 H8:R16、S8:AC16、AD8:AD16 单元格区域并右击，在弹出的快捷菜单中选择【设置单元格格式】命令，在弹出的对话框中选择【边框】选项卡，选择如图 2-85 所示的线条，将【颜色】RGB 设置为 226、100、103，然后单击如图 2-85 所示的(左框线)按钮。

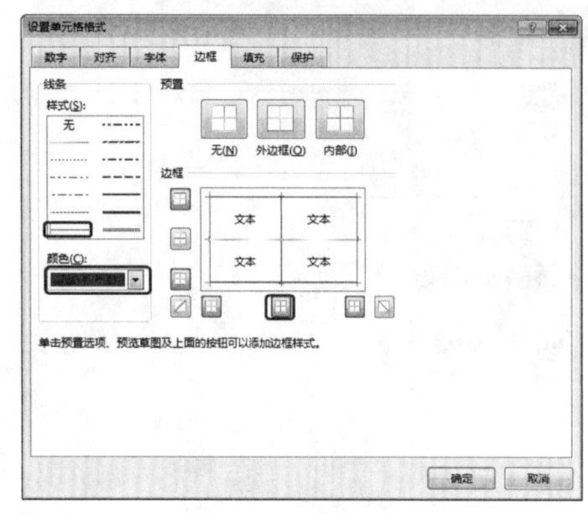

图 2-84　设置边框

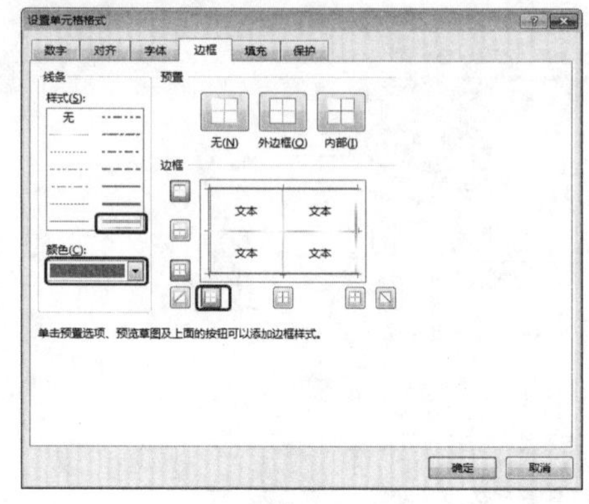

图 2-85　设置左边框

step 13 选择 P9:P15、AA9:AA15 单元格区域并右击，在弹出的快捷菜单中选择【设置单元格格式】命令，在弹出的对话框中选择【边框】选项卡，单击如图 2-86 所示的线条，将【颜色】RGB 设置为 226、100、103，然后单击图 2-86 所示的(右框线)按钮。

step 14 单击【确定】按钮，选择 E16:G16 单元格区域，单击【居中和合并】按钮。然后单击【开始】选项卡下的【字体】选项组中的【下框线】右侧的下三角按钮，在弹出的下拉菜单中选择【擦除边框】命令，然后将如图 2-87 所示的边框删除。

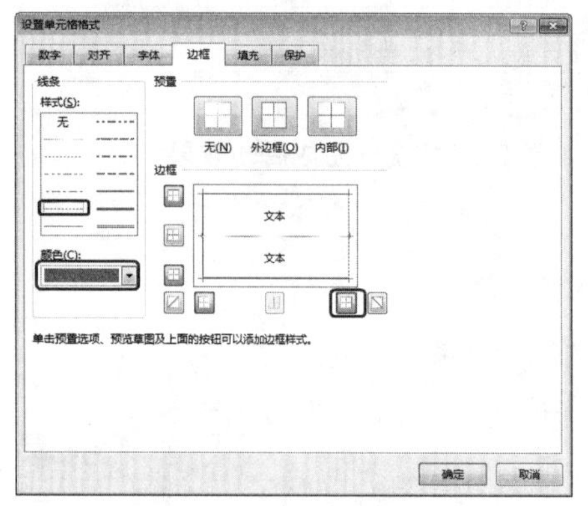

图 2-86　设置边框

通用记账凭证
年　月　日
出纳编号
凭证编号

图 2-87　删除多余的边框

step 15 在设置好的单元格内输入文字。完成后的效果如图 2-88 所示。

step 16 选择 B5:AE18，在功能区的【开始】选项卡的【字体】选项组中单击【填充】右侧的下三角按钮，在弹出的下拉菜单中选择【其他颜色】命令，在弹出的对话框中选择【自定义】选项卡，将【红色】、【绿色】、【蓝色】设置为 228、228、228，如图 2-89 所示。

step 17 单击【确定】按钮，在功能区的【插入】选项卡中单击【插图】按钮，然后单击【形状】按钮，在弹出的下拉列表中选择【椭圆形工具】选项，如图 2-90 所示。

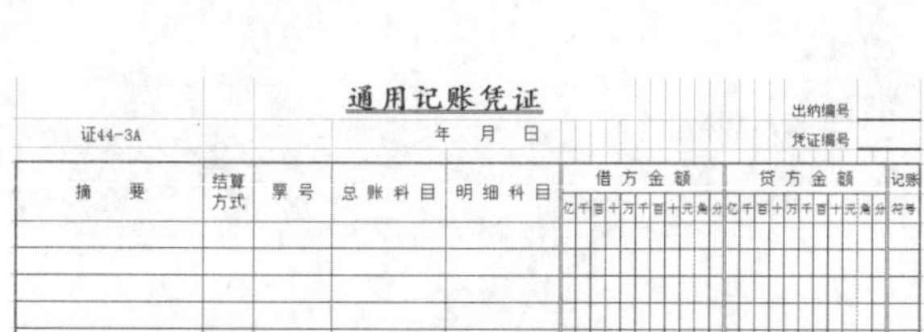

图 2-88 输入文字

图 2-89 设置颜色

step 18 绘制椭圆形，进入功能区【绘图】工具下的【格式】选项卡中，单击【形状样式】选项组中的【形状】填充按钮，在弹出的下拉菜单中选择【无填充颜色】命令。单击【形状轮廓】按钮，在弹出的下拉菜单中选择【其他轮廓颜色】命令，在弹出的对话框中选择【自定义】选项卡，将【红色】、【绿色】、【蓝色】设置为226、100、103。单击【确定】按钮，如图 2-91 所示。

按住 Shift 键使用【椭圆形工具】可以绘制正圆。

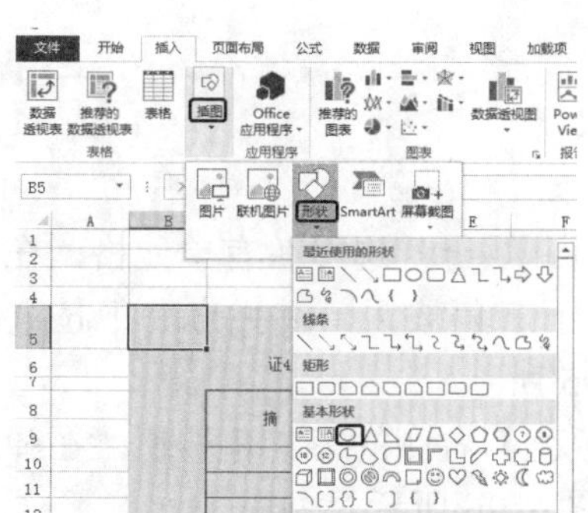

图 2-90 选择【椭圆形工具】选项

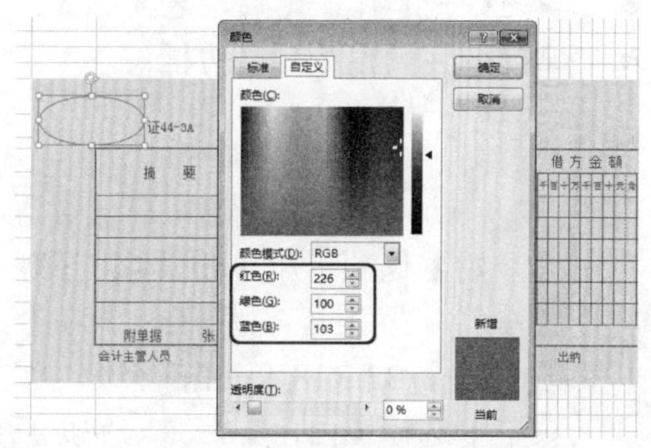

图 2-91 设置轮廓颜色

step 19 确定绘制的椭圆形处于选择状态，在图形上右击，在弹出的快捷菜单中选择【编辑文字】命令，如图 2-92 所示。

step 20 然后输入文字，选择输入的文字，将【字号】设置为 8，将【字体颜色】的 RGB 值设置为 226、100、103。完成后的效果如图 2-93 所示。

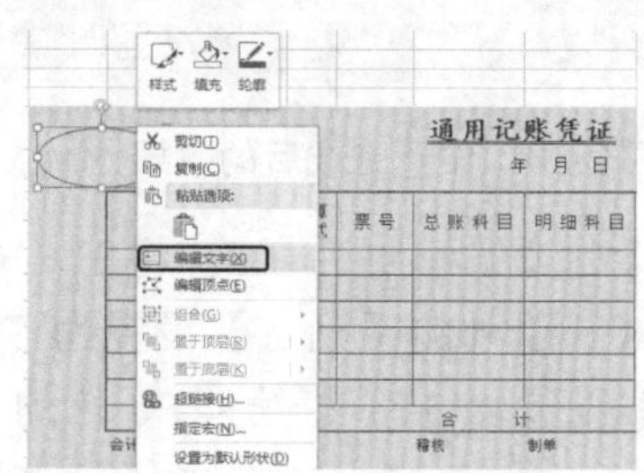

图 2-92 选择【编辑文字】命令

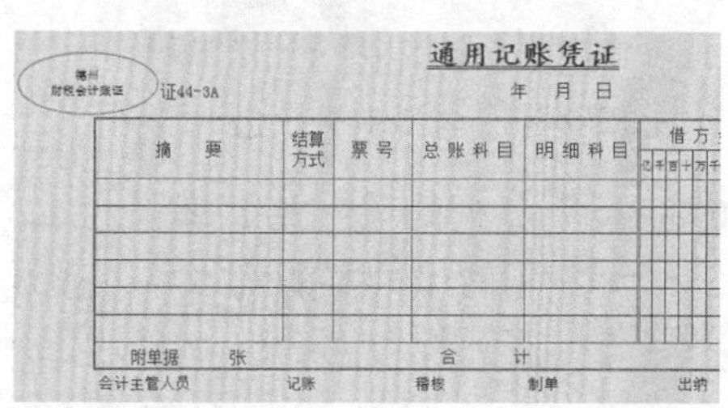

图 2-93 输入文字

案例精讲 017 账簿启用表

案例文件：CDROM\场景\Cha02\账簿启用表.xlsx
视频文件：视频教学\Cha02\账簿启用表.avi

制作概述

账簿启用表上包括内容有单位名称、账簿名称、账簿号码、账簿页数等项目，账簿启用表通常在新建一套账簿时填写。本案例将介绍如何制作账簿启用表，如图 2-94 所示。

账簿启用表					
单位名称	（加盖公章）	负责人	职务	姓名	盖章
账簿名称	账第 册	单位负责人			
账簿号码	第 号	单位主管财会工作负责人			
账簿页数	本账簿共计 页	会计机构负责人			
启用日期	年 月 日	会计主管人员			

经营本账簿人员一览表												
记账人员		接管				移交				监交人员		印花粘贴处
职务	姓名	年	月	日	盖章	年	月	日	盖章	职务	姓名	

图 2-94 账簿启用表

学习目标

- 学习如何制作账簿启用表。
- 掌握如何设置单元格边框。

操作步骤

step 01 启动软件后，新建空白工作簿，按 Ctrl+A 组合键选择所有单元格，在功能区的【开始】选项卡中单击【填充颜色】右侧的下三角按钮，在弹出的下拉菜单中选择【白色，背景 1，深色 15%】命令，如图 2-95 所示。

step 02 选择 B2:R18 单元格区域，单击【填充颜色】右侧的下三角按钮，在弹出的下拉菜单中选择【白色】命令。完成后的效果如图 2-96 所示。

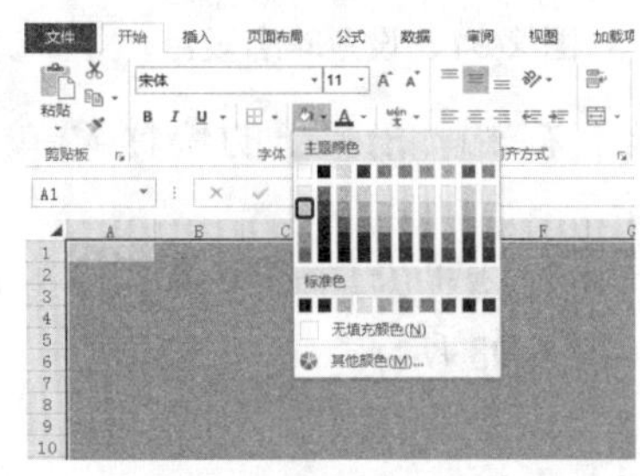

图 2-95 选择背景颜色

图 2-96 设置完成后的效果

step 03 将 C 列的【列宽】设置为 12，将 D 列的【列宽】设置为 0.8，将 E、F、I、J、M～Q 列的【列宽】均设置为 10，将 G、H、K、L 列的【列宽】设置为 3，将第 2 行【行高】设置为 30，将第 3、9 行的【行高】设置为 35，将第 4～8 行的【行高】设置为 25，将第 10～16 行的【行高】设置为 25，将第 17、18 行的【行高】设置为 14。完成后的效果如图 2-97 所示。

step 04 选择 C3:Q16 单元格区域并右击，在弹出的快捷菜单中选择【设置单元格格式】命令，弹出【设置单元格格式】对话框，在该对话框中选择【边框】选项卡，选择如图 2-98 所示的线条。将【颜色】RGB 设置为 214、0、0，单击【外边框】按钮，如图 2-98 所示。

图 2-97　设置完成后的效果

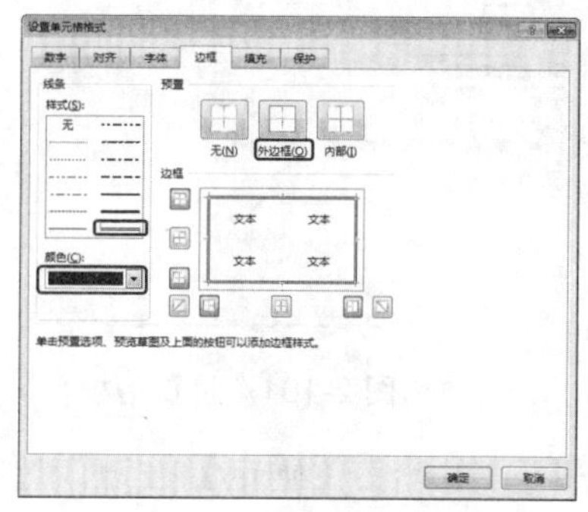

图 2-98　设置【外边框】

step 05 选择如图 2-99 所示的线条，单击如图 2-99 所示的(内部横线)按钮。

step 06 单击【确定】按钮，选择 C3:Q3 单元格区域，在【开始】选项卡的【对齐方式】选项组中单击【合并后居中】按钮，然后在合并后的单元格内输入文字，选择输入的文字，将【字号】设置为 20，将【字体颜色】RGB 设置为 214、0、0，按 Ctrl+B 组合键加粗文字，效果如图 2-100 所示。

图 2-99　设置边框

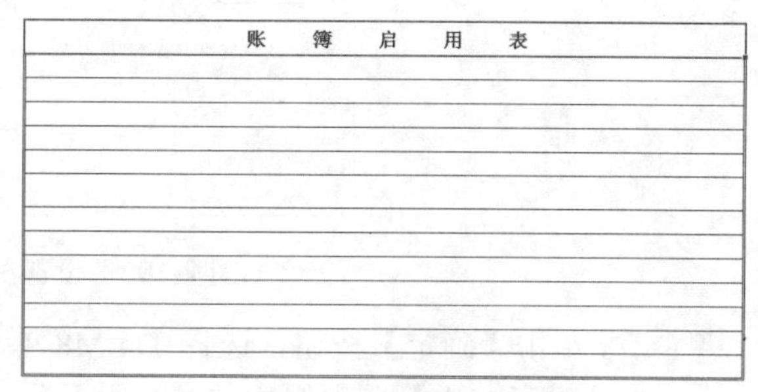

图 2-100　设置完成后的效果

step 07 选择 C4:C8、N4:Q8、C10:O16 单元格区域并右击，在弹出的快捷菜单中选择【设置单元格格式】命令，弹出【设置单元格格式】对话框，在该对话框中选择【边框】选项卡，选择如图 2-101 所示的线条，将【颜色】RGB 设置为 214、0、0，单击如图 2-101 所示的(内部竖线)按钮。

step 08 单击【确定】按钮，选择 C4:C8 单元格并右击，在弹出的快捷菜单中选择【设置单元格格式】命令，弹出【设置单元格格式】对话框，在该对话框中选择【边框】选项卡，选择如图 2-102 所示的线条，将【颜色】RGB 设置为 214、0、0，单击如图 2-102 所示的(右框线)按钮。

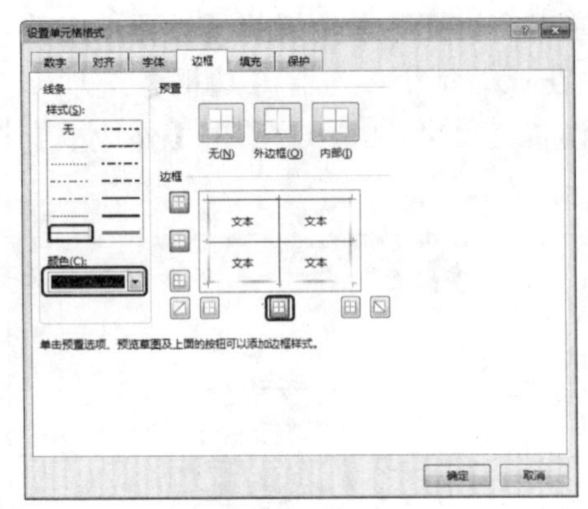

图 2-101　设置边框

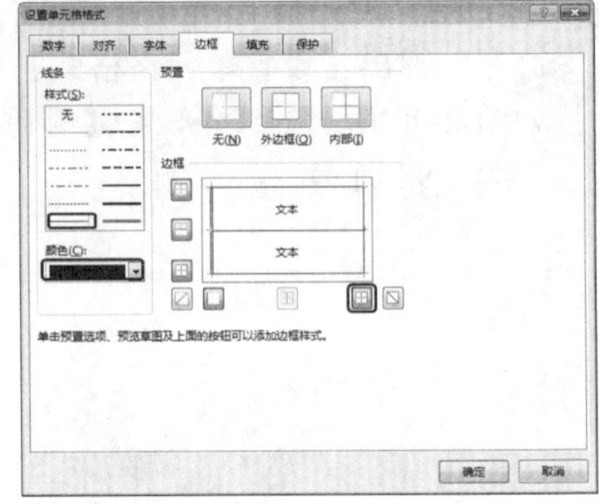

图 2-102　设置框线

step 09 单击【确定】按钮，选择 M4:M8、E10:E16、I10:I16、M10:M16、O10:O16 单元格区域并右击，在弹出的快捷菜单中选择【设置单元格格式】命令，弹出【设置单元格格式】对话框，在该对话框中选择【边框】选项卡，选择如图 2-103 所示的线条，将【颜色】RGB 设置为 214、0、0，单击如图 2-103 所示的(右框线)按钮。

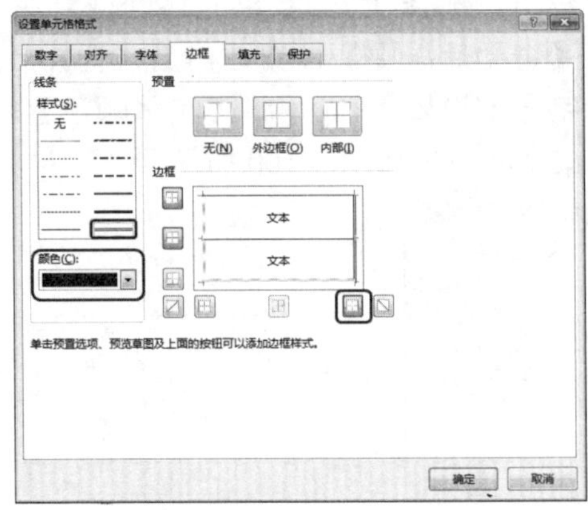

图 2-103　设置右侧边框线

step 10 单击【确定】按钮，选择 D4:M8 单元格区域，在功能区的【开始】选项卡中单击【对齐方式】选项组中的【合并后居中】右侧的下三角按钮，在弹出的下拉菜单中选择【跨越合并】命令。完成后的效果如图 2-104 所示。

step 11 按住 Ctrl 键选择 C10:E10、F10:I10、J10:M10、N10:O10、P10:Q11、P12:Q16 单元格区域，在【开始】选项卡中单击【对齐方式】选项组中的【合并后居中】按钮。完成后的效果如图 2-105 所示。

step 12 在【开始】选项卡中单击【字体】选项组中【下框线】右侧的下三角按钮，在弹出的下拉菜单中选择【擦除边框】命令，然后将 C11:C16 单元格区域右侧边删除。完成后的效果如图 2-106 所示。

step 13 使用前面介绍的方法输入其他文字。完成后的效果如图 2-107 所示。

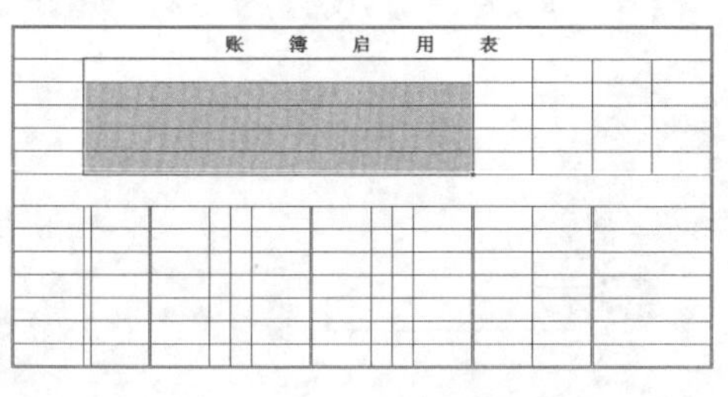

图 2-104　合并单元格(1)

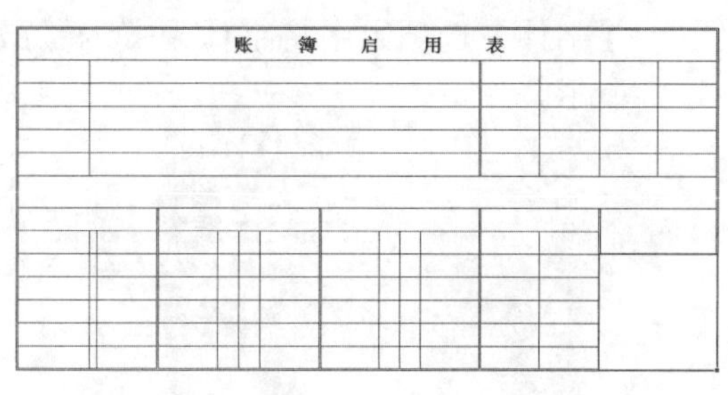

图 2-105　合并单元格(2)

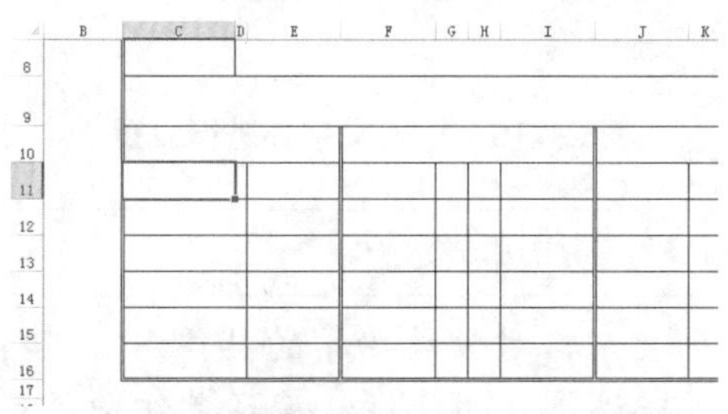

图 2-106　删除边框后的效果

图 2-107　输入文字后的效果

案例精讲 018　会计科目表

案例文件：CDROM\场景\Cha02\会计科目表.xlsx

视频文件：视频教学\Cha02\会计科目表.avi

制作概述

本案例将介绍如何制作会计科目表。首先设置单元格的行高、列宽；然后再设置单元格边框、背景颜色及对齐方式等；最后输入文字，并对文字进行设置。效果如图 2-108 所示。

图 2-108　会计科目表

学习目标

- 学习如何设置行高、列宽。
- 掌握设置单元格背景的方法。
- 掌握如何合并单元格。

操作步骤

step 01 按 Ctrl+N 组合键，新建一个空白工作簿，选择 C2:E2 单元格区域，在功能区选择【开始】选项卡，在【对齐方式】选项组中单击【合并后居中】按钮，选中第二行单元格并右击，在弹出的快捷菜单中选择【行高】命令，如图 2-109 所示。

step 02 在弹出的对话框中将【行高】设置为 33，单击【确定】按钮，即可设置行高，选中前面所合并的单元格，输入文字，选中输入的文字，选择【开始】选项卡，在

【字体】选项组中将字体设置为【微软雅黑】，将【字号】设置为 24，如图 2-110 所示。

图 2-109　选择【行高】命令

图 2-110　输入文字并进行设置

知识链接

会计科目是按照经济业务的内容和经济管理的要求，对会计要素的具体内容进行分类核算的科目，称为会计科目。 会计科目按其所提供信息的详细程度及其统驭关系不同，又分为总分类科目和明细分类科目。前者是对会计要素具体内容进行总括分类，提供总括信息的会计科目，如【应收账款】、【原材料】等科目。后者是对总分类科目作进一步分类，提供更详细、更具体的会计信息科目，如【应收账款】。科目按债务人名称设置明细科目，反映应收账款具体对象。而会计科目表则是由多种会计科目组成，对各类会计科目的一种集合。

step 03 选中 C 列单元格并右击，在弹出的快捷菜单中选择【列宽】命令，如图 2-111 所示。

step 04 在弹出的对话框中将【列宽】设置为 6，并使用同样的方法将 D 列、E 列单元格的列宽分别设置为 15、44，如图 2-112 所示。

图 2-111　选择【列宽】命令

图 2-112　调整列宽后的效果

step 05 在 C4:E4 单元格区域输入文字，选中该单元格区域，在【字体】选项组中将【字体】大小设置为 10.5，在【对齐方式】选项组中单击【居中】按钮，如图 2-113 所示。

step 06 选中第 4 行单元格并右击，在弹出的快捷菜单中选择【行高】命令，在弹出的对话框中将【行高】设置为 19，单击【确定】按钮，效果如图 2-114 所示。

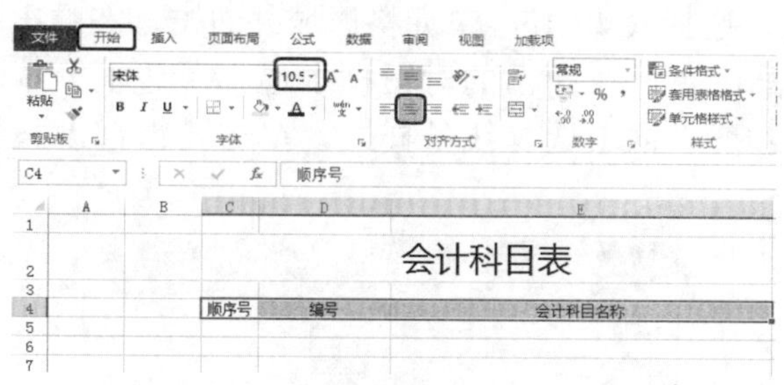

图 2-113　输入文字并进行设置

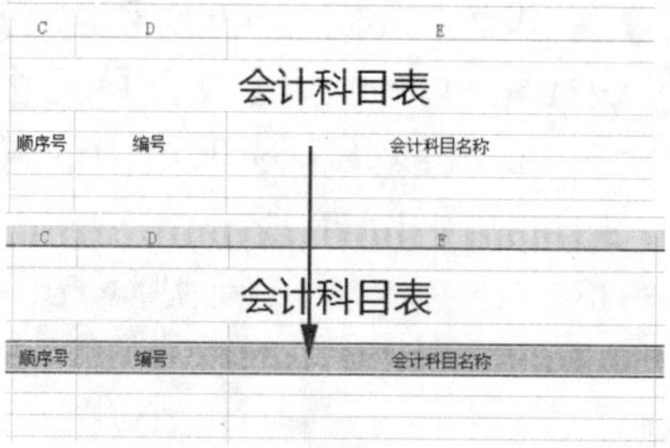

图 2-114　设置【行高】

step 07 选中 C5:E5 单元格区域，在功能区选择【开始】选项卡，在【对齐方式】选项组中单击【合并后居中】按钮，将选中的单元格区域进行合并，效果如图 2-115 所示。

step 08 选中合并后的单元格，按 Ctrl+A 组合键，选中所有表格并右击，在弹出的快捷菜单中选择【设置单元格格式】命令，如图 2-116 所示。

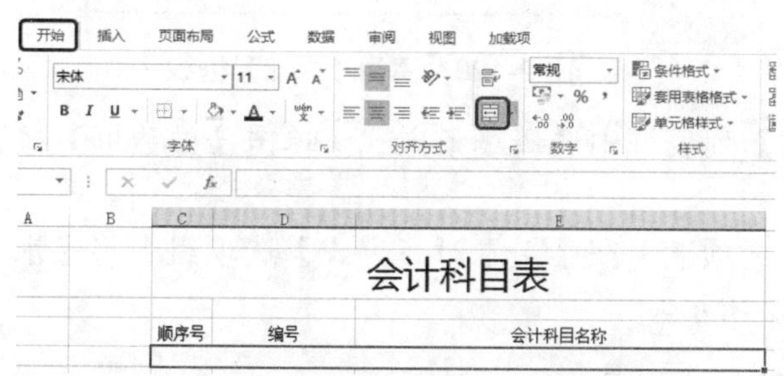

图 2-115　合并单元格

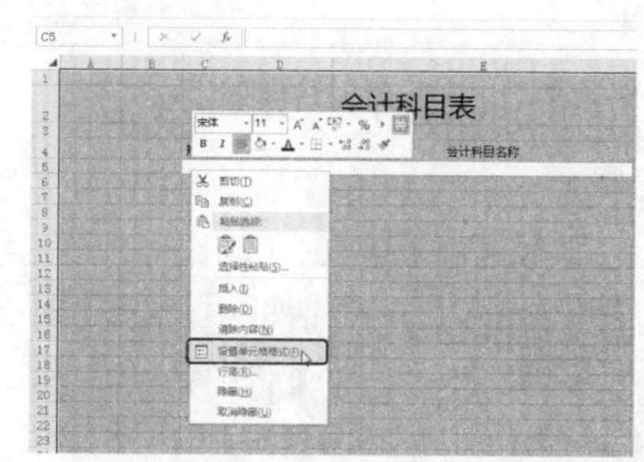

图 2-116　选择【设置单元格格式】命令

step 09 在弹出的对话框中选择【填充】选项卡，在【背景色】选项组中选择背景颜色，如图 2-117 所示。

step 10 选择完成后，单击【确定】按钮，选择 B1:F169 单元格区域并右击，在弹出的快捷菜单中选择【设置单元格格式】命令，如图 2-118 所示。

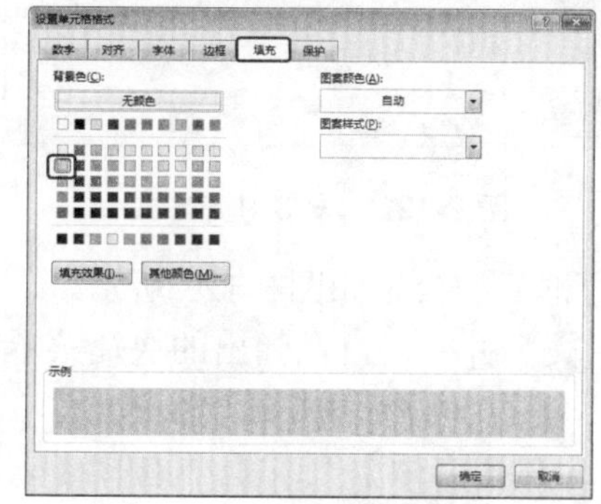

图 2-117　选择背景颜色

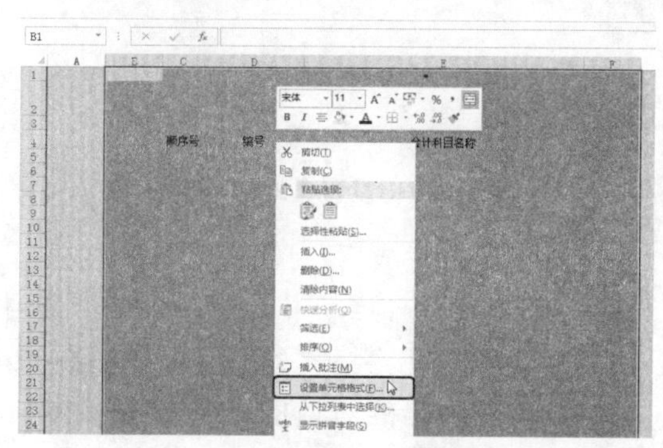

图 2-118　选择【设置单元格格式】命令

step 11 在弹出的对话框中选择【填充】选项卡，在【背景色】选项组中选择白色，如图 2-119 所示。

step 12 设置完成后，单击【确定】按钮，选择 C4:E166 单元格区域并右击，在弹出的快捷菜单中选择【设置单元格格式】命令，在弹出的对话框中选择【边框】选项卡，在【线条】选项组中的【样式】列表框中选择线条样式，单击【内部】按钮 ，如图 2-120 所示。

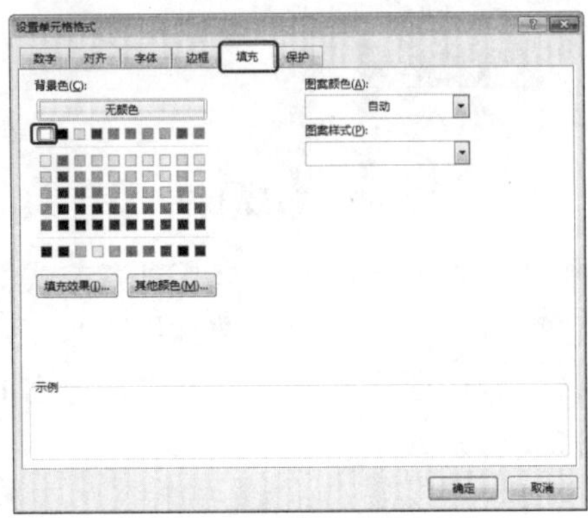

图 2-119　选择白色

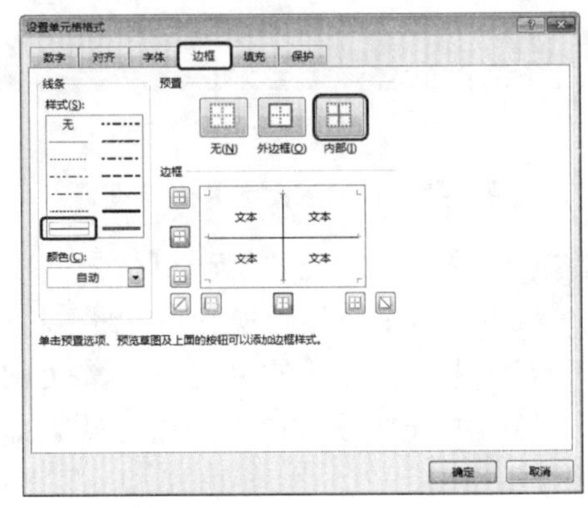

图 2-120　添加【内部】框线

step 13 在【线条】选项组中的【样式】列表框中选择线条样式，单击【外边框】按钮 ，如图 2-121 所示。

step 14 再在该对话框中选择【对齐】选项卡，在【文本对齐方式】选项组中将【水平对齐】设置为【居中】，如图 2-122 所示。

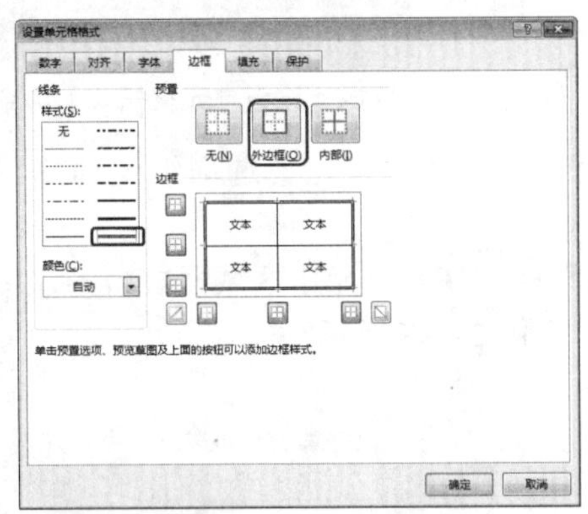

图 2-121　设置【外边框】

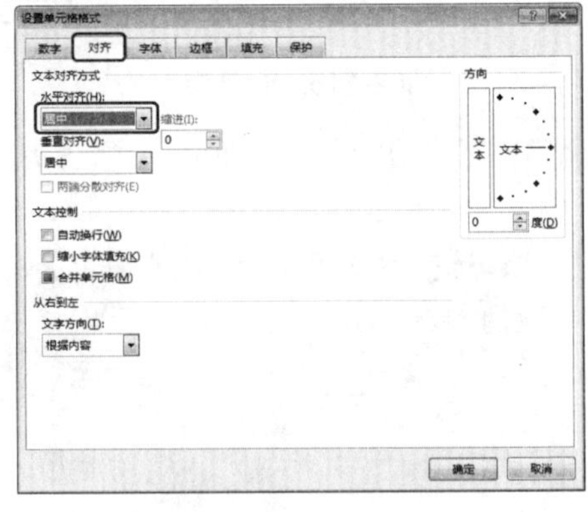

图 2-122　设置对齐方式

step 15 设置完成后，单击【确定】按钮，添加边框后的效果如图 2-123 所示。

step 16 选择 C5 单元格，输入文字，选中输入的文字并右击，在弹出的快捷菜单中选择【设置单元格格式】命令，如图 2-124 所示。

step 17 在弹出的对话框中选择【字体】选项卡，在【字体】列表框中选择【宋体】，在【字形】列表框中选择【加粗】，将【字号】设置为 10.5，将【颜色】设置为白色，如图 2-125 所示。

step 18 再在该对话框中选择【填充】选项卡，在【背景色】选项组中选择背景颜色，如图 2-126 所示。

图 2-123　添加边框后的效果

图 2-124　选择【设置单元格格式】命令

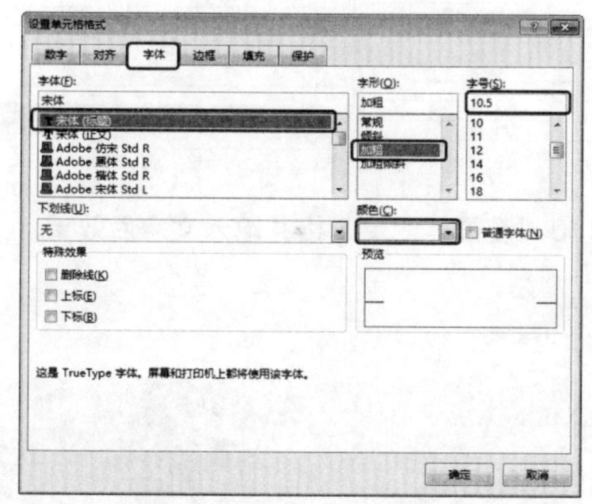

图 2-125　设置文字属性

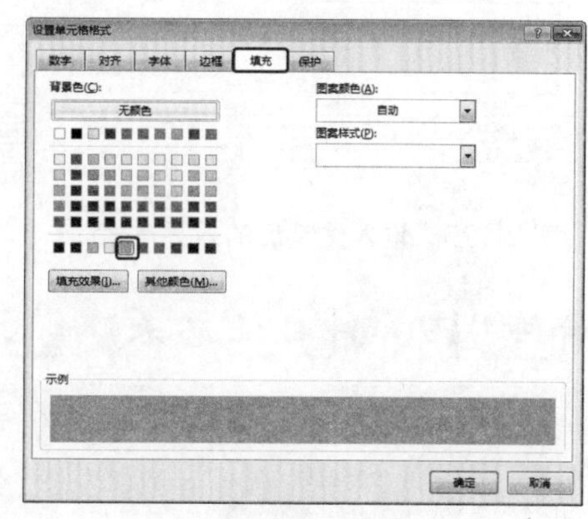

图 2-126　选择背景颜色

step 19 选择完成后，单击【确定】按钮，选中第 5 行单元格并右击，在弹出的快捷菜单中选择【行高】命令，在弹出的对话框中将【行高】设置为 26，单击【确定】按钮，如图 2-127 所示。

step 20 选中第 6～74 行单元格并右击，在弹出的快捷菜单中选择【行高】命令，在弹出的对话框中将【行高】设置为 21，设置完成后单击【确定】按钮，如图 2-128 所示。

图 2-127　设置【行高】

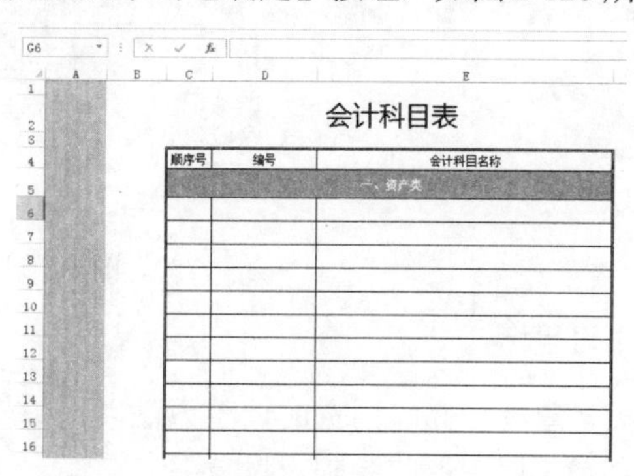

图 2-128　设置【行高】

知识链接

会计科目可以按照多种标准进行分类，按会计要素对会计科目进行分类是其基本分类之一。如我国自 1993 年 7 月 1 日起执行的(工业企业会计制度)将会计科目分为资产类科目、负债类科目、共同类科目、所有者权益类科目、成本类科目和损益类科目计六大类。

step 21 在设置完成后的单元格中输入文字，效果如图 2-129 所示。

step 22 使用同样的方法设置其他单元格并输入相应的文字，效果如图 2-130 所示。

会计科目表

顺序号	编号	会计科目名称
一、资产类		
1	1001	库存现金
2	1002	银行存款
3	1003	存放中央银行款项
4	1011	存放同业
5	1012	其他货币资金
6	1021	结算备付金
7	1031	存出保证金
8	1101	交易性金融资产
9	1111	买入返售金融资产
10	1121	应收票据
11	1122	应收账款
12	1123	预付账款

图 2-129　输入文字后的效果

二、负债类		
70	2001	短期借款
71	2002	存入保证金
72	2003	拆入资金
73	2004	向中央银行借款
74	2011	吸收存款
75	2012	同业存放
76	2021	贴现负债
77	2101	交易性金融负债
78	2111	卖出回购金融资产款
79	2201	应付票据
80	2202	应付账款
81	2203	预收账款
82	2211	应付职工薪酬
83	2221	应交税费
84	2231	应付利息
85	2232	应付股利
86	2241	其他应付款

三、共同类		
105	3001	清算资金往来
106	3002	货币兑换
107	3101	衍生工具
108	3201	套期工具
109	3202	被套期项目
四、所有者权益类		
110	4001	实收资本
111	4002	资本公积
112	4101	盈余公积
113	4102	一般风险准备
114	4103	本年利润
115	4104	利润分配
116	4201	库存股
五、成本类		
117	5001	生产成本
118	5101	制造费用

图 2-130　设置其他单元格并输入文字后效果

案例精讲 019　科目汇总表

案例文件：CDROM\场景\Cha02\科目汇总表.xlsx

视频文件：视频教学\Cha02\科目汇总表.avi

制作概述

本案例将介绍如何制作科目汇总表。首先要设置单元格的背景颜色；然后合并单元格，输入文字并绘制图形；最后为单元格添加不同的边框。最终效果如图 2-131 所示。

图 2-131　科目汇总表

学习目标

- 掌握行高、列宽的调整方法。
- 掌握图形的绘制及设置。
- 掌握不同边框的设置方法。

操作步骤

step 01 按 Ctrl+N 组合键，新建一个空白工作簿，选择 A1 单元格，按 Ctrl+A 组合键，选中所有单元格并右击，在弹出的快捷菜单中选择【设置单元格格式】命令，如图 2-132 所示。

step 02 在弹出的对话框中选择【填充】选项卡，在【背景色】选项组中选择背景颜色，如图 2-133 所示。

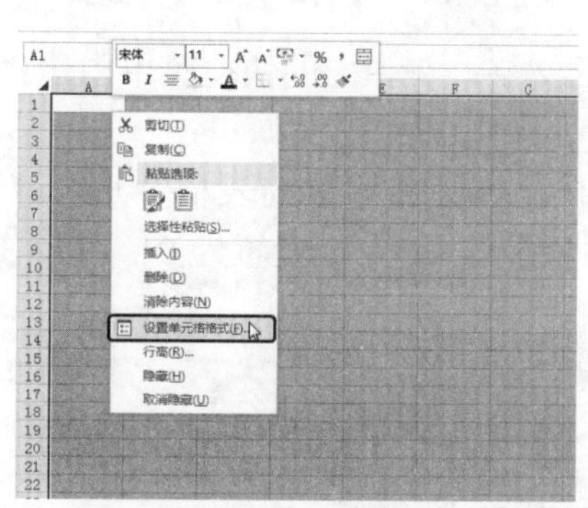

图 2-132　选择【设置单元格格式】命令

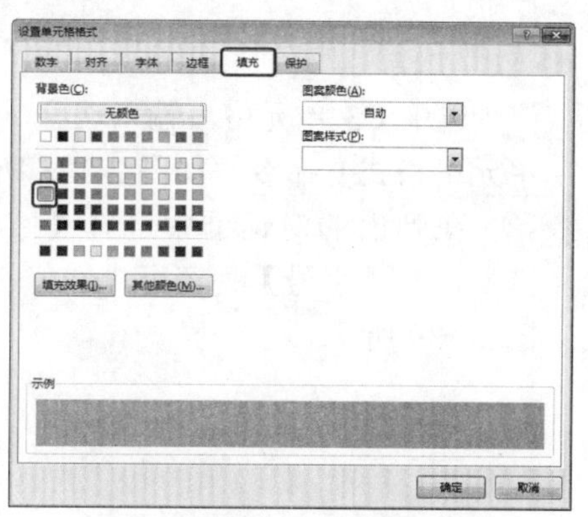

图 2-133　选择背景颜色

step 03 单击【确定】按钮，选择 B2:Z16 单元格区域并右击，在弹出的快捷菜单中选择【设置单元格格式】命令，如图 2-134 所示。

step 04 在弹出的对话框中选择【填充】选项卡，在【背景色】选项组中选择【白色】，如图 2-135 所示。

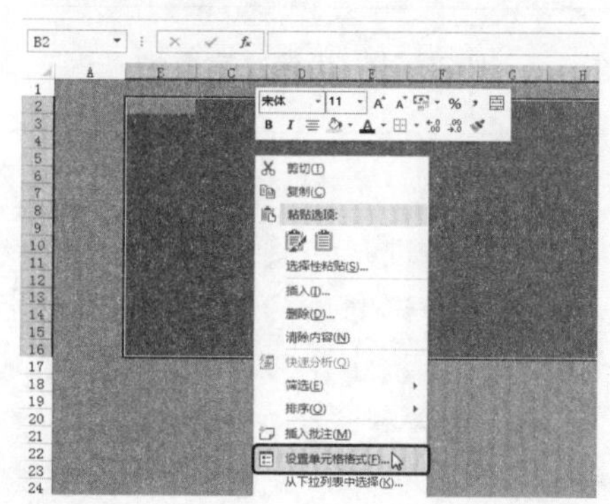

图 2-134　选择【设置单元格格式】命令

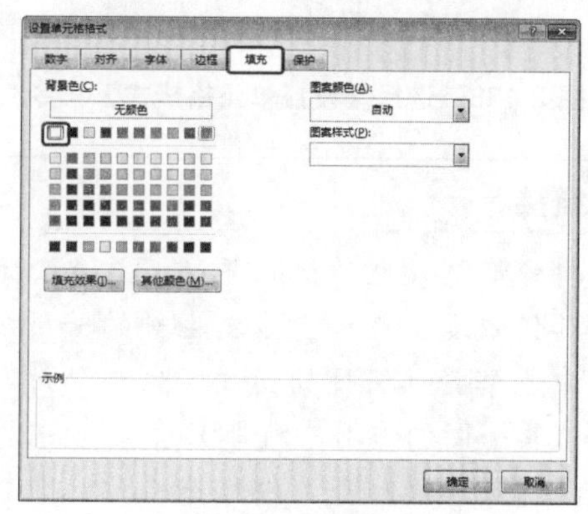

图 2-135　选择背景颜色

step 05 选择完成后，单击【确定】按钮，选中 C3:Y3 单元格区域，在功能区选择【开始】选项卡，在【对齐方式】选项组中单击【合并后居中】按钮，如图 2-136 所示。

step 06 选中第 3 行单元格并右击，在弹出的快捷菜单中选择【行高】命令，在弹出的对话框中将【行高】设置为 60，单击【确定】按钮，如图 2-137 所示。

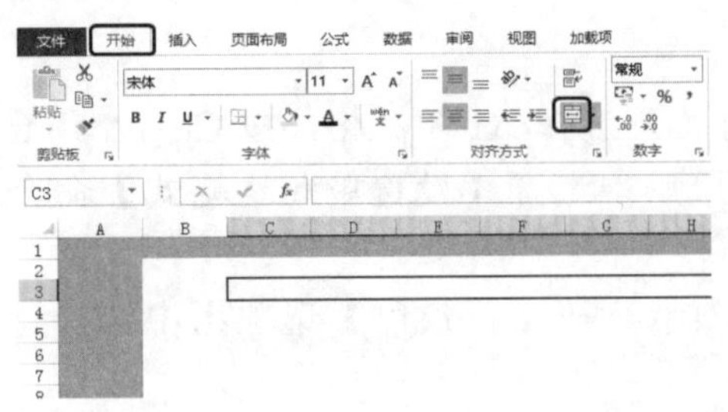

图 2-136　合并单元格区域

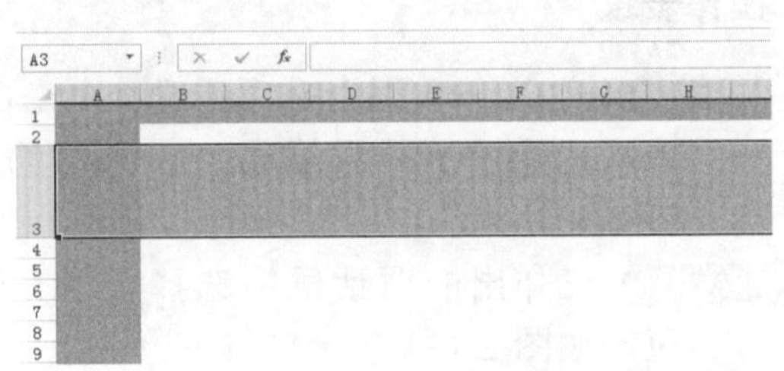

图 2-137　设置单元格【行高】

step 07 选中 C3 单元格，输入文字，右击输入的文字，在弹出的快捷菜单中选择【设置单元格格式】命令，如图 2-138 所示。

step 08 在弹出的对话框中选择【字体】选项卡，在【字体】列表框中选择【微软雅黑】，在【字号】列表框中选择 22，将【颜色】的 RGB 值设置为 0、130、176，如图 2-139 所示。

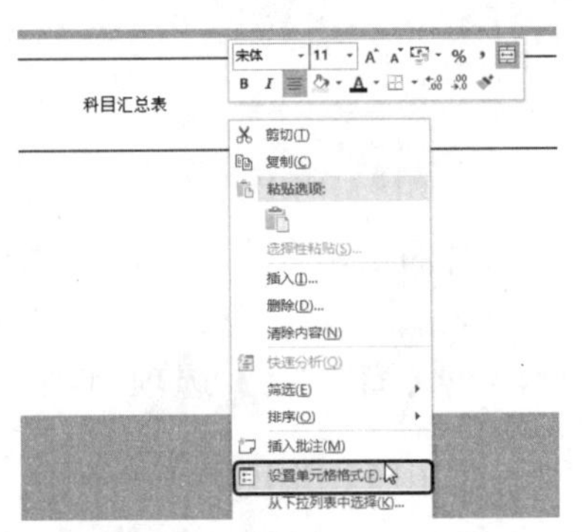

图 2-138　选择【设置单元格格式】命令

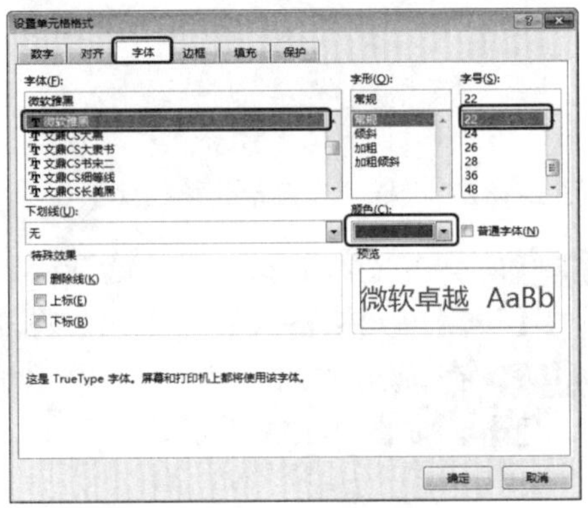

图 2-139　设置文字属性

知识链接

科目汇总表也称记账凭证汇总表。定期对全部记账凭证进行汇总，按各个会计科目列示其借方发生额和贷方发生额的一种汇总凭证。依据借贷记账法的基本原理，科目汇总表中各个会计科目的借方发生额合计与贷方发生额合计应该相等。因此，科目汇总表具有试算平衡的作用。科目汇总表是科目汇总核算形式下总分类账登记的依据。

科目汇总表账务处理程序也称记账凭证汇总表账务处理程序，是根据记账凭证定期汇总编制科目汇总表，并据以登记总分类账的一种账务处理程序。

step 09 设置完成后，单击【确定】按钮，选择 E～X 列单元格并右击，在弹出的快捷菜单中选择【列宽】命令，在弹出的对话框中将【列宽】设置为 1.5，单击【确定】按钮，如图 2-140 所示。

step 10 在功能区选择【插入】选项卡，单击【插图】按钮，再单击【形状】按钮，在弹出的下拉列表中选择【直线】选项，如图 2-141 所示。

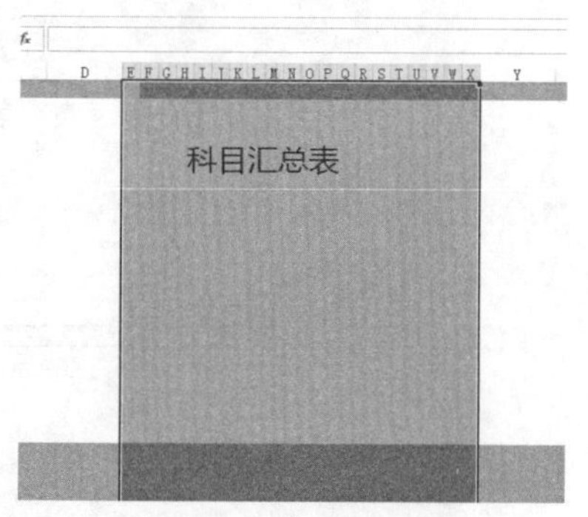

图 2-140　设置【列宽】

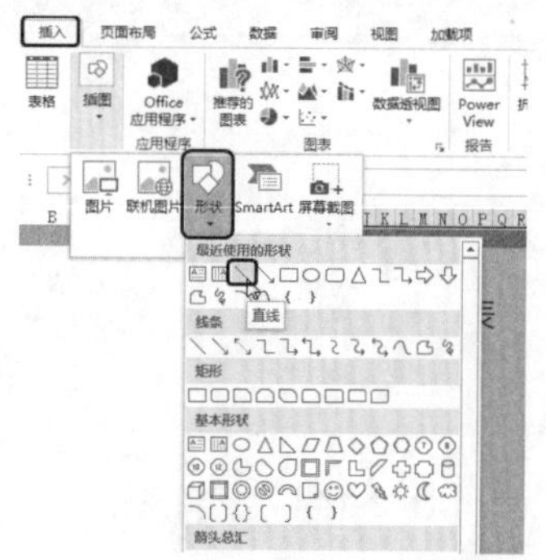

图 2-141　选择【直线】选项

step 11 在工作簿中按住 Shift 键绘制一条水平直线，选中绘制的直线，在【设置形状格式】任务窗格中单击【填充线条】按钮，在【线条】选项组中将【颜色】的 RGB 值设置为 0、130、176，将【宽度】设置为 0.75 磅，如图 2-142 所示。

step 12 再在该任务窗格中单击【大小属性】按钮，在【大小】选项组中将【宽度】设置为 5.8 厘米，如图 2-143 所示。

为了使文字看起来不那么紧凑，在文字中间添加多个空格。

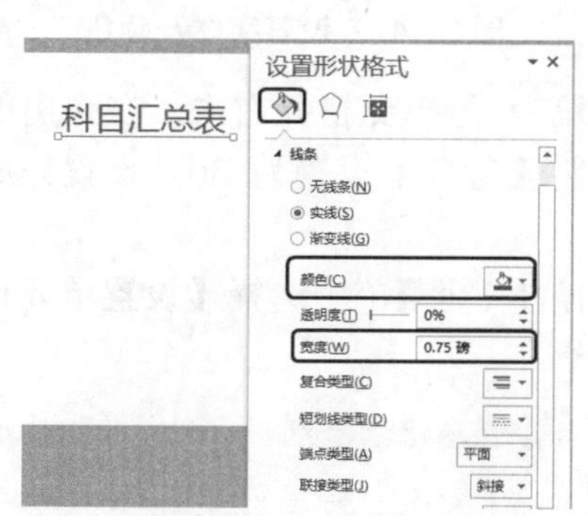

图 2-142　设置线条的填充颜色

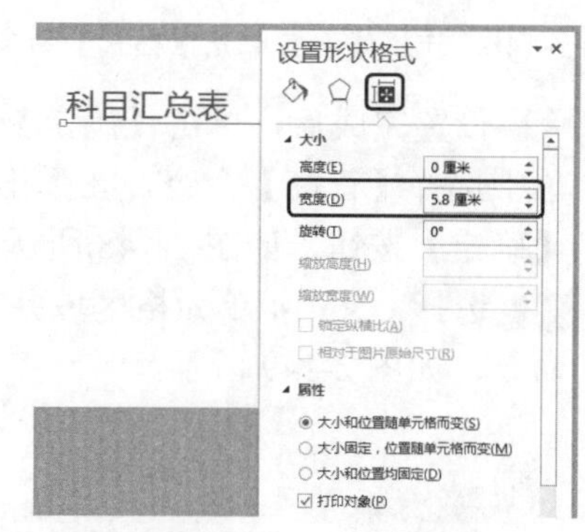

图 2-143　设置线条宽度

step 13 设置完成后，关闭【设置形状格式】任务窗格，在工作簿中调整线条的位置，并选中该形状，按住 Alt+Shift 组合键向下复制该直线，如图 2-144 所示。

step 14 选中 C4:Y4 单元格区域，在功能区选择【开始】选项卡，在【对齐方式】选项组中单击【合并后居中】按钮，如图 2-145 所示。

step 15 在合并后的单元格中输入文字，右击输入的文字，在弹出的快捷菜单中选择【设置单元格格式】命令，如图 2-146 所示。

step 16 在弹出的对话框中选择【字体】选项卡，在【字体】列表框中选择【方正楷体简体】，将【颜色】的 RGB 值设置为 0、130、176，如图 2-147 所示。

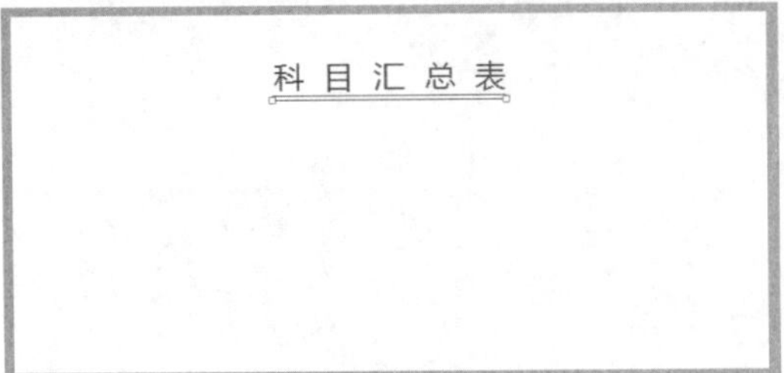

图 2-144　复制直线

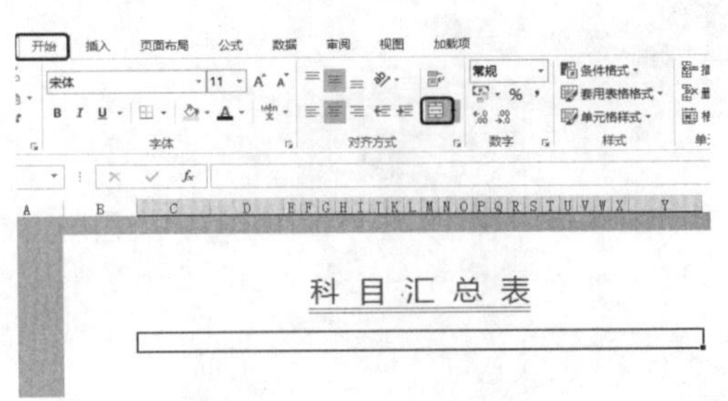

图 2-145　合并单元格

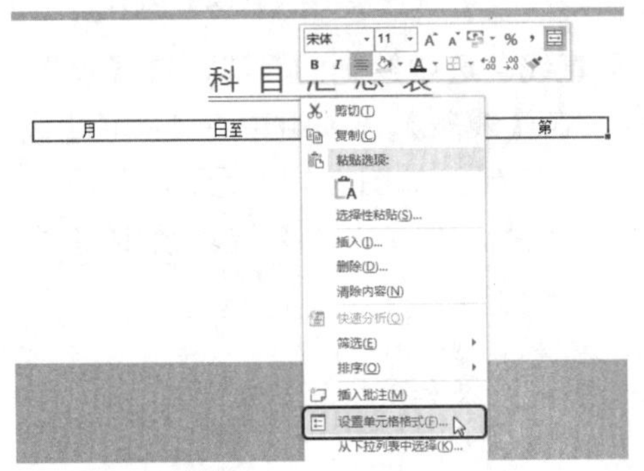

图 2-146　选择【设置单元格格式】命令

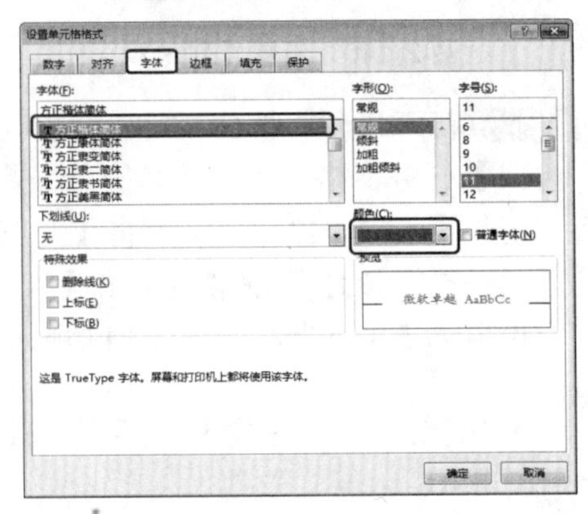

图 2-147　设置字体及颜色

step 17 设置完成后，单击【确定】按钮，选中第 4 行单元格并右击，在弹出的快捷菜单中选择【行高】命令，在弹出的对话框中将【行高】设置为 30，设置完成后单击【确定】按钮，如图 2-148 所示。

step 18 选择 C5:Y14 单元格区域并右击，在弹出的快捷菜单中选择【设置单元格格式】命令，如图 2-149 所示。

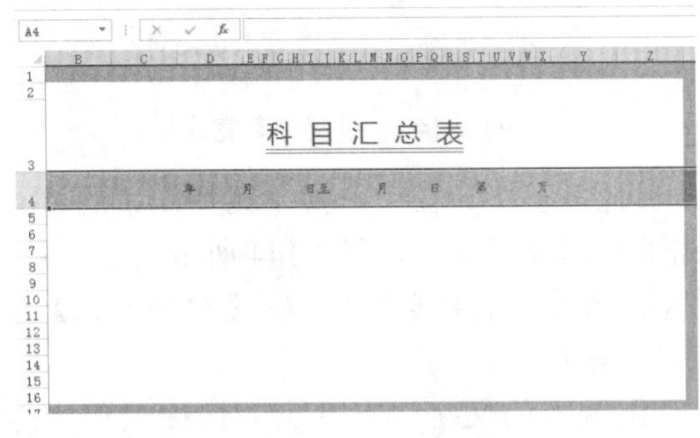

图 2-148　设置【行高】

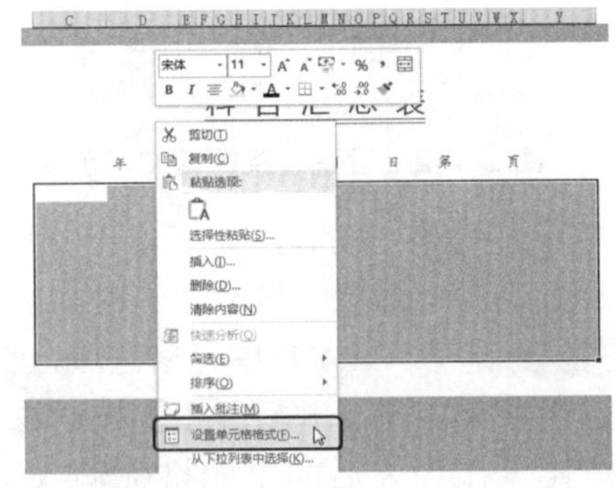

图 2-149　选择【设置单元格格式】命令

step 19 在弹出的对话框中选择【对齐】选项卡，在【文本对齐方式】选项组中将【水平对齐】设置为【居中】，如图 2-150 所示。

step 20 再在该对话框中选择【边框】选项卡，在【线条】选项组中的【样式】列表框中选择线条样式，将【颜色】的 RGB 值设置为 0、130、176，单击【内部】按钮

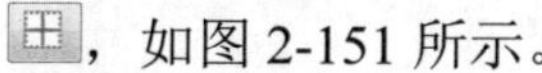，如图 2-151 所示。

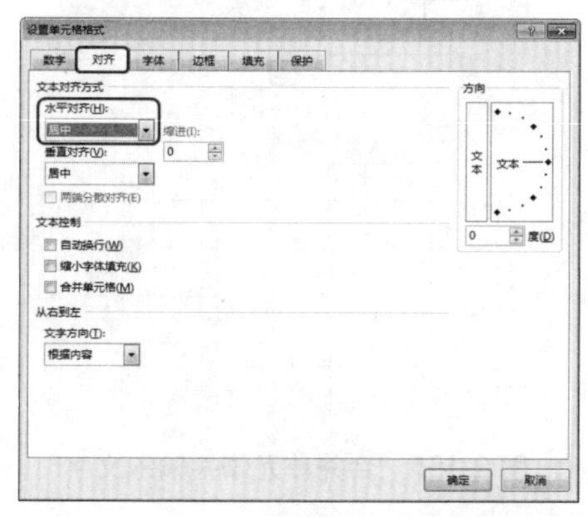

图 2-150 设置文本对齐方式

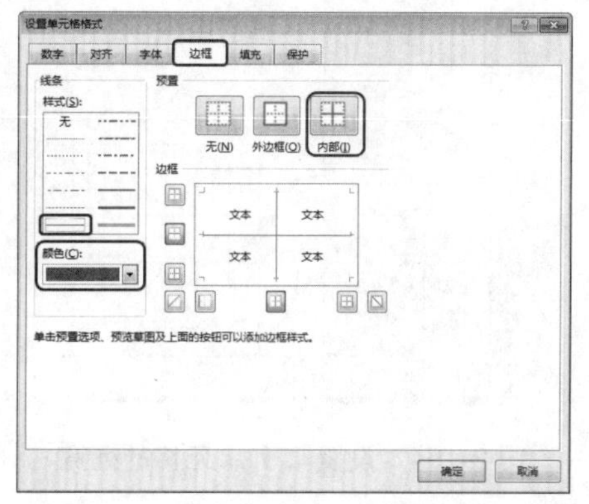

图 2-151 添加内部边框

step 21 再在【样式】列表框中选择线条样式，单击【外边框】按钮，如图 2-152 所示。

step 22 设置完成后，单击【确定】按钮，选择第 5～15 行单元格并右击，在弹出的快捷菜单中选择【行高】命令，在弹出的对话框中将【行高】设置为 20，设置完成后，单击【确定】按钮。效果如图 2-153 所示。

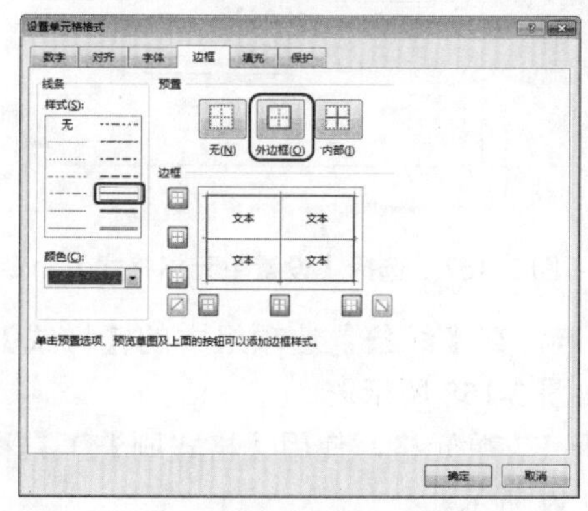

图 2-152 添加外边框

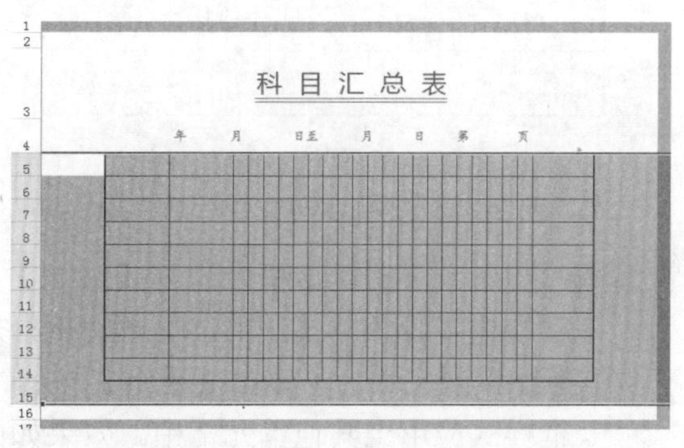

图 2-153 设置单元格的行高后的效果

step 23 选择 C 列单元格并右击，在弹出的快捷菜单中选择【列宽】命令，在弹出的对话框中将【列宽】设置为 13，单击【确定】按钮，如图 2-154 所示。

step 24 选中 C5:C7 单元格区域，在功能区选择【开始】选项卡，在【对齐方式】选项组中单击【合并后居中】按钮，继续选中该单元格，输入文字，选中输入的文字，在【字体】选项组中将字体设置为【方正楷体简体】，将字体颜色设置为 0、130、176，如图 2-155 所示。

step 25 使用同样的方法合并其他单元格并输入文字，效果如图 2-156 所示。

step 26 选择 F7:F14 单元格区域并右击，在弹出的快捷菜单中选择【设置单元格格式】命令，如图 2-157 所示。

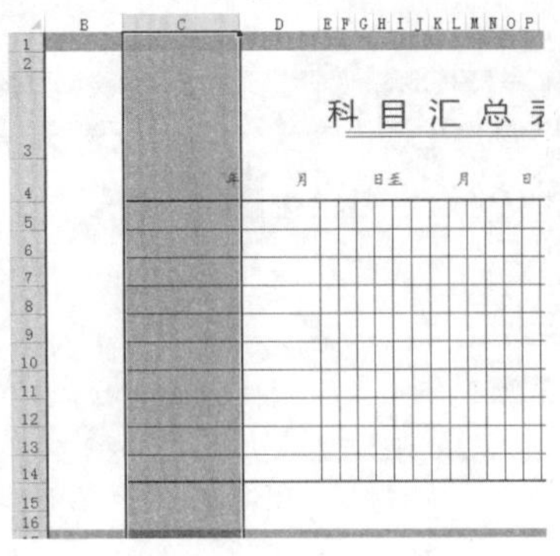

图 2-154　设置 C 列单元格的列宽

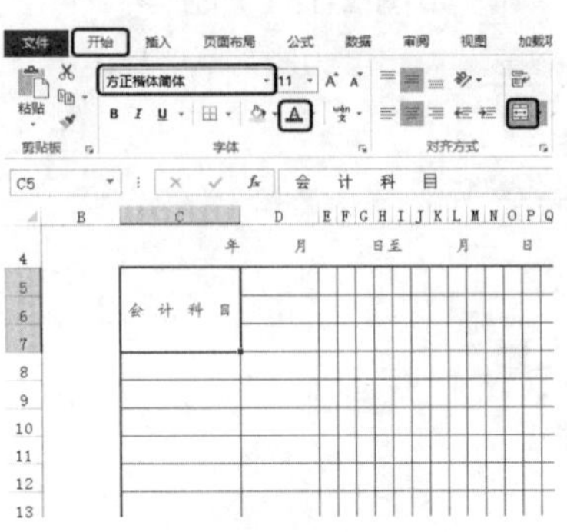

图 2-155　合并单元格并输入文字

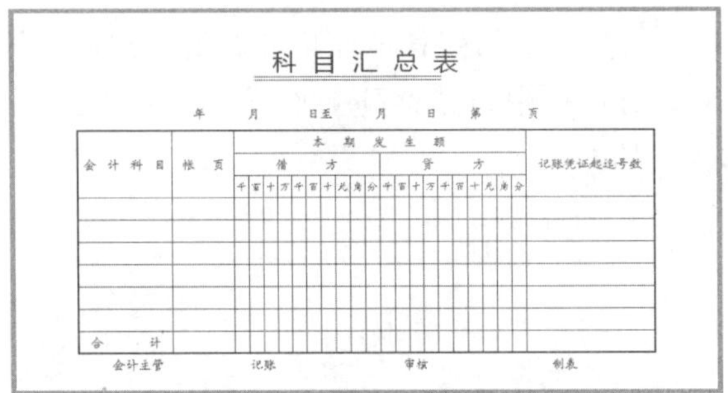

图 2-156　输入其他文字后的效果

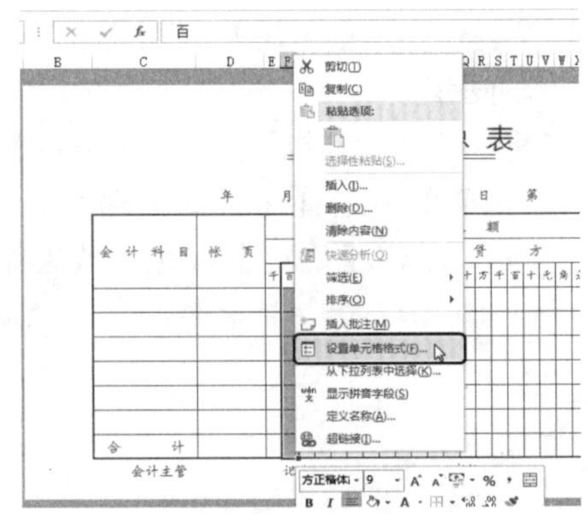

图 2-157　选择【设置单元格格式】命令

step 27 在弹出的对话框中选择【边框】选项卡，在【线条】选项组中的【样式】列表框中选择线条样式，单击(右框线)按钮，如图 2-158 所示。

step 28 设置完成后，单击【确定】按钮，选择 F7 单元格，使用【格式刷】工具将该边框样式应用至其他单元格中。效果如图 2-159 所示。

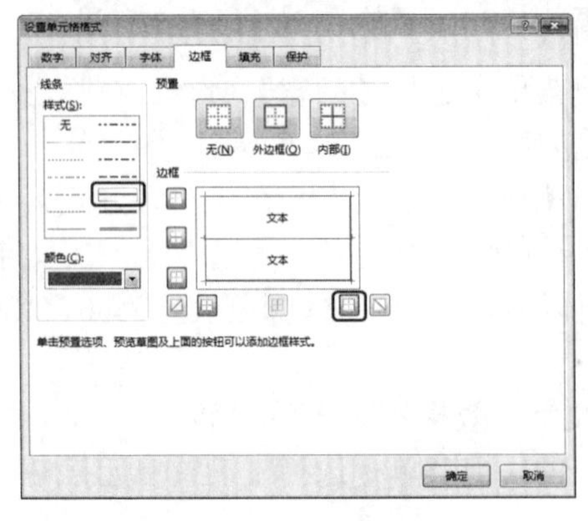

图 2-158　设置边框样式

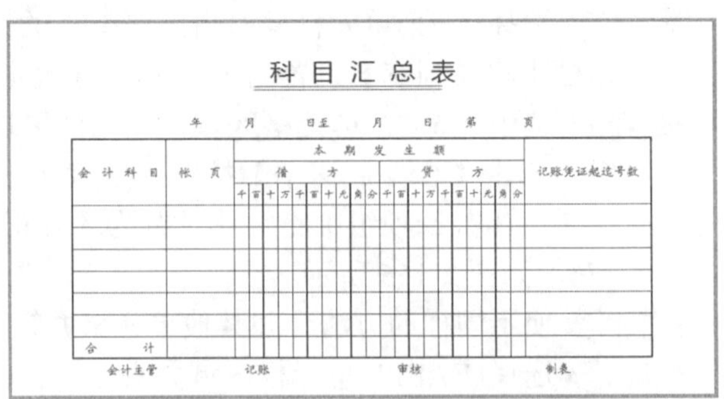

图 2-159　应用边框样式后的效果

step 29 选择 E6 单元格并右击，在弹出的快捷菜单中选择【设置单元格格式】命令，在弹出的对话框中选择【边框】选项卡，在【线条】选项组中的【样式】列表框中选择线条样式，单击(右框线)按钮，如图 2-160 所示。

step 30 设置完成后，单击【确定】按钮，使用同样的方法为 N7:N14 单元格区域应用该线条样式，效果如图 2-161 所示。

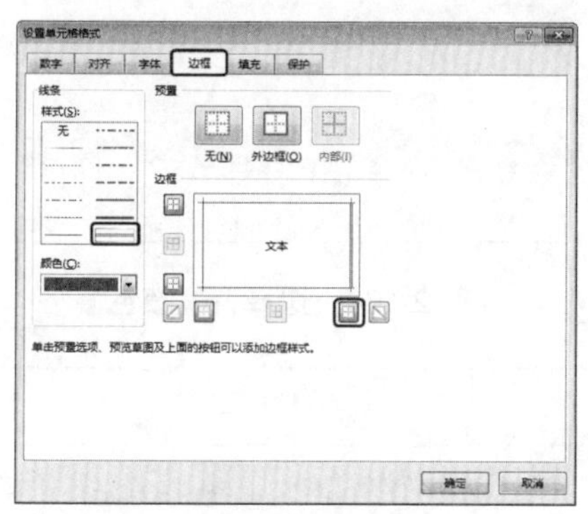

图 2-160 选择边框样式

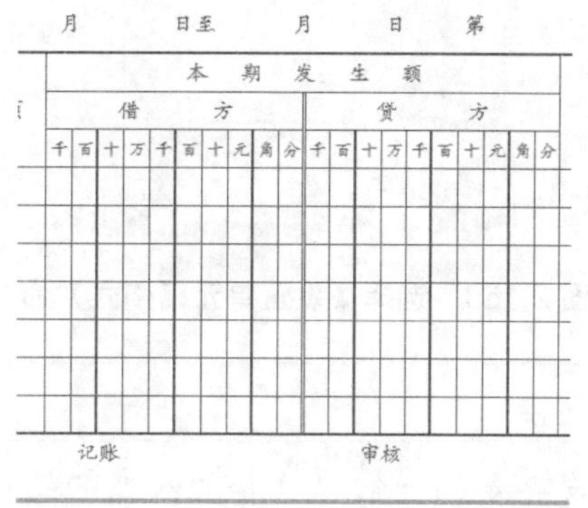

图 2-161 为其他单元格应用边框样式

案例精讲 020 发票

案例文件：CDROM\场景\Cha02\发票.xlsx

视频文件：视频教学\Cha02\发票.avi

制作概述

本案例将介绍如何制作发票。首先要设置单元格的格式、行高、列宽等，然后在设置后的单元格中输入相应的文字及公式。完成后的效果如图 2-162 所示。

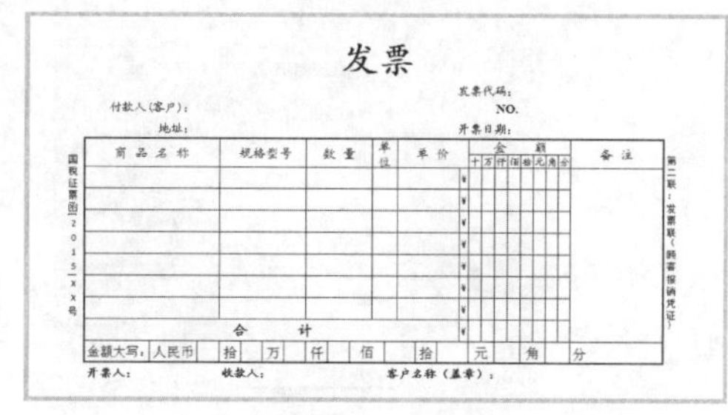

图 2-162 发票

学习目标

- 掌握单元格的设置。
- 掌握单元格的合并。
- 掌握函数公式的输入。

操作步骤

step 01 按 Ctrl+N 组合键，新建一个空白工作簿，选择任意一个单元格，按 Ctrl+A 组合键，选中所有单元格并右击，在弹出的快捷菜单中选择【设置单元格格式】命令，如图 2-163 所示。

step 02 在弹出的对话框中选择【填充】选项卡，在【背景色】选项组中选择背景颜色，如图 2-164 所示。

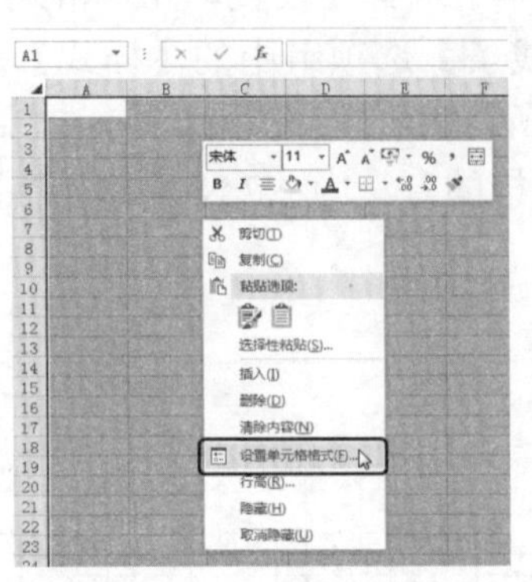
图 2-163　选择【设置单元格格式】命令

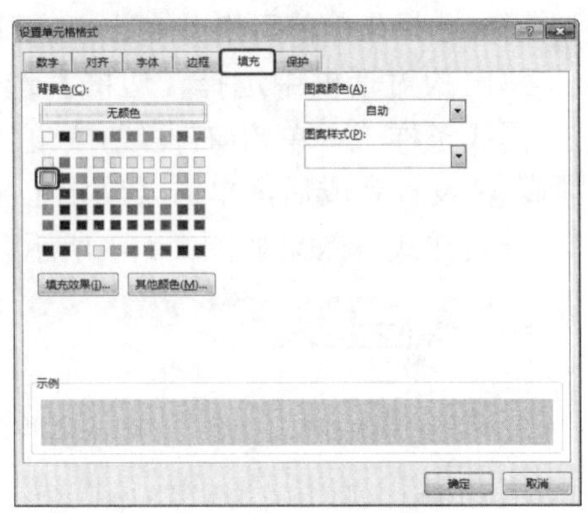
图 2-164　选择背景颜色

知识链接

发票是指一切单位和个人在购销商品、提供劳务或接受劳务、服务以及从事其他经营活动，所提供给对方的收付款的书面证明，是财务收支的法定凭证，是会计核算的原始依据，也是审计机关、税务机关执法检查的重要依据。

step 03 设置完成后，单击【确定】按钮，选择 B2:AB19 单元格区域并右击，在弹出的快捷菜单中选择【设置单元格格式】命令，如图 2-165 所示。

step 04 在弹出的对话框中选择【填充】选项卡，在【背景色】选项组中选择白色，如图 2-166 所示。

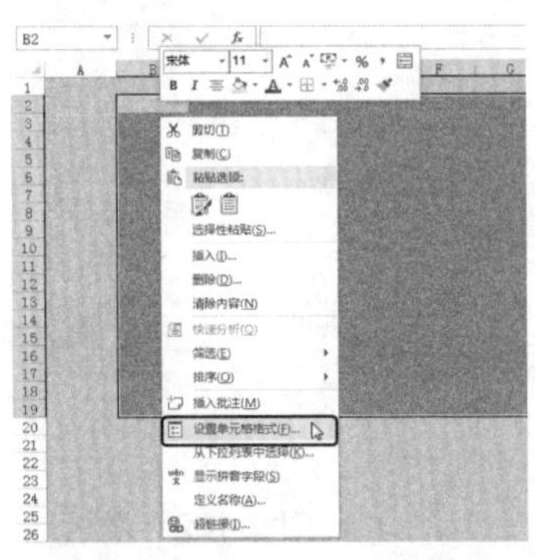
图 2-165　选择【设置单元格格式】命令

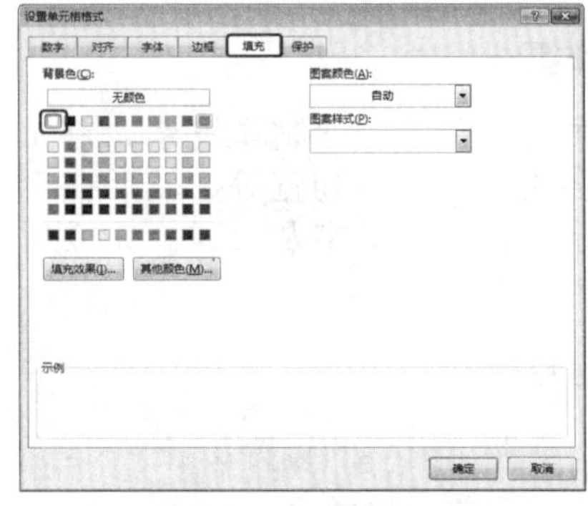
图 2-166　选择白色

step 05 选择完成后，单击【确定】按钮。选中 C3:AA3 单元格区域，在功能区选择【开始】选项卡，在【对齐方式】选项组中单击【合并后居中】按钮，选中合并后的单元格，输入文字，选中输入的文字，在【字体】选项组中将【字体】设置为【华文楷体】，将【字号】设置为 36，单击【加粗】按钮，将【字体颜色】设置为红色，如图 2-167 所示。

step 06 选择 E～L 列单元格并右击，在弹出的快捷菜单中选择【列宽】命令，如图 2-168 所示。

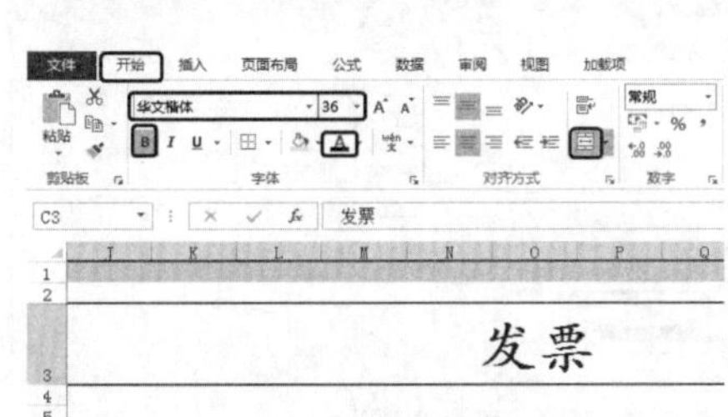

图 2-167 合并单元格并输入文字

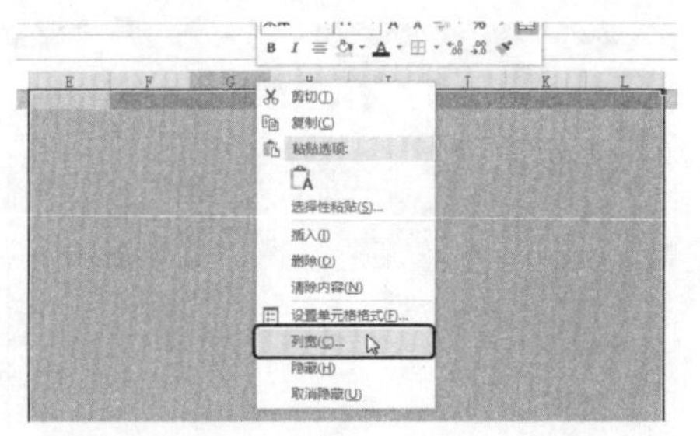

图 2-168 选择【列宽】命令

step 07 在弹出的对话框中将【列宽】设置为 3，单击【确定】按钮，选择 M～N 列单元格并右击，在弹出的快捷菜单中选择【列宽】命令，在弹出的对话框中将【列宽】设置为 1.5。设置完成后，单击【确定】按钮，如图 2-169 所示。

step 08 使用同样的方法设置其他单元格的列宽，设置完成后的效果如图 2-170 所示。

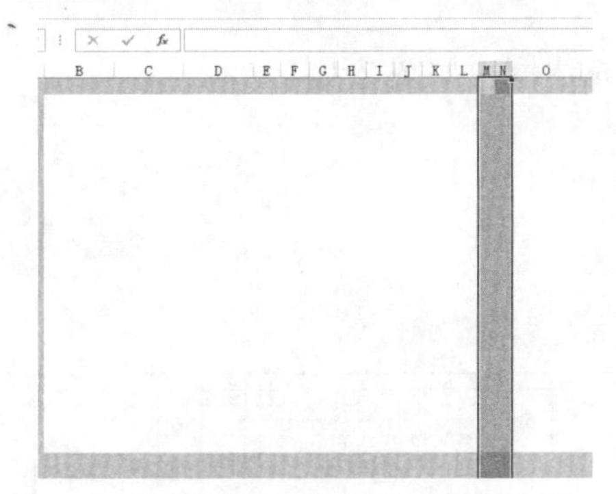

图 2-169 设置单元格列宽

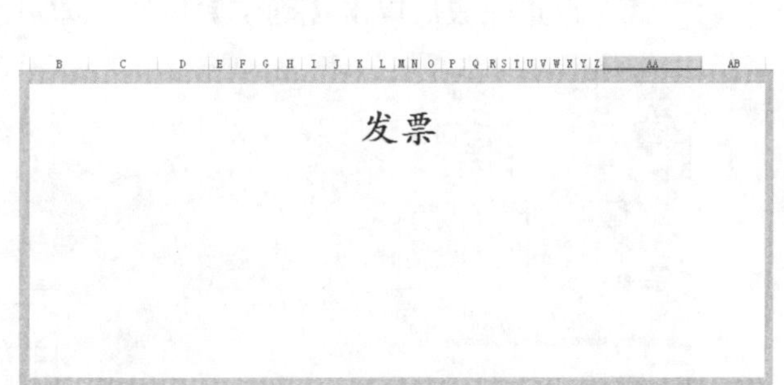

图 2-170 设置单元格宽度后的效果

知识链接

目前，有权征税费的机关有财政、国税、地税、海关及相关行业部门，财政及相关行业主管部门都用行政专用收款收据，较简单，在此不阐述。企业一般业务较多，发票开具较多涉及企业，国税、地税都归国家税务总局统一管理，海关由海关总署垂直管理，海关负责进出口方面，主要是关税等。国税、地税发票的管理权限按主体税种划分，增值税纳税人使用的发票由国家税务局管理，如增值税专用发票、工业商业企业商品销售发票、加工修理发票等；营业税纳税人使用的发票由地方税务局管理，如服务业、建筑安装业、运输业、金融保险业等开具的各种发票。

step 09 选择 C7:AA17 单元格区域并右击，在弹出的快捷菜单中选择【设置单元格格式】命令，在弹出的对话框中选择【对齐】选项卡，在【文本对齐方式】选项组中将【水平对齐】设置为【居中】，如图 2-171 所示。

step 10 再在该对话框中选择【边框】选项卡，在【线条】选项组中的【样式】列表框中选择线条样式，将【颜色】设置为红色，单击【内部】按钮，如图 2-172 所示。

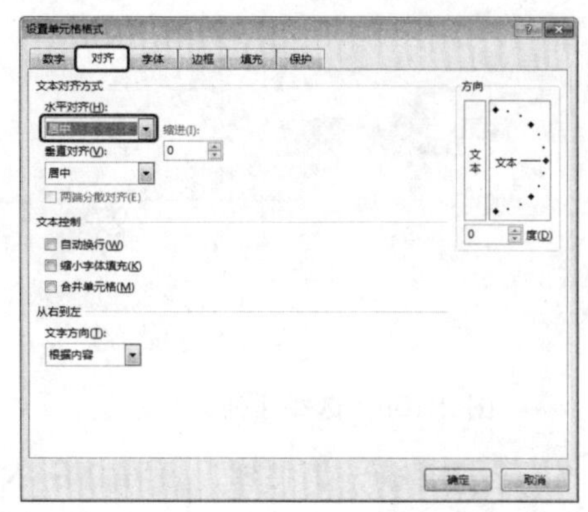

图 2-171 设置对齐方式

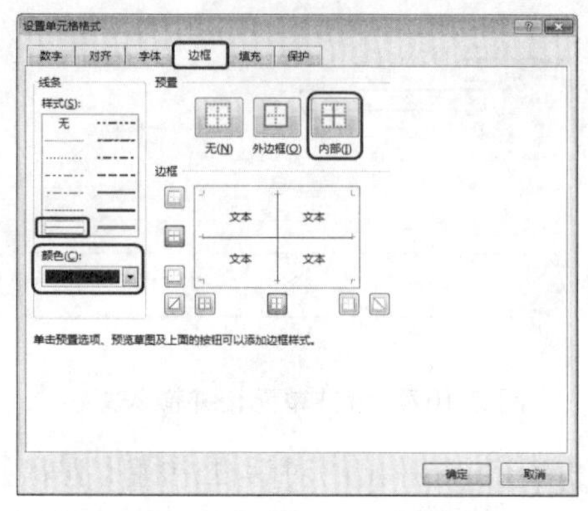

图 2-172 添加内部边框

step 11 再在【样式】列表框中选择一个线条样式，单击【外边框】按钮，添加外边框，效果如图 2-173 所示。

step 12 设置完成后单击【确定】按钮，即可填充边框，如图 2-174 所示。

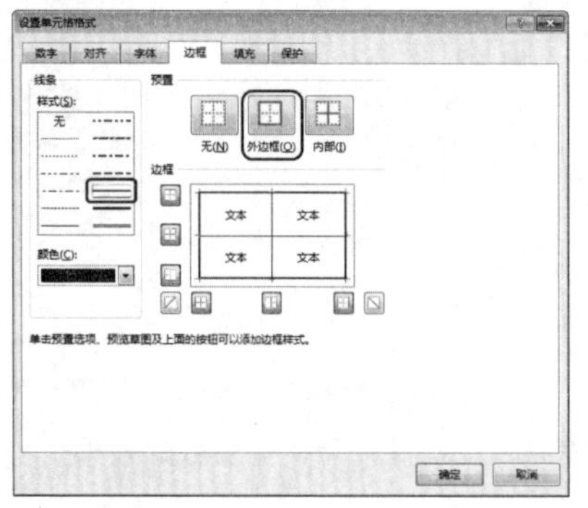

图 2-173 添加外边框

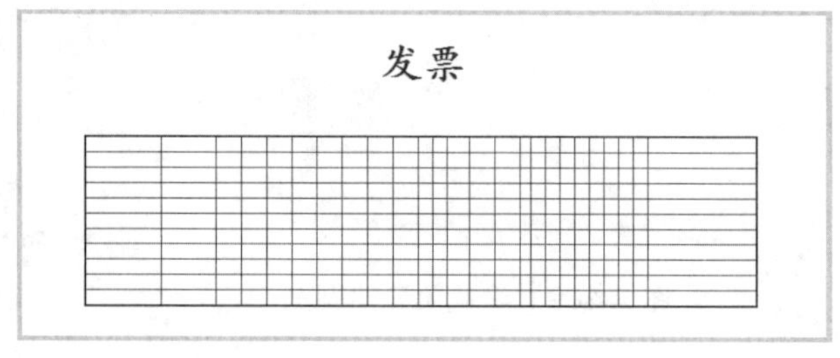

图 2-174 添加边框后的效果

step 13 选中 C7:E8 单元格区域，在功能区选择【开始】选项卡，在【对齐方式】选项组中单击【合并后居中】按钮，如图 2-175 所示。

step 14 使用同样的方法合并其他单元格，合并后的效果如图 2-176 所示。

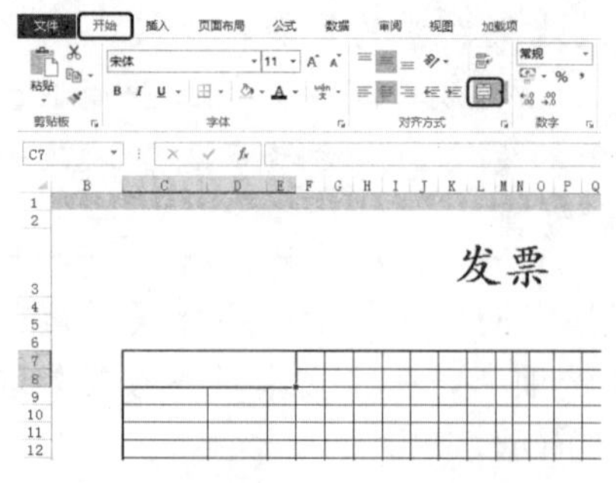

图 2-175 合并单元格

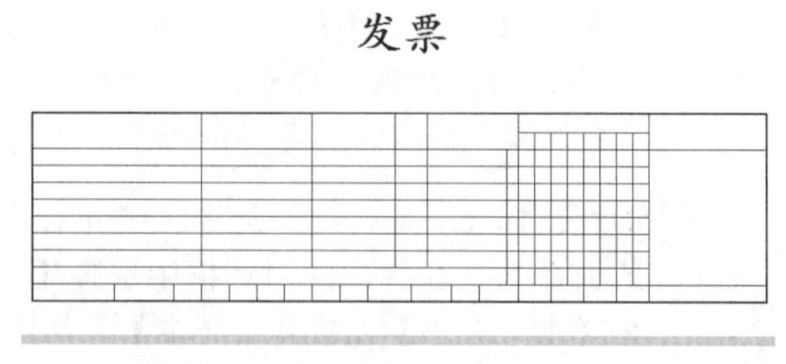

图 2-176 合并其他单元格后的效果

step 15 选择第 9～18 行单元格并右击，在弹出的快捷菜单中选择【行高】命令，在弹出的对话框中将【行高】设置为 22，单击【确定】按钮，设置行高后的效果如

图 2-177 所示。

step 16 根据前面所介绍的方法调整其他单元格并输入文字，效果如图 2-178 所示。

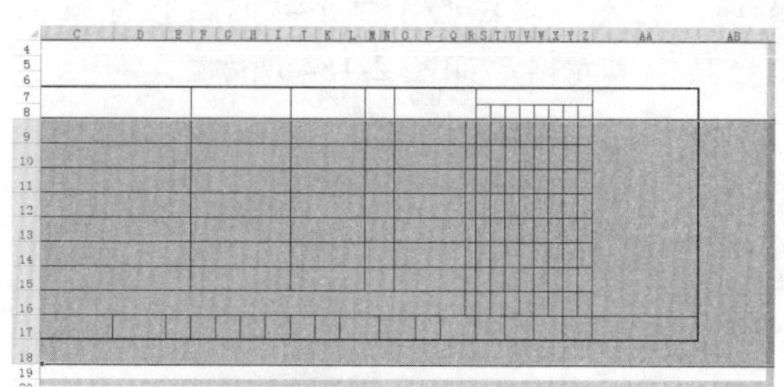

图 2-177 设置【行高】

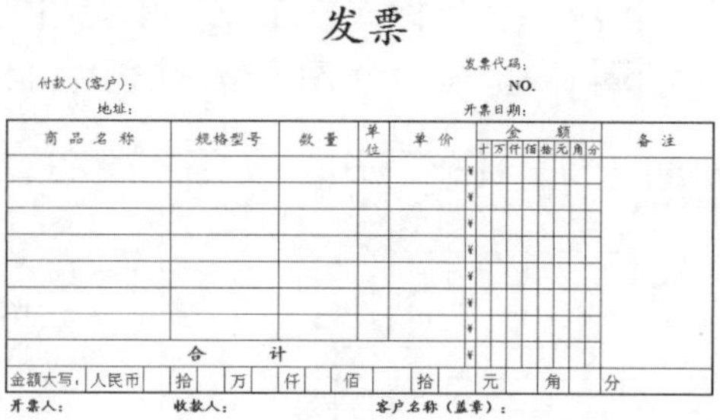

发票

付款人（客户）：　　　　　　　　　　　　　　　　　　　　发票代码：
　　　　　　　　　　　　　　　　　　　　　　　　　　　　NO.
地址：　　　　　　　　　　　　　　　　　　　　　　　　　开票日期：

商品名称	规格型号	数量	单位	单价	金额							备注
					十	万	仟	佰	拾	元	角	分
				¥								
				¥								
				¥								
				¥								
				¥								
				¥								
				¥								
合计				¥								
金额大写：人民币	拾	万	仟	佰	拾	元	角	分				

开票人：　　　　收款人：　　　　客户名称（盖章）：

图 2-178 调整其他单元格并输入文字后的效果

step 17 选择 AC9 单元格，输入公式【=O9*J9*100】，如图 2-179 所示。

step 18 继续选中该单元格，将光标放置在 AC9 单元格的右下角，当光标呈黑心十字(也称黑色十字)形状时，按住鼠标左键，向下拖动至 AC15 单元格中，自动填充其他单元格，如图 2-180 所示。

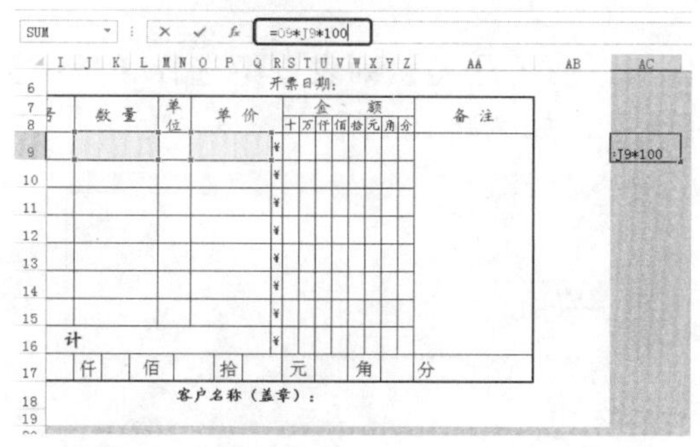

图 2-179 输入公式

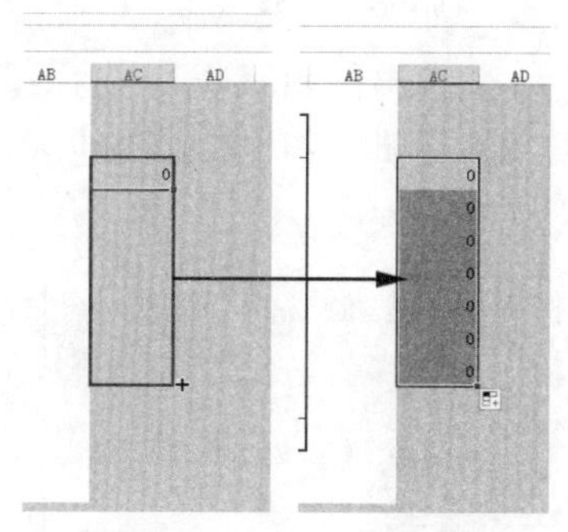

图 2-180 自动填充单元格

step 19 选择 AC16 单元格，在该单元格中输入公式【=SUM(AC9:AC15)】，如图 2-181 所示。

step 20 选择 S9 单元格，在该单元格中输入公式【=(MOD(AC8,100000000)-MOD(AC8,10000000))/10000000】，如图 2-182 所示。

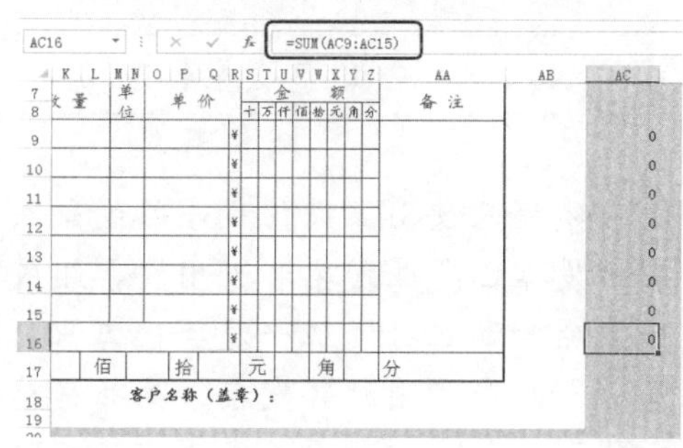

图 2-181 在 AC16 单元格中输入公式

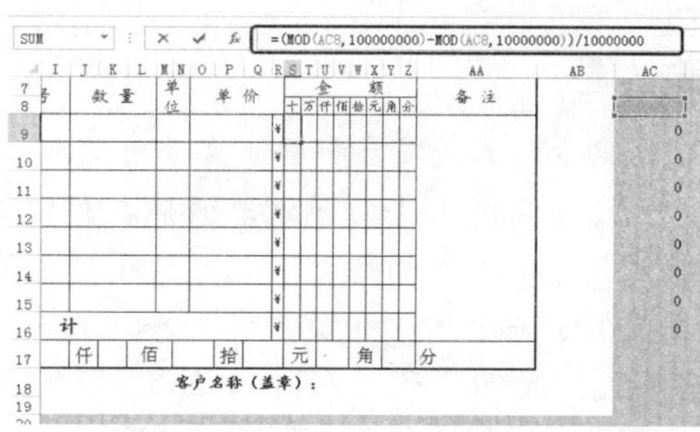

图 2-182 在 S9 单元格中输入公式

step 21 选择 T9 单元格，在该单元格中输入公式【=(MOD(AC9,10000000)-MOD(AC9,

1000000))/1000000】，如图 2-183 所示。

step 22 使用同样的方法在 U9:Z9 单元格区域输入公式，输入完成后选中 S9:Z9 单元格区域，将光标放置在 Z9 单元格的右下角，当光标呈黑心十字形状时，按住鼠标左键，向下拖动至 Z16 单元格中，自动填充其他单元格，如图 2-184 所示。

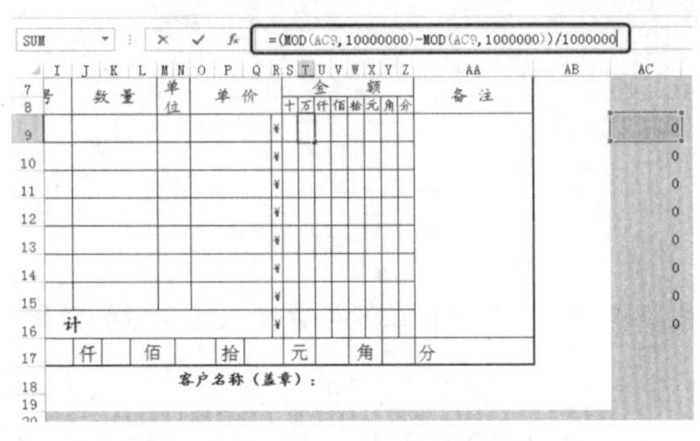

图 2-183　在 T9 单元格中输入公式

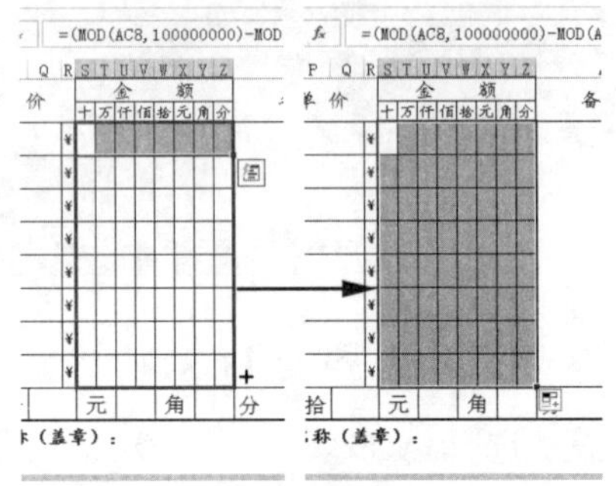

图 2-184　自动填充单元格区域

step 23 选择 O9:O15 单元格区域并右击，在弹出的快捷菜单中选择【设置单元格格式】命令，如图 2-185 所示。

step 24 在弹出的对话框中选择【数字】选项卡，在【分类】列表框中选择【货币】选项，将【货币符号(国家/地区)】设置为【无】，如图 2-186 所示。

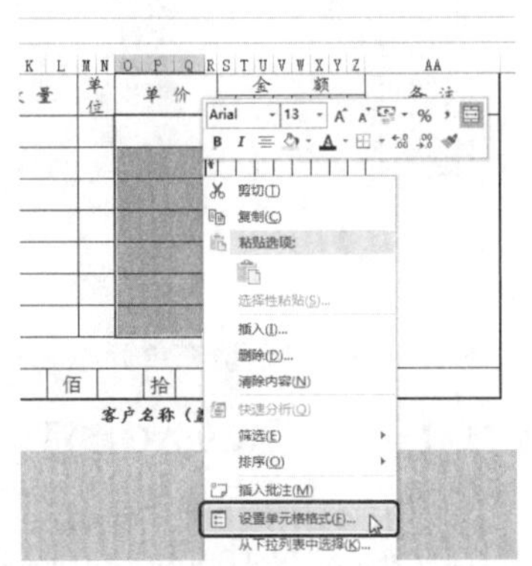

图 2-185　选择【设置单元格格式】命令

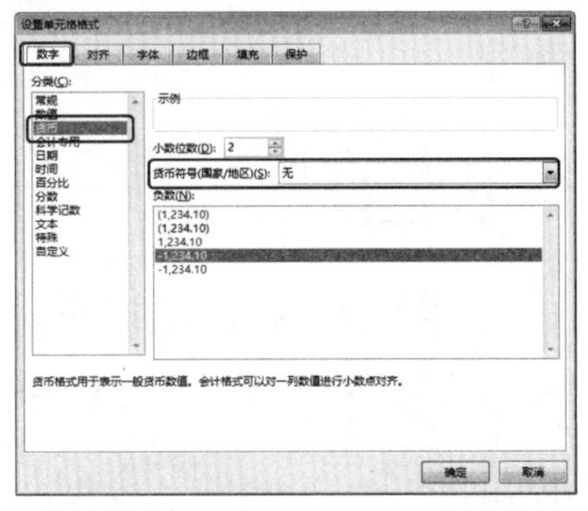

图 2-186　设置单元格属性

知识链接

发票分为普通发票和增值税专用发票。

普通发票：主要由营业税纳税人和增值税小规模纳税人使用，增值税一般纳税人在不能开具专用发票的情况下也可使用普通发票。普通发票由行业发票和专用发票组成。前者适用于某个行业和经营业务，如商业零售统一发票、商业批发统一发票、工业企业产品销售统一发票等；后者仅适用于某一经营项目，如广告费用结算发票、商品房销售发票等。普通发票的基本联次为三联：第一联为存根联，开票方留存备查用；第二联为发票联，收执方作为付款或收款原始凭证；第三联为记账联，开票方作为记账原始凭证。

增值税专用发票是我国实施新税制的产物，是国家税务部门根据增值税征收管理需要而设定的，专用于纳税人销售或者提供增值税应税项目的一种发票。专用发票既具有普通发票所具有的内涵，同时还具有比普通发票更特殊的作用。它不仅是记载商品销售额和增值税税额的财务收支凭证，而且是兼记销货方纳税义务和购货方进项税额的合法证明，是购货方据以抵扣税款的法定凭证，对增值税的计算起着关键性作用。

step 25 设置完成后，单击【确定】按钮，选择 E17 单元格并右击，在弹出的快捷菜单中选择【设置单元格格式】命令，在弹出的对话框中选择【数字】选项卡，在【分类】列表框中选择【特殊】选项，在【类型】选项组中选择【中文大写数字】选项，如图 2-187 所示。

step 26 设置完成后，单击【确定】按钮，使用同样的方法为 G17、I17、K17、N17、Q17、U17、Y17 单元格设置单元格格式，选择 E17 单元格，输入公式【=S16】，如图 2-188 所示。

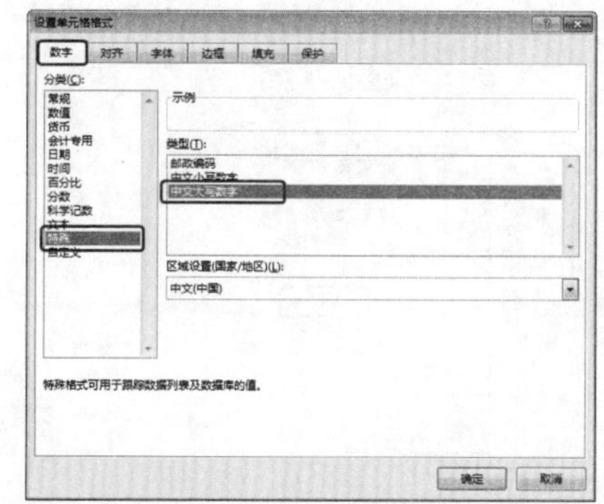

图 2-187 设置单元格格式

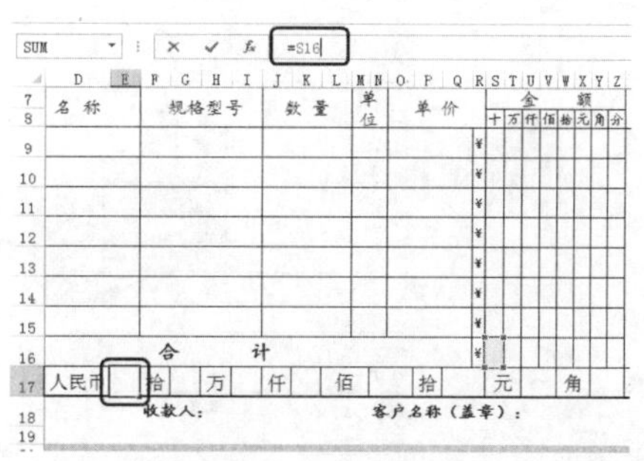

图 2-188 输入公式

step 27 选择 I17 单元格，输入公式【=T16】，如图 2-189 所示。

step 28 使用同样的方法在其他单元格中输入公式，选中 AC 列单元格并右击，在弹出的快捷菜单中选择【隐藏】命令，如图 2-190 所示。

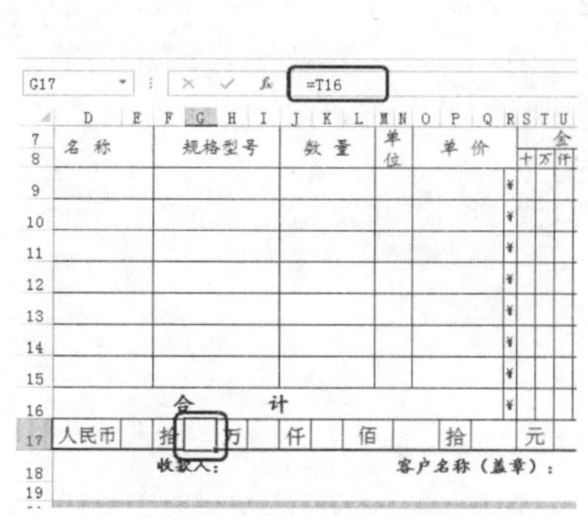

图 2-189 输入公式

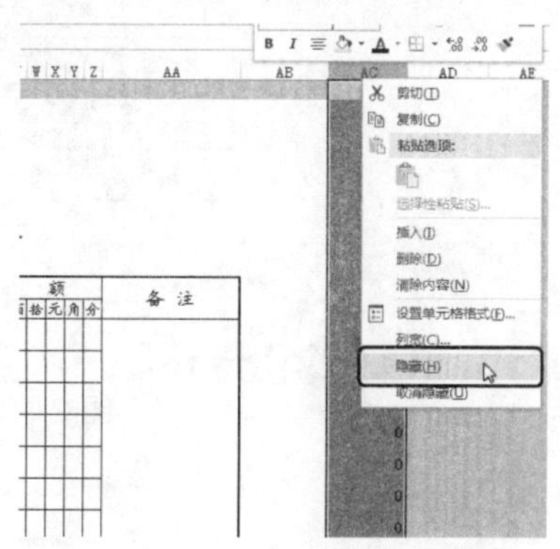

图 2-190 选择【隐藏】命令

知识链接

国家税务局负责发票印制、领购、开具、取得、保管、缴销的管理和监督。

step 29 在功能区选择【插入】选项卡，在【文本】选项组中单击【文本框】按钮，在弹出的下拉菜单中选择【垂直文本框】命令，在工作簿中绘制一个垂直文本框，输入文字，选中输入的文字，在功能区的【开始】选项卡中将【字号】设置为 10，将【字体颜色】设置为红色，并调整该文本框的位置，效果如图 2-191 所示。

step 30 选中该文本框，选择功能区【绘图工具】下的【格式】选项卡，在【形状样式】选项组中单击【设置形状格式】按钮，在弹出的【设置形状格式】面板中单击【填充线条】按钮，在【填充】选项组中选中【无填充】单选按钮，在【线条】选项组中选中【无线条】单选按钮，如图 2-192 所示。

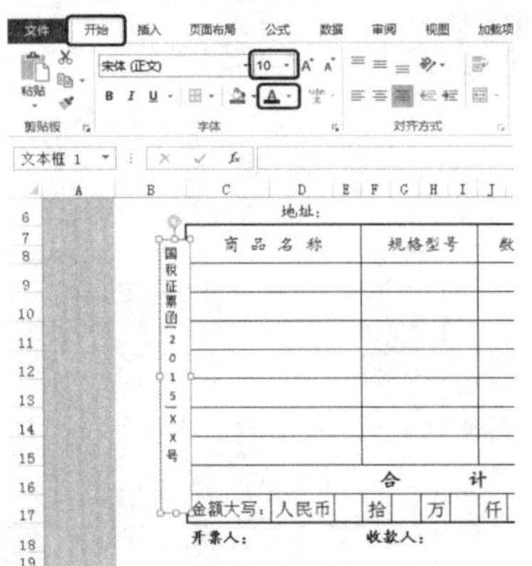

图 2-191　绘制文本框并输入文字

图 2-192　设置文本框的填充线条

step 31 使用同样的方法再绘制一个文本框，并输入文字，如图 2-193 所示。

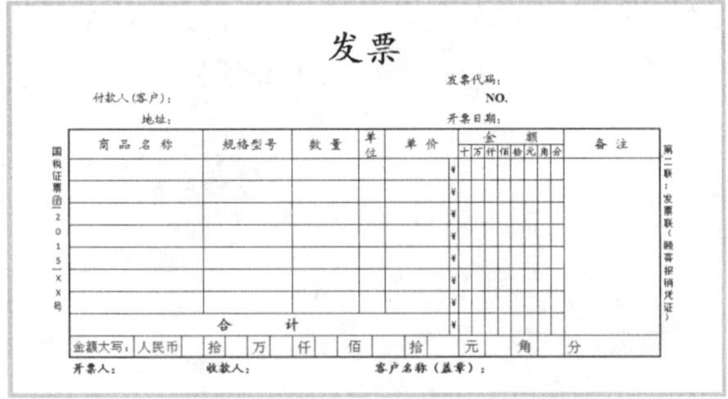

图 2-193　输入文字后的效果

第 3 章 公司货币资金管理表格的制作

本章重点

- 库存现金盘点表
- 零用金报销清单
- 现金收入传票
- 银行存款余额调节表
- 银行现金余额日报表
- 财务科日报表
- 备用金领用登记表
- 银行存款日报表
- 出纳现金日报表
- 银行存款、现金收支日报表

货币资金是指在企业生产经营过程中处于货币形态的那部分资金，按其形态和用途不同可分为库存现金、银行存款和其他货币资金。它是企业中最活跃的资金，流动性强，是企业的重要支付手段和流通手段。本章将介绍常用货币资金表格的制作，包括库存现金盘点表、银行存款余额调节表和出纳现金日报表等。

案例精讲 021　库存现金盘点表

 案例文件：CDROM\场景\Cha03\库存现金盘点表.xlsx

 视频文件：视频教学\Cha03\库存现金盘点表.avi

制作概述

库存现金盘点表一般工厂或大公司都使用该表格，下面将讲解如何制作库存现金盘点表，完成后的效果如图 3-1 所示。

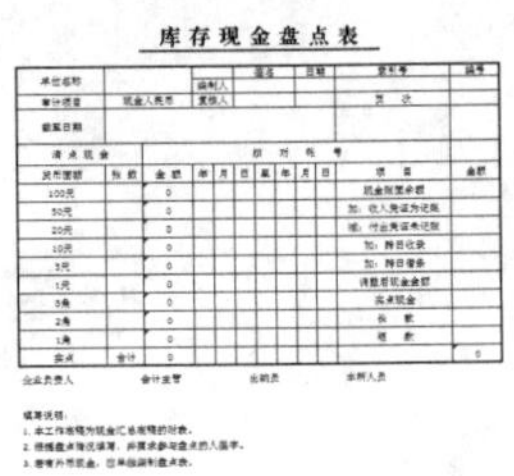

图 3-1　库存现金盘点表

学习目标

- 学习库存现金盘点表的制作。
- 掌握库存现金盘点表的制作流程及单元格的基本操作。

操作步骤

step 01 启动 Excel 2013 软件后，在【新建】选项组中选择【空白工作簿】选项，新建空白工作簿，如图 3-2 所示。

step 02 在场景中选择第 2 行单元格并右击，在弹出的快捷菜单中选择【行高】命令，如图 3-3 所示。

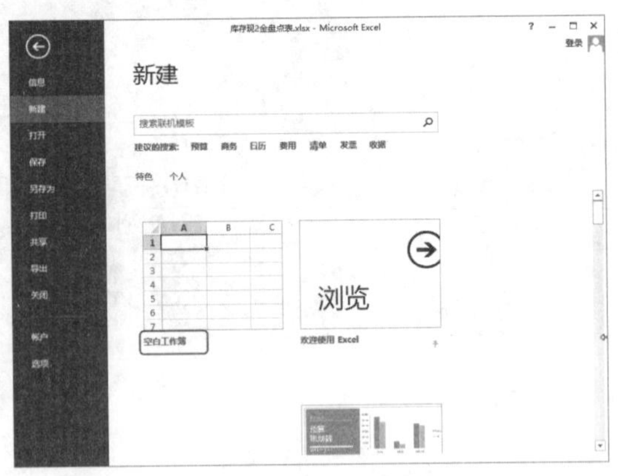

图 3-2　选择【空白工作簿】选项

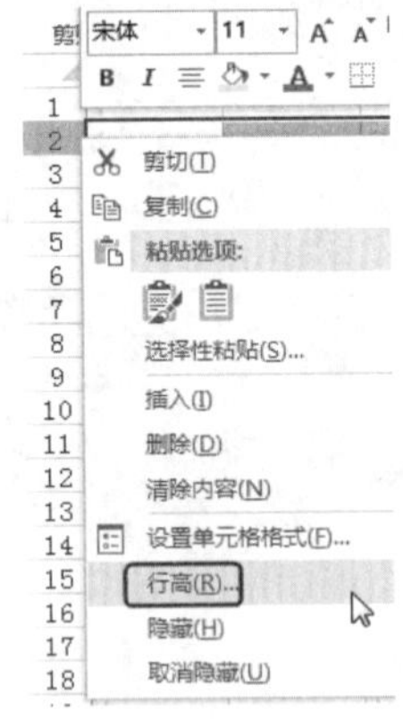

图 3-3　选择【行高】命令

step 03 弹出【行高】对话框，将【行高】设置为 39，并单击【确定】按钮，如图 3-4 所示。

step 04 选择第 B 列单元格并右击，在弹出的快捷菜单中选择【列宽】命令，如图 3-5 所示。

选择单元格后，在【开始】选项卡的【单元格】选项组中单击【格式】按钮格式▾，在弹出的下拉菜单中同样可以选择【行高】或【列宽】命令，还可以根据单元格内容自动调整行高或列宽。

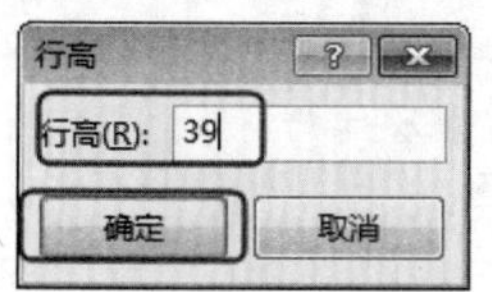

图 3-4 设置【行高】

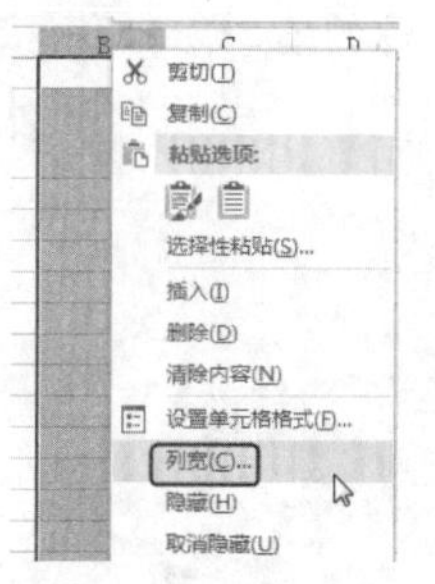

图 3-5 选择【列宽】命令

step 05 弹出【列宽】对话框，将【列宽】设置为 15，并单击【确定】按钮，如图 3-6 所示。

step 06 使用上面相同的方法，将 C 列的【列宽】设置为 6，将 E～K 列的【列宽】设置为 3，将 L 列单元格的【列宽】设置为 20。完成后的效果如图 3-7 所示。

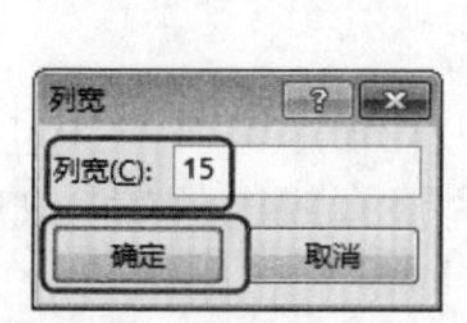

图 3-6 设置【列宽】

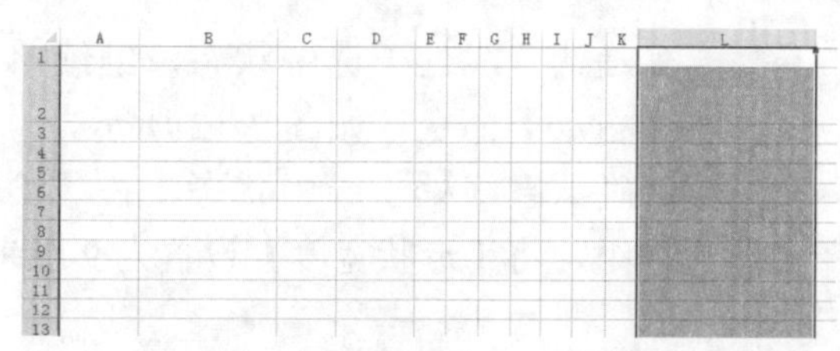

图 3-7 设置【列宽】后的效果

step 07 选择 B2:M2 单元格区域，切换到【开始】选项卡，在【对齐方式】选项组中单击【合并后居中】按钮，将单元格合并，如图 3-8 所示。

step 08 在上一步合并的单元格中配合空格键输入【库存现金盘点表】，将【字体】设置为【方正大标宋简体】，【字号】设置为 24，如图 3-9 所示。

step 09 切换到【插入】选项卡，在【插图】选项组中单击【插图】按钮，在弹出的下拉菜单中选择【形状】命令，并单击【形状】下的下三角按钮，在弹出的下拉菜单中选择【线条】选项组中的【直线】命令，如图 3-10 所示。

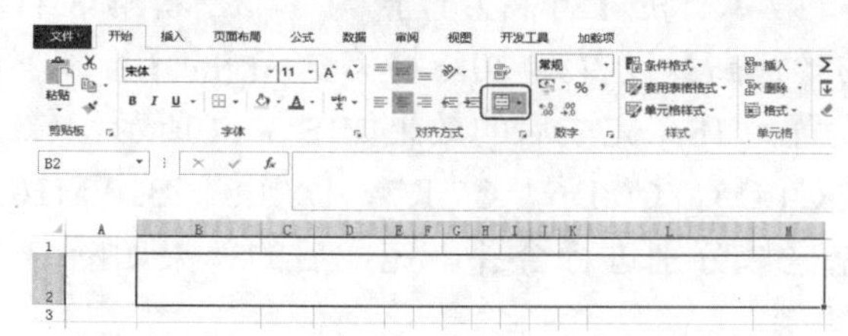

图 3-8 合并单元格

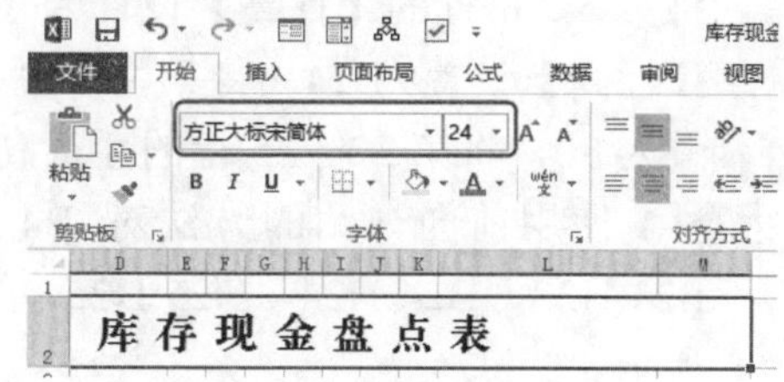

图 3-9 设置文字属性

step 10 在场景中按住 Shift 键绘制直线，选择绘制的直线，切换到【绘图工具】下的

【格式】选项卡，在【形状样式】选项组中选择单击【形状轮廓】按钮，在弹出的下拉菜单中选择【粗细】命令，在弹出的子命令中选择【1.5 磅】，如图 3-11 所示。

在绘制直线的同时按住 Shift 键，可以绘制水平或垂直的直线，还可以绘制 45° 角的直线。

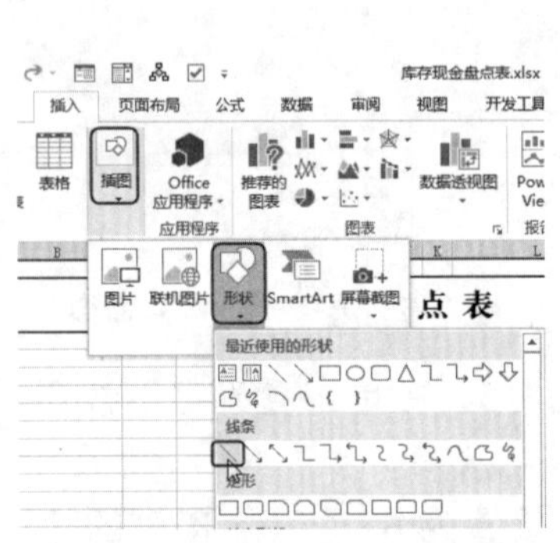

图 3-10　设置插图形状

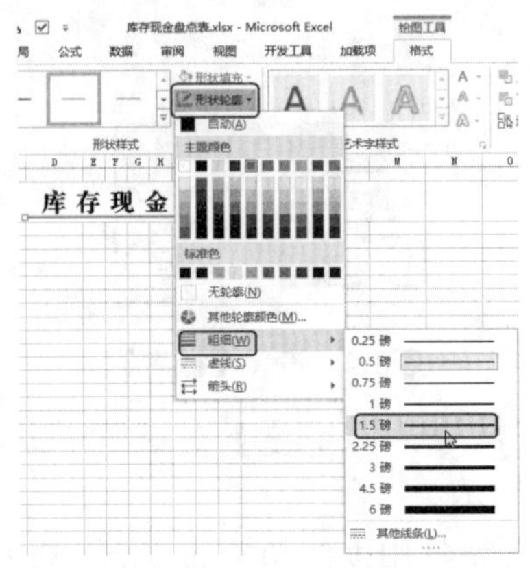

图 3-11　设置线段的粗细

step 11 确认直线处于选中状态，继续单击【形状轮廓】按钮，在弹出的下拉菜单中选择【自动】命令，如图 3-12 所示。

step 12 确认直线处于选中状态，在【绘图工具】下的【格式】选项卡中选择【大小】选项组，将【形状宽度】设置为 9 厘米，并在图中调整直线的位置，如图 3-13 所示。

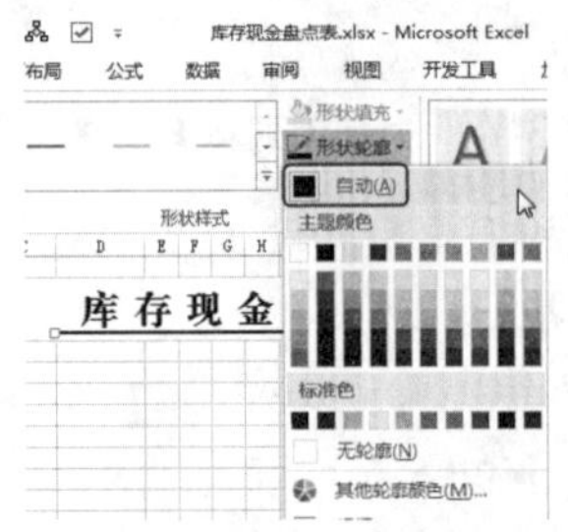

图 3-12　设置直线的颜色

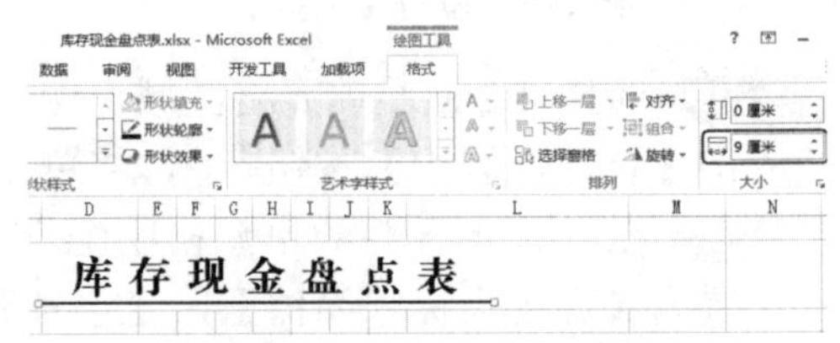

图 3-13　设置直线形状宽度

step 13 下面设置【行高】。使用前面讲过的方法，将第 3、4 行的【行高】设置为 13，将第 5、6 行的【行高】设置为 16，将第 7 行的【行高】设置为 37.5，将第 8 行的【行高】设置为 24，将第 9～19 行的【行高】设置为 20，将第 20 行的【行高】设置为 30，将第 22～25 行的【行高】设置为 18。完成后的效果如图 3-14 所示。

step 14 使用前面介绍的方法对 B4:B5、C4:D5、C6:D6、C7:K7、D8:L8、B20:M20、B23:H23、B24:H24、B25:H25 单元格区域分别进行合并。完成后的效果如图 3-15 所示。

为了便于读者观察，此处对合并的单元格添加黑色边框，属于后期添加的，不参与制表过程。

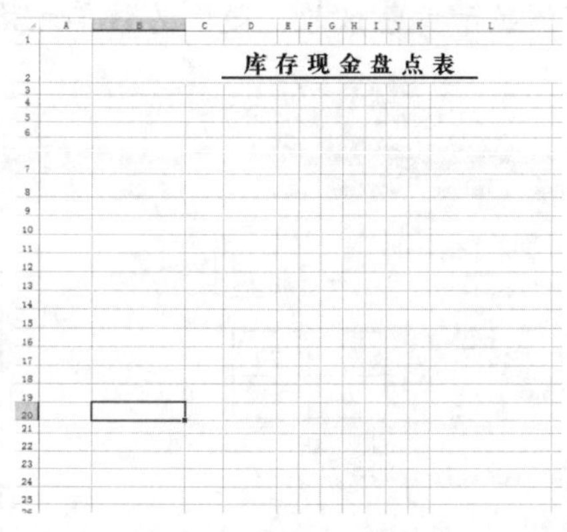

图 3-14 设置【行高】

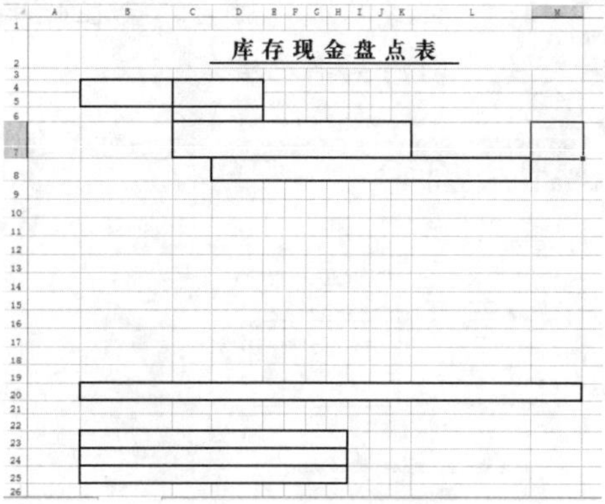

图 3-15 合并单元格

step 15 在单元格中结合空格键输入文字，并将其【对齐方式】设置为【居中对齐】。完成后的效果如图 3-16 所示。

step 16 在场景中选择 B4:M19 单元格区域，切换到【开始】选项卡，在【字体】选项组中单击【边框】按钮，在弹出的下拉菜单中选择【其他边框】命令，如图 3-17 所示。

图 3-16 输入文字并对齐

图 3-17 选择【其他边框】命令

step 17 弹出【设置单元格格式】对话框，选择图 3-18 所示的线条样式，然后单击【外边框】按钮，如图 3-18 所示。

step 18 继续选择线条样式，然后单击【内部】按钮，如图 3-19 所示。

step 19 单击【确定】按钮，完成后的效果如图 3-20 所示。

step 20 选择 D10 单元格，在其内输入公式【=C10*100】，按 Enter 键，完成公式的创建，如图 3-21 所示。

step 21 将光标置于 D10 单元格的右下角，当光标指针变为十字形状时，按住鼠标左键向下拖动 D18 单元格，复制公式，并将该单元格的【对齐方式】设置为【居中对齐】。完成后的效果如图 3-22 所示。

公式添加完成后，会在此单元格的左侧显示黄色叹号，是因为该单元格中公式中引用空单元格。

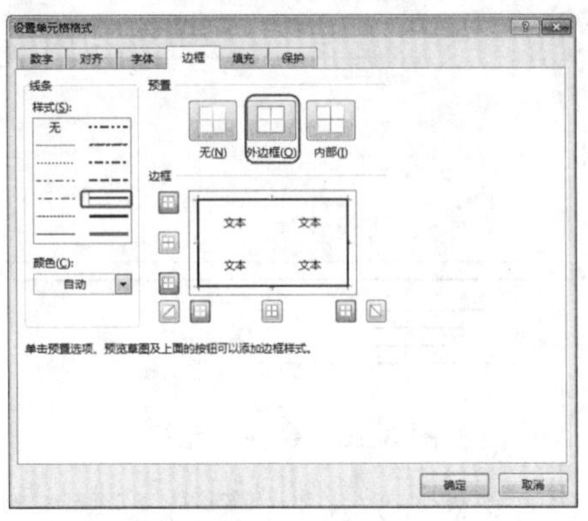

图 3-18　设置【外边框】

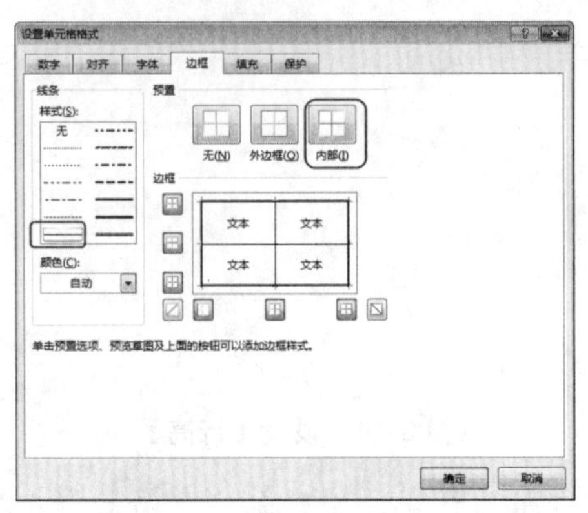

图 3-19　设置【内部】框线

库存现金盘点表

单位名称		编制人	签名		日期					索引号	编号
审计项目	现金人民币	复核人								页　次	
截至日期											
清点现金			核　对　帐　号								
货币面额	张数	金额	年	月	日	至	年	月	日	项　目	金额
100元										现金账面余额	
50元										加：收入凭证为记账	
20元										减：付出凭证未记账	
10元										加：跨日收录	
5元										加：跨日借条	
1元										调整后现金金额	
5角										实点现金	
2角										长　款	
1角										短　款	
实点	合计										

图 3-20　设置边框后的效果

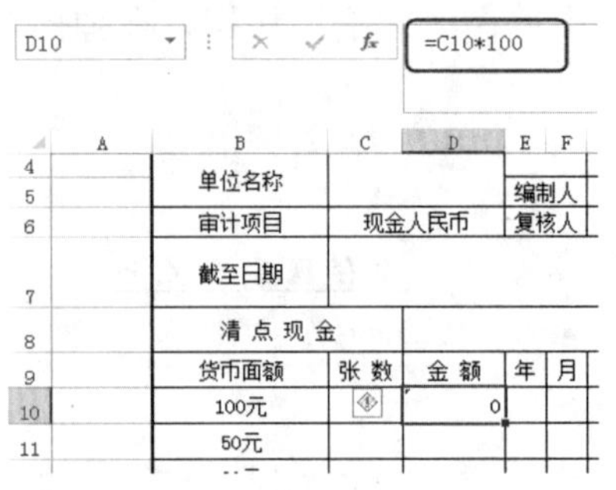

图 3-21　输入公式

step 22 选择 D19 单元格，在该单元格中输入公式【=SUM(D10:D18)】，按 Enter 键完成公式，并将其【居中对齐】。完成后的效果如图 3-23 所示。

	A	B	C	D
4		单位名称		
5				编制人
6		审计项目	现金人民币	复核人
7		截至日期		
8		清点现金		
9		货币面额	张数	金额
10		100元		0
11		50元		0
12		20元		0
13		10元		0
14		5元		0
15		1元		0
16		5角		0
17		2角		0
18		1角		0
19		实点	合计	

图 3-22　复制公式

图 3-23　输入公式

step 23 选择 M19 单元格区域，并在该单元格中输入公式【=SUM(M10:M18)】，按 Enter 键完成公式的输入，并将该单元格【居中对齐】，如图 3-24 所示。

M19 | =SUM(M10:M18)

	A	B	C	D	E	F	G	H	I	J	K	L	M
10		100元		0								现金账面余额	
11		50元		0								加：收入凭证为记账	
12		20元		0								减：付出凭证未记账	
13		10元		0								加：跨日收录	
14		5元		0								加：跨日借条	
15		1元		0								调整后现金金额	
16		5角		0								实点现金	
17		2角		0								长　款	
18		1角		0								短　款	
19		实点	合计	0									0

图 3-24　输入公式

step 24 在 B20:M20 单元格中配合空格键输入文字，如图 3-25 所示。

	A	B	C	D	E	F	G	H	I	J	K	L	M
16		5角		0								实点现金	
17		2角		0								长　款	
18		1角		0								短　款	
19		实点	合计	0									0
20		企业负责人　　　　会计主管　　　　出纳员　　　　本所人员											
21													

图 3-25　输入文字

step 25 使用同样的方法，在其他单元格中输入文字，并将其【对齐方式】设置为【居中对齐】，如图 3-26 所示。

step 26 切换到【视图】选项卡，在【显示】选项组中取消选中【网格线】复选框，查看效果如图 3-27 所示。

	A	B	C	D	E	F	G	H
19		实点	合计	0				
20		企业负责人　　　　会计主管　　　　出纳员						
21								
22		填写说明：						
23		1.本工作底稿为现金汇总底稿的附表。						
24		2.根据盘点情况填写，并要求参与盘点的人签字。						
25		3.若有外币现金，应单独编制盘点表。						
26								

图 3-26　在其他单元格输入文字

库存现金盘点表

单位名称			签名	日期	索引号	编号
		编制人				
审计项目	现金人民币	复核人			页　次	
截至日期						

清点现金			核对账号								
货币面额	张数	金额	年	月	日	至	年	月	日	项　目	金额
100元		0								现金账面余额	
50元		0								加：收入凭证为记账	
20元		0								减：付出凭证未记账	
10元		0								加：跨日收录	
5元		0								加：跨日借条	
1元		0								调整后现金金额	
5角		0								实点现金	
2角		0								长　款	
1角		0								短　款	
实点	合计	0									0

企业负责人　　会计主管　　出纳员　　本所人员

填写说明：

1. 本工作底稿为现金汇总底稿的附表。
2. 根据盘点情况填写，并要求参与盘点的人签字。
3. 若有外币现金，应单独编制盘点表。

图 3-27　查看效果

案例精讲 022　零用金报销清单

案例文件：CDROM\场景\Cha03\零用金报销清单.xlsx

视频文件：视频教学\Cha03\零用金报销清单.avi

制作概述

本案例将讲解如何制作零用金报销清单，该例的制作重点是掌握下拉菜单的设置，完成后的效果如图 3-28 所示。

零用金报销清单

科目　　　　　　　　　　　　　　　　填表日期：20　　年　　月　　日

支付日期	部门	子目	摘要	单据张数	报销金额	明细帐页次
			合计	0	0	

上期领用金额：
本期报销金额：
本期结存金额：

主管：　　　　　　　　　　　　　　　财务主管：

图 3-28　零用金报销清单

学习目标

- 学习零用金报销清单的制作。
- 掌握零用金报销清单的制作流程及如何制作表格的下拉菜单。

操作步骤

step 01 启动 Excel 2013 软件后，在【新建】选项组中选择【空白工作簿】选项，新建空白工作簿，如图 3-29 所示。

step 02 在场景中选择第 2 行单元格并右击，在弹出的快捷菜单中选择【行高】命令，如图 3-30 所示。

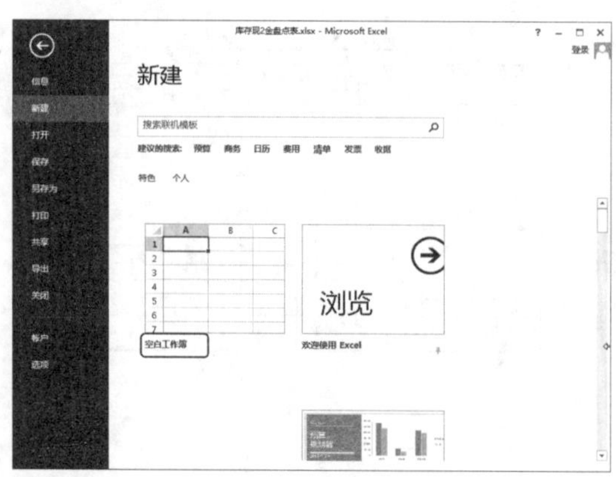

图 3-29　选择【空白工作簿】选项

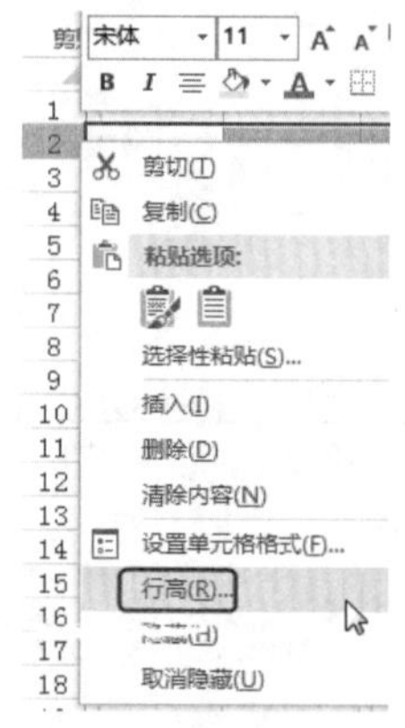

图 3-30　选择【行高】命令

step 03 弹出【行高】对话框，将【行高】设置为 43.5，并单击【确定】按钮，如图 3-31 所示。

step 04 选择 B 列单元格区域，继续右击，在弹出的快捷菜单中选择【列宽】命令，如图 3-32 所示。

step 05 弹出【列宽】对话框，将【列宽】设置为 15，并单击【确定】按钮，如图 3-33 所示。

step 06 使用同样的方法，将第 F、G 列单元格的【列宽】设置为 13，将 H 列单元格的【列宽】设置为 15，如图 3-34 所示。

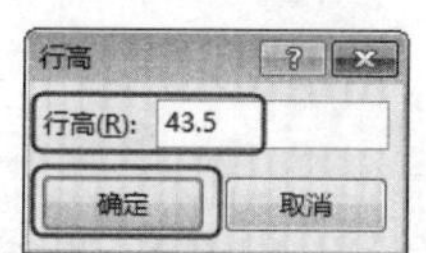

图 3-31 设置【行高】

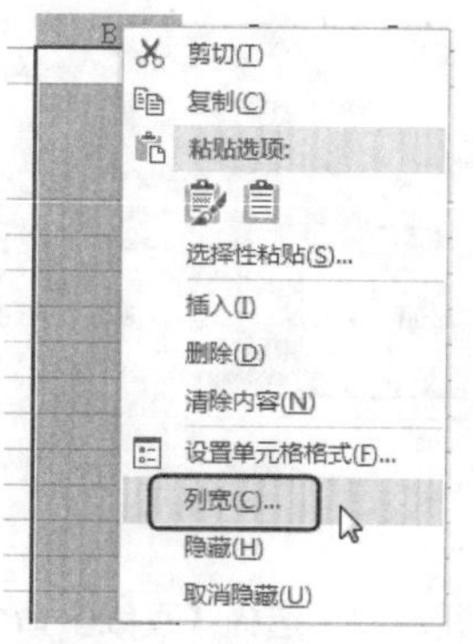

图 3-32 选择【列宽】命令

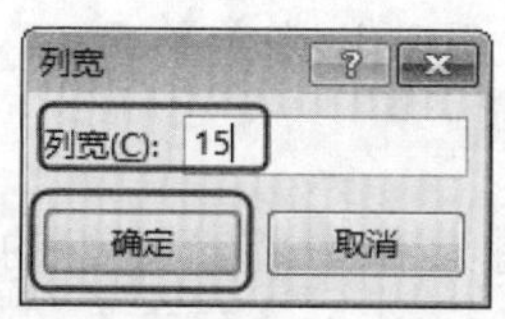

图 3-33 设置【列宽】

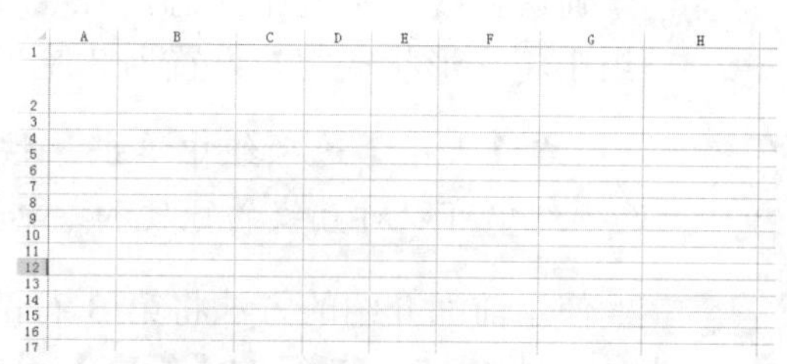

图 3-34 设置【列宽】后的效果

step 07 选择 B2:H2 单元格区域，切换到【对齐方式】选项组，单击【合并后居中】按钮，将单元格进行合并，如图 3-35 所示。

step 08 在上一步合并的单元格中配合空格键输入【零用金报销清单】，将【字体】设置为【方正大标宋简体】，【字号】设置为 24，如图 3-36 所示。

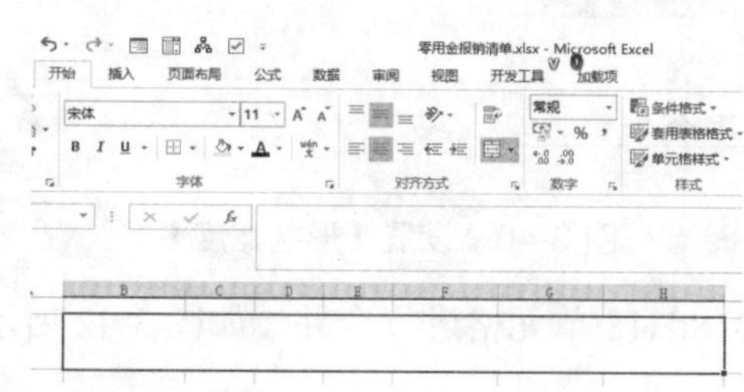

图 3-35 合并单元格

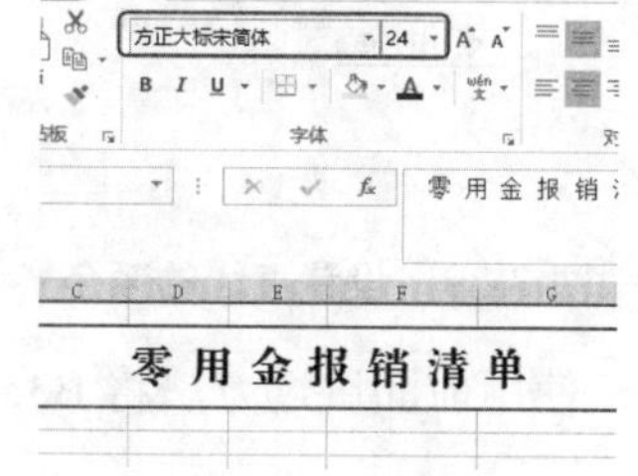

图 3-36 输入文字并设置文字属性

step 09 切换到【插入】选项卡，在【插图】选项组中单击【插图】按钮，在弹出的下拉菜单中选择【形状】命令，并单击【形状】下的下三角按钮，在弹出的下拉菜单中选择【线条】选项组中的【直线】命令，如图 3-37 所示。

step 10 在场景中按住 Shift 键绘制直线，选择绘制的直线，切换到【绘图工具】下的【格式】选项卡，在【形状样式】选项组中单击【形状轮廓】按钮，在弹出的下拉菜单中选择【粗细】命令，在弹出的子命令中选择【1.5 磅】，如图 3-38 所示。

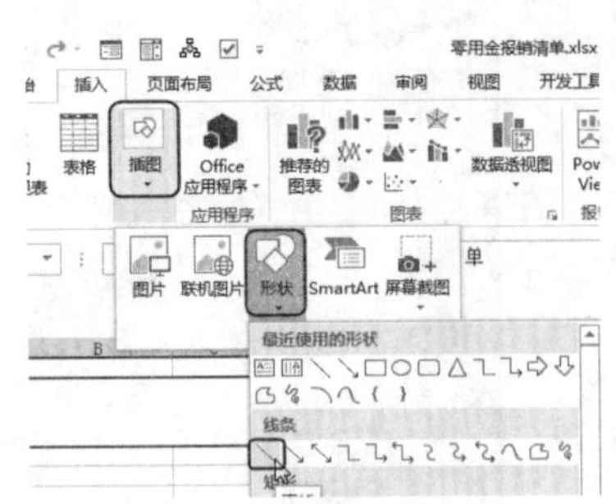

图 3-37　选择【直线】命令

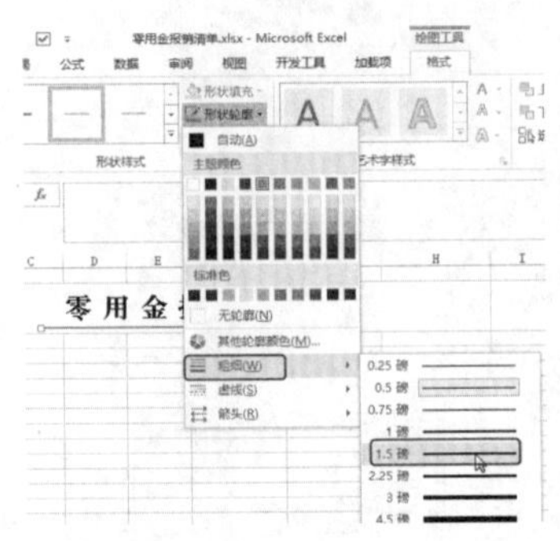

图 3-38　设置线段的粗细

step 11 确认直线处于选中状态，继续单击【形状轮廓】按钮，在弹出的下拉菜单中选择【自动】命令，如图 3-39 所示。

step 12 确认直线处于选中状态，在【绘图工具】下的【格式】选项卡，在【大小】选项组中将【形状宽度】设置为 8 厘米，并在图中调整直线的位置，如图 3-40 所示。

在【大小】选项组中单击按钮，弹出【设置形状格式】面板，在【大小】选项组中可以对直线的宽度和旋转角度等进行设置。

step 13 使用前面介绍的方法将第 3 行的【行高】设置为 18，将第 4 行的【行高】设置为 40，将第 5～17 行的【行高】设置为 18，将第 18 行的【行高】设置为 80，将第 19 行的【行高】设置为 28，如图 3-41 所示。

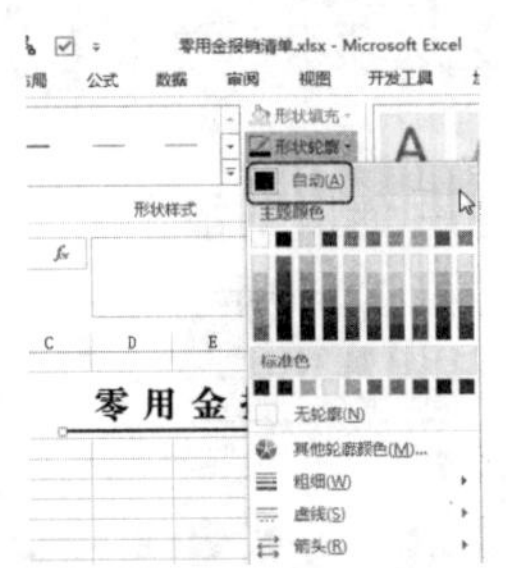

图 3-39　设置直线的颜色

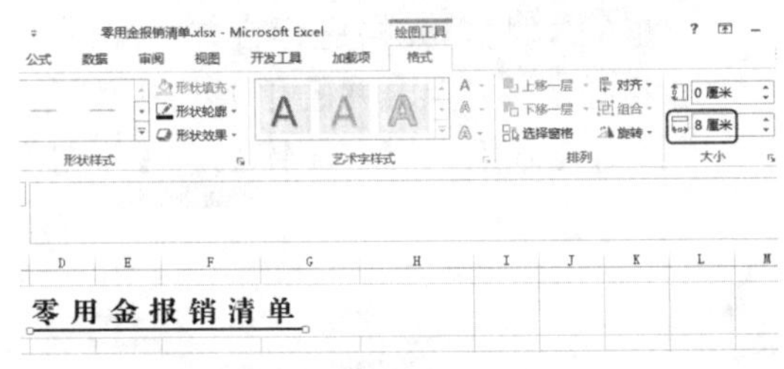

图 3-40　设置【形状宽度】

step 14 使用前面讲过方法将 B3:C3、F3:H3、B18:H18 单元格进行合并，如图 3-42 所示。

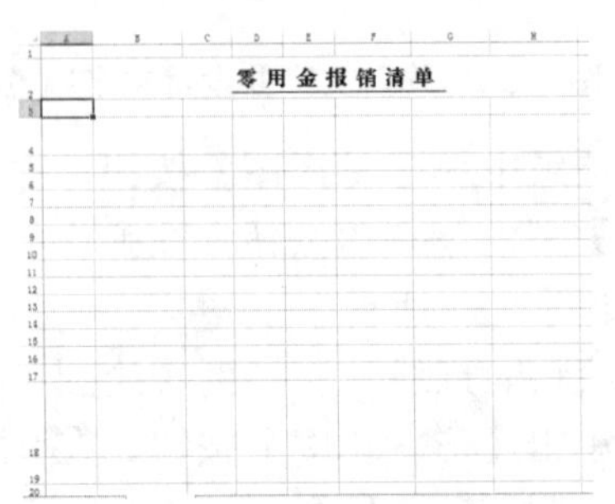

图 3-41　设置【行高】

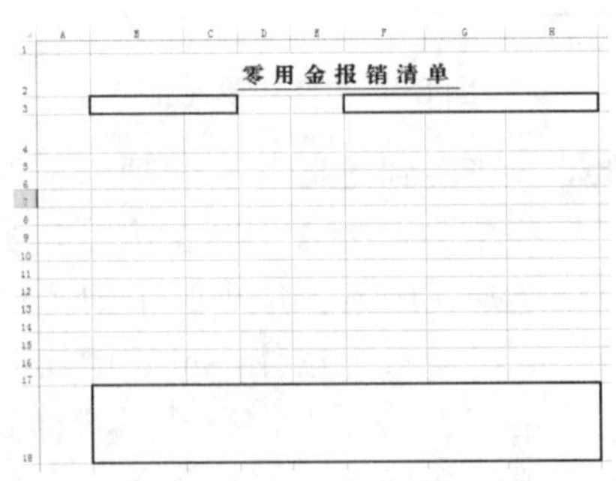

图 3-42　合并单元格后的效果

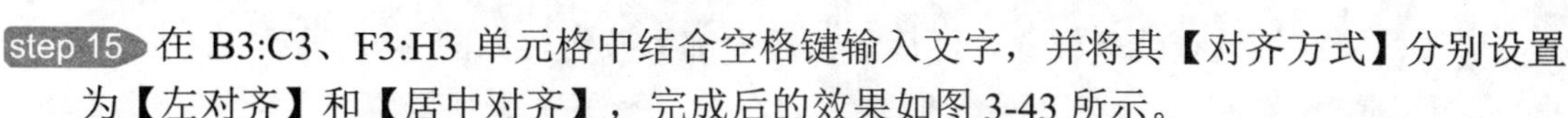

step 15 在 B3:C3、F3:H3 单元格中结合空格键输入文字，并将其【对齐方式】分别设置为【左对齐】和【居中对齐】，完成后的效果如图 3-43 所示。

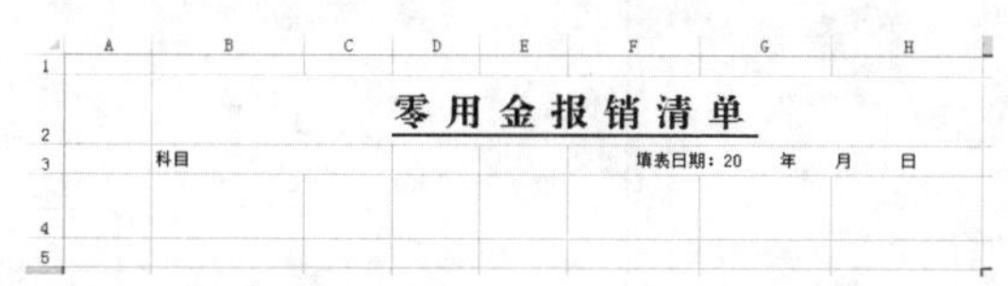

图 3-43 设置直线的对齐方式后的效果

step 16 在第 4 行单元格中结合空格键输入文字，并将字体设置为【方正大标宋简体】，【字号】设置为 12，将【对齐方式】设置为【居中对齐】，如图 3-44 所示。

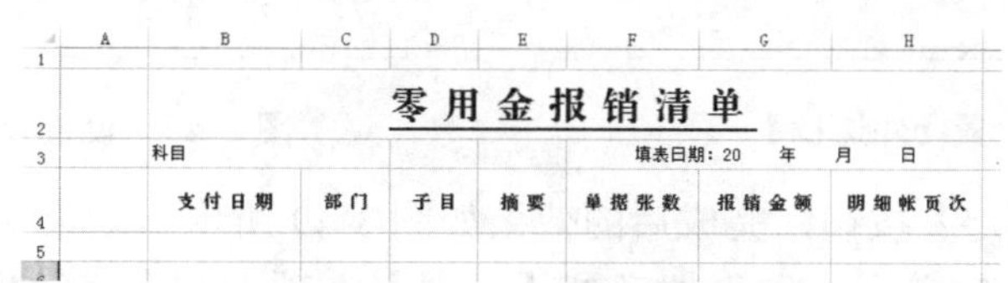

图 3-44 输入文字并设置后的效果

step 17 继续输入文字，在 E17 单元格中输入【合计】，并将【对齐方式】设置为【居中对齐】，在 B18:H18 单元格中输入文字，将其【对齐方式】设置为【顶端对齐】和【左对齐】，在 B19 和 F19 单元格中输入文字，将【对齐方式】设置为【左对齐】，完成后的效果如图 3-45 所示。

step 18 选择 B4:H18 单元格区域，切换到【开始】选项卡，在【字体】选项组中单击【框线】按钮，在弹出的下拉菜单中选择【其他边框】命令，如图 3-46 所示。

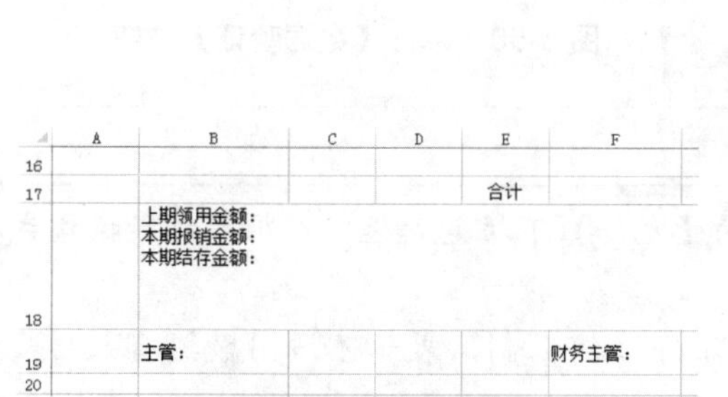

图 3-45 设置单元格格式

图 3-46 选择【其他边框】命令

step 19 弹出【设置单元格格式】对话框，选择图 3-47 所示的线条样式，然后单击【外边框】按钮，如图 3-47 所示。

在【颜色】下拉列表框中可以选择或自定义设置边框的颜色。默认为黑色。

step 20 继续选择线条样式，然后单击【内部】按钮，如图 3-48 所示。

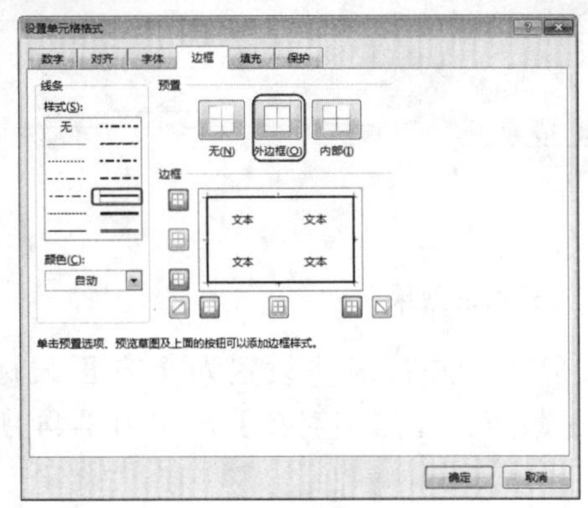

图 3-47　设置【外边框】

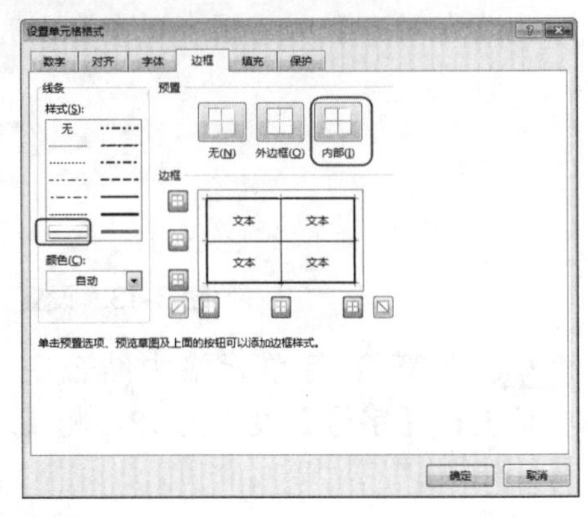

图 3-48　设置【内部】框线

step 21 单击【确定】按钮，完成后的效果如图 3-49 所示。

step 22 切换到 C5 单元格，再切换到【数据】选项卡，在【数据工具】选项组中单击【数据验证】按钮，如图 3-50 所示。

零用金报销清单

科目　　　　填表日期：20　年　月　日

支付日期	部门	子目	摘要	单据张数	报销金额	明细帐页次
			合计			

上期领用金额：
本期报销金额：
本期结存金额：

主管：　　　　财务主管：

图 3-49　设置边框后的效果

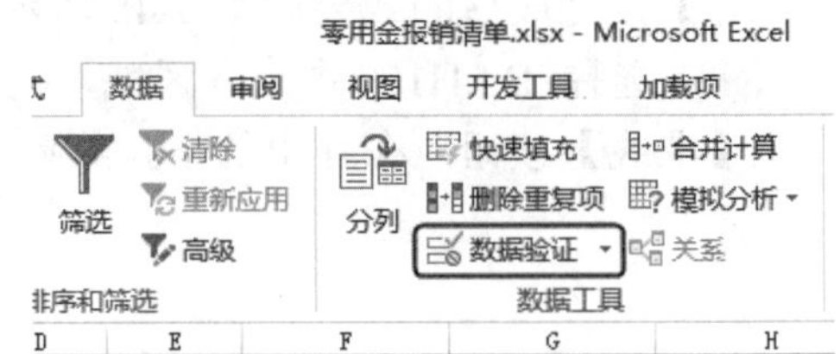

图 3-50　单击【数据验证】按钮

知识链接

在【数据验证】对话框的【设置】选项卡的【允许】下拉列表框中有很多种数据格式，各种格式的说明如下。

【任何值】选项：默认选项，对输入数据不作任何限制，表示不适用数据有效性。

【整数】选项：指定输入的数值必须为整数。

【小数】选项：指定输入的数值必须为数字或小数。

【序列】选项：为有效性数据指定一个序列。

【日期】选项：指定输入的数据必须为日期。

【时间】选项：指定输入的数据必须为时间。

【文本长度】选项：指定有效数据的字符数。

【自定义】：使用自定义类型时，允许用户使用定义公式、表达式或引用其他单元格计算值来判定输入数据的有效性。

step 23 弹出【数据验证】对话框，选择【设置】选项卡，在【允许】下拉列表框中选择【序列】选项，然后在【来源】输入框中输入【财务部,市场部,采购部,技术部,生产部,工程部】，然后单击【确定】按钮，如图 3-51 所示。

在【来源】输入框输入文字时文字之间应用英文逗号进行分隔。

step 24 在 C5 单元格中会出现一个下拉箭头，将光标置于该单元格的右下角，当光标变为十字形状时，按住鼠标左键向下拖动至 C17 单元格，复制格式，如图 3-52 所示。

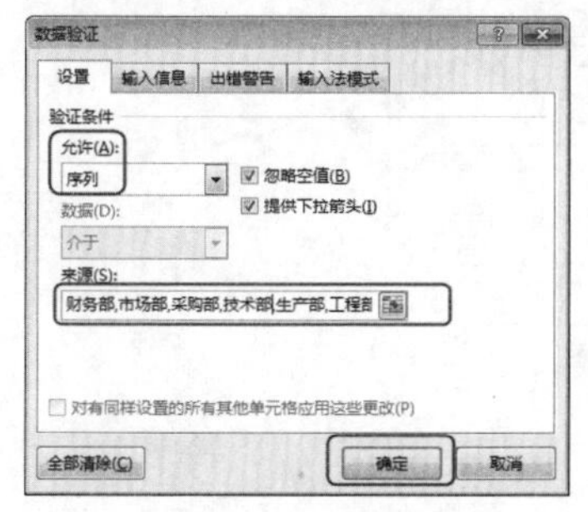

图 3-51 设置数据验证

图 3-52 复制格式

step 25 选择 F17 单元格，并在其内输入公式【=SUM(F5:F16)】，按 Enter 键，输入公式，如图 3-53 所示。

step 26 将光标置于 F17 单元格的右下角，当光标变为十字形状时，按住鼠标拖动到 G17 单元格，如图 3-54 所示。

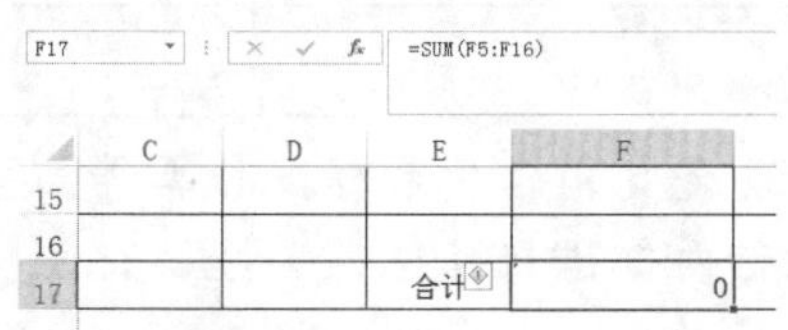

图 3-53 输入公式

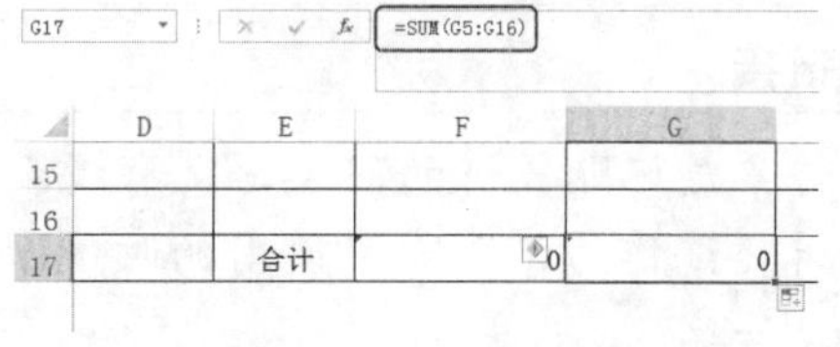

图 3-54 复制公式

step 27 在功能区选择【视图】选项卡，在【显示】选项组中取消选中【网格线】复选框，效果如图 3-55 所示。

零用金报销清单

科目 填表日期：20 年 月 日

支付日期	部门	子目	摘要	单据张数	报销金额	明细帐页次
			合计	0	0	

上期领用金额：
本期报销金额：
本期结存金额：

主管： 财务主管：

图 3-55 显示效果

案例精讲 023　现金收入传票

案例文件：CDROM\场景\Cha03\现金收入传票.xlsx

视频文件：视频教学\Cha03\现金收入传票.avi

制作概述

本案例将讲解如何制作现金收入传票，其中主要应用了表格的基本应用，完成后的效果如图 3-56 所示。

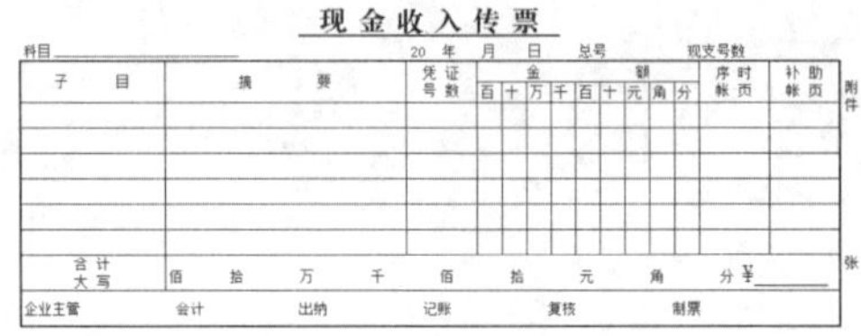

现金收入传票

科目＿＿＿＿＿＿　　20　年　月　日　总号　　现支号数

子目	摘要	凭证号数	金额									序时帐页	补助帐页
			百	十	万	千	百	十	元	角	分		
合计大写	佰　拾　万　千　佰　拾　元　角　分 ¥＿＿＿＿												
企业主管　会计　出纳　记账　复核　制票													

附件　张

图 3-56　现金收入传票

学习目标

- 学习现金收入传票的制作。
- 掌握现金收入传票的制作和表格的基本操作。

操作步骤

step 01 启动 Excel 2013 软件后，在【新建】选项组中选择【空白工作簿】选项，新建空白工作簿，如图 3-57 所示。

知识链接

传票是记账凭证的同义语。有现金收入传票、现金支出传票和转账传票等。当银行的会计凭证作为记账凭证使用的时候，因为要在银行内部进行传递，因此，记账凭证又称为“传票”。

传票就是记账凭证的原始凭证，如果不是正规商业操作，就相当于平时所说的收条和欠条。

收款时：出纳部门收入现金，须凭现金收入传票(包括视同现金收入传票的各项凭证)收款。

付款时：出纳部门付出现金，须凭现金支出传票(包括视同现金支票传票的各项付款凭证)办理。

我国最初的会计核算，就是在钱庄(也叫“票号”，相当于现在的银行)里每个人都把当天发生的账目记在同一张纸上，由于这张纸要在他们中间传来传去，异地之间的传递还设有密押，所以就叫作“传票”，后来就演变成了会计凭证的代名词了。现在，会计使用的记账凭证和银行里的一些凭证仍被称为“传票”。传票即记账凭证，记账凭证包括“凭证”和“原始单据”，须定期装订成册收入传票。

step 02 在场景中选择第 2 行单元格并右击，在弹出的快捷菜单中选择【行高】命令，如图 3-58 所示。

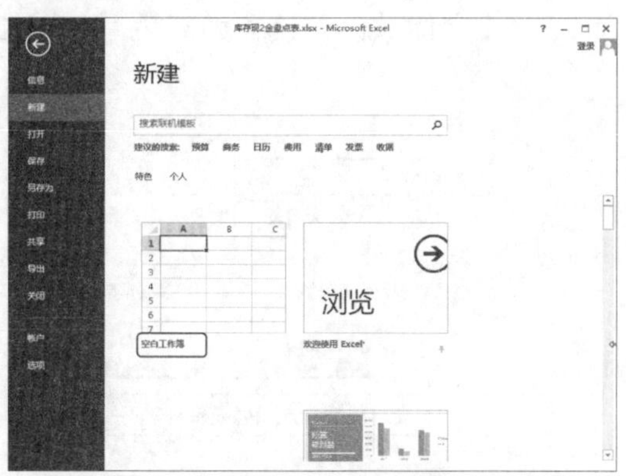

图 3-57 选择【空白工作簿】选项

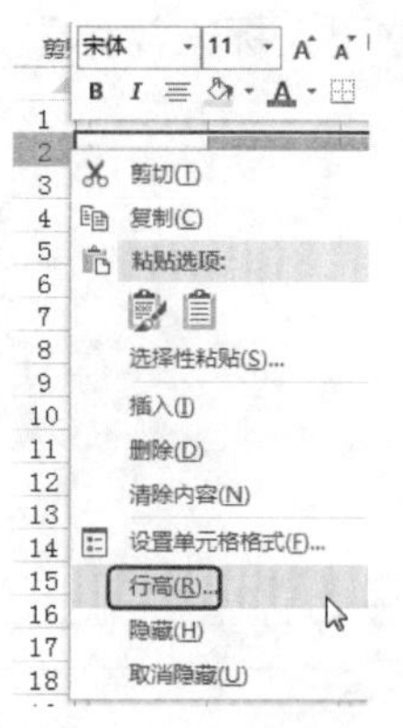

图 3-58 选择【行高】命令

step 03 弹出【行高】对话框，将【行高】设置为32，并单击【确定】按钮，如图3-59 所示。

step 04 选择 B 列单元格区域，继续右击，在弹出的快捷菜单中选择【列宽】命令，如图 3-60 所示。

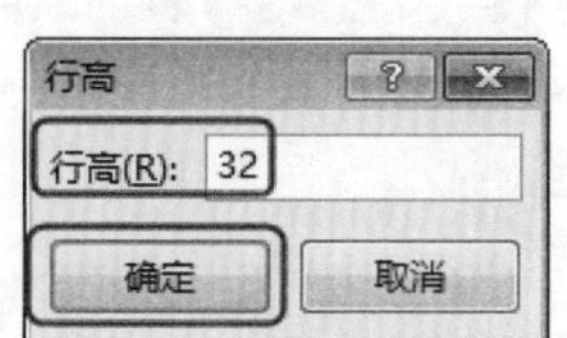

图 3-59 设置【行高】

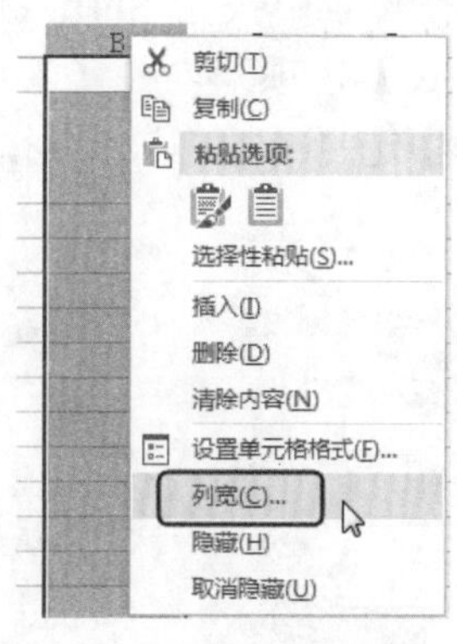

图 3-60 选择【列宽】命令

step 05 弹出【列宽】对话框，将【列宽】设置为18，并单击【确定】按钮，如图3-61 所示。

step 06 使用同样的方法，将第 C 列单元格的【列宽】设置为 30，将 E～M 列、P 列单元格的【列宽】设置为 2.5，如图 3-62 所示。

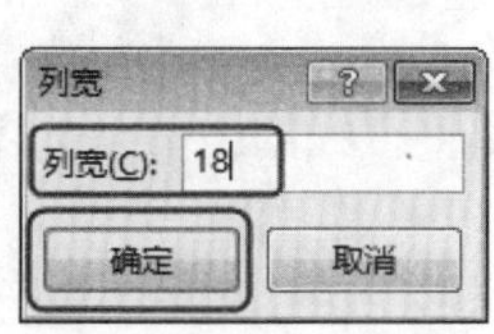

图 3-61 设置【列宽】

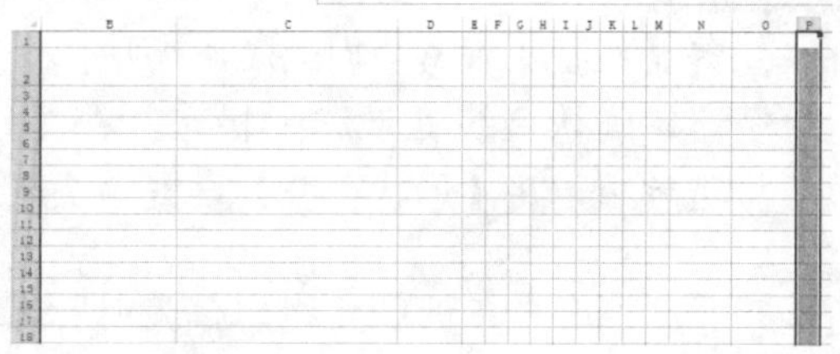

图 3-62 设置【列宽】后的效果

step 07 选择 B2:O2 单元格区域，切换到【对齐方式】选项组，单击【合并后居中】按钮，将单元格进行合并，如图 3-63 所示。

step 08 在上一步合并的单元格中配合空格键输入【现金收入传票】，将【字体】设置为【方正大标宋简体】，【字号】设置为 22，【字体颜色】设置为红色，如图 3-64 所示。

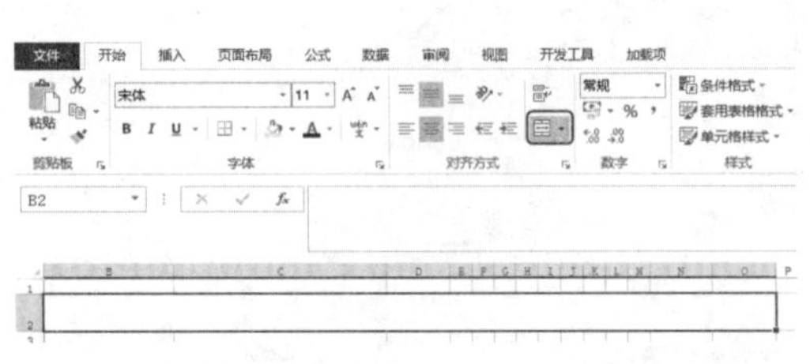

图 3-63　合并单元格

图 3-64　输入文字并设置

step 09 切换到【插入】选项卡，在【插图】选项组中单击【插图】按钮，在弹出的下拉菜单中选择【形状】命令，并单击【形状】下的下三角按钮，在弹出的下拉菜单中选择【线条】选项组中的【直线】命令，如图 3-65 所示。

step 10 在场景中按住 Shift 键，绘制直线，选择绘制的直线，切换到【绘图工具】下的【格式】选项卡，在【形状样式】选项组中单击【形状轮廓】按钮，在弹出的下拉菜单中选择【粗细】命令，在弹出的子命令中选择【1.5 磅】，如图 3-66 所示。

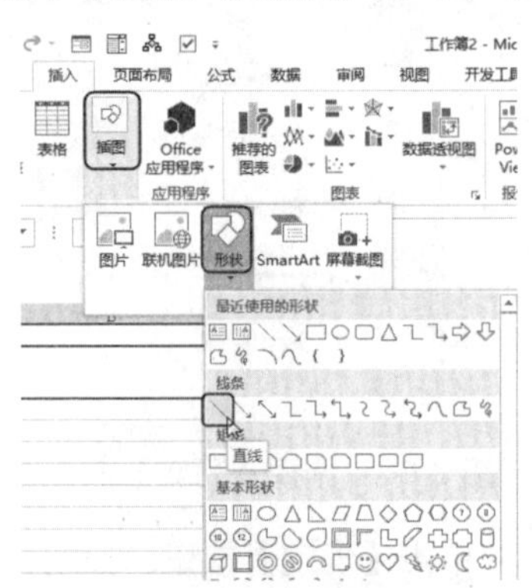

图 3-65　选择【直线】命令

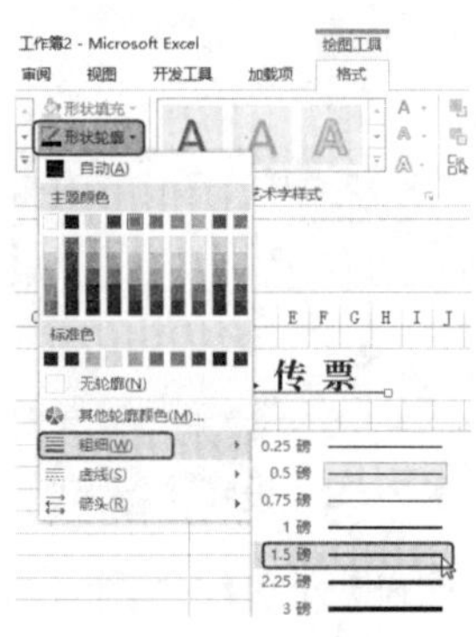

图 3-66　设置线段的粗细

step 11 确认直线处于选中状态，继续单击【形状轮廓】按钮，在弹出的下拉菜单中选择【红色】命令，如图 3-67 所示。

step 12 确认直线处于选中状态，在【绘图工具】下的【格式】选项卡，选择【大小】选项组，将【形状宽度】设置为 7 厘米，并在图中调整直线的位置，如图 3-68 所示。

用户在调整直线的位置时，可以使用键盘上的方向键进行调整。

step 13 使用前面讲过的方法将第 3～5 行单元格的【行高】设置为 16，将第 6～11 行单元格的【行高】设置为 20，将第 12～13 行单元格的【行高】设置为 28，完成后的效果如图 3-69 所示。

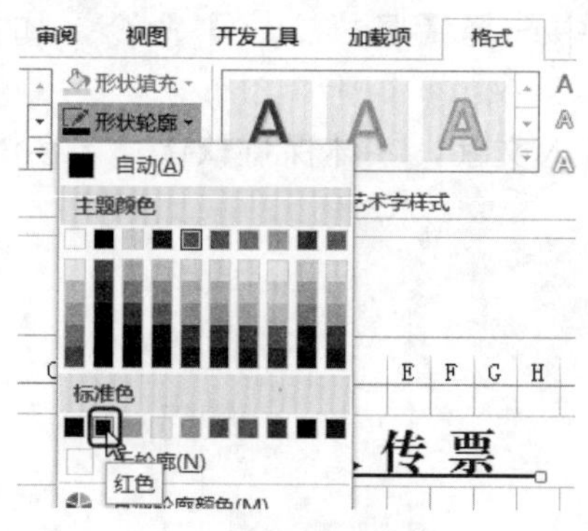

图 3-67 设置直线的颜色

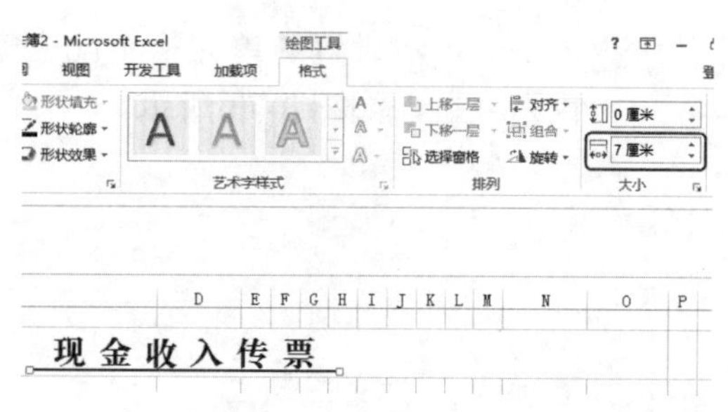

图 3-68 设置直线长度

step 14 使用前面介绍的方法，将 B3:C3、D3:H3、I3:O3、C12:O12、B13:O13、P4:P12 单元格区域分别进行合并，如图 3-70 所示。

为了便于读者观察，此处对合并的单元格添加黑色边框，属于后期添加的，不参与制表过程。

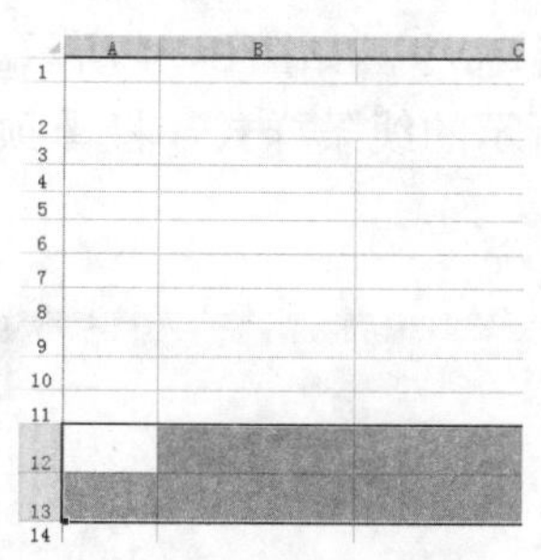

图 3-69 设置【行高】

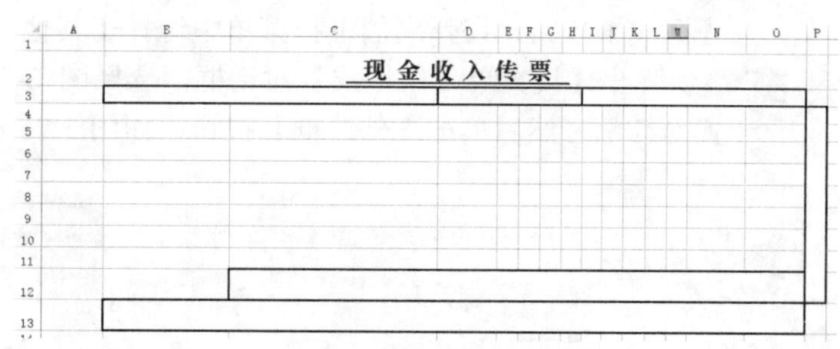

图 3-70 合并单元格

step 15 在单元格中配合空格键输入文字，【字体】保持默认，将【字体颜色】设置为红色，如图 3-71 所示。

为了便于读者观察，此处对输入文字的单元格添加黑色边框，属于后期添加的，不参与制表过程。

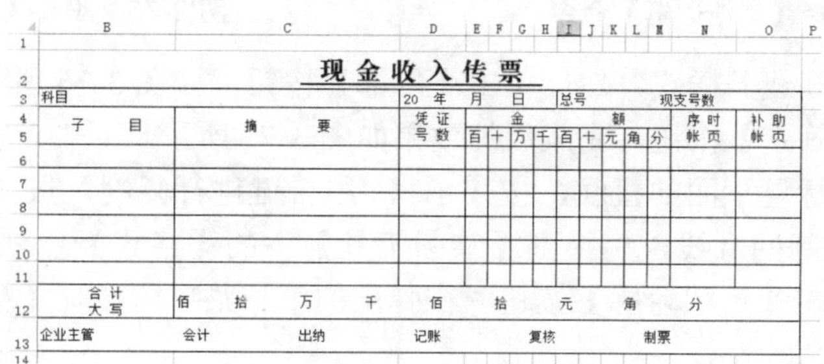

图 3-71 输入文字并设置

step 16 选择 P4:P12 单元格区域，切换到【开始】选项卡，在【对齐方式】选项组中单击【方向】按钮，在弹出的下拉菜单中选择【竖排文字】命令，如图 3-72 所示。

step 17 在上一步设置的单元格中配合空格键输入文字，字体保持默认，【字体颜色】设置为红色，如图 3-73 所示。

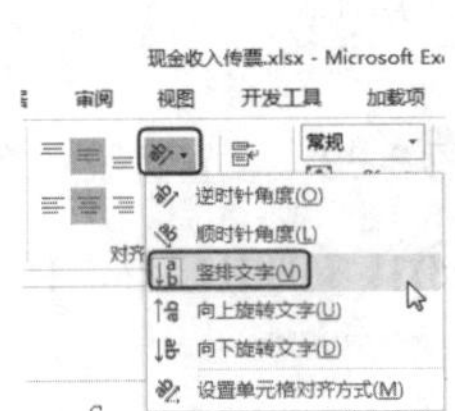

图 3-72　选择【竖排文字】命令

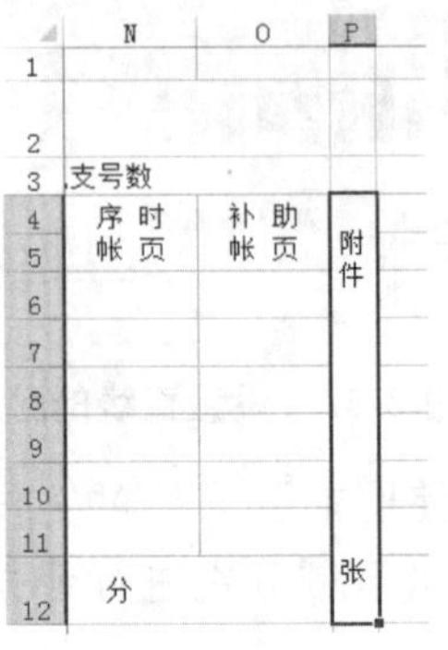

图 3-73　输入文字

step 18 选择 B4:O13 单元格区域，切换到【开始】选项卡，在【字体】选项组中单击【框线】按钮，在弹出的下拉菜单中选择【其他边框】命令，如图 3-74 所示。

step 19 弹出【设置单元格格式】对话框，选择图 3-75 所示的线条样式，将【颜色】设置为红色，然后单击【外边框】按钮，如图 3-75 所示。

图 3-74　选择【其他边框】命令

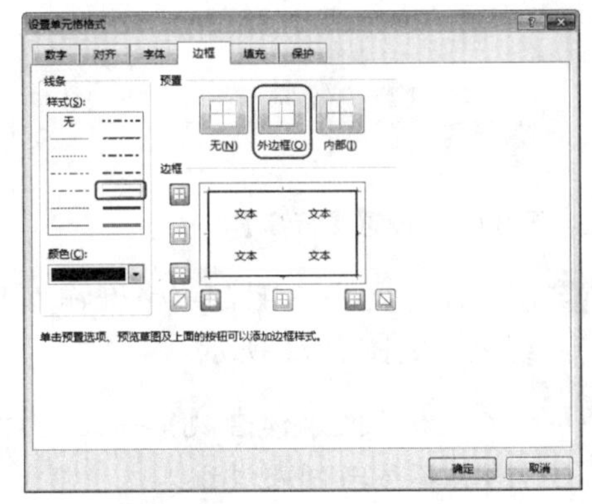

图 3-75　设置【外边框】

step 20 继续选择线条样式，然后单击【内部】按钮，如图 3-76 所示。

step 21 单击【确定】按钮，完成后的效果如图 3-77 所示。

step 22 选择主标题下面的直线，按 Ctrl+C 组合键进行复制，按 Ctrl+V 组合键进行粘贴，选择复制的直线，切换到【绘图工具】下的【格式】选项卡，在【形状样式】选项组中单击【形状轮廓】按钮，在弹出的下拉菜单中选择【粗细】→【0.5 磅】命令，如图 3-78 所示。

step 23 确认该直线处于选择状态，在【大小】选项组中将【形状宽度】设置为 5 厘米，并调整直线的位置，将其放置到【科目】文字的后面，如图 3-79 所示。

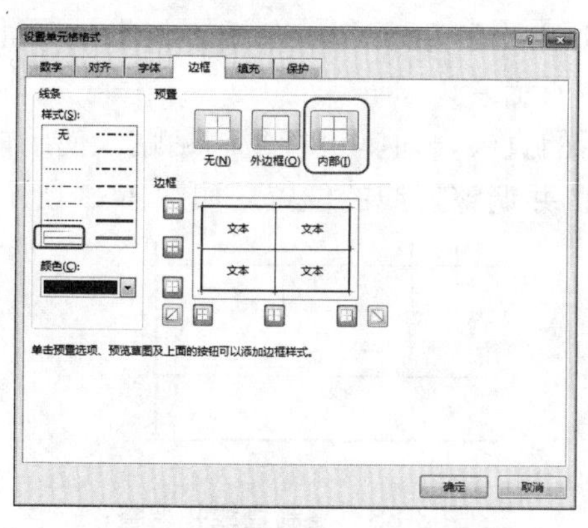

图 3-76　设置【内部】框线

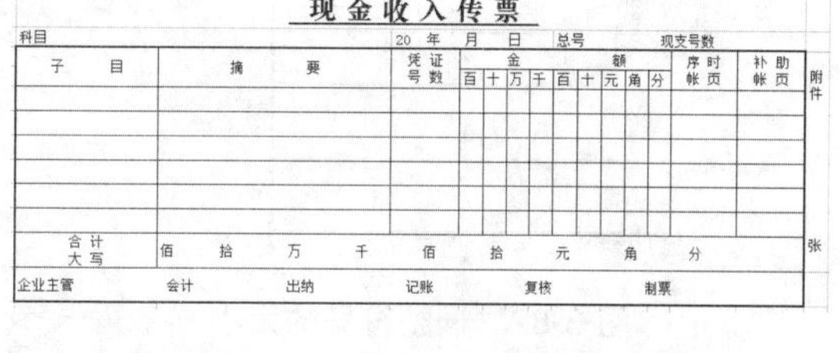

图 3-77　设置边框后的效果

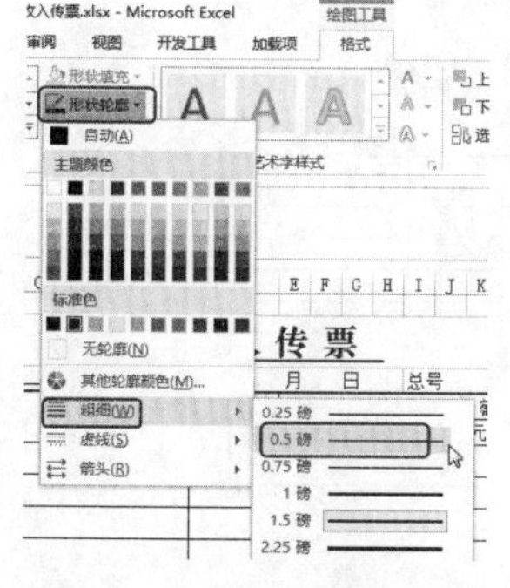

图 3-78　设置直线的粗细

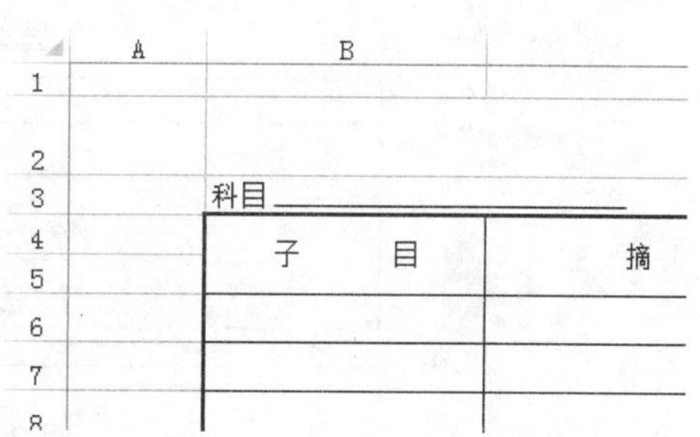

图 3-79　调整直线的位置

选择直线后，按 Ctrl+D 组合键同样可以复制直线。

step 24 将光标置于 C12:O12 单元格中文字【分】的后面，在功能区切换到【插入】选项卡，在【符号】选项组中单击【符号】按钮，在其下拉菜单中选择【符号】命令，如图 3-80 所示。

step 25 弹出【符号】对话框，选择【符号】选项卡，将【字体】设置为【(普通文本)】，然后选择图 3-81 所示符号，并单击【插入】按钮，如图 3-81 所示。

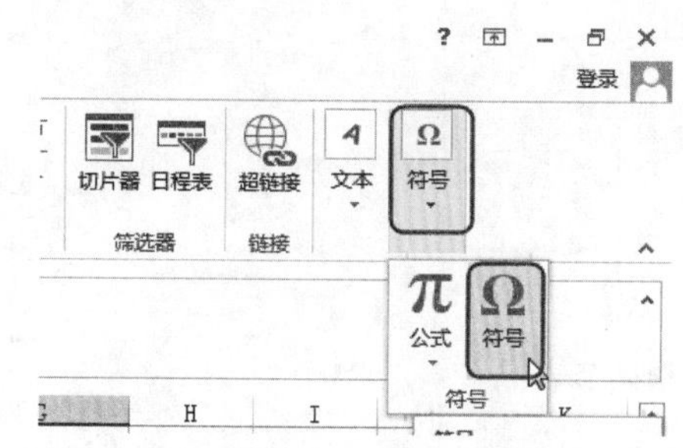

图 3-80　选择【符号】命令

图 3-81　选择【符号】选项卡

step 26 在表格中选择插入的符号，切换到【开始】选项卡，在【字体】选项组中将【字体大小】设置为 18，其效果如图 3-82 所示。

step 27 选择 B3:C3 单元格中文字【科目】后的直线，对其进行复制粘贴，使用前面介绍的方法将其【形状宽度】设置为 2 厘米，并调整直线的位置，如图 3-83 所示。

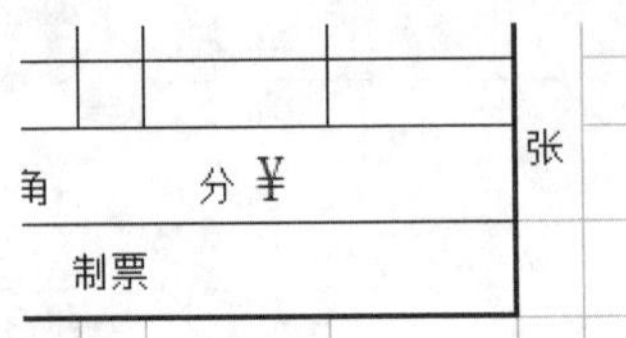

图 3-82　调整符号的大小

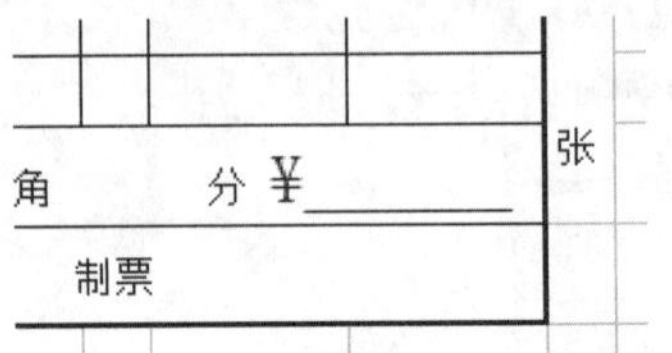

图 3-83　复制直线并调整

step 28 切换到【视图】选项卡，在【显示】选项组中取消选中【网格线】复选框，效果如图 3-84 所示。

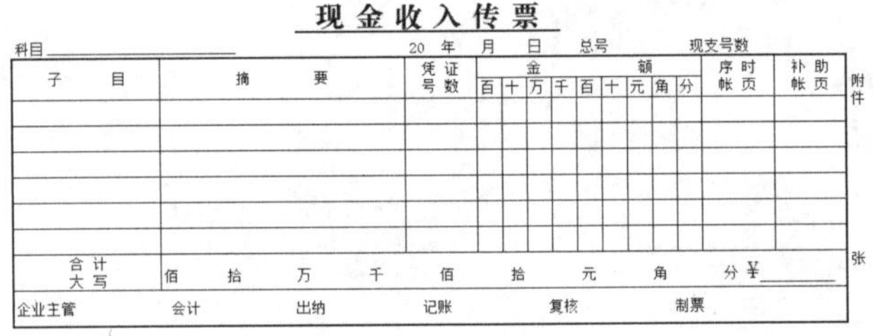

现金收入传票

科目＿＿＿＿　20　年　月　日　总号　现支号数

子目	摘要	凭证号数	百	十	万	千	百	十	元	角	分	序时帐页	补助帐页
合计大写	佰　拾　万　千　佰　拾　元　角　分 ¥＿＿＿＿												

附件　张

企业主管　会计　出纳　记账　复核　制票

图 3-84　查看效果

案例精讲 024　银行存款余额调节表

案例文件：CDROM\场景\Cha03\银行存款余额调节表.xlsx

视频文件：视频教学\Cha03\银行存款余额调节表.avi

制作概述

银行存款余额调节表作为银行存款科目的附列资料保存，本案例将讲解如何制作银行存款余额调节表。首先利用合并表格和直线制做出标题部分，对于表格的整体部分，使用了设置单元格格式和求和公式的应用，完成后的效果如图 3-85 所示。

银行存款余额调节表

编制单位：　银行帐号：　20　年　月　日

银行账单余额 日期	摘要	凭证字号	调整余额 加：单位已收银行未收	减：单位已付银行未付	企业账单余额 日期	摘要	凭证字号	调整后余额 加：单位已收银行未收	减：单位已付银行未付
合计：			0	0	合计：			0	0

会计主管：　制表：

图 3-85　银行存款余额调节表

学习目标

● 学习银行存款余额调节表的制作。

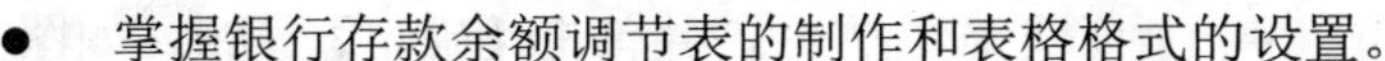

- 掌握银行存款余额调节表的制作和表格格式的设置。

操作步骤

step 01 启动 Excel 2013 软件后，在【新建】选项组中选择【空白工作簿】选项，新建空白工作簿，如图 3-86 所示。

知识链接

银行存款余额调节表可作为银行存款科目的附列资料保存。该表主要目的在于核对企业账目与银行账目的差异，也用于检查企业与银行账目的差错。调节后的余额是该企业对账目银行实际可用的存款数额。

---

step 02 在场景中选择第 2 行单元格并右击，在弹出的快捷菜单中选择【行高】命令，如图 3-87 所示。

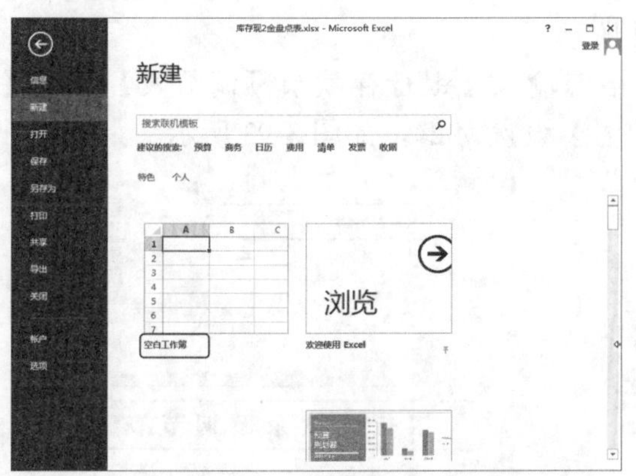

图 3-86 选择【空白工作簿】选项

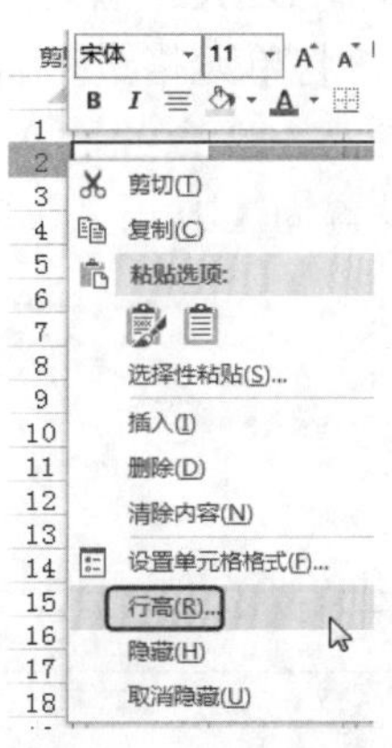

图 3-87 选择【行高】命令

step 03 弹出【行高】对话框，将【行高】设置为 44，并单击【确定】按钮，如图 3-88 所示。

step 04 选择 B 列单元格区域，继续右击，在弹出的快捷菜单中选择【列宽】命令，如图 3-89 所示。

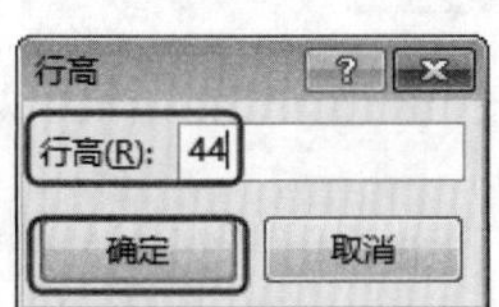

图 3-88 设置【行高】

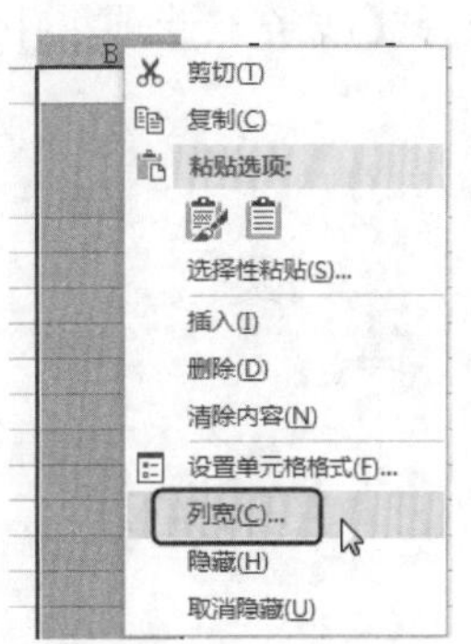

图 3-89 选择【列宽】命令

step 05 弹出【列宽】对话框，将【列宽】设置为 9，并单击【确定】按钮，如图 3-90 所示。

step 06 使用同样的方法，将第 C、E、F、H、J、K 列单元格的【列宽】设置为 15，将第 D、I 列单元格的【列宽】设置为 3，将第 G 列单元格的【列宽】设置为 9，如图 3-91 所示。

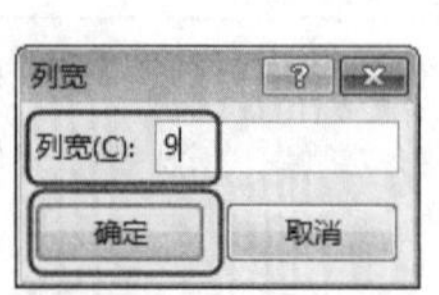

图 3-90 设置【列宽】

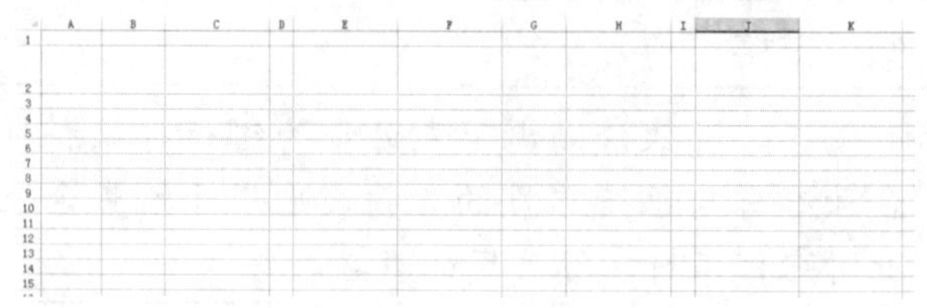

图 3-91 设置【列宽】后的效果

step 07 选择 B2:K2 单元格区域，切换到【对齐方式】选项组，单击【合并后居中】按钮，将单元格进行合并，如图 3-92 所示。

step 08 在上一步合并的单元格中配合空格键输入【银行存款余额调节表】，将【字体】设置为【方正大标宋简体】，【字号】设置为 24，如图 3-93 所示。

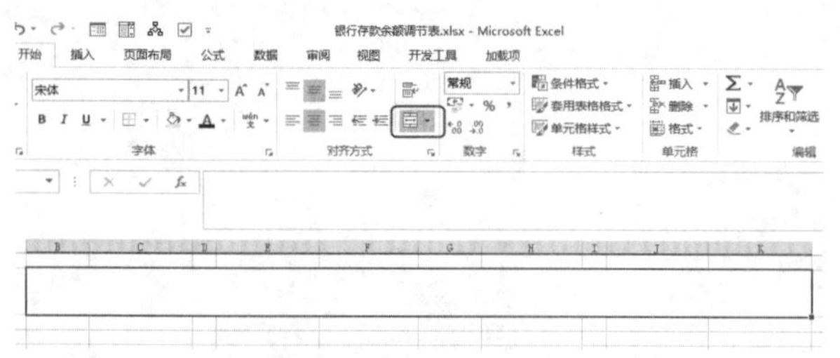

图 3-92 合并单元格

图 3-93 输入文字

step 09 继续选择上一步输入文字的文本框，在【字体】选项组中单击【字体颜色】按钮，在弹出的下拉菜单中选择【绿色，着色 6，深色 50%】命令，如图 3-94 所示。

step 10 切换到【插入】选项卡，在【插图】选项组中单击【插图】按钮，在弹出的下拉菜单中选择【形状】命令，并单击【形状】下的下三角按钮，在弹出的下拉菜单中选择【线条】选项组中的【直线】命令，如图 3-95 所示。

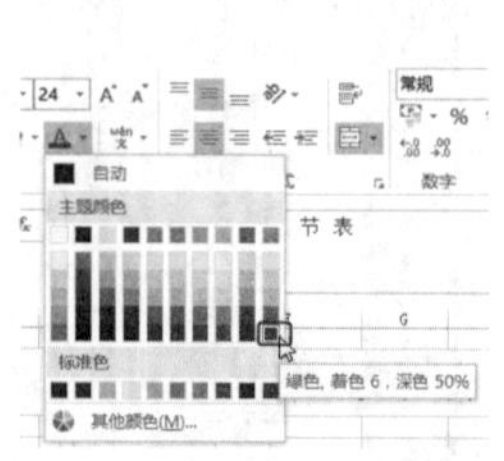

图 3-94 设置字体颜色

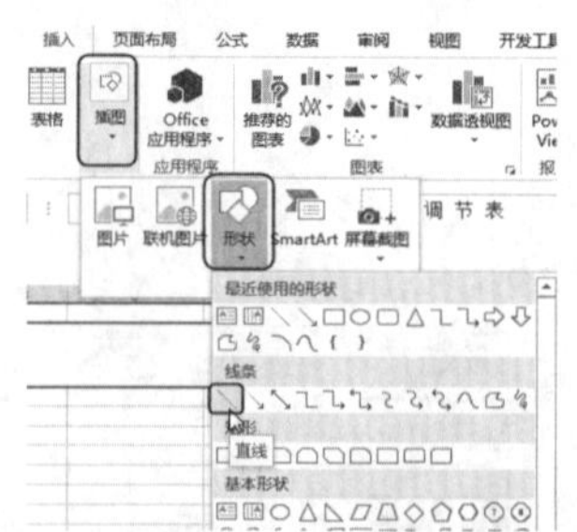

图 3-95 选择【直线】命令

step 11 在场景中按住 Shift 键，绘制直线，选择绘制的直线，切换到【绘图工具】下的

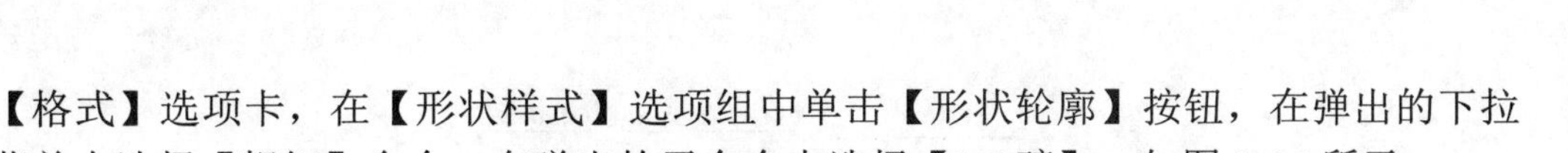

【格式】选项卡，在【形状样式】选项组中单击【形状轮廓】按钮，在弹出的下拉菜单中选择【粗细】命令，在弹出的子命令中选择【1.5 磅】，如图 3-96 所示。

step 12 确认直线处于选择状态，继续单击【形状轮廓】按钮，在弹出的下拉菜单中选择【绿色，着色 6，深色 50%】命令，如图 3-97 所示。

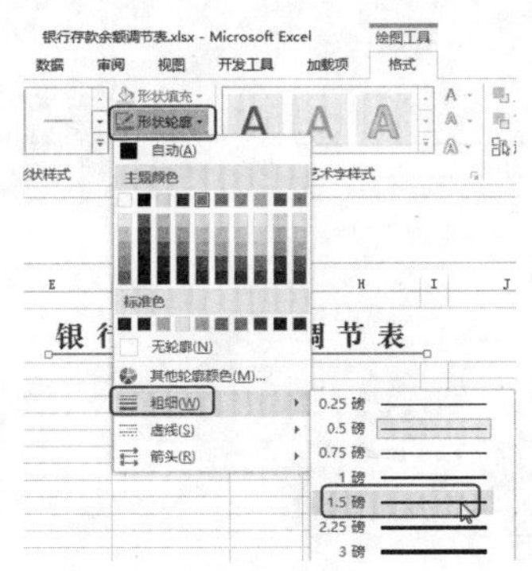

图 3-96　设置直线的粗细

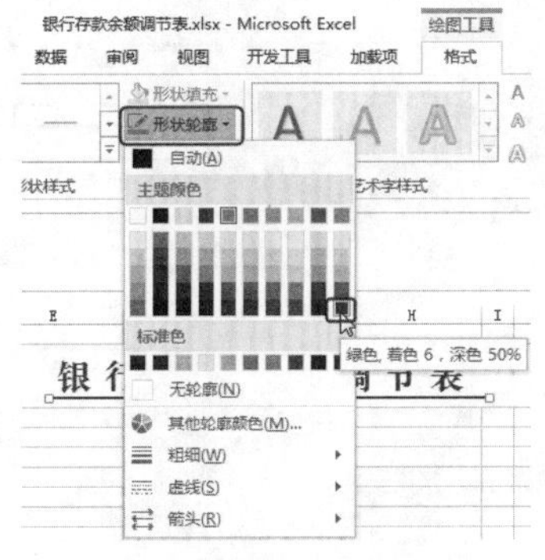

图 3-97　设置直线的颜色

提示

在下拉菜单中选择【其他轮廓颜色】命令，可以弹出【颜色】对话框，在【标准】选项卡中提供了多种颜色可供选择，在【自定义】选项卡中可以根据需要自定义设置直线颜色。

step 13 确认直线处于选中状态，在【绘图工具】下的【格式】选项卡，选择【大小】选项组，将【形状宽度】设置为 11 厘米，并在图中调整直线的位置，如图 3-98 所示。

step 14 使用前面介绍的方法将第 3、4、17 行单元格的【行高】设置为 20，将第 5、6 行单元格的【行高】设置为 35，将第 7～16 行单元格的【行高】设置为 18，将第 18 行单元格的【行高】设置为 30，设置完成后的效果如图 3-99 所示。

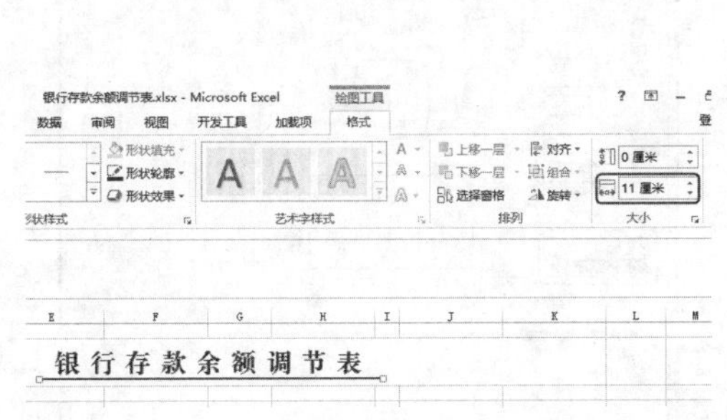

图 3-98　调整直线位置和大小

图 3-99　调整行高

step 15 使用前面介绍的方法，分别将 B3:D3、B4:D4、G4:I4、D5:D6、I5:I6、B17:D17、G17:I17、B18:E18、F18:H18、J18:K18 单元格进行合并，如图 3-100 所示。

step 16 在单元格中输入文字，并根据场景设置合适的【对齐方式】，将【字体颜色】设置为【绿色，着色 6，深色 50%】，如图 3-101 所示。

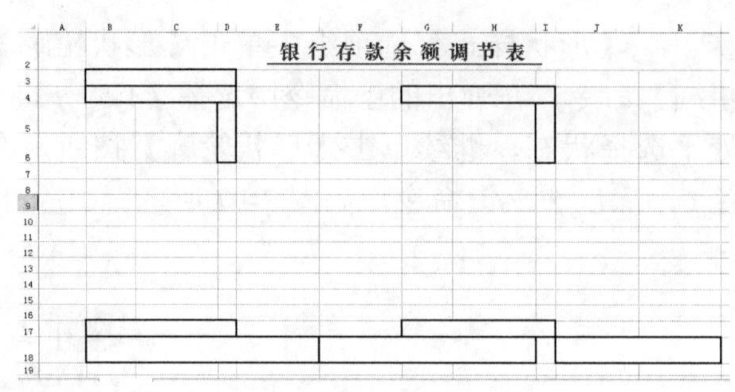

图 3-100　合并单元格

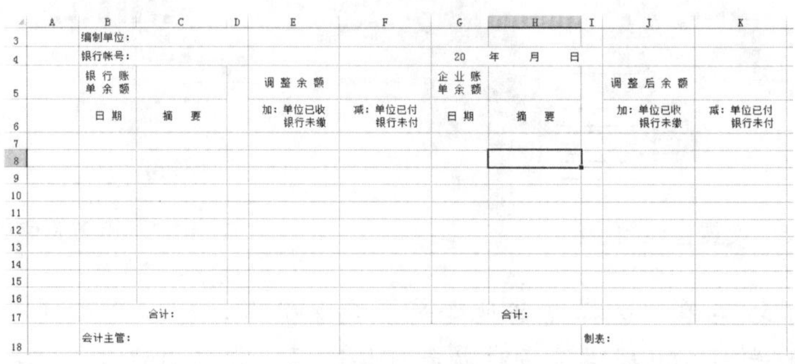

图 3-101　输入文字

step 17 选择 B5:K17 单元格区域，切换到【开始】选项卡，在【字体】选项组中单击【框线】按钮，在弹出的下拉菜单中选择【其他边框】命令，如图 3-102 所示。

step 18 弹出【设置单元格格式】对话框，选择图 3-103 所示的线条样式，将【颜色】设置为【绿色，着色 6，深色 50%】，然后单击【外边框】按钮，如图 3-103 所示。

图 3-102　选择【其他边框】命令

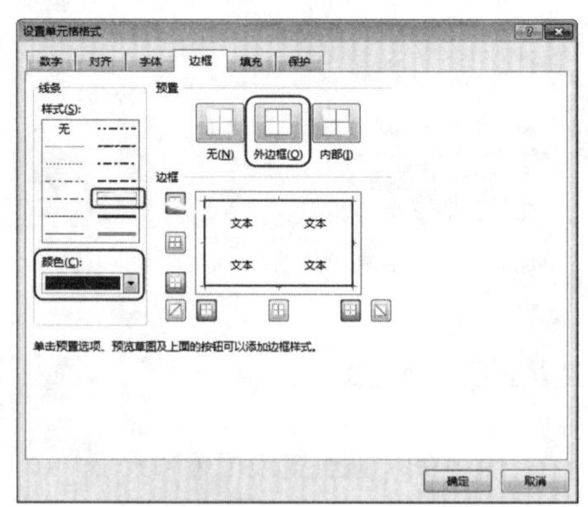

图 3-103　设置【外边框】

step 19 继续选择线条样式，然后单击【内部】按钮，如图 3-104 所示。

step 20 单击【确定】按钮，完成后的效果如图 3-105 所示。

step 21 在场景中选择 B5、G5 单元格，切换到【开始】选项卡，在【字体】选项组中单击【字体颜色】按钮，在弹出的下拉菜单中选择【绿色】命令，如图 3-106 所示。

step 22 选择 D5:D6 单元格，在【开始】选项卡下的【对齐方式】选项组中单击【方向】按钮，在弹出的下拉菜单中选择【竖排文字】命令，如图 3-107 所示。

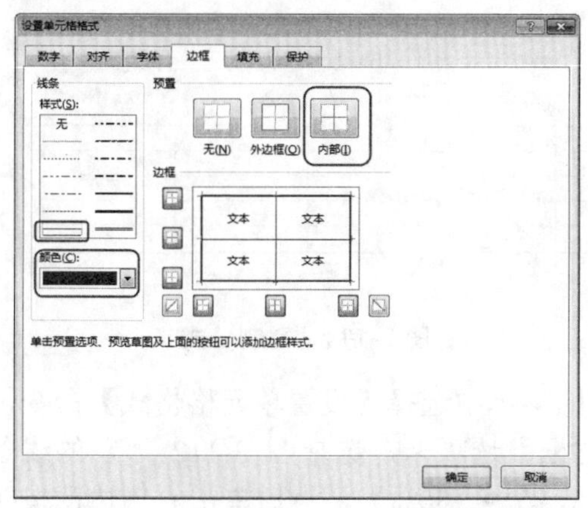

图 3-104 设置【内部】框线

图 3-105 完成后的效果

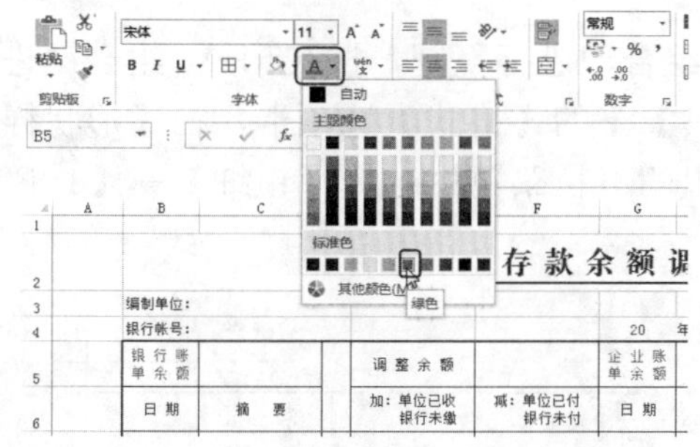

图 3-106 设置文字颜色

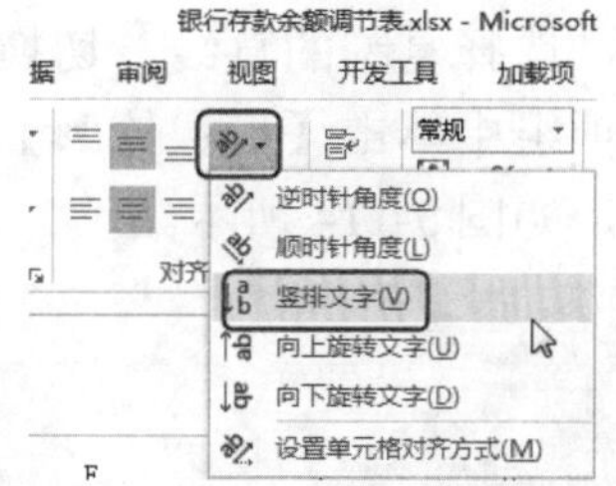

图 3-107 选择【竖排文字】命令

step 23 在上一步设置的单元格中输入【凭证字号】，字体保持默认，【字体颜色】设置为【绿色，着色 6，深色 50%】，并使用同样的方法将 I5:I6 单元格中输入【凭证字号】文字，如图 3-108 所示。

step 24 选择 E17 单元格，并在该单元格中输入公式【=SUM(E7:E16)】，按 Enter 键完成输入，如图 3-109 所示。

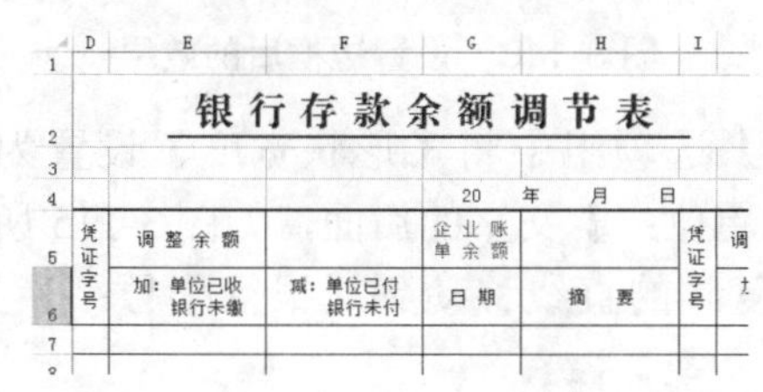

图 3-108 输入文字

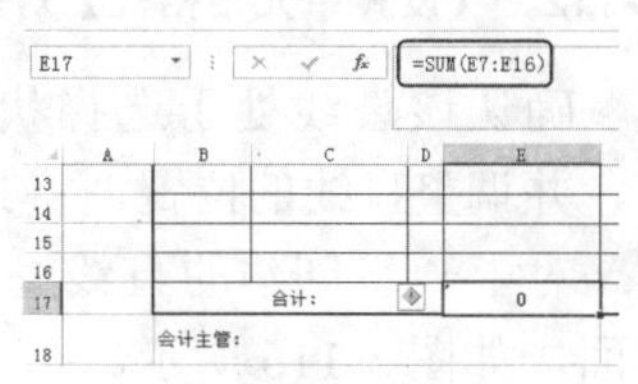

图 3-109 输入公式

step 25 选择 E17 单元格，将光标置于该单元格的右下角，当光标变为十字形状时，按住鼠标左键向右拖动至 F17 单元格，复制公式，如图 3-110 所示。

step 26 选择 J17 单元格，并在该单元格中输入公式【=SUM(J7:J16)】，按 Enter 键完成输入，选择 J17 单元格，将光标置于该单元格的右下角，当光标变为十字形状时，按住鼠标左键向右拖动至 K17 单元格，复制公式，如图 3-111 所示。

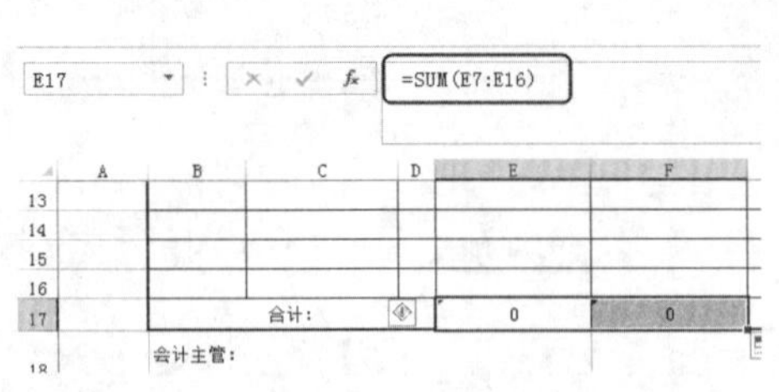

图 3-110　复制公式

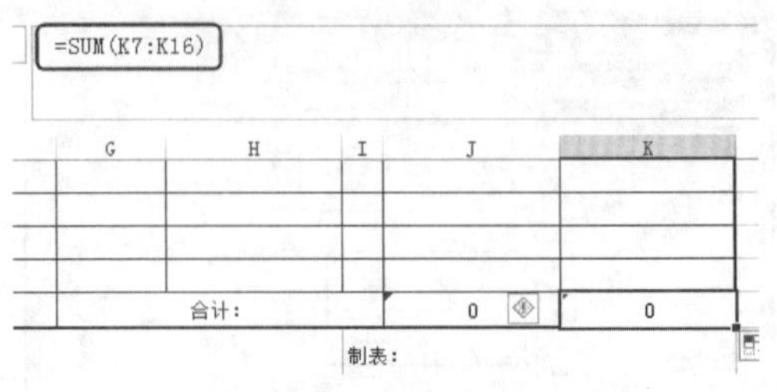

图 3-111　复制公式

step 27 选择 F5:F17 单元格并右击，在弹出的菜单中选择【设置单元格格式】命令，弹出【设置单元格格式】对话框，选择【边框】选项卡，选择图 3-112 所示的线条样式，并将【颜色】设置为【绿色，着色 6，深色 50%】，然后单击右侧边框按钮，如图 3-112 所示。

step 28 设置完边框后的效果如图 3-113 所示。

step 29 选择主标题下面的直线，按 Ctrl+C 组合键进行复制，按 Ctrl+V 组合键进行粘贴，选择复制的直线，切换到【绘图工具】下的【格式】选项卡，在【形状样式】选项组中单击【形状轮廓】按钮，在弹出的下拉菜单中选择【粗细】→【1 磅】命令，如图 3-114 所示。

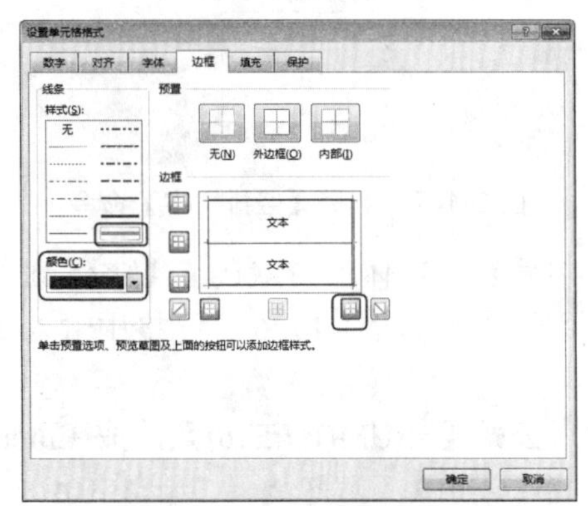

图 3-112　【设置单元格格式】对话框

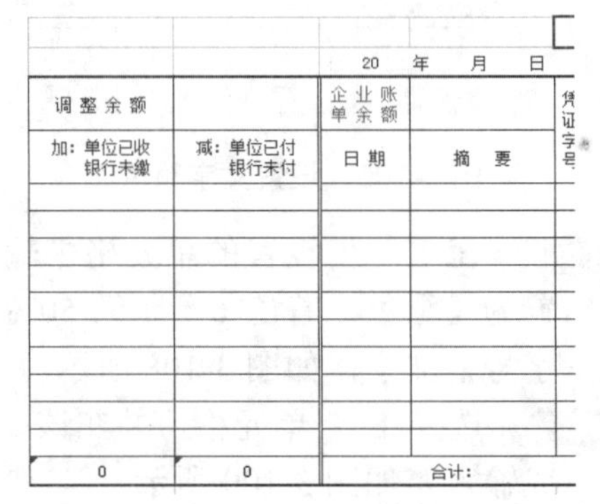

图 3-113　设置边框后的效果

step 30 确认该直线处于选择状态，在【大小】选项组中将【形状宽度】设置为 4 厘米，并调整直线的位置，将其放置到【编制单位：】文字的后面，如图 3-115 所示。

step 31 对上一步创建的直线进行复制，并将复制的直线移动到【银行账号：】文字的后面，如图 3-116 所示。

step 32 切换到【视图】选项卡，在【显示】选项组中取消选中【网格线】复选框，效果如图 3-117 所示。

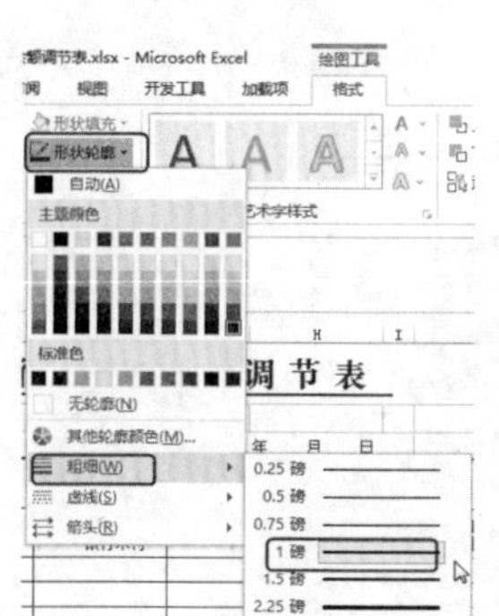

图 3-114 设置直线的粗细

图 3-115 调整直线的位置

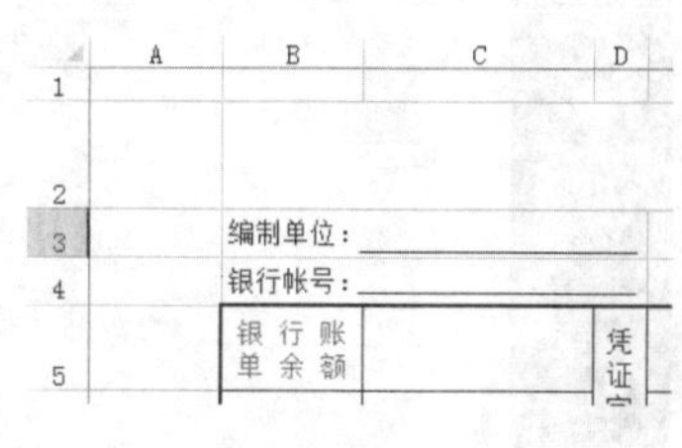

图 3-116 复制直线

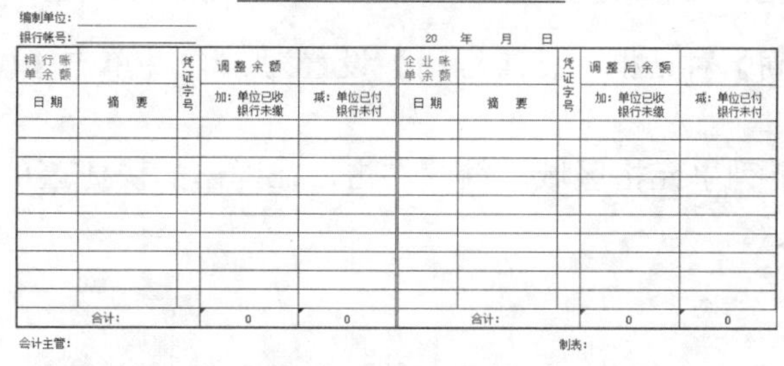

银行存款余额调节表

编制单位：

银行帐号：　　　　20　年　月　日

银行账单余额		凭证字号	调整余额		企业账单余额		凭证字号	调整后余额	
日期	摘要		加：单位已收银行未缴	减：单位已付银行未付	日期	摘要		加：单位已收银行未缴	减：单位已付银行未付
	合计:		0	0		合计:		0	0

会计主管：　　　　制表：

图 3-117 查看效果

案例精讲 025 银行现金余额日报表

案例文件：CDROM\场景\Cha03\银行现金余额日报表.xlsx

视频文件：视频教学\Cha03\银行现金余额日报表.avi

制作概述

本案例将讲解如何制作银行现金余额日报表，通过本例的制作可以对余额日报表的制作有一定的了解，完成后的效果如图 3-118 所示。

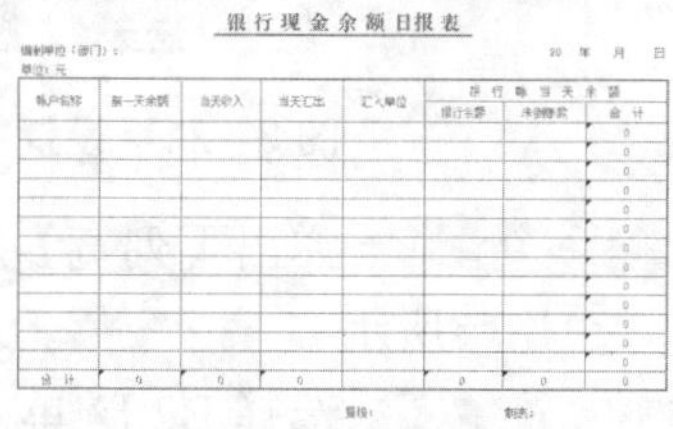

图 3-118 银行现金余额日报表

学习目标

- 银行现金余额日报表的制作。
- 掌握银行现金余额日报表的制作和求和公式的运用。

操作步骤

step 01 启动 Excel 2013 软件后，在【新建】选项组中选择【空白工作簿】选项，新建空白工作簿，如图 3-119 所示。

step 02 在场景中选择第 2 行单元格并右击，在弹出的快捷菜单中选择【行高】命令，如图 3-120 所示。

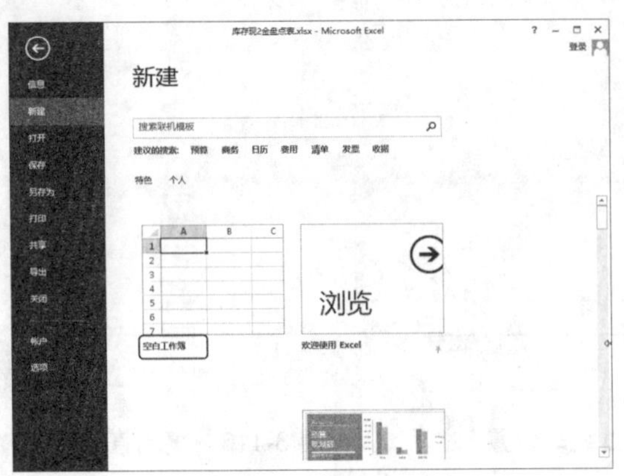

图 3-119 选择【空白工作簿】选项

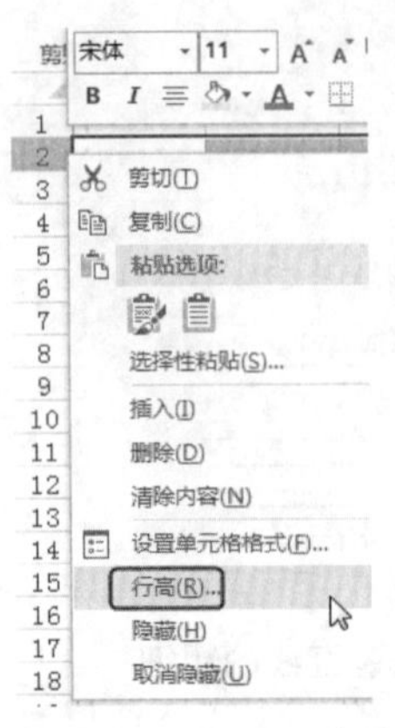

图 3-120 选择【行高】命令

step 03 弹出【行高】对话框，将【行高】设置为 36，并单击【确定】按钮，如图 3-121 所示。

step 04 选择 B～I 列单元格区域，继续右击，在弹出的快捷菜单中选择【列宽】命令，如图 3-122 所示。

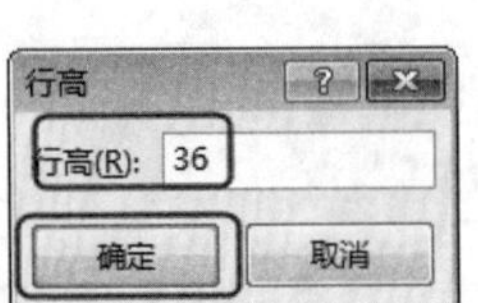

图 3-121 设置【行高】

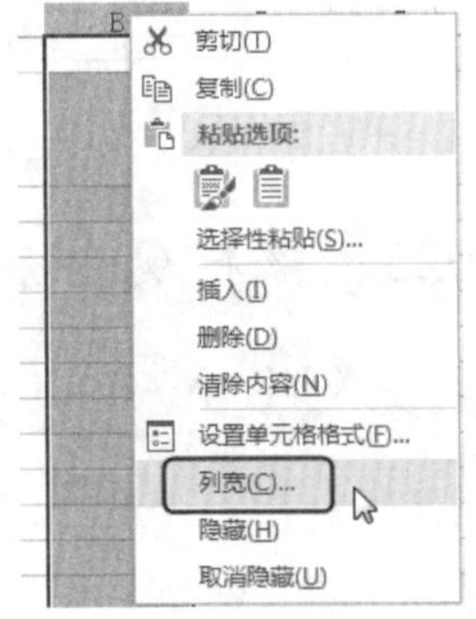

图 3-122 选择【列宽】命令

step 05 弹出【列宽】对话框，将【列宽】设置为 12，并单击【确定】按钮，如图 3-123 所示。

step 06 选择 B2:I2 单元格区域，切换到【对齐方式】选项组中单击【合并后居中】按钮 ，将单元格进行合并，如图 3-124 所示。

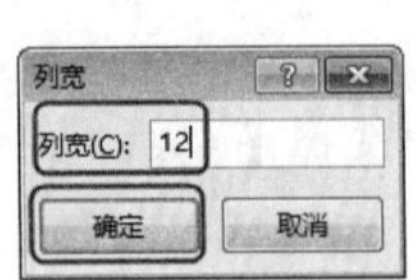

图 3-123 设置【列宽】

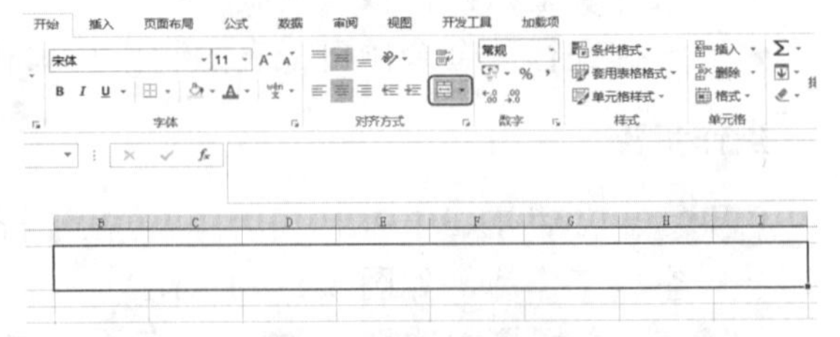

图 3-124 合并单元格

step 07 在上一步合并的单元格中配合空格键输入【银行现金余额日报表】字样，将

【字体】设置为【方正大标宋简体】，【字号】设置为 20，【字体颜色】设置为【浅蓝】色，如图 3-125 所示。

step 08 切换到【插入】选项卡，在【插图】选项组中单击【插图】按钮，在弹出的下拉菜单中选择【形状】命令，并单击【形状】下的下三角按钮，在弹出的下拉菜单中选择【线条】选项组中的【直线】命令，如图 3-126 所示。

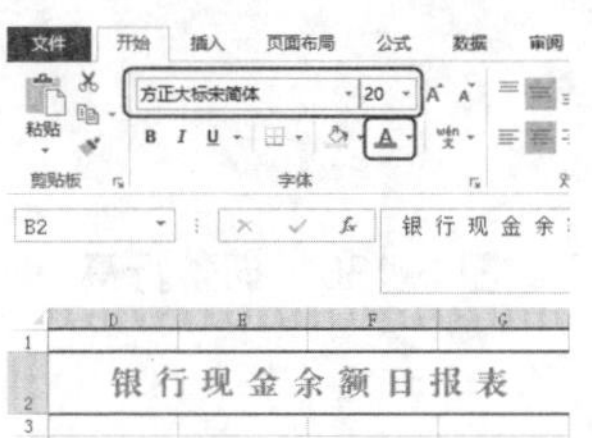

图 3-125　输入文字

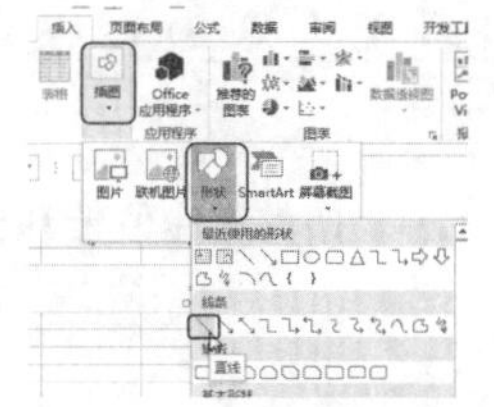

图 3-126　选择【直线】命令

step 09 在场景中按住 Shift 键，绘制直线，选择绘制的直线，切换到【绘图工具】下的【格式】选项卡，在【形状样式】选项组中单击【形状轮廓】按钮，在弹出的下拉菜单中选择【粗细】命令，在弹出的子命令中选择【1.5 磅】，如图 3-127 所示。

step 10 确认直线处于选择状态，继续单击【形状轮廓】按钮，在弹出的下拉菜单中选择【浅蓝】命令，如图 3-128 所示。

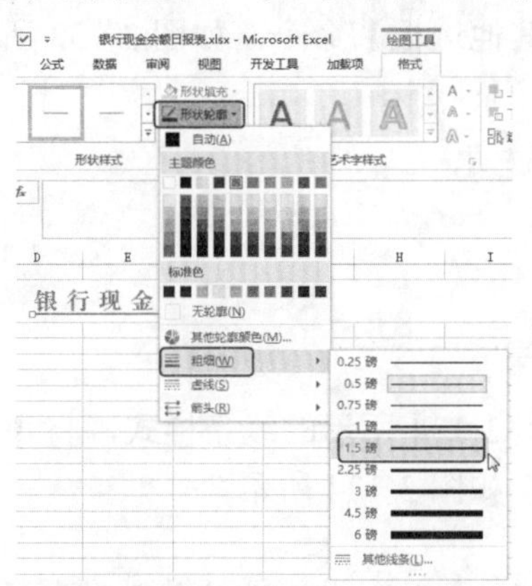

图 3-127　设置直线的粗细

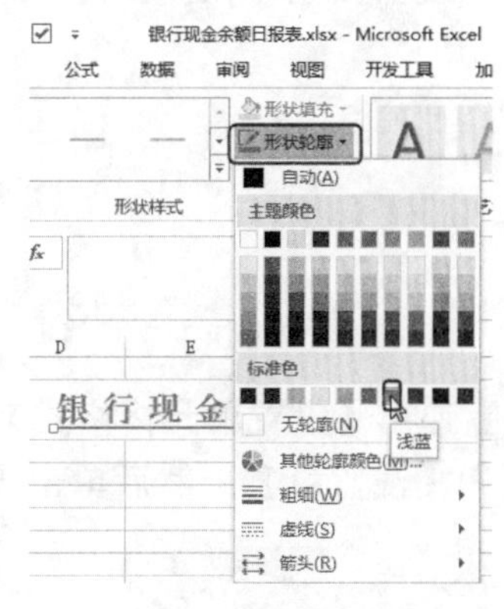

图 3-128　设置直线的颜色

step 11 确认直线处于选中状态，在【绘图工具】下的【格式】选项卡，选择【大小】选项组，将【形状宽度】设置为 9 厘米，并在图中调整直线的位置，如图 3-129 所示。

step 12 使用前面介绍的方法将第 3、4、7～20 行单元格的【行高】设置为 18，将第 5、6 行单元格的【行高】设置为 20，设置完成后的效果如图 3-130 所示。

step 13 使用前面介绍的方法，分别将 B3:D3、G3:I3、B4:C4、B5:B6、C5:C6、D5:D6、E5:E6、F5:F6、G5:I5 单元格进行合并，如图 3-131 所示。

为了便于读者观察，此处对合并的单元格添加黑色边框，属于后期添加的，不参与制表过程。

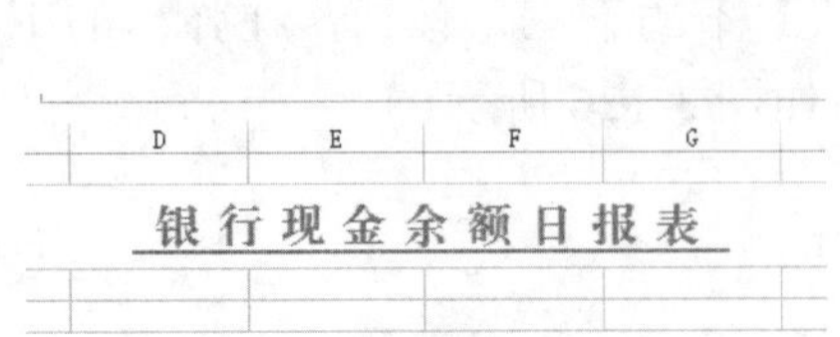

图 3-129　调整直线位置和大小

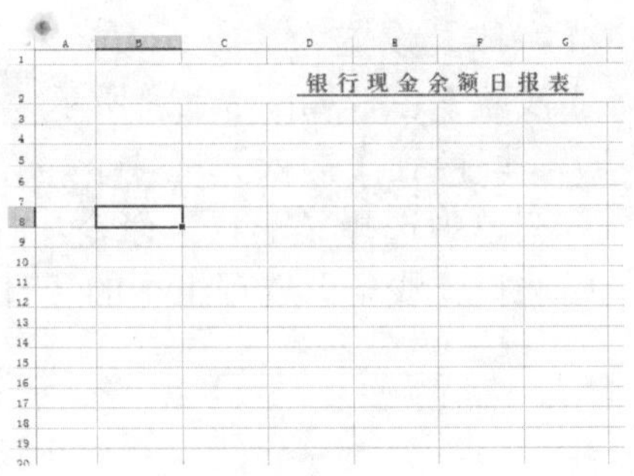

图 3-130　调整行高

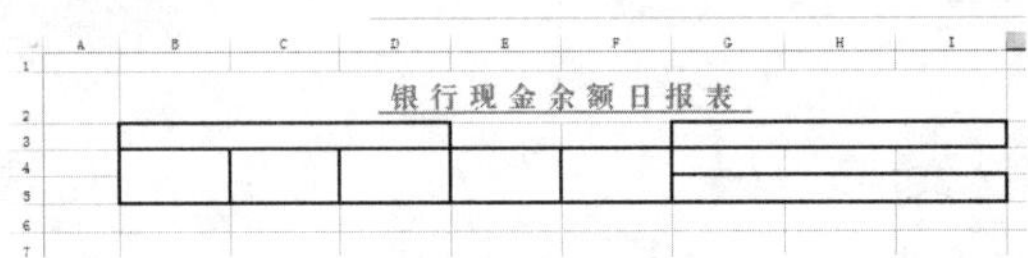

图 3-131　合并单元格

step 14 在单元格中配合空格键输入文字，并根据场景设置合适的【对齐方式】，将【字体颜色】设置为【浅蓝色】，如图 3-132 所示。

step 15 选择 B5:I20 单元格区域，切换到【开始】选项卡，在【字体】选项组中单击【框线】按钮，在弹出的下拉菜单中选择【其他边框】命令，如图 3-133 所示。

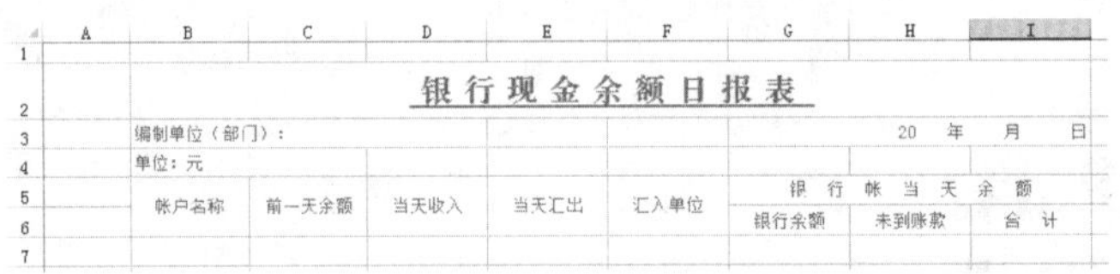

图 3-132　输入文字

step 16 弹出【设置单元格格式】对话框，选择图 3-134 所示的线条样式，将【颜色】设置为【浅蓝色】，然后单击【外边框】按钮，如图 3-134 所示。

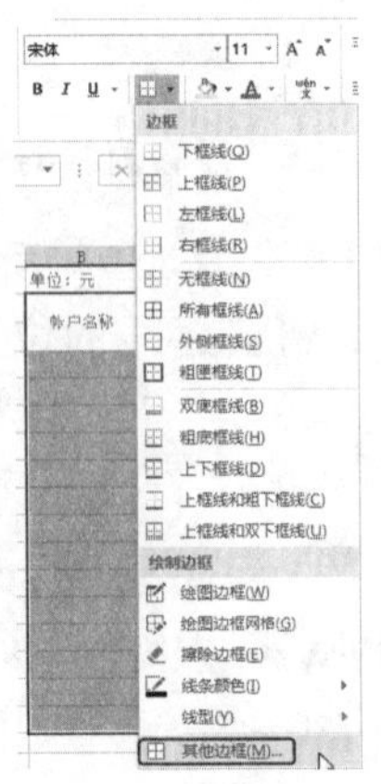

图 3-133　选择【其他边框】命令

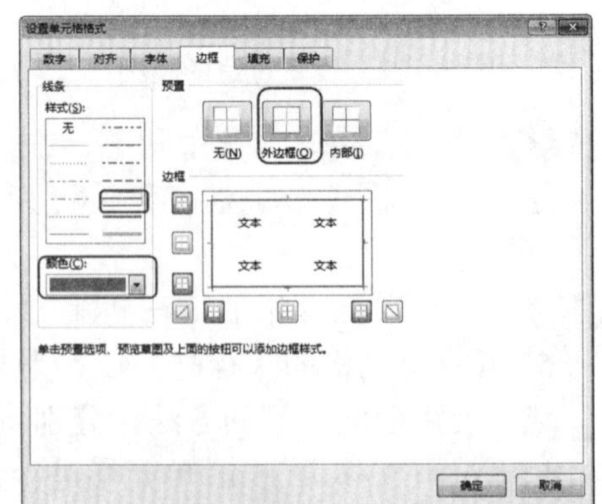

图 3-134　设置【外边框】

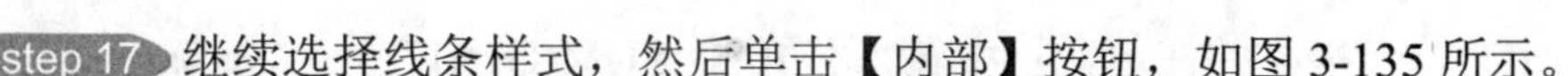

step 17 继续选择线条样式，然后单击【内部】按钮，如图 3-135 所示。

提示　如果是为单个单元格添加边框，则【内部】按钮不可用。

step 18 单击【确定】按钮，完成后的效果如图 3-136 所示。

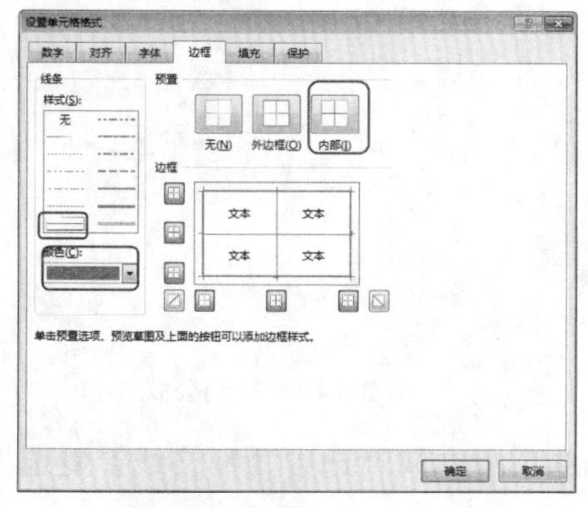

图 3-135　设置【内部】框线

图 3-136　完成后的效果

step 19 分别在 B20、F22、H22 单元格中输入文字，字体保持默认，【字体颜色】设置为【浅蓝色】，并将其【对齐方式】设置为【居中对齐】，如图 3-137 所示。

step 20 选择 C20 单元格，并在该单元格中输入公式【=SUM(C7:C19)】，按 Enter 键完成输入，如图 3-138 所示。

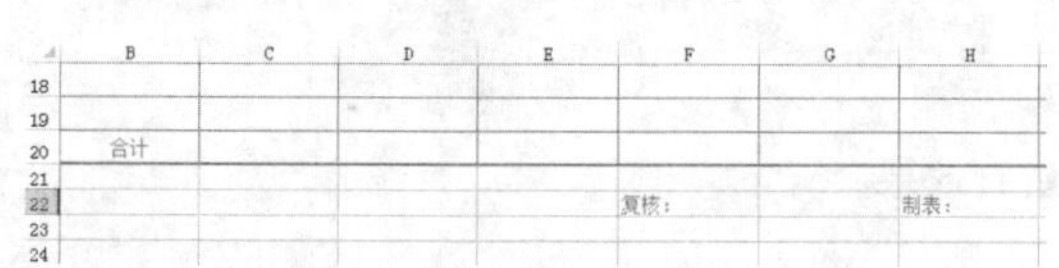

图 3-137　输入文字

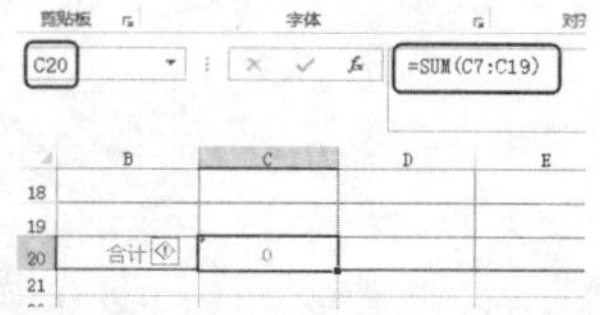

图 3-138　输入公式

step 21 选择 C20 单元格，将光标置于该单元格的右下角，当光标变为十字形状时，按住鼠标左键向右拖动至 I20 单元格，复制公式，将其【对齐方式】设置为【居中对齐】，并将 F20 单元格内的文字删除，如图 3-139 所示。

知识链接

选择【开始】选项卡，在【编辑】选项组中单击【清除】按钮，在弹出的下拉菜单中可以删除单元格中的所有内容，或者仅删除格式、内容或批注等。

【全部清除】：清除所选单元格中的全部内容。

【清除格式】：仅清除应用于所选单元格的格式。

【清除内容】：仅清除所选单元格中的内容。

【清除批注】：清除附加到所选单元格的任何注释。

【清除超链接】：清除所选单元格中的超链接。

step 22 选择 I7 单元格，并在单元格中输入公式【=SUM(G7:H7)】，按 Enter 键，将光标置于该单元格的右下角，当光标变为十字形状时，按着鼠标左键向下拖动至 I19 单元格，复制公式，将其【对齐方式】设置为【居中对齐】，如图 3-140 所示。

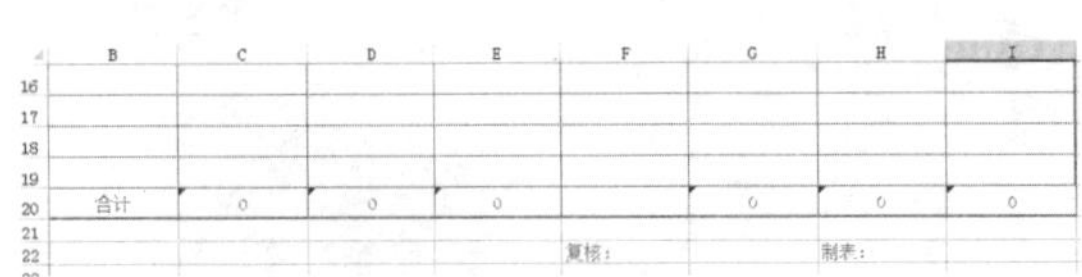

图 3-139 复制公式

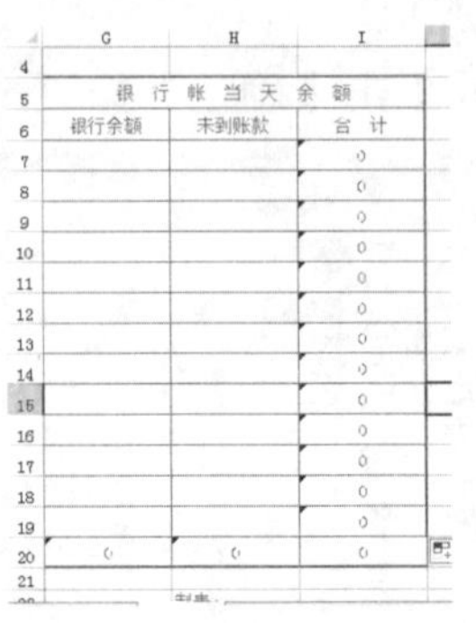

图 3-140 复制公式

step 23 切换到【视图】选项卡，在【显示】选项组中取消选中【网格线】复选框，效果如图 3-141 所示。

图 3-141 查看效果

案例精讲 026 财务科日报表

案例文件：CDROM\场景\Cha03\财务科日报表.xlsx

视频文件：视频教学\Cha03\财务科日报表.avi

制作概述

本案例将讲解如何利用 Excel 制作财务科日报表，完成后的效果如图 3-142 所示。

图 3-142 财务科日报表

学习目标

- 学习财务科日报表的制作。
- 掌握财务科日报表的制作及表格的合并。

操作步骤

step 01 启动 Excel 2013 软件后，在【新建】选项组中选择【空白工作簿】选项，新建空白工作簿，如图 3-143 所示。

知识链接

在 Excel 2013 中提供了很多默认的工作簿模板，用户可以使用提供的模板快速创建工作簿。

单击【文件】按钮，在展开的界面中选择【新建】选项，在右侧的【新建】区域中选择一个模板，则会弹出所选模板的预览图，单击【创建】按钮，即可创建所选模板样式的工作簿。

step 02 在场景中选择第 2 行单元格并右击，在弹出的快捷菜单中选择【行高】命令，如图 3-144 所示。

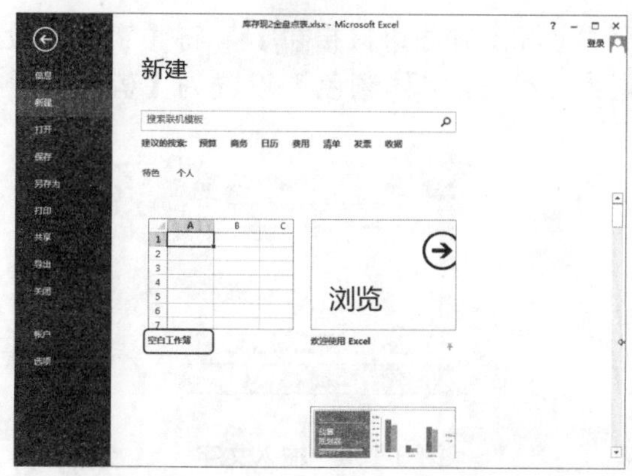

图 3-143 选择【空白工作簿】选项

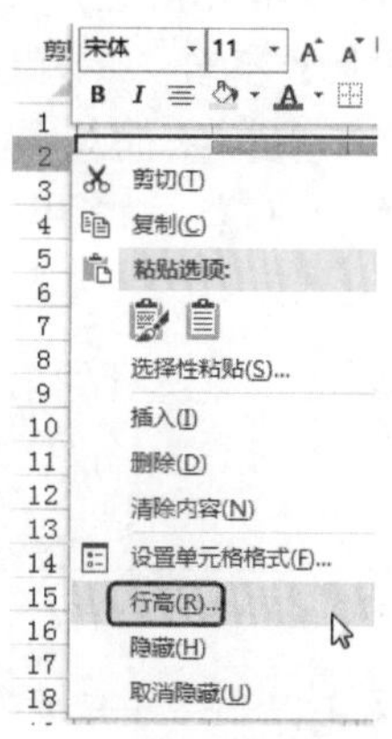

图 3-144 选择【行高】命令

step 03 弹出【行高】对话框，将【行高】设置为 34.5，并单击【确定】按钮，如图 3-145 所示。

step 04 按住 Ctrl 键选择 B 和 E 列单元格区域，继续右击，在弹出的快捷菜单中选择【列宽】命令，如图 3-146 所示。

图 3-145 设置【行高】

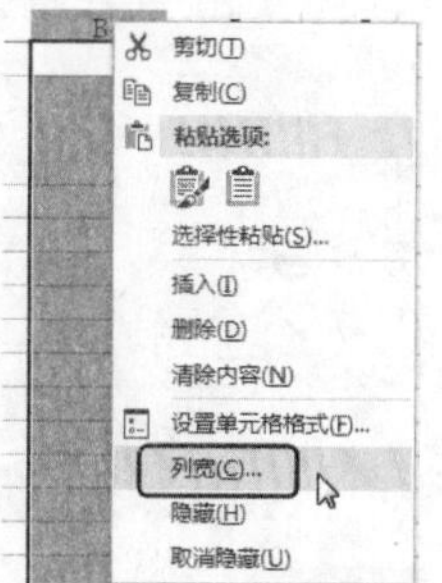

图 3-146 选择【列宽】命令

step 05 弹出【列宽】对话框，将【列宽】设置为 14，并单击【确定】按钮，如图 3-147 所示。

step 06 使用同样的方法，将 C、F 列单元格的【列宽】设置为 20，将 D、G 列单元格的【列宽】设置为 3，将 H 列单元格的【列宽】设置为 25，如图 3-148 所示。

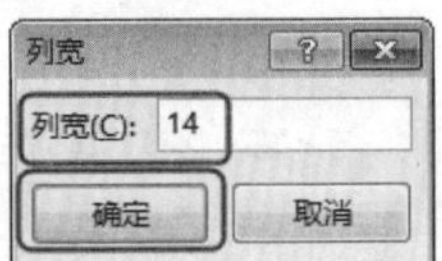

图 3-147　设置【列宽】

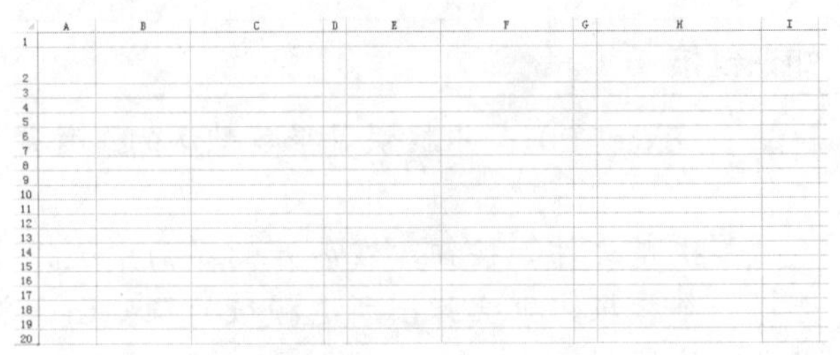

图 3-148　设置【列宽】后的效果

step 07 选择 B2:H2 单元格区域，切换到【对齐方式】选项组中单击【合并后居中】按钮，将单元格进行合并，如图 3-149 所示。

step 08 在上一步合并的单元格中配合空格键输入【财务科日报表】，将【字体】设置为【方正大标宋简体】，【字号】设置为 24，【字体颜色】设置为【蓝色，着色 1，深色 25%】，如图 3-150 所示。

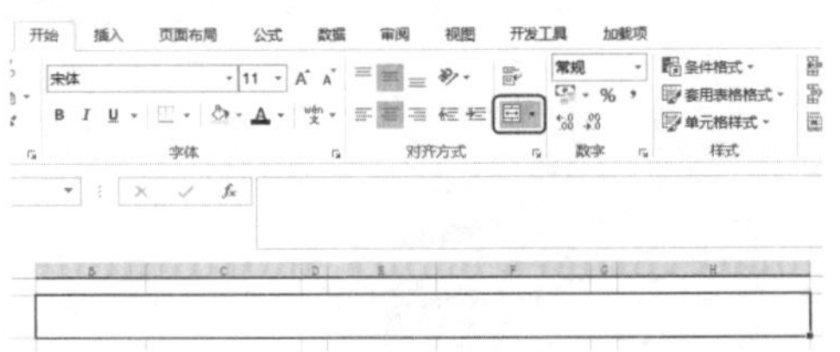

图 3-149　合并单元格

图 3-150　输入文字

step 09 切换到【插入】选项卡，在【插图】选项组中单击【插图】按钮，在弹出的下拉菜单中选择【形状】命令，并单击【形状】下的下三角按钮，在弹出的下拉菜单中选择【线条】选项组中的【直线】命令，如图 3-151 所示。

step 10 在场景中按住 Shift 键，绘制直线，选择绘制的直线，切换到【绘图工具】下的【格式】选项卡，在【形状样式】选项组中单击【形状轮廓】按钮，在弹出的下拉菜单中选择【粗细】命令，在弹出的子命令中选择【1.5 磅】，如图 3-152 所示。

图 3-151　选择直线形状

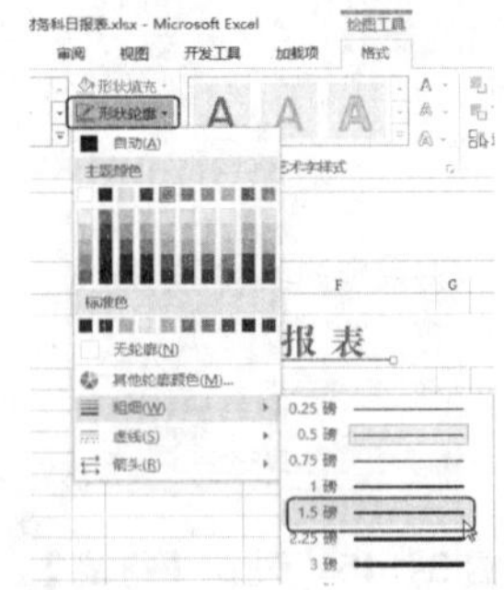

图 3-152　设置直线的粗细

step 11 确认直线处于选择状态，继续单击【形状轮廓】按钮，在弹出的下拉菜单中选择【蓝色，着色 1，深色 25%】命令，如图 3-153 所示。

step 12 确认直线处于选择状态，在【绘图工具】下的【格式】选项卡，选择【大小】

选项组，将【形状宽度】设置为9厘米，并在图中调整直线的位置，如图3-154所示。

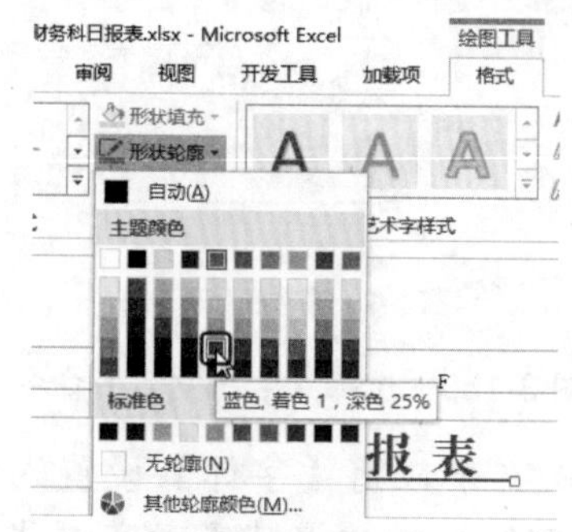

图 3-153　设置直线的颜色

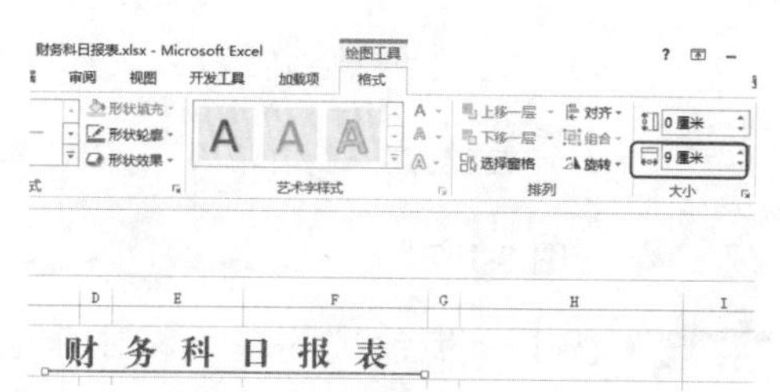

图 3-154　设置直线的宽度和位置

step 13 使用前面介绍的方法将第3行单元格的【行高】设置为14.25，将第4行单元格的【行高】设置为20，将第5～28行单元格的【行高】设置为16，设置完成后的效果如图3-155所示。

step 14 使用前面介绍的方法，分别将G3:H3、B4:C4、E4:F4、G4:H4、D5:D10、G5:G9、H5:H9、B9:C13、B14:C18、B19:C23、B24:C28、D11:D16、D17:D22、D23:D28、G10:G14、H10:H14、G15:H15、G16:H20、G21:H24、G25:H28单元格区域进行合并，如图3-156所示。

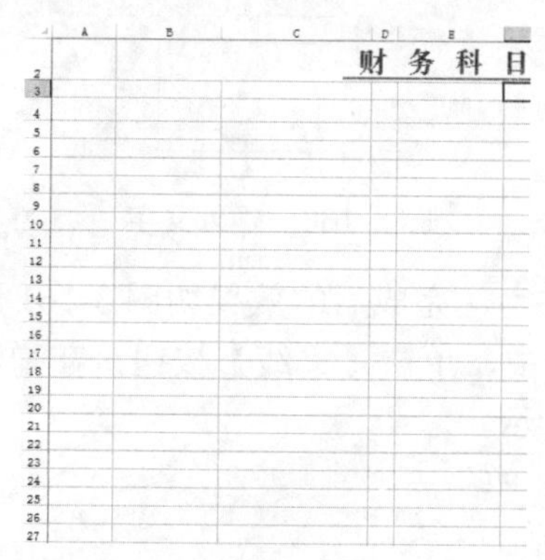

图 3-155　设置【行高】

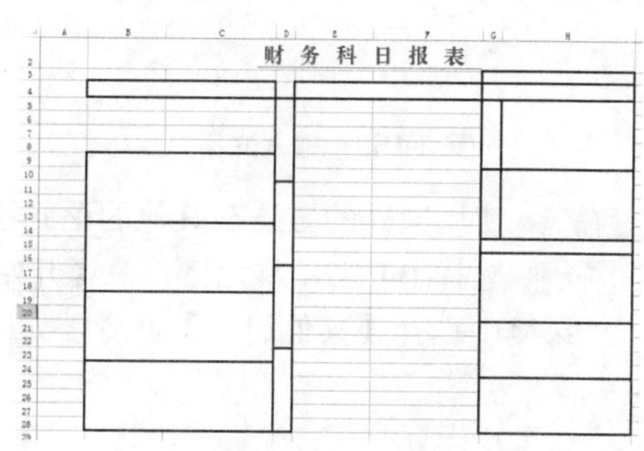

图 3-156　合并单元格

为了便于读者观察，此处对合并的单元格添加黑色边框，属于后期添加的，不参与制表过程。

step 15 选择B3单元格，在该单元格中输入【编号：】，将【字体】设置为默认，将【字体颜色】设置为【蓝色，着色1，深色25%】，并将其【对齐方式】设置为【左对齐】，如图3-157所示。

step 16 选择D5:D10单元格，在【开始】选项卡下的【对齐方式】选项组中单击【方向】按钮，在弹出的下拉菜单中选择【竖排文字】命令，如图3-158所示。

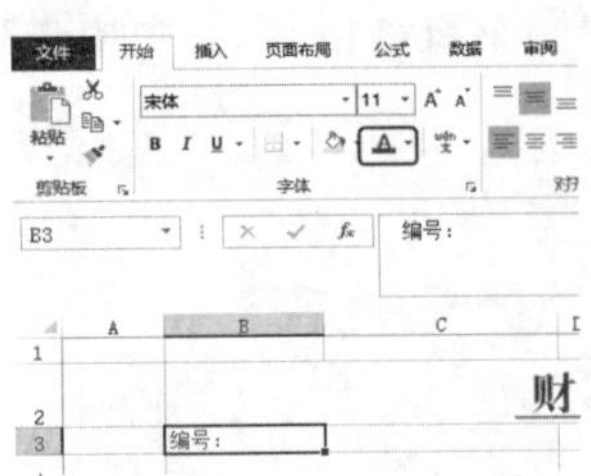

图 3-157 输入文字

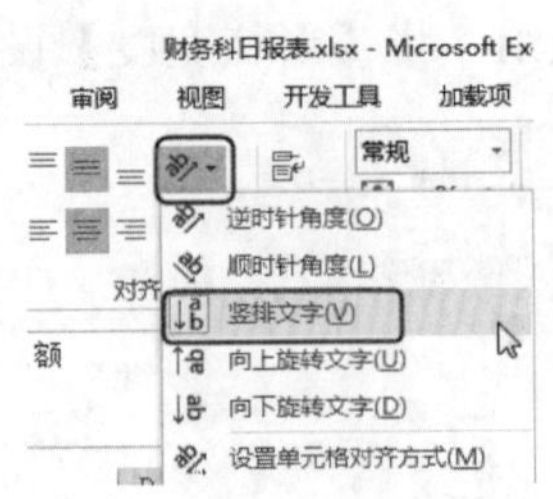

图 3-158 选择【竖排文字】命令

step 17 在上一步设置的单元格中配合空格键输入文字，将【字体】设置为默认，将【字体颜色】设置为【蓝色，着色 1，深色 25%】，并将其【对齐方式】设置为【居中对齐】，如图 3-159 所示。

step 18 选择 H5:H9 单元格，并在其内输入文字，将【字号】设置为 10，将【字体颜色】设置为【蓝色，着色 1，深色 25%】，并将其【对齐方式】设置为【底端对齐】和【右对齐】，如图 3-160 所示。

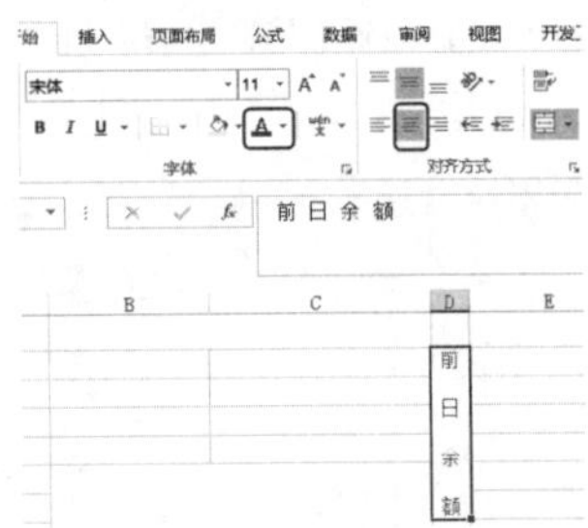

图 3-159 输入文字

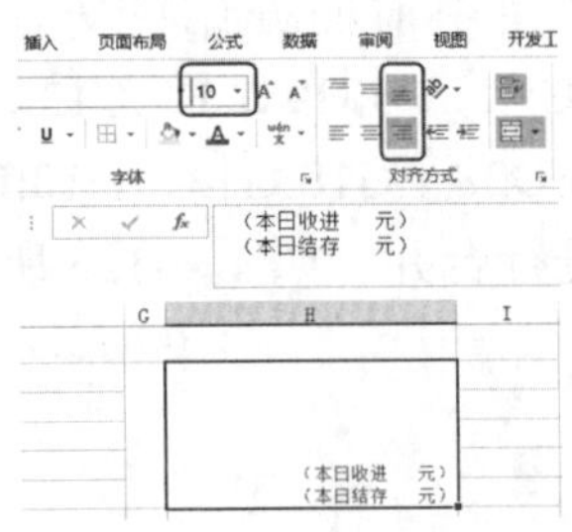

图 3-160 输入文字

step 19 使用同样的方法在其他的单元格中输入文字，完成后的效果如图 3-161 所示。

step 20 选择 B4:H28 单元格，在【开始】选项卡中，单击【框线】按钮，在弹出的下拉菜单中选择【其他边框】命令，如图 3-162 所示。

图 3-161 输入文字

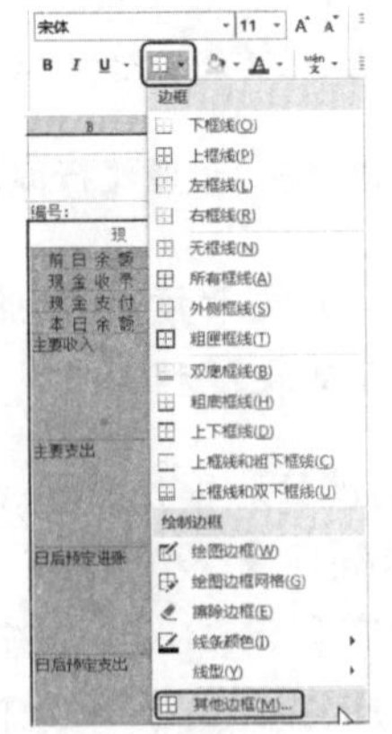

图 3-162 选择【其他边框】命令

step 21 弹出【设置单元格格式】对话框，选择图 3-163 所示的线条样式，将【颜色】设

置为【蓝色，着色 1，深色 25%】，然后单击【外边框】按钮，如图 3-163 所示。

step 22 继续选择线条样式，然后单击【内部】按钮，如图 3-164 所示。

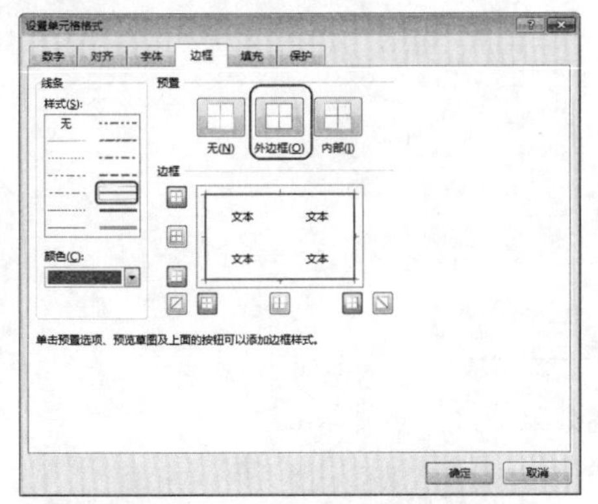

图 3-163 设置【外边框】

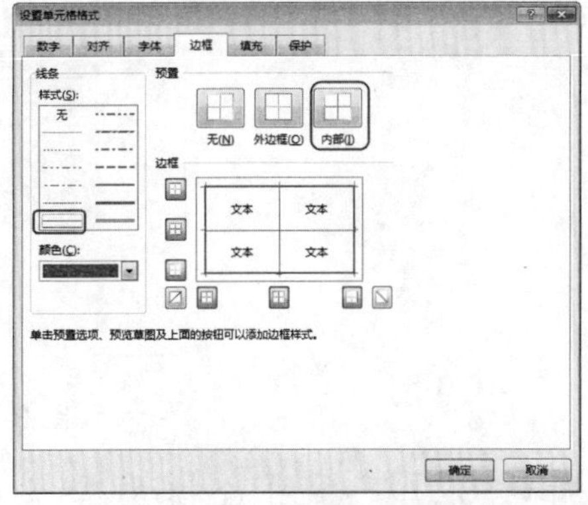

图 3-164 设置【内部】框线

step 23 单击【确定】按钮，完成后的效果如图 3-165 所示。

step 24 选择 F10 单元格，并在该单元格中输入公式【=SUM(F5:F7)】，按 Enter 键完成输入，如图 3-166 所示。

图 3-165 完成后的效果

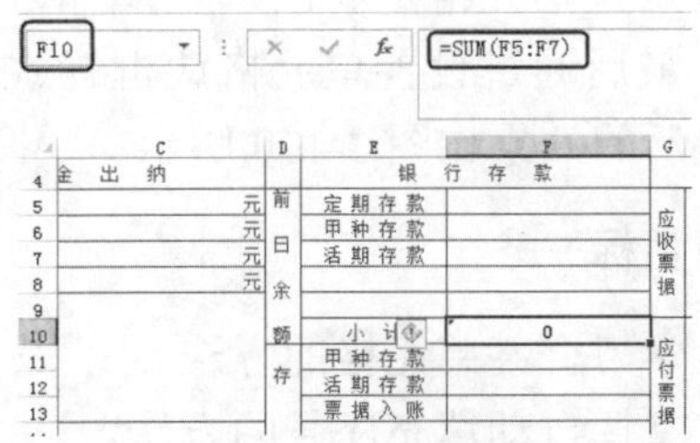

图 3-166 输入公式

step 25 选择 F16 单元格，并在该单元格中输入公式【=SUM(F11:F13)】，按 Enter 键完成输入，如图 3-167 所示。

step 26 使用同样的方法分别在 F22 单元格中输入公式【=SUM(F17:F19)】，在 F28 单元格区中输入公式【=SUM(F23:F25)】，如图 3-168 所示。

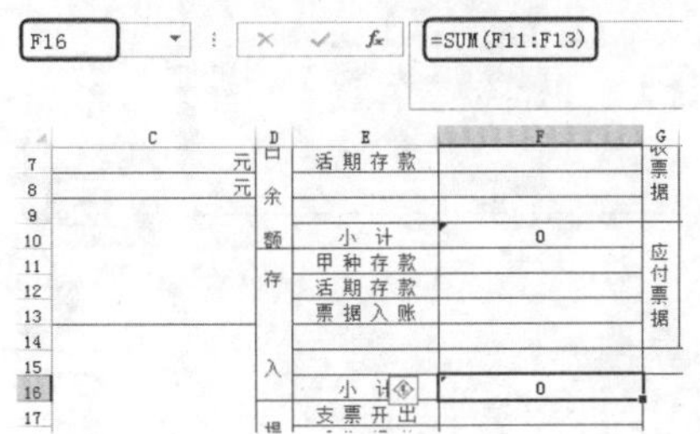

图 3-167 输入公式

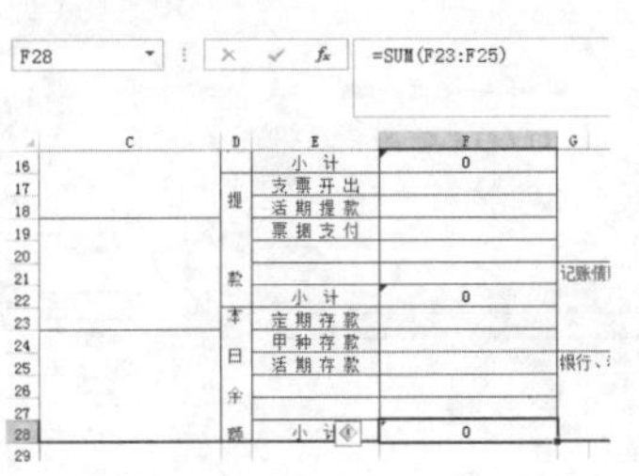

图 3-168 输入公式

step 27 切换到【视图】选项卡，在【显示】选项组中取消选中【网格线】复选框，效果如图 3-169 所示。

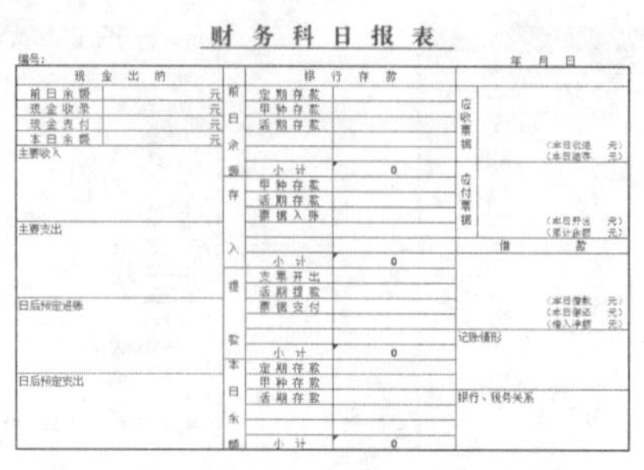

图 3-169 查看效果

案例精讲 027 备用金领用登记表

案例文件：CDROM\场景\Cha03\备用金领用登记表.xlsx

视频文件：视频教学\Cha03\备用金领用登记表.avi

制作概述

本案例将介绍备用金领用登记表的制作。首先输入标题，然后通过设置单元格宽和高，以及输入文字来制作备用金领用登记表，最后通过设置单元格边框样式和填充颜色来美化登记表，完成后的效果如图 3-170 所示。

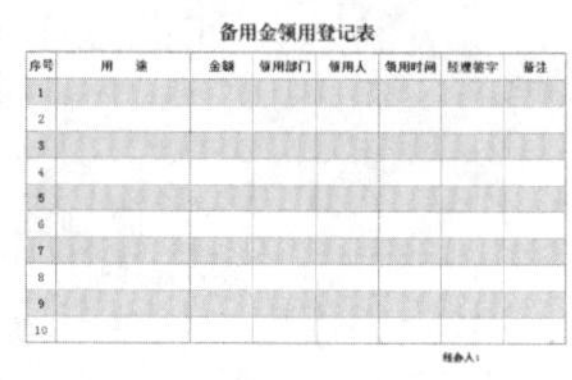

图 3-170 备用金领用登记表

学习目标

- 学习合并单元格的方法。
- 掌握自动填充序号的方法。

操作步骤

step 01 按 Ctrl+N 组合键新建一个空白工作簿，选择 B1:I1 单元格，在【开始】选项卡的【对齐方式】选项组中单击【合并后居中】按钮，如图 3-171 所示。

step 02 即可将选择的单元格合并，然后在【单元格】选项组中单击【格式】按钮，在弹出的下拉菜单中选择【行高】命令，如图 3-172 所示。

图 3-171 单击【合并后居中】按钮

图 3-172 选择【行高】命令

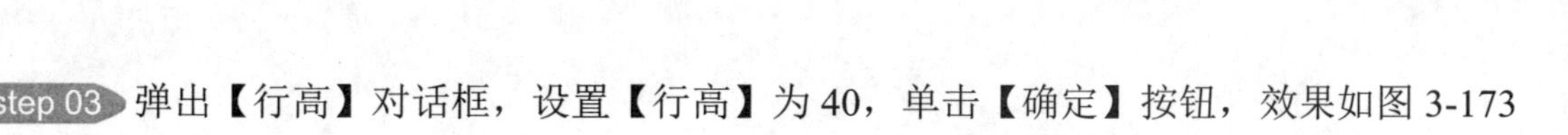

step 03 弹出【行高】对话框，设置【行高】为 40，单击【确定】按钮，效果如图 3-173 所示。

step 04 然后在合并后的单元格中输入文字【备用金领用登记表】，并选择输入的文字，在【字体】选项组中将【字体】设置为【创艺简老宋】，将【字号】设置为 18，将【字体颜色】设置为【蓝-灰，文字 2】，如图 3-174 所示。

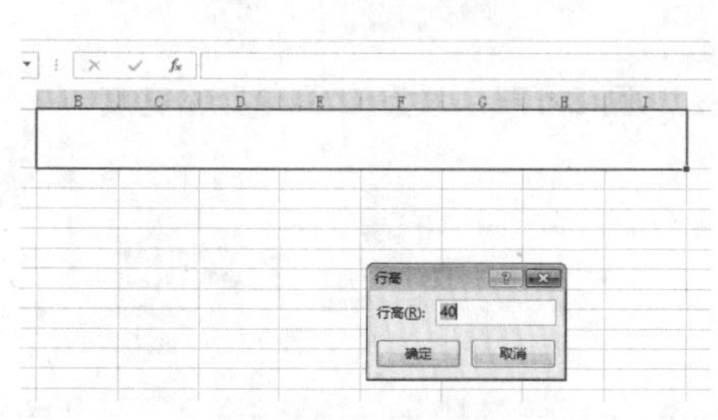

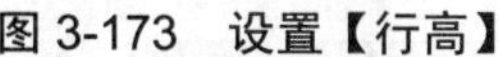

图 3-173　设置【行高】

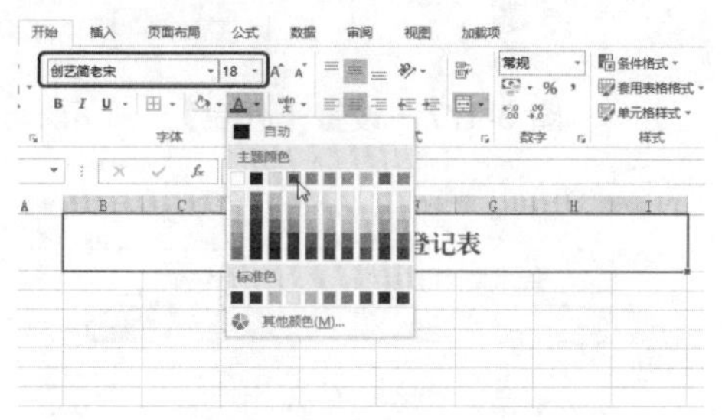

图 3-174　输入并设置文字属性

step 05 选择 B2:I13 单元格，在【单元格】选项组中单击【格式】按钮，在弹出的下拉菜单中选择【行高】命令，弹出【行高】对话框，设置【行高】为 25，单击【确定】按钮，效果如图 3-175 所示。

step 06 选择 B 列单元格，在【单元格】选项组中单击【格式】按钮，在弹出的下拉菜单中选择【列宽】命令，如图 3-176 所示。

提示　选择 B 列单元格后右击，在弹出的快捷菜单中选择【列宽】命令，同样可以弹出【列宽】对话框。

图 3-175　设置单元格【行高】

图 3-176　选择【列宽】命令

step 07 弹出【列宽】对话框，设置【列宽】为 4，单击【确定】按钮，效果如图 3-177 所示。

step 08 选择 C 列单元格，将【列宽】设置为 20，效果如图 3-178 所示。

step 09 选择 D2:I2 单元格，将【列宽】设置为 9，效果如图 3-179 所示。

step 10 然后在单元格中输入文字，并选择输入的文字，在【开始】选项卡的【字体】选项组中单击【加粗】按钮 B ，在【对齐方式】选项组中单击【居中】按钮 ，效果如图 3-180 所示。

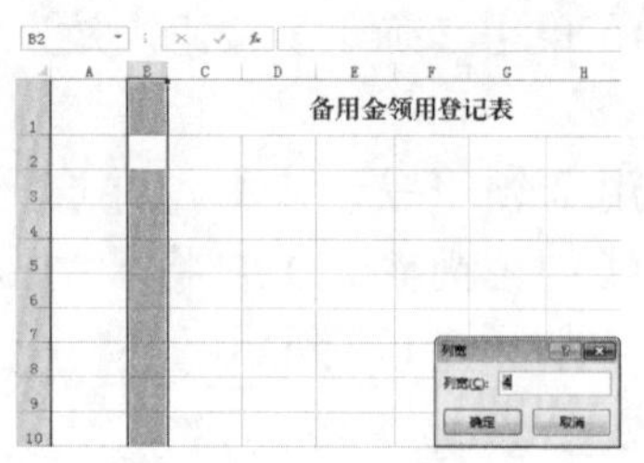

图 3-177　设置【列宽】

图 3-178　设置 C 列单元格宽度

图 3-179　设置单元格宽度

图 3-180　输入并设置文字

step 11 在 B3 和 B4 单元格中分别输入数字【1】和【2】，然后选择 B3 和 B4 单元格，将光标放置到被选中的单元格的右下角，此时光标会变成黑心十字形状，如图 3-181 所示。

step 12 在按住鼠标左键的同时向下拖动鼠标，拖动至第 12 行中释放鼠标，即可自动填充序号，效果如图 3-182 所示。

图 3-181　输入数字并选择单元格

图 3-182　自动填充序号

step 13 然后在【对齐方式】选项组中单击【居中】按钮，即可设置数字对齐方式，效果如图 3-183 所示。

step 14 选择 H13:I13 单元格，在【对齐方式】选项组中单击【合并后居中】按钮右侧的按钮，在弹出的下拉菜单中选择【合并单元格】命令，如图 3-184 所示。

知识链接

在选择的单元格上右击，在弹出的快捷菜单中选择【设置单元格格式】命令，弹出【设置单元格格式】对话框，选择【对齐】选项卡，在【文本控制】选项组中选中【合并单元格】复选框，同样可以将选择的单元格合并。

在弹出的下拉菜单中有多种合并方式可供用户选择。此外，还可以将合并后的单元格拆分为多个单元格，即选择合并后的单元格，再次单击【开始】选项卡【对齐方式】选项组中的【合并后居中】按钮即可。

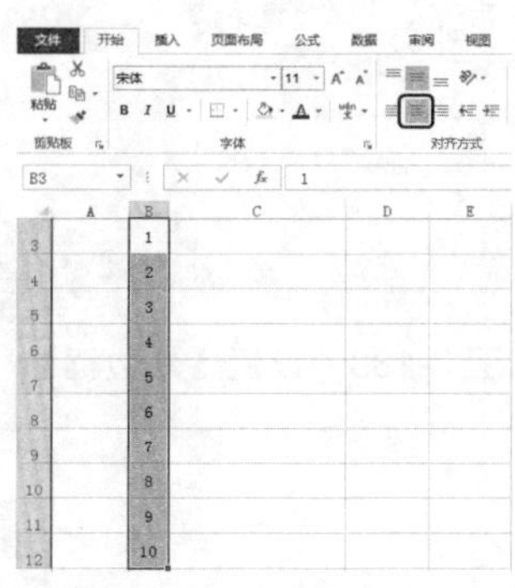

图 3-183　设置对齐方式

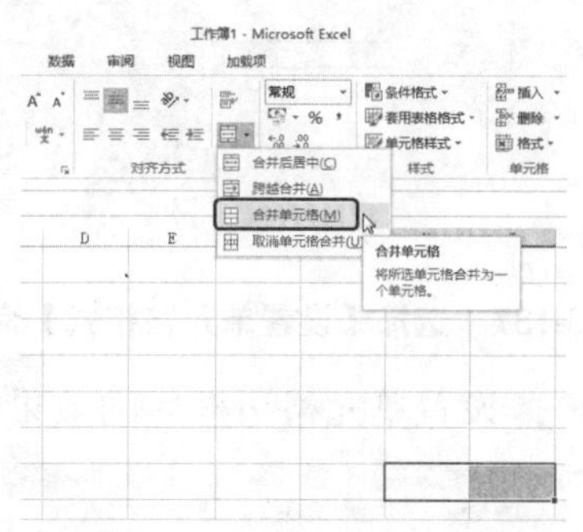

图 3-184　选择【合并单元格】命令

step 15 即可将选择的单元格合并，然后在合并后的单元格中输入文字，并选择输入的文字，在【字体】选项组中将【字号】设置为 9，单击【加粗】按钮 B，如图 3-185 所示。

step 16 选择 B2:I13 单元格，在【字体】选项组中将【字体颜色】设置为【蓝-灰，文字 2】，如图 3-186 所示。

图 3-185　输入并设置文字

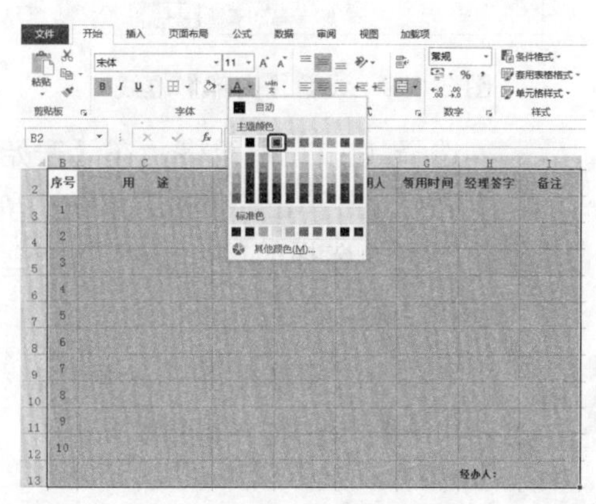

图 3-186　设置字体颜色

step 17 选择 B2:I12 单元格，并在选择的单元格上右击，在弹出的快捷菜单中选择【设置单元格格式】命令，如图 3-187 所示。

step 18 弹出【设置单元格格式】对话框，选择【边框】选项卡，在【样式】列表框中选择图 3-188 所示的线条样式，将【颜色】设置为【蓝色，着色 1，淡色 40%】，在【预置】选项组中单击【外边框】按钮，即可设置单元格外边框。

step 19 然后在【样式】列表框中选择图 3-189 所示的线条样式，在【预置】选项组中单击【内部】按钮，即可设置单元格内边框，并单击【确定】按钮。

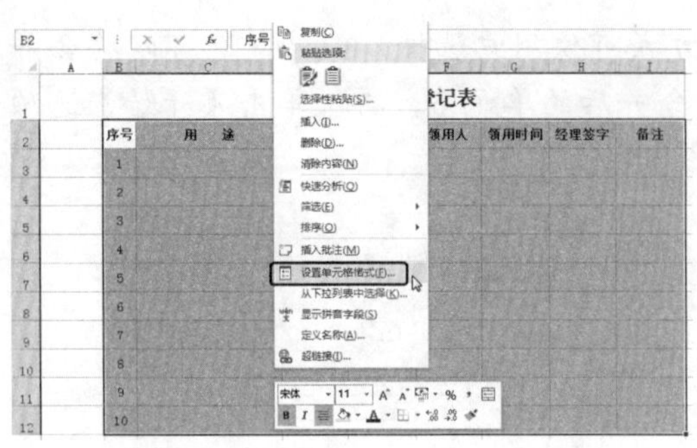

图 3-187　选择【设置单元格格式】命令

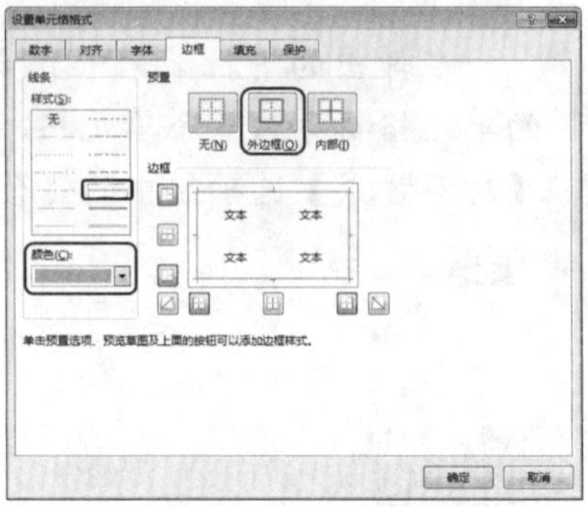

图 3-188　设置【外边框】

step 20 设置单元格边框后的效果如图 3-190 所示。

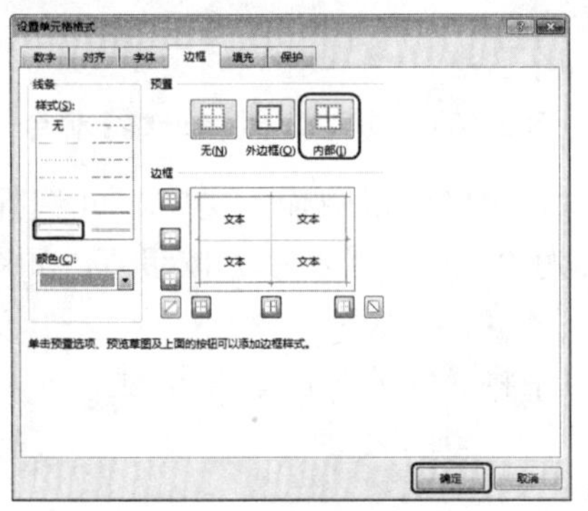

图 3-189　设置【内部】框线

图 3-190　设置单元格边框后的效果

step 21 选择 B3:I3 单元格，在【开始】选项卡的【样式】选项组中，单击【单元格样式】按钮，在弹出的下拉菜单中选择单元格样式【20%，着色 1】，如图 3-191 所示。

step 22 即可为选择的单元格填充颜色，使用同样的方法，为其他单元格填充颜色，效果如图 3-192 所示。

提示

在【设置单元格格式】对话框中选择【填充】选项卡，在该选项卡中同样可以选择单元格的填充颜色。

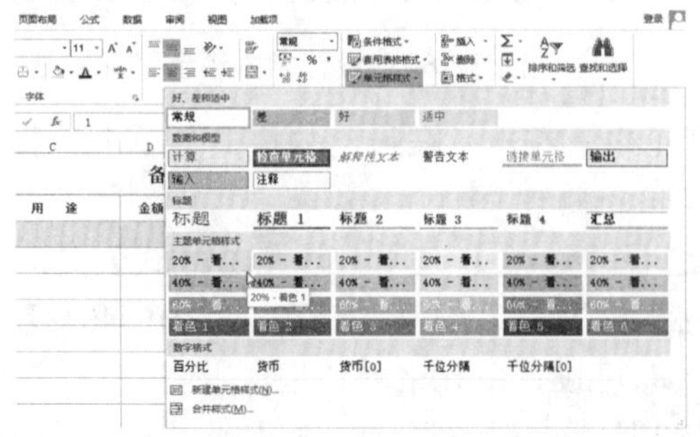

图 3-191　选择单元格样式

图 3-192　为其他单元格填充颜色

案例精讲 028 银行存款日报表

案例文件：CDROM\场景\Cha03\银行存款日报表.xlsx

视频文件：视频教学\Cha03\银行存款日报表.avi

制作概述

本案例将介绍银行存款日报表的制作。首先设置单元格并填充单元格颜色；然后输入并设置文字；最后输入公式。完成后的效果如图 3-193 所示。

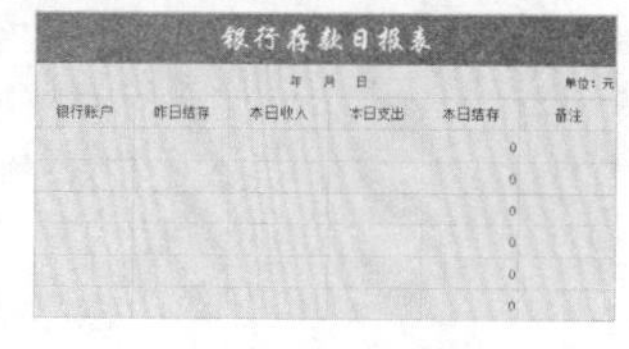

图 3-193 银行存款日报表

学习目标

- 学习为单元格填充颜色的方法。
- 掌握输入公式的方法。

操作步骤

step 01 按 Ctrl+N 组合键新建一个空白工作簿，选择 B2:G2 单元格和 D3:E3 单元格，在【开始】选项卡的【对齐方式】选项组中单击【合并后居中】按钮，如图 3-194 所示。

step 02 即可将选择的单元格合并，然后选择第 2 行中合并的单元格，在【开始】选项卡的【样式】选项组中单击【单元格样式】按钮，在弹出的下拉菜单中选择单元格样式【着色 6】，如图 3-195 所示。

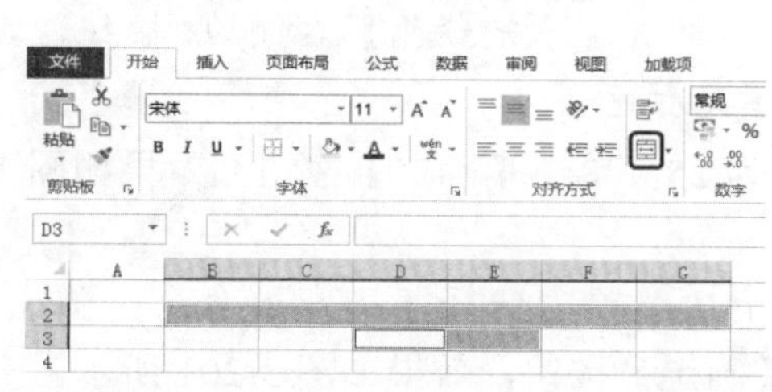

图 3-194 单击【合并后居中】按钮

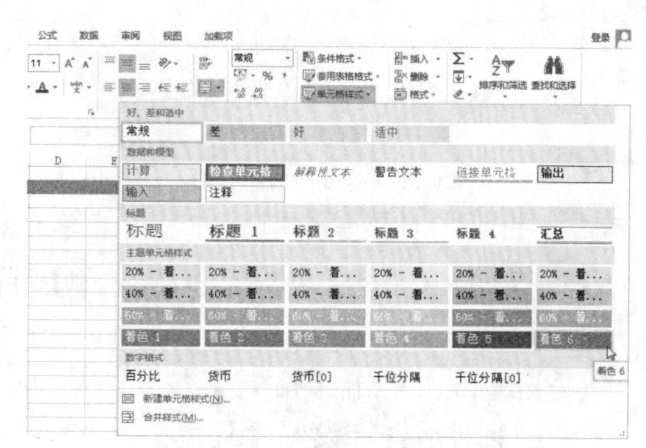

图 3-195 选择单元格样式

step 03 然后在【单元格】选项组中单击【格式】按钮，在弹出的下拉菜单中选择【行高】命令，如图 3-196 所示。

step 04 弹出【行高】对话框，设置【行高】为 40，单击【确定】按钮，效果如图 3-197 所示。

step 05 选择 B3:G10 单元格，在【样式】选项组中单击【单元格样式】按钮，在弹出的下拉菜单中选择单元格样式【20%，着色 6】，如图 3-198 所示。

图 3-196　选择【行高】命令

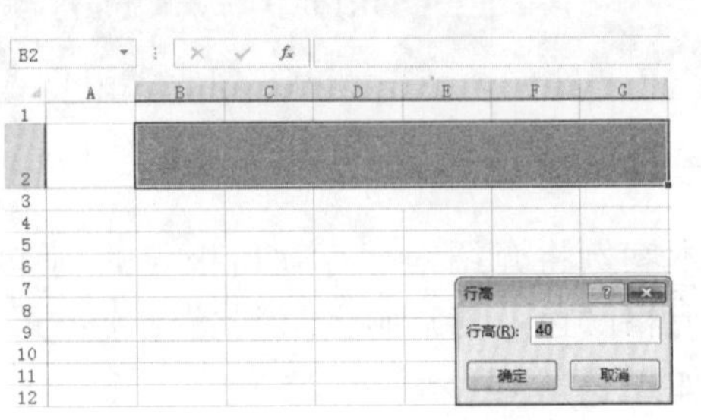

图 3-197　设置单元格高度

step 06 在【单元格】选项组中单击【格式】按钮，在弹出的下拉菜单中选择【行高】命令，如图 3-199 所示。

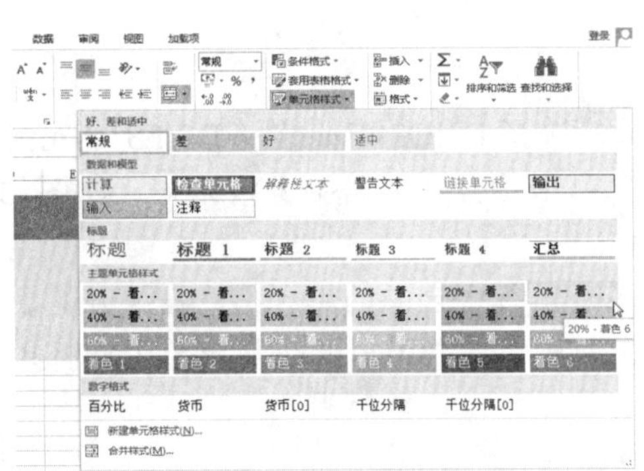

图 3-198　设置单元格样式

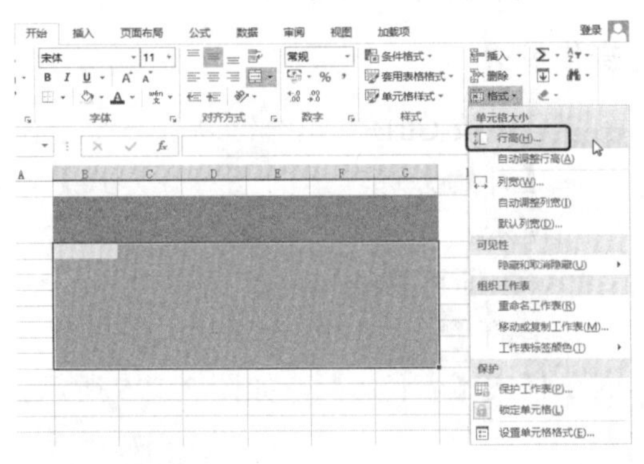

图 3-199　选择【行高】命令

选择单元格后，在【字体】选项组中单击【填充颜色】右侧的按钮，在弹出的下拉菜单中同样可以设置单元格的填充颜色。

step 07 弹出【行高】对话框，设置【行高】为 25，单击【确定】按钮，效果如图 3-200 所示。

step 08 再次单击【格式】按钮，在弹出的下拉菜单中选择【列宽】命令，弹出【列宽】对话框，设置【列宽】为 12，单击【确定】按钮，效果如图 3-201 所示。

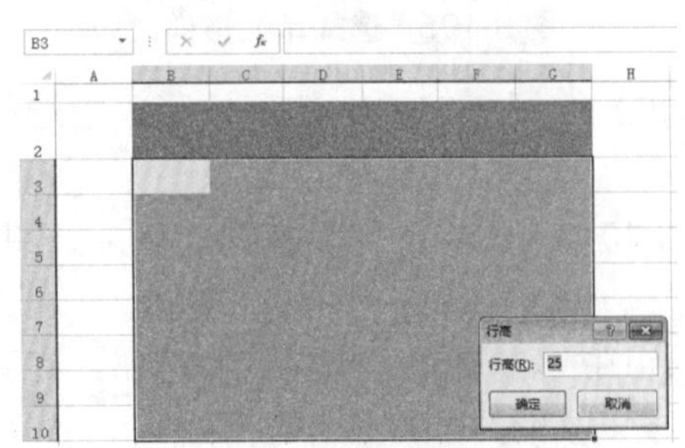

图 3-200　设置单元格高度

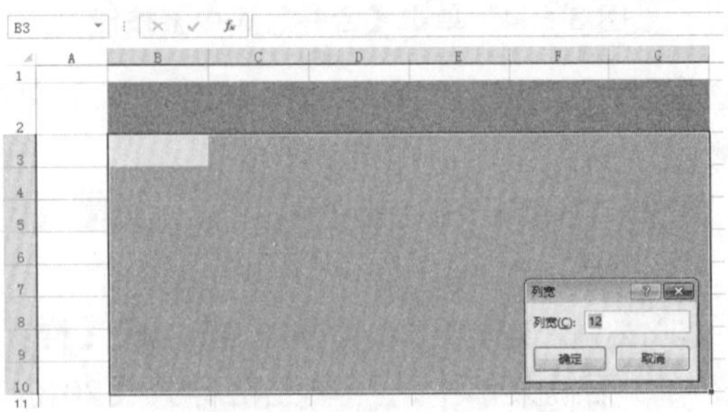

图 3-201　设置单元格宽度

step 09 选择 B2:G10 单元格并右击，在弹出的快捷菜单中选择【设置单元格格式】命令，如图 3-202 所示。

step 10 弹出【设置单元格格式】对话框，选择【边框】选项卡，在【样式】列表框中选择图 3-203 所示的线条样式，将【颜色】设置为【绿色，着色 6，淡色 60%】，在【预置】选项组中单击【外边框】按钮，然后单击【确定】按钮。

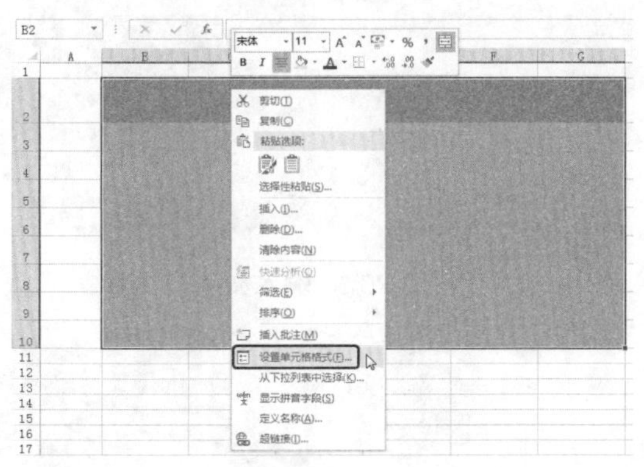

图 3-202 选择【设置单元格格式】命令

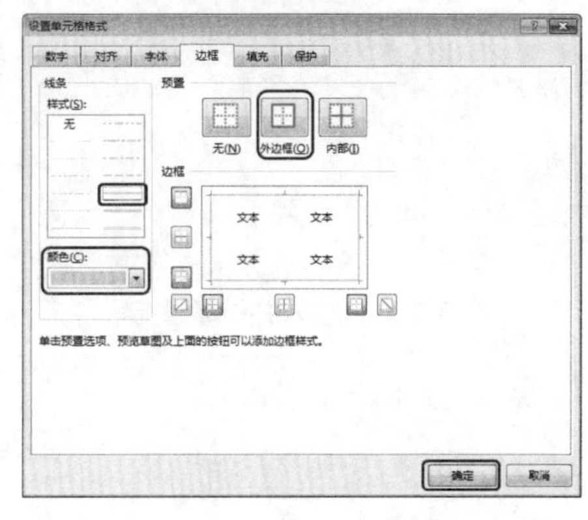

图 3-203 设置【外边框】

step 11 选择 B4:G10 单元格并右击，在弹出的快捷菜单中选择【设置单元格格式】命令，弹出【设置单元格格式】对话框，在【样式】列表框中选择图 3-204 所示的线条样式，在【预置】选项组中单击【内部】按钮，在【边框】选项组中单击按钮，然后单击【确定】按钮。

step 12 设置单元格边框样式后的效果如图 3-205 所示。

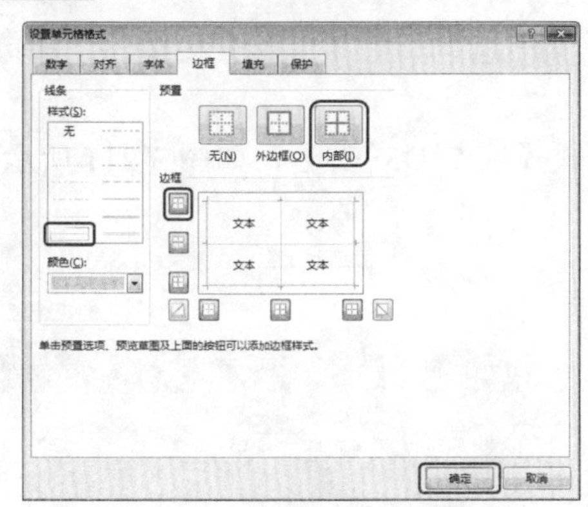

图 3-204 设置单元格边框样式

图 3-205 设置单元格边框样式后的效果

step 13 在第 2 行合并的单元格中输入文字，并选择输入的文字，在【开始】选项卡的【字体】选项组中将【字体】设置为【方正行楷简体】，将【字号】设置为 24，如图 3-206 所示。

step 14 然后在其他单元格中输入文字，效果如图 3-207 所示。

step 15 选择 D3:G3 单元格，在【字体】选项组中将【字号】设置为 10，效果如图 3-208 所示。

step 16 选择 G3 单元格，在【对齐方式】选项组中单击【右对齐】按钮，即可设置文字右对齐，效果如图 3-209 所示。

图 3-206 输入并设置文字

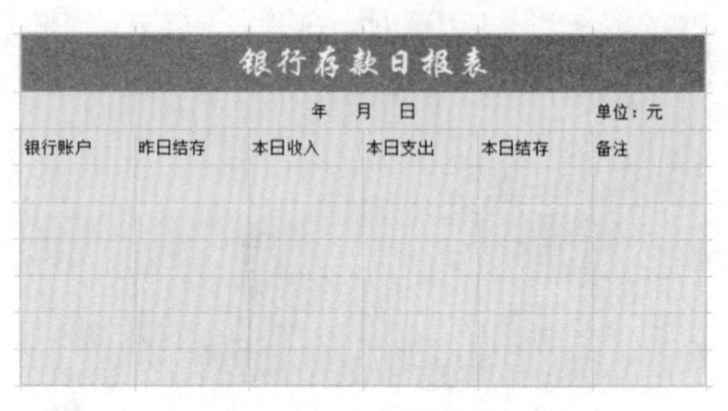

图 3-207 输入文字

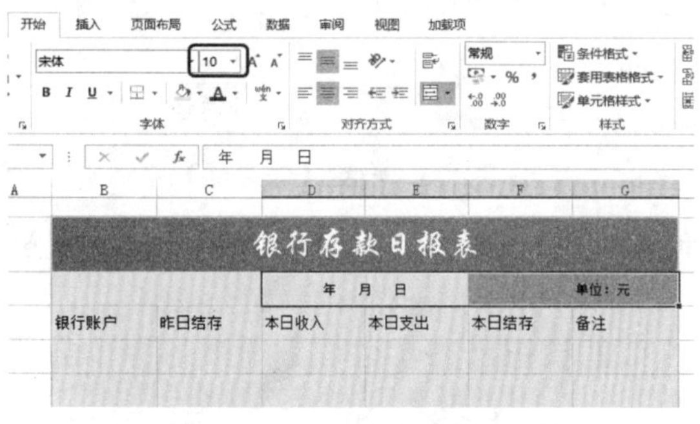

图 3-208 设置文字大小

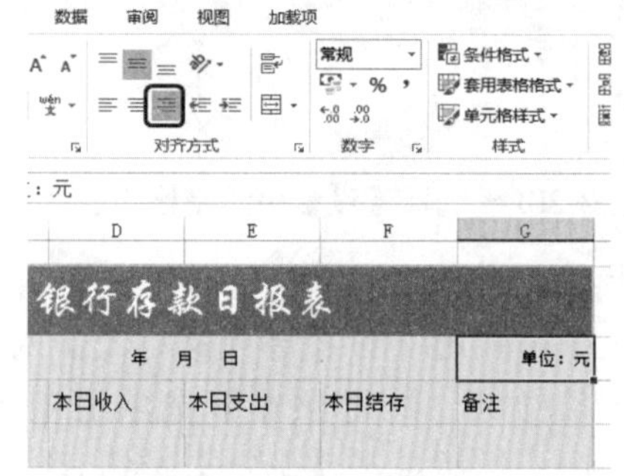

图 3-209 设置文字对齐方式

step 17 选择 B4:G4 单元格，在【对齐方式】选项组中单击【居中】按钮，即可设置文字居中对齐，效果如图 3-210 所示。

step 18 选择 F5 单元格，并在单元格中输入公式【=C5+D5−E5】，如图 3-211 所示。

图 3-210 设置文字居中对齐

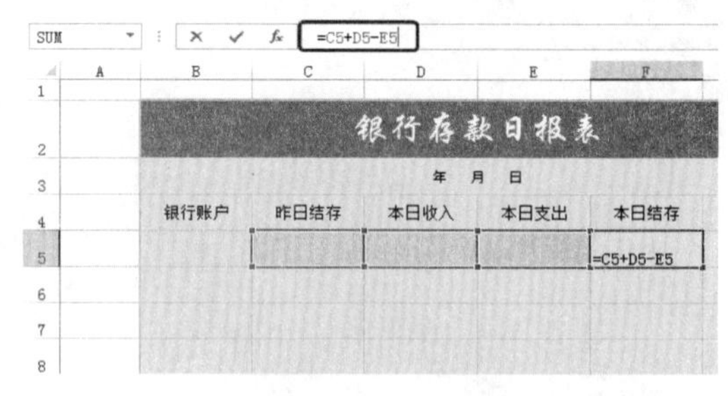

图 3-211 输入公式

step 19 输入完成后按 Enter 键即可，再次选择 F5 单元格，将光标放置到被选中的单元格的右下角，当光标变成黑心十字形状时，在按住鼠标左键的同时向下拖动鼠标，拖动至第 10 行中释放鼠标，即可自动填充公式，效果如图 3-212 所示。

step 20 选择 B3:G10 单元格，在【字体】选项组中将【字体颜色】设置为【绿色，着色

6，深色50%】，效果如图3-213所示。

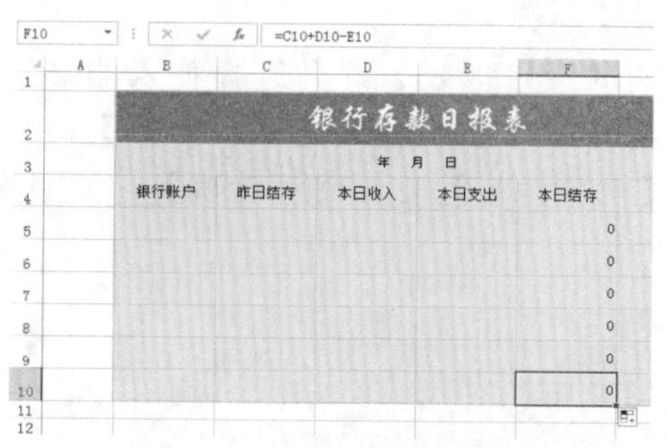

图3-212 自动填充公式

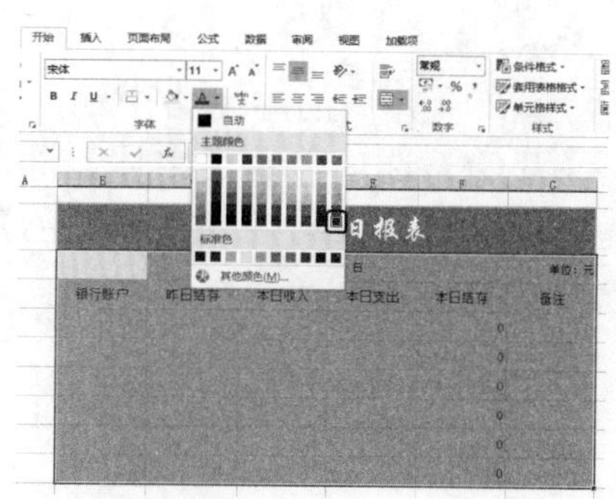

图3-213 设置文字颜色

案例精讲029 出纳现金日报表

案例文件：CDROM\场景\Cha03\出纳现金日报表.xlsx

视频文件：视频教学\Cha03\出纳现金日报表.avi

制作概述

本案例将介绍出纳现金日报表的制作。首先制作表格布局并美化表格；然后输入文字并对输入的文字进行设置；最后设置文字对齐方式，使表格更加整洁、美观。完成后的效果如图3-214所示。

图3-214 出纳现金日报表

学习目标

- 学习更改文字方向的方法。
- 掌握设置文字对齐方式的技巧。

操作步骤

step 01 按Ctrl+N组合键新建一个空白工作簿，选择B1:G1单元格，在【开始】选项卡的【对齐方式】选项组中单击【合并后居中】按钮，如图3-215所示。

step 02 即可将选择的单元格合并，在【单元格】选项组中单击【格式】按钮，在弹出的下拉菜单中选择【行高】命令，如图3-216所示。

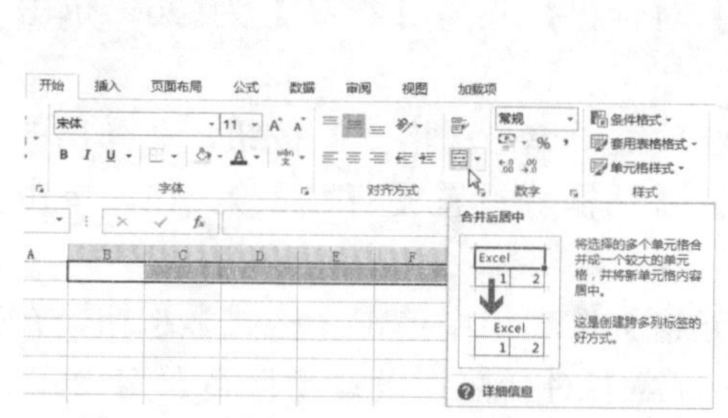

图3-215 单击【合并后居中】按钮

图3-216 选择【行高】命令

step 03 弹出【行高】对话框，设置【行高】为 50，单击【确定】按钮，效果如图 3-217 所示。

step 04 在合并后的单元格中输入文字【出纳现金日报表】，并选择输入的文字，在【开始】选项卡的【字体】选项组中，将【字体】设置为【微软雅黑】，将【字号】设置为 22，将【字体颜色】设置为【橙色，着色 2，深色 25%】，如图 3-218 所示。

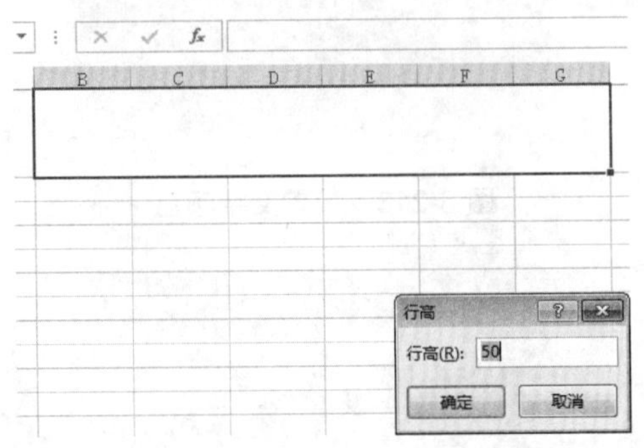

图 3-217 设置单元格高度

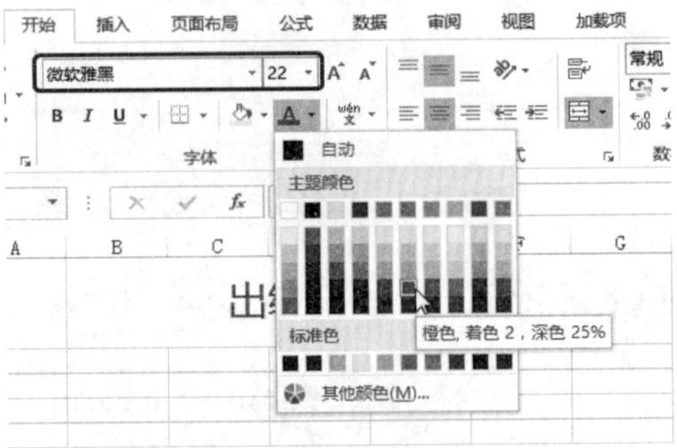

图 3-218 输入并设置文字

step 05 选择 B2:F2 单元格，在【对齐方式】选项组中单击【合并后居中】按钮，即可将选择的单元格合并，效果如图 3-219 所示。

step 06 使用同样的方法，合并其他单元格，效果如图 3-220 所示。

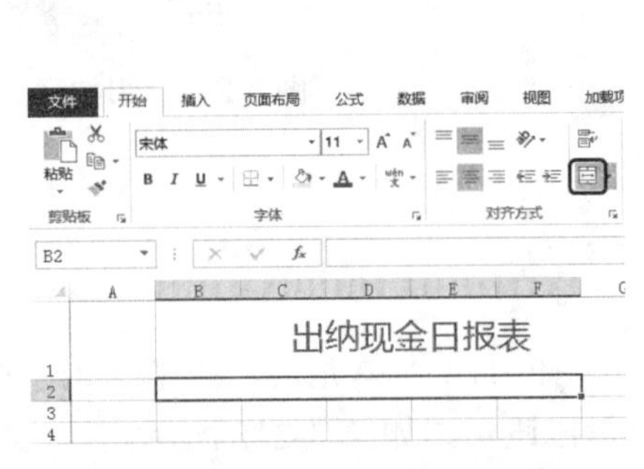

图 3-219 合并单元格

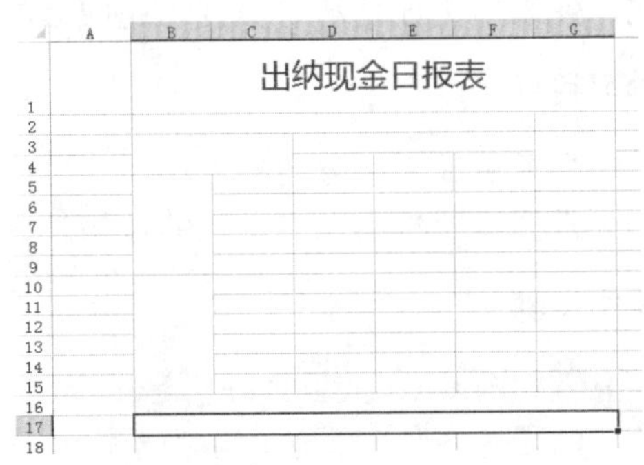

图 3-220 合并其他单元格

step 07 选择 B2:G15 单元格，在【单元格】选项组中单击【格式】按钮，在弹出的下拉菜单中选择【行高】命令，弹出【行高】对话框，设置【行高】为 20，单击【确定】按钮，效果如图 3-221 所示。

step 08 选择 D3:F4 单元格，在【单元格】选项组中单击【格式】按钮，在弹出的下拉菜单中选择【行高】命令，弹出【行高】对话框，设置【行高】为 15，单击【确定】按钮，效果如图 3-222 所示。

step 09 然后选择 B16:G17 单元格，在【单元格】选项组中单击【格式】按钮，在弹出的下拉菜单中选择【行高】命令，弹出【行高】对话框，设置【行高】为 25，单击【确定】按钮，效果如图 3-223 所示。

step 10 选择 B 列单元格，在【单元格】选项组中单击【格式】按钮，在弹出的下拉菜单中选择【列宽】命令，如图 3-224 所示。

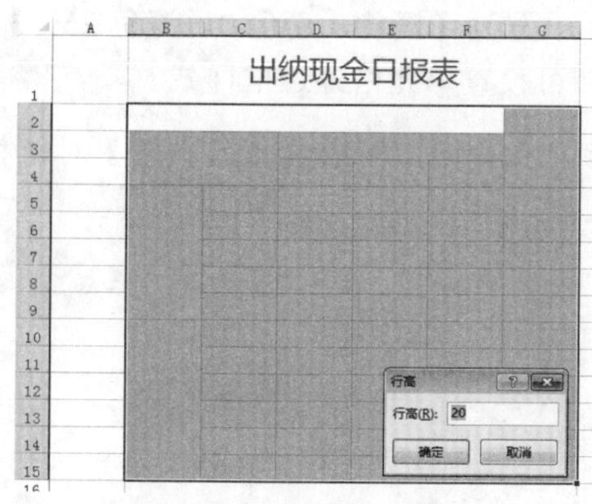

图 3-221　设置单元格高度

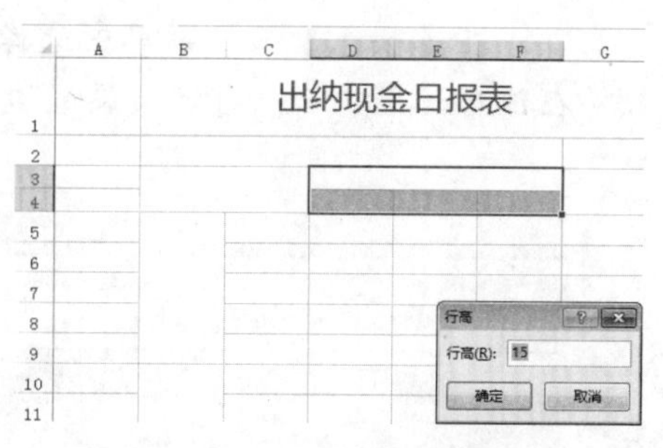

图 3-222　设置【行高】

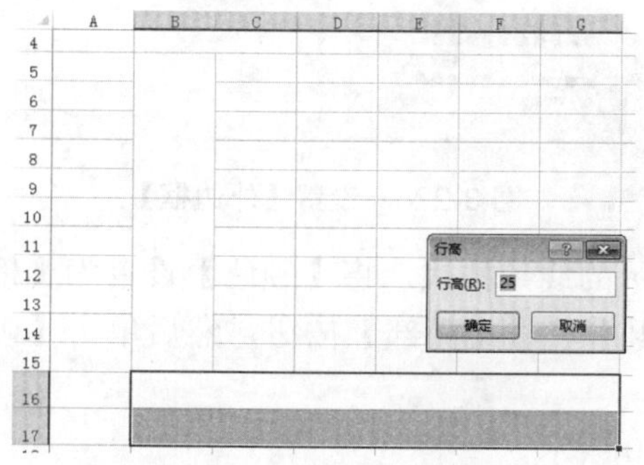

图 3-223　设置单元格高度

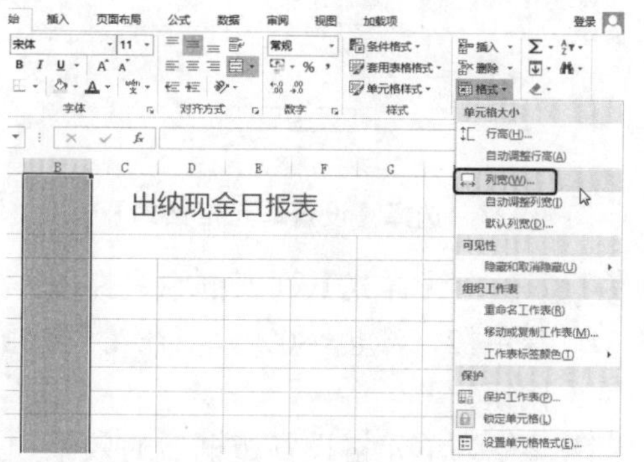

图 3-224　选择【列宽】命令

step 11 弹出【列宽】对话框，设置【列宽】为 5，单击【确定】按钮，效果如图 3-225 所示。

step 12 选择 C5:G5 单元格，在【单元格】选项组中单击【格式】按钮，在弹出的下拉菜单中选择【列宽】命令，弹出【列宽】对话框，设置【列宽】为 12，单击【确定】按钮，效果如图 3-226 所示。

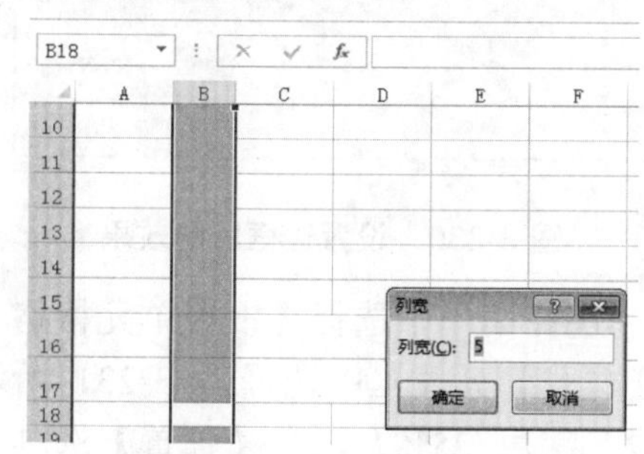

图 3-225　设置【列宽】

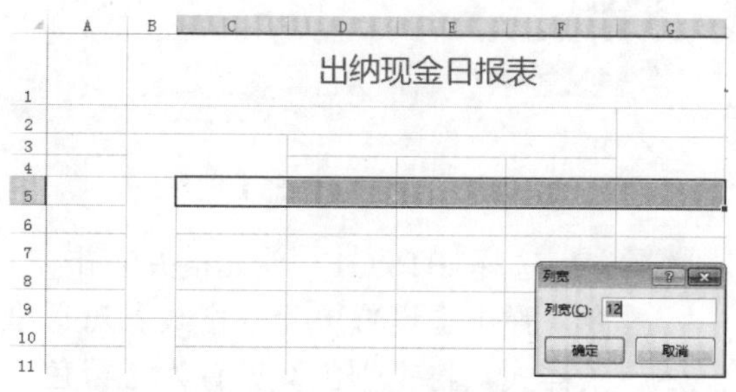

图 3-226　设置单元格宽度

step 13 选择 B3:G15 单元格并右击，在弹出的快捷菜单中选择【设置单元格格式】命令，如图 3-227 所示。

step 14 弹出【设置单元格格式】对话框，选择【边框】选项卡，在【样式】列表框中选择图 3-228 所示的线条样式，将【颜色】设置为【橙色，着色 2，深色 25%】，在【预置】选项组中单击【外边框】按钮，即可设置单元格外边框样式。

在【颜色】下拉菜单中选择【其他颜色】命令，可以弹出【颜色】对话框，在该对话框中可以自定义设置边框的颜色。

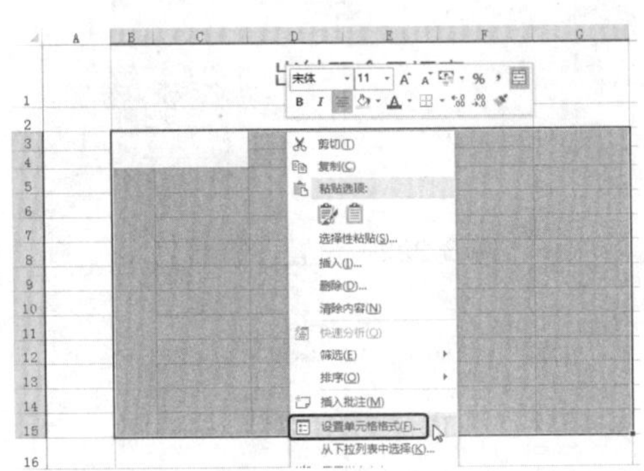

图 3-227 选择【设置单元格格式】命令

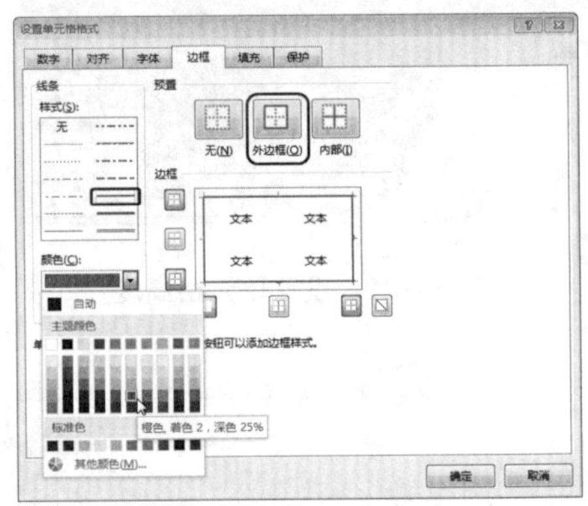

图 3-228 设置【外边框】

step 15 在【样式】列表框中选择图 3-229 所示的线条样式，将【颜色】设置为【橙色，着色 2，淡色 80%】，在【预置】选项组中单击【内部】按钮，然后单击【确定】按钮。

step 16 为单元格设置边框后的效果如图 3-230 所示。

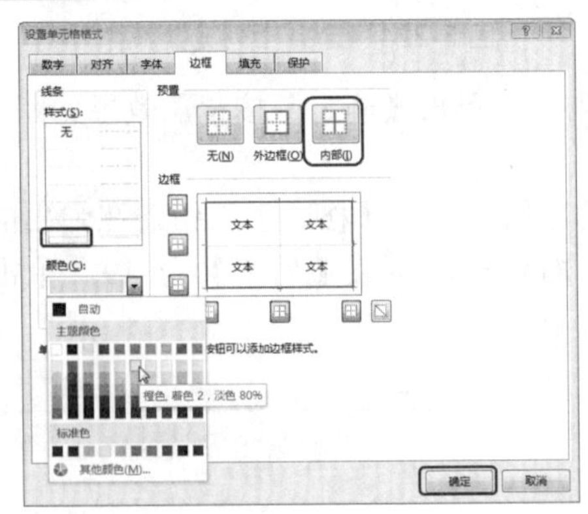

图 3-229 设置【内部】框线

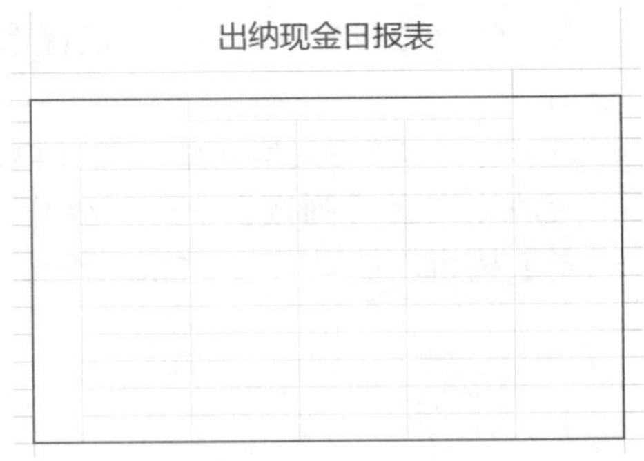

图 3-230 设置边框后的效果

step 17 选择 B16:G17 单元格并右击，在弹出的快捷菜单中选择【设置单元格格式】命令，弹出【设置单元格格式】对话框，在【样式】列表框中选择图 3-231 所示的线条样式，将【颜色】设置为【橙色，着色 2，深色 25%】，在【预置】选项组中单击【外边框】和【内部】按钮，然后单击【确定】按钮。

step 18 选择 B3:G4 单元格，在【样式】选项组中单击【单元格样式】按钮，在弹出的

下拉菜单中选择单元格样式【40%，着色 2】，如图 3-232 所示。

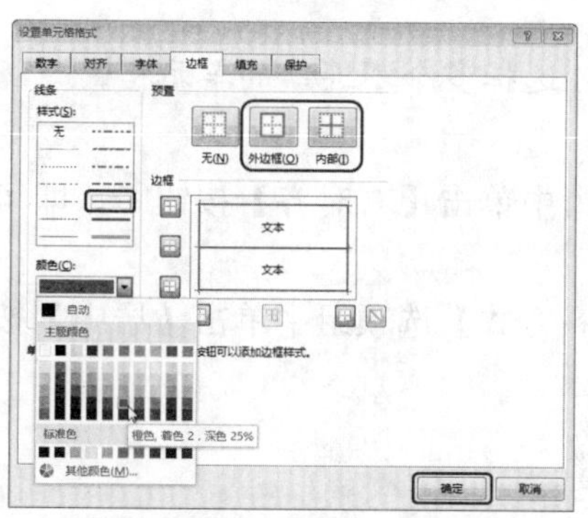

图 3-231　设置单元格边框

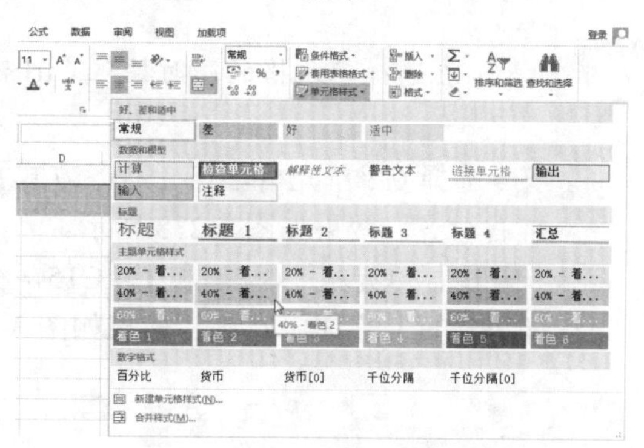

图 3-232　设置单元格样式

step 19 使用同样的方法，为其他单元格填充颜色，效果如图 3-233 所示。

step 20 选择 C9:G9 和 C15:G15 单元格，在【样式】选项组中单击【单元格样式】按钮，在弹出的下拉菜单中选择单元格样式【20%，着色 2】，如图 3-234 所示。

图 3-233　为其他单元格填充颜色

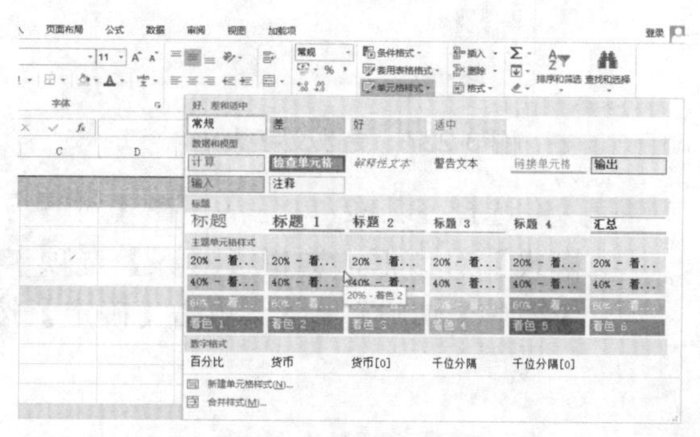

图 3-234　设置单元格样式

step 21 然后在单元格中输入文字，效果如图 3-235 所示。

step 22 选择 B5:B15 单元格，在【对齐方式】选项组中单击【方向】按钮，在弹出的下拉菜单中选择【竖排文字】命令，如图 3-236 所示。

图 3-235　输入文字

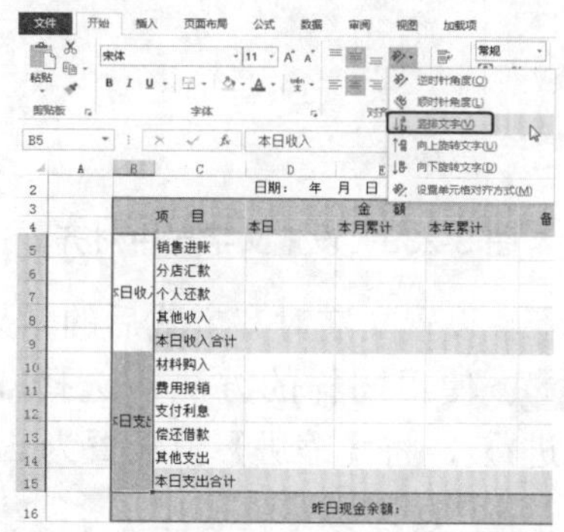

图 3-236　选择【竖排文字】命令

step 23 即可更改文字方向，然后选择 B2:G4、C5:C15 单元格，在【开始】选项卡的

【字体】选项组中，将【字号】设置为 10，效果如图 3-237 所示。

提示　在选择单元格的同时按住 Ctrl 键，即可选择多个不连续的单元格。

step 24 选择 G2 单元格，在【对齐方式】选项组中单击【右对齐】按钮，即可设置文字右对齐，效果如图 3-238 所示。

step 25 选择单元格 D4:F4 和 C4:C15，在【对齐方式】选项组中单击【居中】按钮，即可设置文字居中对齐，效果如图 3-239 所示。

图 3-237　更改文字大小

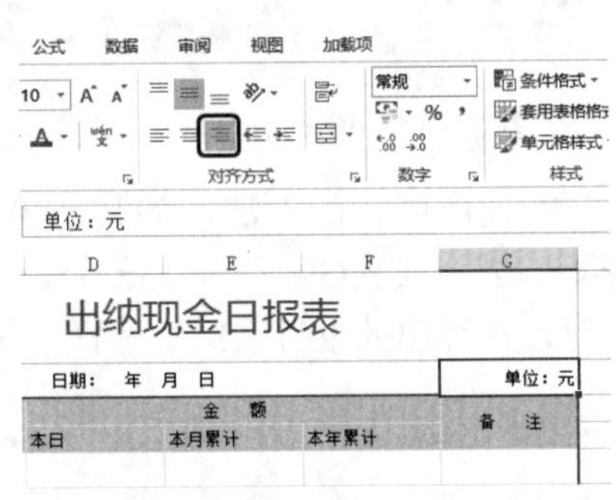

图 3-238　设置文字右对齐

step 26 选择 B2:F2 单元格，在【对齐方式】选项组中单击按钮，弹出【设置单元格格式】对话框，选择【对齐】选项卡，将【水平对齐】设置为【靠左(缩进)】，将【缩进】值设置为 8，单击【确定】按钮，如图 3-240 所示。

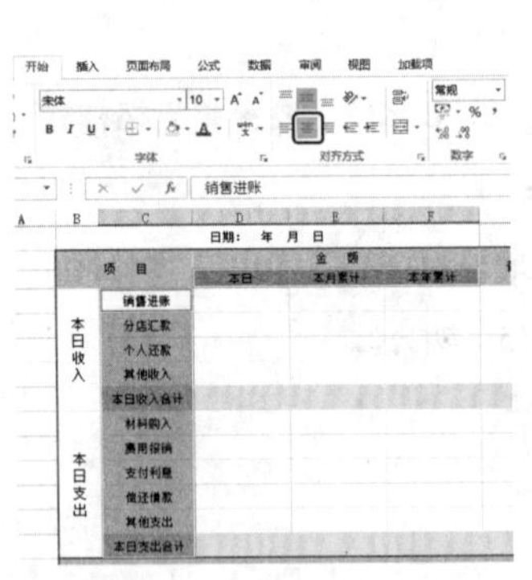

图 3-239　设置文字居中对齐

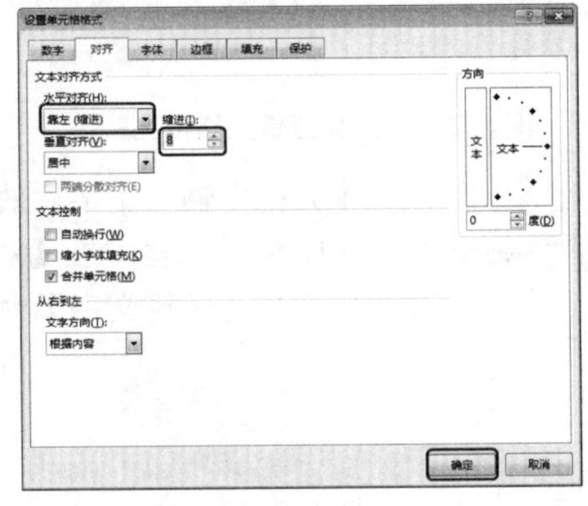

图 3-240　设置文字对齐方式

step 27 设置文字对齐方式后的效果如图 3-241 所示。

step 28 使用同样的方法，选择 B16:G17 单元格，将【水平对齐】设置为【靠左(缩进)】，将【缩进】值设置为 2，设置文字对齐后的效果如图 3-242 所示。

提示　通过在【对齐方式】选项组中单击【减少缩进量】和【增加缩进量】按钮，同样可以设置缩进值。

图 3-241　设置对齐方式后的效果

图 3-242　设置其他文字对齐方式

案例精讲 030　银行存款、现金收支日报表

案例文件：CDROM\场景\Cha03\银行存款、现金收支日报表.xlsx

视频文件：视频教学\Cha03\银行存款、现金收支日报表.avi

制作概述

本案例将介绍银行存款、现金收支日报表的制作。首先设计表格布局并输入标题；然后通过设置边框和填充单元格颜色来美化表格；最后输入文字和公式。完成后的效果如图 3-243 所示。

图 3-243　银行存款、现金收支日报表

学习目标

- 学习输入并设置文字的方法。
- 掌握输入自动求和公式的方法。

操作步骤

step 01 按 Ctrl+N 组合键新建一个空白工作簿，选择 B 列和 H 列单元格，在【开始】选项卡的【单元格】选项组中单击【格式】按钮，在弹出的下拉菜单中选择【列宽】命令，如图 3-244 所示。

step 02 弹出【列宽】对话框，设置【列宽】为 5，单击【确定】按钮，效果如图 3-245 所示。

提示　将光标指针移动到两列的列标之间，当光针变为✛形状时，按住鼠标左键向左拖动则使列变窄，向右拖动则使列变宽。当拖动时将显示出以点和像素为单位的宽度提示。

图 3-244　选择【列宽】命令

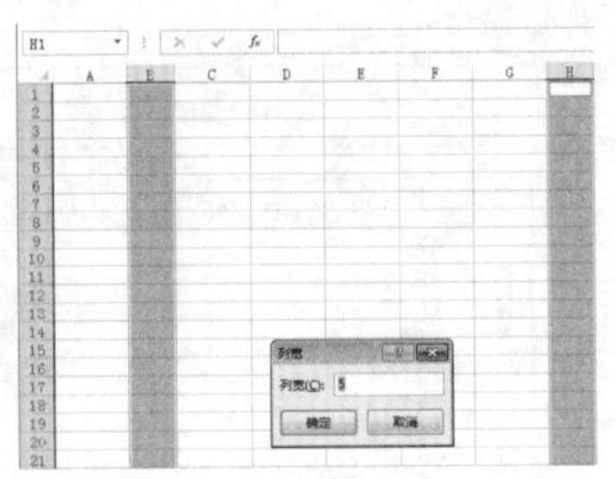

图 3-245　设置【列宽】

step 03 选择单元格 C1:G1 和 I1:N1，在【单元格】选项组中单击【格式】按钮，在弹出的下拉菜单中选择【列宽】命令，弹出【列宽】对话框，设置【列宽】为 8，单击【确定】按钮，效果如图 3-246 所示。

step 04 选择 B1:N1 单元格，在【对齐方式】选项组中单击【合并后居中】按钮，如图 3-247 所示。

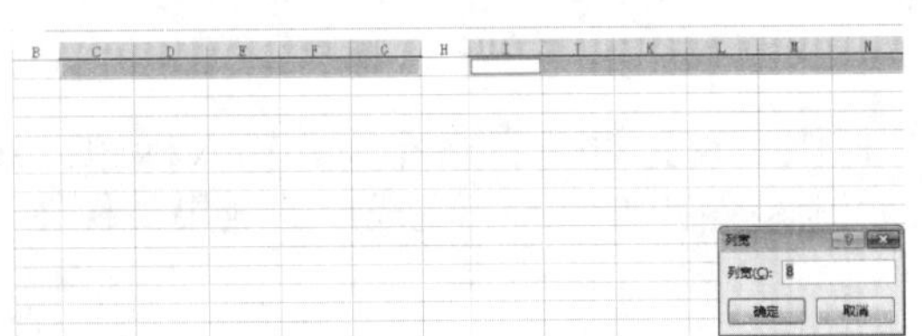

图 3-246　设置单元格宽度

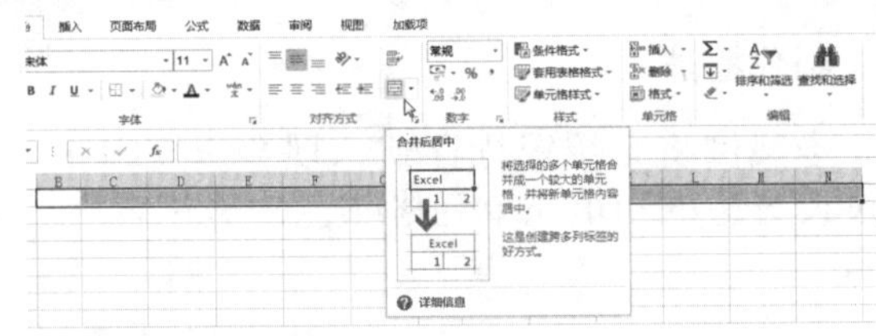

图 3-247　单击【合并后居中】按钮

step 05 即可将选择的单元格合并，在【单元格】选项组中单击【格式】按钮，在弹出的下拉菜单中选择【行高】命令，如图 3-248 所示。

step 06 弹出【行高】对话框，设置【行高】为 35，单击【确定】按钮，效果如图 3-249 所示。

图 3-248　选择【行高】命令

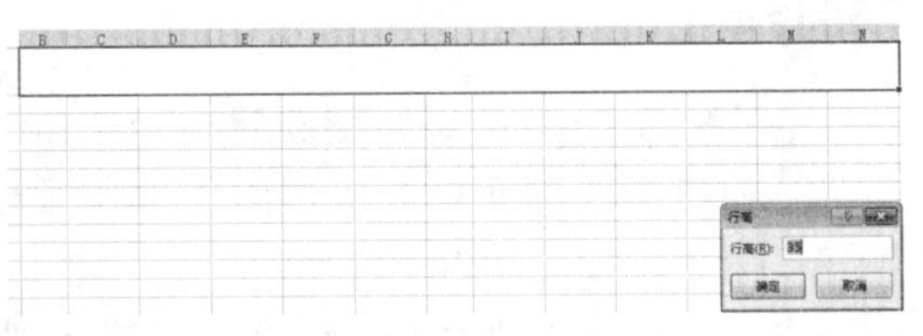

图 3-249　设置单元格高度

step 07 在合并后的单元格中输入文字【银行存款、现金收支日报表】，并选择输入的文字，在【字体】选项组中将【字体】设置为【方正行楷简体】，将【字号】设置为 20，将【字体颜色】设置为【蓝色，着色 1，深色 25%】，在【对齐方式】选项组中单击【底端对齐】按钮，效果如图 3-250 所示。

step 08 选择 B2:N9 单元格，在【单元格】选项组中单击【格式】按钮，在弹出的下拉

菜单中选择【行高】命令，弹出【行高】对话框，设置【行高】为 22，单击【确定】按钮，效果如图 3-251 所示。

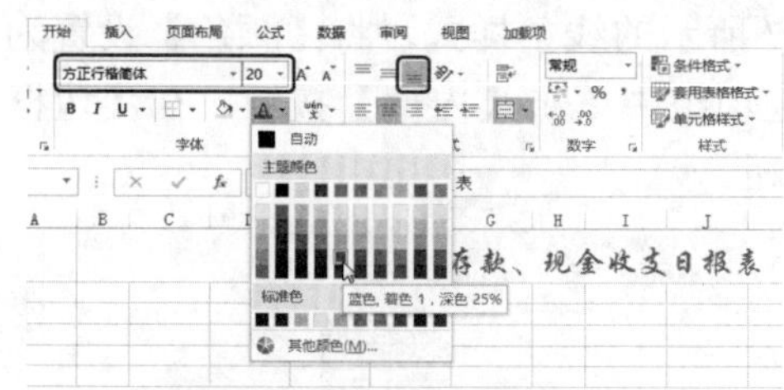

图 3-250　输入文字并设置

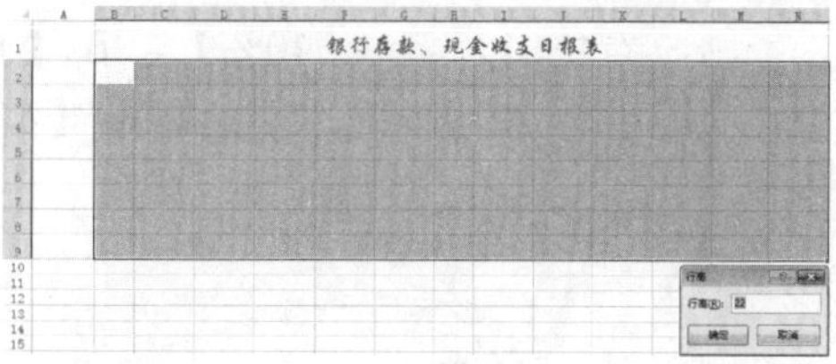

图 3-251　设置单元格高度

step 09 选择 B2:N2 单元格，在【对齐方式】选项组中单击【合并后居中】按钮，如图 3-252 所示。

step 10 即可将选择的单元格合并，然后在单元格中输入文字，并选择输入的文字，在【字体】选项组中将【字号】设置为 10，在【对齐方式】选项组中单击【右对齐】按钮，效果如图 3-253 所示。

提示　在文字【年】后面按 4 次空格键，在文字【月】后面按 5 次空格键。

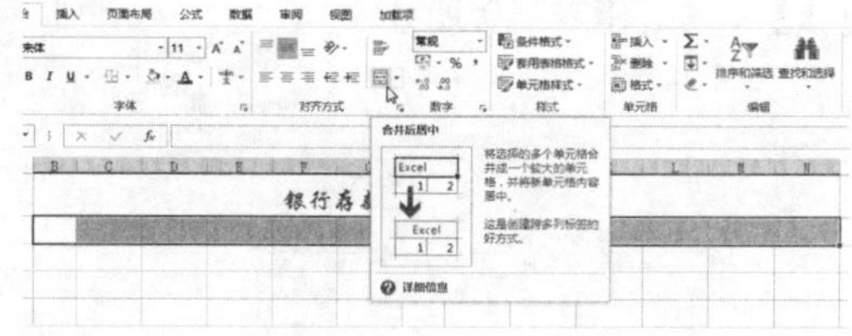

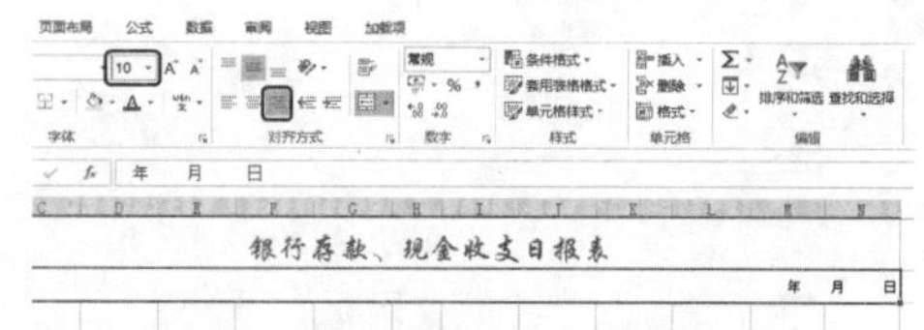

图 3-252　单击【合并后居中】按钮

图 3-253　输入文字并设置

step 11 选择 B3:B9 及 C9:E9 单元格，在【对齐方式】选项组中单击【合并后居中】按钮，如图 3-254 所示。

step 12 即可将选择的单元格合并，然后选择 B3:G9 单元格并右击，在弹出的快捷菜单中选择【设置单元格格式】命令，如图 3-255 所示。

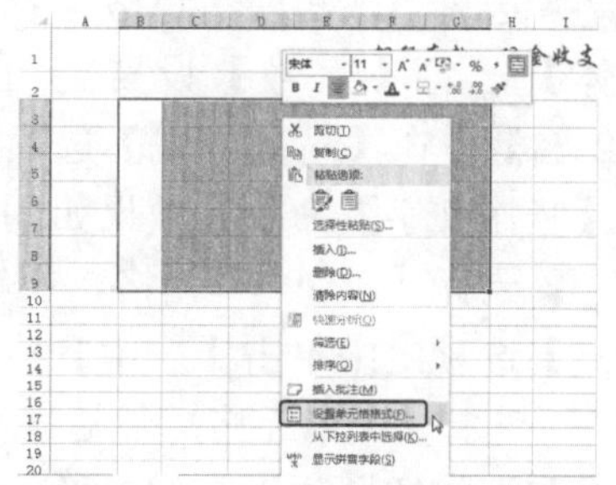

图 3-254　单击【合并后居中】按钮

图 3-255　选择【设置单元格格式】命令

step 13 弹出【设置单元格格式】对话框，选择【边框】选项卡，在【样式】列表框中

选择图 3-256 所示的线条样式，将【颜色】设置为【蓝色，着色 1，深色 25%】，在【预置】选项组中单击【外边框】按钮，在【边框】选项组中取消单击按钮。

step 14 然后在【样式】列表框中选择图 3-257 所示的线条样式，将【颜色】设置为【蓝色，着色 1，淡色 40%】，在【预置】选项组中单击【内部】按钮，在【边框】选项组中单击按钮，然后单击【确定】按钮。

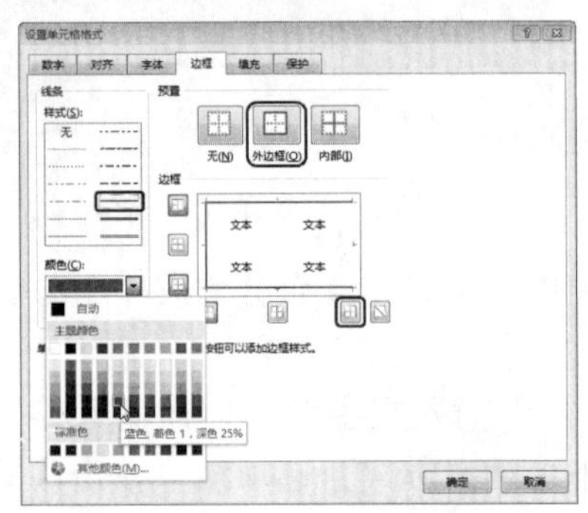

图 3-256　设置【外边框】

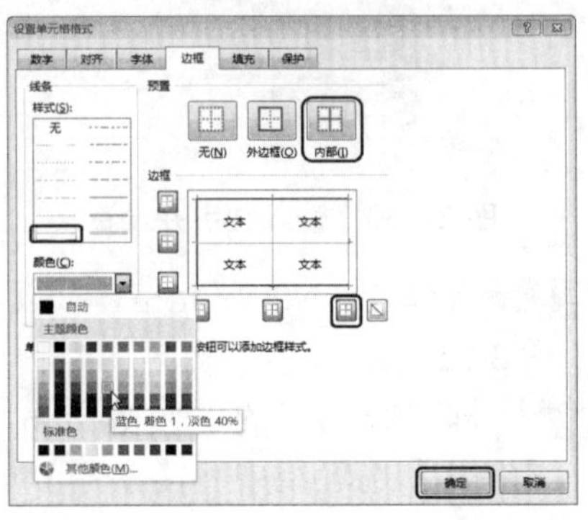

图 3-257　设置【内部】框线

step 15 设置单元格边框后的效果如图 3-258 所示。

step 16 选择 B3:B9 单元格，在【样式】选项组中单击【单元格样式】按钮，在弹出的下拉菜单中选择单元格样式【20%，着色 1】，如图 3-259 所示。

图 3-258　设置边框后的效果

图 3-259　设置单元格样式

step 17 然后在单元格中输入文字，效果如图 3-260 所示。

step 18 选择 B3:B9 单元格，在【字体】选项组中将【字体】设置为【方正行楷简体】，将【字号】设置为 14，将【字体颜色】设置为【蓝色，着色 1，深色 25%】，在【对齐方式】选项组中单击【方向】按钮，在弹出的下拉菜单中选择【竖排文字】命令，效果如图 3-261 所示。

step 19 选择 C3:G9 单元格，在【字体】选项组中将【字号】设置为 10，在【对齐方式】选项组中单击【居中】按钮，如图 3-262 所示。

step 20 选择 F9 单元格，然后选择【公式】选项卡，在【函数库】选项组中单击【自动求和】按钮，如图 3-263 所示。

单击【自动求和】按钮右侧的按钮，在弹出的下拉菜单中可以自动计算所选单元格的【平均值】、【最大值】或【最小值】等。

图 3-260 输入文字

图 3-261 设置文字字体、字号及颜色

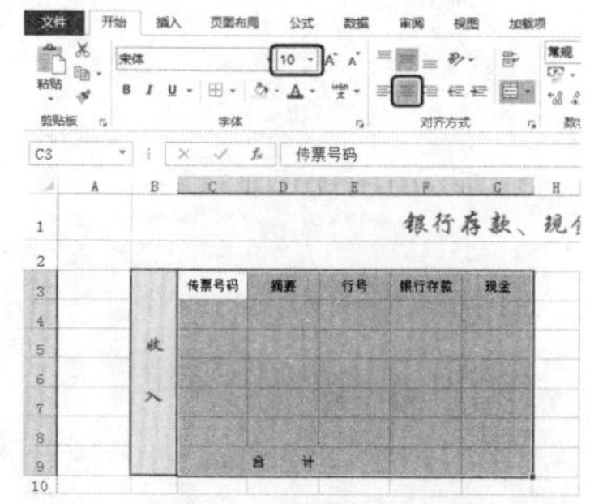

图 3-262 设置文字对齐方式

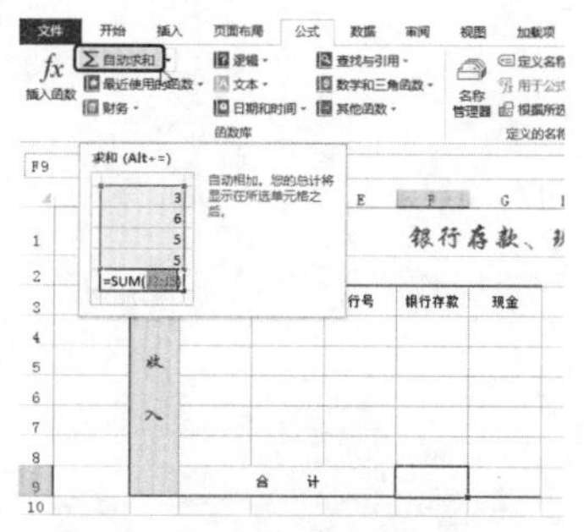

图 3-263 单击【自动求和】按钮

step 21 然后在工作表中选择 F4:F8 单元格，如图 3-264 所示。

step 22 选择完成后按 Enter 键确认即可。使用同样的方法，在 G9 单元格中输入公式，如图 3-265 所示。

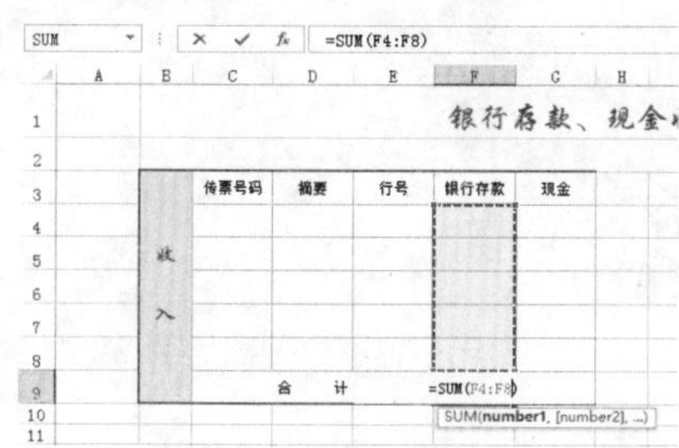

图 3-264 选择求和单元格

图 3-265 输入公式

step 23 结合前面介绍的方法，制作【支出】部分，效果如图 3-266 所示。

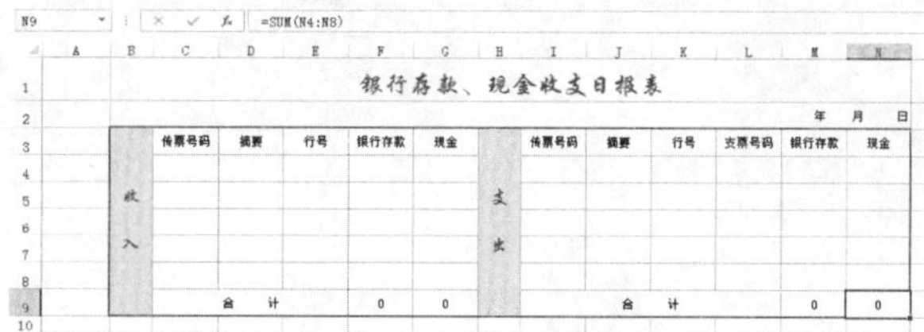

图 3-266 制作其他内容

第4章 应收账款类表格的制作

本章重点

- 欠款通报单
- 信用评级表
- 应收账款到期预警
- 应收账款月报表
- 应收账款分户账
- 计提坏账准备
- 应收账款清查评估明细表
- 应收账款登记表
- 账龄分析表
- 应收账款余额统计表

应收账款是伴随企业的销售行为发生而形成的一项债权。在企业财务管理中，经常需要对应收账款类表进行处理。本章将通过讲解应收账款类表格的制作过程，使读者基本掌握此类表格在 Excel 中的处理方法。

案例精讲 031　欠款通报单

案例文件：CDROM\场景\Cha04\欠款通报单.xlsx

视频文件：视频教学\Cha04\欠款通报单.avi

制作概述

本案例将介绍如何制作欠款通报单。首先设置表格的标题；然后输入列标题，根据【应收款清单】中的数据，在【欠款通报单】中输入计算公式；最后设置表格样式。完成后的效果如图 4-1 所示。

应收账款清单

客户名称	客户类别	地址	信用等级	截至今日欠款	信用截止期限
名瓷天下有线平台	运营平台	北京	AAA	¥5,000.00	2014/8/28
世通电讯通讯	运营平台	上海	AA	¥78,000.00	2014/8/28
飞通通讯运营	运营平台	深圳	B	¥25,600.00	2014/8/30
万通通讯责任有限公司	公司	北京	B	¥2,000.00	2014/8/31
文才通信器材运营	运营平台	上海	A	¥6,000.00	2014/9/1
经贸财务有限责任公司	公司	深圳	A	¥5,000.00	2014/9/1
美日商行	协会组织	北京	C	¥6,000.00	2014/9/3
红太阳有限责任公司	公司	上海	B	¥10,000.00	2014/9/4
中邮商行	协会组织	深圳	A	¥200,000.00	2014/9/5
名利销售有限公司	公司	北京	AA	¥2,000.00	2014/9/1
新联服务中心	协会组织	上海	AAA	¥500,000.00	2014/9/7
电器城有限责任公司	公司	深圳	AA	¥6,000.00	2014/9/22
新兴科技	公司	北京	A	¥185,000.00	2014/9/1

欠款通报单

		今天是：	2014/9/1
客户名称	信用等级	截至今日欠款	信用截止期限
文才通信器材运营	A	¥6,000.00	2014/9/1
经贸财务有限责任公司	A	¥5,000.00	2014/9/1
名利销售有限公司	AA	¥2,000.00	2014/9/1
新兴科技	A	¥185,000.00	2014/9/1

图 4-1　欠款通报单

学习目标

- 学习如何制作欠款通报单。
- 学习 OFFSET 函数的使用方法。
- 学习 SMALL 函数的使用方法。

操作步骤

step 01 启动 Excel 2013，打开随书附带光盘中的“CDROM\素材\Cha04\欠款通报单.xlsx”，如图 4-2 所示。

step 02 单击【新工作表】按钮⊕，新建一个工作表。双击新工作表的名称，将其更改为【欠款通报单】，如图 4-3 所示。

应收账款清单

	A	B	C	D	E	F	G
2		客户名称	客户类别	地址	信用等级	截至今日欠款	信用截止期限
3		名瓷天下有线平台	运营平台	北京	AAA	¥5,000.00	2014/8/28
4		世通电讯通讯	运营平台	上海	AA	¥78,000.00	2014/8/28
5		飞通通讯运营	运营平台	深圳	B	¥25,600.00	2014/8/30
6		万通通讯责任有限公司	公司	北京	B	¥2,000.00	2014/8/31
7		文才通信器材运营	运营平台	上海	A	¥6,000.00	2014/9/1
8		经贸财务有限责任公司	公司	深圳	A	¥5,000.00	2014/9/1
9		美日商行	协会组织	北京	C	¥6,000.00	2014/9/3
10		红太阳有限责任公司	公司	上海	B	¥10,000.00	2014/9/4
11		中邮商行	协会组织	深圳	A	¥200,000.00	2014/9/5
12		名利销售有限公司	公司	北京	AA	¥2,000.00	2014/9/1
13		新联服务中心	协会组织	上海	AAA	¥500,000.00	2014/9/7
14		电器城有限责任公司	公司	深圳	AA	¥6,000.00	2014/9/22
15		新兴科技	公司	北京	A	¥185,000.00	2014/9/1

图 4-2　打开的素材文件

图 4-3　新建的工作表

step 03 在【欠款通报单】工作表中，选中 B1:E1 单元格，单击【对齐方式】选项组中的【合并后居中】按钮，在合并后的单元格中输入文字，然后在【字体】选项组中将【字体】设置为【微软雅黑】，【字号】设置为 28，如图 4-4 所示。

step 04 在其他单元格中输入并设置文字，如图 4-5 所示。

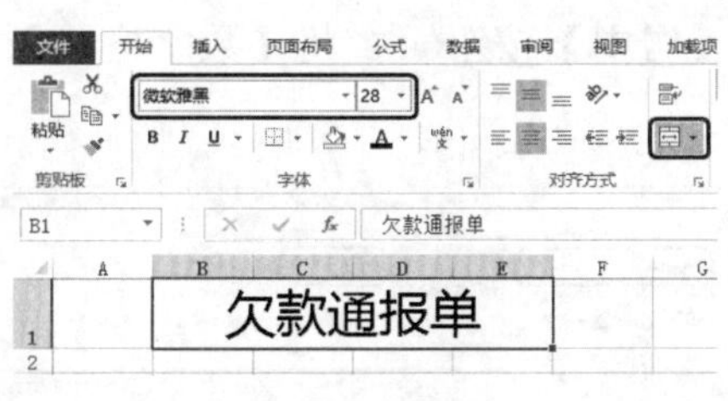

图 4-4　输入文字

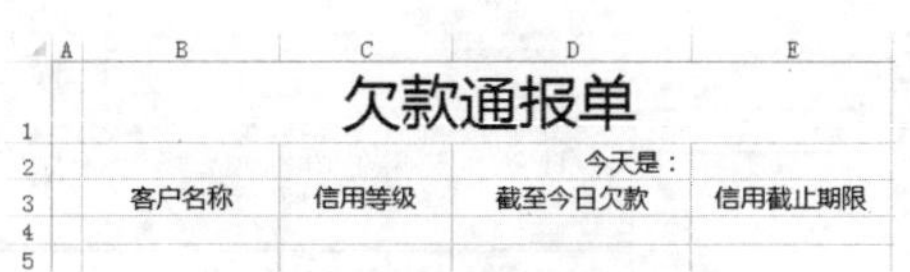

图 4-5　输入其他文字

根据单元格中的文字长度，适当调整单元格的宽度。

step 05 在 E2 单元格中输入【2014-9-1】，将其【字体】设置为【微软雅黑】，【字号】设置为 10，然后单击【左对齐】按钮，如图 4-6 所示。

step 06 选中 B4 单元格，在编辑栏中输入公式【=OFFSET(应收款清单!$A$2,SMALL(IF(应收款清单!$G$3:$G$15=欠款通报单!$E$2,ROW(应收款清单!$G$3:$G$15)-2),ROW($B1)),1)】，然后按 Ctrl+Shift+Enter 组合键确认输入。将【字体】设置为【微软雅黑】，【字号】设置为 10，如图 4-7 所示。

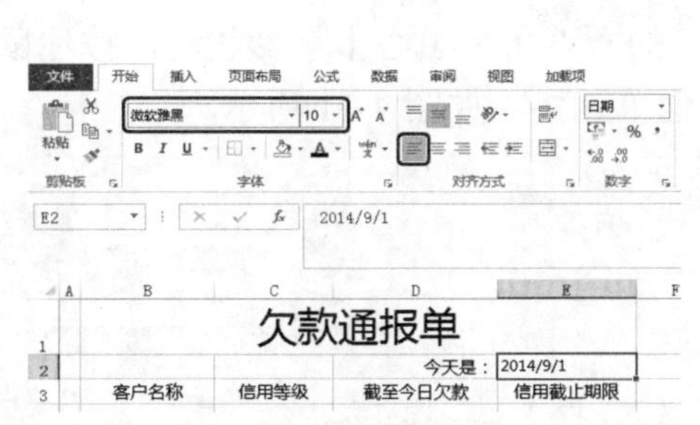

图 4-6　输入日期

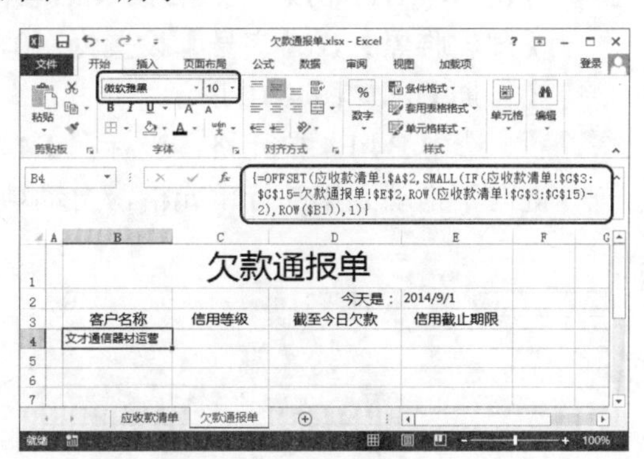

图 4-7　输入计算公式

知识链接

输入普通公式时，只要按 Enter 键即可。如果输入的是数组公式，则必须按 Shift+Ctrl+Enter 组合键才有效。

step 07 选中 C4 单元格，在编辑栏中输入公式【=OFFSET(应收款清单!$A$2,SMALL(IF(应收款清单!$G$3:$G$15=欠款通报单!$E$2,ROW(应收款清单!$G$3:$G$15)-2),ROW($B1)),4)】，然后按 Ctrl+Shift+Enter 组合键确认输入。将【字体】设置为【微软雅黑】，【字号】设置为 10，单击【居中】按钮，如图 4-8 所示。

step 08 选中 D4 单元格，在编辑栏中输入公式【=OFFSET(应收款清单!$A$2,SMALL(IF(应收款清单!$G$3:$G$15=欠款通报单!$E$2,ROW(应收款清单!$G$3:$G$15)-2),ROW($B1)),5)】，然后按 Ctrl+Shift+Enter 组合键确认输入。将【字体】设置为

【微软雅黑】，【字号】设置为 10，单击【居中】按钮，将【数字格式】设置为【货币】，如图 4-9 所示。

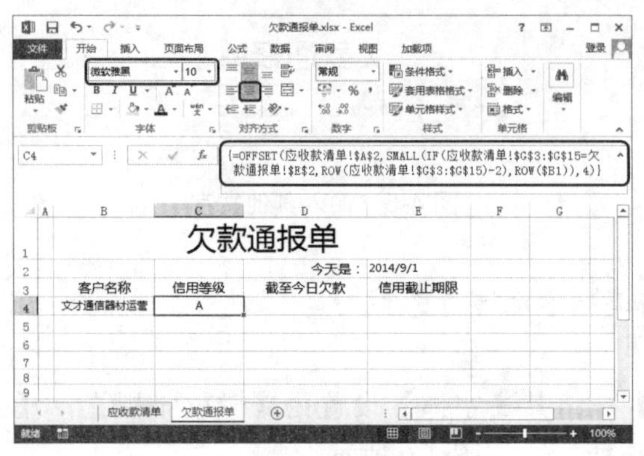

图 4-8 输入计算公式

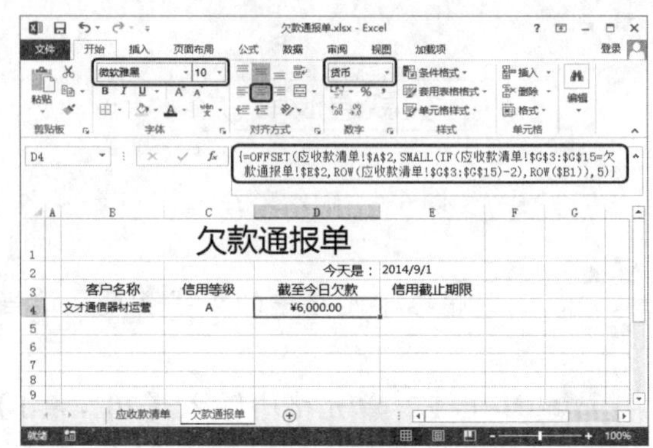

图 4-9 输入计算公式

step 09 选中 E4 单元格，在编辑栏中输入公式【=OFFSET(应收款清单!$A$2,SMALL(IF(应收款清单!$G$3:$G$15=欠款通报单!$E$2,ROW(应收款清单!$G$3:$G$15)-2),ROW($B1)),6)】，然后按 Ctrl+Shift+Enter 组合键确认输入。将【字体】设置为【微软雅黑】，【字号】设置为 10，单击【居中】按钮，将【数字格式】设置为【日期】，如图 4-10 所示。

step 10 选中 B4:E4 单元格，光标在 E4 单元格的右下角呈黑心十字形状时，按住鼠标左键向下拖动到第 9 行单元格，自动填充其他单元格，如图 4-11 所示。

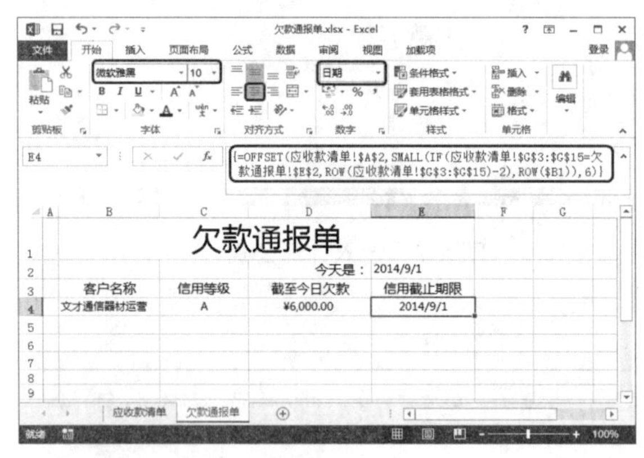

图 4-10 输入计算公式

图 4-11 自动填充其他单元格

step 11 选中 B1:E9 单元格，在【字体】选项组中将线框设置为【所有线框】，如图 4-12 所示。

step 12 将多余无用的数据删除，然后选中 B3:E3 单元格，在【字体】选项组中设置【填充颜色】和【字体颜色】，如图 4-13 所示。

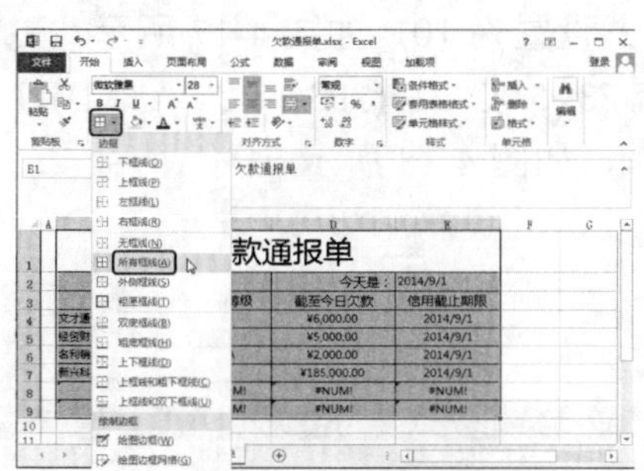

图 4-12　设置线框

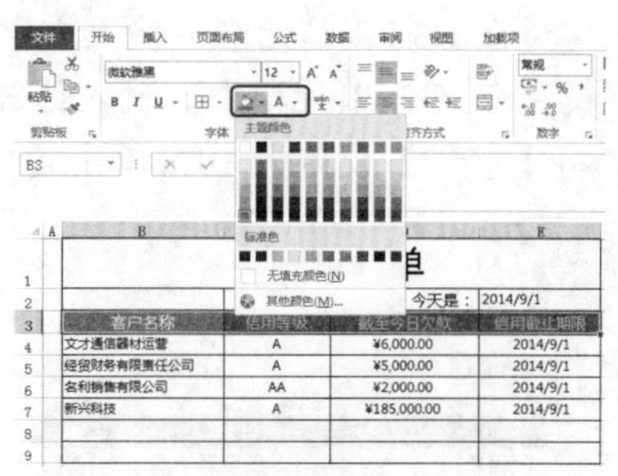

图 4-13　设置【填充颜色】和【字体颜色】

案例精讲 032　信用评级表

案例文件：CDROM\场景\Cha04\信用评级表.xlsx

视频文件：视频教学\Cha04\信用评级表.avi

制作概述

本案例将介绍如何制作信用评级表。首先设置表格的数据信息和格式；然后输入计算公式，计算信用评级，最后设置表格的线框；完成后的效果如图 4-14 所示。

信用评级表					
客户名称	经营年限	企业注册资金	应收账款	逾期天数	信用评级
璺璺日化	3	¥3,000,000	¥20,000	2	B
海天科技公司	2	¥5,000,000	¥50,000	5	B
可克科技	1	¥2,500,000	¥25,000	4	B
鸿运投资商行	5	¥10,000,000	¥500,000	0	A
天河实业	10	¥50,000,000	¥2,000,000	6	C
中程机械	6	¥60,000,000	¥3,000,000	3	B

图 4-14　信用评级表

学习目标

- 学习如何制作信用评级表。
- 学习 IF 函数的使用方法。
- 学习如何绘制线框。

操作步骤

step 01 启动 Excel 2013，新建一个空白工作簿。选中 B1:G1 单元格，单击【对齐方式】选项组中的【合并后居中】按钮，在合并后的单元格中输入文字【信用评级表】，然后在【字体】选项组中将【字体】设置为【宋体】，【字号】设置为 20，然后设置【填充颜色】和【字体颜色】，如图 4-15 所示。

step 02 在 B2:G2 单元格中输入文字，将【字号】设置为 14，单击【居中】按钮，然后适当调整单元格的宽度，如图 4-16 所示。

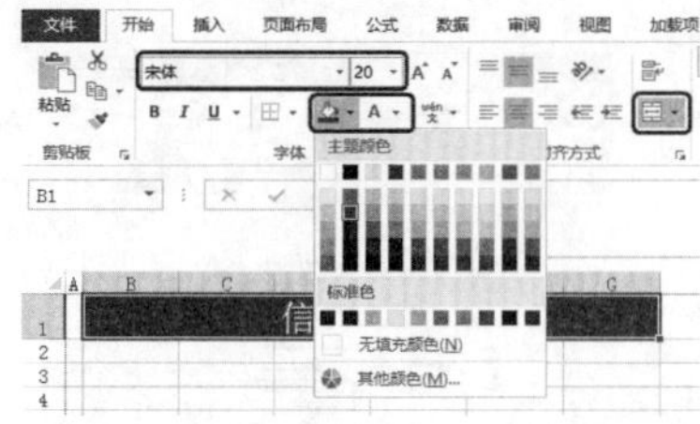

图 4-15　输入并设置文字

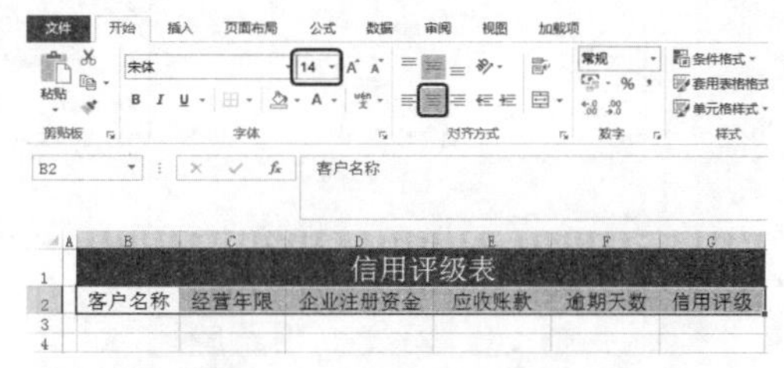

图 4-16　输入并设置文字

step 03 在 B3:F8 单元格中输入文字，将【字号】设置为 10，如图 4-17 所示。

step 04 在 G3 单元格中，输入计算公式【=IF($F3>5,"C",(IF($F3>=1,"B","A")))】，然后将【字号】设置为 10，单击【居中】按钮，如图 4-18 所示。

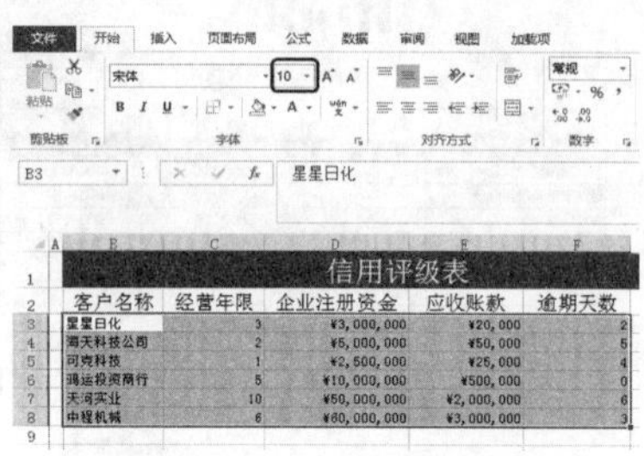

图 4-17　输入文字

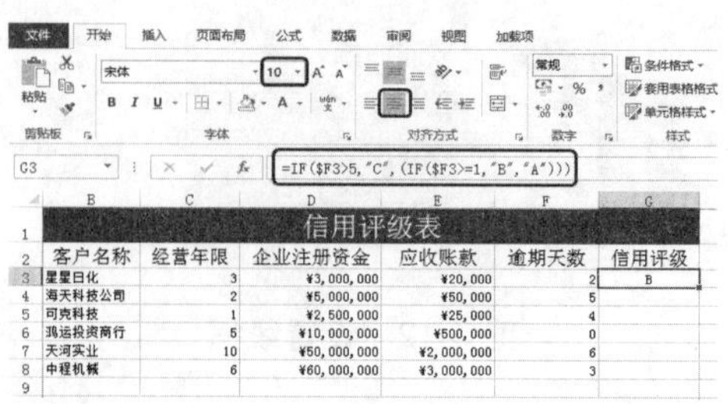

图 4-18　输入计算公式

将 D、E 两列的【数字格式】设置为【货币】。

step 05 当光标在 G3 单元格的右下角呈黑心十字形状时，按住鼠标左键向下拖动到第 8 行单元格，自动填充其他单元格，如图 4-19 所示。

step 06 选中 B2:G8 单元格，将线框设置为【外侧框线】，然后设置【填充颜色】，如图 4-20 所示。

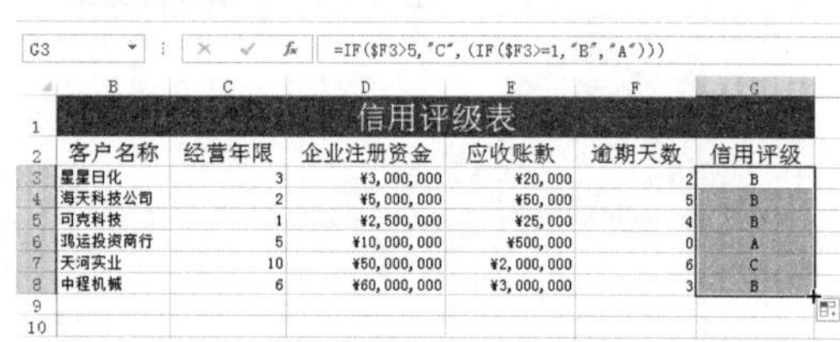

G3 =IF($F3>5,"C",(IF($F3>=1,"B","A")))

客户名称	经营年限	企业注册资金	应收账款	逾期天数	信用评级
星星日化	3	¥3,000,000	¥20,000	2	B
海天科技公司	2	¥5,000,000	¥50,000	5	B
司克科技	1	¥2,500,000	¥25,000	4	B
鸿运投资商行	5	¥10,000,000	¥500,000	0	A
天河实业	10	¥50,000,000	¥2,000,000	6	C
中程机械	6	¥60,000,000	¥3,000,000	3	B

图 4-19　自动填充其他单元格

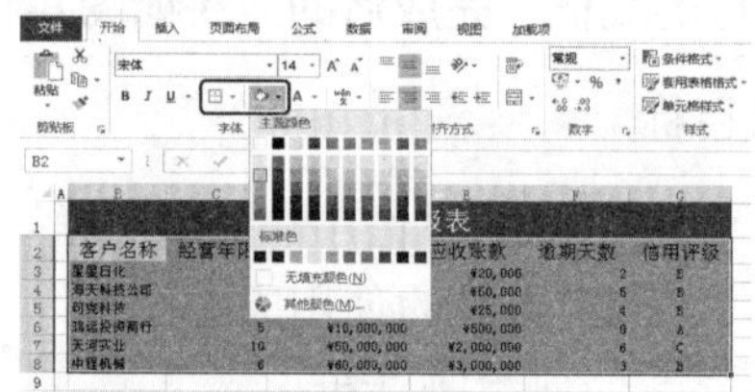

图 4-20　设置单元格线框和填充颜色

step 07 右击所选单元格，在弹出的快捷菜单中选择【设置单元格格式】命令。在弹出的【设置单元格格式】对话框中，切换至【边框】选项卡，在【边框】选项组中单击按钮，然后单击【确定】按钮，如图 4-21 所示。

step 08 在【字体】选项组中，单击右侧的下拉箭头按钮，在弹出的下拉菜单中选择【线型】中的虚线命令，如图 4-22 所示。

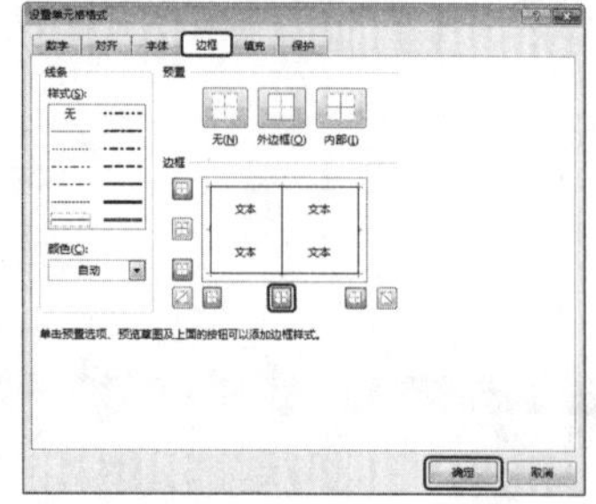

图 4-21　设置【边框】

图 4-22　选中线型

step 09 在第 2 行单元格的下侧绘制线框，如图 4-23 所示。

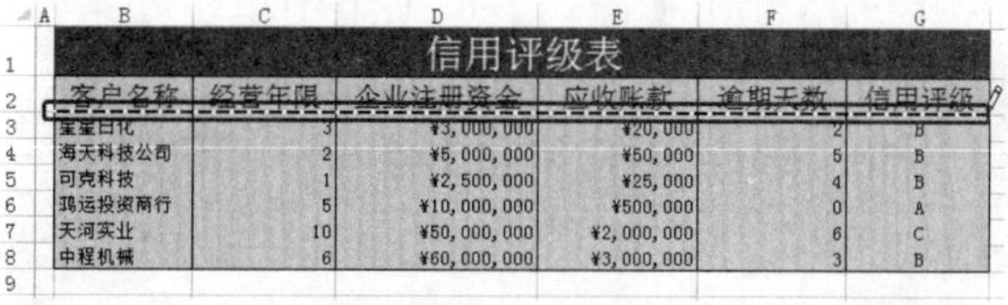

	B	C	D	E	F	G
1	信用评级表					
2	客户名称	经营年限	企业注册资金	应收账款	逾期天数	信用评级
3	星星日化	3	¥3,000,000	¥20,000	2	B
4	海天科技公司	2	¥5,000,000	¥50,000	5	B
5	可克科技	1	¥2,500,000	¥25,000	4	B
6	鸿运投资商行	5	¥10,000,000	¥500,000	0	A
7	天河实业	10	¥50,000,000	¥2,000,000	6	C
8	中程机械	6	¥60,000,000	¥3,000,000	3	B

图 4-23　绘制线框

案例精讲 033　应收账款到期预警

案例文件：CDROM\场景\Cha04\应收账款到期预警.xlsx

视频文件：视频教学\Cha04\应收账款到期预警.avi

制作概述

本案例将介绍如何制作应收账款到期预警。首先打开素材文件后，输入计算公式；然后设置条件格式的格式规则；最后设置【颜色填充】。完成后的效果如图 4-24 所示。

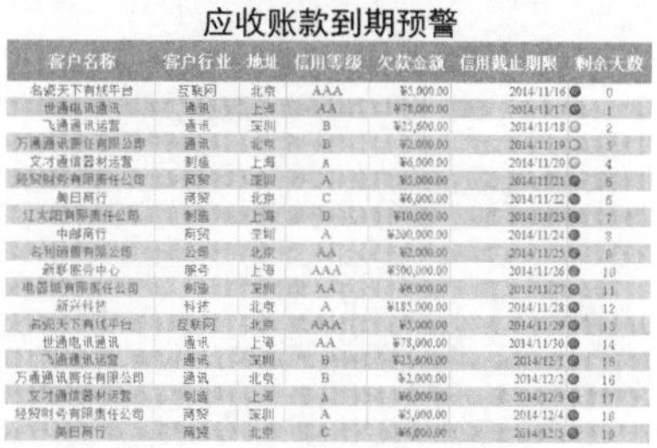

图 4-24　应收账款到期预警

学习目标

- 学习如何制作应收账款到期预警。
- 学习 DATEDIF 函数的使用方法。
- 掌握设置【格式规则】的方法。

操作步骤

step 01 启动 Excel 2013，打开随书附带光盘中的“CDROM\素材\Cha04\应收账款到期预警.xlsx”，如图 4-25 所示。

step 02 选中 G3 单元格，输入计算公式【=DATEDIF("2014-11-16",$F3,"D")】，如图 4-26 所示。

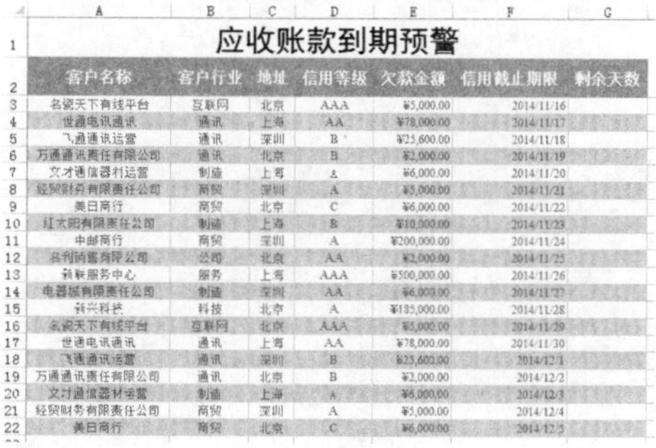

	A	B	C	D	E	F	G
1	应收账款到期预警						
2	客户名称	客户行业	地址	信用等级	欠款金额	信用截止期限	剩余天数
3	名流天下有线平台	互联网	北京	AAA	¥5,000.00	2014/11/16	
4	世通电讯通讯	通讯	上海	AA	¥78,000.00	2014/11/17	
5	飞通通讯运营	通讯	深圳	B	¥25,600.00	2014/11/18	
6	万通通讯责任有限公司	通讯	北京	B	¥2,000.00	2014/11/19	
7	文才通信器材运营	制造	上海	A	¥6,000.00	2014/11/20	
8	经贸财务有限责任公司	商贸	深圳	A	¥5,000.00	2014/11/21	
9	美日商行	商贸	北京	C	¥6,000.00	2014/11/22	
10	红太阳有限责任公司	制造	上海	B	¥10,000.00	2014/11/23	
11	中邮商行	商贸	深圳	A	¥200,000.00	2014/11/24	
12	名利销售有限公司	公司	北京	AA	¥2,000.00	2014/11/25	
13	新联服务中心	服务	上海	AAA	¥500,000.00	2014/11/26	
14	电器城有限责任公司	制造	深圳	AA	¥6,000.00	2014/11/27	
15	新兴科技	科技	北京	A	¥185,000.00	2014/11/28	
16	名流天下有线平台	互联网	北京	AAA	¥5,000.00	2014/11/29	
17	世通电讯通讯	通讯	上海	AA	¥78,000.00	2014/11/30	
18	飞通通讯运营	通讯	深圳	B	¥25,600.00	2014/12/1	
19	万通通讯责任有限公司	通讯	北京	B	¥2,000.00	2014/12/2	
20	文才通信器材运营	制造	上海	A	¥6,000.00	2014/12/3	
21	经贸财务有限责任公司	商贸	深圳	A	¥5,000.00	2014/12/4	
22	美日商行	商贸	北京	C	¥6,000.00	2014/12/5	

图 4-25　打开的素材文件

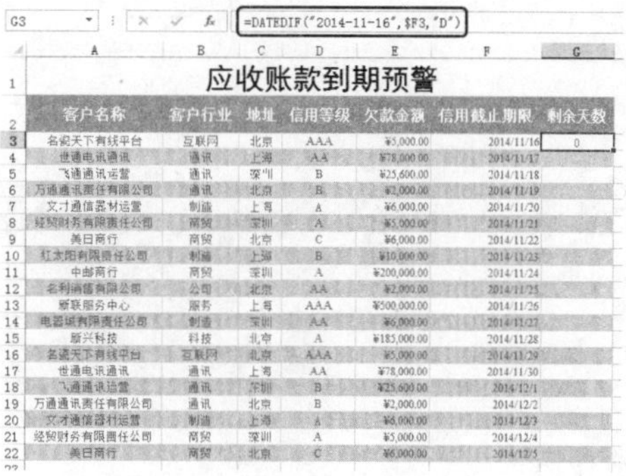

图 4-26　输入计算公式

step 03 光标在 G3 单元格的右下角呈黑心十字形状时，按住鼠标左键，向下拖动到第

22 行单元格，自动填充其他单元格，如图 4-27 所示。

step 04 选中 G3:G22 单元格，在【样式】选项组中单击【条件格式】，在弹出的下拉菜单中选择【新建规则】命令，如图 4-28 所示。

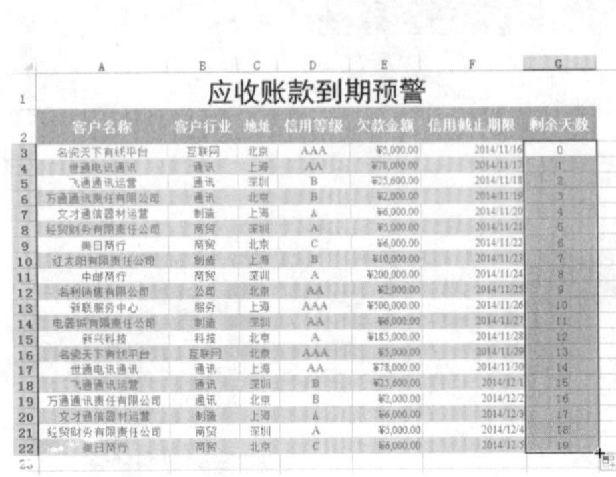

图 4-27　自动填充其他单元格

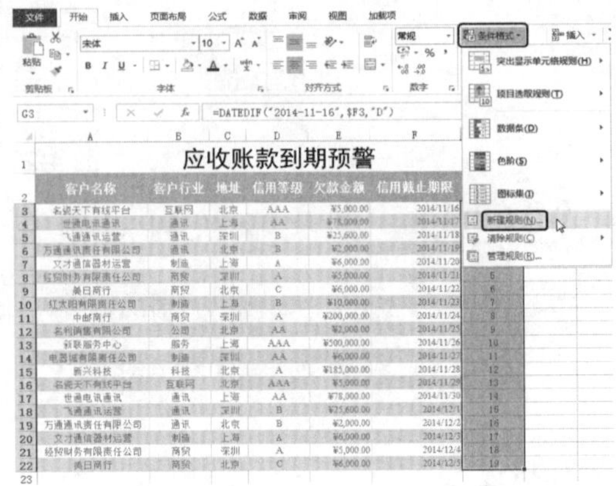

图 4-28　选择【新建规则】命令

step 05 在弹出的【新建格式规则】对话框中，将【格式样式】设置为【图标集】，【类型】都设置为【数字】，【值】分别设置为 5、2，然后单击【确定】按钮，如图 4-29 所示。

step 06 按住 Ctrl 键选中图 4-30 所示的单元格，然后设置【填充颜色】，如图 4-30 所示。

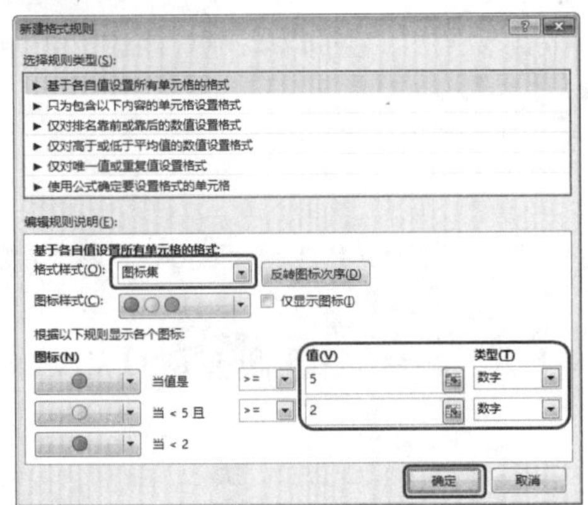

图 4-29　【新建格式规则】对话框

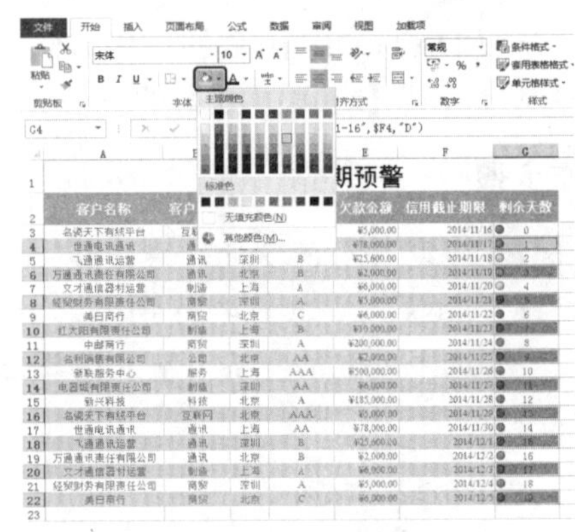

图 4-30　设置【填充颜色】

案例精讲 034　应收账款月报表

案例文件：CDROM\场景\Cha04\应收账款月报表.xlsx

视频文件：视频教学\Cha04\应收账款月报表.avi

制作概述

本案例将介绍如何制作应收账款月报表。首先设置单元格的【填充颜色】；然后输入报表中的文字标题和各个科目信息；最后设置报表中的线框。完成后的效果如图 4-31 所示。

应收账款月报表

年 月 日　　单元：元

序　号	客户名称	月初余额	本月增加	本月减少	月末余额	账龄类别
1						
2						
3						
4						
5						
合　计						

图 4-31　应收账款月报表

学习目标

- 学习如何制作应收账款月报表。
- 学习如何设置【列宽】和【行高】。
- 掌握设置单元格线框的方法。

操作步骤

step 01 启动 Excel 2013，新建一个空白工作簿。按 Ctrl+A 组合键，选择单元格，在【字体】选项组中设置【填充颜色】，如图 4-32 所示。

step 02 选中 B2:J14 单元格，在【字体】选项组中，将【填充颜色】设置为白色，如图 4-33 所示。

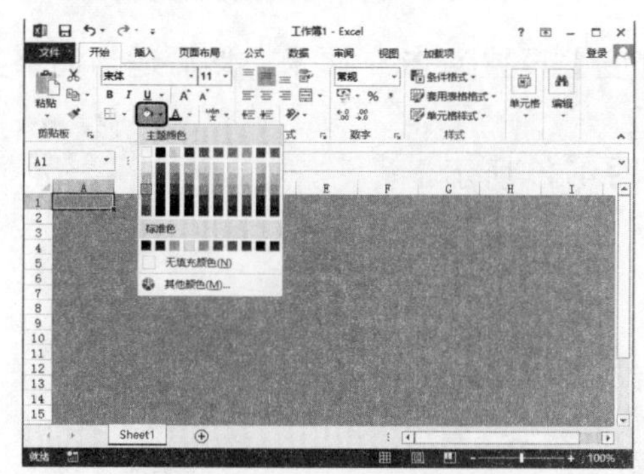

图 4-32　设置【填充颜色】

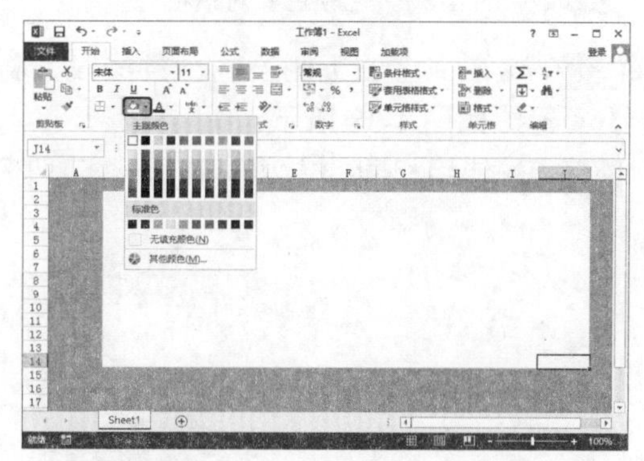

图 4-33　设置【填充颜色】为白色

step 03 选择 C3:I3 单元格，单击【对齐方式】选项组中的【合并后居中】按钮，在合并后的单元格中输入文字，然后在【字体】选项组中，将【字体】设置为【微软雅黑】，【字号】设置为 22，如图 4-34 所示。

step 04 然后单击【字体颜色】右侧的下拉箭头，在弹出的下拉菜单中选择【其他颜色】命令，如图 4-35 所示。

step 05 在弹出的【颜色】对话框中，切换至【自定义】选项卡，将【红色】、【绿色】、【蓝色】分别设置为 0、130、176，然后单击【确定】按钮，如图 4-36 所示。

step 06 切换至【插入】选项卡，选择【插图】→【形状】→【直线】选项，如图 4-37 所示。

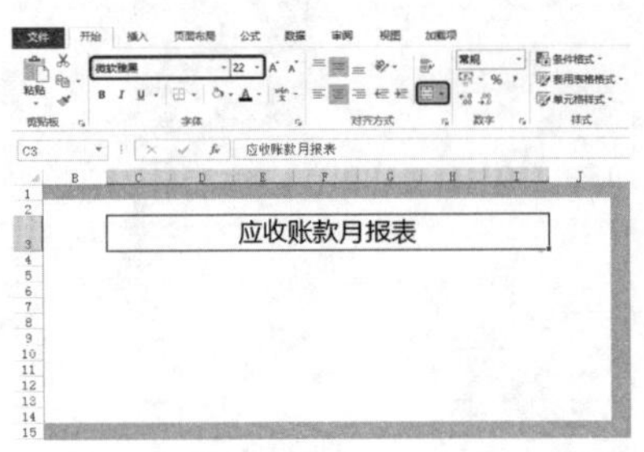

图 4-34　输入文字

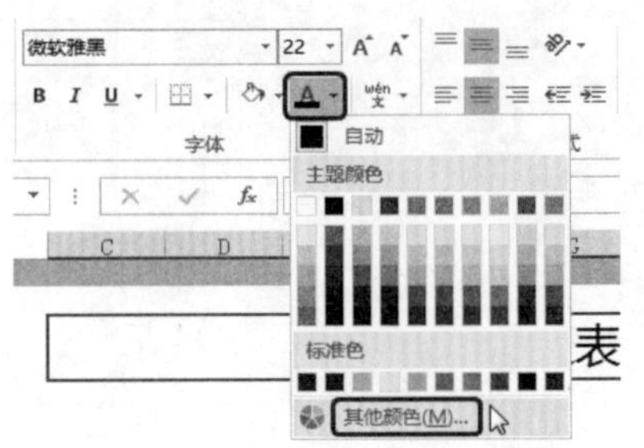

图 4-35　选择【其他颜色】命令

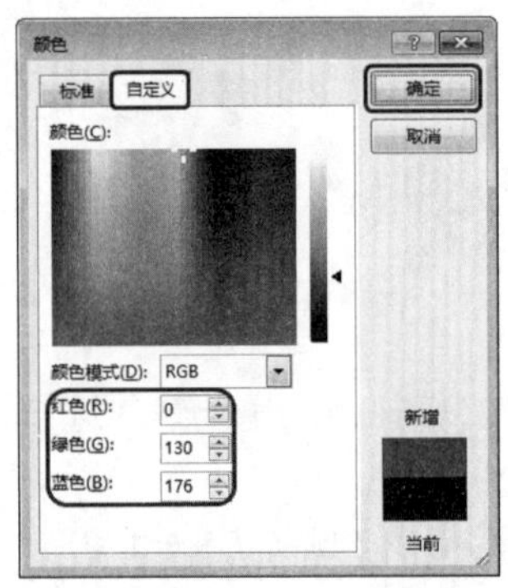

图 4-36　【颜色】对话框

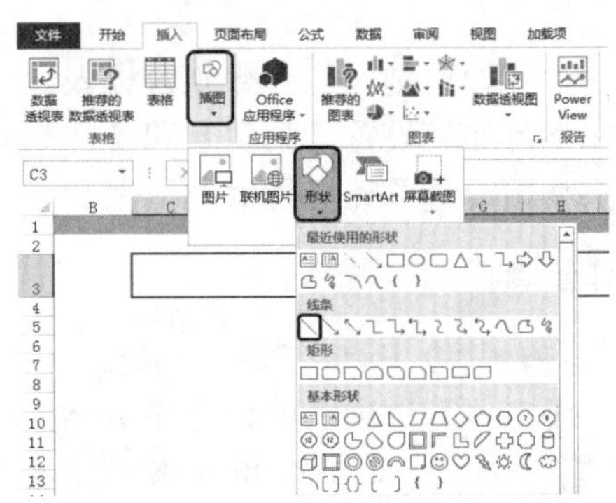

图 4-37　选择【直线】选项

step 07 在文字的下侧绘制一条线段，将【宽度】设置为 5.5 厘米，然后适当调整其位置，如图 4-38 所示。

step 08 使用相同的方法绘制另一条线段，如图 4-39 所示。

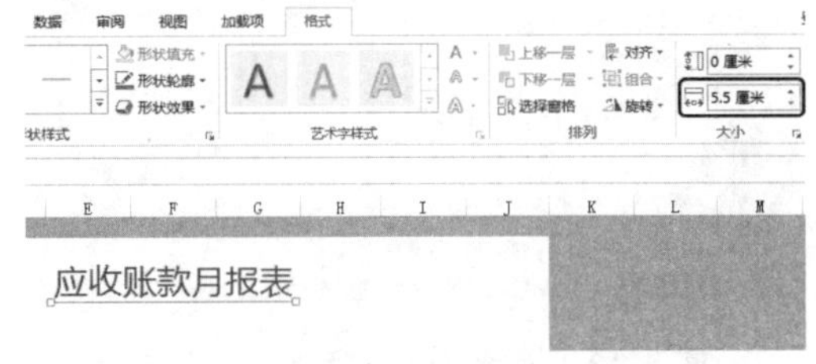

图 4-38　绘制线段

应收账款月报表

图 4-39　绘制另一条线段

step 09 选择 C4:D4 单元格，单击【对齐方式】选项组中的【合并后居中】按钮，在合并后的单元格中输入文字，单击【字体颜色】按钮和【右对齐】按钮，如图 4-40 所示。

step 10 然后在其他单元格中输入并设置文字，如图 4-41 所示。

输入文字时，文字之间按两下空格键将其隔开。

由于在前面的操作中已经设置了【字体颜色】，此次直接单击【字体颜色】按钮即可设置字体颜色。

step 11 选择 C~I 列单元格并右击，在弹出的快捷菜单中选择【列宽】命令，如图 4-42

所示。

step 12 在弹出的【列宽】对话框中，将【列宽】设置为 12，然后单击【确定】按钮，如图 4-43 所示。

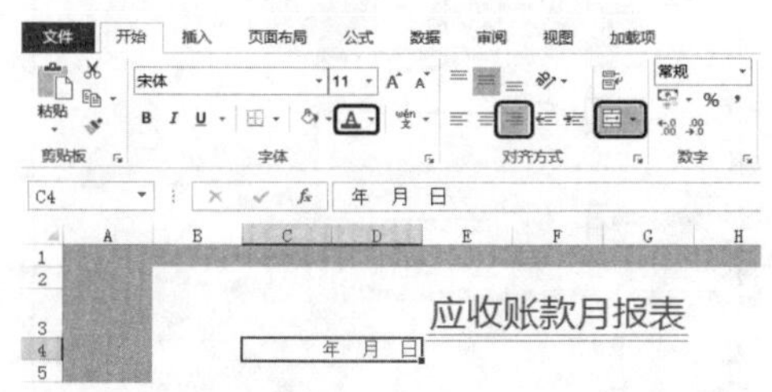

图 4-40　输入文字并设置

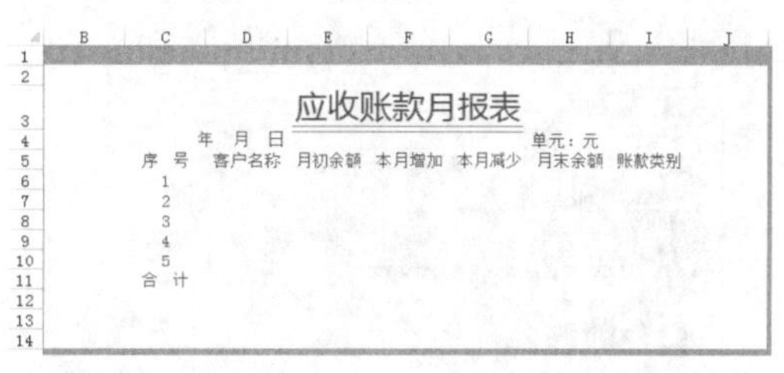

图 4-41　输入文字并设置后的效果

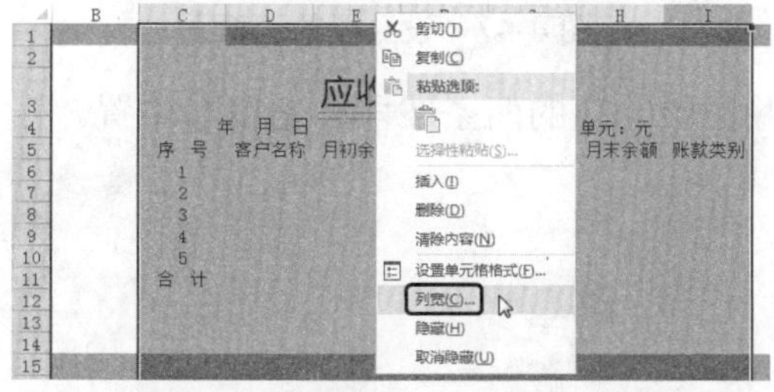

图 4-42　选择【列宽】命令

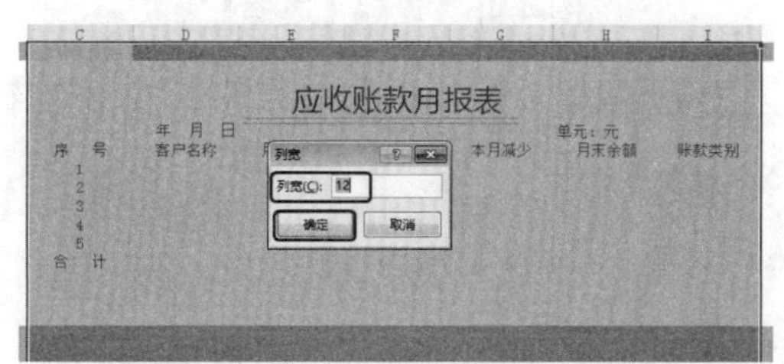

图 4-43　设置【列宽】

step 13 选择第 5～11 行单元格并右击，在弹出的快捷菜单中选择【行高】命令，如图 4-44 所示。

step 14 在弹出的【行高】对话框中，将【行高】设置为 30，然后单击【确定】按钮，如图 4-45 所示。

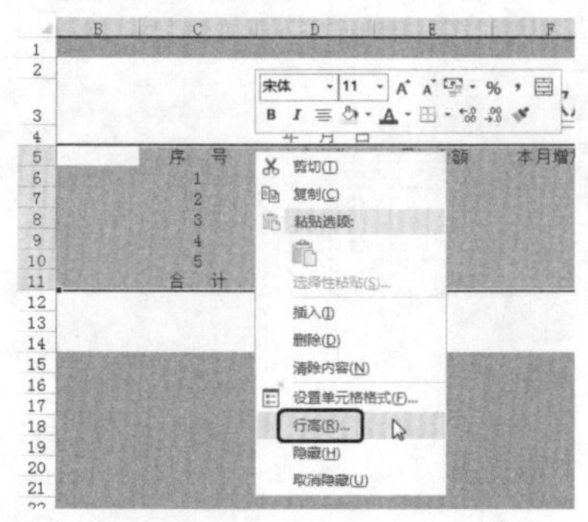

图 4-44　选择【行高】命令

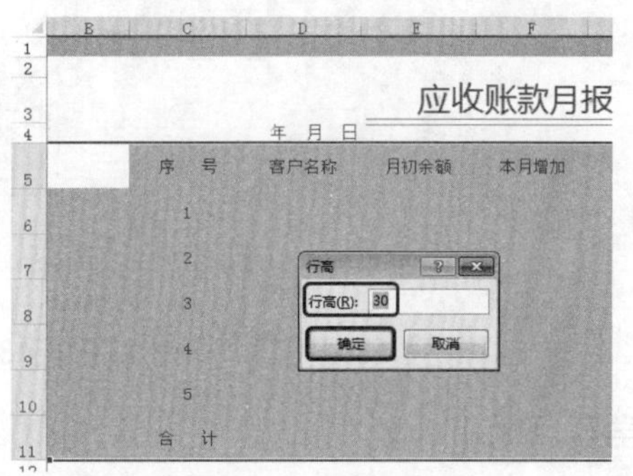

图 4-45　设置【行高】

step 15 选择 C5:I11 单元格并右击，在弹出的快捷菜单中选择【设置单元格格式】命令。在弹出的【设置单元格格式】对话框中，切换至【边框】选项卡，在【线条】选项组中，设置【样式】和【颜色】，然后在【边框】选项组中单击如图 4-46 所示按钮，设置边框。

step 16 然后继续选择【线条】中的【样式】，单击【外边框】按钮，最后单击【确定】按钮，如图 4-47 所示。

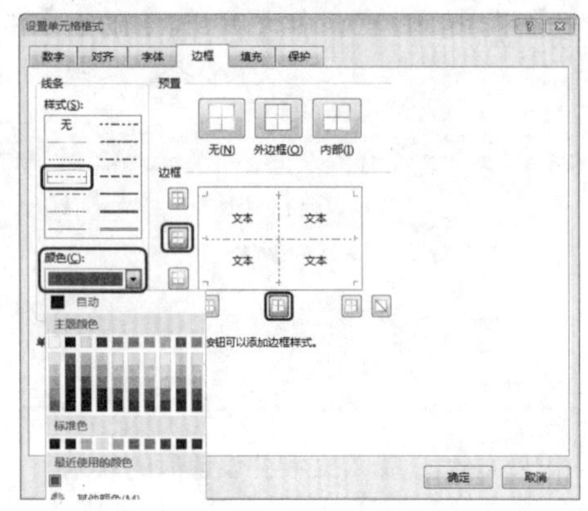
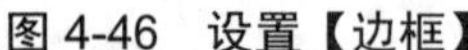

图 4-46　设置【边框】

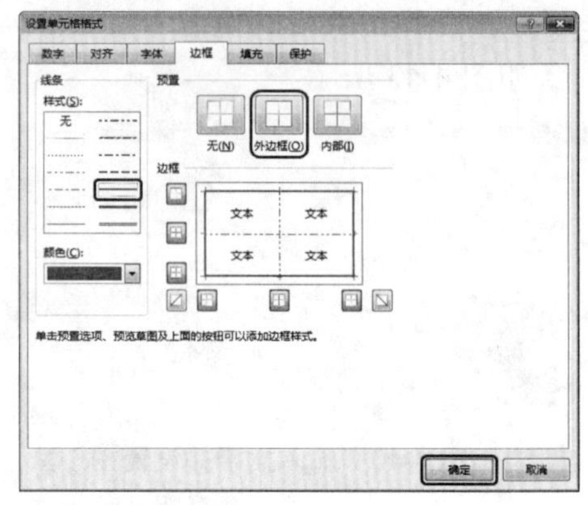

图 4-47　设置【外边框】

step 17 最后适当调整单元格的【行高】，并调整绘制的两条线段的宽度和位置。

案例精讲 035　应收账款分户账

案例文件：CDROM\场景\Cha04\应收账款分户账.xlsx

视频文件：视频教学\Cha04\应收账款分户账.avi

制作概述

本案例将介绍如何制作应收账款分户账。首先设置单元格的【填充颜色】，输入表格的标题和表格项目信息，并绘制直线；然后设置直线的线型，制作表格中的各个科目；最后设置表格的边框。完成后的效果如图 4-48 所示。

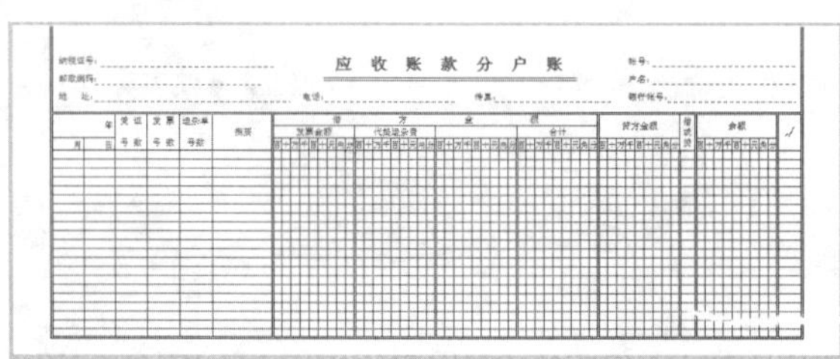

图 4-48　应收账款分户账

学习目标

- 学习如何制作应收账款分户账。
- 掌握设置单元格边框的方法。

操作步骤

step 01 启动 Excel 2013，新建一个空白工作簿。按 Ctrl+A 组合键，选择所有单元格，在【字体】选项组中设置【填充颜色】，如图 4-49 所示。

step 02 选中 B2:BM32 单元格，在【字体】选项组中，将【填充颜色】设置为白色，然

后调整单元格的【列宽】和【行高】，如图 4-50 所示。

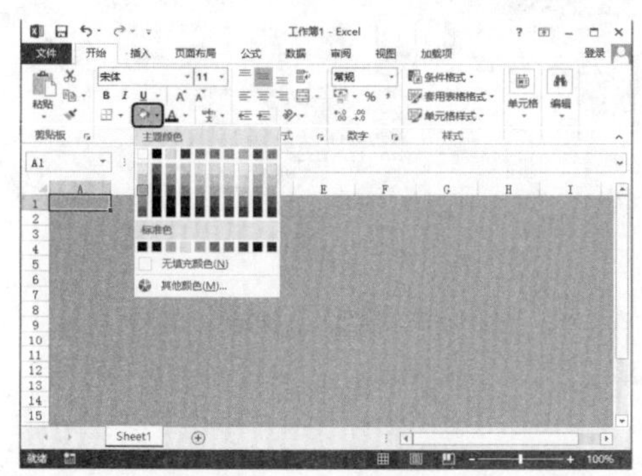

图 4-49　设置【填充颜色】

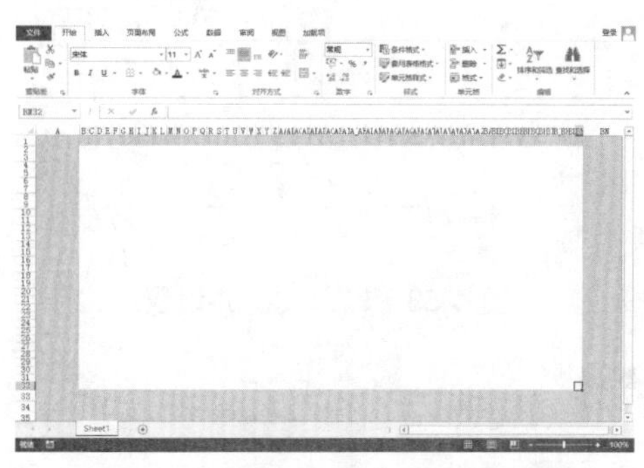

图 4-50　设置【填充颜色】为白色

为了方便后面的操作，将【列宽】设置为 1，【行高】设置为 10。

step 03 选中 I3:AU4 单元格区域，单击【对齐方式】选项组中的【合并后居中】按钮，在合并后的单元格中输入文字，然后在【字体】选项组中，将【字号】设置为 17，单击【加粗】按钮，如图 4-51 所示。

step 04 单击【字体颜色】右侧的下拉箭头，在弹出的下拉菜单中选择【其他颜色】命令，在弹出的【颜色】对话框中，切换至【自定义】选项卡，将【红色】、【绿色】、【蓝色】分别设置为 0、128、0，然后单击【确定】按钮，如图 4-52 所示。

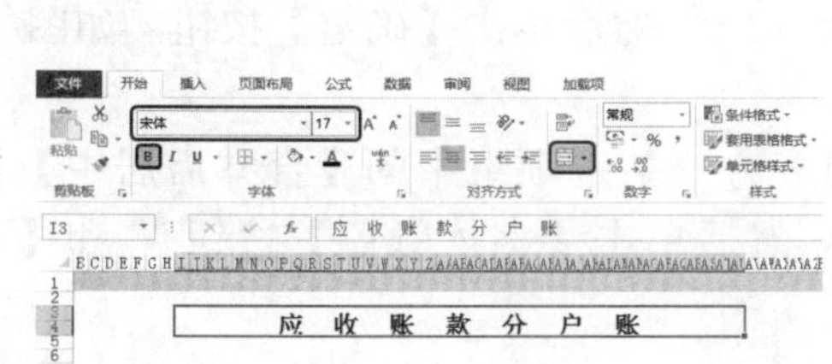

图 4-51　输入文字并设置

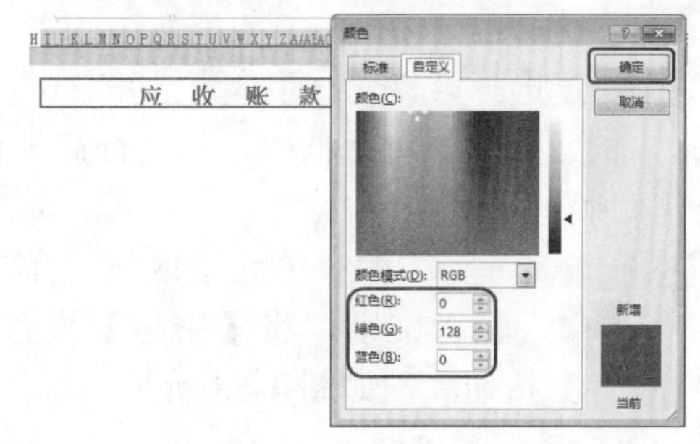

图 4-52　设置文字颜色

step 05 适当调整单元格的【列宽】，然后再选择 C3:H3 单元格，单击【对齐方式】选项组中的【合并后居中】按钮，输入文字，将【字号】设置为 9，然后单击【字体颜色】按钮和【左对齐】按钮，如图 4-53 所示。

step 06 切换至【插入】选项卡，选择【插图】→【形状】→【直线】选项，如图 4-54 所示。

step 07 在适当位置绘制线段，然后选中线段，切换至【格式】选项卡，单击【形状轮廓】按钮，在弹出的下拉菜单中选择颜色，然后选择【虚线】中的线型，如图 4-55 所示。

step 08 使用相同的方法输入其他文字，并绘制直线，如图 4-56 所示。

图 4-53　输入文字并设置

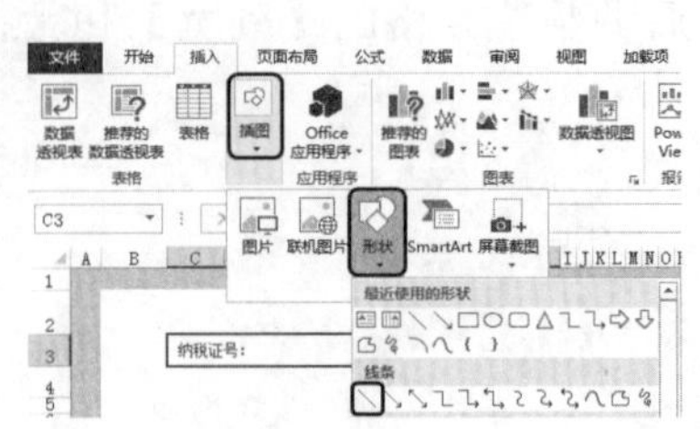

图 4-54　选择【直线】选项

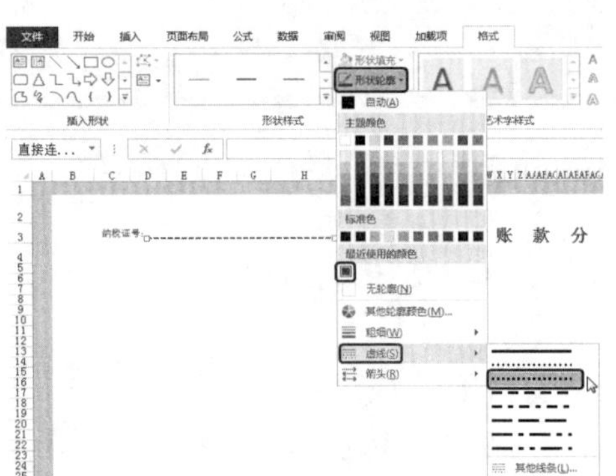

图 4-55　设置线段样式

图 4-56　输入其他文字并绘制直线

按住 Shift 键可以绘制水平直线。

step 09 选择第 7～9 行单元格并右击，在弹出的快捷菜单中选择【行高】命令。在弹出的【行高】对话框中，将【行高】设置为 13.5，然后单击【确定】按钮，如图 4-57 所示。

step 10 选择 C7:D8 单元格区域，单击【对齐方式】选项组中的【合并后居中】按钮，输入文字，将【字号】设置为 9，然后单击【字体颜色】按钮和【右对齐】按钮，如图 4-58 所示。

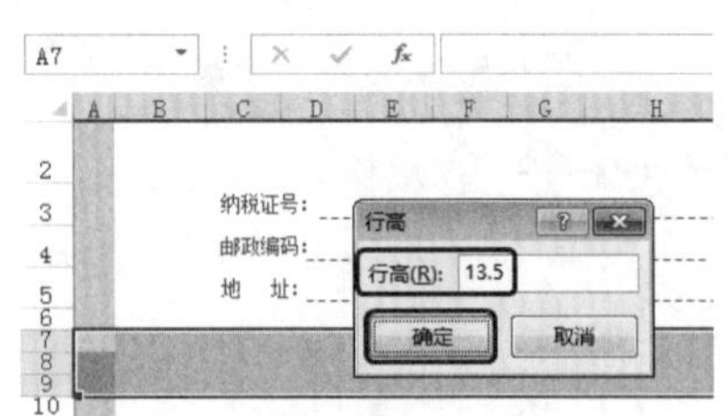

图 4-57　设置【行高】

图 4-58　输入文字并设置

step 11 然后使用相同的方法，在 C9 和 D9 单元格中输入并设置文字，如图 4-59 所示。

step 12 选择 C7:BL30 单元格区域并右击，在弹出的快捷菜单中选择【设置单元格格式】命令。在弹出的【设置单元格格式】对话框中，切换至【边框】选项卡，在

【线条】选项组中，设置【样式】和【颜色】，然后在【边框】选项组中单击按钮，设置外边框，如图 4-60 所示。

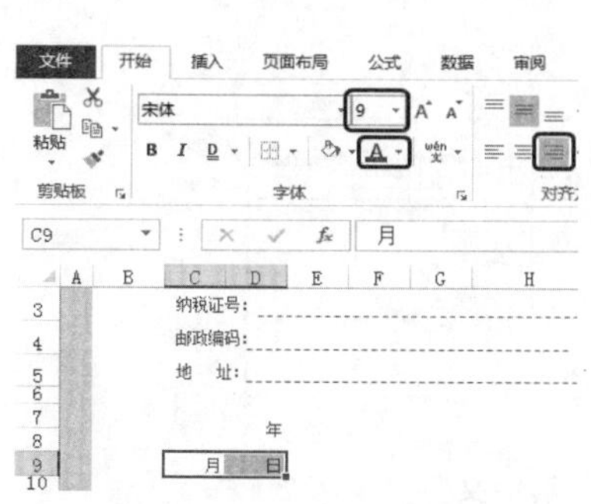

图 4-59 输入文字并设置

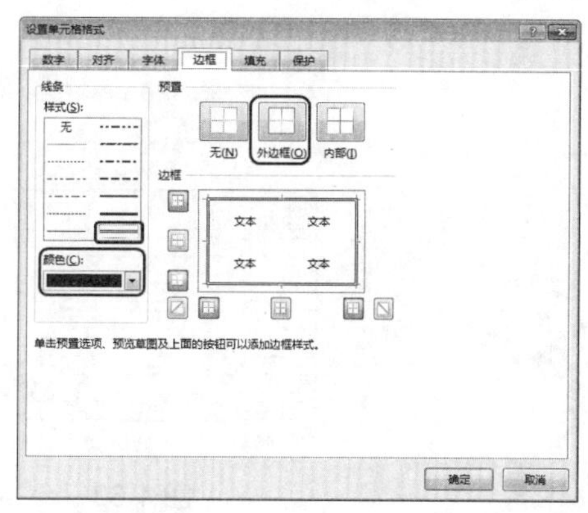

图 4-60 设置【外边框】

step 13 然后继续在【线条】选项组中，设置【样式】和【颜色】，然后在【边框】选项组中单击按钮，设置为【内部】，单击【确定】按钮，如图 4-61 所示。

step 14 选择 E7:E9 单元格区域，单击【对齐方式】选项组中的【合并后居中】按钮，输入文字，将【字号】设置为 9，然后单击【字体颜色】按钮和【自动换行】按钮，如图 4-62 所示。

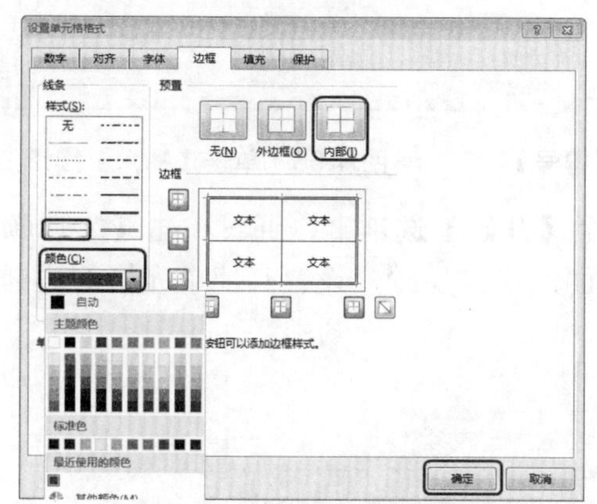

图 4-61 设置【内部】框线

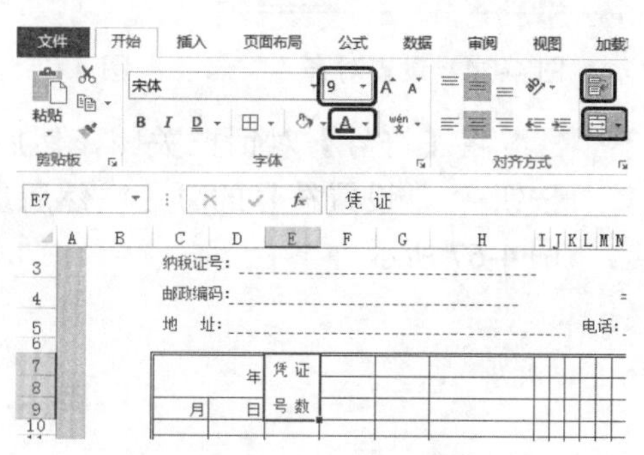

图 4-62 输入文字并设置

提示 在单元格中，使用空格键间隔文字，按 Alt+Enter 组合键进行换行。

step 15 参照前面的操作步骤，合并单元格并输入其他文字，如图 4-63 所示。

step 16 选择 I7 单元格，按 Ctrl+Shift+F 组合键，在弹出的【设置单元格格式】对话框中，切换至【对齐】选项卡，将【水平对齐】设置为【分散对齐】，然后选中【两端分散对齐】复选框，单击【确定】按钮，如图 4-64 所示。

step 17 选中 BL7 单元格，切换至【插入】选项卡，选择【符号】→【符号】，如图 4-65

所示。

step 18 在弹出的【符号】对话框中，选择要插入的符号，然后单击【插入】按钮，如图 4-66 所示。

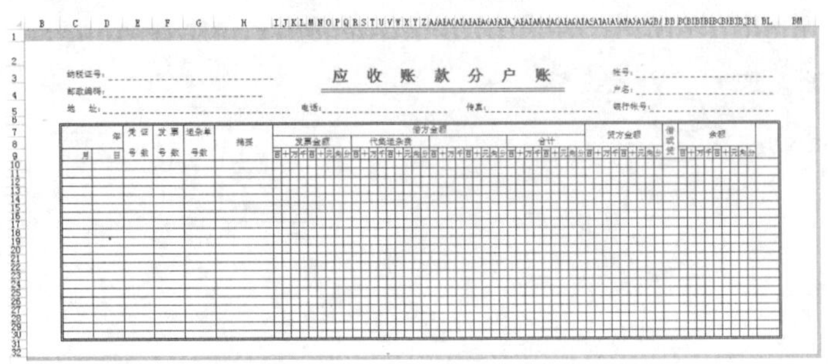

图 4-63　合并单元格并输入其他文字

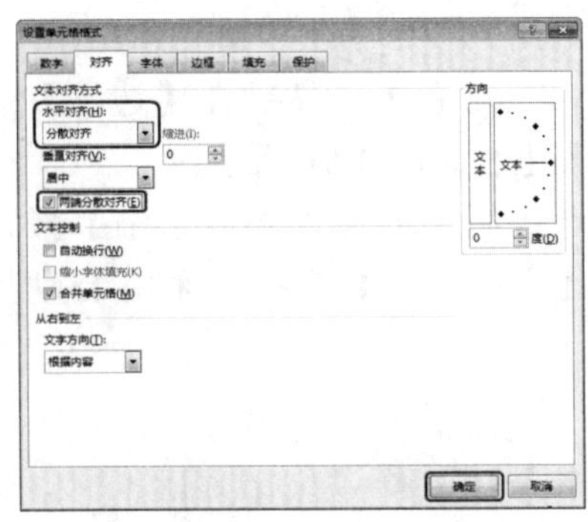

图 4-64　设置对齐

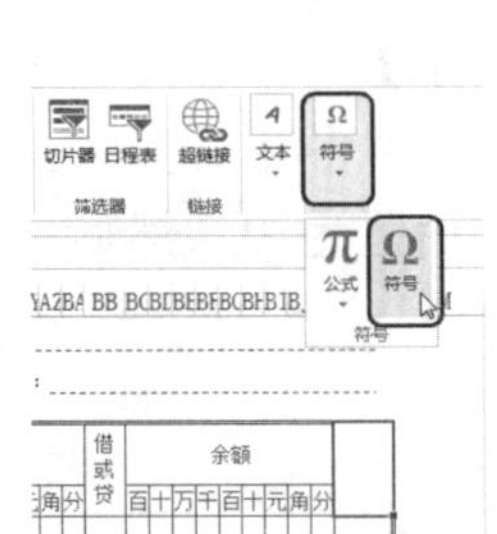

图 4-65　选择【符号】

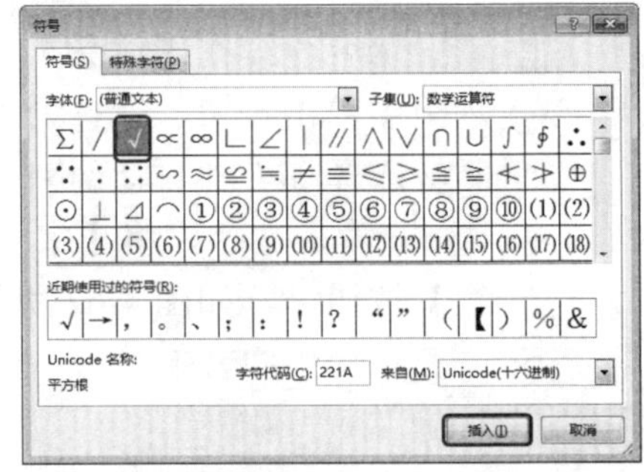

图 4-66　单击【插入】按钮

step 19 将【符号】对话框关闭，然后切换至【开始】选项卡，通过单击【字体颜色】按钮，设置符号的颜色，然后参照前面的操作步骤，设置其他单元格的边框，如图 4-67 所示。

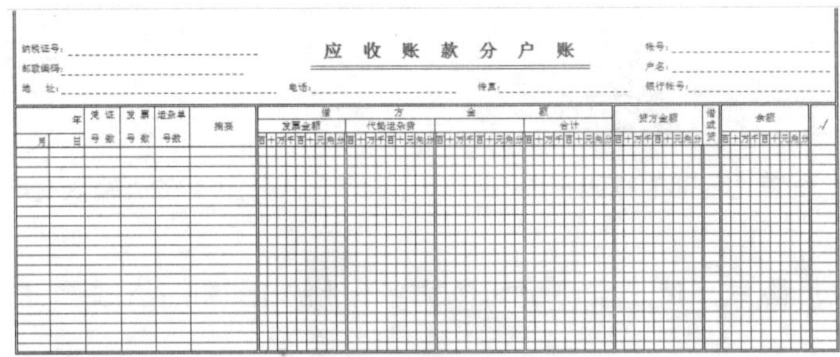

图 4-67　设置单元格的边框

案例精讲 036　计提坏账准备

案例文件：CDROM\场景\Cha04\计提坏账准备.xlsx

视频文件：视频教学\Cha04\计提坏账准备.avi

制作概述

本案例将介绍如何计提坏账准备。首先制作计提坏账准备的数据信息；然后创建单元格的线框，将数据进行分离；最后输入计算公式，计算应提坏账。完成后的效果如图 4-68 所示。

计提坏账准备

计提比率： 0.30%

时间	应收账款	坏账准备	坏账金额	坏账收回	应提坏账
2012年	¥1,000,000.00	¥3,000.00	¥0.00	¥0.00	¥3,000.00
2013年	¥1,200,000.00	¥3,600.00	¥6,000.00	¥0.00	¥6,600.00
2014年	¥1,300,000.00	¥3,900.00	¥0.00	¥5,000.00	(¥4,700.00)

图 4-68　计提坏账准备

学习目标

- 学习如何计提坏账准备。
- 学习设置单元格格式的方法。

操作步骤

step 01 启动 Excel 2013，新建一个空白工作簿。选中 B1:G1 单元格，单击【对齐方式】选项组中的【合并后居中】按钮，在合并后的单元格中输入文字，然后在【字体】选项组中，将【字体】设置为【微软雅黑】，【字号】设置为 20，如图 4-69 所示。

step 02 选中 B 列并右击，在弹出的快捷菜单中选择【列宽】命令。在弹出的【列宽】对话框中，将【列宽】设置为 10，然后单击【确定】按钮，如图 4-70 所示。

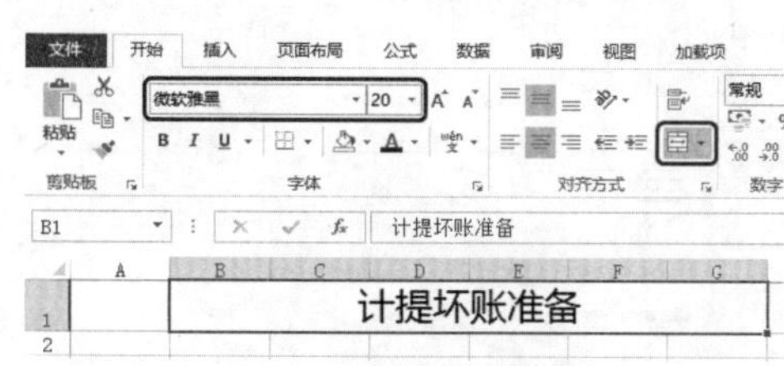

图 4-69　输入文字

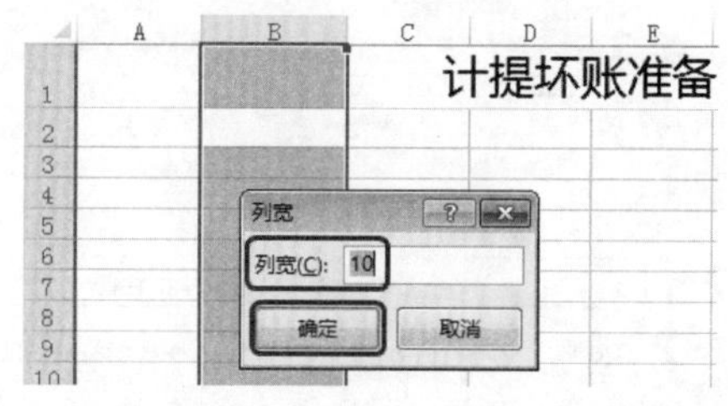

图 4-70　设置【列宽】

step 03 使用相同的方法，将 C～G 列的【列宽】设置为 15。在 F2 单元格中输入文字，然后在【字体】选项组中，将【字体】设置为【微软雅黑】，【字号】设置为 12，然后单击【右对齐】按钮，如图 4-71 所示。

step 04 在 G2 单元格中输入数字，在【字体】选项组中，将【字体】设置为【微软雅黑】，【字号】设置为 12，【字体颜色】设置为浅蓝，然后单击【左对齐】按钮，如图 4-72 所示。

在 G2 单元格中输入 0.3%并按 Enter 键确认，G2 单元格中的数据将显示为 0.30%。

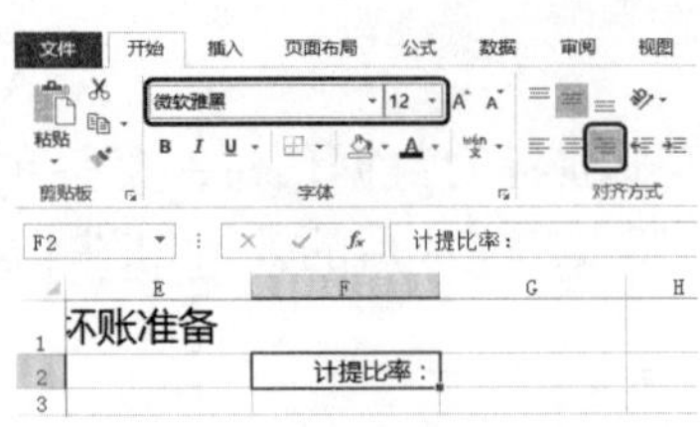

图 4-71　输入文字并设置

图 4-72　输入数字并设置

step 05 使用相同的方法在其他单元格中输入数据，并设置单元格的格式，如图 4-73 所示。

时间	应收账款	坏账准备	坏账金额	坏账收回	应提坏账
计提坏账准备					
				计提比率：	0.30%
2012年	¥1,000,000.00		¥0.00	¥0.00	
2013年	¥1,200,000.00		¥6,000.00	¥0.00	
2014年	¥1,300,000.00		¥0.00	¥5,000.00	

图 4-73　输入数据并设置格式

step 06 选中 B1 单元格，在【字体】选项组中，将【边框】设置为【粗底框线】，如图 4-74 所示。

step 07 选择 B3:G3 单元格，按 Ctrl+Shift+F 组合键，在弹出的【设置单元格格式】对话框中，切换至【边框】选项卡，在【线条】选项卡中设置【样式】，然后在【边框】选项组中，单击按钮设置边框，如图 4-75 所示。

图 4-74　设置边框为【粗底框线】

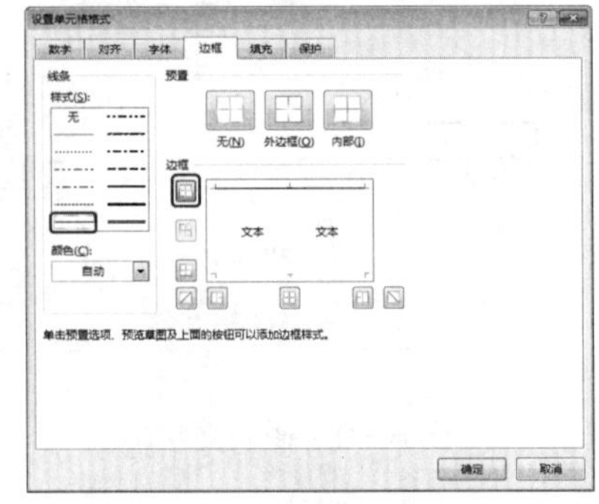

图 4-75　设置【边框】

step 08 继续在【线条】选项卡中设置【样式】，然后在【边框】选项组中单击按钮设置边框，单击【确定】按钮，如图 4-76 所示。

step 09 选择 B3:G6 单元格，按 Ctrl+Shift+F 组合键，在弹出的【设置单元格格式】对话框中，切换至【边框】选项卡，在【线条】选项卡中设置【样式】，然后在【边框】选项组中，单击按钮设置边框，然后单击【确定】按钮，如图 4-77 所示。

step 10 在 D4 单元格中输入公式【=C4*$G$2】，按 Enter 键确认，输入计算公式，如图 4-78 所示。

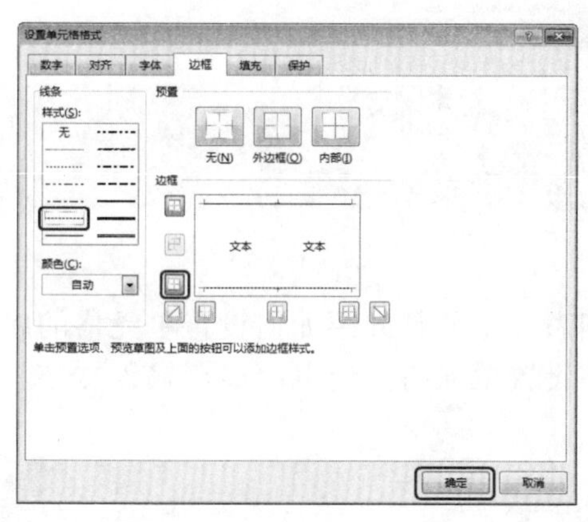
图 4-76　设置【边框】

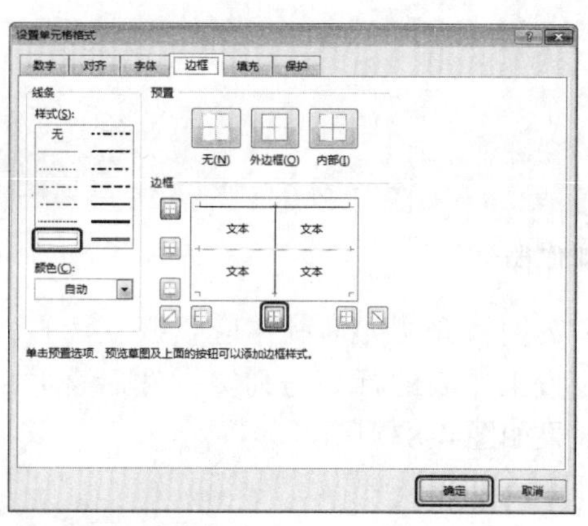
图 4-77　设置【边框】

时间	应收账款	坏账准备	坏账金额	坏账收回	应提坏账
2012年	¥1,000,000.00	=C4*$G$2	¥0.00	¥0.00	
2013年	¥1,200,000.00		¥6,000.00	¥0.00	
2014年	¥1,300,000.00		¥0.00	¥5,000.00	

图 4-78　输入计算公式

step 11 当光标在 D4 单元格的右下角呈黑心十字形状时，按住鼠标左键，向下拖动到第 6 行单元格，自动填充其他单元格，如图 4-79 所示。

step 12 在 G4 单元格中输入公式【=D4】，按 Enter 键确认，输入计算公式，如图 4-80 所示。

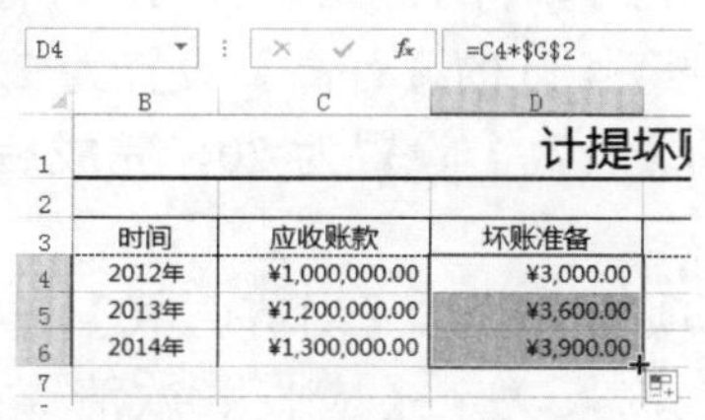

时间	应收账款	坏账准备
2012年	¥1,000,000.00	¥3,000.00
2013年	¥1,200,000.00	¥3,600.00
2014年	¥1,300,000.00	¥3,900.00

图 4-79　自动填充其他单元格

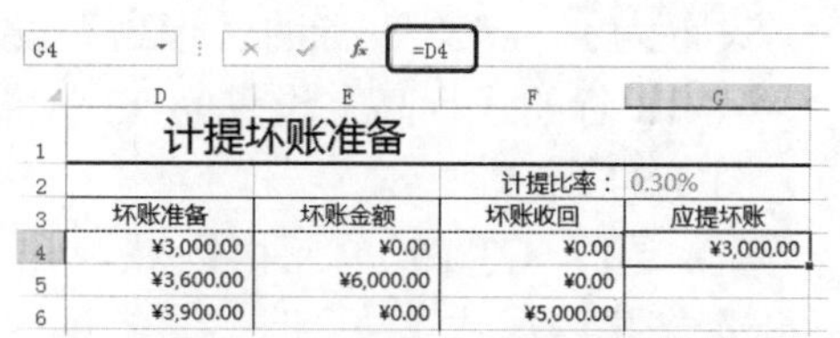

坏账准备	坏账金额	坏账收回	应提坏账
¥3,000.00	¥0.00	¥0.00	¥3,000.00
¥3,600.00	¥6,000.00	¥0.00	
¥3,900.00	¥0.00	¥5,000.00	

图 4-80　输入计算公式

step 13 在 G5 单元格中输入公式【=D5-D4+E5-F5】，按 Enter 键确认，输入计算公式，如图 4-81 所示。

step 14 当光标在 G5 单元格的右下角呈黑心十字形状时，按住鼠标左键，向下拖动到第 6 行单元格，自动填充其他单元格，如图 4-82 所示。

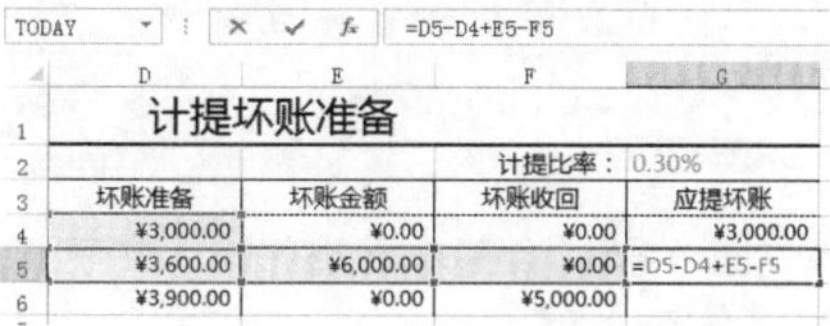

坏账准备	坏账金额	坏账收回	应提坏账
¥3,000.00	¥0.00	¥0.00	¥3,000.00
¥3,600.00	¥6,000.00	¥0.00	=D5-D4+E5-F5
¥3,900.00	¥0.00	¥5,000.00	

图 4-81　输入计算公式

坏账准备	坏账金额	坏账收回	应提坏账
¥3,000.00	¥0.00	¥0.00	¥3,000.00
¥3,600.00	¥6,000.00	¥0.00	¥6,600.00
¥3,900.00	¥0.00	¥5,000.00	(¥4,700.00)

图 4-82　自动填充其他单元格

案例精讲 037　应收账款清查评估明细表

案例文件：CDROM\场景\Cha04\应收账款清查评估明细表.xlsx
视频文件：视频教学\Cha04\应收账款清查评估明细表.avi

制作概述

本案例将介绍如何制作应收账款清查评估明细表，主要是介绍如何设置单元格的属性。首先设置工作表的行高与列宽；然后合并单元格和设置单元格的边框；最后输入文字。制作后的效果如图 4-83 所示。

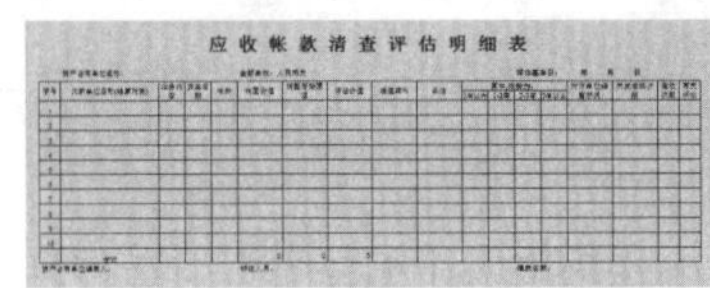

图 4-83　应收账款清查评估明细表

学习目标

- 学习如何设置行高和列宽。
- 掌握如何设置单元格的属性和自动填充功能的使用。

操作步骤

step 01 启动软件后新建空白的工作簿，按住 Ctrl 键选择 C、S～T 列，将【列宽】设置为 4。选择 E～G、M～P 列，将【列宽】设置为 5，将 H～L、Q～R 列的【列宽】设置为 9。将第 3 行的【行高】设置为 54，将第 4 行的【行高】设置为 22，将 5～6、18 行的【行高】设置为 13，将 7～17 行的【行高】设置为 20，完成后的效果如图 4-84 所示。

step 02 选择 C3:T3 单元格区域，在【开始】选项卡中单击【对齐方式】选项组中的【合并后居中】按钮，在合并后的单元格内输入文字【应收账款清查评估明细表】，将【字号】设置为 24，按 Ctrl+B 组合键将文字加粗。完成后的效果如图 4-85 所示。

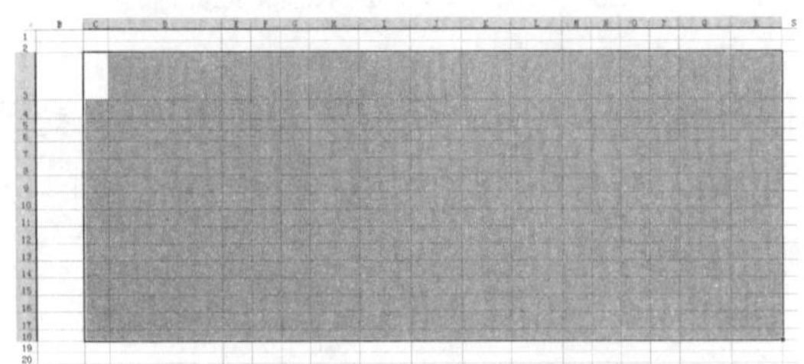

图 4-84　设置完成后的效果

图 4-85　合并单元格并输入文字

step 03 确定合并后的单元格处于选择状态，单击【开始】选项卡下【字体】选项组中的【填充颜色】右侧的下三角按钮，在弹出的下拉菜单中选择【白色，背景 1，深

色 5%】命令，如图 4-86 所示。

step 04 选择 C5:T17 单元格区域并右击，在弹出的快捷菜单中选择【设置单元格格式】命令，在弹出的对话框中选择【边框】选项卡，选择图 4-87 所示的线条，然后单击【外边框】和【内部】按钮，如图 4-87 所示。

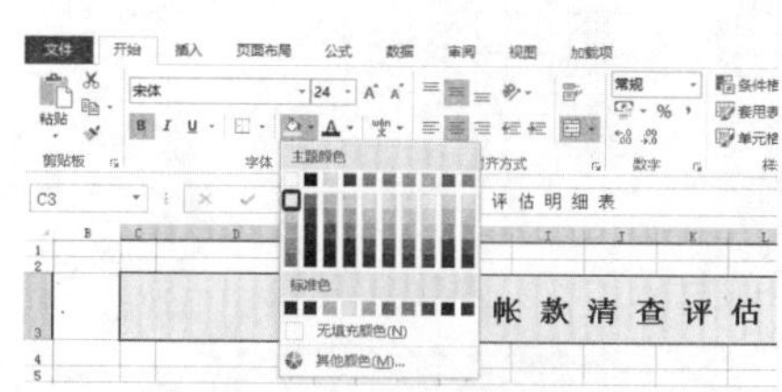

图 4-86 设置填充颜色

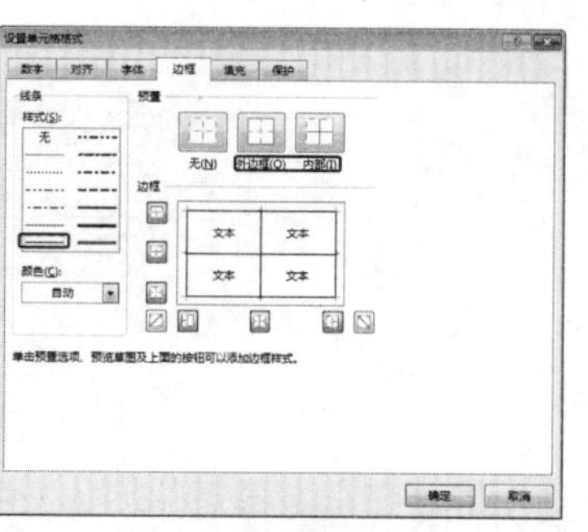

图 4-87 设置边框

step 05 单击【确定】按钮，选择 D4:G4 单元格，单击【开始】选项卡中的【合并后居中】右侧的下三角按钮，在弹出的下拉菜单中选择【合并单元格】命令，然后单击【右对齐】按钮。使用同样的方法合并其他单元格，并在合并后的单元格内输入文字，效果如图 4-88 所示。

step 06 在其他单元格内输入文字并设置文字属性，完成后的效果如图 4-89 所示。

图 4-88 合并单元格并输入文字

图 4-89 输入剩余的文字

step 07 在 H17 单元格区域输入公式【=SUM(H7:H16)】，按 Enter 键完成公式运算。利用自动填充功能填充至 J17 单元格区域，完成后的效果如图 4-90 所示。

step 08 选择 H17:J17 单元格区域并右击，在弹出的快捷菜单中选择【设置单元格格式】命令，在弹出的对话框中选择【数字】选项卡，在【分类】列表框中选择【数值】选项，将【小数位数】设置为 2，在【负数】列表框中选择图 4-91 所示的选项。

图 4-90 输入公式

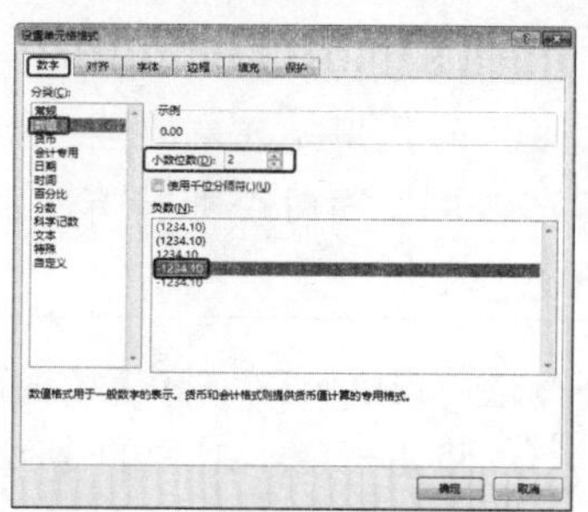

图 4-91 设置数字格式

step 09 单击【确定】按钮，选择 B2:U20 单元格，在菜单栏中选择【开始】选项卡，单击【填充颜色】右侧的下三角按钮，在弹出的下拉菜单中选择【白色，背景 1，深色 15%】命令，如图 4-92 所示。

step 10 至此，应收账款清查评估明细表就制作完成了，将文件进行保存即可。

图 4-92 填充背景颜色

案例精讲 038 应收账款登记表

案例文件：CDROM\场景\Cha04\应收账款登记表.xlsx

视频文件：视频教学\Cha04\应收账款登记表.avi

制作概述

应收账款专指因出售商品或劳务，进而对顾客所发生的债权，且该债权尚未接受任何形式的书面承诺。本案例将介绍如何制作应收账款登记表。完成后的效果如图 4-93 所示。

图 4-93 应收账款登记表

学习目标

- 学习如何使用直线工具。
- 掌握如何设置单元格的属性。

操作步骤

step 01 启动软件后新建一空白工作簿，按 Ctrl+A 组合键打开选择所有的单元格，在菜单栏中选择【开始】选项卡，单击【字体】选项组中的【填充颜色】右侧的下三角按钮，在弹出的下拉菜单中选择【白色，背景 1，深色 15%】命令，如图 4-94 所示。

知识链接

应收账款的作用是指它在生产经营中的作用。应收账款的发生意味着企业有一部分资金被客户占用，同时企业持有应收账款也是有成本的。应收账款主要有两个功能：增加销售和减少存货。

step 02 选择 B2:N18，将【填充颜色】设置为白色。将 C、D、I、J 列的【列宽】设置为 5，将 E～H、M 列的【列宽】设置为 8，将 K～L 的【列宽】设置为 10.5。将第 3、4 行的【行高】分别设置为 60、21，将 5～17 行的【行高】设置为 25，完成后的效果如图 4-95 所示。

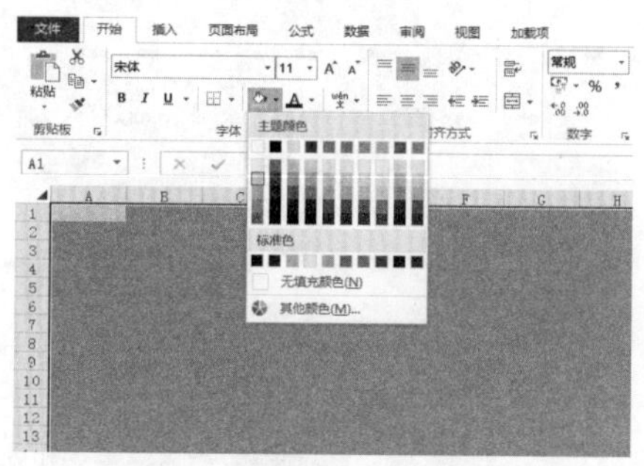

图 4-94 设置填充颜色

图 4-95 设置【行高】和【列宽】

step 03 选择 C5:M16 单元格并右击，在弹出的快捷菜单中选择【设置单元格格式】命令，弹出【设置单元格格式】对话框，在该对话框中选择【边框】选项卡，在【线条】选项组中选择图 4-96 所示的线条，将【颜色】RGB 设置为 0、130、176，单击【内部】按钮，如图 4-96 所示。

step 04 选择图 4-97 所示的线条，然后单击【外边框】按钮，如图 4-97 所示。

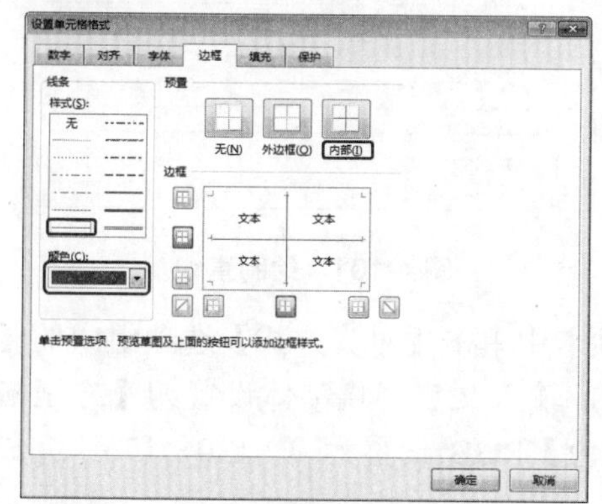

图 4-96 设置线条和颜色

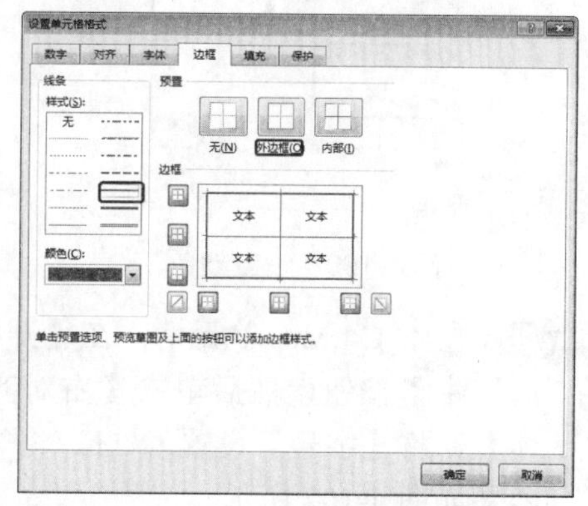

图 4-97 设置【外边框】

step 05 单击【确定】按钮，选择 C3:M3 单元格，单击【开始】选项卡中【对齐方式】选项组中的【合并后居中】按钮，在合并后的单元格内输入文字，将【字体】设置为【微软雅黑】，将【字号】设置为 22，将【字体颜色】RGB 设置为 0、130、176，如图 4-98 所示。

step 06 在【插入】选项卡中选择【插图】→【形状】→【直线】选项，如图 4-99 所示。

step 07 绘制直线，选择【绘图工具】下的【格式】选项卡，单击【形状轮廓】按钮，在弹出的下拉菜单中选择【其他轮廓颜色】命令，弹出【颜色】对话框，在该对话框中选择【自定义】选项卡，将【红色】、【绿色】、【蓝色】分别设置为 0、130、176，如图 4-100 所示。

step 08 再次单击【形状轮廓】选项，在弹出的下拉菜单中选择【粗细】|【0.75 磅】命令，然后对绘制的线条进行复制，完成后的效果如图 4-101 所示。

图 4-98　合并单元格并输入文字

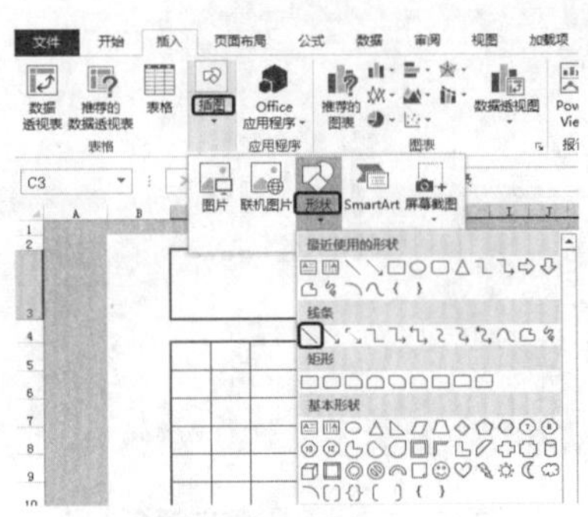

图 4-99　选择【直线】选项

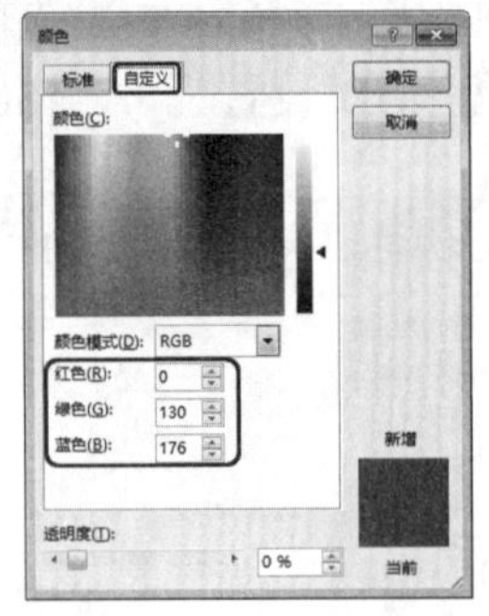

图 4-100　设置颜色

图 4-101　绘制直线

step 09 选择 C4:M4 单元格，在【开始】选项卡中单击【对齐方式】选项组中的【合并后居中】按钮，然后单击【右对齐】按钮，输入文字，将字体设置为【方正楷体简体】，将【字号】设置为 11，将【字体颜色】RGB 设置为 0、130、176。完成后的效果如图 4-102 所示。

step 10 使用同样的方法绘制直线，将直线的【轮廓颜色】RGB 设置为 0、130、176，将直线的【粗细】设置为 0.75 磅，完成后的效果如图 4-103 所示。

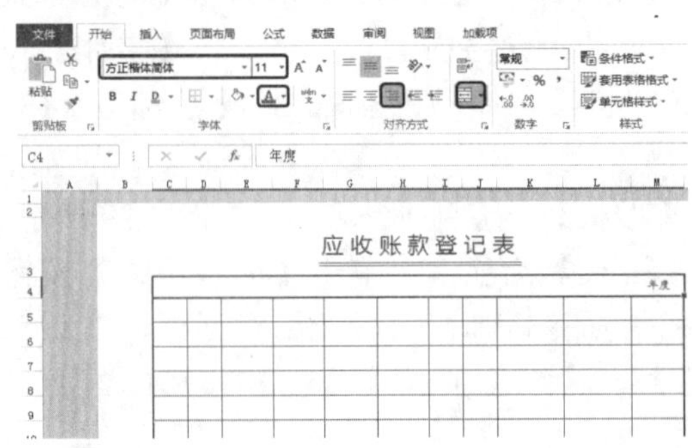

图 4-102　输入文字并设置

图 4-103　绘制直线后的效果

step 11 选择 C5:D5 单元格，单击【合并后居中】按钮，使用同样的方法合并其他单元格并输入文字。完成后的效果如图 4-93 所示。

案例精讲 039　账龄分析表

案例文件：CDROM\场景\Cha04\账龄分析表.xlsx

视频文件：视频教学\Cha04\账龄分析表.avi

制作概述

应收账款的账龄，就是指应收账款自发生之日起到目前为止的时间，当然这是指至今还没有偿付的应收账款，本案例将介绍如何制作账龄分析表。完成后的效果如图 4-104 所示。

应收账款账龄分析表												
客户名称	0～30天		31～60天		61～90天		91～120天		121～180天		180天以上	
	应收账款	比重	应收账款	比重	应收账款	比重	应收账款	比重	应收账款	比重	应收账款	比重
上海宏美电子科技有限公司	14,900	0.02%	-	-	-	-	-	-	-	-	-	-
北京黎山电子科技有限公司	-	-	364,695	0.43%	-	-	-	-	-	-	-	-
广东科郑电子科技有限公司	-	-	-	-	-	-	-	-	-	-	65,646	0.08%
山东景宏电子科技有限公司	-	-	-	-	-	-	-	-	-	-	5,464,564	6.37%
深圳宏鑫电子科技有限公司	-	-	-	-	-	-	-	-	-	-	654,645	0.76%
北京建新电子科技有限公司	-	-	216,347	0.25%	-	-	-	-	-	-	-	-
上海西龙电子科技有限公司	376,728	0.44%	-	-	-	-	-	-	-	-	-	-
山东新力电子科技有限公司	-	-	2,216,385	2.58%	-	-	-	-	-	-	-	-
山东超星电子科技有限公司	-	-	-	-	-	-	-	-	-	-	44,364,231	51.71%
北京文乐电子科技有限公司	-	-	-	-	-	-	378,156	0.44%	-	-	-	-
广东艾斯电子科技有限公司	-	-	-	-	2,452,836	2.86%	-	-	-	-	-	-
深圳茜利电子科技有限公司	-	-	-	-	-	-	7,868,325	9.17%	-	-	-	-
上海华[illegible]电子科技有限公司	-	-	-	-	-	-	-	-	-	-	21,358,644	24.89%
合计	393,628	0.46%	2,797,427	3.26%	2,452,836	2.86%	8,246,481	9.61%	-	0.00%	71,907,734	83.81%

图 4-104　账龄分析表

学习目标

- 学习如何制作账龄分析表。
- 掌握如何设置单元格属性和 SUMPRODUCT 函数的使用。

操作步骤

step 01 启动软件后新建空白工作簿，选择 A 列并右击，在弹出的快捷菜单中选择【列宽】命令，在弹出的对话框中将【列宽】设置为 35。使用同样的方法将 B～E、G 列的【列宽】设置为 9.75，将 F 列的列宽设置为 13。将第 1～3 行的【行高】分别设置为 48.75、7.5、35.25，将第 4～16 行的【行高】设置为 30，完成后的效果如图 4-105 所示。

step 02 选择 A1:G2 单元格区域，在【开始】选项卡中单击【字体】选项组中的【填充颜色】右侧的下三角按钮，在弹出的下拉菜单中选择【浅绿】命令。选择 A1:G1 单元格区域，单击【合并后居中】按钮，然后输入文字【应收账款数据表】，选择输入的文字，将【字号】设置为 24，将【字体颜色】设置为白色，按 Ctrl+B 组合键将文字加粗，完成后的效果如图 4-106 所示。

step 03 选择 A3:G16 单元格区域，并右击，在弹出的快捷菜单中选择【设置单元格格式】命令，在弹出的对话框中选择【边框】选项，将【线条】设置为图 4-107 所示的线条，将【颜色】RGB 设置为 222、169、0，然后单击图 4-107 所示的按钮。

step 04 将【颜色】设置为白色，然后单击图 4-108 所示的按钮。

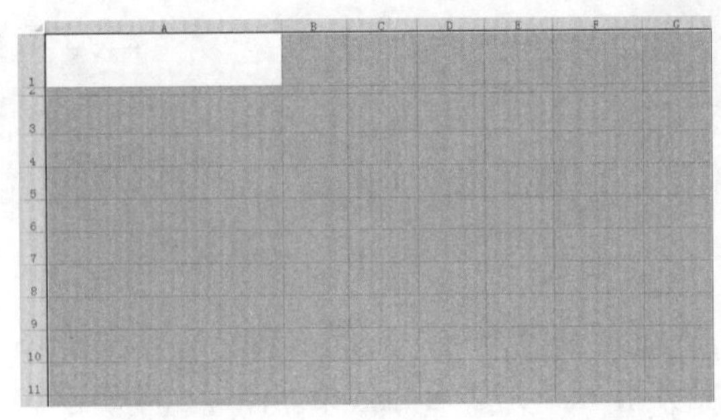

图 4-105　设置【列宽】和【行高】

图 4-106　合并单元格并输入文字

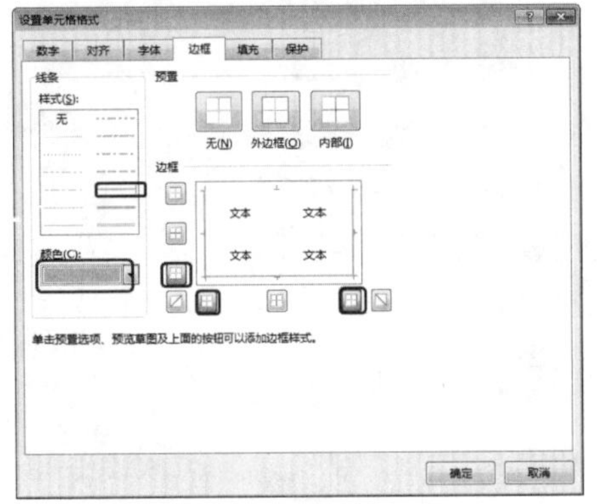

图 4-107　设置边框

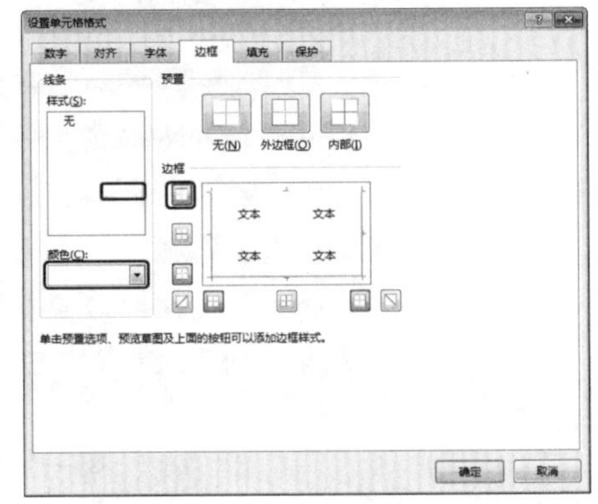

图 4-108　设置上边框颜色

step 05 单击【确定】按钮，选择 A3:G3、A5:G5、A7:G7、A9:G9、A11:G11、A13:G13、A15:G15 单元格并右击，在弹出的快捷菜单中选择【设置单元格格式】命令，在弹出的对话框中选择【填充】选项卡，将【填充颜色】RGB 设置为 222、169、0，如图 4-109 所示。

step 06 选择【边框】选项卡，将【线条】样式设置为图 4-109 所示，将【颜色】设置为白色，然后单击图 4-110 所示的按钮。

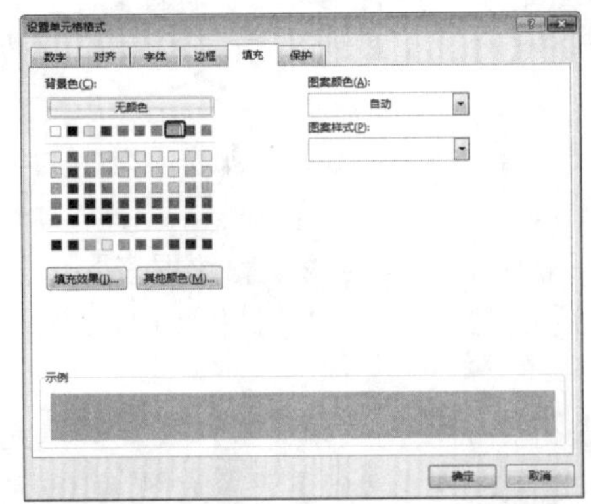

图 4-109　设置填充颜色及样式

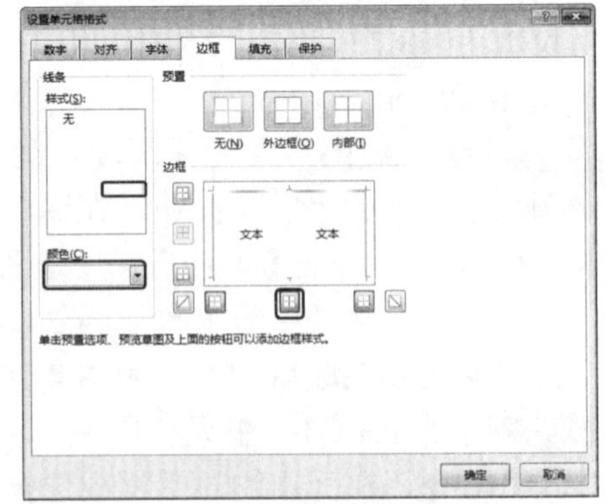

图 4-110　设置边框

step 07 单击【确定】按钮，即可完成对所选单元格填充颜色和设置边框，完成后的效

果如图 4-111 所示。

step 08 选择 A4:G4、A6:G6、A8:G8、A10:G10、A12:G12、A14:G14、A16:G16 单元格并右击，在弹出的快捷菜单中选择【设置单元格格式】命令，在弹出的对话框中选择【边框】选项卡，选择图 4-30 所示的边框，将【颜色】RGB 设置为 222、169、0，然后单击图 4-112 所示的按钮。

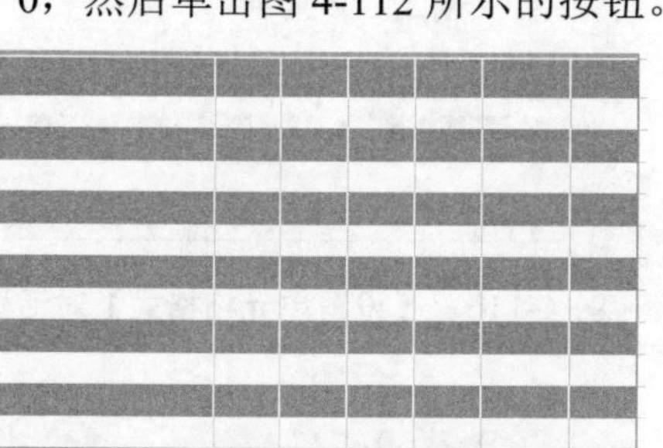

图 4-111　设置完成后的效果

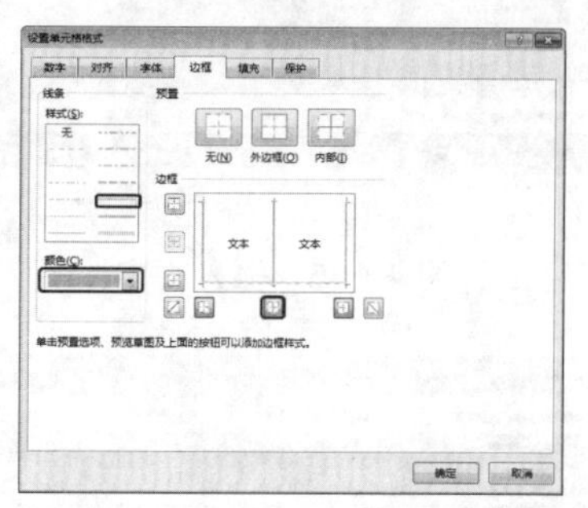

图 4-112　设置边框颜色

step 09 单击【确定】按钮，即可为选择的单元格设置边框，完成后的效果如图 4-113 所示。

step 10 在第 3 行单元格内输入文字，选择输入的文字，将【字号】设置为 11，按 Ctrl+B 组合键对文字进行加粗，在【对齐方式】选项组中单击【居中】按钮，如图 4-114 所示。

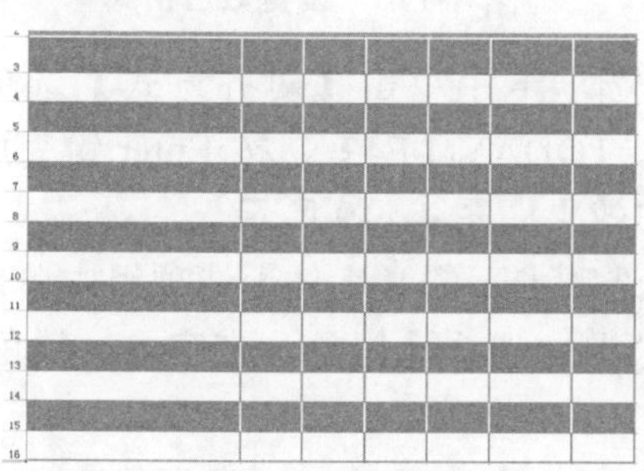

图 4-113　设置完成后的效果

图 4-114　设置文字

step 11 使用同样的方法输入剩余的文字，将【字号】设置为 9，将文字居中对齐，完成后的效果如图 4-115 所示。

step 12 选择 F4:F16 单元格区域并右击，在弹出的快捷菜单中选择【设置单元格格式】命令，选择【数字】选项卡中的【日期】选项，将【类型】设置为图 4-116 所示的选型。

step 13 然后在 F4:F16 单元格内输入日期，完成后的效果如图 4-117 所示。

step 14 选择 G4:G16 单元格区域并右击，在弹出的快捷菜单中选择【设置单元格格式】命令，选择【数字】选项卡，在【分类】列表框中选择【数值】选项，将【小数位数】设置为 0，在【负数】列表框中选择图 4-118 所示。

图 4-115　输入文字

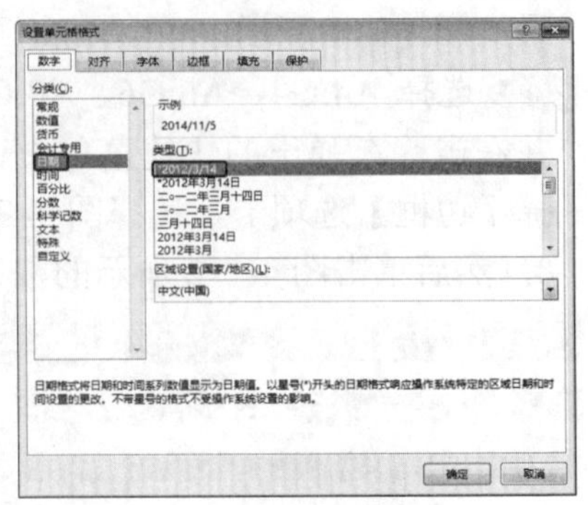

图 4-116　【设置单元格格式】对话框

图 4-117　输入日期

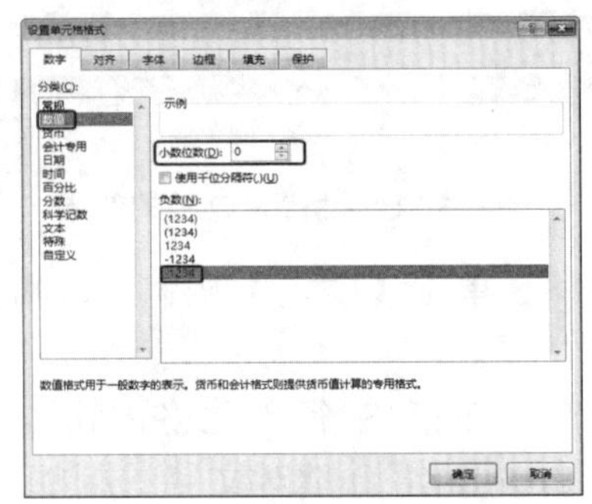

图 4-118　设置数值格式

step 15 单击【确定】按钮，然后在【开始】选项卡中单击【对齐方式】选项组中的【居中】按钮。在 G4 单元格中输入公式【=TODAY()-F4】，按 Enter 键完成操作。使用同样的方法设置其他单元格，完成后的效果如图 4-119 所示。

step 16 选择 A3:G16 单元格区域，在【开始】选项卡下的【字体】选项组中单击【字体颜色】右侧的下三角按钮，在弹出的下拉菜单中选择【黑色，文字 1，淡色 25%】命令，如图 4-120 所示。

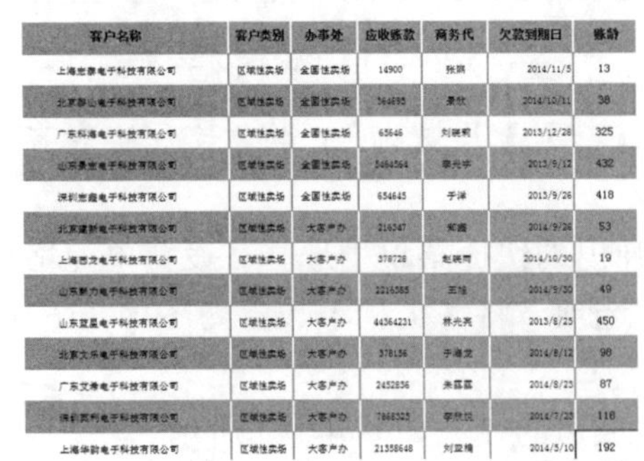

图 4-119　设置完成后的效果

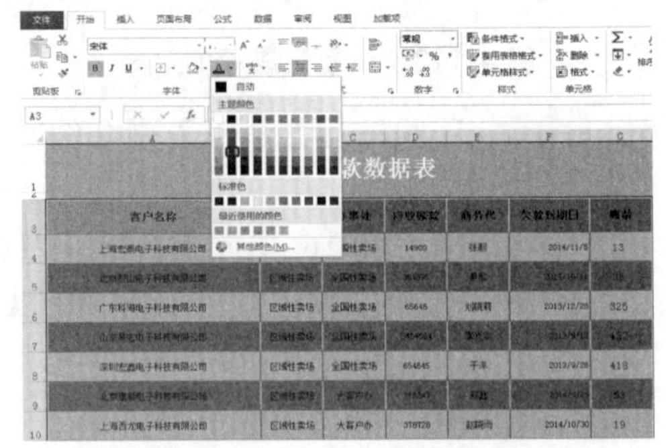

图 4-120　设置文字颜色

step 17 按住 Ctrl 键选择 A3:A16、D3:D16、G3:G13 单元格区域，在【公式】选项卡中单击【定义的名称】选项组中的【根据所选内容创建】按钮，在弹出的对话框中保

持默认设置，单击【确定】按钮，如图 4-121 所示。

step 18 将该工作表的名称命名为【应收账款数据表】，单击【新工作表】按钮⊕，将 A 列单元格【列宽】设置为 25，选择 B～M 列单元格，将【列宽】设置为 12，将第 1～3 行的【行高】分别设置为 65、28、19，将第 4～17 行的【行高】设置为 40。

step 19 选择 A1:M1 单元格区域，单击【合并后居中】按钮，然后单击【填充颜色】右侧的下三角按钮，在弹出的下拉菜单中选择【浅绿】命令，输入文字【应收账款账龄分析表】，将【字号】设置为 24，将【字体颜色】设置为白色，单击【加粗】按钮，完成后的效果如图 4-122 所示。

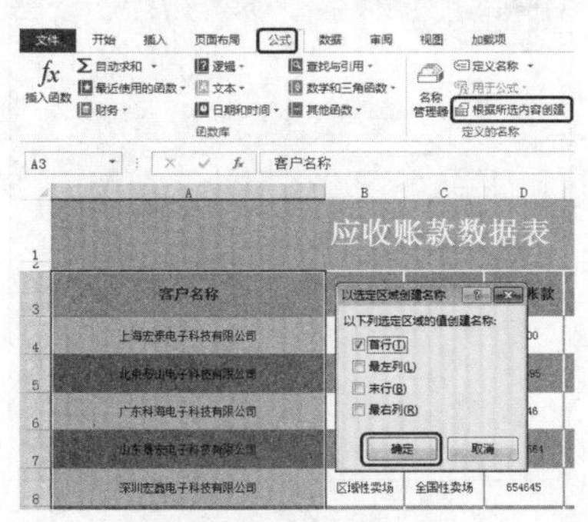

图 4-121 【以选定区域创建名称】对话框

图 4-122 设置完成后的效果

step 20 选择 A2:M17 单元格区域并右击，在弹出的快捷菜单中选择【设置单元格格式】命令，在弹出的对话框中选择【边框】选项卡，选择图 4-123 所示的线条格式，将【颜色】RGB 设置为 222、169、0，单击【外边框】按钮，如图 4-123 所示。

step 21 选择 B2:M2、A4:M4、A6:M6、A8:M8、A10:M10、A12:M12、A14:M14、A16:M16 单元格区域并右击，在弹出的快捷菜单中选择【设置单元格格式】命令，在弹出的对话框中选择【填充】选项卡，单击【其他颜色】按钮，在弹出的对话框中选择【自定义】选项卡，将【红色】、【绿色】、【蓝色】分别设置为 222、169、0，如图 4-124 所示。

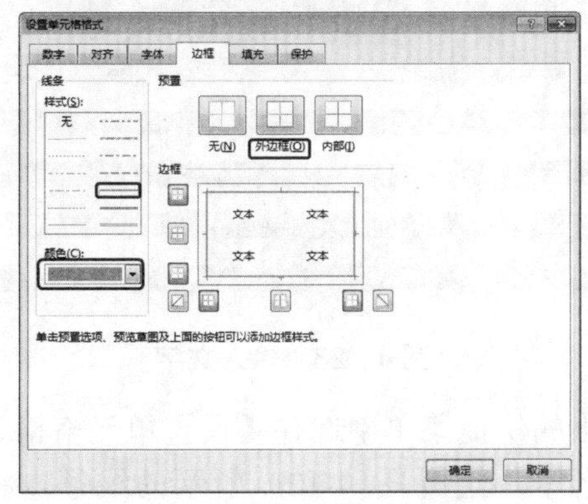

图 4-123 设置边框

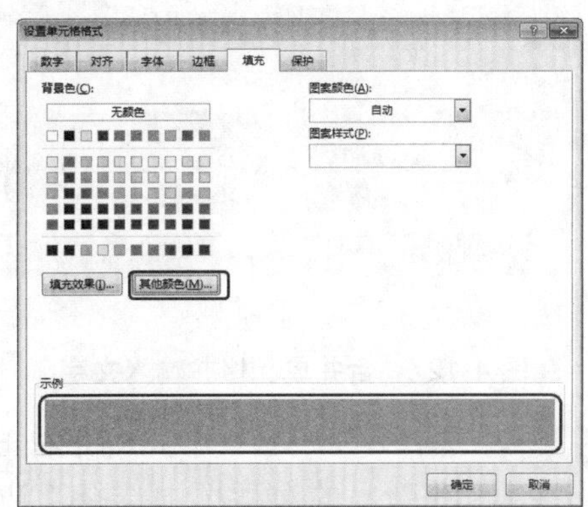

图 4-124 设置填充颜色

在【开始】选项卡中单击【字体】选项组中【填充颜色】右侧的下三角按钮，在弹出的下拉菜单中可以设置任意填充颜色。

step 22 选择【边框】选项卡，选择图 4-125 所示的线条，将【颜色】设置为白色，单击图 4-125 所示的按钮。

step 23 单击【确定】按钮，选择 A3:M3、A5:M5、A7:M7、A9:M9、A11:M11、A13:M13、A15:M15 单元格区域并右击，在弹出的快捷菜单中选择【边框】选项卡，选择图 4-126 所示的边框，将【颜色】RGB 设置为 222、169、0。

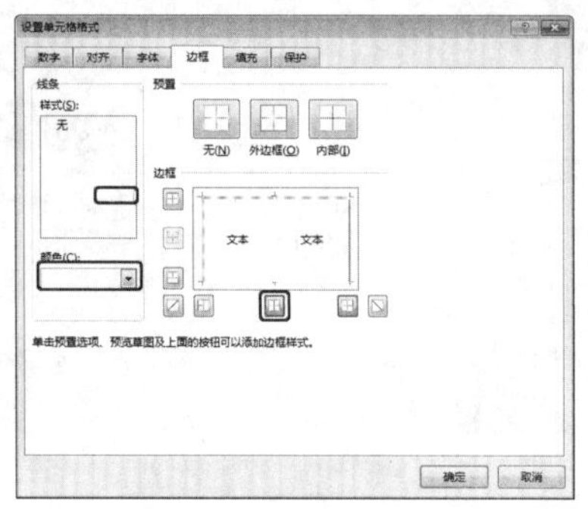

图 4-125　设置边框颜色

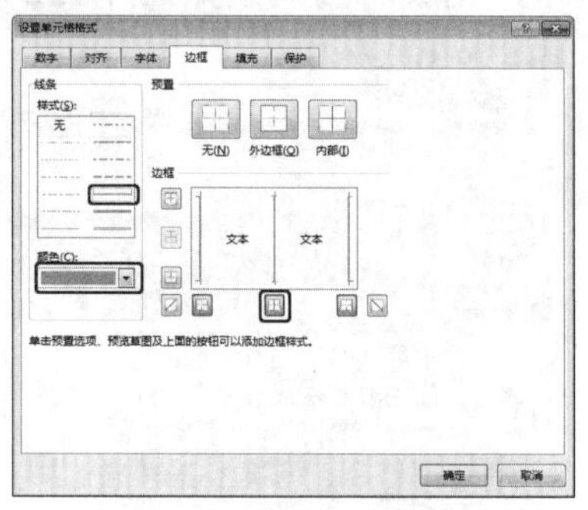

图 4-126　设置边框

step 24 单击【确定】按钮，选择 A2:A3 单元格区域，单击【开始】选项卡中的【对齐方式】选项组中的【合并后居中】按钮，在合并后的单元格内输入文字【客户名称】，将【字号】设置为 11，单击【加粗】按钮，将【字体颜色】设置为【黑色，文字 1，淡色 25%】，完成后的效果如图 4-127 所示。

step 25 选择 A2:M17 单元格区域，单击两次【居中】按钮。选择 B2：C2 单元格，单击【合并后居中】按钮将单元格合并居中，然后在合并后的单元格内输入文字，将【字号】设置为 11，使用同样的方法合并单元格，并在合并的单元格内输入文字，完成后的效果如图 4-128 所示。

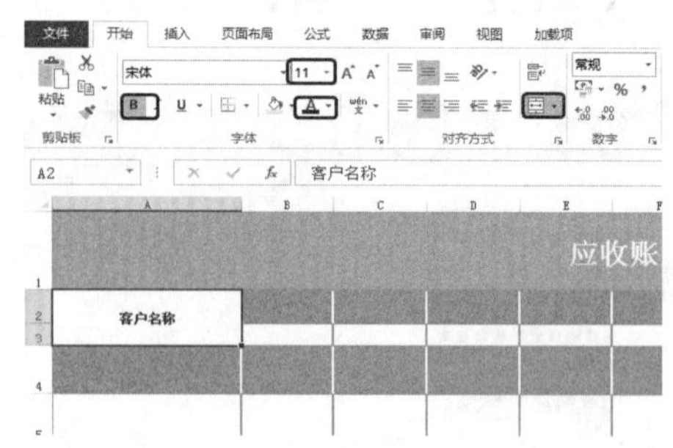

图 4-127　合并单元格并输入文字

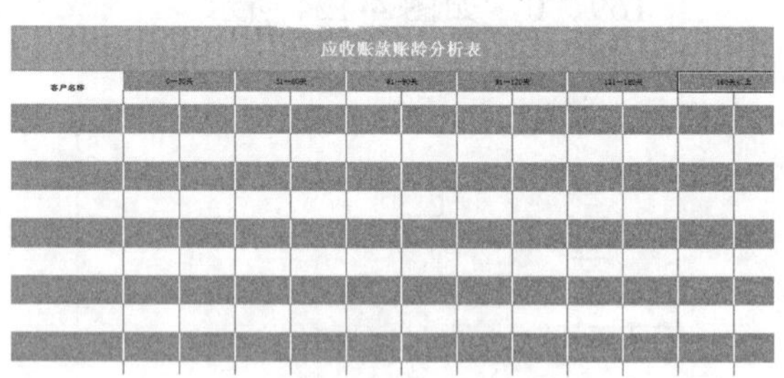

图 4-128　输入文字

step 26 选择 A17:M17 单元格并右击，在弹出的快捷菜单中选择【设置单元格格式】命令，在弹出的对话框中选择【边框】选项卡，选择图 4-129 所示的线条，将【颜色】设置为白色，如图 4-129 所示。

step 27 选择【填充】选项卡，将【颜色】设置为浅绿色，如图 4-130 所示。

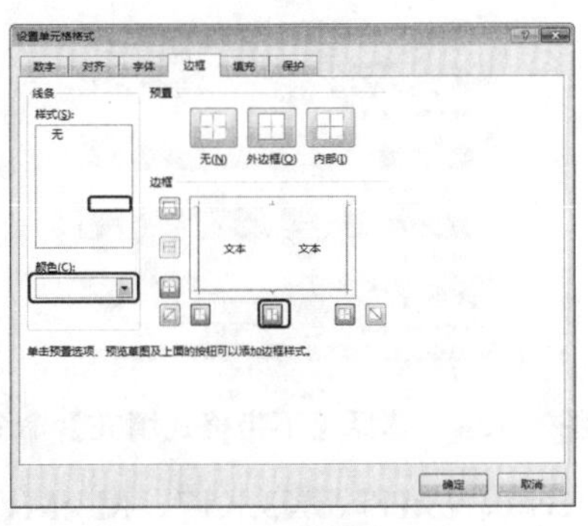

图 4-129 设置边框颜色

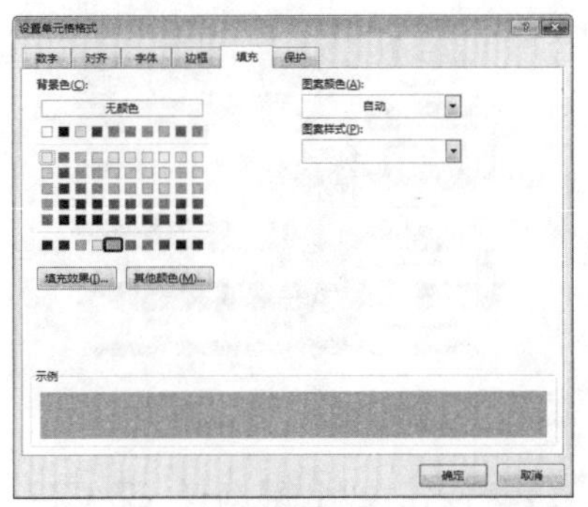

图 4-130 设置填充颜色

step 28 使用同样的方法在单元格内输入文字，并设置文字属性，完成后的效果如图 4-131 所示。

step 29 选择 B4:M17 单元格并右击，在弹出的快捷菜单中选择【设置单元格格式】命令，弹出对话框，选择【数字】选项卡，选择【会计专用】，将【小数位数】设置为 0，将【货币符号(国家/地区)】设置为无，如图 4-132 所示。

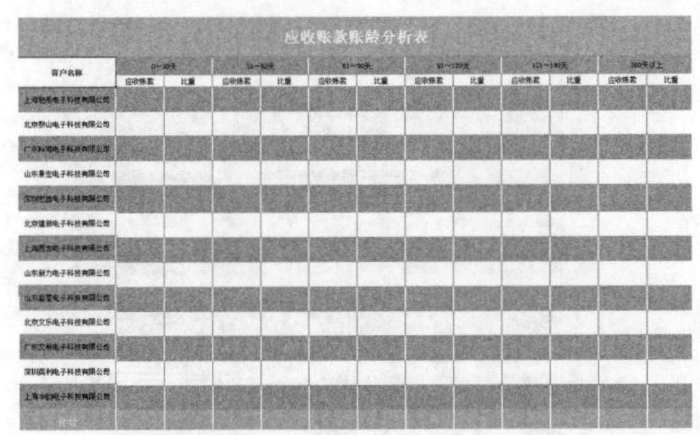

图 4-131 设置完成后的效果

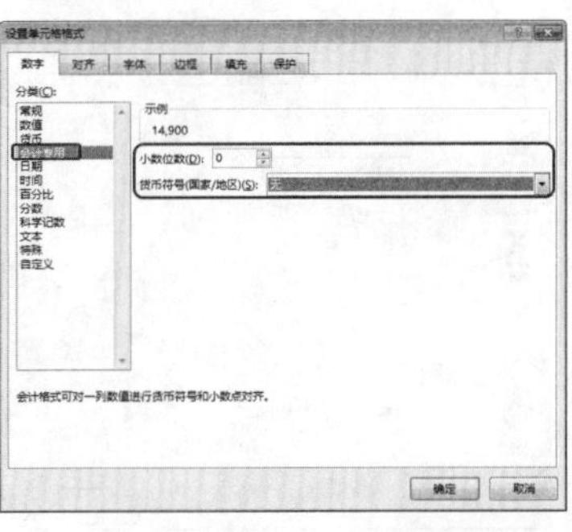

图 4-132 设置数值

step 30 单击【确定】按钮，在 B4 单元格内输入公式【=SUMPRODUCT((客户名称=A4)*(账龄<=30)*应收账款)】，按 Enter 键完成操作，将光标放置在 B4 单元格的右下角处，当光标变成实心黑色十字形状时拖动鼠标至 B16 单元格，自动填充其他单元格，完成后的效果如图 4-133 所示。

step 31 单击【自动填充选项】右侧的下三角按钮，在弹出的下拉菜单中选择【不带格式填充】命令，如图 4-134 所示。

知识链接

SUMPRODUCT 函数

主要功能：在给定的几组数组中，将数组间对应的元素相乘，并返回乘积之和。

使用格式：SUMPRODUCT(array1,array2,array3, ...)

参数说明：Array1,array2,array3, ... 为 2～30 个数组，其相应元素需要进行相乘并求和。

图 4-133　自动填充

图 4-134　选择【不带格式填充】命令

step 32 按住 Ctrl 键选择 C3:C17、E3:E17、G3:G17、I3:I17、K3:K17、M3:M17 单元格区域并右击，在弹出的快捷菜单中选择【设置单元格格式】命令，在弹出的对话框中选择【数字】选项卡，在【分类】列表框中选择【百分比】选项，将【小数位数】设置为 2，如图 4-135 所示。

step 33 单击【确定】按钮，在 B17 单元格内输入公式【=SUM(B4:B16)】，按 Enter 键完成操作。在 D4 单元格内输入公式【=SUMPRODUCT((客户名称=A4)*应收账款)*AND(账龄>31,账龄<=60)】，按 Enter 键完成操作，将其不带格式自动填充至 D16 单元格。完成后的效果如图 4-136 所示。

图 4-135　设置数值

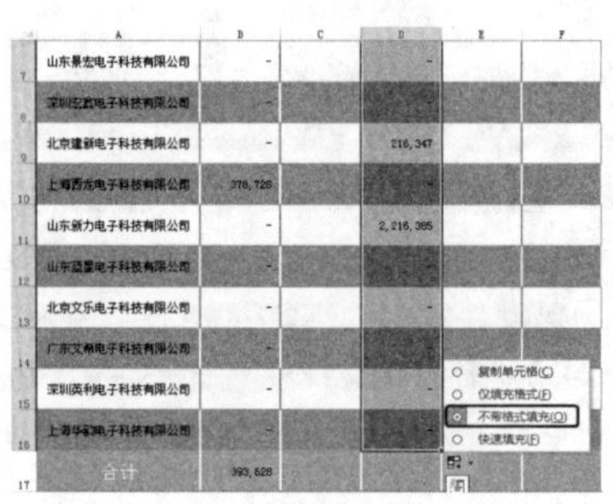

图 4-136　不带格式填充的效果

step 34 在 D17 单元格输入公式【=SUM(D4:D16)】，按 Enter 键完成操作。使用同样的方法设置 F、H、J、L 列单元格的公式。完成后的效果如图 4-137 所示。

step 35 在 C4 单元格内输入公式【=IF(B4=0,"-",B4/SUM($B$17+$D$17+$F$17+$H$17+$J$17+$L$17))】，按 Enter 键完成操作，然后不带格式填充至 C16 单元格，在 C17 单元格内输入公式【=SUM(C4:C16)】，按 Enter 键完成操作。完成后的效果如图 4-138 所示。

知识链接

IF 函数

主要功能：执行真假值判断，根据逻辑计算的真假值，返回不同结果。可以使用函数 IF 对数值和公式进行条件检测

使用格式：IF(logical_test,value_if_true,value_if_false)

参数说明：Logical_test 表示计算结果为 TRUE 或 FALSE 的任意值或表达式。Value_if_true logical_test 为 TRUE 时返回的值。Value_if_false logical_test 为 FALSE 时返回的值。

应收账款账龄分析表

0~30天		31~60天		61~90天		91~120天		121~180天		180天以上	
应收账款	比重	应收账款	比重	应收账款	比重	应收账款	比重	应收账款	比重	应收账款	比重
14,900		-		-		-		-		-	
-		364,695		-		-		-		-	
-		-		-		-		-		65,646	
-		-		-		-		-		5,464,564	
-		-		-		-		-		654,645	
-		216,347		-		-		-		-	
378,728		-		-		-		-		-	
-		2,216,385		-		-		-		-	

图 4-137　设置完成后的效果

C17　=SUM(C4:C16)

	A	B	C	D	E	F	G
7	山东景宏电子科技有限公司	-	-	-		-	
8	深圳宏鑫电子科技有限公司	-	-	-		-	
9	北京建新电子科技有限公司	-	-	216,347		-	
10	上海西龙电子科技有限公司	378,728	0.44%	-		-	
11	山东新力电子科技有限公司	-	-	2,216,385		-	
12	山东蓝星电子科技有限公司	-	-	-		-	
13	北京文乐电子科技有限公司	-	-	-		-	
14	广东艾蒂电子科技有限公司	-	-	-		2,452,836	
15	深圳英利电子科技有限公司	-	-	-		-	
16	上海华韵电子科技有限公司	-	-	-		-	
17	合计	393,628	0.46%	2,797,427		2,452,836	

图 4-138　输入公式

step 36 使用同样的方法在 E、G、I、K、M 列单元格内输入公式，完成后的效果如图 4-139 所示。

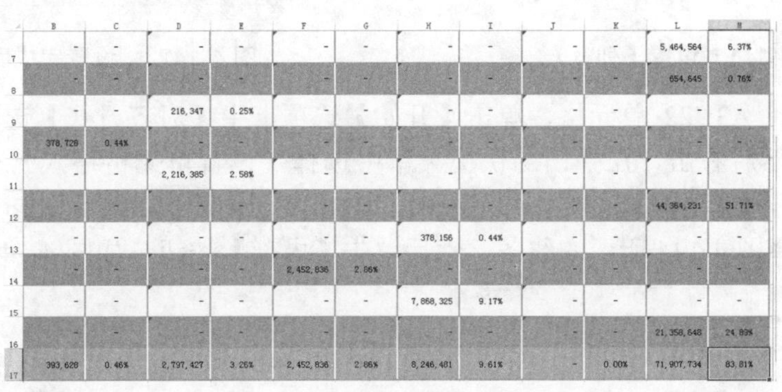

	B	C	D	E	F	G	H	I	J	K	L	M
7	-	-	-	-	-	-	-	-	-	-	5,464,564	6.37%
8	-	-	-	-	-	-	-	-	-	-	654,645	0.76%
9	-	-	216,347	0.25%	-	-	-	-	-	-	-	-
10	378,728	0.44%	-	-	-	-	-	-	-	-	-	-
11	-	-	2,216,385	2.58%	-	-	-	-	-	-	-	-
12	-	-	-	-	-	-	-	-	-	-	44,384,231	51.71%
13	-	-	-	-	-	-	378,156	0.44%	-	-	-	-
14	-	-	-	-	2,452,836	2.86%	-	-	-	-	-	-
15	-	-	-	-	-	-	7,868,325	9.17%	-	-	-	-
16	-	-	-	-	-	-	-	-	-	-	21,358,648	24.88%
17	393,628	0.46%	2,797,427	3.26%	2,452,836	2.86%	8,246,481	9.61%	-	0.00%	71,907,734	83.81%

图 4-139　填充完成后的效果

step 37 至此，应收账款账龄分析表就制作完成了，将文件进行保存即可。

案例精讲 040　应收账款余额统计表

案例文件：CDROM\场景\Cha04\应收账款余额统计表.xlsx

视频文件：视频教学\Cha04\应收账款余额统计表.avi

制作概述

应收账款余额统计表既可以按月编制，也可以将一年中各个月的数据全部添加至应收账款余额表中，最后累计得出一年的应收账款余额。完成的应收账款余额统计表。如图 4-140 所示。

应收账款余额表

年份：2014

序号	单位名称	期初余额	本期发生额		期末余额	本期发生额		期末余额
			借 方	贷 方		借 方	贷 方	
	月份：		1			2		
1	红星	¥ 4,500.00	¥ 4,395.00	¥ 8,650.00	¥ 245.00	¥ 2,912.00	¥15,000.00	
2	港泰	¥ 6,800.00	¥ 2,260.00	¥ 7,890.00	¥ 1,170.00	¥ 4,785.00	¥ -	
3	海蓝	¥ 3,450.00	¥ 2,600.00	¥ 5,300.00	¥ 750.00	¥ 3,510.00	¥ -	
4	欧泉	¥10,000.00	¥ 2,340.00	¥ 6,000.00	¥ 6,340.00	¥ 695.00	¥ 4,000.00	
5	德大	¥ 3,000.00	¥ 3,418.00	¥ -	¥ 6,418.00	¥ 8,481.00	¥15,000.00	
	合计	¥27,750.00	¥15,013.00	¥27,840.00	¥14,923.00	¥20,383.00	¥34,000.00	

图 4-140　应收账款余额统计表

学习目标

- 学习如何制作应收账款余额统计表。
- 掌握 IF、SUM、VLOOKUP、SUMPRODUCT 函数的应用。

操作步骤

step 01 启动软件后新建空白的工作簿，将【Sheet1】更改为【销售明细表】，选择 A、B 两列并右击，在弹出的快捷菜单中选择【列宽】命令，在弹出的对话框中将【列宽】设置为 5，如图 4-141 所示。

step 02 将 C~J 列的【列宽】设置为 8.5，将第 1 行的行高设置为 40，将第 2~22 的【行高】设置为 14.5，设置完成后的效果如图 4-142 所示。

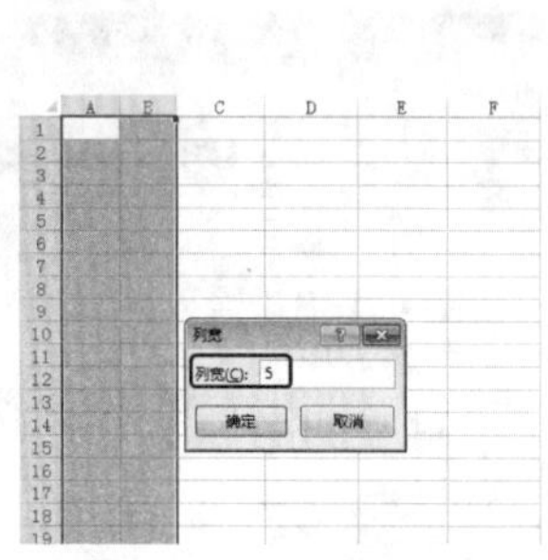

图 4-141 设置【列宽】

图 4-142 设置完成后的效果

step 03 选择 A3:J22 单元格，单击【开始】选项卡中【对齐方式】选项组中的【居中】按钮。然后右击，在弹出的快捷菜单中选择【设置单元格格式】命令，在弹出的对话框中选择【边框】选项卡，选择如图 4-143 所示的线条，然后单击【外边框】按钮。

step 04 选择图 4-144 所示的线条，然后单击【内部】按钮，如图 4-144 所示。

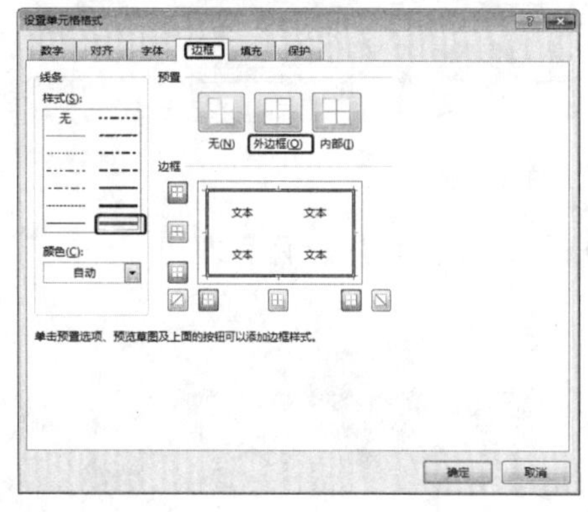

图 4-143 设置【外边框】

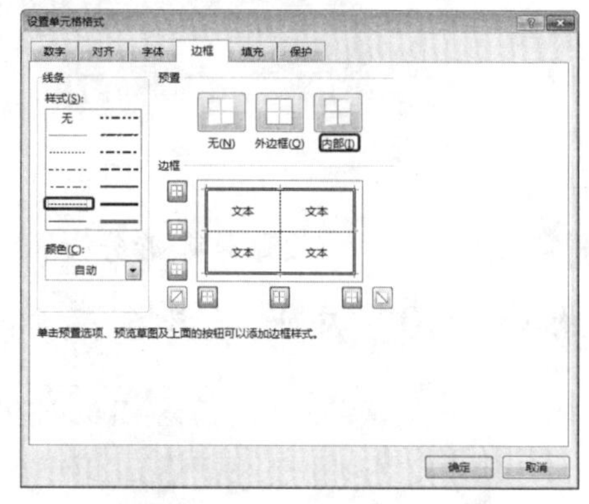

图 4-144 设置【内部】框线

step 05 选择 A1:J1 单元格，在【开始】选项卡中单击【对齐方式】选项组中的【合并后居中】按钮，单击【字体】选项组中的【填充颜色】右侧的下三角按钮，在弹出的下拉菜单中选择【金色，着色 4】命令，如图 4-145 所示。

step 06 在合并后的单元格内输入文字【销售明细表】，将【字体】设置为黑体，将【字号】设置为 15，完成后的效果如图 4-146 所示。

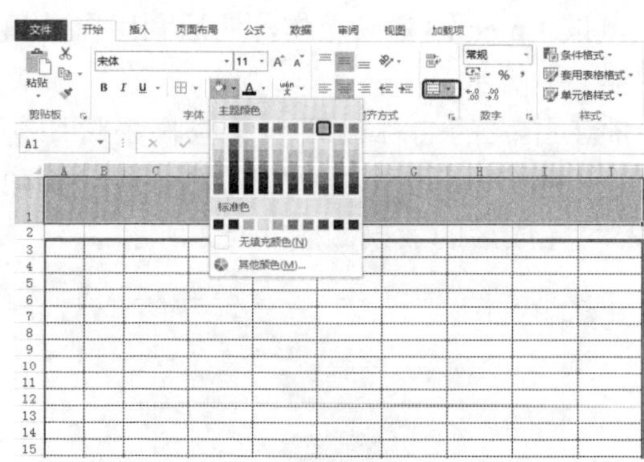

图 4-145　合并单元格并填充颜色

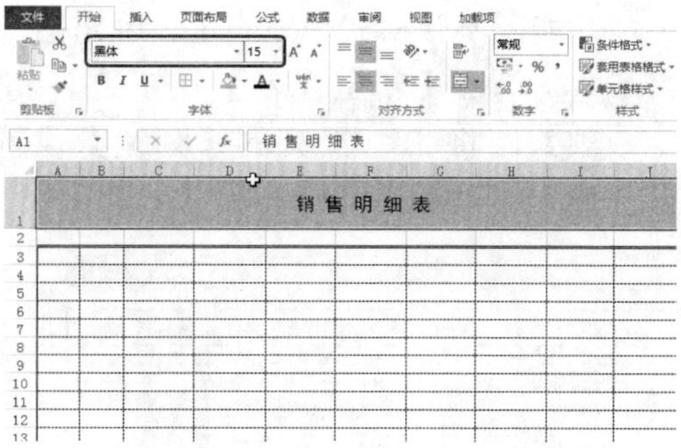

图 4-146　在合并单元格内输入文字

step 07 选择 G2:H2 单元格，单击【居中后对齐】按钮，将单元格合并，然后单击【右对齐】按钮。选择 I2:J2 单元格，单击【居中后对齐】按钮，将单元格合并，然后单击【左对齐】按钮。在合并后的单元格内输入文字，完成后的效果如图 4-147 所示。

step 08 使用同样的方法合并单元格并输入文字，完成后的效果如图 4-148 所示。

图 4-147　设置完成后的效果

2014 月	年 日	发货单号	产品名称	单位名称	单位	数量	单价	金额	备注
1	5	140105	产品A	红星	台	300			
1	5	140106	产品B	海蓝	台	100			
1	5	140107	产品C	港泰	台	35			
1	6	140108	产品B	欧泉	台	25			
1	6	140109	产品C	德大	台	50			
1	7	140110	产品A	港泰	台	85			
1	7	140111	产品B	欧泉	台	65			
1	8	140112	产品C	红星	台	15			
1	8	140113	产品B	德大	台	68			
2	1	140114	产品B	海蓝	台	100			
2	1	140115	产品C	德大	台	200			
2	1	140116	产品A	欧泉	台	23			
2	3	140117	产品A	红星	台	134			
2	3	140118	产品C	港泰	台	145			
2	3	140119	产品B	红星	台	45			
2	5	140120	产品C	欧泉	台	12			
2	5	140121	产品B	海蓝	台	35			
2	5	140122	产品C	德大	台	57			

图 4-148　设置完成后的效果

step 09 在 H5 单元格内输入公式【=IF(D5="产品 A",13,IF(D5="产品 B",26,33))】，按 Enter 键完成操作，如图 4-149 所示。

step 10 将光标移动至 H5 单元格的右下角，当光标变成黑色实心十字形状时，将鼠标拖动至 H22 单元格，单击【自动填充选项】右侧的下三角按钮，在弹出的下拉菜单中选择【不带格式填充】命令，完成后的效果如图 4-150 所示。

图 4-149　输入公式

图 4-150　利用自动填充功能填充单元格

step 11 在 I5 单元格内输入公式【=H5*G5】，按 Enter 键完成操作，然后利用自动填充功能，不带格式填充至 I22 单元格，如图 4-151 所示。

step 12 单击【新工作表】按钮⊕，将新建的工作表的名称设置为【应收账款期初余额】，将 B、C 列的【列宽】设置为 20，将第 1、2 行的【行高】设置为 42、14.25，将第 3～10 行的【行高】设置为 25。完成后的效果如图 4-152 所示。

销售明细表

统计时间：2014/3/1

2014 月	年 日	发货单号	产品名称	单位名称	单位	数量	单价	金额	备注
1	5	140105	产品A	红星	台	300	13	3900	
1	5	140106	产品B	海蓝	台	100	26	2600	
1	5	140107	产品C	港泰	台	35	33	1155	
1	6	140108	产品B	欧泉	台	25	26	650	
1	6	140109	产品C	德大	台	50	33	1650	
1	7	140110	产品A	港泰	台	85	13	1105	
1	7	140111	产品B	欧泉	台	65	26	1690	
1	8	140112	产品C	红星	台	15	33	495	
1	8	140113	产品B	德大	台	68	26	1768	
2	1	140114	产品B	海蓝	台	100	26	2600	
2	1	140115	产品C	德大	台	200	33	6600	
2	1	140116	产品A	欧泉	台	23	13	299	
2	3	140117	产品A	红星	台	134	13	1742	
2	3	140118	产品C	港泰	台	145	33	4785	
2	3	140119	产品B	红星	台	45	26	1170	
2	5	140120	产品C	欧泉	台	12	33	396	
2	5	140121	产品B	海蓝	台	35	26	910	
2	5	140122	产品C	德大	台	57	33	1881	

复制单元格(C)
仅填充格式(F)
不带格式填充(O)
快速填充(F)

图 4-151 不带格式填充

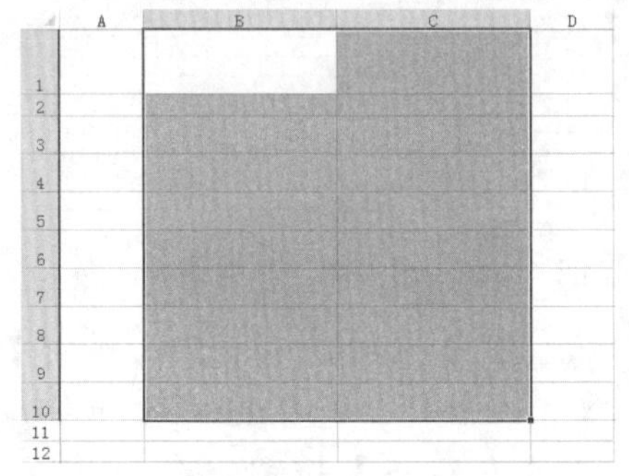

图 4-152 设置【列宽】和【行高】后的效果

step 13 按住 Ctrl 键选择 B1:C1、B3:B4、C3:C4 单元格，在【开始】选项卡中单击【对齐方式】选项组中的【合并后居中】按钮，然后在合并后的单元格内输入文字，如图 4-153 所示。

step 14 选择 B1 单元格，在【开始】选项卡中单击【字体】选项组中【填充颜色】按钮，在弹出的下拉菜单中选择【金色，着色 4】命令，如图 4-154 所示。

图 4-153 合并单元格并输入文字

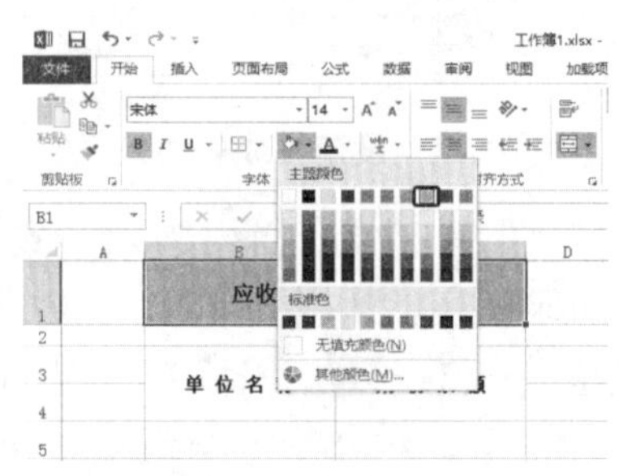

图 4-154 设置填充颜色

step 15 选择 B3:C10 单元格区域并右击，在弹出的快捷菜单中选择【设置单元格格式】命令，在弹出的对话框中选择【边框】选项卡，选择图 4-155 所示的线条，然后单击【外边框】按钮，如图 4-155 所示。

step 16 然后在【样式】列表框中选择图 4-156 所示的线条，单击【内部】按钮，如图 4-156 所示。

在【开始】选项卡中的【字体】选项组中单击【下框线】右侧的下三角按钮，在弹出的下拉菜单中选择【其他边框】命令，也可以打开【设置单元格格式】对话框中的【边框】选项卡。

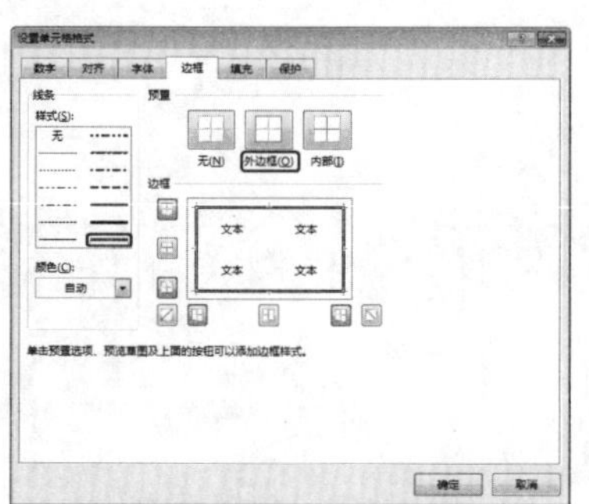

图 4-155　设置【外边框】

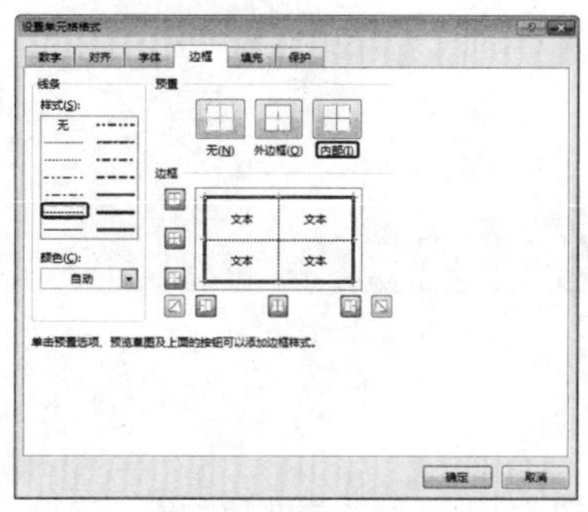

图 4-156　设置【内部】框线

step 17 单击【确定】按钮，选择 C5:C10 单元格区域并右击，在弹出的快捷菜单中选择【设置单元格格式】命令，在弹出的对话框中选择【数字】选项卡，在【分类】列表框中选择【会计专用】选项，将【小数位数】设置为 2，将【货币符号(国家/地区)】设置为¥，如图 4-157 所示。

step 18 单击【确定】按钮，然后在设置好的单元格内输入文字，设置完成后的效果如图 4-158 所示。

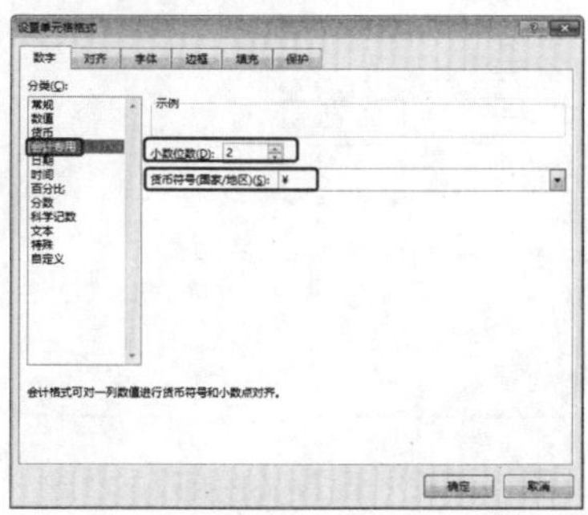

图 4-157　设置单元格格式

图 4-158　输入文字后的效果

在【开始】选项卡中的【数字】选项组中单击【数字格式】按钮，在弹出的下拉菜单中也可以设置为单元格的数字格式。

step 19 在 C10 单元格内输入公式【=SUM(C5:C9)】，按 Enter 键完成操作。单击【新工作表】按钮，新建工作表，将其命名为【收款明细表】，将 A、B 列的【列宽】设置为 5，将 C～G 列的【列宽】设置为 15，将第 1 行的【行高】设置为 50，将第 2～11 行的【行高】设置为 20，选择 A1～G1 单元格，在【开始】选项卡中单击【对齐方式】选项组中的【合并单元格】按钮，然后单击【填充颜色】按钮，在弹出的下拉菜单中选择【金色，着色 4】命令，完成后的效果如图 4-159 所示。

在【开始】选项卡中的【单元格】选项组中单击【插入】右侧的下三角按钮，在弹出的下拉菜单中选择【插入工作表】命令也可以新建工作表。

step 20 在合并后的单元格内输入文字【收款明细表】，将【字号】设置为 20，按 Ctrl+B 组合键将文字进行加粗。完成后的效果如图 4-160 所示。

图 4-159 合并单元格并填充颜色

图 4-160 输入文字

step 21 选择 A2:G11 单元格区域，在【开始】选项卡中单击【下框线】右侧的下三角按钮，在弹出的下拉菜单中选择【其他框线】命令，打开【设置单元格格式】对话框，选择图 4-161 所示的线条，然后单击【外边框】按钮，如图 4-161 所示。

step 22 然后在【样式】列表框中选择图 4-162 所示的线条，单击【内部】按钮，如图 4-162 所示。

图 4-161 设置【外边框】

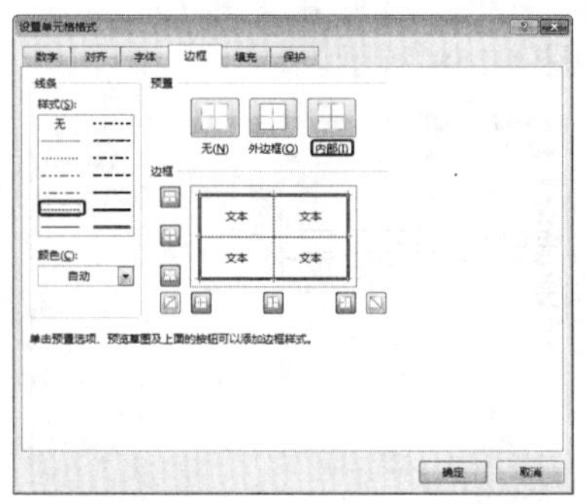

图 4-162 设置【内部】框线

step 23 选择 F4:F11 单元格并右击，在弹出的快捷菜单中选择【设置单元格格式】命令，在弹出的对话框中选择【数字】选项卡，在【分类】列表框中选择【会计专用】选项，将【小数位数】设置为 2，将【货币符号(国家/地区)】设置为¥，如图 4-163 所示。

step 24 使用前面介绍的方法在单元格内输入文字并进行设置，完成后的效果如图 4-164 所示。

图 4-163 设置单元格格式

收款明细表						
2014	年	单位名称	摘要	汇入银行	收款金额	备注
月	日					
1	8	红星	收到货款	中行	¥ 8,650.00	
1	15	港泰	收到货款	建行	¥ 7,890.00	
1	16	海蓝	收到货款	中行	¥ 5,300.00	
1	18	欧泉	收到货款	中行	¥ 6,000.00	
2	5	德大	收到货款	建行	¥ 12,000.00	
2	8	红星	收到货款	建行	¥ 15,000.00	
2	8	欧泉	收到货款	建行	¥ 4,000.00	
2	15	德大	收到货款	建行	¥ 3,000.00	

图 4-164 输入文字后的效果

step 25 单击【新工作表】按钮，新建工作表，将其命名为【应收账款余额表】，将A、B 列的【列宽】设置为 5，将 C～J 列的【列宽】设置为 12，将第 1 行的【行高】设置为 85，将第 2、5 行的【行高】设置为 15，将 3、4、6～11 行的【行高】设置为 25。选择 B3～J11 单元格并右击，在弹出的快捷菜单中选择【设置单元格格式】命令，在弹出的对话框中选择【边框】选项卡，在【样式】列表框中选择图 4-165 所示的线条，单击【外边框】按钮。

step 26 选择图 4-166 所示的线条，然后单击【内部】按钮，如图 4-166 所示。

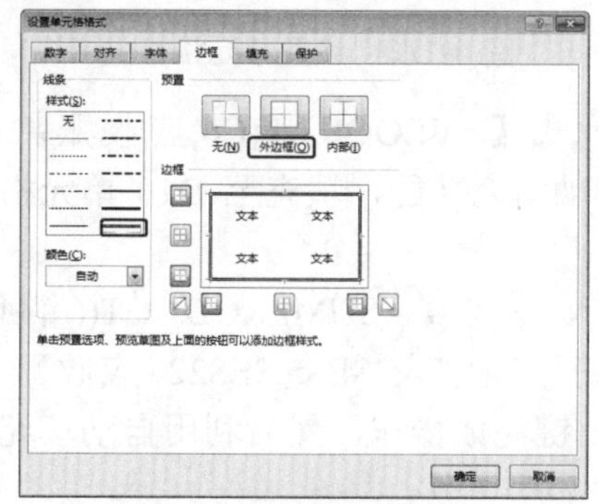

图 4-165 设置【外边框】

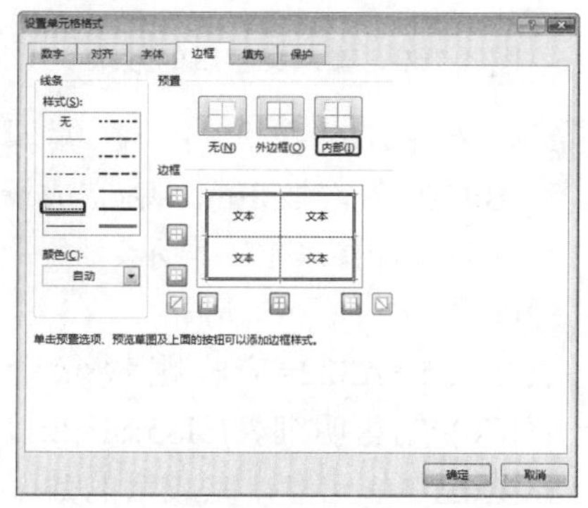

图 4-166 设置【内部】框线

step 27 选择 B1:J1 单元格区域，然后单击【开始】选项卡的【对齐方式】选项组中的【合并后居中】按钮，然后单击【填充颜色】右侧的下三角按钮，在弹出的下拉菜单中选择【金色，着色 4】命令，然后在单元格内输入文字【应收账款余额表】，将【字号】设置为 32，如图 4-167 所示。

step 28 选择 B3:B4 单元格，在【开始】选项卡中单击【对齐方式】选项组中的【合并后居中】按钮，然后在合并后的单元格内输入文字【序号】，将【字号】设置为 11，然后单击【加粗】按钮，完成后的效果如图 4-168 所示。

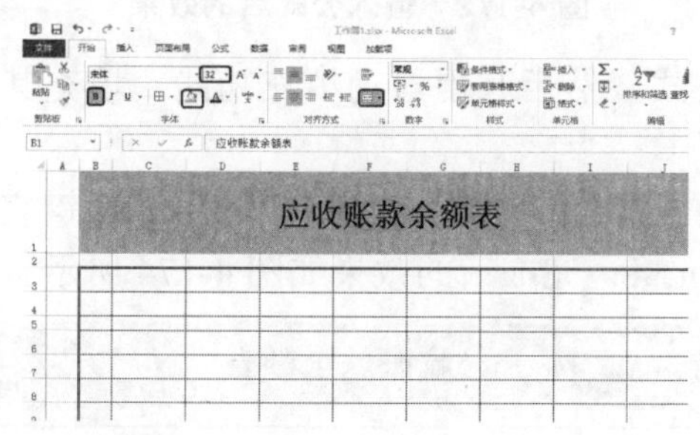

图 4-167 合并单元格并输入文字

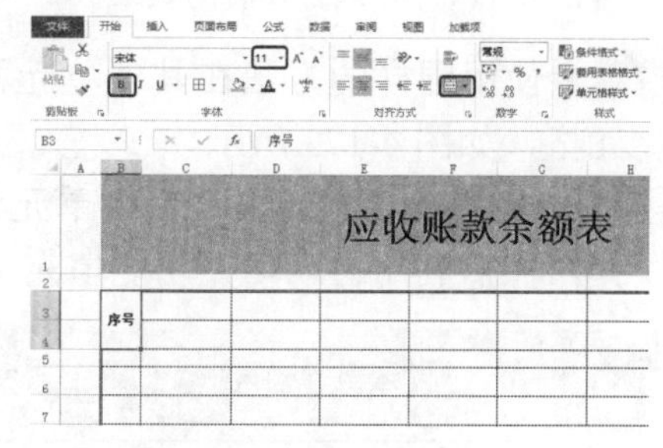

图 4-168 合并单元格并输入文字

step 29 使用同样的方法输入文字并合并单元格，完成后的效果如图 4-169 所示。

step 30 选择 D6:J11 单元格区域并右击，在弹出的快捷菜单中选择【设置单元格格式】命令，在弹出的对话框中选择【数字】选项卡，在【分类】列表框中选择【会计专用】选项，将【小数位数】设置为 2，将【货币符号(国家/地区)】设置为¥，如图 4-170 所示。

应收账款余额表									
						年份：	2014		
序号	单位名称	期初余额	本期发生额		期末余额	本期发生额		期末余额	
			借 方	贷 方		借 方	贷 方		
	月份：		1			2			
1	红星								
2	港泰								
3	海蓝								
4	欧泉								
5	德大								
	合计								

图 4-169　输入文字后的效果

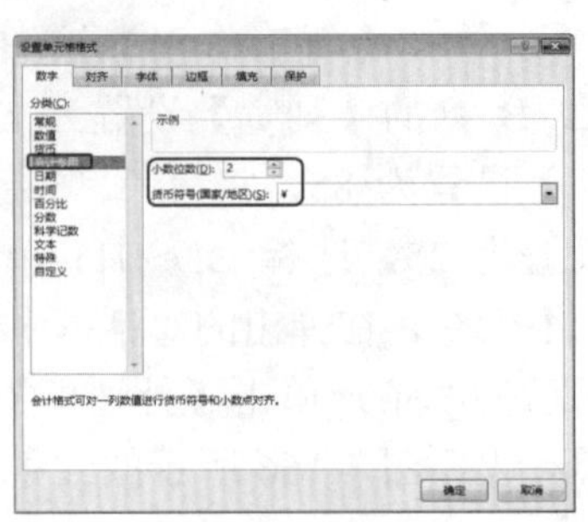

图 4-170　设置单元格格式

step 31 选择 D6 单元格，在编辑栏中输入公式【=VLOOKUP(C6,应收账款期初余额!B:C,2,)】，按 Enter 键完成操作，使用自动填充功能，填充至 D10 单元格，完成后的效果如图 4-171 所示。

step 32 选择 E6 单元格，在编辑栏中输入公式【=SUMPRODUCT((销售明细表!$A$5:$A$22=应收账款余额表!$E$5)*(销售明细表!$E$5:$E$22=应收账款余额表!C6)*销售明细表!$I$5:$I$22)】，按 Enter 键完成操作，然后利用自动填充功能填充至 E10 单元格，完成后的效果如图 4-172 所示。

序号	单位名称	期初余额	本期发生额 借 方	贷 方	期末余额
	月份：		1		
1	红星	¥ 4,500.00			
2	港泰	¥ 6,800.00			
3	海蓝	¥ 3,450.00			
4	欧泉	¥10,000.00			
5	德大	¥ 3,000.00			
	合计				

图 4-171　输入公式后的效果

序号	单位名称	期初余额	本期发生额 借 方	贷 方	期末余额
	月份：		1		
1	红星	¥ 4,500.00	¥ 4,395.00		
2	港泰	¥ 6,800.00	¥ 2,260.00		
3	海蓝	¥ 3,450.00	¥ 2,600.00		
4	欧泉	¥10,000.00	¥ 2,340.00		
5	德大	¥ 3,000.00	¥ 3,418.00		
	合计				

图 4-172　输入公式后的效果

step 33 使用同样的方法在其他单元格输入公式，然后利用自动填充功能，填充其他单元格，如图 4-173 所示。

step 34 选择 D11 单元格，在该单元格输入公式【=SUM(D6:D10)】，按 Enter 键完成操作，然后利用自动填充功能填充至 I11 单元格，完成后的效果如图 4-174 所示。

应收账款余额表								
						年份：	2014	
序号	单位名称	期初余额	本期发生额		期末余额	本期发生额		期末余额
			借 方	贷 方		借 方	贷 方	
	月份：		1			2		
1	红星	¥ 4,500.00	¥ 4,395.00	¥ 8,650.00	¥ 245.00	¥ 2,912.00	¥15,000.00	
2	港泰	¥ 6,800.00	¥ 2,260.00	¥ 7,890.00	¥ 1,170.00	¥ 4,785.00	¥ -	
3	海蓝	¥ 3,450.00	¥ 2,600.00	¥ 5,300.00	¥ 750.00	¥ 3,510.00	¥ -	
4	欧泉	¥10,000.00	¥ 2,340.00	¥ 6,000.00	¥ 6,340.00	¥ 695.00	¥ 4,000.00	
5	德大	¥ 3,000.00	¥ 3,418.00	¥ -	¥ 6,418.00	¥ 8,481.00	¥15,000.00	
	合计							

图 4-173　填充其他单元格

应收账款余额表								
						年份：	2014	
序号	单位名称	期初余额	本期发生额		期末余额	本期发生额		期末余额
			借 方	贷 方		借 方	贷 方	
	月份：		1			2		
1	红星	¥ 4,500.00	¥ 4,395.00	¥ 8,650.00	¥ 245.00	¥ 2,912.00	¥15,000.00	
2	港泰	¥ 6,800.00	¥ 2,260.00	¥ 7,890.00	¥ 1,170.00	¥ 4,785.00	¥ -	
3	海蓝	¥ 3,450.00	¥ 2,600.00	¥ 5,300.00	¥ 750.00	¥ 3,510.00	¥ -	
4	欧泉	¥10,000.00	¥ 2,340.00	¥ 6,000.00	¥ 6,340.00	¥ 695.00	¥ 4,000.00	
5	德大	¥ 3,000.00	¥ 3,418.00	¥ -	¥ 6,418.00	¥ 8,481.00	¥15,000.00	
	合计	¥27,750.00	¥15,013.00	¥27,840.00	¥14,923.00	¥20,383.00	¥34,000.00	

图 4-174　设置完成后的效果

step 35 至此，应收账款余额统计表就制作完成了，将文件进行保存即可。

第 5 章

库存管理表格的制作

本章重点

- 材料采购明细表
- 生产记录表
- 存货数据库
- 材料退货单
- 库存自动统计
- 材料收发月报表
- 材料验收表
- 材料出库汇总表
- 材料存量计划表
- 材料领用单

在学习制作材料管理表格之前，需要了解一些普通表格的制作方法及内容。通过学习材料管理表格的制作对 Excel 有进一步了解。本章将介绍多个材料管理表格的制作方法，使读者学习并掌握 Excel 中一些数据验证的使用与添加条件格式方法。

案例精讲 041　材料采购明细表

案例文件：CDROM\场景\Cha05\材料采购明细表.xlsx

视频文件：视频教学\Cha05\材料采购明细表.avi

制作概述

本案例将讲解如何制作材料采购明细表。首先利用合并后居中命令合并单元格，并输入文字进行设置；然后通过对单元格的参数设置改变宽高大小，设置单元格的对齐方式；最后设置单元格的填充颜色。完成后的效果如图 5-1 所示。

材料采购明细表

材料购买日期：2014-11-17

名称	数量	单位	单价（元）	总价	厂家	主要技术参数
雨水口平井篦	100	套	¥130.00	¥ 13,000.00	聚水路政设施有限公司	450*750*70 mm 破坏荷载200KN
混合纤维砼检查井	300	套	¥150.00	¥ 45,000.00	恒久金属制品有限公司	增钢纹 超重型 直径700 mm破坏载荷230KN
混合纤维砼检查井	200	套	¥140.00	¥ 28,000.00	恒久金属制品有限公司	立钢纹 重型 直径700 mm破坏载荷210KN
混合纤维砼检查井	300	套	¥100.00	¥ 30,000.00	恒久金属制品有限公司	增钢纹 轻型 直径700 mm破坏载荷110KN
雨水井盖	100	个	¥100.00	¥ 10,000.00	聚水路政设施有限公司	水泥钢纤维
雨水井盖	100	个	¥100.00	¥ 10,000.00	聚水路政设施有限公司	塑料重型
雨水井盖	100	个	¥ 90.00	¥ 9,000.00	聚水路政设施有限公司	塑料中型
雨水篦子	100	个	¥ 80.00	¥ 8,000.00	聚水路政设施有限公司	塑料轻型

图 5-1　材料采购明细表

学习目标

- 学习材料采购明细表的制作过程。
- 掌握材料采购明细表的制作流程，掌握单元格颜色的填充。

操作步骤

step 01 启动软件后新建空白工作簿，选择 B2:H2 单元格区域，在功能区的【开始】选项卡的【对齐方式】选项组中，单击【合并后居中】按钮，然后在该单元格中输入文字，在【开始】选项卡的【字体】选项组中将【字体】设置为【汉仪南宫体简】，【字号】设置为 23，单击【加粗】按钮 B，如图 5-2 所示。

step 02 选择 B3:H3 单元格，在【开始】选项卡的【对齐方式】选项组中，单击【合并后居中】按钮，单击【右对齐】按钮，然后在该单元格中输入文字，在【开始】选项卡的【字体】选项组中将【字体】设置为【Adobe 仿宋 Std R】，【字号】设置为 11，如图 5-3 所示。

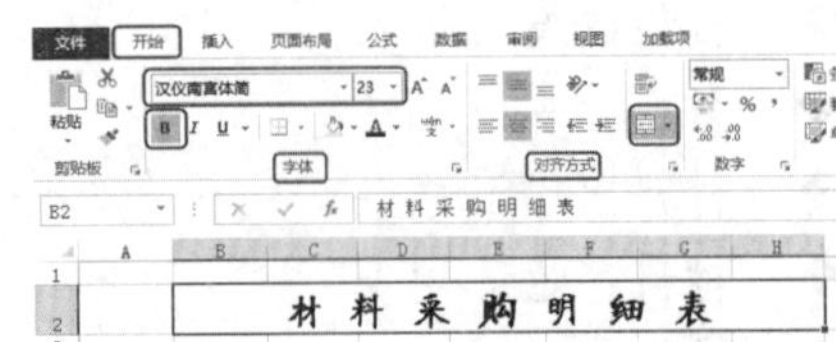

图 5-2　合并单元格并输入文字

图 5-3　再次合并单元格并输入文字

step 03 在 B4:H4 单元格中输入文字，并选中新输入文字的单元格，在【开始】选项卡的【字体】选项组中，将【字体】设置为【创意简老宋】，【字号】设置为 11，在【对齐方式】选项组中单击【居中对齐】按钮≡，如图 5-4 所示。

step 04 然后在【开始】选项卡的【单元格】选项组中，单击【格式】按钮，在下拉菜单中选择【自动调整列宽】命令，如图 5-5 所示。

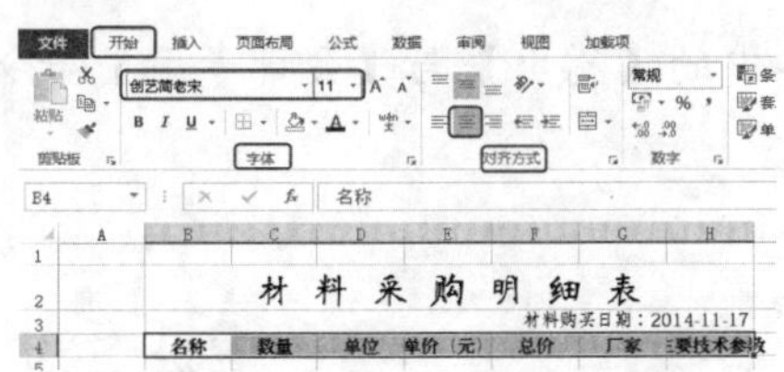

图 5-4　输入文字并设置参数

图 5-5　设置单元格宽度

step 05 使用同样的方法在其他单元格中输入文字，按住 Ctrl 键选中 B5:B12 与 F5:H12 单元格，在【开始】选项卡的【单元格】选项组中，单击【格式】按钮，在下拉菜单中选择【自动调整列宽】命令，如图 5-6 所示。

step 06 选择 H5:H12 单元格区域，将该列的【列宽】设置为 28，单击【确定】按钮，在【开始】选项卡的【对齐方式】选项组中，单击【自动换行】按钮，如图 5-7 所示。

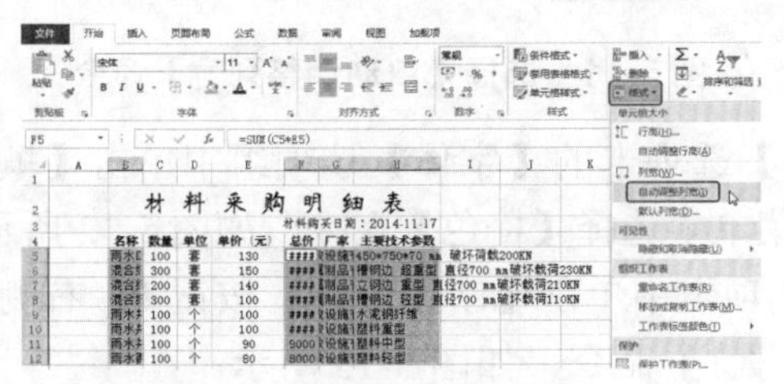

图 5-6　设置自动列宽

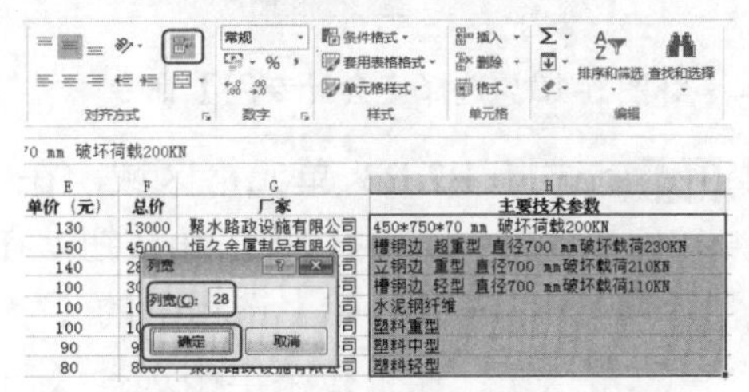

图 5-7　设置自动换行与列宽

step 07 按住 Ctrl 键选择 B5:D12 与 H5:H12 单元格，在【开始】选项卡的【字体】选项组中将【字体】设置为【Adobe 仿宋 Std R】，【字号】设置为 11，如图 5-8 所示。

step 08 选择 B5:B12 单元格，在【开始】选项卡的【单元格】选项组中，单击【格式】按钮，在下拉菜单中选择【行高】命令，在打开的对话框中将【行高】设置为 30，单击【确定】按钮，如图 5-9 所示。

图 5-8　设置字体和字号

图 5-9　设置行高

step 09 选择 E5:F12 单元格，在功能区的【开始】选项卡的【数字】选项组中，单击【常规】按钮右侧的下三角按钮，在弹出的下拉菜单中选择【会计专用】命令，如图 5-10 所示。

step 10 然后在【单元格】选项组中单击【格式】按钮，在下拉菜单中选择【自动调整列宽】命令，如图 5-11 所示。

在第 09 步骤(step 09)中选择下拉菜单中的【货币】与【会计专用】命令是相通的。

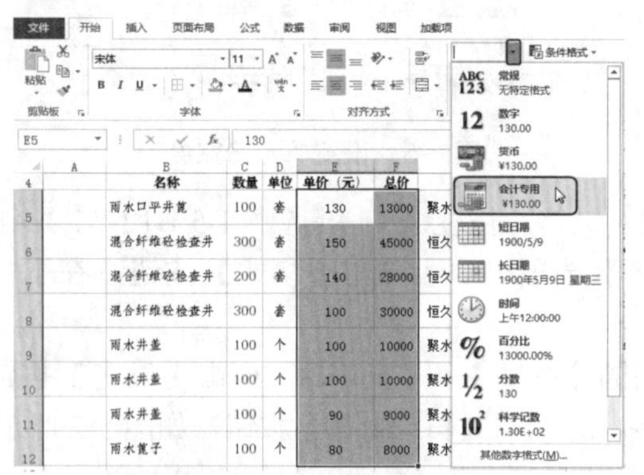

图 5-10　选择【会计专用】命令

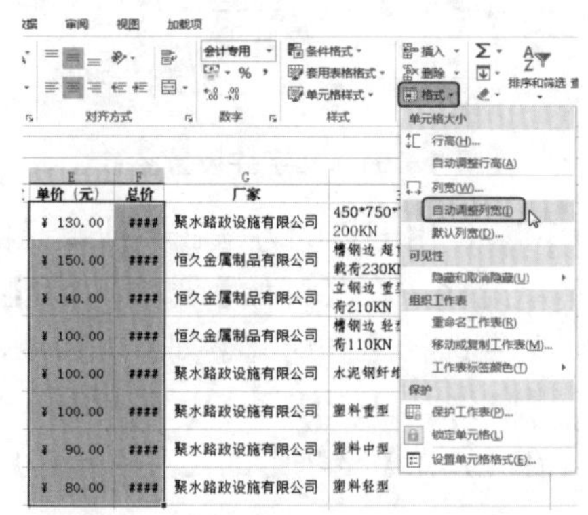

图 5-11　选择【自动调整列宽】命令

step 11 选择 B2:B3 单元格区域，在【开始】选项卡的【字体】选项组中单击【填充颜色】按钮右侧的下三角按钮，在下拉菜单中选择【橙色】命令，如图 5-12 所示。

step 12 然后在【开始】选项卡的【字体】选项组中单击【字体颜色】按钮右侧的下三角按钮，在下拉菜单中选择【白色 背景 1】命令，如图 5-13 所示。

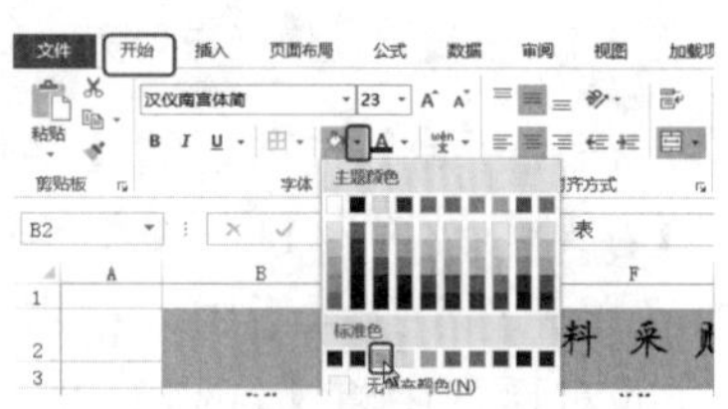

图 5-12　设置单元格填充

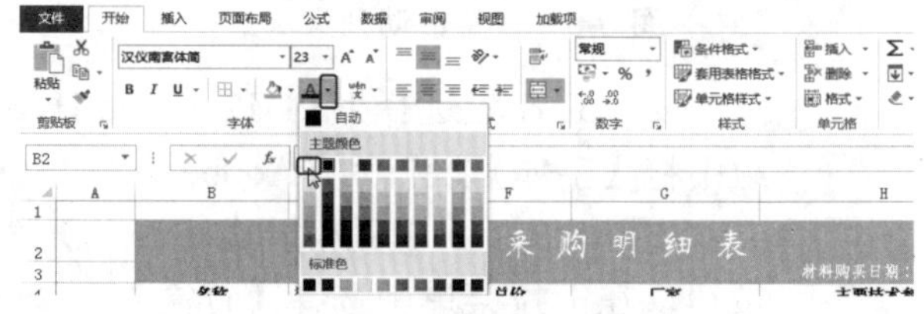

图 5-13　设置字体颜色

step 13 使用同样方法为其他单元格设置填充色，设置完成后的效果如图 5-14 所示。

step 14 选择 B4:H12 单元格区域，在【开始】选项卡的【字体】选项组中单击【框线】按钮右侧的下三角按钮，在弹出的下拉菜单中选择【其他边框】命令，如图 5-15 所示。

step 15 在打开的【设置单元格格式】对话框中选择【边框】选项卡的【线条】选项组的【样式】列表框中的线条样式，单击【颜色】右侧的按钮，在下拉列表中选择【金色，着色 4，深色 25%】选项，单击【外边框】按钮与【内部】按钮，然后单击【确定】按钮，如图 5-16 所示。

step 16 执行上一步操作后，即可为选择的单元格添加边框。添加边框之后的效果如图 5-17 所示。最后将文件进行保存即可。

材料采购明细表						
						材料购买日期：2014-11-17
名称	数量	单位	单价（元）	总价	厂家	主要技术参数
雨水口平井篦	100	套	￥130.00	￥13,000.00	聚水路政设施有限公司	450*750*70 mm 破坏荷载200KN
混合纤维砼检查井	300	套	￥150.00	￥45,000.00	恒久金属制品有限公司	槽钢攻 超重型 直径700 mm破坏载荷230KN
混合纤维砼检查井	200	套	￥140.00	￥28,000.00	恒久金属制品有限公司	立钢攻 重型 直径700 mm破坏载荷210KN
混合纤维砼检查井	300	套	￥100.00	￥30,000.00	恒久金属制品有限公司	槽钢攻 轻型 直径700 mm破坏载荷110KN
雨水井盖	100	个	￥100.00	￥10,000.00	聚水路政设施有限公司	水泥钢纤维
雨水井盖	100	个	￥100.00	￥10,000.00	聚水路政设施有限公司	塑料重型
雨水井盖	100	个	￥90.00	￥9,000.00	聚水路政设施有限公司	塑料中型
雨水篦子	100	个	￥80.00	￥8,000.00	聚水路政设施有限公司	塑料轻型

图 5-14　为单元格填充颜色

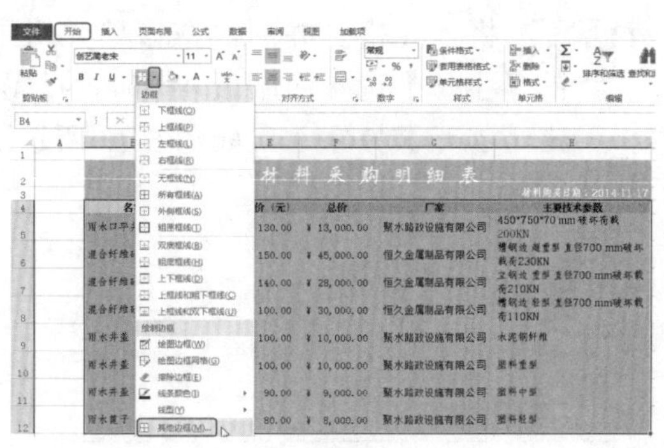

图 5-15　选择【其他边框】命令

图 5-16　设置边框和颜色

材料采购明细表						
						材料购买日期：2014-11-17
名称	数量	单位	单价（元）	总价	厂家	主要技术参数
雨水口平井篦	100	套	￥130.00	￥13,000.00	聚水路政设施有限公司	450*750*70 mm 破坏荷载200KN
混合纤维砼检查井	300	套	￥150.00	￥45,000.00	恒久金属制品有限公司	槽钢攻 超重型 直径700 mm破坏载荷230KN
混合纤维砼检查井	200	套	￥140.00	￥28,000.00	恒久金属制品有限公司	立钢攻 重型 直径700 mm破坏载荷210KN
混合纤维砼检查井	300	套	￥100.00	￥30,000.00	恒久金属制品有限公司	槽钢攻 轻型 直径700 mm破坏载荷110KN
雨水井盖	100	个	￥100.00	￥10,000.00	聚水路政设施有限公司	水泥钢纤维
雨水井盖	100	个	￥100.00	￥10,000.00	聚水路政设施有限公司	塑料重型
雨水井盖	100	个	￥90.00	￥9,000.00	聚水路政设施有限公司	塑料中型
雨水篦子	100	个	￥80.00	￥8,000.00	聚水路政设施有限公司	塑料轻型

图 5-17　添加边框后的效果

案例精讲 042　生产记录表

案例文件：CDROM\场景\Cha05\生产记录表.xlsx

视频文件：视频教学\Cha05\生产记录表.avi

制作概述

本案例将讲解如何制作生产记录表。首先利用合并后居中命令合并单元格；然后通过对单元格的参数设置改变宽高大小，在单元格中输入文字并进行设置；最后设置单元格的填充颜色并添加边框。完成后的效果如图 5-18 所示。

图 5-18　生产记录表

学习目标

- 学习生产记录表的制作过程。
- 掌握生产记录表的制作流程，掌握表格边框的设置。

操作步骤

step 01 启动软件后新建空白工作簿，选择 A2:I2 单元格区域，在功能区的【开始】选项卡的【对齐方式】选项组中单击【合并后居中】按钮，如图 5-19 所示。

step 02 将单元格合并后，在该单元格中输入文字，选中该单元格，在【开始】选项卡的【字体】选项组中，将【字体】设置为【创艺简老宋】，【字号】设置为 23，单击【加粗】按钮 B，如图 5-20 所示。

图 5-19　合并单元格

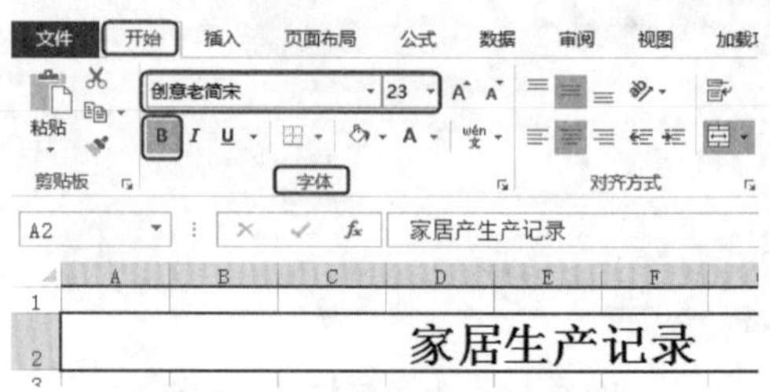

图 5-20　输入文字并设置参数

step 03 然后在【开始】选项卡的【单元格】选项组中，单击【格式】按钮，在弹出的下拉菜单中选择【行高】命令，在弹出的对话框中将【行高】设置为 40，单击【确定】按钮，如图 5-21 所示。

step 04 然后对其他单元格进行合并，并在合并后的单元格中输入文字，选中输入文字后的单元格，在【开始】选项卡的【字体】选项组中，将【字体】设置为【方正行楷简体】，【字号】设置为 13，如图 5-22 所示。

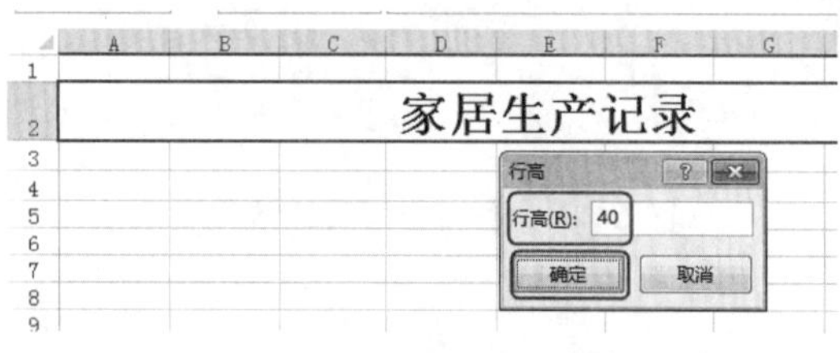

图 5-21　设置【行高】

图 5-22　合并单元格并输入文字

step 05 在 A5:A22 单元格中输入文字，并选中新输入文字的单元格，在【开始】选项卡的【字体】选项组中将【字体】设置为【Adobe 楷体 Std R】，【字号】设置为 11，如图 5-23 所示。

step 06 然后在【开始】选项卡的【单元格】选项组中单击【格式】按钮，在弹出的下拉菜单中选择【自动列宽】命令，如图 5-24 所示。

step 07 在 B5:B22 单元格中输入日期，然后选中输入日期的单元格，在【开始】选项卡下的【数字】选项组中单击【数字格式】按钮，如图 5-25 所示。

step 08 在打开的对话框中，选择【数字】选项卡，在【分类】列表框中选择【日期】选项，在右侧的【类型】列表框中选择类型，单击【确定】按钮，如图 5-26 所示。

step 09 在 C5:C22 单元格中输入文字，并选中新输入文字的单元格，在功能区的【开始】选项卡的【字体】选项组中，将【字体】设置为【方正仿宋简体】，【字号】设置为 11，如图 5-27 所示。

step 10 然后在【开始】选项卡的【单元格】选项组中，单击【格式】按钮，在弹出的下拉菜单中选择【自动列宽】命令，如图 5-28 所示。

设置字体、字号、单元格的填充、文字的颜色，都可以在【设置单元格格式】对话框中进行。

图 5-23　输入文字并设置

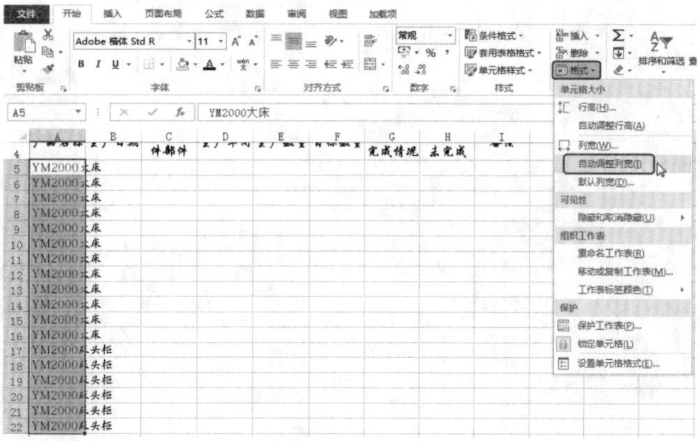

图 5-24　设置自动列宽

图 5-25　输入日期数据

图 5-26　设置日期类型

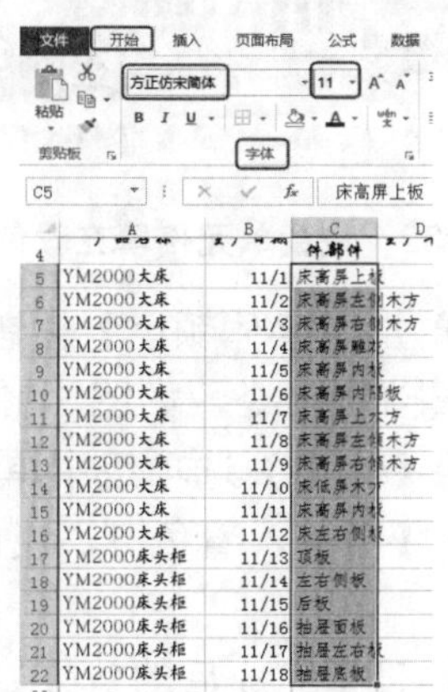

图 5-27　输入文字并设置参数

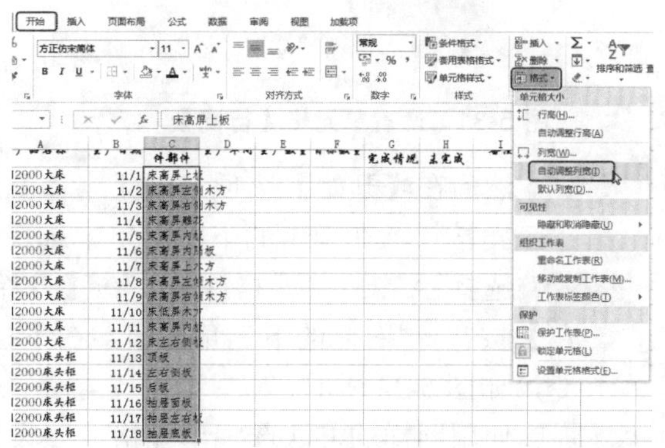

图 5-28　设置自动列宽

step 11 使用相同的方法在其他的单元格中，输入文字并进行相同的设置，然后设置单元格的自动列宽，如图 5-29 所示。

step 12 然后按住 Ctrl 键选择 A5:D22 与 G5:I22 单元格区域，在功能区的【开始】选项卡的【对齐方式】选项组中单击【居中对齐】按钮，将所选单元格中的文字居中对齐，如图 5-30 所示。

图 5-29　输入并设置其他文字

图 5-30　设置文字的对齐方式

step 13 选择 A5:A22 单元格，在【开始】选项卡的【单元格】选项组中，单击【格式】按钮，在弹出的下拉菜单中选择【行高】命令，在打开的对话框中将【行高】设置为 20，单击【确定】按钮，如图 5-31 所示。

step 14 选择 A2 单元格，在【开始】选项卡的【字体】选项组中单击【填充颜色】按钮右侧的下三角按钮，在下拉菜单中选择【蓝色，着色 1，淡色 40%】命令，如图 5-32 所示。

图 5-31　设置单元格【行高】

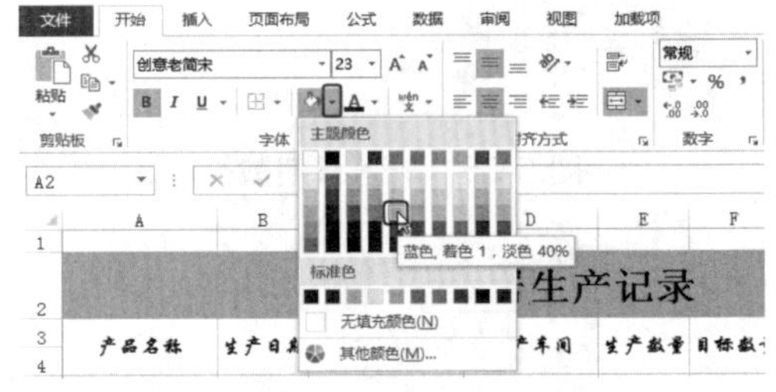

图 5-32　设置单元格填充颜色

step 15 然后在【开始】选项卡的【字体】选项组中，单击【字体颜色】按钮右侧的下三角按钮，在弹出的下拉菜单中选择【白色，背景 1】命令，如图 5-33 所示。

step 16 选择 A3:I3 单元格区域，在【开始】选项卡的【字体】选项组中单击【填充颜色】按钮右侧的下三角按钮，在下拉菜单中选择【蓝色，着色 1，淡色 60%】命令，如图 5-34 所示。

step 17 使用同样的方法选中单元格，并设置填充颜色，设置完成后的效果如图 5-35 所示。为了美观性，在 A2 单元格中的文字之间添加空格。

step 18 选择 A3:I22 单元格区域，在【开始】选项卡的【字体】选项组中单击【边框】按钮右侧的下三角按钮，在弹出的下拉菜单中选择【其他边框】命令，如图 5-36 所示。

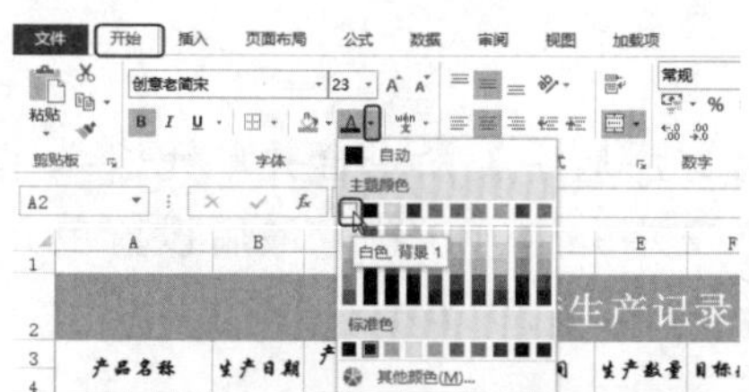

图 5-33 设置字体颜色

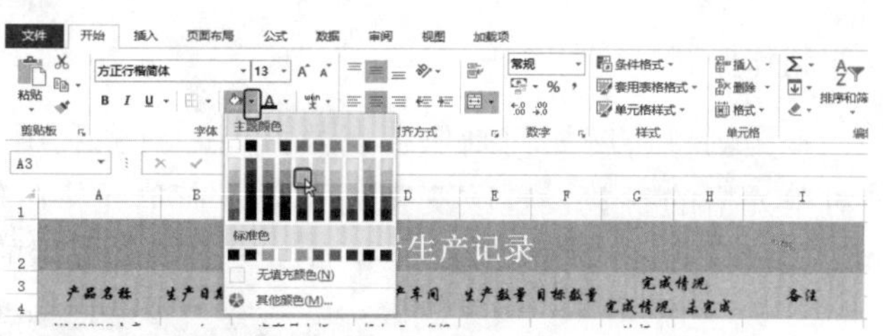

图 5-34 选择单元格设置填充色

图 5-35 设置其他单元格颜色

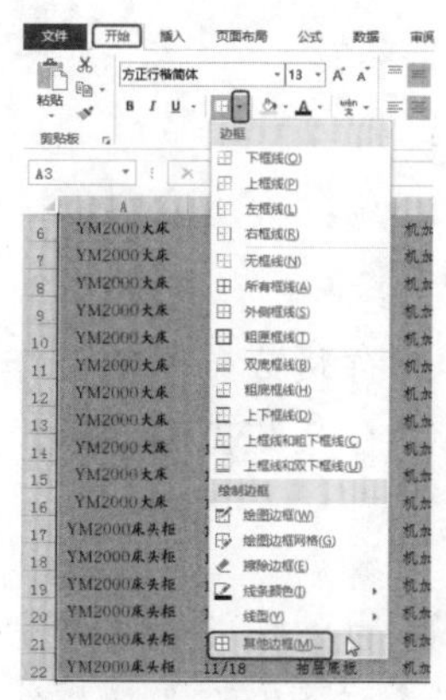

图 5-36 选择【其他边框】命令

step 19 在打开的对话框中，单击【线条】选项组的【样式】列表框中的线条样式，单击【颜色】右侧的下三角按钮，在下拉菜单中选择【蓝色，着色 1，深色 25%】命令，在右侧单击【外边框】按钮与【内部】按钮，单击【确定】按钮，如图 5-37 所示。

step 20 执行上一步操作后，即可为选择的单元格添加边框，添加边框后的效果如图 5-38 所示。最后将文件进行保存即可。

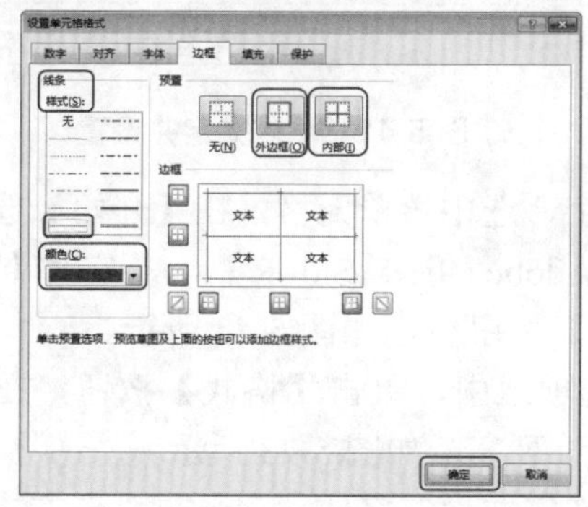

图 5-37 设置边框

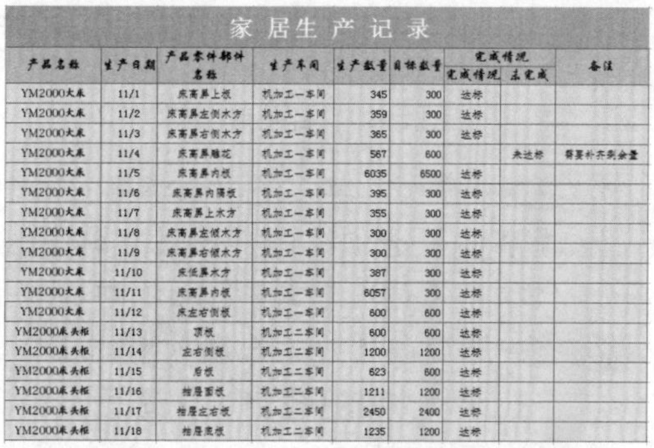

家 居 生 产 记 录

产品名称	生产日期	产品零件部件名称	生产车间	生产数量	目标数量	完成情况		备注
						完成情况	未完成	
YM2000大床	11/1	床高屏上板	机加工一车间	345	300	达标		
YM2000大床	11/2	床高屏左侧木方	机加工一车间	359	300	达标		
YM2000大床	11/3	床高屏右侧木方	机加工一车间	365	300	达标		
YM2000大床	11/4	床高屏雕花	机加工一车间	567	600		未达标	需要补齐剩余量
YM2000大床	11/5	床高屏内板	机加工一车间	6035	6500	达标		
YM2000大床	11/6	床高屏内隔板	机加工一车间	395	300	达标		
YM2000大床	11/7	床高屏上木方	机加工一车间	355	300	达标		
YM2000大床	11/8	床高屏左横木方	机加工一车间	300	300	达标		
YM2000大床	11/9	床高屏右横木方	机加工一车间	300	300	达标		
YM2000大床	11/10	床低屏木方	机加工一车间	387	300	达标		
YM2000大床	11/11	床高屏内板	机加工一车间	6057	300	达标		
YM2000大床	11/12	床左右侧板	机加工一车间	600	600	达标		
YM2000床头柜	11/13	顶板	机加工二车间	600	600	达标		
YM2000床头柜	11/14	左右侧板	机加工二车间	1200	1200	达标		
YM2000床头柜	11/15	后板	机加工二车间	623	600	达标		
YM2000床头柜	11/16	抽屉面板	机加工二车间	1211	1200	达标		
YM2000床头柜	11/17	抽屉左右板	机加工二车间	2450	2400	达标		
YM2000床头柜	11/18	抽屉底板	机加工二车间	1235	1200	达标		

图 5-38 添加边框后的效果

案例精讲 043 存货数据库

案例文件：CDROM\场景\Cha05\存货数据库.xlsx

视频文件：视频教学\Cha05\存货数据库.avi

制作概述

本案例将讲解如何制作存货数据库。首先利用【合并后居中】命令合并单元格；然后通过对单元格的参数设置改变宽高大小，在单元格中输入文字并进行设置，最后设置单元格的填充颜色与文字的填充颜色，并添加边框。完成后的效果如图 5-39 所示。

图 5-39　存货数据库

学习目标

- 学习存货数据库的制作过程。
- 掌握存货数据库的制作流程，掌握求和公式的使用。

操作步骤

step 01 启动软件后新建空白工作簿，选择 B2:K2 单元格，在功能区的【开始】选项卡的【对齐方式】选项组中单击【合并后居中】按钮，如图 5-40 所示。

step 02 将单元格合并后，在该单元格中输入文字并选中该单元格，在【开始】选项卡的【字体】选项组中，将【字体】设置为【方正魏碑简体】，【字号】设置为 24，如图 5-41 所示。

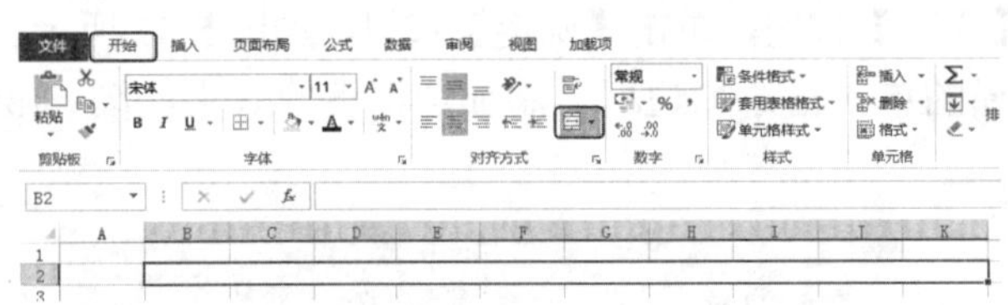

图 5-40　合并单元格

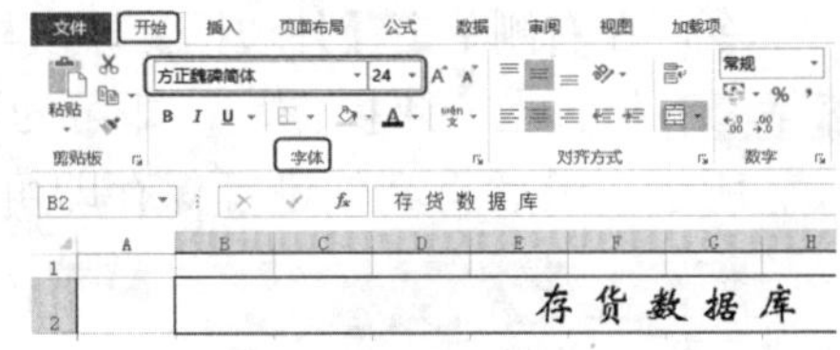

图 5-41　输入文字并设置

step 03 选择 C3 单元格，在该单元格中输入文字，选中该单元格，在【开始】选项卡的【字体】选项组中，将【字体】设置为【Adobe 仿宋 Std R】，【字号】设置为 11，在【对齐方式】选项组中单击【右对齐】按钮，如图 5-42 所示。

step 04 然后在【开始】选项卡的【单元格】选项组中，单击【格式】按钮，在弹出的下拉菜单中选择【自动调整列宽】命令，调整列宽，如图 5-43 所示。

step 05 使用同样方法在 D3:K3 单元格中输入文字并设置字体、字号与对齐方式，并合并需要合并的单元格，效果如图 5-44 所示。

step 06 在 B4:K4 单元格中输入文字，并选中新输入文字的单元格，在【开始】选项卡的【字体】选项组中，将【字体】设置为【方正姚体】，【字号】设置为 13，在【对齐方式】选项组中单击【居中对齐】按钮，如图 5-45 所示。

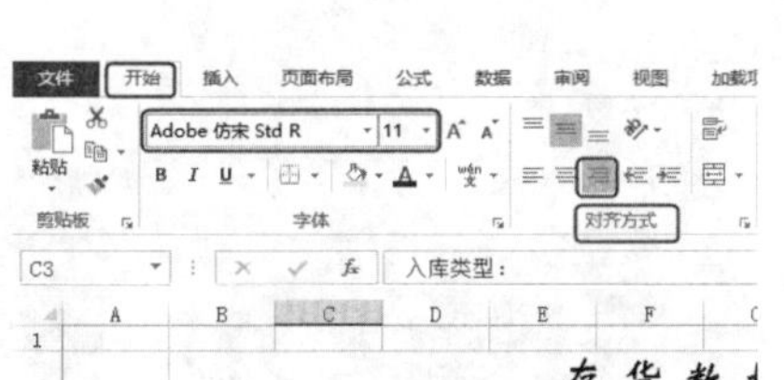

图 5-42　输入文字并设置

图 5-43　设置自动调整列宽

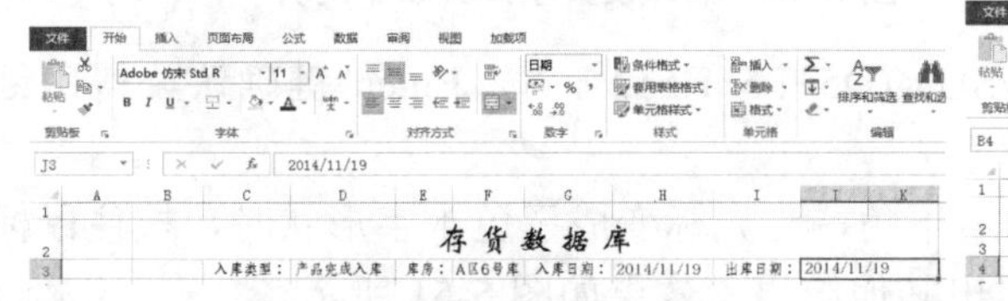

图 5-44　输入其他文字并设置

图 5-45　输入文字并设置字体

step 07 在 B5:B14 单元格中输入文字，并选中新输入文字的单元格，在【开始】选项卡的【字体】选项组中，将【字体】设置为【Adobe 黑体 Std R】，【字号】设置为 11，在【对齐方式】选项组中单击【居中对齐】按钮，如图 5-46 所示。

step 08 在 C5:C14 单元格中输入文字，并选中新输入文字的单元格，在【开始】选项卡的【字体】选项组中，将【字体】设置为【SimSun-ExtB】，【字号】设置为 11，在【对齐方式】选项组中单击【居中对齐】按钮，如图 5-47 所示。

图 5-46　输入设置字体居中

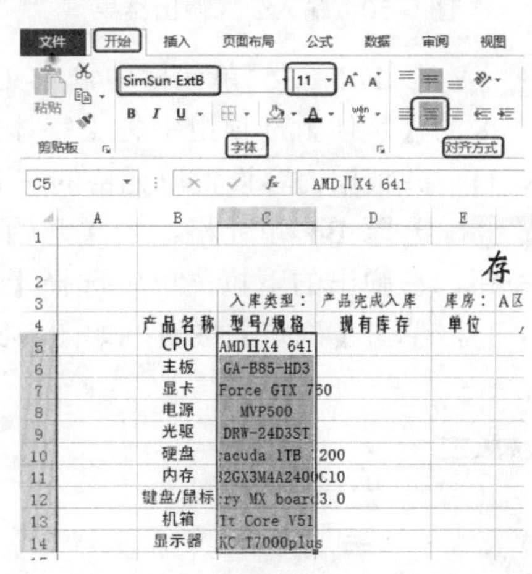

图 5-47　继续输入文字并设置

step 09 然后在【开始】选项卡的【单元格】选项组中，单击【格式】按钮，在弹出的下拉菜单中选择【自动调整列宽】命令，调整列宽，如图 5-48 所示。

step 10 在其他单元格中输入文字和数字，其中将输入了文字的单元格字体设置为【方正姚体简体】，并使新输入文字或数字的单元格全部居中对齐，如图 5-49 所示。

图 5-48　设置自动调整列宽

图 5-49　输入设置字体并居中对齐

step 11 选择 J5 单元格，输入公式【=SUM(D5+F5-H5)】，按 Enter 键确认，得出结果，如图 5-50 所示。

step 12 然后将光标放置在 J5 单元格的右下角，当光标变成黑色十字形状时，按住鼠标向下拖动至 J14 单元格，复制公式得出其他结果，效果如图 5-51 所示。

图 5-50　输入公式得出结果

图 5-51　复制公式得出其他结果

step 13 在 F15:K15 单元格中输入文字，并选中新输入文字的单元格，在【开始】选项卡的【字体】选项组中将【字体】设置为【Adobe 仿宋 Std R】，【字号】设置为 11，并根据内容设置单元格的左对齐或右对齐，效果如图 5-52 所示。

step 14 选择 B4 单元格，在【开始】选项卡的【单元格】选项组中，单击【格式】按钮，在弹出的下拉菜单中选择【行高】命令，在打开的对话框中将【行高】设置为 17，单击【确定】按钮，如图 5-53 所示。

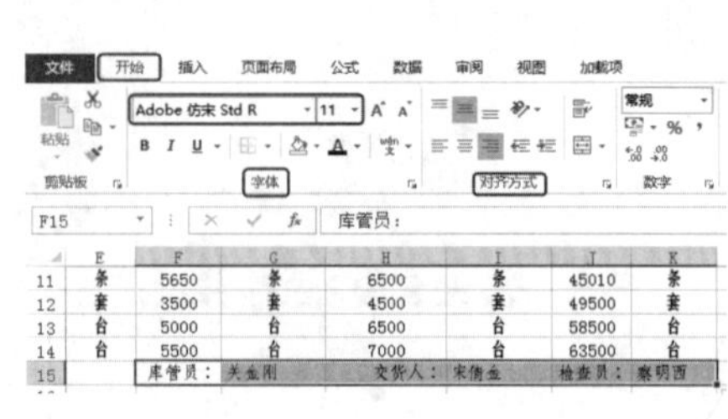

图 5-52　输入文字并设置

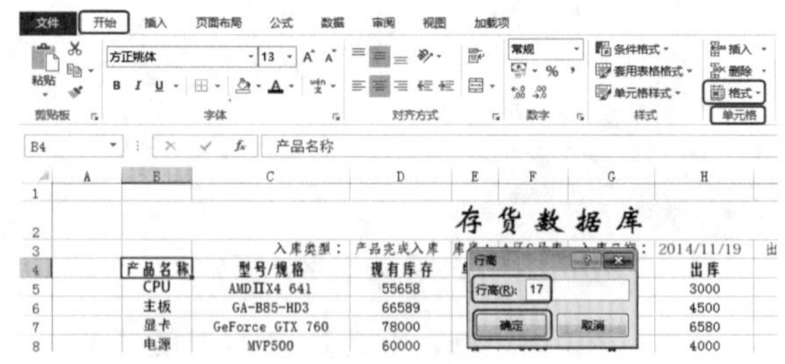

图 5-53　设置单元格【行高】

step 15 使用同样的方法，将 B5:K14 单元格的行高设置为 15，然后选择 B2:K3 单元格区域，在【开始】选项卡的【字体】选项组中，单击【填充颜色】按钮右侧的下三角按钮，在弹出的下拉菜单中选择【绿色，着色 6，淡色 40%】命令，如图 5-54 所示。

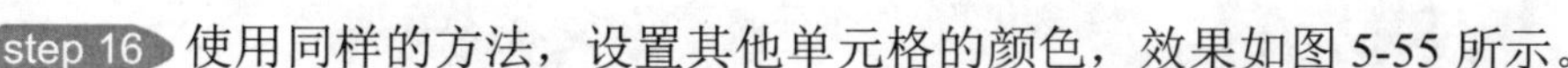

step 16 使用同样的方法，设置其他单元格的颜色，效果如图 5-55 所示。

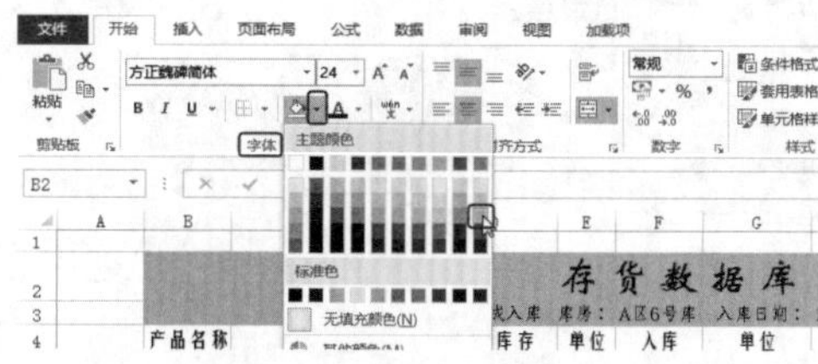

图 5-54　设置单元格颜色

存货数据库

入库类型：产品完成入库　库房：A区6号库　入库日期：2014/11/19　出库日期：2014/11/19

产品名称	型号/规格	现有库存	单位	入库	单位	出库	单位	库存总计	单位
CPU	AMD ⅡX4 641	55658	块	1205	块	3000	块	53863	块
主板	GA-B85-HD3	66589	张	3564	张	4500	张	65653	张
显卡	GeForce GTX 760	78000	块	5000	块	6580	块	76420	块
电源	MVP500	60000	台	3000	台	4000	台	59000	台
光驱	DRW-24D3ST	50000	台	2000	台	3000	台	49000	台
硬盘	Barracuda 1TB 7200	55000	块	2650	块	3588	块	54062	块
内存	CMD32GX3M4A2400C10	45860	条	5650	条	6500	条	45010	条
键盘/鼠标	Cherry MX board3.0	50500	套	3500	套	4500	套	49500	套
机箱	Tt Core V51	60000	台	5000	台	6500	台	58500	台
显示器	HKC T7000plus	65000	台	5500	台	7000	台	63500	台

库管员：关金刚　交货人：宋倩金　检查员：蔡明西

图 5-55　设置其他单元格颜色效果

step 17 选择 B4:K4 单元格，在【开始】选项卡的【字体】选项组中，单击【字体设置】按钮，在弹出的对话框中，选择【边框】选项卡，在【线条】选项组的【样式】列表框中选择线条样式，单击【颜色】右侧的下三角按钮，在弹出的下拉菜单中选择【绿色，着色 6，深色 25%】命令，在右侧单击【边框】选项组下的按钮，然后单击【确定】按钮，如图 5-56 所示。

step 18 然后选择 B5:K14 单元格区域，使用同样的方法设置边框，为单元格添加边框后的效果如图 5-57 所示。最后将文件进行保存即可。

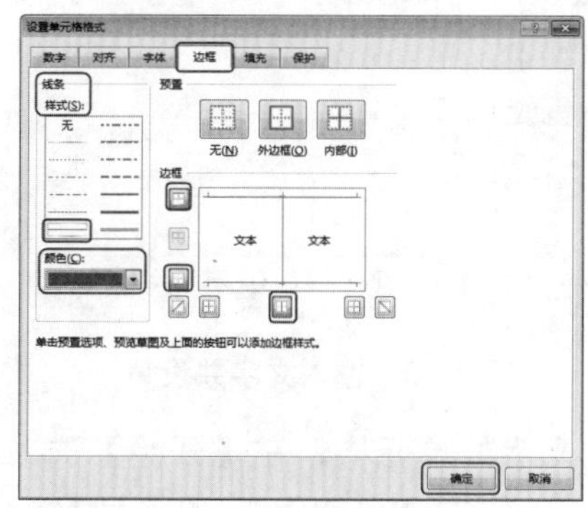

图 5-56　设置边框

存货数据库

入库类型：产品完成入库　库房：A区6号库　入库日期：2014/11/19　出库日期：2014/11/19

产品名称	型号/规格	现有库存	单位	入库	单位	出库	单位	库存总计	单位
CPU	AMD ⅡX4 641	55658	块	1205	块	3000	块	53863	块
主板	GA-B85-HD3	66589	张	3564	张	4500	张	65653	张
显卡	GeForce GTX 760	78000	块	5000	块	6580	块	76420	块
电源	MVP500	60000	台	3000	台	4000	台	59000	台
光驱	DRW-24D3ST	50000	台	2000	台	3000	台	49000	台
硬盘	Barracuda 1TB 7200	55000	块	2650	块	3588	块	54062	块
内存	CMD32GX3M4A2400C10	45860	条	5650	条	6500	条	45010	条
键盘/鼠标	Cherry MX board3.0	50500	套	3500	套	4500	套	49500	套
机箱	Tt Core V51	60000	台	5000	台	6500	台	58500	台
显示器	HKC T7000plus	65000	台	5500	台	7000	台	63500	台

库管员：关金刚　交货人：宋倩金　检查员：蔡明西

图 5-57　添加边框后的效果

知识链接

型号是指用汉语拼音(或拉丁文)字母和一个或几个数字来表示不同形状、类别的型材及硬质合金等产品的代号。

案例精讲 044　材料退货单

案例文件：CDROM\场景\Cha05\材料退货单.xlsx

视频文件：视频教学\Cha05\材料退货单.avi

制作概述

本案例将讲解如何制作材料退货单。首先利用【合并后居中】命令合并单元格；然后通过对单元格的参数设置改变宽、高大小，在单元格中输入文字并进行设置；最后设置单元格的填充颜色并添加边框。完成后的效果如图 5-58 所示。

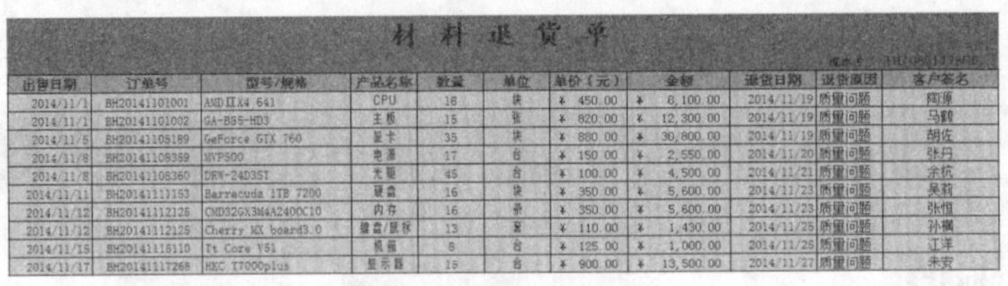

材 料 退 货 单

出售日期	订单号	型号/规格	产品名称	数量	单位	单价（元）	金额	退货日期	退货原因	客户签名
2014/11/1	BH20141101001	AMD II X4 641	CPU	16	块	¥ 450.00	¥ 6,100.00	2014/11/19	质量问题	陶源
2014/11/1	BH20141101002	GA-B85-HD3	主板	15	张	¥ 820.00	¥ 12,300.00	2014/11/19	质量问题	马鹤
2014/11/5	BH20141105189	GeForce GTX 760	显卡	35	块	¥ 880.00	¥ 30,800.00	2014/11/19	质量问题	胡佐
2014/11/8	BH20141108359	MVP500	电源	17	台	¥ 150.00	¥ 2,550.00	2014/11/20	质量问题	张丹
2014/11/8	BH20141108360	DRW-24D3ST	光驱	45	台	¥ 100.00	¥ 4,500.00	2014/11/21	质量问题	余杭
2014/11/11	BH20141111153	Barracuda 1TB 7200	硬盘	16	块	¥ 350.00	¥ 5,600.00	2014/11/23	质量问题	吴莉
2014/11/12	BH20141112126	CMD32GX3M4A2400C10	内存	16	条	¥ 350.00	¥ 5,600.00	2014/11/23	质量问题	张恒
2014/11/12	BH20141112125	Cherry MX board3.0	键盘/鼠标	13	套	¥ 110.00	¥ 1,430.00	2014/11/25	质量问题	孙楠
2014/11/15	BH20141115110	Tt Core V51	机箱	8	台	¥ 125.00	¥ 1,000.00	2014/11/25	质量问题	江洋
2014/11/17	BH20141117268	HKC T7000plus	显示器	15	台	¥ 900.00	¥ 13,500.00	2014/11/27	质量问题	朱安

图 5-58　材料退货单

学习目标

- 学习材料退货单的制作过程。
- 掌握材料退货单的制作流程，掌握使用自定义颜色。

操作步骤

step 01 启动软件后新建空白工作簿，选择 B2:L2 单元格，在功能区的【开始】选项卡的【对齐方式】选项组中单击【合并后居中】按钮，如图 5-59 所示。

step 02 将单元格合并后，在该单元格中输入文字并选中该单元格，在【开始】选项卡的【字体】选项组中，将【字体】设置为【Adobe 楷体 Std R】，【字号】设置为 24，单击【加粗】按钮B，如图 5-60 所示。

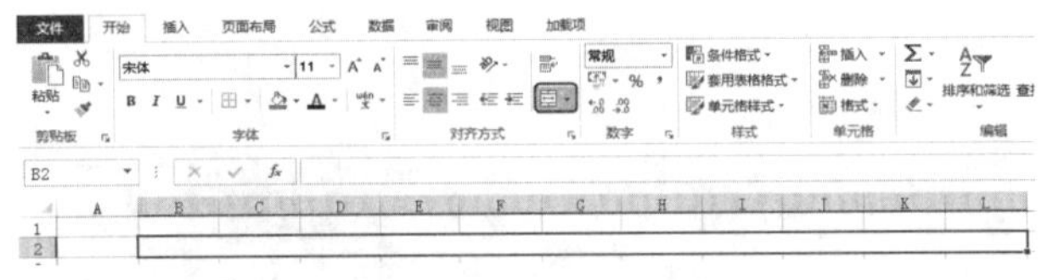

图 5-59　合并单元格

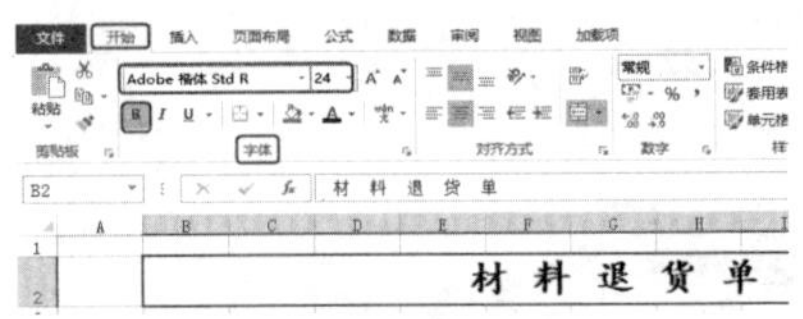

图 5-60　输入文字并设置

step 03 在 K3:L3 单元格中输入文字，选中新输入文字的单元格，在【开始】选项卡的【字体】选项组中，将【字体】设置为【Adobe 仿宋 Std R】，【字号】设置为 11，单独选中 K3 单元格，在【对齐方式】选项组中单击【右对齐】按钮，如图 5-61 所示。

step 04 然后选择 L3 单元格，在【开始】选项卡的【单元格】选项组中，单击【格式】按钮，在弹出的下拉菜单中选择【自动调整列宽】命令，调整列宽，如图 5-62 所示。

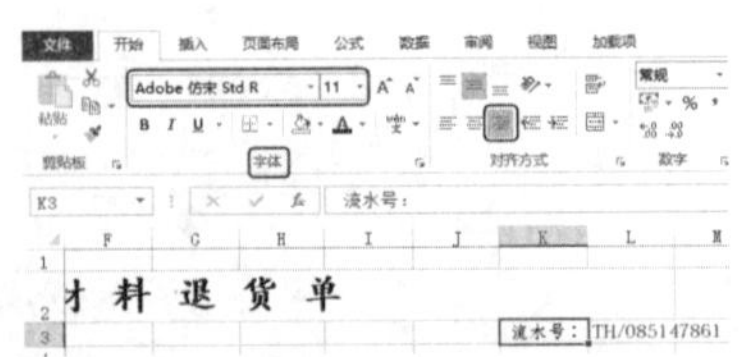

图 5-61　输入文字并设置

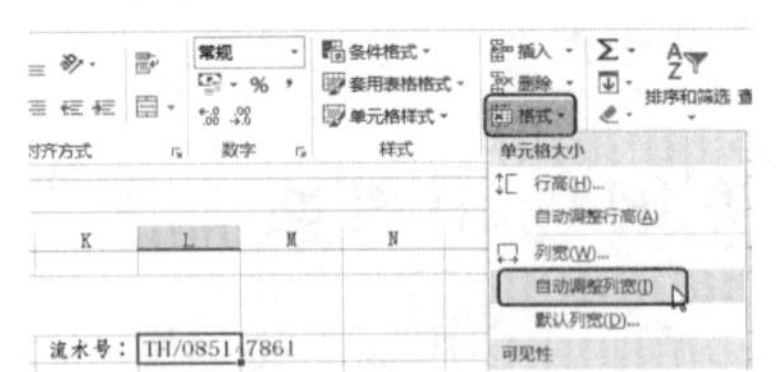

图 5-62　设置单元格列宽

step 05 在 B4:L4 单元格中输入文字，并选中新输入文字的单元格，在【开始】选项卡的【字体】选项组中，将【字体】设置为【方正报宋简体】，【字号】设置为 11，单击【加粗】按钮B，在【对齐方式】选项组中，单击【居中对齐】按钮，如图 5-63 所示。

step 06 在 B5:D14 单元格中输入文字，并选中新输入文字的单元格，在【开始】选项卡

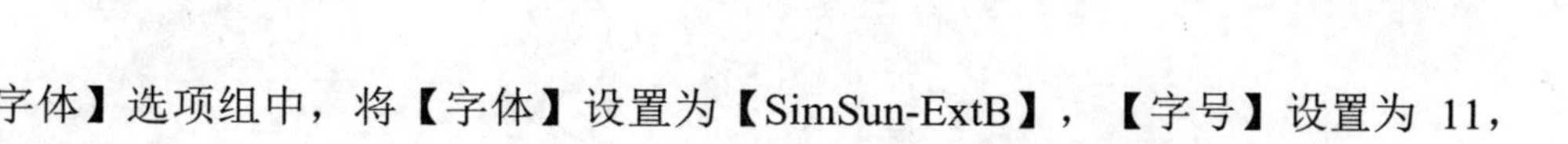

的【字体】选项组中，将【字体】设置为【SimSun-ExtB】，【字号】设置为 11，选中 C5:C14 单元格中的文字，并单击【居中对齐】按钮≡，如图 5-64 所示。

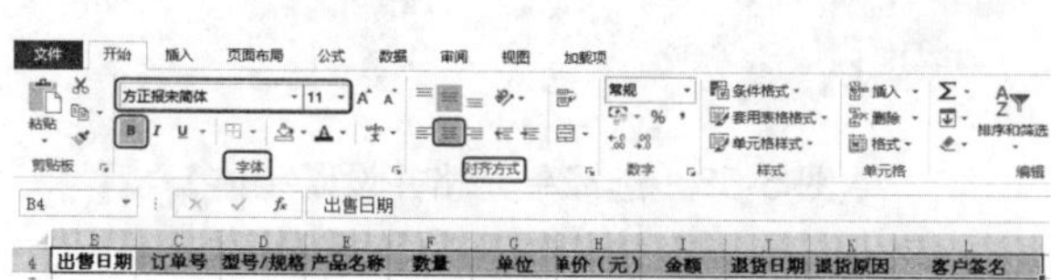

图 5-63　输入文字设置参数

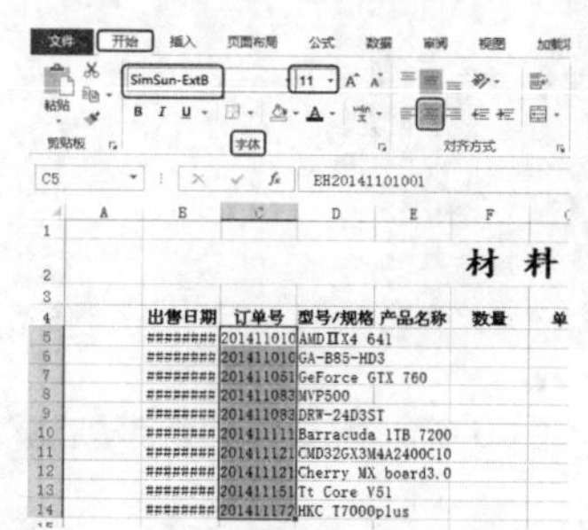

图 5-64　选中单元格设置字体、字号

step 07 再次选中 B5:D14 单元格，在【开始】选项卡的【单元格】选项组中，单击【格式】按钮，在弹出的下拉菜单中选择【自动调整列宽】命令，调整列宽，如图 5-65 所示。

step 08 在 E5:L14 单元格中输入文字，并选中新输入文字的 E5:E14 与 G5:G14 单元格，在【开始】选项卡的【字体】选项组中，将【字体】设置为【方正姚体简体】，【字号】设置为 11，在【对齐方式】选项组中，单击【居中对齐】按钮≡，如图 5-66 所示。

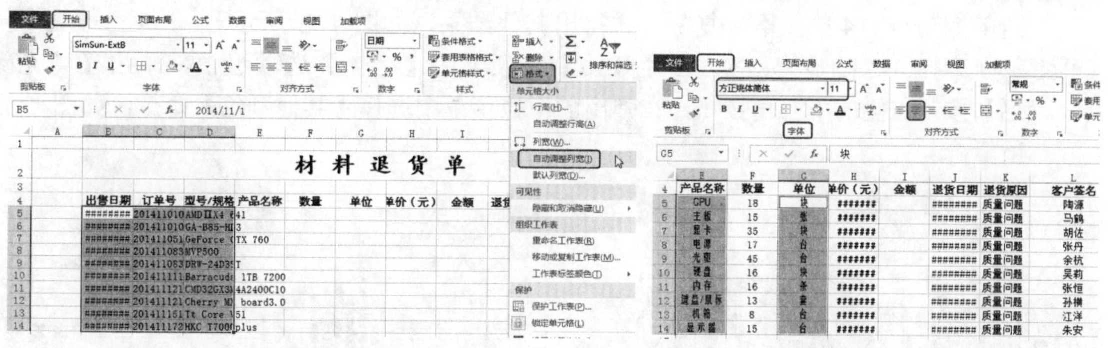

图 5-65　设置自动调整列宽

图 5-66　输入其他文字并设置

step 09 选择 H5:J14 单元格区域，在【开始】选项卡的【单元格】选项组中，单击【格式】按钮，在弹出的下拉菜单中选择【自动调整列宽】命令，调整列宽，如图 5-67 所示。

step 10 然后按住 Ctrl 键选择 F5:F14 与 J5:J14 单元格，在【开始】选项卡的【字体】选项组中，将【字体】设置为【SimSun-ExtB】，【字号】设置为 11，在【对齐方式】选项组中，单击【居中对齐】按钮≡，如图 5-68 所示。

step 11 选择 H5:H14 单元格，在【开始】选项卡的【数字】选项组中单击【常规】右侧的下三角按钮，在弹出的下拉列表中选择【会计专用】选项，如图 5-69 所示。

step 12 选择 I5 单元格并在其中输入公式【=SUM(F5*H5)】，按 Enter 键确认，即可得到结果，如图 5-70 所示。

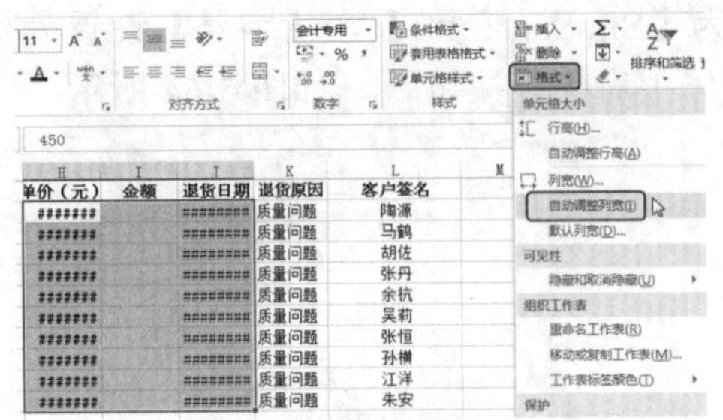

图 5-67　设置自动调整列宽

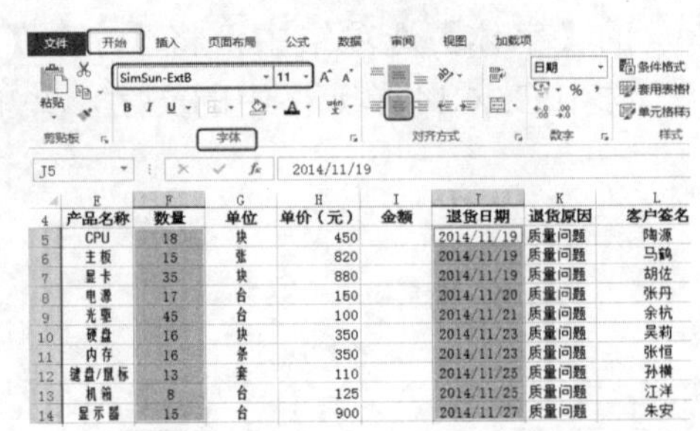

图 5-68　选择单元格并设置字体

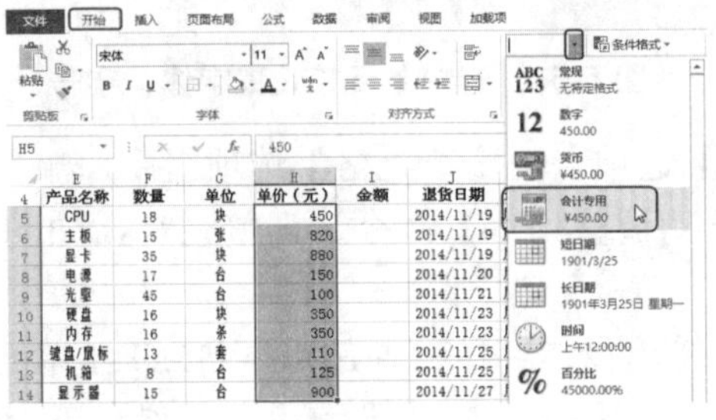

图 5-69　选择【会计专用】命令

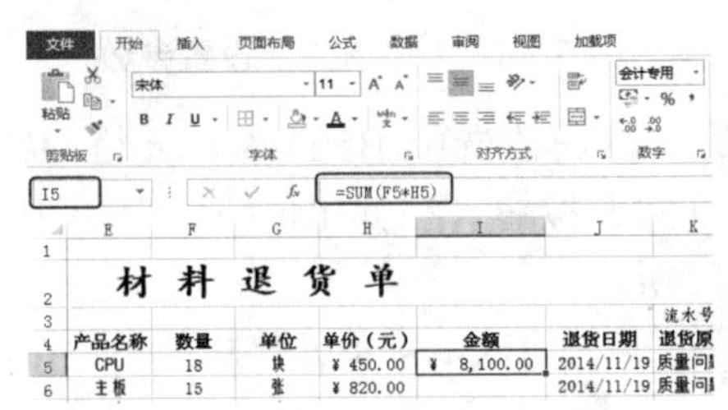

图 5-70　输入公式得出结果

step 13 然后将光标放置在 I5 单元格的右下角，当光标变成黑色十字形状时，按住鼠标向下拖动至 I14 单元格，复制公式得出其他结果，如图 5-71 所示。

step 14 选择 B2:L3 单元格，在【开始】选项卡的【字体】选项组中，单击【填充颜色】按钮右侧的下三角按钮，在弹出的下拉菜单中选择【其他颜色】命令，如图 5-72 所示。

图 5-71　得出其他结果

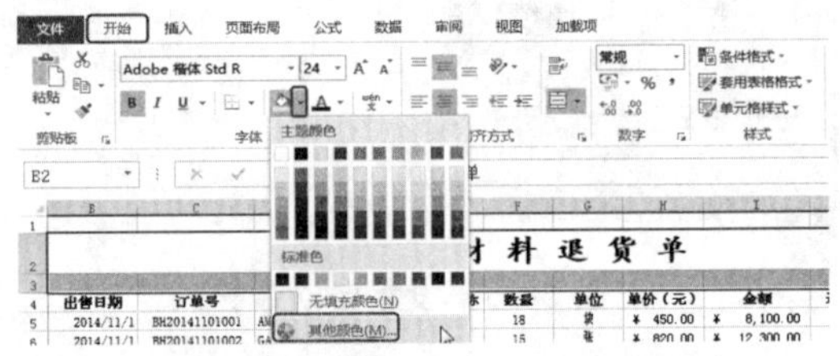

图 5-72　选择【其他颜色】命令

step 15 在弹出的【颜色】对话框中，选择【标准】选项卡，在【颜色】选项组中选择如图 5-73 所示颜色，单击【确定】按钮。

step 16 设置完成后，选择 B4:L4 单元格，再次打开【颜色】对话框，在该对话框中选择如图 5-74 所示颜色，单击【确定】按钮。

step 17 使用同样的方法设置其他单元格颜色，设置完成后的效果如图 5-75 所示。

step 18 然后选择所有输入文字的单元格，在【开始】选项卡的【字体】选项组中单击【字体颜色】按钮 A 右侧的下三角按钮，在弹出的下拉菜单中选择【蓝色】命令，如图 5-76 所示。

step 19 选择 B4:L14 单元格，在【开始】选项卡的【字体】选项组中单击【字体设置】

按钮，在弹出的对话框中选择【边框】选项卡，在【线条】选项组的【样式】列表框中选择线条样式，单击【颜色】右侧的下三角按钮，在下拉列表中选择【紫色】选项，在右侧单击【外部框】与【内部】按钮，单击【确定】按钮，如图 5-77 所示。

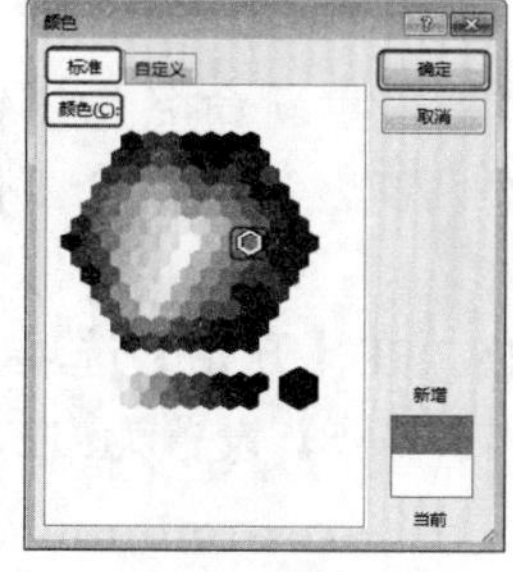

图 5-73　设置单元格颜色

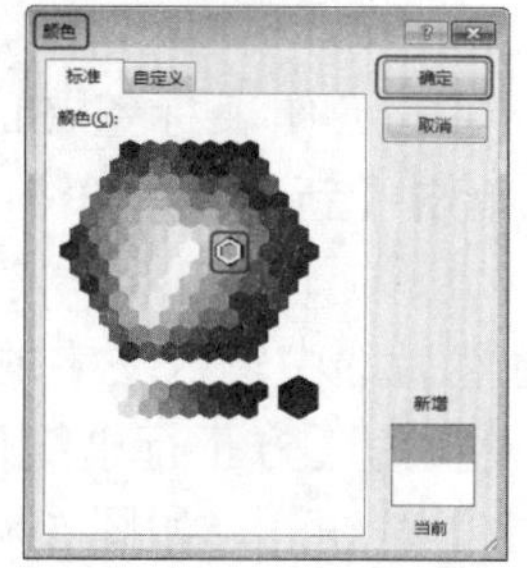

图 5-74　设置其他单元格颜色

图 5-75　设置单元格颜色后的效果

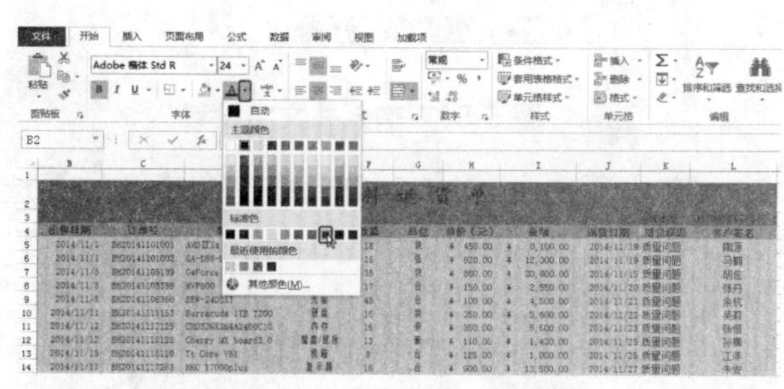

图 5-76　设置文字颜色

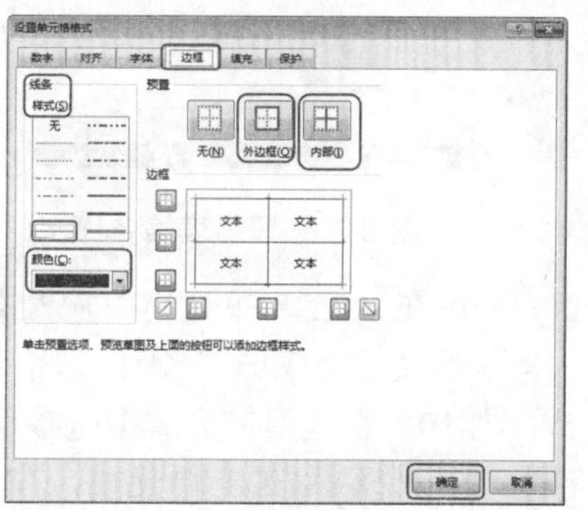

图 5-77　设置边框

在设置单元格格式对话框中设置边框时，应按步骤讲述的顺序进行设置。

案例精讲 045　库存自动统计

案例文件：CDROM\场景\Cha05\库存自动统计.xlsx

视频文件：视频教学\Cha05\库存自动统计.avi

制作概述

本案例将讲解如何制作库存自动统计。首先新建工作表并为工作表命名；然后在单元格中输入文字并进行设置，设置单元格的自动列宽，设置单元格的填充颜色并添加边框；最后对最后一个工作表的单元格输入公式自动统计结果。完成后的效果如图 5-78 所示。

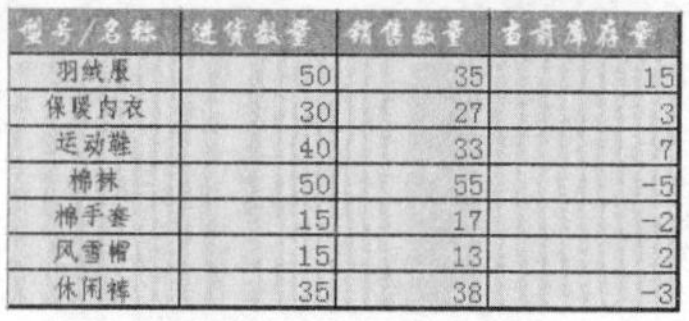

型号/名称	进货数量	销售数量	当前库存量
羽绒服	50	35	15
保暖内衣	30	27	3
运动鞋	40	33	7
棉袜	50	55	-5
棉手套	15	17	-2
风雪帽	15	13	2
休闲裤	35	38	-3

图 5-78　库存自动统计

学习目标

- 学习库存自动统计的制作过程。
- 掌握库存自动统计的制作流程，掌握跨工作表公式运算。

操作步骤

step 01 启动软件后新建空白工作簿，双击工作表标签 Sheet1，将其重新命名为“销售”，按 Enter 键对其进行确定，单击【新建工作表】按钮⊕两次，新建两个工作表，如图 5-79 所示。

step 02 在 A1:D1 单元格中输入文字，然后选中输入文字的单元格，在【开始】选项卡的【字体】选项组中，将【字体】设置为【方正行楷简体】，【字号】设置为 12，在【对齐方式】选项组中单击【居中】按钮，如图 5-80 所示。

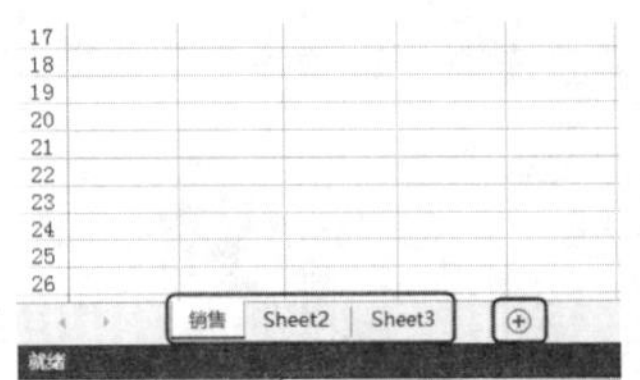

图 5-79　设置表格名称

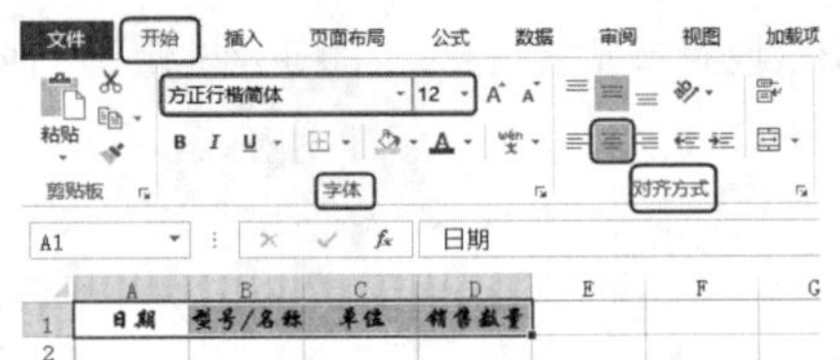

图 5-80　输入并文字设置

step 03 在 A2:D8 单元格中输入文字，输入完成后选中 A2:D8 单元格，在【开始】选项卡的【字体】选项组中，将【字体】设置为【Adobe 仿宋 Std R】，【字号】设置为 10，在【对齐方式】选项组中单击【居中】按钮，如图 5-81 所示。

step 04 选择 A1:D8 单元格，在【开始】选项卡的【字体】选项组中单击【下框线】按钮右侧的下三角按钮，在弹出的下拉菜单中选择【所有框线】命令，如图 5-82 所示。

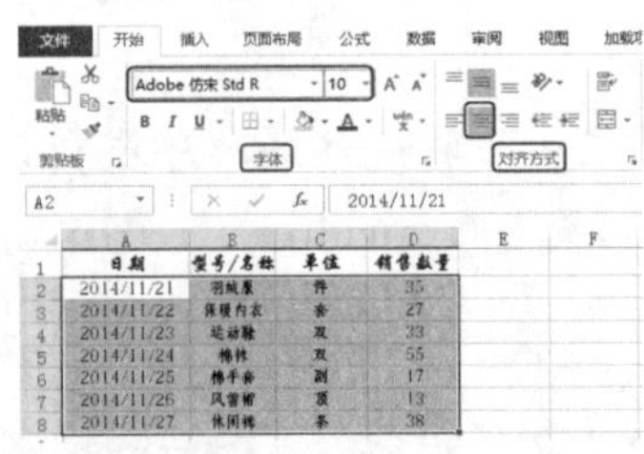

图 5-81　输入文字并设置参数

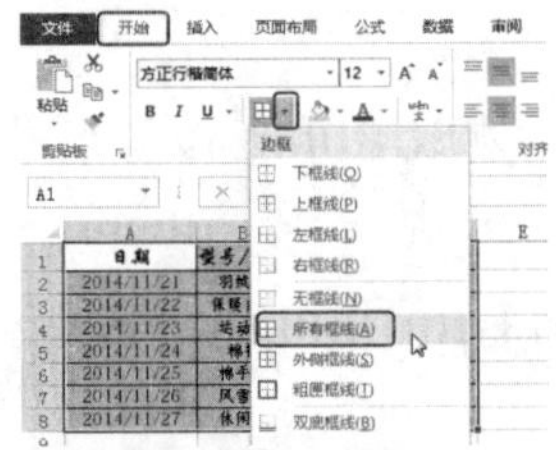

图 5-82　选择【所有框线】命令

step 05 然后单击【字体】选项组中【所有框线】按钮右侧的下三角按钮，在弹出的下拉菜单中选择【粗匣框线】命令，如图 5-83 所示。

step 06 选择 A1:D1 单元格，在【字体】选项组中单击【填充颜色】按钮，在弹出的下拉菜单中选择【橙色】命令，如图 5-84 所示。

step 07 使用同样的方法设置其他单元格的颜色，将颜色设置为【金色，着色 4，淡色 60%】命令，效果如图 5-85 所示。

提示　为不同的工作表分配名称有利于操作。

图 5-83　添加边框

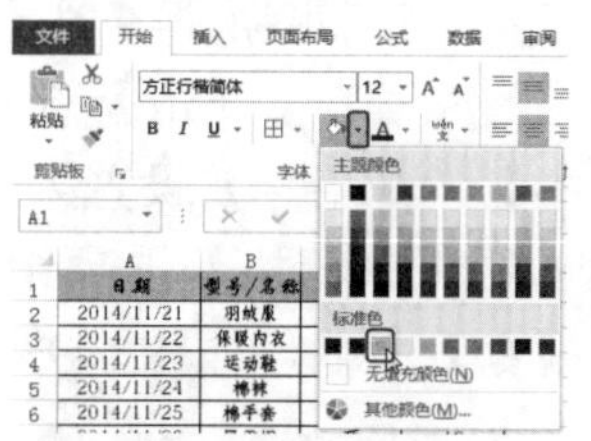

图 5-84　设置填充色

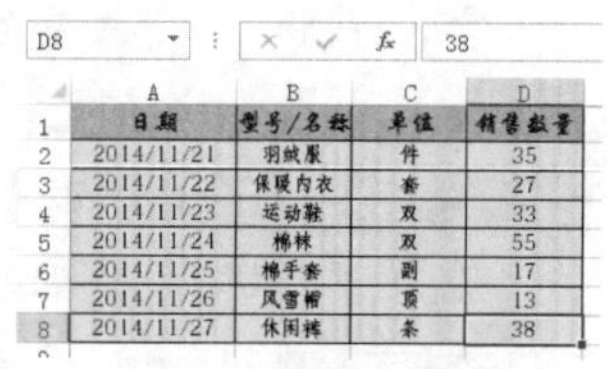

图 5-85　设置其他填充色

step 08 选择 Sheet 2 工作表标签，将其重新命名为【进货】，在 A1:C1 单元格中输入文字，并选中输入文字的单元格，在【开始】选项卡的【字体】选项组中，将【字体】设置为【方正行楷简体】，【字号】设置为 12，如图 5-86 所示。

step 09 然后在 A2:C8 单元格中输入文字，并选中 B2:B8 单元格，在【开始】选项卡的【字体】选项组中，将【字体】设置为【方正行楷简体】，【字号】设置为 10，如图 5-87 所示，并使 B2:C8 单元格中的文字居中。

step 10 选择 A1:C8 单元格区域，在【开始】选项卡的【字体】选项组中单击【下框线】按钮右侧的下三角按钮，在弹出的下拉菜单中选择【所有框线】命令，如图 5-88 所示。

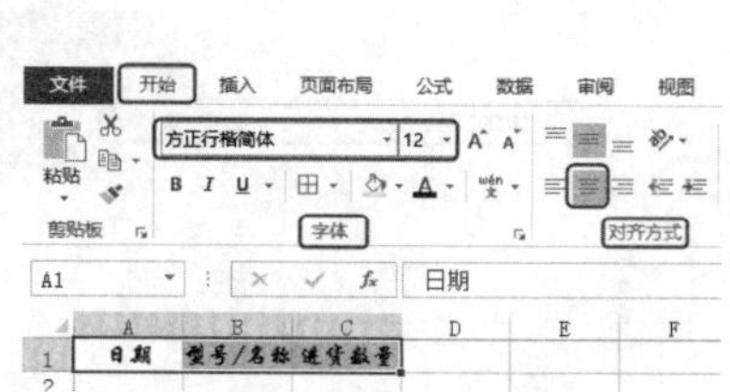

图 5-86　输入文字并设置

图 5-87　设置输入的文字

图 5-88　选择【所有框线】命令

step 11 然后单击【字体】选项组中【所有框线】按钮右侧的下三角按钮，在弹出的下拉菜单中选择【粗匣框线】命令，如图 5-89 所示。

step 12 选择 A1:C1 单元格，在【字体】选项组中单击【填充颜色】按钮，在弹出的下拉菜单中选择【蓝色，着色 1，淡色 60%】命令，如图 5-90 所示。

step 13 使用同样的方法设置其他单元格的颜色，将颜色设置为【金色，着色 4，淡色 60%】命令，效果如图 5-91 所示。

图 5-89　选择【粗匣框线】命令

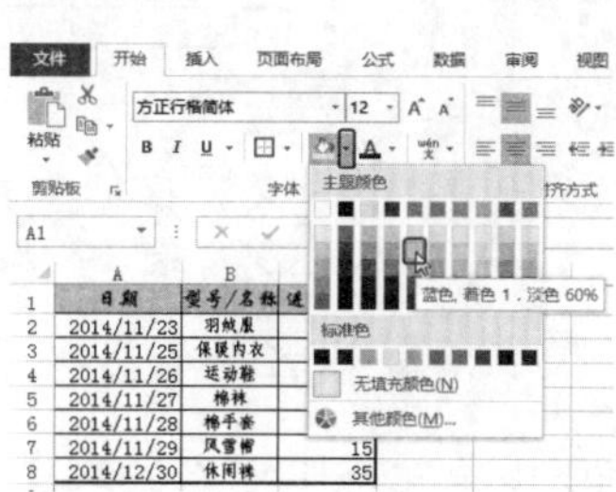

图 5-90　设置填充颜色

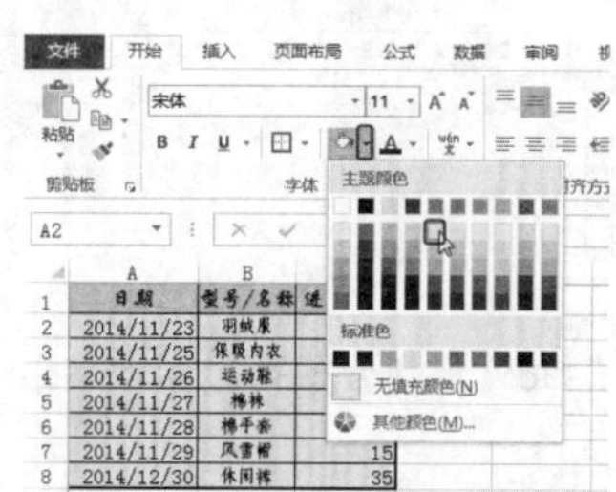

图 5-91　设置其他单元格颜色

step 14 选择 Sheet 3 工作表标签，将其重新命名为【库存】，在 A1:D1 单元格中输入文字，并选中输入文字的单元格，在【开始】选项卡的【字体】选项组中，将【字体】设置为【方正行楷简体】，【字号】设置为 12，如图 5-92 所示。

step 15 然后在【开始】选项卡的【单元格】选项组中单击【格式】按钮，在弹出的下拉菜单中选择【自动调整列宽】命令，如图 5-93 所示。

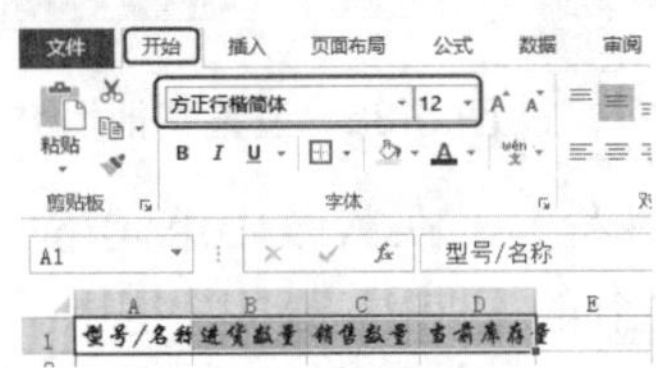

图 5-92　输入文字并设置参数

图 5-93　选择【自动调整列宽】命令

step 16 在 A2:A8 单元格中输入文字，并选中新输入文字的单元格，在【开始】选项卡的【字体】选项组中，将【字体】设置为【Adobe 仿宋 Std R】，【字号】设置为 10，在【对齐方式】选项组中单击【居中】按钮，如图 5-94 所示。

step 17 选择 B2 单元格，并在该单元格中输入公式【=SUMIF(进货!B2:B8,库存!A2,进货!C2:C8)】，输入完成后按 Enter 键对其进行确定，如图 5-95 所示。

图 5-94　输入文字并设置

图 5-95　选择单元格输入公式

step 18 然后将光标放置在 B2 单元格的右下角，当光标变为黑色十字形状时按住鼠标左键向下拖动，拖至 B8 单元格中即可复制公式，得出结果如图 5-96 所示。

step 19 选择 C2 单元格，并在该单元格中输入公式【=SUMIF(销售!B2:B8,库存!A2,销售!D2:D8)】，输入完成后按 Enter 键对其进行确定，如图 5-97 所示。

step 20 使用前面介绍的方法复制公式，得出其他单元格结果后的效果如图 5-98 所示。

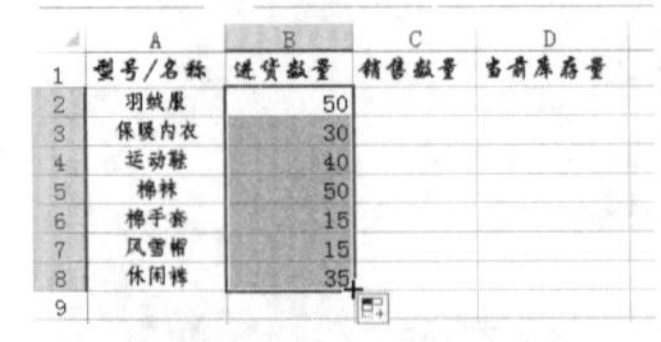

图 5-96　复制公式得出其他结果

图 5-97　输入公式

图 5-98　得出其他结果

step 21 选择 D2 单元格，并在该单元格中输入公式【=B2-C2】，输入完成后按 Enter 键对其进行确定，如图 5-99 所示。

step 22 使用前面介绍的方法复制公式，得出其他单元格结果后的效果如图 5-100 所示。

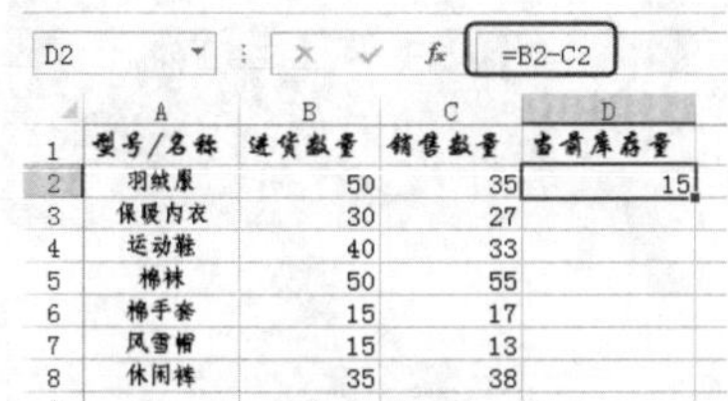

D2
=B2-C2
型号/名称 进货数量 销售数量 当前库存量
羽绒服 50 35 15
保暖内衣 30 27
运动鞋 40 33
棉袜 50 55
棉手套 15 17
风雪帽 15 13
休闲裤 35 38

图 5-99 继续输入公式

型号/名称 进货数量 销售数量 当前库存量
羽绒服 50 35 15
保暖内衣 30 27 3
运动鞋 40 33 7
棉袜 50 55 -5
棉手套 15 17 -2
风雪帽 15 13 2
休闲裤 35 38 -3

图 5-100 得出其他单元格结果

step 23 选择 A1:D8 单元格，在【开始】选项卡的【字体】选项组中单击【下框线】按钮右侧的下三角按钮，在弹出的下拉菜单中选择【所有框线】命令，如图 5-101 所示。

step 24 然后单击【字体】选项组中【所有框线】按钮右侧的下三角按钮，在弹出的下拉菜单中选择【粗匣框线】命令，如图 5-102 所示。

step 25 选择 A1:D1 单元格，在【字体】选项组中单击【填充颜色】按钮，在弹出的下拉菜单中选择【浅绿】命令，如图 5-103 所示。

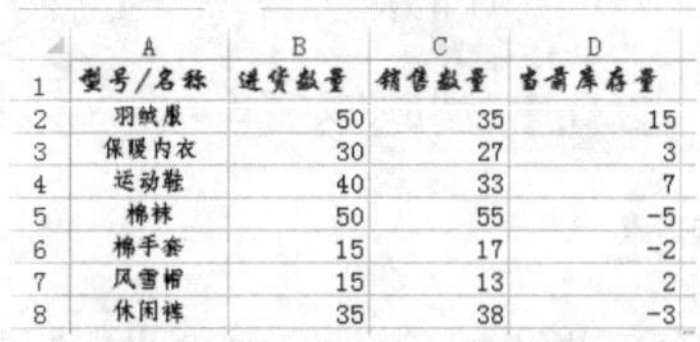

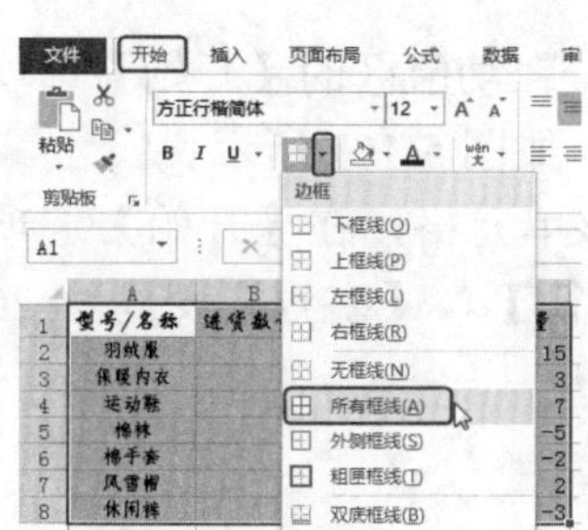

图 5-101 添加所有边框

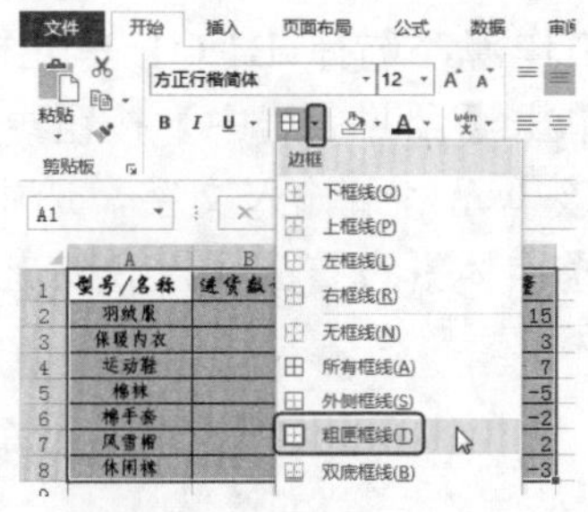

图 5-102 添加【粗匣框线】

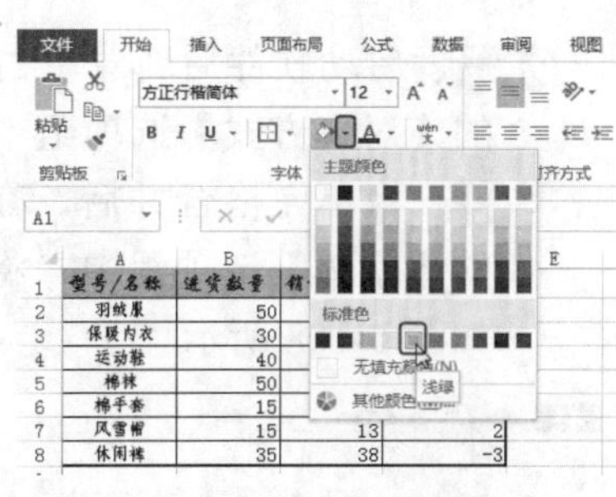

图 5-103 设置填充颜色

step 26 然后在【字体】选项组中单击【字体颜色】按钮，在弹出的下拉菜单中选择【白色，背景 1】命令，如图 5-104 所示。

step 27 使用同样的方法设置其他单元格的颜色，将颜色设置为【绿色，着色 6，淡色 80%】，将字体颜色设置为【绿色，着色 6，深色 25%】，效果如图 5-105 所示。

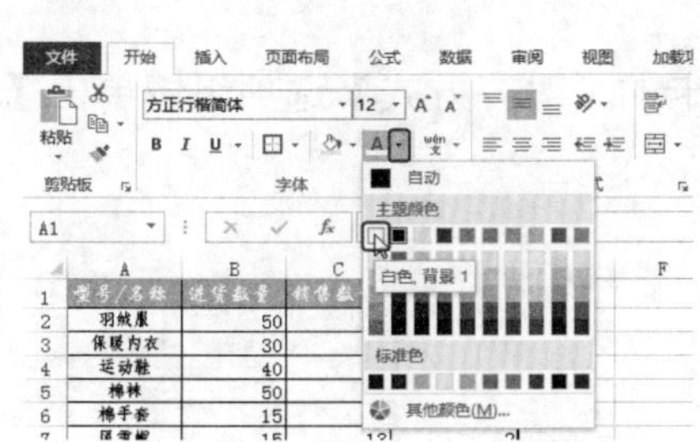

图 5-104 设置文字颜色

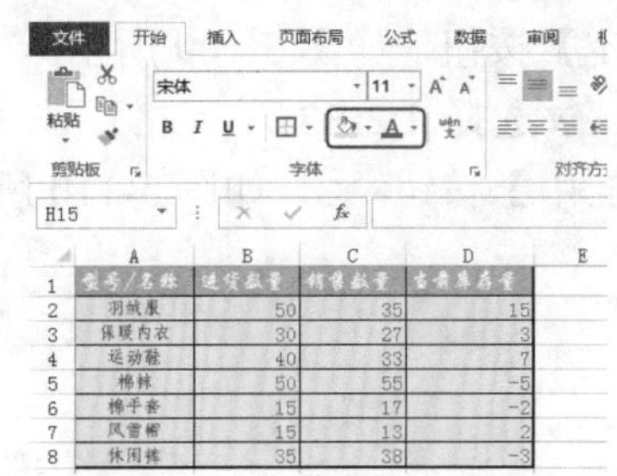

图 5-105 设置其他单元格颜色和文字颜色

案例精讲 046　材料收发月报表

案例文件：CDROM\场景\Cha05\材料收发月报表.xlsx
视频文件：视频教学\Cha05\材料收发月报表.avi

制作概述

本案例将讲解如何制作材料收发月报表。首先新建工作表合并单元格；然后在单元格中输入文字并进行设置；最后设置单元格的行高、列宽，设置单元格的填充颜色并添加边框。完成后的效果如图 5-106 所示。

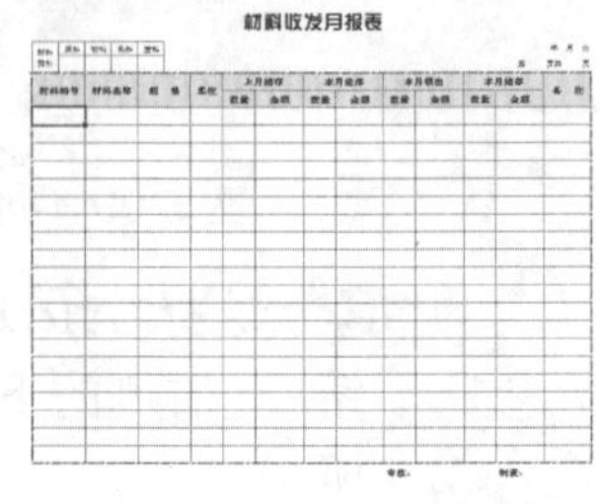

图 5-106　材料收发月报表

学习目标

- 学习材料收发月报表的制作过程。
- 掌握材料收发月报表的制作流程，掌握对框线的设置。

操作步骤

step 01 启动软件后新建空白工作簿，选择 B1:Q1 单元格，在功能区的【开始】选项卡的【对齐方式】选项组中单击【合并后居中】按钮，如图 5-107 所示。

step 02 将单元格合并后，在该单元格中输入文字，选中该单元格，在【开始】选项卡的【字体】选项组中，将【字体】设置为【汉仪综艺体简】，【字号】设置为 20，如图 5-108 所示。

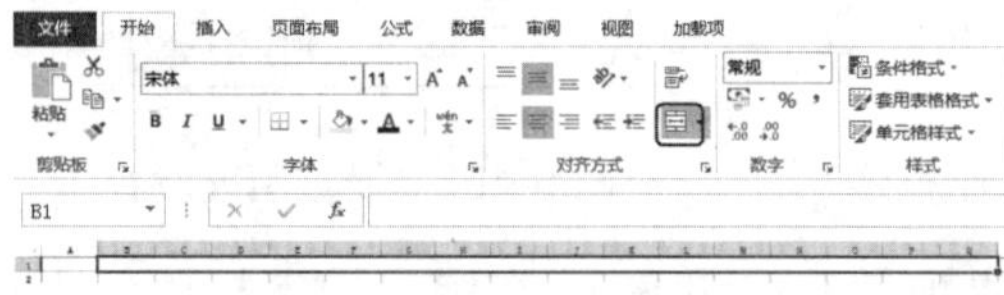

图 5-107　选择并合并单元格

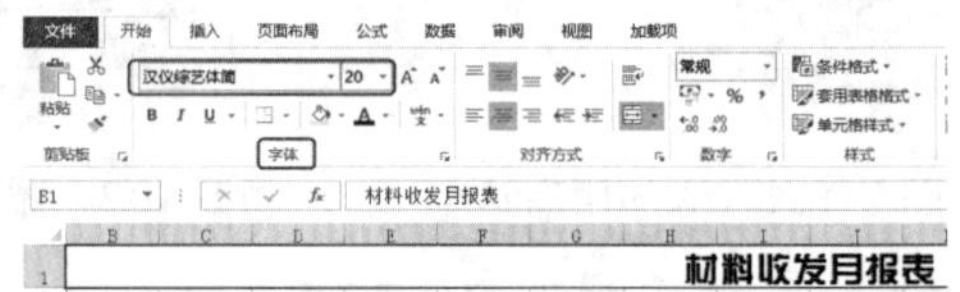

图 5-108　输入文字并设置参数

step 03 然后在【开始】选项卡的【单元格】选项组中单击【格式】按钮，在弹出的下拉菜单中选择【行高】命令，在打开的对话框中将【行高】设置为 45，单击【确定】按钮，如图 5-109 所示。

step 04 选择 B2:B3 单元格，在【开始】选项卡的【对齐方式】选项组中单击【合并后居中】按钮，如图 5-110 所示。

图 5-109　设置【行高】

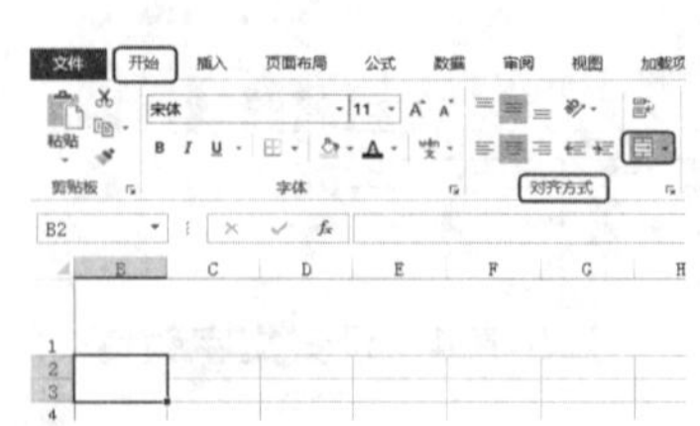

图 5-110　合并单元格

step 05 然后在该单元格中输入文字，并选中该单元格，在【开始】选项卡的【字体】选项组中将【字体】设置为【宋体】，【字号】设置为 9，在【对齐方式】选项组中，单击【自动换行】按钮，如图 5-111 所示。

step 06 继续选中上一步中的单元格，在【开始】选项卡的【单元格】选项组中单击【格式】按钮，在弹出的下拉菜单中选择【列宽】命令，如图 5-112 所示。

图 5-111　输入文字设置自动换行等参数

图 5-112　选择【列宽】命令

step 07 在弹出的对话框中，将【列宽】设置为 4，单击【确定】按钮，如图 5-113 所示。

step 08 然后在 C2:F2 单元格中输入文字，并选中输入文字的单元格，在【开始】选项卡的【字体】选项组中将【字体】设置为【宋体】，【字号】设置为 9，在【对齐方式】选项组中单击【居中】按钮，如图 5-114 所示。

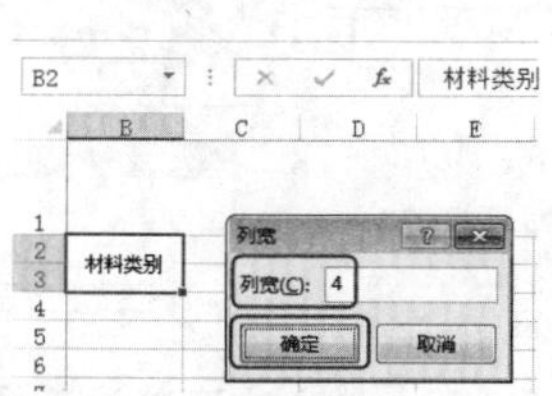

图 5-113　设置【列宽】

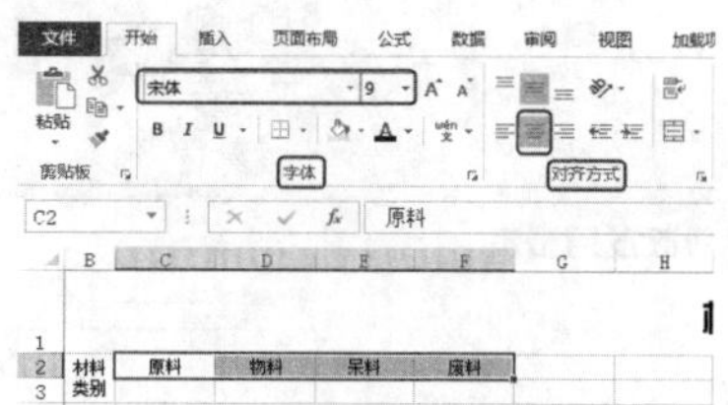

图 5-114　输入文字并设置参数

step 09 继续选中上一步中的单元格，在【开始】选项卡的【单元格】选项组中单击【格式】按钮，在弹出的下拉菜单中选择【列宽】命令，在弹出的对话框中将【列宽】设置为4，单击【确定】按钮，如图 5-115 所示。

step 10 选择 B2:F4 单元格区域，在【开始】选项卡的【字体】选项组中，单击【字体颜色】按钮右侧的下三角按钮，在弹出的下拉菜单中选择【蓝色】命令，如图 5-116 所示。

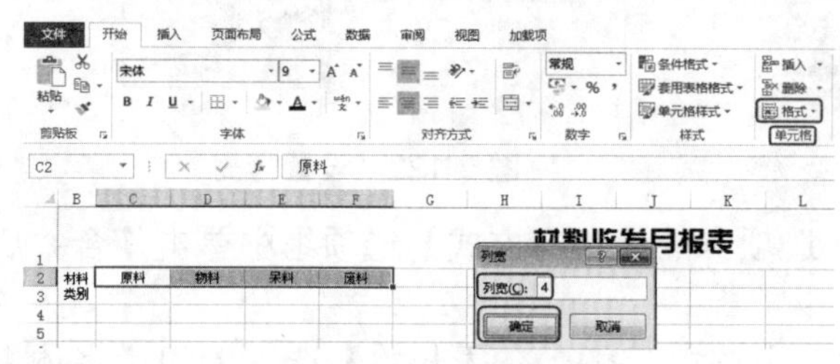

图 5-115　设置【列宽】

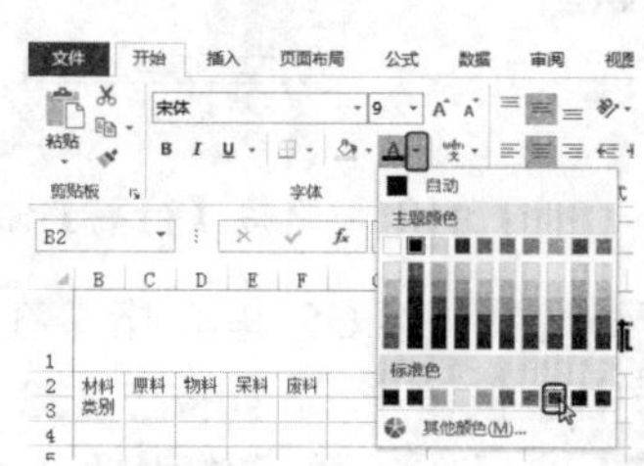

图 5-116　设置文字颜色

step 11 选择 O2:Q2 单元格，在【开始】选项卡的【对齐方式】选项组中单击【合并后居中】按钮，如图 5-117 所示。

step 12 然后在该单元格中输入文字，并选中该单元格，【开始】选项卡的【字体】选项组中将字体设置为【宋体】，【字号】设置为 9，将【字体颜色】设置为【蓝色】，在【对齐方式】选项组中单击【右对齐】按钮，如图 5-118 所示。

图 5-117 选择并合并单元格

图 5-118 输入文字并设置

step 13 选择 O3:Q3 单元格，在【开始】选项卡的【对齐方式】选项组中单击【合并后居中】按钮，如图 5-119 所示。

step 14 然后在该单元格中输入文字并选中该单元格，在【开始】选项卡的【字体】选项组中将【字体】设置为【宋体】，【字号】设置为 9，将【字体颜色】设置为【蓝色】，在【对齐方式】选项组中单击【右对齐】按钮，如图 5-120 所示。

图 5-119 合并单元格

图 5-120 输入文字并设置颜色

step 15 继续选中上一步中的单元格，在【开始】选项卡的【单元格】选项组中单击【格式】按钮，在弹出的下拉菜单中选择【行高】命令，如图 5-121 所示。

step 16 在弹出的对话框中，将【行高】设置为 20，单击【确定】按钮，如图 5-122 所示。

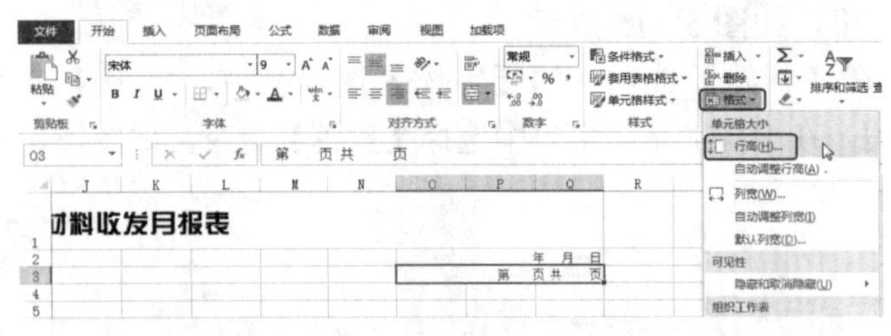

图 5-121 选择【行高】命令

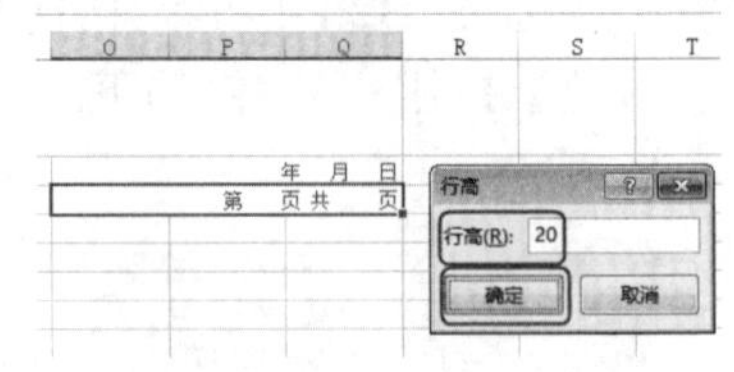

图 5-122 设置行高

step 17 选择 B4:C5 单元格，在【开始】选项卡的【对齐方式】选项组中单击【合并后居中】按钮，如图 5-123 所示。

step 18 然后在该单元格中输入文字，并选中该单元格，在【开始】选项卡的【字体】选项组中将【字体】设置为【宋体】，【字号】设置为 10，单击【加粗】按钮，将【字体颜色】设置为【蓝色】，在如图 5-124 所示。

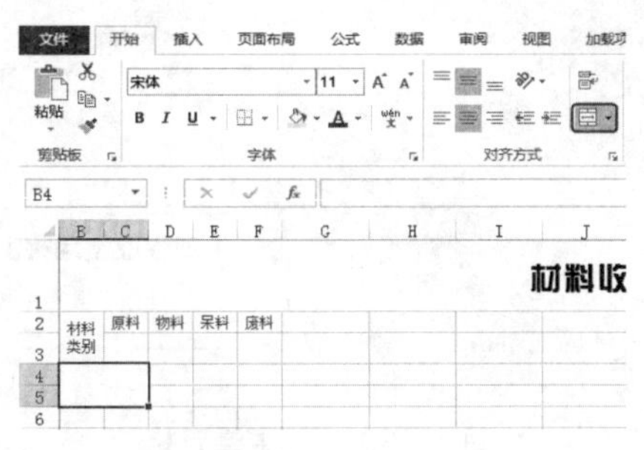

图 5-123 合并单元格

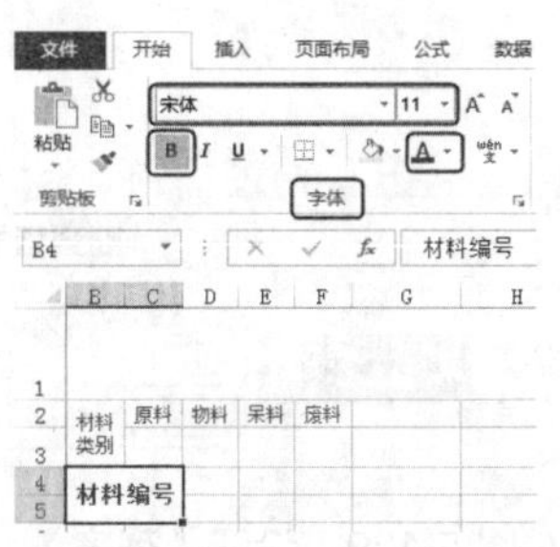

图 5-124 输入文字并设置

step 19 继续选中上一步中的单元格，在【开始】选项卡的【单元格】选项组中单击【格式】按钮，在弹出的下拉菜单中选择【行高】命令，如图 5-125 所示。

step 20 在弹出的对话框中，将【行高】设置为 18，单击【确定】按钮，如图 5-126 所示。

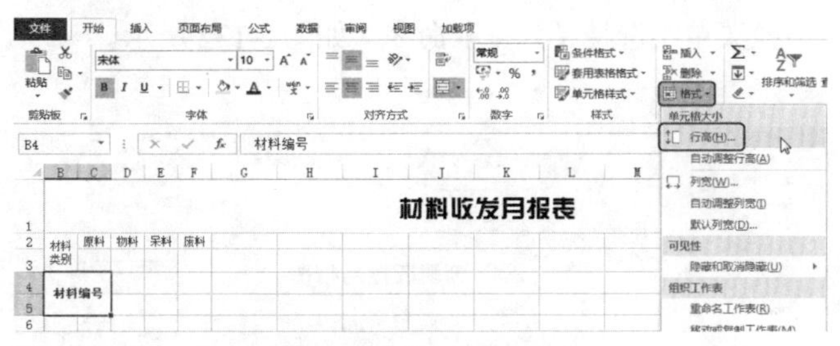

图 5-125 选择【行高】命令

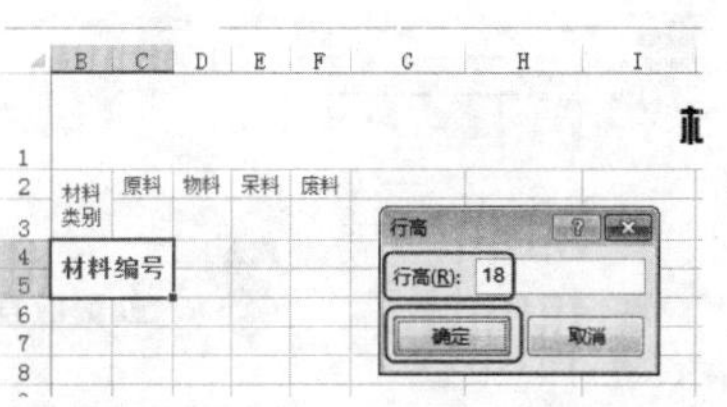

图 5-126 设置【行高】

step 21 使用同样的方法，将 D4:E5、 F4:G5 与 H4:H5 单元格分别进行合并，并在合并后的单元格中输入文字，选中输入文字后的单元格，在【开始】选项卡的【字体】选项组中将【字体】设置为【宋体】，【字号】设置为 10，单击【加粗】按钮，将【字体颜色】设置为【蓝色】，如图 5-127 所示。

step 22 选择 B4:G5 单元格，在【开始】选项卡的【单元格】选项组中单击【格式】按钮，在弹出的下拉菜单中选择【列宽】命令，如图 5-128 所示。

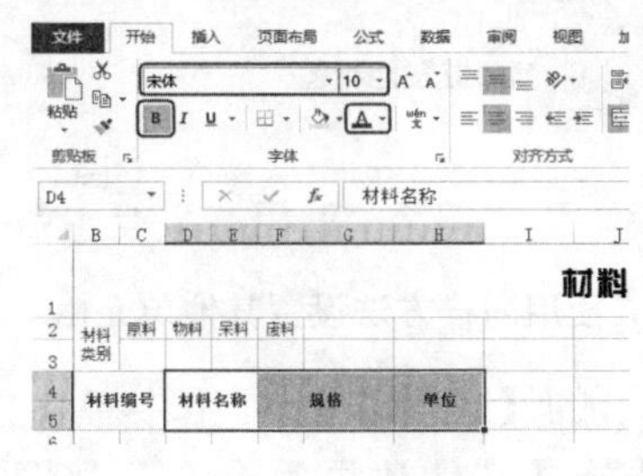

图 5-127 输入文字并设置

图 5-128 选择【列宽】命令

step 23 在弹出的对话框中，将【列宽】设置为 4，单击【确定】按钮，如图 5-129 所示。

step 24 使用同样方法设置其他单元格的列宽，选择 I4:J4 单元格，在【开始】选项卡的【对齐方式】选项组中单击【合并后居中】按钮，如图 5-130 所示。

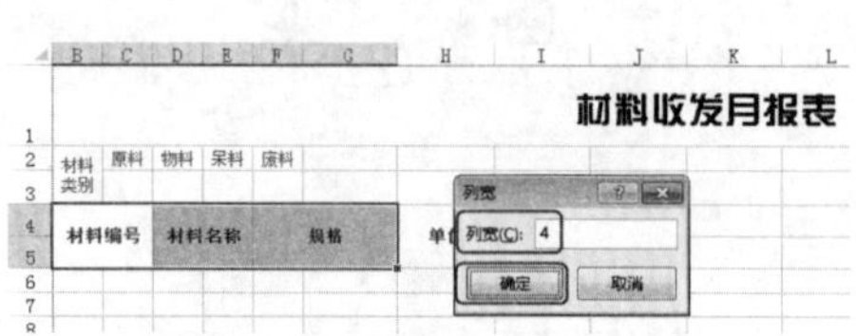

图 5-129　设置【列宽】

图 5-130　合并单元格

step 25 然后在该单元格中输入文字，并选中该单元格，在【开始】选项卡的【字体】选项组中将【字体】设置为【宋体】，【字号】设置为 10，单击【加粗】按钮，将【字体颜色】设置为【蓝色】，如图 5-131 所示。

step 26 在 I5:J5 单元格中，使用同样的方法输入文字并进行设置，然后选择 I5 单元格，在【开始】选项卡的【对齐方式】选项组中单击【居中】按钮，在【单元格】选项组中单击【格式】按钮，在弹出的下拉菜单中选择【列宽】命令，如图 5-132 所示。

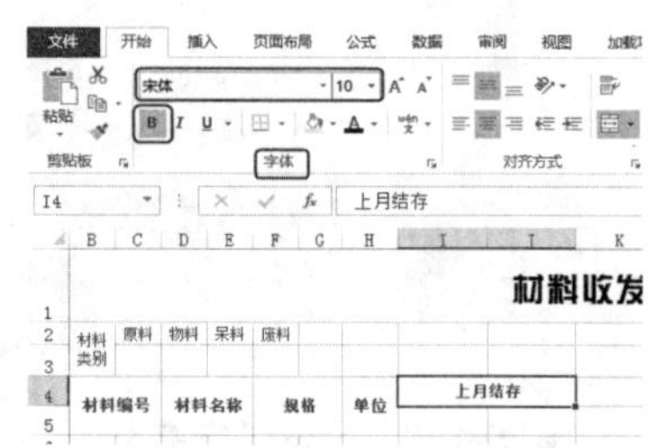

图 5-131　输入文字并设置

图 5-132　选择【列宽】命令

step 27 在弹出的对话框中，将【列宽】设置为 5，单击【确定】按钮，如图 5-133 所示，并将 J5 单元格的列宽设置为 8。

step 28 使用同样的方法合并单元格，输入文字并进行设置，对单元格的列宽进行设置，效果如图 5-134 所示。

图 5-133　设置【列宽】

图 5-134　使用同样方法设置其他单元格

step 29 选择 B2:F3 单元格区域，在【开始】选项卡的【字体】选项组中单击【下边框】右侧的下三角按钮，在弹出的下拉菜单中选择【其他边框】命令，如图 5-135 所示。

step 30 在弹出的对话框中，选择【线条】选项组的【样式】列表框中的线条样式，单击【颜色】右侧的下三角按钮，在弹出的下拉菜单中选择【浅蓝】命令，在右侧单击图 5-136 所示按钮，然后单击【确定】按钮。

图 5-135 选择【其他边框】命令

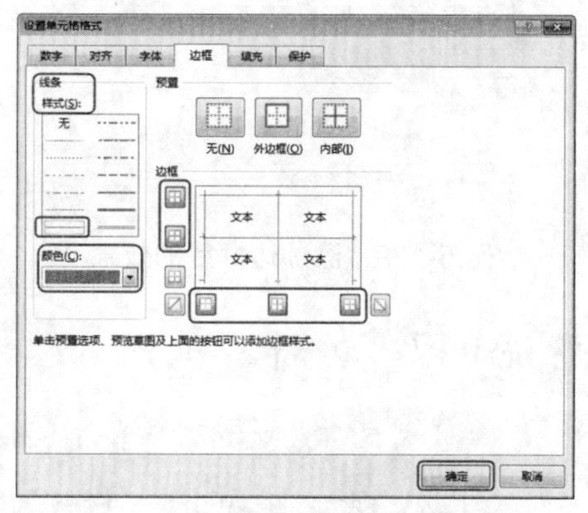

图 5-136 设置边框

step 31 选择 B4:Q25 单元格区域，再次选择【其他边框】命令，在弹出的对话框中，选择【线条】选项组的【样式】列表框的线条样式，单击【颜色】右侧的下三角按钮，在弹出的下拉列表中选择【浅蓝】选项，在右侧单击【外边框】按钮，如图 5-137 所示。

step 32 然后选择【线条】选项组的【样式】列表框中的线条样式，在右侧单击【内部】按钮，再单击【确定】按钮，如图 5-138 所示。

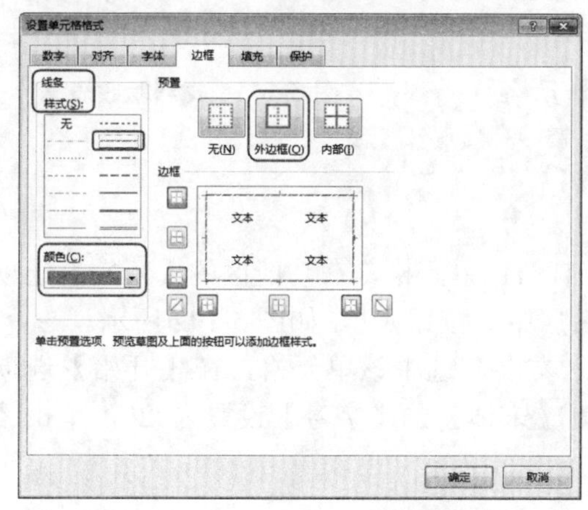

图 5-137 设置【外边框】

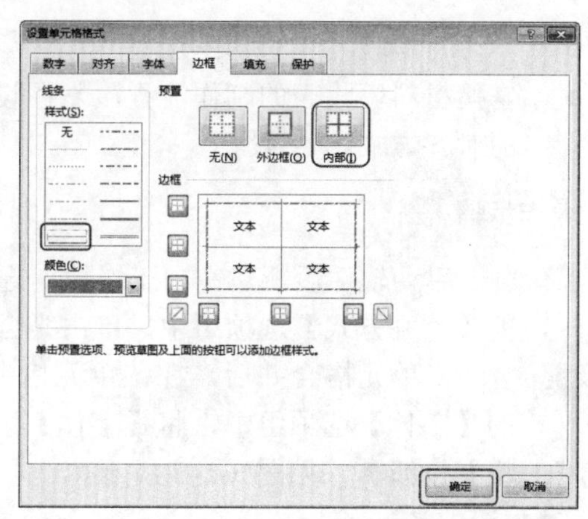

图 5-138 设置【内部】框线

step 33 执行上一步操作后的表格效果如图 5-139 所示。

step 34 使用前面介绍的方法输入文字设置参数，合并单元格，设置单元格的行高，并为单元格填充颜色，效果如图 5-140 所示。

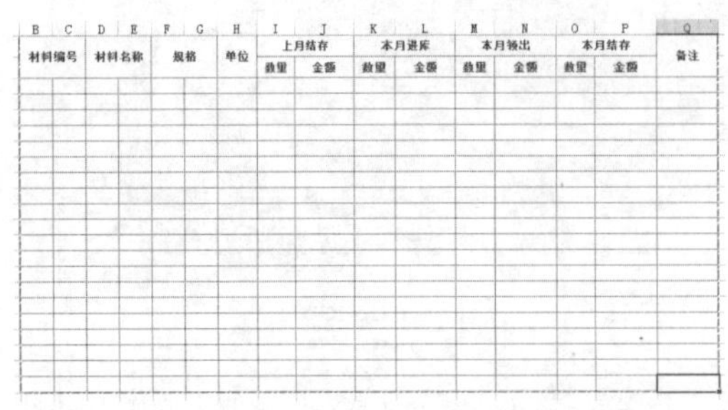

图 5-139　添加边框后的效果

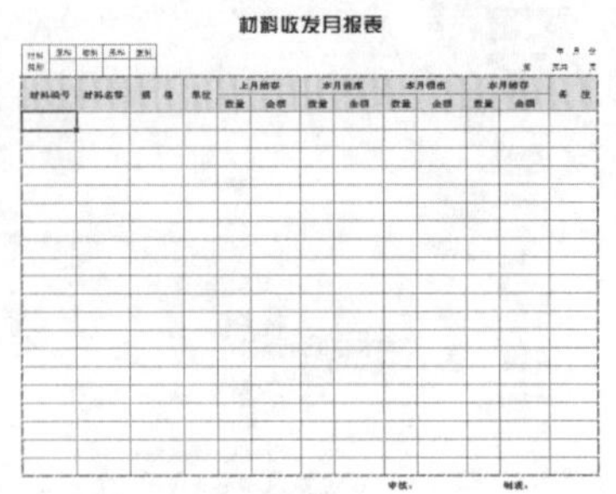

图 5-140　制作出其他效果

案例精讲 047　材料验收表

案例文件：CDROM\场景\Cha05\材料验收表.xlsx

视频文件：视频教学\Cha05\材料验收表.avi

制作概述

本案例将讲解如何制作材料验收表。首先合并单元格；然后在单元格中输入文字并进行设置，并设置单元格的行高、列宽；最后设置单元格的填充颜色并添加边框。完成后的效果如图 5-141 所示。

图 5-141　材料验收表

学习目标

- 学习材料验收表的制作过程。
- 掌握材料验收表的制作流程，掌握设置单元格的对齐方式。

操作步骤

step 01 启动软件后新建空白工作簿，选择 B1:H1 单元格，在功能区的【开始】选项卡的【对齐方式】选项组中，单击【合并后居中】按钮，如图 5-142 所示。

step 02 将单元格合并后，在该单元格中输入文字，选中该单元格，在【开始】选项卡的【字体】选项组中，将【字体】设置为【宋体】，【字号】设置为 20，单击【加粗】按钮，如图 5-143 所示。

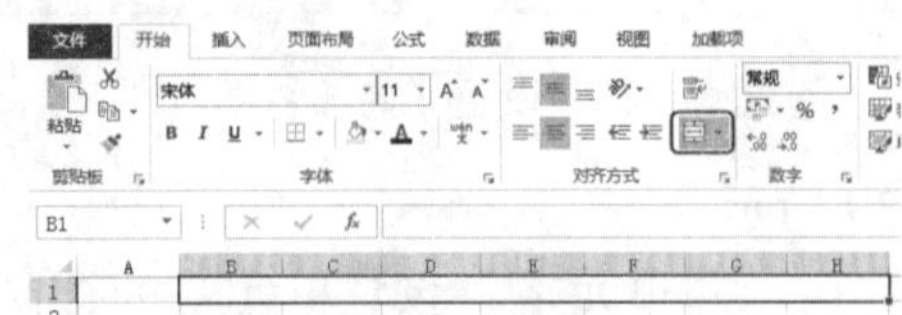

图 5-142　合并单元格

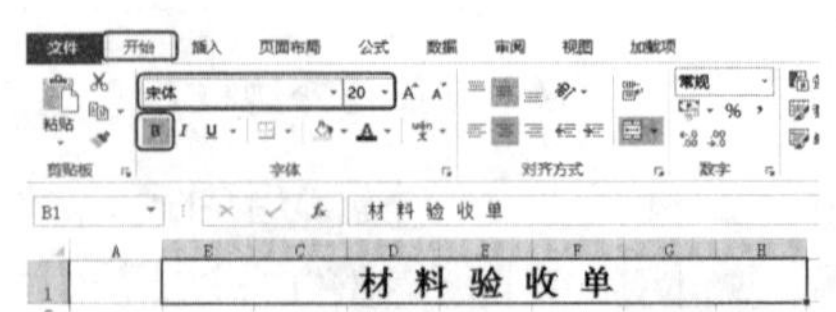

图 5-143　输入文字并设置

step 03 然后在【开始】选项卡的【单元格】选项组中单击【格式】按钮，在弹出的下拉菜单中选择【行高】命令，如图 5-144 所示。

step 04 在弹出的对话框中，将【行高】设置为40，单击【确定】按钮，如图5-145所示。

图5-144 选择【行高】命令

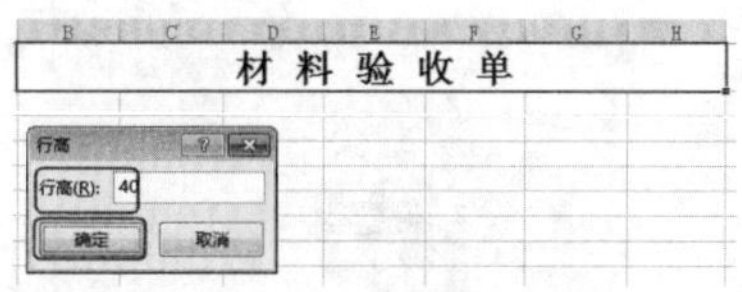

图5-145 设置【行高】

step 05 选择B2:B3单元格区域，在【开始】选项卡的【对齐方式】选项组中，单击【合并后居中】按钮，如图5-146所示。

step 06 将单元格合并后，在该单元格中输入文字并选中该单元格，在【开始】选项卡的【字体】选项组中，将【字体】设置为【宋体】，【字号】设置为11，单击【加粗】按钮，如图5-147所示。

图5-146 合并单元格

图5-147 输入文字并设置

step 07 使用同样的方法将C2:C3、D2:D3、E2:E3与H2:H3单元格分别进行合并，并分别输入文字。选中输入文字后的单元格，在【开始】选项卡的【字体】选项组中，将【字体】设置为【宋体】，【字号】设置为11，单击【加粗】按钮，如图5-148所示。

step 08 选择B2:B3与H2:H3单元格，在【开始】选项卡的【单元格】选项组中单击【格式】按钮，在弹出的下拉菜单中选择【列宽】命令，如图5-149所示。

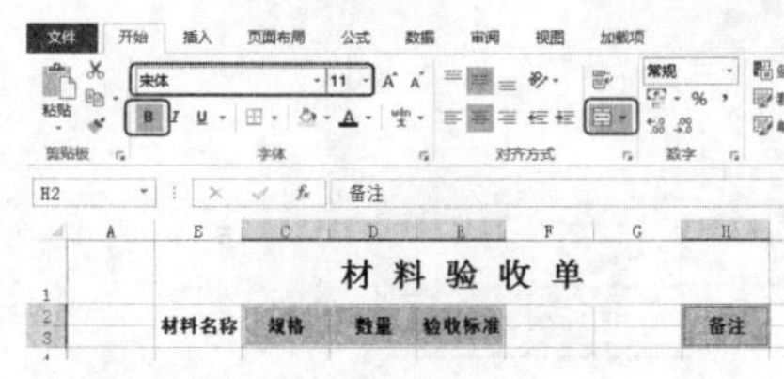

图5-148 在其他单元格中输入文字并设置

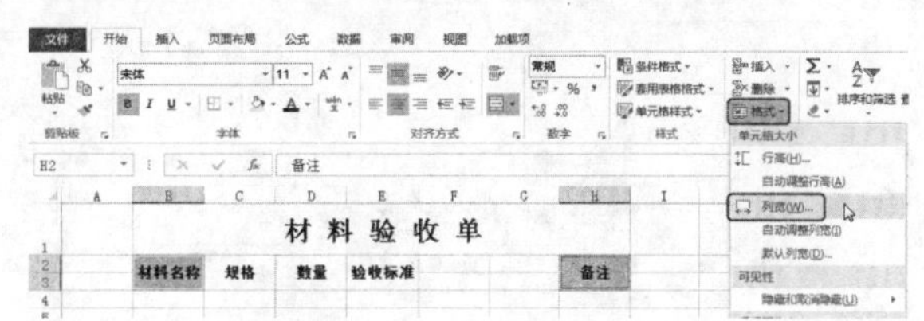

图5-149 选择【列宽】命令

step 09 在弹出的对话框中，将【列宽】设置为10，单击【确定】按钮，如图5-150所示。

step 10 选择C2:C3与D2:D3单元格，在【开始】选项卡下的【单元格】选项组中单击【格式】按钮，在弹出的下拉菜单中选择【列宽】命令，如图5-151所示。

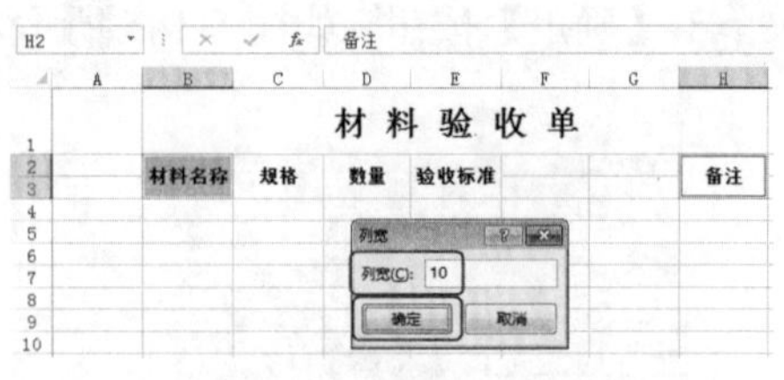

图 5-150　设置【列宽】

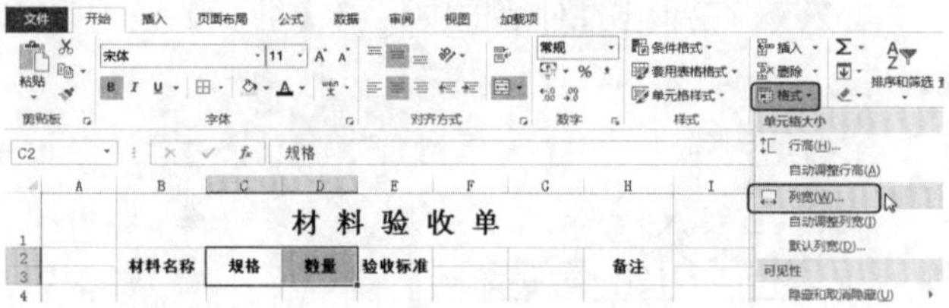

图 5-151　选择单元格选择【列宽】命令

step 11 在弹出的对话框中将【列宽】设置为 8，单击【确定】按钮，如图 5-152 所示，并使用同样方法将 E2:E3 单元格的列宽设置为 30.75。

step 12 选择 F2:G2 单元格，在【开始】选项卡的【对齐方式】选项组中，单击【合并后居中】按钮，如图 5-153 所示。

图 5-152　设置列宽参数

图 5-153　合并单元格并居中

step 13 将单元格合并后，在 F2:G2、F3 与 G3 单元格中输入文字，选中新输入文字的单元格，在【开始】选项卡的【字体】选项组中，将【字体】设置为【宋体】，【字号】设置为 10，单击【加粗】按钮，并使单元格中的文字居中，如图 5-154 所示。

step 14 选择 F3 与 G3 单元格，在【开始】选项卡的【单元格】选项组中单击【格式】按钮，在弹出的下拉菜单中选择【列宽】命令，在弹出的对话框中，将【列宽】设置为 8，单击【确定】按钮，如图 5-155 所示。

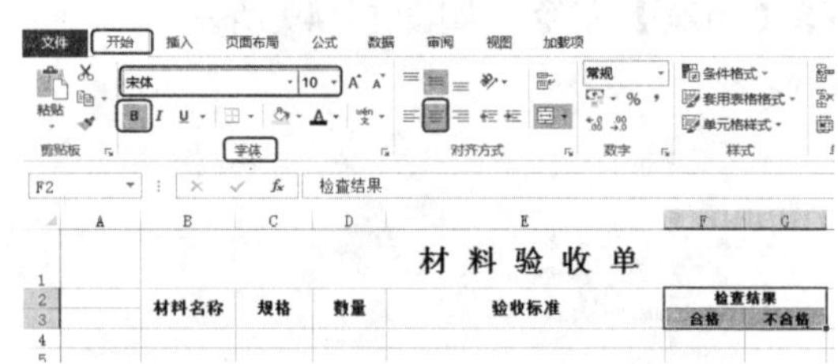

图 5-154　合并单元格输入文字

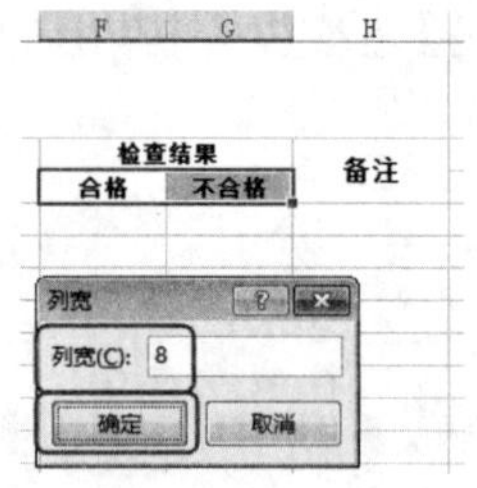

图 5-155　设置【列宽】

step 15 然后在 B4:B12 单元格中输入文字，选择 E4:E6 单元格，单击【合并后居中】按钮，如图 5-156 所示。

step 16 在合并后的单元格中输入文字，并选中单元格，在【开始】选项卡的【对齐方式】选项组中单击【左对齐】按钮，在【单元格】选项组中单击【格式】按钮，在弹出的下拉菜单中选择【行高】命令，如图 5-157 所示。

图 5-156 输入文字并合并单元格

图 5-157 合并单元格并输入文字设置对齐

提示 若使某个单元格中的多个文字，以多行的方式显示，可以将光标插入到需要换行的文字之间，按 Alt+Enter 组合键即可。

step 17 在弹出的对话框中，将【行高】设置为 30，单击【确定】按钮，如图 5-158 所示。

step 18 使用同样的方法将其他单元格合并，并输入文字，设置对齐方式，设置单元格【行高】，效果如图 5-159 所示。

图 5-158 设置【行高】

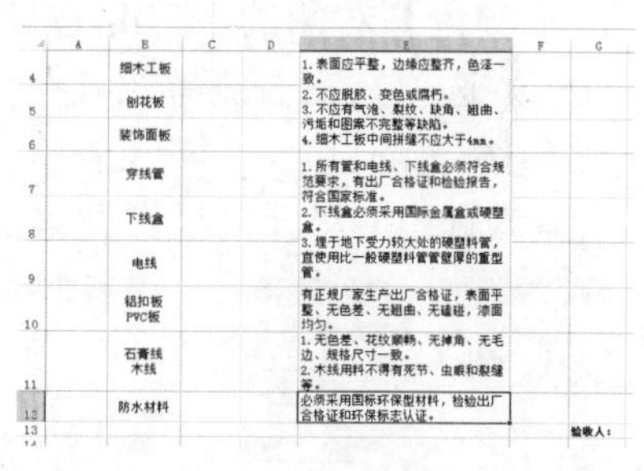

图 5-159 输入其他文字并设置

step 19 选择 B1:H1 单元格，在【开始】选项卡的【字体】选项组中，单击【填充颜色】按钮右侧的下三角按钮，在弹出的下拉菜单中选择【绿色，着色 6】命令，如图 5-160 所示。

step 20 然后在【字体】选项组中，单击【字体颜色】按钮右侧的下三角按钮，在弹出的下拉菜单中选择【白色】命令，如图 5-161 所示。

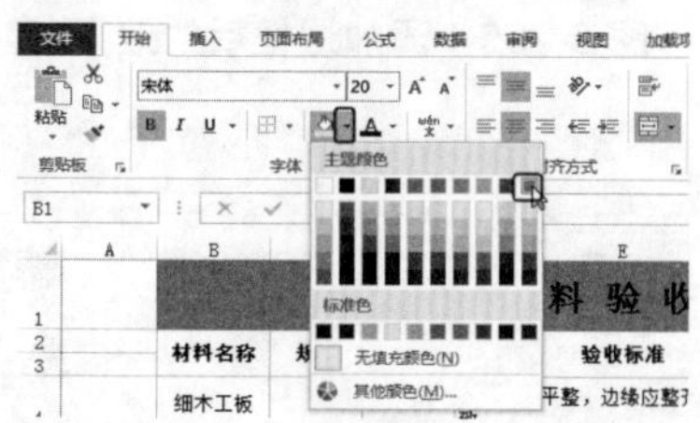

图 5-160 设置单元格填充色

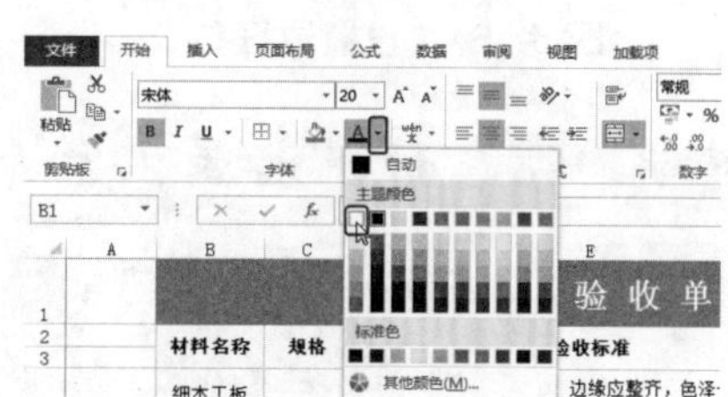

图 5-161 设置文字颜色

step 21 使用同样方法将 B2:H3 单元格填充颜色设置为【绿色，着色 6，淡色 80%】，如图 5-162 所示。

step 22 选择 B2:H12 单元格，在【开始】选项卡的【字体】选项组中，单击【下框线】按钮右侧的下三角按钮，在弹出的下拉菜单中选择【其他边框】命令，如图 5-163 所示。

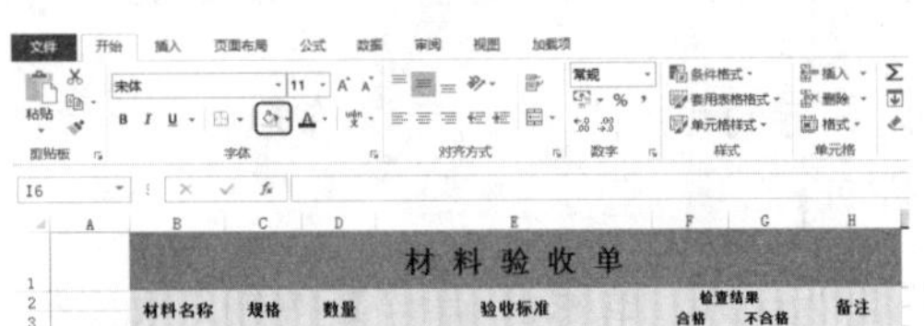

图 5-162 设置其他单元格颜色

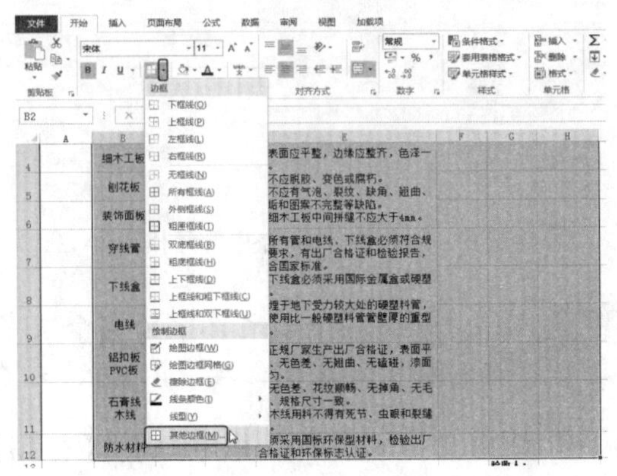

图 5-163 选择【其他边框】命令

step 23 在弹出的对话框中，选择【线条】选项组的【样式】列表框中的线条样式，单击【颜色】右侧的下三角按钮，在弹出的下拉列表中选择【绿色，着色 6，淡色 40%】选项，在右侧单击【外边框】与【内部】按钮，然后单击【确定】按钮，如图 5-164 所示。

step 24 为选中的单元格设置并添加边框后，效果如图 5-165 所示。

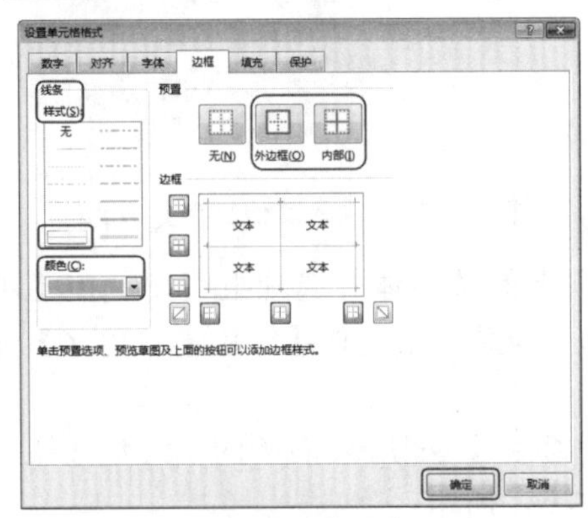

图 5-164 设置边框参数

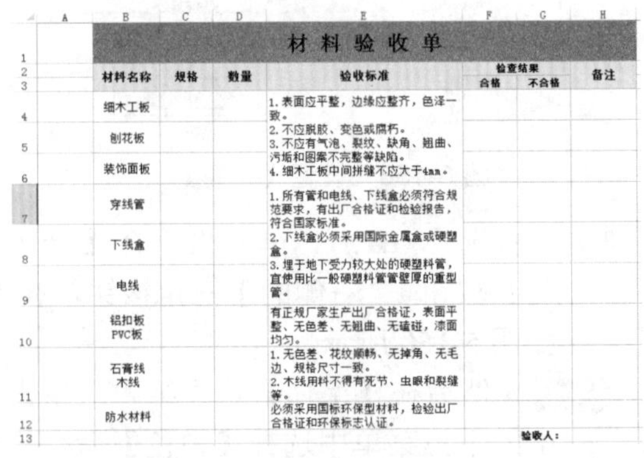

图 5-165 添加边框后的效果

案例精讲 048 材料出库汇总表

案例文件：CDROM\场景\Cha05\材料出库汇总表.xlsx

视频文件：视频教学\Cha05\材料出库汇总表.avi

制作概述

本案例将讲解如何制作材料出库汇总表。首先合并单元格，在单元格中输入文字并设置单元格中文字的对齐方式；然后设置单元格的行高、列宽，为单元格设置数据验证，设置单

元格的填充颜色，在单元格中输入公式，并复制公式；最后为单元格添加边框。完成后的效果如图 5-166 所示。

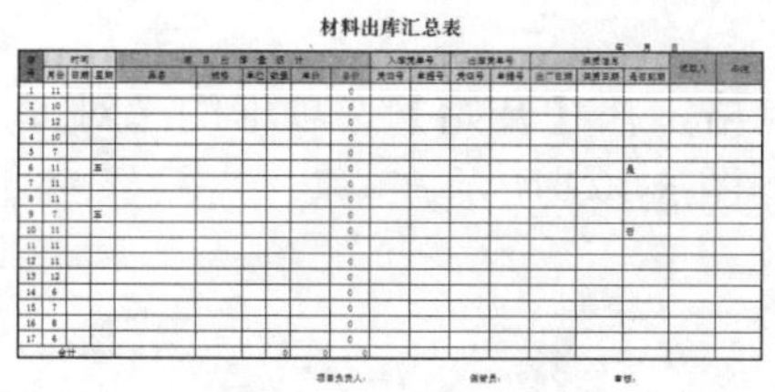

图 5-166 材料出库汇总表

学习目标

- 学习材料出库汇总表的制作过程。
- 掌握材料出库汇总表的制作流程，掌握数据验证的使用。

操作步骤

step 01 启动软件后新建空白工作簿，选择 B2:T2 单元格，在功能区的【开始】选项卡的【对齐方式】选项组中，单击【合并后居中】按钮，如图 5-167 所示。

step 02 将单元格合并后，在该单元格中输入文字并选中该单元格，在【开始】选项卡的【字体】选项组中，将【字体】设置为【方正大标宋简体】，【字号】设置为 24，如图 5-168 所示。

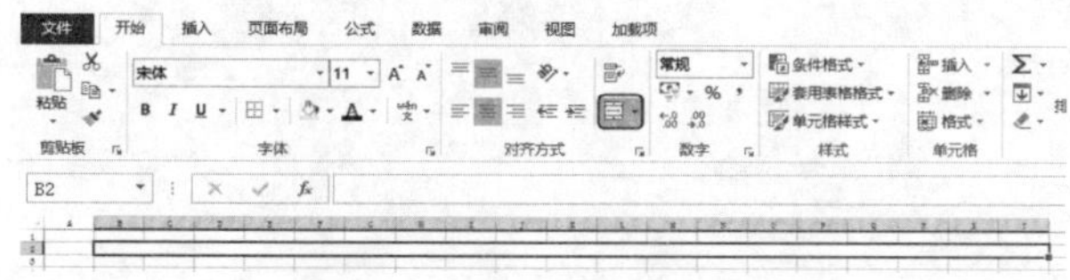

图 5-167 合并单元格

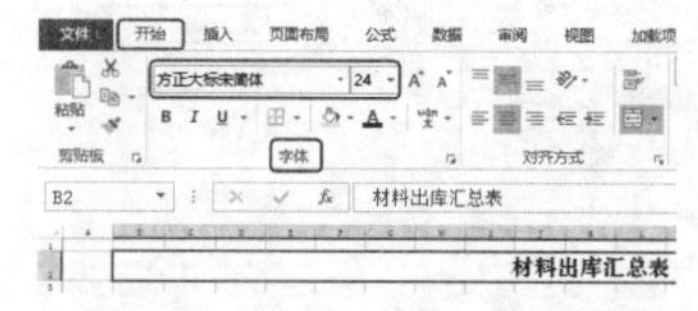

图 5-168 输入文字并设置

在软件的右下方可以设置表格的缩放比例，还可以通过按住 Ctrl+鼠标滚轮对表格进行缩放，可以方便操作。

step 03 然后在【字体】选项组中，单击【字体颜色】按钮右侧的下三角按钮，在弹出的下拉菜单中选择【深蓝】命令，如图 5-169 所示。

step 04 选择 P3:T3 单元格，在【开始】选项卡的【对齐方式】选项组中，单击【合并后居中】按钮，如图 5-170 所示。

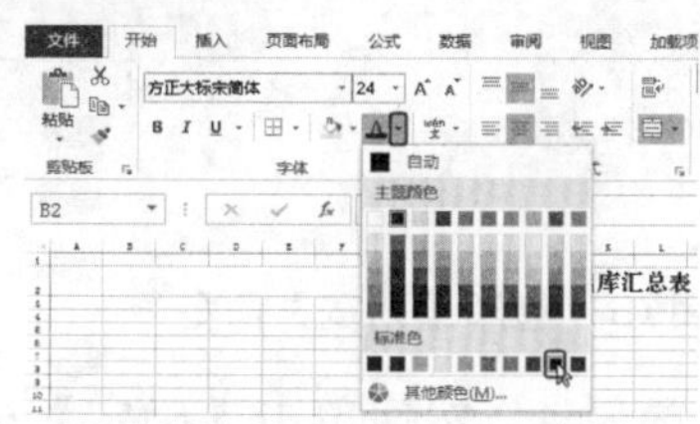

图 5-169 设置文字颜色

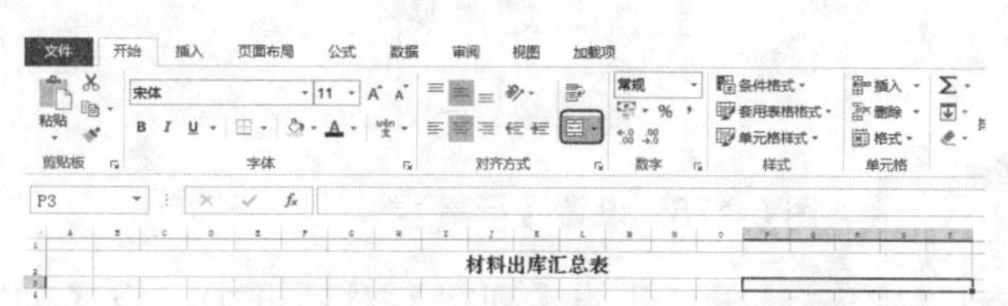

图 5-170 选择单元格并合并

step 05 将单元格合并后，在该单元格中输入文字并选中该单元格，在【开始】选项卡的【字体】选项组中，将【字体】设置为【宋体】，【字号】设置为 11，如图 5-171 所示。

step 06 选择 B4:B5 单元格，在【开始】选项卡的【对齐方式】选项组中，单击【合并后居中】按钮，如图 5-172 所示。

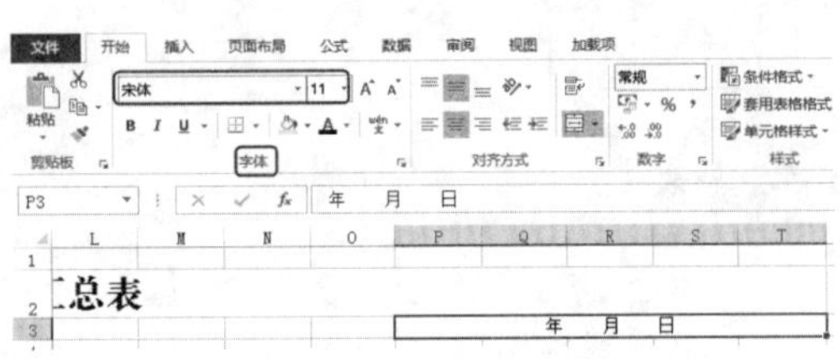

图 5-171 输入文字并设置

图 5-172 单击【合并后居中】按钮

step 07 在单元格中输入文字，然后选中单元格，在【开始】选项卡的【对齐方式】选项组中，单击【方向】按钮，在弹出的下拉菜单中选择【竖排文字】命令，如图 5-173 所示。

step 08 然后在【单元格】选项组中单击【格式】按钮，在弹出的下拉菜单中选择【行高】命令，如图 5-174 所示。

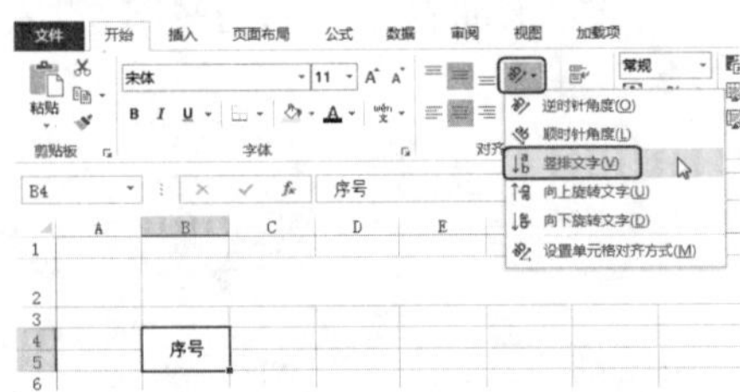

图 5-173 选择【竖排文字】命令

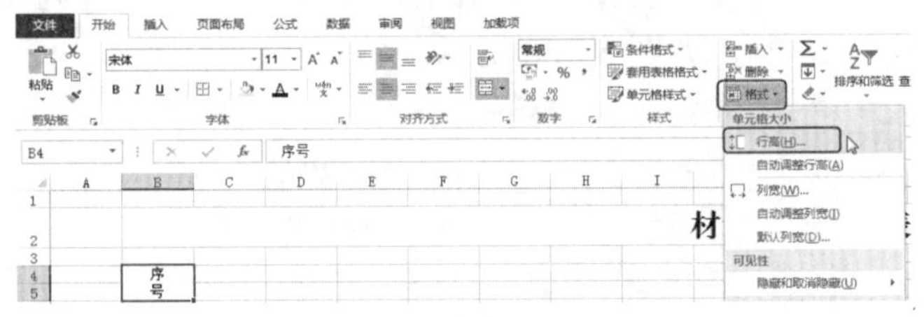

图 5-174 选择【行高】命令

step 09 在打开的【行高】对话框中，将【行高】设置为 18，然后单击【确定】按钮，如图 5-175 所示。

step 10 在【单元格】选项组中再次单击【格式】按钮，在弹出的下拉菜单中选择【列宽】命令，如图 5-176 所示。

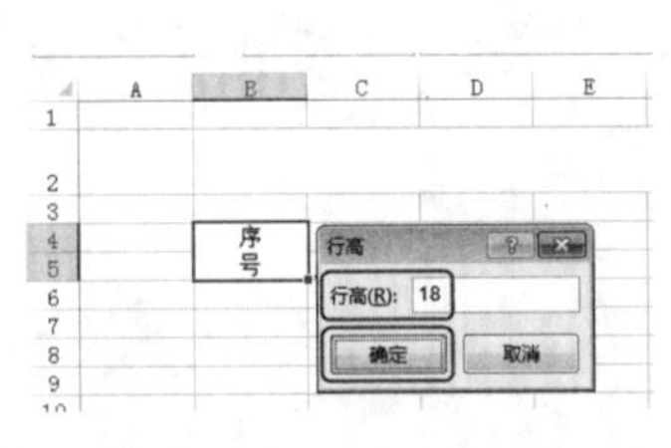

图 5-175 设置【行高】

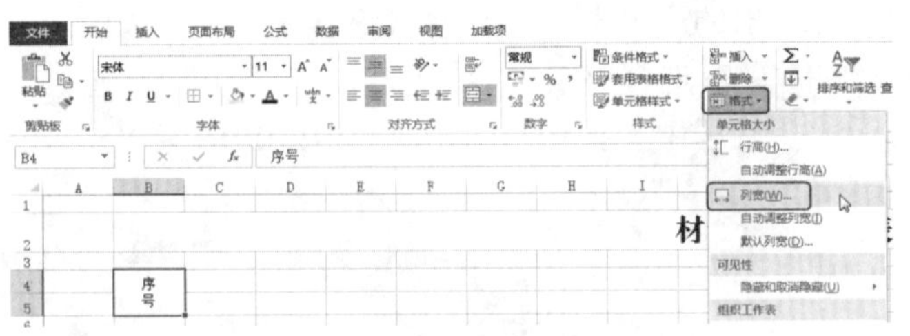

图 5-176 选择【列宽】命令

step 11 在打开的【列宽】对话框中，将【列宽】设置为 4，然后单击【确定】按钮，如图 5-177 所示。

step 12 选择 C4:E4 单元格区域，在【开始】选项卡的【对齐方式】选项组中，单击【合并后居中】按钮，将单元格合并后，在 C4:E5 单元格中分别输入文字，输入完成后在【开始】选项卡的【对齐方式】选项组中单击【居中】按钮，使所选单元格中的文字全部居中对齐，如图 5-178 所示。

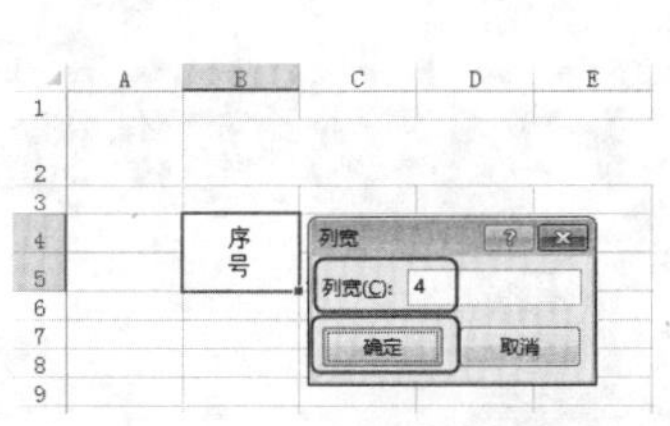

图 5-177　设置【列宽】

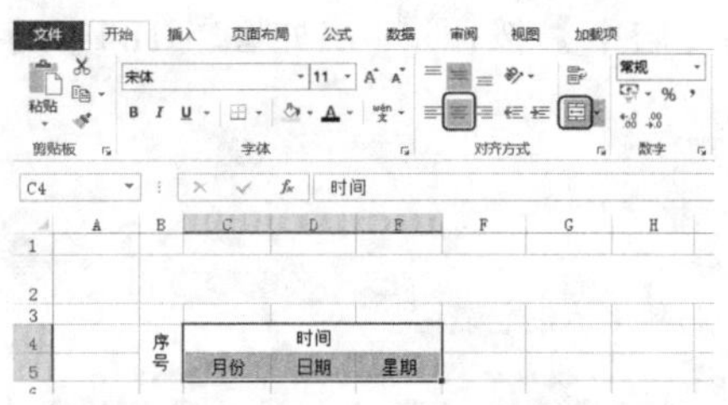

图 5-178　合并单元格并输入文字

step 13 然后在【单元格】选项组中单击【格式】按钮，在弹出的下拉菜单中选择【列宽】命令，在打开的【列宽】对话框中，将【列宽】设置为 4，然后单击【确定】按钮，如图 5-179 所示。

step 14 选择 F4:K4 单元格区域，在【开始】选项卡的【对齐方式】选项组中，单击【合并后居中】按钮，将单元格合并后，在 F4:K5 单元格中分别输入文字，输入完成后在【开始】选项卡的【对齐方式】选项组中单击【居中】按钮，使所选单元格中的文字全部居中对齐，如图 5-180 所示。

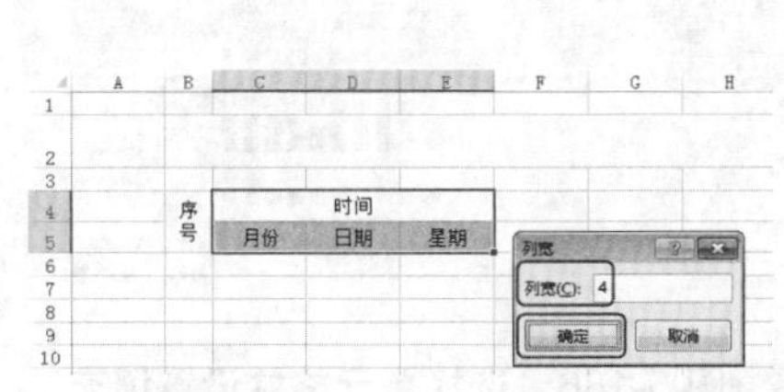

图 5-179　设置【列宽】

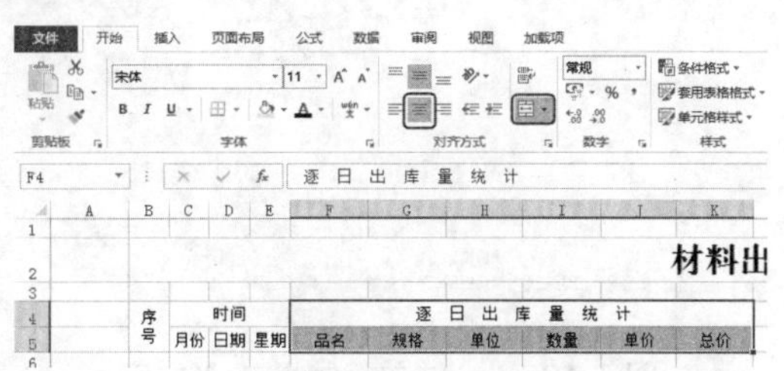

图 5-180　合并单元格并输入文字、设置文字

step 15 选择 F5 单元格，在开始【选项卡】的【单元格】选项组中单击【格式】按钮，在弹出的下拉菜单中选择【列宽】命令，在打开的对话框中，将【列宽】设置为 15，单击【确定】按钮，如图 5-181 所示。

step 16 使用同样方法为 G5:K5 单元格设置列宽，分别依次设置为 8.38、4、4、7、7，效果如图 5-182 所示。

图 5-181　设置【列宽】

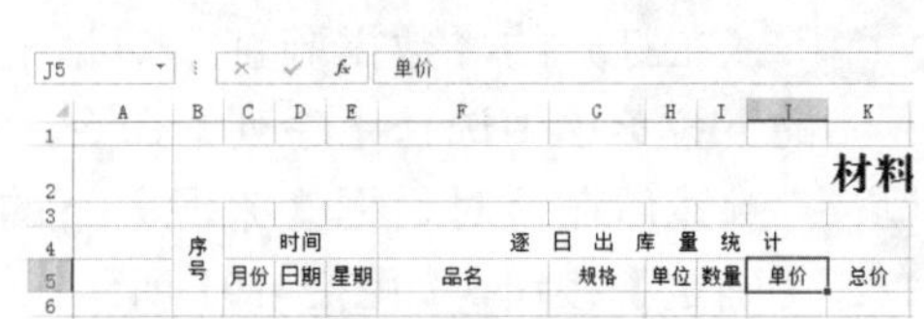

图 5-182　设置其他单元格

step 17 使用同样方法将 L4:M4、N4:O4 与 P4:R4 单元格分别进行合并，并在 L4:R5 单元格中分别输入文字，并选中单元格，使单元格中的文字居中对齐，并设置单元格的列宽，效果如图 5-183 所示。

step 18 选择 S4:S5 单元格，在【开始】选项卡的【对齐方式】选项组中单击【合并后居中】按钮，如图 5-184 所示。

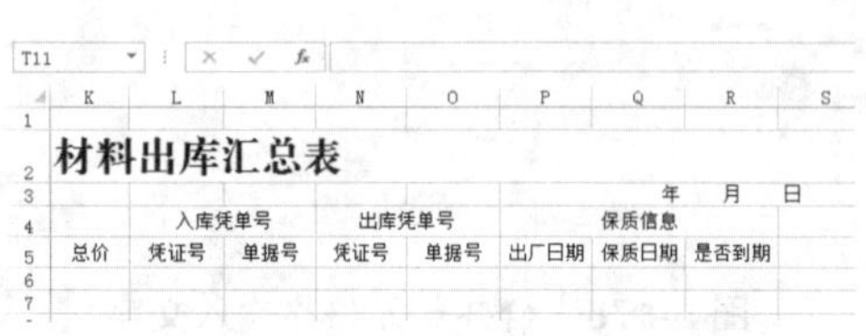

图 5-183　合并单元格并输入文字

图 5-184　选择并合并单元格

step 19 将单元格合并后输入文字，并使用同样的方法合并 T4:T5 单元格，输入文字，效果如图 5-185 所示。

step 20 选择 B4:B5 单元格区域，在【开始】选项卡的【字体】选项组中单击【填充颜色】按钮右侧的下三角按钮，在弹出的下拉菜单中选择【橙色，着色 2】命令，如图 5-186 所示。

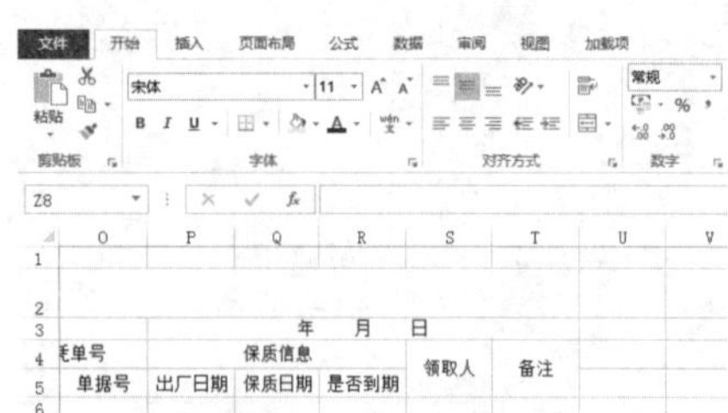

图 5-185　合并单元格并输入文字

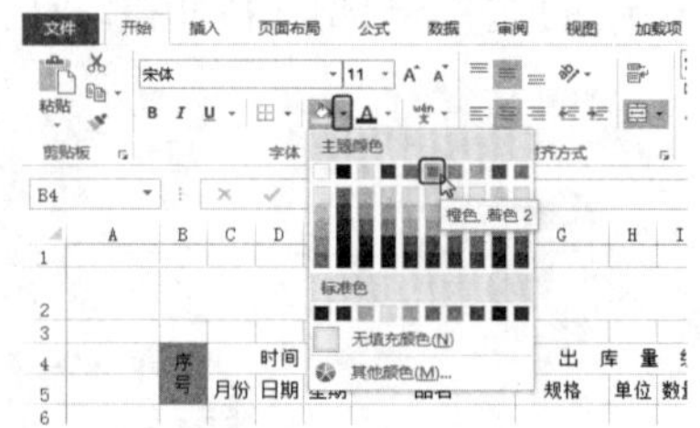

图 5-186　选择单元格并设置填充

step 21 使用同样的方法选择其他单元格，并为其他单元格设置不同的填充颜色，效果如图 5-187 所示。

step 22 根据前面介绍的方法在 B6:B22 单元格中输入文字，并选中新输入文字的单元格，在【开始】选项卡的【对齐方式】选项组中单击【居中】按钮，并将【行高】设置为 18，如图 5-188 所示。

step 23 然后选择 C6:C22 单元格，在功能区选择【数据】选项卡，在【数据工具】选项组中单击【数据验证】按钮，如图 5-189 所示。

step 24 在打开的【数据验证】对话框中，单击【任何值】右侧的下三角按钮，在弹出的下拉菜单中选择【序列】命令，如图 5-190 所示。

step 25 然后在该对话框【来源】下的输入框中输入【1,2,3,4,5,6,7,8,9,10,11,12】，单击【确定】按钮，如图 5-191 所示。

提示　在步骤 25(step 25)中输入的数字中间的间隔，应为西文格式的逗号。

step 26 在执行上一步操作后，确认选中 C6 单元格，单击 C6 单元格右侧的下三角按钮，在弹出的下拉菜单中选择【11】，如图 5-192 所示。

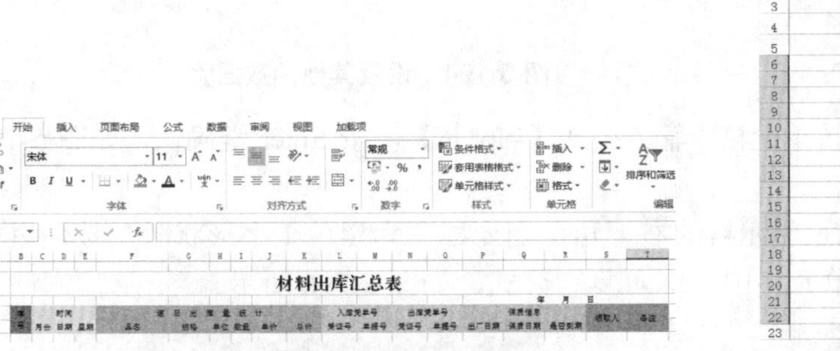

图 5-187　为其他单元格设置填充

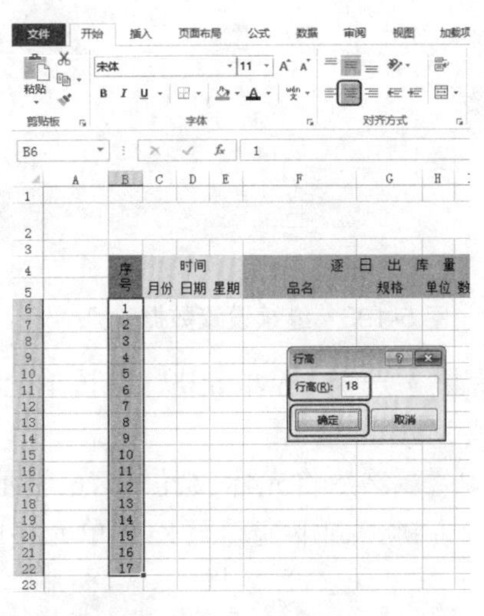

图 5-188　输入文字并进行设置

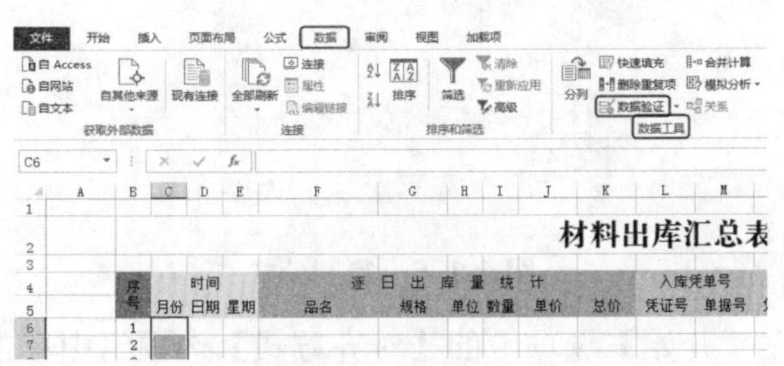

图 5-189　单击【数据验证】按钮

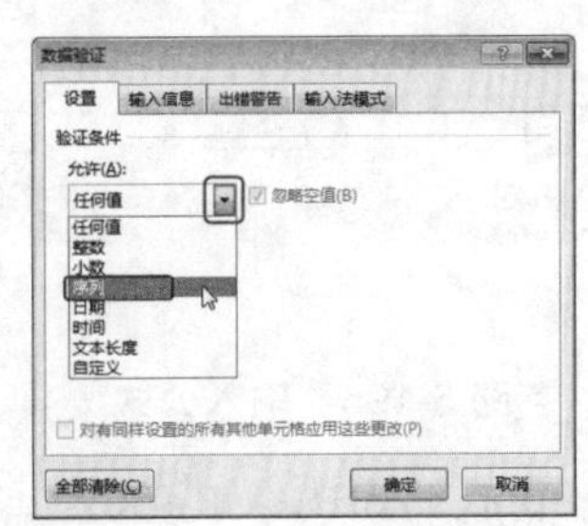

图 5-190　选择【序列】命令

图 5-191　设置【来源】

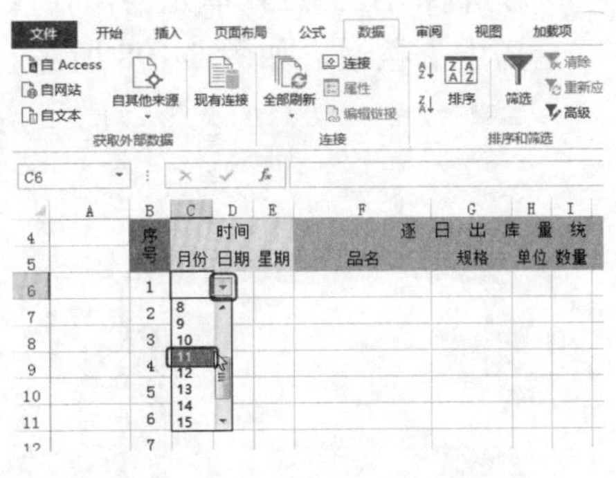

图 5-192　设置数据验证

step 27 使用同样方法为 C7:C22 单元格设置数据验证，并将单元格中的文字居中，设置完成后的效果如图 5-193 所示。

step 28 根据前面介绍的方法，为其他单元格设置数据验证效果，如图 5-194 所示。

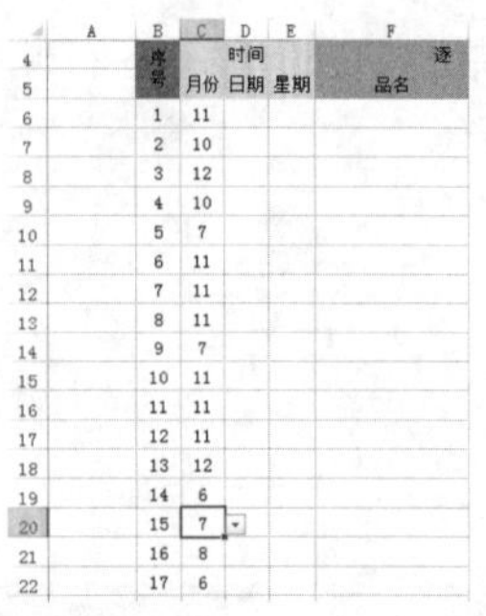

图 5-193　继续设置数据验证

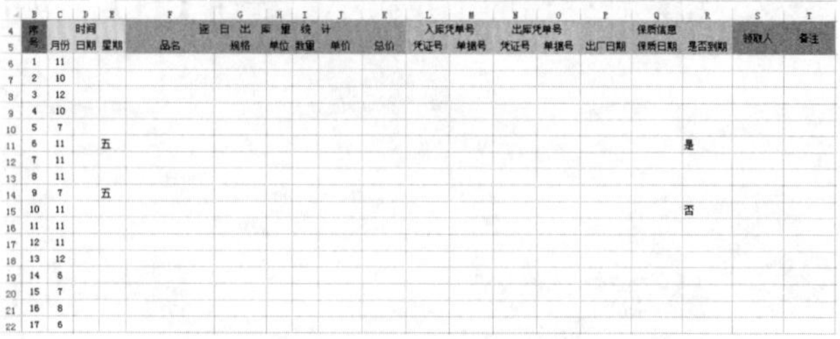

图 5-194　设置其他的数据验证

step 29 选择 K6 单元格，在该单元格中输入公式【=I6*J6】，按 Enter 键确认，如图 5-195 所示。

step 30 然后将光标放置在 K6 单元格的右下角，当光标变为黑色十字形状时，按住鼠标左键，向下拖动至 K22 单元格中，即可复制公式，如图 5-196 所示。

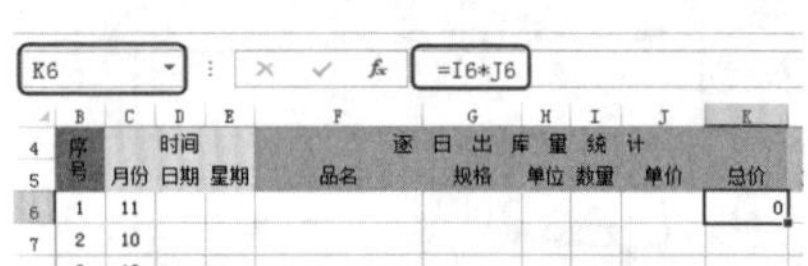

图 5-195　输入公式

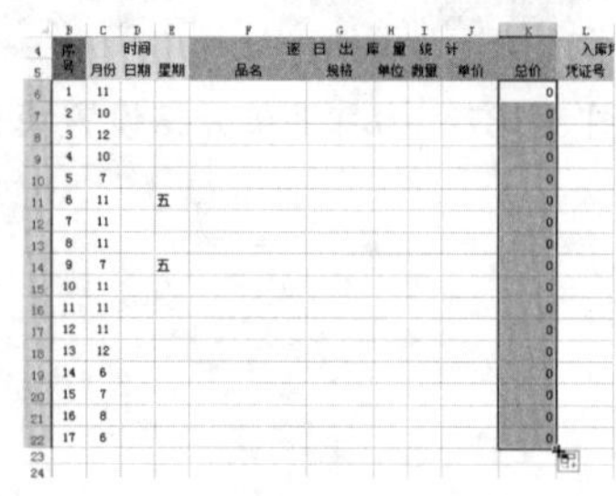

图 5-196　复制公式

step 31 然后继续选中 K6:K22 单元格，在【开始】选项卡的【对齐方式】选项组中单击【居中】按钮，如图 5-197 所示。

step 32 选择 B23:E23 单元格，在【开始】选项卡的【对齐方式】选项组中单击【合并后居中】按钮，如图 5-198 所示。

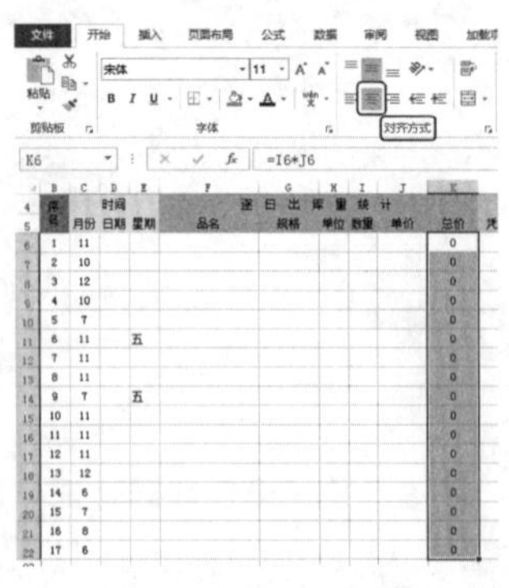

图 5-197　单击【居中】按钮

图 5-198　合并单元格

step 33 然后在 B23:E23 单元格中输入文字，选择 I23 单元格，在该单元格中输入公式【=SUM(I6:I22)】，按 Enter 键确认，如图 5-199 所示。

step 34 使用前面介绍的方法，将 I23 单元格中的公式复制到 J23 与 K23 单元格中，效果如图 5-200 所示。

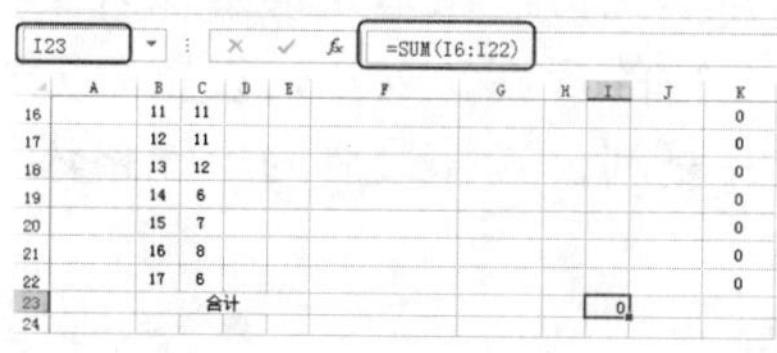

图 5-199 输入公式

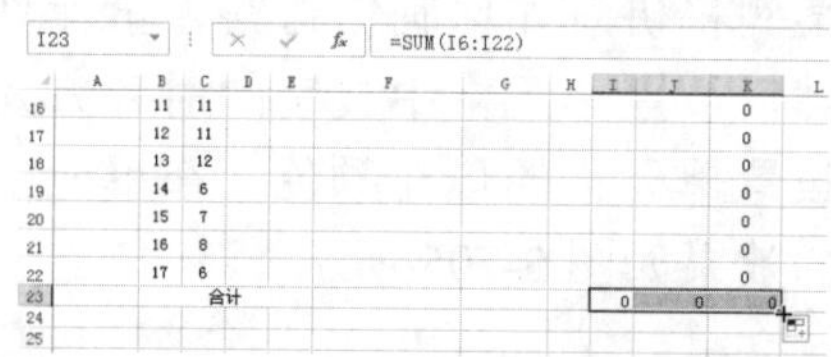

图 5-200 复制公式

step 35 根据前面介绍的方法合并单元格，并在单元格中输入文字，并设置参数、行高等，效果如图 5-201 所示。

step 36 选择 B4:T24 单元格，在【开始】选项卡的【字体】选项组中，单击【下框线】右侧的下三角按钮，在弹出的下拉菜单中选择【所有框线】命令，如图 5-202 所示。

图 5-201 制作出其他效果

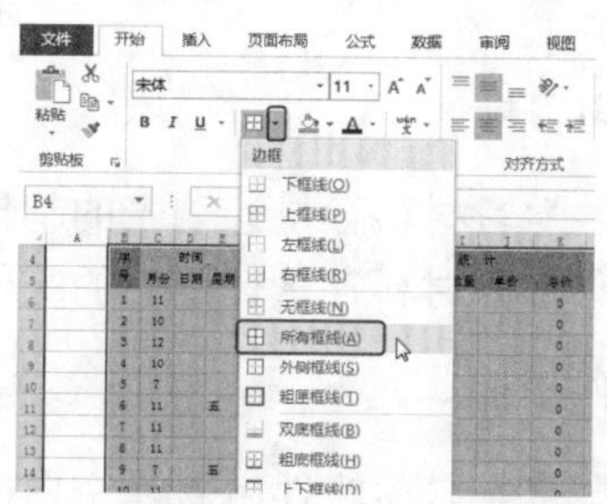

图 5-202 选择【所有框线】命令

step 37 然后在【开始】选项卡的【字体】选项组中，单击【所有框线】右侧的下三角按钮，在弹出的下拉菜单中选择【粗匣框线】命令，如图 5-203 所示。

step 38 执行上一步添加【粗匣框线】后的效果如图 5-204 所示。

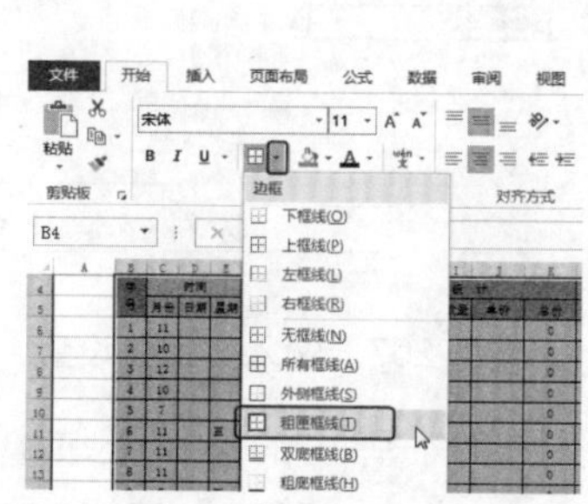

图 5-203 选择【粗匣框线】命令

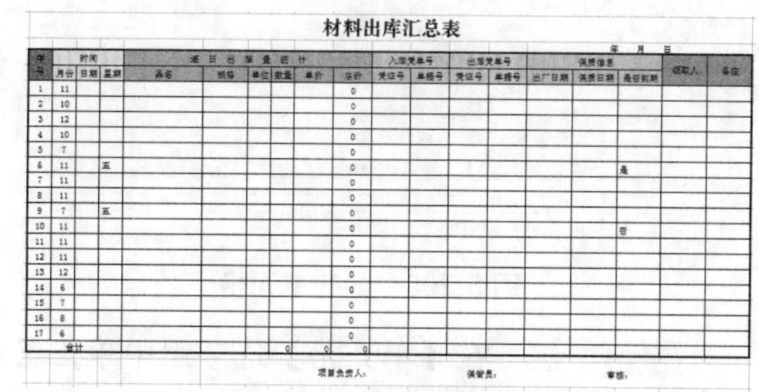

图 5-204 添加【粗匣框线】后的效果

案例精讲 049 材料存量计划表

案例文件：CDROM\场景\Cha05\材料存量计划表.xlsx

视频文件：视频教学\Cha05\材料存量计划表.avi

制作概述

本案例将讲解如何制作材料存量计划表。首先合并单元格，在单元格中输入文字并进行设置；然后设置单元格中文字的对齐方式，并设置单元格的行高、列宽，设置单元格的条件格式，设置单元格的填充颜色，在单元格输入公式，并复制公式；最后为单元格添加边框。完成后的效果如图 5-205 所示。

材料存量计划表

材料名称	每月用量	平均每日用量	每日最高用量	交货日期	订货数量	最高存量	平均存量	可用日数	备 注
商标	5000	167	200	2014/11/14	9000	3900	4000	54	
洗水唛	1000	33	50	2014/11/14	4500	3400	3500	135	
吊牌	5000	167	180	2014/11/14	8400	3300	3400	50	
衣架	6000	200	250	2014/11/14	10500	4400	4500	53	
包装	3500	117	130	2014/11/14	6900	3300	3400	59	
里布	7000	233	250	2014/11/14	10500	3400	3500	45	
衬布	5000	167	180	2014/11/14	8400	3300	3400	50	
扣子	18000	600	700	2014/11/14	24000	5900	6000	40	
垫肩	8000	267	300	2014/11/14	12000	3900	4000	45	

图 5-205　材料存量计划表

学习目标

- 学习材料存量计划表的制作过程。
- 掌握材料存量计划表的制作流程，掌握设置单元格的条件格式。

操作步骤

step 01 启动软件后新建空白工作簿，选择 B2:K2 单元格，在功能区的【开始】选项卡的【对齐方式】选项组中，单击【合并后居中】按钮，如图 5-206 所示。

step 02 将单元格合并后，在该单元格中输入文字并选中该单元格。在【开始】选项卡的【字体】选项组中，将【字体】设置为【方正大标宋简体】，【字号】设置为 22，如图 5-207 所示。

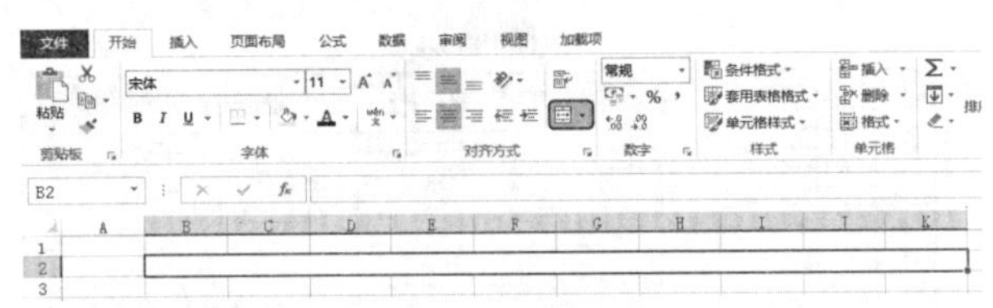

图 5-206　合并单元格

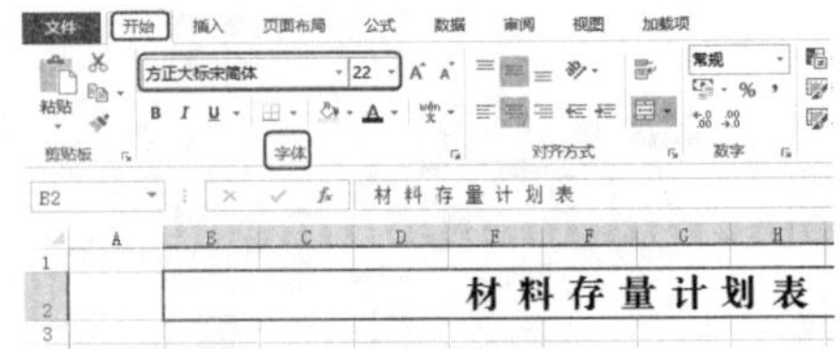

图 5-207　输入文字并设置

step 03 然后在【单元格】选项组中单击【格式】按钮，在弹出的下拉菜单中选择【行高】命令，在打开的对话框中将【行高】设置为 36，单击【确定】按钮，如图 5-208 所示。

step 04 选择 B4 单元格，输入文字，打开【行高】对话框，将【行高】设置为 35，单击【确定】按钮，如图 5-209 所示。

step 05 使用同样的方法，在其他单元格中输入文字，并在字数多的单元格中使用 Alt+Enter 组合键换行，效果如图 5-210 所示。

step 06 选择 F4 单元格，在【开始】选项卡的【单元格】选项组中单击【格式】按钮，

在弹出的下拉菜单中选择【列宽】命令，在打开的对话框中将【列宽】设置为 15，单击【确定】按钮，如图 5-211 所示。

图 5-208　设置【行高】

图 5-209　选择单元格并设置【行高】

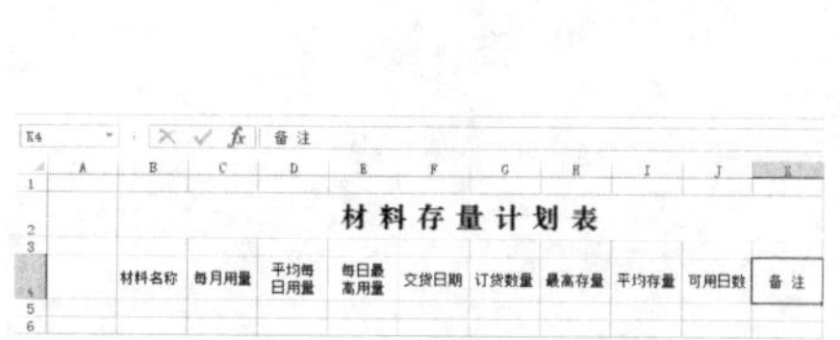

图 5-210　输入文字

图 5-211　设置【列宽】

step 07 在 B5:B13 单元格中输入文字，并选中新输入文字的单元格，在【开始】选项卡的【对齐方式】选项组中单击【居中】按钮，在【单元格】选项组中单击【格式】按钮，在弹出的下拉菜单中选择【行高】命令，在打开的对话框中将【行高】设置为 18，单击【确定】按钮，如图 5-212 所示。

step 08 使用同样方法在其他单元格中输入文字、日期，并使文字在单元格中居中对齐，效果如图 5-213 所示。

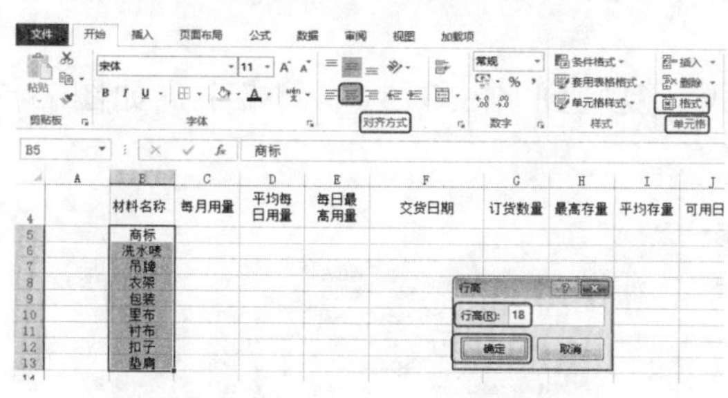

图 5-212　设置【行高】

图 5-213　输入其他文字

step 09 选择 D5 单元格，在该单元格中输入公式【=C5/30】，按 Enter 键确认，如图 5-214 所示。

step 10 然后将光标放置在 D5 单元格的右下角，当光标变为黑色十字形状时，按住鼠标左键向下拖动，拖至 D13 单元格中，复制公式，如图 5-215 所示。

step 11 确认选中 D5:D13 单元格，在【开始】选项卡的【数字】选项组中单击【数字格式】按钮，在弹出的对话框中选择【分类】列表框中的【数值】选项，在右侧将【小数位数】设置为 0，单击【确定】按钮，如图 5-216 所示。

step 12 选择 E5:E13 单元格区域，在【开始】选项卡的【样式】选项组中单击【条件格式】按钮，在弹出的下拉菜单中选择【图标集】命令，在子命令中选择【形状】集下的【三色交通灯(无边框)】，如图 5-217 所示。

图 5-214　输入公式

图 5-215　复制公式

图 5-216　设置小数位数

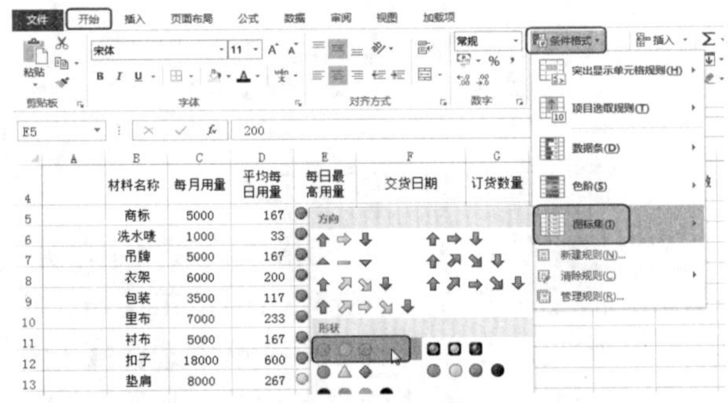

图 5-217　选择【三色交通灯(无边框)】

step 13 选择 G5 单元格，在该单元格中输入公式【=(E5+100)*30】，按 Enter 键确认，如图 5-218 所示。

step 14 使用前面介绍的方法向下复制公式，复制到 G6:G13 单元格中，如图 5-219 所示。

图 5-218　输入公式

图 5-219　复制公式

step 15 选择 H5 单元格，在该单元格中输入公式【=G5-C5-100】，按 Enter 键确认，如图 5-220 所示。

step 16 使用前面介绍的方法向下复制公式，复制到 H6:H13 单元格中，如图 5-221 所示。

H5 =G5-C5-100

材料名称	每月用量	平均每日用量	每日最高用量	交货日期	订货数量	最高存量	平均存量
商标	5000	167	200	2014/11/14	9000	3900	
洗水唛	1000	33	50	2014/11/14	4500		
吊牌	5000	167	180	2014/11/14	8400		
衣架	6000	200	250	2014/11/14	10500		
包装	3500	117	130	2014/11/14	6900		
里布	7000	233	250	2014/11/14	10500		
衬布	5000	167	180	2014/11/14	8400		
扣子	18000	600	700	2014/11/14	24000		
垫肩	8000	267	300	2014/11/14	12000		

图 5-220 选择单元格输入公式

H5 =G5-C5-100

材料名称	每月用量	平均每日用量	每日最高用量	交货日期	订货数量	最高存量
商标	5000	167	200	2014/11/14	9000	3900
洗水唛	1000	33	50	2014/11/14	4500	3400
吊牌	5000	167	180	2014/11/14	8400	3300
衣架	6000	200	250	2014/11/14	10500	4400
包装	3500	117	130	2014/11/14	6900	3300
里布	7000	233	250	2014/11/14	10500	3400
衬布	5000	167	180	2014/11/14	8400	3300
扣子	18000	600	700	2014/11/14	24000	5900
垫肩	8000	267	300	2014/11/14	12000	3900

图 5-221 继续复制公式

step 17 选择 I5 单元格，在该单元格中输入公式【=G5-C5】，按 Enter 键确认，如图 5-222 所示。

step 18 使用前面介绍的方法向下复制公式，复制到 I6:I13 单元格中，如图 5-223 所示。

I5 =G5-C5

材料名称	每月用量	平均每日用量	每日最高用量	交货日期	订货数量	最高存量	平均存量	可用日数
商标	5000	167	200	2014/11/14	9000	3900	4000	
洗水唛	1000	33	50	2014/11/14	4500	3400		
吊牌	5000	167	180	2014/11/14	8400	3300		
衣架	6000	200	250	2014/11/14	10500	4400		
包装	3500	117	130	2014/11/14	6900	3300		
里布	7000	233	250	2014/11/14	10500	3400		
衬布	5000	167	180	2014/11/14	8400	3300		
扣子	18000	600	700	2014/11/14	24000	5900		
垫肩	8000	267	300	2014/11/14	12000	3900		

图 5-222 继续输入公式

I5 =G5-C5

材料名称	每月用量	平均每日用量	每日最高用量	交货日期	订货数量	最高存量	平均存量	可用日数
商标	5000	167	200	2014/11/14	9000	3900	4000	
洗水唛	1000	33	50	2014/11/14	4500	3400	3500	
吊牌	5000	167	180	2014/11/14	8400	3300	3400	
衣架	6000	200	250	2014/11/14	10500	4400	4500	
包装	3500	117	130	2014/11/14	6900	3300	3300	
里布	7000	233	250	2014/11/14	10500	3400	3500	
衬布	5000	167	180	2014/11/14	8400	3300	3400	
扣子	18000	600	700	2014/11/14	24000	5900	6000	
垫肩	8000	267	300	2014/11/14	12000	3900	4000	

图 5-223 再次复制公式

step 19 选择 J5 单元格，在该单元格中输入公式【=G5/D5】，按 Enter 键确认，使用前面介绍的方法向下复制公式，复制到 J6:J13 单元格中，并使所有输入公式的单元格全部居中显示，无小数位数，如图 5-224 所示。

step 20 选择 H5 单元格，在【开始】单元格下的【样式】选项组中，单击【条件格式】按钮，在弹出的下拉菜单中选择【色阶】命令，在子命令中选择【红-黄-绿色阶】，如图 5-225 所示。

J5 =G5/D5

材料名称	每月用量	平均每日用量	每日最高用量	交货日期	订货数量	最高存量	平均存量	可用日数
商标	5000	167	200	2014/11/14	9000	3900	4000	54
洗水唛	1000	33	50	2014/11/14	4500	3400	3500	135
吊牌	5000	167	180	2014/11/14	8400	3300	3400	50
衣架	6000	200	250	2014/11/14	10500	4400	4500	53
包装	3500	117	130	2014/11/14	6900	3300	3400	59
里布	7000	233	250	2014/11/14	10500	3400	3500	45
衬布	5000	167	180	2014/11/14	8400	3300	3400	50
扣子	18000	600	700	2014/11/14	24000	5900	6000	40
垫肩	8000	267	300	2014/11/14	12000	3900	4000	45

图 5-224 输入、复制公式并设置居中

图 5-225 选择【红-黄-绿色阶】

step 21 选择 B4:K13 单元格，在【开始】选项卡的【字体】选项组中，单击【下框线】右侧的下三角按钮，在弹出的下拉菜单中选择【所有框线】命令，如图 5-226 所示。

step 22 然后在【开始】选项卡的【字体】选项组中，单击【所有框线】右侧的下三角按钮，在弹出的下拉菜单中选择【粗匣框线】命令，如图 5-227 所示。

图 5-226 选择【所有框线】命令

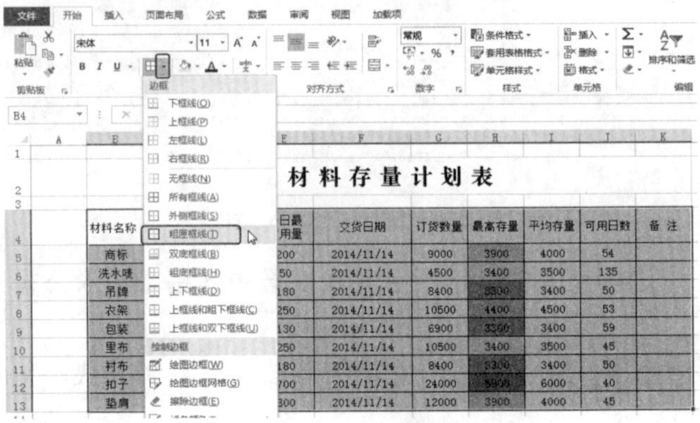

图 5-227 选择【粗匣框线】命令

案例精讲 050 材料领用单

案例文件：CDROM\场景\Cha05\材料领用单.xlsx

视频文件：视频教学\Cha05\材料领用单.avi

制作概述

本案例将讲解如何制作材料领用单。首先合并单元格，在单元格中输入文字并进行设置；然后设置单元格中文字的对齐方式，并设置单元格的行高、列宽；最后在单元格中绘制复选框控件，为单元格添加边框。完成后的效果如图 5-228 所示。

图 5-228 材料领用单

学习目标

- 学习材料领用单的制作过程。
- 掌握材料领用单的制作流程，掌握添加复选框控件的方法。

操作步骤

step 01 启动软件后新建空白工作簿，选择 B2:L2 单元格，在功能区的【开始】选项卡的【对齐方式】选项组中，单击【合并后居中】按钮，如图 5-229 所示。

step 02 将单元格合并后，在该单元格中输入文字并选中该单元格，在【开始】选项卡的【字体】选项组中，将【字体】设置为【方正大标宋简体】，【字号】设置为 24，单击【下划线】按钮，在【单元格】选项组中单击【格式】按钮，在下拉菜单中选择【行高】命令，在打开的对话框中，将【行高】设置为 39，如图 5-230 所示。

step 03 选择 B3:B4 单元格，在【开始】选项卡的【对齐方式】选项组中，单击【合并后居中】按钮，在【开始】选项卡下的【单元格】选项组中单击【格式】按钮，在弹出的下拉菜单中选择【列宽】命令。在打开的对话框中，将【列宽】设置为

4，设置完成后单击【确定】按钮，如图 5-231 所示。

step 04 再次在【开始】选项卡的【单元格】选项组中单击【格式】按钮，在下拉菜单中选择【行高】命令，在打开的对话框中，将【行高】设置为 24，设置完成后单击【确定】按钮，如图 5-232 所示。

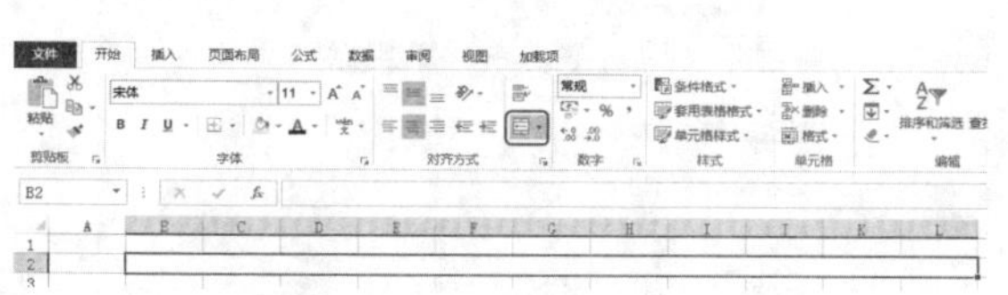

图 5-229　合并单元格

图 5-230　输入文字并设置

图 5-231　设置【列宽】

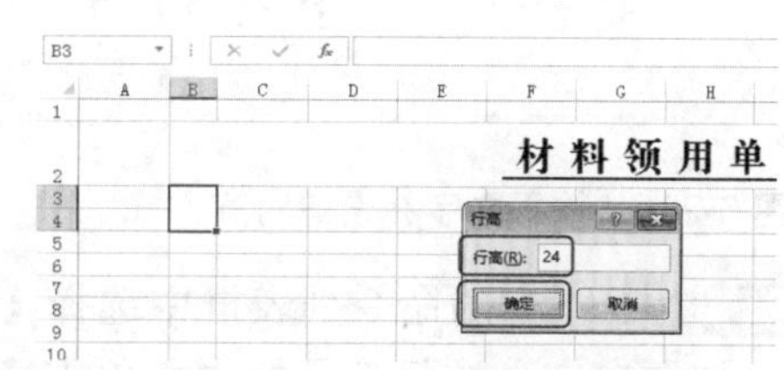

图 5-232　输入文字并设置【行高】

step 05 然后在上一步的单元格中输入文字，并选中单元格，单击【开始】选项卡的【对齐方式】选项组中的【方向】按钮，在弹出的下拉菜单中选择【竖排文字】命令，如图 5-233 所示。

step 06 选择 C3:E4 单元格，在【开始】选项卡的【对齐方式】选项组中，单击【合并后居中】按钮。在【单元格】选项组中单击【格式】按钮，在下拉菜单中选择【列宽】命令，在打开的对话框中将【列宽】设置为 10，设置完成后单击【确定】按钮，如图 5-234 所示。

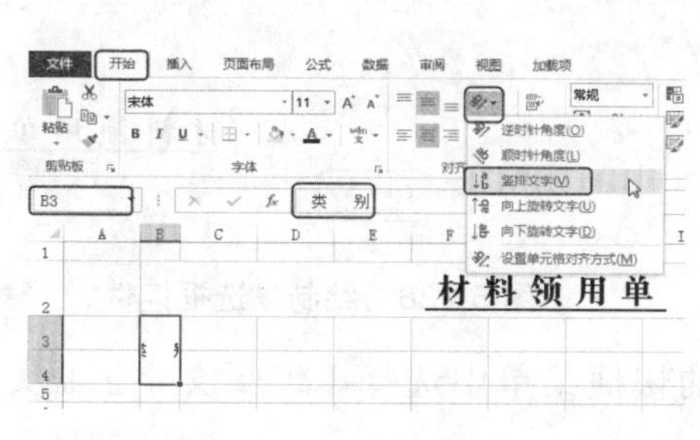

图 5-233　选择【竖排文字】命令

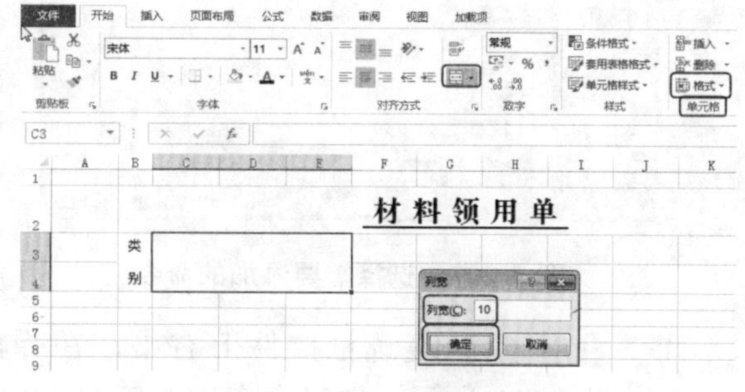

图 5-234　合并单元格并设置

step 07 然后在单元格中输入文字，在【开始】选项卡的【对齐方式】选项组中，单击【左对齐】按钮，通过在文字前面按空格键，调整文字与单元格边框的距离，如

图 5-235 所示。

step 08 然后单击【文件】选项卡，在进入的界面中单击【选项】按钮，在打开的【Excel 选项】对话框中，选择【快速访问工具栏】选项卡，在右侧单击【从下列位置选择命令】右侧的下三角按钮，在弹出的下拉菜单中选择【所有命令】命令，如图 5-236 所示。

图 5-235 输入文字并设置对齐方式

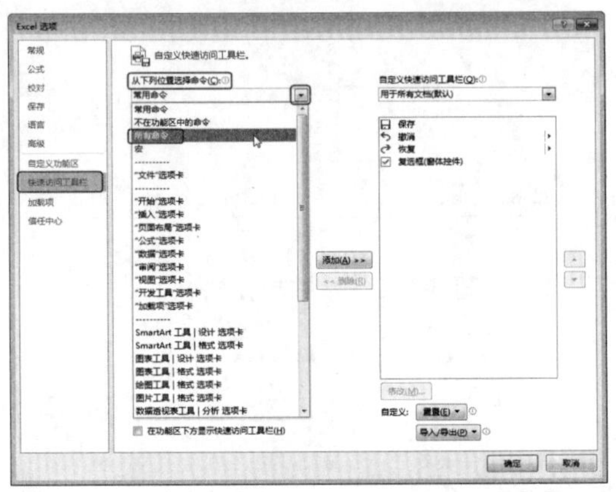

图 5-236 选择【所有命令】命令

step 09 在下方的命令列表框中选择【复选框(窗体控件)】命令，单击【添加】按钮，添加至自定义访问工具栏中，单击【确定】按钮，如图 5-237 所示。

step 10 确认选中 C3:E4 单元格，在自定义访问工具栏中单击【复选框(窗体控件)】按钮 ☑，单击该按钮之后，光标会变为黑色十字形状，在选中的单元格中按住鼠标左键并拖动，拖出复选框控件，如图 5-238 所示。

图 5-237 选择需要添加的命令

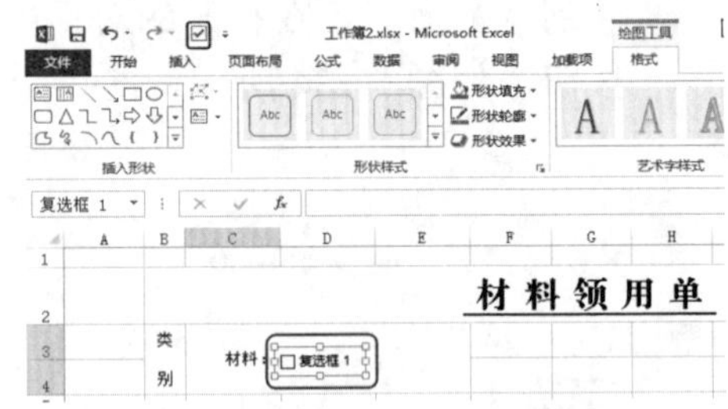

图 5-238 绘制复选框控件

step 11 然后在复选框控件上右击，在弹出的快捷菜单中选择【编辑文字】命令，如图 5-239 所示，选择命令后即可编辑文字。

step 12 编辑完成后，在复选框控件上右击，在弹出的快捷菜单中选择【设置控件格式】命令，如图 5-240 所示。

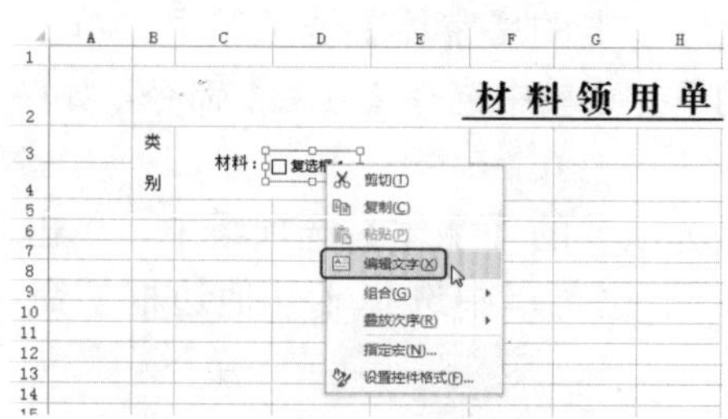

图 5-239 选择【编辑文字】命令

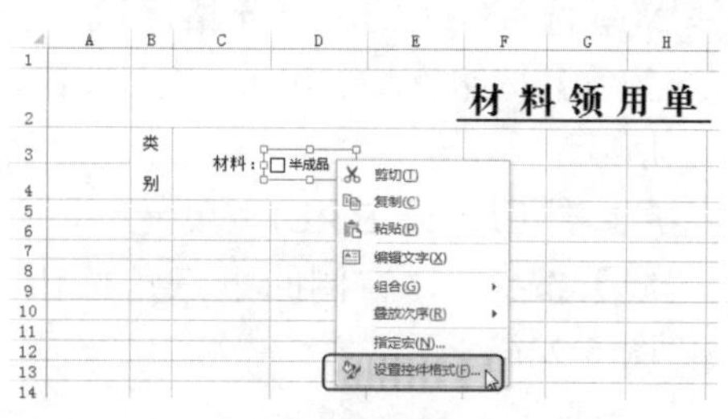

图 5-240 选择【设置控件格式】命令

step 13 在打开的对话框中选择【控制】选项卡，选中【三维阴影】复选框，单击【确定】按钮，如图 5-241 所示。

step 14 然后通过鼠标右键选中控件，使用鼠标左键调整空间的位置，并使用同样的方法再绘制一个复选框控件，并进行设置，如图 5-242 所示。

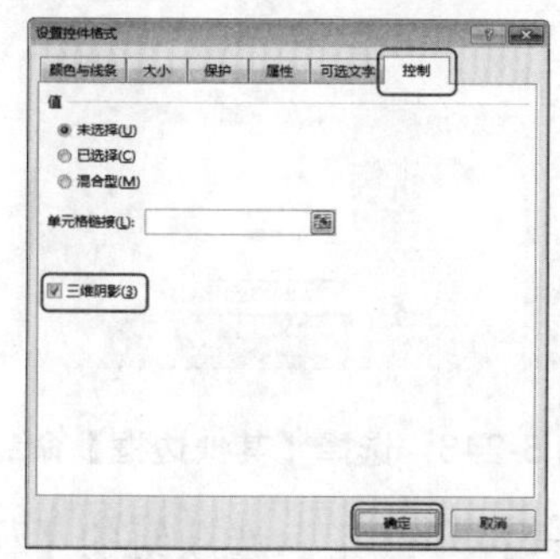

图 5-241 选中【三维阴影】复选框

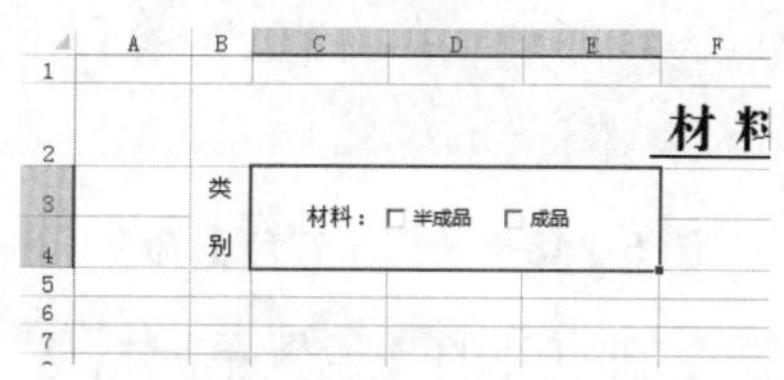

图 5-242 调整控件位置并新建控件

step 15 使用前面介绍的方法合并单元格并输入文字，使文字居中对齐，设置行高、列宽，设置文字方向，如图 5-243 所示。

step 16 其中 F13:G14 与 I13:I14 单元格中的文字换行效果，通过在【开始】选项卡的【对齐方式】选项组中单击【自动换行】按钮来实现，如图 5-244 所示。

知识链接

控件是对数据和方法的封装。控件可以有自己的属性和方法。属性是控件数据的简单访问者。方法则是控件的一些简单而可见的功能。

图 5-243 输入并设置其他文字和单元格

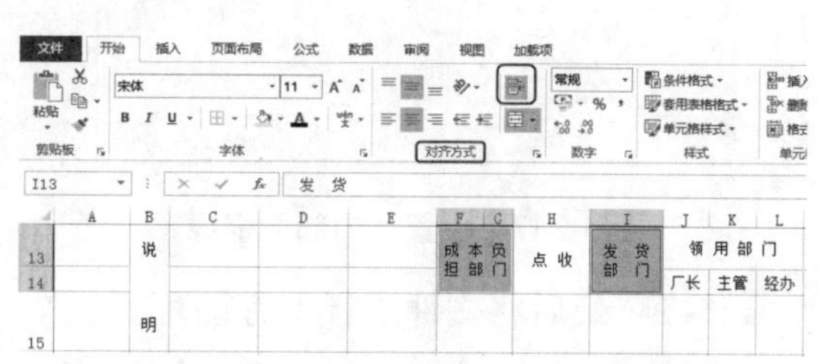

图 5-244 单击【自动换行】按钮

step 17 选择 B2:L15 单元格区域，在【开始】选项卡的【字体】选项组中，单击【字体颜色】按钮右侧的下三角按钮，在弹出的下拉菜单中选择【红色】命令，如图 5-245 所示。

step 18 然后选择 B3:L15 单元格，在【开始】选项卡的【字体】选项组中，单击【下框线】按钮右侧的下三角按钮，在弹出的下拉菜单中选择【其他边框】命令，如图 5-246 所示。

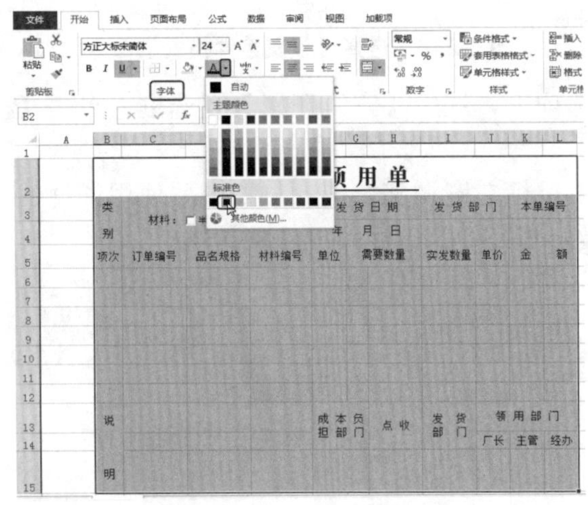

图 5-245　选择【红色】命令

图 5-246　选择【其他边框】命令

step 19 在打开的【设置单元格格式】对话框中，选择【线条】选项组的【样式】列表框中的线条样式，单击【颜色】右侧的下三角按钮，在弹出的下拉列表中选择【红色】选项，在右侧单击【内部】按钮，如图 5-247 所示。

step 20 选择【线条】选项组的【样式】列表框的线条样式，在右侧单击【外边框】按钮，然后单击【确定】按钮，如图 5-248 所示。

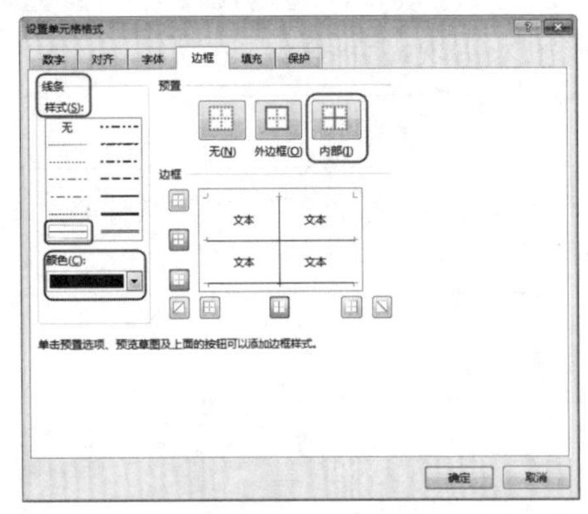

图 5-247　设置【内部】框线

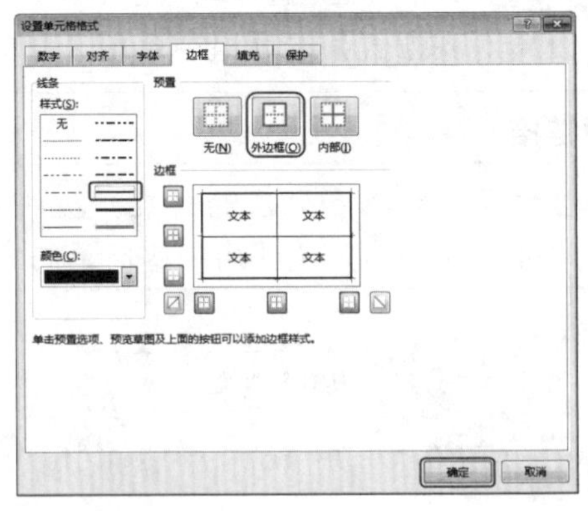

图 5-248　设置【外边框】

step 21 最后将文件进行保存即可。

第 6 章

企业固定资产表格的制作

本章重点

- ◆ 固定资产余额递减折旧表
- ◆ 固定资产台账
- ◆ 固定资产清理表
- ◆ 固定资产直线折旧表
- ◆ 固定资产台账查询
- ◆ 固定资产变动单
- ◆ 固定资产增加审批表
- ◆ 固定资产让售比价单
- ◆ 固定资产领用申请表
- ◆ 公司固定资产移转单

资产指企业拥有或控制的能以货币计量的经济资源，包括各种财产、债权和其他权利。资产按其流动性(即资产的变现能力和支付能力)划分为流动资产、固定资产、长期资产、无形资产、递延资产、生物资产和其他资产等。本章将介绍企业固定资产表格的制作，其中包括固定资产余额递减折旧、固定资产直线折旧、固定资产变动单、固定资产领用申请、公司固定资产移转单等。

案例精讲 051　固定资产余额递减折旧表

案例文件：CDROM\场景\Cha06\固定资产余额递减折旧表.xlsx

视频文件：视频教学\Cha06\固定资产余额递减折旧表.avi

制作概述

余额递减法又叫定率递减法，是指用一个固定的折旧率乘以各年年初固定资产账面净值(即折余价值)计算各年折旧额的一种方法。本案例将介绍如何制作固定资产余额递减折旧表，完成后的效果如图 6-1 所示。

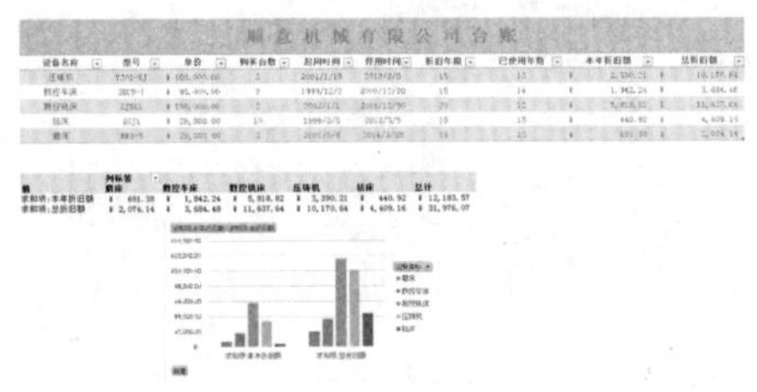

图 6-1　固定资产余额递减折旧表

学习目标

- 学习如何设置制作固定资产余额递减折旧表。
- 掌握如何为单元格套用表格样式和设置数据透视表。

操作步骤

step 01 启动软件后新建空白工作簿，选择 A～J 列单元格并右击，在弹出的快捷菜单中选择【列宽】命令，在弹出的对话框中将【列宽】设置为 13，将第 1 行的【行高】设置为 50，将第 2～7 行的【行高】设置为 20。

step 02 选择 A1～J1 单元格，在【开始】选项卡中单击【对齐方式】选项组中的【合并后居中】按钮，然后在合并后的单元格内输入文字【顺意机械有限公司台账】，将【字号】设置为 23，将【字体颜色】设置为浅蓝，然后单击【加粗】按钮，完成后的效果如图 6-2 所示。

step 03 继续选择合并后的单元格，在【开始】选项卡中单击【填充颜色】右侧的下三角按钮，在弹出的下拉菜单中选择【深蓝，文字 1，淡色 60%】命令，完成后的效果如图 6-3 所示。

step 04 选择 A2:J7 单元格，在【开始】选项卡中单击【对齐方式】选项组中的【居中】按钮。在单元格中输入文字，完成后的效果如图 6-4 所示。

step 05 选择 H3 单元格，在该单元格中输入公式【=IF(MONTH(E3)<12,YEAR(TODAY())-YEAR(E3),YEAR(TODAY())-YEAR(E3)-1)】，按 Enter 键完成操作，如图 6-5 所示。

图 6-2　合并单元格并输入文字

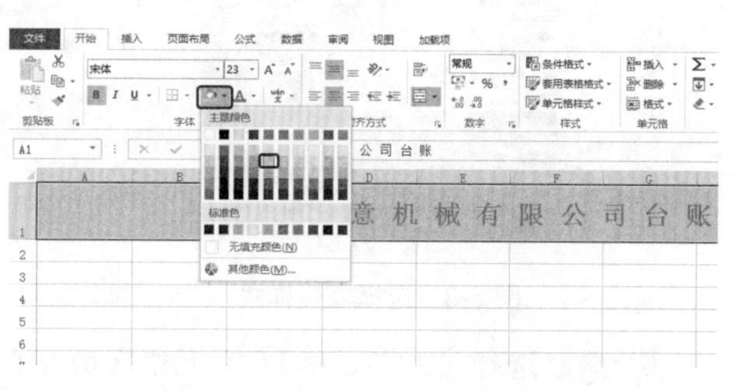

图 6-3　为单元格填充背景颜色

图 6-4　输入文字后的效果

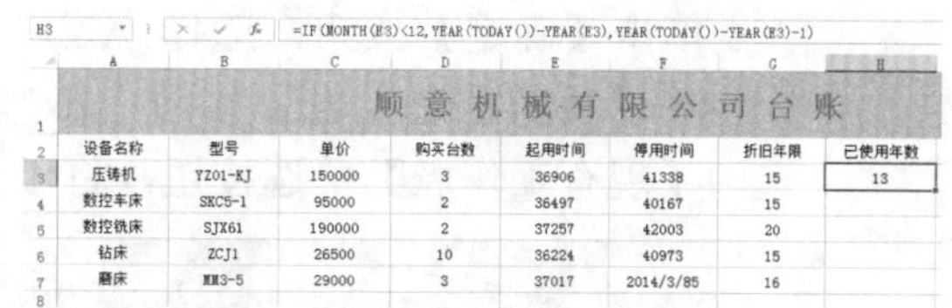

图 6-5　输入公式后的效果

step 06 利用自动填充功能将数据填充至 H7 单元格，完成后的效果如图 6-6 所示。

step 07 在 I3 单元格中输入公式【=IF(H3=0,0,DB(C3,C3*0.1,G3,H3))】，按 Enter 键完成操作。然后利用自动填充功能填充至 I7 单元格。在 J3 单元格输入公式【=I3*D3】，按 Enter 键完成操作。然后利用自动填充功能填充至 J7 单元格。完成后的效果如图 6-7 所示。

械 有 限 公 司 台 账

起用时间	停用时间	折旧年限	已使用年数	本年折旧额	总折旧额
36906	41338	15	13		
36497	40167	15	14		
37257	42003	20	12		
36224	40973	15	15		
37017	2014/3/85	16	13		

图 6-6　设置完成后的效果

械 有 限 公 司 台 账

起用时间	停用时间	折旧年限	已使用年数	本年折旧额	总折旧额
36906	41338	15	13	3390.213568	10170.6407
36497	40167	15	14	1842.242053	3684.484106
37257	42003	20	12	5818.818934	11637.63787
36224	40973	15	15	440.9163953	4409.163953
37017	2014/3/85	16	13	691.3810956	2074.143287

图 6-7　完成后的效果

step 08 然后在【开始】选项卡中单击【样式】选项组中的【套用表格格式】按钮，在弹出的下拉菜单中选择【表样式浅色 2】命令，如图 6-8 所示。

step 09 在弹出的对话框中将【表数据的来源】设置为【=$A$2:$J$7】，单击【确定】按钮，如图 6-9 所示。

提示

如果不选中【表包含标题】复选框，在套用表格样式时，系统会自动创建一行标题行。

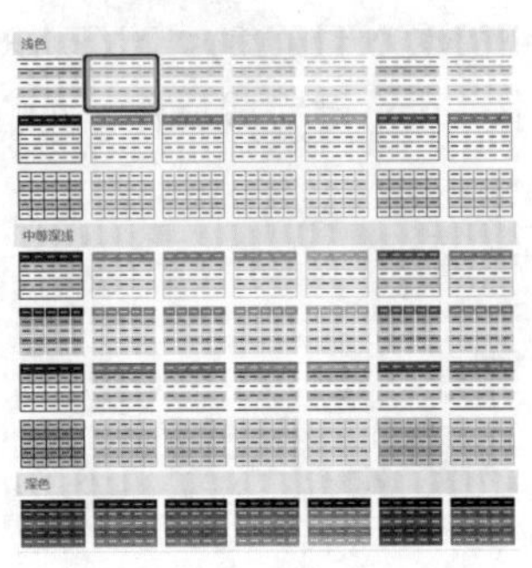

图 6-8　选择表格样式

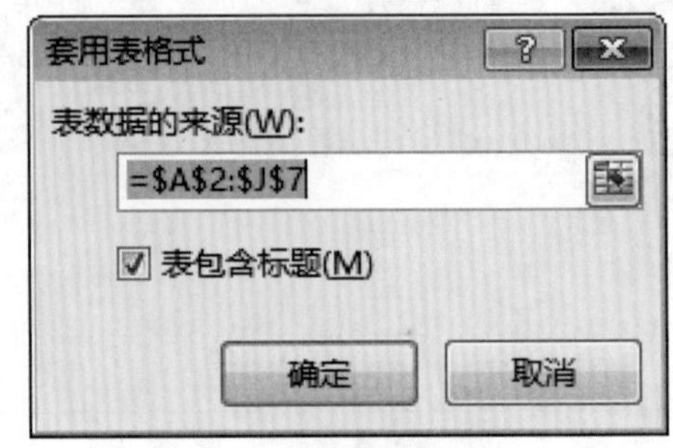

图 6-9　【套用表格式】对话框

step 10 选择 C3:C7、I3:J7 单元格区域并右击，在弹出的快捷菜单中选择【设置单元格格式】命令，在弹出的对话框中选择【数字】选项卡，在【分类】列表框中选择【会计专用】选项，如图 6-10 所示。

step 11 单击【确定】按钮，选择 A2:J7 单元格，在【插入】选项卡中单击【表格】选项组中的【数据透视表】按钮，在弹出的对话框中【选择放置数据透视表的位置】选中【现有工作表】单选按钮，将【位置】设置为 Sheet1!$A$11，如图 6-11 所示。

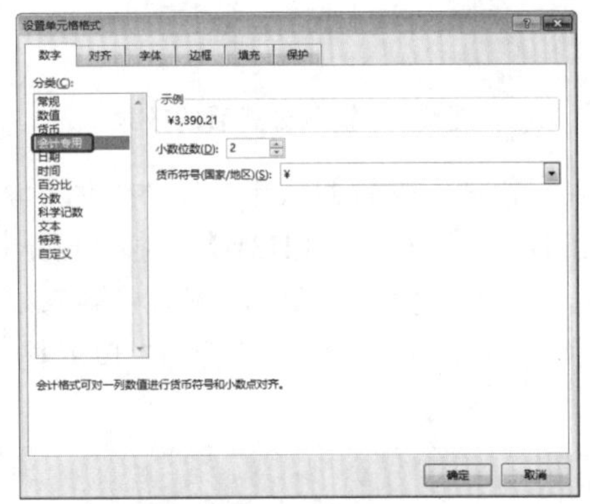

图 6-10　设置单元格格式

图 6-11　【创建数据透视表】对话框

step 12 在【数据透视表字段】中将【设备名称】字段拖拽至【列】，将【本年折旧额】、【总折旧额】拖拽至【Σ值】中，然后将【Σ数值】拖拽至【行】中，完成后的效果如图 6-12 所示。

step 13 选择 B13:G13 单元格并右击，在弹出的快捷菜单中选择【数字格式】命令，在弹出的对话框中选择【会计专用】选项，如图 6-13 所示。

知识链接

数据透视表是一种交互式的表，可以进行某些计算，如求和与计数等。所进行的计算与数据跟数据透视表中的排列有关。

可以水平或者垂直显示字段值，然后计算每一行或列的合计；也可以将字段值作为行号或列标，在每个行、列交汇处计算出各自的数量，然后计算小计和总计。

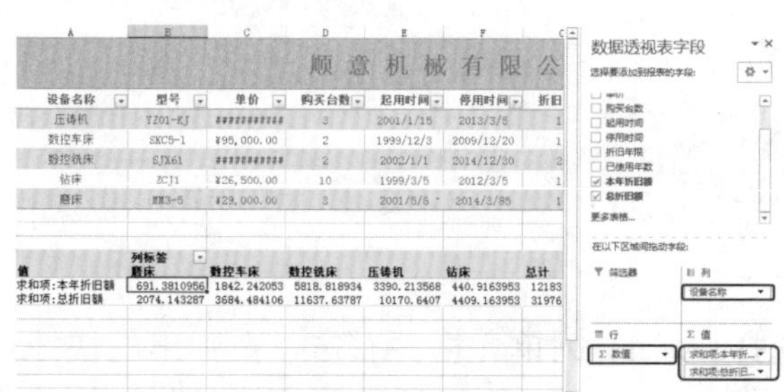

图 6-12　设置数据透视表

图 6-13　设置数字格式

step 14 单击【确定】按钮，选择 B14:G14 单元格并右击，在弹出的快捷菜单中选择【数字格式】命令，在弹出的对话框中选择【会计专用】选项，单击【确定】按钮。在【数据透视表工具】下的【分析】选项卡中，单击【工具】选项组中的【数据透视图】按钮，在弹出的对话框中选择【柱形图】→【簇状柱形图】，如图 6-14 所示。

step 15 单击【确定】按钮，即可创建数据透视图，完成后的效果如图 6-15 所示。

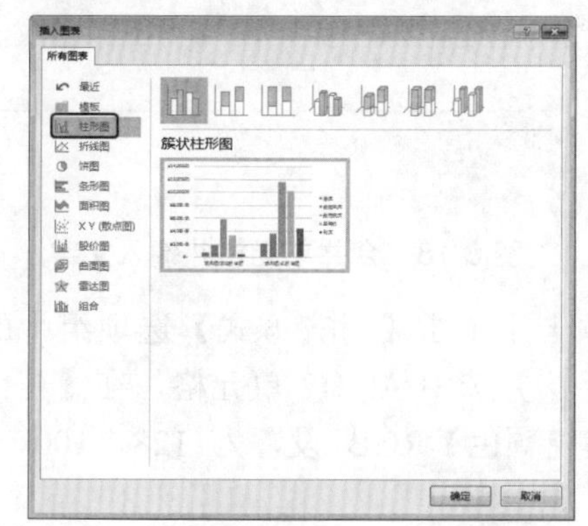

图 6-14　选择【簇状柱形图】选项

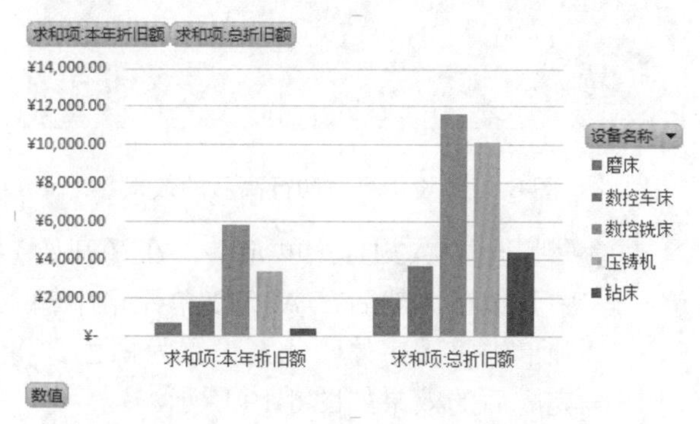

图 6-15　设置完成后的效果

step 16 至此固定资产余额递减折旧表就制作完成了，将文件进行保存即可。

案例精讲 052　固定资产台账

案例文件：CDROM\场景\Cha06\固定资产台账.xlsx

视频文件：视频教学\Cha06\固定资产台账.avi

制作概述

固定资产是指企业使用期限超过 1 年的房屋、建筑物、机器、机械、运输工具以及其他与生产、经营有关的设备、器具、工具等。不属于生产经营主要设备的物品，单位价值在 2000 元以上，并且使用年限超过两年的，也应当作为固定资产。本案例将介绍如何制作固定资产台账表，完成后的效果如图 6-16 所示。

机械厂设备台账

设置名称	型号	单价	数量	起用时间	停用时间	生产厂家	购买日期
车床	ZX-3	¥ 27,610.00	4	2001/3/8	2010/1/1	顺意机械	2001/1/3
钻床	CB-32	¥ 6,785.00	8	1999/2/1	2009/3/5	红星机械	1999/1/3
镗床	TC-351	¥180,000.00	6	1995/5/3	2005/3/5	宏达机械	1995/3/6
数控车床	SK-51	¥ 36,900.00	4	1995/2/1	2003/3/1	宝达数控	1995/1/2
刨床	Z3-C4	¥ 19,800.00	5	1995/6/25	2009/3/8	大鹏机械	1995/4/20
铣床	XA3	¥ 42,000.00	8	1997/3/5	2010/3/8	红星机械	1997/1/1
激光切割机	J5AC3	¥348,000.00	2	1997/4/2	2010/12/30	德国奥威尔	1997/1/20
磨床	K9B36	¥ 16,800.00	4	1999/6/1	2008/3/1	沈阳机械	1998/12/20
叉车	CH3C3	¥ 32,800.00	6	1999/2/1	2010/10/3	新力叉车	1998/10/21
吊车	DX	¥ 78,000.00	3	1999/2/1	2010/3/5	宏达机械	1998/10/21
封口机	FK2	¥ 6,800.00	4	1999/12/20	2009/1/1	星火船舶	1999/5/23
螺旋泵	L8X6J3	¥ 1,890.00	8	1999/12/20	2005/12/20	顺意机械	1999/1/1
离心泵	LX5-B3	¥ 880.00	8	1999/12/20	2009/3/16	大鹏机械	1998/5/20
手动蝶阀	S3K1	¥ 1,000.00	16	1999/12/20	2005/3/5	德州机械	1998/10/20
包装机	BZ3-K3	¥ 30,000.00	2	1999/12/20	2006/3/8	红星机械	1999/1/1

图 6-16　固定资产台账

学习目标

- 学习如何设置制作固定资产台账表。
- 掌握如何为单元格设置格式和填充颜色。

操作步骤

step 01 启动软件后新建空白工作簿，选择 A～H 列单元格并右击，在弹出的快捷菜单中选择【列宽】命令，在弹出的对话框中将【列宽】设置为 13，将第 1 行的【行高】设置为 50，将第 2～17 行的【行高】设置为 17，如图 6-17 所示。

step 02 选择 A1:H1 单元格，在【开始】选项卡中单击【对齐方式】选项组中的【合并后居中】按钮，然后在合并的单元格中输入文字【机械厂设备台账】，将【字号】设置为 20，单击【加粗】按钮，并设置【字体颜色】，如图 6-18 所示。

图 6-17　设置列宽和行高后的效果

图 6-18　合并单元格并输入文字

step 03 选择 A2:H17 单元格，在【开始】选项卡中单击【对齐方式】选项组中的【居中】按钮。然后在 A2:H2 单元格中输入文字，并选中 A2:H2 单元格，在【开始】选项卡中将【字体颜色】设置为白色，将【填充颜色】RGB 设置为 128、100、162，完成后的效果如图 6-19 所示。

step 04 使用同样的方法在单元格内输入文字，完成后的效果如图 6-20 所示。

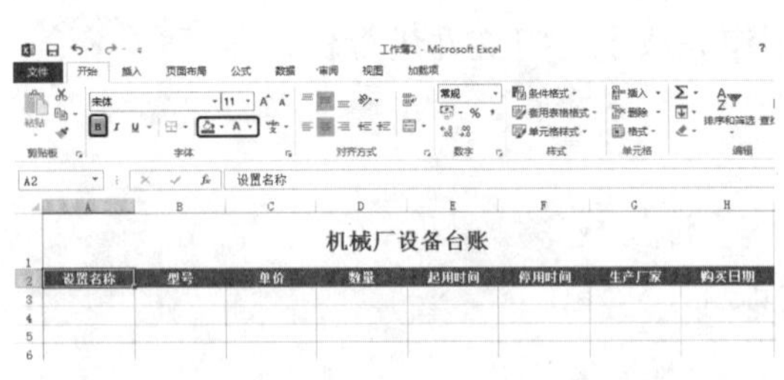

图 6-19　输入文字后的效果

机械厂设备台账

设置名称	型号	单价	数量	起用时间	停用时间	生产厂家	购买日期
车床	ZX-3	27610	4	2001/3/8	2010/1/1	顺意机械	2001/1/3
钻床	CB-32	6785	8	1999/2/1	2009/3/5	红星机械	1999/1/3
镗床	TC-351	180000	8	1995/5/3	2005/3/5	宏达机械	1995/3/6
数控车床	SK-51	36900	4	1995/2/1	2003/3/1	宝达数控	1995/1/2
刨床	Z3-C4	19800	5	1995/6/25	2009/3/8	大鹏机械	1995/4/20
铣床	XA3	42000	8	1997/3/5	2010/3/8	红星机械	1997/1/1
激光切割机	J5AG3	348000	2	1997/4/2	2010/12/30	德国奥威尔	1997/1/20
磨床	K9B36	16800	4	1999/6/1	2008/3/1	沈阳机械	1998/12/20
叉车	CH3C3	32800	6	1999/2/1	2010/10/3	新力叉车	1998/10/21
吊车	DX	78000	3	1999/2/1	2010/3/5	宏达机械	1998/10/21
封口机	Fk3	6800	4	1999/12/20	2009/1/1	星火船闸	1999/5/23
螺旋泵	L8X6J3	1890	8	1999/12/20	2005/12/20	顺意机械	1999/1/1
离心泵	LX5-B3	880	8	1999/12/20	2009/3/16	大鹏机械	1998/5/20
手动蝶阀	S3K1	1000	16	1999/12/20	2005/3/5	德州机械	1998/10/20
包装机	BZ3-K3	30000	2	1999/12/20	2006/3/8	红星机械	1999/1/1

图 6-20　输入文字后的效果

step 05 选择 A3:H3 单元格，单击【开始】选项卡下【字体】选项组中的【填充颜色】右侧的下三角按钮，在弹出的下拉菜单中选择【其他颜色】命令，在弹出的对话框中选择【自定义】选项卡，将【红色】、【绿色】、【蓝色】设置为 204、192、218，如图 6-21 所示。

step 06 使用同样的方法为其他行设置填充颜色，完成后的效果如图 6-22 所示。

	A	B	C	D	E
1					机械厂设备台账
2	设置名称	型号	单价	数量	起用时间
3	车床	ZX-3	27610	4	2001/3/8
4	钻床	CB-32	6785	8	1999/2/1
5	镗床	TC-351	180000	8	1995/5/3
6	数控车床	SK-51	36900	4	1995/2/1
7	刨床	Z3-C4	19800	5	1995/6/25
8	铣床	XA3	42000	8	1997/3/5
9	激光切割机	J5AG3	348000	2	1997/4/2
10	磨床	K9B36	16800	4	1999/6/1

图 6-21　填充颜色

机械厂设备台账

设置名称	型号	单价	数量	起用时间	停用时间	生产厂家	购买日期
车床	ZX-3	27610	4	2001/3/8	2010/1/1	顺意机械	2001/1/3
钻床	CB-32	6785	8	1999/2/1	2009/3/5	红星机械	1999/1/3
镗床	TC-351	180000	8	1995/5/3	2005/3/5	宏达机械	1995/3/6
数控车床	SK-51	36900	4	1995/2/1	2003/3/1	宝达数控	1995/1/2
刨床	Z3-C4	19800	5	1995/6/25	2009/3/8	大鹏机械	1995/4/20
铣床	XA3	42000	8	1997/3/5	2010/3/8	红星机械	1997/1/1
激光切割机	J5AG3	348000	2	1997/4/2	2010/12/30	德国奥威尔	1997/1/20
磨床	K9B36	16800	4	1999/6/1	2008/3/1	沈阳机械	1998/12/20
叉车	CH3C3	32800	6	1999/2/1	2010/10/3	新力叉车	1998/10/21
吊车	DX	78000	3	1999/2/1	2010/3/5	宏达机械	1998/10/21
封口机	Fk3	6800	4	1999/12/20	2009/1/1	星火船闸	1999/5/23
螺旋泵	L8X6J3	1890	8	1999/12/20	2005/12/20	顺意机械	1999/1/1
离心泵	LX5-B3	880	8	1999/12/20	2009/3/16	大鹏机械	1998/5/20
手动碟阀	S3K1	1000	16	1999/12/20	2005/3/5	德州机械	1998/10/20
包装机	BZ3-K3	30000	2	1999/12/20	2006/3/8	红星机械	1999/1/1

图 6-22　填充颜色的效果

step 07 选　　　单元格区域并右击，在弹出的快捷菜单中选择【设置单元格格式】命令，　　　　框】选项卡，选择图 6-23 所示的线条，将【颜色】　　　　】按钮，如图 6-23 所示。

step 08 　　　　效果如图 6-24 所示。

机械厂设备台账

设置名称	型号	单价	数量	起用时间	停用时间	生产厂家	购买日期
车床	ZX-3	27610	4	2001/3/8	2010/1/1	顺意机械	2001/1/3
钻床	CB-32	6785	8	1999/2/1	2009/3/5	红星机械	1999/1/3
镗床	TC-351	180000	8	1995/5/3	2005/3/5	宏达机械	1995/3/6
数控车床	SK-51	36900	4	1995/2/1	2003/3/1	宝达数控	1995/1/2
刨床	Z3-C4	19800	5	1995/6/25	2009/3/8	大鹏机械	1995/4/20
铣床	XA3	42000	8	1997/3/5	2010/3/8	红星机械	1997/1/1
激光切割机	J5AG3	348000	2	1997/4/2	2010/12/30	德国奥威尔	1997/1/20
磨床	K9B36	16800	4	1999/6/1	2008/3/1	沈阳机械	1998/12/20
叉车	CH3C3	32800	6	1999/2/1	2010/10/3	新力叉车	1998/10/21
吊车	DX	78000	3	1999/2/1	2010/3/5	宏达机械	1998/10/21
封口机	Fk3	6800	4	1999/12/20	2009/1/1	星火船闸	1999/5/23
螺旋泵	L8X6J3	1890	8	1999/12/20	2005/12/20	顺意机械	1999/1/1
离心泵	LX5-B3	880	8	1999/12/20	2009/3/16	大鹏机械	1998/5/20
手动碟阀	S3K1	1000	16	1999/12/20	2005/3/5	德州机械	1998/10/20
包装机	BZ3-K3	30000	2	1999/12/20	2006/3/8	红星机械	1999/1/1

图 6-24　设置边框后的效果

step 　　　H3:H17 单元格区域并右击，在弹出的快捷菜单中选择　　　在弹出的对话框中选择【数字】选项卡，在【分类】列　　　将【类型】设置为图 6-25 所示的选项。

st　　　择 C3:C17 单元格并右击，在弹出的快捷菜单中选择【设　　　单出的对话框中选择【数字】选项卡，在【分类】列表框　　　，其他保持默认设置，单击【确定】按钮，如图 6-26

图 6-25　设置日期格式

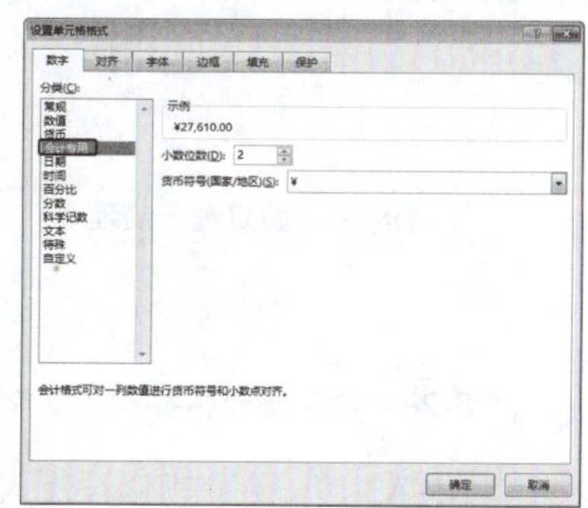

图 6-26　设置单元格数字格式

step 11 至此固定资产台账就制作完成了，将文件进行保存即可。

案例精讲 053　固定资产清理表

案例文件：CDROM\场景\Cha06\固定资产清理表.xlsx
视频文件：视频教学\Cha06\固定资产清理表.avi

制作概述

固定资产清理反映企业因出售、毁损、报废等原因转入清理但尚未清理完毕的固定资产的账面价值，以及固定资产清理过程中所发生的清理费用和变价收入等各项金额的差额。本案例将介绍如何制作固定资产清理表，完成后的效果如图 6-27 所示。

图 6-27　固定资产清理表

学习目标

- 学习如何设置制作固定资产清理表。
- 掌握如何为单元格设置单元格格式和填充颜色。

操作步骤

step 01 打开随书附带光盘中“CDROM\素材\Cha06\固定资产管理表.xlsx”素材文件，单击【新工作表】按钮，新建工作表，将其命名为【永华公司固定资产清理表】。将第 1 行的【行高】设置为 35，选中 A1:I1 单元格区域，选择【开始】选项卡，在【对齐方式】选项组中单击【合并后居中】按钮，输入【永华公司固定资产清理表】，在【字体】选项组中，将字体设置为【方正大黑简体】，将【字号】设置为 24，如图 6-28 所示。

step 02 将第 2 行的【行高】设置为 20，选中 A2:I2 单元格区域，在每个单元格区域内填写相应的信息，将颜色填充为【蓝色】，字体颜色设置为【白色】，单击【加粗】按钮，将 A～I 列的【列宽】设置为 14，完成后的效果如图 6-29 所示。

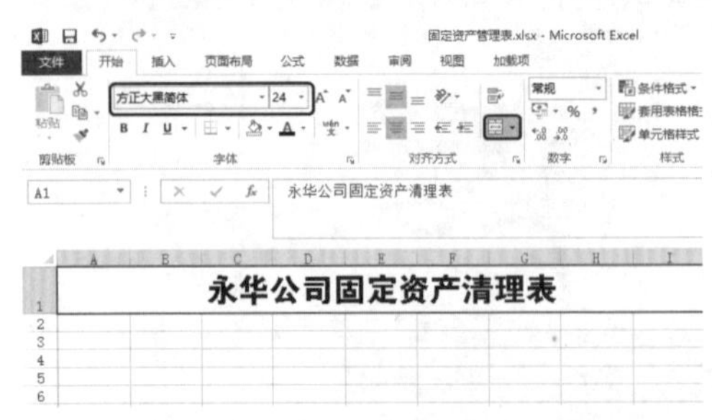

图 6-28　合并单元格并输入文字

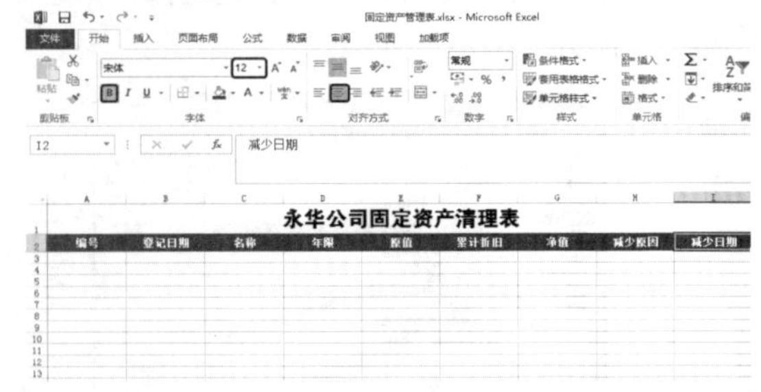

图 6-29　输入文字并填充背景颜色

step 03 在 A3 单元格中输入公式【=IF(OR(永华公司固定资产管理表!J4="在用",永华公司固定资产管理表!J4="维修",永华公司固定资产管理表!J4="更新"),永华公司固定资产管理表!A4,"")】，按 Enter 键完成操作，如图 6-30 所示。

step 04 利用自动填充功能填充至 A17 单元格，在【数据】选项卡中单击【数据工具】选项组中的【删除重复项】按钮，如图 6-31 所示。

图 6-30　输入公式

图 6-31　单击【删除重复项】按钮

step 05 弹出【删除重复项警告】对话框，在该对话框中单击【删除重复项】按钮，如图 6-32 所示。

step 06 弹出【删除重复项】对话框，在该对话框中单击【取消全选】按钮，然后选中【编号】选项，如图 6-33 所示。

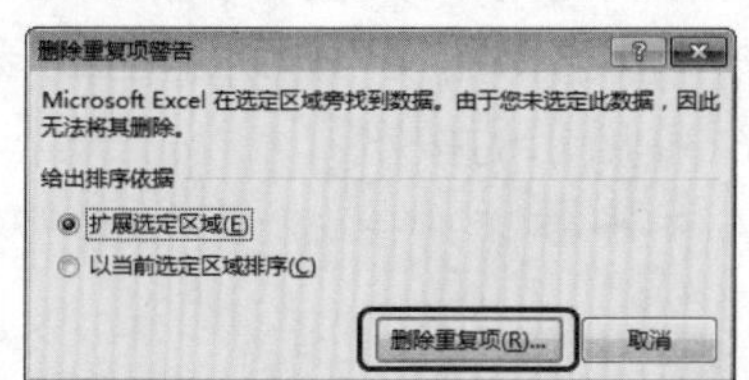

图 6-32　单击【删除重复项】按钮

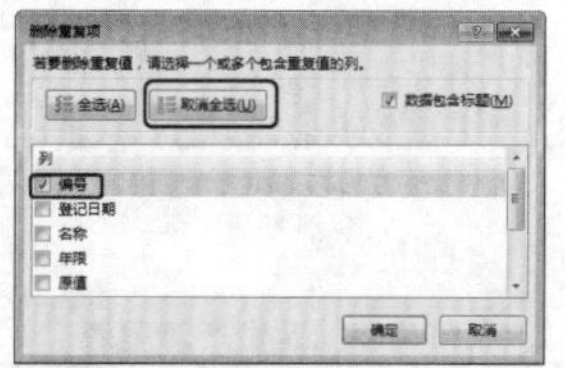

图 6-33　【删除重复项】对话框

step 07 单击【确定】按钮，再在弹出的对话框中单击【确定】按钮。然后选择空行并右击，在弹出的快捷菜单中选择【删除】命令。将第 3～15 行的【行高】设置为 20，将 A 列【列宽】设置为 8，完成后的效果如图 6-34 所示。

step 08 按住 Ctrl 键选择 B3:B15、I3:I15 单元格区域，打开【设置单元格格式】对话框，在该对话框中选择【数字】选项卡，在【分类】中选择【日期】选项，然后选择图 6-35 所示的类型。

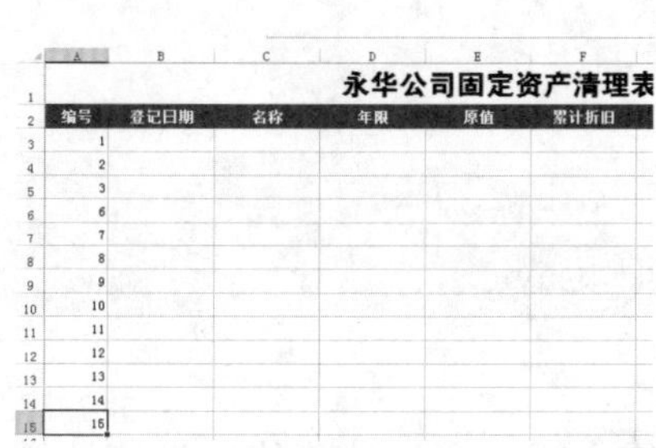

图 6-34　设置完成后的效果

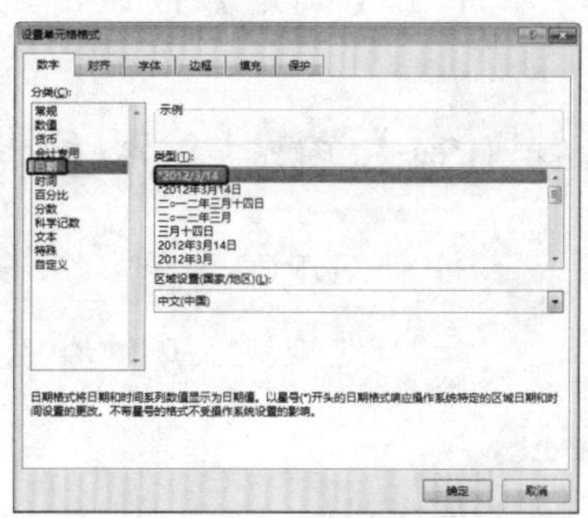

图 6-35　设置单元格格式

step 09 单击【确定】按钮，然后在单元格内输入日期，完成后的效果如图 6-36 所示。

step 10 选择 A3:I15 单元格区域，在【开始】选项卡中单击【对齐方式】选项组中的【右对齐】按钮。然后在 C3 单元格中输入公式【=VLOOKUP(A3,永华公司固定资产管理表!$A:$Q,3,0)】，按 Enter 键完成操作，然后利用自动填充功能填充数据，完成后的效果如图 6-37 所示。

永华公司固定资产清理表

登记日期	名称	年限	原值	累计折旧	净值	减少原因	减少日期
2013/1/2							2012/12/5
2012/12/12							2012/12/1
2013/5/23							2013/4/15
2012/12/5							2012/12/1
2012/9/12							2012/9/1
2013/5/5							2013/4/23
2013/1/5							2013/1/1
2012/12/30							2012/12/1
2012/12/30							2012/12/1
2012/12/30							2012/12/1
2012/12/1							2012/11/29
2013/1/5							2013/1/1
2012/9/12							2012/9/10

图 6-36　输入日期

=VLOOKUP(A3,永华公司固定资产管理表!$A:$Q,3,0)

编号	登记日期	名称	年限	原值	累计折旧
1	2013/1/2	电脑			
2	2012/12/12	面包车			
3	2013/5/23	面包车			
6	2012/12/5	空调			
7	2012/9/12	装箱机			
8	2013/5/5	电脑			
9	2013/1/5	输送机			
10	2012/12/30	办公室			
11	2012/12/30	办公室			
12	2012/12/30	车间			
13	2012/12/1	办公室			
14	2013/1/5	汽车			
15	2012/9/12	空调			

图 6-37　自动填充数据

step 11 使用同样的方法在剩余的单元格中输入公式和文字，完成后的效果如图 6-38 所示。

step 12 选择 A3:I15 单元格区域并右击，在弹出的快捷菜单中选择【设置单元格格式】命令，在弹出的对话框中选择【边框】选项卡，选择图 6-39 所示的线条，将【颜色】设置为【蓝色，着色 1】，然后单击图 6-39 所示的按钮。

永华公司固定资产清理表

名称	年限	原值	累计折旧	净值	减少原因
电脑	10	¥ 5,000.00	¥ 2,652.08	¥ 2,347.92	调用
面包车	10	¥ 80,000.00	¥ 32,640.00	¥ 47,360.00	出售
面包车	10	¥ 50,000.00	¥ 14,954.17	¥ 35,045.83	出售
空调	10	¥ 5,000.00	¥ 1,251.25	¥ 3,748.75	烧毁
装箱机	10	¥ 60,000.00	¥ 17,205.00	¥ 42,795.00	零件已坏
电脑	10	¥ 5,000.00	¥ 940.00	¥ 4,060.00	主机已坏
输送机	10	¥ 50,000.00	¥ 5,937.50	¥ 44,062.50	零件烧毁
办公室	20	¥ 12,000.00	¥ 2,929.50	¥ 9,070.50	调用
办公室	20	¥ 100,000.00	¥ 25,200.00	¥ 74,800.00	调用
车间	25	¥ 150,000.00	¥ 28,200.00	¥ 121,800.00	货物出售
办公室	20	¥ 120,000.00	¥ 29,610.00	¥ 90,390.00	调用
汽车	15	¥ 80,000.00	¥ 40,106.67	¥ 39,893.33	爆胎
空调	10	¥ 3,000.00	¥ 651.00	¥ 2,349.00	零件已坏

图 6-38　设置完成后的效果

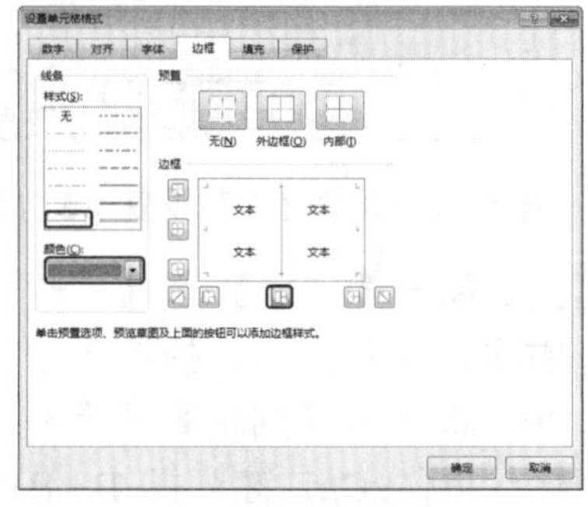

图 6-39　设置边框

step 13 单击【确定】按钮，至此固定资产清理表就制作完成了，将文件进行保存即可。

案例精讲 054　固定资产直线折旧表

案例文件：CDROM\场景\Cha06\固定资产直线折旧表.xlsx

视频文件：视频教学\Cha06\固定资产直线折旧表.avi

制作概述

固定资产直线折旧法是，首先从固定资产的原价中减去预计的残值，为应摊销的折旧总额；然后按照该项固定资产的预计使用年限平均摊销，即得出每年的折旧额。本案例将介绍

如何制作固定资产直线折旧表。完成后的效果如图 6-40 所示。

德庆重工机械有限公司台账								
设备名称	型号	单价	数量	折旧年限	月折旧额	本年折旧月数	本年折旧额	总折旧额
数控机床	DY-K1	¥ 520,000.00	2	10	¥ 3,900.00	11	¥ 42,900.00	¥ 85,800.00
数控机床	DY-K3	¥ 1,500,000.00	5	20	¥ 5,625.00	12	¥ 67,500.00	¥337,500.00
起重机	QZ-Q2	¥ 500,000.00	3	10	¥ 3,750.00	12	¥ 45,000.00	¥135,000.00
起重机	QZ-Q4	¥ 1,500,000.00	2	10	¥ 11,250.00	10	¥112,500.00	¥225,000.00
吊车	T-25	¥ 600,000.00	10	15	¥ 3,000.00	10	¥ 30,000.00	¥300,000.00
吊车	T-50	¥ 1,200,000.00	5	15	¥ 6,000.00	12	¥ 72,000.00	¥360,000.00

行标签	求和项:本年折旧额	求和项:总折旧额
吊车	¥ 102,000.00	¥ 660,000.00
起重机	¥ 157,500.00	¥ 360,000.00
数控机床	¥ 110,400.00	¥ 423,300.00
总计	¥ 369,900.00	¥ 1,443,300.00

图 6-40　固定资产直线折旧表

学习目标

- 学习如何设置制作固定资产直线折旧表。
- 掌握 SLN 函数的使用。

操作步骤

step 01 启动软件后，新建一个空白的场景文件，选择 A～I 列单元格并右击，在弹出快捷菜单中选择【列宽】命令，在弹出的对话框中将【列宽】设置为 13，将第 1 行的【行高】设置为 35，将第 2～8 行的【行高】设置为 20，选择 A1:I1 单元格，在【开始】选项卡中单击【对齐方式】选项组中的【合并后居中】按钮。

step 02 在合并的单元格内输入文字，在【开始】选项卡中的【字体】选项组中将【字体】设置为【方正魏碑简体】，将【字号】设置为 24，单击【填充颜色】右侧的下三角按钮，在弹出的下拉菜单中选择【橙色】命令，完成后的效果如图 6-41 所示。

step 03 选择 A2:I8 单元格区域并右击，在弹出的快捷菜单中选择【设置单元格格式】命令，在弹出的对话框中选择【边框】选项卡，选择如图 6-42 所示的线条，然后单击【外边框】按钮如图 6-42 所示的按钮。

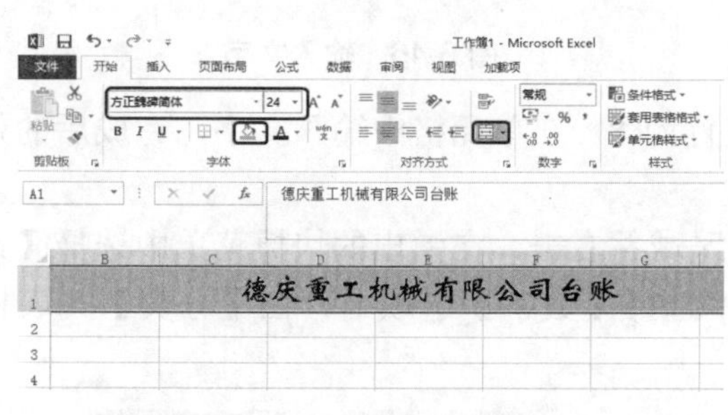

图 6-41　输入文字后的效果

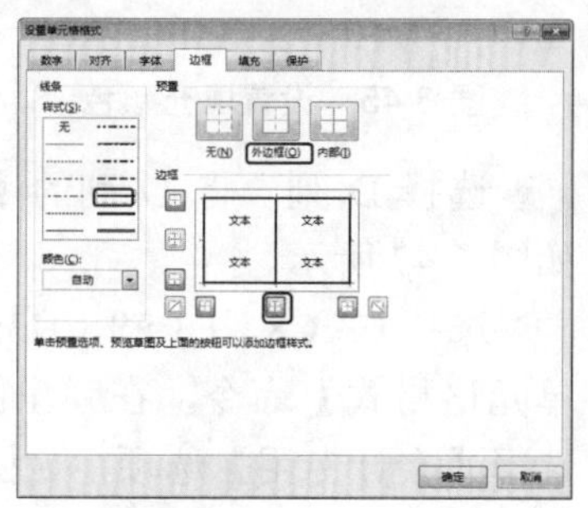

图 6-42　设置边框

step 04 然后选择如图 6-43 所示的线条，单击如图 6-43 所示的按钮。

step 05 单击【确定】按钮，选择 A2:I2 单元格并右击，在弹出的快捷菜单中选择【设置单元格格式】命令，在弹出的对话框中选择【边框】选项卡，选择如图 6-44 所示的线条，然后单击如图 6-44 所示的按钮。

step 06 单击【确定】按钮，选择【填充】选项卡，选择如图 6-45 所示的背景色。

step 07 单击【确定】按钮，选择 A2:I8 单元格，在【开始】选项卡中单击【对齐方式】

选项组中的【居中】按钮。然后在第 2 行的单元格中输入文字，将【字体】设置为【华文新魏】，将【字号】设置为 13，将【字体颜色】设置为白色，完成后的效果如图 6-46 所示。

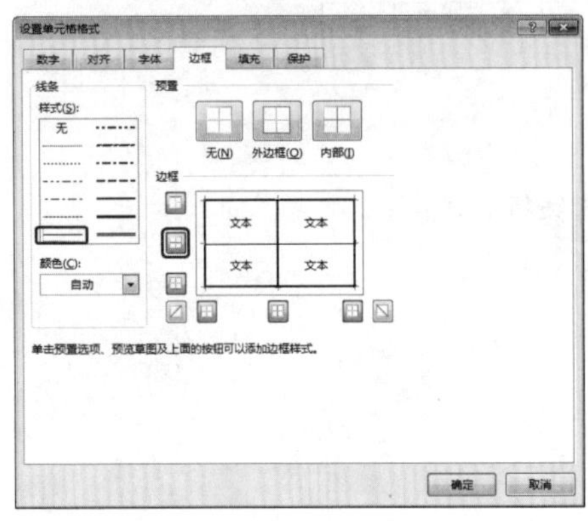

图 6-43 设置边框

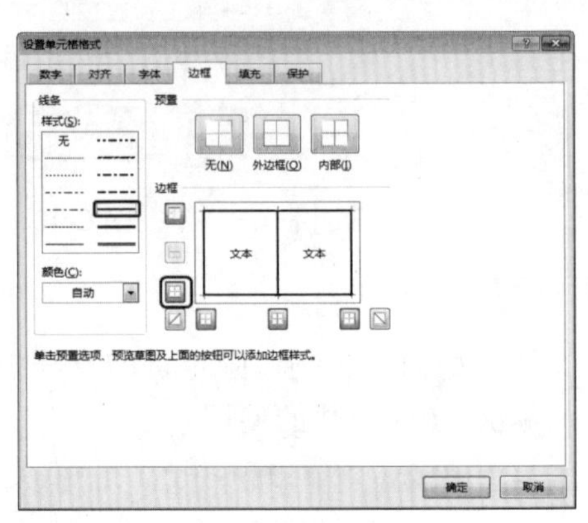

图 6-44 设置底边框

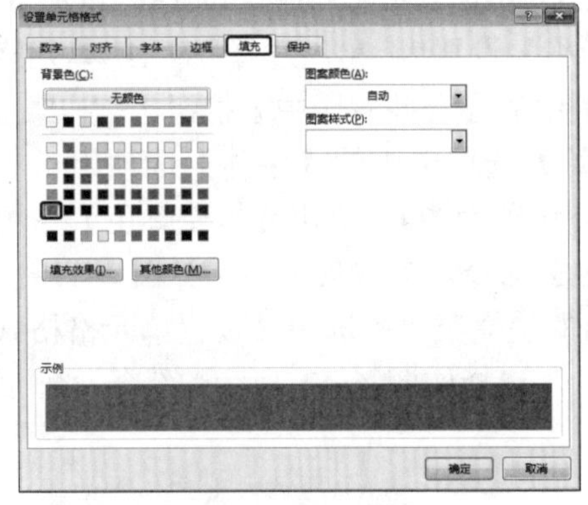

图 6-45 设置填充颜色

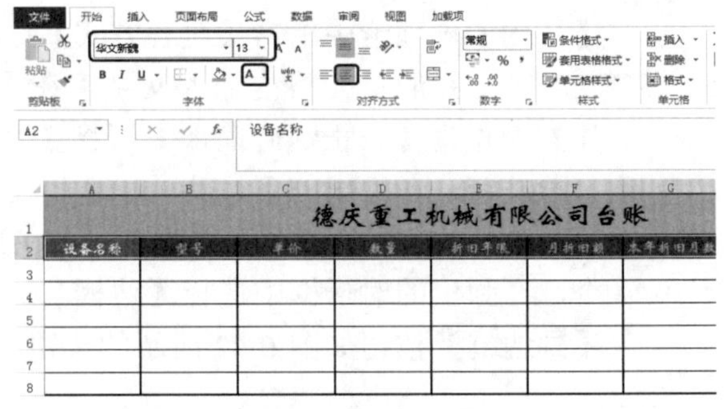

图 6-46 输入文字

step 08 选择 D 列，将 D 列的【列宽】设置为 8。在单元格中输入文字，完成后的效果如图 6-47 所示。

step 09 选择 C3:C8、F3:F8、H3:I8 单元格区域并右击，在弹出的快捷菜单中选择【设置单元格格式】命令，在弹出的对话框中选择【数字】选项卡，在【分类】列表框中选择【会计专用】选项，如图 6-48 所示。

德庆重工机械有限公司台账								
设备名称	型号	单价	数量	折旧年限	月折旧额	本年折旧月数	本年折旧额	总折旧额
数控机床	DY-K1	520000	2	10		11		
数控机床	DY-K3	1500000	5	20		12		
起重机	QZ-Q2	500000	3	10		12		
起重机	QZ-Q4	1500000	2	10		10		
吊车	T-25	600000	10	15		10		
吊车	T-50	1200000	5	15		12		

图 6-47 输入文字后的效果

图 6-48 选择【会计专用】选项

step 10 将 C 列的【列宽】设置为 15.5，选择 F3 单元格，在该单元格中输入【=SLN(C3,C3*0.1,E3)/12】，按 Enter 键完成操作。然后利用自动填充功能填充至 F8 单元格，完成后的效果如图 6-49 所示。

知识链接

SLN 函数

主要功能：返回某项资产在一个期间中的线性折旧值。

使用格式：= SLN(cost, salvage, life)

参数说明：cost 参数为必需，表示资产原值；salvage 参数为必需，表示资产在折旧期末的价值(有时也称为资产残值)；life 参数为必需，表示资产的折旧期数(有时也称为资产的使用寿命)。

step 11 在 H3 单元格中输入公式【=G3*F3】，按 Enter 键完成操作，然后利用自动填充功能填充至 H8 单元格。在 I3 单元格中输入公式【=H3*D3】，按 Enter 键完成操作，然后利用自动填充功能填充至 I8 单元格，完成后的效果如图 6-50 所示。

德庆重工机械有限公司台账

设备名称	型号	单价	数量	折旧年限	月折旧额	本年折旧月数
数控机床	DY-K1	¥ 520,000.00	2	10	¥ 3,900.00	11
数控机床	DY-K3	¥1,500,000.00	5	20	¥ 5,625.00	12
起重机	QZ-Q2	¥ 500,000.00	3	10	¥ 3,750.00	12
起重机	QZ-Q4	¥1,500,000.00	2	10	¥ 11,250.00	10
吊车	T-25	¥ 600,000.00	10	15	¥ 3,000.00	10
吊车	T-50	¥1,200,000.00	5	15	¥ 6,000.00	12

图 6-49　完成后的效果

机械有限公司台账

折旧年限	月折旧额	本年折旧月数	本年折旧额	总折旧额
10	¥ 3,900.00	11	¥ 42,900.00	¥ 85,800.00
20	¥ 5,625.00	12	¥ 67,500.00	¥337,500.00
10	¥ 3,750.00	12	¥ 45,000.00	¥135,000.00
10	¥ 11,250.00	10	¥112,500.00	¥225,000.00
15	¥ 3,000.00	10	¥ 30,000.00	¥300,000.00
15	¥ 6,000.00	12	¥ 72,000.00	¥360,000.00

图 6-50　设置完成后的效果

step 12 选择 A2:I8 单元格区域，选择【插入】选项卡，单击【表格】选项组中的【数据透视表】按钮，在弹出的对话框中选中【现有工作表】单选按钮，然后将【位置】设置为 Sheet1!$A$12，单击【确定】按钮，如图 6-51 所示。

step 13 在【数据透视表字段】面板中将【设备名称】拖动到【行】标签中，将【本年折旧额】和【总折旧额】拖动到【Σ值】标签中，完成后的效果如图 6-52 所示。

图 6-51　【创建数据透视表】对话框

图 6-52　设置数据透视表

step 14 选择 B13:B16 单元格区域并右击，在弹出的快捷菜单中选择【数字格式】命令，在弹出的对话框的【分类】列表框中选择【会计专用】选项，如图 6-53 所示。

step 15 使用同样的方法设置为 C13:C16 单元格区域的数字格式。完成后的效果如图 6-54 所示。

图 6-53 选择【会计专用】选项

设备名称	型号	单价	数量	折旧年限	月折旧额
数控机床	DY-K1	¥ 520,000.00	2	10	¥ 3,900.00
数控机床	DY-K3	¥ 1,500,000.00	5	20	¥ 5,625.00
起重机	QZ-Q2	¥ 500,000.00	3	10	¥ 3,750.00
起重机	QZ-Q4	¥ 1,500,000.00	2	10	¥ 11,250.00
吊车	T-25	¥ 600,000.00	10	15	¥ 3,000.00
吊车	T-50	¥ 1,200,000.00	5	15	¥ 6,000.00

行标签	求和项:本年折旧额	求和项:总折旧额
吊车	¥ 102,000.00	¥ 660,000.00
起重机	¥ 157,500.00	¥ 360,000.00
数控机床	¥ 110,400.00	¥ 423,300.00
总计	¥ 369,900.00	¥ 1,443,300.00

图 6-54 设置完成后的效果

案例精讲 055 固定资产台账查询

案例文件：CDROM\场景\Cha06\固定资产台账查询.xlsx

视频文件：视频教学\Cha06\固定资产台账查询.avi

制作概述

本案例制作的固定资产台账查询，主要应用 Excel 中高级筛选功能。在 Excel 表格中输入相应的数值和公式，然后利用高级筛选功能，选择【列表区域】和【条件区域】完成固定资产台账的查询。完成后的效果如图 6-55 所示。

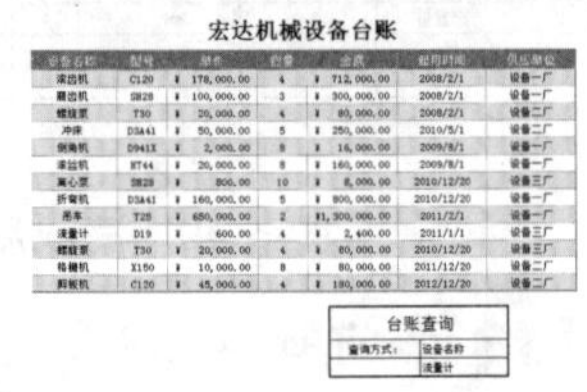

图 6-55 固定资产台账查询

学习目标

- 学习如何设置制作固定资产台账查询。
- 掌握数据验证和高级筛选功能的使用。

操作步骤

step 01 启动软件后新建空白工作簿，将 A、C、E～G 列的【列宽】设置为 15，将 B、D 列的【列宽】设置为 8，将第 1 行的【行高】设置为 45，将第 2 行的【行高】设置为 20，将第 3～15 行的【行高】设置为 18，完成后的效果如图 6-56 所示。

step 02 选择 A1～G1 单元格区域，在【开始】选项卡中单击【对齐方式】选项组中的【合并后居中】按钮，然后在合并后的单元格内输入文字，将【字号】设置为 24，然后按【加粗】按钮，完成后的效果如图 6-57 所示。

step 03 选择 A2:G15 单元格区域并右击，在弹出的快捷菜单中选择【设置单元格格式】命令，在弹出的对话框中选择【边框】选项卡，选择图 6-58 所示的线条，将【颜色】设置为【蓝色，着色 1】，然后单击【外边框】按钮，如图 6-58 所示。

step 04 单击图 6-59 所示的线条，然后单击【内部】按钮，如图 6-59 所示。

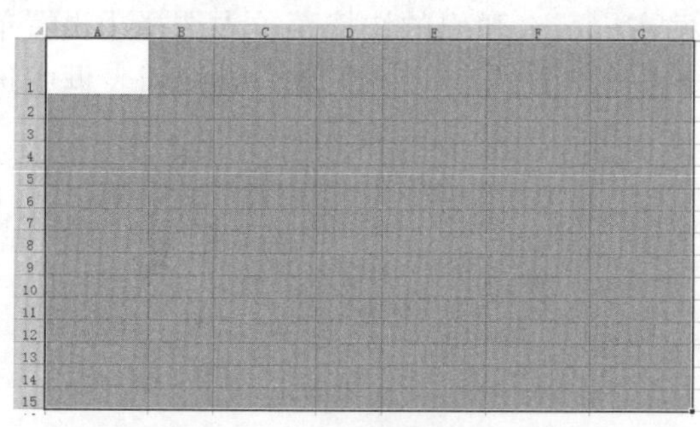

图 6-56 设置完成后的效果

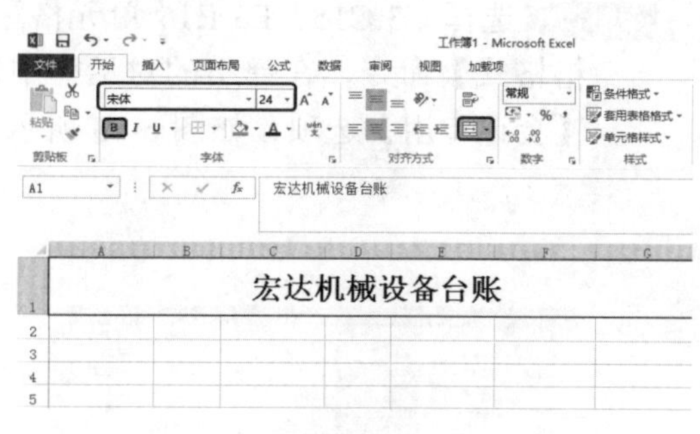

图 6-57 输入文字并进行设置

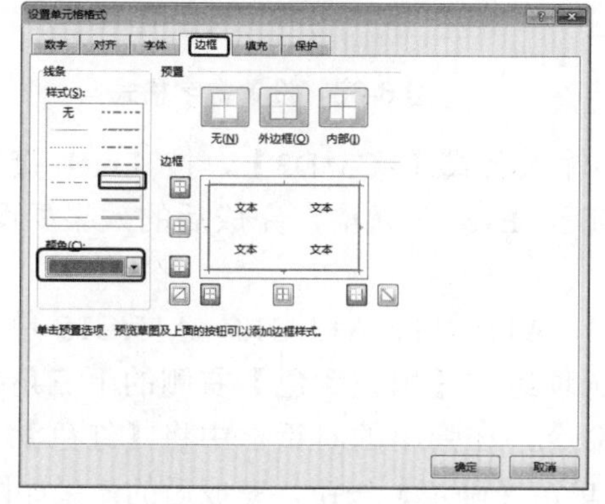

图 6-58 设置【外边框】

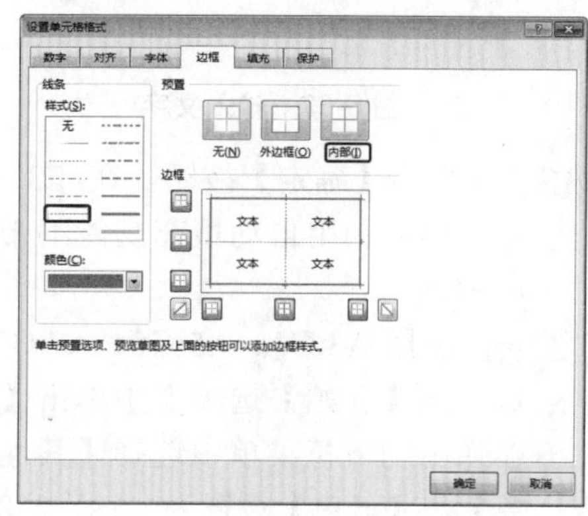

图 6-59 设置【内部】框线

step 05 单击【确定】按钮，然后单击【开始】选项卡中【对齐方式】选项组中的【居中】按钮。选择 A2:G2 单元格区域，在【开始】选项卡中单击【字体】选项组中的【填充颜色】右侧的下三角按钮，在弹出的下拉菜单中选择【其他颜色】命令，在弹出的对话框中选择【自定义】选项，将【红色】、【绿色】、【蓝色】设置为 75、172、198，单击【确定】按钮，完成后的效果如图 6-60 所示。

step 06 在 A2:G2 单元格中输入文字，将【字号】设置为 13，将【字体颜色】设置为白色，完成后的效果如图 6-61 所示。

图 6-60 填充颜色

图 6-61 输入颜色

step 07 在单元格中输入文字，然后对输入的文字进行相应设置，完成后的效果如图 6-62 所示。

step 08 选择 C3:C15、E3:E15 单元格区域并右击，在弹出的快捷菜单中选择【设置单元格格式】命令，在弹出的对话框中选择【数字】选项卡，在【分类】列表框中选择【会计专用】选项，如图 6-63 所示。

宏达机械设备台账

设备名称	型号	单价	数量	金额	起用时间	供应单位
滚齿机	C120	178000	4		2008/2/1	设备一厂
磨齿机	SH28	100000	3		2008/2/1	设备一厂
螺旋泵	T30	20000	4		2008/2/1	设备二厂
冲床	D3A41	50000	5		2010/5/1	设备二厂
倒角机	D941X	2000	8		2009/8/1	设备一厂
滚丝机	HT44	20000	8		2009/8/1	设备一厂
离心泵	SH28	800	10		2010/12/20	设备三厂
折弯机	D3A41	160000	5		2010/12/20	设备一厂
吊车	T25	650000	2		2011/2/1	设备一厂
流量计	D19	600	4		2011/1/1	设备三厂
螺旋泵	T30	20000	4		2010/12/20	设备三厂
格栅机	X150	10000	8		2011/12/20	设备二厂
剪板机	C120	45000	4		2012/12/20	设备二厂

图 6-62　输入文字

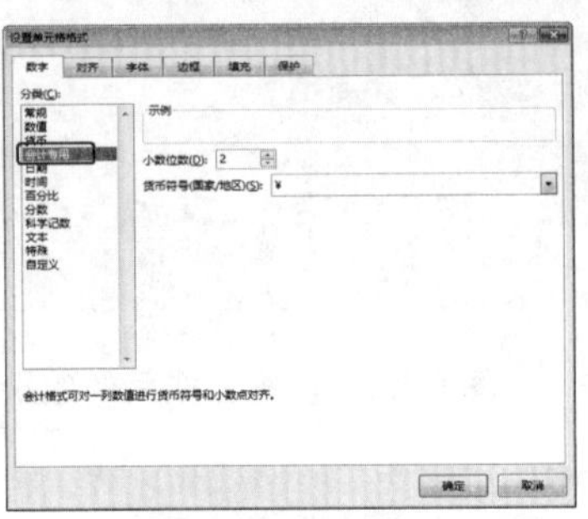

图 6-63　设置数字格式

step 09 单击【确定】按钮，在 E3 单元格中输入公式【=C3*D3】，按 Enter 键完成操作。然后利用自动填充功能不带格式填充至 E15 单元格，完成后的效果如图 6-64 所示。

step 10 选择 A3:G3、A5:G5、A7:G7、A9:G9、A11:G11、A13:G13、A15:G15 单元格区域，在【开始】选项卡中单击【字体】选项组中【填充颜色】右侧的下三角按钮，在弹出的下拉菜单中选择【其他颜色】命令，在弹出的对话框中将【红色】、【绿色】、【蓝色】设置为 218、238、243，单击【确定】按钮，完成后的效果如图 6-65 所示。

知识链接

默认情况下，填充数据时，会将源单元格格式一并填充到目标单元格里。如果填充不需要源单元格格式，只是单纯将数据填充过来，就使用“不带格式填充”。

宏达机械设备台账

设备名称	型号	单价	数量	金额	起用时间	供应单位
滚齿机	C120	¥ 178,000.00	4	¥ 712,000.00	2008/2/1	设备一厂
磨齿机	SH28	¥ 100,000.00	3	¥ 300,000.00	2008/2/1	设备一厂
螺旋泵	T30	¥ 20,000.00	4	¥ 80,000.00	2008/2/1	设备二厂
冲床	D3A41	¥ 50,000.00	5	¥ 250,000.00	2010/5/1	设备二厂
倒角机	D941X	¥ 2,000.00	8	¥ 16,000.00	2009/8/1	设备一厂
滚丝机	HT44	¥ 20,000.00	8	¥ 160,000.00	2009/8/1	设备一厂
离心泵	SH28	¥ 800.00	10	¥ 8,000.00	2010/12/20	设备三厂
折弯机	D3A41	¥ 160,000.00	5	¥ 800,000.00	2010/12/20	设备一厂
吊车	T25	¥ 650,000.00	2	¥1,300,000.00	2011/2/1	设备一厂
流量计	D19	¥ 600.00	4	¥ 2,400.00		设备三厂
螺旋泵	T30	¥ 20,000.00	4	¥ 80,000.00		设备三厂
格栅机	X150	¥ 10,000.00	8	¥ 80,000.00		设备二厂
剪板机	C120	¥ 45,000.00	4	¥ 180,000.00		设备二厂

复制单元格(C)
仅填充格式(F)
不带格式填充(O)
快速填充(F)

图 6-64　不带格式填充

宏达机械设备台账

设备名称	型号	单价	数量	金额	起用时间	供应单位
滚齿机	C120	¥ 178,000.00	4	¥ 712,000.00	2008/2/1	设备一厂
磨齿机	SH28	¥ 100,000.00	3	¥ 300,000.00	2008/2/1	设备一厂
螺旋泵	T30	¥ 20,000.00	4	¥ 80,000.00	2008/2/1	设备二厂
冲床	D3A41	¥ 50,000.00	5	¥ 250,000.00	2010/5/1	设备二厂
倒角机	D941X	¥ 2,000.00	8	¥ 16,000.00	2009/8/1	设备一厂
滚丝机	HT44	¥ 20,000.00	8	¥ 160,000.00	2009/8/1	设备一厂
离心泵	SH28	¥ 800.00	10	¥ 8,000.00	2010/12/20	设备三厂
折弯机	D3A41	¥ 160,000.00	5	¥ 800,000.00	2010/12/20	设备一厂
吊车	T25	¥ 650,000.00	2	¥1,300,000.00	2011/2/1	设备一厂
流量计	D19	¥ 600.00	4	¥ 2,400.00	2011/1/1	设备三厂
螺旋泵	T30	¥ 20,000.00	4	¥ 80,000.00	2010/12/20	设备三厂
格栅机	X150	¥ 10,000.00	8	¥ 80,000.00	2011/12/20	设备二厂
剪板机	C120	¥ 45,000.00	4	¥ 180,000.00	2012/12/20	设备二厂

图 6-65　设置完成后的效果

step 11 将第 19、20、21 行的【行高】分别设置为 35、20、20。然后选择 E19:F21 单元格区域并右击，在弹出的快捷菜单中选择【设置单元格格式】命令，在弹出的对话框中选择【边框】选项卡，在该选项卡中选择图 6-66 所示的线条，然后单击【外边框】按钮。

step 12 选择图 6-67 所示的线条，然后单击【内部】按钮，如图 6-67 所示。

step 13 单击【确定】按钮，然后选择 E19:E20 单元格区域，单击【合并后居中】按

钮，然后输入文字【台账查询】，将【字号】设置为 18。在 E20 单元格中输入文字【查询方式:】，完成后的效果如图 6-68 所示。

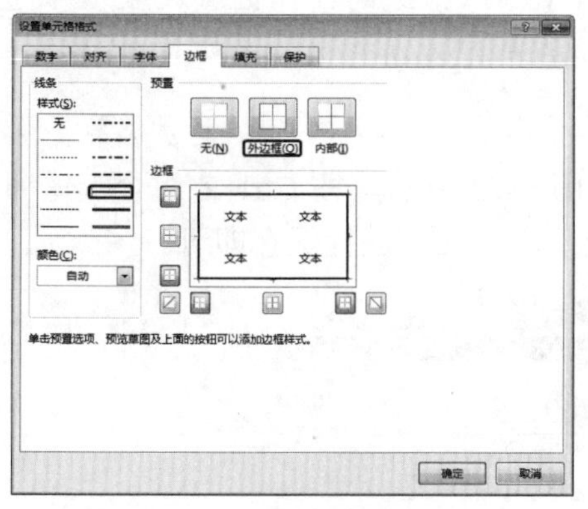

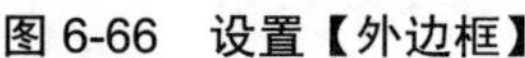

图 6-66 设置【外边框】

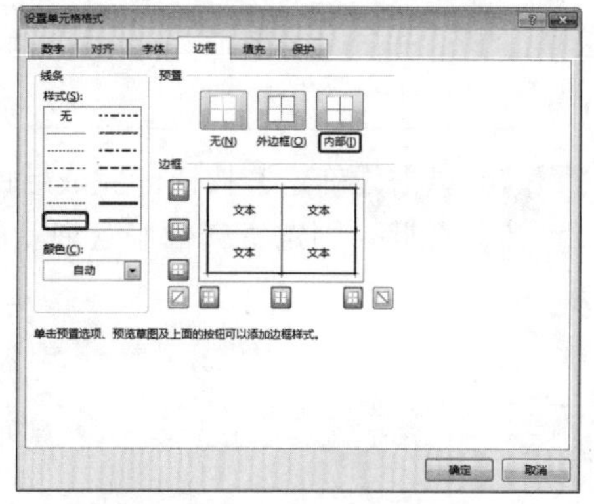

图 6-67 设置【内部】框线

step 14 选择 F20 单元格，在【数据】选项卡中单击【数据工具】选项组中的【数据验证】按钮，在弹出的对话框中选择【设置】选项卡，将【允许】设置为【序列】，在【来源】文本框中输入文字【设备名称,起用时间,供应单位】，单击【确定】按钮，如图 6-69 所示。

图 6-68 设置完成后的效果

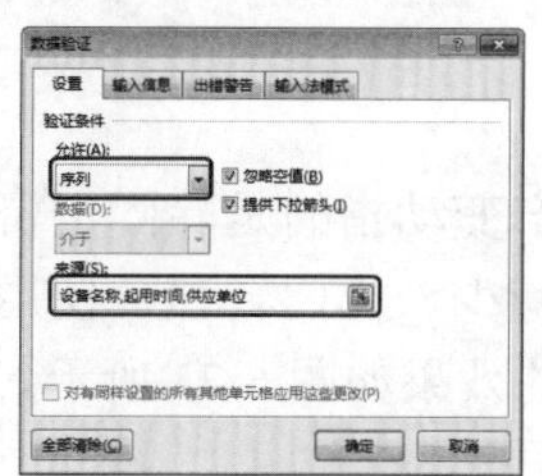

图 6-69 【数据验证】对话框

step 15 然后选择 F20 单元格，单击其右侧的下三角按钮，在弹出的下拉菜单中选择【设备名称】命令，如图 6-70 所示。

step 16 在 F21 单元格中输入【流量计】，在【数据】选项卡中单击【排序和筛选】选项组中的【高级】按钮，在弹出的对话框中单击【列表区域】右侧的按钮，然后选择 A2:G15 单元格区域，单击按钮，单击【条件区域】右侧的按钮，然后选择 E19:F21 单元格区域，如图 6-71 所示。

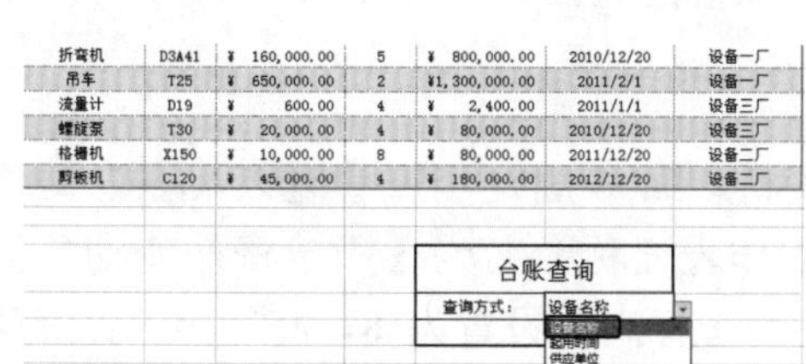

图 6-70 选择【设备名称】命令

图 6-71 【高级筛选】对话框

知识链接

高级筛选功能包括进行筛选的数据区域、用于高级筛选的条件区域及显示筛选结果的区域。高级筛选的条件区域至少由两行组成，第一行必须包含数据列表中的列标签，即字段名，其他行为筛选条件。

step 17 单击【确定】按钮，完成后的效果如图 6-72 所示。按 Ctrl+Z 组合键返回到上一步。至此，固定资产台账查询就制作完成了，将文件进行保存即可。

宏达机械设备台账

设备名称	型号	单价	数量	金额	起用时间	供应单位
流量计	D19	¥ 600.00	4	¥ 2,400.00	2011/1/1	设备三厂

台账查询	
查询方式：	设备名称
	流量计

图 6-72　设置完成后的效果

案例精讲 056　固定资产变动单

案例文件：CDROM\场景\Cha06\固定资产变动单.xlsx

视频文件：视频教学\Cha06\固定资产变动单.avi

制作概述

固定资产变动指的是除固定资产增加和减少外的原值调整。固定资产变动方式包括原值增加、原值减少、部门转移、使用状况调整、折旧方法调整、累计折旧调整及使用年限调整等。完成后的效果如图 6-73 所示。

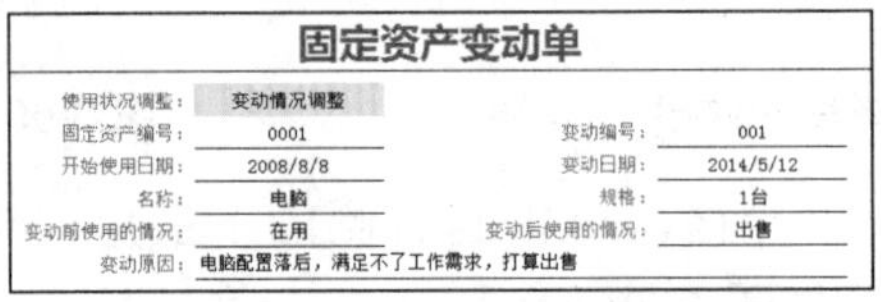

固定资产变动单

使用状况调整：	变动情况调整		
固定资产编号：	0001	变动编号：	001
开始使用日期：	2008/8/8	变动日期：	2014/5/12
名称：	电脑	规格：	1台
变动前使用的情况：	在用	变动后使用的情况：	出售
变动原因：	电脑配置落后，满足不了工作需求，打算出售		

图 6-73　固定资产变动单

学习目标

- 学习如何设置制作固定资产变动单。
- 掌握 VLOOKUP 函数的使用和如何设置单元格的属性。

操作步骤

step 01 打开随书附带光盘中的“CDROM\素材\Cha06\固定资产管理表.xlsx”文件，单击【新工作表】按钮，新建工作表，将工作表名称命名为【固定资产变动单】，将第 2 行的【行高】设置为 35，将第 3 行的【行高】设置为 8，将第 4～9 行的【行高】设置为 20，将第 10 行的【行高】设置为 8，将 B、C、E、F 列的【列宽】设置为 18，将第 D、G 列的【列宽】分别设置为 8、2，完成后的效果如图 6-74 所示。

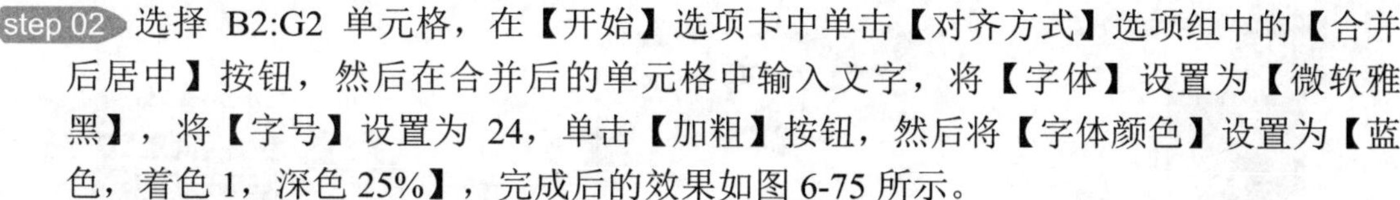

step 02 选择 B2:G2 单元格，在【开始】选项卡中单击【对齐方式】选项组中的【合并后居中】按钮，然后在合并后的单元格中输入文字，将【字体】设置为【微软雅黑】，将【字号】设置为 24，单击【加粗】按钮，然后将【字体颜色】设置为【蓝色，着色 1，深色 25%】，完成后的效果如图 6-75 所示。

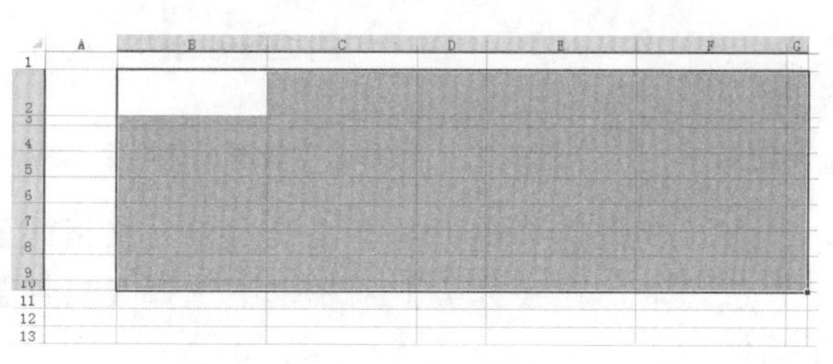

图 6-74 设置完成后的效果

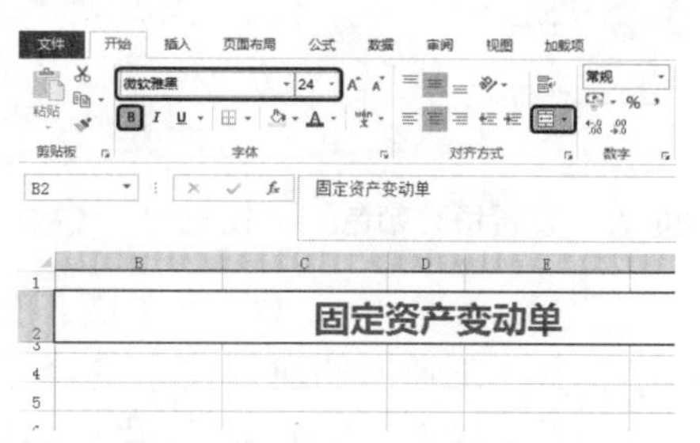

图 6-75 合并单元格并输入文字

step 03 在 B4 单元格中输入文字，将【字体】设置为【宋体】，将【字号】设置为 11，将【字体颜色】设置为【蓝色，着色 1，深色 25%】，单击【对齐方式】选项组中的【右对齐】按钮，完成后的效果如图 6-76 所示。

step 04 使用同样的方法在其他单元格中输入文字，并进行相应的设置，完成后的效果如图 6-77 所示。

图 6-76 设置文字属性

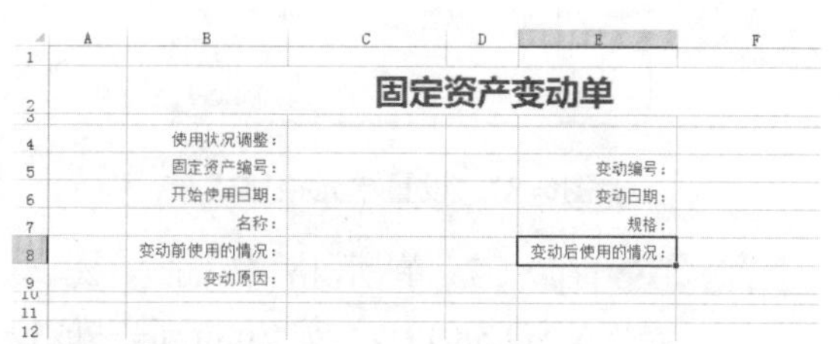

图 6-77 输入其他文字后的效果

step 05 选择 C4 单元格，在【开始】选项卡中的【字体】选项组中单击【填充颜色】右侧的下三角按钮，在弹出的下拉菜单中选择【其他颜色】命令，在弹出的对话框中选择【自定义】选项卡，将【红色】、【绿色】、【蓝色】设置为 221、235、247，如图 6-78 所示。

step 06 单击【确定】按钮，继续选择 C4 单元格，在【数据】选项卡中单击【数据工具】选项组中的【数据验证】按钮，在弹出的对话框中选择【设置】选项卡，将【允许】设置为【序列】，在【来源】选项组中的文本框中输入【原值变动,部门转移,净值调整,残值率调整,折旧方法调整,累计折旧调整,变动情况调整】，如图 6-79 所示。

step 07 单击【确定】按钮，单击 C4 单元格右侧的下三角按钮，在弹出的下拉菜单中选择【变动情况调整】命令，如图 6-80 所示。

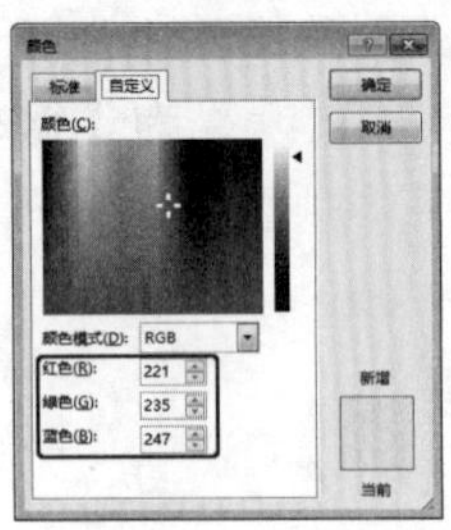

图6-78 设置填充颜色

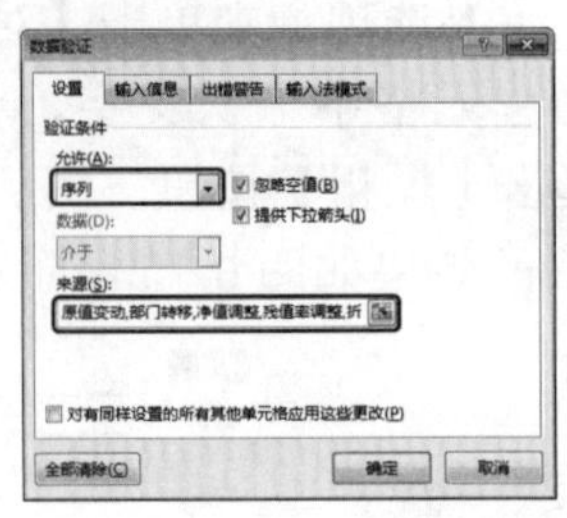

图6-79 【数据验证】对话框

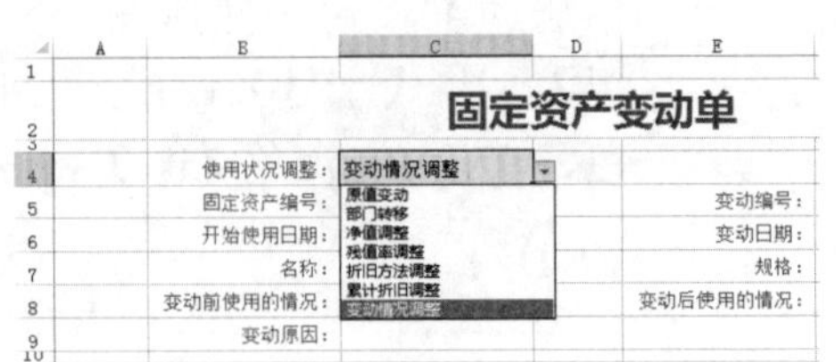

图6-80 选择【变动情况调整】命令

step 08 选择 C6、F6 单元格并右击，在弹出的快捷菜单中选择【设置单元格格式】命令，在弹出的对话框中选择【数字】选项卡，在【分类】列表框中选择【日期】选项，将【类型】设置为图 6-81 所示。

step 09 单击【确定】按钮，然后在 C6 单元格中输入公式【=VLOOKUP(C5,永华公司固定资产管理表!$A:$Q,9,0)】，按 Enter 键完成操作。完成后的效果如图 6-82 所示。

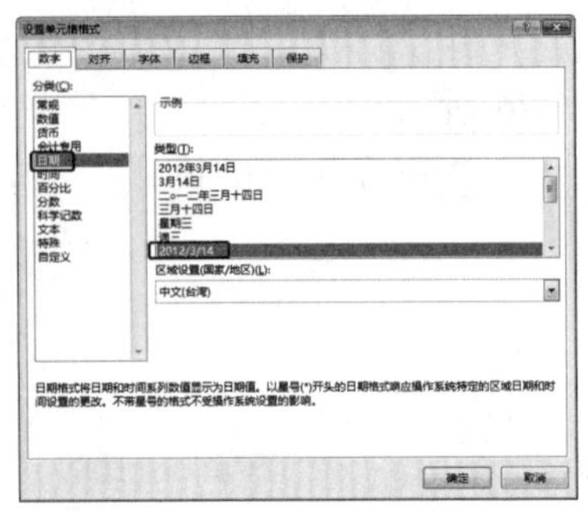

图6-81 设置单元格格式

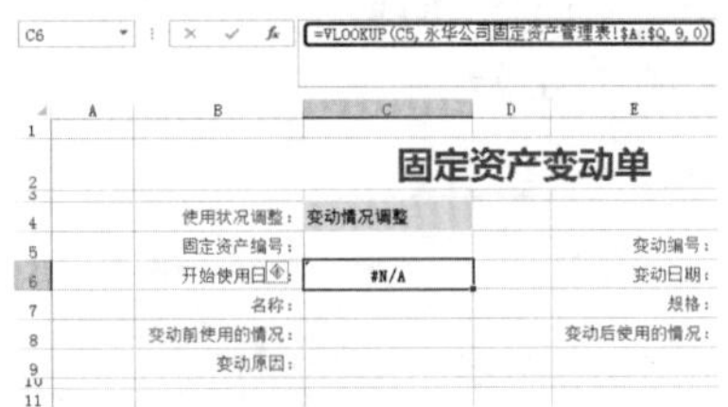

图6-82 输入公式后的效果

step 10 在 C7 单元格中输入公式【=VLOOKUP(C5,永华公司固定资产管理表!$A:$Q,3,0)】，按 Enter 键完成操作。在 C8 单元格中输入公式【=VLOOKUP(F5,永华公司固定资产管理表!A:P,10,0)】，按 Enter 键完成操作。在 F7 单元格中输入公式【=VLOOKUP(C5,永华公司固定资产管理表!$A:$Q,5,0)】，按 Enter 键完成操作，效果如图 6-83 所示。

step 11 选择 C9:F9 单元格，在【开始】选项卡中单击【合并后居中】按钮，然后单击【左对齐】按钮。选择 C4:C8、F5:F8 单元格区域，在【开始】选项卡中单击【居中】按钮，如图 6-84 所示。

	A	B	C	D	E	F
1						
2-3			固定资产变动单			
4		使用状况调整：	变动情况调整			
5		固定资产编号：			变动编号：	
6		开始使用日期：	#N/A		变动日期：	
7		名称：	#N/A		规格：	#N/A
8		变动前使用的情况：	#N/A		变动后使用的情况：	
9		变动原因：				

图6-83 设置完成后的效果

图6-84 设置对齐方式

step 12 选择 B2:G10 单元格区域并右击，在弹出的快捷菜单中选择【设置单元格格式】命令，在弹出的对话框中选择【边框】选项卡，选择如图 6-85 所示的线条，然后单击【外边框】按钮，如图 6-85 所示。

step 13 单击【确定】按钮，选择 B2、C5:C8、F5:F8、C9 单元格并右击，在弹出的快捷菜单中选择【设置单元格格式】命令，在弹出的对话框中选择【边框】选项卡，选择如图 6-86 所示的线条，然后单击图 6-86 所示的按钮。

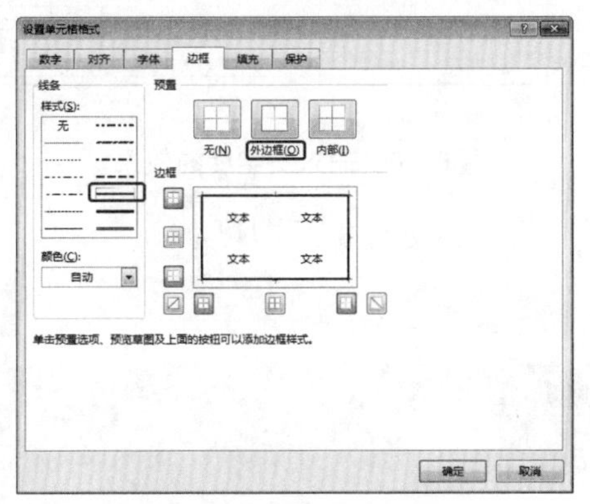

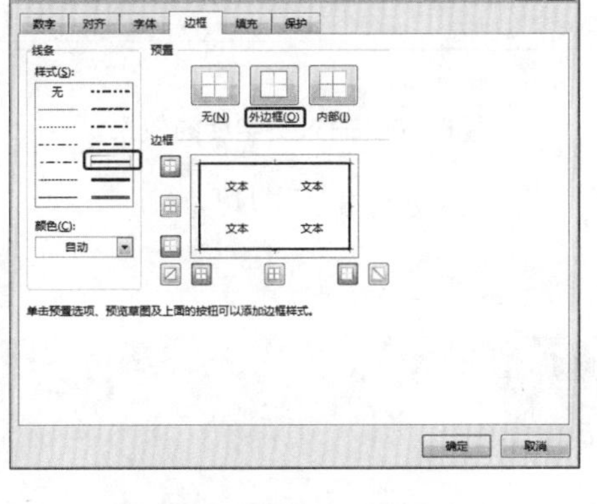

图6-85　设置【外边框】

图6-86　设置底边框

step 14 选择 C5 单元格并右击，在弹出的快捷菜单中选择【设置单元格格式】命令，在弹出的对话框中选择【数字】选项卡，选择【分类】列表框中的【自定义】选项，在【类型】文本框中输入【0000】，如图 6-87 所示。

step 15 单击【确定】按钮，然后在 C5 单元格中输入数字【1】，完成后的效果如图 6-88 所示。

图6-87　设置格式

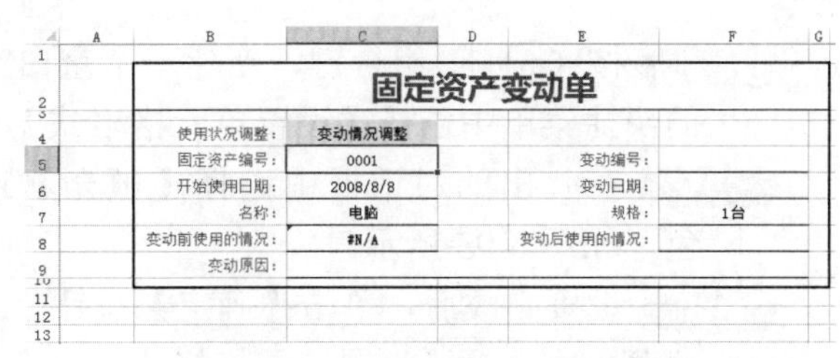

图6-88　输入数字后的效果

step 16 选择 F5 单元格，在该单元格中右击，在弹出的快捷菜单中选择【设置单元格格式】命令，在弹出的对话框中选择【数字】选项卡，选择【分类】列表框中的【自定义】选项，在【类型】文本框中输入【000】，单击【确定】按钮，如图 6-89 所示。

step 17 然后在 F5 单元格中输入 1，在 F6、F8、C9 单元格中输入文字，完成后的效果如图 6-90 所示。

图6-89　设置单元格格式

图6-90　输入文字后的效果

step 18 至此，固定资产变动单就制作完成了，将文件进行保存即可。

案例精讲 057　固定资产增加审批表

案例文件：CDROM\场景\Cha06\固定资产增加审批表.xlsx

视频文件：视频教学\Cha06\固定资产增加审批表.avi

制作概述

本案例将介绍如何制作固定资产增加审批表。首先要设置单元格的背景颜色；然后再调整行高、列宽等；最后设置单元格格式并输入文字。完成后的效果如图 6-91 所示。

图6-91　固定资产增加审批表

学习目标

- 掌握单元格背景颜色的设置。
- 掌握行高、列宽的设置。

操作步骤

step 01 按 Ctrl+N 组合键，新建一个空白工作簿，选择任意一个单元格并右击，在弹出的快捷菜单中选择【设置单元格格式】命令，如图 6-92 所示。

step 02 在弹出的对话框中选择【填充】选项卡，在【背景色】选项组中选择背景颜色，如图 6-93 所示。

step 03 设置完成后，单击【确定】按钮，选择 B2:I24 单元格区域并右击，在弹出的快捷菜单中选择【设置单元格格式】命令，如图 6-94 所示。

step 04 在弹出的对话框中选择【填充】选项卡，在【背景色】选项组中选择白色，如图 6-95 所示。

step 05 选择完成后，单击【确定】按钮，选择 D～H 列单元格并右击，在弹出的快捷菜单中选择【列宽】命令，在弹出的对话框中将【列宽】设置为 18，如图 6-96 所示。

step 06 选择 C 列单元格并右击，在弹出的快捷菜单中选择【列宽】命令，在弹出的对话框中将【列宽】设置为 22.5，如图 6-97 所示。

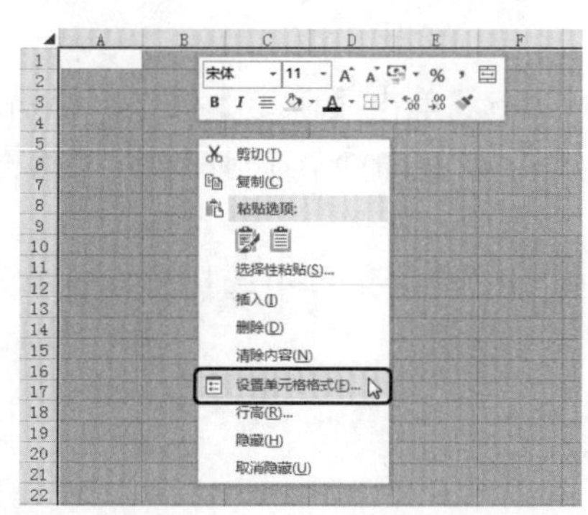

图6-92　选择【设置单元格格式】命令

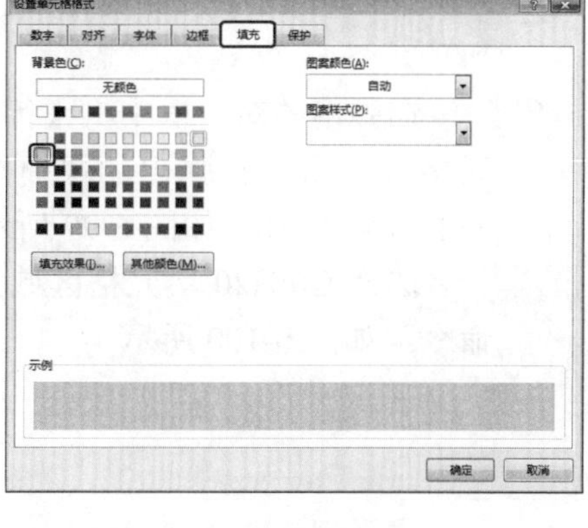

图6-93　选择背景颜色

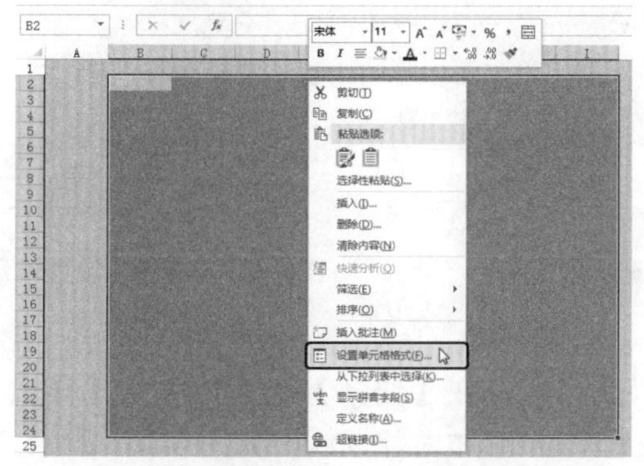

图6-94　选择【设置单元格格式】命令

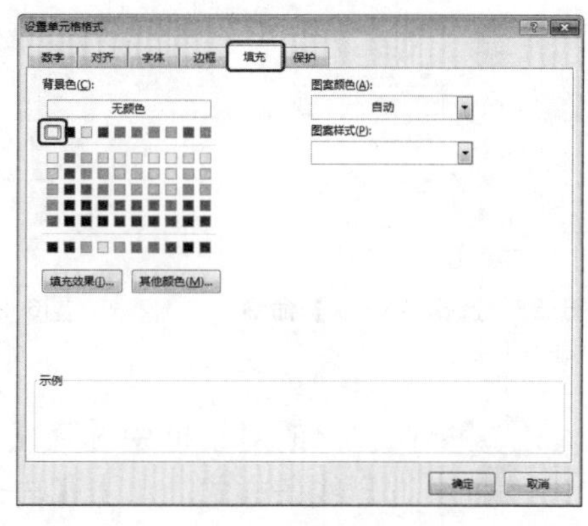

图6-95　选择白色

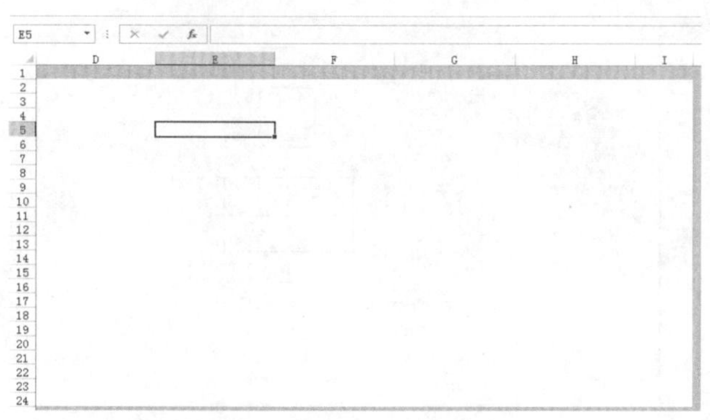

图6-96　设置单元格列宽

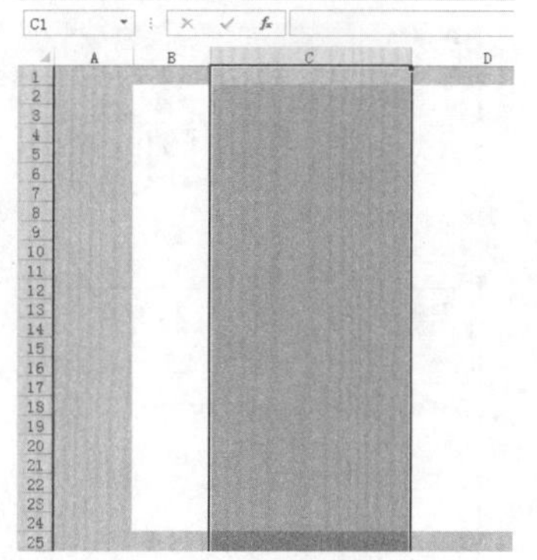

图6-97　设置C列单元格宽度

知识链接

固定资产是企业的劳动手段，也是企业赖以生产经营的主要资产。从会计的角度划分，固定资产一般分为生产用固定资产、非生产用固定资产、租出固定资产、未使用固定资产、不需用固定资产、融资租赁固定资产、接受捐赠固定资产等。

step 07 选择第 1、2 行单元格并右击，在弹出的快捷菜单中选择【行高】命令，如图 6-98 所示。

step 08 在弹出的对话框中将【行高】设置为 28.5，单击【确定】按钮，选择第 3 行单元格并右击，在弹出的快捷菜单中选择【行高】命令，在弹出的对话框中将【行高】设置为 36，如图 6-99 所示。

step 09 选择 C6:H20 单元格区域并右击，在弹出的快捷菜单中选择【设置单元格格式】命令，如图 6-100 所示。

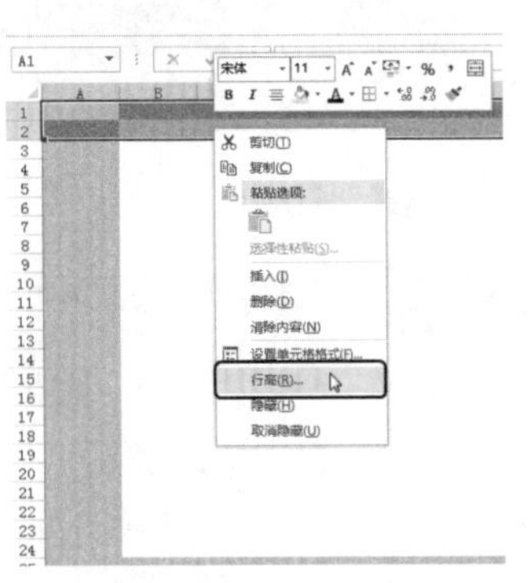

图6-98 选择【行高】命令

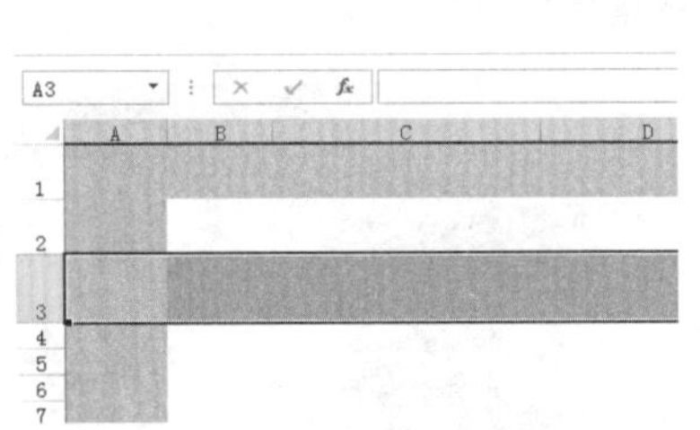

图6-99 设置单元格高度

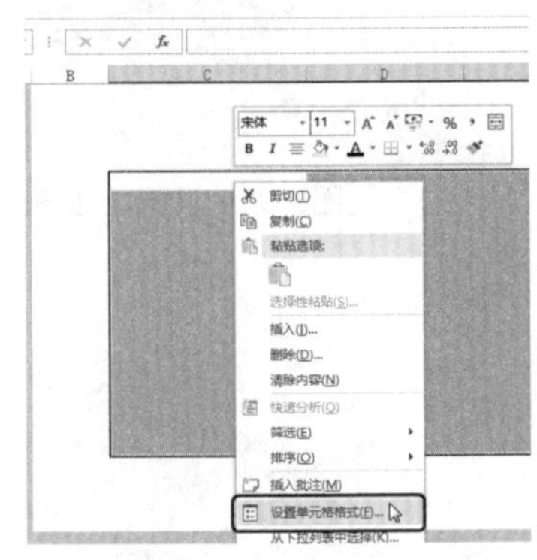

图6-100 选择【设置单元格格式】命令

step 10 在弹出的对话框中选择【边框】选项卡，在【线条】选项组中的【样式】列表框中选择线条样式，单击【内部】按钮，添加内部框线，如图 6-101 所示。

step 11 再在【样式】列表框中选择一种线条样式，在【预置】选项组中单击【外边框】按钮，如图 6-102 所示。

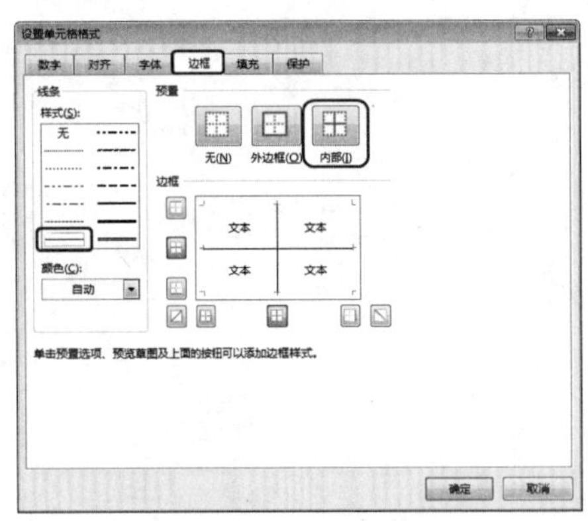

图6-101 添加【内部】框线

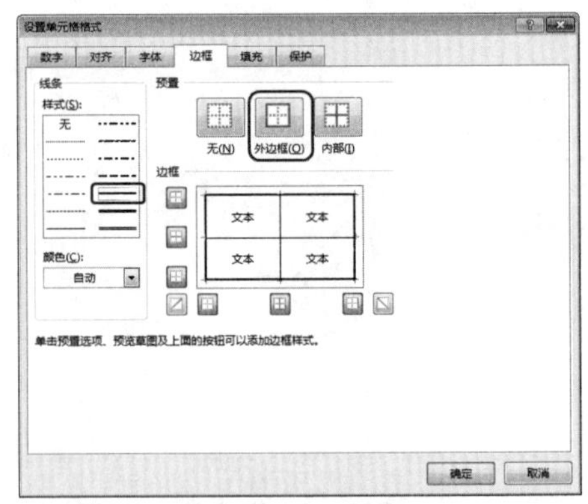

图6-102 添加【外边框】

step 12 设置完成后，单击【确定】按钮，选择第 5～16 行单元格并右击，在弹出的快捷菜单中选择【行高】命令，在弹出的对话框中将【行高】设置为 20，如图 6-103 所示。

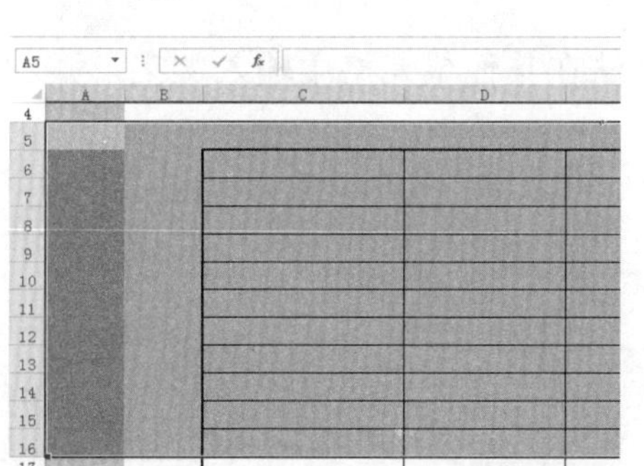

图 6-103 设置【行高】后的效果

知识链接

一项资产如要作为固定资产加以确认，首先需要符合固定资产的定义，其次还要符合固定资产的确认条件，即与该固定资产有关的经济利益很可能流入企业，同时，该固定资产的成本能够可靠地计量。

step 13 使用同样的方法设置其他行的行高，选择 D6:E6 单元格区域，选择【开始】选项卡，在【对齐方式】选项组中单击【合并后居中】按钮，在【字体】选项组中将【填充颜色】的 RGB 值设置为 255、255、204，如图 6-104 所示。

step 14 使用同样的方法设置 D7:E11 单元格区域，选中 D6:D11 单元格区域，选择【开始】选项卡，在【字体】选项组中将【字体】设置为【微软雅黑】，效果如图 6-105 所示。

图 6-104 合并单元格并设置填充颜色

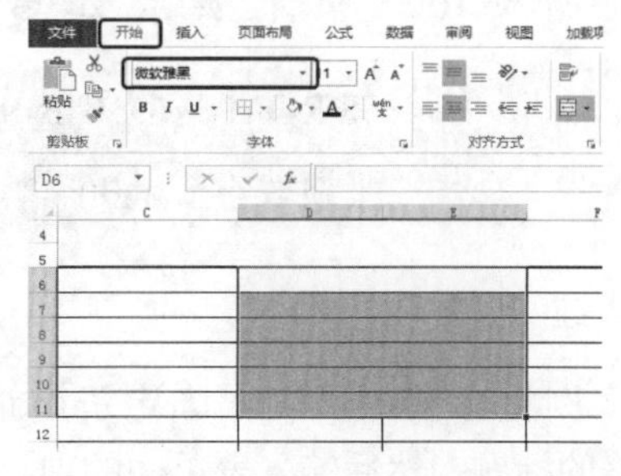

图 6-105 应用单元格格式后的效果

step 15 使用同样的方法合并其他单元格，并对其进行相应的设置，效果如图 6-106 所示。

step 16 选择 C3:H3 单元格区域，选择【开始】选项卡，在【对齐方式】选项组中单击【合并后居中】按钮，继续选中合并后的单元格，输入文字并选中输入的文字，在【字体】选项组中将【字体】设置为【方正小标宋简体】，将【字号】设置为 18，单击【加粗】按钮 B，如图 6-107 所示。

step 17 选择 C5 单元格，输入文字并选中输入的文字，选择【开始】选项卡，在【字体】选项组中将【字体】设置为【微软雅黑】，将【字号】设置为 11，如图 6-108 所示。

step 18 使用同样的方法在其他单元格中输入文字，并对单元格进行相应的设置，效果如图 6-109 所示。

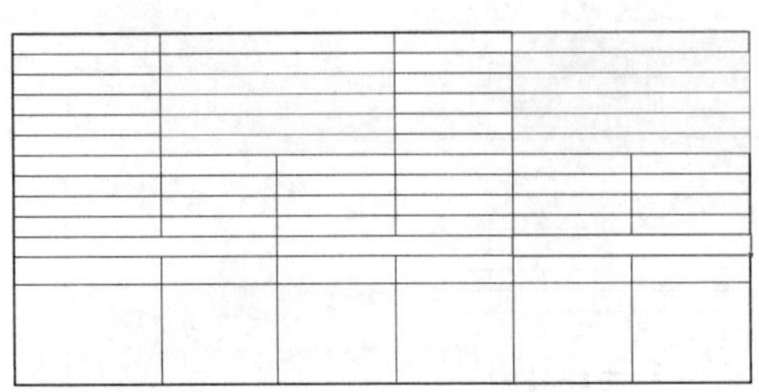

图 6-106　合并单元格并设置后的效果

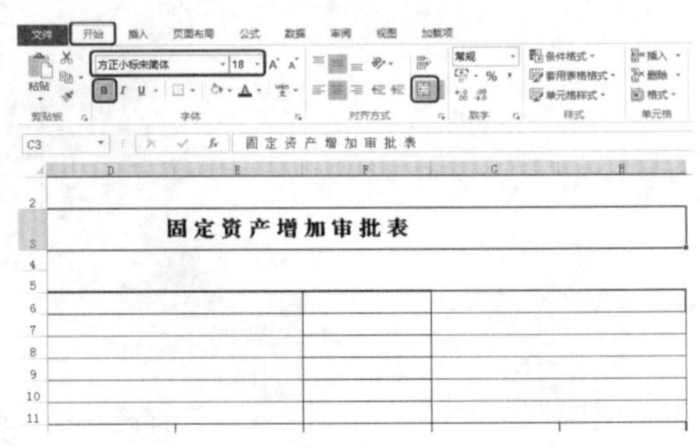

图 6-107　合并单元格并输入文字

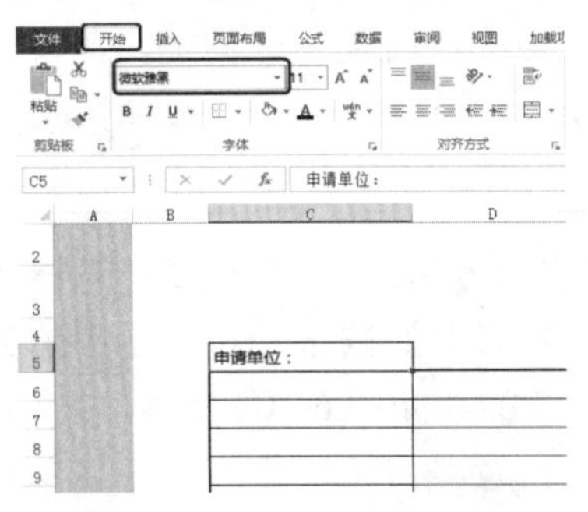

图 6-108　输入文字并进行设置

图 6-109　输入文字并设置后的效果

案例精讲 058　固定资产让售比价单

案例文件：CDROM\场景\Cha06\固定资产让售比价单.xlsx

视频文件：视频教学\Cha06\固定资产让售比价单.avi

制作概述

本案例将介绍如何制作固定资产让售比价单。首先设置表格的标题；然后输入表单中的项目标题；最后输入信息数据后输入计算公式。完成后的效果如图 6-110 所示。

固定资产让售比价单

日期　2014/11/20

名称		拉伸机床	厂牌规格	LSJC-02135	使用部门	冲床车间
					附属设备	无
					购置日期	2003/6/18
单位		台	数量	3	使用年限	20
比价记录	厂商	A公司	B公司	C公司	原　价	¥235,000.00
	单价	¥24,800.00	¥23,600.00	¥20,500.00	已提折旧	¥137,754.51
	总价	¥74,400.00	¥70,800.00	¥61,500.00	净　值	¥23,500.00
	有关要求				剩余价值	¥73,745.49
制表人			保管人		会计部	
财务审核			财务总监		总经理	

图 6-110　固定资产让售比价单

学习目标

- 学习如何制作固定资产让售比价单。
- 学习 TODAY 函数的使用方法。
- 学习 VDB 函数的使用方法。

操作步骤

step 01 启动 Excel 2013，新建一个空白工作簿。选中 B1:H1 单元格，单击【对齐方

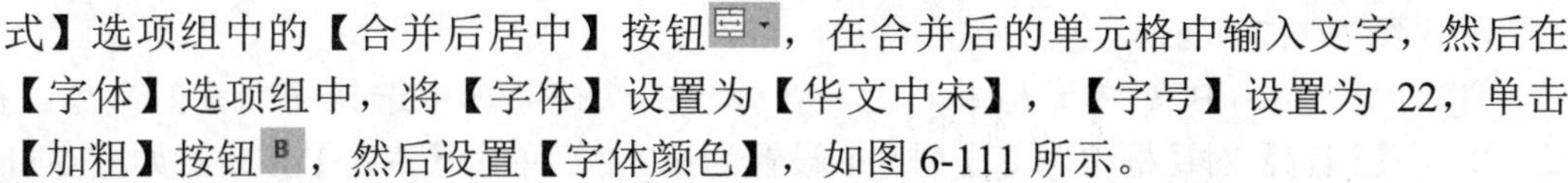

式】选项组中的【合并后居中】按钮，在合并后的单元格中输入文字，然后在【字体】选项组中，将【字体】设置为【华文中宋】，【字号】设置为 22，单击【加粗】按钮，然后设置【字体颜色】，如图 6-111 所示。

step 02 在 G2 单元格中输入文字，然后在【字体】选项组中，将【字体】设置为【华文中宋】，【字号】设置为 10，单击【加粗】按钮，然后设置【字体颜色】，在【对齐方式】选项组中，单击【居中】按钮，如图 6-112 所示。

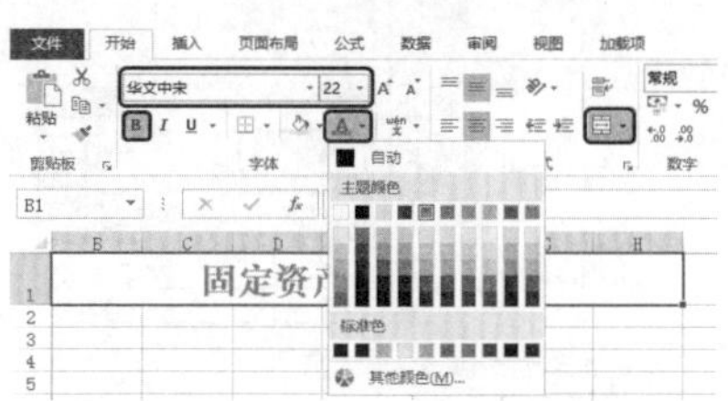

图 6-111　输入文字并设置

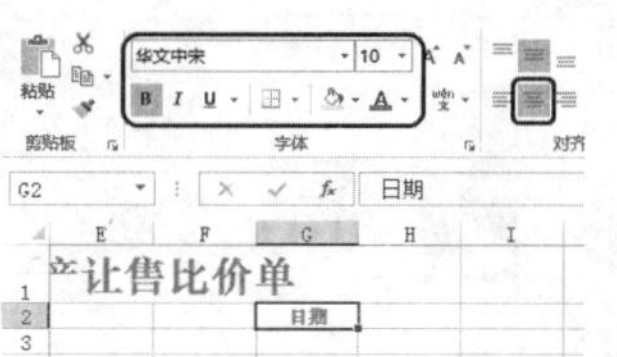

图 6-112　输入文字并设置

step 03 选择 B3:C5 单元格，单击【对齐方式】选项组中的【合并后居中】按钮，在合并后的单元格中输入文字，然后在【字体】选项组中，将【字体】设置为【华文中宋】，【字号】设置为 11，单击【加粗】按钮，然后设置【字体颜色】，如图 6-113 所示。

step 04 按住 Ctrl 键，分别选择 D3:D5、E3:E5、F3:F5 单元格，单击【对齐方式】选项组中的【合并后居中】按钮，如图 6-114 所示。

图 6-113　输入文字并设置

图 6-114　合并单元格

step 05 在 E3 单元格中输入文字，将【字体】设置为【华文中宋】，【字号】设置为 11，单击【加粗】按钮，然后设置【字体颜色】，如图 6-115 所示。

step 06 使用相同的方法合并其他单元格并输入文字，如图 6-116 所示。

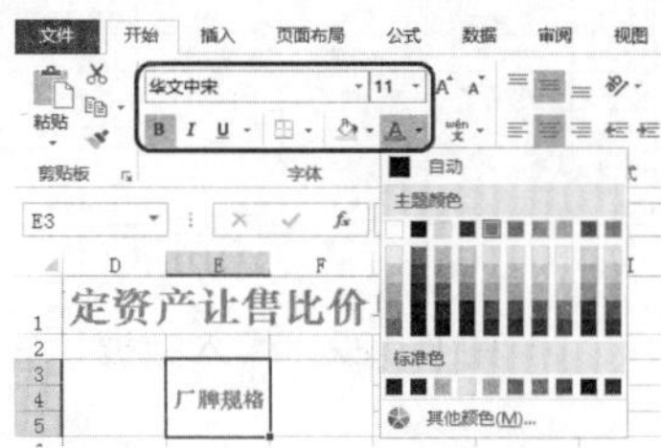

图 6-115　输入文字并设置

	A	B	C	D	E	F	G
1		固定资产让售比价单					
2							日期
3		名称			厂牌规格		使用部门
4							附属设备
5							购置日期
6		单位			数量		使用年限
7		比	厂商				原　价
8		价	单价				已提折旧
9		记	总价				净　值
10		录	有关要求				剩余价值
11		制表人			保管人		会计部
12		财务审核			财务总监		总经理

图 6-116　输入其他文字

step 07 选择 B3:H12 单元格，在【字体】选项组中，将边框设置为【所有框线】，如

图 6-117 所示。

step 08 选中 B 列单元格并右击，在弹出的快捷菜单中选择【列宽】命令。在弹出的【列宽】对话框中，将【列宽】设置为 5，然后单击【确定】按钮，如图 6-118 所示。

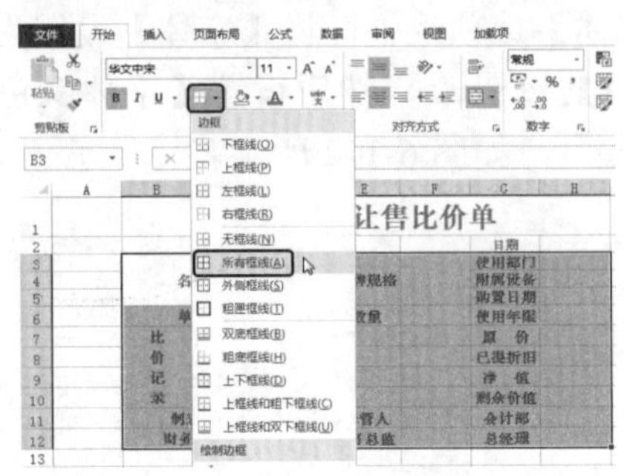

图 6-117　设置边框

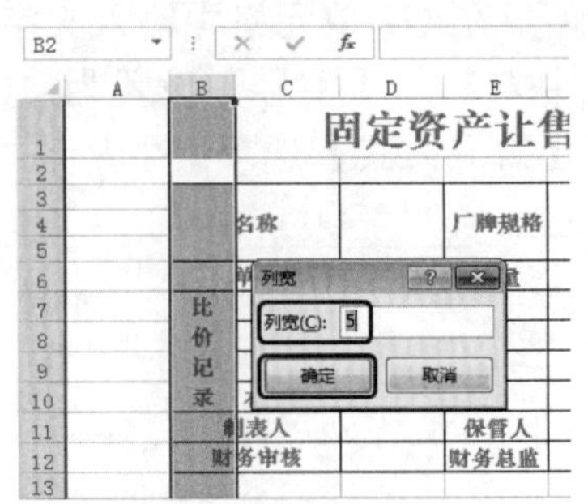

图 6-118　设置【列宽】

step 09 选中第 1 行单元格并右击，在弹出的快捷菜单中选择【行高】命令。在弹出的【行高】对话框中，将【行高】设置为 55，然后单击【确定】按钮，如图 6-119 所示。

step 10 参照前面的操作步骤，设置其他单元格的【列宽】和【行高】，如图 6-120 所示。

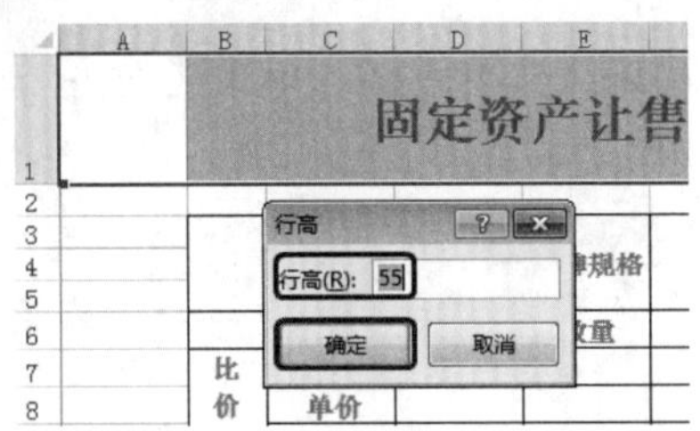

图 6-119　设置【行高】

图 6-120　设置单元格的【列宽】和【行高】

step 11 在 D3 单元格中输入文字，将【字体】设置为【华文中宋】，如图 6-121 所示。

step 12 在其他单元格中输入数据信息，如图 6-122 所示。

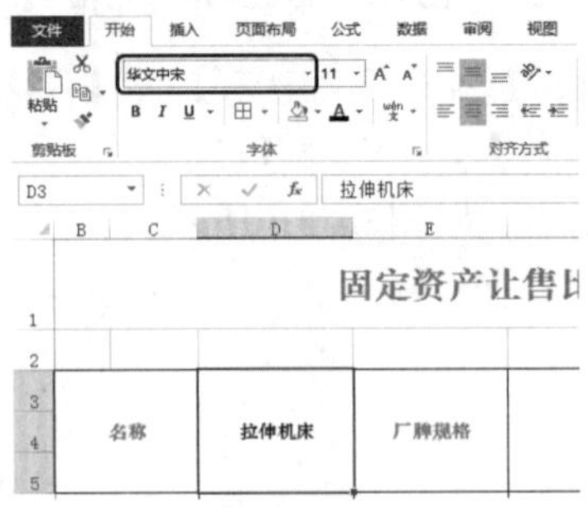

图 6-121　输入文字

固定资产让售比价单

					日期	
名称		拉伸机床	厂牌规格	LSJC-02135	使用部门	冲床车间
					附属设备	无
					购置日期	2003/6/18
单位		台	数量	3	使用年限	20
比价记录	厂商	A公司	B公司	C公司	原　价	¥235,000.00
	单价	¥24,800.00	¥23,600.00	¥20,500.00	已提折旧	
	总价				净　值	
	有关要求				剩余价值	
制表人			保管人		会计部	
财务审核			财务总监		总经理	

图 6-122　输入数据

输入单价和原价的数据后，将其单元格的【数字格式】设置为【货币】。

step 13 在 H2 单元格中输入函数【=TODAY()】，显示当前日期，如图 6-123 所示。

step 14 在 D9 单元格中输入计算公式【=D8*$F$6】，然后将【字体】设置为【华文中宋】，设置【填充颜色】，单击【居中】按钮，如图 6-124 所示。

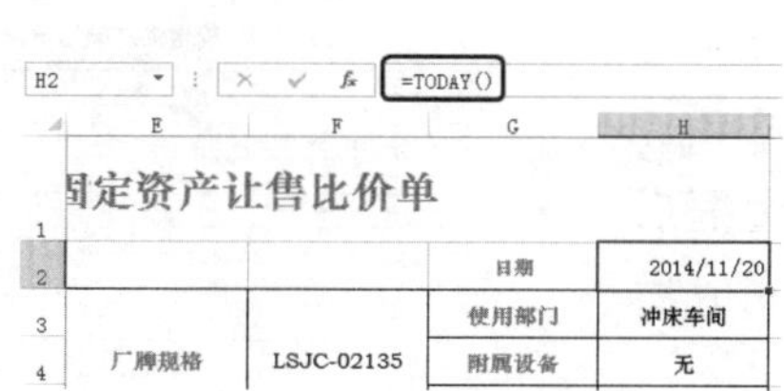

图 6-123　输入函数

图 6-124　输入计算公式并设置

step 15 当光标在 D9 单元格的右下角呈黑心十字形状时，按住鼠标左键，向右拖动到 F9 单元格，自动填充其他单元格，如图 6-125 所示。

step 16 在 H9 单元格中输入计算公式【=H7*0.1】，然后将【字体】设置为【华文中宋】，单击【居中】按钮，如图 6-126 所示。

图 6-125　自动填充其他单元格

图 6-126　输入计算公式

step 17 在 H8 单元格中将【字体】设置为【华文中宋】，单击【居中】按钮，输入函数公式【=VDB(H7,H9,H6,1,IF(MONTH(H2)>MONTH(H5),YEAR(H2)-YEAR(H5),YEAR(H2)-YEAR(H5)-1))】，然后设置【填充颜色】，如图 6-127 所示。

step 18 在 H10 单元格中输入计算公式【=H7-H8-H9】，然后将【字体】设置为【华文中宋】，单击【居中】按钮，如图 6-128 所示。

图 6-127　输入函数公式

图 6-128　输入计算公式

案例精讲 059 固定资产领用申请表

案例文件：CDROM\场景\Cha06\固定资产领用申请表.xlsx

视频文件：视频教学\Cha06\固定资产领用申请表.avi

制作概述

本案例将介绍如何制作固定资产领用申请表。首先设置表单的标题；然后输入项目名称。设置单元格的边框后输入计算公式；最后设置单元格的【填充颜色】。完成后的效果如图 6-129 所示。

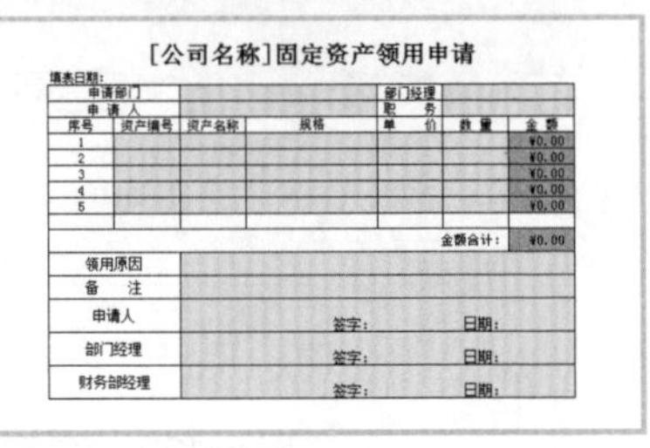

图 6-129 固定资产领用申请表

学习目标

- 学习如何制作固定资产领用申请表。
- 学习 SUM 函数的使用方法。

操作步骤

step 01 启动 Excel 2013，新建一个空白工作簿。选中 C3:J3 单元格，单击【对齐方式】选项组中的【合并后居中】按钮，在合并后的单元格中输入文字，然后在【字体】选项组中，将【字号】设置为 20，单击【加粗】按钮，如图 6-130 所示。

step 02 在 C4 单元格中输入文字，然后在【字体】选项组中将【字号】设置为 10，单击【右对齐】按钮，如图 6-131 所示。

图 6-130 输入标题文字

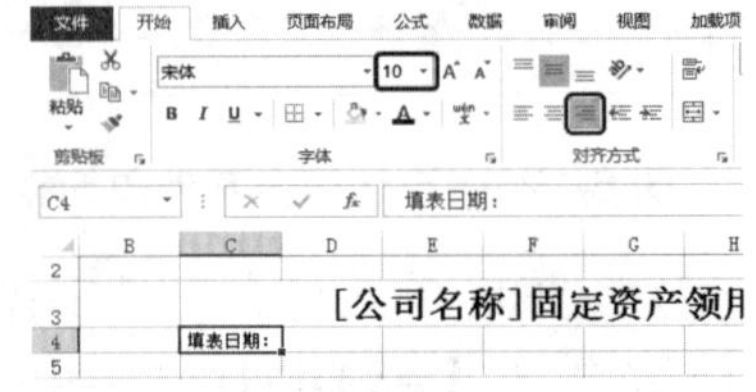

图 6-131 输入文字并设置

step 03 选择 C5:D5 单元格，单击【对齐方式】选项组中的【合并后居中】按钮，在合并后的单元格中输入文字，如图 6-132 所示。

step 04 参照前面的操作方法输入其他文字，如图 6-133 所示。

图 6-132 输入文字

图 6-133 输入其他文字后的效果

step 05 选择 C5:J16 单元格，在【字体】选项组中，将边框设置为【所有框线】，如图 6-134 所示。

step 06 按住 Ctrl 键，依次选择 C17:J18、C19:J20、C21:J22 单元格，在【字体】选项组中，将边框设置为【外侧框线】，如图 6-135 所示。

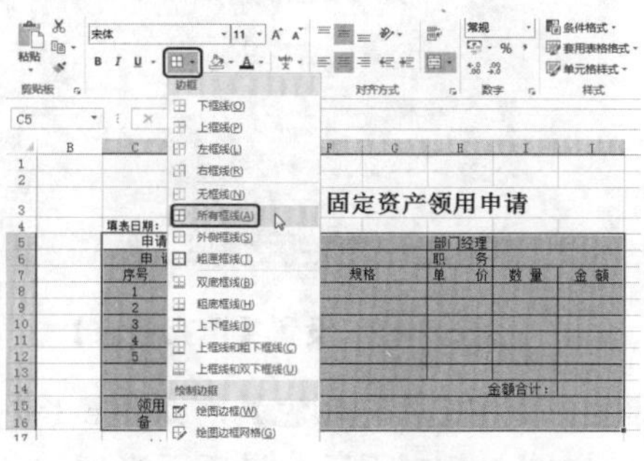

图 6-134 设置边框

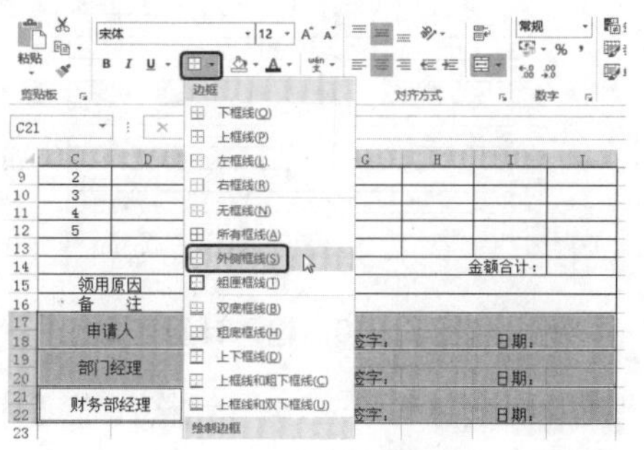

图 6-135 设置边框

step 07 选择 C17:D22 单元格，在【字体】选项组中，将边框设置为【右框线】，如图 6-136 所示。

step 08 按住 Ctrl 键，选择 H8:H12 和 J8:J14 单元格，在【数字】选项组中，将【数字格式】设置为【货币】，如图 6-137 所示。

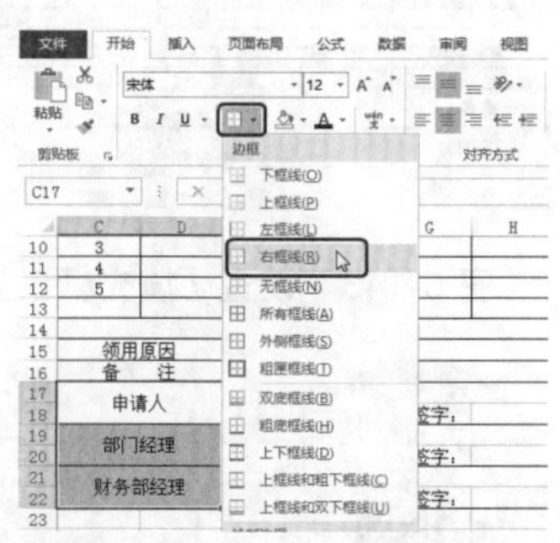

图 6-136 设置边框线

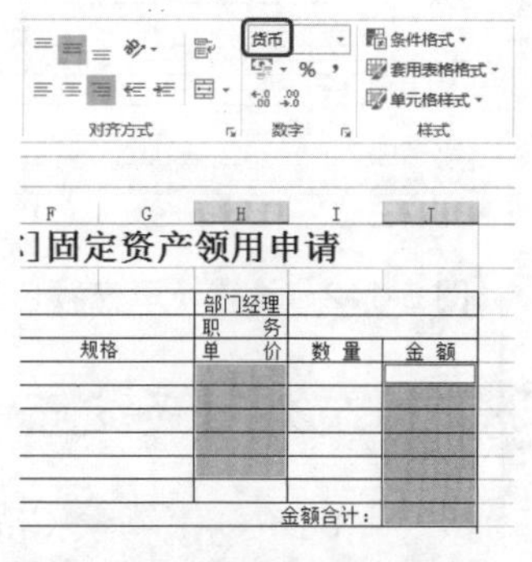

图 6-137 设置【数字格式】

step 09 选中 J8 单元格，输入计算公式【=H8*I8】，如图 6-138 所示。

step 10 当光标在 J8 单元格的右下角呈黑十字形状时，按住鼠标左键，向下拖动到 J12 单元格，自动填充其他单元格，如图 6-139 所示。

图 6-138 输入计算公式

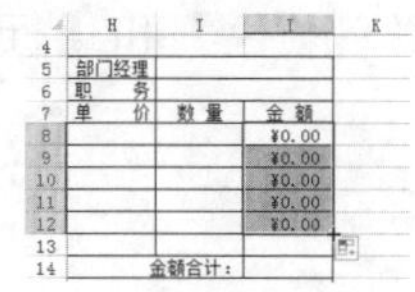

图 6-139 自动填充其他单元格

step 11 在 J14 单元格中输入计算函数【=SUM(J8:J13)】，如图 6-140 所示。

step 12 选中 A1 单元格，按 Ctrl+A 组合键选择所有单元格，在【字体】选项组中设置

【填充颜色】，如图 6-141 所示。

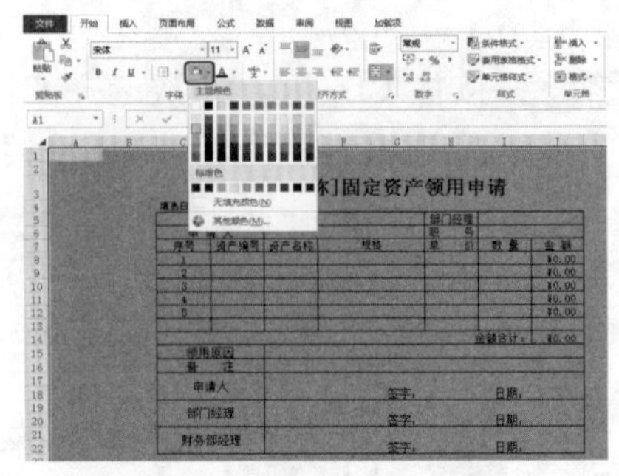

图 6-140　输入计算函数　　图 6-141　设置【填充颜色】

step 13 选择 B2:K24 单元格，在【字体】选项组中设置【填充颜色】，如图 6-142 所示。

step 14 然后设置部分单元格的【填充颜色】，如图 6-143 所示。最后适当调整单元格的【行高】。

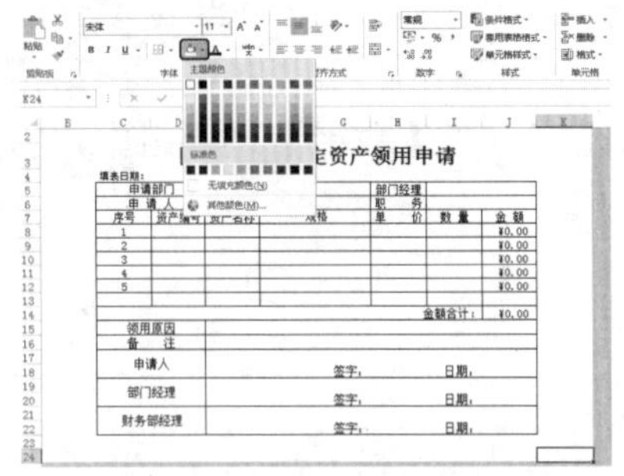

图 6-142　设置【填充颜色】

图 6-143　设置【填充颜色】

案例精讲 060　公司固定资产移转单

案例文件：CDROM\场景\Cha06\公司固定资产移转单.xlsx

视频文件：视频教学\Cha06\公司固定资产移转单.avi

制作概述

本案例将介绍如何制作公司固定资产移转单。首先设置表单的标题；然后输入项目名称和数据信息，在单元格中输入函数公式计算已使用年数、已折旧金额和本年折旧额；最后设置单元格的【填充颜色】和【行高】。完成后的效果如图 6-144 所示。

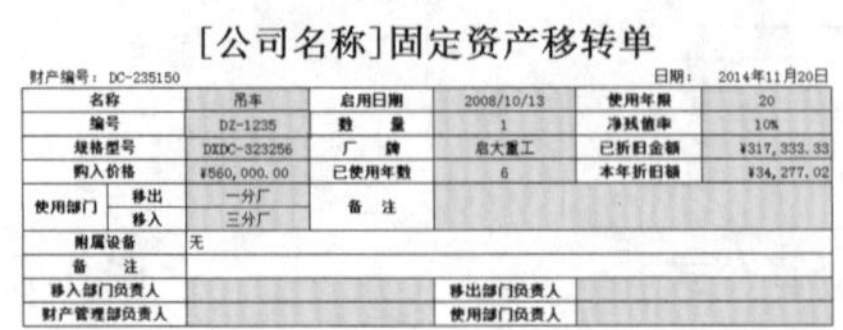

[公司名称]固定资产移转单

财产编号：DC-235150　　日期：2014年11月20日

名称		吊车	启用日期	2008/10/13	使用年限	20
编号		DZ-1235	数　量	1	净残值率	10%
规格型号		DXDC-323256	厂　牌	启大重工	已折旧金额	¥317,333.33
购入价格		¥560,000.00	已使用年数	6	本年折旧额	¥34,277.02
使用部门	移出	一分厂	备　注			
	移入	三分厂				
附属设备		无				
备　注						
移入部门负责人				移出部门负责人		
财产管理部负责人				使用部门负责人		

图 6-144　公司固定资产移转单

学习目标

- 学习如何制作公司固定资产移转单。
- 掌握计算年数差的方法。
- 学习 VDB 函数的使用方法。
- 学习 DB 函数的使用方法。

操作步骤

step 01 启动 Excel 2013，新建一个空白工作簿。选中 C2:I2 单元格，单击【对齐方式】选项组中的【合并后居中】按钮，在合并后的单元格中输入文字，然后在【字体】选项组中，将【字号】设置为 28，单击【加粗】按钮，如图 6-145 所示。

step 02 在 C3 和 H3 单元格中分别输入文字，然后单击【右对齐】按钮，如图 6-146 所示。

图 6-145　输入并设置标题文字

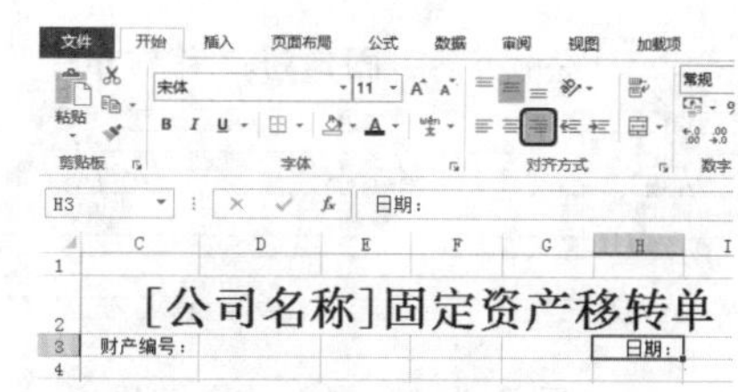

图 6-146　输入文字

提示　适当调整单元格的【列宽】。

step 03 选择 C4:D4 单元格，单击【对齐方式】选项组中的【合并后居中】按钮，在合并后的单元格中输入文字，然后在【字体】选项组中，单击【加粗】按钮，如图 6-147 所示。

step 04 参照前面的操作步骤，合并单元格并输入文字，适当调整单元格的【列宽】，如图 6-148 所示。

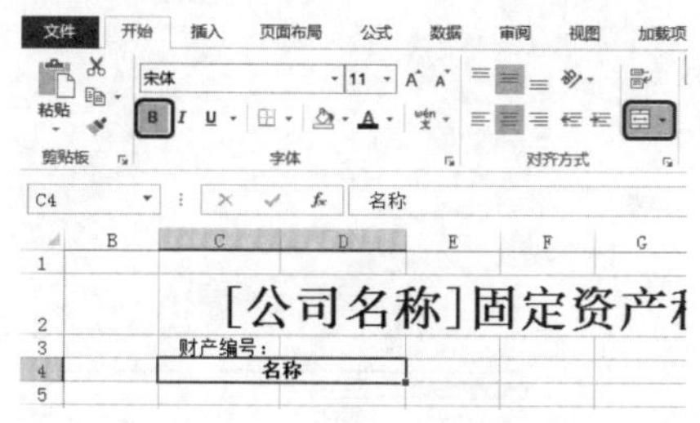

图 6-147　输入文字并设置

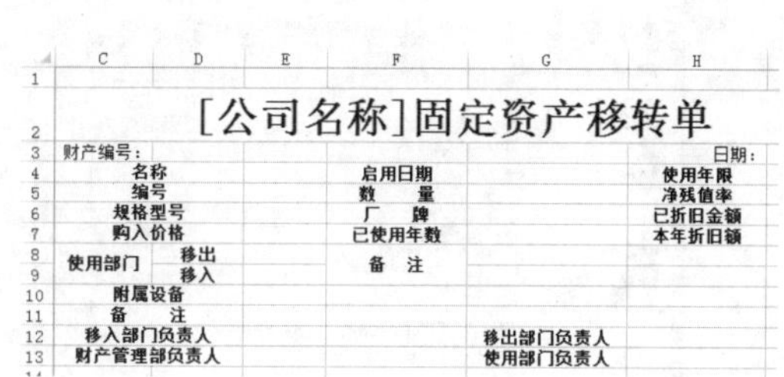

图 6-148　输入文字

step 05 将部分单元格进行合并，如图 6-149 所示。

step 06 选择 C4:I13 单元格，在【字体】选项组中，将边框设置为【所有框线】，如图 6-150 所示。

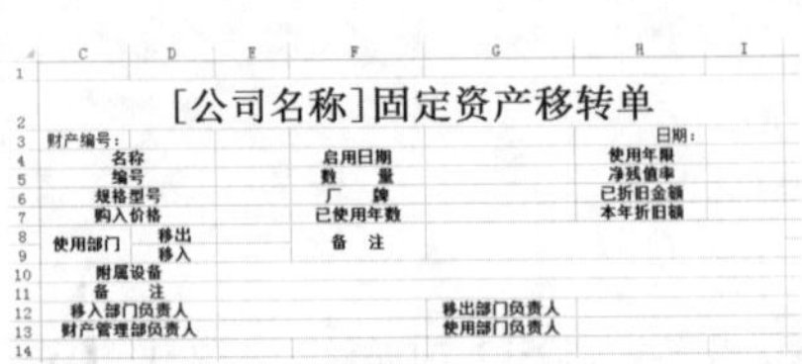

图 6-149　合并单元格

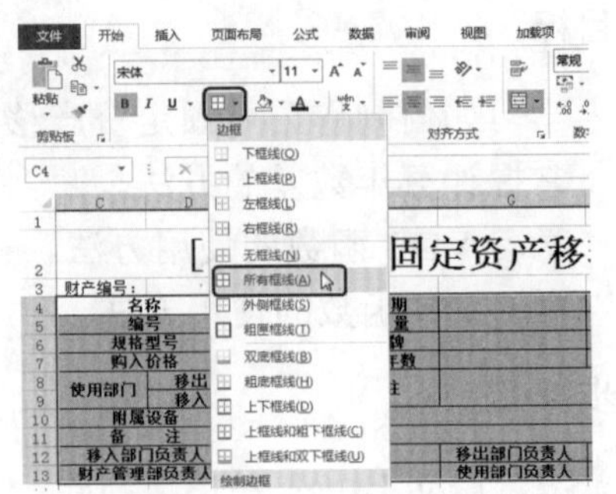

图 6-150　设置边框

step 07 在表单中输入数据信息，其中将价格的【数字格式】设置为【货币】，如图 6-151 所示。

step 08 在 I3 单元格中输入函数公式【=TODAY()】，如图 6-152 所示。

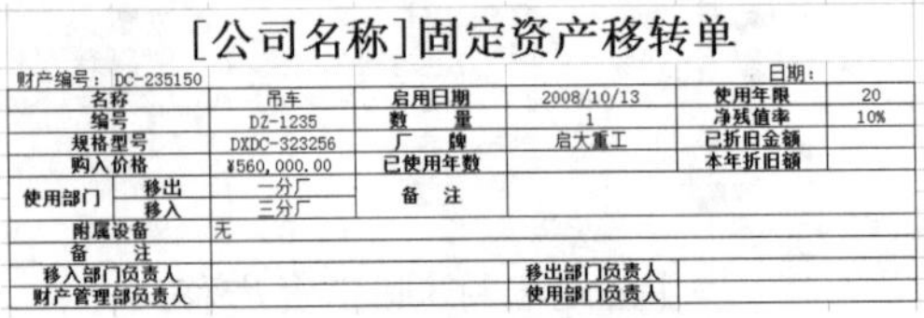

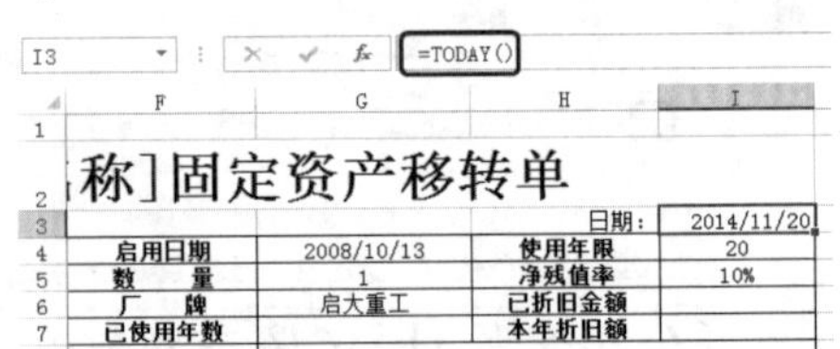

图 6-151　输入数据信息

图 6-152　输入函数公式

提示　将单元格的对齐方式设置为居中对齐。

step 09 选中 I3 单元格并右击，在弹出的快捷菜单中选择【设置单元格格式】命令。在【设置单元格格式】对话框中，将【分类】选择为【自定义】，然后在【类型】列表框中选择要设置的样式，单击【确定】按钮，如图 6-153 所示。

step 10 选中 G7 单元格，将单元格的对齐方式设置为居中对齐，然后在 G7 单元格中输入函数公式【=IF(MONTH(I3)>MONTH(G4),YEAR(I3)−YEAR(G4),YEAR(I3)−YEAR(G4)−1)】，如图 6-154 所示。

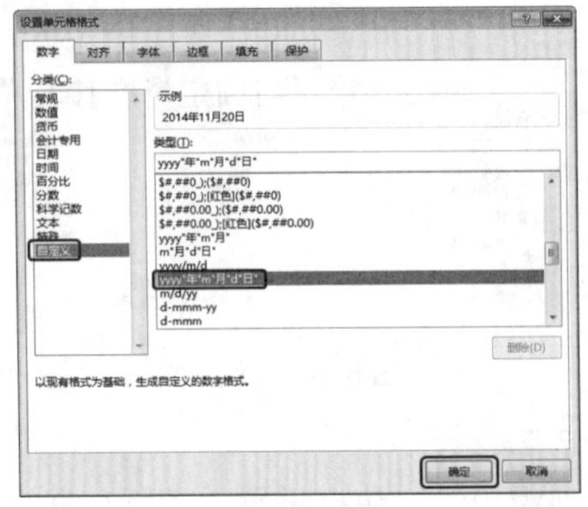

图 6-153　【设置单元格格式】对话框

图 6-154　输入函数公式

step 11 在 I6 单元格中输入函数公式【=VDB(E7,E7*I5,G7,1,G7)】，如图 6-155 所示。

step 12 在 I7 单元格中输入函数公式【=DB(E7,E7*I5,I4,YEAR(I3)-YEAR(G4))】，如图 6-156 所示。

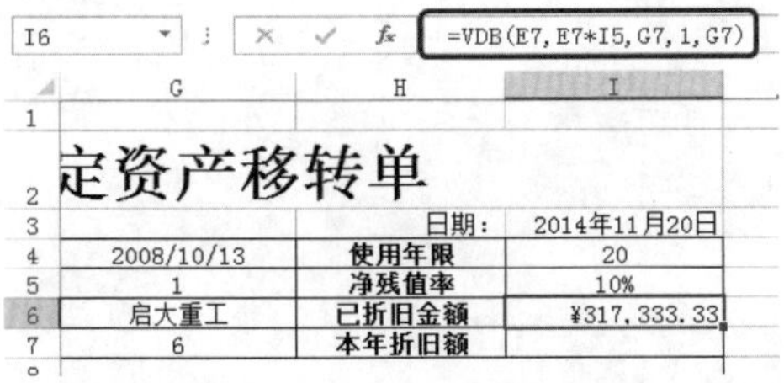
=VDB(E7,E7*I5,G7,1,G7)
定资产移转单
日期：
2014年11月20日
2008/10/13
使用年限
20
净残值率
10%
启大重工
已折旧金额
¥317,333.33
本年折旧额

图 6-155　输入函数公式

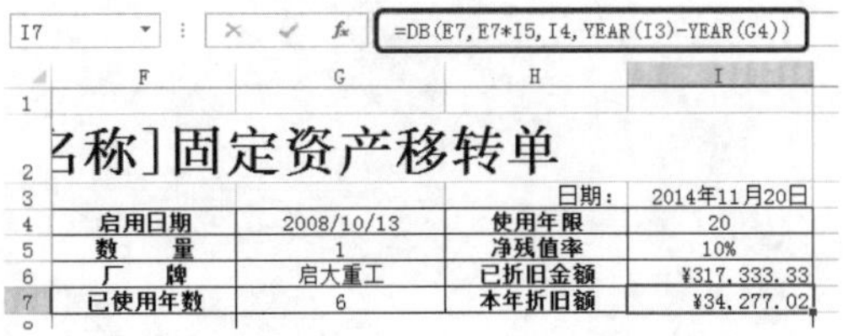
=DB(E7,E7*I5,I4,YEAR(I3)-YEAR(G4))
名称]固定资产移转单
日期：
2014年11月20日
启用日期
2008/10/13
使用年限
20
数　量
净残值率
10%
厂　牌
启大重工
已折旧金额
¥317,333.33
已使用年数
本年折旧额
¥34,277.02

图 6-156　输入函数公式

step 13 将部分单元格的【填充颜色】设置为【蓝色，着色 1，淡色 80%】，然后将 3～13 行单元格的【行高】设置为 18，如图 6-157 所示。

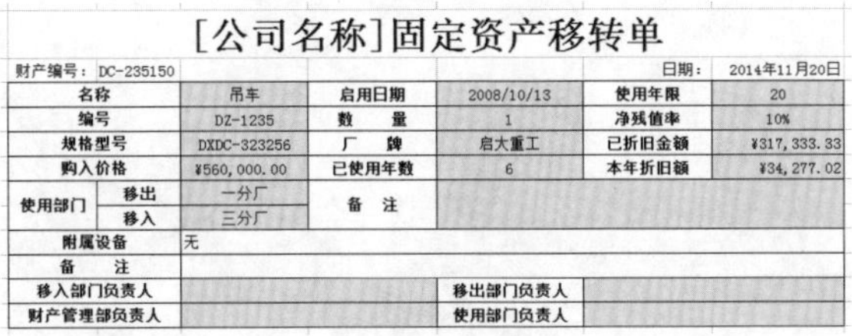
[公司名称]固定资产移转单
财产编号：DC-235150
日期：
2014年11月20日
名称
吊车
启用日期
2008/10/13
使用年限
20
编号
DZ-1235
数　量
1
净残值率
10%
规格型号
DXDC-323256
厂　牌
启大重工
已折旧金额
¥317,333.33
购入价格
¥560,000.00
已使用年数
6
本年折旧额
¥34,277.02
使用部门
移出
一分厂
移入
三分厂
备　注
附属设备
无
备　注
移入部门负责人
移出部门负责人
财产管理部负责人
使用部门负责人

图 6-157　设置【填充颜色】和【行高】

第 7 章
企业负债类表格的制作

本章重点

- 应付账款统计表
- 应付票据备查簿
- 贷款经营表
- 银行短期借款明细表
- 应付职工薪酬明细表
- 长期借款明细图表

在学习制作企业负债类表格之前，需要了解一些常用公式的使用方法。通过学习企业负债类表格的制作可以进一步了解公式的用途与使用方法。本章将介绍多个企业负债类表格的创建方法，使读者学习并掌握本章中多种公式函数的使用方法。

案例精讲 061　应付账款统计表

案例文件：CDROM\场景\Cha07\应付账款统计表.xlsx

视频文件：视频教学\Cha07\应付账款统计表.avi

制作概述

本案例将讲解如何制作应付账款统计表。首先利用【合并后居中】命令合并单元格，并输入文字，通过对单元格的参数设置改变宽高大小；然后在单元格中输入公式得出结果，并复制公式，为单元格设置条件格式；最后设置单元格的填充颜色，添加边框。完成后的效果如图 7-1 所示。

应付账款统计表

当前日期：2014/11/27

编号	采购商品	供应商	发票日期	发票号码	发票金额	到期日期	状态	已付金额	是否欠款	余额
1	拉手	佳丽五金制品有限公司	2014/8/1	20320012	8000	2014/10/15	已冲销	8000	平	0
2	门锁	易信制锁有限公司	2014/8/1	13598701	20000	2014/11/1	已逾期	10000	欠	10000
3	门吸	佳丽五金制品有限公司	2014/8/15	10220568	10000	2014/11/15	已逾期	5000	欠	5000
4	合页	锦尚五金制品有限公司	2014/9/1	11058901	6000	2015/2/1	未到结帐期	0	欠	6000
5	铰链	顺茂金属制品有限公司	2014/9/15	35024102	8000	2015/1/15	未到结帐期	0	欠	8000
6	锁芯	易信制锁有限公司	2014/10/1	21136587	15000	2015/1/15	未到结帐期	0	欠	15000

图 7-1　应付账款统计表

学习目标

- 学习应付账款统计表的制作过程。
- 掌握应付账款统计表的制作流程，掌握为单元格设置条件格式。

操作步骤

step 01 启动软件后新建空白工作簿，选择 B1:L1 单元格，在【开始】选项卡下的【对齐方式】选项组中，单击【合并后居中】按钮，如图 7-2 所示。

step 02 然后在该单元格中输入文字，在【开始】选项卡下的【字体】选项组中将【字体】设置为【方正行楷简体】，【字号】设置为 24，如图 7-3 所示。

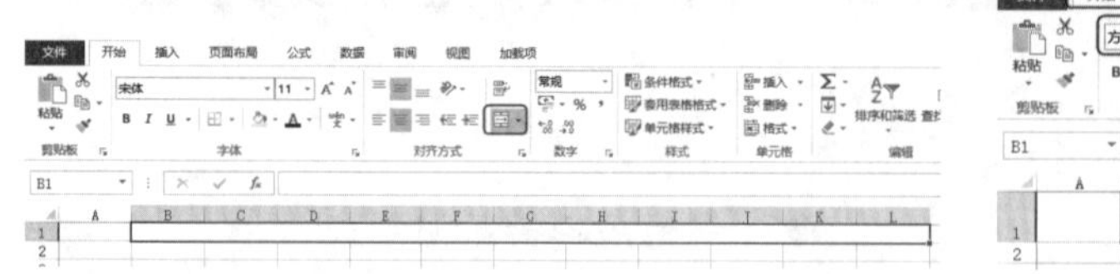

图 7-2　合并单元格

图 7-3　输入文字并设置

step 03 选择 K2:L2 单元格，单击【合并后居中】按钮，然后在 J2 单元格中输入文字，在 K2:L2 单元格中输入函数公式【=TODAY( )】，按 Enter 键确认，然后在【开始】选项卡下的【对齐方式】选项组中单击【左对齐】按钮，如图 7-4 所示。

此处输入的公式中，两个相邻的括号之间无空格。

step 04 在 B3 单元格中输入文字，并选中单元格，在【开始】选项卡下的【对齐方式】选项组中单击【居中】按钮，在【单元格】选项组中单击【格式】按钮，在弹出的下拉菜单中选择【行高】命令，在打开的对话框中将【行高】设置为 30，单击【确定】按钮，如图 7-5 所示。

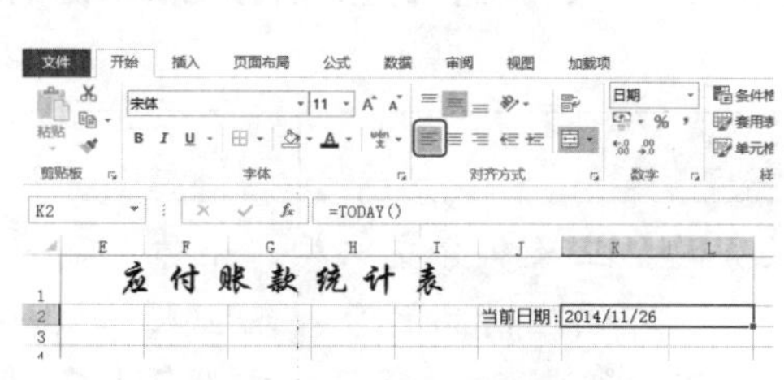

图 7-4 输入公式并设置【对齐方式】

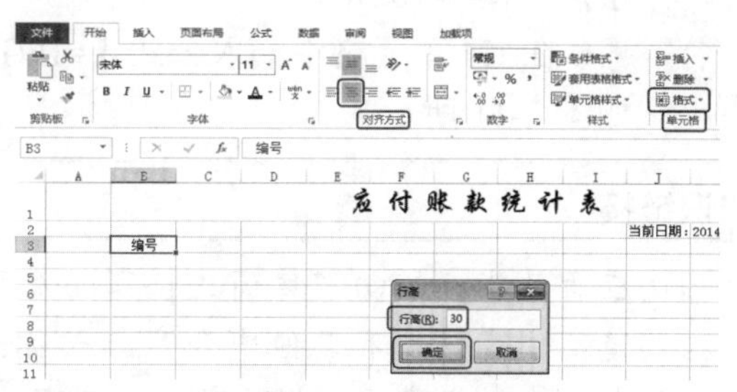

图 7-5 输入文字并设置【行高】

step 05 再次在【单元格】选项组中单击【格式】按钮，在弹出的下拉菜单中选择【列宽】命令，在打开的对话框中将【列宽】设置为 5，单击【确定】按钮，如图 7-6 所示。

step 06 使用同样方法在其他单元格中输入文字，并设置【对齐方式】与【行高】、【列宽】，效果如图 7-7 所示。

图 7-6 设置【列宽】

应付账款统计表

当前日期： 2014/11/26

编号	采购商品	供应商	发票日期	发票号码	发票金额	到期日期	状态	已付金额	是否欠款	余额
1	拉手	佳丽五金制品有限公司	2014/8/1	20320012	8000	2014/10/15		8000		
2	门锁	易信制锁有限公司	2014/8/1	13598701	20000	2014/11/1		10000		
3	门吸	佳丽五金制品有限公司	2014/8/15	10220568	10000	2014/11/15		5000		
4	合页	锦尚五金制品有限公司	2014/9/1	11058901	6000	2015/2/1		0		
5	铰链	顺茂金属制品有限公司	2014/9/15	35024102	8000	2015/1/15		0		
6	锁芯	易信制锁有限公司	2014/10/1	21136587	15000	2015/1/15		0		

图 7-7 输入其他文字并设置

step 07 选择 I4 单元格，在该单元格中输入公式【=IF(G4=J4,"已冲销",IF($K$2>H4,"已逾期","未到结账期"))】，按 Enter 键确认，如图 7-8 所示。

step 08 将光标放置到 I4 单元格的右下角，当光标变为黑色十字形状时按住鼠标左键向下拖动，拖至 I9 单元格的右下角，即可复制公式，如图 7-9 所示。

I4 =IF(G4=J4,"已冲销",IF($K$2>H4,"已逾期","未到结帐期"))

应付账款统计表

编号	采购商品	供应商	发票日期	发票号码	发票金额	到期日期	状态
1	拉手	佳丽五金制品有限公司	2014/8/1	20320012	8000	2014/10/15	已逾期
2	门锁	易信制锁有限公司	2014/8/1	13598701	20000	2014/11/1	

图 7-8 输入公式

应付账款统计表

当前日期：

编号	采购商品	供应商	发票日期	发票号码	发票金额	到期日期	状态	已付金额
1	拉手	佳丽五金制品有限公司	2014/8/1	20320012	8000	2014/10/15	已冲销	8000
2	门锁	易信制锁有限公司	2014/8/1	13598701	20000	2014/11/1	已逾期	10000
3	门吸	佳丽五金制品有限公司	2014/8/15	10220568	10000	2014/11/15	已逾期	5000
4	合页	锦尚五金制品有限公司	2014/9/1	11058901	6000	2015/2/1	未到结帐期	0
5	铰链	顺茂金属制品有限公司	2014/9/15	35024102	8000	2015/1/15	未到结帐期	0
6	锁芯	易信制锁有限公司	2014/10/1	21136587	15000	2015/1/15	未到结帐期	0

图 7-9 复制公式得出其他结果

在 Excel 的单元格中输入等号(=)，然后输入不同单元格的名称，输入加减乘除等运算方法，按 Enter 键即可得出结果。

也可在输入等号后输入需要的公式函数，根据函数在后面输入语法，得出需要的结果。

step 09 选中 I4:I9 单元格，在开始选项卡下的【对齐方式】选项组中单击【居中】按钮，如图 7-10 所示。

step 10 在 K4 单元格中输入公式【=IF(L4>0,"欠","平")】，输入完成后按 Enter 键确认，如图 7-11 所示。

知识链接

供应商是指直接向零售商提供商品及相应服务的企业及其分支机构、个体工商户，包括制造商、经销商和其他中介商。或称为“厂商”，即供应商品的个人或法人。供应商可以是农民、生产基地、制造商、代理商、批发商(限一级)、进口商等，应避免太多中间环节的供应商，如二级批发商、经销商、皮包公司(倒爷)或亲友所开的公司。

图 7-10　设置对齐方式

图 7-11　选择单元格并输入公式

step 11 使用前面介绍的方法，向下复制公式，并使单元格中的内容居中，复制完成后的效果如图 7-12 所示。

step 12 选择 L4 单元格，在该单元格中输入公式【=G4-J4】，按 Enter 键确认，得出结果效果如图 7-13 所示。

图 7-12　复制公式并使单元格内容居中

图 7-13　输入公式后的效果

step 13 使用前面介绍的方法，向下复制公式，并使单元格中的内容居中，复制完成后的效果如图 7-14 所示。

step 14 继续选中 L4:L9 单元格，在【开始】选项卡下的【样式】选项组中单击【条件格式】按钮，在弹出的下拉菜单中选择【数据条】命令，在弹出的子命令中选择【其他规则】命令，如图 7-15 所示。

L4 =G4-J4

	E	F	G	H	I	J	K	L
4	2014/8/1	20320012	8000	2014/10/15	已冲销	8000	平	0
5	2014/8/1	13598701	20000	2014/11/1	已逾期	10000	欠	10000
6	2014/8/15	10220568	10000	2014/11/15	已逾期	5000	欠	5000
7	2014/9/1	11058901	6000	2015/2/1	未到结帐期	0	欠	6000
8	2014/9/15	35024102	8000	2015/1/15	未到结帐期	0	欠	8000
9	2014/10/1	21136587	15000	2015/1/15	未到结帐期	0	欠	15000

图 7-14 使用同样的方法复制公式

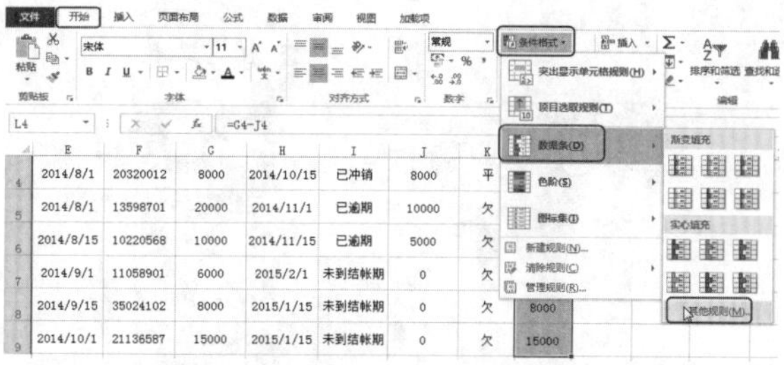

图 7-15 选择【其他规则】命令

step 15 在打开的对话框中，选择【选择规则类型】下的【基于各自值设置所有单元格的格式】选项，在下方的【编辑规则说明】选项组中，将【条形图外观】的【颜色】设置为【橙色，着色 2，淡色 60%】，单击【确定】按钮，如图 7-16 所示。

step 16 选择 B3:L3 单元格，在【开始】选项卡下的【字体】选项组中单击【填充颜色】按钮右侧的下三角按钮，在弹出的下拉菜单中选择【橙色，着色 2，淡色 60%】命令，如图 7-17 所示。

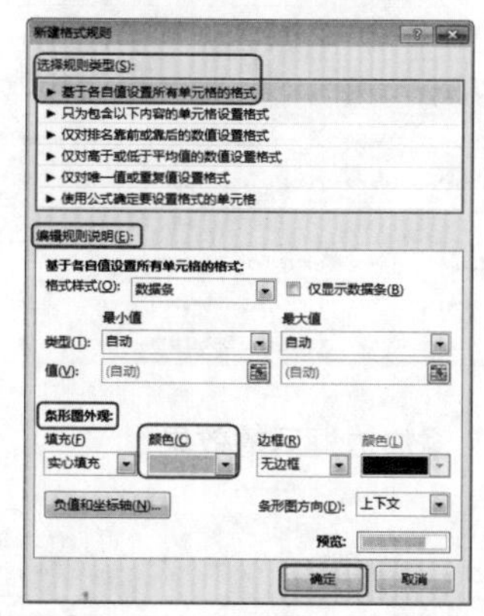

图 7-16 设置数据条颜色

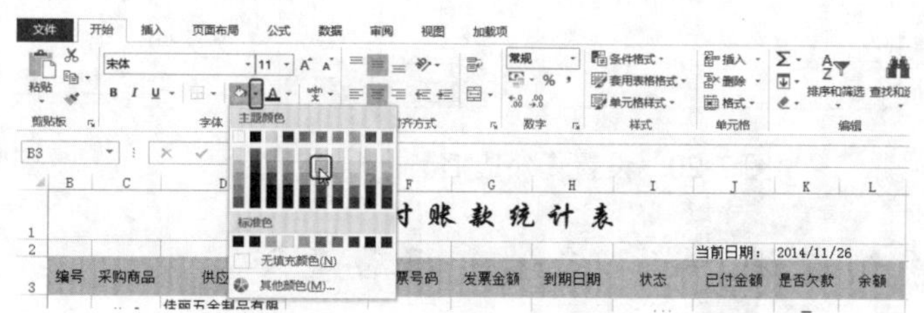

图 7-17 设置单元格颜色

step 17 选择 B3:L9 单元格，在【开始】选项卡下的【字体】选项组中单击【下框线】按钮右侧的下三角按钮，在弹出的下拉菜单中选择【其他边框】命令，如图 7-18 所示。

step 18 在打开的对话框中，选择【线条】选项组中【样式】下的线条样式，单击【颜色】右侧的下三角按钮，在弹出的下拉菜单中选择【橙色，着色 2，淡色 40%】命令，在右侧单击【内部】按钮，如图 7-19 所示。

step 19 选择【线条】选项组中【样式】下的线条样式，单击【颜色】右侧的下三角按钮，在弹出的下拉菜单中选择【橙色，着色 2，深色 25%】命令，在右侧单击【外边框】按钮，单击【确定】按钮，如图 7-20 所示。

step 20 为单元格添加边框后的效果，如图 7-21 所示。

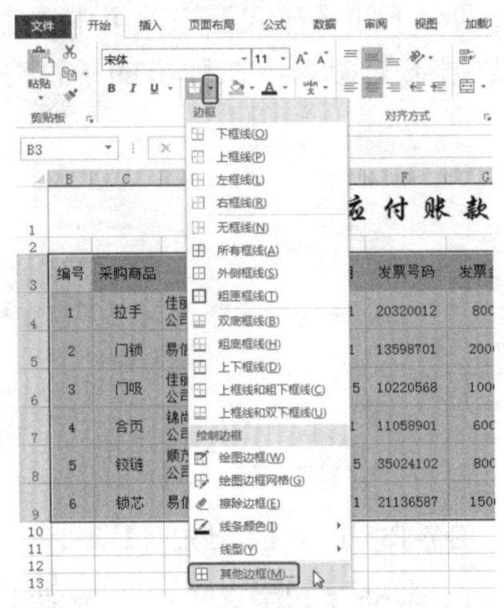

图 7-18 选择【其他边框】命令

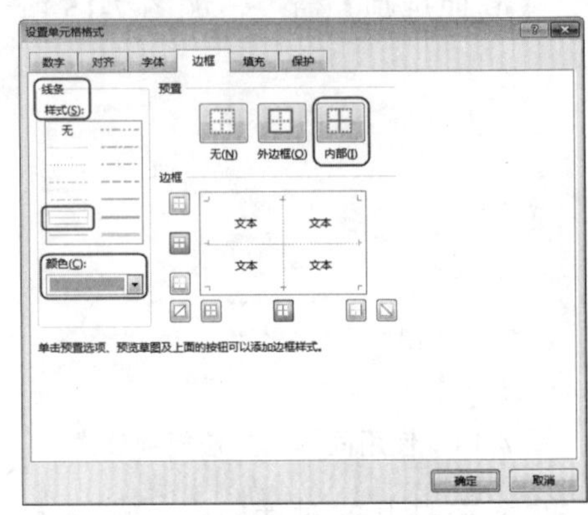

图 7-19 设置【内部】框线

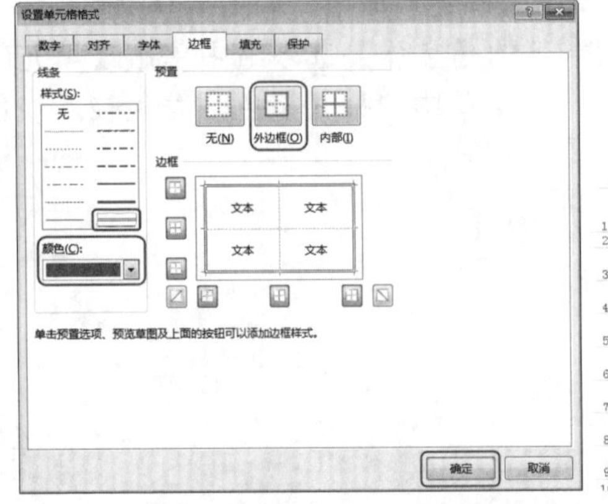

图 7-20 设置【外边框】

应付账款统计表

当前日期：2014/11/26

编号	采购商品	供应商	发票日期	发票号码	发票金额	到期日期	状态	已付金额	是否欠款	余额
1	拉手	佳丽五金制品有限公司	2014/8/1	20320012	8000	2014/10/15	已冲销	8000	平	0
2	门锁	易信制锁有限公司	2014/8/1	13598701	20000	2014/11/1	已逾期	10000	欠	10000
3	门吸	佳丽五金制品有限公司	2014/8/15	10220568	10000	2014/11/15	已逾期	5000	欠	5000
4	合页	锦尚五金制品有限公司	2014/9/1	11058901	6000	2015/2/1	未到结帐期	0	欠	6000
5	铰链	顺茂金属制品有限公司	2014/9/15	35024102	8000	2015/1/15	未到结帐期	0	欠	8000
6	锁芯	易信制锁有限公司	2014/10/1	21136587	15000	2015/1/15	未到结帐期	0	欠	15000

图 7- 21 添加边框后的效果

案例精讲 062 应付票据备查簿

案例文件：CDROM\场景\Cha07\应付票据备查簿.xlsx

视频文件：视频教学\Cha07\应付票据备查簿.avi

制作概述

本案例将讲解如何制作应付票据备查簿。首先利用【合并后居中】命令合并单元格，在单元格中输入文字并进行设置；然后通过对单元格的参数设置改变宽高大小，使用直线工具绘制直线，在单元格中输入公式得出结果；最后设置单元格的填充颜色和边框颜色。完成后的效果如图 7-22 所示。

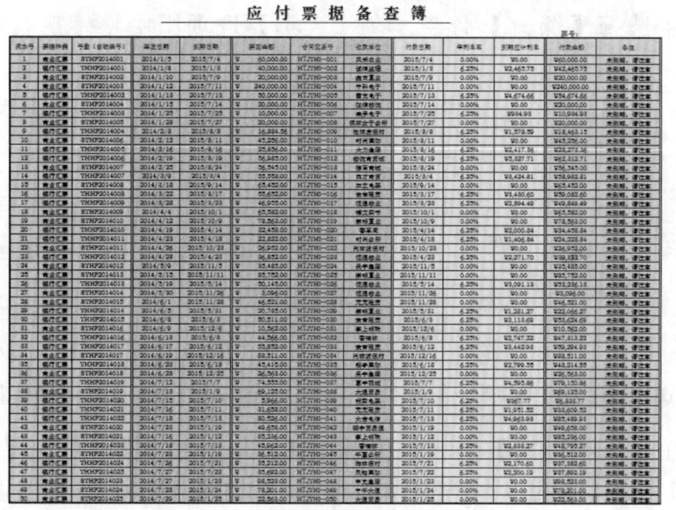

图 7-22　应付票据备查簿

学习目标

- 学习应付票据备查簿的制作过程。
- 掌握应付票据备查簿的制作流程，掌握 IF 函数的使用。

操作步骤

step 01 启动软件后新建空白工作簿，选择 B1:N1 单元格，在【开始】选项卡下的【对齐方式】选项组中，单击【合并后居中】按钮，然后在该单元格中输入文字，在【开始】选项卡下的【字体】选项组中将【字体】设置为【方正大标宋简体】，【字号】设置为 24，如图 7-23 所示。

step 02 在【开始】选项卡下的【对齐方式】选项组中单击【居中】按钮，在【单元格】选项组中，单击【格式】按钮，在弹出的下拉菜单中选择【行高】命令，在打开的对话框中将【行高】设置为 43.5，单击【确定】按钮，如图 7-24 所示。

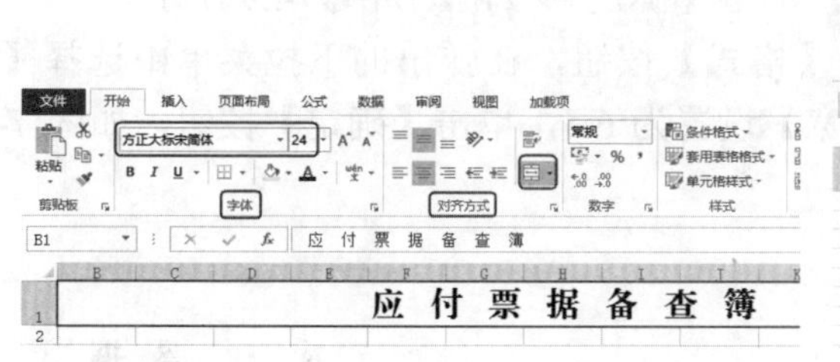

图 7-23　输入文字并设置

图 7-24　设置单元格【行高】

step 03 切换至【插入】选项卡，单击【插图】按钮，在弹出的下拉菜单中单击【形状】按钮，在弹出的下拉菜单中选择【直线】形状，如图 7-25 所示。

step 04 在 B1 单元格中按住鼠标左键水平拖动，即可绘制直线，绘制完成后选择【绘图工具】下的【格式】选项卡，在【形状样式】选项组中单击【形状轮廓】按钮，在下拉菜单中选择【深蓝】命令，在【大小】选项组中将【形状宽度】设置为 10.28 厘米，如图 7-26 所示。

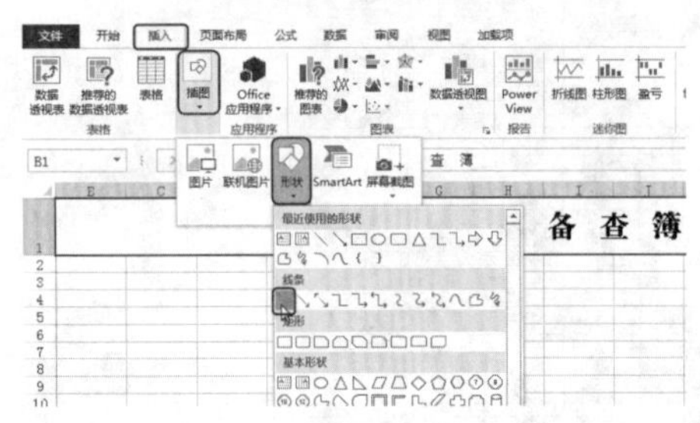

图 7-25　选择【直线】形状

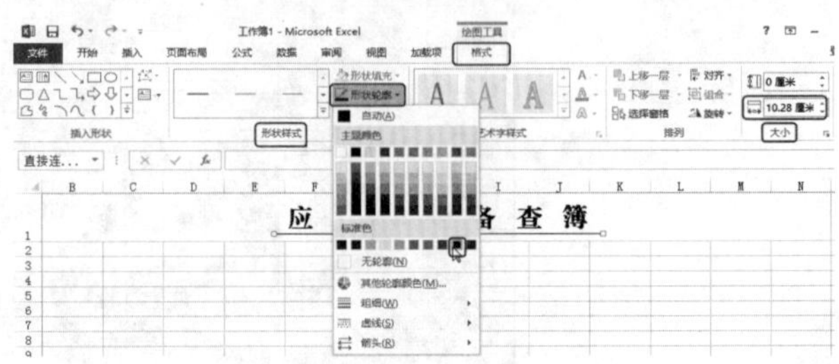

图 7-26　设置直线颜色和形状宽度

step 05 然后在【形状样式】选项组中单击【形状轮廓】按钮，在弹出的下拉菜单中选择【粗细】命令，在弹出的子菜单中选择【1.5 磅】，如图 7-27 所示。

step 06 选择 M2 单元格输入文字，在【开始】选项卡下的【对齐方式】选项组中单击【居中】按钮，如图 7-28 所示。

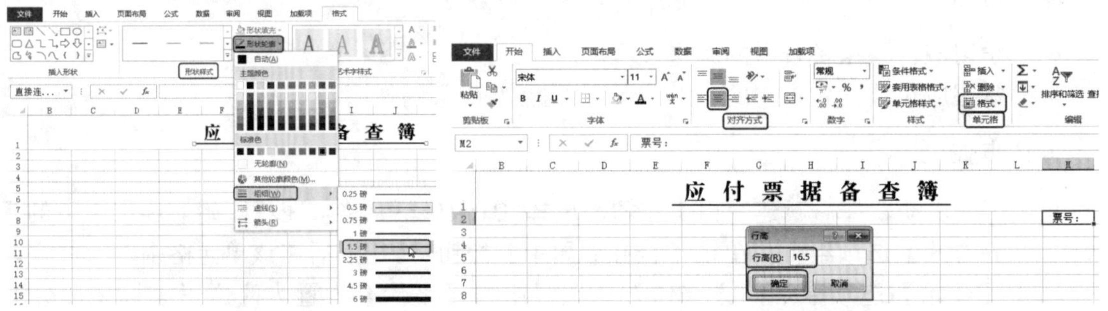

图 7-27　设置直线粗细

图 7-28　设置【行高】

step 07 在 B3 单元格中输入文字，并选择该单元格，在【开始】选项卡下的【字体】选项组中将【字号】设置为 10，在【对齐方式】选项组中单击【居中】按钮，在【单元格】选项组中单击【格式】按钮，在弹出的下拉菜单中选择【行高】命令，在打开的对话框中将【行高】设置为 25.5，单击【确定】按钮，如图 7-29 所示。

step 08 再次在【单元格】选项组中单击【格式】按钮，在弹出的下拉菜单中选择【列宽】命令，在打开的对话框中将【列宽】设置为 6.5，单击【确定】按钮，如图 7-30 所示。

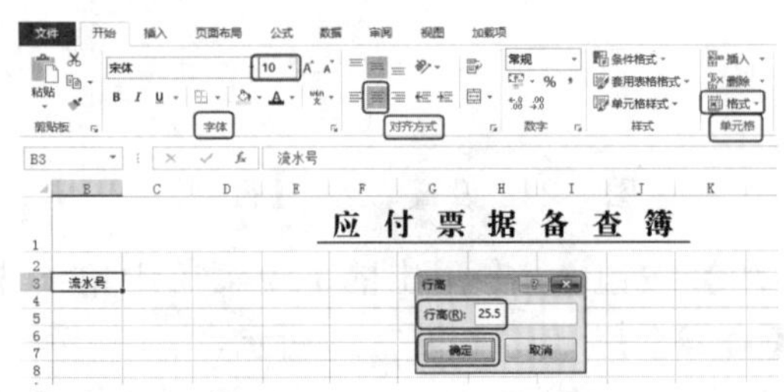

图 7-29　输入文字并设置

图 7-30　设置【列宽】

step 09 使用同样的方法在其他单元格中输入文字，并设置文字字号使文字居中，效果如图 7-31 所示。

step 10 选择 G4:G53 单元格，在【开始】选项卡下的【数字】选项组中单击【会计数字格式】按钮，如图 7-32 所示。

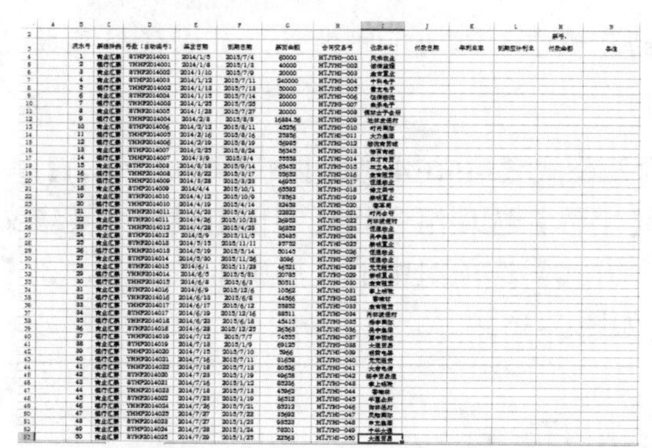

图 7-31　输入其他文字并设置

图 7-32　选择单元格并设置数字格式

知识链接

流水号即银行的编码，这个可以在各个银行的柜面服务员那里问到。现在各银行的网站上都有提供 Swift Number(流水号)查询的。在电汇时，汇出行按照收款行的 Swift Number 发送付款电文，就可将款项汇至收款行。每一间银行的分行，支行都有它自己的 Swift Number。

流水号也应用于工业生产中，每个产品有其唯一的流水号。一个流水号就是一个产品的身份证和识别码，号码中隐含了许多信息(如生产机床号)，有助于追溯质量问题。

step 11 选择 J4 单元格，在该单元格中输入公式【=IF(TODAY( )<=F4,F4,"")】，按 Enter 键得出结果，如图 7-33 所示。

提示　此处输入的公式中，两个相邻的括号之间无空格。

step 12 然后在【开始】选项卡下的【数字】选项组中，单击【常规】按钮右侧的下三角按钮，在弹出的下拉菜单中选择【短日期】命令，如图 7-34 所示。

图 7-33　输入公式

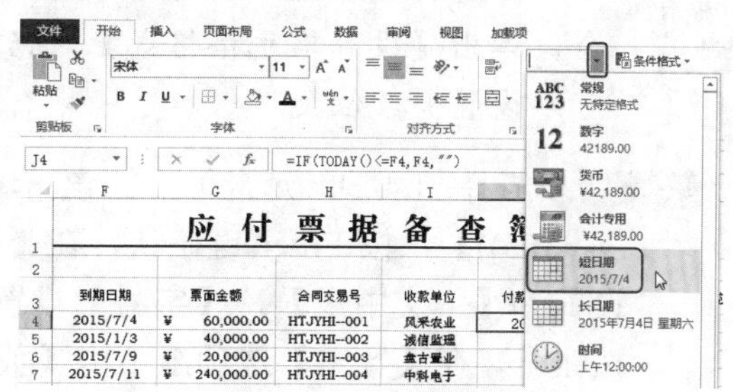

图 7-34　设置数字格式

step 13 将光标放置到 J4 单元格的右下角，当光标变为黑色十字形状时按住鼠标左键向下拖动，拖至 J53 单元格的右下角，即可复制公式，将【开始】选项卡下的【字体】选项组中将【字体】设置为【华文中宋】，【字号】设置为 10，单击【对齐方式】选项组中的【居中】按钮，如图 7-35 所示。

执行真假值判断，根据逻辑计算的真假值，返回不同结果。可以使用函数 IF 对数值和公式进行条件检测。

step 14 选择 K4 单元格，在该单元格中输入公式【=IF(C4="商业汇票",0,6.25%)】，按 Enter 键确认，在【开始】选项卡下的【字体】选项组中将【字体】设置为【华文中宋】，【字号】设置为 10，单击【对齐方式】选项组中的【居中】按钮，在【数字】选项组中单击【百分比】按钮%，如图 7-36 所示。

知识链接

备查账簿是指对一些在序时账簿和分类账簿中不能记载或记载不全的经济业务进行补充登记的账簿，对序时账簿和分类账簿起补充作用。相对于序时账簿和分类账簿这两种主要账簿而言，备查账簿属于辅助性账簿，它可以为经营管理提供参考资料，如委托加工材料登记簿、租入固定资产登记簿等。

图 7-35 复制公式并设置参数

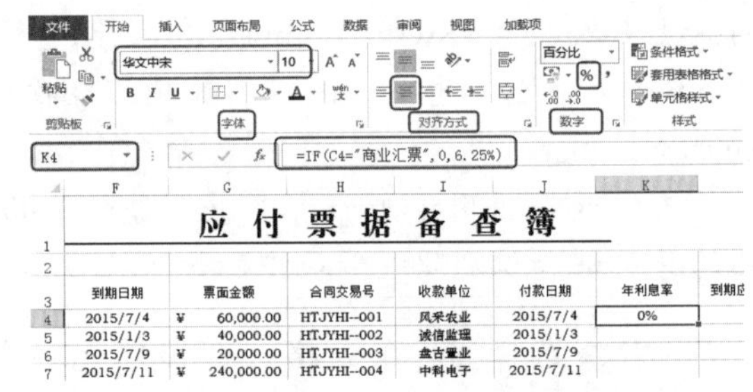

图 7-36 输入公式并设置参数

step 15 使用前面介绍的方法，复制公式得出其他单元格的结果，并选中新得出结果的单元格，在【数字】选项组中单击两次【增加小数位数】按钮，添加两位小数，效果如图 7-37 所示。

在选择的单元格上右击，在弹出的快捷菜单中选择【设置单元格格式】命令，弹出【设置单元格格式】对话框，选择【数字】选项卡，在该选项卡中同样可以设置小数位数。

step 16 选择 L4 单元格，在该单元格中输入公式【=IF(J4="","",G4*K4*((J4-E4)/365))】，按 Enter 键确认，在【开始】选项卡下的【字体】选项组中将【字体】设置为【华文中宋】，【字号】设置为 10，单击【对齐方式】选项组中的【居中】按钮，在【数字】选项组中将【数字格式】设置为【货币】，如图 7-38 所示。

图 7-37 复制公式并添加小数

图 7-38 输入公式为设置单元格内容

step 17 使用前面介绍的方法，复制公式得出其他单元格的结果，效果如图 7-39 所示。

step 18 选择 M4 单元格，在该单元格中输入公式【=IF(J4="","",G4+L4)】，按 Enter 键确认，在【开始】选项卡下的【字体】选项组中将【字体】设置为【华文中宋】，【字号】设置为 10，单击【对齐方式】选项组中的【居中】按钮≡，在【数字】选项组中将【数字格式】设置为【货币】，如图 7-40 所示。

图 7-39 复制公式

图 7-40 输入公式并设置单元格参数

step 19 使用前面介绍的方法，复制公式得出其他单元格的结果，效果如图 7-41 所示。

step 20 选择 N4 单元格，在该单元格中输入公式【=IF(J4="","未到期","未到期，请注意")】，按 Enter 键确认，在【开始】选项卡下的【字体】选项组中将【字体】设置为【华文中宋】，【字号】设置为 10，单击【对齐方式】选项组中的【居中】按钮≡，如图 7-42 所示。

图 7-41 继续复制公式

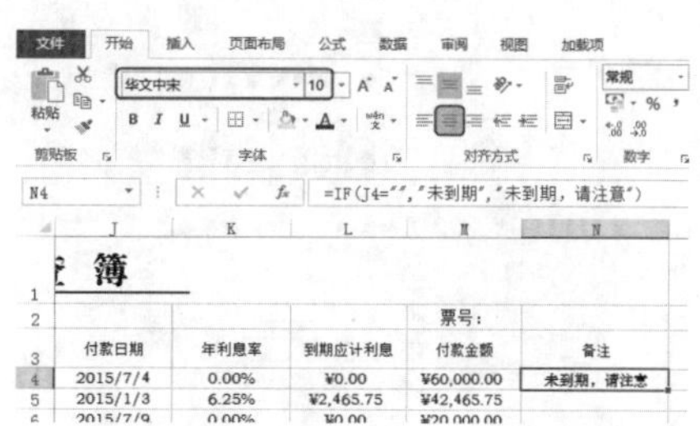

图 7-42 输入公式并设置参数

知识链接

IF 函数语法：IF(logical_test,[value_if_true],[value_if_false])

logical_test：计算结果可能为 TRUE 或 FALSE 的任意值或表达式。例如，B3<60 就是一个逻辑表达式，如果单元格 B3 中的值小于 60，表达式的结果为 TRUE，否则为 FALSE;

value_if_true：可选项，logical_test 参数计算结果为 TRUE 时所要返回的值；

value_if_false：可选项，logical_test 参数计算结果为 FALSE 时所要返回的值。

step 21 使用前面介绍的方法，复制公式得出其他单元格的结果，效果如图 7-43 所示。

step 22 选择 B1:N53 单元格，在【开始】选项卡下的【字体】选项组中单击【字体颜色】按钮右侧的下三角按钮，在弹出的下拉菜单中选择【深蓝】命令，如图 7-44 所示。

	J	K	L	M	N
4	2015/7/4	0.00%	¥0.00	¥60,000.00	未到期，请注意
5	2015/1/3	6.25%	¥2,465.75	¥42,465.75	未到期，请注意
6	2015/7/9	0.00%	¥0.00	¥20,000.00	未到期，请注意
7	2015/7/11	0.00%	¥0.00	¥240,000.00	未到期，请注意
8	2015/7/13	6.25%	¥4,674.66	¥54,674.66	未到期，请注意
9	2015/7/14	0.00%	¥0.00	¥20,000.00	未到期，请注意
10	2015/7/25	6.25%	¥934.93	¥10,934.93	未到期，请注意
11	2015/7/27	0.00%	¥0.00	¥20,000.00	未到期，请注意
12	2015/8/8	6.25%	¥1,578.59	¥18,463.15	未到期，请注意
13	2015/8/11	0.00%	¥0.00	¥45,256.00	未到期，请注意
14	2015/8/16	6.25%	¥2,417.36	¥28,273.36	未到期，请注意
15	2015/8/19	6.25%	¥5,327.71	¥62,312.71	未到期，请注意
16	2015/8/24	0.00%	¥0.00	¥56,545.00	未到期，请注意
17	2015/3/4	6.25%	¥3,424.81	¥58,982.81	未到期，请注意
18	2015/9/14	0.00%	¥0.00	¥65,452.00	未到期，请注意
19	2015/3/17	6.25%	¥3,430.60	¥59,082.60	未到期，请注意
20	2015/3/23	6.25%	¥2,894.49	¥49,849.49	未到期，请注意
21	2015/10/1	0.00%	¥0.00	¥65,582.00	未到期，请注意
22	2015/10/9	0.00%	¥0.00	¥78,563.00	未到期，请注意
23	2015/4/14	6.25%	¥2,000.84	¥34,458.84	未到期，请注意
24	2015/4/18	6.25%	¥1,406.84	¥24,228.84	未到期，请注意
25	2015/10/23	0.00%	¥0.00	¥26,952.00	未到期，请注意
26	2015/4/23	6.25%	¥2,271.70	¥39,123.70	未到期，请注意
27	2015/11/5	0.00%	¥0.00	¥35,485.00	未到期，请注意
28	2015/11/11	0.00%	¥0.00	¥85,752.00	未到期，请注意
29	2015/5/14	6.25%	¥3,091.13	¥53,236.13	未到期，请注意

图 7-43　再次复制公式

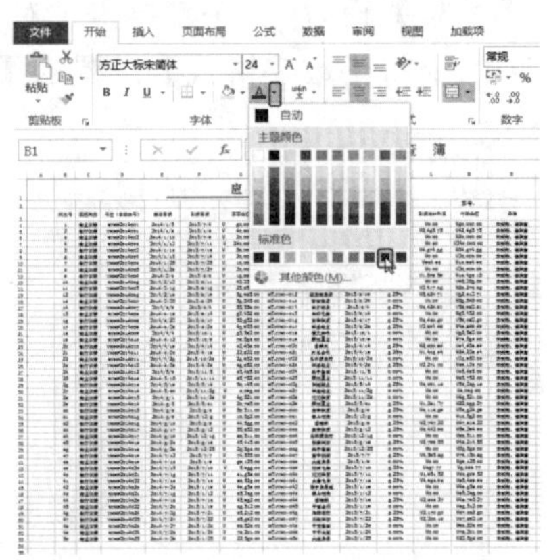

图 7-44　选择单元格并设置字体颜色

step 23 选择 B3:D53 单元格，在【开始】选项卡下的【字体】选项组中，单击【填充颜色】按钮右侧的下三角按钮，在弹出的下拉菜单中选择【其他颜色】命令，如图 7-45 所示。

step 24 在打开的对话框中选择【自定义】选项卡，将【红色】设置为 228、【绿色】设置为 223、【蓝色】设置为 236，单击【确定】按钮，如图 7-46 所示。

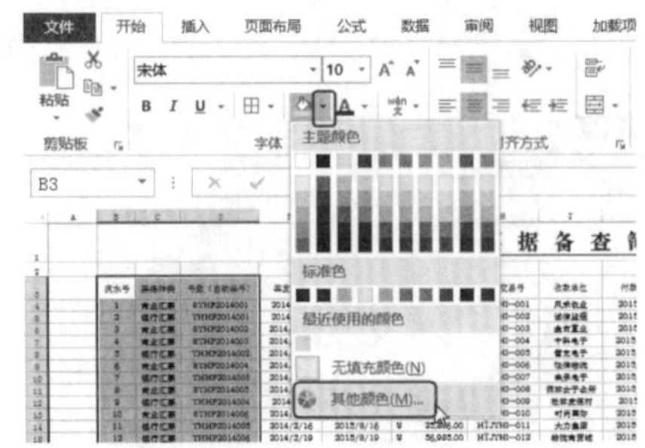

图 7-45　选择【其他颜色】命令

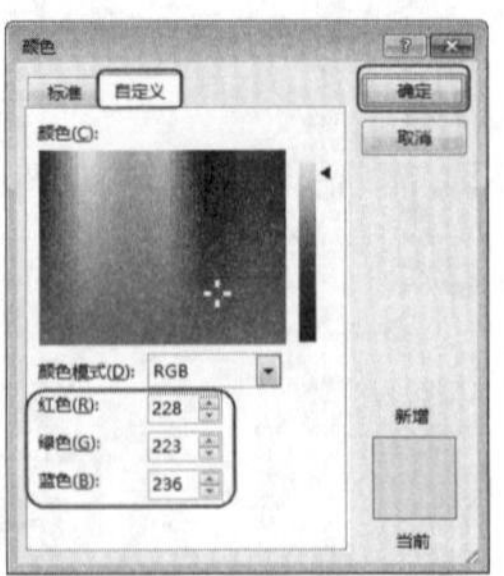

图 7-46　设置颜色

step 25 然后在【开始】选项卡下的【字体】选项组中，单击【下框线】按钮 右侧的下三角按钮，在弹出的下拉菜单中选择【其他边框】命令，如图 7-47 所示。

step 26 在打开的【设置单元格格式】对话框中，选择【线条】选项组中【样式】下的线条样式，单击【颜色】右侧的下三角按钮，在弹出的下拉菜单中选择【深蓝】命令，在右侧单击【内部】按钮，如图 7-48 所示。

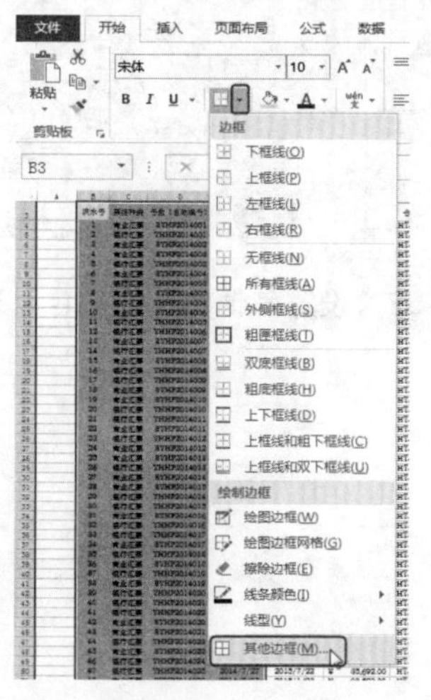

图 7-47　选择【其他边框】命令

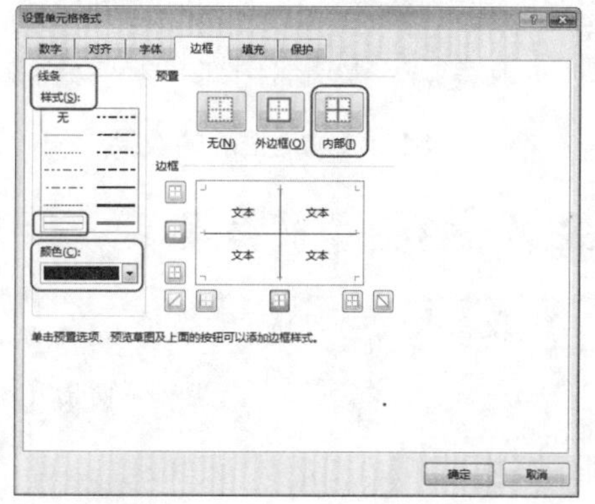

图 7-48　设置【内部】框线

step 27 然后选择【线条】选项组中【样式】列表框中的线条样式，在右侧单击如图 7-49 所示的按钮。

step 28 继续选择【线条】选项组中【样式】列表框中的线条样式，在右侧单击如图 7-50 所示的按钮，最后单击【确定】按钮。

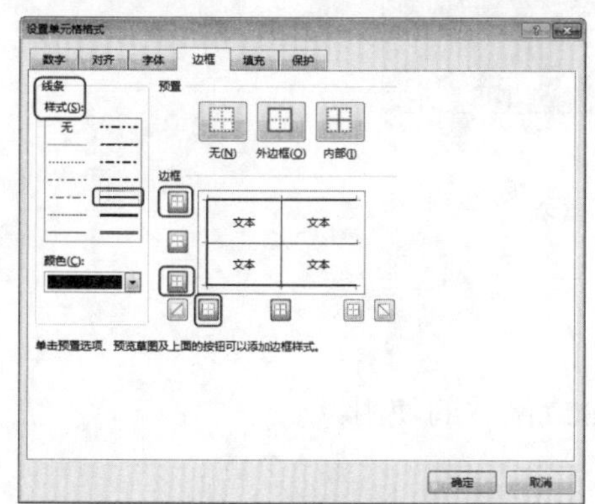

图 7-49　设置【外边框】

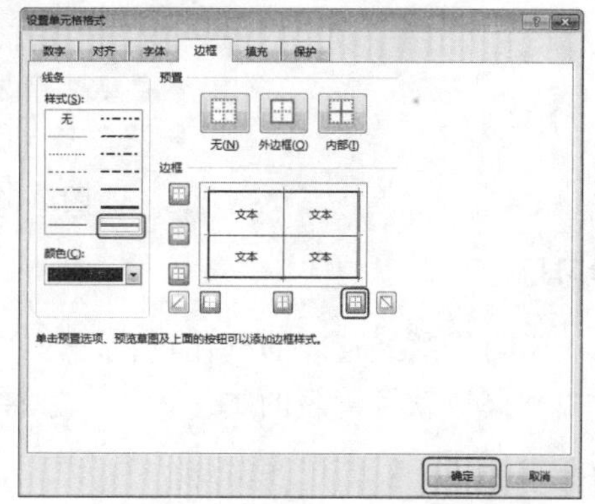

图 7-50　继续设置【外边框】

step 29 将上一步执行完成后，即可为选择的单元格添加边框，局部效果如图 7-51 所示。

step 30 使用同样的方法，为其他的单元格设置不同的颜色并添加边框，效果如图 7-52 所示。

流水号	票据种类	号数（自动编号）	签发日期	到期日期	票面金额
1	商业汇票	SYHP2014001	2014/1/5	2015/7/4	¥ 60,00
2	银行汇票	YHHP2014001	2014/1/8	2015/1/3	¥ 40,00
3	商业汇票	SYHP2014002	2014/1/10	2015/7/9	¥ 20,00
4	商业汇票	SYHP2014003	2014/1/12	2015/7/11	¥ 240,00
5	银行汇票	YHHP2014002	2014/1/13	2015/7/13	¥ 50,00
6	商业汇票	SYHP2014004	2014/1/15	2015/7/14	¥ 20,00
7	银行汇票	YHHP2014003	2014/1/25	2015/7/25	¥ 10,00
8	商业汇票	SYHP2014005	2014/1/28	2015/7/27	¥ 20,00
9	银行汇票	YHHP2014004	2014/2/8	2015/8/8	¥ 16,88
10	商业汇票	SYHP2014006	2014/2/12	2015/8/11	¥ 45,25
11	银行汇票	YHHP2014005	2014/2/16	2015/8/16	¥ 25,85
12	银行汇票	YHHP2014006	2014/2/19	2015/8/19	¥ 56,98
13	商业汇票	SYHP2014007	2014/2/25	2015/8/24	¥ 56,54
14	银行汇票	YHHP2014007	2014/3/9	2015/3/4	¥ 55,55
15	商业汇票	SYHP2014008	2014/3/18	2015/9/14	¥ 65,45
16	银行汇票	YHHP2014008	2014/3/22	2015/3/17	¥ 55,65

图 7-51　添加边框后的效果

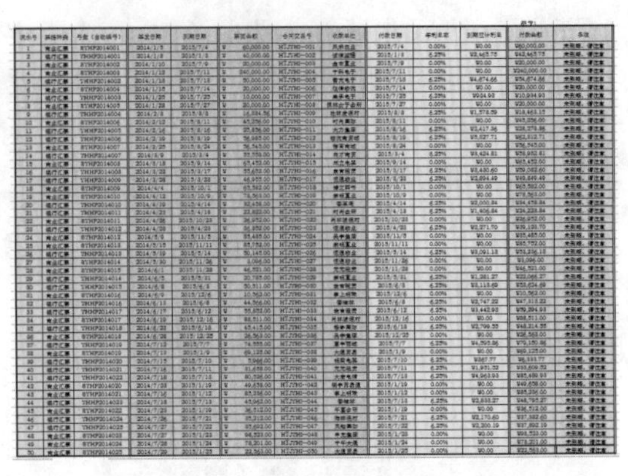

图 7-52　设置其他单元格颜色及边框

案例精讲 063　贷款经营表

案例文件：CDROM\场景\Cha07\贷款经营表.xlsx

视频文件：视频教学\Cha07\贷款经营表.avi

制作概述

本案例将讲解如何制作贷款经营表。首先利用【合并后居中】命令合并单元格；然后通过对单元格的参数设置改变宽高大小，在单元格中输入文字并进行设置，输入公式并进行复制得出其他单元格结果；最后设置单元格的填充颜色，并添加边框。完成后的效果如图 7-53 所示。

图 7-53　贷款经营表

学习目标

- 学习贷款经营表的制作过程。
- 掌握贷款经营表的制作流程，掌握本例中公式函数的使用。

操作步骤

step 01 启动软件后新建空白工作簿，选择 B1:J1 单元格，在【开始】选项卡下的【对齐方式】选项组中，单击【合并后居中】按钮，然后在该单元格中输入文字，在【开始】选项卡下的【字体】选项组中将【字体】设置为【方正大标宋简体】，【字号】设置为 24，如图 7-54 所示。

step 02 然后在【单元格】选项组中单击【格式】按钮，在弹出的下拉菜单中选择【行高】命令，在打开的对话框中将【行高】设置为 52.5，单击【确定】按钮，如图 7-55 所示。

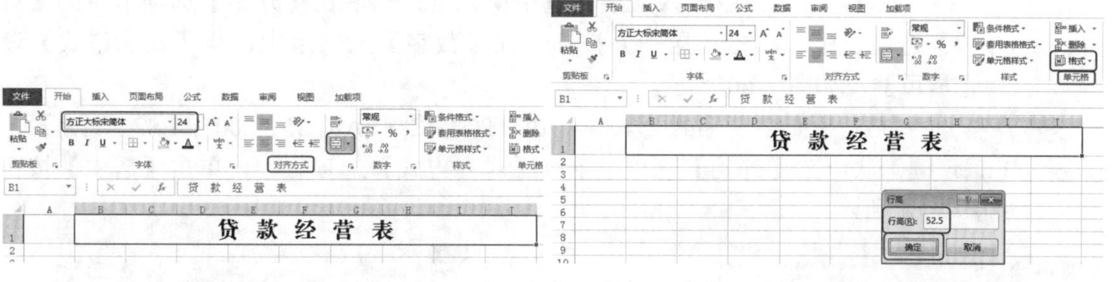

图 7-54　合并单元格并输入文字　　　　图 7-55　设置【行高】

step 03 在 B2:I2 单元格中输入文字，并选中新输入文字的单元格，在【开始】选项卡下的【字体】选项组中将【字号】设置为 12，在【对齐方式】选项组中单击【居中】按钮，在【单元格】选项组中单击【格式】按钮，在弹出的下拉菜单中选择【行高】命令，在打开的对话框中将【行高】设置为 19.5，单击【确定】按钮，如图 7-56 所示。

step 04 在 B3:J3 单元格中输入文字，并选中新输入文字的单元格，在【开始】选项卡下的【字体】选项组中将【字号】设置为 12，单击【加粗】按钮，在【对齐方式】选项组中单击【居中】按钮，在【单元格】选项组中单击【格式】按钮，在弹出的下拉菜单中选择【行高】命令，在打开的对话框中将【行高】设置为 19.5，单击【确定】按钮，如图 7-57 所示。

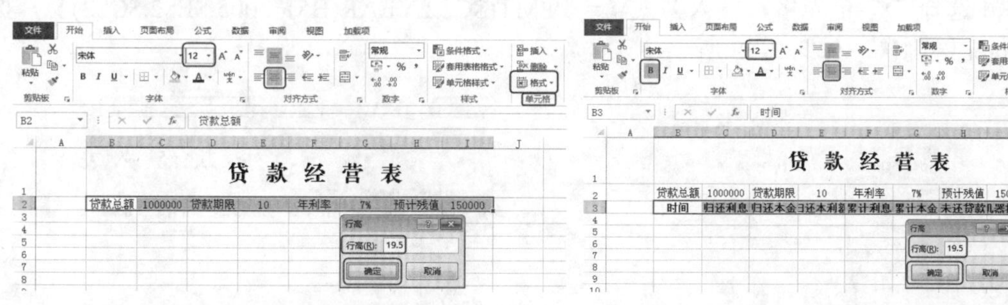

图 7-56　设置【行高】　　　　图 7-57　设置新输入文字单元格的【行高】

step 05 然后选择 C3:J3 单元格，在【单元格】选项组中再次单击【格式】按钮，在弹出的下拉菜单中选择【自动列宽】命令，如图 7-58 所示。

step 06 使用同样方法在 B4:B14 单元格中输入文字，选中单元格设置字号，设置对齐方式，设置选中单元格的自动列宽，效果如图 7-59 所示。

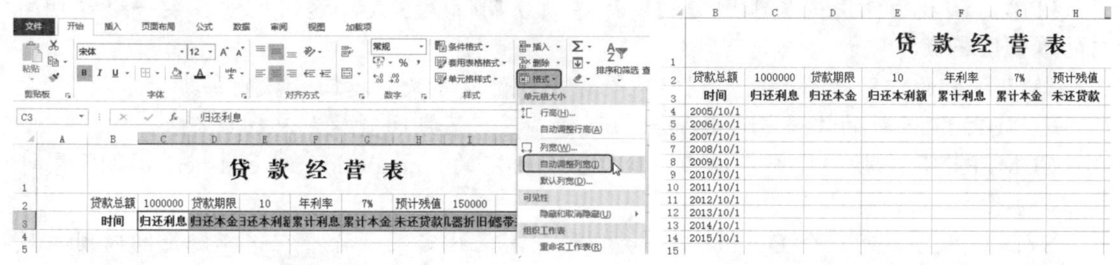

图 7-58　设置单元格的自动列宽　　　　图 7-59　输入其他文字

step 07 在 C4:G4 单元格中输入文字并选中单元格，然后在【开始】选项卡下的【对齐方式】选项组中，单击【居中】按钮，在【数字】选项组中，将【数字格式】设置为【货币】，如图 7-60 所示。

step 08 选择 C5 单元格，输入公式【=-IPMT($G$2,YEAR(B5)-2005,$E$2,$C$2)】，按 Enter 键确认，在【开始】选项卡下的【对齐方式】选项组中，单击【居中】按钮，如图 7-61 所示。

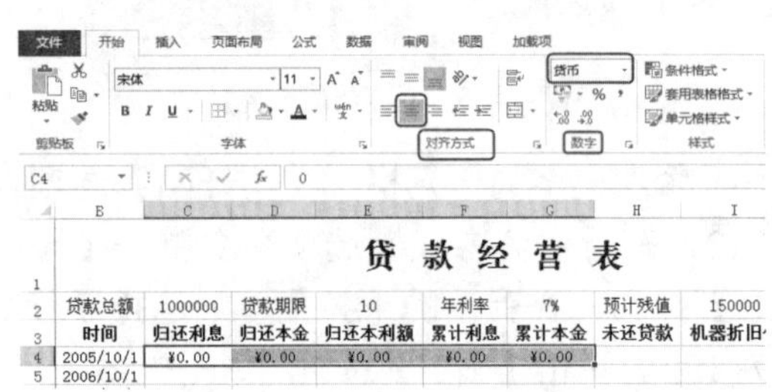

图 7-60　输入文字并设置

图 7-61　输入公式

step 09 继续选择 C5 单元格，将光标放置在该单元格的右下角，当光标变为黑色十字形状时，按住鼠标左键向下拖动，拖至 C14 单元格的右下角松开鼠标即可复制公式得出其他的结果，如图 7-62 所示。

step 10 选择 D5 单元格，输入公式【=-PPMT($G$2,YEAR(B5)-2005,$E$2,$C$2)】，按 Enter 键确认，如图 7-63 所示。

图 7-62　复制公式

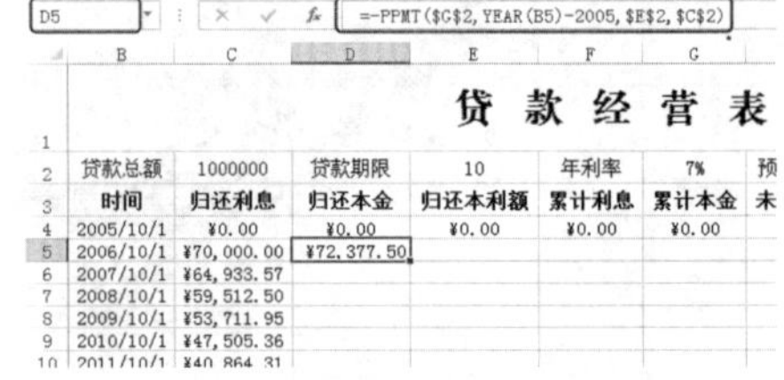

图 7-63　选择单元格并输入公式

知识链接

IPMT 函数的作用是基于固定利率及等额分期付款方式，返回给定期数内对投资的利息偿还额。

PPMT 函数的作用是基于固定利率及等额分期付款方式，返回投资在某一给定期间内的本金偿还额。

PMT 函数的作用是基于固定利率及等额分期付款方式，返回贷款的每期付款额。

CUMIPMT 函数的作用是计算贷款的利息，返回某期间贷款利息的数额。

CUMPRINC 函数的作用是返回一笔贷款在给定的 start-period 到 end-period 期间累计偿还的本金数额。

SYD 函数可返回一个 Double 数据类型值，用来指定某项资产在一指定期间内用年数总计法计算的折旧。

step 11 使用前面介绍的方法，复制公式得出其他单元格的结果，效果如图 7-64 所示。

step 12 选择 E5 单元格，在该单元格中输入公式【=-PMT($G$2,$E$2,$C$2)】，如图 7-65 所示。

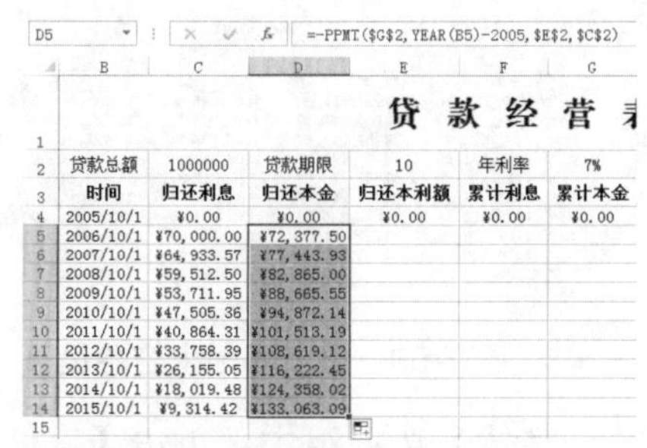

D5 =-PPMT($G$2,YEAR(B5)-2005,$E$2,$C$2)

贷款总额	1000000	贷款期限	10	年利率	7%
时间	归还利息	归还本金	归还本利额	累计利息	累计本金
2005/10/1	¥0.00	¥0.00	¥0.00	¥0.00	¥0.00
2006/10/1	¥70,000.00	¥72,377.50			
2007/10/1	¥64,933.57	¥77,443.93			
2008/10/1	¥59,512.50	¥82,865.00			
2009/10/1	¥53,711.95	¥88,665.55			
2010/10/1	¥47,505.36	¥94,872.14			
2011/10/1	¥40,864.31	¥101,513.19			
2012/10/1	¥33,758.39	¥108,619.12			
2013/10/1	¥26,155.05	¥116,222.45			
2014/10/1	¥18,019.48	¥124,358.02			
2015/10/1	¥9,314.42	¥133,063.09			

图 7-64 复制公式

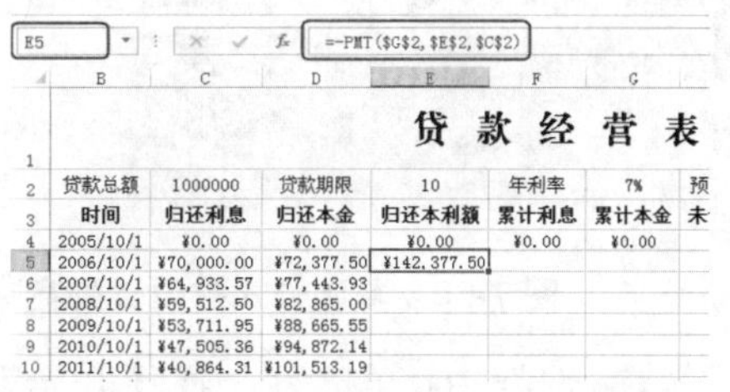

E5 =-PMT($G$2,$E$2,$C$2)

贷款总额	1000000	贷款期限	10	年利率	7%
时间	归还利息	归还本金	归还本利额	累计利息	累计本金
2005/10/1	¥0.00	¥0.00	¥0.00	¥0.00	¥0.00
2006/10/1	¥70,000.00	¥72,377.50	¥142,377.50		
2007/10/1	¥64,933.57	¥77,443.93			
2008/10/1	¥59,512.50	¥82,865.00			
2009/10/1	¥53,711.95	¥88,665.55			
2010/10/1	¥47,505.36	¥94,872.14			
2011/10/1	¥40,864.31	¥101,513.19			

图 7-65 输入公式

step 13 使用前面介绍的方法，复制公式得出其他单元格的结果，效果如图 7-66 所示。

step 14 然后在 F5、G5、H4、I5 单元格中分别输入公式【=-CUMIPMT($G$2,$E$2,$C$2,1,YEAR(B5)-2005,0)】、【=-CUMPRINC($G$2,$E$2, $C$2,1,YEAR(B5)-2005,0)】、【=$C$2-G5】、【=SYD($C$2,$I$2,$E$2,YEAR(B5)-2005)】，并通过按 Enter 键确认，得出结果，并将得出结果的单元格【数字格式】设置为【货币】，效果如图 7-67 所示。

E5 =-PMT($G$2,$E$2,$C$2)

贷款总额	1000000	贷款期限	10	年利率	7%
时间	归还利息	归还本金	归还本利额	累计利息	累计本金
2005/10/1	¥0.00	¥0.00	¥0.00	¥0.00	¥0.00
2006/10/1	¥70,000.00	¥72,377.50	¥142,377.50		
2007/10/1	¥64,933.57	¥77,443.93	¥142,377.50		
2008/10/1	¥59,512.50	¥82,865.00	¥142,377.50		
2009/10/1	¥53,711.95	¥88,665.55	¥142,377.50		
2010/10/1	¥47,505.36	¥94,872.14	¥142,377.50		
2011/10/1	¥40,864.31	¥101,513.19	¥142,377.50		
2012/10/1	¥33,758.39	¥108,619.12	¥142,377.50		
2013/10/1	¥26,155.05	¥116,222.45	¥142,377.50		
2014/10/1	¥18,019.48	¥124,358.02	¥142,377.50		
2015/10/1	¥9,314.42	¥133,063.09	¥142,377.50		

图 7-66 继续复制公式

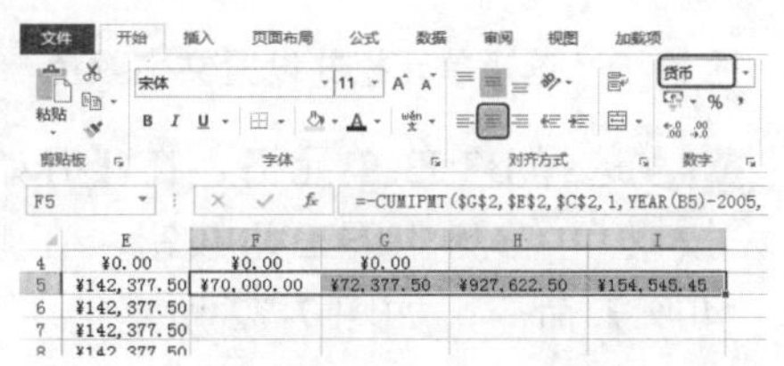

图 7-67 输入公式得出结果

step 15 使用前面介绍的方法，复制公式得出其他单元格的结果，并为新得到结果的单元格设置自动列宽，效果如图 7-68 所示。

step 16 然后在其他单元格中输入数值，并将单元格的【数字格式】设置为【货币】，在 J4 单元格中输入公式【=-(F14+G14)】，按 Enter 键确认，并使所有行输入内容在单元格中居中，如图 7-69 所示。

知识链接

贷款是银行或其他金融机构按一定利率和必须归还等条件出借货币资金的一种信用活动形式。广义的贷款指贷款、贴现、透支等出贷资金的总称。银行通过贷款的方式将所集中的货币和货币资金投放出去，可以满足社会扩大再生产对补充资金的需要，促进经济的发展；同时，银行也可以由此取得贷款利息收入，增加银行自身的积累。

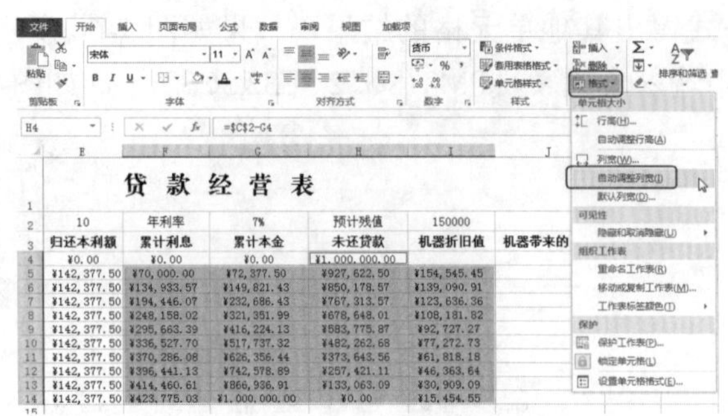

图 7-68　复制公式并设置列宽

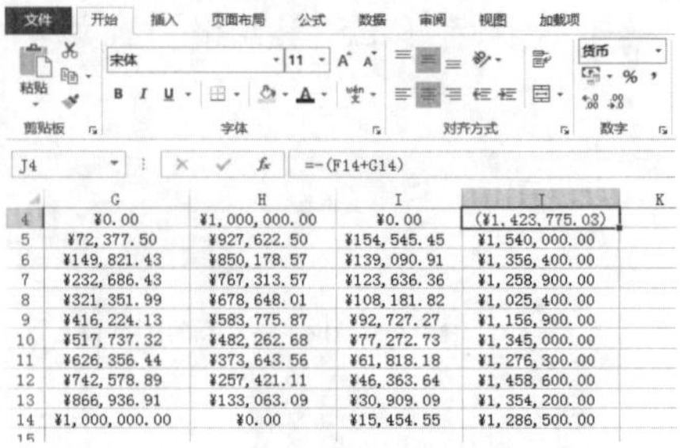

图 7-69　输入其他内容并设置

step 17 选择 B1 单元格，在【开始】选项卡下的【字体】选项组中，单击【字体颜色】按钮右侧的下三角按钮，在弹出的下拉菜单中选择【深蓝】命令，如图 7-70 所示。

step 18 选择 B2:J2 单元格，在【开始】选项下的【字体】选项组中单击【加粗】按钮，单击【填充颜色】按钮右侧的下三角按钮，在弹出的下拉菜单中选择【灰色-50%，着色 3，深色 25%】命令，如图 7-71 所示。

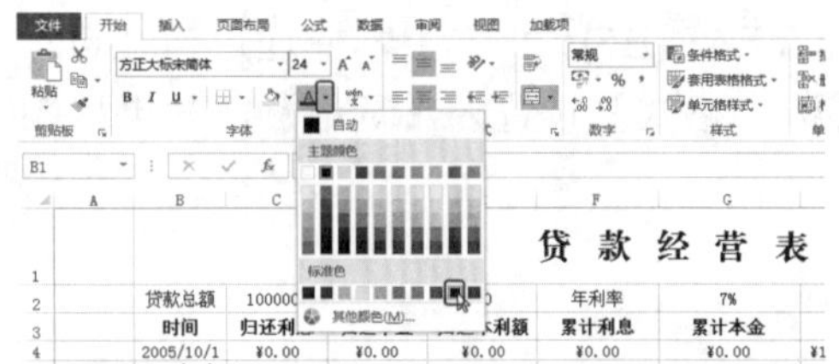

图 7-70　选择单元格并设置文字颜色

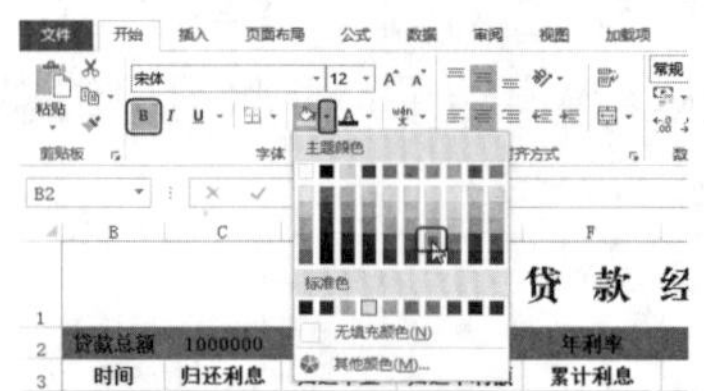

图 7-71　设置填充颜色

step 19 选择 B3:J3 单元格，在【开始】选项下的【字体】选项组中，单击【填充颜色】按钮右侧的下三角按钮，在弹出的下拉菜单中选择【灰色-50%，着色 3，淡色 40%】命令，如图 7-72 所示。

step 20 选择 B4:J14 单元格，在【开始】选项下的【字体】选项组中将【字号】设置为 12，单击【填充颜色】按钮右侧的下三角按钮，在弹出的下拉菜单中选择【灰色-50%，着色 3，淡色 60%】命令，如图 7-73 所示。

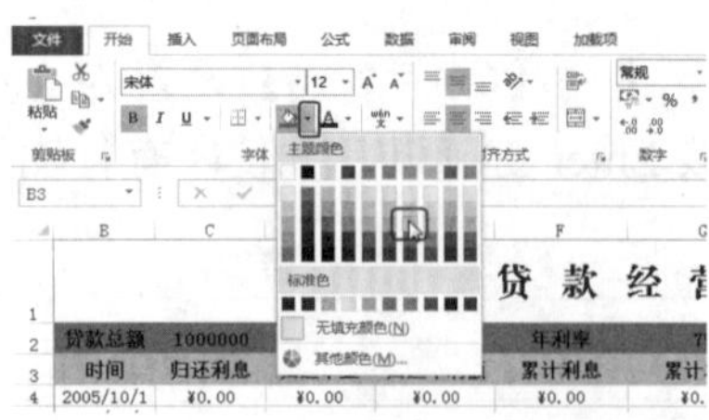

图 7-72　设置选择的单元格颜色

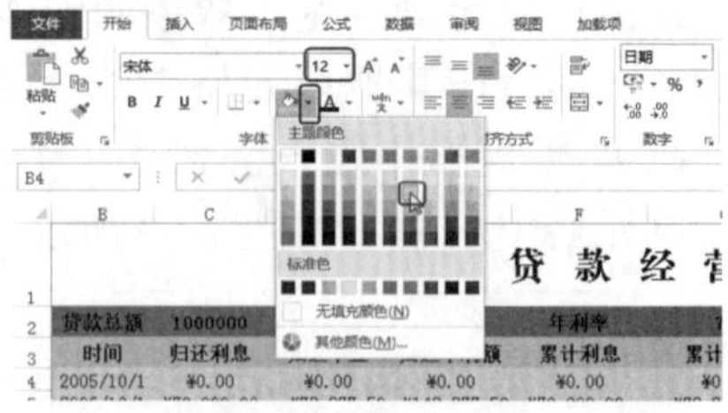

图 7-73　设置字号及单元格颜色

step 21 使用前面介绍的方法在 C17:C18 单元格中，分别输入并设置文字，效果如图 7-74 所示。

step 22 在 D17:D18 单元格中分别输入公式【=NPV(G2,J5:J14)】、【=IRR(J4:J14)】，

按 Enter 键确认，效果如图 7-75 所示。

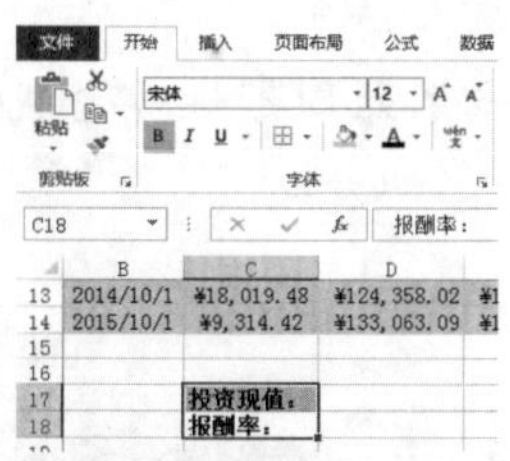

图 7-74　输入文字并设置

图 7-75　输入公式后的效果

step 23 选择 B2:J14 单元格，在【开始】选项卡下的【字体】选项组中单击【下框线】按钮 ⊞ 右侧的下三角按钮，在弹出的下拉菜单中选择【其他边框】命令，如图 7-76 所示。

step 24 在打开的【设置单元格格式】对话框中，选择【线条】选项组中【样式】下的线条样式，单击【颜色】右侧的下三角按钮，在弹出的下拉菜单中选择【深蓝】命令，在右侧单击【内部】按钮，如图 7-77 所示。

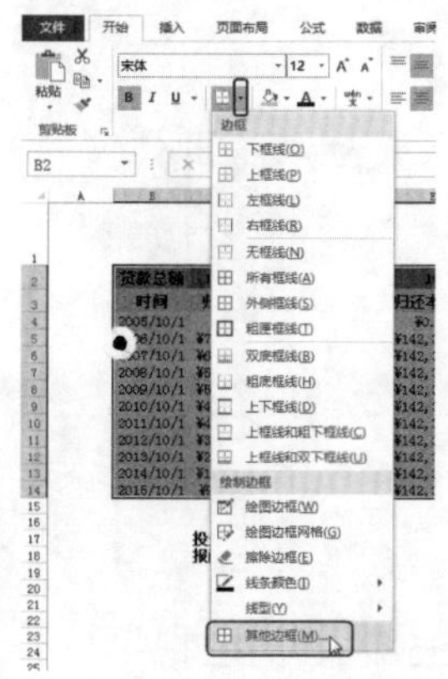

图 7-76　选择【其他边框】命令

图 7-77　设置【内部】框线

step 25 然后选择【线条】选项组中【样式】下的线条样式，在右侧单击【外边框】按钮，单击【确定】按钮，如图 7-78 所示。

step 26 执行上一步操作后，即可为所选单元格添加边框，效果如图 7-79 所示。

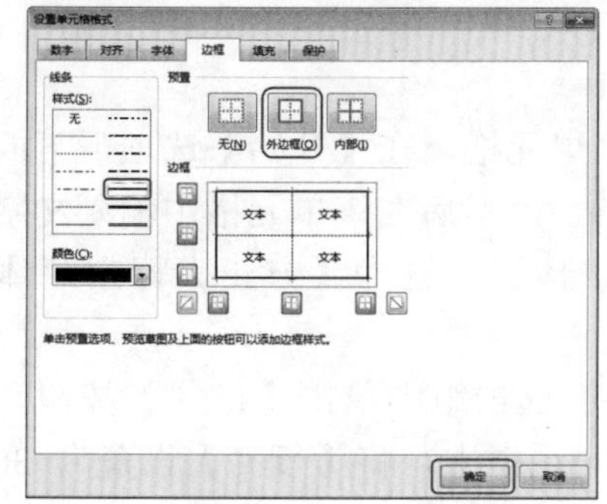

图 7-78　设置【外边框】

贷款总额	1000000	贷款期限	10	年利率	7%	预计残值	150000	
时间	归还利息	归还本金	归还本利额	累计利息	累计本金	未还贷款	机器折旧值	机器带来的回报
2005/10/1	¥0.00	¥0.00	¥0.00	¥0.00	¥0.00	¥1,000,000.00	¥0.00	(¥1,423,775.03)
2006/10/1	¥70,000.00	¥72,377.50	¥142,377.50	¥70,000.00	¥72,377.50	¥927,622.50	¥154,545.45	¥1,540,000.00
2007/10/1	¥64,933.57	¥77,443.93	¥142,377.50	¥134,933.57	¥149,821.43	¥850,178.57	¥139,090.91	¥1,356,400.00
2008/10/1	¥59,512.50	¥82,865.00	¥142,377.50	¥194,446.07	¥232,686.43	¥767,313.57	¥123,636.36	¥1,258,900.00
2009/10/1	¥53,711.95	¥88,665.55	¥142,377.50	¥248,158.02	¥321,351.99	¥678,648.01	¥108,181.82	¥1,025,400.00
2010/10/1	¥47,505.36	¥94,872.14	¥142,377.50	¥295,663.39	¥416,224.13	¥583,775.87	¥92,727.27	¥1,156,900.00
2011/10/1	¥40,864.31	¥101,513.19	¥142,377.50	¥336,527.70	¥517,737.32	¥482,262.68	¥77,272.73	¥1,345,000.00
2012/10/1	¥33,758.39	¥108,619.12	¥142,377.50	¥370,286.08	¥626,356.44	¥373,643.56	¥61,818.18	¥1,276,300.00
2013/10/1	¥26,155.05	¥116,222.45	¥142,377.50	¥396,441.13	¥742,578.89	¥257,421.11	¥46,363.64	¥1,458,600.00
2014/10/1	¥18,019.48	¥124,358.02	¥142,377.50	¥414,460.61	¥866,936.91	¥133,063.09	¥30,909.09	¥1,354,200.00
2015/10/1	¥9,314.42	¥133,063.09	¥142,377.50	¥423,775.03	¥1,000,000.00	¥0.00	¥15,454.55	¥1,286,500.00

图 7-79　添加边框后的效果

NPV 函数是指返回一个 Double 类型，指定根据一系列定期的现金流(支付和收入)和贴现率而定的投资净现值。

IRR 函数是指返回一个 Double 类型，指定一系列周期性现金流(支出或收入)的内部利率。

案例精讲 064　银行短期借款明细表

案例文件：CDROM\场景\Cha07\银行短期借款明细表.xlsx

视频文件：视频教学\Cha07\银行短期借款明细表.avi

制作概述

本案例将讲解如何制作银行短期借款明细表。首先利用【合并后居中】命令合并单元格，通过对单元格的参数设置改变宽高大小，在单元格中输入文字并进行设置，输入公式并进行复制 得出其他单元格，最后设置单元格的填充颜色，并添加边框。完成后的效果如图 7-80 所示。

银行短期借款明细表

编号：

序号	借款银行	借款种类	借入日期	借款额度	借款期限（天）	还款日期	借款年利率	抵押资产及编号	应付利息	备注
1	农业银行	流动资金借款	2014/1/16	¥500,000.00	180	2014/7/15	3.05%	GJB-IS00001	¥7,520.55	
2	农业银行	流动资金借款	2014/1/17	¥650,000.00	360	2015/1/12	3.05%	GJB-IS00002	¥19,553.42	
3	中国银行	流动资金借款	2014/1/20	¥120,000.00	180	2014/7/19	3.05%	GJB-IS00003	¥1,804.93	
4	中国银行	流动资金借款	2014/1/25	¥1,000,000.00	360	2015/1/20	3.05%	GJB-IS00004	¥30,082.19	
5	中国银行	流动资金借款	2014/1/26	¥80,000.00	90	2014/4/26	3.05%	GJB-IS00005	¥601.64	
6	中国银行	项目借款	2014/2/15	¥60,000.00	90	2014/5/16	3.05%	GJB-IS00006	¥451.23	
7	招商银行	项目借款	2014/2/19	¥5,000,000.00	360	2015/2/14	3.05%	GJB-IS00007	¥150,410.96	
8	建设银行	项目借款	2014/3/8	¥7,000,000.00	360	2015/3/3	3.05%	GJB-IS00008	¥210,575.34	
9	中国银行	项目借款	2014/3/25	¥48,000.00	30	2014/4/24	3.05%	GJB-IS00009	¥120.33	
10	农业银行	项目借款	2014/4/30	¥30,000.00	30	2014/5/30	3.05%	GJB-IS00010	¥75.21	
11	农业银行	项目借款	2014/5/10	¥120,000.00	180	2014/11/6	3.05%	GJB-IS00011	¥1,804.93	
12	招商银行	卖方信贷	2014/5/20	¥560,000.00	180	2014/11/16	3.05%	GJB-IS00012	¥8,414.79	
13	工商银行	卖方信贷	2014/6/27	¥350,000.00	90	2014/9/25	3.05%	GJB-IS00013	¥2,632.19	
14	农业银行	卖方信贷	2014/7/22	¥200,000.00	90	2014/10/20	3.05%	GJB-IS00014	¥1,504.11	
15	农业银行	卖方信贷	2014/8/21	¥300,000.00	90	2014/11/19	3.05%	GJB-IS00015	¥2,256.16	
16	招商银行	卖方信贷	2014/8/29	¥380,000.00	180	2015/2/25	3.05%	GJB-IS00016	¥5,715.62	

图 7-80　银行短期借款明细表

学习目标

- 学习银行短期借款明细表的制作过程。
- 掌握银行短期借款明细表的制作流程，掌握公式函数的使用。

操作步骤

step 01 启动软件后新建空白工作簿，选择 B2:D2 单元格，在【开始】选项卡下的【对齐方式】选项组中，单击【合并后居中】按钮，然后在该单元格中输入文字，在【开始】选项卡下的【字体】选项组中将【字体】设置为【方正大标宋简体】，【字号】设置为 14，如图 7-81 所示。

step 02 继续选中上一步中的单元格，在【单元格】选项组中单击【格式】按钮，在弹出的下拉菜单中选择【行高】命令，在打开的对话框中，将【行高】设置为 30，单击【确定】按钮，如图 7-82 所示。

图 7-81 输入文字并设置

图 7-82 设置【行高】

知识链接

短期存款又称为短期储蓄存款，一般不超过 3 个月，如同业拆借、证券回购协议、向中央银行借款等行为都属于短期存款范畴。

step 03 在其他单元格中输入文字，并选中新输入文字的单元格，在【开始】选项卡下的【对齐方式】选项组中单击【居中】按钮，在【单元格】选项组中单击【格式】按钮，在弹出的下拉菜单中选择【自动列宽】命令，如图 7-83 所示。

step 04 选择 B2:D8 单元格，在【开始】选项卡下的【字体】选项组中单击【字体颜色】按钮右侧的下三角按钮，在弹出的下拉菜单中选择【浅蓝】命令，如图 7-84 所示。

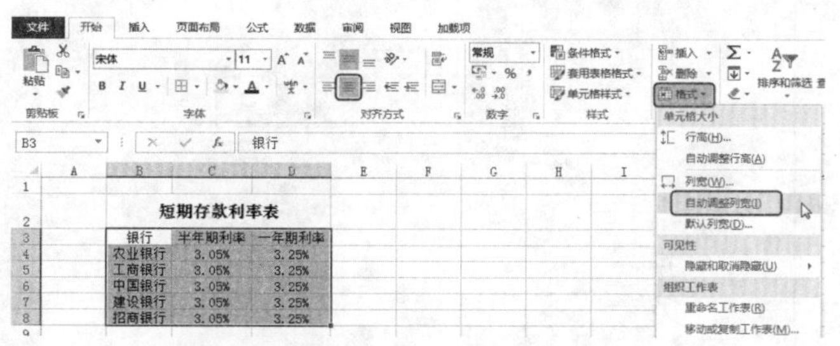

图 7-83 使文字居中并设置自动列宽

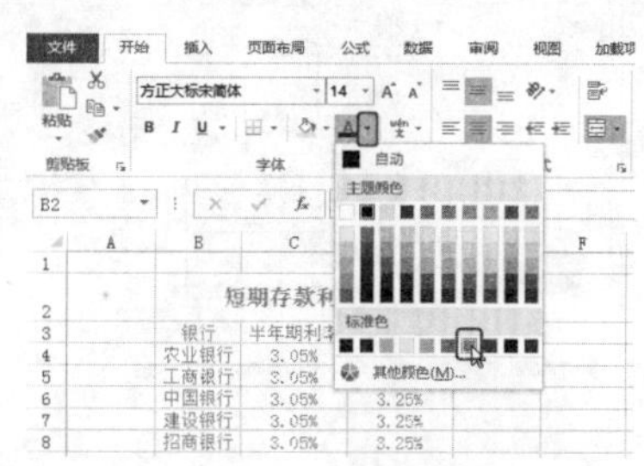

图 7-84 设置文字颜色

step 05 选择 B3:B8 单元格，在【开始】选项卡下的【字体】选项组中单击【下框线】按钮右侧的下三角按钮，在弹出的下拉菜单中选择【其他边框】命令，如图 7-85 所示。

step 06 在打开的【设置单元格格式】对话框中，选择【线条】选项组中【样式】下的线条样式，单击【颜色】右侧的下三角按钮，在弹出的下拉菜单中选择【浅蓝】命令，在右侧单击【内部】按钮，如图 7-86 所示。

step 07 继续选择【线条】选项组中【样式】下的线条样式，在右侧单击【外边框】按钮，单击【确定】按钮，如图 7-87 所示。

step 08 然后在该工作表标签名称【Sheet1】上双击，进行重命名，命名完成后按 Enter 键确认，如图 7-88 所示。

知识链接

在 Excel 中还可以使用以下方法来重命名工作表。

在工作表名称上单击鼠标右键，在弹出的快捷菜单中选择【重命名】命令。

选择【开始】选项卡，在【单元格】选项组中单击【格式】按钮，在弹出的下拉列表中选择【重命名工作表】选项。

图 7-85　选择【其他边框】命令

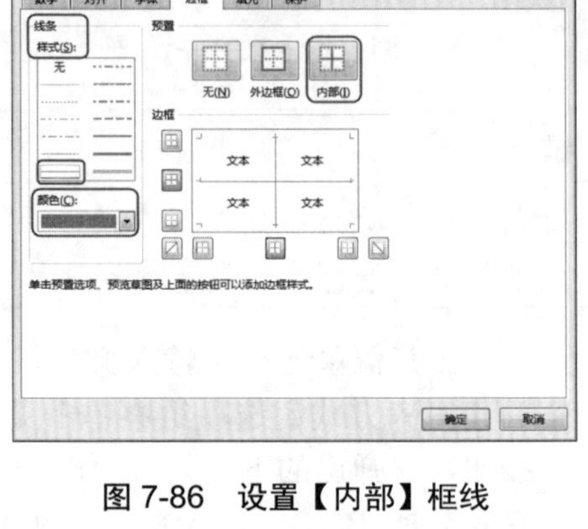

图 7-86　设置【内部】框线

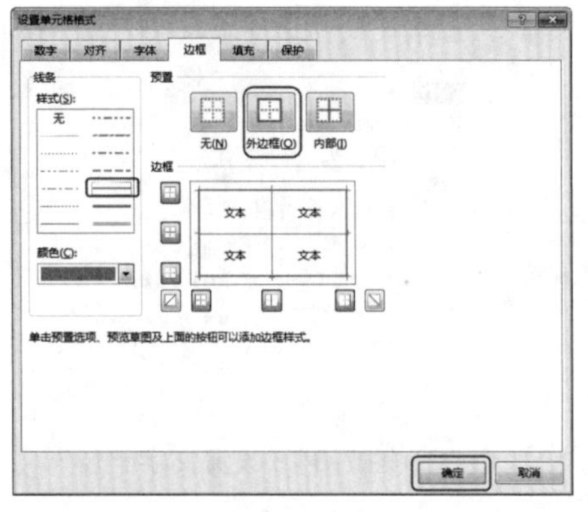

图 7-87　设置【外边框】

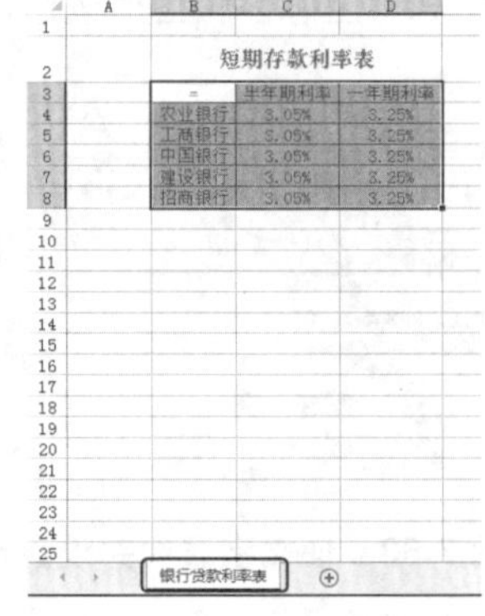

图 7-88　更改标签名称

step 09 然后单击【新建工作表】按钮⊕，新建工作表【Sheet2】，并使用同样方法重命名，如图 7-89 所示。

step 10 选择 B1:L1 单元格，在【开始】选项卡下的【对齐方式】选项组中，单击【合并后居中】按钮，然后在该单元格中输入文字，在【开始】选项卡下的【字体】选项组中将【字体】设置为【方正大标宋简体】，【字号】设置为 24，单击【加粗】按钮，单击【下划线】按钮，如图 7-90 所示。

step 11 然后在【单元格】选项组中单击【格式】按钮，在弹出的下拉菜单中选择【行高】命令。在打开的对话框中将【行高】设置为 42，单击【确定】按钮，如图 7-91 所示。

step 12 选择 K2:L2 单元格，在【对齐方式】选项组中，单击【合并后居中】按钮，然后单击【左对齐】按钮，输入文字，并打开【行高】对话框，将该单元格的【行高】设置为 20，单击【确定】按钮，如图 7-92 所示。

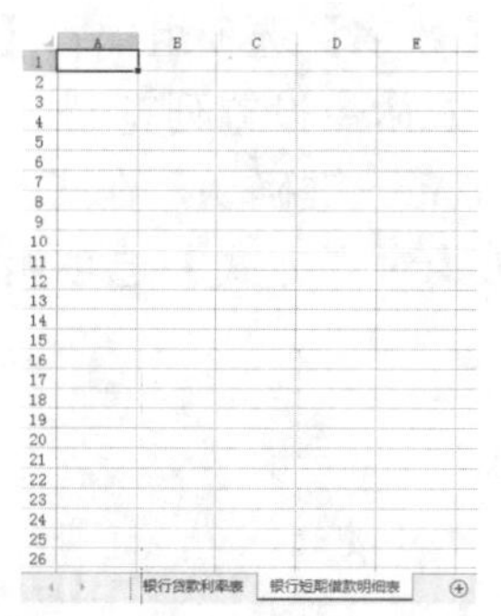

图 7-89　新建工作表并更改名称

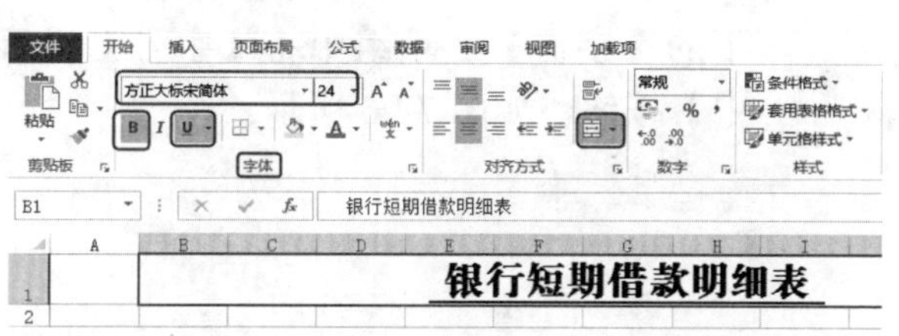

图 7-90　合并单元格输入并设置文字

图 7-91　设置【行高】

图 7-92　选择合并单元格并输入文字

step 13 在 B3:L3 单元格中输入文字，并选中单元格，在【对齐方式】选项组中单击【居中】按钮，在【单元格】选项组中打开【行高】对话框，将【行高】设置为 25，单击【确定】按钮，如图 7-93 所示。

step 14 然后通过选择【自动调整列宽】命令调整列宽，使用同样的方法输入文字，并设置行高与列宽，如图 7-94 所示。

知识链接

使用【自动调整列宽】命令可以根据所选单元格的内容，将单元格的宽度调整到合适的大小。

图 7-93　输入文字并设置【行高】

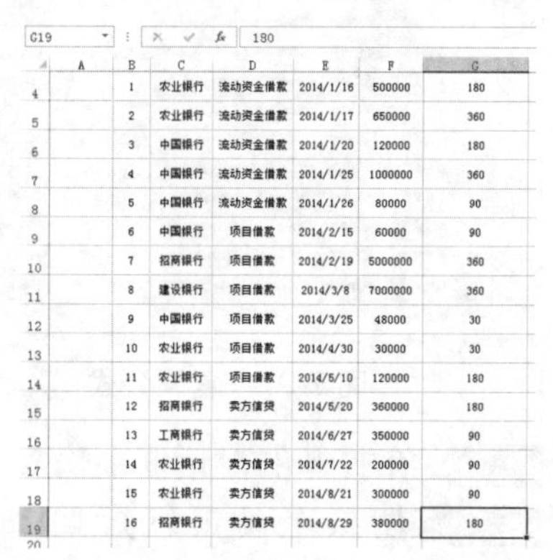

B	C	D	E	F	G
1	农业银行	流动资金借款	2014/1/16	500000	180
2	农业银行	流动资金借款	2014/1/17	650000	360
3	中国银行	流动资金借款	2014/1/20	120000	180
4	中国银行	流动资金借款	2014/1/25	1000000	360
5	中国银行	流动资金借款	2014/1/26	80000	90
6	中国银行	项目借款	2014/2/15	60000	90
7	招商银行	项目借款	2014/2/19	5000000	360
8	建设银行	项目借款	2014/3/8	7000000	360
9	中国银行	项目借款	2014/3/25	48000	30
10	农业银行	项目借款	2014/4/30	30000	30
11	农业银行	项目借款	2014/5/10	120000	180
12	招商银行	卖方信贷	2014/5/20	360000	180
13	工商银行	卖方信贷	2014/6/27	350000	90
14	农业银行	卖方信贷	2014/7/22	200000	90
15	农业银行	卖方信贷	2014/8/21	300000	90
16	招商银行	卖方信贷	2014/8/29	380000	180

图 7-94　输入其他文字并设置

step 15 选择 F4:F19 单元格，在【开始】选项卡下的【数字】选项组中将【数字格式】设置为【货币】，如图 7-95 所示，使用【自动列宽】命令设置列宽。

step 16 选择 H4 单元格，输入公式【=E4+G4】，按 Enter 键确认，在【开始】选项卡下的【字体】选项组中将【字号】设置为 10，在【对齐方式】选项组中单击【居中】按钮，如图 7-96 所示。

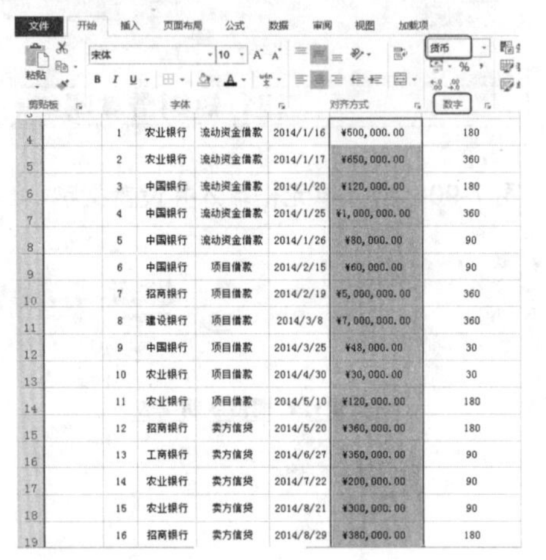

图 7-95　设置数字格式

图 7-96　输入公式并设置单元格中内容参数

step 17 将光标放置在该单元格的右下角，当光标变为黑色十字形状时，按住鼠标左键向下拖动，拖至 H19 单元格的右下角，松开鼠标即可复制公式，得出其他的结果，如图 7-97 所示。

step 18 切换至【银行贷款利率表】工作表中，选中 B2:D8 单元格并右击，在弹出的快捷菜单中选择【定义名称】命令，如图 7-98 所示。

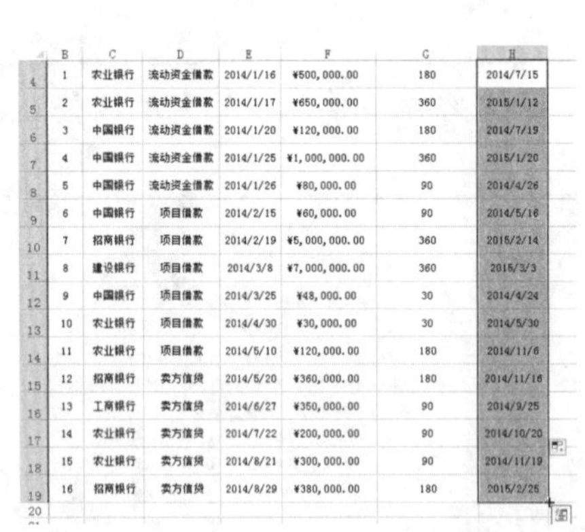

图 7-97　复制公式

图 7-98　选择【定义名称】命令

step 19 在打开的对话框中输入名称【rate】，单击【确定】按钮，如图 7-99 所示。

step 20 切换至【银行短期借款明细表】工作表中，选择 I4 单元格，输入公式【=VLOOKUP(C4,rate,IF(ROUND(G4/360,1)<=5,2,3),FALSE)】，按 Enter 键确认，在【开始】选项卡下的【字体】选项组中将【字号】设置为 10，在【对齐方式】选

项组中单击【居中】按钮，在【数字】选项组中单击【百分比样式】按钮 %，如图 7-100 所示。

VLOOKUP 函数是 Excel 中的一个纵向查找函数，它与 LOOKUP 函数和 HLOOKUP 函数属于一类函数，VLOOKUP 是按列查找，最终返回该列所需查询列序所对应的值；与之对应的 HLOOKUP 是按行查找的。

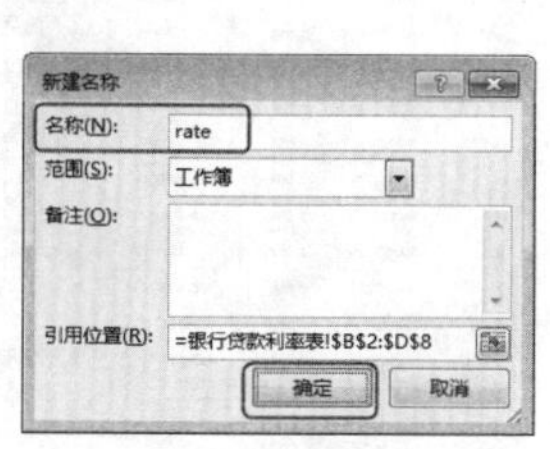

图 7-99　输入名称

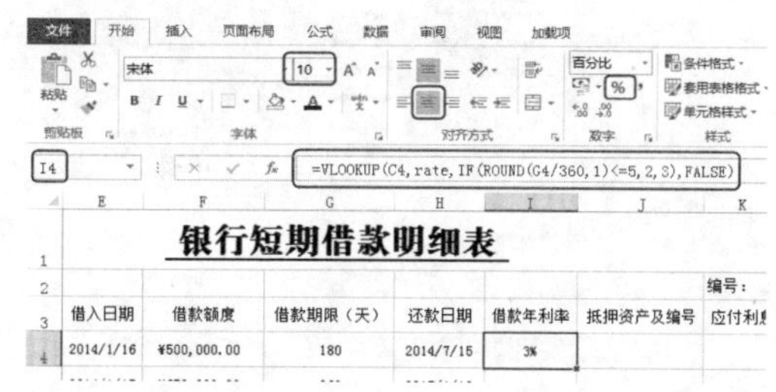

图 7-100　输入公式

step 21 然后在【数字】选项组中单击【增加小数位数】按钮 ，添加两位小数，如图 7-101 所示。

step 22 使用前面介绍的方法，向下复制公式，复制后的效果如图 7-102 所示。

图 7-101　添加小数

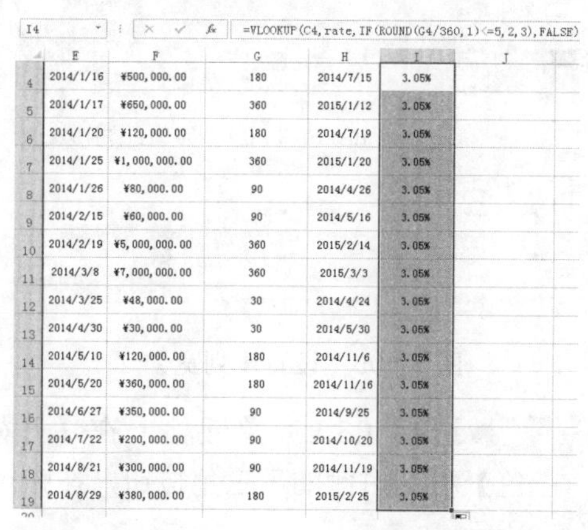

图 7-102　复制公式后的效果

step 23 在 J4:J19 单元格中输入文字并设置，然后在 K4 单元格中输入公式【=F4*I4*G4/365】，按 Enter 键确认，在【开始】选项卡下的【字体】选项组中将【字号】设置为 10，如图 7-103 所示。

step 24 然后使用前面介绍的方法，向下复制公式，复制后的效果如图 7-104 所示。

step 25 然后选择 L4 单元格，在【开始】选项卡下的【单元格】选项组中单击【格式】按钮，在弹出的下拉菜单中选择【列宽】命令，在打开的对话框中将【列宽】设置为 13，单击【确定】按钮，如图 7-105 所示。

step 26 选择 B1:L19 单元格，在【开始】选项卡下的【字体】选项组中单击【字体颜色】按钮右侧的下三角按钮，在弹出的下拉菜单中选择【浅蓝】命令，如图 7-106

所示。

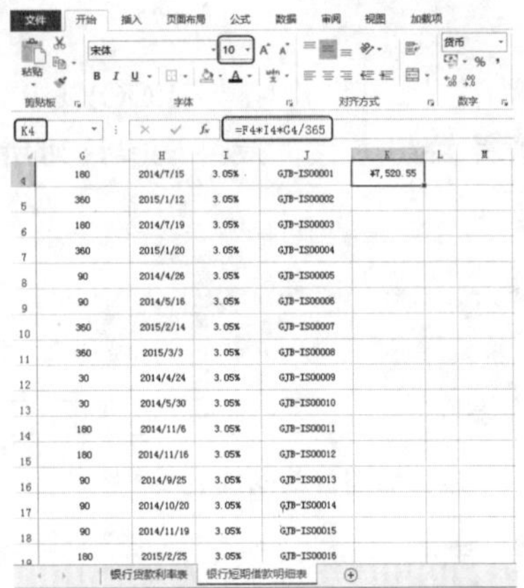

图 7-103　输入文字和公式

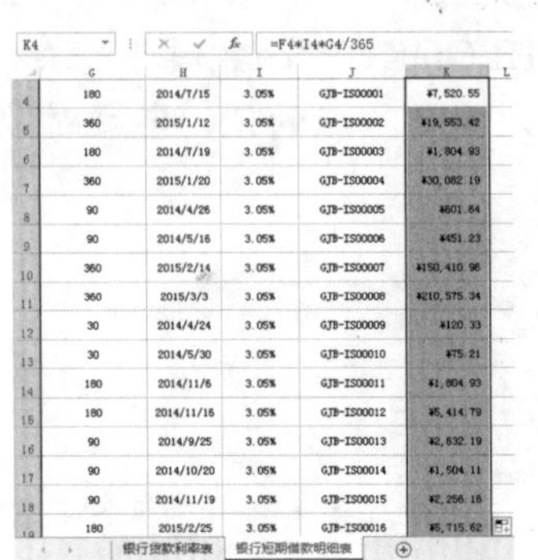

图 7-104　复制公式后的效果

图 7-105　设置【列宽】

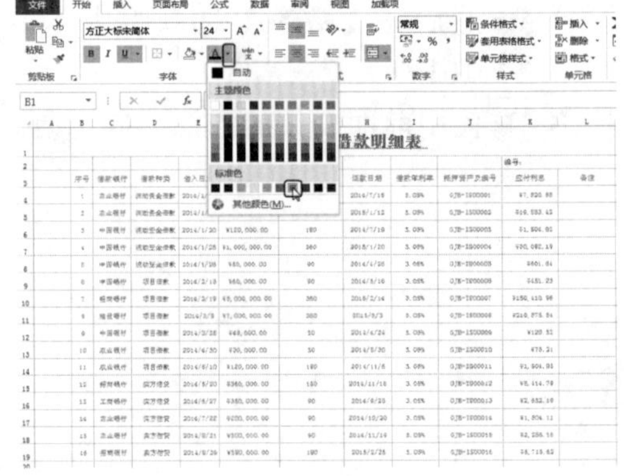

图 7-106　设置文字颜色

step 27 选择 B3:L3 单元格，在【开始】选项卡下的【字体】选项组中单击【填充颜色】按钮右侧的下三角按钮，在弹出的下拉菜单中选择【其他颜色】命令，如图 7-107 所示。

step 28 在打开的对话框中选择【自定义】选项卡，将【红色】设置为 218、【绿色】设置为 238、【蓝色】设置为 243，单击【确定】按钮，如图 7-108 所示。

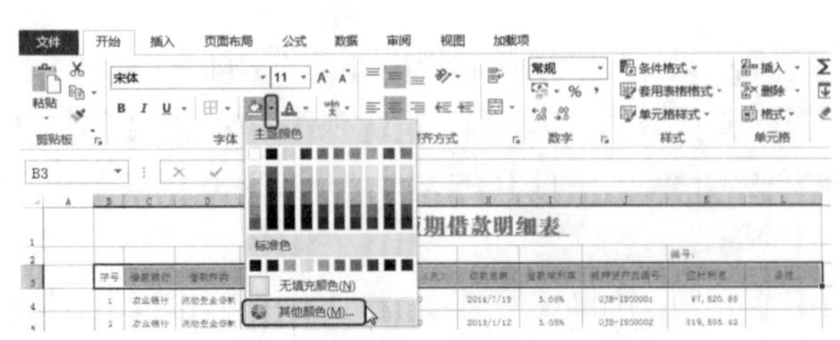

图 7-107　选择【其他颜色】命令

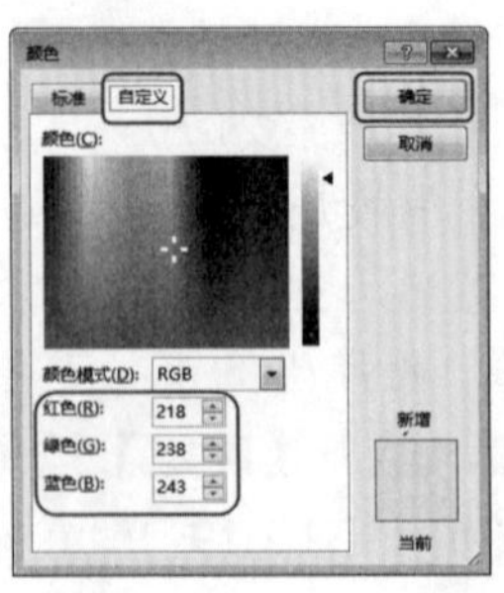

图 7-108　设置颜色

step 29 使用同样的方法，选中其他单元格，设置填充颜色，效果如图 7-109 所示。

step 30 选择 B3:L19 单元格，在【开始】选项卡下的【字体】选项组中，单击【下框线】按钮右侧的下三角按钮，在弹出的下拉菜单中选择【其他边框】命令，如图 7-110 所示。

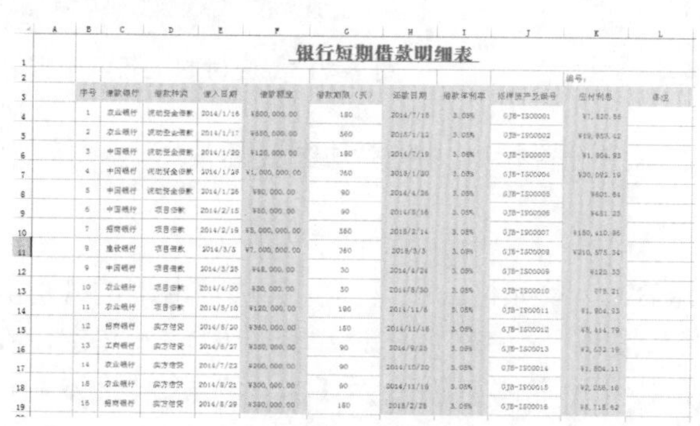

图 7-109 填充其他单元格

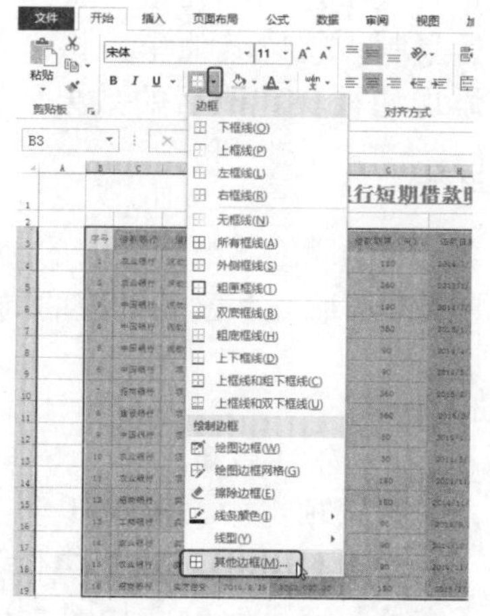

图 7-110 选择【其他边框】命令

step 31 在打开的【设置单元格格式】对话框中，选择【线条】选项组中【样式】下的线条样式，单击【颜色】右侧的下三角按钮，在弹出的下拉菜单中选择【浅蓝】命令，在右侧单击【内部】按钮，如图 7-111 所示。

step 32 选择【线条】选项组中【样式】下的线条样式，在右侧单击【外边框】按钮，单击【确定】按钮，如图 7-112 所示。

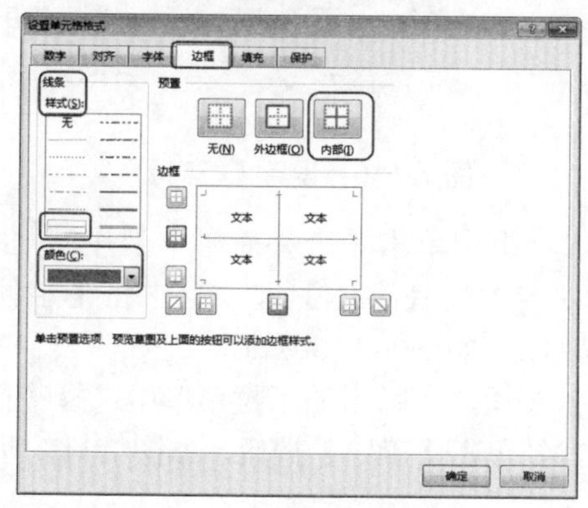

图 7-111 设置【内部】框线

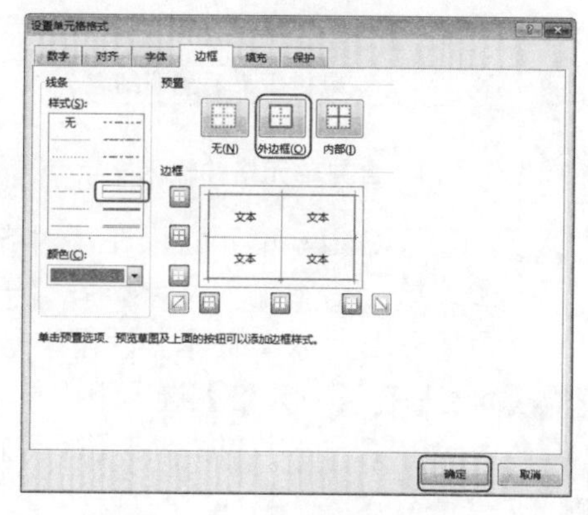

图 7-112 设置【外边框】

案例精讲 065 应付职工薪酬明细表

案例文件：CDROM\场景\Cha07\应付职工薪酬明细表.xlsx

视频文件：视频教学\Cha07\应付职工薪酬明细表.avi

制作概述

本案例将讲解如何制作应付职工薪酬明细表。首先利用【合并后居中】命令合并单元格；然后通过对单元格的参数设置改变宽高大小，在单元格中输入文字并进行设置，输入公式并进行复制，得出其他单元格；最后设置单元格的填充颜色，并添加边框。完成后的效果如图 7-113 所示。

图 7-113　应付职工薪酬明细表

学习目标

- 学习应付职工薪酬明细表的制作过程。
- 掌握应付职工薪酬明细表的制作流程，掌握设置行高、列宽与公式的使用。

操作步骤

step 01 启动软件后新建空白工作簿，选择 B2:I2 单元格，在【开始】选项卡下的【对齐方式】选项组中，单击【合并后居中】按钮，然后在该单元格中输入文字，在【开始】选项卡下的【字体】选项组中将【字体】设置为【方正大标宋简体】，【字号】设置为 24，如图 7-114 所示。

step 02 然后在【单元格】选项组中单击【格式】按钮，在弹出的下拉菜单中选择【行高】命令，在打开的对话框中将【行高】设置为 50，单击【确定】按钮，如图 7-115 所示。

图 7-114　合并单元格并输入文字

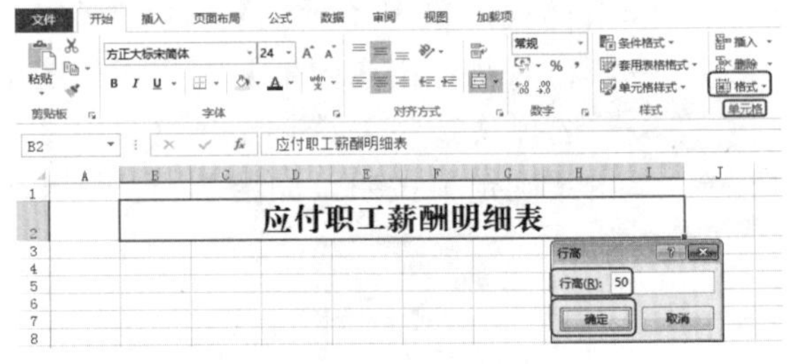

图 7-115　设置【行高】

step 03 选择 G3:I3 单元格，在【对齐方式】选项组中单击【合并后居中】按钮，然后在该单元格中输入文字，在【开始】选项卡下的【字体】选项组中将【字体】设置为【方正大标宋简体】，【字号】设置为 12，如图 7-116 所示。

step 04 然后在【单元格】选项组中单击【格式】按钮，在弹出的下拉菜单中选择【行高】命令，在打开的对话框中将【行高】设置为 20，单击【确定】按钮，如图 7-117 所示。

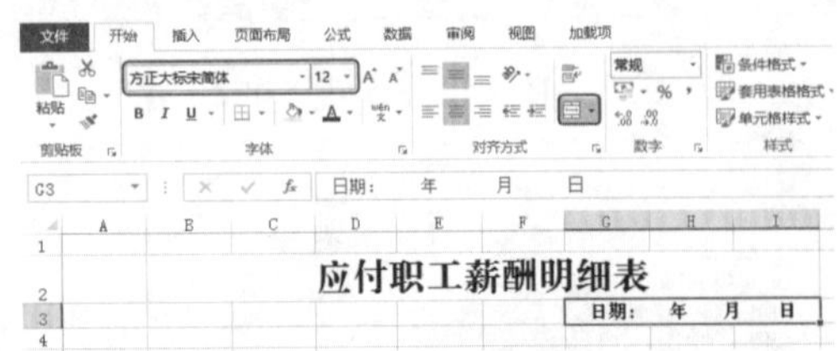

图 7-116　再次合并单元格并输入文字

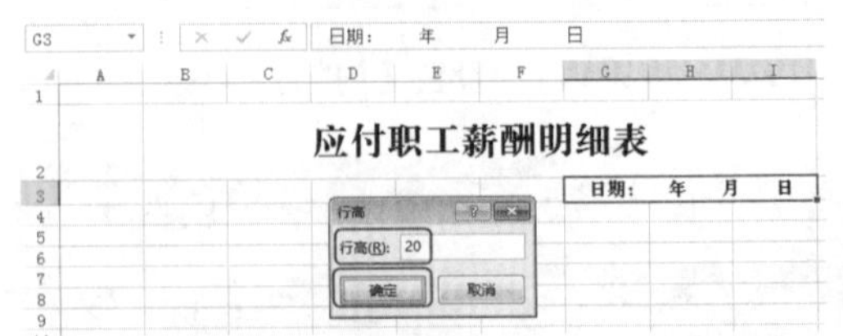

图 7-117　设置单元格【行高】

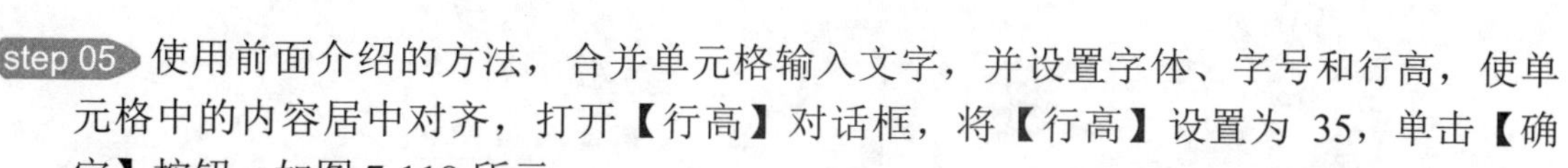

step 05 使用前面介绍的方法，合并单元格输入文字，并设置字体、字号和行高，使单元格中的内容居中对齐，打开【行高】对话框，将【行高】设置为 35，单击【确定】按钮，如图 7-118 所示。

step 06 选中新输入文字的单元格，在【开始】选项卡下的【单元格】选项组中单击【格式】按钮，在弹出的下拉菜单中选择【自动调整列宽】命令，如图 7-119 所示。

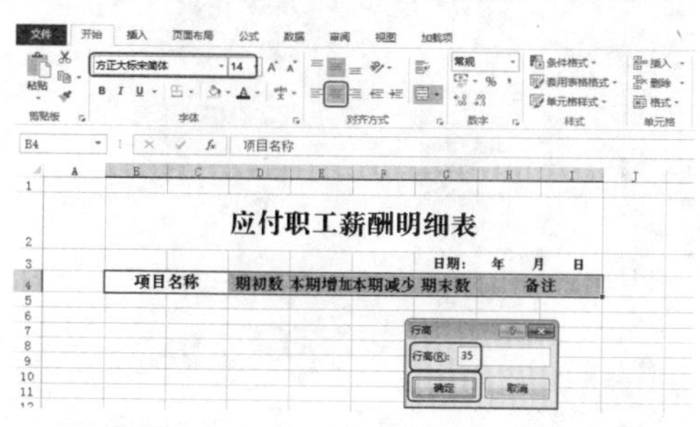

图 7-118　输入文字并设置【行高】

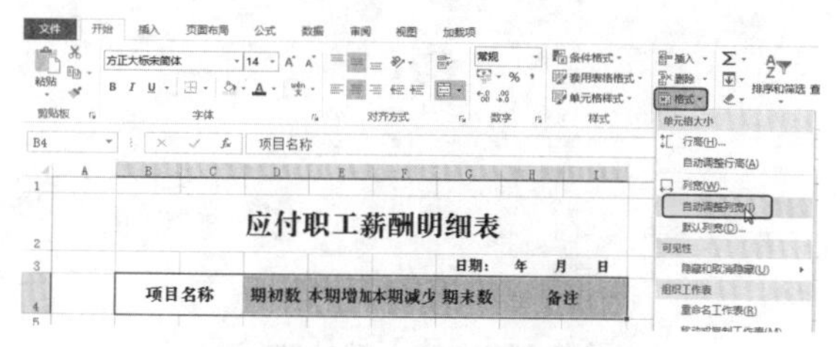

图 7-119　设置自动调整列宽

step 07 使 B5:C5 单元格合并，输入文字，并选中单元格，在【字体】选项组中将【字号】设置为 10，在【对齐方式】选项组中单击【自动换行】按钮，单击【左对齐】按钮，如图 7-120 所示。

step 08 然后在【单元格】选项组中单击【格式】按钮，在弹出的下拉菜单中选择【行高】命令，在打开的对话框中将【行高】设置为 35，单击【确定】按钮，如图 7-121 所示。

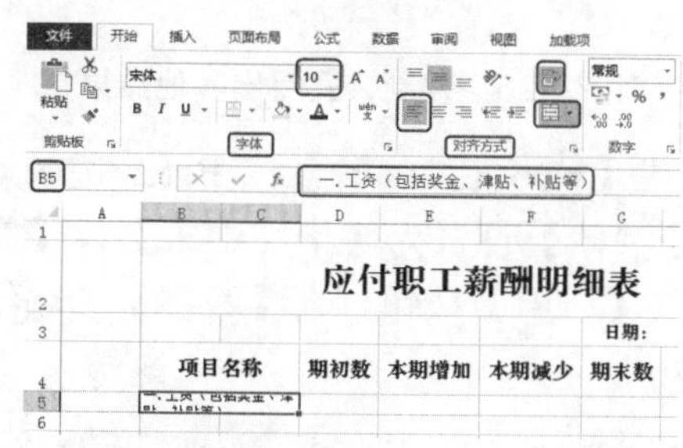

图 7-120　输入并设置单元格内容

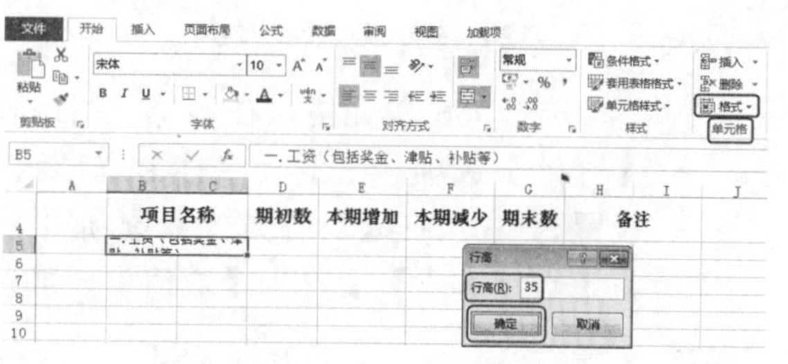

图 7-121　设置单元格【行高】

step 09 使用同样的方法合并单元格并输入文字，对文字进行设置，对单元格行高、列宽进行设置，如图 7-122 所示。

step 10 在其他单元格中输入文字，并选中新输入文字的单元格，在【字体】选项组中将【字体】设置为【华文中宋】，【字号】设置为 10，在【对齐方式】选项组中单击【居中】按钮，在【数字】选项组中将【数字格式】设置为【数值】，如图 7-123 所示。

step 11 选择 D7 单元格，在该单元格中输入公式【=SUM(D8:D18)】，按 Enter 键确认，如图 7-124 所示。

step 12 然后将光标放置在该单元格的右下角，当光标变为黑色十字形状时，按住鼠标左键向右拖动，拖至 F7 单元格的右下角，如图 7-125 所示。

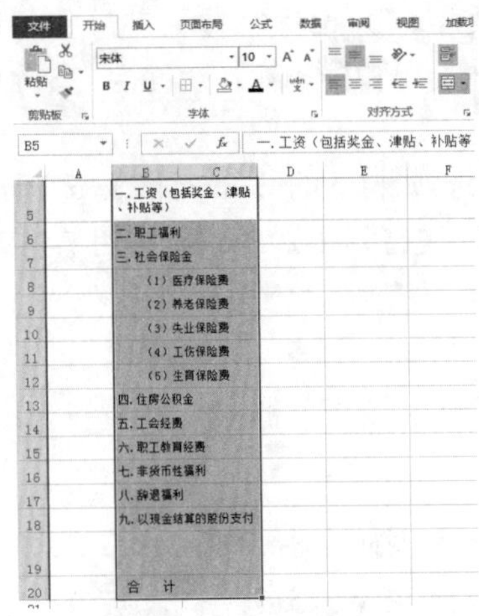

图 7-122　输入其他文字

图 7-123　输入文字并设置单元格内容

图 7-124　输入公式得出结果

图 7-125　复制公式得出其他结果

step 13 选择 G6 单元格，在该单元格内输入公式【=D6+E6-F6】，按 Enter 键确认，在【开始】选项卡下的【字体】选项组中将【字体】设置为【华文中宋】，【字号】设置为 10，在【对齐方式】选项组中，单击【居中】按钮，在【数字】选项组中，将【数字格式】设置为【数值】，如图 7-126 所示。

提示

在选择的单元格上右击，在弹出的快捷菜单中选择【设置单元格格式】命令，弹出【设置单元格格式】对话框，选择【数字】选项卡，在该选项卡中同样可以设置数字格式。

step 14 使用前面介绍的方法向下复制公式，复制到 G18 单元格中，并在【单元格】选项组中单击【格式】按钮，在弹出的下拉菜单中选择【自动调整列宽】命令，效果如图 7-127 所示。

step 15 使用前面介绍的方法合并单元格，并调整单元格的列宽，效果如图 7-128 所示。

step 16 选择 D20 单元格，在该单元格内输入公式【=SUM(D5:D18)】，按 Enter 键确认，在【开始】选项卡下的【字体】选项组中将【字体】设置为【华文中宋】，【字号】设置为 10，在【对齐方式】选项组中单击【居中】按钮，如图 7-129 所示。

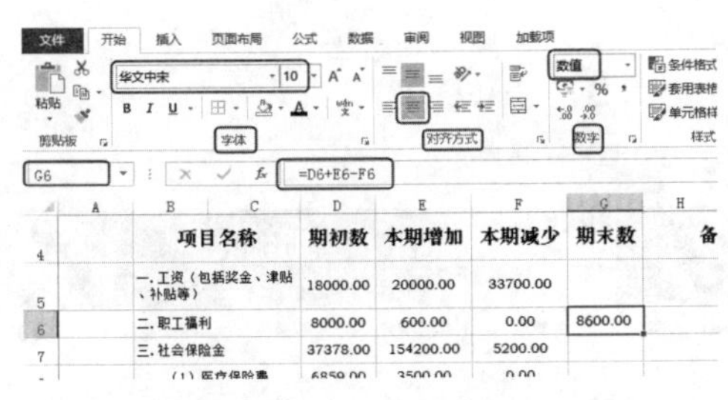

图 7-126 输入公式并设置单元格内容

图 7-127 选择【自动调整列宽】命令

项目名称	期初数	本期增加	本期减少	期末数	备注
一. 工资（包括奖金、津贴、补贴等）	18000.00	20000.00	33700.00		
二. 职工福利	8000.00	600.00	0.00	8600.00	
三. 社会保险金	37378.00	154200.00	5200.00	186378.00	
（1）医疗保险费	6859.00	3500.00	0.00	10359.00	
（2）养老保险费	5849.00	3200.00	0.00	9049.00	
（3）失业保险费	3520.00	2500.00	0.00	6020.00	
（4）工伤保险费	1592.00	1500.00	0.00	3092.00	
（5）生育保险费	1058.00	1500.00	0.00	2558.00	
四. 住房公积金	10000.00	8500.00	0.00	18500.00	
五. 工会经费	0.00	80000.00	5200.00	74800.00	
六. 职工教育经费	0.00	50000.00		50000.00	
七. 非货币性福利	0.00	2000.00		2000.00	
八. 辞退福利	0.00	1500.00		1500.00	
九. 以现金结算的股份支付	8500.00	0.00	0.00	8500.00	

图 7-128 调整单元格列宽

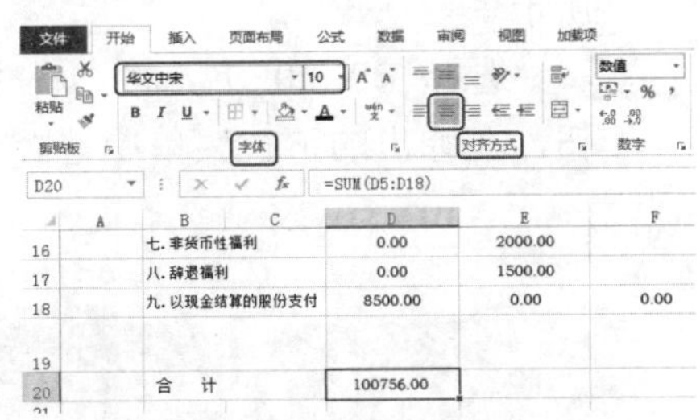

图 7-129 输入公式得出结果

知识链接

SUM 函数是返回某一单元格区域中数字、逻辑值及数字的文本表达式之和。

step 17 使用前面介绍的方法向右复制公式，复制到 G20 单元格中，得出结果后选中单元格，在【开始】选项卡下的【字体】选项组中将【字体】设置为【华文中宋】，【字号】设置为 10，在【对齐方式】选项组中单击【居中】按钮，如图 7-130 所示。

step 18 选择 B2:I3 单元格，在【开始】选项卡下的【字体】选项组中单击【填充颜色】按钮右侧的下三角按钮，在弹出的下拉菜单中选择【其他颜色】命令，如图 7-131 所示。

图 7-130 复制公式并设置单元格内容

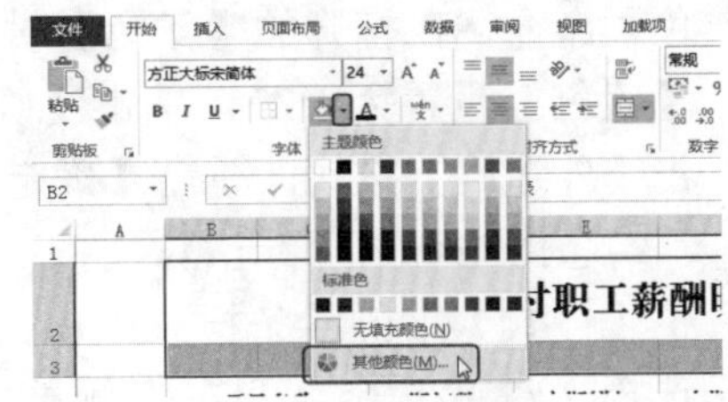

图 7-131 选择【其他颜色】命令

step 19 在打开的对话框中选择【自定义】选项卡，将【红色】设置为 96、【绿色】设置为 73、【蓝色】设置为 122，单击【确定】按钮，如图 7-132 所示。

step 20 单击【字体】选项组中的【字体颜色】按钮，在弹出的下拉菜单中选择【白色背景 1】命令，如图 7-133 所示。

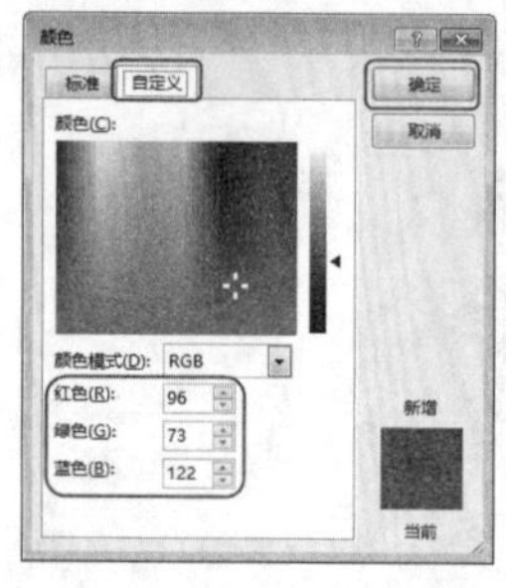

图 7-132　设置填充颜色

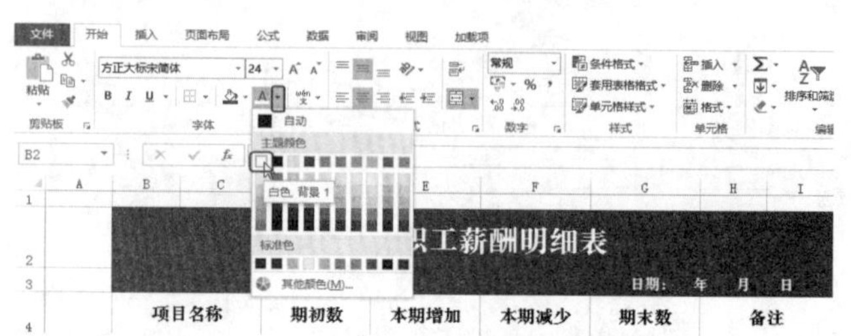

图 7-133　设置文字颜色

step 21 使用前面介绍的方法，设置其他单元格的颜色，并设置字体颜色，效果如图 7-134 所示。

step 22 选择 B2:I20 单元格，在【字体】选项组中单击【下框线】按钮右侧的下三角按钮，在弹出的下拉菜单中选择【其他边框】命令，如图 7-135 所示。

项目名称	期初数	本期增加	本期减少	期末数	备注
一.工资（包括奖金、津贴、补贴等）	18000.00	20000.00	33700.00		
二.职工福利	8000.00	600.00	0.00	8600.00	
三.社会保险金	37378.00	154200.00	5200.00	186378.00	
（1）医疗保险费	6859.00	3500.00	0.00	10359.00	
（2）养老保险费	5849.00	3200.00	0.00	9049.00	
（3）失业保险费	3520.00	2500.00	0.00	6020.00	
（4）工伤保险费	1592.00	1500.00	0.00	3092.00	
（5）生育保险费	1058.00	1500.00	0.00	2558.00	
四.住房公积金	10000.00	8500.00	0.00	18500.00	
五.工会经费	0.00	80000.00	5200.00	74800.00	
六.职工教育经费	0.00	50000.00		50000.00	
七.非货币性福利	0.00	2000.00		2000.00	
八.辞退福利	0.00	1500.00		1500.00	
九.以现金结算的股份支付	8500.00	0.00	0.00	8500.00	
合　计	100756.00	329000.00	44100.00	381356.00	

图 7-134　设置其他单元格颜色和字体颜色

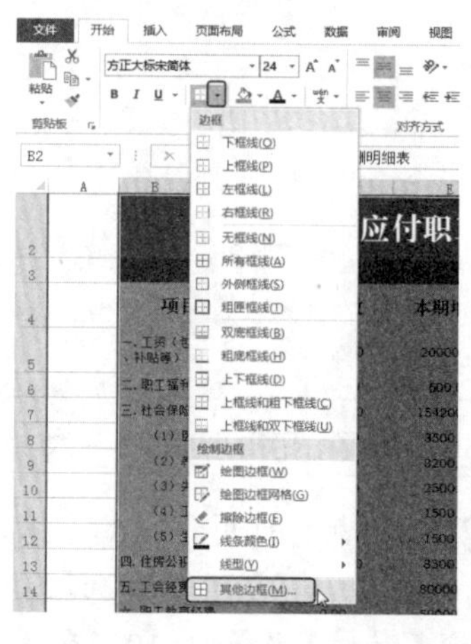

图 7-135　选择【其他边框】命令

step 23 在打开的【设置单元格格式】对话框中，选择【线条】选项组中【样式】下的线条样式，单击【颜色】右侧的下三角按钮，在弹出的下拉菜单中选择【其他颜色】命令，在打开的【颜色】对话框中将【红色】设置为 96、【绿色】设置为 73、【蓝色】设置为 122，单击【确定】按钮即可，返回到之前的对话框中，在右侧单击【外边框】按钮，单击【确定】按钮，如图 7-136 所示。

step 24 选择 B4:I20 单元格，打开【设置单元格格式】对话框中，选择【线条】选项组中【样式】下的线条样式，单击【颜色】右侧的下三角按钮，在弹出的下拉菜单中选择【深蓝】命令，在右侧单击【内部】按钮，单击【确定】按钮，如图 7-137 所示。

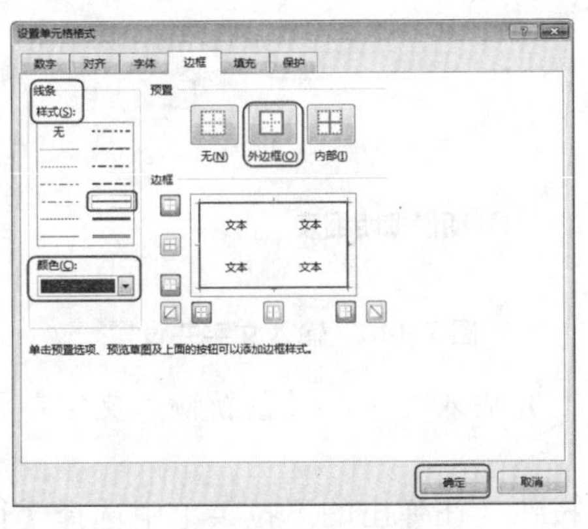

图 7-136　设置【外边框】

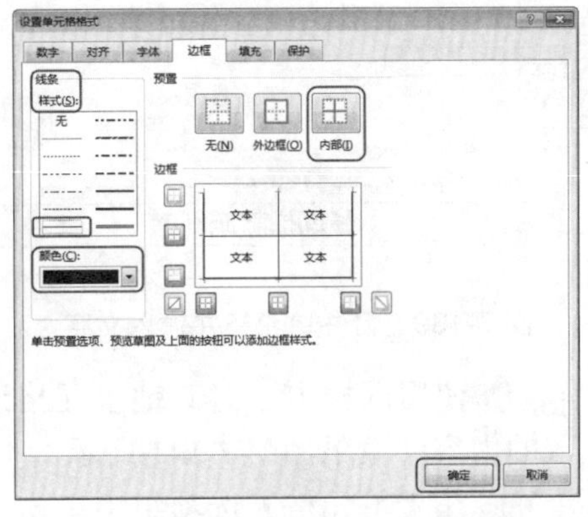

图 7-137　设置【内部】框线

案例精讲 066　长期借款明细图表

案例文件：CDROM\场景\Cha07\长期借款明细图表.xlsx

视频文件：视频教学\Cha07\长期借款明细图表.avi

制作概述

本案例将讲解如何制作长期借款明细图表。首先利用【合并后居中】命令合并单元格，通过对单元格的参数设置改变宽、高大小，在单元格中输入文字并进行设置，输入公式并进行复制，得出其他单元格；然后设置单元格的填充颜色，并添加边框；最后选中单元格添加图表并进行设置。完成后的效果如图 7-138 所示。

长期借款明细表

单位：元

借款单位	借款金额	年利率	借入日期	还款期限（年）	到期日期	到期还款金额		
						本金	利息	合计
工商银行	¥ 1,000,000.00	6.02%	2012/10/1	5	2017/10/1	¥ 1,000,000.00	¥ 301,000.00	¥ 1,301,000.00
农业银行	¥ 2,000,000.00	6.00%	2012/11/2	5	2017/11/2	¥ 2,000,000.00	¥ 600,000.00	¥ 2,600,000.00
建设银行	¥ 1,000,000.00	6.12%	2013/10/12	10	2023/10/12	¥ 1,000,000.00	¥ 612,000.00	¥ 1,612,000.00
中国银行	¥ 2,500,000.00	6.13%	2013/11/28	10	2023/11/28	¥ 2,500,000.00	¥ 1,532,500.00	¥ 4,032,500.00
合计	¥ 6,500,000.00					¥ 6,500,000.00	¥ 3,045,500.00	¥ 9,545,500.00

图 7-138　长期借款明细图表

学习目标

- 学习长期借款明细图表的制作过程。
- 掌握长期借款明细图表的制作流程，掌握为工作表添加图表的方法。

操作步骤

step 01 启动软件后新建空白工作簿，选择 B2:J2 单元格，在【开始】选项卡下的【对齐方式】选项组中，单击【合并后居中】按钮，然后在该单元格中输入文字，在【开始】选项卡下的【字体】选项组中将【字体】设置为【微软雅黑】，【字号】设置为 24，单击【加粗】按钮，如图 7-139 所示。

step 02 选择 J3 单元格，输入文字并选中单元格，在【字体】选项组中将【字体】设置为【微软雅黑】，【字号】设置为 11，在【对齐方式】选项组中单击【居中】按钮，如图 7-140 所示。

图 7-139　合并单元格并输入文字

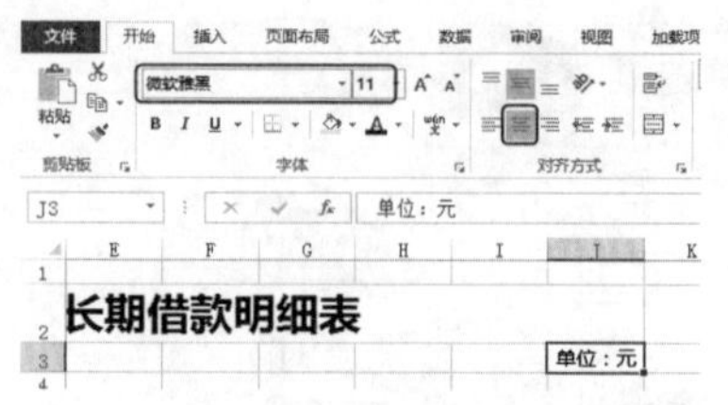

图 7-140　输入文字并设置

step 03 使用同样方法对其他单元格进行合并，并输入文字，设置新输入文字单元格中的内容，效果如图 7-141 所示。

step 04 在【单元格】选项组中单击【格式】按钮，在弹出的下拉菜单中选择【行高】命令，在打开的对话框中将【行高】设置为 20，单击【确定】按钮，如图 7-142 所示。

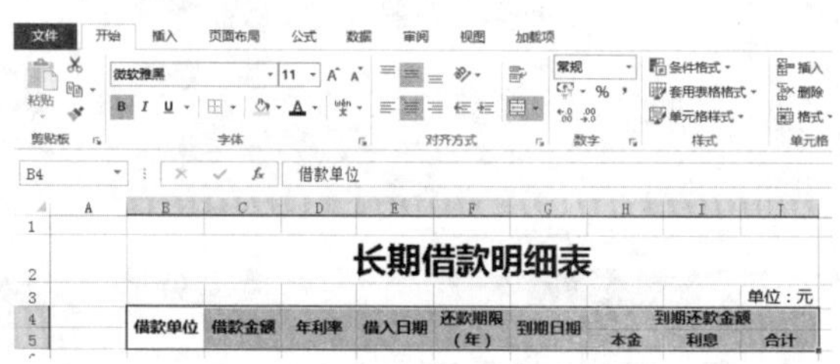

图 7-141　输入其他文字

图 7-142　设置【行高】

step 05 继续在其他单元格中输入文字，并选中输入文字的单元格，在【开始】选项卡下的【字体】选项组中将【字体】设置为【微软雅黑】，【字号】设置为 10，单击【居中】按钮，如图 7-143 所示。

step 06 选择 C6:C9 单元格，在【数字】选项组中单击【会计专用】按钮，如图 7-144 所示。

图 7-143　输入文字并设置字体及对齐方式

图 7-144　选中单元格并设置数字格式

step 07 选择 D6:D9 单元格，在【数字】选项组中单击【百分比样式】按钮，并单击两次【增加小数位数】按钮，如图 7-145 所示。

step 08 选择 C6:C9 单元格，在【单元格】选项组中单击【格式】按钮，在弹出的下拉菜单中选择【行高】命令，在打开的对话框中将【行高】设置为 20，单击【确定】按钮，如图 7-146 所示。

图 7-145 设置单元格百分比

图 7-146 设置单元格【行高】

step 09 根据前面介绍的方法，设置单元格的自动列宽，效果如图 7-147 所示。

step 10 选择 G6 单元格输入公式【=DATE(YEAR(E6)+F6,MONTH(E6),DAY(E6))】，按 Enter 键确定，继续选中该单元格，在【开始】选项卡下的【字体】选项组中将【字体】设置为【微软雅黑】，【字号】设置为 10，如图 7-148 所示。

图 7-147 设置自动列宽后的效果

图 7-148 输入公式并设置单元格内容

step 11 将光标放置在该单元格的右下角，当光标变为黑色十字形状时，按住鼠标左键向右拖动，拖至 G9 单元格的右下角，如图 7-149 所示。

step 12 选择 H6 单元格，输入公式【=C6】，按 Enter 键确认，效果如图 7-150 所示。

图 7-149 复制公式得出其他结果

图 7-150 输入公式

step 13 根据前面介绍的方法，向下复制公式得出其他结果，效果如图 7-151 所示。

step 14 在 I6、J6 单元格中分别输入公式【=C6*D6*F6】、【=SUM(H6:I6)】，得出结果后的效果如图 7-152 所示。

step 15 使用同样的方法向下复制公式，得出结果并选中 H6:J9 单元格，在【开始】选项卡下的【字体】选项组中，将【字体】设置为【微软雅黑】，【字号】设置为 10，在【对齐方式】选项组中单击【居中】按钮，如图 7-153 所示。

step 16 然后在【单元格】选项组中单击【格式】按钮，在弹出的下拉列表中选择【列宽】命令，将列宽设置为 17，如图 7-154 所示。

图 7-151　复制公式

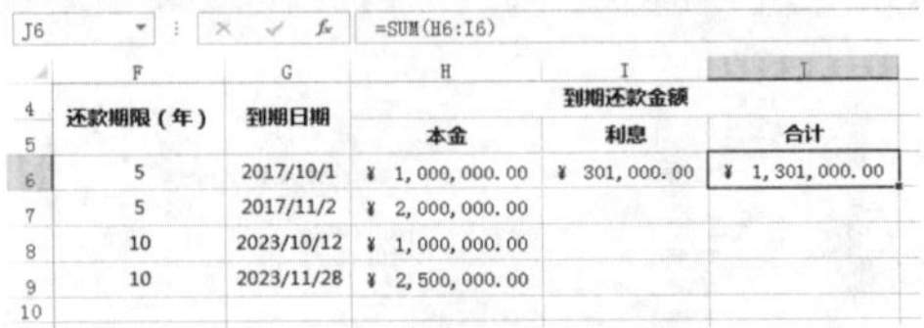

图 7-152　输入公式得出结果

图 7-153　复制公式并设置字体字号对齐方式

图 7-154　设置【列宽】

step 17 在 C11 单元格中输入公式【=SUM(C6:C9)】，按 Enter 键确认，然后在 H11、I11、J11 单元格中分别输入公式【=SUM(H6:H9)】、【=SUM(I6:I9)】、【=SUM(J6:J9)】，得出结果，如图 7-155 所示。

step 18 选中 C11:J11 单元格，在【字体】选项组中将【字体】设置为【微软雅黑】，【字号】设置为 10，在【对齐方式】选项组中单击【居中】按钮，如图 7-156 所示。

图 7-155　输入公式后的结果

图 7-156　设置字体、字号及居中

step 19 选中 B2 单元格，在【字体】选项组中将【填充颜色】设置为【绿色，着色 6，深色 25%】，将【字体颜色】设置为【白色，背景 1】，打开【行高】对话框，将【行高】设置为 60，单击【确定】按钮，如图 7-157 所示。

step 20 使用同样的方法设置其他单元格的颜色，根据前面其他案例介绍的方法为工作表设置边框，效果如图 7-158 所示。

step 21 选择 B6:B9 与 J6:J9 单元格，切换至【插入】选项卡中，在【图表】选项组中单击【推荐的图表】按钮，如图 7-159 所示。

step 22 在打开的对话框中选择【簇状柱形图】，单击【确定】按钮，如图 7-160 所示。

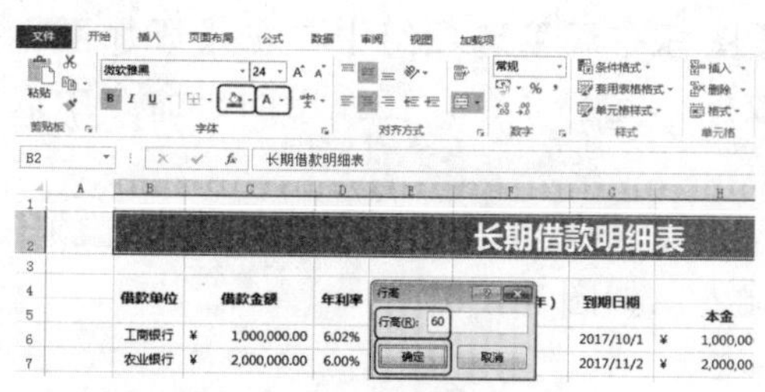

图 7-157 设置颜色和行高

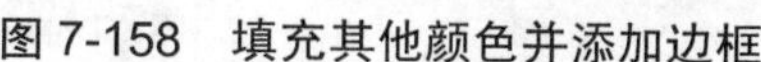

图 7-158 填充其他颜色并添加边框

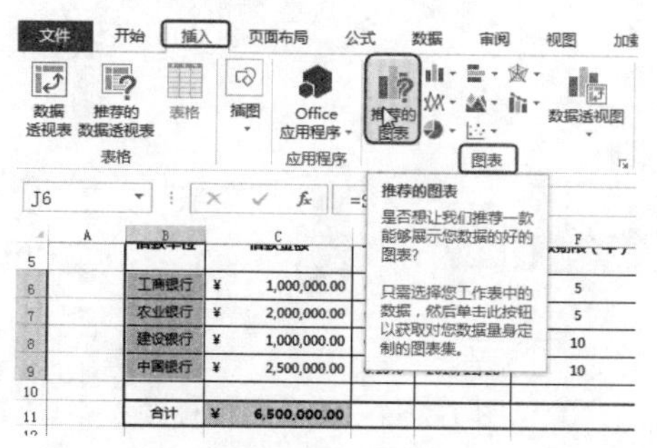

图 7-159 单击【推荐的图表】按钮

图 7-160 选择【簇状柱形图】

知识链接

簇状柱形图是统计图表的类别之一。簇状柱形图用于比较各个类别的值。在簇状柱形图中，通常沿垂直轴组织类别，而沿水平轴组织数值。

step 23 在插入的图表中，选中柱形图，在【图标工具】下的【设计】选项卡中，单击【图表样式】选项组中的【更改颜色】按钮，如图 7-161 所示。

step 24 在弹出的下拉菜单中选择【单色】命令下的【颜色 10】子命令，如图 7-162 所示。

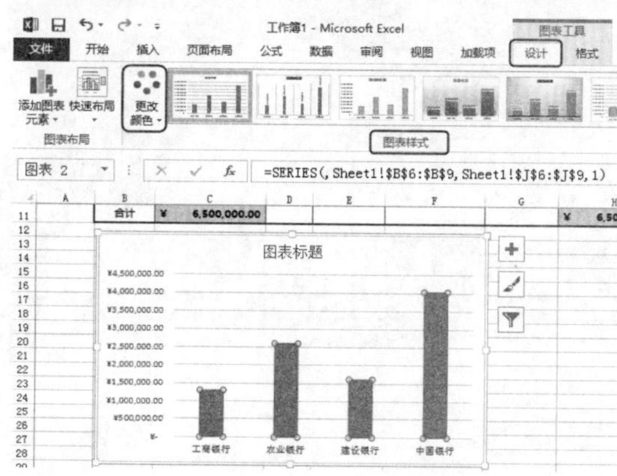

图 7-161 单击【更改颜色】按钮

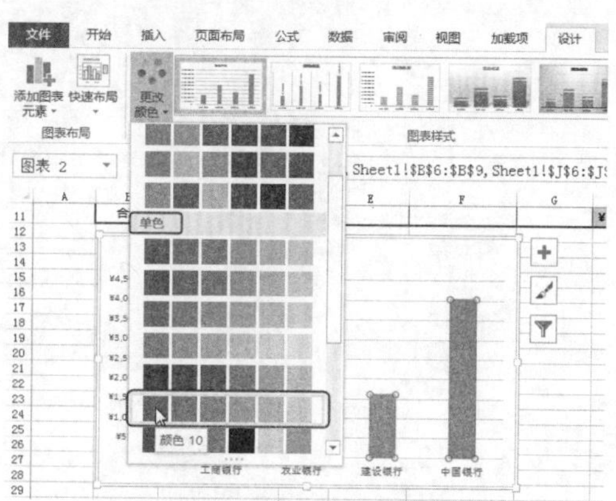

图 7-162 选择颜色

step 25 更改颜色后在【设计】选项卡下的【图标布局】选项组中单击【添加图标元素】按钮，在弹出的下拉菜单中选择【数据标签】命令，在弹出的子命令中选择【数据标签外】命令，如图 7-163 所示。

step 26 选择图表中的图标标题，双击即可重命名，输入【长期借款到期还款金额条形图】，输入完成后，在其他位置单击完成输入，如图 7-164 所示。

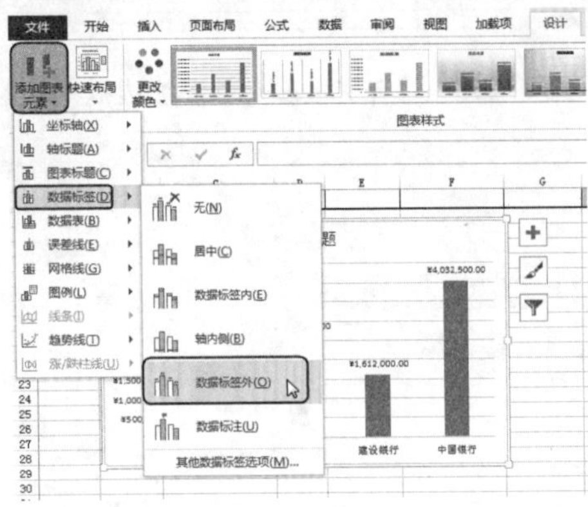

图 7-163　选择【数据标签外】子命令

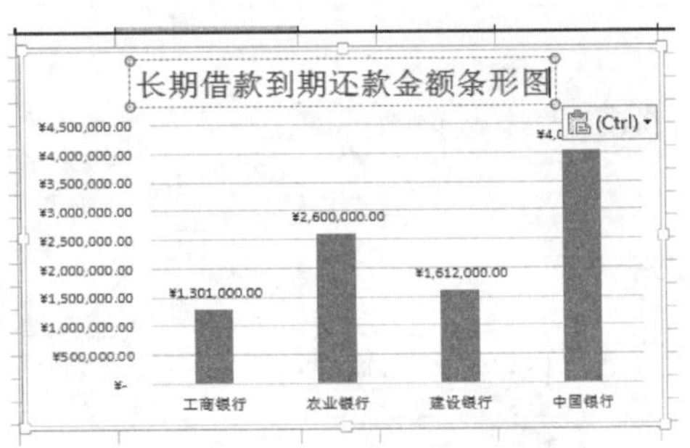

图 7-164　输入图标标题

第 8 章
企业管理数据表的制作

本章重点

- 各月份结构分析图表
- 年度管理费用表
- 企业资产结构分析图表
- 租赁筹资分析模型表
- 最佳还款方案决策模型表
- 企业投资项目可行性分析
- 企业生产管理规划表
- 企业日常费用明细表
- 内部收益率法评价投资方案
- 净现值法投资方案最优评价表

在企业的日常管理中经常使用一些数据表。通过制作数据管理表能够提高管理效率，为管理决策提供参考，增加企业的经济效益。通过本章的学习，使读者掌握一些企业管理数据表的制作方法与技巧。

案例精讲 067 各月份结构分析图表

案例文件：CDROM\场景\Cha08\各月份结构分析图表.xlsx

视频文件：视频教学\Cha08\各月份结构分析图表.avi

制作概述

本案例将介绍如何制作各月份结构分析图表。首先设置工作表中单元格的行高与列宽；然后设置单元格的属性，在单元格中输入文字和公式；最后创建数据透视表和饼图。完成后的效果如图 8-1 所示。

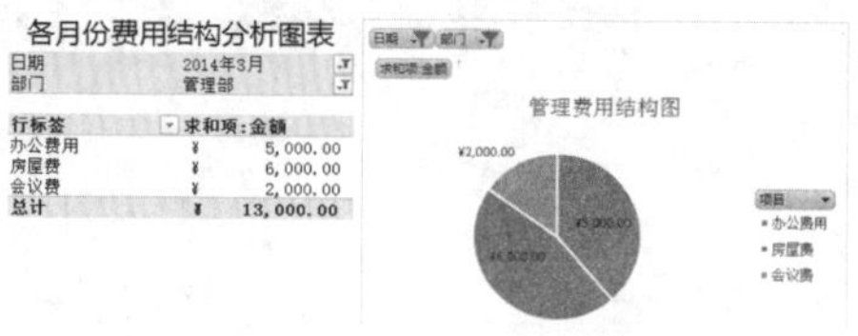

图 8-1 各月份结构分析图表

学习目标

- 学习如何设置制作各月份结构分析图表。
- 掌握如何设置单元格格式和创建数据透视表。

操作步骤

step 01 启动软件后，新建空白工作簿，选择 B～E 列单元格并右击，在弹出的快捷菜单中选择【列宽】命令，在弹出的对话框中将【列宽】设置为 13，如图 8-2 所示。

step 02 将第 1 行的【行高】设置为 35，将第 2～20 行的【行高】设置为 15。完成后的效果如图 8-3 所示。

step 03 选择 B1:E1 单元格，在功能区的【开始】选项卡中单击【对齐方式】选项组中的【合并后居中】按钮，然后在合并后的单元格中输入文字，将【字号】设置为 24，将【字体颜色】设置为【蓝色，着色 5，深色 25%】。完成后的效果如图 8-4 所示。

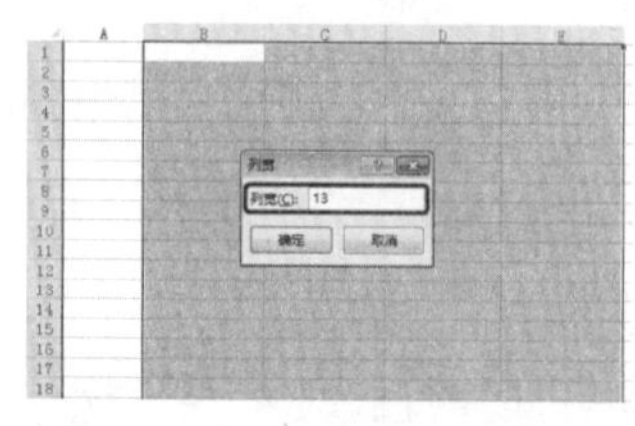

图 8-2 设置【列宽】

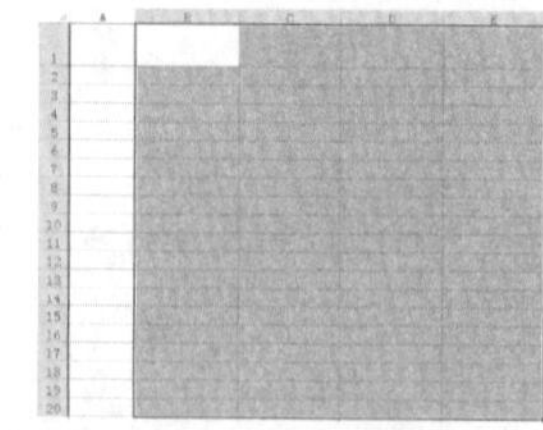

图 8-3 设置完成后的效果

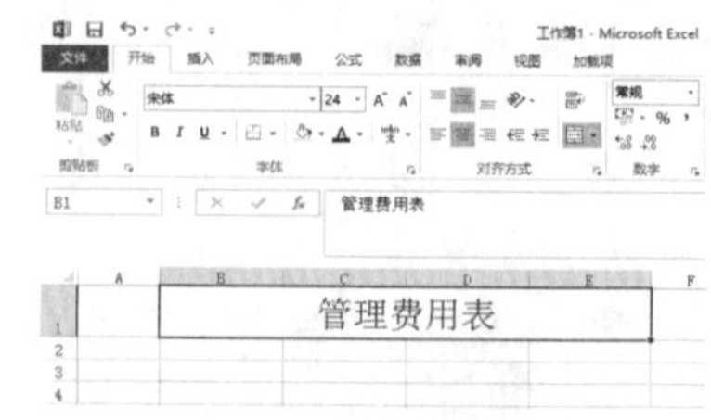

图 8-4 合并单元格并输入文字

step 04 选择 B3:B20 单元格并右击，在弹出的快捷菜单中选择【设置单元格格式】命

令，在弹出的对话框中选择【数字】选项卡，在【分类】列表框中选择【日期】选项，将【类型】设置为如图 8-5 所示的样式。

step 05 选择 E3:E20 单元格并右击，在弹出的快捷菜单中选择【设置单元格格式】命令，在弹出的对话框中选择【数字】选项卡，在【分类】列表框中选择【会计专用】选项，如图 8-6 所示。

图 8-5　设置日期格式

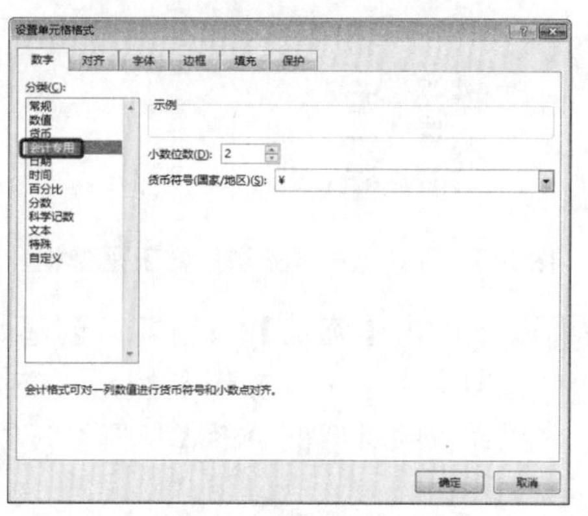

图 8-6　设置单元格属性

step 06 在单元格区域中输入文字，完成后的效果如图 8-7 所示。

step 07 选择 B2:E20 单元格区域，在【开始】选项卡的【对齐方式】选项组中单击【居中】按钮，然后在【样式】选项组中单击【套用表格格式】按钮，在弹出的下拉菜单中选择【表样式中等深浅 6】命令，如图 8-8 所示。

管理费用表

日期	项目	部门	金额
2014年3月	办公费用	管理部	¥ 5,000.00
2014年3月	交通费用	业务部	¥ 4,500.00
2014年3月	差旅费	业务部	¥ 600.00
2014年3月	会议费	管理部	¥ 2,000.00
2014年3月	房屋费	管理部	¥ 6,000.00
2014年4月	咨询费	财务部	¥ 500.00
2014年4月	水电费	管理部	¥ 3,650.00
2014年4月	运输费用	业务部	¥ 3,200.00
2014年4月	其他费用	管理部	¥ 600.00
2014年4月	办公费用	管理部	¥ 700.00
2014年4月	交通费用	业务部	¥ 650.00
2014年4月	差旅费	业务部	¥ 950.00
2014年5月	会议费	管理部	¥ 1,360.00
2014年5月	房屋费	管理部	¥ 600.00
2014年5月	咨询费	财务部	¥ 2,300.00
2014年5月	水电费	管理部	¥ 600.00
2014年5月	运输费用	业务部	¥ 1,200.00
2014年5月	其他费用	管理部	¥ 360.00

图 8-7　输入文字

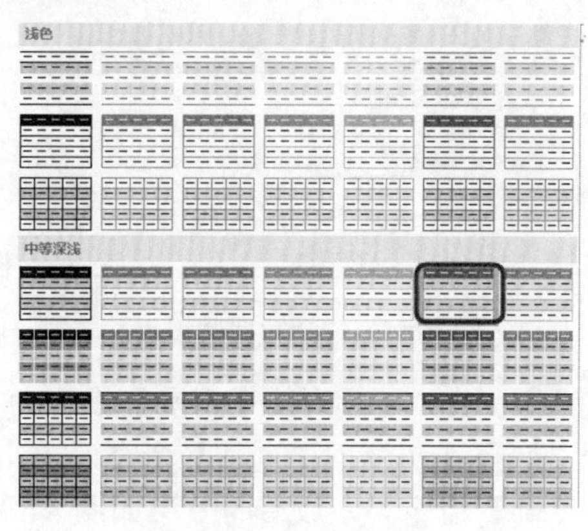

图 8-8　设置表格样式

step 08 在【表格工具】下的【设计】选项卡中，取消选中【表格样式选项】选项组中的【筛选按钮】复选框，完成后的效果如图 8-9 所示。

step 09 在工作表标签中双击【Sheet1】，将其重命名为【管理费用表】，选择 A1:E20 单元格区域，在功能区的【插入】选项卡中单击【表格】选项组中的【数据透视表】按钮，在弹出的对话框中保持默认设置，单击【确定】按钮，如图 8-10 所示。

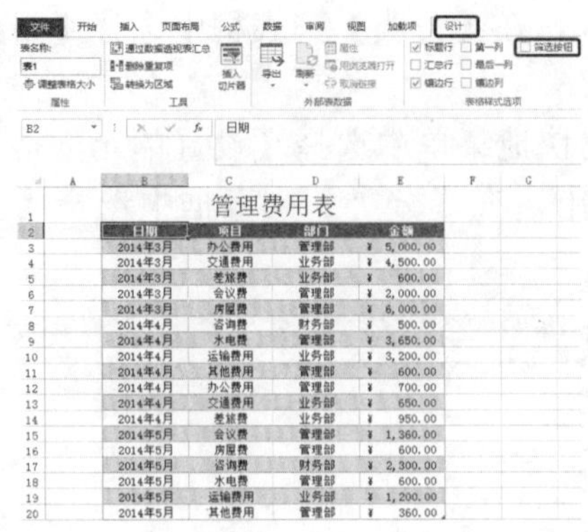

图 8-9　取消选中【筛选按钮】复选框

图 8-10　【创建数据透视表】对话框

step 10 单击【确定】按钮即可创建数据透视表，在【数据透视表工具】下的【分析】选项卡中单击【操作】按钮，在弹出的下拉菜单中选择【移动数据透视表】命令，在弹出的对话框中将【位置】设置为【Sheet2!A2】，如图 8-11 所示。

提示　这里的 Sheet2! 表示的是数据透视表所在的工作表的名称。

step 11 在【数据透视表字段】面板中将【日期】、【部门】拖到【筛选器】标签中，将【项目】拖到【行】标签中，将【金额】拖拽至【Σ值】标签中。完成后的效果如图 8-12 所示。

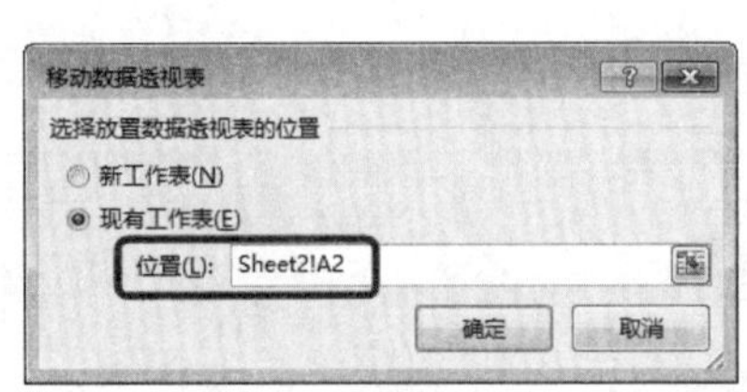

图 8-11　移动数据透视表

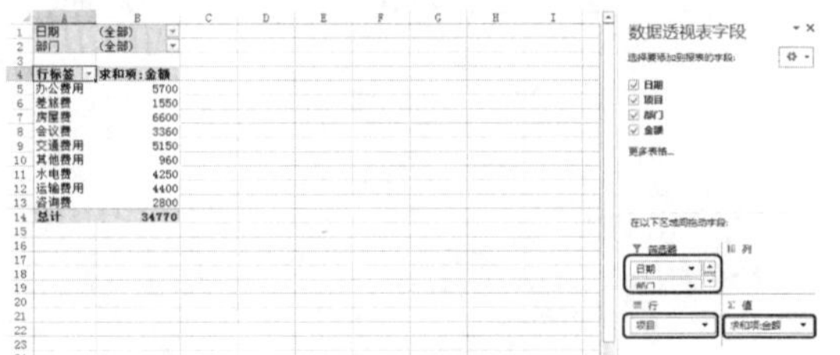

图 8-12　设置数据透视表

step 12 将 A、B 列的【列宽】设置为 18，单击 B1 上的筛选按钮，在弹出的下拉菜单中选择【2014 年 3 月】命令，单击 B2 筛选按钮，在弹出的下拉菜单中选择【管理部】命令。完成后的效果如图 8-13 所示。

step 13 选择第 1 行并右击，在弹出的快捷菜单中选择【插入】命令，即可插入行，选择 A1:B1 单元格，单击【合并后居中】按钮，然后将第 1 行的【行高】设置为 25，在合并后的单元格中输入文字，将【字号】设置为 18，将【字体】设置为【微软雅黑】。完成后的效果如图 8-14 所示。

step 14 选择 B6:B9 单元格并右击，在弹出的快捷菜单中选择【数字格式】命令，在弹出的对话框中选择【会计专用】选项，如图 8-15 所示。

step 15 在【数据透视表工具】下的【分析】选项卡中单击【数据透视表】按钮，在弹出的对话框中选择【饼图】选项，单击【确定】按钮，如图 8-16 所示。

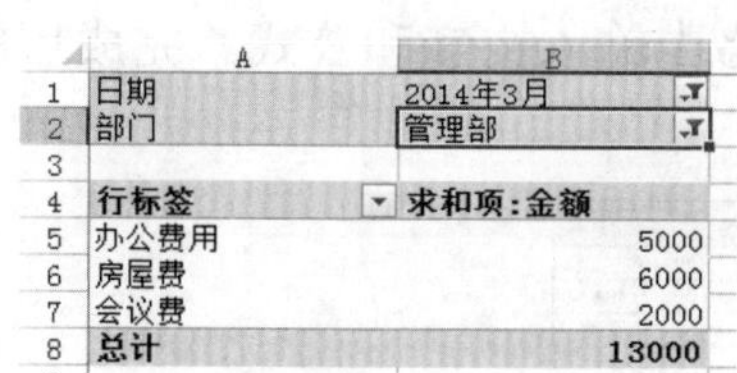

图 8-13　设置筛选条件

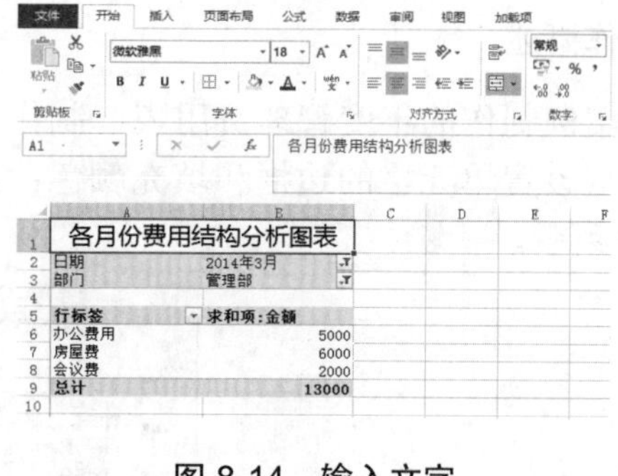

图 8-14　输入文字

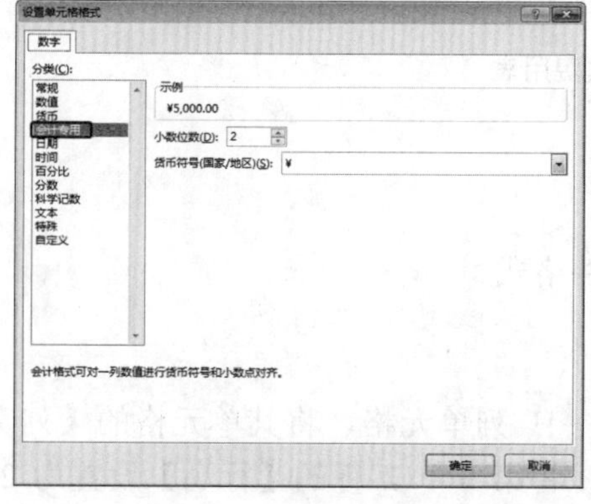

图 8-15　设置数字格式

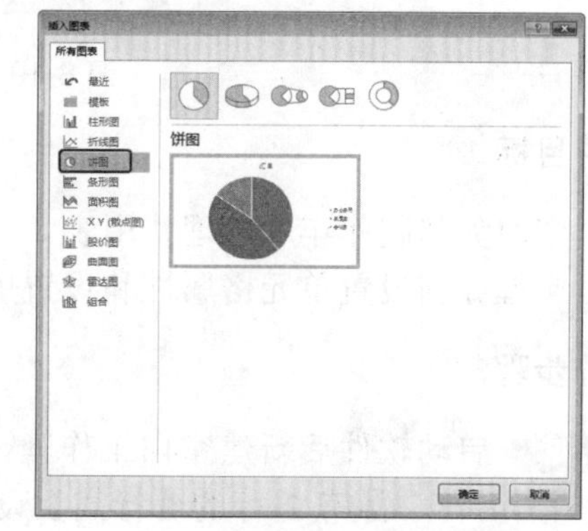

图 8-16　选择饼图

step 16 在饼图上右击，在弹出的快捷菜单中选择【添加数据标签】→【添加数据标签】命令，如图 8-17 所示。

step 17 将图表标题文字更改为【管理费用结构图】，然后将【字号】设置为 14，如图 8-18 所示。

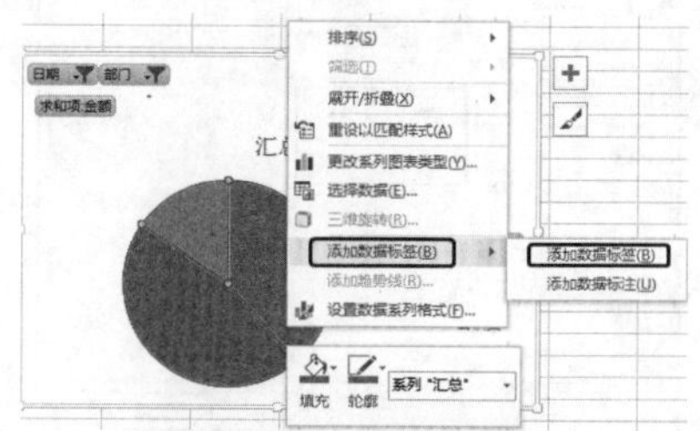

图 8-17　添加数据标签

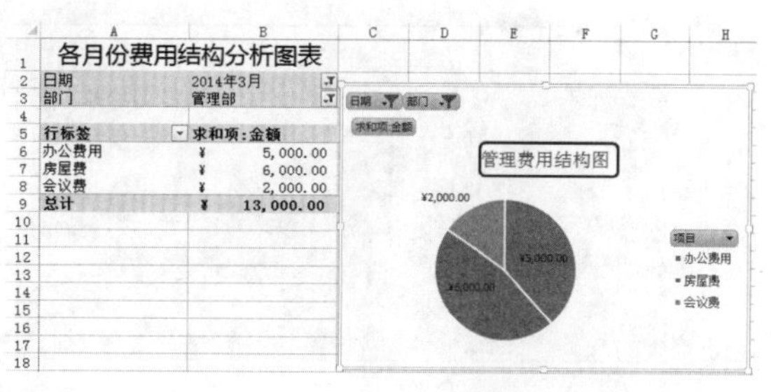

图 8-18　更改图表标题文字

案例精讲 068　年度管理费用表

案例文件：CDROM\场景\Cha08\年度管理费用表.xlsx

视频文件：视频教学\Cha08\年度管理费用表.avi

制作概述

本案例制作的年度管理费用表，制作案例的方法比较简单。首先设置单元格的行高与列宽；然后设置单元格的边框和填充颜色；最后在单元格中输入文字和公式。完成后的效果如图 8-19 所示。

年度管理费用表						
项目	2012年		2013年		2014年	
	金额	比例	金额	比例	金额	比例
办公费用	¥ 205,000	3.31%	¥ 210,000	3.15%	¥ 220,000	22.37%
交通费用	¥ 20,000	0.32%	¥ 18,000	0.27%	¥ 19,500	1.98%
差旅费	¥ 50,000	0.81%	¥ 36,000	0.54%	¥ 40,000	4.07%
会议费	¥ 60,000	0.97%	¥ 50,000	0.75%	¥ 45,000	4.58%
房屋费	¥ 50,000	0.81%	¥ 55,000	0.82%	¥ 53,000	5.39%
职工工资	¥ 5,600,000	90.54%	¥ 6,000,000	89.97%	¥ 580,000	58.97%
其他	¥ 200,000	3.23%	¥ 300,000	4.50%	¥ 26,000	2.64%
合计	¥ 6,185,000	100.00%	¥ 6,669,000	100.00%	¥ 983,500	100.00%

图 8-19　年度管理费用表

学习目标

- 学习如何制作年度管理费用表。
- 掌握如何设置单元格属性和设置单元格条件格式。

操作步骤

step 01 启动软件后新建空白工作簿，选择 B～H 列单元格，将其单元格的【列宽】设置为 13，将第 2 行的【行高】设置为 35，将第 3～12 行的【行高】设置为 25，完成后的效果如图 8-20 所示。

step 02 选择 B2:H12 单元格区域并右击，在弹出的快捷菜单中选择【设置单元格格式】命令，在弹出的对话框中选择【边框】选项卡，在【样式】列边框中选择如图 8-21 所示的线条，然后单击【外边框】按钮，如图 8-21 所示。

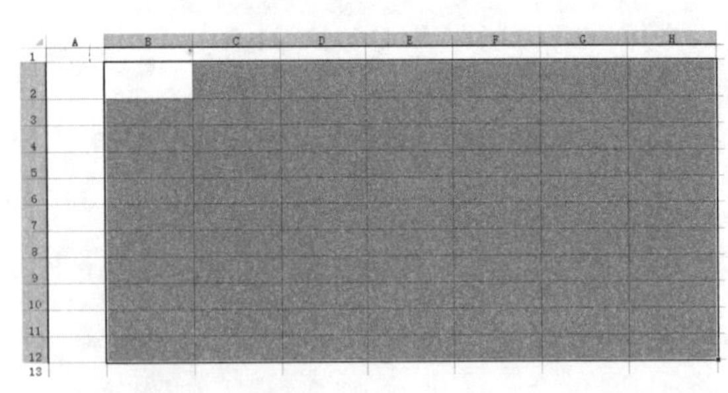

图 8-20　设置单元格【列宽】和【行高】

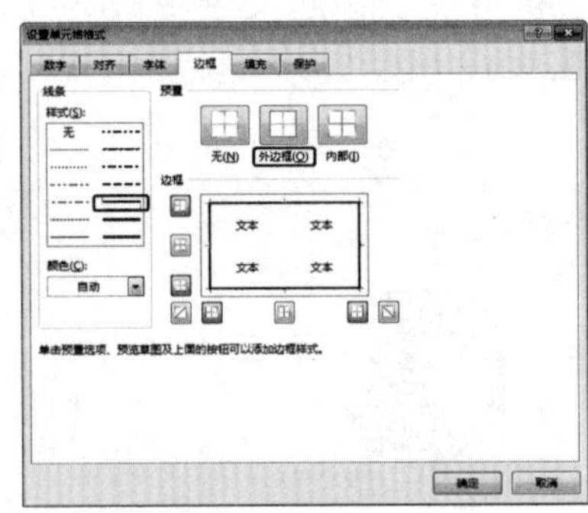

图 8-21　设置【外边框】

step 03 选择如图 8-22 所示的线条，然后单击【内部】按钮，效果如图 8-22 所示。

step 04 单击【确定】按钮，然后选择 B2:H2、B12:H12 单元格并右击，在弹出的快捷菜单中选择【设置单元格格式】命令，在弹出的对话框中选择【边框】选项卡，在【样式】列表框中选择如图 8-23 所示的线条，然后单击如图 8-23 所示的按钮。

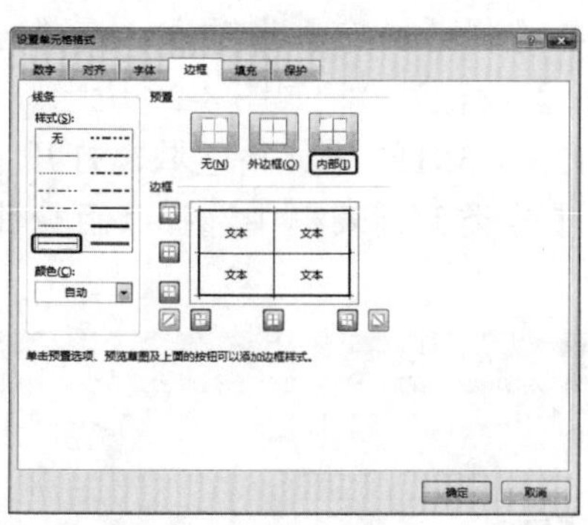

图 8-22　设置【内部】框线

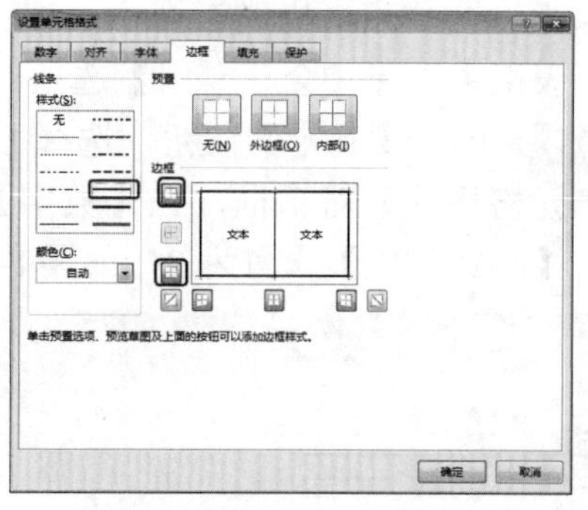

图 8-23　设置边框

step 05 选择 B2:H2 单元格，在【开始】选项卡中单击【对齐方式】选项组中的【合并后居中】按钮，然后在合并后的单元格中输入文字【年度管理费用表】，将【字号】设置为 24，完成后的效果如图 8-24 所示。

step 06 选择 B3:H12 单元格区域，在【对齐方式】选项组中单击【居中】按钮。使用同样的方法合并单元格，并在合并的单元格中输入文字，对文字进行相应的设置。完成后的效果如图 8-25 所示。

图 8-24　合并单元格并进行设置

图 8-25　设置完成后的效果

step 07 选择 B2 单元格，在【开始】选项卡中单击【字体】选项组中【填充颜色】右侧的下三角按钮，在弹出的下拉菜单中选择【金色，着色 4，淡色 40%】命令，如图 8-26 所示。

step 08 使用同样的方法填充其他单元格的背景颜色，完成后的效果如图 8-27 所示。

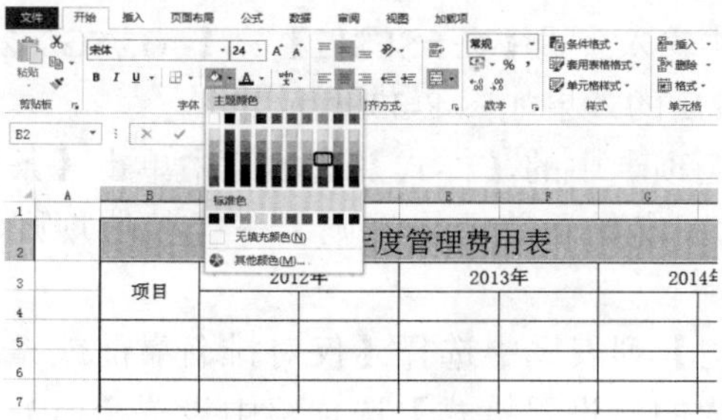

图 8-26　设置填充颜色

图 8-27　为其他单元格填充背景颜色

step 09 选择 C5:C12、E5:E12、G5:G12 单元格区域并右击，在弹出的快捷菜单中选择

【设置单元格格式】命令，在弹出的对话框中选择【数字】选项卡，在【分类】列表框中选择【会计专用】选项，将【小数位数】设置为 0，如图 8-28 所示。

step 10 单击【确定】按钮，选择 D5:D12、F5:F12、H5:H12 单元格区域，打开【设置单元格格式】对话框，在【数字】选项卡中的【分类】列表框中选择【百分比】，将【小数位数】设置为 2，如图 8-29 所示。

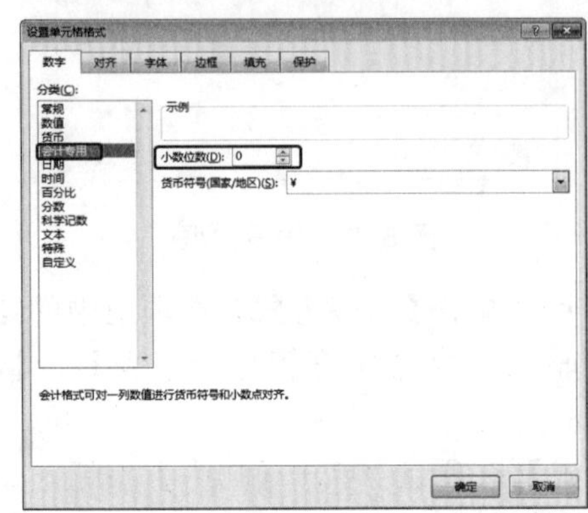

图 8-28　设置单元格属性

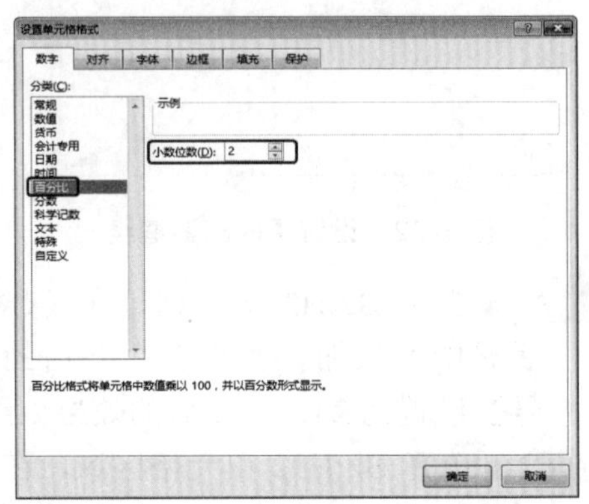

图 8-29　设置单元格属性

step 11 单击【确定】按钮，然后在单元格中输入文字。完成后的效果如图 8-30 所示。

step 12 在 C12 单元格中输入公式【=SUM(C5:C11)】，按 Enter 键完成操作。然后利用自动填充功能不带格式填充至 H12 单元格中，完成后的效果如图 8-31 所示。

年度管理费用表						
项目	2012年		2013年		2014年	
	金额	比例	金额	比例	金额	比例
办公费用	¥ 205,000		¥ 210,000		¥ 220,000	
交通费用	¥ 20,000		¥ 18,000		¥ 19,500	
差旅费	¥ 50,000		¥ 36,000		¥ 40,000	
会议费	¥ 60,000		¥ 50,000		¥ 45,000	
房屋费	¥ 50,000		¥ 55,000		¥ 53,000	
职工工资	¥ 5,600,000		¥ 6,000,000		¥ 580,000	
其他	¥ 200,000		¥ 300,000		¥ 26,000	
合计						

图 8-30　输入文字后的效果

年度管理费用表						
项目	2012年		2013年		2014年	
	金额	比例	金额	比例	金额	比例
办公费用	¥ 205,000		¥ 210,000		¥ 220,000	
交通费用	¥ 20,000		¥ 18,000		¥ 19,500	
差旅费	¥ 50,000		¥ 36,000		¥ 40,000	
会议费	¥ 60,000		¥ 50,000		¥ 45,000	
房屋费	¥ 50,000		¥ 55,000		¥ 53,000	
职工工资	¥ 5,600,000		¥ 6,000,000		¥ 580,000	
其他	¥ 200,000		¥ 300,000		¥ 26,000	
合计	¥ 6,185,000	0.00%	¥ 6,669,000	0.00%	¥ 983,500	0.00%

图 8-31　输入公式后的效果

step 13 在 D5 单元格中输入公式【=C5/$C$12】，利用自动填充功能填充至 D11 单元格中，完成后的效果如图 8-32 所示。

step 14 使用同样的方法，在 F5、H5 单元格中输入公式【=E5/$E$12】、【=G5/$G$12】，然后利用自动填充功能填充单元格，完成后的效果如图 8-33 所示。

step 15 选择 D5:D11 单元格，在【开始】选项卡中的【样式】选项组中单击【条件格式】按钮，在弹出的下拉菜单中选择【突出显示单元格规则】→【其他规则】命令，如图 8-34 所示。

step 16 在弹出的对话框中的【选择规则类型】列表框中选择【仅对排名靠前或靠后的数值设置格式】选项，在【为以下排名内的值设置格式】选项组中设置【前】，在文本框中输入“3”，如图 8-35 所示。

年度管理费用表						
项目	2012年		2013年		2014年	
	金额	比例	金额	比例	金额	比例
办公费用	¥ 205,000	3.31%	¥ 210,000		¥ 220,000	
交通费用	¥ 20,000	0.32%	¥ 18,000		¥ 19,500	
差旅费	¥ 50,000	0.81%	¥ 36,000		¥ 40,000	
会议费	¥ 60,000	0.97%	¥ 50,000		¥ 45,000	
房屋费	¥ 50,000	0.81%	¥ 55,000		¥ 53,000	
职工工资	¥ 5,600,000	90.54%	¥ 6,000,000		¥ 580,000	
其他	¥ 200,000	3.23%	¥ 300,000		¥ 26,000	
合计	¥ 6,185,000	100.00%	¥ 6,669,000	0.00%	¥ 983,500	0.00%

图 8-32　自动填充单元格

年度管理费用表						
项目	2012年		2013年		2014年	
	金额	比例	金额	比例	金额	比例
办公费用	¥ 205,000	3.31%	¥ 210,000	3.15%	¥ 220,000	22.37%
交通费用	¥ 20,000	0.32%	¥ 18,000	0.27%	¥ 19,500	1.98%
差旅费	¥ 50,000	0.81%	¥ 36,000	0.54%	¥ 40,000	4.07%
会议费	¥ 60,000	0.97%	¥ 50,000	0.75%	¥ 45,000	4.58%
房屋费	¥ 50,000	0.81%	¥ 55,000	0.82%	¥ 53,000	5.39%
职工工资	¥ 5,600,000	90.54%	¥ 6,000,000	89.97%	¥ 580,000	58.97%
其他	¥ 200,000	3.23%	¥ 300,000	4.50%	¥ 26,000	2.64%
合计	¥ 6,185,000	100.00%	¥ 6,669,000	100.00%	¥ 983,500	100.00%

图 8-33　设置完成后的效果

在【条件格式】下拉菜单中包含多种命令，当选择一个条件时，都会弹出一个对话框。根据不同的条件，各种对话框稍有差别，但设置思路与上面基本相同。

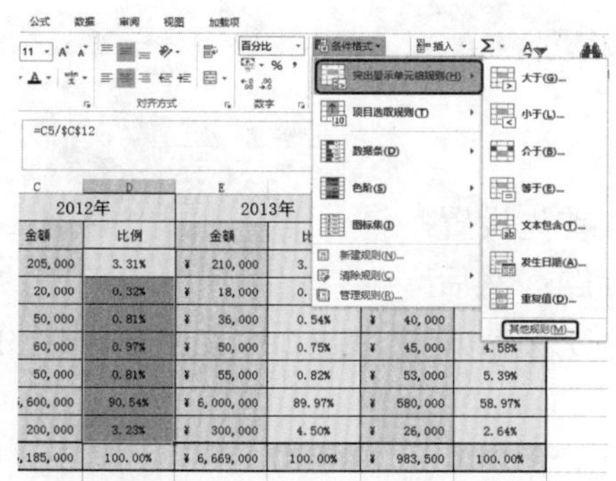

图 8-34　选择【其他规则】命令

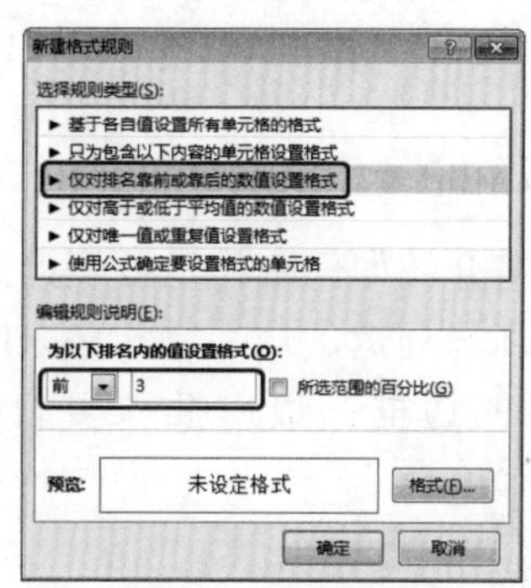

图 8-35　设置规则

step 17 单击【格式】按钮，在弹出的对话框中选择【字体】选项卡，在【字形】选项组中单击【加粗】按钮，然后将【颜色】设置为红色，如图 8-36 所示。

step 18 单击【确定】按钮，返回到【新建格式规则】对话框中，在该对话框中单击【确定】按钮，完成后的效果如图 8-37 所示。

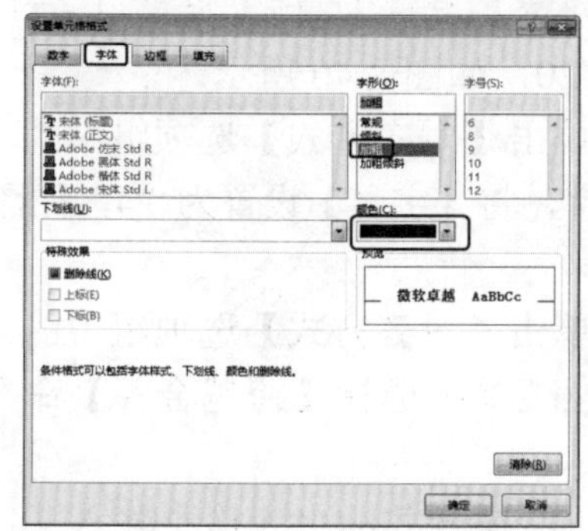

图 8-36　设置格式

年度管理费用表						
项目	2012年		2013年		2014年	
	金额	比例	金额	比例	金额	比例
办公费用	¥ 205,000	3.31%	¥ 210,000	3.15%	¥ 220,000	22.37%
交通费用	¥ 20,000	0.32%	¥ 18,000	0.27%	¥ 19,500	1.98%
差旅费	¥ 50,000	0.81%	¥ 36,000	0.54%	¥ 40,000	4.07%
会议费	¥ 60,000	0.97%	¥ 50,000	0.75%	¥ 45,000	4.58%
房屋费	¥ 50,000	0.81%	¥ 55,000	0.82%	¥ 53,000	5.39%
职工工资	¥ 5,600,000	90.54%	¥ 6,000,000	89.97%	¥ 580,000	58.97%
其他	¥ 200,000	3.23%	¥ 300,000	4.50%	¥ 26,000	2.64%
合计	¥ 6,185,000	100.00%	¥ 6,669,000	100.00%	¥ 983,500	100.00%

图 8-37　设置条件格式后的效果

step 19 为 F5:F11、H5:H11 单元格区域设置相同的条件格式，完成后的效果如图 8-38 所示。

年度管理费用表						
项目	2012年		2013年		2014年	
	金额	比例	金额	比例	金额	比例
办公费用	¥ 205,000	3.31%	¥ 210,000	3.15%	¥ 220,000	22.37%
交通费用	¥ 20,000	0.32%	¥ 18,000	0.27%	¥ 19,500	1.98%
差旅费	¥ 50,000	0.81%	¥ 36,000	0.54%	¥ 40,000	4.07%
会议费	¥ 60,000	0.97%	¥ 50,000	0.75%	¥ 45,000	4.58%
房屋费	¥ 50,000	0.81%	¥ 55,000	0.82%	¥ 53,000	5.39%
职工工资	¥ 5,600,000	90.54%	¥ 6,000,000	89.97%	¥ 580,000	58.97%
其他	¥ 200,000	3.23%	¥ 300,000	4.50%	¥ 26,000	2.64%
合计	¥ 6,185,000	100.00%	¥ 6,669,000	100.00%	¥ 983,500	100.00%

图 8-38 设置完成后的效果

step 20 至此，年度管理费用表就制作完成了，将文件进行保存即可。

案例精讲 069 企业资产结构分析图表

案例文件：CDROM\场景\Cha08\企业资产结构分析图表.xlsx

视频文件：视频教学\Cha08\企业资产结构分析图表.avi

制作概述

本案例将介绍如何制作企业资产结构分析图表。首先设置单元格的行高与列宽，合并单元格来制作工作表的标题；然后设置单元格的边框；最后插入复合饼图。完成后的效果如图 8-39 所示。

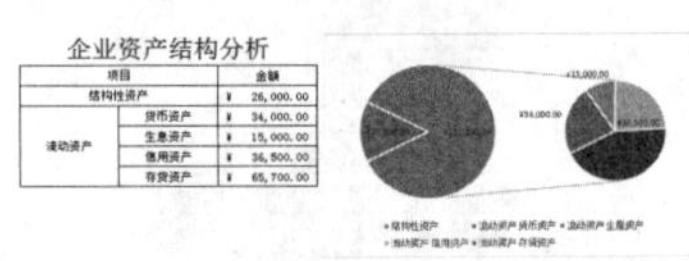

图 8-39 企业资产结构分析图表

学习目标

- 学习如何设置制作企业资产结构分析图表。
- 掌握如何插入复合饼图。

操作步骤

step 01 启动软件后新建空白工作簿，选择 B～D 列单元格并右击，在弹出的快捷菜单中选择【列宽】命令，在弹出的对话框中将【列宽】设置为 15，将第 1 行的【行高】设置为 35，将第 2～6 行的【行高】设置为 20，如图 8-40 所示。

step 02 选择 B1:D1 单元格，在【开始】选项卡中单击【对齐方式】选项组中的【合并后居中】按钮，然后在合并后的单元格中输入文字，将【字号】设置为 24，如图 8-41 所示。

step 03 选择 B2:C3 单元格，在【开始】选项卡中单击【对齐方式】选项组中的【合并后居中】按钮右侧的下三角按钮，在弹出的下拉菜单中选择【跨越合并】命令，如图 8-42 所示。

step 04 在【对齐方式】选项组中单击【居中】按钮，在合并的单元格中输入文字，使用同样的方法将 B4:B7 单元格进行合并，然后在单元格中输入文字，完成后的效果如图 8-43 所示。

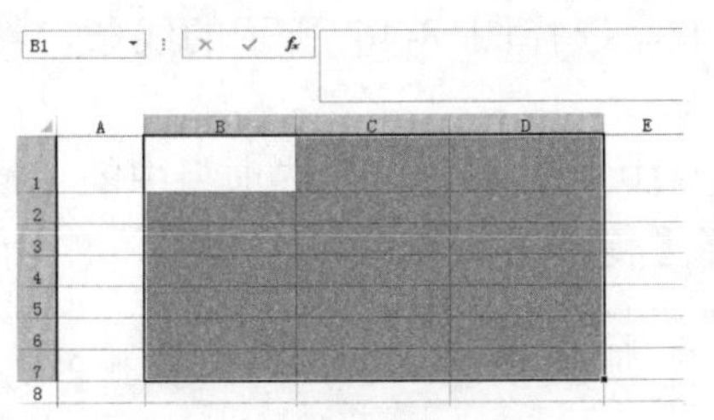

图 8-40　设置完成后的效果

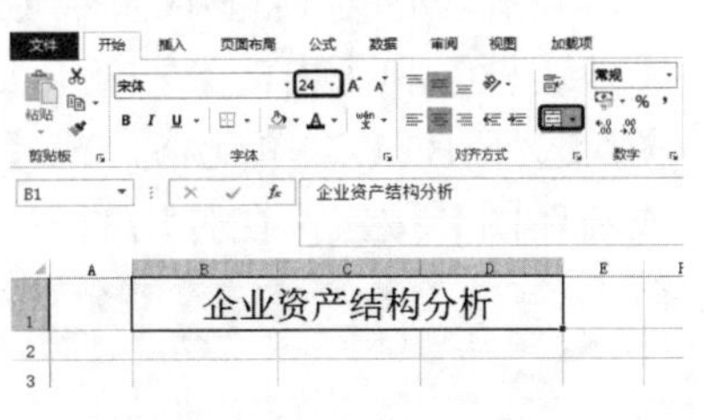

图 8-41　输入文字

图 8-42　合并单元格

图 8-43　合并单元格并输入文字

在【合并后居中】按钮下有多个合并方式可供用户选择。此外，还可以将合并后的单元格拆分为多个单元格，即选择合并后的单元格，再次单击【开始】选项卡下【对齐方式】选择组中的【合并后居中】按钮即可。

step 05 选择 D3:D7 单元格并右击，在弹出的快捷菜单中选择【设置单元格格式】命令，在弹出的对话框中选择【数字】选项卡，在【分类】列表框中选择【会计专用】选项，如图 8-44 所示。

step 06 在单元格中输入文字，将单元格的对齐方式设置为居中，完成后的效果如图 8-45 所示。

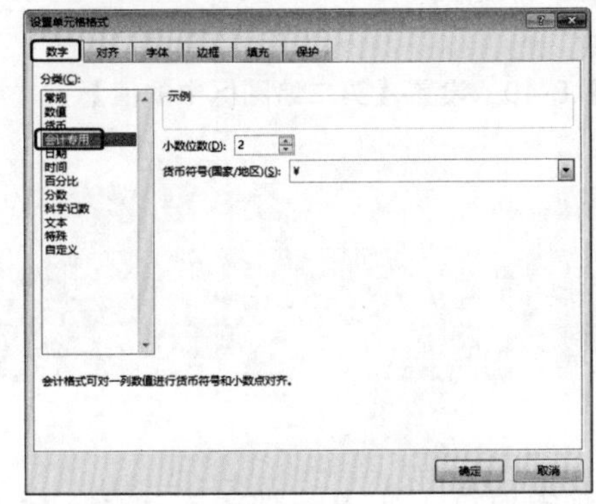

图 8-44　选择【会计专用】选项

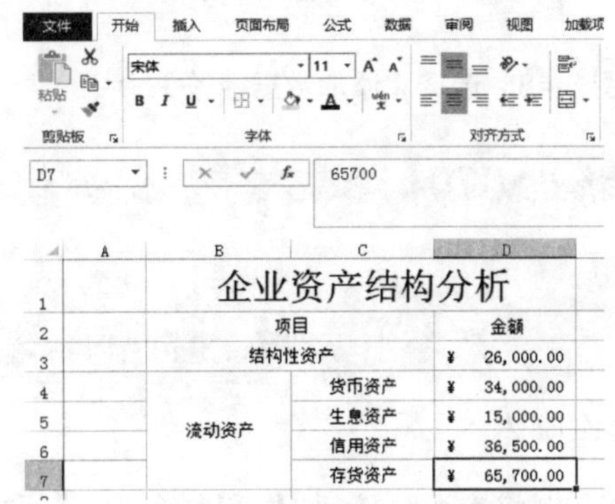

图 8-45　输入文字后的效果

step 07 选择 B2:D7 单元格并右击，在弹出的快捷菜单中选择【设置单元格格式】命令，在弹出的对话框中选择【边框】选项卡，选择图 8-46 所示的线条，然后单击【外边框】和【内部】按钮，如图 8-46 所示。

step 08 选择 B3:D7 单元格，在【插入】选项卡中单击【图表】选项组中的【插入饼图或圆环图】按钮，在弹出的下拉菜单中选择【复合饼图】命令，如图 8-47 所示。

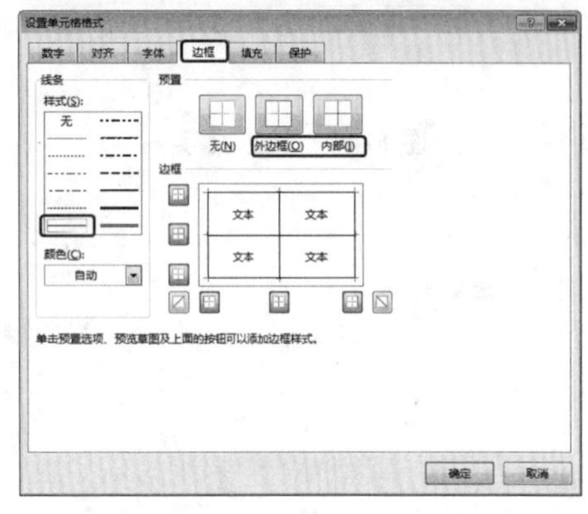

图 8-46　设置边框

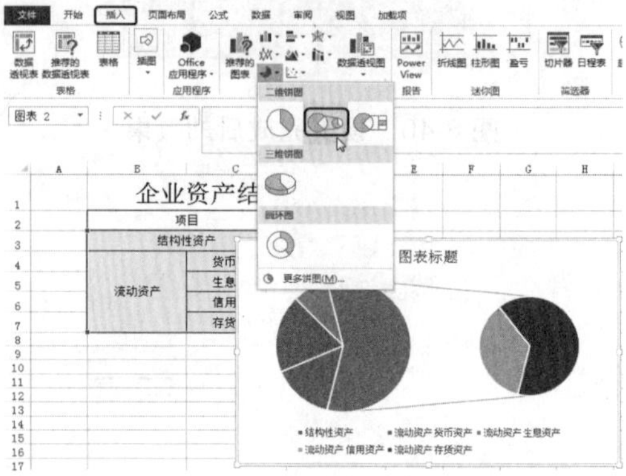

图 8-47　选择【复合饼图】命令

step 09 在选择饼图并右击，在弹出的快捷菜单中选择【添加数据标签】→【添加数据标签】命令，如图 8-48 所示。

step 10 继续选择饼图并右击，在弹出的快捷菜单中选择【设置数据系列格式】命令，在弹出的面板中将【系列选项】选项组中的【第二绘图区中的值】设置为 4，如图 8-49 所示。

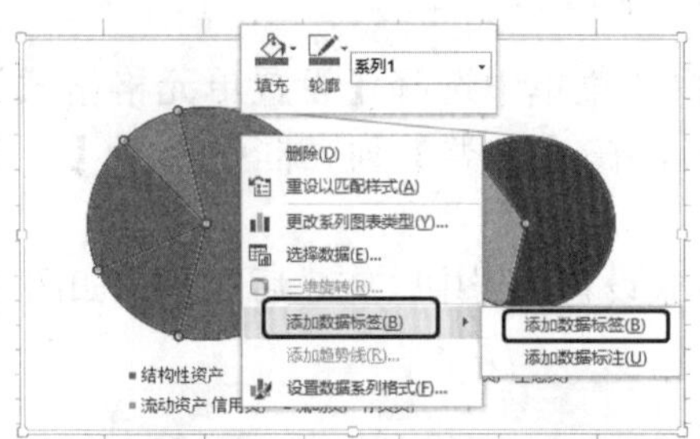

图 8-48　选择【添加数据标签】命令

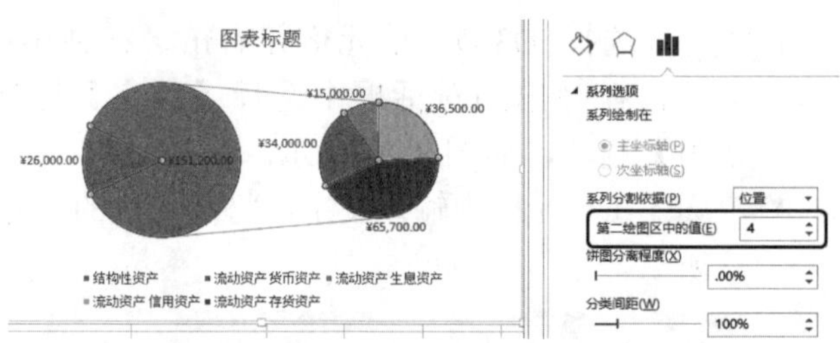

图 8-49　设置【第二绘图区中的值】

案例精讲 070　租赁筹资分析模型表

案例文件：CDROM\场景\Cha08\租赁筹资分析模型表.xlsx

视频文件：视频教学\Cha08\租赁筹资分析模型表.avi

制作概述

本案例将介绍如何制作租赁筹资分析模型表。首先设置工作表的列宽与行高，合并单元格来设置标题文本；然后利用【模拟分析】功能完成单元格数据的填充。完成后的效果如图 8-50 所示。

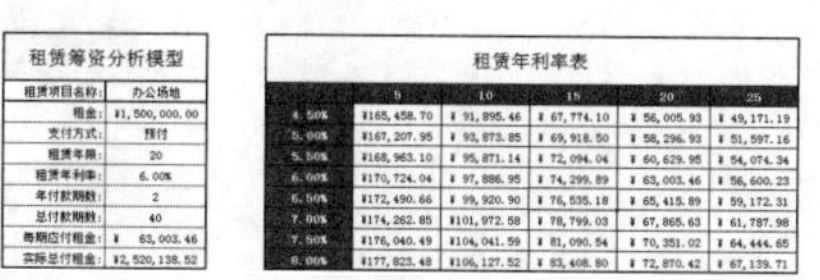

租赁筹资分析模型	
租赁项目名称:	办公场地
租金:	¥1,500,000.00
支付方式:	预付
租赁年限:	20
租赁年利率:	6.00%
年付款期数:	2
总付款期数:	40
每期应付租金:	¥ 63,003.46
实际总付租金:	¥2,520,138.52

租赁年利率表

	5	10	15	20	25
4.50%	¥165,458.70	¥ 91,895.46	¥ 67,774.10	¥ 56,005.93	¥ 49,171.19
5.00%	¥167,207.95	¥ 93,873.85	¥ 69,918.50	¥ 58,296.93	¥ 51,597.16
5.50%	¥168,963.10	¥ 95,871.14	¥ 72,094.04	¥ 60,629.95	¥ 54,074.34
6.00%	¥170,724.04	¥ 97,886.95	¥ 74,299.89	¥ 63,003.46	¥ 56,600.23
6.50%	¥172,490.66	¥ 99,920.90	¥ 76,535.18	¥ 65,415.89	¥ 59,172.31
7.00%	¥174,262.85	¥101,972.58	¥ 78,799.03	¥ 67,865.63	¥ 61,787.98
7.50%	¥176,040.49	¥104,041.59	¥ 81,090.54	¥ 70,351.02	¥ 64,444.65
8.00%	¥177,823.48	¥106,127.52	¥ 83,408.80	¥ 72,870.42	¥ 67,139.71

图 8-50　租赁筹资分析模型表

学习目标

- 学习如何设置制作租赁筹资分析模型表。
- 学习 IF 函数的使用方法。
- 学习 ABS 函数的使用方法。
- 学习 PMT 函数的使用方法。

操作步骤

step 01 启动软件后新建空白工作簿，选择 B、C 两列，将单元格的【列宽】设置为 15，将第 2 行的【行高】设置为 45，将第 3～11 行的【行高】设置为 20。完成后的效果如图 8-51 所示。

step 02 选择 B2:C2 单元格，在【开始】选项卡中单击【对齐方式】选项组中的【合并后居中】按钮，然后在合并后的单元格中输入文字，将【字号】设置为 18，完成后的效果如图 8-52 所示。

图 8-51　设置【行高】和【列宽】

图 8-52　合并单元格并输入文字后的效果

step 03 在单元格中输入文字，将【字号】设置为 10，选择 B3:B11 单元格，单击【对齐方式】选项组中的【右对齐】按钮，然后选择 C3:C11 单元格，单击【居中】按钮。完成后的效果如图 8-53 所示。

step 04 选择 C4、C10、C11 单元格并右击，在弹出的快捷菜单中选择【设置单元格格式】命令，在弹出的对话框中选择【数字】选项卡，在【分类】列表框中选择【会计专用】选项，如图 8-54 所示。

step 05 选择 C7 单元格并右击，在弹出的快捷菜单中选择【设置单元格格式】命令，在弹出的对话框中选择【数字】选项卡，在【分类】列表框中选择【百分比】，如图 8-55 所示。

step 06 在 C9 单元格中输入公式【=C6*C8】，按 Enter 键完成操作，如图 8-56 所示。

图 8-53　输入文字

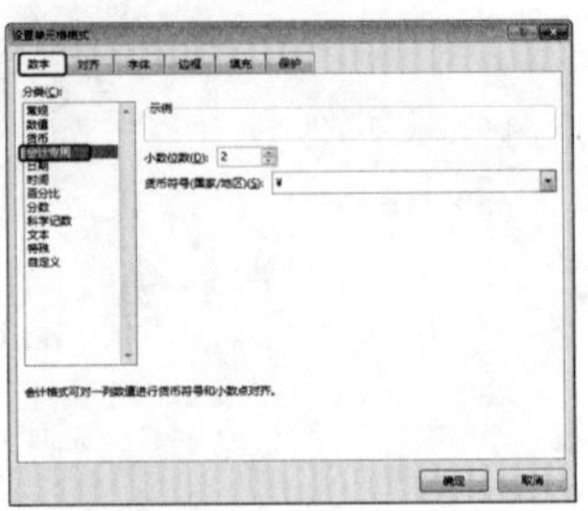

图 8-54　设置单元格格式

图 8-55　设置单元格格式

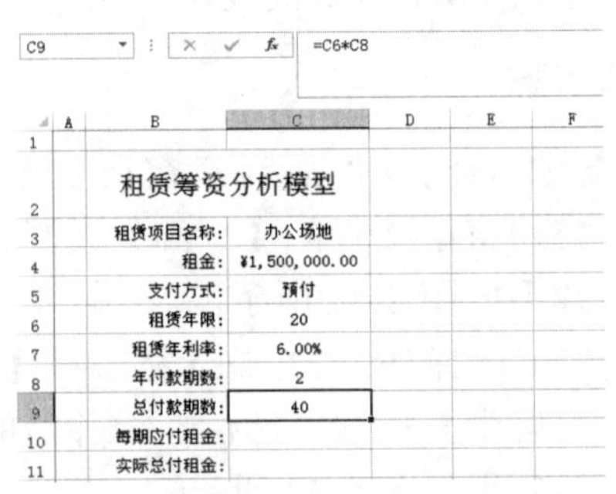

图 8-56　输入公式

step 07 将公式【=IF(C5="预付",ABS(PMT(C7/C8,C9,C4,0,1)),ABS(PMT(C7/C8,C9,C4,0,0)))】输入 C10 单元格，按 Enter 键完成操作，然后在 C11 单元格中输入公式【=C10*C9】，按 Enter 键完成操作，如图 8-57 所示。

step 08 选择 B2:C11 单元格区域并右击，在弹出的快捷菜单中选择【设置单元格格式】命令，在弹出的对话框中选择【边框】选项卡，选择图 8-58 所示的线条，然后单击【外边框】按钮。

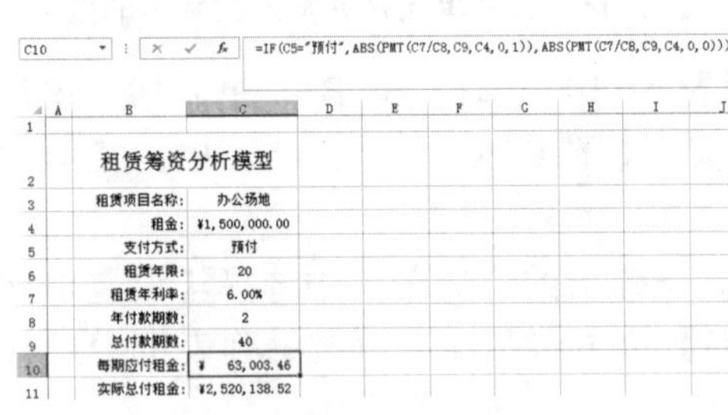

图 8-57　输入公式

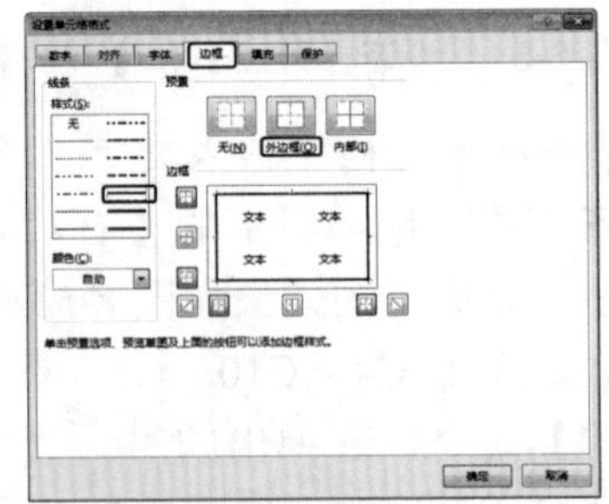

图 8-58　设置【外边框】

step 09 选择如图 8-59 所示的线条，然后单击【内部】按钮，效果如图 8-59 所示。

step 10 选择 B2:C3 单元格并右击，在弹出的快捷菜单中选择【设置单元格格式】命令，在弹出的对话框中选择【边框】选项卡，选择如图 8-60 所示的线条，然后单击如图 8-60 所示的边框。

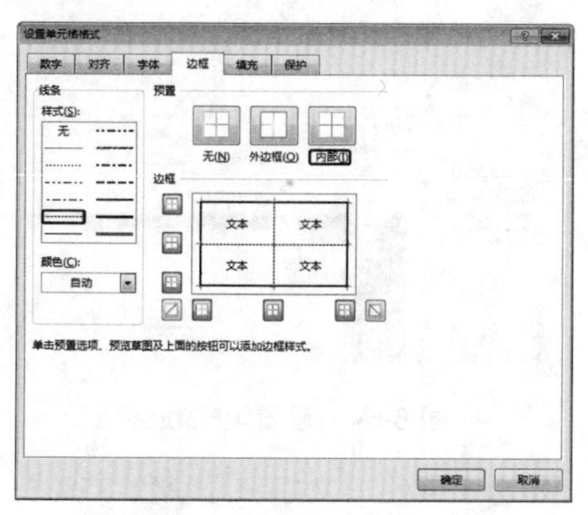

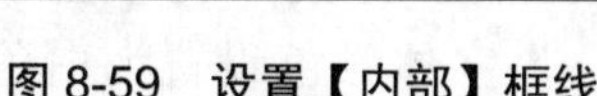
图 8-59 设置【内部】框线

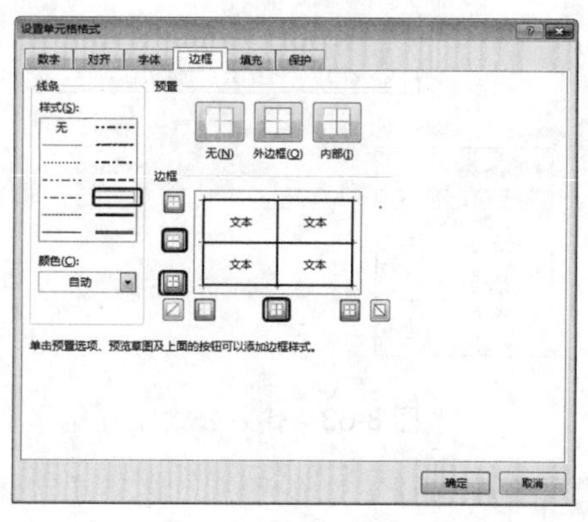

图 8-60 设置边框

step 11 将 E～J 列的【列宽】设置为 13，选择 E2:J2 单元格，单击【开始】选项卡中的【对齐方式】选项组中的【合并后居中】按钮，在合并后的单元格中输入文字，在【字体】选项组中将【字号】设置为 18，如图 8-61 所示。

step 12 选择 E3、F4:J11 单元格并右击，在弹出的快捷菜单中选择【设置单元格格式】命令，在弹出的对话框中选择【数字】选项卡，在【分类】列表框中选择【会计专用】选项，如图 8-62 所示。

图 8-61 合并单元格并输入文字

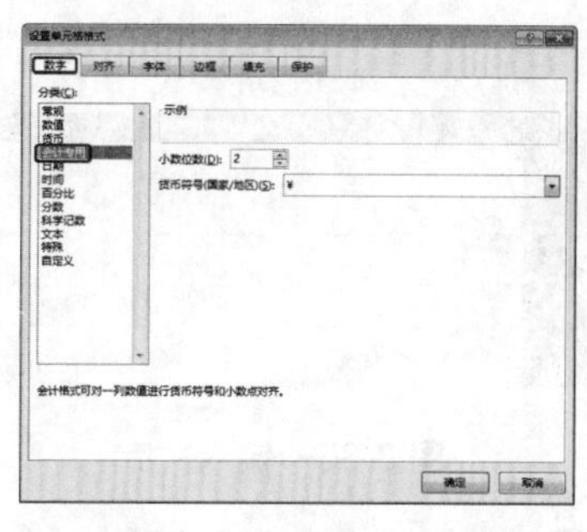

图 8-62 设置单元格格式

step 13 选择 E3 单元格，在该单元格中输入公式【=IF(C5="预付",ABS(PMT(C7/C8,C9,C4,0,1)),ABS(PMT(C7/C8,C9,C4,0,0)))】，按 Enter 键完成操作，如图 8-63 所示。

知识链接

ABS 函数

主要功能：返回数字的绝对值。 一个数字的绝对值是该数字不带其符号的形式。

使用格式：ABS(number)

参数说明：Number，必需，需要计算其绝对值的实数。

step 14 按住 Ctrl 键选择 E3:J3、E4:E11 单元格，在【开始】选项卡中单击【字体】选项组中【填充颜色】右侧的下三角按钮，在弹出的下拉菜单中选择【黑色，文字 1，淡色 35%】命令，如图 8-64 所示。

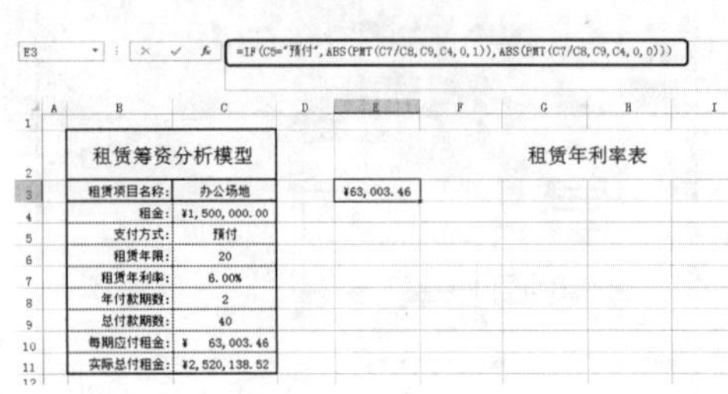

图 8-63　输入公式

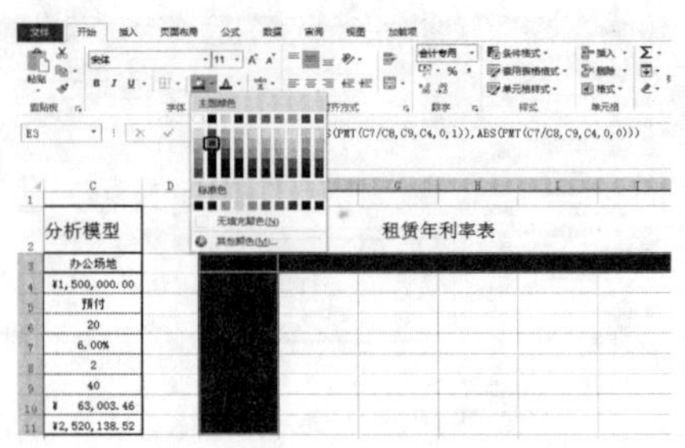

图 8-64　设置填充颜色

step 15 选择 E3 单元格，将其【字体颜色】设置为【黑色，文字 1，淡色 35%】，在填充颜色的单元格中输入文字，将文字居中显示，将字体颜色设置为白色，将文字进行加粗，完成后的效果如图 8-65 所示。

step 16 选择 E4:E11 单元格区域并右击，在弹出的快捷菜单中选择【设置单元格格式】命令，在弹出的对话框中选择【数字】选项卡，在【分类】列表框中选择【百分比】选项，如图 8-66 所示。

租赁年利率表

	5	10	15	20	25
0.045					
0.05					
0.055					
0.06					
0.065					
0.07					
0.075					
0.08					

图 8-65　输入文字

图 8-66　选择百分比

step 17 选择 E3:J11 单元格，在【数据】选项卡中单击【数据工具】选项组中的【模拟分析】按钮，在弹出的下拉菜单中选择【模拟运算表】命令，在弹出的对话框中将【输入引用行的单元格】的文本框中输入【$C$6】，在【输入引用列的单元格】中输入【$C$7】，如图 8-67 所示。

图 8-67　【模拟运算表】对话框

step 18 选择 E2:J11 单元格并右击，在弹出的快捷菜单中选择【设置单元格格式】命令，在弹出的对话框中选择【边框】选项卡，选择如图 8-68 所示的线条，然后单击

【外边框】按钮。

step 19 选择如图 8-69 所示的线条，然后单击【内部】按钮，如图 8-69 所示。

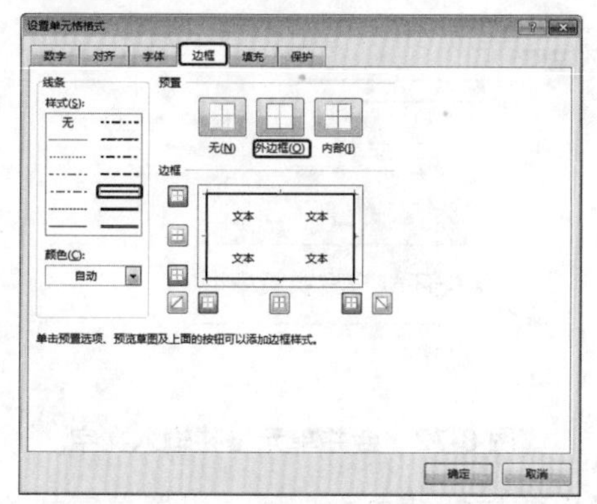

图 8-68 设置【外边框】

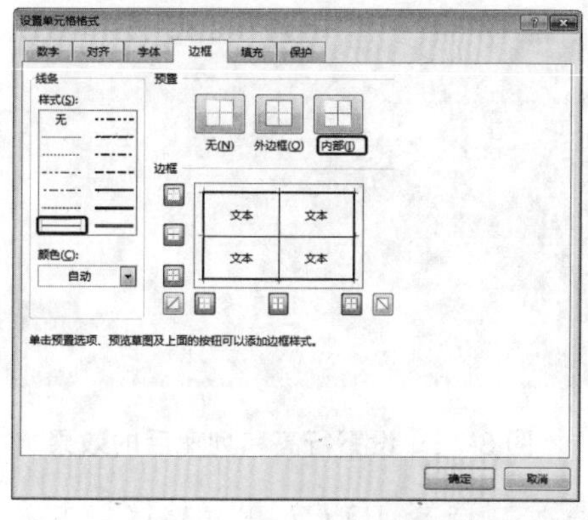

图 8-69 设置【内部】边框

step 20 单击【确定】按钮即可为选择的单元格设置边框。至此，租赁筹资分析模型表就制作完成了，将文件进行保存即可。

案例精讲 071 最佳还款方案决策模型表

案例文件：CDROM\场景\Cha08\最佳还款方案决策模型表.xlsx

视频文件：视频教学\Cha08\最佳还款方案决策模型表.avi

制作概述

本案例将介绍如何制作最佳还款方案决策模型表。首先制作单元格的标题；然后设置单元格边框和填充背景，在单元格中输入文字；最后在单元格中输入 PMT、IF、MAX 等函数，来设置分期付款数据。完成后的效果如图 8-70 所示。

图 8-70 最佳还款方案决策模型表

学习目标

- 学习如何设置制作最佳还款方案决策模型表。
- 掌握 PMT 函数的使用方法。
- 掌握 IF 函数的使用方法。
- 掌握 MAX 函数的使用方法。

操作步骤

step 01 启动软件后新建空白工作簿，将 A 列的【列宽】设置为 4，将 B、C 列的【列宽】设置为 20，将 D 列的【列宽】设置为 5，将 E～H 列的【列宽】设置为 13。将第 1 行的【行高】设置为 65。将第 2～7、9～36 行的【行高】设置为 20，将第 8 行的【行高】设置为 5，完成后的效果如图 8-71 所示。

step 02 选择 B1:C1 单元格，在【开始】选项卡中单击【对齐方式】选项组中的【合并后居中】按钮。然后在合并后的单元格中输入文字，将【字体】设置为【微软雅黑】，将【字号】设置为 18，完成后的效果如图 8-72 所示。

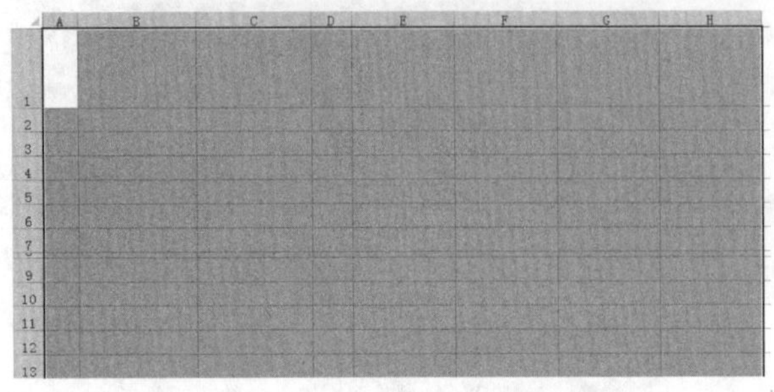

图 8-71　设置行高和列宽后的效果

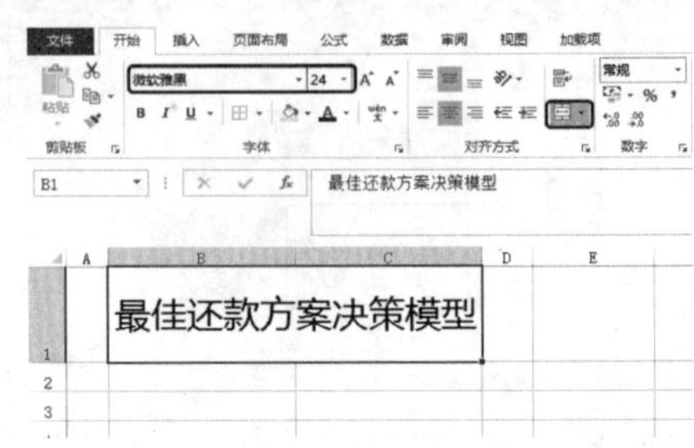

图 8-72　合并单元格并输入文字

step 03 选择 B2:C7 单元格区域并右击，在弹出的快捷菜单中选择【设置单元格格式】命令，在弹出的对话框中选择【边框】选项，选择如图 8-73 所示的线条，然后单击【外边框】按钮。

step 04 选择如图 8-74 所示的线条，然后单击【内部】按钮，如图 8-74 所示。

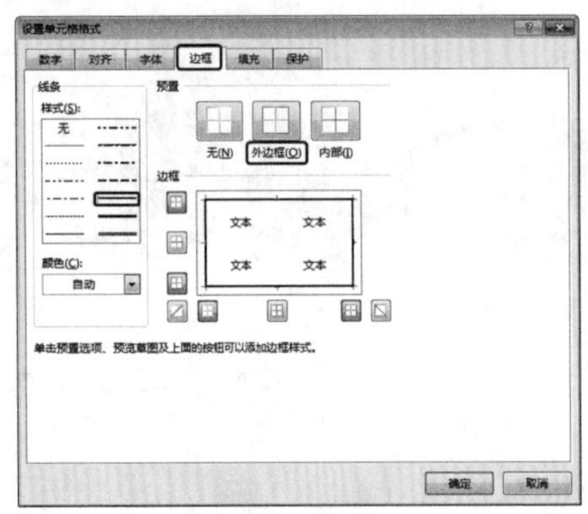

图 8-73　设置【外边框】

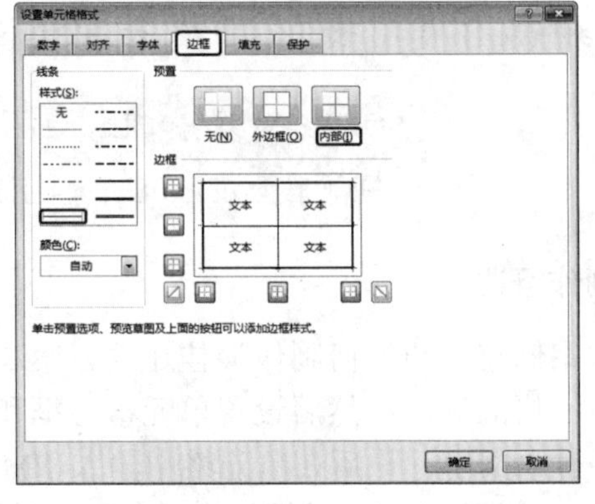

图 8-74　设置【内部】边框

step 05 单击【确定】按钮，然后在单元格中输入文字，将【字体】设置为【微软雅黑】，将【字号】设置为 10，将 B2:B7 单元格中的文字加粗。完成后的效果如图 8-75 所示。

step 06 选择 C3、C6、C11:C36、G11:H36 单元格区域并右击，在弹出的快捷菜单中选择【设置单元格格式】命令，在弹出的对话框中选择【数字】选项卡，在【分类】列表框中选择【会计专用】选项，如图 8-76 所示。

step 07 选择 C4、F11:F36 单元格并右击，在弹出的快捷菜单中选择【设置单元格格式】命令，在弹出的对话框中选择【数字】选项卡，在【分类】列表框中选择【百分比】选项，如图 8-77 所示。

step 08 选择 B10:C36 单元格区域并右击，在弹出的快捷菜单中选择【设置单元格格式】命令，在弹出的对话框中选择【边框】选项卡，选择如图 8-78 所示的线条，然后单击【外边框】按钮。

图 8-75 设置完成后的效果

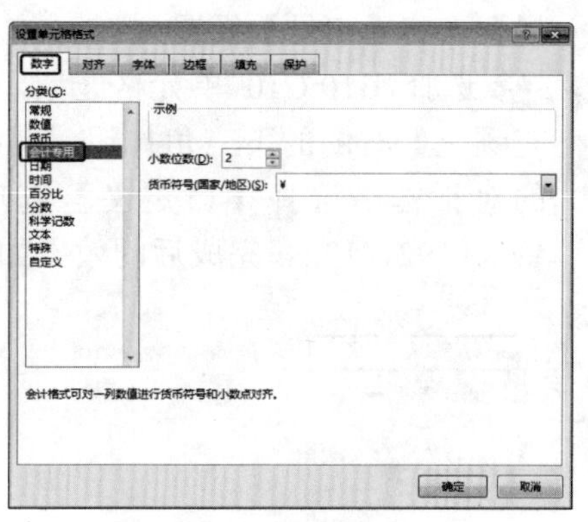

图 8-76 设置单元格格式

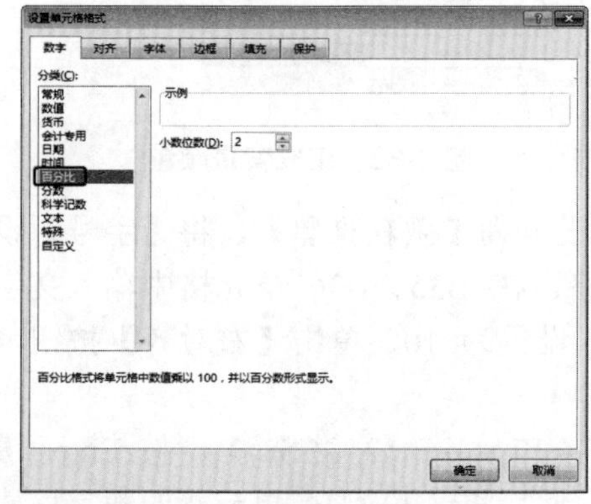

图 8-77 设置单元格格式

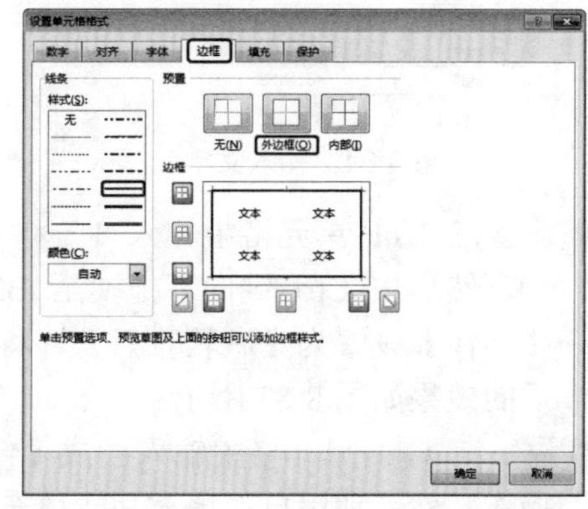

图 8-78 设置【外边框】

step 09 选择如图 8-79 所示的线条，单击【内部】按钮，如图 8-79 所示。

step 10 单击【确定】按钮，在 B9 单元格中输入文字，将【字体】设置为【微软雅黑】，将【字号】设置为 10，如图 8-80 所示。

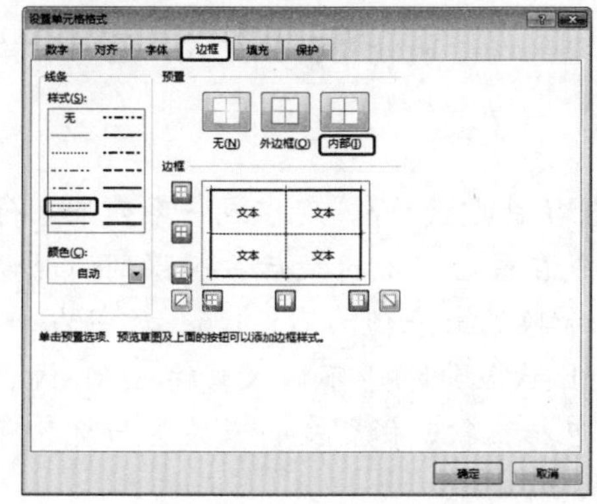

图 8-79 设置【内部】框线

图 8-80 在单元格中输入文字

step 11 选择 C9 单元格，将其填充颜色设置为【黑色，文字 1】，单击【居中】按钮。在 B10:C10 单元格中输入文字，将文字居中显示，将【字体】设置为【微软雅黑】，将【字号】设置为 10，按 Ctrl+B 组合键将文字进行加粗，如图 8-81 所示。

step 12 选择 B10:C10 单元格区域，在【开始】选项卡中的【字体】选项组中单击【填充颜色】右侧的下三角按钮，在弹出的下拉菜单中选择【其他颜色】命令，在弹出的对话框中选择【自定义】选项卡，将【红色】、【绿色】、【蓝色】设置为 192、192、192。完成后的效果如图 8-82 所示。

图 8-81　输入文字

图 8-82　填充背景颜色

step 13 在 B11 单元格中输入 1，将【字体】设置为【微软雅黑】，将【字号】设置为 10，然后按 Ctrl 键向下拖拽至 B34 单元格，在 B35、B36 单元格中输入文字，将【字体】设置为【微软雅黑】，将【字号】设置为 10，单击【右对齐】按钮，完成后的效果如图 8-83 所示。

step 14 在 C11 单元格中输入公式【=PMT($C$4/12,$C$5*12,-$C$3)】，按 Enter 键完成操作，然后利用自动填充功能填充至 C34，然后将 C11:C34 单元格的数字格式更改为【会计专用】。完成后的效果如图 8-84 所示。

知识链接

PMT 函数

主要功能：年金函数。PMT 函数是基于固定利率及等额分期付款方式，返回贷款的每期付款额。

使用格式：PMT(rate, nper, pv, fv, type)

参数说明：rate 贷款利率。nper 该项贷款的付款总期数。pv 现值或一系列未来付款的当前值的累积和，也称为本金。fv 为未来值，或在最后一次付款后希望得到的现金余额，如果省略 fv，则假设其值为零，也就是一笔贷款的未来值为零。type 数字为 0 或 1，用以指定各期的付款时间是在期初还是期末。1 代表期初，不输入或输入 0 代表期末。PMT 返回的支付款项包括本金和利息，但不包括税款、保留支付或某些与贷款有关的费用。应确认所指定的 rate 和 nper 单位的一致性。

图 8-83 输入文字

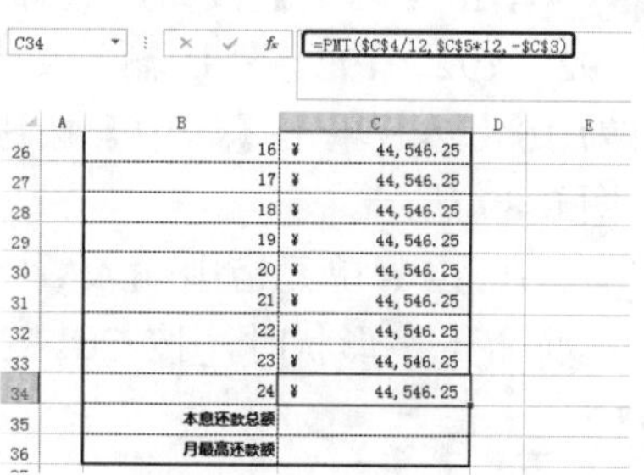

图 8-84 输入格式

step 15 在 C35 单元格输入公式【=IF(C5=1,SUM(C11:C22),SUM(C11:C34))】，按 Enter 键完成操作，然后在 C36 单元格中输入公式【=MAX(C11:C34)】，完成后的效果如图 8-85 所示。

step 16 在 E9 单元格中输入文字【方案 2：等额本金】，将【字体】设置为【微软雅黑】，将【字号】设置为【10】。选择 H9 单元格，将其填充颜色设置为【黑色，文字 1】，如图 8-86 所示。

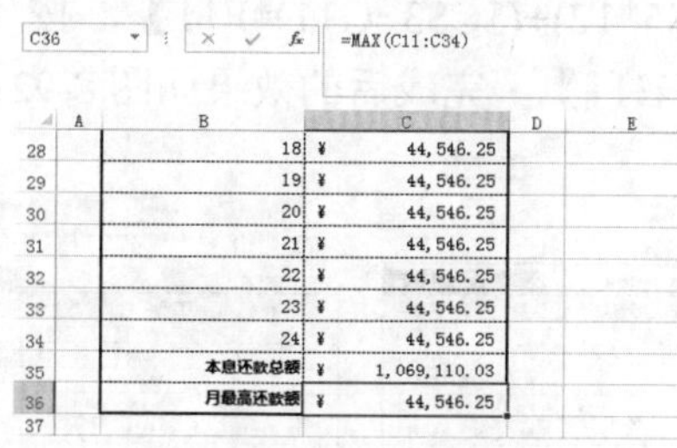

图 8-85 输入公式后的效果

图 8-86 输入文字和填充颜色

step 17 选择 E10:H36 单元格区域并右击，在弹出的快捷菜单中选择【设置单元格格式】命令，在弹出的对话框中选择【边框】选项卡，选择如图 8-87 所示的线条，然后单击【外边框】按钮，如图 8-87 所示。

step 18 选择如图 8-88 所示的线条，然后单击【内部】按钮，如图 8-88 所示。

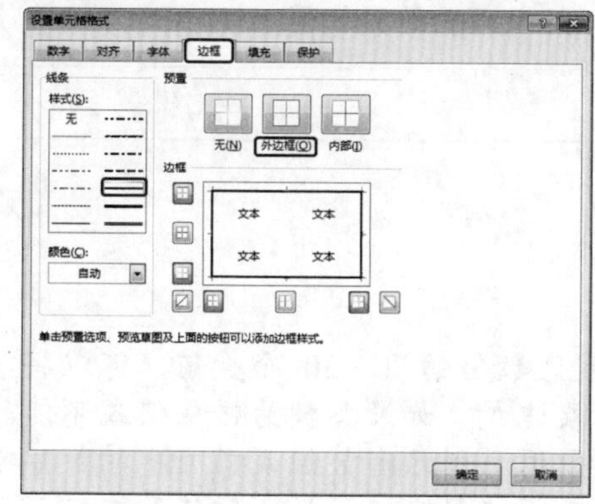

图 8-87 设置【外边框】

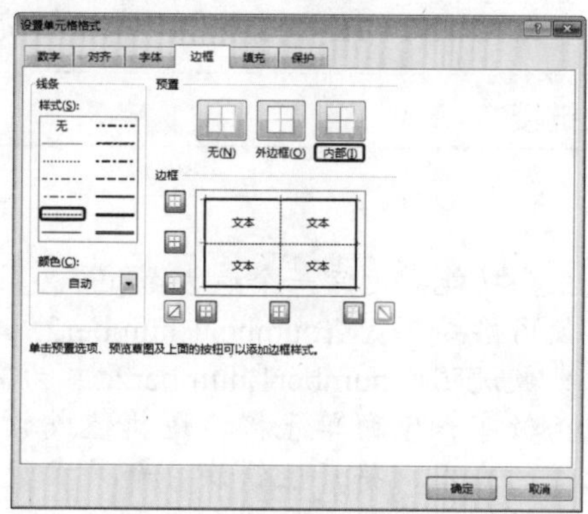

图 8-88 设置【内部】框线

step 19 单击【确定】按钮，选择 E10:H10 单元格区域，将其【填充颜色】RGB 设置为 192、192、192。然后输入文字，将【字体】设置为【微软雅黑】，将【字号】设置为 10，然后单击【居中】按钮，按 Ctrl+B 组合键将文字进行加粗。完成后的效果如图 8-89 所示。

step 20 在 E11 单元格中输入数字 1，将光标移动至 E11 单元格右下角，当光标变成黑色实心十字形状时，按 Ctrl 键拖动到 E34 单元格中，完成后的效果如图 8-90 所示。

图 8-89 输入文字

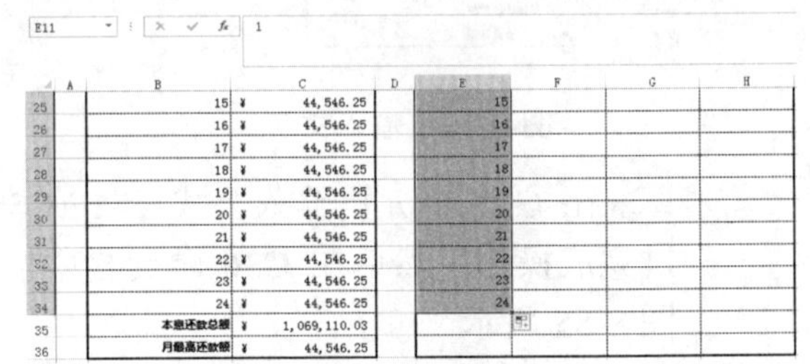

图 8-90 输入文字后的效果

step 21 使用同样的方法在其他单元格中输入文字，完成后的效果如图 8-91 所示。

step 22 在 H11 单元格中输入公式【=$C$3/($C$5*12)+($C$3-G11)*F11】，按 Enter 键完成操作。在 G12 单元格中输入公式【=G11+H11】。完成后的效果如图 8-92 所示。

	A	B	C	D	E	F	G
25		15	¥ 44,546.25		15	0.43%	
26		16	¥ 44,546.25		16	0.42%	
27		17	¥ 44,546.25		17	0.43%	
28		18	¥ 44,546.25		18	0.43%	
29		19	¥ 44,546.25		19	0.43%	
30		20	¥ 44,546.25		20	0.43%	
31		21	¥ 44,546.25		21	0.42%	
32		22	¥ 44,546.25		22	0.42%	
33		23	¥ 44,546.25		23	0.42%	
34		24	¥ 44,546.25		24	0.43%	
35		本息还款总额	¥ 1,069,110.03		本息还款总额		
36		月最高还款额	¥ 44,546.25		月最高还款额		

图 8-91 输入文字

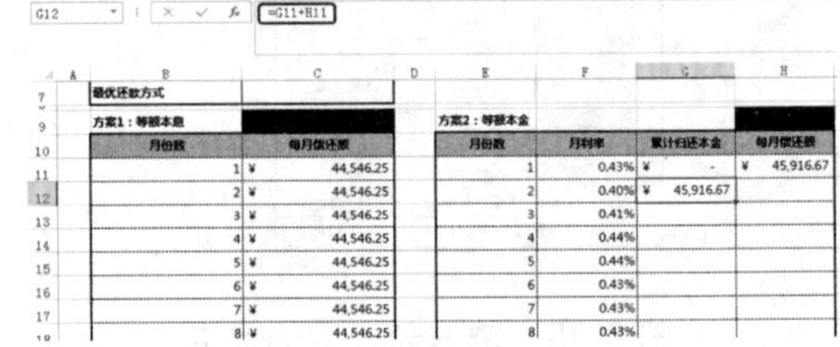

图 8-92 输入公式后的效果

step 23 利用自动填充功能填充至 G34、H34 单元格中，完成后的效果如图 8-93 所示。

step 24 在 H35 单元格中输入公式【=IF(C5=1,SUM(H11:H22),SUM(H11:H34))】，按 Enter 键完成操作。在 H36 单元格中输入公式【=IF(C5=1,MAX(H11:H22), MAX(H11:H34))】，按 Enter 键完成操作，完成后的效果如图 8-94 所示。

知识链接

MAX 函数

主要功能：返回一个最大数值。

使用格式 MAX(number1,number2,...)

参数说明：number1,number2,... 为需要找出最大数值的 1～30 个数值。可以将参数指定为数字、空白单元格、逻辑值或数字的文本表达式。如果参数为错误值或不能转换成数字的文本，将产生错误。如果参数为数组或引用，则只有数组或引用中的数字将被计算。数组或引用中的空白单元格、逻辑值或文本将被忽略。如果逻辑值和文本不能忽略，请使用函数 MAXA 来代替。

H11 =$C$3/($C$5*12)+($C$3-G11)*F11

	B	C	E	F	G	H
22	12	¥ 44,546.25	12	0.434%	¥ 494,620.04	¥ 43,860.02
23	13	¥ 44,546.25	13	0.434%	¥ 538,480.05	¥ 43,669.66
24	14	¥ 44,546.25	14	0.392%	¥ 582,149.71	¥ 43,304.64
25	15	¥ 44,546.25	15	0.430%	¥ 625,454.35	¥ 43,277.21
26	16	¥ 44,546.25	16	0.420%	¥ 668,731.57	¥ 43,057.99
27	17	¥ 44,546.25	17	0.434%	¥ 711,789.56	¥ 42,917.50
28	18	¥ 44,546.25	18	0.430%	¥ 754,707.06	¥ 42,721.43
29	19	¥ 44,546.25	19	0.434%	¥ 797,428.49	¥ 42,545.83
30	20	¥ 44,546.25	20	0.434%	¥ 839,974.32	¥ 42,361.18
31	21	¥ 44,546.25	21	0.415%	¥ 882,335.49	¥ 42,154.97
32	22	¥ 44,546.25	22	0.424%	¥ 924,490.47	¥ 41,986.83
33	23	¥ 44,546.25	23	0.424%	¥ 966,477.29	¥ 41,808.80
34	24	¥ 44,546.25	24	0.431%	¥ 1,008,286.10	¥ 41,630.95
35	本息还款总额	¥ 1,069,110.03	本息还款总额			
36	月最高还款额	¥ 44,546.25	月最高还款额			

图 8-93　自动填充单元格

H36 =IF(C5=1,MAX(H11:H22),MAX(H11:H34))

	B	C	E	F	G	H
27	17	¥ 44,546.25	17	0.434%	¥ 711,789.56	¥ 42,917.50
28	18	¥ 44,546.25	18	0.430%	¥ 754,707.06	¥ 42,721.43
29	19	¥ 44,546.25	19	0.434%	¥ 797,428.49	¥ 42,545.83
30	20	¥ 44,546.25	20	0.434%	¥ 839,974.32	¥ 42,361.18
31	21	¥ 44,546.25	21	0.415%	¥ 882,335.49	¥ 42,154.97
32	22	¥ 44,546.25	22	0.424%	¥ 924,490.47	¥ 41,986.83
33	23	¥ 44,546.25	23	0.424%	¥ 966,477.29	¥ 41,808.80
34	24	¥ 44,546.25	24	0.431%	¥ 1,008,286.10	¥ 41,630.95
35	本息还款总额	¥ 1,069,110.03	本息还款总额			¥ 1,049,917.05
36	月最高还款额	¥ 44,546.25	月最高还款额			¥ 45,916.67

图 8-94　输入公式

step 25 选择 C9 单元格，在该单元格中输入公式【=IF(C36<C6,"可以考虑此方式","不可考虑此方式")】，按 Enter 键完成操作。将【字体】设置为【微软雅黑】，将【字号】设置为 10，按 Ctrl+B 组合键加粗文字，将【字体颜色】设置为白色。完成后的效果如图 8-95 所示。

step 26 在 H9 单元格中输入公式【=IF(H36<C6,"可以考虑此方式","不可考虑此方式")】，按 Enter 键完成操作，将【字体】设置为【微软雅黑】，将【字号】设置为 10，按 Ctrl+B 组合键加粗文字，将【字体颜色】设置为白色。完成后的效果如图 8-96 所示。

图 8-95　输入公式

图 8-96　输入公式并设置字体属性

step 27 在 C7 单元格中输入公式【=IF(H9="不可考虑此方式","方案 1：等额本息",IF(C35<H35,"方案 1：等额本息","方案 2：等额本金"))】，按 Enter 键完成操作，如图 8-97 所示。

C7 =IF(H9="不可考虑此方式","方案1：等额本息",IF(C35<H35,"方案1：等额本息","方案2：等额本金"))

	B	C	E	F	G	H
1	最佳还款方案决策模型					
2	贷款时间	2014/4/1				
3	贷款金额	¥ 1,000,000.00				
4	贷款利率	6.50%				
5	贷款年限	2				
6	企业可承受最高月还款额	¥ 45,000.00				
7	最优还款方式	方案1：等额本息				
9	方案1：等额本息	可以考虑此方式	方案2：等额本金			不可考虑此方式
10	月份数	每月偿还额	月份数	月利率	累计归还本金	每月偿还额

图 8-97　输入公式

step 28 至此，最佳还款方案决策模型表就制作完成了，将文件进行保存即可。

案例精讲 072 企业投资项目可行性分析

案例文件：CDROM\场景\Cha08\企业投资项目可行性分析.xlsx

视频文件：视频教学\Cha08\企业投资项目可行性分析.avi

制作概述

本案例将介绍如何对企业投资项目进行可行性分析。首先制作可行性分析表；然后制作投资方案表，并根据不同的方案数据，计算出投资的可行性；最后根据方案的投资可行性，评选出最优方案。完成后的效果如图 8-98 所示。

企业投资项目可行性分析

投资项目	投资新产线
基准投资回收期	8
基准投资收益率	12.00%
最优方案	方案2

	方案1	方案2
贴现率	5.00%	5.50%
期初投入金额	¥ 2,600,000.00	¥ 3,000,000.00
年运行费用	¥ 12,000.00	¥ 12,000.00
预计期末残值	¥ 30,000.00	¥ 35,000.00
投资回收期（年）	9	8
年收益	¥ 300,000.00	¥ 390,000.00
投资收益率	11.54%	13.00%
净现值	¥ 35,955.59	¥ 18,208.83
投资可行性	不可行	可行

图 8-98 企业投资项目可行性分析

学习目标

- 学习如何对投资项目进行可行性分析。
- 掌握 CEILING 函数的使用方法。
- 掌握 PV 函数的使用方法。
- 掌握 IF 函数的使用方法。

操作步骤

step 01 启动软件后新建空白工作簿，将 B、C、D 列的【列宽】设置为 20，将第 1 行的【行高】设置为 35，将第 2～16 行的【行高】设置为 20。选择 B1:D1 单元格，在【开始】选项卡中单击【对齐方式】选项组中的【合并后居中】按钮，如图 8-99 所示。

step 02 在合并后的单元格中输入文字【企业投资项目可行性分析】，将【字体】设置为【宋体】，将【字号】设置为 23。完成后的效果如图 8-100 所示。

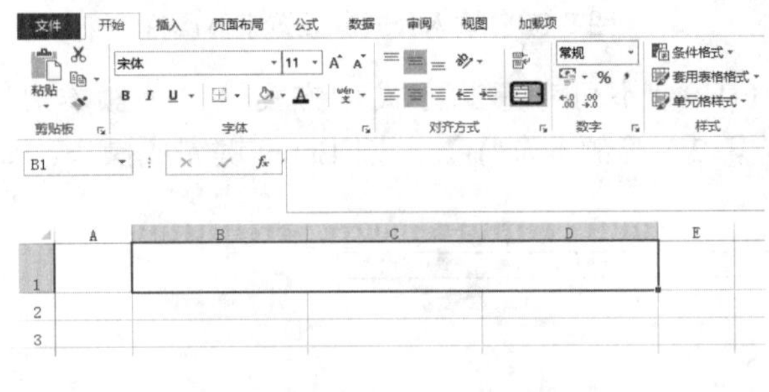

图 8-99 合并单元格

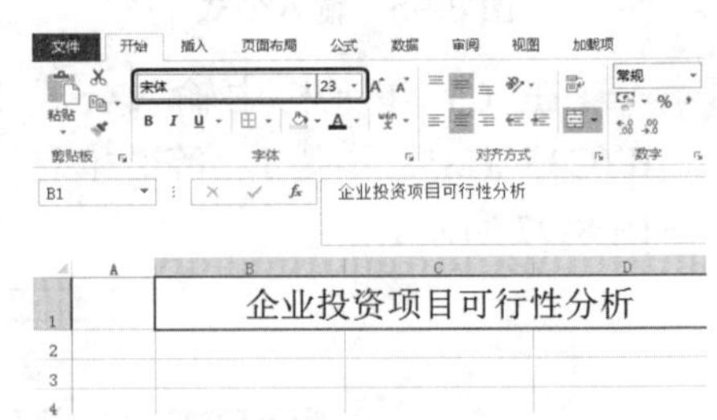

图 8-100 设置文字属性

step 03 选择 B2:C5 单元格并右击，在弹出的快捷菜单中选择【设置单元格格式】命令，如图 8-101 所示。

step 04 在弹出的对话框中选择【边框】选项卡，在【样式】选项组中选择图 8-102 所示的线条，然后单击【外边框】按钮，如图 8-102 所示。

图 8-101　选择【设置单元格格式】命令

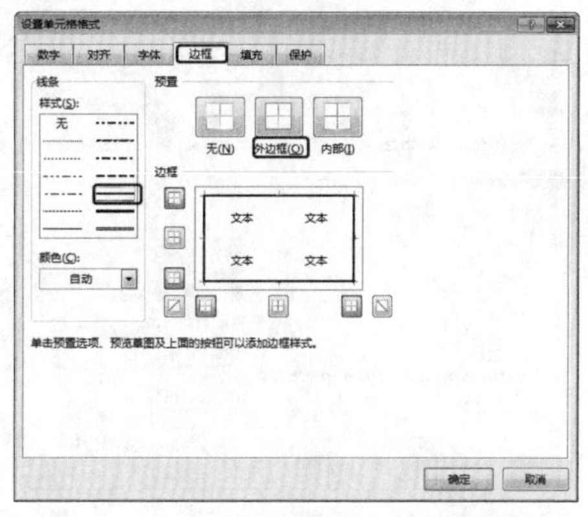

图 8-102　设置【外边框】

step 05 选择如图 8-103 所示的线条，然后单击【内部】按钮，如图 8-103 所示。

step 06 单击【确定】按钮，然后选择 B2:B5 单元格，在【开始】选项卡中单击【居中】按钮，选择 C2:C5 单元格区域，然后单击【右对齐】按钮，在单元格中输入文字，完成后的效果如图 8-104 所示。

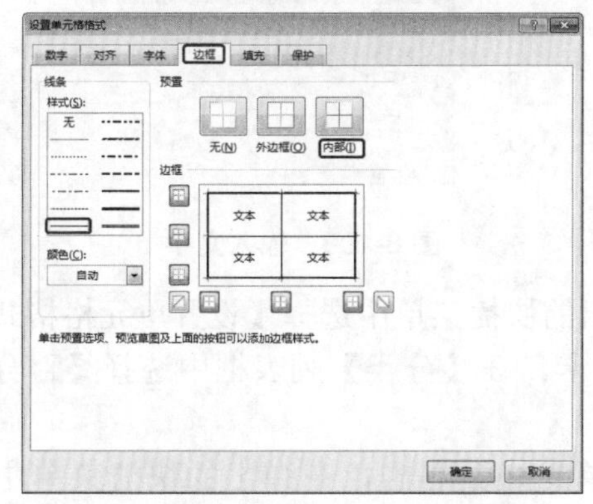

图 8-103　设置【内部】框线

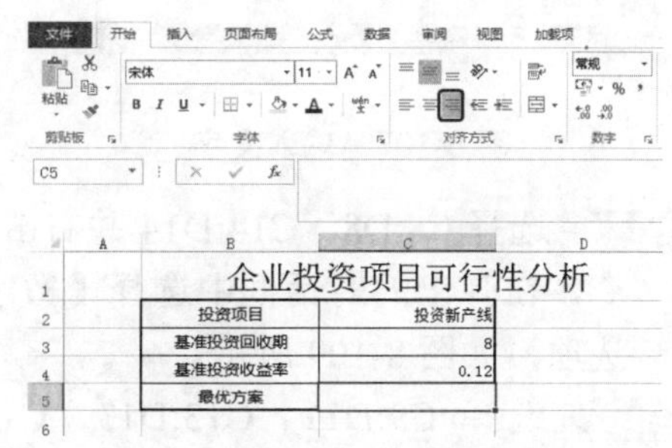

图 8-104　输入文字后的效果

step 07 选择 C4 单元格，在该单元格上右击，在弹出的快捷菜单中选择【设置单元格格式】命令，在弹出的对话框中选择【数字】选项卡，在【分类】列表框中选择【百分比】选项，如图 8-105 所示。

step 08 选择 B7:D7 单元格，在【开始】选项卡中单击【对齐方式】选项组中的【居中】按钮，然后右击，在弹出的快捷菜单中选择【设置单元格格式】命令，在弹出的对话框中选择【填充】选项卡，然后选择图 8-106 所示的颜色。

step 09 然后在 C7、D7 单元格中输入文字，将【字体】设置为【微软雅黑】，将【字号】设置为 11，完成后的效果如图 8-107 所示。

step 10 在 B8:B16 单元格中输入文字，将【字体】设置为【微软雅黑】，将【字号】设置为 11，然后单击【开始】选项卡中的【居中】按钮。完成后的效果如图 8-108 所示。

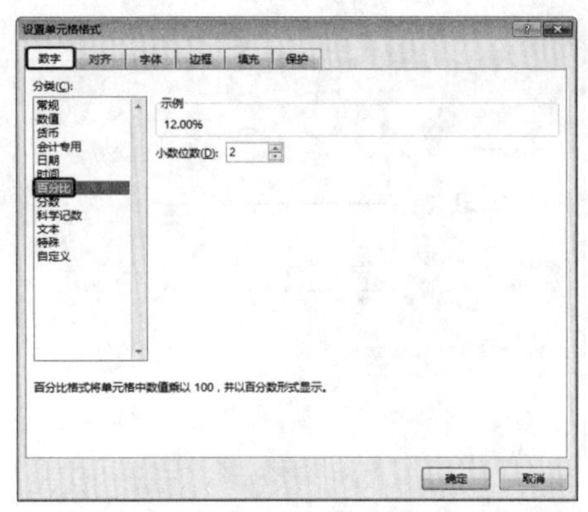

图 8-105 选择【百分比】选项

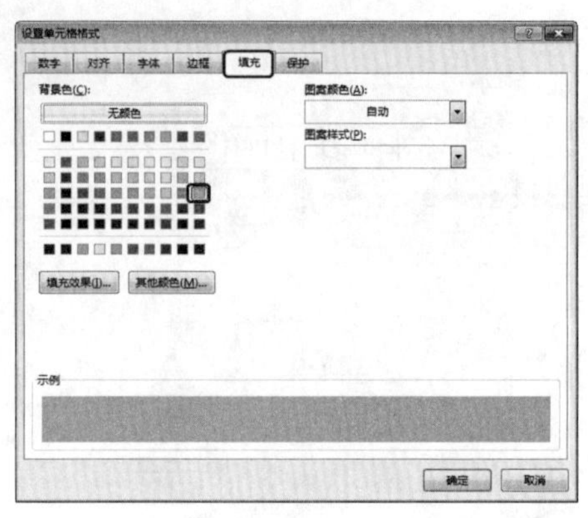

图 8-106 选择颜色

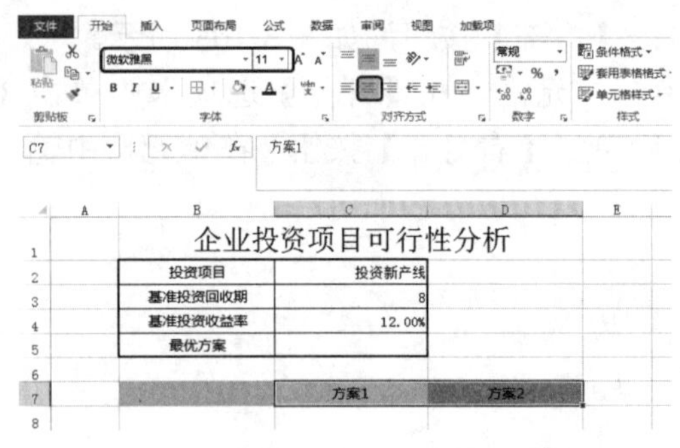

图 8-107 输入文字

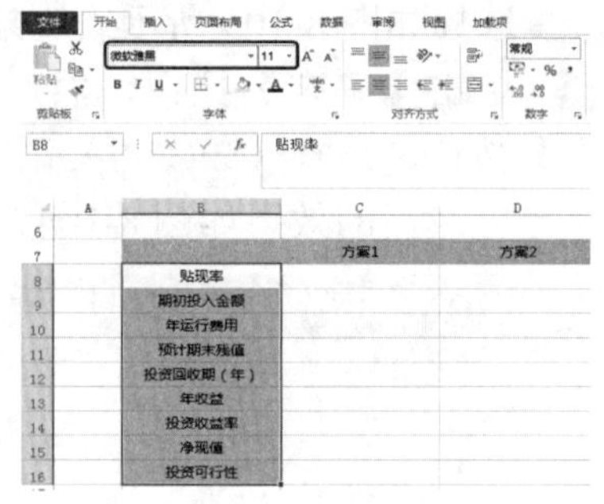

图 8-108 输入文字

step 11 选择 C8:D8、C14:D14 并右击，在弹出的快捷菜单中选择【设置单元格格式】命令，在弹出的对话框中选择【数字】选项卡，在【分类】列表框中选择【百分比】选项，如图 8-109 所示。

step 12 选择 C9:D11、C13:D13、C15:D15 单元格并右击，在弹出的快捷菜单中选择【设置单元格格式】命令，在弹出的对话框中选择【数字】选项卡，在【分类】列表框中选择【会计专用】选项，如图 8-110 所示。

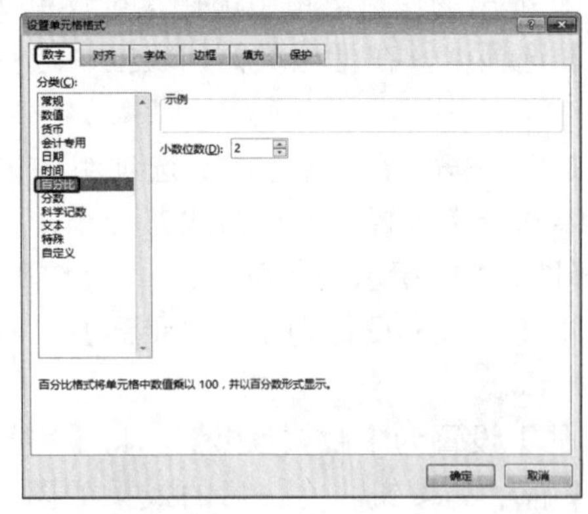

图 8-109 选择【百分比】选项

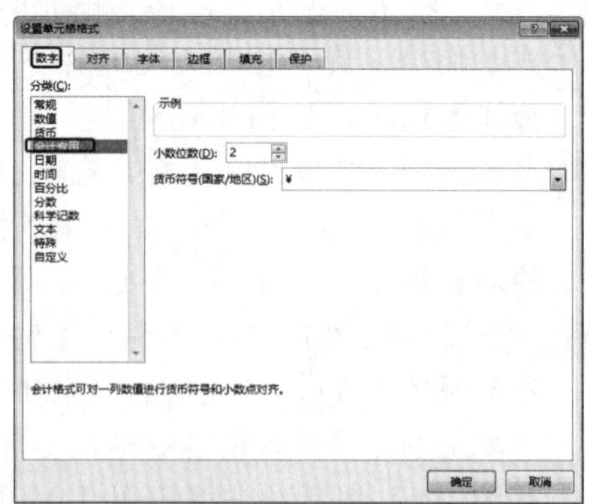

图 8-110 选择【会计专用】选项

提示 也可在【开始】选项卡的【数字】选项组中单击【数字格式】右侧的下三角按钮，在弹出的下拉菜单中选择【会计专用】命令，来设置单元格属性。

step 13 单击【确定】按钮，然后在单元格中输入文字，完成后的效果如图 8-111 所示。

step 14 选择 C12 单元格，在该单元格中输入公式【=CEILING(C9/C13,1)】，按 Enter 键完成操作，效果如图 8-112 所示。

知识链接

CEILING 函数

主要功能：将数字向上舍入到最接近的整数或基数的最接近倍数。

使用格式：= CEILING(<number>, <significance>)。

参数说明：number 表示要舍入的数字，或对包含数字列的引用；significance 表示要舍入到的基数的倍数。例如，要舍入到最近的整数，则输入 1。

D13 | 390000

	A	B	C	D
6				
7			方案1	方案2
8		贴现率	5.00%	5.50%
9		期初投入金额	¥ 2,600,000.00	¥ 3,000,000.00
10		年运行费用	¥ 12,000.00	¥ 12,000.00
11		预计期末残值	¥ 30,000.00	¥ 35,000.00
12		投资回收期（年）		
13		年收益	¥ 300,000.00	¥ 390,000.00
14		投资收益率		
15		净现值		
16		投资可行性		

图 8-111 输入文字

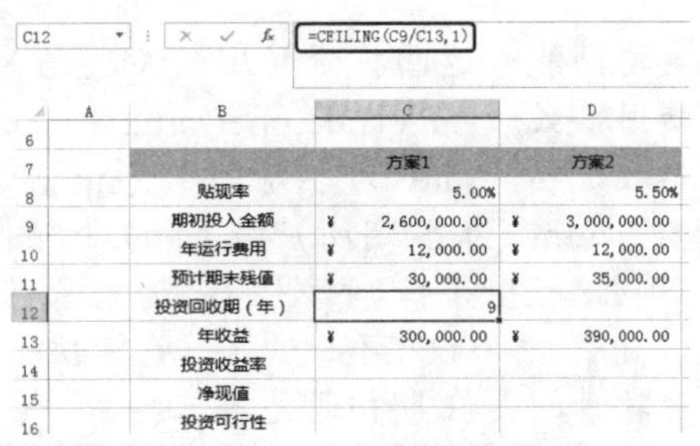

C12 | =CEILING(C9/C13,1)

	A	B	C	D
6				
7			方案1	方案2
8		贴现率	5.00%	5.50%
9		期初投入金额	¥ 2,600,000.00	¥ 3,000,000.00
10		年运行费用	¥ 12,000.00	¥ 12,000.00
11		预计期末残值	¥ 30,000.00	¥ 35,000.00
12		投资回收期（年）	9	
13		年收益	¥ 300,000.00	¥ 390,000.00
14		投资收益率		
15		净现值		
16		投资可行性		

图 8-112 输入公式

step 15 在 D12 单元格中输入公式【=CEILING(D9/D13,1)】，按 Enter 键完成操作，效果如图 8-113 所示。

step 16 在 C14 单元格中输入公式【=C13/C9】，在 D14 单元格中输入公式【=D13/D9】，按 Enter 键完成操作。完成后的效果如图 8-114 所示。

D12 | =CEILING(D9/D13,1)

	A	B	C	D
6				
7			方案1	方案2
8		贴现率	5.00%	5.50%
9		期初投入金额	¥ 2,600,000.00	¥ 3,000,000.00
10		年运行费用	¥ 12,000.00	¥ 12,000.00
11		预计期末残值	¥ 30,000.00	¥ 35,000.00
12		投资回收期（年）	9	8
13		年收益	¥ 300,000.00	¥ 390,000.00
14		投资收益率		
15		净现值		
16		投资可行性		

图 8-113 输入公式

D14 | =D13/D9

	A	B	C	D
6				
7			方案1	方案2
8		贴现率	5.00%	5.50%
9		期初投入金额	¥ 2,600,000.00	¥ 3,000,000.00
10		年运行费用	¥ 12,000.00	¥ 12,000.00
11		预计期末残值	¥ 30,000.00	¥ 35,000.00
12		投资回收期（年）	9	8
13		年收益	¥ 300,000.00	¥ 390,000.00
14		投资收益率	11.54%	13.00%
15		净现值		
16		投资可行性		

图 8-114 输入公式后的效果

step 17 在 C15 单元格中输入公式【=PV(C8,C12,-C10,C11)-C11】，在 D15 单元格中输入公式【=PV(D8,D12,-D10,D11)-D11】，按 Enter 键完成操作，效果如图 8-115 所示。

step 18 选择 B8:D15 单元格区域，在【开始】选项卡中单击【填充颜色】右侧的下三角按钮，在弹出的下拉菜单中选择【绿色，着色 6，淡色 60%】命令，如图 8-116 所示。

D15 =PV(D8,D12,-D10,D11)-D11

	B	C	D
7		方案1	方案2
8	贴现率	5.00%	5.50%
9	期初投入金额	¥ 2,600,000.00	¥ 3,000,000.00
10	年运行费用	¥ 12,000.00	¥ 12,000.00
11	预计期末残值	¥ 30,000.00	¥ 35,000.00
12	投资回收期（年）	9	8
13	年收益	¥ 300,000.00	¥ 390,000.00
14	投资收益率	11.54%	13.00%
15	净现值	¥ 35,955.59	¥ 18,208.83
16	投资可行性		

图 8-115　输入公式

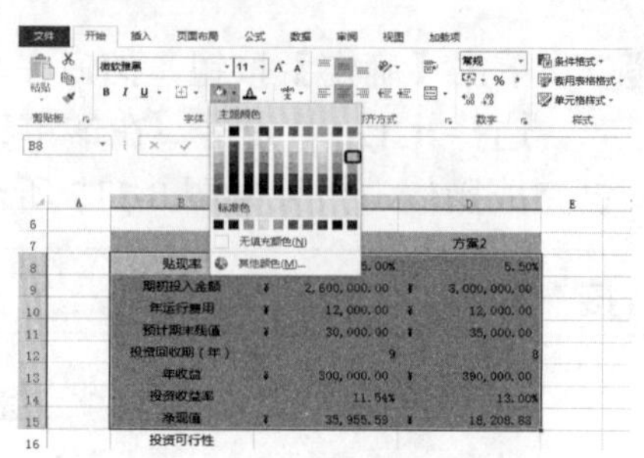

图 8-116　填充背景颜色

知识链接

PV 函数

主要功能：返回投资的现值。现值为一系列未来付款的当前值的累积和。

使用格式：= PV(rate,nper,pmt,fv,type)

参数说明：rate 为各期利率。nper 为总投资(或贷款)期，即该项投资(或贷款)的付款期总数。pmt 为各期所应支付的金额，其数值在整个年金期间保持不变。如果忽略 pmt，则必须包含 fv 参数。fv 为未来值，或在最后一次支付后希望得到的现金余额，如果省略 fv，则假设其值为零(一笔贷款的未来值即为零)。type 为数字 0 或 1，用以指定各期的付款时间是在期初还是期末。

step 19 选择 B8:D8、B10:D10、B12:D12、B14:D14、B16:D16 单元格区域并右击，在弹出的快捷菜单中选择【设置单元格格式】命令，在弹出的对话框中选择【填充】选项卡，单击【其他颜色】按钮，如图 8-117 所示。

step 20 在弹出的对话框中选择【自定义】选项卡，将【红色】、【绿色】、【蓝色】设置为 214、232、202，如图 8-118 所示。

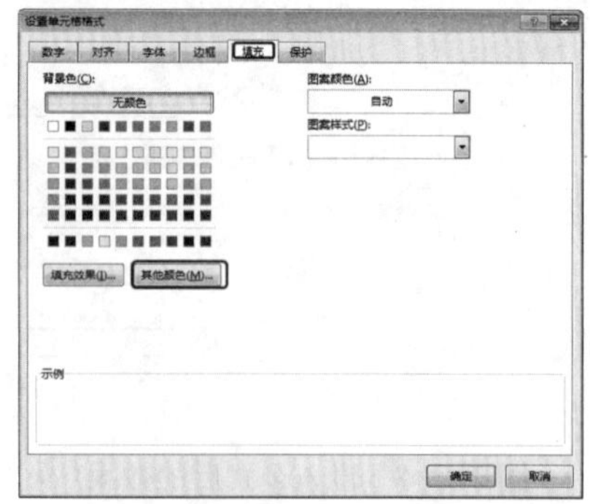

图 8-117　单击【其他颜色】按钮

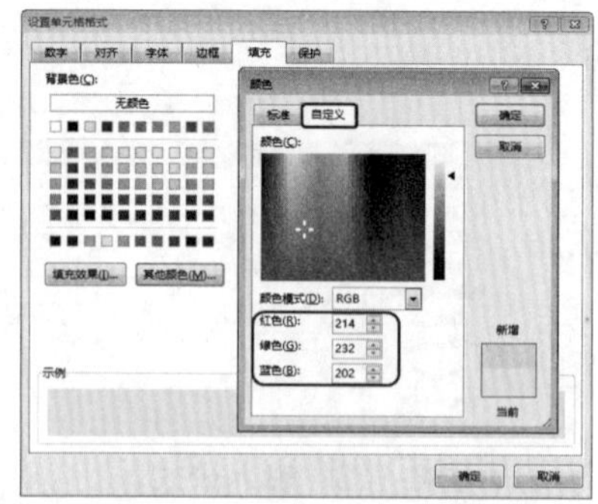

图 8-118　设置填充颜色

step 21 单击两次【确定】按钮，即可对选择的单元格填充背景颜色，完成后的效果如图 8-119 所示。

step 22 在 C16 单元格中输入公式【=IF(C12<=C3,IF(C14<C4,"不可行","可行"),"不可行")】，在 D16 单元格中输入公式【=IF(D12<=C3,IF(D14<C4,"不可行","可行"),"不可行")】，然后选择 C16:D16 单元格，单击【右对齐】按钮。完成后的效果如图 8-120 所示。

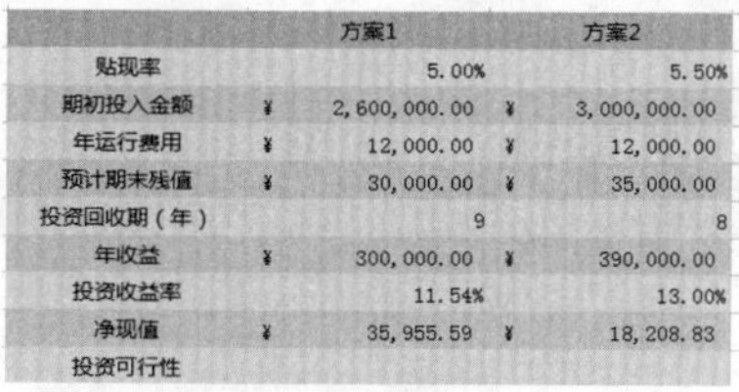

		方案1		方案2
贴现率		5.00%		5.50%
期初投入金额	¥	2,600,000.00	¥	3,000,000.00
年运行费用	¥	12,000.00	¥	12,000.00
预计期末残值	¥	30,000.00	¥	35,000.00
投资回收期（年）		9		8
年收益	¥	300,000.00	¥	390,000.00
投资收益率		11.54%		13.00%
净现值	¥	35,955.59	¥	18,208.83
投资可行性				

图 8-119 填充颜色

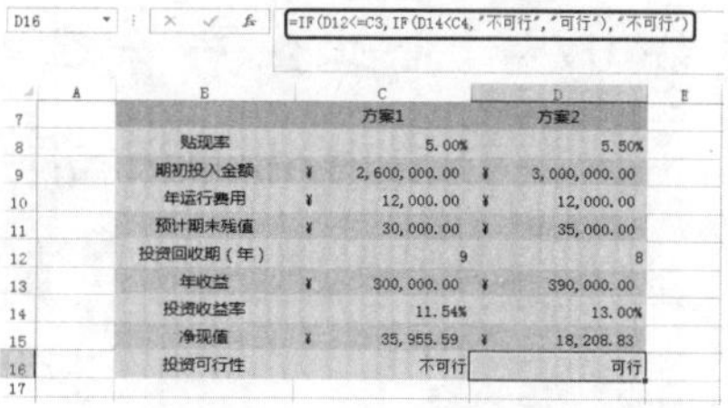

D16 =IF(D12<=C3,IF(D14<C4,"不可行","可行"),"不可行")

	A	B		C		D	E
7				方案1		方案2	
8		贴现率		5.00%		5.50%	
9		期初投入金额	¥	2,600,000.00	¥	3,000,000.00	
10		年运行费用	¥	12,000.00	¥	12,000.00	
11		预计期末残值	¥	30,000.00	¥	35,000.00	
12		投资回收期（年）		9		8	
13		年收益	¥	300,000.00	¥	390,000.00	
14		投资收益率		11.54%		13.00%	
15		净现值	¥	35,955.59	¥	18,208.83	
16		投资可行性		不可行		可行	
17							

图 8-120 输入公式

step 23 选择 C16:D16 单元格区域，然后在【开始】选项卡中单击【样式】选项组中的【条件格式】按钮，在弹出的下拉菜单中选择【突出显示单元格规则】→【等于】命令，如图 8-121 所示。

step 24 在弹出的对话框中的输入框中输入文字【不可行】，其他保持默认设置，如图 8-122 所示。

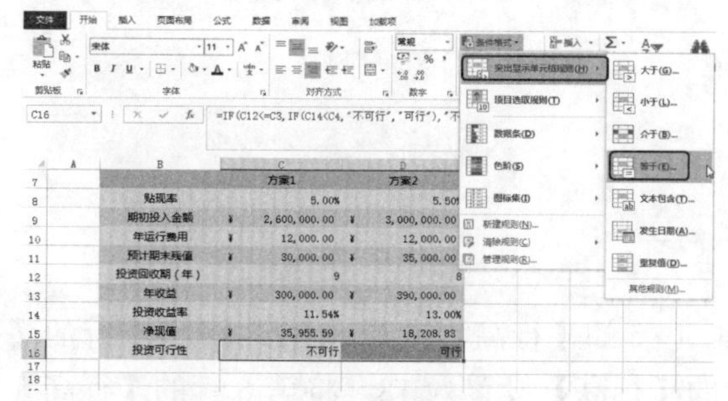

图 8-121 选择【等于】命令

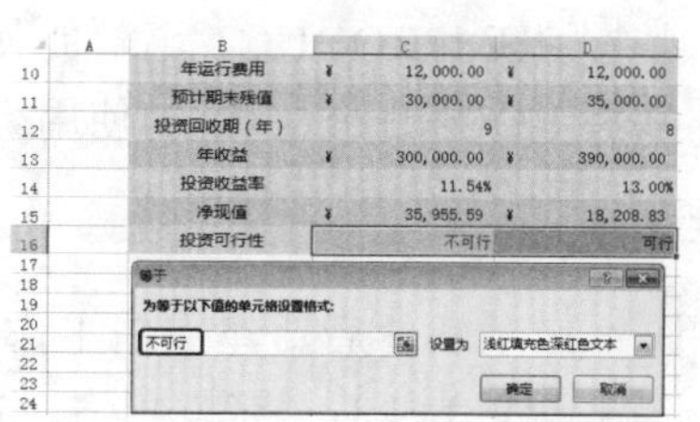

图 8-122 【等于】对话框

step 25 选择 B7:D16 单元格区域并右击，在弹出的快捷菜单中选择【设置单元格格式】命令，在弹出的对话框中选择【边框】选项卡，选择图 8-123 所示的线条，然后单击【外边框】按钮。

step 26 选择图 8-124 所示的线条，将【颜色】设置为白色，然后单击【内部】按钮。

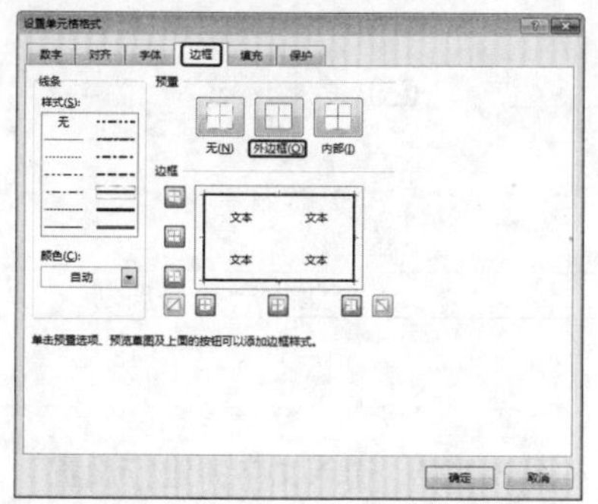

图 8-123 设置【外边框】

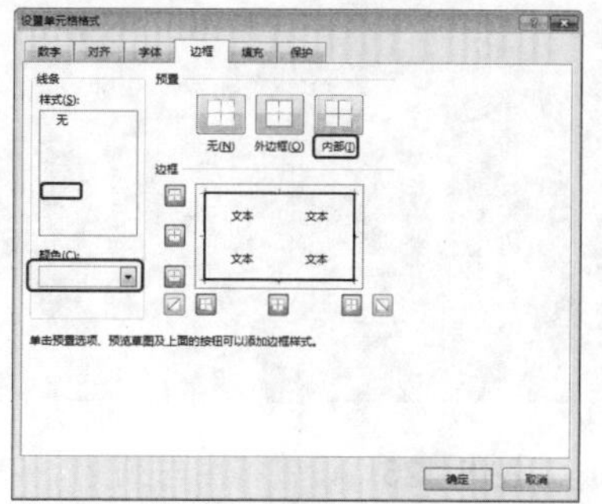

图 8-124 设置【内部】框线

step 27 单击【确定】按钮。在 C5 单元格中输入【=IF(C16="可行",IF(D16="可行",(IF(C15>D15,"方案 1","方案 2")),"方案 1"),IF(D16="可行","方案 2","无可行方案"))】，计算出最优方案的结果。

案例精讲 073　企业生产管理规划表

案例文件：CDROM\场景\Cha08\企业生产管理规划表.xlsx

视频文件：视频教学\Cha08\企业生产管理规划表.avi

制作概述

本案例将介绍企业生产管理规划表的制作方法。首先制作生产产品信息表，并为表格填充颜色；然后设置边框。根据生产产品信息表制作管理规划表，并输入函数公式进行计算。完成后的效果如图 8-125 所示。

企业生产管理规划

机型	成本（元/台）	生产时间（分钟/台）	利润（元/台）	产量（台）	生产成本小计（元）	生产利润小计（元）
A	360.00	6	310.00	30	¥ 10,800.00	¥ 324,000.00
B	400.00	8	340.00	15	¥ 6,000.00	¥ 90,000.00
C	430.00	12	380.00	10	¥ 4,300.00	¥ 43,000.00

生产成本限制	¥ 148,000.00
生产时间限制	8
机型A产量限制（台）	80
机型B产量限制（台）	60
机型C产量限制（台）	40
实际生产成本	¥ 457,000.00
实际销售利润	¥ 18,200.00
实际生产时间	7
每天最高生产利润	¥ 457,000.00
每天最低生产成本	¥ 21,100.00

图 8-125　企业生产管理规划表

学习目标

- 学习如何设置制作企业生产管理规划表。
- 掌握 SUMPRODUCT 函数的使用方法。
- 掌握 ROUNDUP 函数的使用方法。

操作步骤

step 01 启动软件后新建空白工作簿，将第 1 行的【行高】设置为 32，将第 2 行的【行高】设置为 28，将第 3～5、7～16 行的【行高】设置为 18，将第 6 行的【行高】设置为 10，然后将 A 列的【列宽】设置为 2，将 B、C 列的【列宽】设置为 16，将 D～H 列的【列宽】设置为 12。完成后的效果如图 8-126 所示。

step 02 选择 B1～H1 单元格区域，在【开始】选项卡中单击【对齐方式】选项组中的【合并后居中】按钮，然后在合并后的单元格中输入文字，将【字号】设置为 24，完成后的效果如图 8-127 所示。

图 8-126　设置行高与列宽

图 8-127　输入文字并进行设置

step 03 选择合并的单元格，在【开始】选项卡中【字体】选项组中单击【填充颜色】

右侧的下三角按钮，在弹出的下拉菜单中选择【金色，着色 4，淡色 40%】命令，如图 8-128 所示。

step 04 选择 B2:H2 单元格区域，在【开始】选项卡中单击【对齐方式】选项组中的【居中】按钮，然后选择 B2:F2 单元格区域，在【开始】选项卡中的【字体】选项组中单击【金色，着色 4】，如图 8-129 所示。

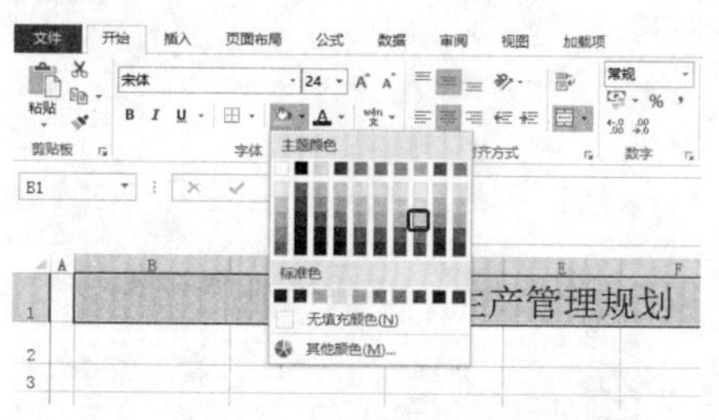

图 8-128 设置填充颜色

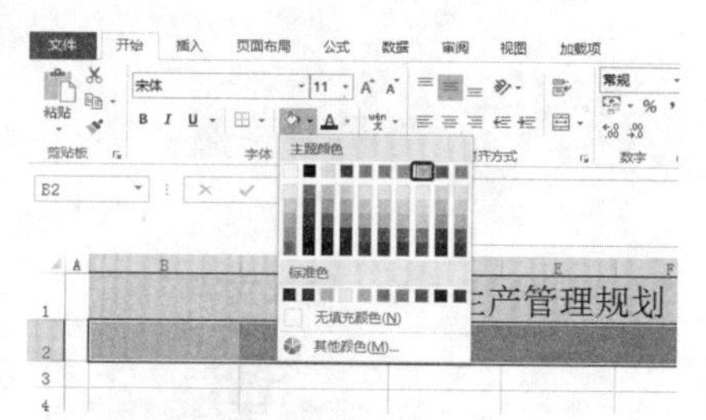

图 8-129 设置填充颜色

step 05 使用同样的方法为 B3:B5 单元格填充相同的颜色，然后单击【居中】按钮，在单元格中输入文字，将【字号】设置为 10，将【字体颜色】设置为白色，选择 C2:F2 单元格区域，然后单击【自动换行】按钮，单击【加粗】按钮，如图 8-130 所示。

step 06 选择 G2:H2 单元格，在【开始】选项卡中单击【填充颜色】右侧的下三角按钮，在弹出的下拉菜单中选择【蓝色】命令，如图 8-131 所示。

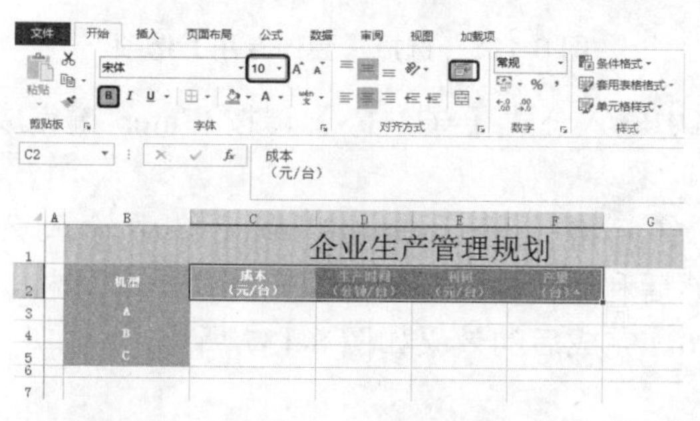

图 8-130 输入文字

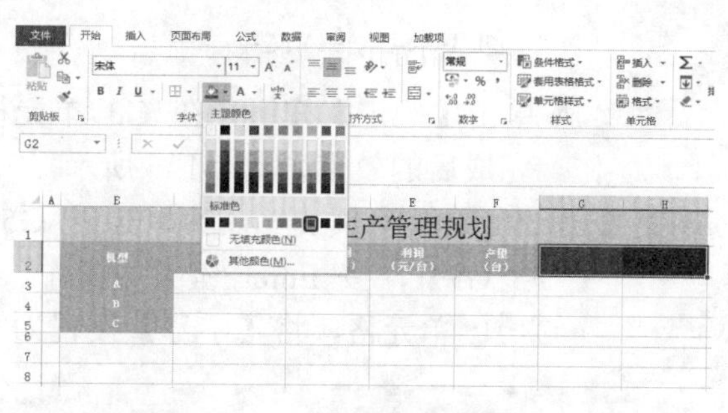

图 8-131 设置填充颜色

step 07 在 G2:H2 单元格中输入文字，将【字体颜色】设置为白色，按 Ctrl+B 组合键将文字进行加粗，将【字号】设置为 10，然后单击【自动换行】按钮，完成后的效果如图 8-132 所示。

step 08 选择 C3:C5、E3:E5 单元格区域并右击，在弹出的快捷菜单中选择【设置单元格格式】命令，在弹出的对话框中选择【数字】选项卡，在【分类】列表框中选择【数值】选项，将【小数位数】设置为 2，在【负数】列表框中选择图 8-133 所示的选项。

step 09 单击【确定】按钮，在单元格中输入文字，完成后的效果如图 8-134 所示。

step 10 选择 G3:H3 单元格区域并右击，在弹出的快捷菜单中选择【设置单元格格式】命令，在弹出的对话框中选择【数字】选项卡，在【分类】列表框中选择【会计专用】选项，如图 8-135 所示。

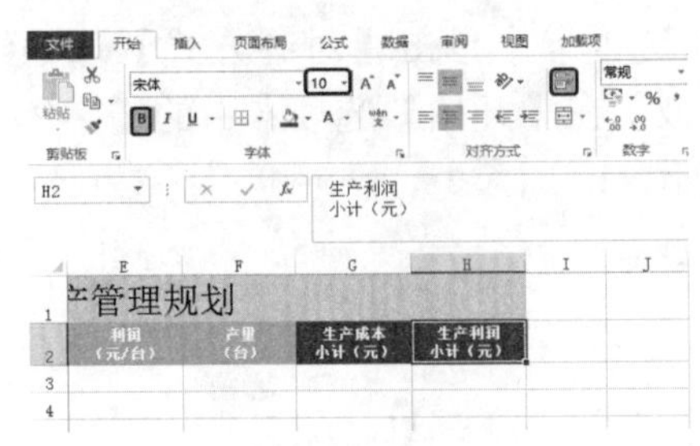

图 8-132　输入文字

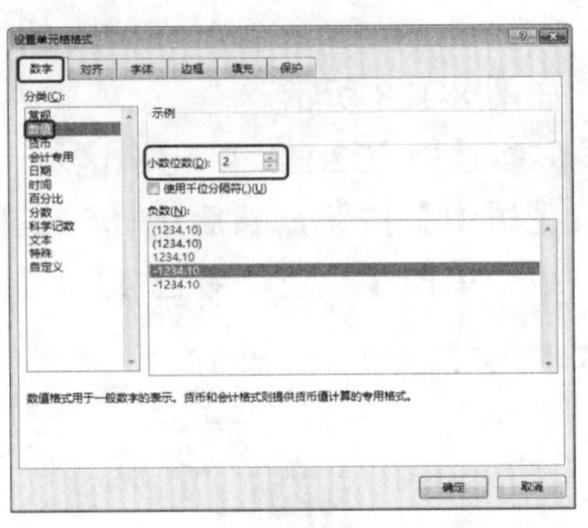

图 8-133　设置单元格属性

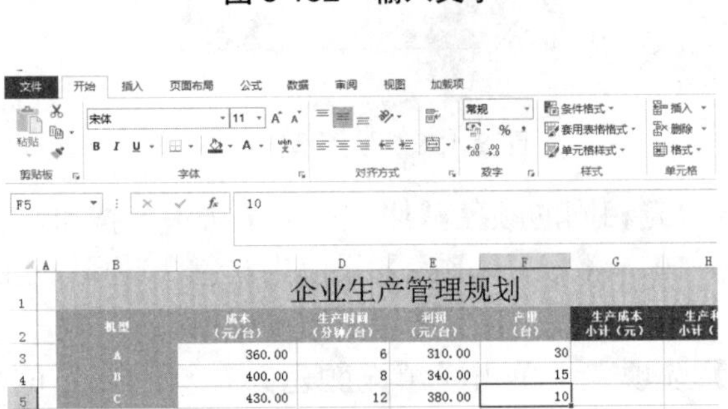

图 8-134　输入文字

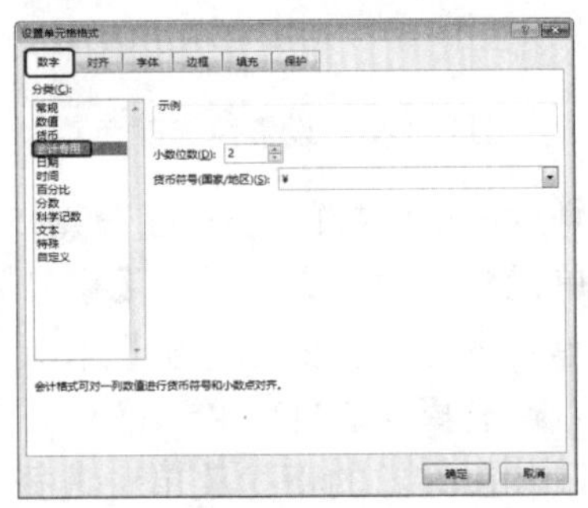

图 8-135　选择【会计专用】选项

step 11 单击【确定】按钮，在 G3 单元格中输入公式【=C3*F3】，按 Enter 键完成操作。完成后的效果如图 8-136 所示。

step 12 利用自动填充功能填充至 G5 单元格，然后在 H3 单元格中输入公式【=F3*G3】，按 Enter 键完成操作，然后利用自动填充功能填充至 H5 单元格，选择 C3:H5 单元格，将【字号】设置为 10。完成后的效果如图 8-137 所示。

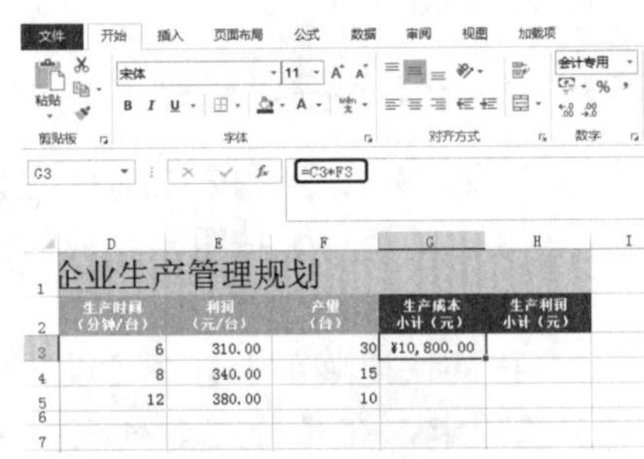

图 8-136　输入公式的效果

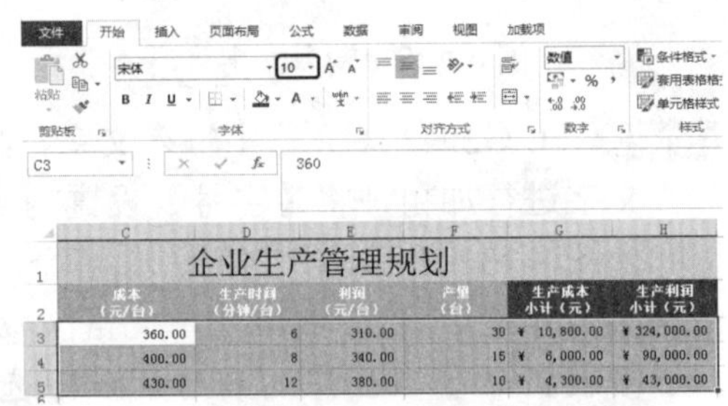

图 8-137　设置字号

step 13 选择 F3:F5 单元格区域，将【填充颜色】设置为黄色，选择 G3:H5 单元格区域，将【填充颜色】设置为浅绿色。完成后的效果如图 8-138 所示。

step 14 选择 B2:H5 单元格区域并右击，在弹出的快捷菜单中选择【设置单元格格式】命令，在弹出的对话框中选择图 8-139 所示的线条，然后单击【外边框】按钮。

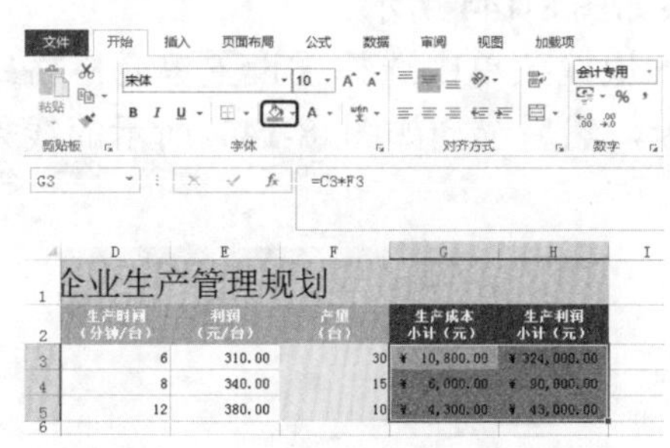

图 8-138　设置填充颜色

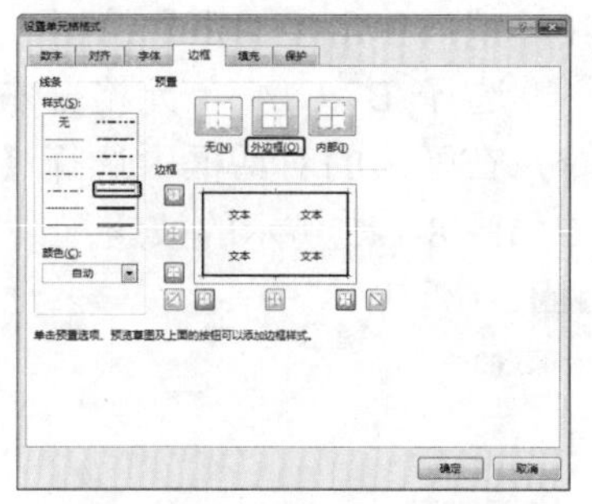

图 8-139　设置单元格边框

step 15 选择如图 8-140 所示的线条，单击【内部】按钮，如图 8-140 所示。

step 16 单击【确定】按钮，即可为选择的单元格设置边框，完成后的效果如图 8-141 所示。

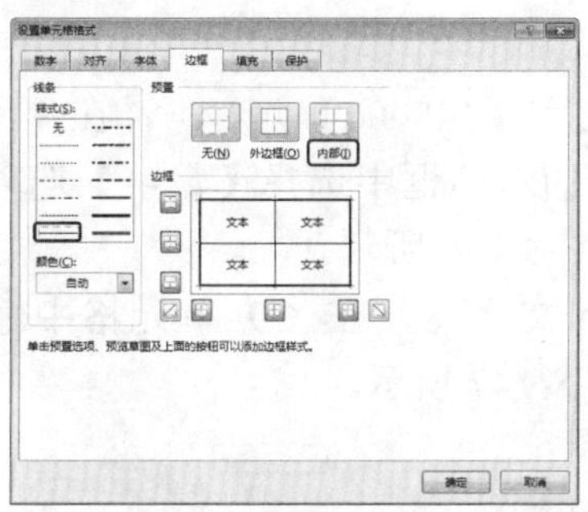

图 8-140　设置【内部】框线

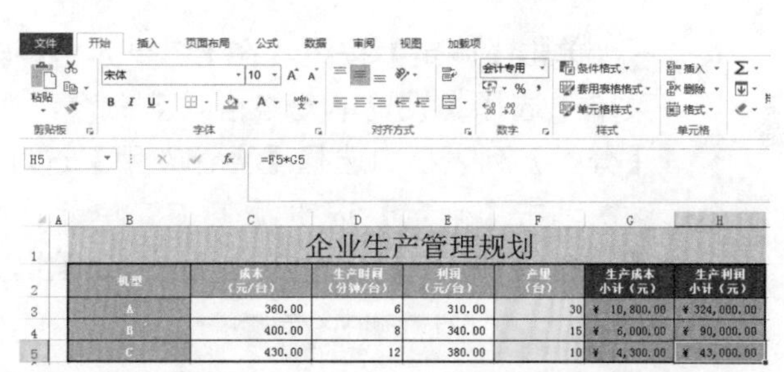

图 8-141　设置边框后的效果

step 17 选择 B7:C16 单元格并右击，在弹出的快捷菜单中选择【设置单元格格式】命令，在弹出的对话框中选择【边框】选项卡，在【样式】列表框中选择图 8-142 所示的线条，然后单击【外边框】按钮。

step 18 单击【确定】按钮，选择 B7:B14 单元格，将其【填充颜色】设置为蓝色，选择 B15；B16 单元格区域，将其【填充颜色】设置为【金色，着色 4】，将 C15:C16 单元格中【填充颜色】设置为【浅绿色】。完成后的效果如图 8-143 所示。

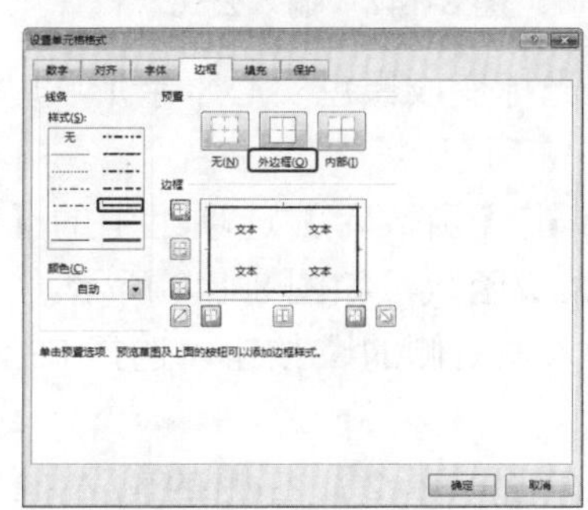

图 8-142　设置【外边框】

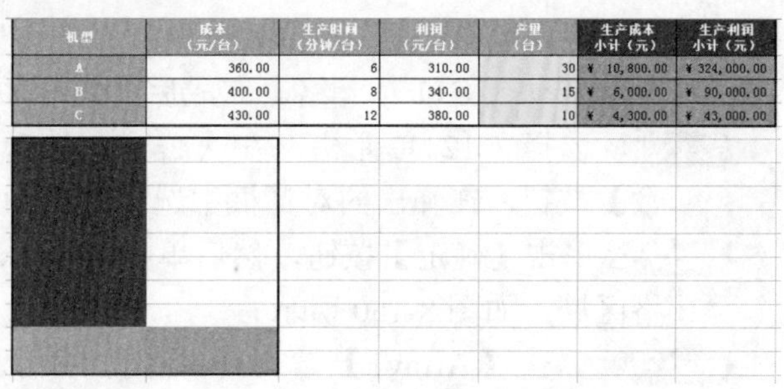

图 8-143　填充颜色后的效果

step 19 在 B7:B16 单元格中输入文字，将【字体颜色】设置为白色，将【字号】设置为

10，然后单击【加粗】按钮，完成后的效果如图 8-144 所示。

step 20 选择 B7:C14 单元格并右击，在弹出的快捷菜单中选择【设置单元格格式】命令，在弹出的对话框中选择【边框】选项卡，然后选择如图 8-145 所示的线条，单击如图 8-145 所示的按钮。

图 8-144 输入文字后的效果

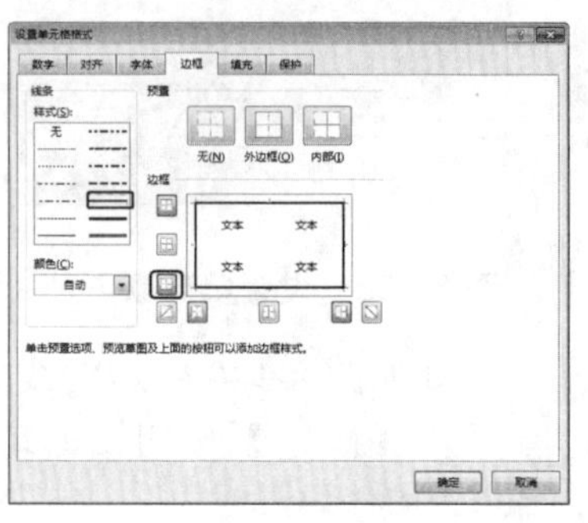

图 8-145 设置边框

step 21 单击【确定】按钮，在 C7 单元格中输入文字【148000】并右击，在弹出的快捷菜单中选择【设置单元格格式】命令，在弹出的对话框中选择【数字】选项卡，在【分类】列表框中选择【会计专用】选项，如图 8-146 所示。

step 22 单击【确定】按钮，在 C8 单元格中输入文字 8，在 C9 单元格中输入公式【=$C$8*60/D3】，按 Enter 键完成操作，如图 8-147 所示。

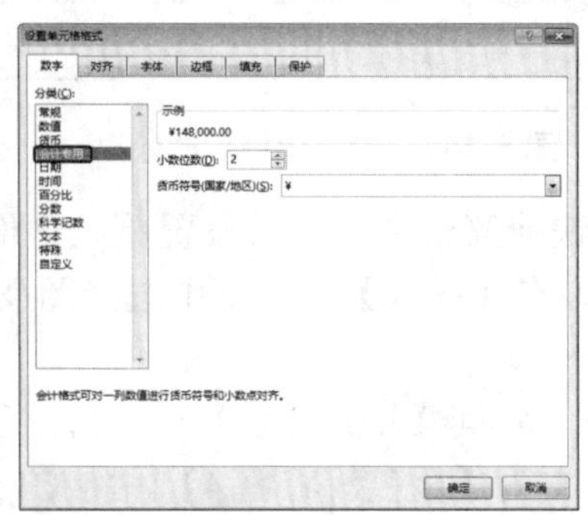

图 8-146 选择【会计专用】选项

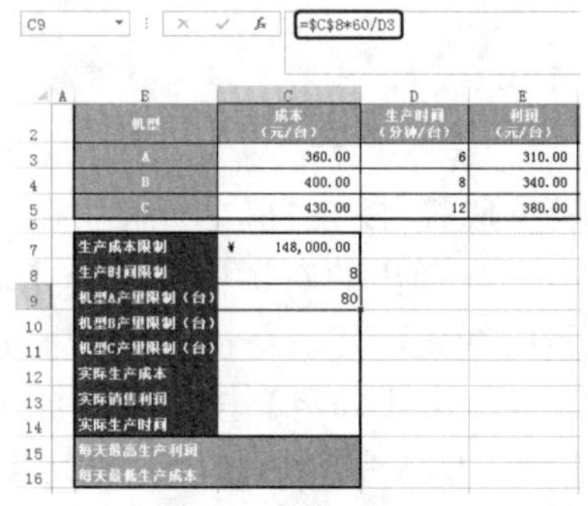

图 8-147 输入公式

step 23 将光标移动至 C9 单元格中的右下角处，当光标变成黑色实心十字形状时，按住鼠标拖动至 C11 单元格。完成后的效果如图 8-148 所示。

step 24 选择 C12 单元格，在【公式】选项卡中单击【函数库】选项组中的【插入函数】按钮，在弹出的对话框中选择 SUMPRODUCT 函数，如图 8-149 所示。

step 25 单击【确定】按钮，然后单击【Array1】输入框右侧的按钮，选择 F3:F5 单元格区域，如图 8-150 所示。

step 26 单击【Array1】输入框右侧的按钮，在【Array2】右侧的输入框中输入【G3:G5】，然后单击【确定】按钮，如图 8-151 所示。

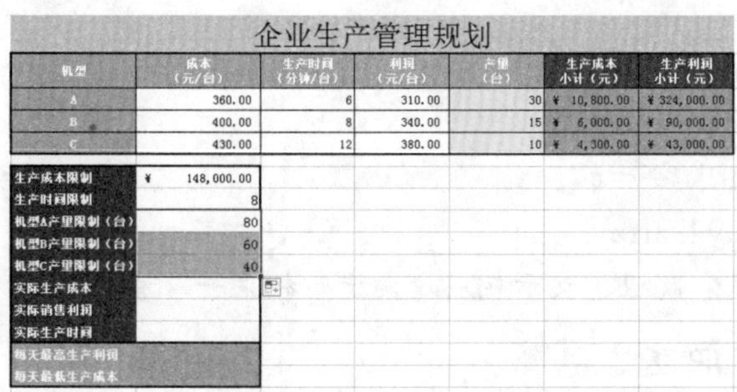

图 8-148　自动填充单元格

图 8-149　选择函数

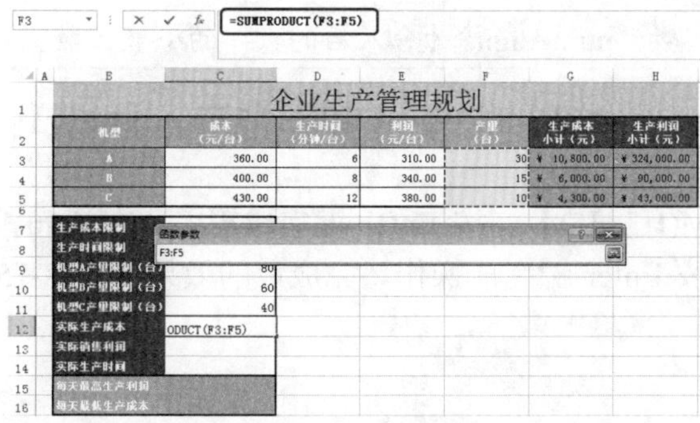

图 8-150　选择单元格区域

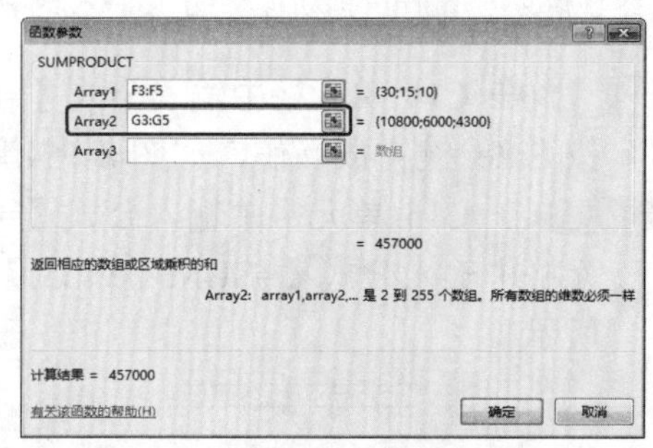

图 8-151　输入文字

step 27 单击【确定】按钮，然后选择 C12:C13、C15:C16 单元格区域并右击，在弹出的快捷菜单中选择【设置单元格格式】命令，在弹出的对话框中选择【数字】选项卡，在【分类】列表框中选择【会计专用】选项，如图 8-152 所示。

step 28 单击【确定】按钮，在 C13 单元格中输入公式【=SUMPRODUCT(E3:E5,F3:F5)】，按 Enter 键完成操作，如图 8-153 所示。

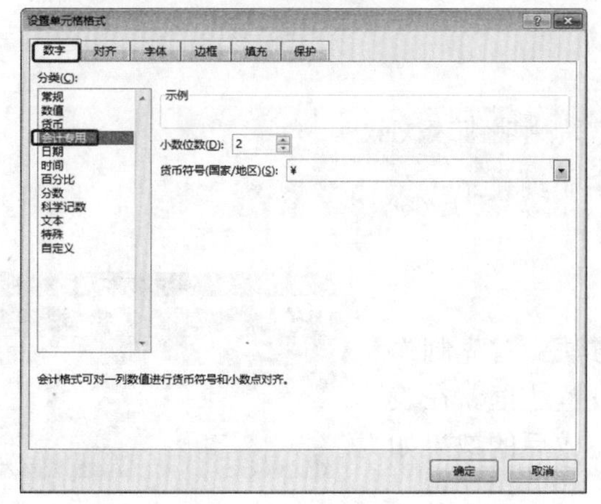

图 8-152　选择【会计专用】选项

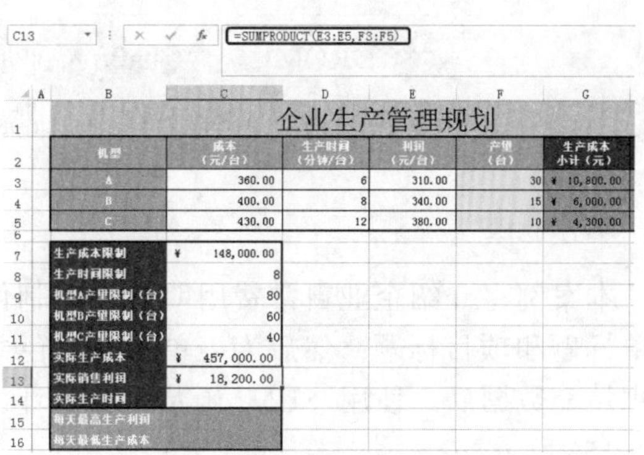

图 8-153　输入公式后的效果

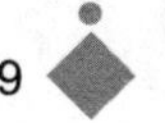

知识链接

SUMPRODUCT 函数

主要功能：计算工作表内多列中相应值相乘之后的和。

使用格式：= SUMPRODUCT (array1, array2, array3,…)

参数说明：array1,array2,array3, ... 为 2～30 个数组，表示相应元素进行相乘并求和。

ROUNDUP 函数

主要功能：一种舍入函数，用法是远离零值，向上舍入数字。

使用格式：= ROUNDUP(number,num_digits)

参数说明：number 为需要向上舍入的任意实数；num_digits 为舍入后的数字的小数位数。

step 29 在 C14 单元格中输入公式【=ROUNDUP(SUMPRODUCT(D3:D5,F3:F5)/60,0)】，按 Enter 键完成操作，如图 8-154 所示。

step 30 在 C15 单元格中输入公式【=SUM(H3:H5)】，按 Enter 键完成输入，在 C16 单元格中输入公式【=SUM(G3:G5)】，按 Enter 键完成操作。完成后的效果如图 8-155 所示。

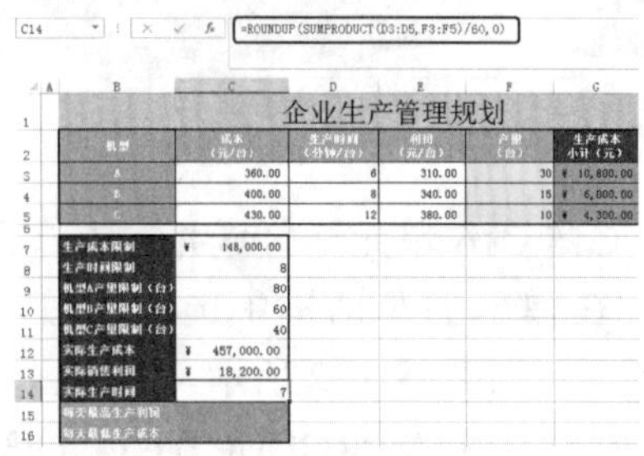

图 8-154　输入公式

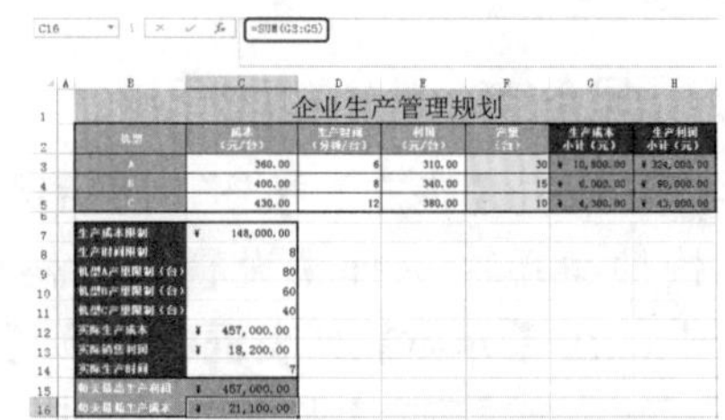

图 8-155　输入公式后的效果

案例精讲 074　企业日常费用明细表

案例文件：CDROM\场景\Cha08\企业日常费用明细表.xlsx

视频文件：视频教学\Cha08\企业日常费用明细表.avi

制作概述

本案例将介绍企业日常费用明细表的制作方法。首先制作表单标题和项目标题；然后为表单填充颜色并设置边框。在表单中填充数据后，使用 SUM 函数计算合计。完成后的效果如图 8-156 所示。

图 8-156　企业日常费用明细表

学习目标

- 学习企业日常费用明细表的制作方法。

- 掌握 SUM 函数的使用方法。

操作步骤

step 01 启动软件后新建空白工作簿，将第 2 行的【行高】设置为 35，将第 3 行的【行高】设置为 15，将第 4～15 行的【行高】设置为 20，将 A、B 列的【列宽】设置为 8，将 C～G 列的【列宽】设置为 15。完成后的效果如图 8-157 所示。

step 02 选择 B2:G2 单元格，在【开始】选项卡中单击【对齐方式】选项组中的【合并后居中】按钮，合并后的效果如图 8-158 所示。

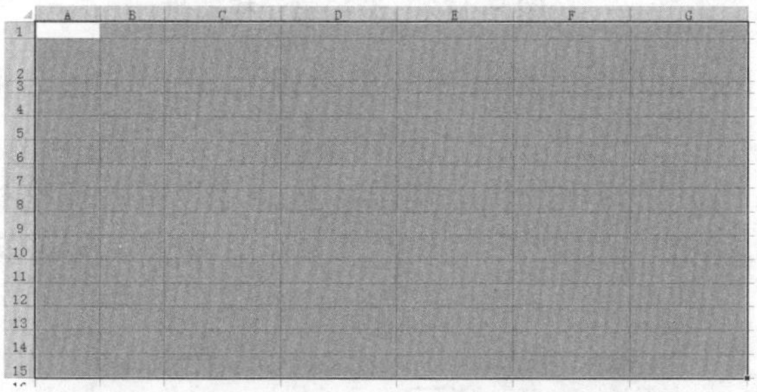

图 8-157　设置单元格的【列宽】与【行高】

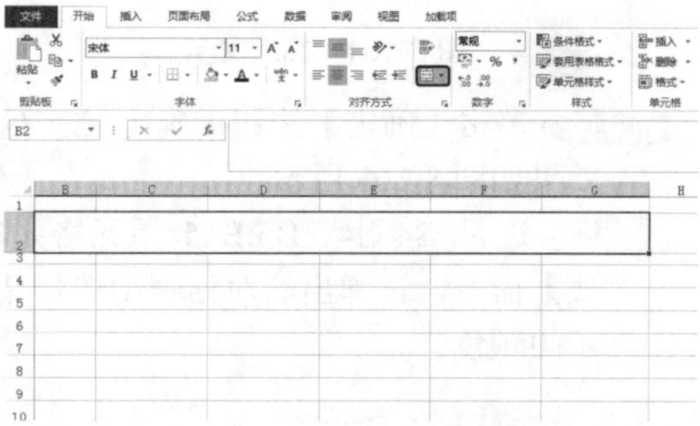

图 8-158　合并单元格

step 03 在合并后的单元格中输入文字【企业日常费用明细表】，在【开始】选项卡中将【字号】设置为 22，然后单击【加粗】按钮。完成后的效果如图 8-159 所示。

step 04 继续选择合并的单元格，在【开始】选项卡中的【字体】选项组中单击【填充颜色】右侧的下三角按钮，在弹出的下拉菜单中选择【橙色，着色 2】命令。完成后的效果如图 8-160 所示。

图 8-159　输入文字

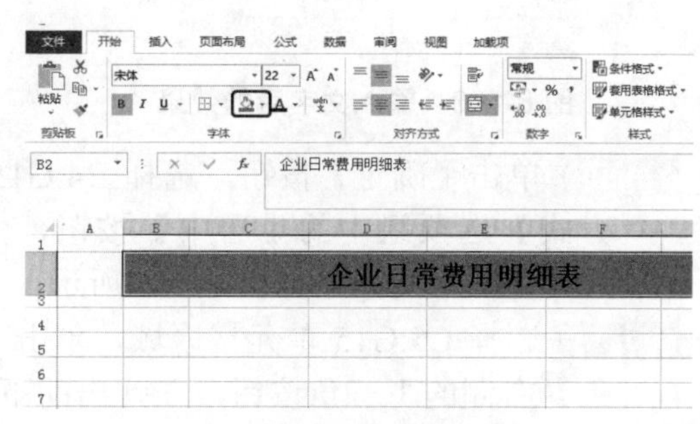

图 8-160　填充颜色

step 05 选择 F3 单元格，在该单元格中输入文字【日期：】，将【字号】设置为 10，在【对齐方式】选项组中单击【右对齐】按钮，如图 8-161 所示。

step 06 在 G3 单元格中输入文字【2014/3/1】，将其【对齐方式】设置为左对齐，在该单元格中右击，在弹出的快捷菜单中选择【设置单元格格式】命令，在弹出的对话框中选择【数字】选项卡，在【分类】列表框中选择【日期】选项，然后选择图 8-162 所示的类型。

图 8-161　输入文字

图 8-162　设置单元格属性

step 07 单击【确定】按钮，确定 G3 处于选中状态，将【字号】设置为 10，完成后的效果如图 8-163 所示。

step 08 选择 B4:G4、B5:B15 单元格并右击，在弹出的快捷菜单中选择【设置单元格格式】命令，在弹出的对话框中选择【填充】选项卡，在该选项卡中选择图 8-164 所示的颜色。

图 8-163　输入文字后的效果

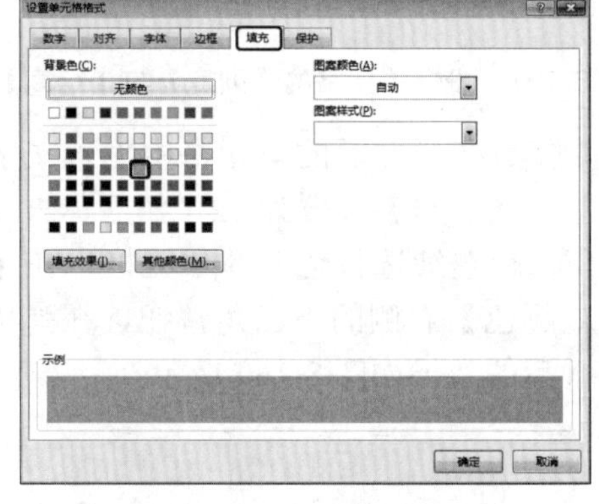

图 8-164　设置填充颜色

step 09 单击【确定】按钮，选择 B4:G15 单元格区域，在【开始】选项卡中单击【对齐方式】选项组中的【居中】按钮，然后在单元格中输入文字，将【字号】设置为 12，完成后的效果如图 8-165 所示。

step 10 选择 C5:G15 单元格区域，单击【开始】选项卡中的【字体】选项组中【填充颜色】右侧的下三角按钮，在弹出的下拉菜单中【橙色，着色 2，淡色 60%】命令，完成后的效果如图 8-166 所示。

step 11 选择 C6:G6、C8:G8、C10:G10、C12:G12、C14:G14 单元格区域，单击【填充颜色】右侧的下三角按钮，在弹出的下拉菜单中选择【橙色，着色 2，淡色 80%】命令，图 8-167 所示。

step 12 选择 B4:G15 单元格区域并右击，在弹出的快捷菜单中选择【设置单元格格式】命令，在弹出的对话框中选择【边框】选项卡，然后选择如图 8-168 所示的线条，将【颜色】设置为【橙色，着色 2，深色 25%】，然后单击【外边框】按钮和如图 8-168 所示的按钮。

图 8-165 输入文字

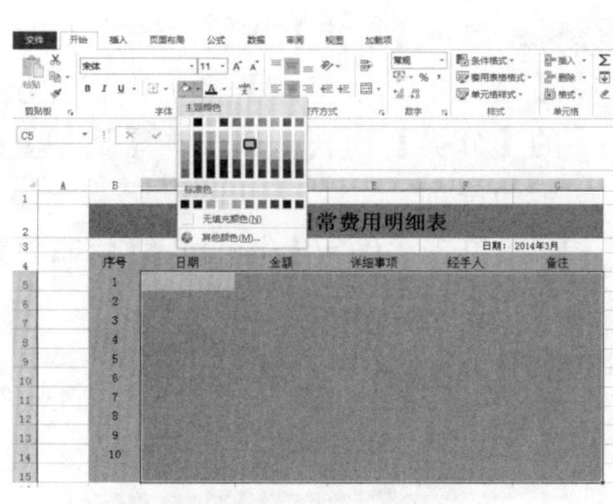

图 8-166 设置填充颜色

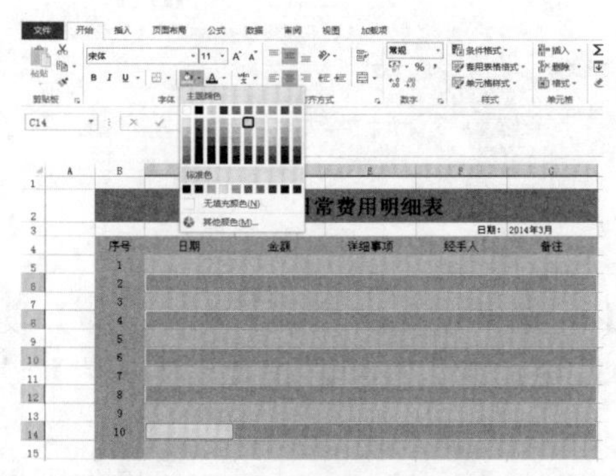

图 8-167 设置填充颜色

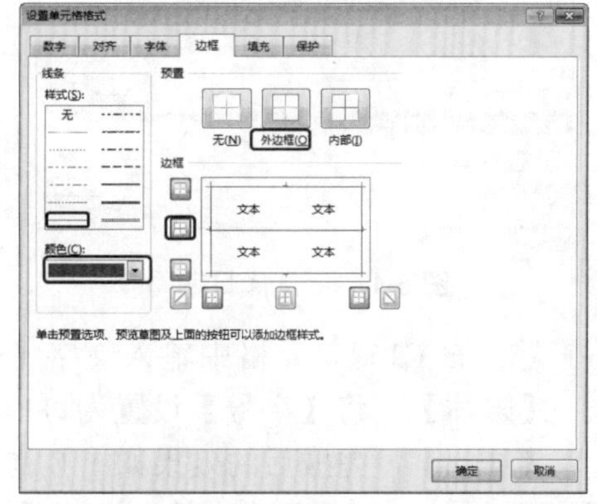

图 8-168 设置【外边框】

step 13 单击【确定】按钮，即可为选择的单元格设置边框，完成后的效果如图 8-169 所示。

step 14 选择 D5:D15 单元格区域并右击，在弹出的快捷菜单中选择【设置单元格格式】命令，在弹出的对话框中选择【数字】选项卡，在该选项卡中的【分类】列表框中选择【会计专用】选项，如图 8-170 所示。

图 8-169 设置填充颜色

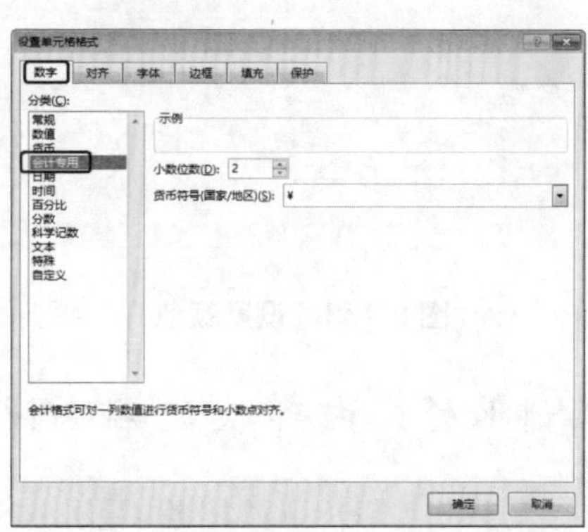

图 8-170 选择【会计专用】选项

step 15 单击【确定】按钮，选择 C5:C15 单元格区域并右击，在弹出的快捷菜单中选择【设置单元格格式】命令，在弹出的对话框中选择【数字】选项卡，在该选项卡中的【分类】列表框中选择【日期】选项，然后在【类型】列表框中选择图 8-171 所示的选项。

step 16 单击【确定】按钮，然后在单元格中输入文字，将【字号】设置为 10，完成后的效果如图 8-172 所示。

设置单元格格式
数字
对齐
字体
边框
填充
保护
分类(C):
常规
数值
货币
会计专用
日期
时间
百分比
分数
科学记数
文本
特殊
自定义
示例
类型(T):
*2012/3/14
*2012年3月14日
二○一二年三月十四日
二○一二年三月
三月十四日
2012年3月14日
2012年3月
区域设置(国家/地区)(L):
中文(中国)
确定
取消

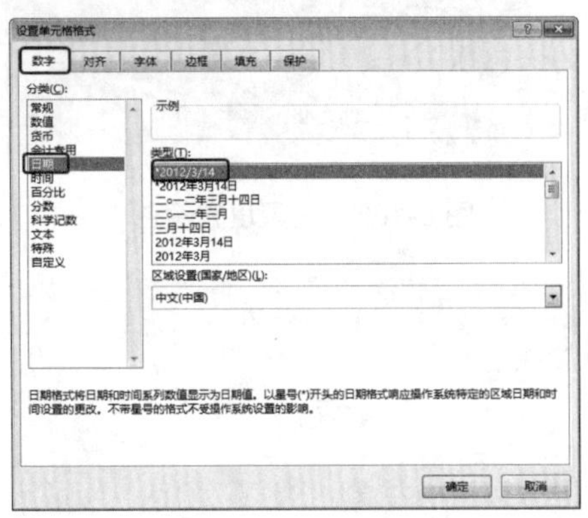

图 8-171　选择日期

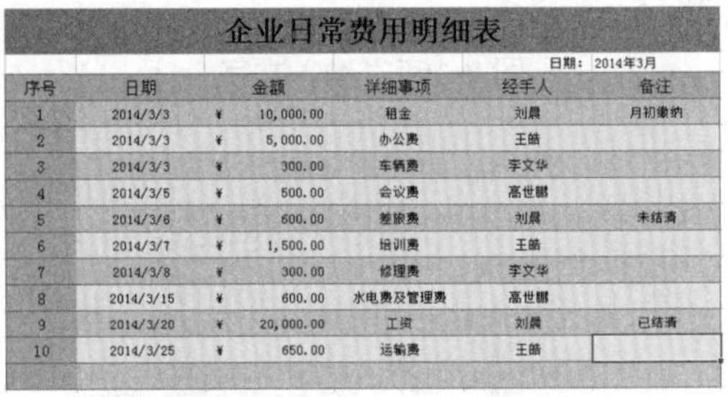

企业日常费用明细表
日期：2014年3月
序号 日期 金额 详细事项 经手人 备注
1 2014/3/3 ¥ 10,000.00 租金 刘晨 月初缴纳
2 2014/3/3 ¥ 5,000.00 办公费 王皓
3 2014/3/3 ¥ 300.00 车辆费 李文华
4 2014/3/5 ¥ 500.00 会议费 高世麒
5 2014/3/6 ¥ 600.00 差旅费 刘晨 未结清
6 2014/3/7 ¥ 1,500.00 培训费 王皓
7 2014/3/8 ¥ 300.00 修理费 李文华
8 2014/3/15 ¥ 600.00 水电费及管理费 高世麒
9 2014/3/20 ¥ 20,000.00 工资 刘晨 已结清
10 2014/3/25 ¥ 650.00 运输费 王皓

图 8-172　输入文字后的效果

step 17 在 C15 单元格中输入文字【合计：】，选择输入的文字，将【字体】设置为【宋体】，将【字号】设置为 11，然后单击【加粗】按钮，将【字体颜色】设置为【红色】，完成后的效果如图 8-173 所示。

step 18 在 D15 单元格中输入公式【=SUM(D5:D14)】，按 Enter 键完成操作。将【字号】设置为 11，单击【加粗】按钮，将【字体颜色】设置为【红色】。完成后的效果如图 8-174 所示。

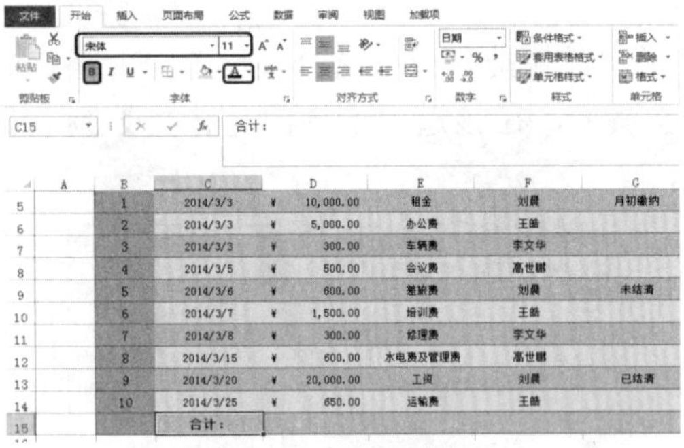

C15
合计：

图 8-173　设置颜色

D15
=SUM(D5:D14)
合计：
¥ 39,450.00

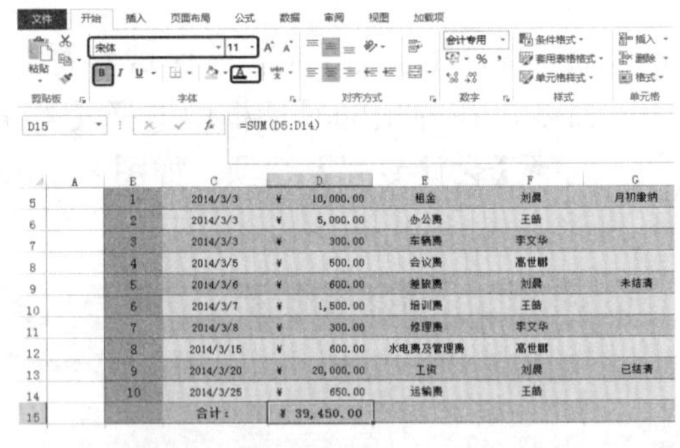

图 8-174　输入公式并设置字体颜色

案例精讲 075　内部收益率法评价投资方案

案例文件：CDROM\场景\Cha08\内部收益率法评价投资方案.xlsx

视频文件：视频教学\Cha08\内部收益率法评价投资方案.avi

制作概述

本案例将介绍如何使用内部收益率法评价投资方案。首先制作工作簿的标题；然后制作投资方案现金流量表，设置表格的边框，输入数据信息，并通过 IRR 函数计算不同年份的内部收益率；最后通过 MAX 函数计算最高的内部收益率，并评价出收益最高的投资方案。完成后的效果如图 8-175 所示。

图 8-175 内部收益率法评价投资方案

学习目标

- 学习使用内部收益率法评价投资方案。
- 学习 IRR 函数的使用方法。
- 学习 MAX 函数的使用方法。

操作步骤

知识链接

内含报酬率是指能够使未来现金流入现值等于未来现金流出现值的贴现率，或者说是使投资方案净现值为零的贴现率。内含报酬率法是根据方案本身内含报酬率来评价方案优劣的一种方法。

---

step 01 启动 Excel 2013，新建一个空白工作簿。选中 B1:E1 单元格，单击【对齐方式】选项组中的【合并后居中】按钮，在合并后的单元格中输入文字【内部收益率法评价投资方案】，然后在【字体】选项组中，将【字号】设置为 20，然后设置【填充颜色】和【字体颜色】，如图 8-176 所示。

step 02 选中 B～E 列单元格，并在所选的单元格中右击，在弹出的快捷菜单中选择【列宽】命令，如图 8-177 所示。

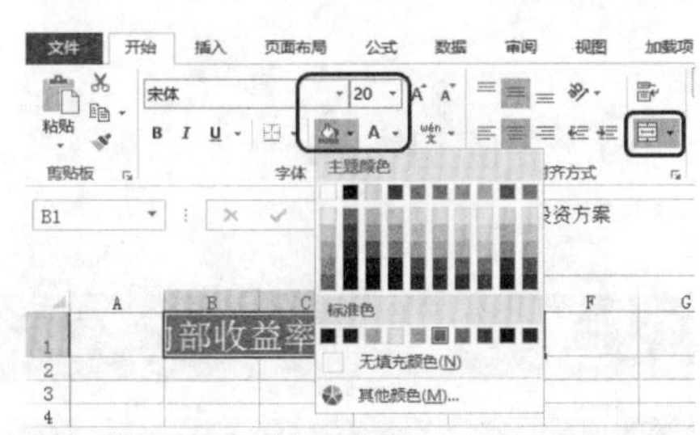

图 8-176 输入并设置标题文字

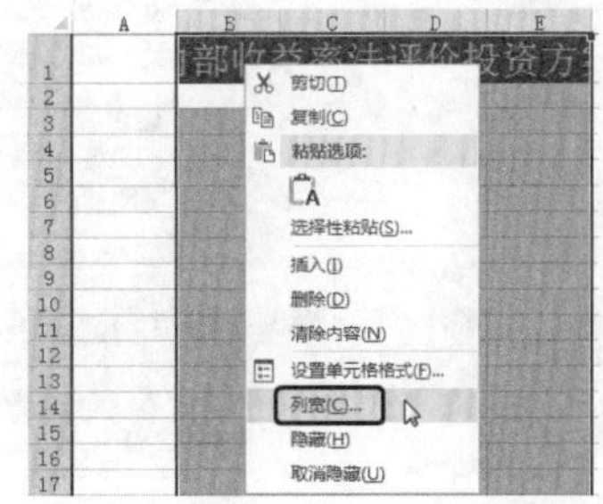

图 8-177 选择【列宽】命令

step 03 在弹出的【列宽】对话框中，将【列宽】设置为 20，然后单击【确定】按钮，如图 8-178 所示。

step 04 选中第 1 行单元格，在所选的单元格中右击，在弹出的快捷菜单中选择【行高】命令，如图 8-179 所示。

图 8-178　设置【列宽】

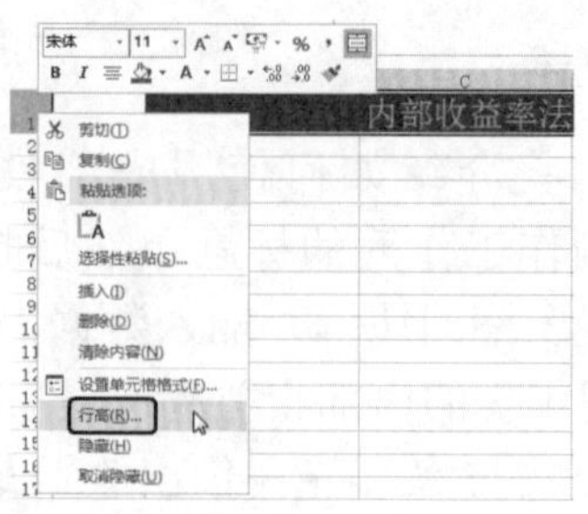

图 8-179　选择【行高】命令

step 05 在弹出的【行高】对话框中将【行高】设置为 60，然后单击【确定】按钮，如图 8-180 所示。

step 06 选中 B2:E2 单元格，单击【对齐方式】选项组中的【合并后居中】按钮，在合并后的单元格中输入文字，然后在【字体】选项组中，将【字号】设置为 10，单击【加粗】按钮，如图 8-181 所示。

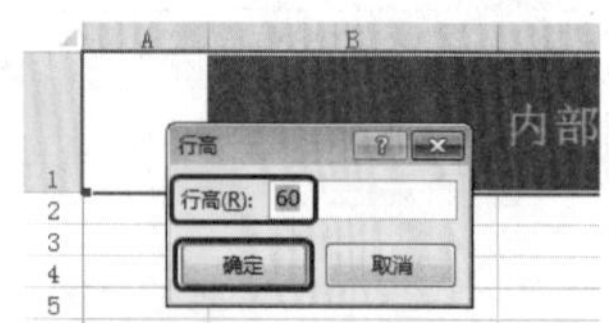

图 8-180　设置【行高】

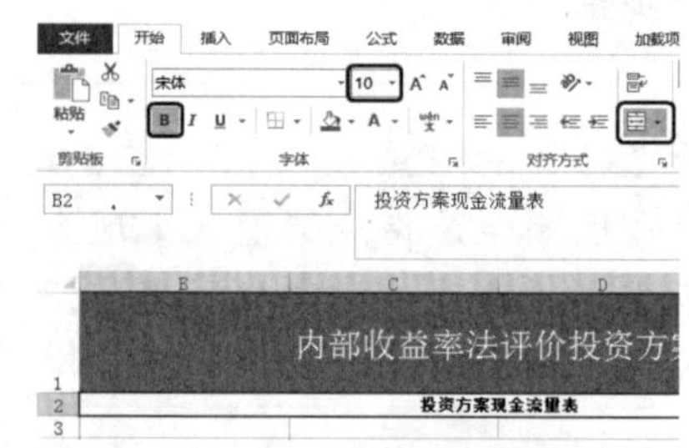

图 8-181　输入并设置文字

step 07 在 B3 和 D3 单元格中分别输入文字，将【字号】设置为 10，然后在【对齐方式】选项组中，单击【右对齐】按钮，如图 8-182 所示。

step 08 在 B4:E4 单元格中输入文字，单击【加粗】按钮，设置【填充颜色】和【字体颜色】，然后在【对齐方式】选项组中，单击【居中】按钮，如图 8-183 所示。

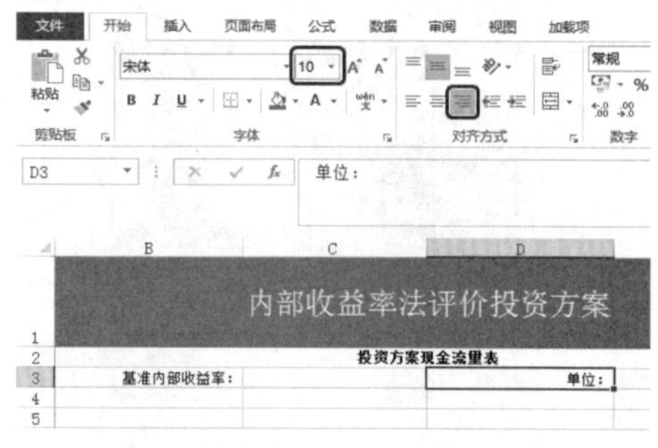

图 8-182　输入文字并设置

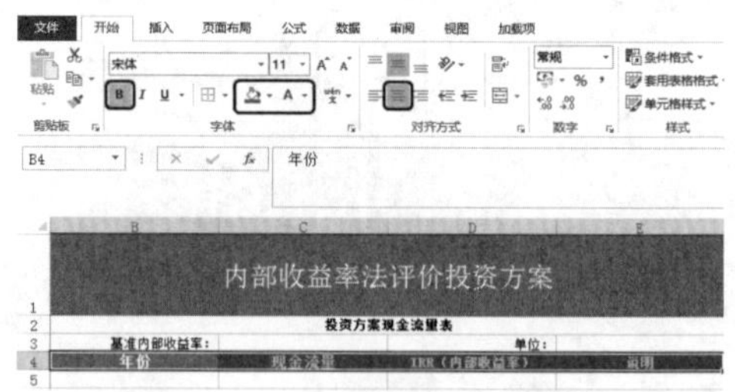

图 8-183　输入文字并设置

step 09 选中第 4 行单元格，在所选的单元格中右击，在弹出的快捷菜单中选择【行高】命令，在弹出的【行高】对话框中将【行高】设置为 35，然后单击【确定】按钮，如图 8-184 所示。

step 10 选择 B4:E11 单元格，在所选的单元格中右击，在弹出的快捷菜单中选择【设置单元格格式】命令，如图 8-185 所示。

图 8-184 设置【行高】

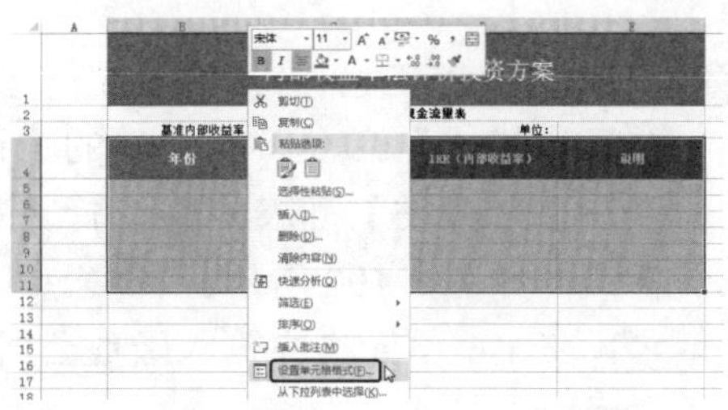

图 8-185 选择【设置单元格格式】命令

step 11 在弹出的【设置单元格格式】对话框中切换至【边框】选项卡，在【线条】选项组中，设置【样式】和【颜色】，然后单击【预置】中的【外边框】，如图 8-186 所示。

step 12 在【线条】选项组中，选择【样式】，然后单击【预置】选项组中的【内部】按钮，然后单击【确定】按钮，如图 8-187 所示。

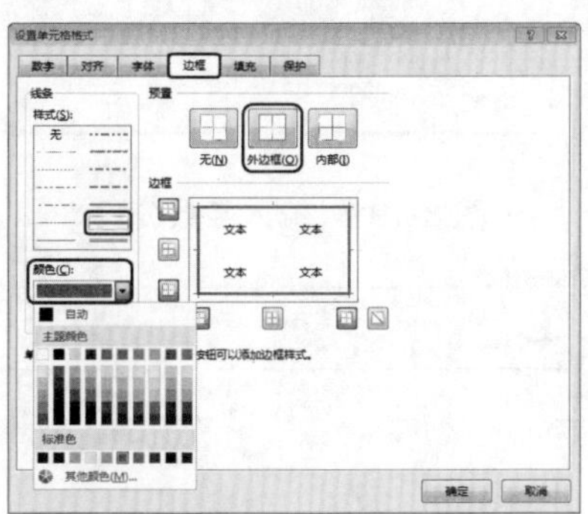

图 8-186 设置【外边框】

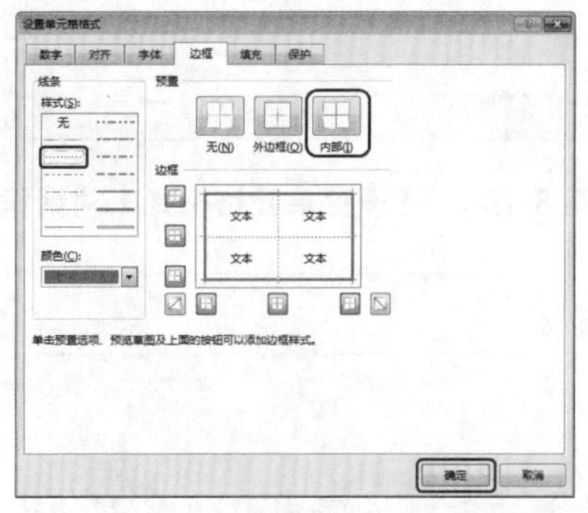

图 8-187 设置【内部】框线

step 13 在 C3 单元格中输入【0.08】，然后将【字号】设置为 10。在【对齐方式】选项组中，单击【左对齐】按钮，将单元格的【数字格式】设置为【百分比】，如图 8-188 所示。

step 14 参照前面的操作方法，在其他单元格中输入数据信息并设置单元格格式，如图 8-189 所示。

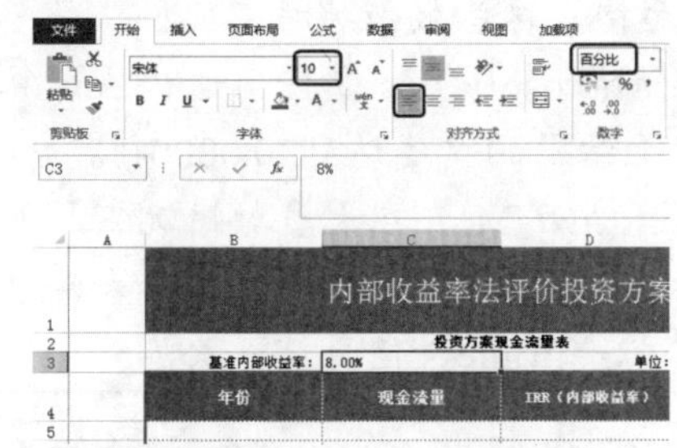

图 8-188 输入并设置数字

图 8-189 输入数据信息

在输入年份数据时，可以利用自动填充功能进行填充输入。

step 15 选中 C5:C11 单元格，在所选的单元格中右击，在弹出的快捷菜单中选择【设置单元格格式】命令。在弹出的【设置单元格格式】对话框中，切换至【数字】选项卡，在【分类】列表框中选择【货币】，然后对其参数进行设置，并选择【负数】样式，如图 8-190 所示。

step 16 在 D6 单元格中输入函数公式【=IRR(C$5:$C6)】，按 Enter 键确认，如图 8-191 所示。

图 8-190 【设置单元格格式】对话框

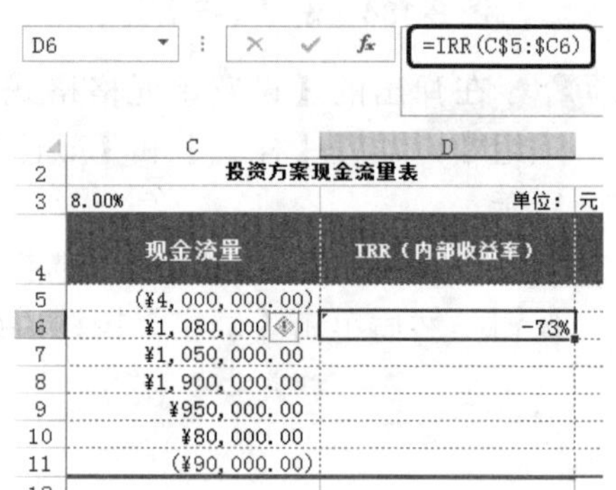

图 8-191 输入函数公式

知识链接

IRR 函数

主要功能：返回由数值代表的一组现金流的内部收益率。这些现金流不必为均衡的，但作为年金，它们必须按固定的间隔产生，如按月或按年。内部收益率为投资的回收利率，其中包含定期支付(负值)和定期收入(正值)。

使用格式：=IRR(values,[guess])

参数说明：values(必需)。数组或单元格的引用，这些单元格包含用来计算内部收益率的数字。values 必须包含至少一个正值和一个负值，以计算返回的内部收益率。函数 IRR 根据数值的顺序来解释现金流的顺序。故应确定按需要的顺序输入了支付和收入的数值。如果数组或引用包含文本、逻辑值或空白单元格，这些数值将被忽略。

guess(可选)。对函数 IRR 计算结果的估计值。Microsoft Excel 使用迭代法计算函数 IRR。从 guess 开始，函数 IRR 进行循环计算，直至结果的精度达到 0.00001%。如果函数 IRR 经过 20 次迭代，仍未找到结果，则返回错误值#NUM!。在大多数情况下，并不需要为函数 IRR 的计算提供 guess 值。如果省略 guess，假设它为 0.1(10%)。如果函数 IRR 返回错误值#NUM!，或结果没有靠近期望值，可用另一个 guess 值再试一次。

step 17 在 D7 单元格中输入函数公式【=IRR(C$5:$C7)】；在 D8 单元格中输入函数公式【=IRR(C$5:$C8)】；在 D9 单元格中输入函数公式【=IRR(C$5:$C9)】；在 D10

单元格中输入函数公式【=IRR(C$5:$C10)】；在 D11 单元格中输入函数公式【=IRR(C$5:$C11)】，如图 8-192 所示。

step 18 选中 D6:D11 单元格，在所选的单元格中右击，在弹出的快捷菜单中选择【设置单元格格式】命令。在弹出的【设置单元格格式】对话框中，切换至【数字】选项卡，在【分类】列表框中选择【百分比】，将【小数位数】设置为 2，然后单击【确定】按钮，如图 8-193 所示。

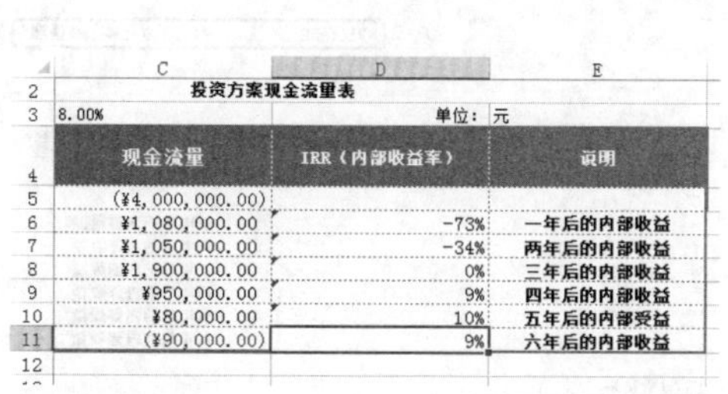

图 8-192 输入函数公式

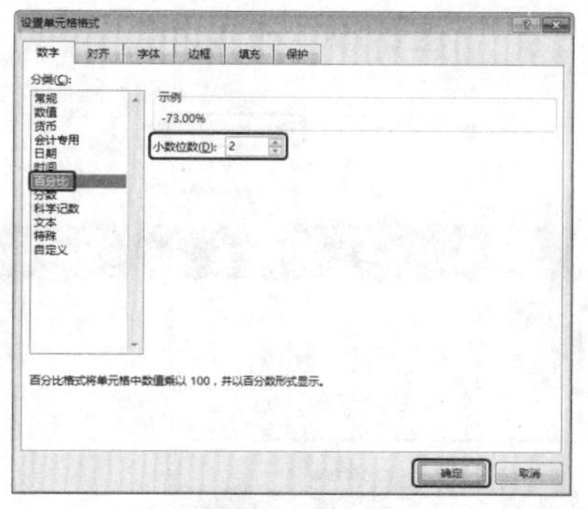

图 8-193 【设置单元格格式】对话框

step 19 选中 B13:C13 单元格，单击【对齐方式】选项组中的【合并后居中】按钮，在合并后的单元格中输入文字，然后在【字体】选项组中将【字号】设置为 10，单击【加粗】按钮 B，如图 8-194 所示。

step 20 在 B14:C14 单元格中输入文字，将【字号】设置为 10，单击【加粗】按钮 B，设置【填充颜色】和【字体颜色】，然后在【对齐方式】选项组中，单击【居中】按钮，如图 8-195 所示。

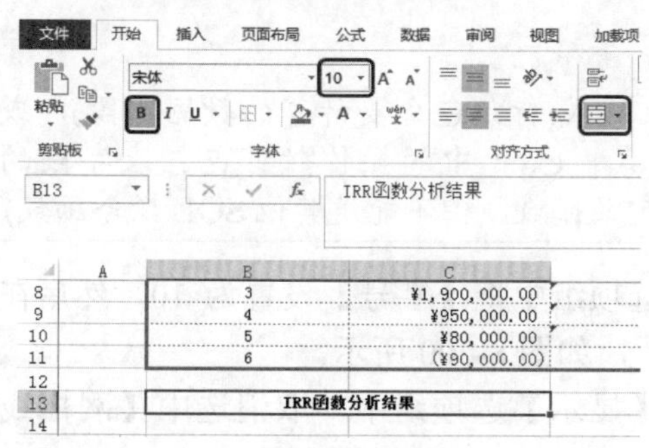

图 8-194 输入文字并设置

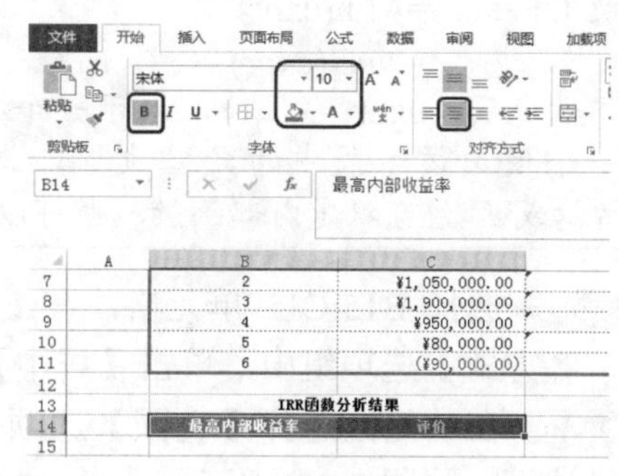

图 8-195 输入文字并设置单元格格式

step 21 参照前面的操作步骤设置边框，如图 8-196 所示。

step 22 选中第 14、15 行单元格，在所选的单元格中右击，在弹出的快捷菜单中选择【行高】命令，在弹出的【行高】对话框中，将【行高】设置为 20，然后单击【确定】按钮，如图 8-197 所示。

step 23 在 B15 单元格中输入函数公式【=MAX(D6:D11)】，按 Enter 键确认，如图 8-198 所示。

step 24 在 C15 单元格中输入函数公式【=VLOOKUP(B15,D5:E11,2,FALSE)&"最高"】，按 Enter 键确认，如图 8-199 所示。

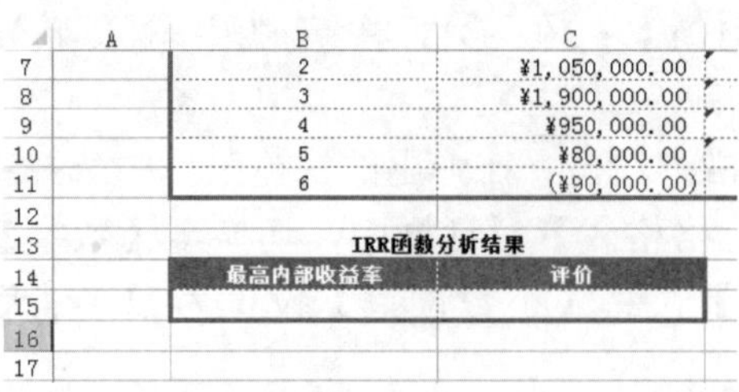

图 8-196　设置边框

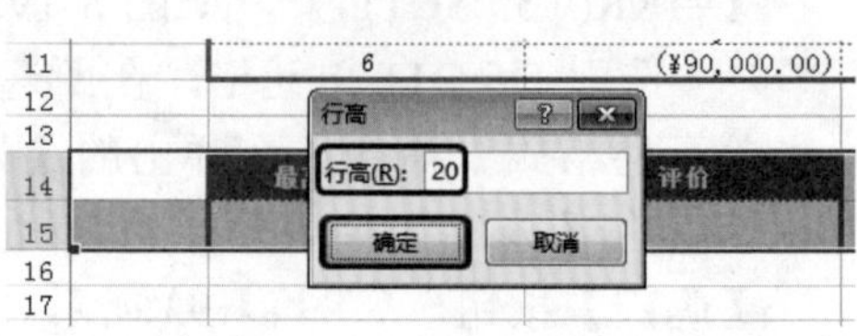

图 8-197　设置【行高】

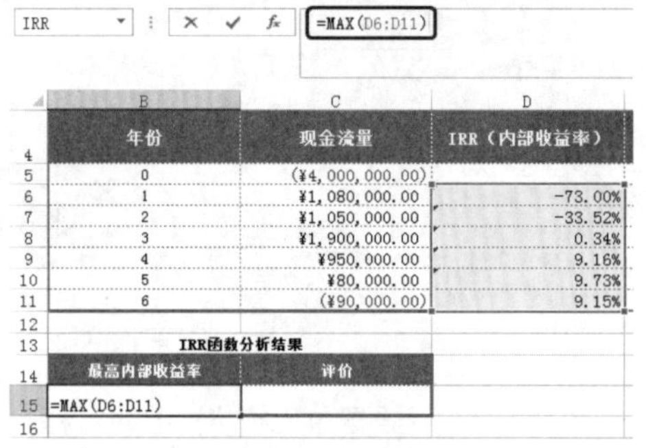

图 8-198　输入函数公式

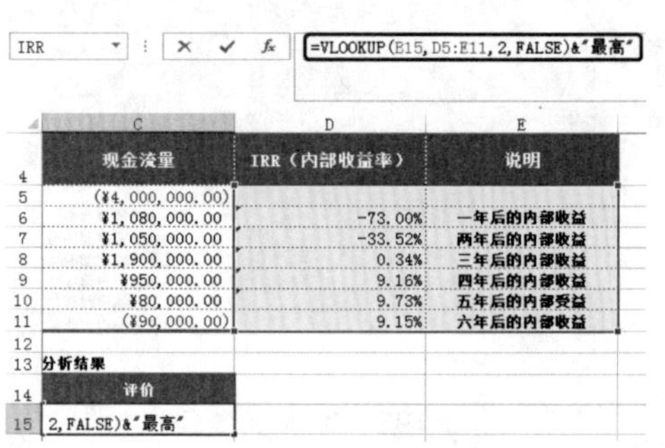

图 8-199　输入函数公式

知识链接

Min、Max 函数

主要功能：返回在查询的指定字段内所包含的一组值的最小值或最大值。

使用格式：=Min(expr)

=Max(expr)

参数说明：expr 占位符，表示一个字符串表达式(标识包含要计算的数据字段)，或者代表一个使用该字段中的数据执行计算的表达式。expr 中的操作数可包括表字段的名称、常量或函数(可以是内部函数，也可以是用户定义函数，但不能是其他 SQL 聚合函数)。

step 25 选择 B15:C15 单元格，在【字体】选项组中将【字号】设置为 10，然后在【对齐方式】选项组中，单击【居中】按钮，如图 8-200 所示。

step 26 在功能区选择【视图】选项卡，在【显示】选项组中，取消选中【网格线】复选框，如图 8-201 所示。

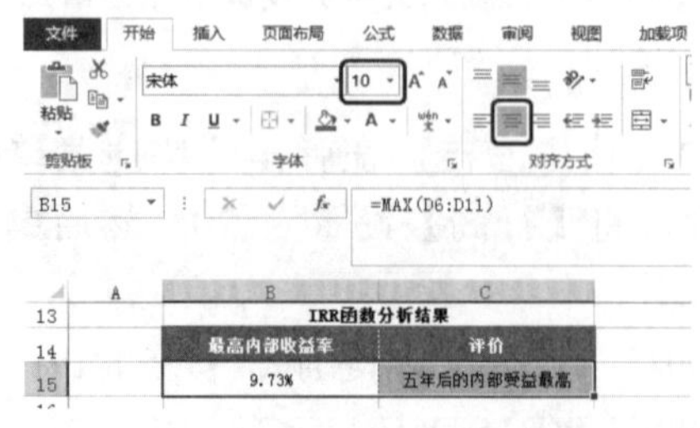

图 8-200　设置文字

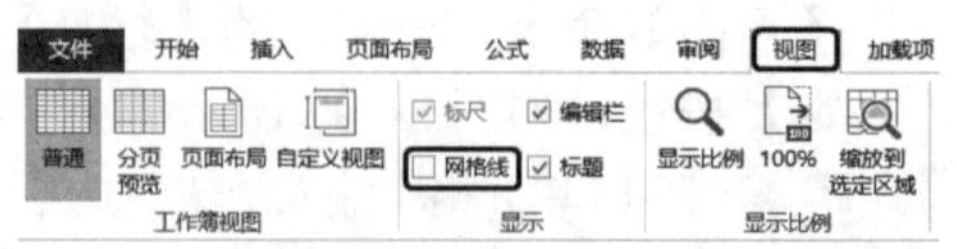

图 8-201　取消选中【网格线】复选框

案例精讲 076 净现值法投资方案最优评价表

案例文件：CDROM\场景\Cha08\净现值法投资方案最优评价表.xlsx

视频文件：视频教学\Cha08\净现值法投资方案最优评价表.avi

制作概述

本案例将介绍如何使用净现值法制作投资方案最优评价表。首先设置表的标题，通过贴现率和每年的现金流计算净现值，并插入迷你图展示每年的收益情况；然后制作方案评价表，对 A、B 两种方案进行评价。完成后的效果如图 8-202 所示。

净现值法投资方案最优评价

净现值方案表		
		单位：元
	现金流	
	A	B
期初投资	¥ -35,000.00	¥ -41,000.00
第1年收益	¥ 9,600.00	¥ 10,100.00
第2年收益	¥ 9,900.00	¥ 12,050.00
第3年收益	¥ 8,500.00	¥ 11,000.00
第4年收益	¥ 9,000.00	¥ 10,300.00
第5年收益	¥ 9,600.00	¥ 10,700.00
收益折线图		
贴现率	9%	9%
净现值	¥ 1,318.70	¥ 1,153.36

方案评价	
方案	评级
A	优
B	可行

图 8-202 净现值法投资方案最优评价表

学习目标

- 学习如何使用净现值法制作投资方案最优评价表。
- 学习 NPV 函数的使用方法。
- 学习计算净现值的方法。
- 学习插入迷你图的方法。

操作步骤

知识链接

净现值是项目投资方案未来现金流入量现值与未来现金流出量现值之间的差额，其经济意义是投资方案贴现后的现金流净收益。净现值为正数，说明贴现后的现金流入大于贴现后的现金流出，该投资项目的报酬率大于预定的贴现率，方案可行；净现值为负数，说明贴现后的现金流入小于贴现后的现金流出，该项目的报酬率小于预定的贴现率，方案不可行。

step 01 启动 Excel 2013，新建一个空白工作簿。选中 B1:D1 单元格，单击【对齐方式】选项组中的【合并后居中】按钮，在合并后的单元格中输入文字【净现值法投资方案最优评价】，然后在【字体】选项组中将【字号】设置为 24，单击【加粗】按钮，如图 8-203 所示。

step 02 选中 B～D 列单元格，在所选的单元格中右击，在弹出的快捷菜单中选择【列宽】命令。在弹出的【列宽】单元格中，将【列宽】设置为 20，然后单击【确定】按钮，如图 8-204 所示。

step 03 选中 B3:D3 单元格，单击【对齐方式】选项组中的【合并后居中】按钮，在合并后的单元格中输入文字【净现值方案表】，然后在【字体】选项组中，将【字号】设置为 18，如图 8-205 所示。

step 04 在【字体】选项组中，设置【填充颜色】，如图 8-206 所示。

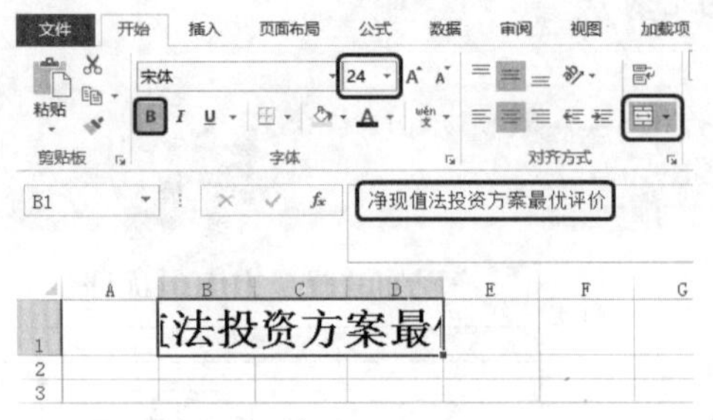

图 8-203　输入并设置标题文字

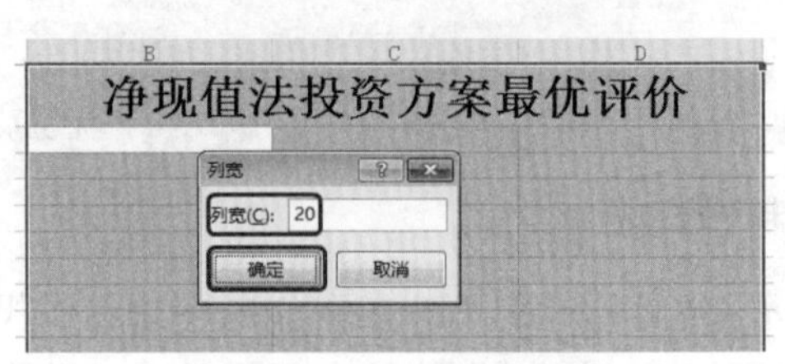

图 8-204　设置【列宽】

图 8-205　输入文字

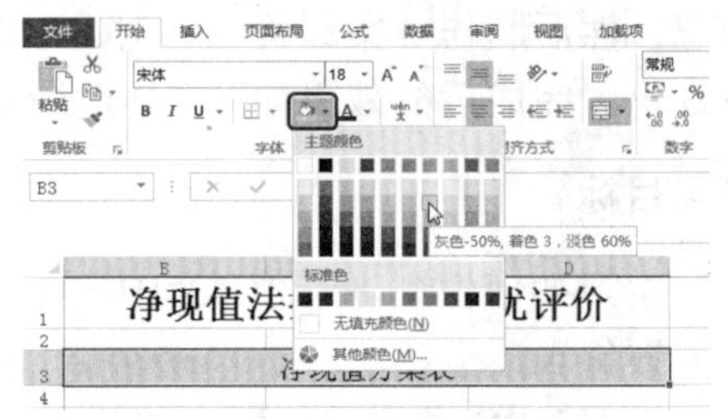

图 8-206　设置【填充颜色】

step 05 在【字体】选项组中，将【边框】设置为【粗匣框线】，如图 8-207 所示。

step 06 在 D4 单元格中输入【单位：元】，将【字号】设置为 10，然后在【对齐方式】选项组中，单击【底端对齐】按钮和【右对齐】按钮，如图 8-208 所示。

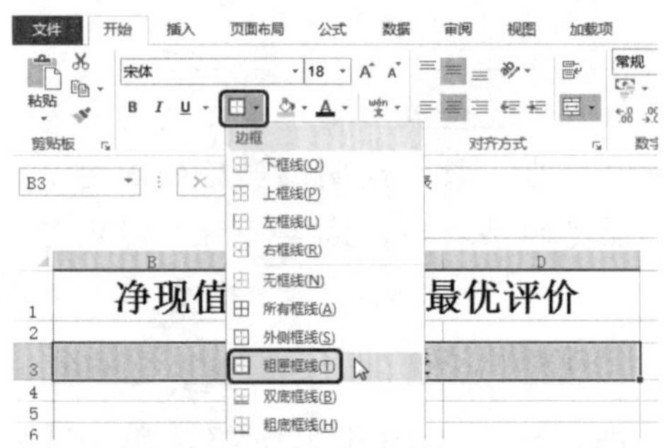

图 8-207　设置【边框】

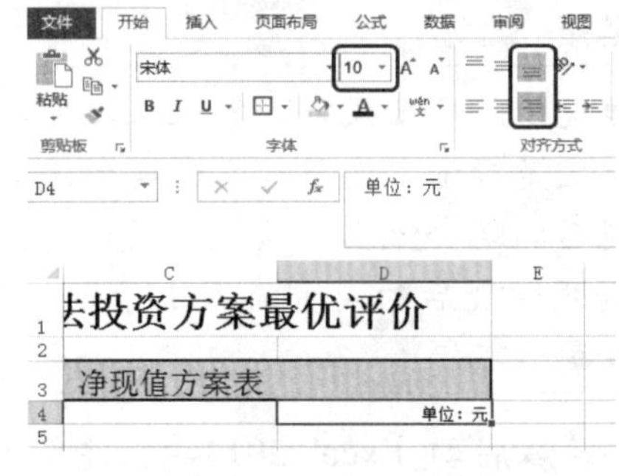

图 8-208　输入文字并设置

step 07 选中 C5:D5 单元格，单击【对齐方式】选项组中的【合并后居中】按钮，在合并后的单元格中输入文字【现金】，如图 8-209 所示。

step 08 参照前面的操作步骤，输入文字，如图 8-210 所示。

step 09 当光标在 B8 单元格的右下角呈黑心十字形状时，按住鼠标左键，向下拖动到 B12 单元格，自动填充其他单元格，如图 8-211 所示。

step 10 然后再其他单元格中输入文字和数据，如图 8-212 所示。

step 11 选择 C7:D12 单元格，在【数字】选项卡中，将【数字格式】选择为【会计专用】，如图 8-213 所示。

step 12 选择 C14:D14 单元格，在所选的单元格中右击，在弹出的快捷菜单中选择【设

置单元格格式】命令。在弹出的【设置单元格格式】对话框中，切换至【数字】选项卡，在【分类】列表框中选择【百分比】，将【小数位数】设置为 0，然后单击【确定】按钮，如图 8-214 所示。

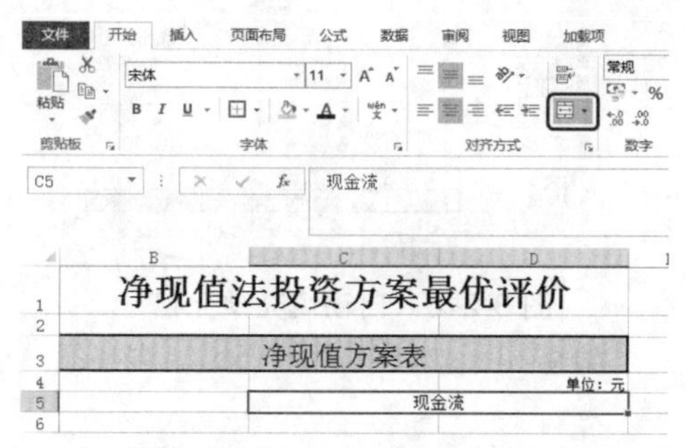

图 8-209　输入文字

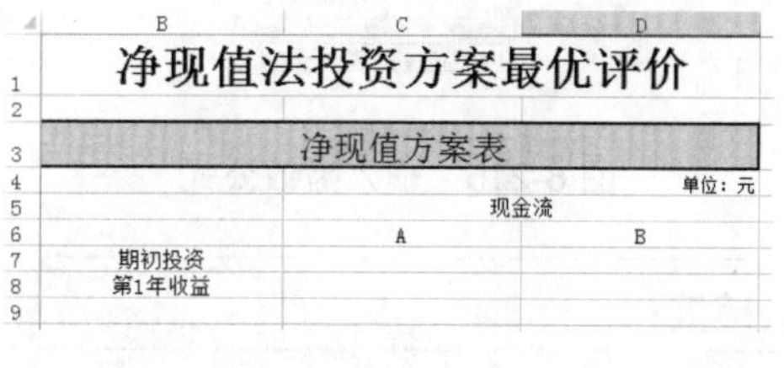

图 8-210　输入文字

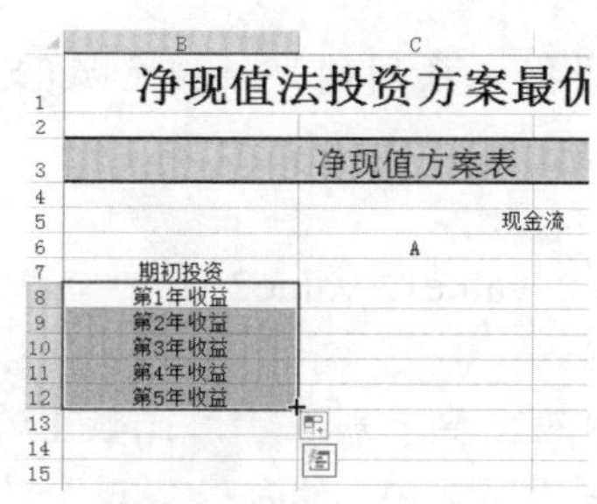

图 8-211　自动填充其他单元格

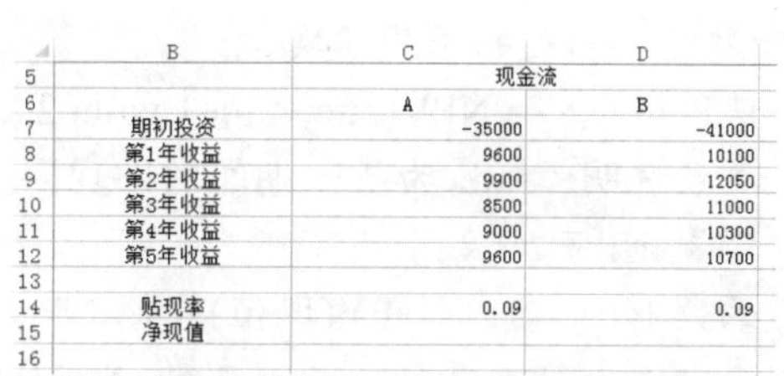

	现金流	
	A	B
期初投资	-35000	-41000
第1年收益	9600	10100
第2年收益	9900	12050
第3年收益	8500	11000
第4年收益	9000	10300
第5年收益	9600	10700
贴现率	0.09	0.09
净现值		

图 8-212　输入文字和数据

图 8-213　设置【数字格式】

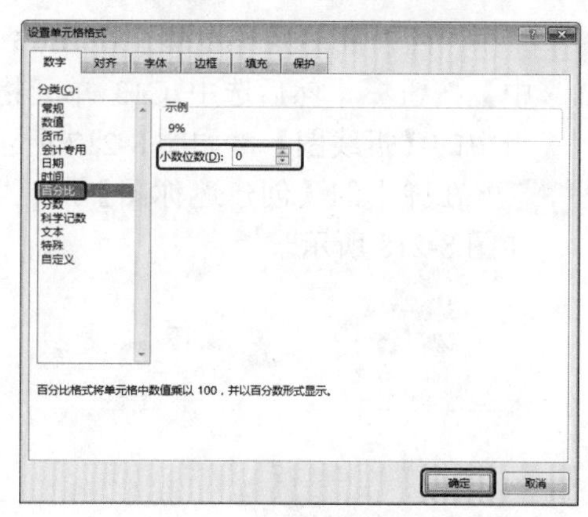

图 8-214　设置单元格格式

step 13 在 C15 单元格中输入函数公式【=NPV(C14,C8:C12)+C7】，按 Enter 键确认，如图 8-215 所示。

step 14 当光标在 C15 单元格的右下角呈黑心十字形状时，按住鼠标左键，向右拖动到 D15 单元格，自动填充其他单元格，如图 8-216 所示。

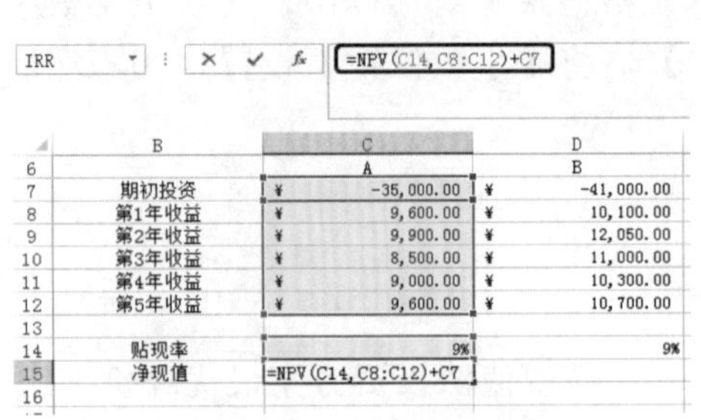

图 8-215　输入函数公式

图 8-216　自动填充单元格

知识链接

NPV 函数

主要功能：返回一个 Double 数据类型值，指定根据一系列周期性现金流(支付和收入)和贴现率而定的投资净现值。

使用格式：= NPV(rate,value1,value2, ...)

参数说明：rate 为某一期间的贴现率，是一固定值；value1, value2, ...为 1～29 个参数，代表支出及收入。

函数 NPV 与函数 PV(现值)相似。PV 与 NPV 之间的主要差别在于：函数 PV 允许现金流在期初或期末开始。与可变的 NPV 的现金流数值不同，PV 的每一笔现金流在整个投资中必须是固定的。

step 15 参照前面的操作步骤，在 B13 单元格中输入文字【收益折线图】，并单击【居中】按钮。然后选中 C13 单元格，切换至【插入】选项卡，单击【迷你图】选项组中的【折线图】，如图 8-217 所示。

step 16 在弹出的【创建迷你图】对话框中，单击【数据范围】文本框右侧的按钮，如图 8-218 所示。

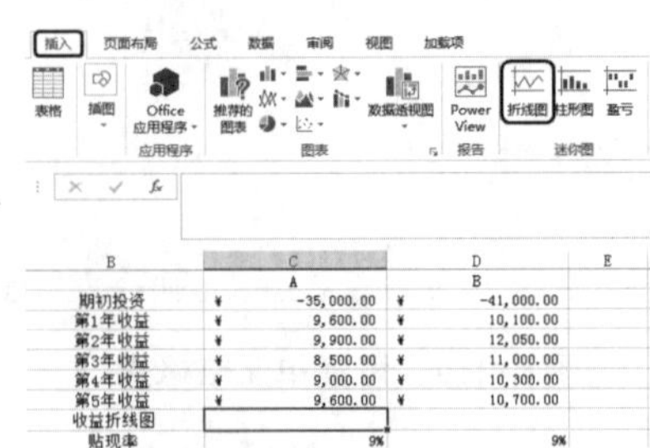

图 8-217　单击【折线图】

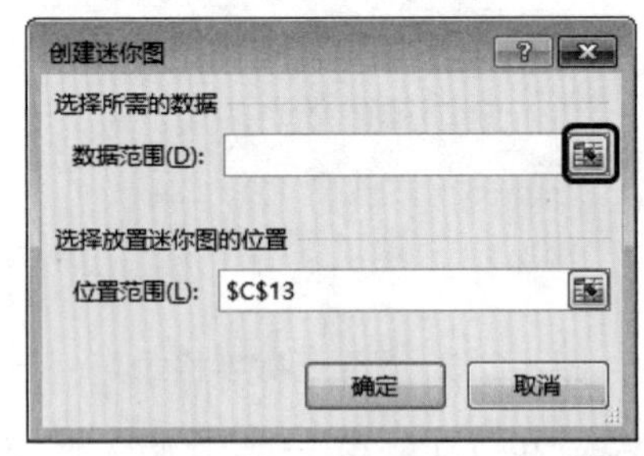

图 8-218　【创建迷你图】对话框

step 17 在工作表中选择 C8:C12 单元格，在【创建迷你图】对话框中将自动添加【C8:C12】，然后单击按钮，如图 8-219 所示。

step 18 返回到【创建迷你图】对话框，单击【确定】按钮，插入迷你折线图，如图 8-220 所示。

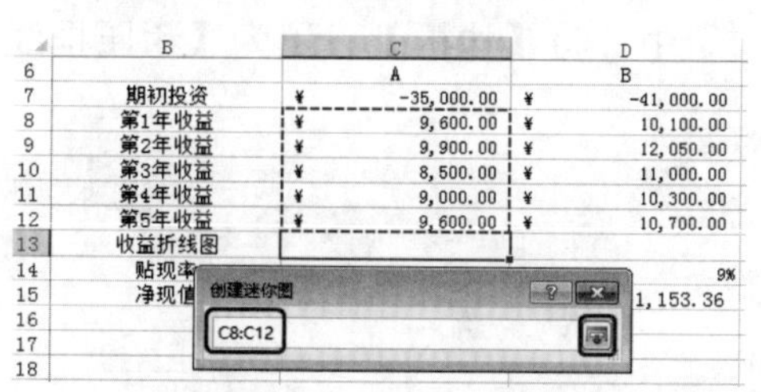

图 8-219　选择单元格

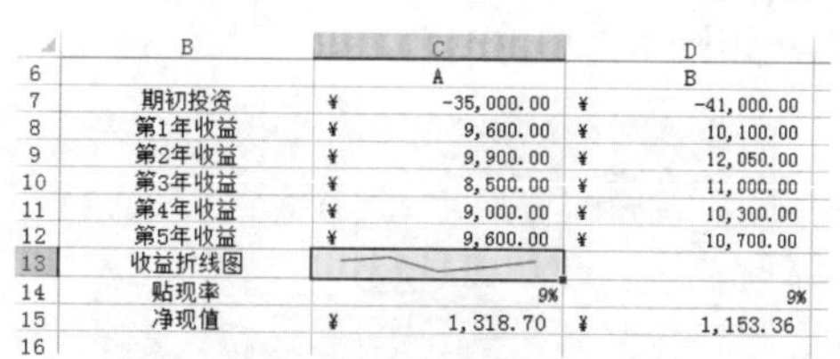

图 8-220　插入迷你折线图

step 19 在【样式】选项组中，单击【标记颜色】，在弹出的下拉菜单中选择【标记】命令，然后选中【红色】，如图 8-221 所示。

step 20 当光标在 C13 单元格的右下角呈黑心十字形状时，按住鼠标左键，向右拖动到 D13 单元格，自动插入迷你图，如图 8-222 所示。

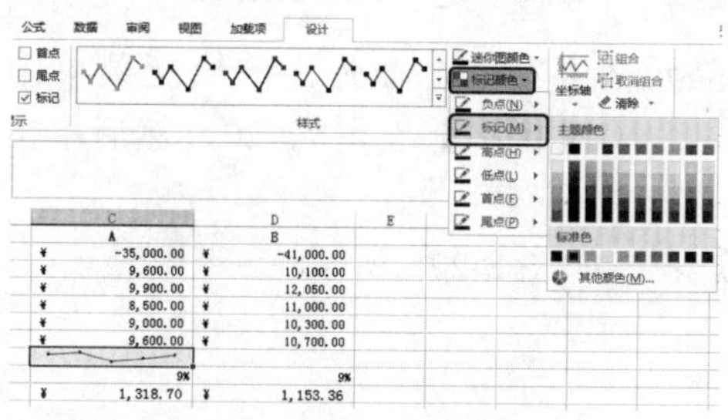

图 8-221　选择【标记】颜色

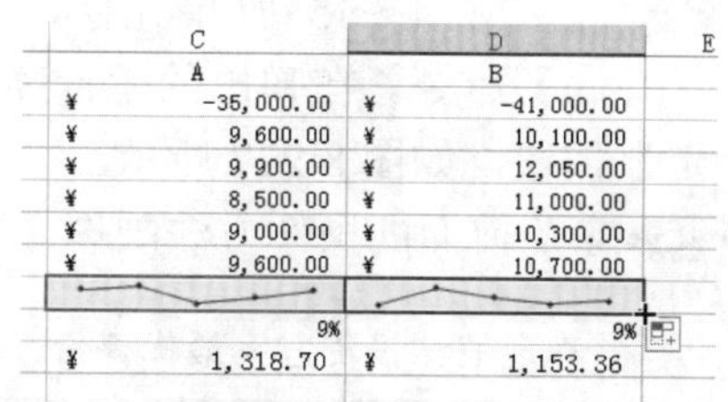

图 8-222　自动插入迷你图

step 21 选择 C5:D6 单元格，在【字体】选项组中，将【边框】设置为【所有框线】，如图 8-223 所示。

step 22 选择 B7:D15 单元格，在所选的单元格中右击，在弹出的快捷菜单中选择【设置单元格格式】命令。在弹出的【设置单元格格式】对话框中，切换至【边框】选项卡，在【线条】选项组中选择【样式】，然后单击【边框】选项组中的▦(上框线)按钮，如图 8-224 所示。

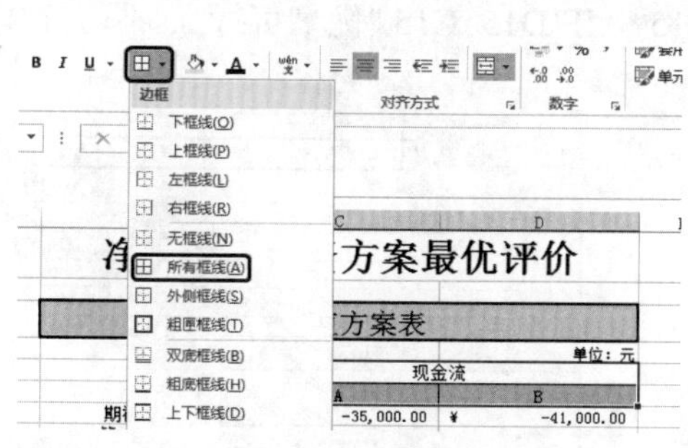

图 8-223　设置【边框】

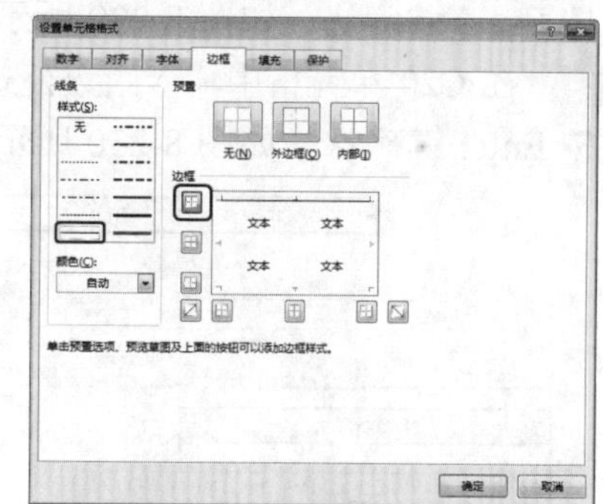

图 8-224　设置【边框】

step 23 在【线条】选项组中选择【样式】，然后在【预置】选项组中，单击【内部】按钮，最后单击【确定】按钮，如图 8-225 所示。

step 24 选择 B4:D15 单元格，在【字体】选项组中，将【边框】设置为【粗匣框线】，如图 8-226 所示。

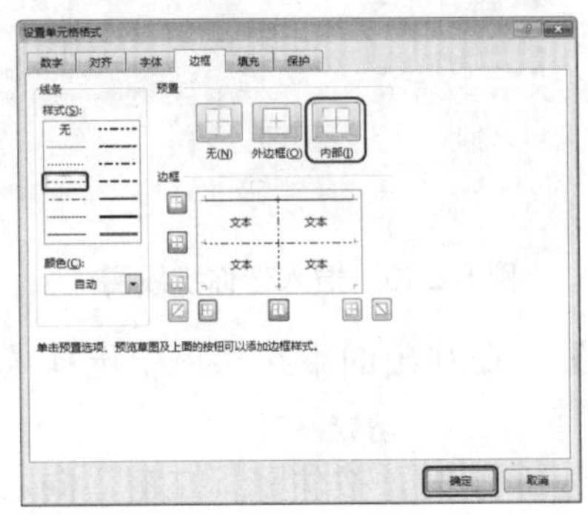

图 8-225 设置【内部】边框

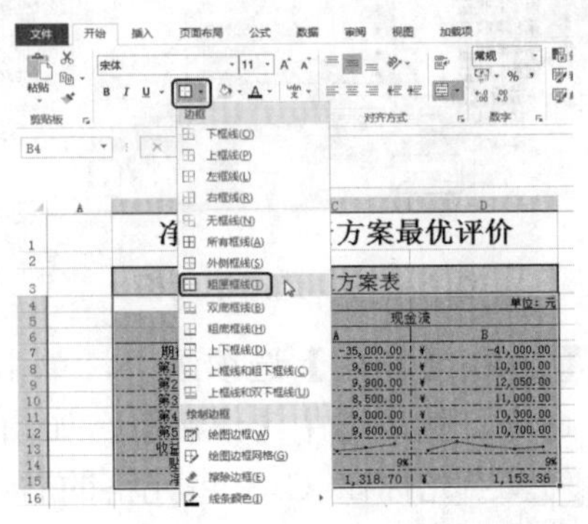

图 8-226 设置【边框】

step 25 选中第 4～15 行单元格，在所选的单元格中右击，在弹出的快捷菜单中选择【行高】命令。在弹出的【行高】对话框中，将【行高】设置为 20，然后单击【确定】按钮，如图 8-227 所示。

step 26 参照前面的操作方法制作【方案评价】表，如图 8-228 所示。

图 8-227 设置【行高】

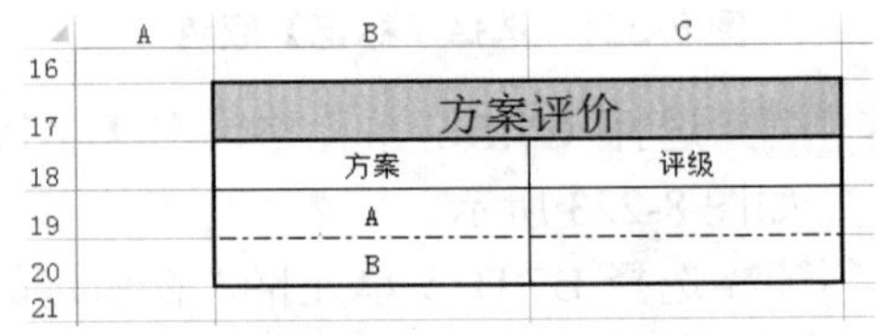

图 8-228 制作【方案评价】表

step 27 在 C19 单元格中输入函数公式【=IF(C15>0,IF(C15>D15,"优","可行"),"不可行")】，按 Enter 键确认，如图 8-229 所示。

step 28 在 C20 单元格中输入函数公式【=IF(D15>0,IF(D15>C15,"优","可行"),"不可行")】，按 Enter 键确认，如图 8-230 所示。

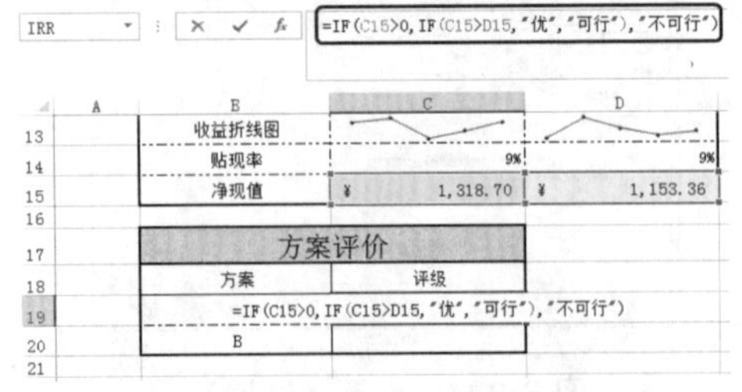

图 8-229 输入函数公式

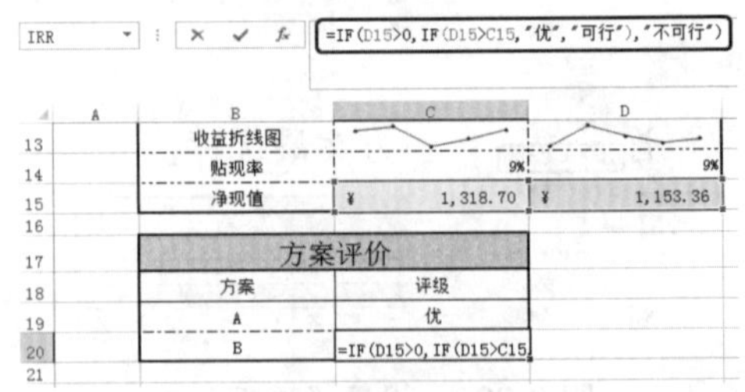

图 8-230 输入函数公式

第 9 章

财务管理数据图表的制作

本章重点

- 所有者权益增减变动表
- 资金需要量预测表
- 资金减值准备分析表
- 现金流量表表
- 营业利润分析表
- 资产负债指标分析表
- 资产变化状况分析表
- 资产构成分析表
- 利润分配表
- 损益表
- 货币资金支付能力分析表
- 利润增长及完成分析表
- 利润表比率分析

财务报表，简称财报，是一套会计文件，它反映一家企业过去一个财政时间段(主要是季度或年度)的财政表现及期末状况。本章主要讲解常用财务报表的制作，其中包括常用的财务分析图表、财务预测分析图表、投资管理表格等。

案例精讲 077　所有者权益增减变动表

案例文件：CDROM\场景\Cha09\所有者权益增减变动表.xlsx

视频文件：视频教学\Cha09\所有者权益增减变动表.avi

制作概述

本案例主要讲解如何制作所有者权益增减变动表。首先创建权益增减表格；然后利用图表对未分配的利润进行比较分析。完成后的效果如图 9-1 所示。

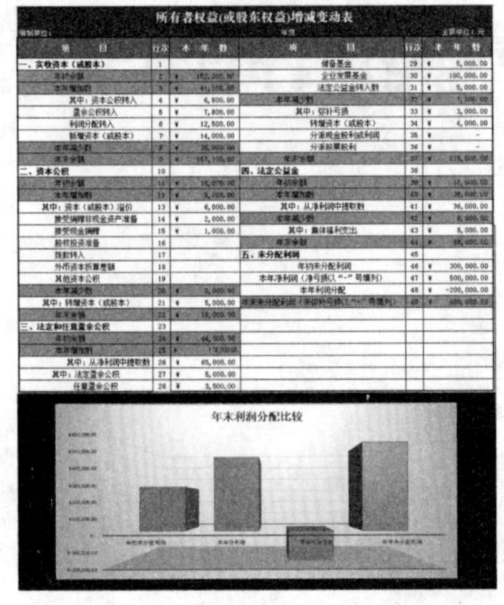

图 9-1　所有者权益增减变动表

学习目标

- 学习所有者权益增减变动表的制作。
- 掌握所有者权益增减变动表的制作流程及如何利用图表进行分析。

操作步骤

step 01 启动 Excel 2013 软件后新建空白工作簿，如图 9-2 所示。

知识链接

所有者权益变动表(又称股东权益变动表)是指反映构成所有者权益的各组成部分当期的增减变动情况的报表。所有者权益变动表应当全面反映一定时期所有者权益变动的情况。

所有者权益变动表解释在某一特定时间内，股东权益如何因企业经营的盈亏及现金股利的发放而发生的变化。它是说明管理阶层是否公平对待股东的最重要的信息。股东权益增减变动表包括在年度会计报表中，是资产负债表的附表。

股东权益增减变动表全面反映了企业的股东权益在年度内的变化情况，便于会计信息使用者深入分析企业股东权益的增减变化情况，并进而对企业的资本保值增值情况作出正确判断，从而提供对决策有用的信息。

step 02 双击工作表的名称标签，使其处于编辑状态，将其名称设为【所有者权益增减变动表】，如图 9-3 所示。

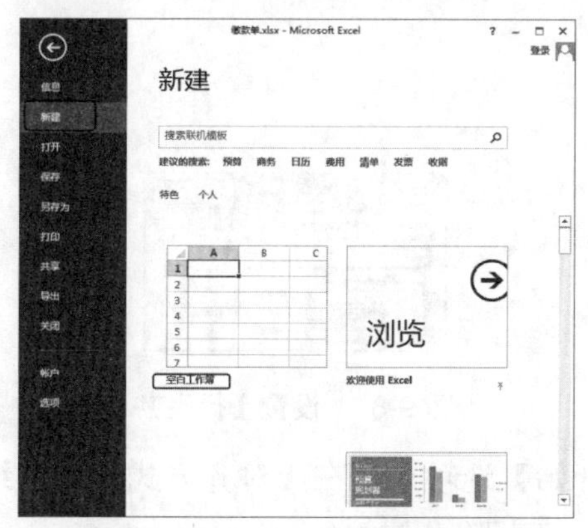

图 9-2 选择【空白工作簿】选项

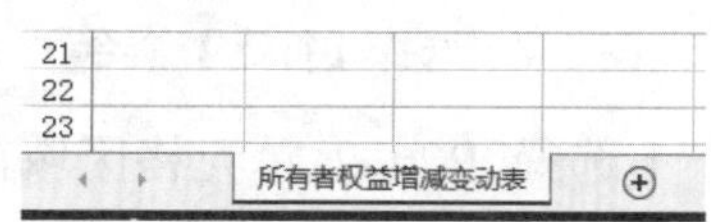

图 9-3 修改表格名称

step 03 在场景中选择 B 列，在【开始】选项卡下的【单元格】选项组中单击【格式】按钮，在弹出的下拉菜单中选择【列宽】命令，如图 9-4 所示。

step 04 弹出【列宽】对话框，将【列宽】设置为35，并单击【确定】按钮，如图9-5 所示。

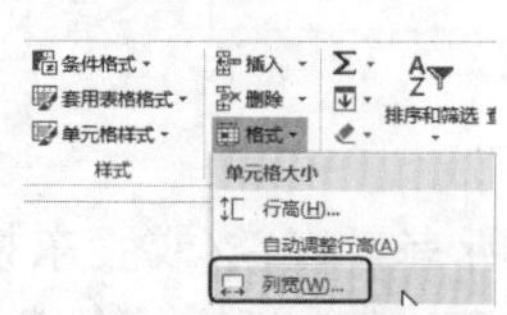

图 9-4 选择【列宽】命令

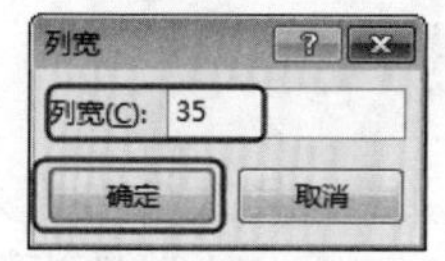

图 9-5 设置【列宽】

step 05 使用同样的方法将 C、F 列的【列宽】设置为 4，将 D、G 列单元格的【列宽】设置为 18，将 E 列【列宽】设置为 43，效果如图 9-6 所示。

用户在选择单元格时，可以按住 Ctrl 键选择不连续的单元格，也可以按住 Shift 键选择连续的单元格。

图 9-6 设置【列宽】后的效果

step 06 选择第 2 行单元格区域，在数字 2 位置右击，在弹出的快捷菜单中选择【行高】命令，如图 9-7 所示。

step 07 弹出【行高】对话框，将【行高】设置为 35，单击【确定】按钮，如图 9-8 所示。

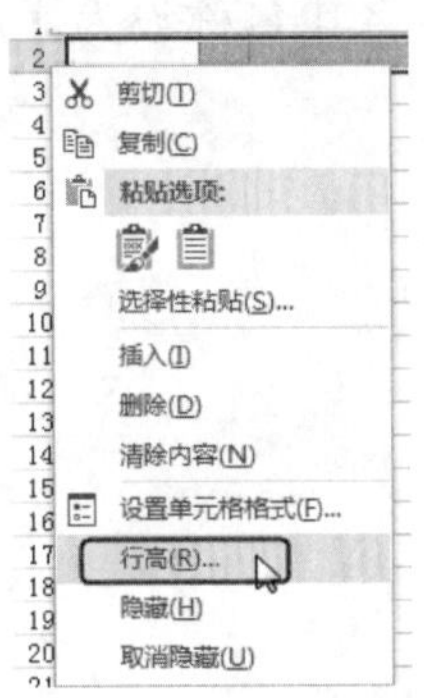

图 9-7　选择【行高】命令

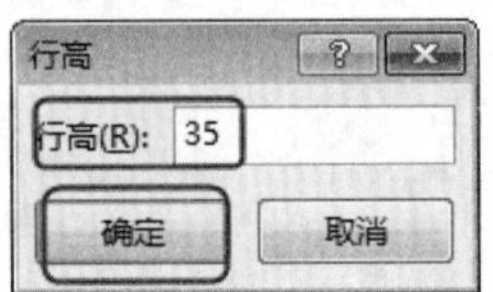

图 9-8　设置【行高】

step 08 选择 B2:G2 单元格区域，切换到【开始】选项卡，在【对齐方式】选项组中单击【合并后居中】按钮，将其合并且居中，如图 9-9 所示。

图 9-9　合并单元格

step 09 在上一步合并的单元格中配合空格键输入【所有者权益(或股东权益)增减变动表】，在【字体】选项组中，将【字体】设置为【方正大标宋简体】，【字号】设置为 20，如图 9-10 所示。

step 10 使用同样的方法将第 3 行的【行高】设置为 15，第 4 行的【行高】设置为 33，第 5～32 行的【行高】设置为 20，如图 9-11 所示。

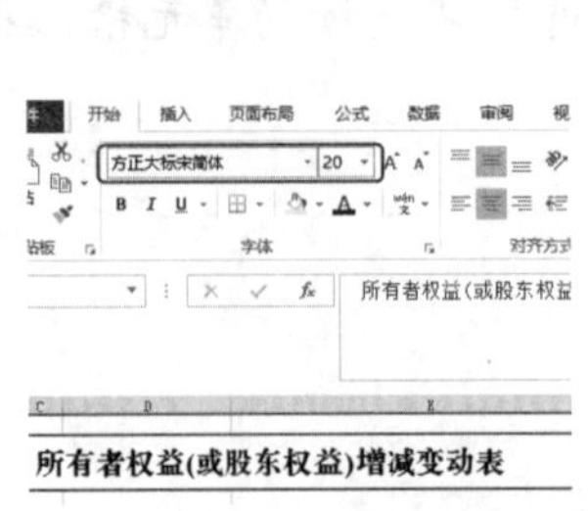

图 9-10　输入文字

图 9-11　设置【行高】后的效果

step 11 选择 B3:G3 单元格并使用前面介绍的方法将其合并，并在其内结合空格键输入

文字，根据情况设置相应对齐方式，如图 9-12 所示。

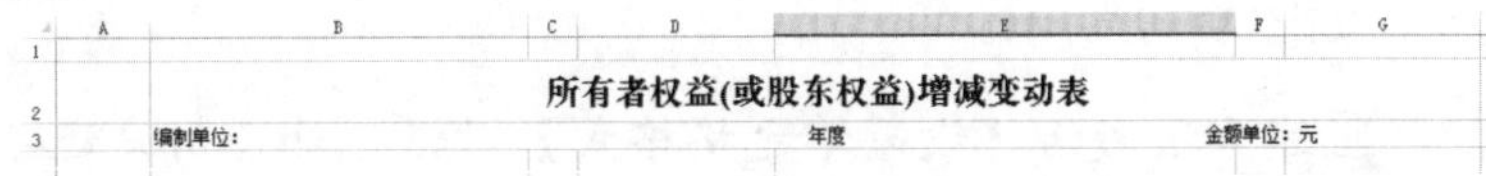

图 9-12　输入文字

step 12 选择合并的单元格，切换到【开始】选项卡，在【字体】选项组中将【填充颜色】设置为【灰色-25%，背景色 2，深色 75%】，将【字体颜色】设置为白色，如图 9-13 所示。

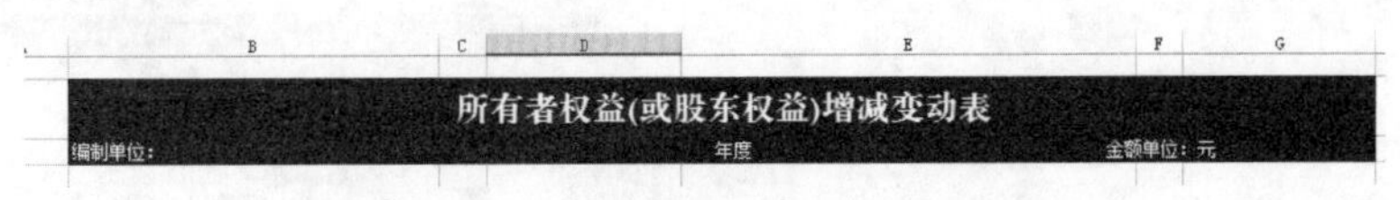

图 9-13　设置填充颜色和字体颜色

step 13 在第 4 行单元格中输入文字，并将其【字号】设置为 13，单击【加粗】按钮 B，【填充颜色】设置为【灰色-25%，背景色 2，深色 50%】，【字体颜色】设置为白色，完成后的效果如图 9-14 所示。

图 9-14　设置填充颜色和字体颜色

step 14 在单元格中输入文字，将【字体】设置为【宋体】，将【字号】设置为 12，对部分文字进行加粗，并设置合适的对齐方式，如图 9-15 所示。

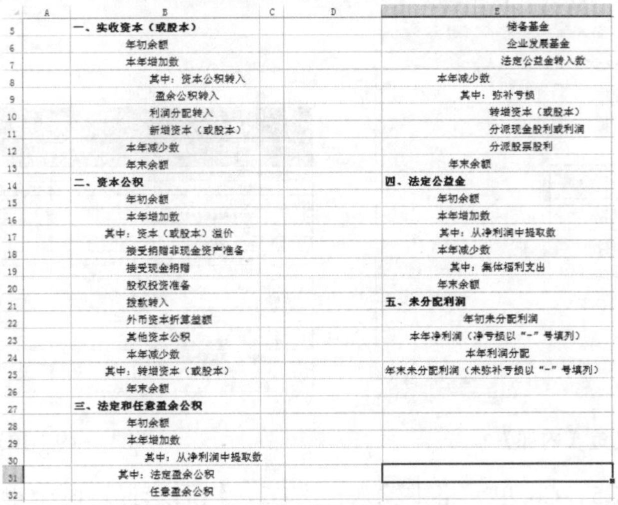

	A	B	C	D	E
5		**一、实收资本（或股本）**			储备基金
6		年初余额			企业发展基金
7		本年增加数			法定公益金转入数
8		其中：资本公积转入			本年减少数
9		盈余公积转入			其中：弥补亏损
10		利润分配转入			转增资本（或股本）
11		新增资本（或股本）			分派现金股利或利润
12		本年减少数			分派股票股利
13		年末余额			年末余额
14		**二、资本公积**			**四、法定公益金**
15		年初余额			年初余额
16		本年增加数			本年增加数
17		其中：资本（或股本）溢价			其中：从净利润中提取数
18		接受捐赠非现金资产准备			本年减少数
19		接受现金捐赠			其中：集体福利支出
20		股权投资准备			年末余额
21		拨款转入			**五、未分配利润**
22		外币资本折算差额			年初未分配利润
23		其他资本公积			本年净利润（净亏损以“-”号填列）
24		本年减少数			本年利润分配
25		其中：转增资本（或股本）			年末未分配利润（未弥补亏损以“-”号填列）
26		年末余额			
27		**三、法定和任意盈余公积**			
28		年初余额			
29		本年增加数			
30		其中：从净利润中提取数			
31		其中：法定盈余公积			
32		任意盈余公积			

图 9-15　输入文字并设置的效果

step 15 在工作表中中选择 B4:G32 单元格区域，在【开始】选项卡的【字体】选项组中单击【边框设置】右侧的下三角按钮，在弹出的下拉菜单中选择【其他边框】命令，如图 9-16 所示。

step 16 弹出【设置单元格格式】对话框，选择图 9-17 所示的线条样式，并单击【外边框】按钮，如图 9-17 所示。

技巧

除了上述方法激活【设置单元格格式】对话框外，用户还可以右击，在弹出的快捷菜单中选择【设置单元格格式】命令，也可以在【开始】选项卡下的【字体】、【对齐方式】、【数字】选项组中通过激活格式按钮，弹出【设置单元格格式】对话框。

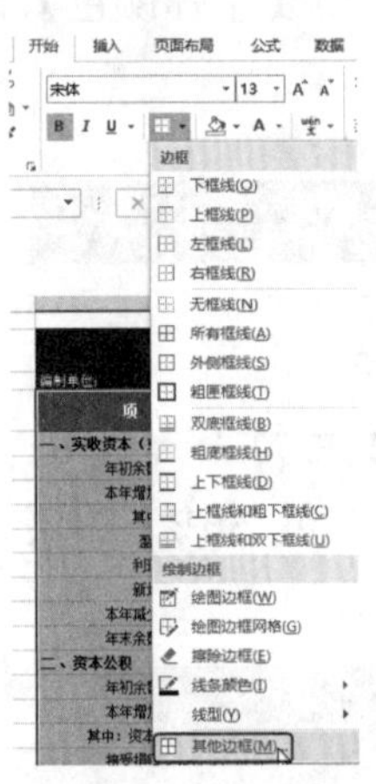

图 9-16　选择【其他边框】命令

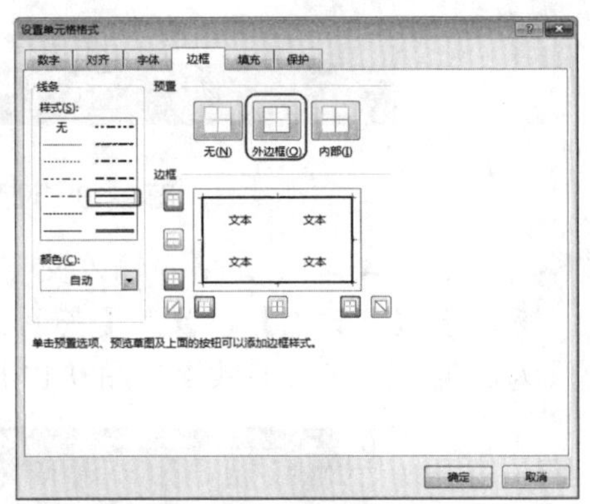

图 9-17　设置【外边框】

step 17 继续选择【线条样式】，然后单击【内部】按钮，再单击【确定】按钮，完成设置，如图 9-18 所示。

step 18 设置边框后的效果如图 9-19 所示。

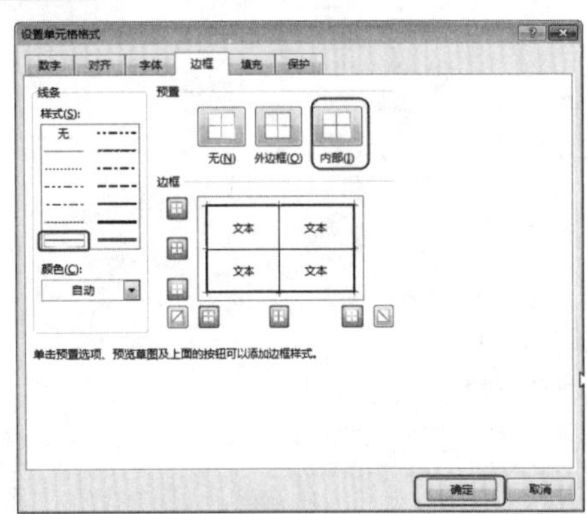

图 9-18　设置【内部】框线

所有者权益(或股东权益)增减变动表

编制单位：　　　　年度　　　　金额单位：元

项　目	行次	年　数	项　目	行次	本　年　数
一、实收资本（或股本）			储备基金		
年初余额			企业发展基金		
本年增加数			法定公益金转入数		
其中：资本公积转入			本年减少数		
盈余公积转入			其中：弥补亏损		
利润分配转入			转增资本（或股本）		
新增资本（或股本）			分派现金股利或利润		
本年减少数			分派股票股利		
年末余额			年末余额		
二、资本公积			四、法定公益金		
年初余额			年初余额		
本年增加数			本年增加数		
其中：资本（或股本）溢价			其中：从净利润中提取数		
接受捐赠非现金资产准备			本年减少数		
接受现金捐赠			其中：集体福利支出		
股权投资准备			年末余额		

图 9-19　预览效果

step 19 分别在 C5、C6 单元格中输入 1 和 2，然后选择这两个单元格，将光标置于 C6 单元格的右下角，当光标变为十字形状时，按住鼠标左键向下拖动到 C32 单元格，并将单元格的【对齐方式】设置为【居中对齐】，如图 9-20 所示。

提示

对于具有相同属性的单元格，用户可以通过拖动单元格进行复制，其中包括数字、日期、公式等。

step 20 分别在 F5、F6 单元格中输入 29 和 30，然后选择这两个单元格，将光标置于 F6 单元格的右下角，当光标变为十字形状时，按住鼠标左键向下拖动到 F25 单元格，并将单元格的【对齐方式】设置为【居中对齐】，如图 9-21 所示。

	A	B	C
5		一、实收资本（或股本）	1
6		年初余额	2
7		本年增加数	3
8		其中：资本公积转入	4
9		盈余公积转入	5
10		利润分配转入	6
11		新增资本（或股本）	7
12		本年减少数	8
13		年末余额	9
14		二、资本公积	10
15		年初余额	11
16		本年增加数	12
17		其中：资本（或股本）溢价	13
18		接受捐赠非现金资产准备	14
19		接受现金捐赠	15
20		股权投资准备	16
21		拨款转入	17
22		外币资本折算差额	18
23		其他资本公积	19
24		本年减少数	20
25		其中：转增资本（或股本）	21
26		年末余额	22
27		三、法定和任意盈余公积	23
28		年初余额	24
29		本年增加数	25
30		其中：从净利润中提取数	26

图 9-20　输入文字

年度		金额单位：元
项　　目	行次	本　年　数
储备基金	29	
企业发展基金	30	
法定公益金转入数	31	
本年减少数	32	
其中：弥补亏损	33	
转增资本（或股本）	34	
分派现金股利或利润	35	
分派股票股利	36	
年末余额	37	
四、法定公益金	38	
年初余额	39	
本年增加数	40	
其中：从净利润中提取数	41	
本年减少数	42	
其中：集体福利支出	43	
年末余额	44	
五、未分配利润	45	
年初未分配利润	46	
本年净利润（净亏损以“-”号填列）	47	
本年利润分配	48	
年末未分配利润（未弥补亏损以“-”号填列）	49	

图 9-21　输入文字并设置

step 21 在其他单元格中输入文字，如图 9-22 所示。

项　　目	行次	年　　数	项　　目	行次	本　年　数
一、实收资本（或股本）	1		储备基金	29	5000
年初余额	2	152000	企业发展基金	30	100000
本年增加数	3		法定公益金转入数	31	5000
其中：资本公积转入	4	6800	本年减少数	32	
盈余公积转入	5	7800	其中：弥补亏损	33	3000
利润分配转入	6	12500	转增资本（或股本）	34	4000
新增资本（或股本）	7	14000	分派现金股利或利润	35	0
本年减少数	8	36000	分派股票股利	36	0
年末余额	9		年末余额	37	
二、资本公积	10		四、法定公益金	38	
年初余额	11	15000	年初余额	39	18000
本年增加数	12		本年增加数	40	
其中：资本（或股本）溢价	13	6000	其中：从净利润中提取数	41	36000
接受捐赠非现金资产准备	14	2000	本年减少数	42	
接受现金捐赠	15	1000	其中：集体福利支出	43	8000
股权投资准备	16		年末余额	44	
拨款转入	17		五、未分配利润	45	
外币资本折算差额	18		年初未分配利润	46	300000
其他资本公积	19		本年净利润（净亏损以“-”号填列）	47	500000
本年减少数	20		本年利润分配	48	-200000
其中：转增资本（或股本）	21	5000	年末未分配利润（未弥补亏损以“-”号填列）	49	
年末余额	22				
三、法定和任意盈余公积	23				
年初余额	24	44000			
本年增加数	25				
其中：从净利润中提取数	26	65000			
其中：法定盈余公积	27	5000			
任意盈余公积	28	3500			

图 9-22　输入文字后的效果

step 22 选择 D7 单元格，并在其内输入公式【=SUM(D8:D11)】，按 Enter 键完成公式的输入，如图 9-23 所示。

step 23 使用同样的方法，在 D13 单元格中输入公式【=D6+D7-D12】，在 D16 单元格中输入公式【=SUM(D17:D23)】，在 D24 单元格中输入公式【=D25】，在 D26 单元格中输入公式【=D15+D16-D24】，在 D29 单元格中输入公式【=D30+D31+D32+G5+G6】，在 G8 单元格中输入公式【=SUM(G9:G12)】，在 G13 单元格中输入公式【=D28+D29-G8】，在 G16 单元格中输入公式【=G17】，在 G18 单元格中输入公式【=G19】，在 G20 单元格中输入公式【=G15+G16-G18】，在 G25 单元格中输入公式【=G17】。完成后的效果如图 9-24 所示。

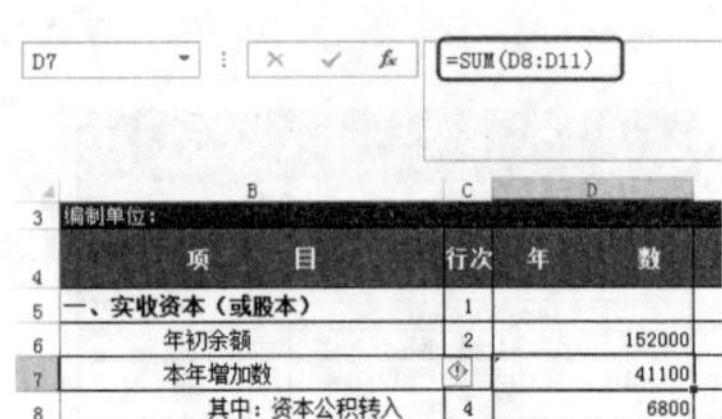

图 9-23　输入公式

所有者权益(或股东权益)增减变动表

项　目	行次	年　数	项　目	行次	本　年　数
一、实收资本（或股本）	1		储备基金	29	5000
年初余额	2	152000	企业发展基金	30	100000
本年增加数	3	41100	法定公益金转入数	31	5000
其中：资本公积转入	4	6800	本年减少数	32	7000
盈余公积转入	5	7800	其中：弥补亏损	33	3000
利润分配转入	6	12500	转增资本（或股本）	34	4000
新增资本（或股本）	7	14000	分派现金股利或利润	35	0
本年减少数	8	36000	分派股票股利	36	0
年末余额	9	157100	年末余额	37	215500
二、资本公积	10		四、法定公益金	38	
年初余额	11	15000	年初余额	39	18000
本年增加数	12	9000	本年增加数	40	36000
其中：资本（或股本）溢价	13	6000	其中：从净利润中提取数	41	36000
接受捐赠非现金资产准备	14	2000	本年减少数	42	8000
接受现金捐赠	15	1000	其中：集体福利支出	43	8000
股权投资准备	16		年末余额	44	46000
拨款转入	17		五、未分配利润	45	
外币资本折算差额	18		年初未分配利润	46	300000
其他资本公积	19		本年净利润（净亏损以“-”号填列）	47	500000
本年减少数	20	5000	本年利润分配	48	-200000
其中：转增资本（或股本）	21	5000	年末未分配利润（未弥补亏损以“-”号填列）	49	600000
年末余额	22	19000			
三、法定和任意盈余公积	23				
年初余额	24	44000			
本年增加数	25	178500			
其中：从净利润中提取数	26	65000			
其中：法定盈余公积	27	5000			
任意盈余公积	28	3500			

图 9-24　输入公式后的效果

step 24 选择 D5:D32、G5:G25 单元格，切换到【开始】选项卡，在【数字】选项组中单击【数字格式】按钮，弹出【设置单元格格式】对话框，选择【数字】选项卡，在【分类】列表框中选择【自定义】，在【类型】列表框中选择【_ ¥* #,##0.00_ ;_ ¥* -#,##0.00_ ;_ ¥* "-"??_ ;_ @_】，并单击【确定】按钮，如图 9-25 所示。

step 25 对部分表格的【填充颜色】设置为【灰色-25%，背景 2，深色 25%】，完成后的效果如图 9-26 所示。

对于上一步操作对多个单元格设置相同的【填充颜色】时，用户可以按着 Ctrl 键选择多个单元格对其【填充颜色】进行设置，如果设置的单元格属性相同，用户也可以使用【格式刷】工具对需要的单元格进行格式处理。

图 9-25　设置数字格式

B	C	D	E	F	G
一、实收资本（或股本）	1		储备基金	29	¥ 5,000.00
年初余额	2	¥ 152,000.00	企业发展基金	30	¥ 100,000.00
本年增加数	3	¥ 41,100.00	法定公益金转入数	31	¥ 5,000.00
其中：资本公积转入	4	¥ 6,800.00	本年减少数	32	¥ 7,000.00
盈余公积转入	5	¥ 7,800.00	其中：弥补亏损	33	¥ 3,000.00
利润分配转入	6	¥ 12,500.00	转增资本（或股本）	34	¥ 4,000.00
新增资本（或股本）	7	¥ 14,000.00	分派现金股利或利润	35	¥ -
本年减少数	8	¥ 36,000.00	分派股票股利	36	¥ -
年末余额	9	¥ 157,100.00	年末余额	37	¥ 215,500.00
二、资本公积	10		四、法定公益金	38	
年初余额	11	¥ 15,000.00	年初余额	39	¥ 18,000.00
本年增加数	12	¥ 9,000.00	本年增加数	40	¥ 36,000.00
其中：资本（或股本）溢价	13	¥ 6,000.00	其中：从净利润中提取数	41	¥ 36,000.00
接受捐赠非现金资产准备	14	¥ 2,000.00	本年减少数	42	¥ 8,000.00
接受现金捐赠	15	¥ 1,000.00	其中：集体福利支出	43	¥ 8,000.00
股权投资准备	16		年末余额	44	¥ 46,000.00
拨款转入	17		五、未分配利润	45	
外币资本折算差额	18		年初未分配利润	46	¥ 300,000.00
其他资本公积	19		本年净利润（净亏损以“-”号填列）	47	¥ 500,000.00
本年减少数	20	¥ 5,000.00	本年利润分配	48	¥ -200,000.00
其中：转增资本（或股本）	21	¥ 5,000.00	年末未分配利润（未弥补亏损以“-”号填列）	49	¥ 600,000.00
年末余额	22	¥ 19,000.00			
三、法定和任意盈余公积	23				
年初余额	24	¥ 44,000.00			
本年增加数	25	¥ 178,500.00			
其中：从净利润中提取数	26	¥ 65,000.00			
其中：法定盈余公积	27	¥ 5,000.00			
任意盈余公积	28	¥ 3,500.00			

图 9-26　设置完列宽后的效果

step 26 在场景中选择 G22:G25 单元格区域，切换到【插入】选项卡，在【图表】选项组中，单击【插入柱形图】按钮 ，在弹出的下拉菜单中选择【三维簇状柱形图】命令，如图 9-27 所示。

知识链接

柱形图用于显示一段时间内的数据变化或显示各项之间的比较情况。柱形图也就是条形统计图，类似的图形表达为直方图，不过后者较柱状图而言更复杂(直方图可以表达两个不同的变量)。此外，相似的还有扇形统计图和折线统计图。

step 27 对插入的图标适当放大，并选择图表，切换到【图表工具】下的【设计】选项卡，在【数据】选项组中单击【选择数据】按钮，弹出【选择数据源】对话框，在【水平(分类)轴标签】选项组中单击【编辑】按钮，如图 9-28 所示。

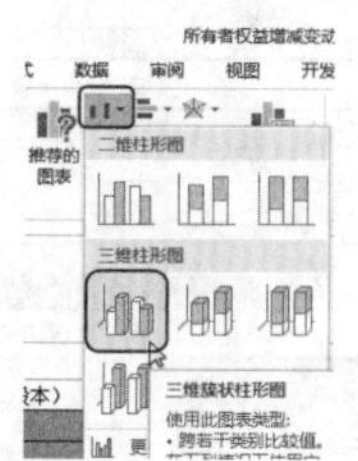

图 9-27 选择【三维簇状柱形图】命令

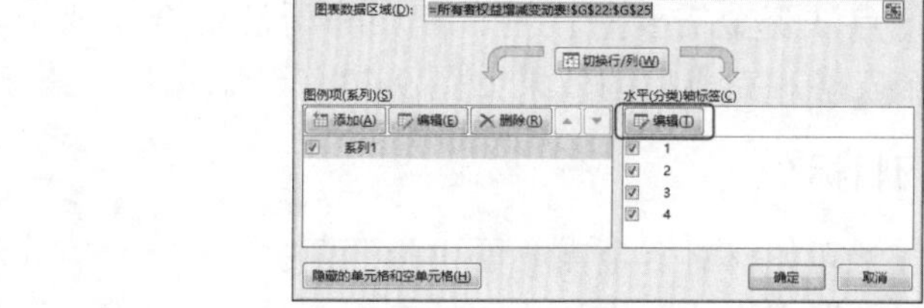

图 9-28 单击【编辑】按钮

step 28 弹出【轴标签】对话框，在输入框中输入【={"年初未分配利润","本年净利润","本年利润分配","年末未分配利润"}】，单击【确定】按钮，如图 9-29 所示。

step 29 返回到【选择数据源】对话框，查看设置的【水平(分类)轴标签】，并单击【确定】按钮，如图 9-30 所示。

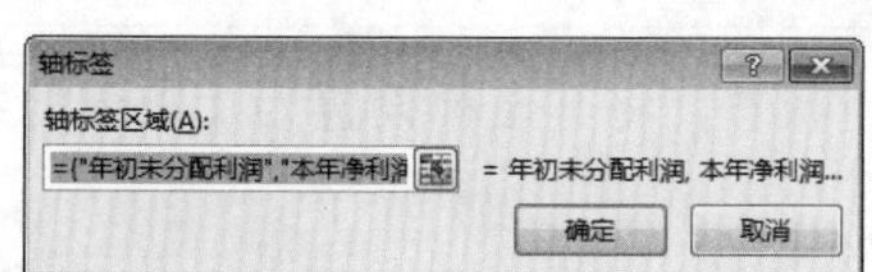

图 9-29 设置轴标签

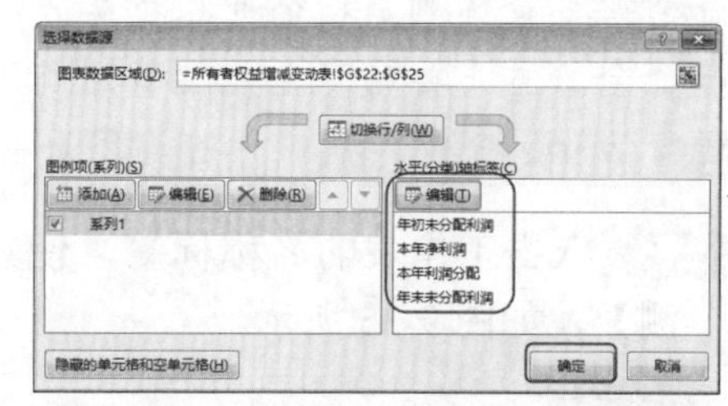

图 9-30 查看设置的轴标签

step 30 将图表的【图表标题】设置为【年末利润分配比较】，如图 9-31 所示。

step 31 继续选择插入的图表，切换到【图表工具】下的【设计】选项卡，在【图标样式】选项组中选择【样式 3】，完成后的效果如图 9-32 所示。

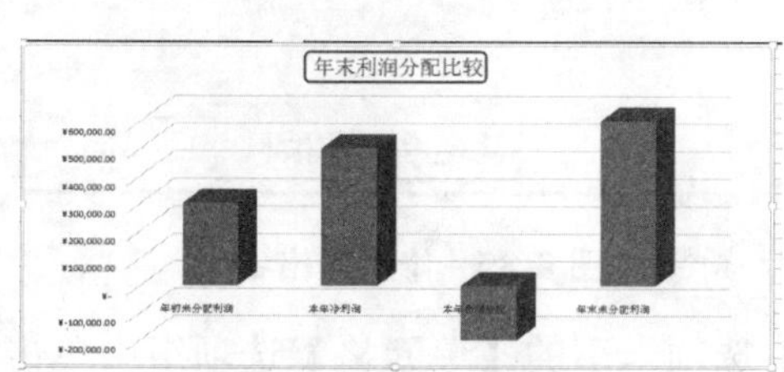

图 9-31 设置图表标题

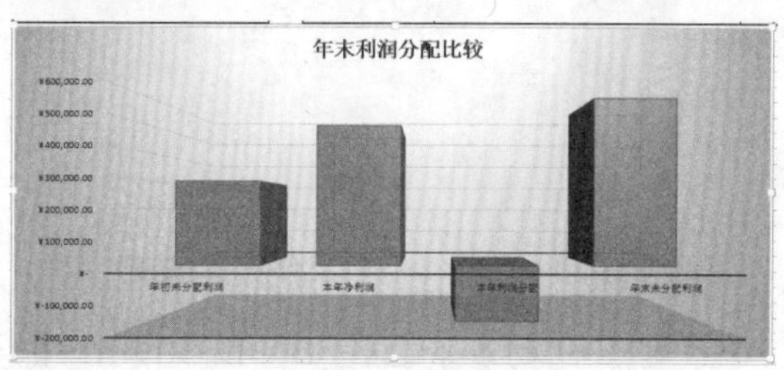

图 9-32 设置图表样式

案例精讲 078 资金需要量预测表

案例文件：CDROM\场景\Cha09\资金需要量预测表.xlsx

视频文件：视频教学\Cha09\资金需要量预测表.avi

制作概述

本案例将详细讲解如何制作资金需要量预测表。本表格的制作主要包括三部分：产销量与资金变化情况资料、高低点法资金需要量预测、回归分析法资金需要量预测 3 个表格。完成后的效果如图 9-33 所示。

产销量与资金变化情况资料

年　度	产销量（万件）	资金占用量（万元）
2010年	700	530
2011年	650	510
2012年	550	480
2013年	750	620
2014年	800	650
2015年	950	700

高低点法资金需要量预测

项　目	产销量（万件）	资金占用（万元）
产销量高点	950	700
产销量低点	550	480
预测方程变量项b	0.55	
预测方程常数项a	177.5	
2016年预测值	1100	[illegible]

回归分析法资金需要量预测

预测方程变量项b	0.61	
预测方程常数项a	132.5	
2016年预测值	1100	[illegible]

图 9-33　资金需要量预测表

学习目标

- 学习如何对资金需要量进行预测。
- 掌握表格的制作和公式的应用。

操作步骤

step 01 启动 Excel 2013 软件后新建空白工作簿，如图 9-34 所示。

知识链接

资金需要量预测是指企业根据生产经营的需求，对未来所需资金的估计和推测。企业筹集资金，首先要对资金需要量进行预测，即对企业未来组织生产经营活动的资金需要量进行估计、分析和判断，它是企业制定融资计划的基础。

---

step 02 双击工作表的名称标签，使其处于编辑状态，将其名称设置为【资金需要量预测】，如图 9-35 所示。

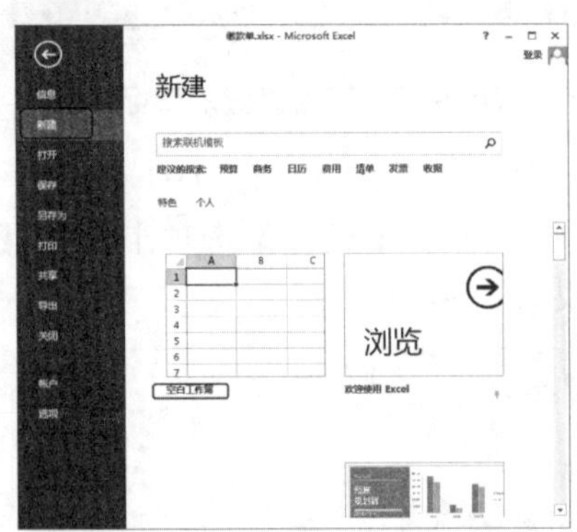

图 9-34　选择【空白工作簿】选项

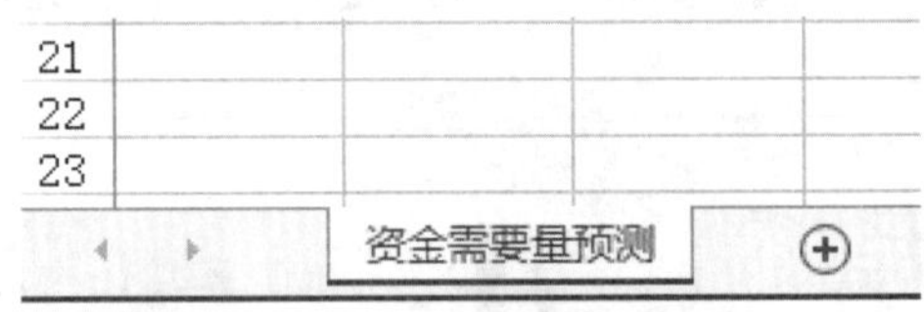

图 9-35　修改表格名称

step 03 在场景中选择 B～D 列，在【开始】选项卡下的【单元格】选项组中单击【格式】按钮，在弹出的下拉菜单中选择【列宽】命令，如图 9-36 所示。

step 04 弹出【列宽】对话框，将【列宽】设置为 25，并单击【确定】按钮，如图 9-37 所示。

step 05 选择第 2 行单元格区域，在数字 2 位置右击，在弹出的快捷菜单中选择【行高】命令，如图 9-38 所示。

step 06 弹出【行高】对话框，将【行高】设置为 40.5，单击【确定】按钮，如图 9-39 所示。

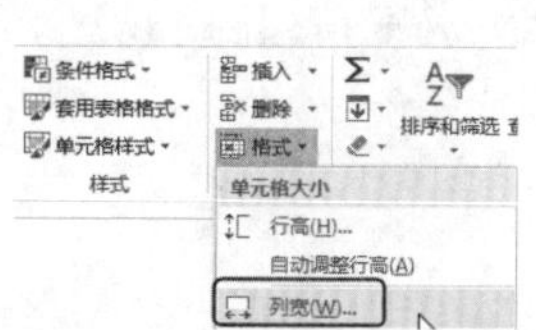

图 9-36 选择【列宽】命令

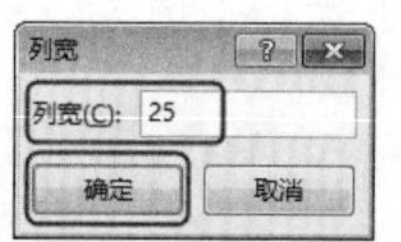

图 9-37 设置【列宽】

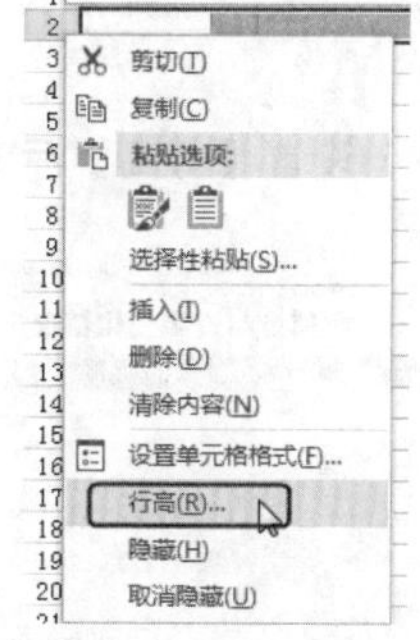

图 9-38 选择【行高】命令

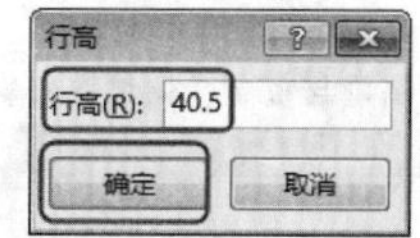

图 9-39 设置【行高】

step 07 选择 B2:D2 单元格区域，切换到【开始】选项卡，在【对齐方式】选项组中单击【合并后居中】按钮，将其合并且居中，如图 9-40 所示。

除了用上述方法合并单元格外，用户还可以选择单元格后右击，在弹出的快捷菜单中选择【合并后居中】命令，也可以对相应的单元格进行合并。

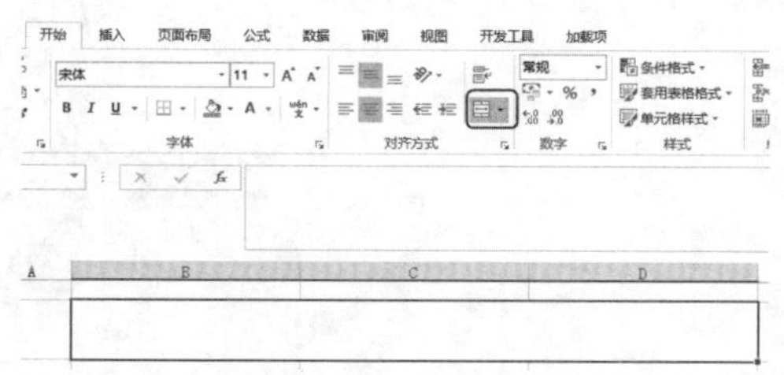

图 9-40 合并单元格

step 08 在上一步合并的单元格中配合空格键输入【产销量与资金变化情况资料】，在【字体】选项组中，将【字体】设置为【方正大标宋简体】，【字号】设置为 20，并单击【加粗】按钮 B，如图 9-41 所示。

step 09 使用同样的方法将第 3、11 行的【行高】设置为 25，第 4～9 行、12～16 行、18～20 行的【行高】设置为 20，第 10、17 行的【行高】设置为 17，如图 9-42 所示。

step 10 选择 B3:D3 单元格并结合空格键输入文字，将【字体】设为【方正大标宋简体】，【字号】设置为 11，将【填充颜色】设置为【蓝色，着色 1，深色 25%】，将【字体颜色】设置为白色，如图 9-43 所示。

step 11 在 B4:D9 单元格中输入文字，将【填充颜色】设置为【蓝色，着色 1，深色 80%】，如图 9-44 所示。

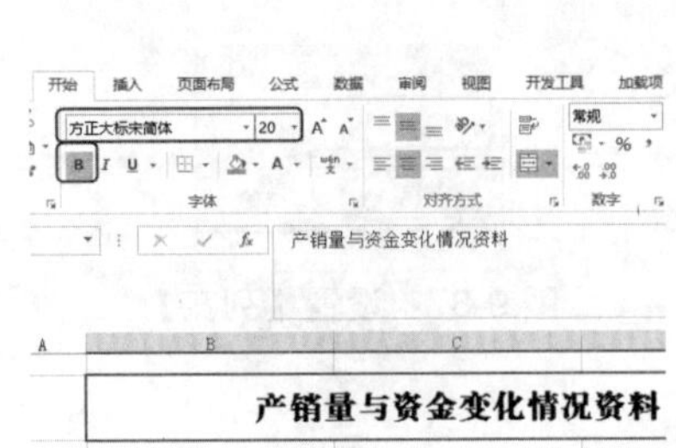

图 9-41　输入文字

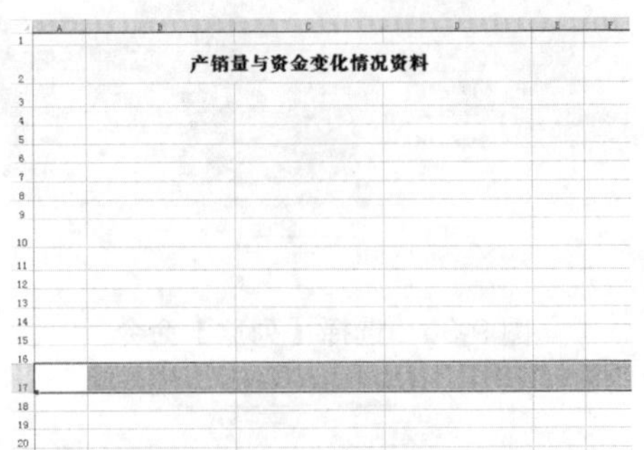

图 9-42　设置【行高】后的效果

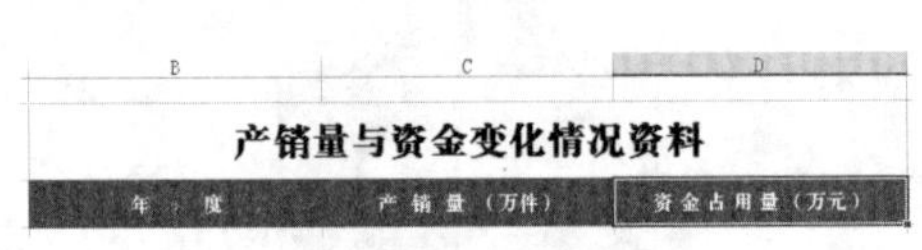

图 9-43　输入文字

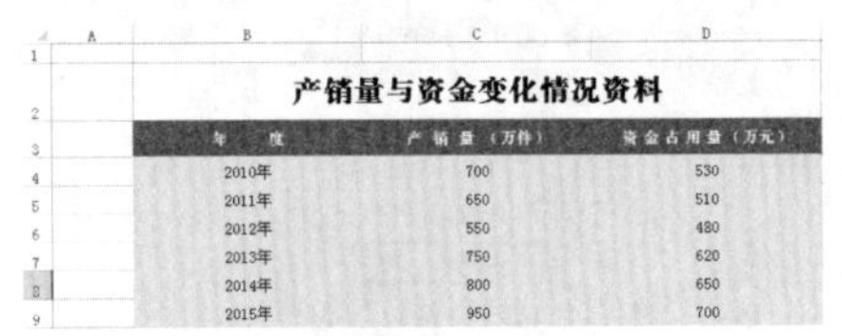

年度	产销量（万件）	资金占用量（万元）
2010年	700	530
2011年	650	510
2012年	550	480
2013年	750	620
2014年	800	650
2015年	950	700

图 9-44　输入文字并设置填充颜色

step 12 在场景中选择 B4:D9 单元格区域，在【开始】选项卡的【字体】选项组中单击【边框设置】右侧的下三角按钮，在弹出的下拉菜单中选择【其他边框】命令，如图 9-45 所示。

step 13 弹出【设置单元格格式】对话框，选择图 9-46 所示的线条样式，并单击【外边框】按钮，如图 9-46 所示。

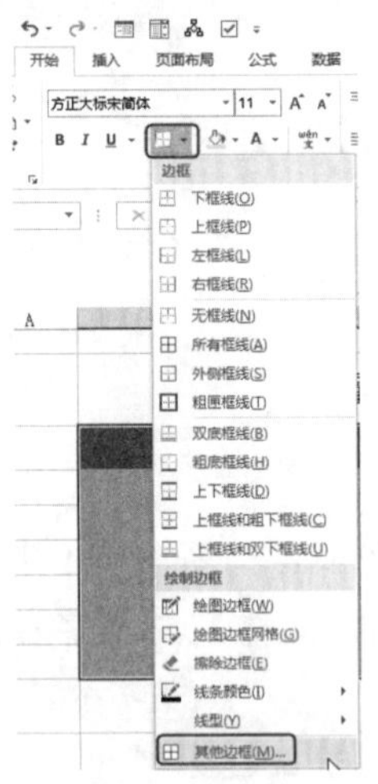

图 9-45　选择【其他边框】命令

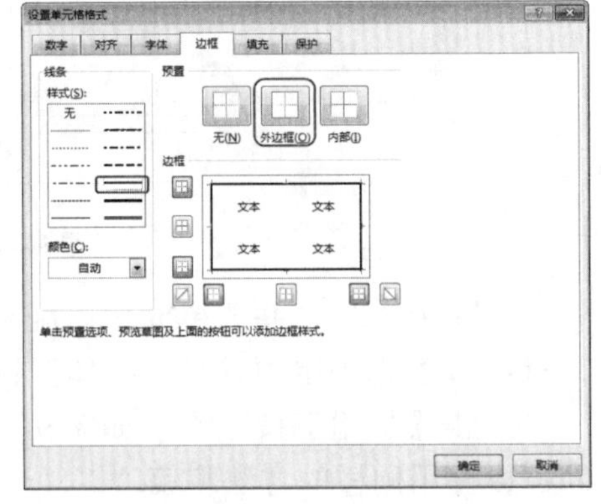

图 9-46　设置【外边框】

step 14 继续选择【线条样式】，然后单击【内部】按钮，单击【确定】按钮，完成设置，如图 9-47 所示。

step 15 设置边框后的效果如图 9-48 所示。

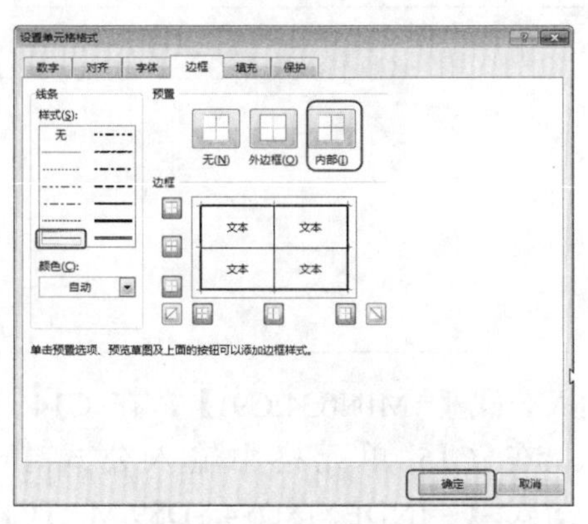

图 9-47 设置【内部】框线

产销量与资金变化情况资料

年 度	产销量（万件）	资金占用量（万元）
2010年	700	530
2011年	650	510
2012年	550	480
2013年	750	620
2014年	800	650
2015年	950	700

图 9-48 预览效果

step 16 使用前面讲过的方法，将 B10:D10 单元格进行合并，并在其内输入【高低点法资金需要量预测】，将【字体】设置为【方正大标宋简体】，【字号】设置为 16，如图 9-49 所示。

step 17 在 B11:D11 单元格中结合空格键输入文字，将【字体】设置为【方正大标宋简体】，【字号】设置为 11，将【填充颜色】设置为【蓝色，着色 1，深色 25%】，将【字体颜色】设置为白色，如图 9-50 所示。

图 9-49 输入文字

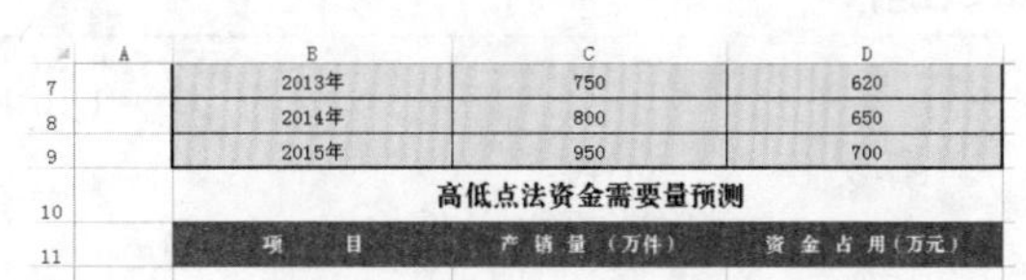

图 9-50 输入文字并设置填充颜色

step 18 在 B12:B16 单元格中输入文字，并将 B16 单元格中的文字加粗显示，如图 9-51 所示。

step 19 在 C12 单元格中输入公式【=MAX(C4:C9)】，按 Enter 键完成公式的输入，如图 9-52 所示。

	A	B
10		
11		项 目
12		产销量高点
13		产销量低点
14		预测方程变量项b
15		预测方程常数项a
16		**2015年预测值**
17		

图 9-51 输入文字

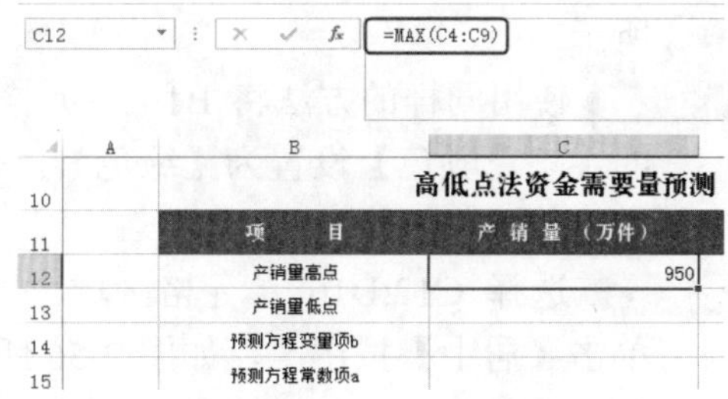

图 9-52 输入函数公式

知识链接

MAX 函数

函数名称：MAX

主要功能：求出一组数中的最大值。

使用格式：MAX(number1,number2,…)

step 20 使用同样的方法，在 C13 单元格中输入公式【=MIN(C4:C9)】，在 C14 单元格中输入公式【=(D12-D13)/(C12-C13)】，在 C15 单元格中输入公式【=D12-C12*C14】，在 D12 单元格中输入公式【=INDEX($D$4:$D$9,MATCH(C12,$C$4:$C$9))】，在 D13 单元格中输入公式【=INDEX ($D$4:$D$9,MATCH(C13,$C$4:$C$9))】，在 D16 单元格中输入公式【=C15+C14*C16】。完成后的效果如图 9-53 所示。

B	C	D
高低点法资金需要量预测		
项　目	产销量（万件）	资金占用（万元）
产销量高点	950	700
产销量低点	550	480
预测方程变量项b	0.55	
预测方程常数项a	177.5	
2015年预测值		177.5

图 9-53　输入函数公式

知识链接

MIN 函数

函数名称：MIN

主要功能：求出一组数中的最小值。

INDEX 函数

函数名称：INDEX

主要功能：返回列表或数组中的元素值，此元素由行序号和列序号的索引值进行确定。

使用格式：INDEX(array,row_num,column_num)

step 21 在 C16 单元格中输入 1100，然后选择 B12:D15 单元格，在【开始】选项卡下的【字体】选项组中将【填充颜色】设置为【蓝色，着色 1，淡色 80%】，如图 9-54 所示。

step 22 使用同样的方法将 B16 单元格的【填充颜色】设置为【浅蓝】，将 C16 单元格的【填充颜色】设置为【绿色】，将 D16 单元格的【填充颜色】设置为【黄色】，如图 9-55 所示。

step 23 选择 C12:D16 单元格区域，切换到【开始】选项卡，在【对齐方式】选项组中单击【居中】按钮，如图 9-56 所示。

step 24 使用前面介绍的方法，对 B11:D16 单元格设置边框。完成后的效果如图 9-57 所示。

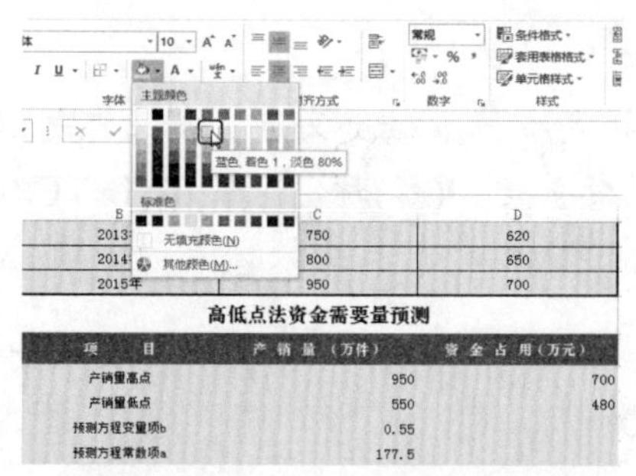

B	C	D
2013年	750	620
2014年	800	650
2015年	950	700

高低点法资金需要量预测		
项目	产销量（万件）	资金占用（万元）
产销量高点	950	700
产销量低点	550	480
预测方程变量项b	0.55	
预测方程常数项a	177.5	

图 9-54　设置填充色

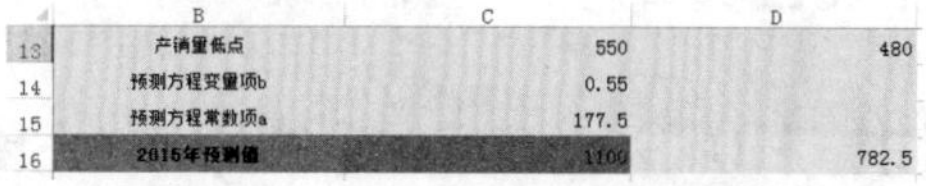

	B	C	D
13	产销量低点	550	480
14	预测方程变量项b	0.55	
15	预测方程常数项a	177.5	
16	2016年预测值	1100	782.5

图 9-55　设置单元格的填充色

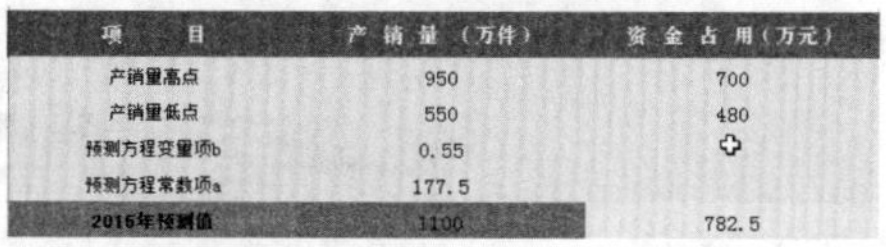

项目	产销量（万件）	资金占用（万元）
产销量高点	950	700
产销量低点	550	480
预测方程变量项b	0.55	
预测方程常数项a	177.5	
2016年预测值	1100	782.5

图 9-56　设置对齐方式

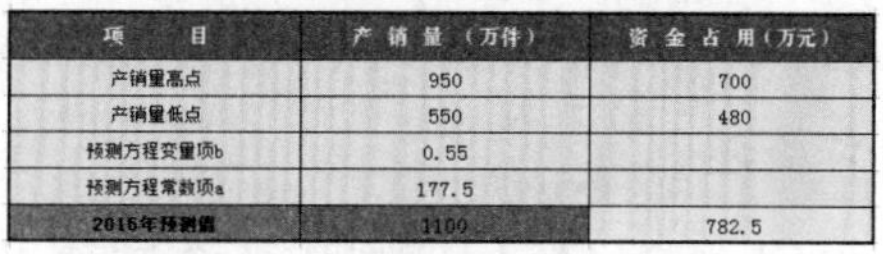

项目	产销量（万件）	资金占用（万元）
产销量高点	950	700
产销量低点	550	480
预测方程变量项b	0.55	
预测方程常数项a	177.5	
2016年预测值	1100	782.5

图 9-57　设置边框后的效果

step 25 使用前面介绍的方法制作另一个表格，如图 9-58 所示。

step 26 选择 C18 单元格，并在其内输入公式【=SLOPE(D4:D9,C4:C9)】，按 Enter 键，完成后的效果如图 9-59 所示。

知识链接

SLOPE 函数

用途：返回经过给定数据点的线性回归拟合线方程的斜率(它是直线上任意两点的垂直距离与水平距离的比值，也就是回归直线的变化率)。

语法：SLOPE(known_y's，known_x's)

参数：known_y's 为数字型因变量数组/单元格区域，known_x's 为自变量数据点集合。

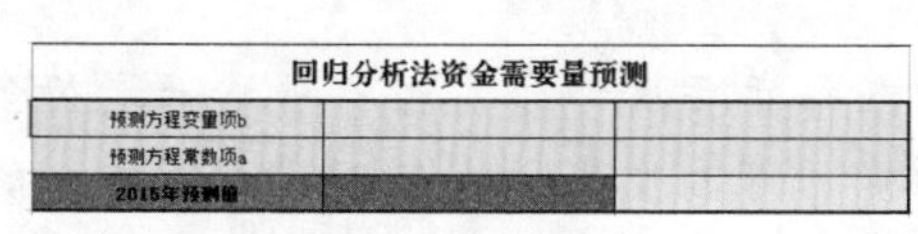

回归分析法资金需要量预测		
预测方程变量项b		
预测方程常数项a		
2015年预测值		

图 9-58　制作表格

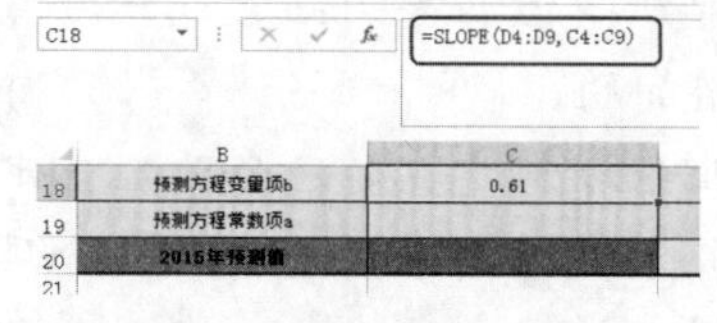

	B	C
18	预测方程变量项b	0.61
19	预测方程常数项a	
20	2015年预测值	

图 9-59　设置完列宽后的效果

step 27 使用同样的方法在 C19 单元格中输入公式【=INTERCEPT(D4:D9,C4:C9)】，在 C20 单元格中输入 1100，在 D20 单元格中输入公式【=C19+C18*C20】，如图 9-60 所示。

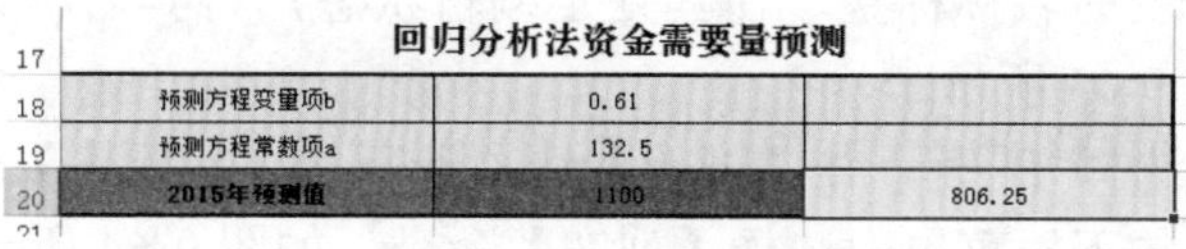

	回归分析法资金需要量预测		
18	预测方程变量项b	0.61	
19	预测方程常数项a	132.5	
20	2015年预测值	1100	806.25

图 9-60　输入公式后的效果

知识链接

INTERCEPT 函数：利用已知的 x 值与 y 值计算直线与 y 轴交叉点。交叉点是以通过 x 值和 y 值绘制的最佳拟合回归线为基础的。当自变量是 0(零)时，可使用 INTERCEPT 函数确定因变量的值。例如，当在室温或更高温度的情况下采集数据点时，可以使用 INTERCEPT 函数预测金属在 0℃时的电阻。

案例精讲 079　资金减值准备分析表

案例文件：CDROM\场景\Cha09\资金减值准备分析表.xlsx

视频文件：视频教学\Cha09\资金减值准备分析表.avi

制作概述

本案例主要讲解如何制作资金减值准备分析。资产减值准备分析是通过饼形图对资产减值准备表进行分析，通过其显示的百分比查看资产减值情况。完成后的效果如图 9-61 所示。

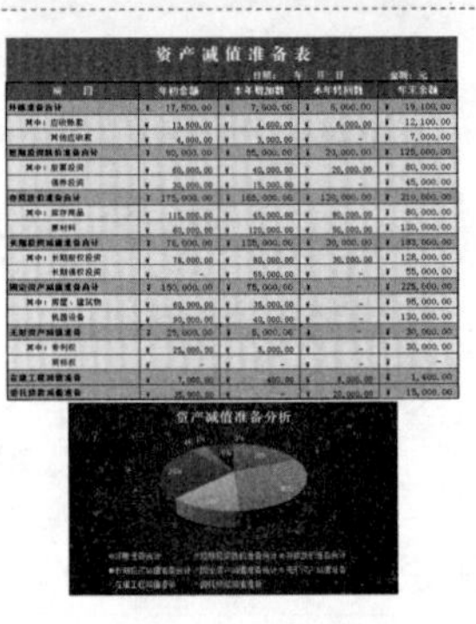

图 9-61　资金减值准备分析表

学习目标

- 学习如何对资金需要量进行预测。
- 掌握表格的制作和公式的应用。

操作步骤

step 01 启动 Excel 2013 软件后新建空白工作簿，如图 9-62 所示。

知识链接

资产减值准备明细表是反映企业一定会计期间各项资产减值准备的增减变动情况的报表。资产减值准备明细表包括在年度会计报表中，是资产负债表的附表，是会计制度改革新增加的。

企业会计制度规定，企业应当定期或者至少在每年年度终了，对各项资产进行全面检查，并根据谨慎原则的要求，合理地预计各项资产可能发生的损失，对可能发生的各项资产损失计提减值准备。在资产负债表中，企业的各项资产是以其账面价值列示的，即扣除了减值部分。为了全面反映企业各项资产的减值情况，给会计信息使用者提供决策有用的信息，便于深入分析资产减值情况，对企业的未来发展前景作出预测，要求企业编制资产减值准备明细表。

step 02 双击工作表的名称标签，使其处于编辑状态，将其名称设置为【资金减值准备分析】，如图 9-63 所示。

step 03 在场景中选择 B 列，在【开始】选项卡下的【单元格】选项组中单击【格式】按钮，在弹出的下拉菜单中选择【列宽】命令，如图 9-64 所示。

step 04 弹出【列宽】对话框，将【列宽】设置为 25，并单击【确定】按钮，如图 9-65

所示。

step 05 使用同样的方法，将 C～F 列单元格的【列宽】设置为 15，完成后的效果如图 9-66 所示。

step 06 选择第 2 行单元格区域，在数字 2 位置右击，在弹出的快捷菜单中选择【行高】命令，如图 9-67 所示。

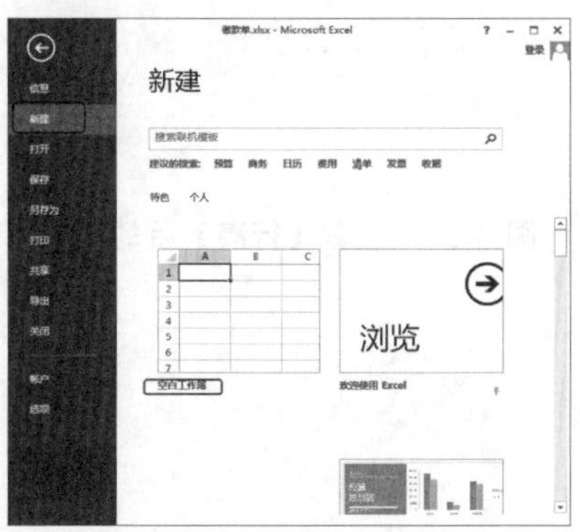

图 9-62 选择【空白工作簿】选项

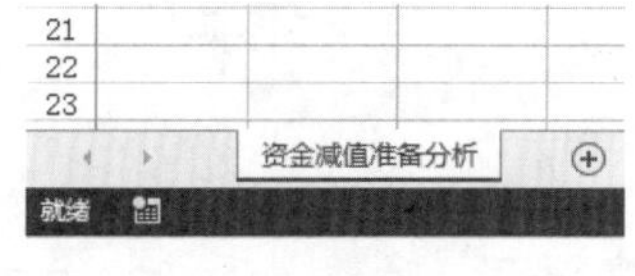

图 9-63 修改表格名称

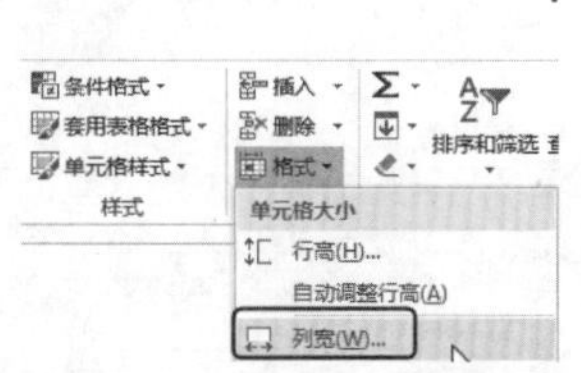

图 9-64 选择【列宽】命令

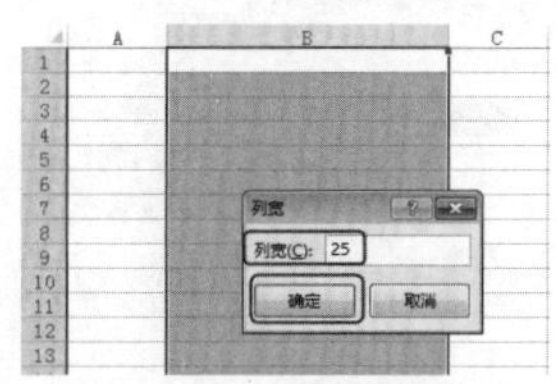

图 9-65 设置【列宽】

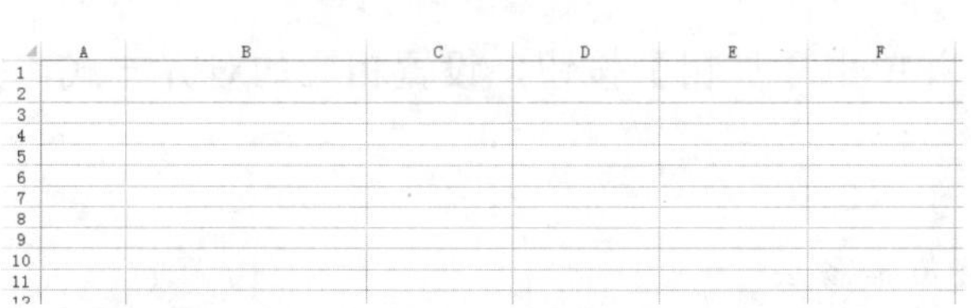

图 9-66 设置【列宽】后的效果

图 9-67 选择【行高】命令

step 07 弹出【行高】对话框，将【行高】设置为38.25，单击【确定】按钮，如图9-68 所示。

step 08 使用同样的方法将第 3 行的【行高】设置为 15，第 4 行的【行高】设置为 20.25，第 5～24 行的【行高】设置为 18，如图 9-69 所示。

step 09 选择 B2:F2 单元格区域，切换到【开始】选项卡，在【对齐方式】选项组中单击【合并后居中】按钮，将其合并居中，如图 9-70 所示。

step 10 在上一步合并的单元格中配合空格键输入【资产减值准备表】，在【字体】选项组中，将【字体】设置为【方正大标宋简体】，【字号】设置为 20，如图 9-71 所示。

step 11 使用前面讲过的方法将 D3:E3 单元格进行合并，并在合并的单元格和 F3 单元格中输入文字，将【字体】设置为【方正大标宋简体】，【字号】设置为 11，如图 9-72 所示。

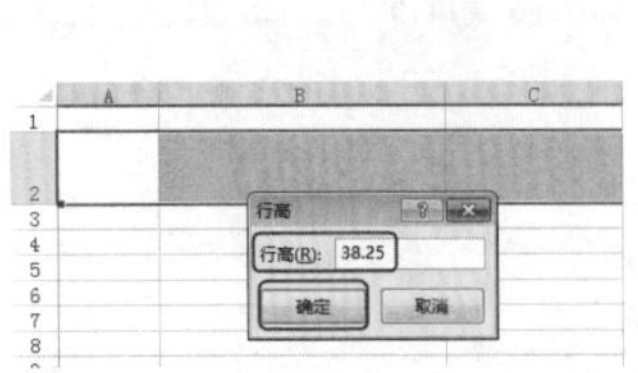

图 9-68　设置【行高】

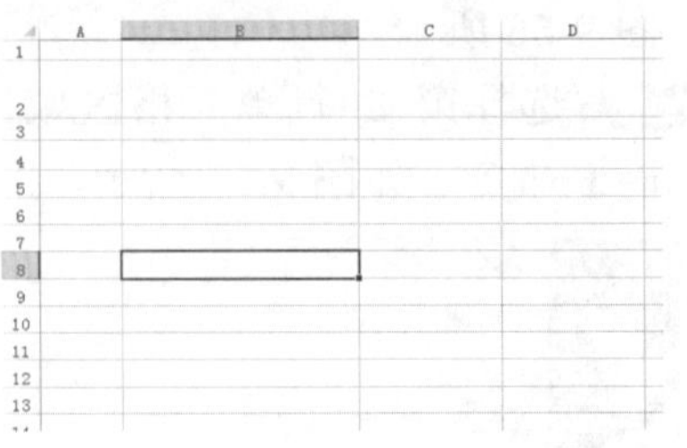

图 9-69　设置【行高】后的效果

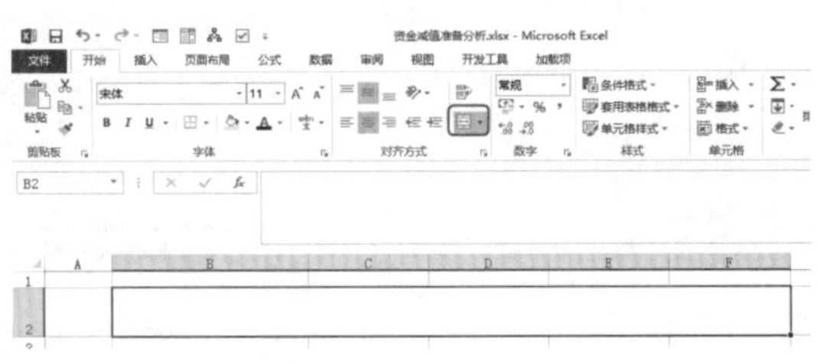

图 9-70　合并单元格

图 9-71　输入文字

图 9-72　输入文字

step 12 在 B4:F4 单元格中输入文字，并单击【加粗】按钮，设置相应的对齐方式，完成后的效果如图 9-73 所示。

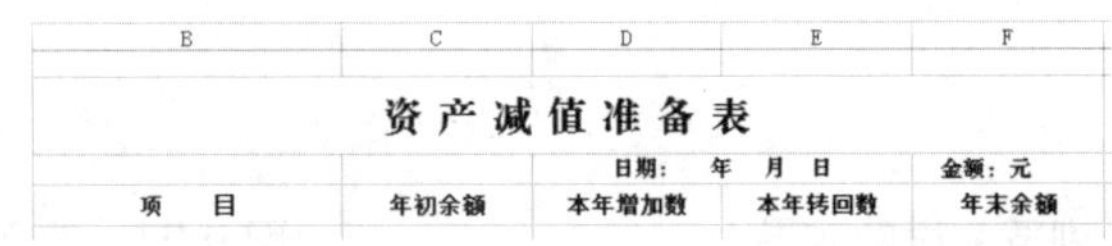

B	C	D	E	F
资产减值准备表				
		日期：　年　月　日		金额：元
项　目	年初余额	本年增加数	本年转回数	年末余额

图 9-73　输入文字

step 13 选择 B2:F4 单元格区域，切换到【开始】选项卡，在【字体】选项组中将【填充颜色】设置为【绿色，着色 6，深色 25%】，【字体颜色】设置为【白色，背景 1】，如图 9-74 所示。

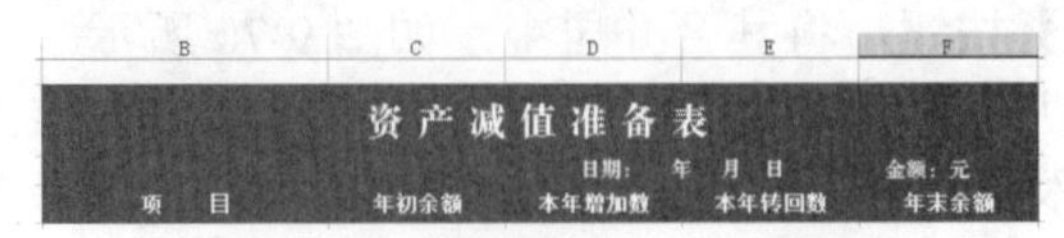

图 9-74　设置填充颜色和字体颜色

step 14 在场景中选择 B4:F24 单元格区域，在【开始】选项卡的【字体】选项组中单击【边框设置】右侧的下三角按钮，在弹出的下拉菜单中选择【其他边框】命令，如图 9-75 所示。

step 15 弹出【设置单元格格式】对话框，选择图 9-76 所示的线条样式，并单击【外边框】按钮，如图 9-76 所示。

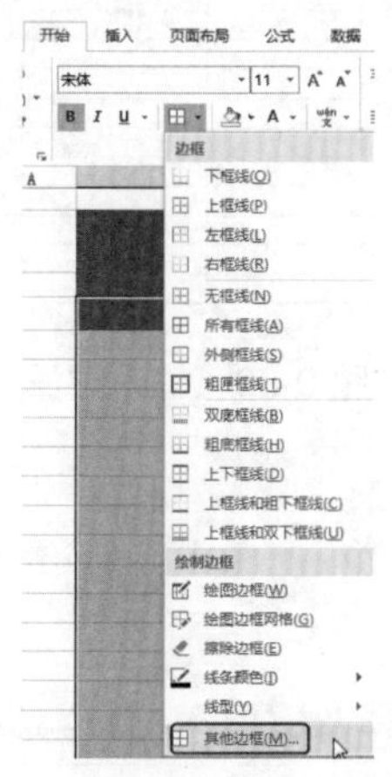

图 9-75　选择【其他边框】命令

图 9-76　设置【外边框】

step 16 继续选择【线条样式】，然后单击【内部】按钮，单击【确定】按钮，如图 9-77 所示。

step 17 设置边框后的效果如图 9-78 所示。

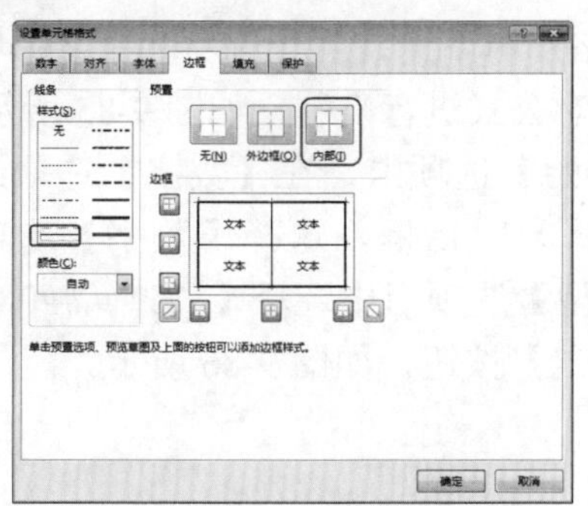

图 9-77　设置【内部】框线

图 9-78　预览效果

step 18 在 B5:B24 单元格中配合空格键输入文字，将【字体】设置为【宋体】，【字号】设置为 10，并对部分文字加粗显示和【左对齐】，完成后的效果如图 9-79 所示。

step 19 在单元格中输入数据，将【字体】设置为【宋体】，【字号】设置为 10，完成后的效果如图 9-80 所示。

step 20 选择 C5 单元格，并在其内输入公式【=SUM(C6:C7)】，按 Enter 键，完成公式创建，如图 9-81 所示。

step 21 将光标置于 C5 单元格的右下角，当光标变为十字形状时，按住鼠标左键向右拖动至 E5 单元格中，复制公式，如图 9-82 所示。

项　目
坏账准备合计
其中：应收账款
其他应收款
短期投资跌价准备合计
其中：股票投资
债券投资
存货跌价准备合计
其中：库存商品
原材料
长期投资减值准备合计
其中：长期股权投资
长期债权投资
固定资产减值准备合计
其中：房屋、建筑物
机器设备
无形资产减值准备
其中：专利权
商标权
在建工程减值准备
委托贷款减值准备

图 9-79　输入文字

项　目	年初余额	本年增加数	本年转回数	年末余额
坏账准备合计				
其中：应收账款	13500	4600	6000	
其他应收款	4000	3000	0	
短期投资跌价准备合计				
其中：股票投资	60000	40000	20000	
债券投资	30000	15000	0	
存货跌价准备合计				
其中：库存商品	115000	45000	80000	
原材料	60000	120000	50000	
长期投资减值准备合计				
其中：长期股权投资	78000	80000	30000	
长期债权投资	0	55000	0	
固定资产减值准备合计				
其中：房屋、建筑物	60000	35000	0	
机器设备	90000	40000	0	
无形资产减值准备				
其中：专利权	25000	5000	0	
商标权	0	0	0	
在建工程减值准备	7000	400	6000	
委托贷款减值准备	35000	0	20000	

图 9-80　输入数据

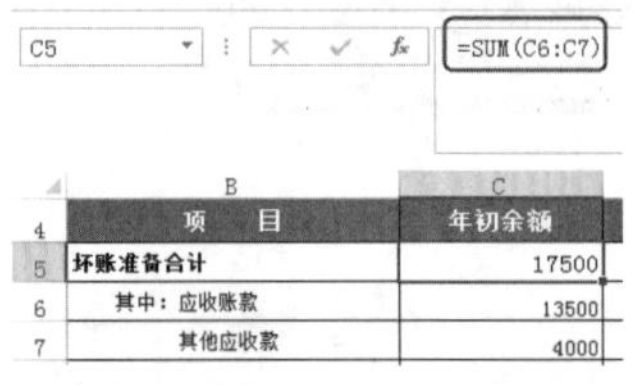

C5　=SUM(C6:C7)

项　目	年初余额
坏账准备合计	17500
其中：应收账款	13500
其他应收款	4000

图 9-81　输入公式

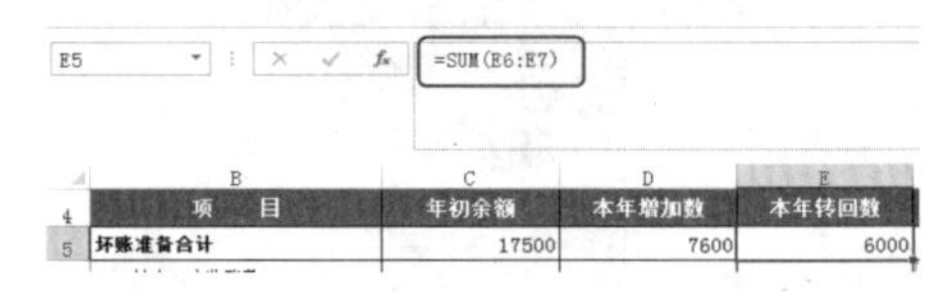

E5　=SUM(E6:E7)

项　目	年初余额	本年增加数	本年转回数
坏账准备合计	17500	7600	6000

图 9-82　复制公式

step 22 使用同样的方法对其他的准备合计进行计算，完成后的效果如图 9-83 所示。

step 23 在 F5 单元格中输入公式【=C5+D5-E5】，按 Enter 键，完成公式的创建，如图 9-84 所示。

step 24 选择 F5 单元格区域，将光标置于该表格的右下角，当光标变为十字形状时，按住鼠标左键向下拖动，拖至到 F24 单元格，对公式进行复制，如图 9-85 所示。

step 25 选择 C5:F24 单元格区域，切换到【开始】选项卡，在【数字】选项组中单击【数字格式】按钮，弹出【设置单元格格式】对话框，选择【数字】选项卡，在【分类】选项组中选择【自定义】，在【类型】选项组中选择【_ ¥* #,##0.00_ ;_ ¥* -#,##0.00_ ;_ ¥* "-"??_ ;_ @_】，并单击【确定】按钮，如图 9-86 所示。

项　目	年初余额	本年增加数	本年转回数	年末余额
坏账准备合计	17500	7600	6000	
其中：应收账款	13500	4600	6000	
其他应收款	4000	3000	0	
短期投资跌价准备合计	90000	55000	20000	
其中：股票投资	60000	40000	20000	
债券投资	30000	15000	0	
存货跌价准备合计	175000	165000	130000	
其中：库存商品	115000	45000	80000	
原材料	60000	120000	50000	
长期投资减值准备合计	78000	135000	30000	
其中：长期股权投资	78000	80000	30000	
长期债权投资	0	55000	0	
固定资产减值准备合计	150000	75000	0	
其中：房屋、建筑物	60000	35000	0	
机器设备	90000	40000	0	
无形资产减值准备	25000	5000	0	
其中：专利权	25000	5000	0	
商标权	0	0	0	
在建工程减值准备	7000	400	6000	
委托贷款减值准备	35000	0	20000	

图 9-83　输入公式

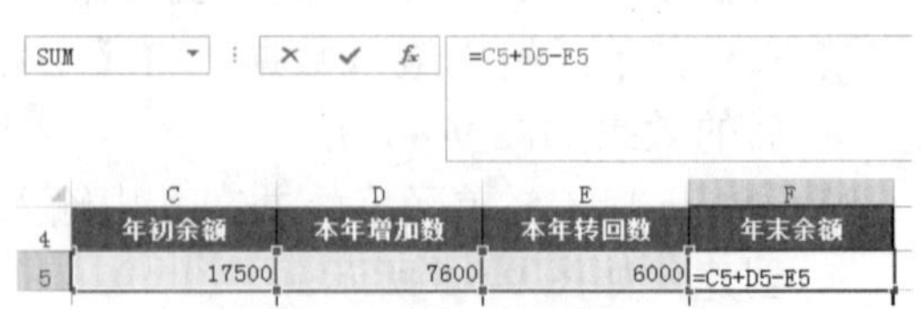

SUM　=C5+D5-E5

年初余额	本年增加数	本年转回数	年末余额
17500	7600	6000	=C5+D5-E5

图 9-84　输入公式

	D	E	F
4	本年增加数	本年转回数	年末余额
5	7600	6000	19100
6	4600	6000	12100
7	3000	0	7000
8	55000	20000	125000
9	40000	20000	80000
10	15000	0	45000
11	165000	130000	210000
12	45000	80000	80000
13	120000	50000	130000
14	135000	30000	183000
15	80000	30000	128000
16	55000	0	55000
17	75000	0	225000
18	35000	0	95000
19	40000	0	130000
20	5000	0	30000
21	5000	0	30000
22	0	0	0
23	400	6000	1400
24	0	20000	15000

图 9-85　复制公式

图 9-86　设置数字格式

step 26 设置数字格式后的效果如图 9-87 所示。

step 27 在场景中设置单元格的【填充颜色】，将【合计】行的【填充颜色】设置为【绿色，着色 6，淡色 40%】，将【其中】行的【填充颜色】设置为【绿色，着色 6，淡色 80%】，完成后的效果如图 9-88 所示。

B	C	D	E	F
项　目	年初余额	本年增加数	本年转回数	年末余额
坏账准备合计	¥ 17,500.00	¥ 7,600.00	¥ 6,000.00	¥ 19,100.00
其中：应收账款	¥ 13,500.00	¥ 4,600.00	¥ 6,000.00	¥ 12,100.00
其他应收款	¥ 4,000.00	¥ 3,000.00	¥ -	¥ 7,000.00
短期投资跌价准备合计	¥ 90,000.00	¥ 55,000.00	¥ 20,000.00	¥ 125,000.00
其中：股票投资	¥ 60,000.00	¥ 40,000.00	¥ 20,000.00	¥ 80,000.00
债券投资	¥ 30,000.00	¥ 15,000.00	¥ -	¥ 45,000.00
存货跌价准备合计	¥ 175,000.00	¥ 165,000.00	¥ 130,000.00	¥ 210,000.00
其中：库存商品	¥ 115,000.00	¥ 45,000.00	¥ 80,000.00	¥ 80,000.00
原材料	¥ 60,000.00	¥ 120,000.00	¥ 50,000.00	¥ 130,000.00
长期投资减值准备合计	¥ 78,000.00	¥ 135,000.00	¥ 30,000.00	¥ 183,000.00
其中：长期股权投资	¥ 78,000.00	¥ 80,000.00	¥ 30,000.00	¥ 128,000.00
长期债权投资	¥ -	¥ 55,000.00	¥ -	¥ 55,000.00
固定资产减值准备合计	¥ 150,000.00	¥ 75,000.00	¥ -	¥ 225,000.00
其中：房屋、建筑物	¥ 60,000.00	¥ 35,000.00	¥ -	¥ 95,000.00
机器设备	¥ 90,000.00	¥ 40,000.00	¥ -	¥ 130,000.00
无形资产减值准备	¥ 25,000.00	¥ 5,000.00	¥ -	¥ 30,000.00
其中：专利权	¥ 25,000.00	¥ 5,000.00	¥ -	¥ 30,000.00
商标权	¥ -	¥ -	¥ -	¥ -
在建工程减值准备	¥ 7,000.00	¥ 400.00	¥ 6,000.00	¥ 1,400.00
委托贷款减值准备	¥ 35,000.00	¥ -	¥ 20,000.00	¥ 15,000.00

图 9-87　设置公式后的效果

	B	C	D	E	F
4	项　目	年初余额	本年增加数	本年转回数	年末余额
5	坏账准备合计	¥ 17,500.00	¥ 7,600.00	¥ 6,000.00	¥ 19,100.00
6	其中：应收账款	¥ 13,500.00	¥ 4,600.00	¥ 6,000.00	¥ 12,100.00
7	其他应收款	¥ 4,000.00	¥ 3,000.00	¥ -	¥ 7,000.00
8	短期投资跌价准备合计	¥ 90,000.00	¥ 55,000.00	¥ 20,000.00	¥ 125,000.00
9	其中：股票投资	¥ 60,000.00	¥ 40,000.00	¥ 20,000.00	¥ 80,000.00
10	债券投资	¥ 30,000.00	¥ 15,000.00	¥ -	¥ 45,000.00
11	存货跌价准备合计	¥ 175,000.00	¥ 165,000.00	¥ 130,000.00	¥ 210,000.00
12	其中：库存商品	¥ 115,000.00	¥ 45,000.00	¥ 80,000.00	¥ 80,000.00
13	原材料	¥ 60,000.00	¥ 120,000.00	¥ 50,000.00	¥ 130,000.00
14	长期投资减值准备合计	¥ 78,000.00	¥ 135,000.00	¥ 30,000.00	¥ 183,000.00
15	其中：长期股权投资	¥ 78,000.00	¥ 80,000.00	¥ 30,000.00	¥ 128,000.00
16	长期债权投资	¥ -	¥ 55,000.00	¥ -	¥ 55,000.00
17	固定资产减值准备合计	¥ 150,000.00	¥ 75,000.00	¥ -	¥ 225,000.00
18	其中：房屋、建筑物	¥ 60,000.00	¥ 35,000.00	¥ -	¥ 95,000.00
19	机器设备	¥ 90,000.00	¥ 40,000.00	¥ -	¥ 130,000.00
20	无形资产减值准备	¥ 25,000.00	¥ 5,000.00	¥ -	¥ 30,000.00
21	其中：专利权	¥ 25,000.00	¥ 5,000.00	¥ -	¥ 30,000.00
22	商标权	¥ -	¥ -	¥ -	¥ -
23	在建工程减值准备	¥ 7,000.00	¥ 400.00	¥ 6,000.00	¥ 1,400.00
24	委托贷款减值准备	¥ 35,000.00	¥ -	¥ 20,000.00	¥ 15,000.00

图 9-88　设置【行高】后的效果

step 28 在【资产减值准备表】中选择 B5:F5、B8:F8、B11:F11、B14:F14、B17:F17、B20:F20、B23:F24 单元格区域，切换到【插入】选项卡，在【图表】选项组中单击【插入饼图或圆环图】按钮，在弹出的下拉菜单中选择【三维饼图】命令，如图 9-89 所示。

知识链接

饼图可以用来将数据点(数据点:在图表中绘制的单个值，这些值由条形、柱形、折线、饼图或圆环图的扇面、圆点和其他被称为数据标记的图形表示。相同颜色的数据标记组成一个数据系列)显示为数据总额的百分比。但是，当多个数据点的数据值都小于饼图的 5% 时，区分各个扇区将十分困难。

step 29 选择插入的图表，切换到【图表工具】下的【设计】选项卡，在【图表样式】选项组中选择【样式 7】，如图 9-90 所示。

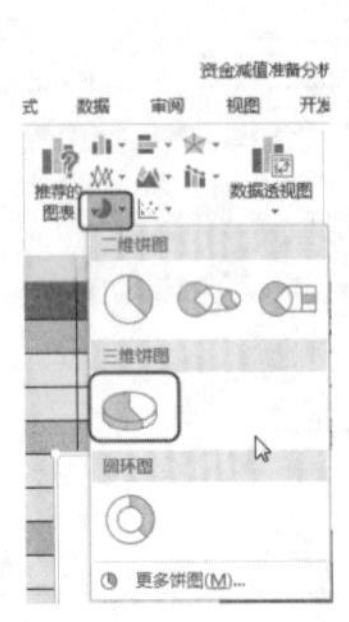

图 9-89　输入文字

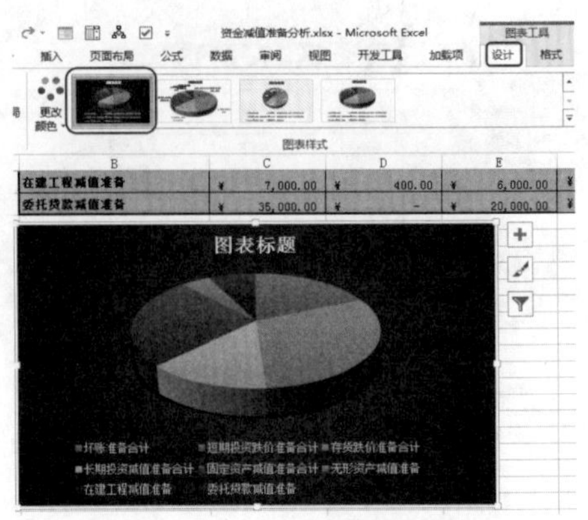

图 9-90　应用图表样式

step 30 选择插入的图表，单击【图表元素】按钮，在其下拉菜单中选择【图表标题】、【数据标签】和【图例】复选框，如图 9-91 所示。

除了使用上述方法添加图表元素外，用户还可以切换到【图表工具】下的【设计】，在【图表布局】选项组中单击【添加图表元素】按钮，在弹出的下拉菜单中也可以添加相应的图表元素。

step 31 在图表中选择数据并右击，在弹出的快捷菜单中选择【设置数据标签格式】命令，如图 9-92 所示。

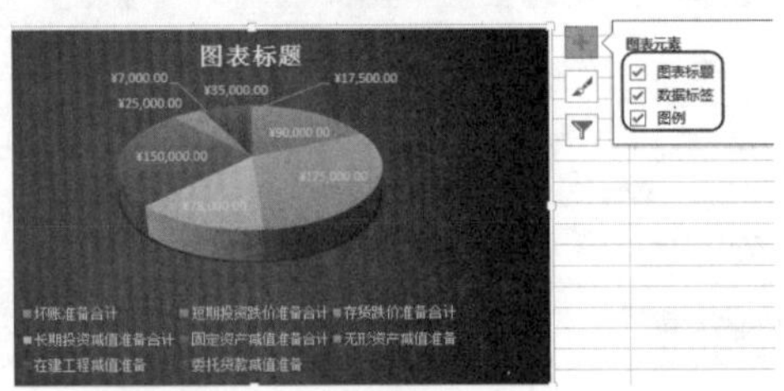

图 9-91　设置图表元素

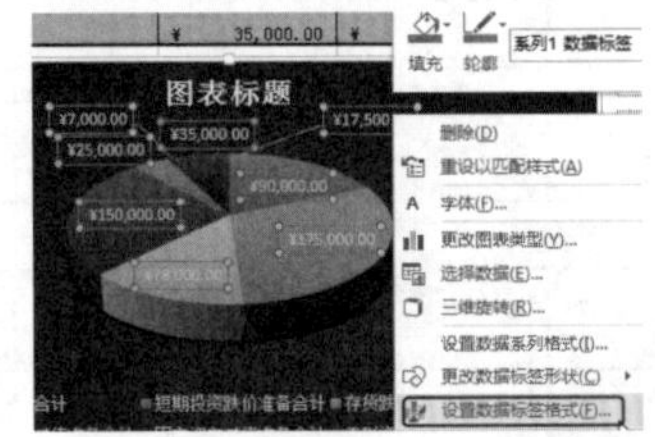

图 9-92　选择【设置数据标签格式】命令

step 32 弹出【设置数据标签格式】面板，在【标签选项】中选中【百分比】复选框，并取消选中【值】复选框，如图 9-93 所示。

step 33 将图表的标题修改为【资产减值准备分析】，如图 9-94 所示。

图 9-93　设置标签格式

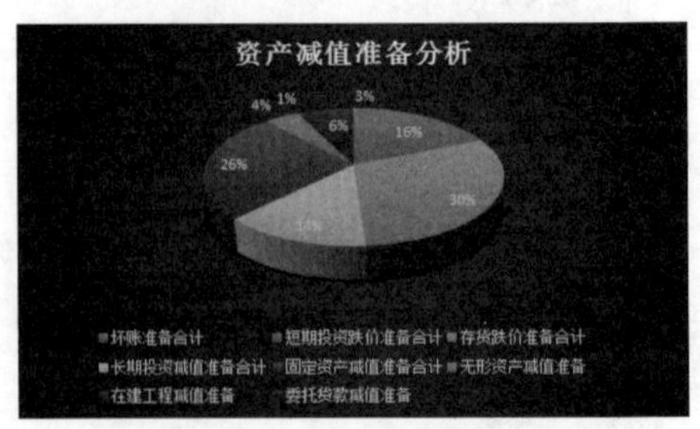

图 9-94　修改图表标题

案例精讲 080　现金流量表

案例文件：CDROM\场景\Cha09\现金流量表.xlsx

视频文件：视频教学\Cha09\现金流量表.avi

制作概述

本案例主要讲解如何制作现金流量表。通过该表格可以准确地反映不同活动产生的现金流量表。完成后的效果如图 9-95 所示。

现金流量表				
			年度：2014年	
项目名称	第一季度	第二季度	第三季度	第四季度
一、经营活动产生的现金流量				
销售商品，提供劳务收到的现金	¥ 600,000.00	¥ 570,000.00	¥ 700,000.00	¥ 750,000.00
收到的税费返还	¥ 1,500.00	¥ 1,200.00	¥ 2,200.00	¥ 2,500.00
收到的其他与经营活动有关的现金	¥ 8,000.00	¥ 75,000.00	¥ 8,500.00	¥ 9,000.00
现金流入小计	¥ 609,500.00	¥ 646,200.00	¥ 710,700.00	¥ 761,500.00
购买商品，接受劳务支付的现金	¥ 110,000.00	¥ 120,000.00	¥ 135,000.00	¥ 145,000.00
支付给职工以及为职工支付的现金	¥ 25,000.00	¥ 30,000.00	¥ 35,000.00	¥ 40,000.00
支付的各项税费	¥ 8,000.00	¥ 1,000.00	¥ 12,300.00	¥ 15,000.00
支付的其他与经营活动有关的现金	¥ 8,000.00	¥ 12,000.00	¥ 14,000.00	¥ 16,000.00
现金流出小计	[illegible]	[illegible]	[illegible]	[illegible]
经营活动产生的现金流量净额	¥ 458,500.00	¥ 483,200.00	¥ 514,400.00	¥ 546,500.00
二、投资活动产生的现金流量				
收回投资所收到的现金	¥ 500,000.00	¥ 250,000.00	¥ 280,000.00	¥ 240,000.00
取得投资收益所收到的现金	¥ 150,000.00	¥ 180,000.00	¥ 200,000.00	¥ 150,000.00
处置固定资产无形资产其他资产收到的现金净额	¥ 5,500.00	¥ 5,000.00	¥ 5,600.00	¥ 6,000.00
收到的其他与投资活动有关的现金	¥ 2,000.00	¥ 2,500.00	¥ 2,300.00	¥ 2,200.00
现金流入小计	¥ 657,500.00	¥ 437,500.00	¥ 487,900.00	¥ 398,200.00
购建固定资产无形资产其他资产支付的现金	¥ 400,000.00	¥ 220,000.00	¥ 200,000.00	¥ 200,000.00
投资所支付的现金	¥ 150,000.00	¥ 70,000.00	¥ 100,000.00	¥ 4,000.00
支付的其他与投资活动有关的现金	¥ 40,000.00	¥ 5,000.00	¥ 10,000.00	¥ 5,000.00
现金流出小计	[illegible]	[illegible]	[illegible]	[illegible]
投资活动产生的现金流量净额	¥ 67,500.00	¥ 142,500.00	¥ 177,900.00	¥ 189,200.00
三、筹资活动产生的现金流量				
吸收投资收到的现金	¥ 22,000.00	¥ 180,000.00	¥ 270,000.00	¥ 150,000.00
借款所收到的现金	¥ 8,000.00	¥ 50,000.00	¥ 80,000.00	¥ 60,000.00
收到的其他与筹资活动有关的现金	¥ 10,000.00	¥ 6,000.00	¥ 4,500.00	¥ 3,000.00
现金流入小计	¥ 40,000.00	¥ 236,000.00	¥ 354,500.00	¥ 213,000.00
偿还债务所支付的现金	¥ 10,000.00	¥ 120,000.00	¥ 140,000.00	¥ 100,000.00
分配股利利润或偿付利息支付的现金	¥ 6,000.00	¥ 12,000.00	¥ 13,000.00	¥ 2,000.00
支付的其他与筹资活动有关的现金	¥ 6,000.00	¥ 10,000.00	¥ 8,000.00	¥ 9,000.00
现金流出小计	[illegible]	[illegible]	[illegible]	[illegible]
筹资活动产生的现金流量净额	¥ 18,000.00	¥ 94,000.00	¥ 193,500.00	¥ 102,000.00
四、现金及现金等价物增加净额	¥ 544,000.00	¥ 719,700.00	¥ 885,800.00	¥ 836,700.00

图 9-95　现金流量表

学习目标

- 学习如何制作现金流量表。
- 掌握现金流量表的制作步骤。

操作步骤

step 01 启动 Excel 2013 软件后新建空白工作簿，如图 9-96 所示。

知识链接

现金流量表是财务报表的 3 个基本报告之一，所表达的是在一固定期间(通常是每月或每季)内，一家机构的现金(包含银行存款)增减变动情形，现金流量表，主要是反映出资产负债表中各个项目对现金流量的影响，并根据其用途划分为经营、投资及融资 3 个活动分类。现金流量表可用于分析一家机构在短期内有没有足够现金去应付开销。《国际财务报告准则》第 7 号公报规范现金流量表的编制。

---

step 02 双击工作表的名称标签，使其处于编辑状态，将其名称设置为【现金流量表】，如图 9-97 所示。

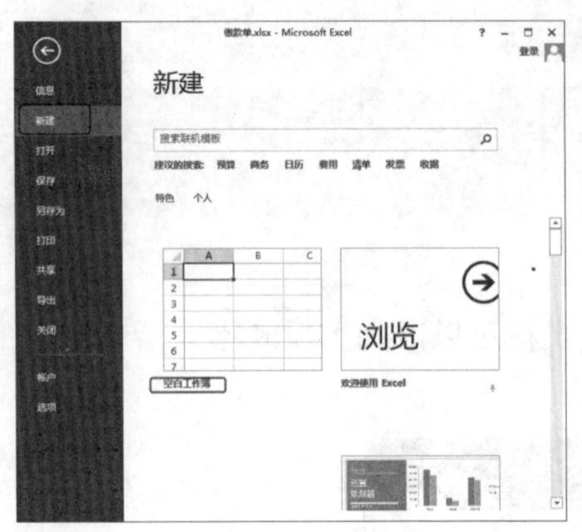

图 9-96　选择【空白工作簿】选项

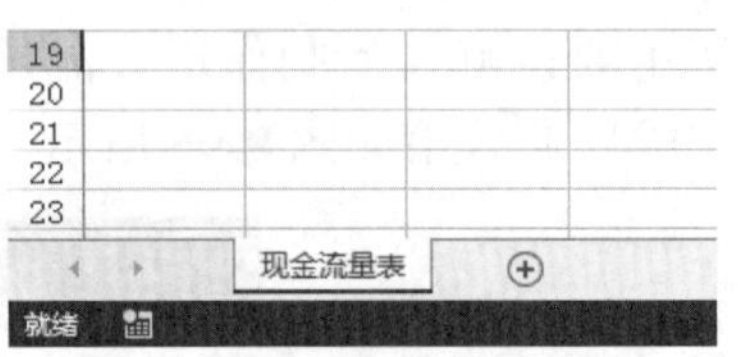

图 9-97　修改表格名称

step 03 在场景中选择 B 列，在【开始】选项卡下的【单元格】选项组中单击【格式】按钮，在弹出的下拉菜单中选择【列宽】命令，如图 9-98 所示。

step 04 弹出【列宽】对话框，将【列宽】设置为 32，并单击【确定】按钮，如图 9-99 所示。

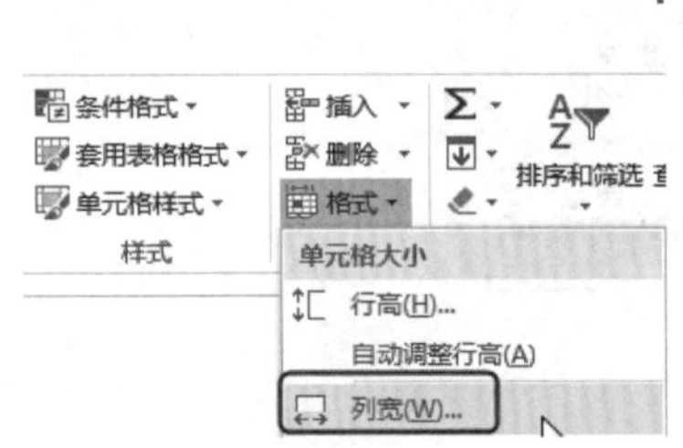

图 9-98　选择【列宽】命令

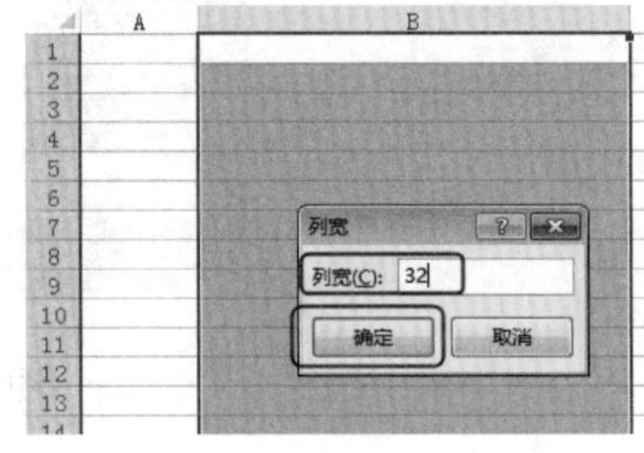

图 9-99　设置【列宽】

step 05 使用同样的方法，将 C～F 列单元格的【列宽】设置为 18，完成后的效果如图 9-100 所示。

step 06 选择第 2 行单元格区域，在数字 2 位置右击，在弹出的快捷菜单中选择【行高】命令，如图 9-101 所示。

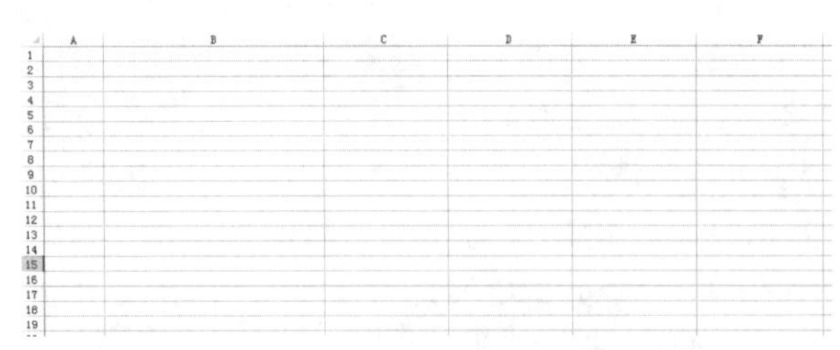

图 9-100　设置【列宽】后的效果

图 9-101　选择【行高】命令

step 07 弹出【行高】对话框，将【行高】设置为 43，单击【确定】按钮，如图 9-102 所示。

step 08 使用同样的方法将第 3 行的【行高】设置为 13.5，第 4 行的【行高】设置为 25，第 5～37 行的【行高】设置为 20，如图 9-103 所示。

step 09 选择 B2:F2 单元格区域，切换到【开始】选项卡，在【对齐方式】选项组中单击【合并后居中】按钮，将其合并居中，如图 9-104 所示。

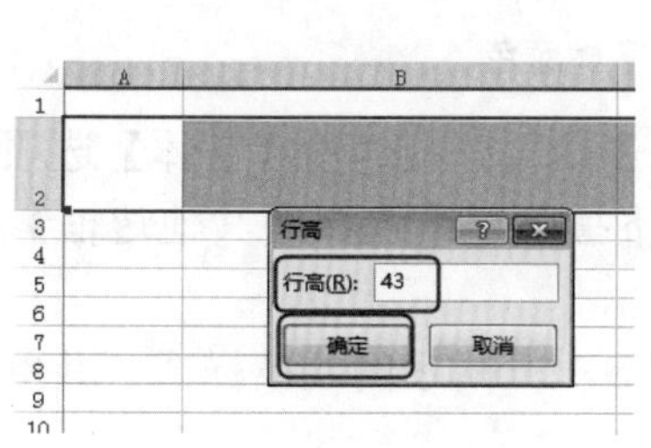

图 9-102　设置【行高】

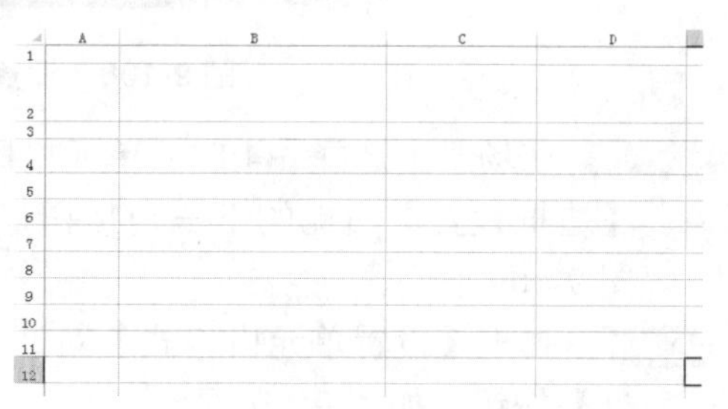

图 9-103　设置【行高】后的效果

图 9-104　合并单元格

step 10 在上一步合并的单元格中配合空格键输入【现金流量表】，在【字体】选项组中，将【字体】设置为【方正大标宋简体】，【字号】设置为 26，如图 9-105 所示。

step 11 使用前面讲过的方法将 E3:F3 单元格进行合并，并在合并的单元格中输入文字，将【字体】设置为【方正大标宋简体】，【字号】设置为 11，如图 9-106 所示。

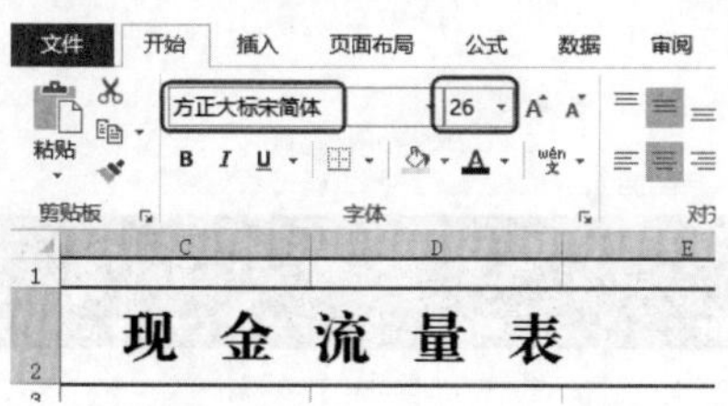

图 9-105　输入文字

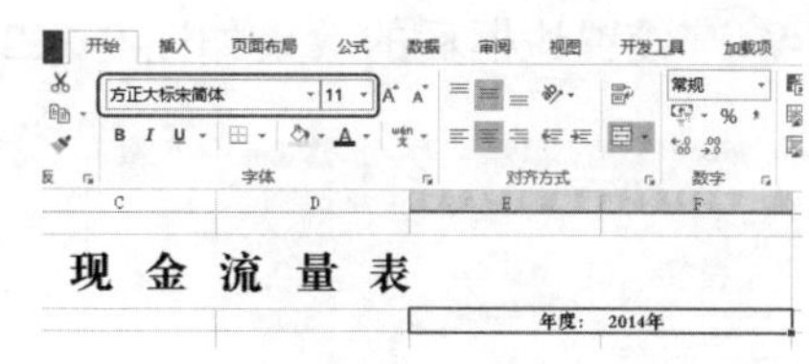

图 9-106　输入文字

step 12 在 B4:F4 单元格中结合空格键输入文字，将【字体】设置为【方正大标宋简体】，【字号】设置为 13，并单击【加粗】按钮，完成后的效果如图 9-107 所示。

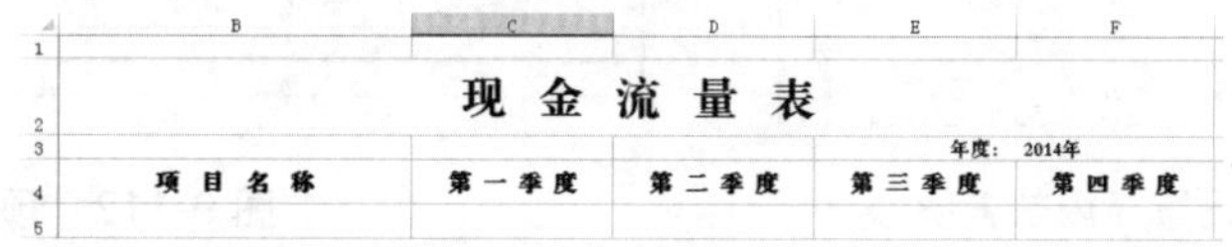

图 9-107　输入文字

step 13 选择 B2:F4 单元格区域，切换到【开始】选项卡，在【字体】选项组中将【填充颜色】设置为【深红】，将【字体颜色】设置为【白色，背景 1】，如图 9-108 所示。

图 9-108　设置填充颜色和字体颜色

step 14 在场景中选择 B4:F37 单元格区域，在【开始】选项卡的【字体】选项组中单击【边框设置】右侧的下三角按钮，在弹出的下拉菜单中选择【其他边框】命令，如图 9-109 所示。

step 15 弹出【设置单元格格式】对话框，选择图 9-110 所示的线条样式，并单击【外边框】按钮，如图 9-110 所示。

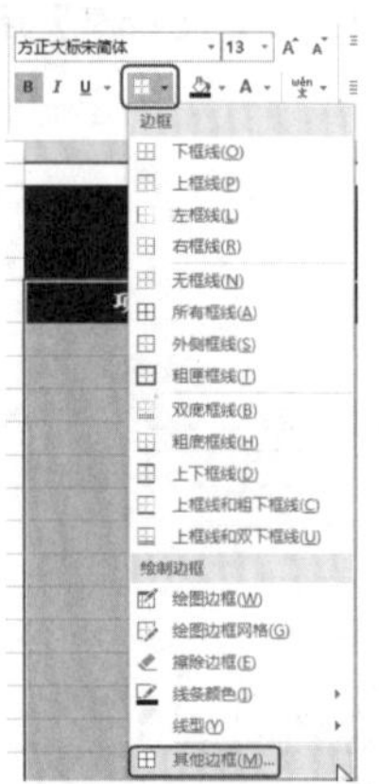

图 9-109　选择【其他边框】命令

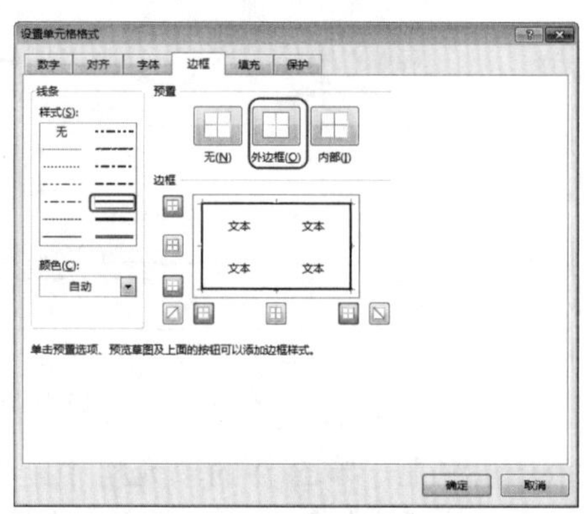

图 9-110　设置【外边框】

step 16 继续选择【线条样式】，然后单击【内部】按钮，单击【确定】按钮，如图 9-111 所示。

step 17 设置边框后的效果如图 9-112 所示。

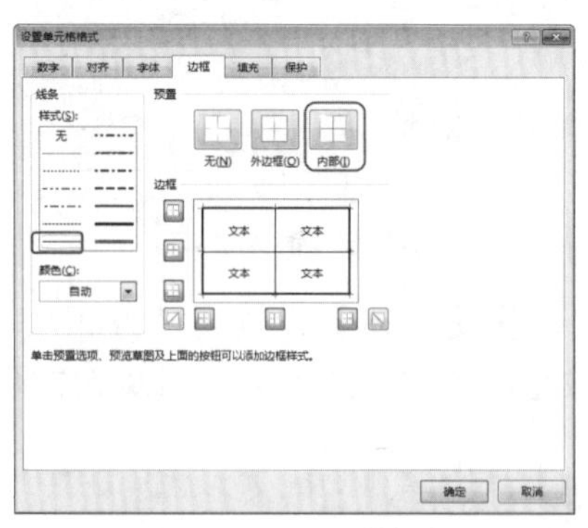

图 9-111　设置【内部】框线

图 9-112　预览效果

step 18 使用前面介绍的方法，分别对 B5:F5、B16:F16、B27:F27 单元格进行合并，并在合并的单元格中输入文字，将【字体】设置为【方正大标宋简体】，【字号】设

置为 12，将【填充颜色】设置为黄色，将【字体颜色】设置为红色，完成后的效果如图 9-113 所示。

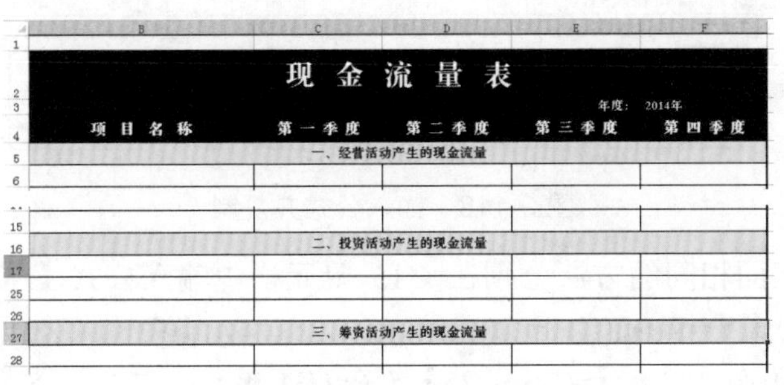

图 9-113　预览效果

step 19 在 B 列单元格中输入文字，并将【字体】设置为【微软雅黑】，【字号】设置为 9，并设置合适的对齐方式，如图 9-114 所示。

step 20 在单元格中输入文字，如图 9-115 所示。

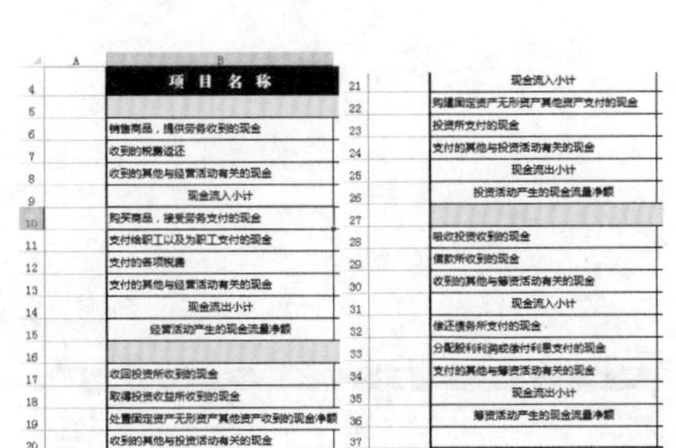

图 9-114　输入文字并设置

项目名称	第一季度	第二季度	第三季度	第四季度
一、经营活动产生的现金流量				
销售商品，提供劳务收到的现金	600000	570000	700000	750000
收到的税费返还	1500	1200	2200	2500
收到的其他与经营活动有关的现金	8000	75000	8500	9000
现金流入小计				
购买商品，接受劳务支付的现金	110000	120000	135000	145000
支付给职工以及为职工支付的现金	25000	30000	35000	40000
支付的各项税费	8000	1000	12300	15000
支付的其他与经营活动有关的现金	8000	12000	14000	16000
现金流出小计				
经营活动产生的现金流量净额				
二、投资活动产生的现金流量				
收回投资所收到的现金	500000	250000	280000	240000
取得投资收益所收到的现金	150000	180000	200000	150000
处置固定资产无形资产其他资产收到的现金净额	5500	5000	5600	6000
收到的其他与投资活动有关的现金	2000	2500	2300	2200
现金流入小计				
购建固定资产无形资产其他资产支付的现金	400000	220000	200000	200000
投资所支付的现金	150000	70000	100000	4000
支付的其他与投资活动有关的现金	40000	5000	10000	5000
现金流出小计				
投资活动产生的现金流量净额				
三、筹资活动产生的现金流量				
吸收投资收到的现金	22000	180000	270000	150000
借款所收到的现金	8000	50000	80000	60000
收到的其他与筹资活动有关的现金	10000	6000	4500	3000
现金流入小计				
偿还债务所支付的现金	10000	120000	140000	100000
分配股利利润或偿付利息支付的现金	6000	12000	13000	2000
支付的其他与筹资活动有关的现金	6000	10000	8000	9000
现金流出小计				
筹资活动产生的现金流量净额				

图 9-115　输入文字

step 21 在 C9 单元格中输入公式【=SUM(C6:C8)】，按 Enter 键完成公式的输入，如图 9-116 所示。

step 22 在单元格中选择 C9，将光标置于该单元格的右下角，按住鼠标左键向右拖动至 F9 单元格中，复制公式，如图 9-117 所示。

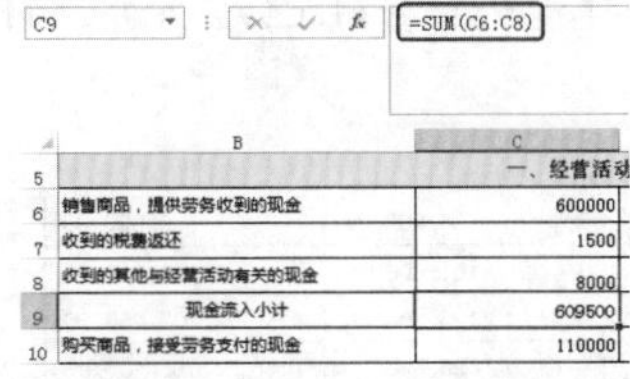

图 9-116　输入公式

项目名称	第一季度	第二季度	第三季度	第四季度
一、经营活动产生的现金流量				
销售商品，提供劳务收到的现金	600000	570000	700000	750000
收到的税费返还	1500	1200	2200	2500
收到的其他与经营活动有关的现金	8000	75000	8500	9000
现金流入小计	609500	646200	710700	761500
购买商品，接受劳务支付的现金	110000	120000	135000	145000

图 9-117　复制公式

step 23 选择 C14 单元格，并在其内输入公式【=SUM(C10:C13)】，将光标置于该单元格的右下角，按住鼠标左键向右拖动至 F14 单元格中，复制公式，如图 9-118 所示。

C14 =SUM(C10:C13)

	B	C	D	E	F
10	购买商品，接受劳务支付的现金	110000	120000	135000	145000
11	支付给职工以及为职工支付的现金	25000	30000	35000	40000
12	支付的各项税费	8000	1000	12300	15000
13	支付的其他与经营活动有关的现金	8000	12000	14000	16000
14	现金流出小计	151000	163000	196300	216000
15	经营活动产生的现金流量净额				
16	二、投资活动产生的现金流量				

图 9-118　输入公式并复制

step 24 使用与上面相同的方法分别在 C15 单元格中输入公式【=C9-C14】，在 C21 单元格中输入公式【=SUM(C17:C20)】，在 C25 单元格中输入公式【=SUM(C22:C24)】，在 C26 单元格中输入公式【=C21-C25】，在 C31 单元格中输入公式【=SUM(C28:C30)】，在 C35 单元格中输入公式【=SUM(C32:C34)】，在 C36 单元格中输入公式【=C31-C35】，在 C37 单元格中输入公式【=C15+C26+C36】，并依次对公式进行复制，完成后的效果如图 9-119 所示。

step 25 在场景中选择带有数据的单元格，切换到【开始】选项卡，在【数字】选项组中将【数字模式】设置为【会计专用】，效果如图 9-120 所示。

项目名称	第一季度	第二季度	第三季度	第四季度
一、经营活动产生的现金流量				
销售商品，提供劳务收到的现金	600000	570000	700000	750000
收到的税费返还	1500	1200	2200	2500
收到的其他与经营活动有关的现金	8000	75000	8500	9000
现金流入小计	609500	646200	710700	761500
购买商品，接受劳务支付的现金	110000	120000	135000	145000
支付给职工以及为职工支付的现金	25000	30000	35000	40000
支付的各项税费	8000	1000	12300	15000
支付的其他与经营活动有关的现金	8000	12000	14000	16000
现金流出小计	151000	163000	196300	216000
经营活动产生的现金流量净额	458500	483200	514400	545500
二、投资活动产生的现金流量				
收回投资所收到的现金	500000	250000	280000	240000
取得投资收益所收到的现金	150000	180000	200000	150000
处置固定资产无形资产其他资产收到的现金净额	5500	5000	5600	6000
收到的其他与投资活动有关的现金	2000	2500	2300	2200
现金流入小计	657500	437500	487900	398200
购建固定资产无形资产其他资产支付的现金	400000	220000	200000	200000
投资所支付的现金	150000	70000	100000	4000
支付的其他与投资活动有关的现金	40000	5000	10000	5000
现金流出小计	590000	295000	310000	209000
投资活动产生的现金流量净额	67500	142500	177900	189200
三、筹资活动产生的现金流量				
吸收投资收到的现金	22000	180000	270000	150000
借款所收到的现金	8000	50000	80000	60000
收到的其他与筹资活动有关的现金	10000	6000	4500	3000
现金流入小计	40000	236000	354500	213000
偿还债务所支付的现金	10000	120000	140000	100000
分配股利利润或偿付利息支付的现金	6000	12000	13000	2000
支付的其他与筹资活动有关的现金	6000	10000	8000	9000
现金流出小计	22000	142000	161000	111000
筹资活动产生的现金流量净额	18000	94000	193500	102000
	544000	719700	885800	836700

图 9-119　输入公式并复制

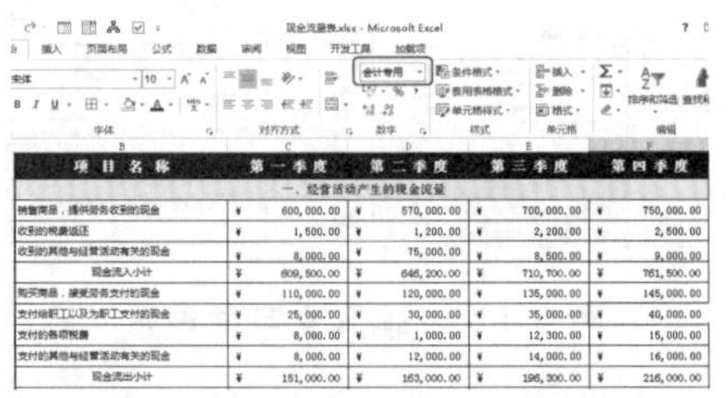

项目名称	第一季度	第二季度	第三季度	第四季度
一、经营活动产生的现金流量				
销售商品，提供劳务收到的现金	¥ 600,000.00	¥ 570,000.00	¥ 700,000.00	¥ 750,000.00
收到的税费返还	¥ 1,500.00	¥ 1,200.00	¥ 2,200.00	¥ 2,500.00
收到的其他与经营活动有关的现金	¥ 8,000.00	¥ 75,000.00	¥ 8,500.00	¥ 9,000.00
现金流入小计	¥ 609,500.00	¥ 646,200.00	¥ 710,700.00	¥ 761,500.00
购买商品，接受劳务支付的现金	¥ 110,000.00	¥ 120,000.00	¥ 135,000.00	¥ 145,000.00
支付给职工以及为职工支付的现金	¥ 25,000.00	¥ 30,000.00	¥ 35,000.00	¥ 40,000.00
支付的各项税费	¥ 8,000.00	¥ 1,000.00	¥ 12,300.00	¥ 15,000.00
支付的其他与经营活动有关的现金	¥ 8,000.00	¥ 12,000.00	¥ 14,000.00	¥ 16,000.00
现金流出小计	¥ 151,000.00	¥ 163,000.00	¥ 196,300.00	¥ 216,000.00

图 9-120　设置数字格式

step 26 选择 B37 单元格，并在其内输入【四、现金及现金等价物增加净额】，并将【字体】设置为【方正大标宋简体】，【字号】设置为 12，然后选择 B37:F37 单元格，将【填充颜色】设置为黄色，将【字体颜色】设置为红色，完成后的效果如图 9-121 所示。

	A	B	C	D	E	F
34		支付的其他与筹资活动有关的现金	¥ 6,000.00	¥ 10,000.00	¥ 8,000.00	¥ 9,000.00
35		现金流出小计	¥ 22,000.00	¥ 142,000.00	¥ 161,000.00	¥ 111,000.00
36		筹资活动产生的现金流量净额	¥ 18,000.00	¥ 94,000.00	¥ 193,500.00	¥ 102,000.00
37		四、现金及现金等价物增加净额	¥ 544,000.00	¥ 719,700.00	¥ 885,800.00	¥ 836,700.00
38						

图 9-121　设置单元格格式后的效果

step 27 使用前面讲过的方法对单元格进行填充，分别对齐填充【蓝色，着色 1，淡色

60%】、【橙色】、【灰色-50%，着色 3，淡色 60%】、【橙色，着色 2，淡色 25%】、【金色，着色 4，淡色 40%】，最终完成后的效果如图 9-122 所示。

现金流量表

年度：2014年

项目名称	第一季度	第二季度	第三季度	第四季度
一、经营活动产生的现金流量				
销售商品、提供劳务收到的现金	¥ 600,000.00	¥ 570,000.00	¥ 700,000.00	¥ 750,000.00
收到的税费返还	¥ 1,500.00	¥ 1,200.00	¥ 2,200.00	¥ 2,500.00
收到的其他与经营活动有关的现金	¥ 8,000.00	¥ 75,000.00	¥ 8,500.00	¥ 9,000.00
现金流入小计	¥ 609,500.00	¥ 646,200.00	¥ 710,700.00	¥ 761,500.00
购买商品，接受劳务支付的现金	¥ 110,000.00	¥ 120,000.00	¥ 135,000.00	¥ 145,000.00
支付给职工以及为职工支付的现金	¥ 25,000.00	¥ 30,000.00	¥ 35,000.00	¥ 40,000.00
支付的各项税费	¥ 8,000.00	¥ 1,000.00	¥ 12,300.00	¥ 15,000.00
支付的其他与经营活动有关的现金	¥ 8,000.00	¥ 12,000.00	¥ 14,000.00	¥ 16,000.00
现金流出小计	¥ [illegible]	¥ [illegible]	¥ [illegible]	¥ [illegible]
经营活动产生的现金流量净额	¥ 458,500.00	¥ 483,200.00	¥ 514,400.00	¥ 545,500.00
二、投资活动产生的现金流量				
收回投资所收到的现金	¥ 500,000.00	¥ 250,000.00	¥ 280,000.00	¥ 240,000.00
取得投资收益所收到的现金	¥ 150,000.00	¥ 180,000.00	¥ 200,000.00	¥ 150,000.00
处置固定资产无形资产其他资产收到的现金净	¥ 5,500.00	¥ 5,000.00	¥ 5,600.00	¥ 6,000.00
收到的其他与投资活动有关的现金	¥ 2,000.00	¥ 2,500.00	¥ 2,300.00	¥ 2,200.00
现金流入小计	¥ 657,500.00	¥ 437,500.00	¥ 487,900.00	¥ 398,200.00
购建固定资产无形资产其他资产支付的现金	¥ 400,000.00	¥ 220,000.00	¥ 200,000.00	¥ 200,000.00
投资所支付的现金	¥ 150,000.00	¥ 70,000.00	¥ 100,000.00	¥ 4,000.00
支付的其他与投资活动有关的现金	¥ 40,000.00	¥ 5,000.00	¥ 10,000.00	¥ 5,000.00
现金流出小计	¥ [illegible]	¥ [illegible]	¥ [illegible]	¥ [illegible]
投资活动产生的现金流量净额	¥ 67,500.00	¥ 142,500.00	¥ 177,900.00	¥ 189,200.00
三、筹资活动产生的现金流量				
吸收投资收到的现金	¥ 22,000.00	¥ 180,000.00	¥ 270,000.00	¥ 150,000.00
借款所收到的现金	¥ 8,000.00	¥ 50,000.00	¥ 80,000.00	¥ 60,000.00
收到的其他与筹资活动有关的现金	¥ 10,000.00	¥ 6,000.00	¥ 4,500.00	¥ 3,000.00
现金流入小计	¥ 40,000.00	¥ 236,000.00	¥ 354,500.00	¥ 213,000.00
偿还债务所支付的现金	¥ 10,000.00	¥ 120,000.00	¥ 140,000.00	¥ 100,000.00
分配股利利润或偿付利息支付的现金	¥ 6,000.00	¥ 12,000.00	¥ 13,000.00	¥ 2,000.00
支付的其他与筹资活动有关的现金	¥ 6,000.00	¥ 10,000.00	¥ 8,000.00	¥ 9,000.00
现金流出小计	¥ 22,000.00	¥ 142,000.00	¥ 161,000.00	¥ 111,000.00
筹资活动产生的现金流量净额	¥ 18,000.00	¥ 94,000.00	¥ 193,500.00	¥ 102,000.00
四、现金及现金等价物增加净额	¥ 544,000.00	¥ 719,700.00	¥ 885,800.00	¥ 836,700.00

图 9-122　最终完成后的效果

案例精讲 081　营业利润分析表

案例文件：CDROM\场景\Cha09\营业利润分析表.xlsx

视频文件：视频教学\Cha09\营业利润表分析表.avi

制作概述

本案例主要讲解如何利用柱形图对营业利润进行分析。首先对业务报表进行填充和完善；然后通过柱形图对营业利润进行分析。完成后的效果如图 9-123 所示。

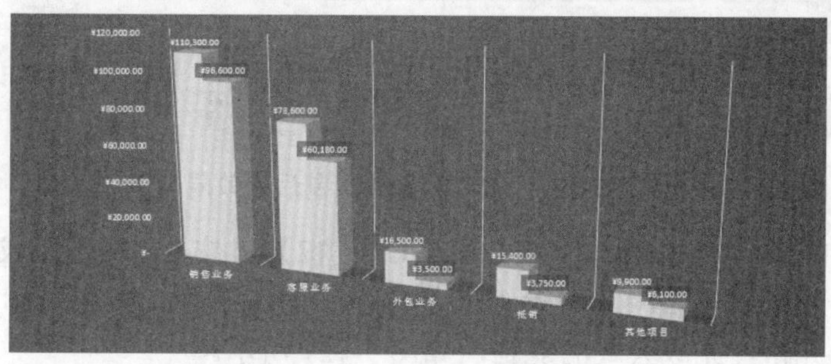

图 9-123　营业利润分析表

学习目标

- 学习如何利用柱形图对营业利润进行分析。
- 掌握基本公式的操作及柱形图的应用。

操作步骤

step 01 启动 Excel 2013 软件后，打开随书附带光盘中的“CDROM\素材\Cha09\业务报表.xlsx”素材文件，在 C6 单元格中输入公式【=C7+C8】，按 Enter 键完成公式的输入，如图 9-124 所示。

知识链接

营业利润是企业最基本经营活动的成果，也是企业一定时期获得利润中最主要、最稳定的来源。2006 年财政部颁布的新企业会计准则-30 号财务报表列报中已对营业利润进行了调整，将投资收益调入营业利润，同时取消了主营业务利润和其他业务利润的提法，补贴收入被并入营业外收入，营业利润经营业外收支调整即得到利润总额。

营业利润率=(营业利润/营业收入)×100%，营业利润率表明企业通过生产经营获得利润的能力，该比率越高表明企业的盈利能力越强。

step 02 将光标置于 C6 单元格的右下角，当光标变为十字形状时，按住鼠标左键向右拖动至 L6 单元格，复制公式，如图 9-125 所示。

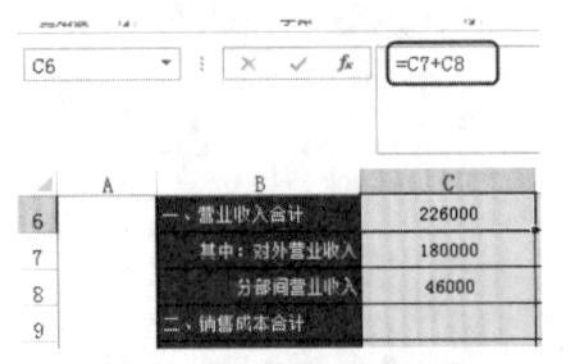

图 9-124　输入公式

业务报表

项目	销售业务 本年	销售业务 上年	客服业务 本年	客服业务 上年	外包业务 本年	外包业务 上年	抵销 本年	抵销 上年	其他项目 本年	其他项目 上年
一、营业收入合计	226000	179000	137600	106000	53000	43000	18000	6200	13900	11000
其中：对外营业收入	180000	170000	130000	100000	50000	41000	8000	5000	7900	6000
分部间营业收入	46000	9000	7600	6000	3000	2000	10000	1200	6000	5000
二、销售成本合计										
其中：对外销售成本	70000	70000	44000	35820	15300	20000	1500	1400	2700	3000

图 9-125　复制公式

step 03 在 C9 单元格中输入公式【=C10+C11】，按 Enter 键完成公式输入，确认该表格处于选中状态，将光标置于该单元格的右下角，按住鼠标左键向右拖动，拖至 L9 单元格，完成公式的复制，如图 9-126 所示。

项目	销售业务 本年	销售业务 上年	客服业务 本年	客服业务 上年	外包业务 本年	外包业务 上年	抵销 本年	抵销 上年	其他项目 本年	其他项目 上年
一、营业收入合计	226000	179000	137600	106000	53000	43000	18000	6200	13900	11000
其中：对外营业收入	180000	170000	130000	100000	50000	41000	8000	5000	7900	6000
分部间营业收入	46000	9000	7600	6000	3000	2000	10000	1200	6000	5000
二、销售成本合计	92400	73600	50000	36820	35300	38000	2000	2000	3400	3900
其中：对外销售成本	70000	70000	44000	35820	15300	20000	1500	1400	2700	3000
分部间销售成本	22400	3600	6000	1000	20000	18000	500	600	700	900
三、期间费用	23300	8800	9000	9000	1200	1500	600	450	600	1000

图 9-126　输入公式并复制后的效果

step 04 在 C13 单元格中输入公式【=C6−C9−C12】，按 Enter 键完成公式输入，确认该表格处于选中状态，将光标置于该单元格中的右下角，按住鼠标左键向右拖动，拖到 L13 单元格，完成公式的复制，如图 9-127 所示。

项目	销售业务 本年	销售业务 上年	客服业务 本年	客服业务 上年	外包业务 本年	外包业务 上年	抵销 本年	抵销 上年	其他项目 本年	其他项目 上年
一、营业收入合计	226000	179000	137600	106000	53000	43000	18000	6200	13900	11000
其中：对外营业收入	180000	170000	130000	100000	50000	41000	8000	5000	7900	6000
分部间营业收入	46000	9000	7600	6000	3000	2000	10000	1200	6000	5000
二、销售成本合计	92400	73600	50000	36820	35300	38000	2000	2000	3400	3900
其中：对外销售成本	70000	70000	44000	35820	15300	20000	1500	1400	2700	3000
分部间销售成本	22400	3600	6000	1000	20000	18000	500	600	700	900
三、期间费用	23300	8800	9000	9000	1200	1500	600	450	600	1000
四、营业利润合计	110300	96600	78600	60180	16500	3500	15400	3750	9900	6100
五、资产总额	150000	110000	90000	71000	50000	52000	3500	3600	2000	2100
六、负债总额	62000	75000	70000	78000	30000	32000	1100	1200	900	1000

图 9-127　复制公式

step 05 在 M6 单元格中输入公式【=C6+E6+G6+K6−I6】，按 Enter 键完成公式输入，

确认该表格处于选择状态，将光标置于该单元格的右下角，按住鼠标左键向下拖动，拖到 M15 单元格，完成公式的复制，如图 9-128 所示。

step 06 在 N6 单元格中输入公式【=D6+F6+H6+L6-J6】，按 Enter 键完成公式输入，确认该表格处于选择状态，将光标置于该单元格的右下角，按住鼠标左键向下拖动，拖至 N15 单元格，完成公式的复制，如图 9-129 所示。

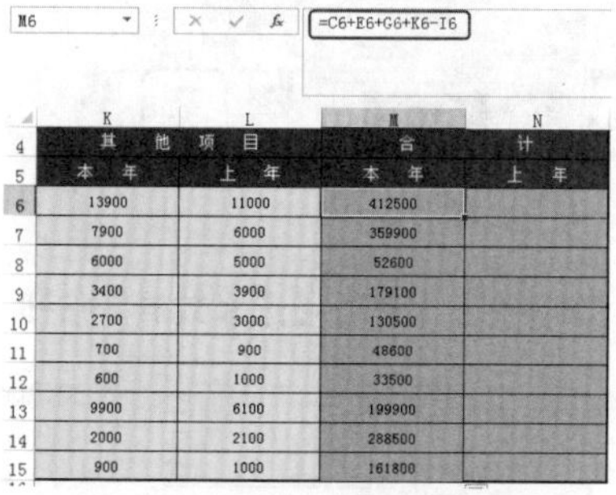

M6 =C6+E6+G6+K6-I6

	K	L	M	N
4	其他项目		合	计
5	本年	上年	本年	上年
6	13900	11000	412500	
7	7900	6000	359900	
8	6000	5000	52600	
9	3400	3900	179100	
10	2700	3000	130500	
11	700	900	48600	
12	600	1000	33500	
13	9900	6100	199900	
14	2000	2100	288500	
15	900	1000	161800	

图 9-128　输入公式并复制

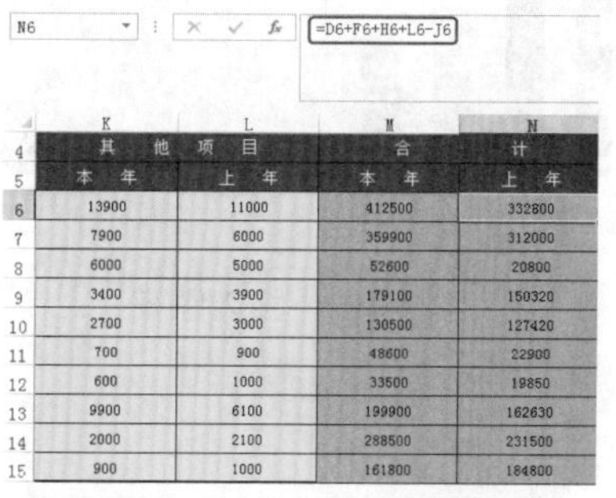

N6 =D6+F6+H6+L6-J6

	K	L	M	N
4	其他项目		合	计
5	本年	上年	本年	上年
6	13900	11000	412500	332800
7	7900	6000	359900	312000
8	6000	5000	52600	20800
9	3400	3900	179100	150320
10	2700	3000	130500	127420
11	700	900	48600	22900
12	600	1000	33500	19850
13	9900	6100	199900	162630
14	2000	2100	288500	231500
15	900	1000	161800	184800

图 9-129　输入公式并复制

step 07 选择 C6:N15 单元格区域，切换到【开始】选项卡，将【数字格式】设置为【会计专用】，完成后的效果如图 9-130 所示。

step 08 在表格中选择 C4:L5 和 C13:L13 单元格，切换到【插入】选项卡，在【图表】选项组中单击【插入柱形图】按钮，选择【三维簇状图】下的【三维簇状柱形图】，如图 9-131 所示。

提示　对于上述步骤选择表格时，可以按住 Ctrl 键进行。

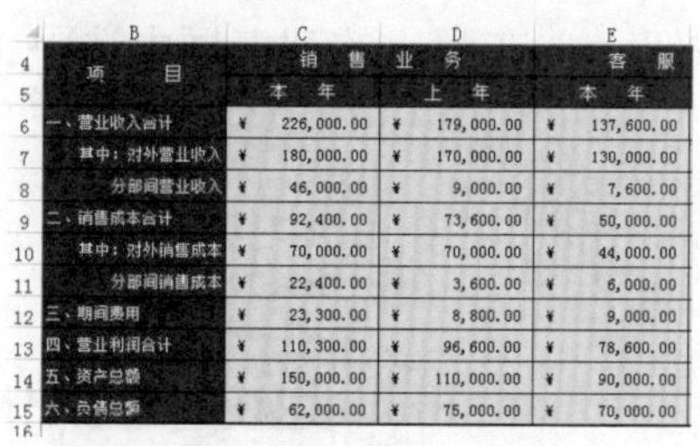

	B	C	D	E
4	项目	销售业务		客服
5		本年	上年	本年
6	一、营业收入合计	¥ 226,000.00	¥ 179,000.00	¥ 137,600.00
7	其中：对外营业收入	¥ 180,000.00	¥ 170,000.00	¥ 130,000.00
8	分部间营业收入	¥ 46,000.00	¥ 9,000.00	¥ 7,600.00
9	二、销售成本合计	¥ 92,400.00	¥ 73,600.00	¥ 50,000.00
10	其中：对外销售成本	¥ 70,000.00	¥ 70,000.00	¥ 44,000.00
11	分部间销售成本	¥ 22,400.00	¥ 3,600.00	¥ 6,000.00
12	三、期间费用	¥ 23,300.00	¥ 8,800.00	¥ 9,000.00
13	四、营业利润合计	¥ 110,300.00	¥ 96,600.00	¥ 78,600.00
14	五、资产总额	¥ 150,000.00	¥ 110,000.00	¥ 90,000.00
15	六、负债总额	¥ 62,000.00	¥ 75,000.00	¥ 70,000.00

图 9-130　设置数字格式

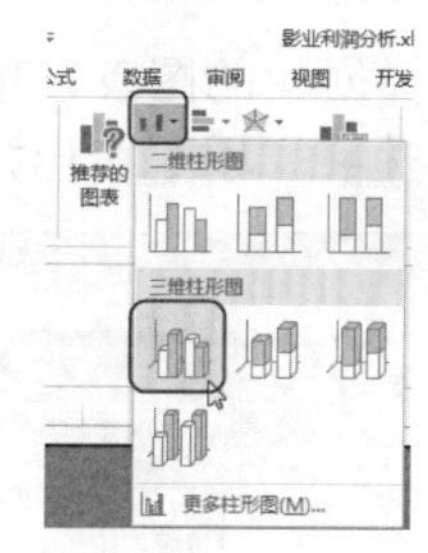

图 9-131　选择【三维簇状柱形图】

step 09 拖动插入的柱形图，对其进行适当放大，效果如图 9-132 所示。

step 10 选择插入的图表，切换到【图表工具】下的【设计】选项卡，在【数据】选项组中单击【选择数据】按钮，如图 9-133 所示。

step 11 弹出【选择数据源】对话框，在【图例项(系列)】选项组中选择【系列 1】并单击【编辑】按钮，弹出【编辑数据系列】对话框，将【系列名称】设置为【本年】，将【系列值】更改为【=(业务报表!$C$13,业务报表!$E$13,业务报表!$G$13,业务报表!$I$13,业务报表!$K$13)】，单击【确定】按钮，如图 9-134 所示。

step 12 返回到【选择数据源】对话框中，在【图例项(系列)】选项组中，单击【添加】

按钮，弹出【编辑数据系列】对话框，将【系列名称】设置为【上年】，将【系列值】更改为【=(业务报表!$D$13,业务报表!$F$13,业务报表!$H$13,业务报表!$J$13,业务报表!$L$13)】，单击【确定】按钮，如图 9-135 所示。

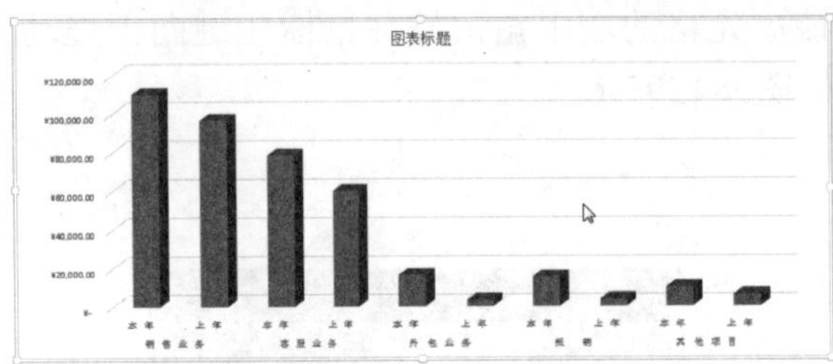

图 9-132　插入图表

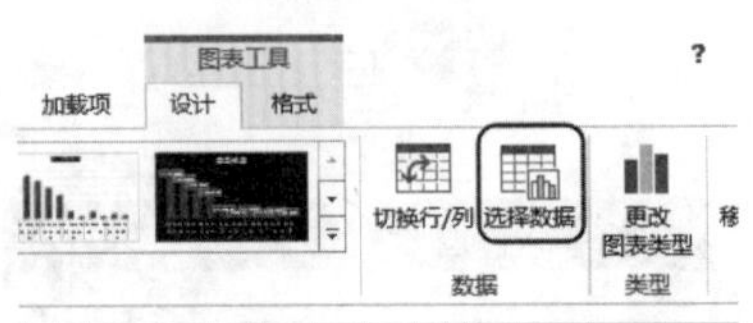

图 9-133　单击【选择数据】按钮

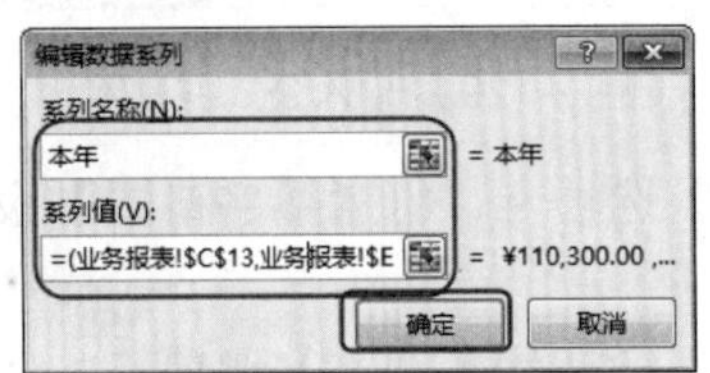

图 9-134　设置数据系列

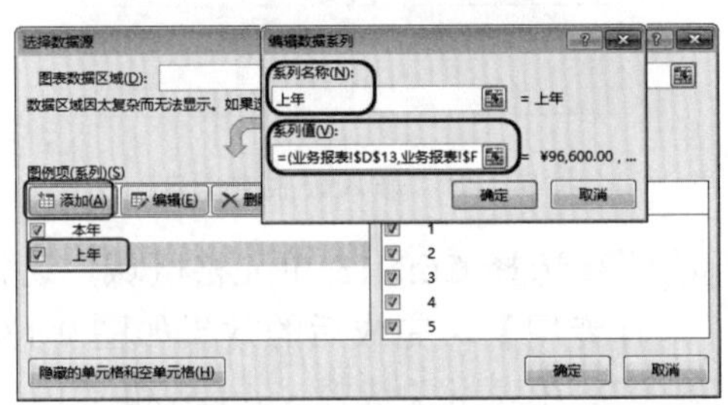

图 9-135　添加数据系列

step 13 在【水平(分类)轴标签】选项组中单击【编辑】按钮，弹出【轴标签】对话框，在文本框内输入【={"销售业务","客服业务","外包业务","抵销","其他项目"}】，单击【确定】按钮，返回到【选择数据源】对话框，并单击【确定】按钮，如图 9-136 所示。

step 14 选择创建的图表，单击【图表元素】按钮，在弹出的列表框中选中【数据标签】复选框，如图 9-137 所示。

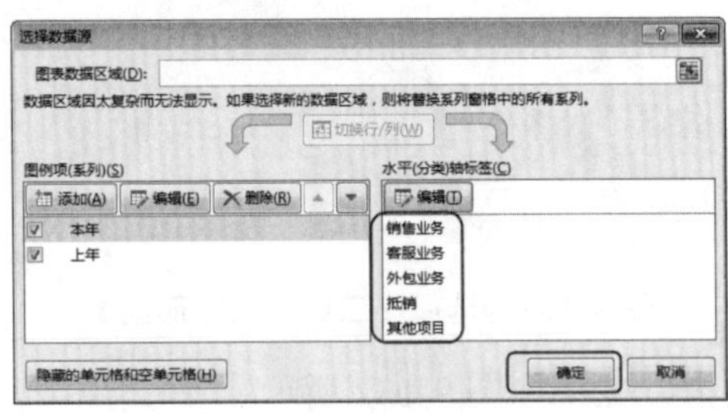

图 9-136　设置轴标签

图 9-137　添加【数据标签】

step 15 选择创建的图表，切换到【图表工具】下的【设计】选项卡，在【图表样式】选项组中选择【样式 10】，完成后的效果如图 9-138 所示。

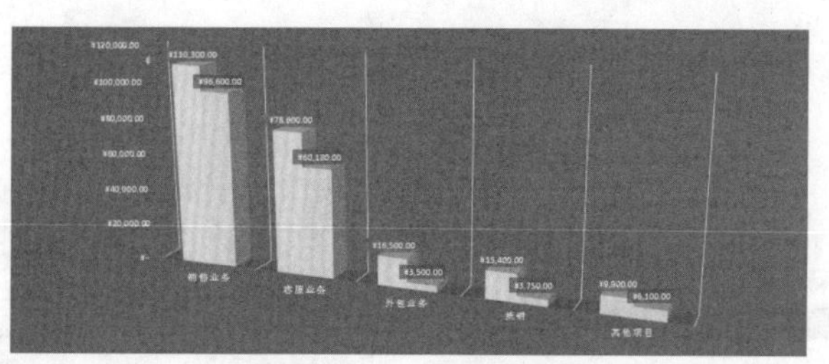

图 9-138　应用图表样式

案例精讲 082　资产负债指标分析表

案例文件：CDROM\场景\Cha09\资产负债指标分析表.xlsx

视频文件：视频教学\Cha09\资产负债指标分析表.avi

制作概述

本案例主要讲解如何制作负债指标分析。该分表格共分为两部分，分别是资产结构分析和偿债能力分析，通过负债指标的分析可以很清楚地了解资产结构和负债偿还能力。完成后的效果如图 9-139 所示。

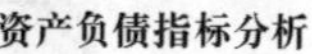

资产负债指标分析

一、资产结构分析

指　标	期末数	期初数	增减比率
资产负债率	486.75%	23.88%	462.87%
所有者权益比率	53.97%	50.65%	3.32%
产权比率	23.88%	34.12%	-10.24%

二、偿债能力分析

指标	期末数	期初数	增减比率
流动比率	149.14%	99.58%	49.56%
速动比率	69.58%	59.03%	10.55%
利息保障倍数	57.19	79.50	(22.31)

图 9-139　资产负债指标分析表

学习目标

- 学习资产负债指标分析表格的制作。
- 掌握资产负债指标分析的制作步骤，掌握单元格格式和公式的应用。

操作步骤

step 01 启动 Excel 2013 软件后，打开随书附带光盘中的“CDROM\素材\Cha09\资产负债.xlsx”素材文件，在工作表底部单击【新建工作表】按钮⊕，并将新建的工作表命名为【资产负债指标分析】，如图 9-140 所示。

知识链接

资产负债指标分析是指基于资产负债表而进行的财务分析。资产负债表反映了公司在特定时点的财务状况，是公司的经营管理活动结果的集中体现。通过分析公司的资产负债表，能够揭示出公司偿还短期债务的能力、公司经营稳健与否或经营风险的大小以及公司经营管理总体水平的高低等。

---

step 02 选择 B 列，在【开始】选项卡下的【单元格】选项组中单击【格式】按钮，在弹出的下拉菜单中选择【列宽】命令，如图 9-141 所示。

step 03 弹出【列宽】对话框，将【列宽】设置为 19，并单击【确定】按钮，如图 9-142 所示。

step 04 使用同样的方法将 C～E 列的【列宽】设置为 15，效果如图 9-143 所示。

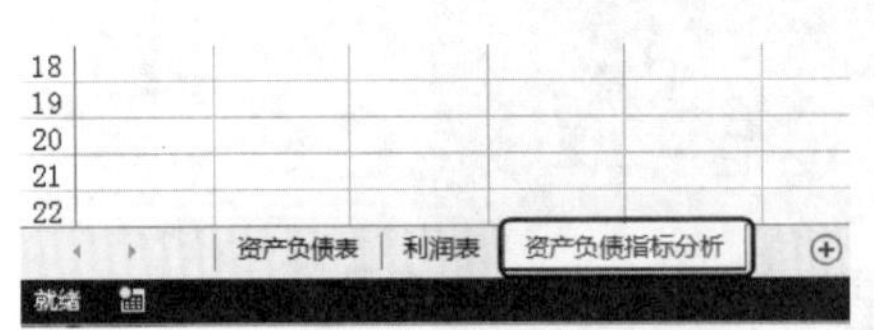

图 9-140　新建工作表

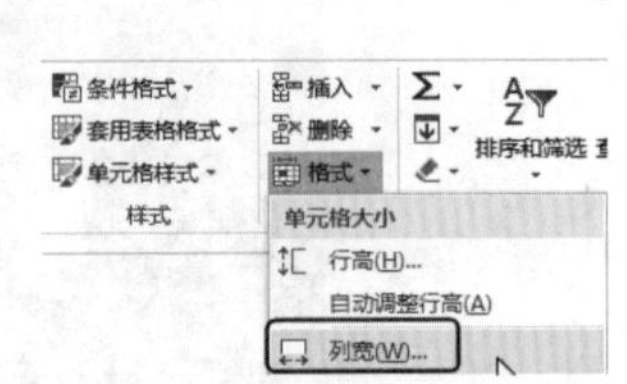

图 9-141　选择【列宽】命令

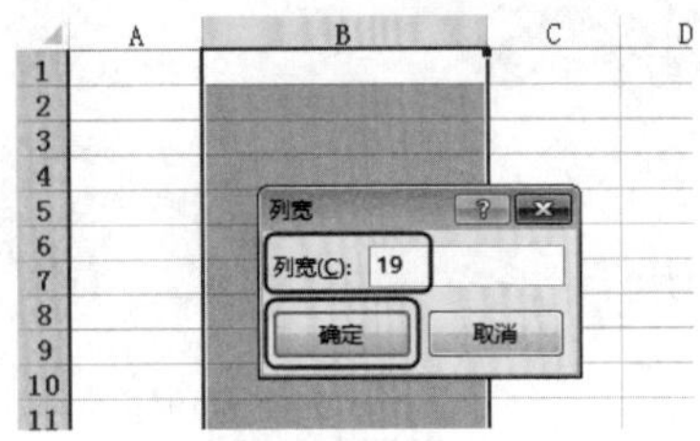

图 9-142　设置【列宽】

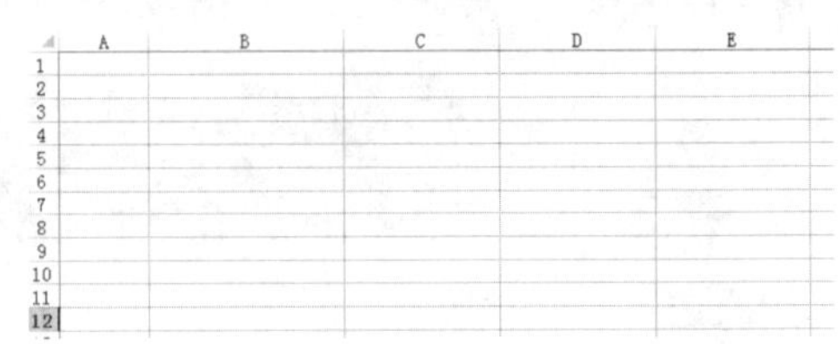

图 9-143　设置【列宽】后的效果

step 05 选择第 2 行单元格区域，在数字 2 位置右击，在弹出的快捷菜单中选择【行高】命令，如图 9-144 所示。

step 06 弹出【行高】对话框，将【行高】设置为 30，单击【确定】按钮，如图 9-145 所示。

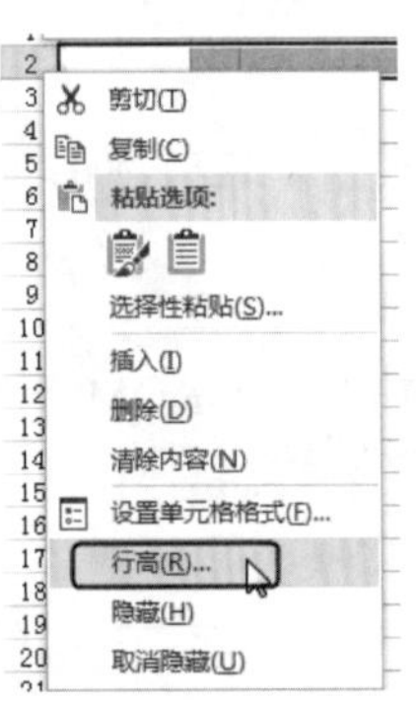

图 9-144　选择【行高】命令

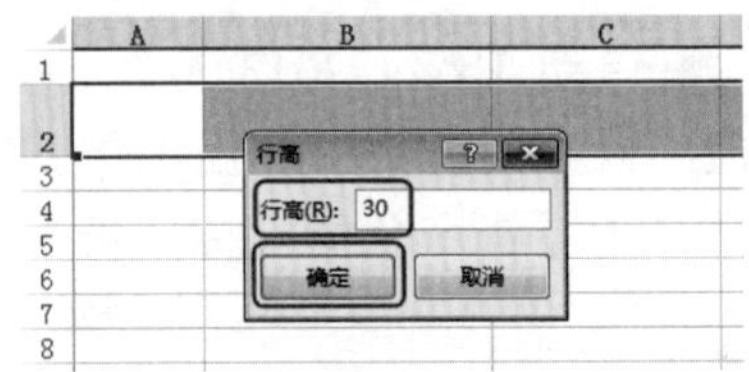

图 9-145　设置【行高】

step 07 选择 B2:E2 单元格区域，切换到【开始】选项卡，在【对齐方式】选项组中单击【合并后居中】按钮，将其合并居中，如图 9-146 所示。

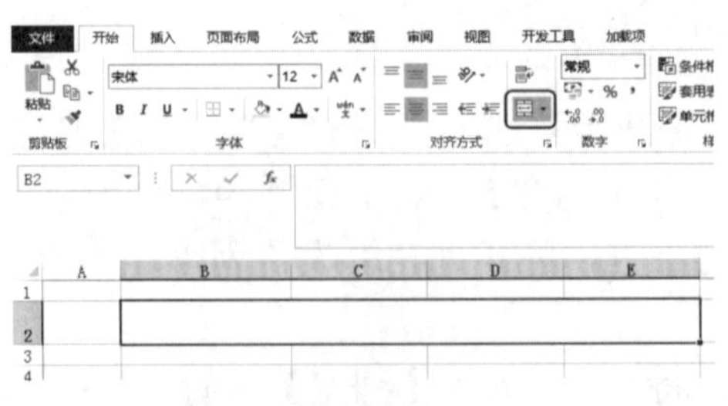

图 9-146　合并单元格

step 08 在上一步合并的单元格中配合空格键输入【资产负债指标分析】，在【字体】选项组中，将【字体】设置为【方正大标宋简体】，【字号】设置为 22，如图 9-147 所示。

step 09 使用同样的方法将第 3 行至 13 行的【行高】设为 20，如图 9-148 所示。

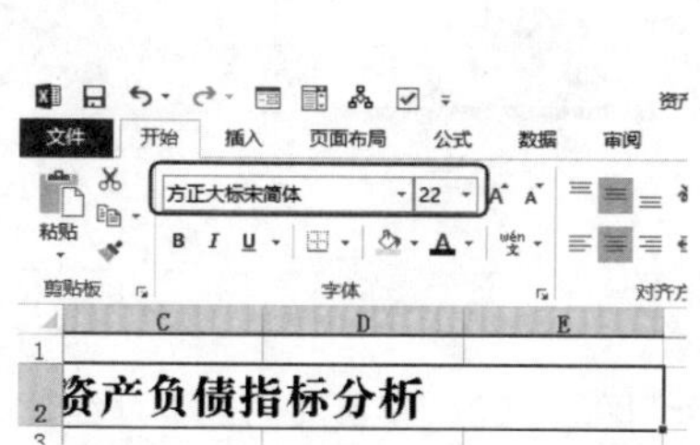

图 9-147　输入文字

图 9-148　设置【行高】后的效果

step 10 使用前面介绍的方法对 B3:C3、B9:C9 单元格进行合并，在【字体】选项组中，将【字体】设置为【宋体】，【字号】设置为 12，并单击【加粗】按钮 B，并将【对齐方式】设置为【左对齐】，如图 9-149 所示。

step 11 在表格中选择 B4:E7 单元格区域，在【开始】选项卡的【字体】选项组中单击【边框设置】右侧的下三角按钮，在弹出的下拉菜单中选择【其他边框】命令，如图 9-150 所示。

图 9-149　输入文字

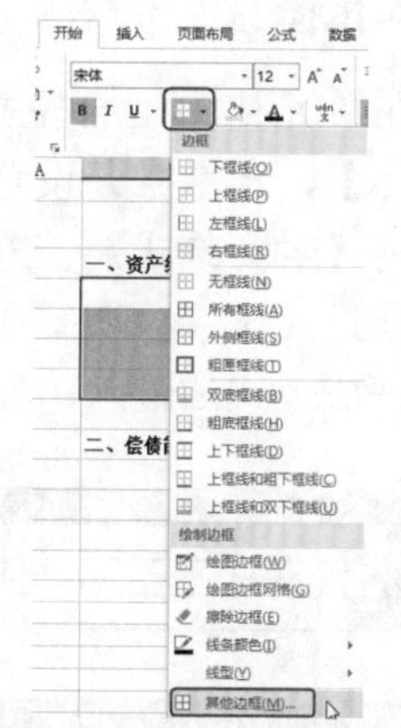

图 9-150　选择【其他边框】命令

step 12 弹出【设置单元格格式】对话框，选择图 9-151 所示的线条样式，并单击【外边框】按钮，如图 9-151 所示。

step 13 继续选择【线条样式】，然后单击【内部】按钮，单击【确定】按钮，如图 9-152 所示。

step 14 设置边框后的效果如图 9-153 所示。

step 15 使用同样的方法对 B10:E13 单元格设置边框，完成后的效果如图 9-154 所示。

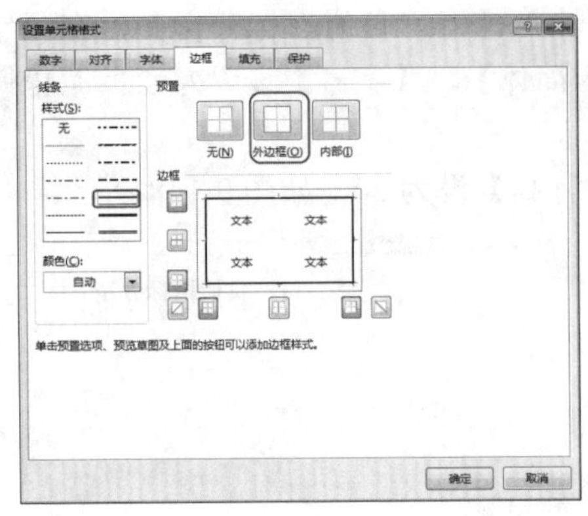

图 9-151　单击【外边框】按钮

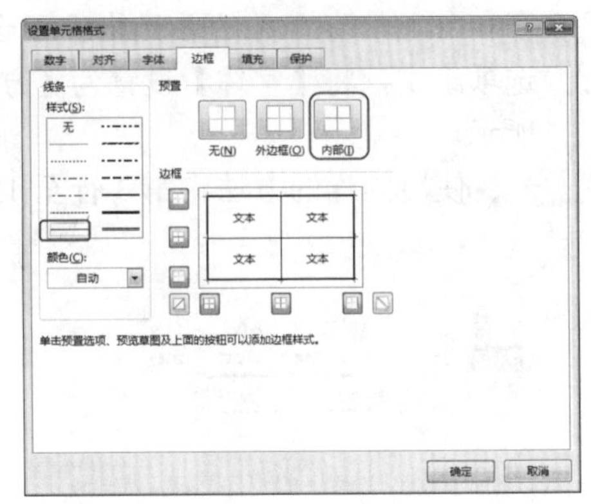

图 9-152　设置【内部】框线

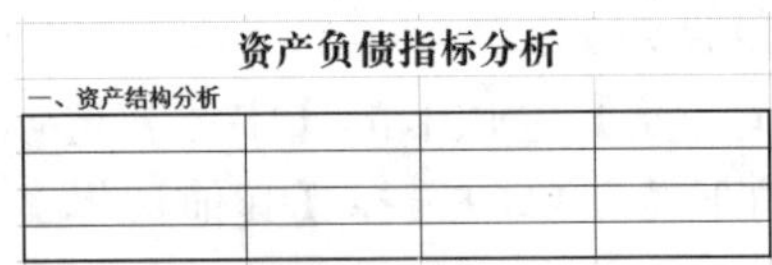

图 9-153　设置边框后的效果

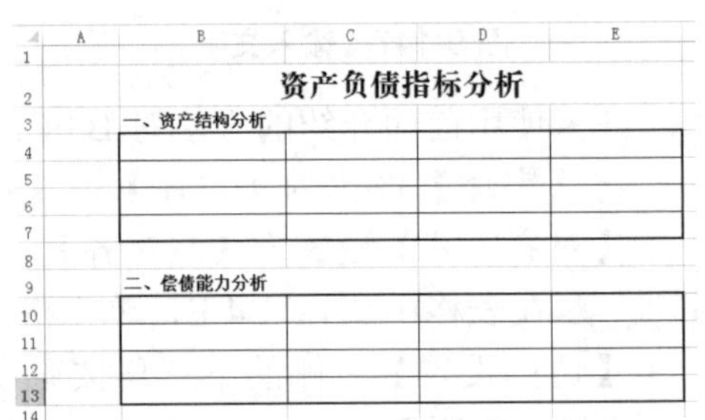

图 9-154　设置边框完成后的效果

step 16 在单元格中配合空格键输入文字，在【字体】选项组中，将【字体】设置为【宋体】，【字号】设置为 10，并单击【加粗】按钮 B，将【字体颜色】设置为白色，将【对齐方式】设置为【居中对齐】，完成后的效果如图 9-155 所示。

step 17 选择 C5 单元格，输入公式【=资产负债表!D35/资产负债表!H30】，按 Enter 键，完成公式的输入，如图 9-156 所示。

一、资产结构分析

指　标	期 末 数	期 初 数	增 减 比 率
资产负债率			
所有者权益比率			
产权比率			

二、偿债能力分析

指标	期 末 数	期 初 数	增 减 比 率
流动比率			
速动比率			
利息保障倍数			

图 9-155　输入文字并设置

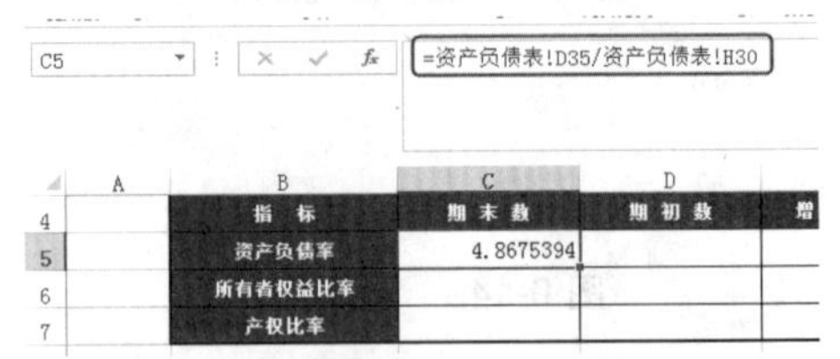

图 9-156　输入公式

step 18 使用同样的方法，在 C6 单元格中输入公式【=资产负债表!H42/资产负债表!D43】，在 C7 单元格中输入公式【=资产负债表!H30/资产负债表!H42】，在 D5 单元格中输入公式【=资产负债表!E35/资产负债表!I30】，在 D6 单元格中输入公式【=资产负债表!I42/资产负债表!E43】，在 D7 单元格中输入公式【=资产负债表!I30/资产负债表!I42】。完成后的效果如图 9-157 所示。

step 19 选择 E5 单元格，并在其内输入公式【=C5-D5】，按 Enter 键完成公式的输入，如

图 9-158 所示。

资产负债指标分析

一、资产结构分析

指标	期末数	期初数	增减比率
资产负债率	4.8675394	0.238831393	
所有者权益比率	0.539700146	0.506527657	
产权比率	0.238831393	0.341238354	

图 9-157　输入公式后的效果

E5 =C5-D5

资产负债指标分析

一、资产结构分析

指标	期末数	期初数	增减比率
资产负债率	4.8675394	0.238831393	4.628708008
所有者权益比率	0.539700146	0.506527657	
产权比率	0.238831393	0.341238354	

图 9-158　输入公式

step 20 在场景中选择 E5 单元格，将光标置于该单元格的右下角，当光标变为十字形状时，按住鼠标左键向下拖动，拖动至 E7 单元格，对公式进行复制。完成后的效果如图 9-159 所示。

step 21 选择 C5:E7 单元格，切换到【开始】选项卡，在【数字】选项组中将【数字格式】设置为【百分比】，在【对齐方式】选项组中确认【居中】按钮处于选中状态，如图 9-160 所示。

资产负债指标分析

一、资产结构分析

指标	期末数	期初数	增减比率
资产负债率	4.8675394	0.238831393	4.628708008
所有者权益比率	0.539700146	0.506527657	0.033172489
产权比率	0.238831393	0.341238354	-0.102406962

图 9-159　复制公式后的效果

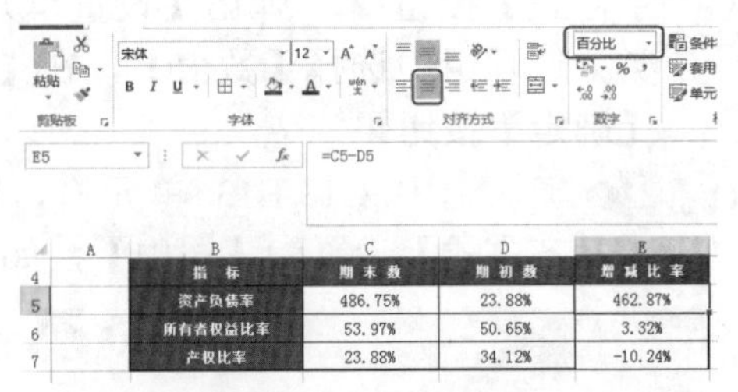

指标	期末数	期初数	增减比率
资产负债率	486.75%	23.88%	462.87%
所有者权益比率	53.97%	50.65%	3.32%
产权比率	23.88%	34.12%	-10.24%

图 9-160　设置数字格式

step 22 使用同样的方法，在 C11 单元格中输入公式【=资产负债表!D20/资产负债表!H19】，在 C12 单元格中输入公式【=(资产负债表!D20-资产负债表!D15)/资产负债表!H19】，在 C13 单元格中输入公式【=(利润表!C19+利润表!C18+利润表!C11)/利润表!C11】，在 D11 单元格中输入公式【=资产负债表!E20/资产负债表!I19】，在 D12 单元格中输入公式【=(资产负债表!E20-资产负债表!E15)/资产负债表!I19】，在 D13 单元格中输入公式【=(利润表!D19+利润表!D18+利润表!D11)/利润表!D11】。完成后的效果如图 9-161 所示。

step 23 在 E11 单元格中输入公式【=C11-D11】，按 Enter 键，然后再次选择该单元格，将光标置于该表格的右下角，当光标变为十字形状时，按住鼠标左键向下拖动，拖动至 E13 单元格，对公式进行复制。完成后的效果如图 9-162 所示。

二、偿债能力分析

指标	期末数	期初数	增减比率
流动比率	1.491441784	0.995827397	
速动比率	0.695816261	0.590340573	
利息保障倍数	57.19180398	79.49714706	

图 9-161　输入公式后的效果

E11 =C11-D11

指标	期末数	期初数	增减比率
流动比率	1.491441784	0.995827397	0.495614387
速动比率	0.695816261	0.590340573	0.105475688
利息保障倍数	57.19180398	79.49714706	-22.30534308

图 9-162　复制公式后的效果

step 24 使用前面讲过的方法，对单元格的外边框进行完善，完成后的效果如图 9-163 所示。

step 25 选择 C11:E12 单元格，切换到【开始】选项卡，在【数字】选项组中将【数字格式】设置为【百分比】，在【对齐方式】选项组中确认【居中】按钮处于选中状态，如图 9-164 所示。

二、偿债能力分析

指标	期末数	期初数	增减比率
流动比率	1.491441784	0.995827397	0.495614387
速动比率	0.695816261	0.590340573	0.105475688
利息保障倍数	57.19180398	79.49714706	-22.30534308

图 9-163　设置边框后的效果

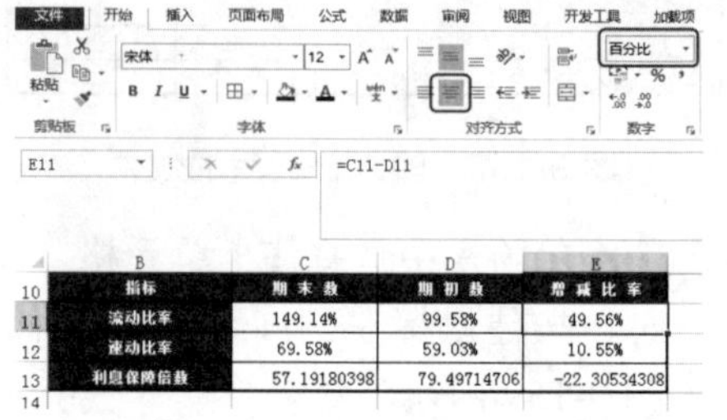

图 9-164　设置数字格式

step 26 选择 C13:E13 单元格，切换到【开始】选项卡，在【数字】选项组中单击【数字格式】按钮 ，弹出【设置单元格格式】对话框，选择【数字】选项卡，在【分类】选项组中选择【数值】，在【负数】选框中选择图 9-165 所示的数值，并单击【确定】按钮。

step 27 确认选中 C13:E13 单元格，切换到【开始】选项卡，在【对齐】选项组中将【对齐方式】设置为【居中】，如图 9-166 所示。

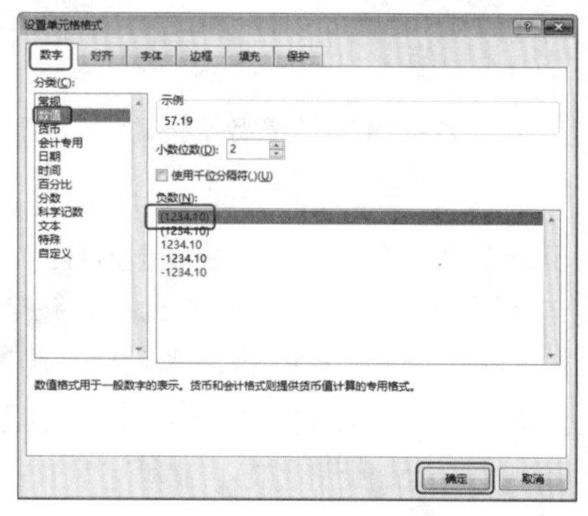

图 9-165　设置数字格式

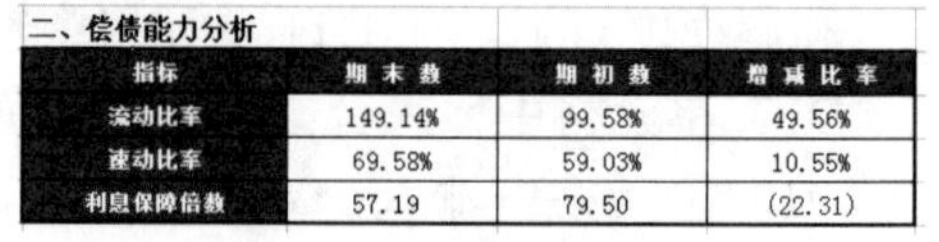

二、偿债能力分析

指标	期末数	期初数	增减比率
流动比率	149.14%	99.58%	49.56%
速动比率	69.58%	59.03%	10.55%
利息保障倍数	57.19	79.50	(22.31)

图 9-166　设置表格的对齐方式

案例精讲 083　资产变化状况分析表

案例文件：CDROM\场景\Cha09\资产变化状况分析表.xlsx

视频文件：视频教学\Cha09\资产变化状况分析表.avi

制作概述

本案例讲解如何制作资产变化状况分析表。首先利用资产负债表制作，制作出资产变化状况分析，然后通过该表格利用柱形图和折线图表现出资产的变化情况。完成后的效果如图 9-167 所示。

资产变化状况分析

项目	期末数	期初数	增长额	增长率
货币资金	741,204,979.94	498,612,180.63	242,592,799.31	48.65%
应收票据	0.00	0.00	0.00	#DIV/0!
应收账款	5,000.00	135,721.74	-130,721.74	-96.32%
其他应收款	1,523,848.35	3,752,209.69	-2,228,361.34	-59.39%
预付账款	87,588,381.95	54,561,170.97	33,027,210.98	60.53%
存货	1,689,543,580.86	638,649,696.61	1,050,893,884.25	164.55%
待摊费用	13,896,443.79	8,588,927.66	5,307,516.13	61.79%
资产总趋势	2,533,762,234.89	1,204,299,907.30	1,329,462,327.59	110.39%

图 9-167　资产变化状况分析

学习目标

- 学习资产变化状况分析表格的制作。
- 掌握如何利用柱形图和折线图反映资产变化情况。

操作步骤

step 01 启动 Excel 2013 软件后，打开随书附带光盘中的“CDROM\素材\Cha09\资产负债.xlsx 素”材文件，在工作表底部单击【新建工作表】按钮 ⊕ ，并将新建的工作表命名为【资产变化状况分析】，如图 9-168 所示。

知识链接

资产财务状况分析法，即按照企业的资产负债表、利润表和现金流量表等财务报表所提供的财务资料，风险管理人员经过实际的调查研究，对企业财务状况进行分析，发现其潜在风险。包括资产本身可能遭受的风险，因遭受风险引起的生产中断所致的损失以及其他连带人身和财务损失。

---

step 02 在工作表中选择 B 列，在【开始】选项卡下的【单元格】选项组中单击【格式】按钮，在弹出的下拉菜单中选择【列宽】命令，如图 9-169 所示。

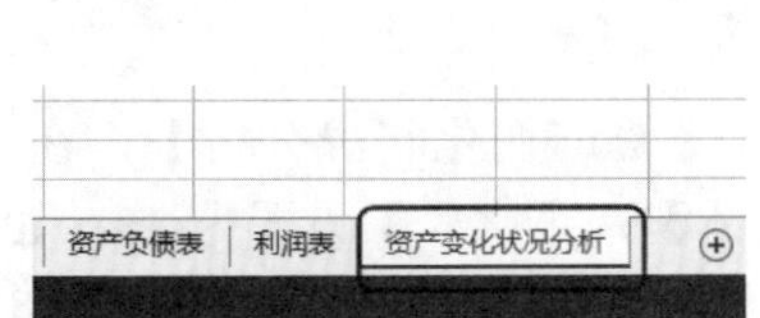

图 9-168　新建工作表

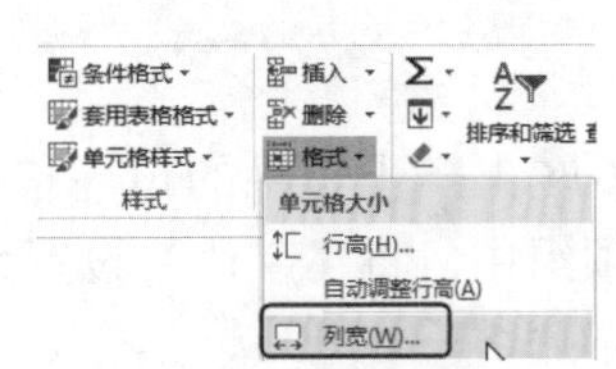

图 9-169　选择【列宽】命令

step 03 弹出【列宽】对话框，将【列宽】设置为 15，并单击【确定】按钮，如图 9-170 所示。

step 04 使用同样的方法将 C～F 列的【列宽】设置为 21，效果如图 9-171 所示。

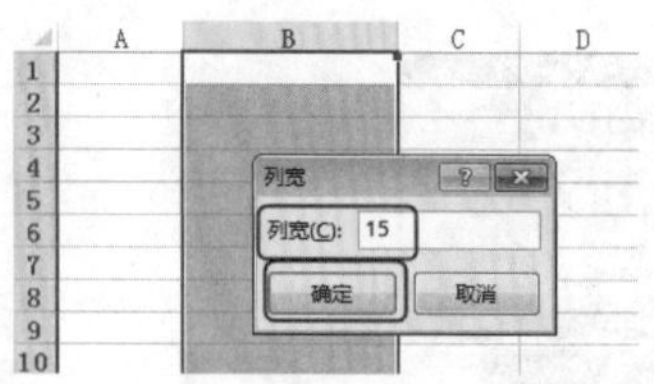

图 9-170　设置【列宽】

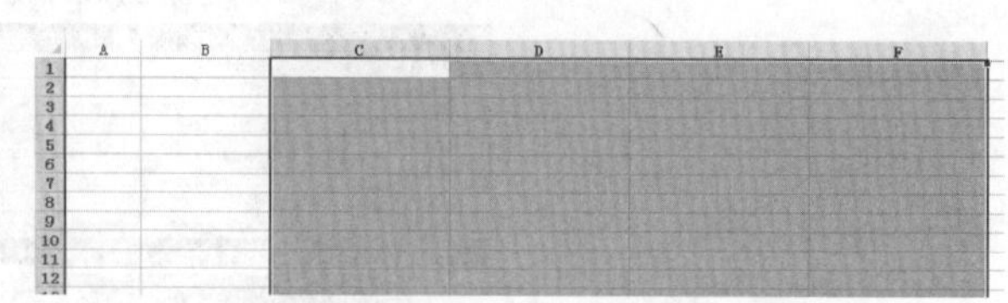

图 9-171　设置【列宽】后的效果

step 05 选择第 2 行单元格区域，在数字 2 位置右击，在弹出的快捷菜单中选择【行高】命令，如图 9-172 所示。

step 06 弹出【行高】对话框，将【行高】设置为 30，单击【确定】按钮，如图 9-173 所示。

图 9-172　选择【行高】命令

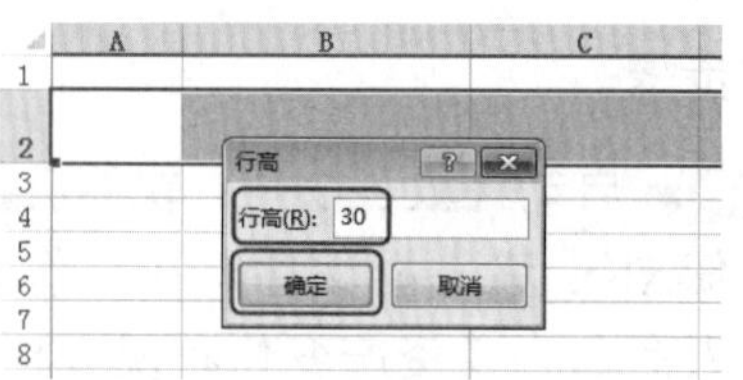

图 9-173　设置【行高】

step 07 选择 B2:F2 单元格区域，切换到【开始】选项卡，在【对齐方式】选项组中单击【合并后居中】按钮，将其合并居中，如图 9-174 所示。

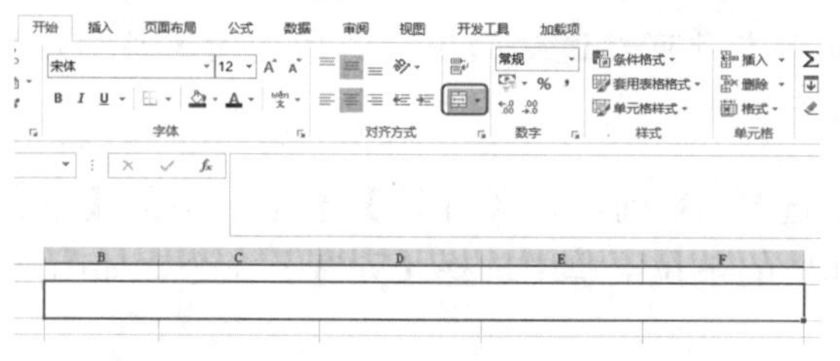

图 9-174　合并单元格

step 08 在上一步合并的单元格中配合空格键输入【资产变化状况分析】，在【字体】选项组中，将【字体】设置为【方正大标宋简体】，【字号】设置为 18，如图 9-175 所示。

step 09 使用同样的方法将第 3～11 行的【行高】设置为 20，如图 9-176 所示。

step 10 在 B3:F3 单元格中配合空格键输入文字，在【字体】选项组中，将【字体】设置为【方正大标宋简体】，【字号】设置为 11，【填充颜色】设置为【灰色-25%，背景 2，深色 75%】，将【字体颜色】设置为【白色，背景 1】，完成后的效果如图 9-177 所示。

step 11 使用同样的方法，在 B4:B10 单元格中输入文字，在【字体】选项组中，将【字

体】设置为【宋体】，【字号】设置为 10，并单击【加粗】按钮 B，将其【对齐方式】设置为【居中】，完成后的效果如图 9-178 所示。

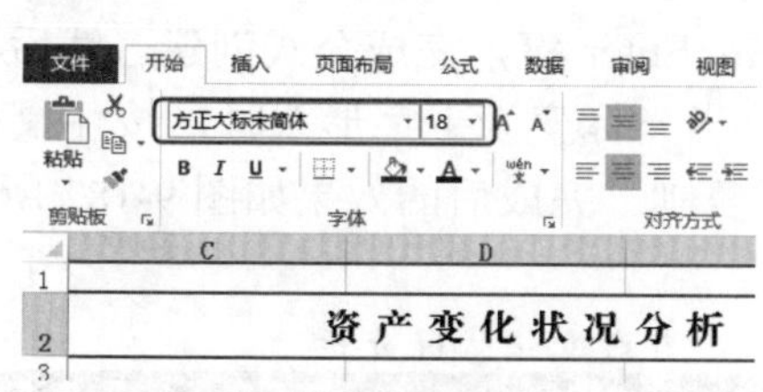

图 9-175　输入文字

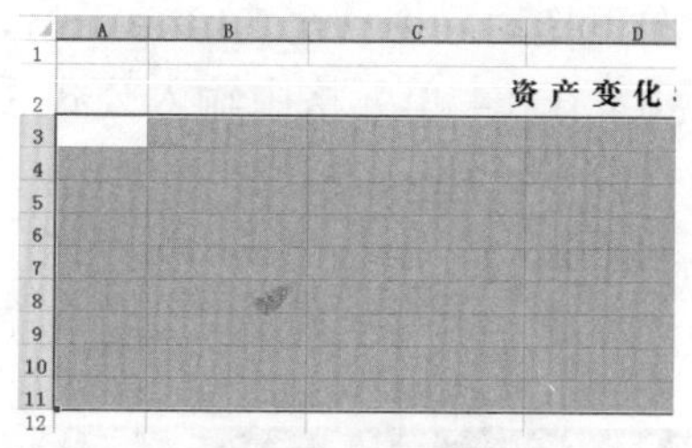

图 9-176　设置【行高】后的效果

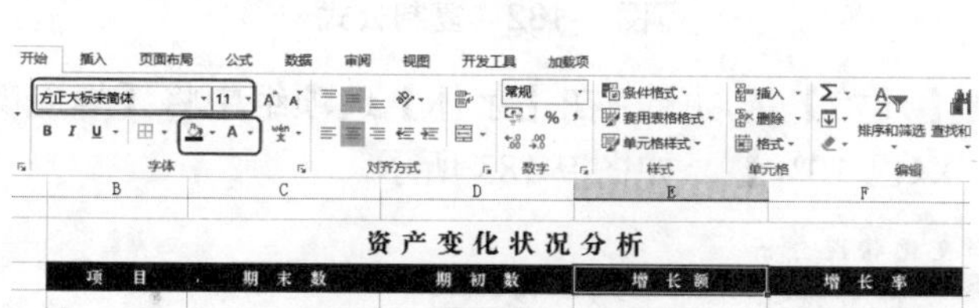

图 9-177　输入文字

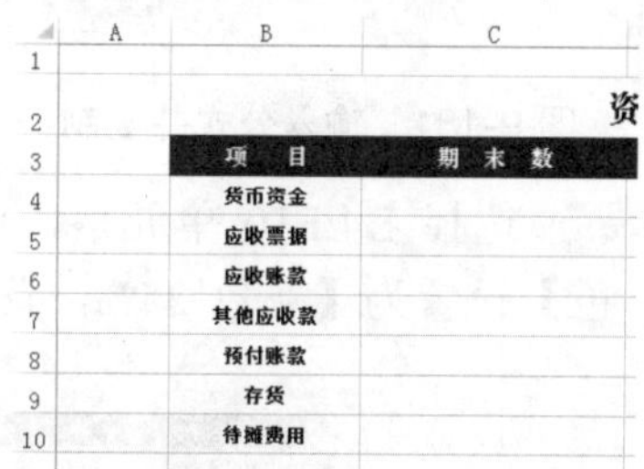

图 9-178　输入文字并居中

step 12 选择 C4 单元格，在表格中输入(=)，然后切换到【资产负债表】表格中，选择 D4 单元格，按 Enter 键完成表格公式的输入，如图 9-179 所示。

step 13 使用与上一步相同的方法在其他表格中添加数值，其表格公式为在 C5 单元格中输入公式【=资产负债表!D6】，在 C6 单元格中输入公式【=资产负债表!D9】，在 C7 单元格中输入公式【=资产负债表!D10】，在 C8 单元格中输入公式【=资产负债表!D11】，在 C9 单元格中输入公式【=资产负债表!D15】，在 C10 单元格中输入公式【=资产负债表!D16】，在 D4 单元格中输入公式【=资产负债表!E4】，其表格公式为在 D5 单元格中输入公式【=资产负债表!E5】，在 D6 单元格中输入公式【=资产负债表!E9】，在 D7 单元格中输入公式【=资产负债表!E10】，在 D8 单元格中输入公式【=资产负债表!E11】，在 D9 单元格中输入公式【=资产负债表!E15】，在 C10 单元格中输入公式【=资产负债表!E16】，完成后的效果如图 9-180 所示。

图 9-179　添加数值

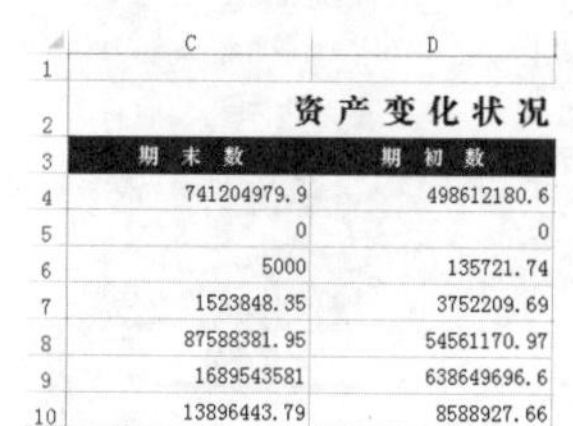

期末数	期初数
741204979.9	498612180.6
0	0
5000	135721.74
1523848.35	3752209.69
87588381.95	54561170.97
1689543581	638649696.6
13896443.79	8588927.66

图 9-180　设置边框后的效果

step 14 在 E4 单元格中输入公式【=C4-D4】，按 Enter 键，完成公式创建，然后再次选择该单元格，将光标置于该表格的右下角，当光标变为十字形状时，按住鼠标左键向下拖动，拖动至 E10 单元格，对公式进行复制。完成后的效果如图 9-181 所示。

step 15 在 F4 单元格中输入公式【=E4/D4】，按 Enter 键，完成公式创建，然后再次选择该单元格，将光标置于该表格的右下角，当光标变为十字形状时，按住鼠标左键向下拖动，拖动至 F10 单元格，对公式进行复制。完成后的效果如图 9-182 所示。

	C	D	E
1			
2	资产变化状况分析		
3	期末数	期初数	增长额
4	741204979.9	498612180.6	242592799.3
5	0	0	0
6	5000	135721.74	-130721.74
7	1523848.35	3752209.69	-2228361.34
8	87588381.95	54561170.97	33027210.98
9	1689543581	0	1689543581
10	13896443.79	8588927.66	5307516.13
11			0

图 9-181 输入公式并复制

	C	D	E	F
1				
2	资产变化状况分析			
3	期末数	期初数	增长额	增长率
4	741204979.9	498612180.6	242592799.3	0.486536047
5	0	0	0	#DIV/0!
6	5000	135721.74	-130721.74	-0.963159918
7	1523848.35	3752209.69	-2228361.34	-0.593879747
8	87588381.95	54561170.97	33027210.98	0.605324453
9	1689543581	638649696.6	1050893884	1.645493437
10	13896443.79	8588927.66	5307516.13	0.617948636

图 9-182 复制公式

step 16 选择 B4:F10 单元格，切换到【开始】选项卡，在【字体】选项组中将【填充颜色】设置为【灰色-25%，背景 2，深色 10%】，如图 9-183 所示。

资产变化状况分析				
项目	期末数	期初数	增长额	增长率
货币资金	741204979.9	498612180.6	242592799.3	0.486536047
应收票据	0	0	0	
应收账款	5000	135721.74	-130721.74	-0.963159918
其他应收款	1523848.35	3752209.69	-2228361.34	-0.593879747
预付账款	87588381.95	54561170.97	33027210.98	0.605324453
存货	1689543581	638649696.6	1050893884	1.645493437
待摊费用	13896443.79	8588927.66	5307516.13	0.617948636

图 9-183 设置边框后的效果

step 17 在 B11 单元格中输入【资产总趋势】，在【字体】选项组中将【字体】设置为【宋体】，【字号】设置为 10，并单击【加粗】按钮 B，如图 9-184 所示。

step 18 使用前面讲过的方法，在 C11 单元格中输入公式【=SUM(C4:C10)】，在 D11 单元格中输入公式【=SUM(D4:D10)】，在 E11 单元格中输入公式【=C11-D11】，在 F11 单元格中输入公式【=E11/D11】，完成后的效果如图 9-185 所示。

step 19 选择 B11:F11 单元格，在【字体】选项组中将【字体】设置为【宋体】，【字号】设置为 10，并单击【加粗】按钮 B，将【填充颜色】设置为【灰色-25%，背景 2，深色 75%】，将【字体颜色】设置为【白色，背景 1】。完成后的效果如图 9-186 所示。

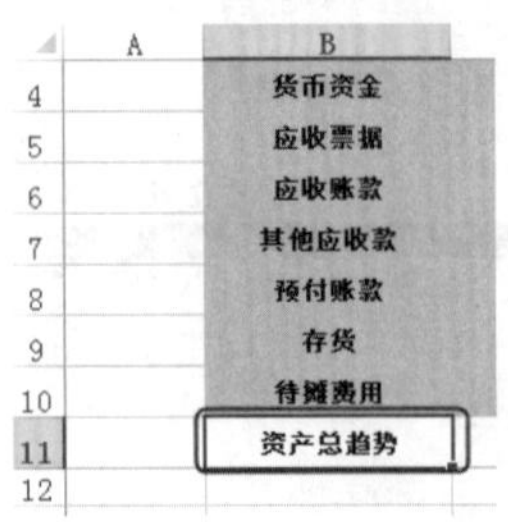

	A	B
4		货币资金
5		应收票据
6		应收账款
7		其他应收款
8		预付账款
9		存货
10		待摊费用
11		资产总趋势
12		

图 9-184 输入文字

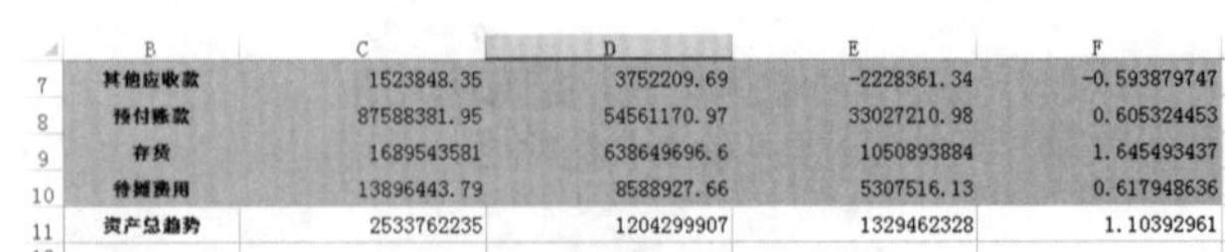

	B	C	D	E	F
7	其他应收款	1523848.35	3752209.69	-2228361.34	-0.593879747
8	预付账款	87588381.95	54561170.97	33027210.98	0.605324453
9	存货	1689543581	638649696.6	1050893884	1.645493437
10	待摊费用	13896443.79	8588927.66	5307516.13	0.617948636
11	资产总趋势	2533762235	1204299907	1329462328	1.10392961
12					

图 9-185 输入公式

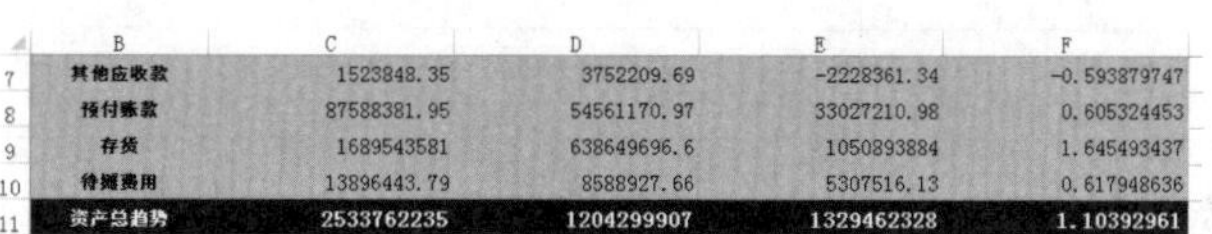

	B	C	D	E	F
7	其他应收款	1523848.35	3752209.69	-2228361.34	-0.593879747
8	预付账款	87588381.95	54561170.97	33027210.98	0.605324453
9	存货	1689543581	638649696.6	1050893884	1.645493437
10	待摊费用	13896443.79	8588927.66	5307516.13	0.617948636
11	资产总趋势	2533762235	1204299907	1329462328	1.10392961

图 9-186　设置单元格格式

step 20 在表格中选择 B3:F11 单元格区域，在【开始】选项卡的【字体】选项组中单击【边框设置】右侧的下三角按钮，在弹出的下拉菜单中选择【其他边框】命令，如图 9-187 所示。

step 21 弹出【设置单元格格式】对话框，选择图 9-188 所示的线条样式，并单击【外边框】按钮，如图 9-188 所示。

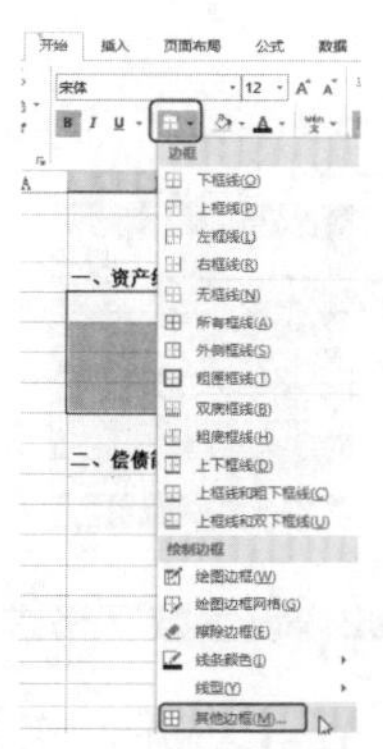

图 9-187　选择【其他边框】命令

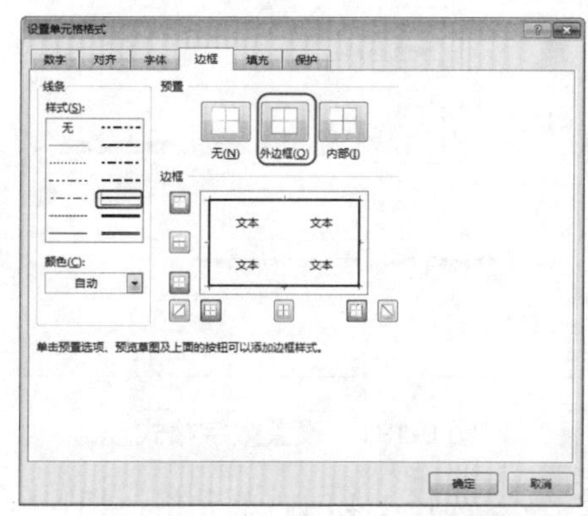

图 9-188　设置【外边框】

step 22 继续选择【线条样式】，然后单击【内部】按钮，单击【确定】按钮完成设置，如图 9-189 所示。

step 23 设置边框后的效果如图 9-190 所示。

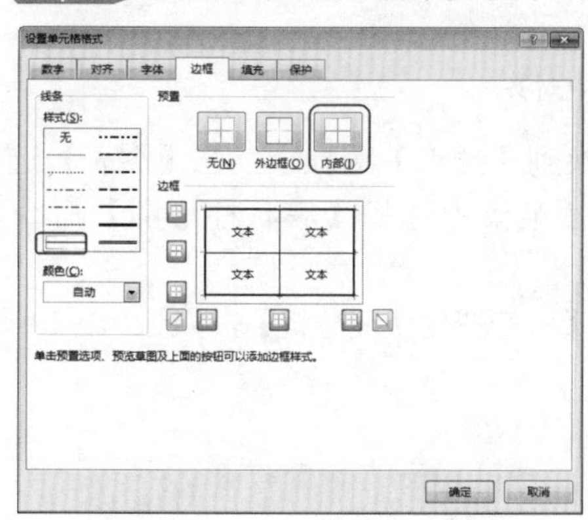

图 9-189　设置【内部】框线

资产变化状况分析

项　目	期末数	期初数	增长额	增长率
货币资金	741204979.9	498612180.6	242592799.3	0.486536047
应收票据	0	0	0	
应收账款	5000	135721.74	-130721.74	-0.963159918
其他应收款	1523848.35	3752209.69	-2228361.34	-0.593879747
预付账款	87588381.95	54561170.97	33027210.98	0.605324453
存货	1689543581	638649696.6	1050893884	1.645493437
待摊费用	13896443.79	8588927.66	5307516.13	0.617948636
资产总趋势	2533762235	1204299907	1329462328	1.10392961

图 9-190　设置边框后的效果

step 24 选择 C4:E11 单元格区域，切换到【开始】选项卡，在【数字】选项组中单击【数字格式】按钮，弹出【设置单元格格式】对话框，选择【数字】选项卡，在【分类】选项组中选择【数值】，将【小数位数】设置为 2，并选中【使用千位分隔符】复选框，在【负数】列表框中选择图 9-191 所示的形式。

知识链接

千位分隔符，其实就是数字中的逗号。依西方人的习惯，人们在数字中加进一个符号，以免因数字位数太多而难以看出它的值。所以人们在数字中每隔 3 位数加进一个逗号，也就是千位分隔符，以便更加容易认出数值。

step 25 选择 F4:F11 单元格，切换到【开始】选项卡，在【数字】选项组将【数字格式】设置为【百分比】，完成后的效果如图 9-192 所示。

图 9-191 设置数字格式

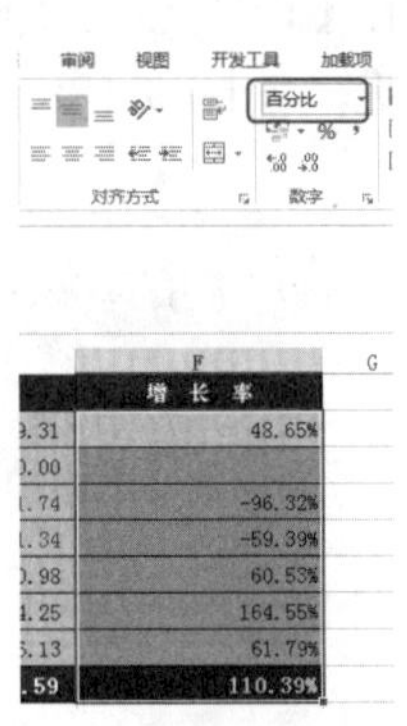

图 9-192 设置数字格式后的效果

step 26 选择 C4:F11 单元格，切换到【开始】选项卡，在【对齐方式】选项组中，单击【居中】按钮，如图 9-193 所示。

项 目	期 末 数	期 初 数	增 长 额	增 长 率
货币资金	741,204,979.94	498,612,180.63	242,592,799.31	48.65%
应收票据	0.00	0.00	0.00	
应收账款	5,000.00	135,721.74	-130,721.74	-96.32%
其他应收款	1,523,848.35	3,752,209.69	-2,228,361.34	-59.39%
预付账款	87,588,381.95	54,561,170.97	33,027,210.98	60.53%
存货	1,689,543,580.86	638,649,696.61	1,050,893,884.25	164.55%
待摊费用	13,896,443.79	8,588,927.66	5,307,516.13	61.79%
资产总趋势	2,533,762,234.89	1,204,299,907.30	1,329,462,327.59	110.39%

图 9-193 将数据居中对齐

step 27 在场景中选择 B3:D10 单元格区域，切换到【插入】选项卡，在【图表】选项组中单击【插入柱形图】按钮，在弹出的下拉菜单中选择【簇状柱形图】命令，如图 9-194 所示。

step 28 对插入图表的标题进行修改，将其修改为【资产变化状况分析】，如图 9-195 所示。

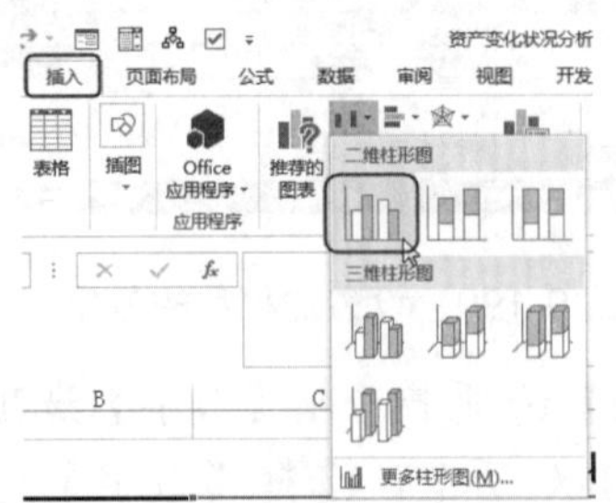

图 9-194 选择【簇状柱形图】命令

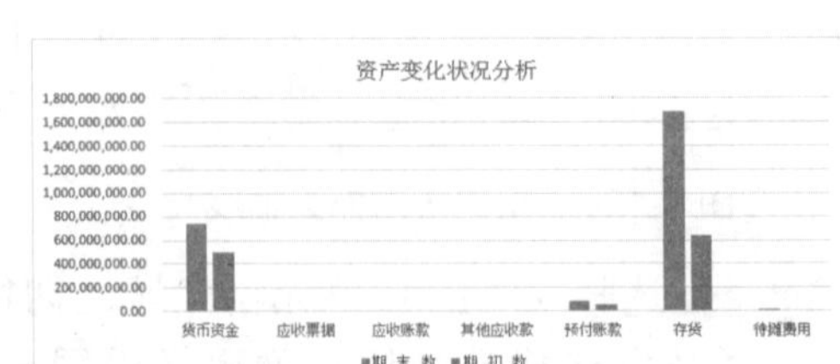

图 9-195 修改图表标题

step 29 选择创建的图表，切换到【图表工具】下的【设计】选项卡，在【数据】选项组中单击【选择数据】按钮，弹出【选择数据源】对话框，在【图例项(系列)】选项组中单击【添加】按钮，弹出【编辑数据系列】对话框，单击【系列名称】后面的按钮，在表格中选择 F3 单元格，如图 9-196 所示。

step 30 在【编辑数据系列】对话框中单击【系列值】后面的按钮，在表格中选择 F4:F10 单元格，然后单击【确定】按钮，如图 9-197 所示。

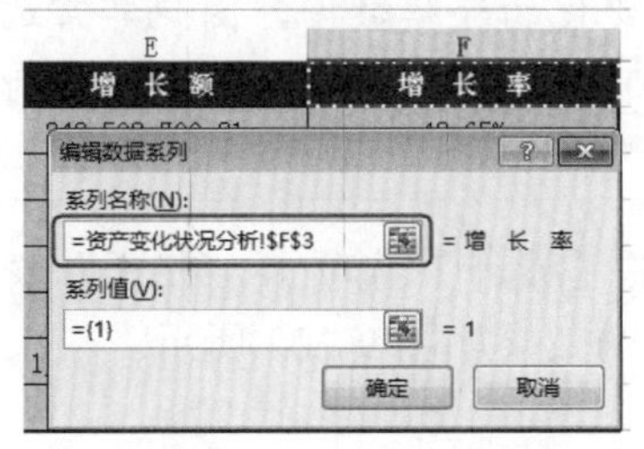

图 9-196 设置系列名称

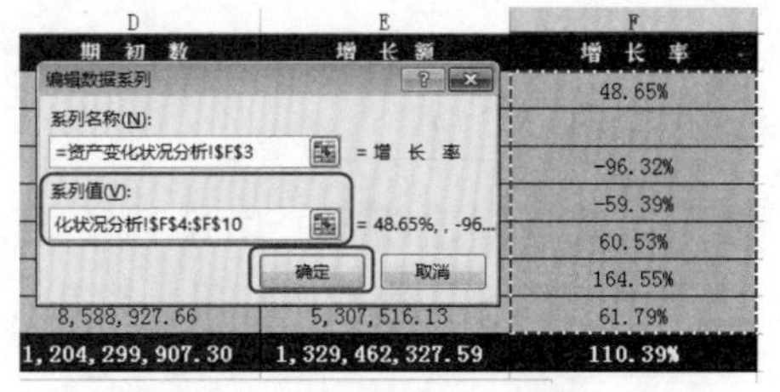

图 9-197 设置系列值

step 31 返回到【选择数据源】对话框，单击【确定】按钮，如图 9-198 所示。

step 32 确认图表处于选择状态，切换到【图表工具】下的【格式】选项卡，在【当前所选内容】选项组中将【图表元素】设置为【系列 "增长率"】，然后单击【设置所选内容格式】命令，如图 9-199 所示。

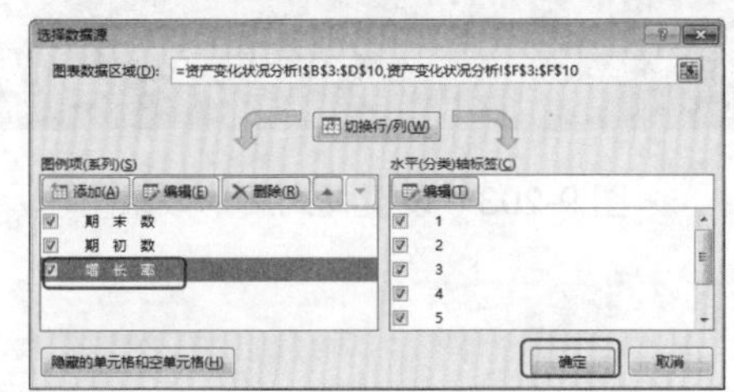

图 9-198 添加【增长率】

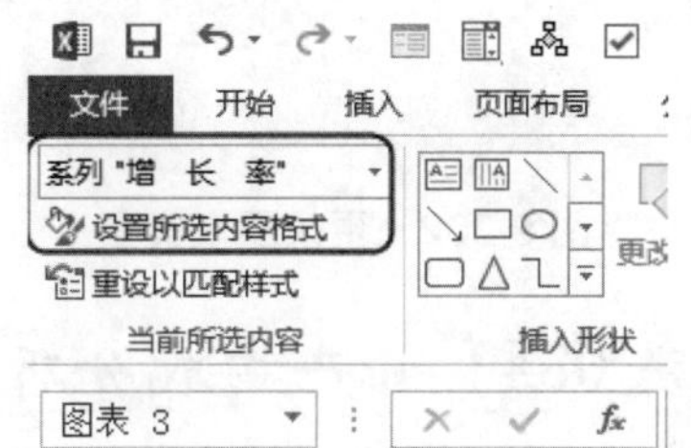

图 9-199 选择图表元素

step 33 弹出【设置数据系列格式】面板，在【系列选项】选项组中选中【次坐标轴】单选按钮，如图 9-200 所示。

step 34 在场景中右击【增长率】数据系列，在弹出的下拉菜单中选择【更改系列图表类型】命令，如图 9-201 所示。

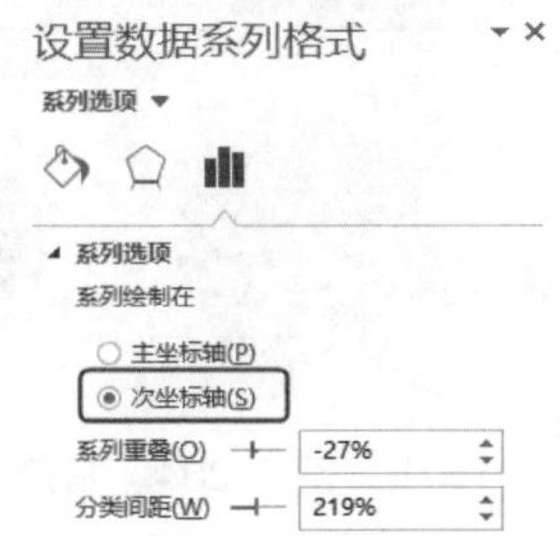

图 9-200 选中【次坐标轴】单选按钮

图 9-201 更改系列图表类型

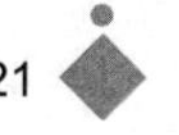

step 35 弹出【更改图表类型】对话框，在该对话框的底部选中【增长率】复选框，单击【增长率】后面的下三角箭头，在其下拉菜单中选择【折线图】命令，然后单击【确定】按钮，如图 9-202 所示。

知识链接

折线图是用直线段将各数据点连接起来而组成的图形，以折线方式显示数据的变化趋势。折线图可以显示随时间(根据常用比例设置)而变化的连续数据，因此非常适用于显示在相等时间间隔下数据的趋势。在折线图中，类别数据沿水平轴均匀分布，所有值数据沿垂直轴均匀分布。

step 36 选择创建图表，切换到【图表工具】下的【设计】选项卡，在【图表样式】选项组中选中【样式 6】图表样式。设置完成后的效果如图 9-203 所示。

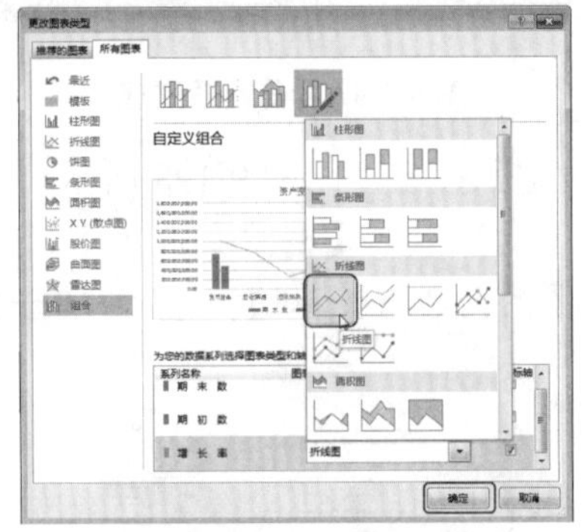

图 9-202　更改图表类型

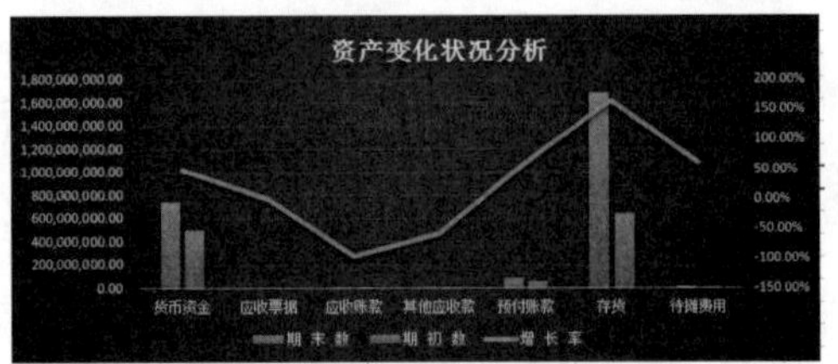

图 9-203　设置样式后的效果

案例精讲 084　资产构成分析表

案例文件：CDROM\场景\Cha09\资产构成分析表.xlsx

视频文件：视频教学\Cha09\资产构成分析表.avi

制作概述

本案例将介绍如何制作出资产构成分析表格，并通过复合饼图对资产构成进行分析。完成后的效果如图 9-204 所示。

资产构成分析

项　目	期末数	期初数
固定资产	5,333,257,700.36	4,133,631,549.99
流动资产	3,167,138,082.68	1,568,447,671.29
货币资金	741,204,979.94	498,612,180.63
应收票据	0.00	0.00
应收账款	5,000.00	135,721.74
其他应收款	1,523,848.35	3,752,209.69
预付账款	87,588,381.95	54,561,170.97
存货	1,689,543,580.86	638,649,696.61
待摊费用	13,896,443.79	8,588,927.66

资产构成分析

图 9-204　资产构成分析

学习目标

- 学习如何利用复合饼图对资产构成进行分析。
- 掌握复合饼图的制作及公式的运用。

操作步骤

step 01 启动 Excel 2013 软件后，打开随书附带光盘中的“CDROM\素材\Cha09\资产负债.xlsx”素材文件，在工作表底部单击【新建工作表】按钮 ⊕ ，并将新建的工作表命名为【资产构成分析】，如图 9-205 所示。

知识链接

资产构成是指企业进行投资中各种资产的构成比例，主要是指固定投资和证券投资及流动资金投放的比例。目前一些企业存在流动资金不足的问题，其中一个很重要的原因就是没有处理好固定资金和流动资金投入的比例。从盈利性来看，基于流动资产和固定资产盈利能力上的差别，如果企业净营运资金越少，意味着企业以较大份额资金运用到盈利能力较高的固定资产上，从而使整体盈利水平上升；但从风险性看，企业的营运资金越少，意味着流动资产和流动负债的差额越小，则到期无力偿债的危险性也越大。在实际工作中，如过多的资金投入到前期的固定资产上，极有可能引出流动资金紧张、无力进货、拖欠职工工资、短期偿债能力下降等恶果。资产结构管理的重点，在于确定一个既能维持企业正常开展经营活动，又能在减少或不增加风险的前提下，给企业带来更多利润的流动资金水平。

step 02 在场景中选择 B 列，在【开始】选项卡的【单元格】选项组中单击【格式】按钮，在弹出的下拉菜单中选择【列宽】命令，如图 9-206 所示。

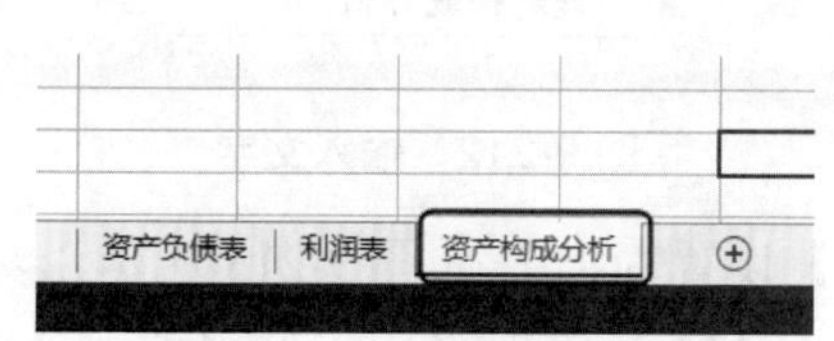

图 9-205　新建工作表

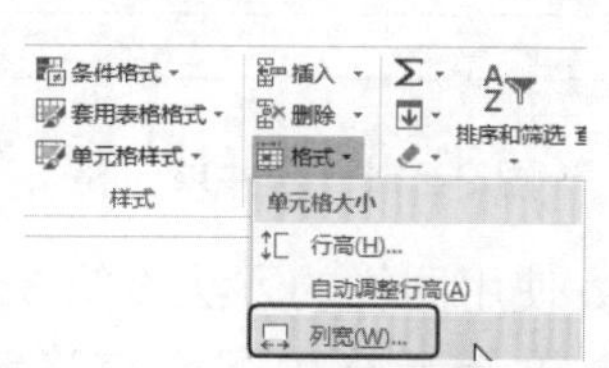

图 9-206　选择【列宽】命令

step 03 弹出【列宽】对话框，将【列宽】设置为 20，并单击【确定】按钮，如图 9-207 所示。

step 04 使用同样的方法将 C、D 列的【列宽】设置为 25，效果如图 9-208 所示。

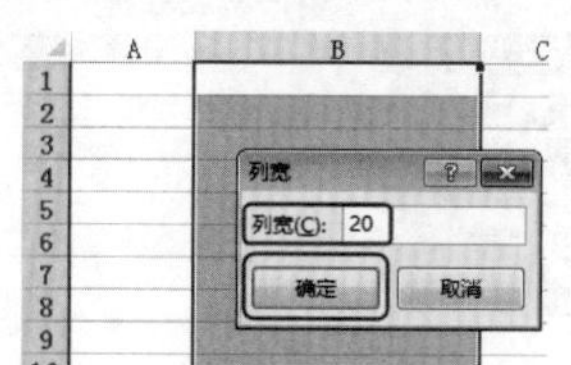

图 9-207　设置【列宽】

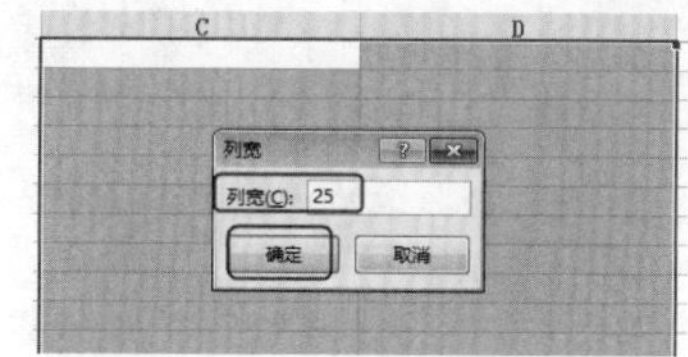

图 9-208　设置其他单元格的列宽

step 05 选择第 2 行单元格区域，在数字 2 位置右击，在弹出的快捷菜单中选择【行高】命令，如图 9-209 所示。

step 06 弹出【行高】对话框，将【行高】设置为 34，单击【确定】按钮，如图 9-210 所示。

step 07 选择 B2:D2 单元格区域，切换到【开始】选项卡，在【对齐方式】选项组中单击【合并后居中】按钮，将其合并居中，如图 9-211 所示。

step 08 在上一步合并的单元格中配合空格键输入【资产构成分析】，在【字体】选项组中，将【字体】设置为【方正大标宋简体】，【字号】设置为20，如图9-212所示。

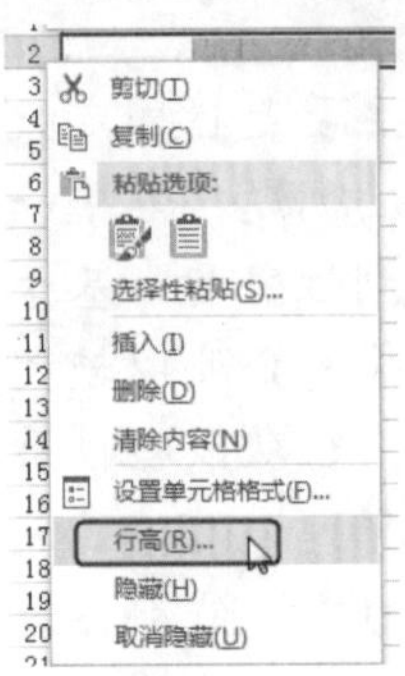

图 9-209　选择【行高】命令

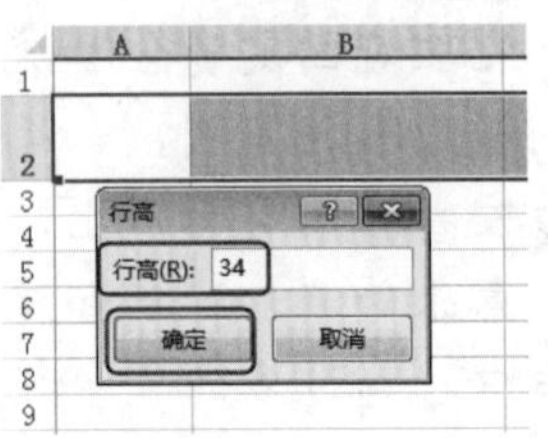

图 9-210　设置【行高】

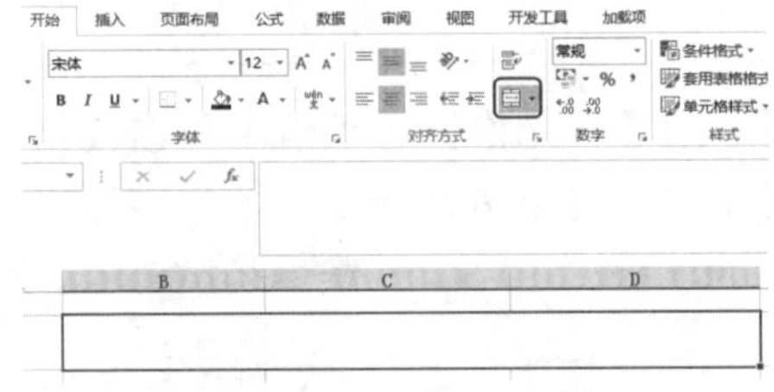

图 9-211　合并单元格

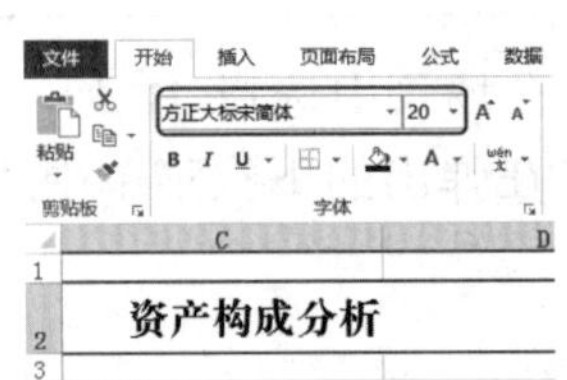

图 9-212　输入文字

step 09 使用同样的方法将第3～12行的【行高】设置为15，如图9-213所示。

step 10 在单元格中配合空格键输入文字，在【字体】选项组中，将【字体】设置为【宋体】，【字号】设置为10，【填充颜色】设置为【橙色，着色2】，将【字体颜色】设置为【白色，背景1】，并设置相应的对齐方式，完成后的效果如图9-214所示。

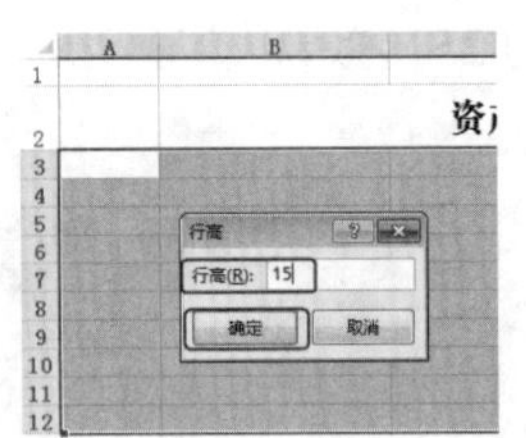

图 9-213　设置【行高】后的效果

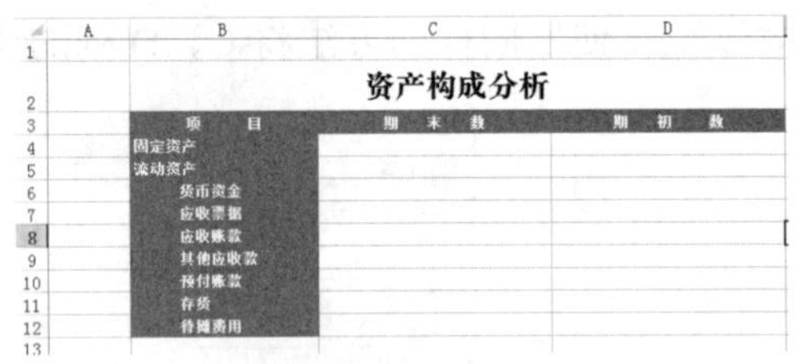

图 9-214　输入文字

step 11 选择C4单元格，在表格中输入(=)，然后切换到【资产负债表】表格中，选择D35单元格，按Enter键，完成表格公式的输入，如图9-215所示。

step 12 使用与上一步相同的方法在其他表格中添加数值，其表格公式为在C5单元格中输入公式【=资产负债表!D20】，在C6单元格中输入公式【=资产负债表!D4】，在C7单元格中输入公式【=资产负债表!D6】，在C8单元格中输入公式【=资产负债表!D9】，在C9单元格中输入公式【=资产负债表!D10】，在C10单元格中输入公式【=资产负债表!D11】，在C11单元格中输入公式【=资产负债表!D15】，在C12

单元格中输入公式【=资产负债表!D16】，在 D4 单元格中输入公式【=资产负债表!E35】， D5 单元格中输入公式【=资产负债表!E20】，在 D6 单元格中输入公式【=资产负债表!E4】，在 D7 单元格中输入公式【=资产负债表!E6】，在 D8 单元格中输入公式【=资产负债表!E9】，在 D9 单元格中输入公式【=资产负债表!E10】，在 D10 单元格中输入公式【=资产负债表!E11】，在 D11 单元格中输入公式【=资产负债表!E15】，在 D12 单元格中输入公式【=资产负债表!E16】。完成后的效果如图 9-216 所示。

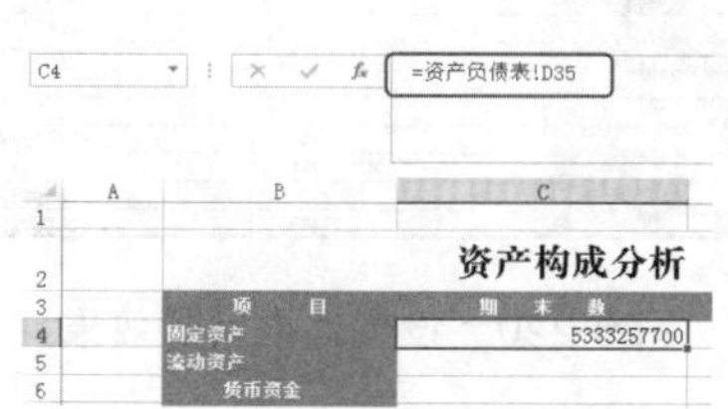

图 9-215　添加数值公式

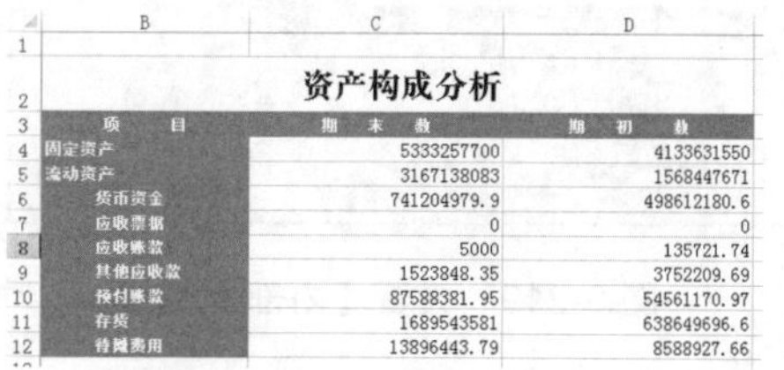

资产构成分析

项　目	期 末 数	期 初 数
固定资产	5333257700	4133631550
流动资产	3167138083	1568447671
货币资金	741204979.9	498612180.6
应收票据	0	0
应收账款	5000	135721.74
其他应收款	1523848.35	3752209.69
预付账款	87588381.95	54561170.97
存货	1689543581	638649696.6
待摊费用	13896443.79	8588927.66

图 9-216　添加数值后的效果

step 13 在表格中选择 B3:D12 单元格区域，在【开始】选项卡的【字体】选项组中单击【边框设置】右侧的下三角按钮，在弹出的下拉菜单中选择【其他边框】命令，如图 9-217 所示。

step 14 弹出【设置单元格格式】对话框，选择图 9-218 所示的线条样式，并单击【外边框】按钮，如图 9-218 所示。

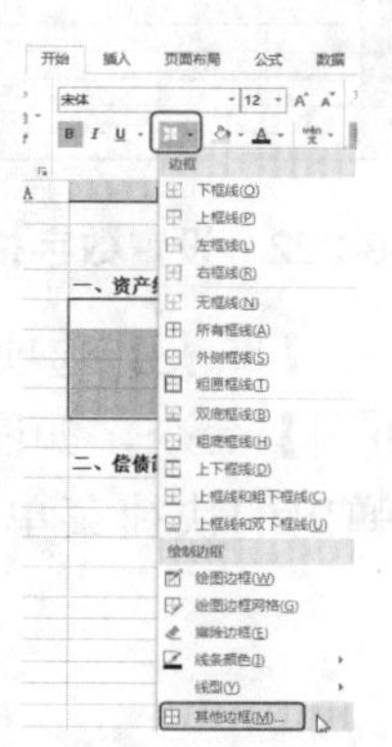

图 9-217　选择【其他边框】命令

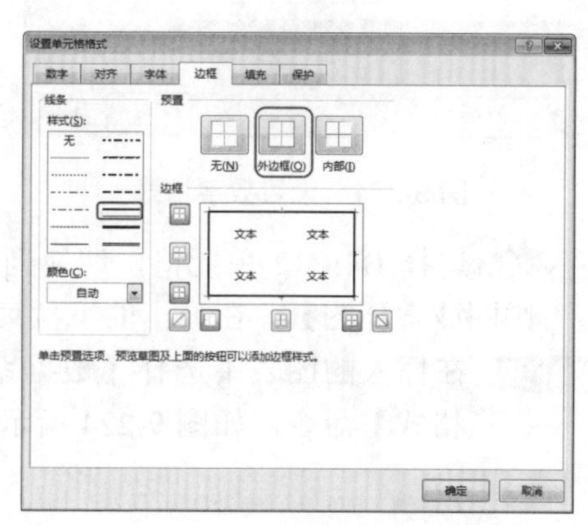

图 9-218　设置【外边框】

step 15 继续选择【线条样式】，然后单击【内部】按钮，单击【确定】按钮，完成设置，如图 9-219 所示。

step 16 设置边框后的效果如图 9-220 所示。

step 17 选择 C4:D12 单元格区域，切换到【开始】选项卡，在【数字】选项组中单击【数字格式】按钮，弹出【设置单元格格式】对话框，选择【数字】选项卡，在【分类】选项组中选择【数值】，将【小数位数】设置为 2，并选中【使用千位分隔符】复选框，在【负数】列表框中选择如图 9-221 所示的形式。

step 18 确认 C4:D12 单元格区域处于选择状态，将其【对齐方式】设置为【居中】，完成后的效果如图 9-222 所示。

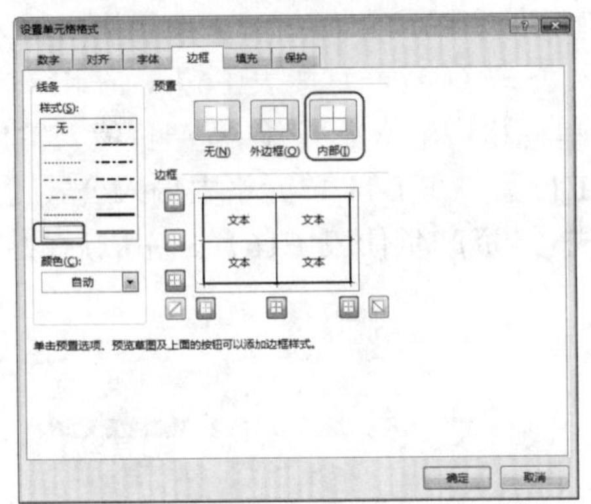

图 9-219　设置【内部】框线

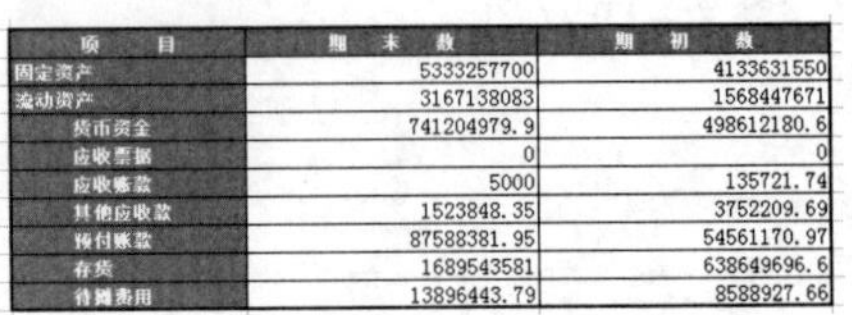

项　　目	期　末　数	期　初　数
固定资产	5333257700	4133631550
流动资产	3167138083	1568447671
货币资金	741204979.9	498612180.6
应收票据	0	0
应收账款	5000	135721.74
其他应收款	1523848.35	3752209.69
预付账款	87588381.95	54561170.97
存货	1689543581	638649696.6
待摊费用	13896443.79	8588927.66

图 9-220　设置边框后的效果

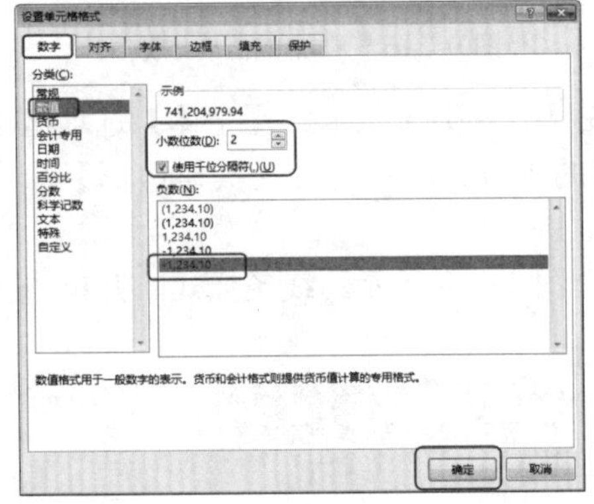

图 9-221　设置数字格式

项　　目	期　末　数	期　初　数
固定资产	5,333,257,700.36	4,133,631,549.99
流动资产	3,167,138,082.68	1,568,447,671.29
货币资金	741,204,979.94	498,612,180.63
应收票据	0.00	0.00
应收账款	5,000.00	135,721.74
其他应收款	1,523,848.35	3,752,209.69
预付账款	87,588,381.95	54,561,170.97
存货	1,689,543,580.86	638,649,696.61
待摊费用	13,896,443.79	8,588,927.66

图 9-222　设置数字格式

step 19 选择 B4:C12 单元格，切换到【插入】选项卡，在【图表】选项组中单击【插入饼图或圆环图】，在弹出的下拉菜单中选择【复合饼图】命令，如图 9-223 所示。

step 20 在插入的图表中选择【数据系列】并右击，在弹出的快捷菜单中选择【设置数据点格式】命令，如图 9-224 所示。

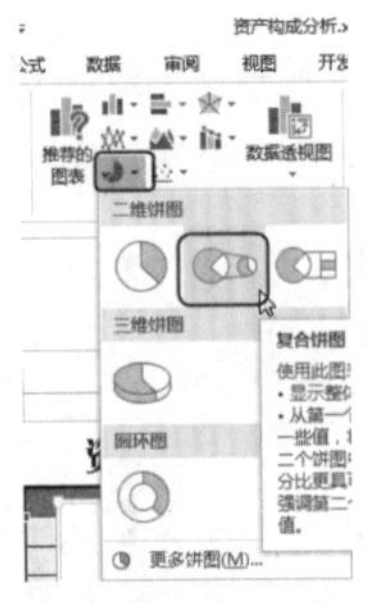

图 9-223　选择【复合饼图】命令

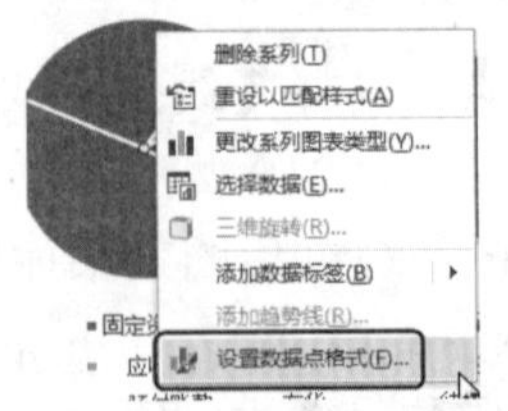

图 9-224　选择【设置数据点格式】命令

step 21 弹出【设置数据系列格式】面板，在【系列选项】选项组中将【第二绘图区中的值】设置为 7，如图 9-225 所示。

step 22 选择插入的图表，切换到【图表工具】下的【设计】选项卡，在【图表布局】选项组中单击【添加图表元素】按钮，在其下拉菜单中选择【数据标签】→【其他数据标签选项】命令，如图 9-226 所示。

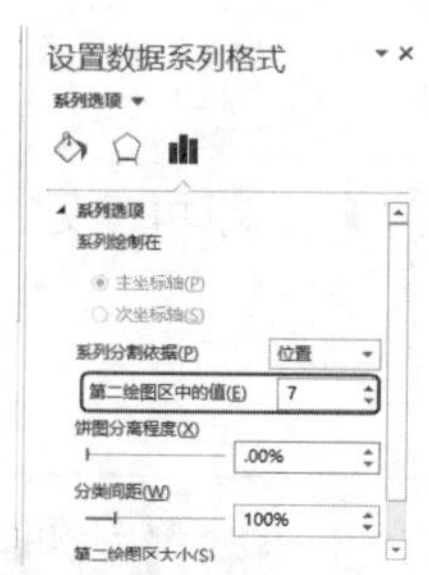

图 9-225 设置绘图区的值

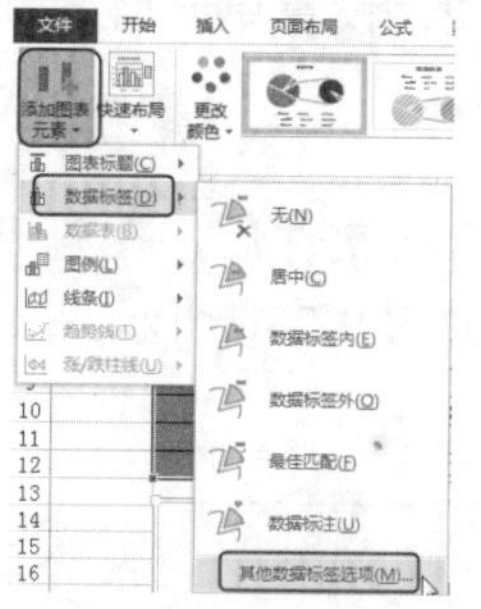

图 9-226 选择【其他数据标签选项】命令

step 23 弹出【设置数据标签格式】面板，选中【百分比】复选框，取消选中【值】复选框，如图 9-227 所示。

step 24 选择图表，切换到【图表工具】下的【设计】选项卡，在【图表样式】选项组中选择【样式 3】，并将图表标题设置为【资产构成分析】，完成后的效果如图 9-228 所示。

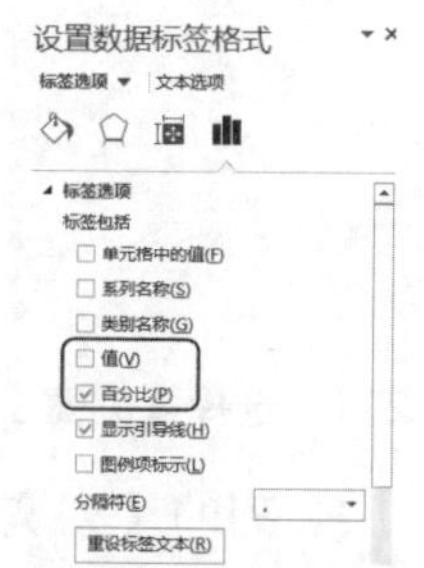

图 9-227 选择数据标签

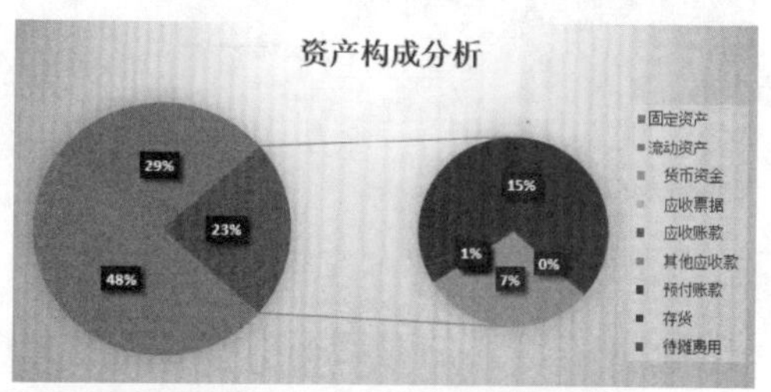

图 9-228 应用样式后的效果

案例精讲 085 利润分配表

案例文件：CDROM\场景\Cha09\利润分配表.xlsx

视频文件：视频教学\Cha09\利润分配表.avi

制作概述

利润分配表是反映企业在一定时期利润分配情况和年末未分配利润结余情况的报表。利润分配表按月编制，是利润表的附表，利润表反映企业利润的形成情况，而利润分配表则是用来反映企业的利润分配情况。本案例完成后的效果如图 9-229 所示。

图 9-229 利润分配表

学习目标

- 学习如何制作利润分配表。
- 掌握如何设置单元格属性。

操作步骤

step 01 启动软件后，在打开的界面中选择【空白工作簿】，即可新建一个空白的工作簿，如图 9-230 所示。

知识链接

利润分配表反映的是某公司当年的净利润的分配情况和年末分配利润的情况。该表的编制是从公司净利润额开始的。

step 02 选择 B、G 列单元格并右击，在弹出的快捷菜单中选择【列宽】命令，如图 9-231 所示。

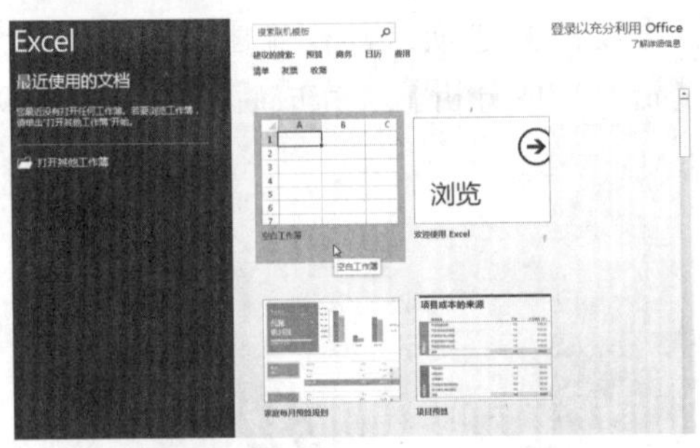

图 9-230 选择【空白工作表】

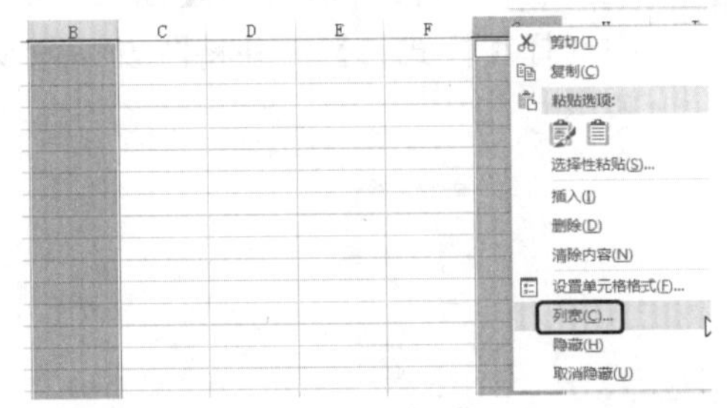

图 9-231 选择【列宽】命令

step 03 在弹出的对话框中将【列宽】设置为 25，将 C、H 列的【列宽】设置为 3，将 D～F、I～K 列单元格的【列宽】设置为 10，将第 1 行的【行高】设置为 8，将第 2 行的【行高】设置为 35，将第 3、4 行的【行高】设置为 15，选择 5~17 行，将【行高】设置为 20，完成后的效果如图 9-232 所示。

step 04 选择 B2:K2 单元格，在【开始】选项卡中单击【对齐方式】选项组中的【合并后居中】按钮，完成后的效果如图 9-233 所示。

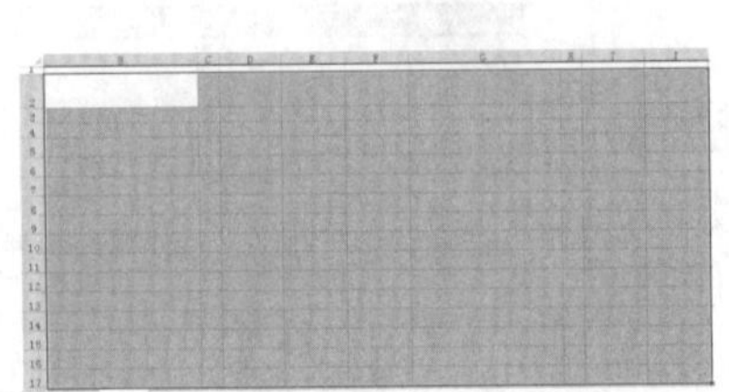

图 9-232 设置完成后的效果

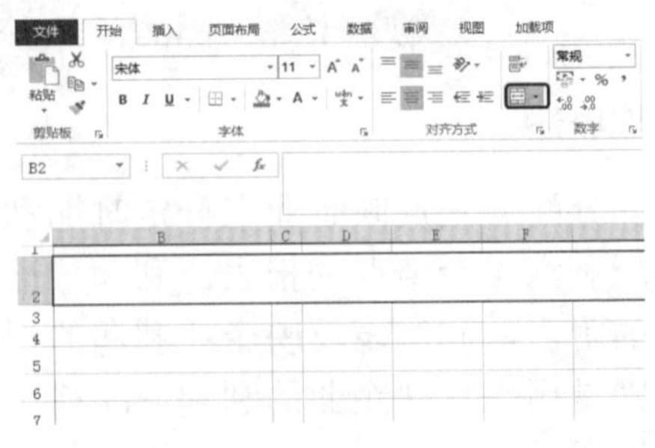

图 9-233 合并单元格

step 05 选择合并后的单元格并右击，在弹出的快捷菜单中选择【设置单元格格式】命令，在弹出的对话框中选择【填充】选项卡，将【背景颜色】设置为【橙色，着色2】，如图 9-234 所示。

step 06 选择【边框】选项卡，选择图 9-235 所示的线条，然后将【颜色】设置为黑色，单击【外边框】按钮，如图 9-235 所示。

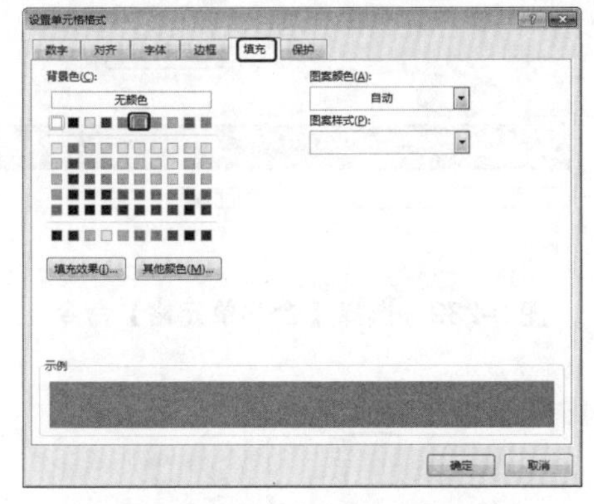

图 9-234 设置填充颜色

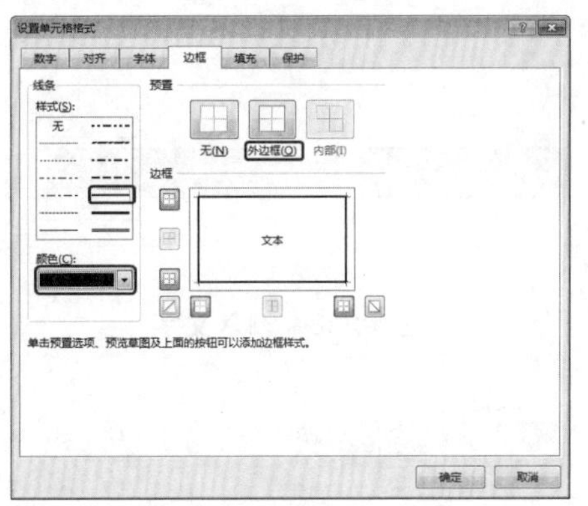

图 9-235 设置【外边框】

step 07 选择【字体】选项组中，在【字形】列表框中选择【加粗】选项，将【字号】设置为 22，将【颜色】设置为白色，如图 9-236 所示。

step 08 单击【确定】按钮，在单元格中输入文字【利润分配表】。完成后的效果如图 9-237 所示。

图 9-236 设置字体属性

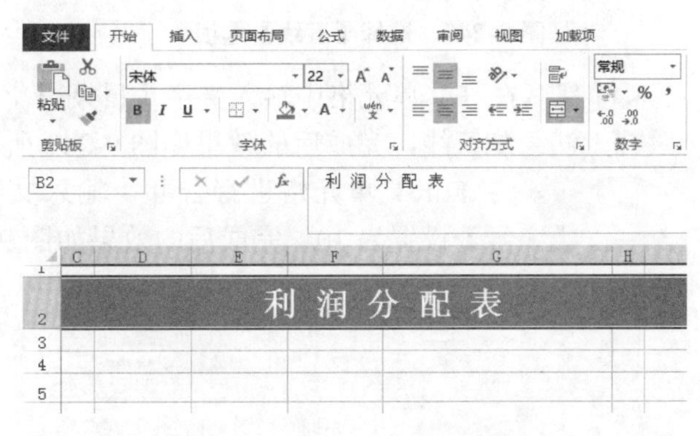

图 9-237 输入文字后的效果

step 09 选择 K3 单元格，在该单元格中输入文字【14 表】，然后单击【对齐方式】选项组中的【居中】按钮，将【字号】设置为 11，效果如图 9-238 所示。

step 10 选择 B4:D4 单元格区域，在【开始】选项卡下的【对齐方式】选项组中单击【合并后居中】右侧的下三角按钮，在弹出的下拉菜单中选择【合并单元格】命令，如图 9-239 所示。

step 11 在合并的单元格中输入文字【编制单位:】，在【插入】选项卡中单击【插图】按钮，在弹出的下拉菜单中单击【形状】按钮，再在弹出的下拉列表框中选择【直线】选项，如图 9-240 所示。

step 12 按住 Shift 键绘制水平的直线，选择绘制的直线，在【绘图工具】下的【格式】选项卡中选择【形状样式】选项组中的【细线-深色 1】，在【大小】选项组中将【形状宽度】设置为 7 厘米，完成后的效果如图 9-241 所示。

图 9-238　输入文字

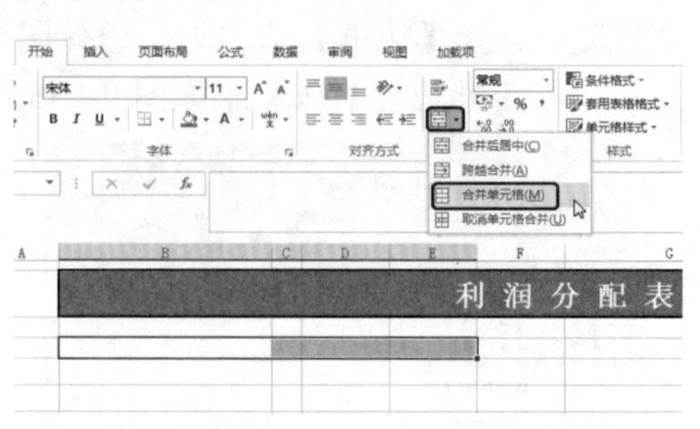

图 9-239　选择【合并单元格】命令

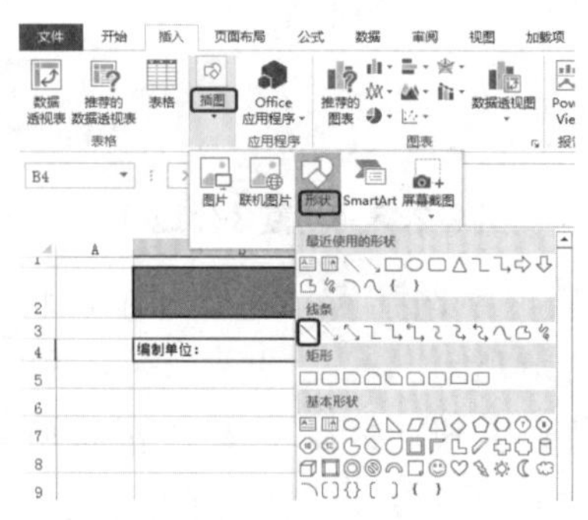

图 9-240　选择【直线】选项

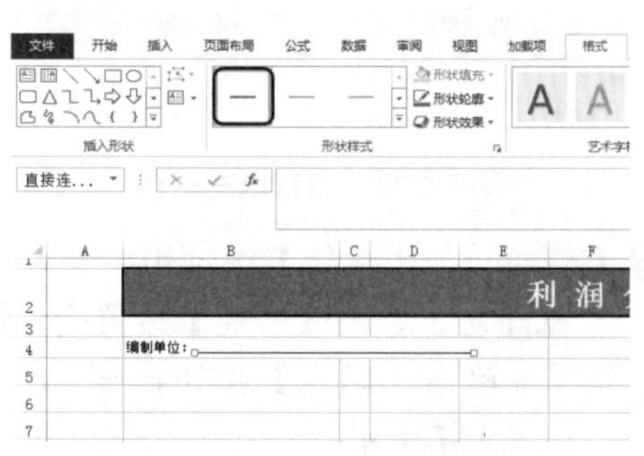

图 9-241　绘制直线并设置样式

step 13 在 F4 单元格中输入文字【日期:】，将【字号】设置为 10，然后使用同样的方法绘制直线，完成后的效果如图 9-242 所示。

step 14 将 I4:K4 单元格进行合并，输入文字【金额单位:公斤、元、吨、万元】，将【字号】设置为 10，完成后的效果如图 9-243 所示。

图 9-242　输入文字并绘制直线

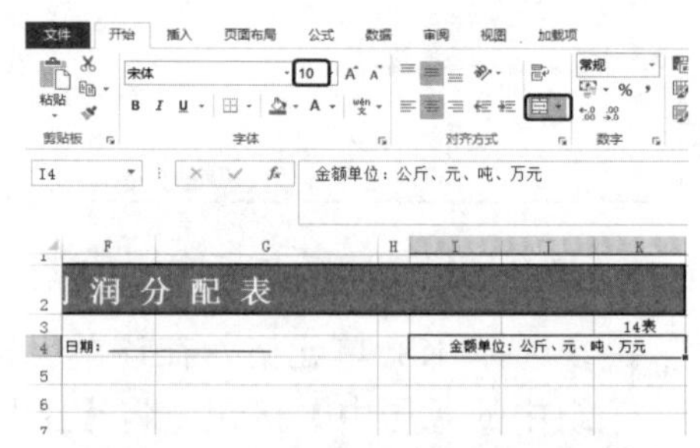

图 9-243　合并单元格并输入文字

step 15 将 B5:B6、C5:C6、G5:G6、H5:H6 单元格进行合并，然后选择 B5:K17 单元格区域并右击，在弹出的快捷菜单中选择【设置单元格格式】命令，如图 9-244 所示。

step 16 在弹出的对话框中选择【边框】选项卡，然后在【线条】选项组的【样式】列表框中选择如图 9-245 所示的线条，在【预置】选项组中单击【外边框】按钮，如

图 9-245 所示。

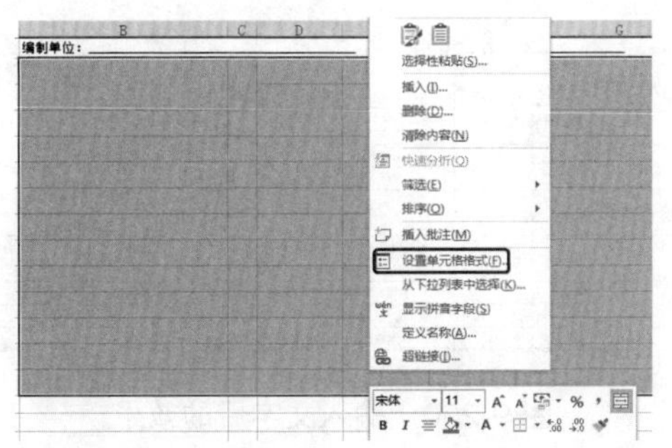

图 9-244 选择【设置单元格格式】命令

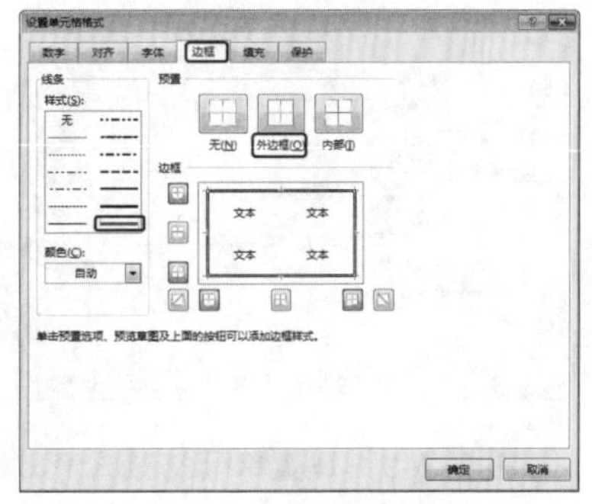

图 9-245 设置【外边框】

step 17 在【样式】列表框中选择如图 9-246 所示的线条，然后在【预置】选项组中单击【内部】按钮，如图 9-246 所示。

step 18 单击【确定】按钮，即可完成对选择的单元格设置边框，完成后的效果如图 9-247 所示。

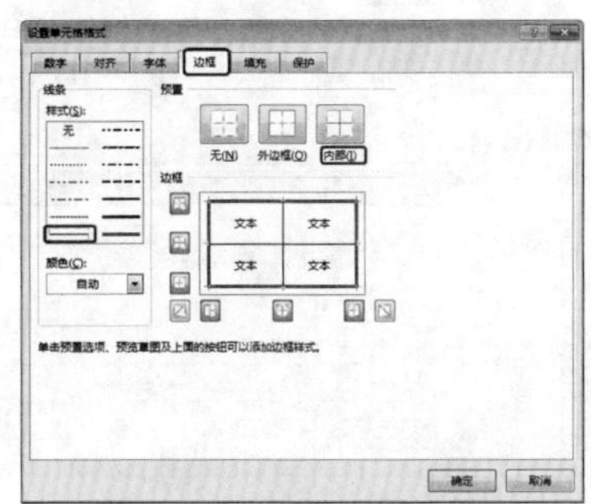

图 9-246 设置【内部】框线

图 9-247 设置完边框后的效果

step 19 在单元格中输入文字，将【字号】设置为 10，完成后的效果如图 9-248 所示。

利 润 分 配 表

14表

编制单位：＿＿＿＿　日期：＿＿＿＿　金额单位：公斤、元、吨、万元

项　目	行次	合计	购销企业	其他企业		行次	合计	购销企业	其他企业
一、营业总收入	1				其中：业务执行费用	12			
其中：营业收入	2				研究与开发费	13			
其中：主营业务收入	3				财务费用	14			
其他业务收入	4				其中：利息支出	15			
二、营业总成本	5				利息收入	16			
其中：营业成本	6				汇总净损失	17			
其中：主要业务成本	7				三、营业利润（亏损以“-”号填列）	18			
其他业务成本	8				加：营业外收入	19			
营业税金及附加	9				其中：非流动资产处置利得	20			
销售费用（营业费用）	10				减：营业外支出	21			
管理费用	11				其中：非流动资产处置损失	22			

图 9-248 输入文字后的效果

step 20 选择 D6:F6、I6:K6 单元格区域并右击，在弹出的快捷菜单中选择【设置单元格格式】命令，在弹出的对话框中选择【数字】选项卡，在【分类】列表框中选择【自定义】选项，将【类型】设置为 00，如图 9-249 所示。

step 21 单击【确定】按钮，然后在单元格中输入文字，将其【对齐方式】设置为【居中对齐】，完成后的效果如图 9-250 所示。

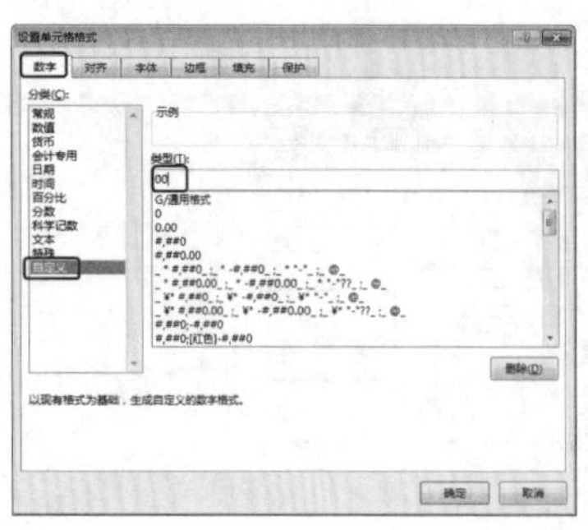

图 9-249　设置单元格格式

日期：　　　　金额单位：公斤、元、吨、万元

合计	购销企业	其他企业		行次	合计	购销企业	其他企业
01	02	03			01	02	03
			其中：业务执行费用	12			
			研究与开发费	13			
			财务费用	14			
			其中：利息支出	15			
			利息收入	16			
			汇总净损失	17			
			三、营业利润（亏损以“-”号填列）	18			
			加：营业外收入	19			
			其中：非流动资产处置利得	20			
			减：营业外支出	21			
			其中：非流动资产处置损失	22			

图 9-250　输入文字后的效果

step 22 选择 B7:K17 单元格区域，在【开始】选项卡中单击【字体】选项组中【填充颜色】右侧的下三角按钮，在弹出的下拉菜单中选择【橙色，着色 2，淡色 60%】命令，完成后的效果如图 9-251 所示。

step 23 选择 B5:K6 单元格区域，单击【填充颜色】右侧的下三角按钮，在弹出的下拉菜单中选择【橙色，着色 2，淡色 40%】命令，选择完成后的效果如图 9-252 所示。

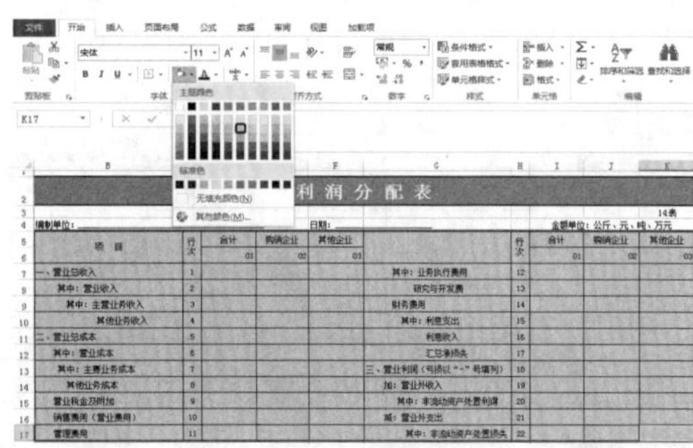

图 9-251　设置填充颜色

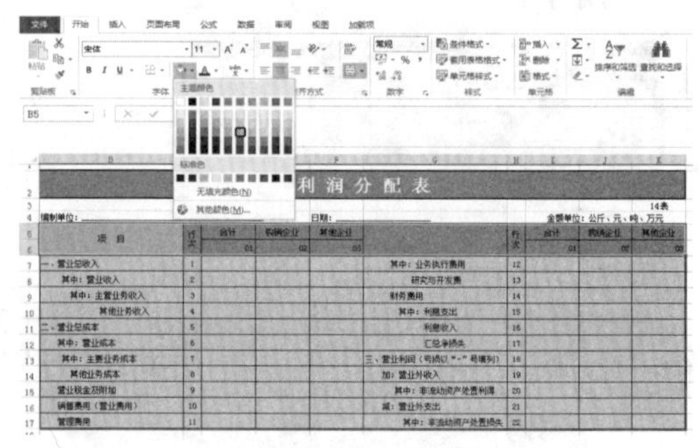

图 9-252　设置填充颜色

step 24 选择 B8:K8、B10:K10、B12:K12、B14:K14、B16:K16 单元格区域，单击【填充颜色】右侧的下三角按钮，在弹出的下拉菜单中选择【橙色，着色 2，淡色 80%】命令，完成后的效果如图 9-253 所示。

利 润 分 配 表

14表

编制单位：　　　　日期：　　　　金额单位：公斤、元、吨、万元

项　目	行次	合计	购销企业	其他企业		行次	合计	购销企业	其他企业
		01	02	03			01	02	03
一、营业总收入	1				其中：业务执行费用	12			
其中：营业收入	2				研究与开发费	13			
其中：主营业务收入	3				财务费用	14			
其他业务收入	4				其中：利息支出	15			
二、营业总成本	5				利息收入	16			
其中：营业成本	6				汇总净损失	17			
其中：主要业务成本	7				三、营业利润（亏损以“-”号填列）	18			
其他业务成本	8				加：营业外收入	19			
营业税金及附加	9				其中：非流动资产处置利得	20			
销售费用（营业费用）	10				减：营业外支出	21			
管理费用	11				其中：非流动资产处置损失	22			

图 9-253　设置完成后的效果

案例精讲 086　损益表

案例文件：CDROM\场景\Cha09\损益表.xlsx

视频文件：视频教学\Cha09\损益表.avi

制作概述

本案例将介绍如何制作损益表。首先输入并设置表格的标题项目和数据；然后通过计算公式计算出合计、总计和年度损益的金额；最后根据损益表插入折线图。完成后的效果如图 9-254 所示。

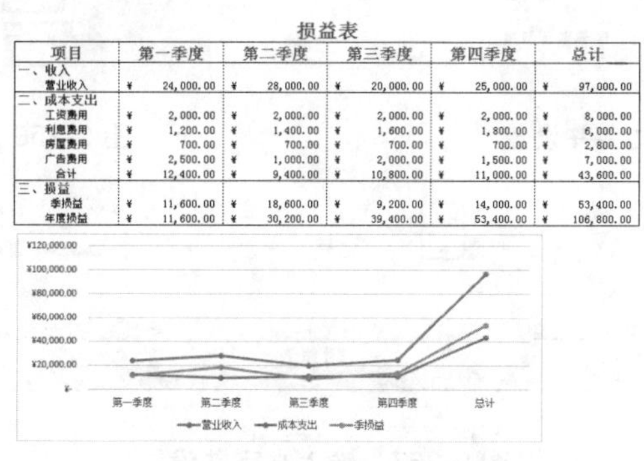

损益表

项目	第一季度	第二季度	第三季度	第四季度	总计
一、收入					
营业收入	¥ 24,000.00	¥ 28,000.00	¥ 20,000.00	¥ 25,000.00	¥ 97,000.00
二、成本支出					
工资费用	¥ 2,000.00	¥ 2,000.00	¥ 2,000.00	¥ 2,000.00	¥ 8,000.00
利息费用	¥ 1,200.00	¥ 1,400.00	¥ 1,600.00	¥ 1,800.00	¥ 6,000.00
房屋费用	¥ 700.00	¥ 700.00	¥ 700.00	¥ 700.00	¥ 2,800.00
广告费用	¥ 2,500.00	¥ 1,000.00	¥ 2,000.00	¥ 1,500.00	¥ 7,000.00
合计	¥ 12,400.00	¥ 9,400.00	¥ 10,800.00	¥ 11,000.00	¥ 43,600.00
三、损益					
季损益	¥ 11,600.00	¥ 18,600.00	¥ 9,200.00	¥ 14,000.00	¥ 53,400.00
年度损益	¥ 11,600.00	¥ 30,200.00	¥ 39,400.00	¥ 53,400.00	¥ 106,800.00

图 9-254 损益表

学习目标

- 学习如何制作损益表。
- 学习插入折线图的方法。

操作步骤

知识链接

损益表是指反映企业在一定会计期间的经营成果及其分配情况的会计报表，是一段时间内公司经营业绩的财务记录，反映了这段时间的销售收入、销售成本、经营费用及税收状况，报表结果为公司实现的利润或形成的亏损。

---

step 01 启动 Excel 2013，新建一个空白工作簿。选中 B1:G1 单元格，单击【对齐方式】选项组中的【合并后居中】按钮，在合并后的单元格中输入文字【损益表】，然后在【字体】选项组中将【字号】设置为 18，单击【加粗】按钮B，然后设置【字体颜色】，如图 9-255 所示。

step 02 选择 B～G 列单元格并右击，在弹出的快捷菜单中选择【列宽】命令。在弹出的【列宽】对话框中，将【列宽】设置为 15，然后单击【确定】按钮，如图 9-256 所示。

step 03 在 B2:G2 单元格中分别输入【项目】、【第一季度】、【第二季度】、【第三季度】、【第四季度】和【总计】。然后将【字号】设置为 14，单击【加粗】按钮B和【字体颜色】按钮，然后在【对齐方式】选项组中，单击【居中】按钮，如图 9-257 所示。

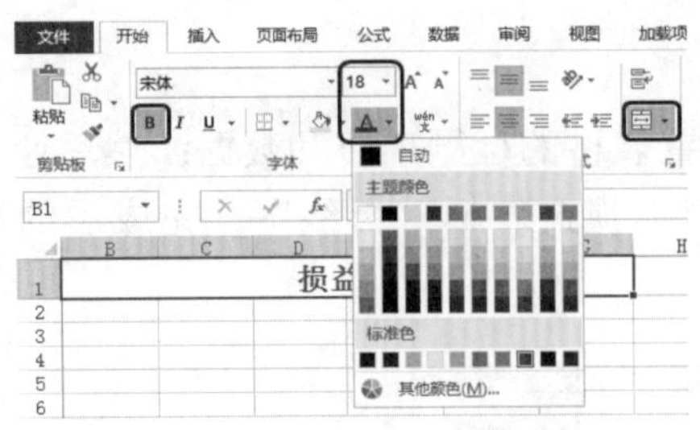

图 9-255　输入文字并设置

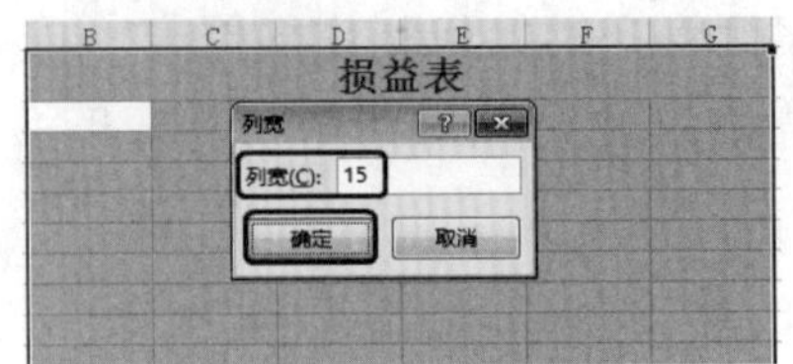

图 9-256　设置【列宽】

图 9-257　输入文字并设置

step 04 参照前面的操作步骤，在 B3:B13 单元格中输入文字，如图 9-258 所示。

step 05 按住 Ctrl 键，选择 B3、B5 和 B11 单元格。将【字号】设置为 11，单击【加粗】按钮 B 和【字体颜色】按钮 A，如图 9-259 所示。

图 9-258　输入文字

图 9-259　设置文字格式

step 06 按住 Ctrl 键，选择 B4、B6:B10 和 B12:B13 单元格。将【字号】设置为 10，然后在【对齐方式】选项组中单击【居中】按钮，如图 9-260 所示。

step 07 在单元格中输入数据，并将其【字号】设置为 10，然后将【数字格式】设置为【会计专用】，如图 9-261 所示。

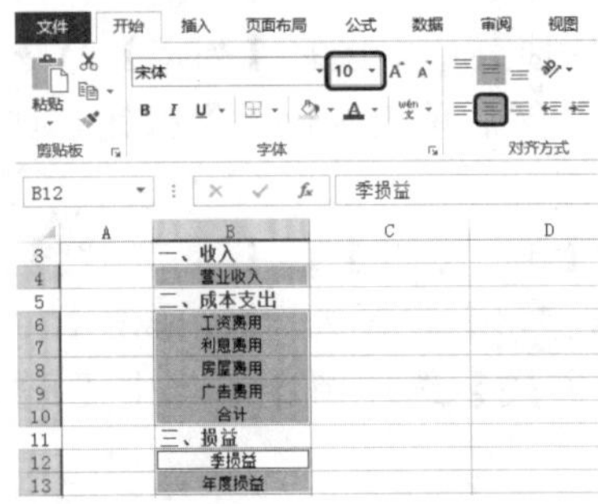

图 9-260　设置文字格式

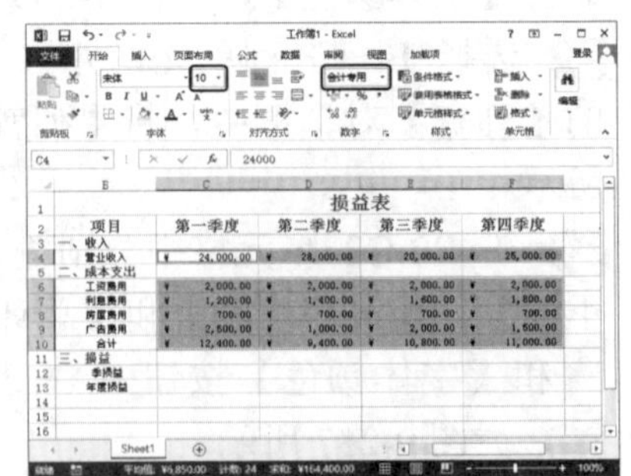

图 9-261　输入并设置文字

step 08 在 C12 单元格中输入计算公式【=C4-C10】，并按 Enter 键确认，如图 9-262 所示。

step 09 将 C12 单元格的【字号】设置为 10，当光标在 C12 单元格的右下角呈黑心十字形状时，按住鼠标左键，向右拖动到 F12 单元格，自动填充其他单元格，如图 9-263 所示。

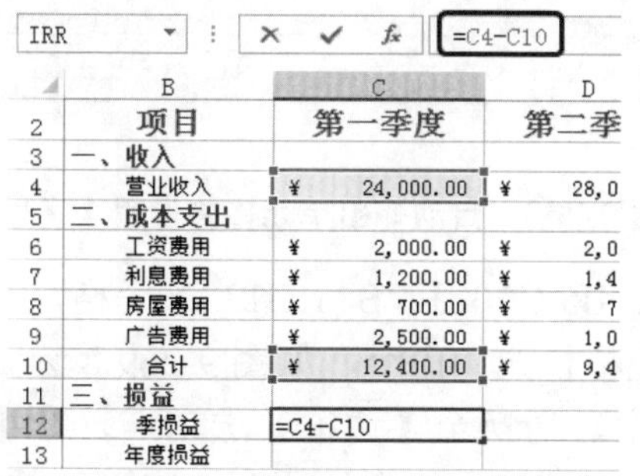

图 9-262 输入计算公式

图 9-263 自动填充单元格

step 10 在 G4 单元格中，输入函数公式【=SUM(C4:F4)】，并按 Enter 键确认，如图 9-264 所示。

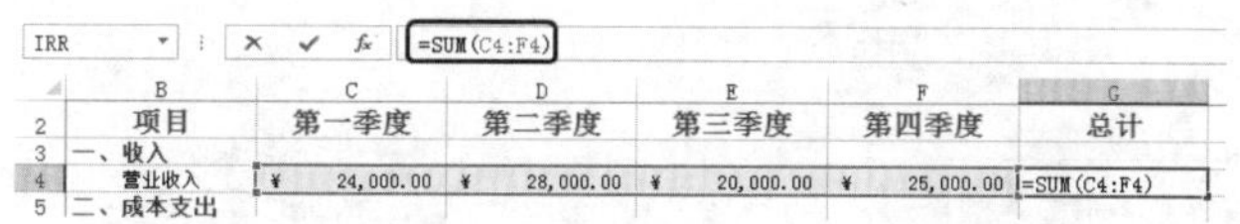

图 9-264 输入函数公式

step 11 将 G4 单元格的【字号】设置为 10，然后使用相同的方法在 G6:G10 和 G12 单元格中输入 SUM 函数，计算总计的金额，并将单元格的【字号】设置为 10，如图 9-265 所示。

step 12 在 C13 单元格中输入公式【=C12】，然后将其单元格的【字号】设置为 10，如图 9-266 所示。

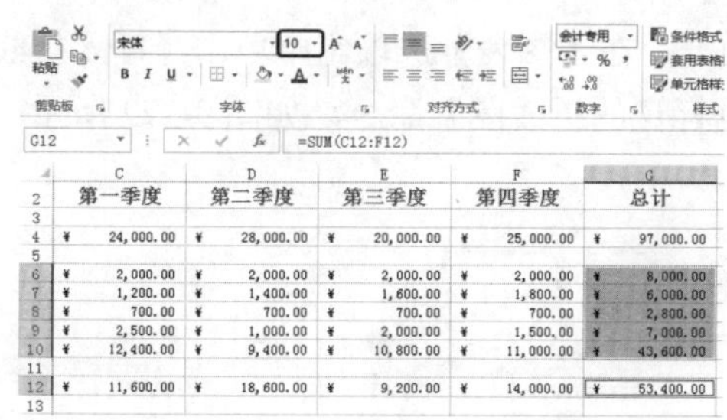

图 9-265 输入 SUM 函数

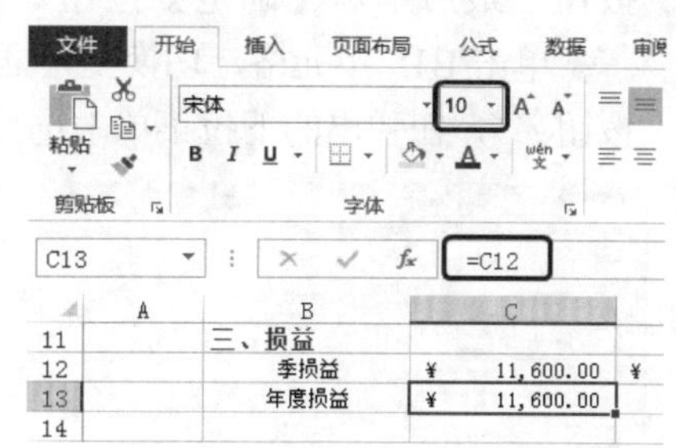

图 9-266 输入公式并设置字号

step 13 在 D13 单元格中输入计算公式【=D12+C13】，按 Enter 键确认，如图 9-267 所示。

step 14 当光标在 D13 单元格的右下角呈黑心十字形状时，按住鼠标左键，向右拖动到 G13 单元格，自动填充其他单元格，然后将单元格的【字号】设置为 10，如图 9-268

所示。

IRR　=D12+C13

	B	C	D
2	项目	第一季度	第二季度
3	一、收入		
4	营业收入	¥ 24,000.00	¥ 28,000.00
5	二、成本支出		
6	工资费用	¥ 2,000.00	¥ 2,000.00
7	利息费用	¥ 1,200.00	¥ 1,400.00
8	房屋费用	¥ 700.00	¥ 700.00
9	广告费用	¥ 2,500.00	¥ 1,000.00
10	合计	¥ 12,400.00	¥ 9,400.00
11	三、损益		
12	季损益	¥ 11,600.00	¥ 18,600.00
13	年度损益	¥ 11,600.00	=D12+C13
14			

图 9-267　输入计算公式

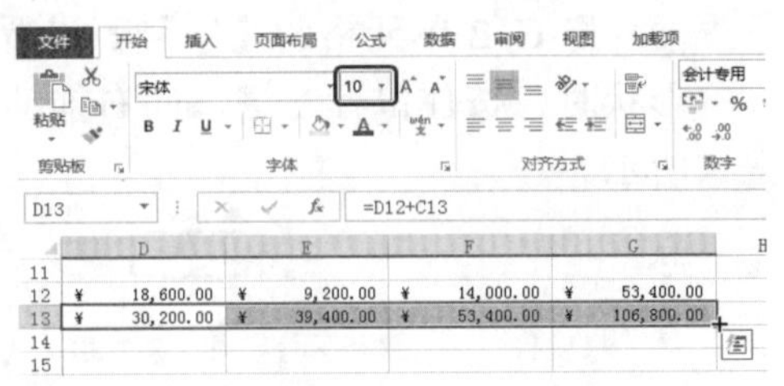

图 9-268　自动弹出单元格并设置【字号】

step 15 按住 Ctrl 键分别选择 B2:G2、B3:G4、B5:G10 和 B11:G13 单元格，在【单元格】选项组中，选择【格式】→【设置单元格格式】命令，如图 9-269 所示。

step 16 在弹出的【设置单元格格式】对话框中，切换至【边框】选项卡，在【线条】选项组中选择【样式】，然后单击【预置】选项组中的【外边框】按钮，如图 9-270 所示。

图 9-269　选择【设置单元格格式】命令

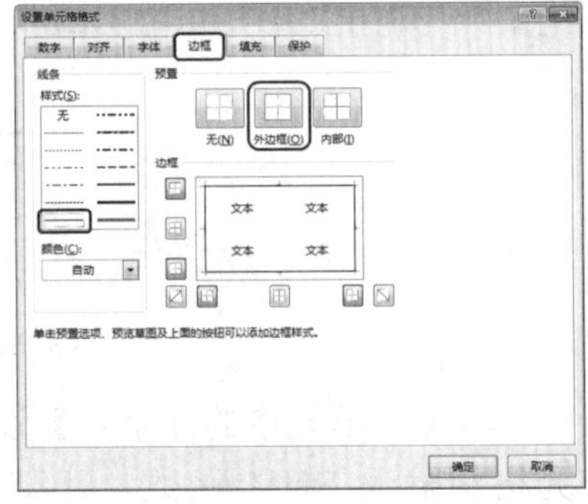

图 9-270　设置【外边框】

step 17 在【线条】选项组中选择【样式】，然后在【边框】选项组中单击(中间竖线)按钮，最后单击【确定】按钮，如图 9-271 所示。

step 18 单击 B15 单元格，切换至【插入】选项卡，在【图表】选项组中单击【插入折线图】按钮，在弹出的下拉菜单中选择【带数据标记的折线图】命令，如图 9-272 所示。

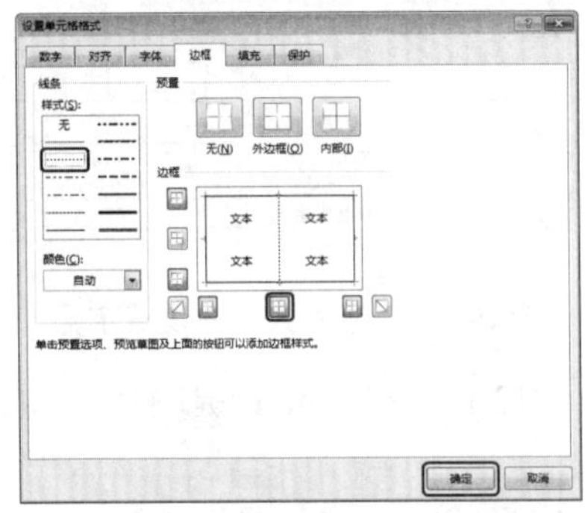

图 9-271　设置【边框】

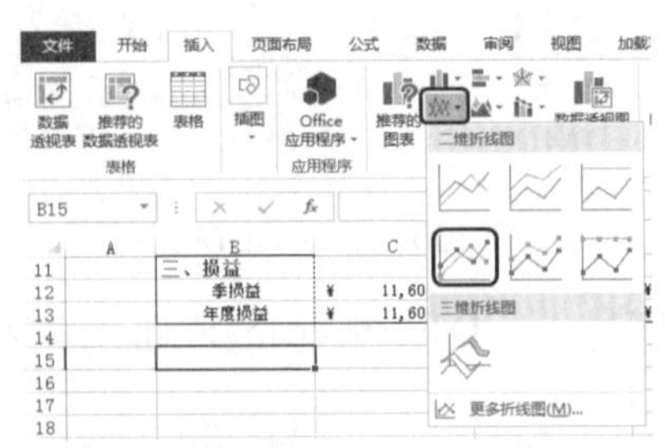

图 9-272　选择【带数据标记的折线图】命令

step 19 在【设计】选项卡的【数据】选项组中，单击【选择数据】。在弹出的【选择数据源】对话框中，单击【添加】按钮，如图 9-273 所示。

step 20 在弹出的【编辑数据系列】对话框中，将【系列名称】输入为【营业收入】，然后单击【系列值】右侧的按钮，如图 9-274 所示。

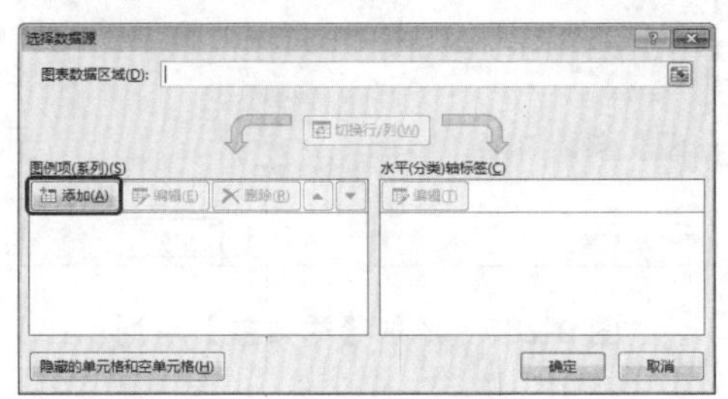

图 9-273 【选择数据源】对话框

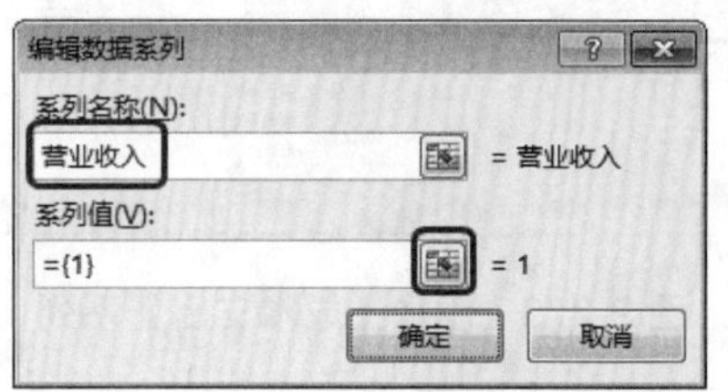

图 9-274 【编辑数据系列】对话框

step 21 选择 C4:G4 单元格，然后单击【编辑数据系列】对话框右侧的按钮，如图 9-275 所示。

step 22 返回到【编辑数据系列】对话框后单击【确定】按钮。在【选择数据源】对话框中，单击【编辑】按钮，如图 9-276 所示。

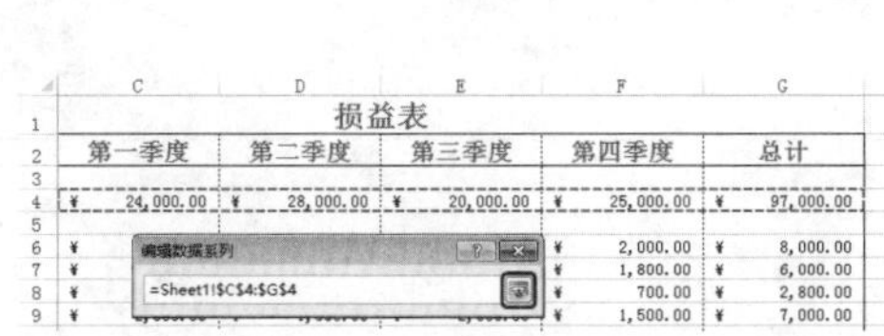

图 9-275 选择数据系列

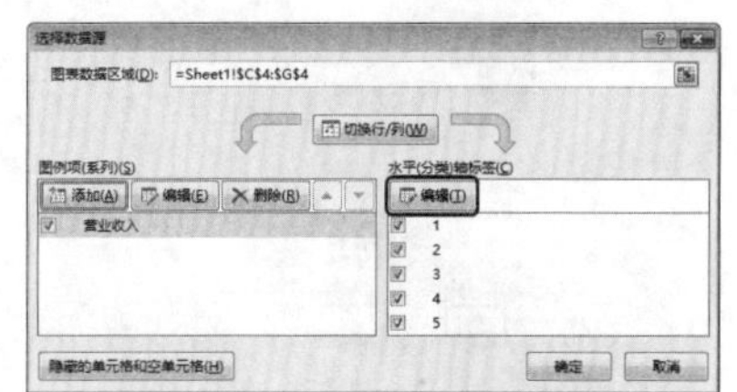

图 9-276 单击【编辑】按钮

step 23 选择 C2:G2 单元格，然后单击【轴标签】对话框中的【确定】按钮，如图 9-277 所示。

step 24 在【选择数据源】对话框中，继续单击【添加】按钮，在弹出的【编辑数据系列】对话框，将【系列名称】输入为【成本支出】，然后单击【系列值】右侧的按钮，如图 9-278 所示。

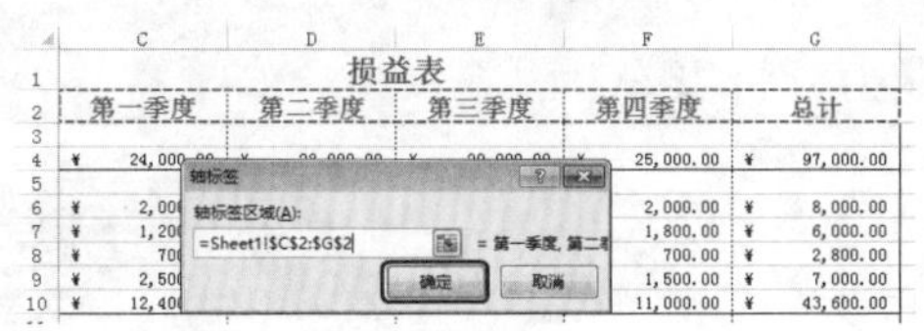

图 9-277 选择【轴标签区域】

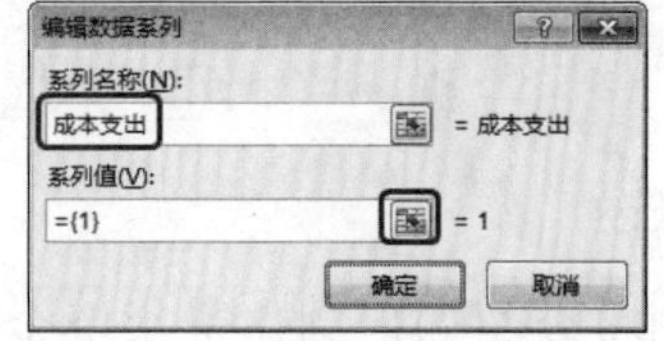

图 9-278 【编辑数据系列】对话框

step 25 选择 C10:G10 单元格，然后单击【编辑数据系列】对话框右侧的按钮，返回到【编辑数据系列】对话框后单击【确定】按钮。在【选择数据源】对话框中，单击【编辑】按钮，选择 C2:G2 单元格，然后单击【轴标签】对话框中的【确定】按钮，返回【选择数据源】对话框，如图 9-279 所示。

step 26 参照前面的操作方法添加【季损益】系列，然后在【选择数据源】对话框中单击【确定】按钮，如图 9-280 所示。

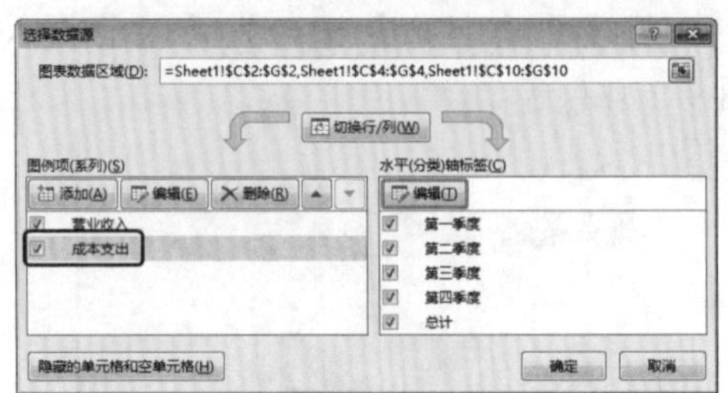

图 9-279　添加【成本支出】系列

图 9-280　添加【季损益】系列

【季损益】系列的系列值单元格为 C12:G12。

step 27 单击【添加图表元素】按钮，在弹出的菜单中选择【图例】→【底部】命令，如图 9-281 所示。

step 28 然后适当调整图表的高度和宽度，如图 9-282 所示。

图 9-281　选择【底部】命令

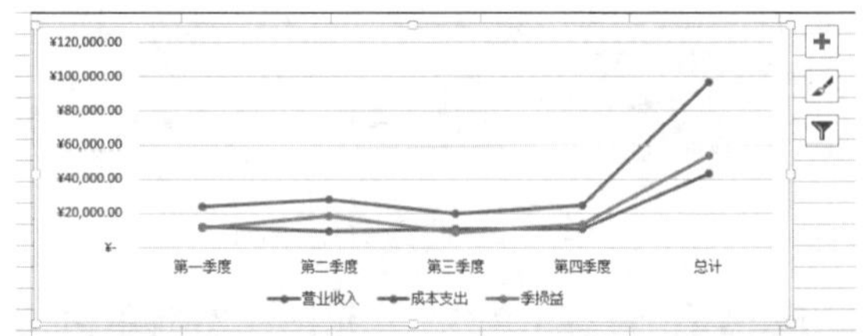

图 9-282　调整图表宽度和亮度

案例精讲 087　货币资金支付能力分析表

案例文件：CDROM\场景\Cha09\货币资金支付能力分析表.xlsx

视频文件：视频教学\Cha09\货币资金支付能力分析表.avi

制作概述

本案例将介绍如何制作货币资金支付能力分析表。首先设置单元格的行高、列宽及单元格格式等；然后再输入相应的公式，从而完成最终效果的制作。效果如图 9-283 所示。

货币资金支付能力分析			
	金额	近期支付款项	金额
1.银行存款	¥67,400	1.应付账款	¥45,000
2.现金	¥85,000	2.应付税金	¥20,000
3.应收账款	¥35,200	3.应付工资	¥35,000
4.其他应收款	¥2,500	4.应付利润	¥4,000
		5.其他应付款	¥13,000
合计	¥190,100	合计	¥117,000
不足数	¥0	多余数	¥73,100
平衡	¥190,100	平衡	¥190,100
货币资金支付能力	192.18%	支付能力较强	
货币资金周转率			
货币资金期初余额	¥5,362,700		
本期销售额	¥35,680,000		
本期收回额	¥29,630,000		
现销比例	83%		
收回以前赊销款项	¥260,000		
资金周转率	5.57		

图 9-283　货币资金支付能力分析表

学习目标

- 掌握如何自定义数字格式。

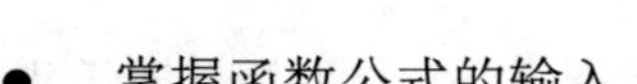

- 掌握函数公式的输入。

操作步骤

step 01 新建一个空白工作簿，选择 A1 单元格，选择【开始】选项卡，在【单元格】选项组中单击【格式】按钮，在弹出的下拉菜单中选择【行高】命令，如图 9-284 所示。

step 02 在弹出的对话框中将【行高】设置为 46.5，设置完成后，单击【确定】按钮，继续选中 A1 单元格，在【单元格】选项组中单击【格式】按钮，在弹出的下拉菜单中选择【列宽】命令，如图 9-285 所示。

图 9-284　选择【行高】命令

图 9-285　选择【列宽】命令

step 03 在弹出的对话框中将【列宽】设置为 3，设置完成后，单击【确定】按钮，选择 B1:E1 单元格区域，选择【开始】选项卡，在【单元格】选项组中单击【格式】按钮，在弹出的下拉菜单中选择【列宽】命令，如图 9-286 所示。

step 04 在弹出的对话框中将【列宽】设置为 20，设置完成后，单击【确定】按钮，继续选中单元格区域，在【对齐方式】选项组中单击【合并后居中】按钮，在合并后的单元格上右击，在弹出的快捷菜单中选择【设置单元格格式】命令，如图 9-287 所示。

知识链接

货币资金分析是指从货币资金结存量和货币资金周转率两个方面进行分析，借以评价企业货币资金的支付能力和使用效率。

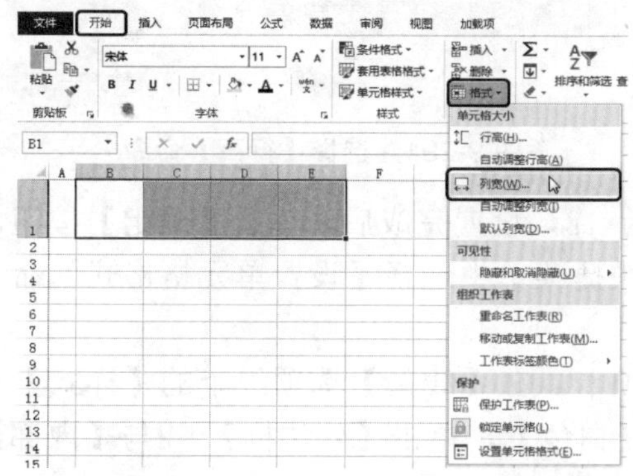

图 9-286　选择【列宽】命令

图 9-287　选择【设置单元格格式】命令

step 05 在弹出的对话框中选择【字体】选项卡，在【字体】选项组中选择【华文中宋】，在【字形】选项组中选择【加粗】，在【字号】选项组中选择 20，将【颜色】设置为【白色】，如图 9-288 所示。

step 06 再在该对话框中选择【填充】选项卡，在【背景色】选项组中单击【其他颜色】按钮，在弹出的对话框中将 RGB 值设置为 155、187、89，如图 9-289 所示。

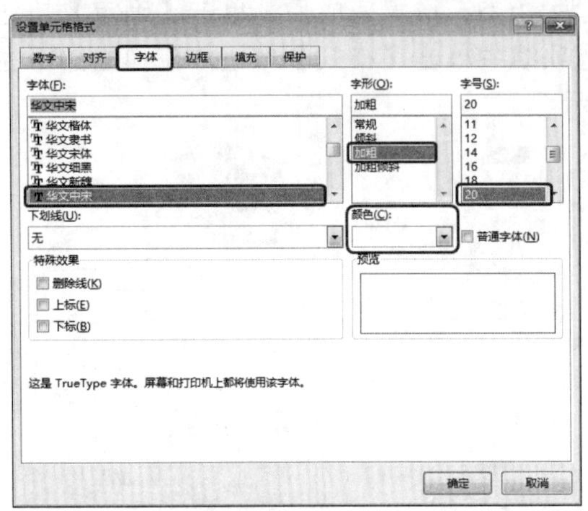

图 9-288　设置字体参数

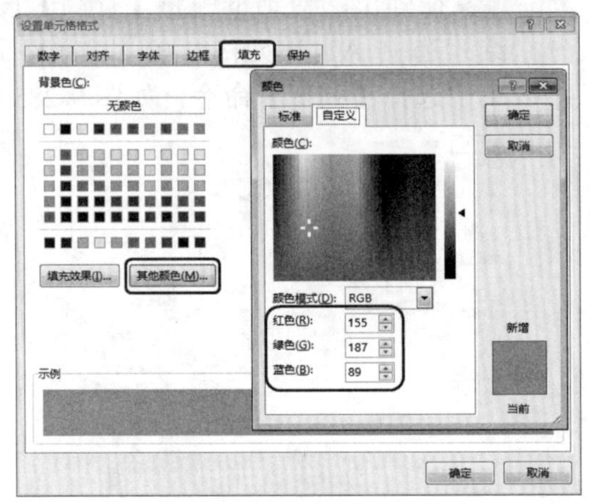

图 9-289　设置背景色

step 07 设置完成后，单击两次【确定】按钮，在设置后的单元格中输入文字，效果如图 9-290 所示。

step 08 选择 B2:E11 单元格区域，选择【开始】选项卡，在【单元格】选项组中单击【格式】按钮，在弹出的下拉菜单中选择【行高】命令，如图 9-291 所示。

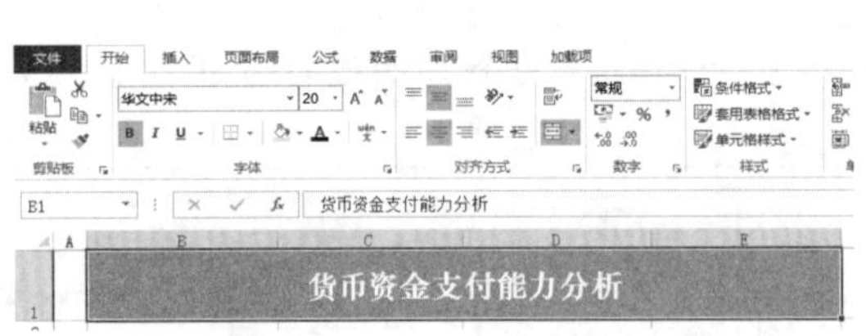

图 9-290　输入文字后的效果

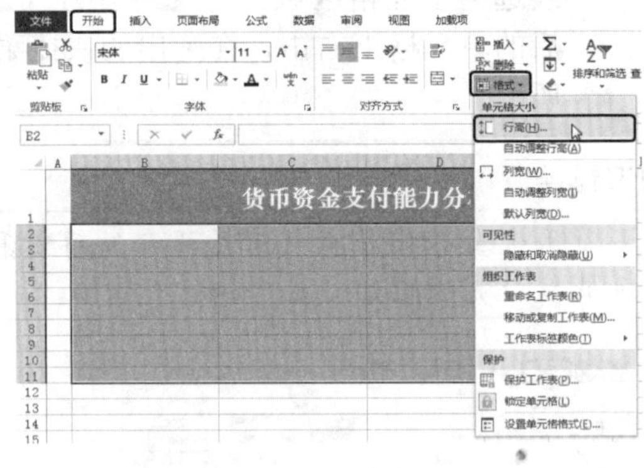

图 9-291　选择【行高】命令

step 09 在弹出的对话框中将【行高】设置为 18，设置完成后，单击【确定】按钮，继续选中该单元格区域并右击，在弹出的快捷菜单中选择【设置单元格格式】命令，如图 9-292 所示。

step 10 在弹出的对话框中选择【边框】选项卡，在【线条】选项组中的【样式】列表框中选择线条样式，将【颜色】设置为【白色】，单击【外边框】与【内部】按钮，如图 9-293 所示。

图 9-292 选择【设置单元格格式】命令

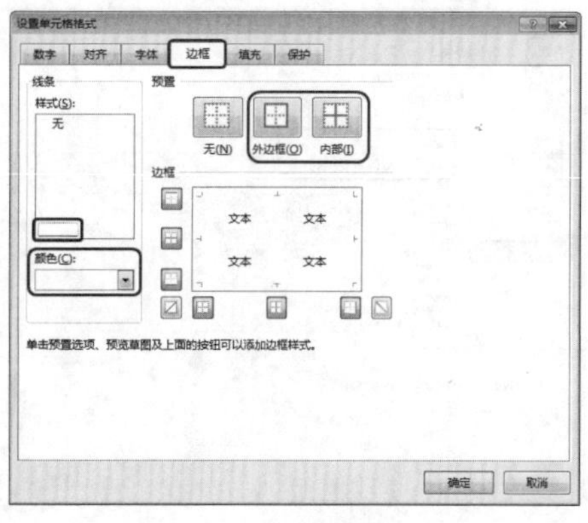

图 9-293 设置边框参数

step 11 再在该对话框中选择【填充】选项卡，在【背景色】选项组中单击【其他颜色】按钮，在弹出的对话框中将 RGB 值设置为 216、228、188，如图 9-294 所示。

step 12 设置完成后，单击两次【确定】按钮，选择 C3:C11、E3:E10 单元格区域并右击，在弹出的快捷菜单中选择【设置单元格格式】命令，如图 9-295 所示。

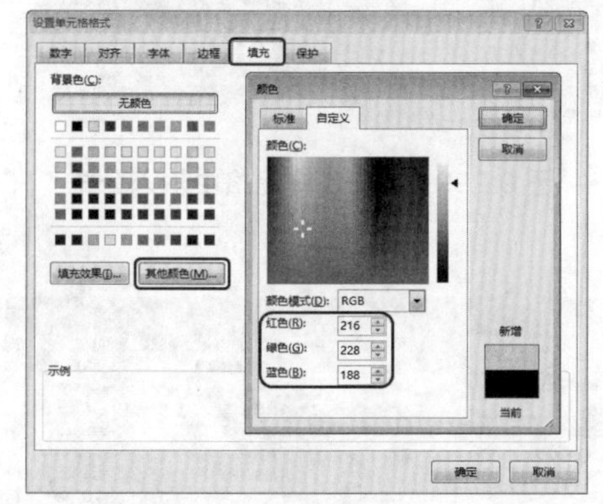

图 9-294 设置背景色的 RGB 值

图 9-295 选择【设置单元格格式】命令

step 13 在弹出的对话框中选择【数字】选项卡，在【分类】列表框中选择【自定义】选项，在【类型】文本框中输入【"¥"#,##0_);[红色]("¥"#,##0)】，如图 9-296 所示。

step 14 设置完成后，单击【确定】按钮，在各个单元格中输入文字，并对其进行相应的设置，效果如图 9-297 所示。

step 15 选择 C8 单元格，在该单元格中输入公式【=SUM(C3:C6)】，如图 9-298 所示。

step 16 选择 E8 单元格，在该单元格中输入公式【=SUM(E3:E7)】，如图 9-299 所示。

step 17 选择 C9 单元格，在该单元格中输入公式【=IF(C8>E8,0,C8-E8)】，如图 9-300 所示。

step 18 在 E9 单元格中输入公式【=IF(C8<E8,0,C8-E8)】，在 C10、E10 单元格中都输入公式【=E8+E9】，如图 9-301 所示。

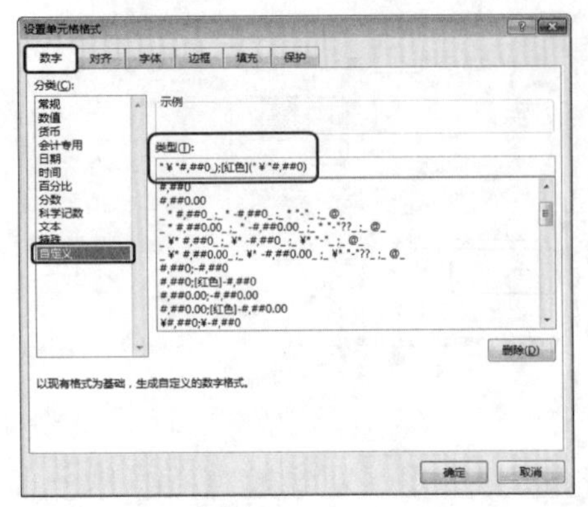

图 9-296　设置数字类型

图 9-297　输入文字后的效果

图 9-298　输入公式

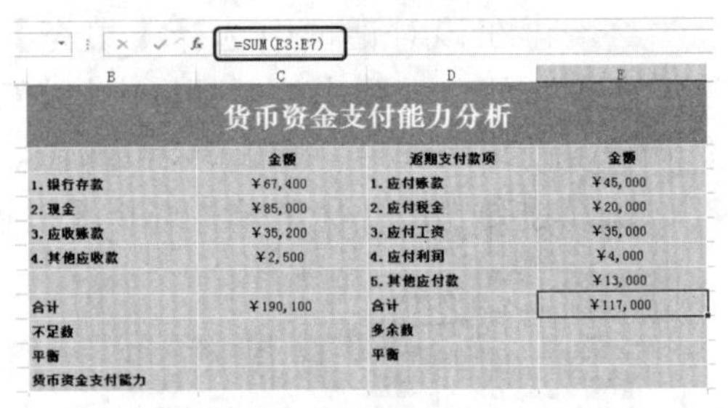

图 9-299　在 E8 单元格中输入公式

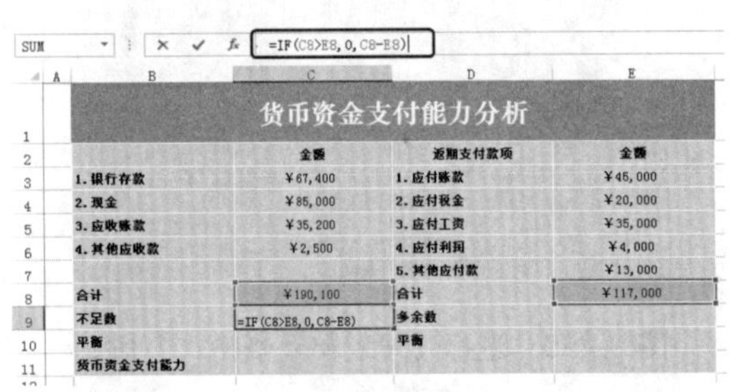

图 9-300　在 C9 单元格中输入公式

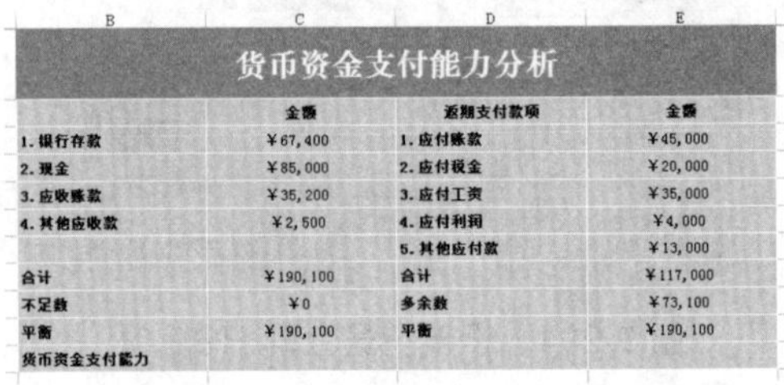

图 9-301　输入公式后的效果

step 19 选择 C11 单元格，在该单元格中输入公式【=(C3+C4)/(E8-C5-C6)】，如图 9-302 所示。

step 20 继续选中 C11 单元格，选择【开始】选项卡，在【数字】选项组中单击【数字格式】下三角按钮，在弹出的下拉菜单中选择【百分比】命令，如图 9-303 所示。

step 21 选择 D11:E11 单元格区域，在【对齐方式】选项组中单击【合并后居中】按钮，在合并后的单元格中输入公式【=IF(C11>1,"支付能力较强","支付能力不足")】，选择【开始】选项卡，在【字体】选项组中将字体大小设置为 10，单击【加粗】按钮，将【字体颜色】设置为【红色】，如图 9-304 所示。

IF 表示如果、假设，IF 函数则用于判断条件的真假，然后根据逻辑计算的真假值返回不同的结果。

step 22 选择 B3:E3、B5:E5、B7:E7、B9:E9、B11:E11 单元格区域，将其填充颜色设置为 235、241、222，效果如图 9-305 所示。

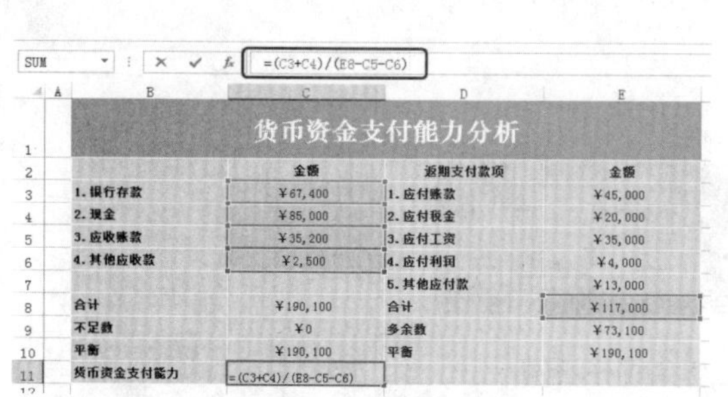

SUM =(C3+C4)/(E8-C5-C6)

	货币资金支付能力分析			
2		金额	逾期支付款项	金额
3	1. 银行存款	￥67,400	1. 应付账款	￥45,000
4	2. 现金	￥85,000	2. 应付税金	￥20,000
5	3. 应收账款	￥35,200	3. 应付工资	￥35,000
6	4. 其他应收款	￥2,500	4. 应付利润	￥4,000
7			5. 其他应付款	￥13,000
8	合计	￥190,100	合计	￥117,000
9	不足数	￥0	多余数	￥73,100
10	平衡	￥190,100	平衡	￥190,100
11	货币资金支付能力	=(C3+C4)/(E8-C5-C6)		

图 9-302 输入公式

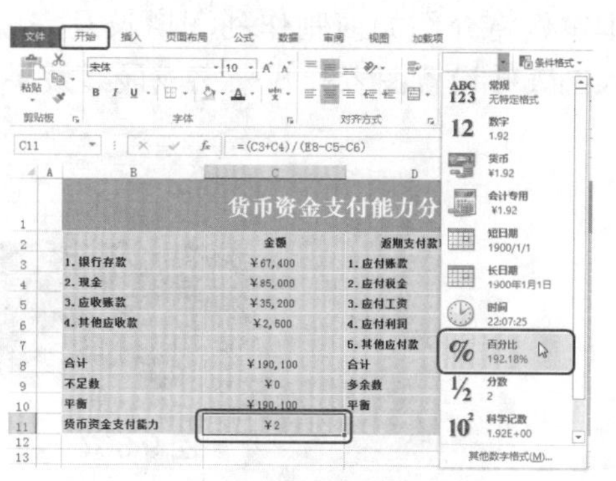

	货币资金支付能力分析		
	金额	逾期支付款项	
1. 银行存款	￥67,400	1. 应付账款	
2. 现金	￥85,000	2. 应付税金	
3. 应收账款	￥35,200	3. 应付工资	
4. 其他应收款	￥2,500	4. 应付利润	
		5. 其他应付款	
合计	￥190,100	合计	
不足数	￥0	多余数	
平衡	￥190,100	平衡	
货币资金支付能力	￥2		

图 9-303 设置数字格式

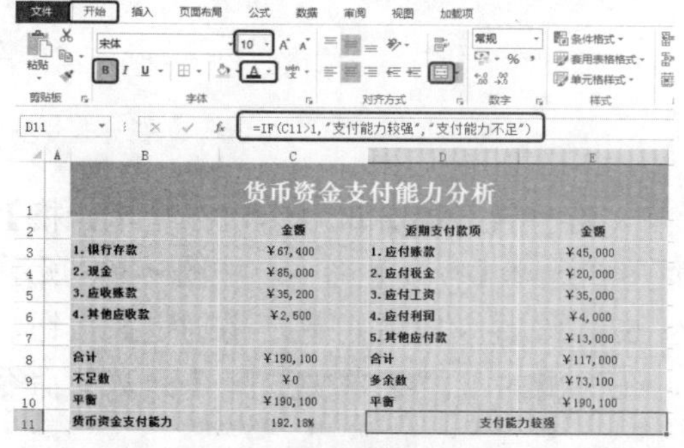

D11 =IF(C11>1,"支付能力较强","支付能力不足")

货币资金支付能力分析			
	金额	逾期支付款项	金额
1. 银行存款	￥67,400	1. 应付账款	￥45,000
2. 现金	￥85,000	2. 应付税金	￥20,000
3. 应收账款	￥35,200	3. 应付工资	￥35,000
4. 其他应收款	￥2,500	4. 应付利润	￥4,000
		5. 其他应付款	￥13,000
合计	￥190,100	合计	￥117,000
不足数	￥0	多余数	￥73,100
平衡	￥190,100	平衡	￥190,100
货币资金支付能力	192.18%	支付能力较强	

图 9-304 合并单元格并输入公式

货币资金支付能力分析			
	金额	逾期支付款项	金额
1. 银行存款	￥67,400	1. 应付账款	￥45,000
2. 现金	￥85,000	2. 应付税金	￥20,000
3. 应收账款	￥35,200	3. 应付工资	￥35,000
4. 其他应收款	￥2,500	4. 应付利润	￥4,000
		5. 其他应付款	￥13,000
合计	￥190,100	合计	￥117,000
不足数	￥0	多余数	￥73,100
平衡	￥190,100	平衡	￥190,100
货币资金支付能力	192.18%	支付能力较强	

图 9-305 设置单元格填充颜色

step 23 根据前面介绍的方法添加其他内容，并进行相应的设置，效果如图 9-306 所示。

货币资金支付能力分析			
	金额	逾期支付款项	金额
1. 银行存款	￥67,400	1. 应付账款	￥45,000
2. 现金	￥85,000	2. 应付税金	￥20,000
3. 应收账款	￥35,200	3. 应付工资	￥35,000
4. 其他应收款	￥2,500	4. 应付利润	￥4,000
		5. 其他应付款	￥13,000
合计	￥190,100	合计	￥117,000
不足数	￥0	多余数	￥73,100
平衡	￥190,100	平衡	￥190,100
货币资金支付能力	192.18%	支付能力较强	
货币资金周转率			
货币资金期初余额	￥5,362,700		
本期销售额	￥35,680,000		
本期收回额	￥29,630,000		
现销比例	83%		
收回以前赊销款项	￥260,000		
资金周转率	5.57		

图 9-306 添加其他内容后的效果

案例精讲 088 利润增长及完成分析表

案例文件：CDROM\场景\Cha09\利润增长及完成分析表.xlsx

视频文件：视频教学\Cha09\利润增长及完成分析表.avi

制作概述

本案例将介绍如何制作利润增长及完成分析图表。首先创建一个数据表；然后通过为数据插入图表并设置图表样式来完成最终效果。效果如图 9-307 所示。

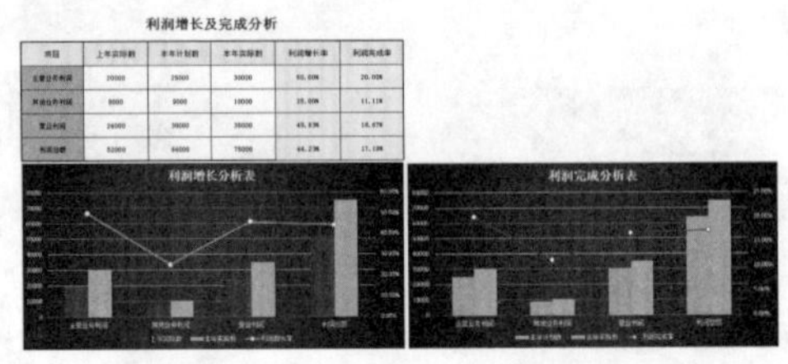

图 9-307　利润增长及完成分析图表

学习目标

- 掌握数据表的创建。
- 掌握图表的插入方法以及如何对其进行设置。

操作步骤

step 01 新建一个空白工作簿，选择 A1 单元格，选择【开始】选项卡，在【单元格】选项组中单击【格式】按钮，在弹出的下拉菜单中选择【行高】命令，如图 9-308 所示。

step 02 在弹出的对话框中将【行高】设置为 53，设置完成后，单击【确定】按钮，在【单元格】选项组中单击【格式】按钮，在弹出的下拉菜单中选择【列宽】命令，如图 9-309 所示。

图 9-308　选择【行高】命令

图 9-309　选择【列宽】命令

step 03 在弹出的对话框中将【列宽】设置为 6，选中 B1:G1 单元格区域，选择【开始】选项卡，在【对齐方式】选项组中单击【合并后居中】按钮，在【单元格】选项组中单击【格式】按钮，在弹出的下拉菜单中选择【列宽】命令，如图 9-310 所示。

step 04 在弹出的对话框中将【列宽】设置为 14.5，设置完成后，单击【确定】按钮，在该单元格中输入文字并选中输入的文字，在【字体】选项组中将【字号】设置为 20，单击【加粗】按钮 B，如图 9-311 所示。

图 9-310 合并单元格并选择【列宽】命令

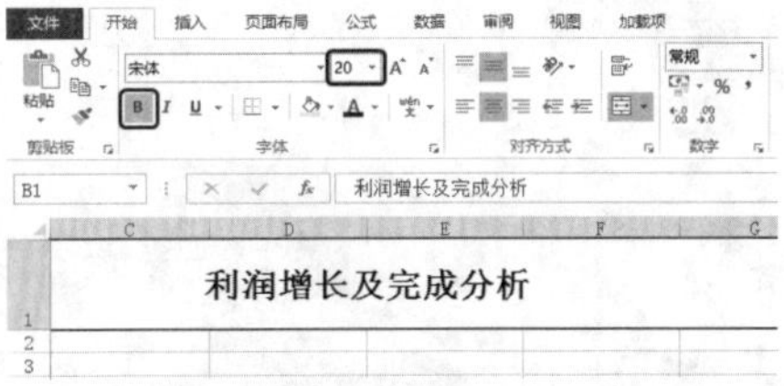

图 9-311 输入文字并进行设置

step 05 选择 B2:G6 单元格区域，在【单元格】选项组中单击【格式】按钮，在弹出的下拉菜单中选择【行高】命令，如图 9-312 所示。

step 06 在弹出的对话框中将【行高】设置为 35，设置完成后单击【确定】按钮，继续选中该单元格区域并右击，在弹出的快捷菜单中选择【设置单元格格式】命令，如图 9-313 所示。

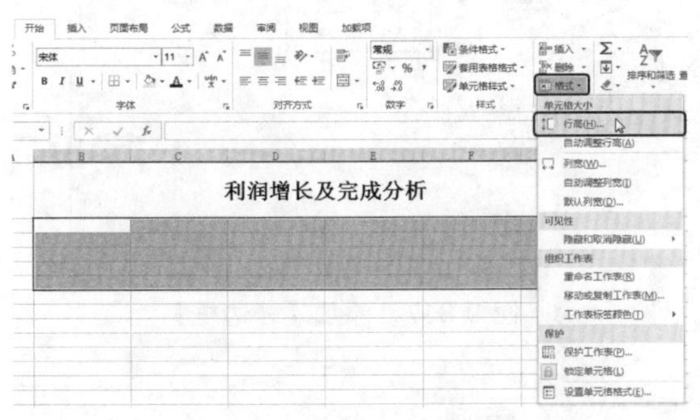

图 9-312 选择【行高】命令

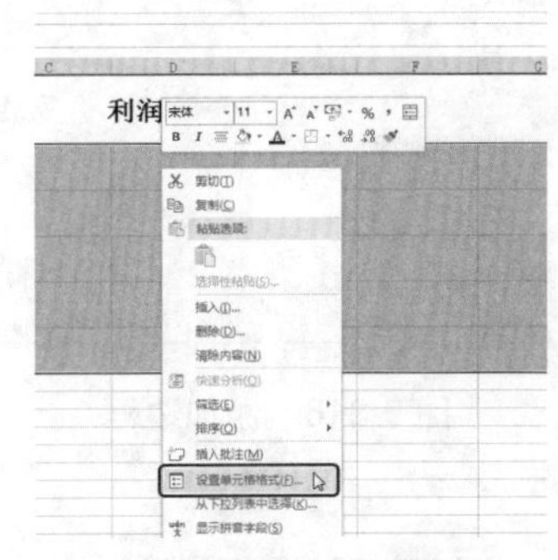

图 9-313 选择【设置单元格格式】命令

step 07 在弹出的对话框中选择【对齐】选项卡，在【文本对齐方式】选项组中将【水平对齐】设置为【居中】，如图 9-314 所示。

step 08 在该对话框中选择【字体】选项卡，在【字号】选项组中选择 10，如图 9-315 所示。

step 09 再在该对话框中选择【边框】选项卡，在【线条】选项组中的【样式】列边框中选择线条样式，单击【内部】按钮，添加内部边框，如图 9-316 所示。

step 10 再在【样式】列边框中选择一种线条样式，单击【外边框】按钮，添加外边框，如图 9-317 所示。

step 11 设置完成后单击【确定】按钮，在 B2:G2 单元格区域中输入文字，并选中该单元格区域，选择【开始】选项卡，将字体大小设置为 11，单击【填充颜色】右侧的下三角按钮，在弹出的下拉菜单中选择【黄色】命令，如图 9-318 所示。

step 12 在 B3:E6 单元格区域中输入文字，选中 B3:B6 单元格区域，选择【开始】选项卡，在【字体】选项组中单击【填充颜色】右侧的下三角按钮，在弹出的下拉菜单中选择【浅绿】命令，如图 9-319 所示。

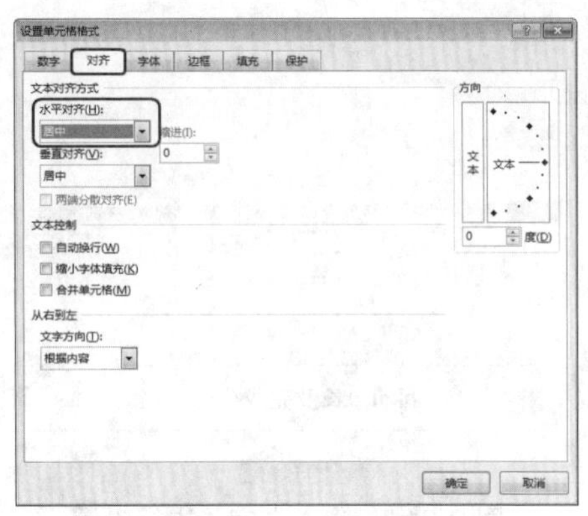
图 9-314　设置对齐方式

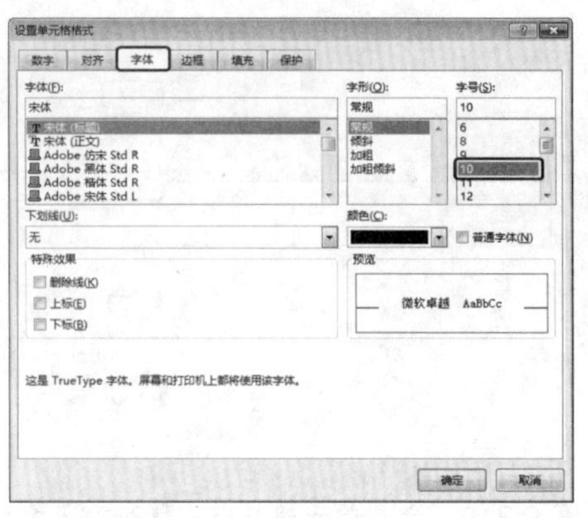
图 9-315　选择字号

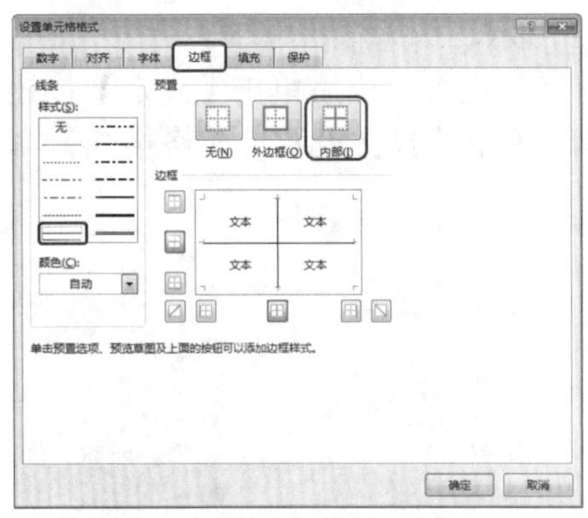
图 9-316　添加边框

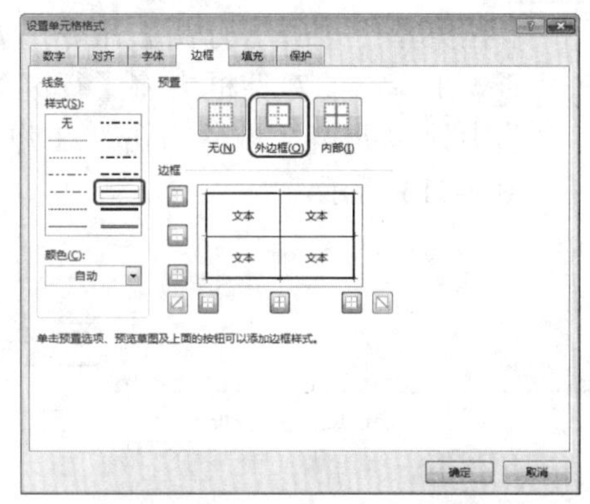
图 9-317　添加【外边框】

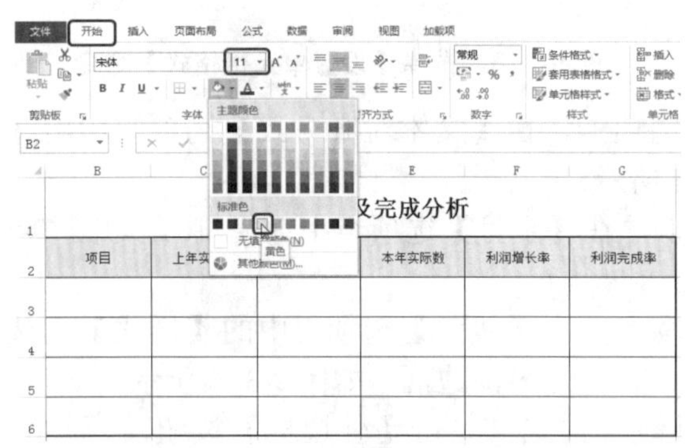
图 9-318　输入文字并设置填充颜色

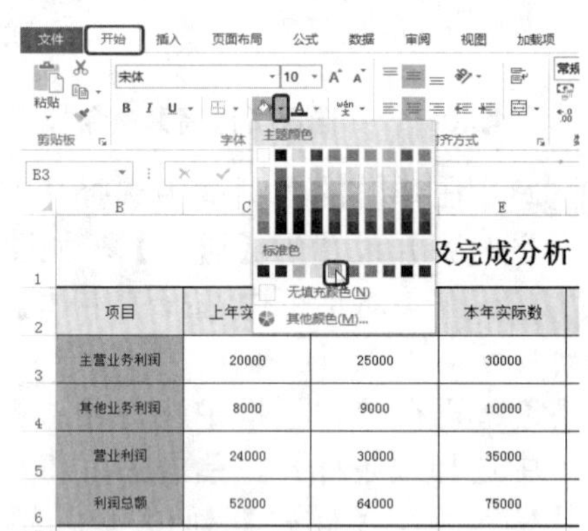
图 9-319　输入文字并选择填充颜色

step 13 选择 F3:G6 单元格区域并右击，在弹出的快捷菜单中选择【设置单元格格式】命令，如图 9-320 所示。

step 14 在弹出的对话框中选择【数字】选项卡，在【分类】列表框中选择【百分比】，如图 9-321 所示。

图 9-320　选择【设置单元格格式】命令

图 9-321　选择数字类型

step 15 再在该对话框中选择【填充】选项卡，在【背景色】选项组中选择背景颜色，如图 9-322 所示。

step 16 选择完成后，单击【确定】按钮，选择 F3 单元格，在该单元格中输入公式【=(E3−C3)/C3】，如图 9-323 所示。

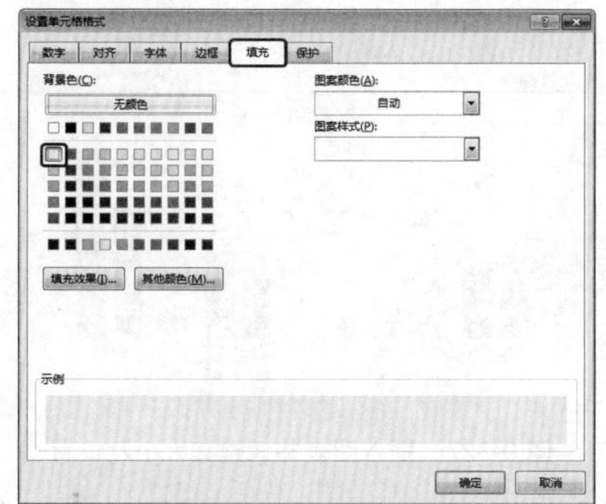

图 9-322　选择背景色

=(E3-C3)/C3

利润增长及完成分析

上年实际数	本年计划数	本年实际数	利润增长率	利润完成率
20000	25000	30000	=(E3-C3)/C3	
8000	9000	10000		
24000	30000	35000		
52000	64000	75000		

图 9-323　输入公式

知识链接

利润的确认条件：利润反映的是收入减去费用，利得减去损失后的净额的概念。因此，利润的确认主要依赖于收入和费用以及利得和损失的确认，其金额的确定也主要取决于收入、费用、利得、损失金额的计量。

step 17 选择 G3 单元格，在该单元格中输入公式【=(E3−D3)/D3】，如图 9-324 所示。

step 18 选择 F3:G3 单元格区域，将光标放置在 G3 单元格的右下角，当光标呈黑心十字形状时，按住鼠标左键向下拖动至 G6 单元格中，自动填充其他单元格，如图 9-325 所示。

=(E3-D3)/D3

利润增长及完成分析				
上年实际数	本年计划数	本年实际数	利润增长率	利润完成率
20000	25000	30000	50.00%	=(E3-D3)/D3
8000	9000	10000		
24000	30000	35000		
52000	64000	75000		

图 9-324 在 G3 单元格中输入公式

=(E3-C3)/C3

利润增长及完成分析					
项目	上年实际数	本年计划数	本年实际数	利润增长率	利润完成率
主营业务利润	20000	25000	30000	50.00%	20.00%
其他业务利润	8000	9000	10000	25.00%	11.11%
营业利润	24000	30000	35000	45.83%	16.67%
利润总额	52000	64000	75000	44.23%	17.19%

图 9-325 自动填充单元格

step 19 选择 B2:C6、E2:F6 单元格区域，选择【插入】选项卡，在【图表】选项组中单击【推荐的图表】按钮，在弹出的对话框中选择【簇状柱形图-次坐标轴上的折线图】，如图 9-326 所示。

step 20 单击【确定】按钮，即可插入选中的图表，在工作表中调整图表的大小及位置，如图 9-327 所示。

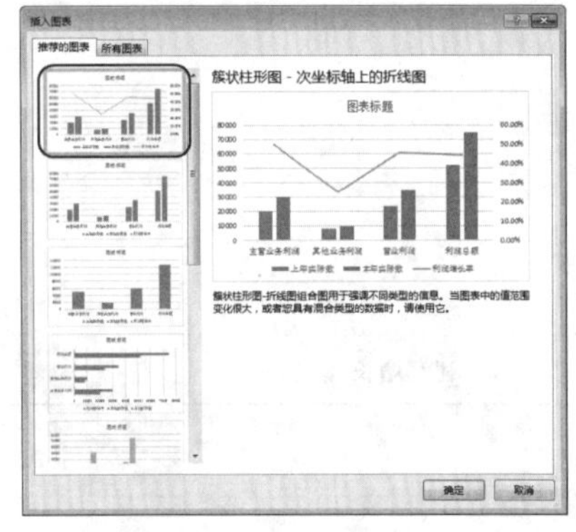

图 9-326 选择图表类型

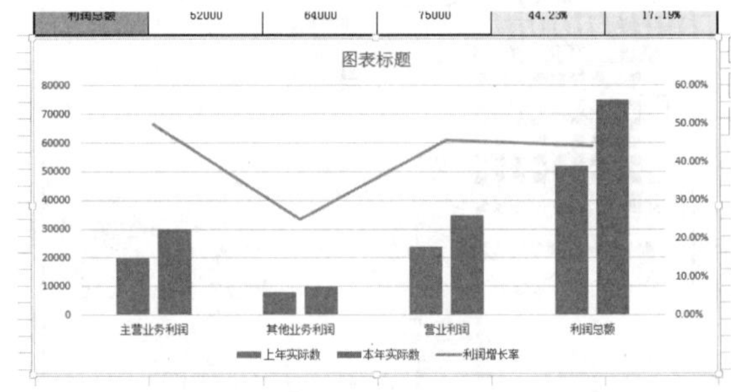

图 9-327 插入图表并调整其大小及位置

step 21 继续选中该图表，选择【图表工具】下的【格式】选项卡，在【形状样式】选项组中单击【设置形状格式】按钮，在弹出的任务窗格中单击【填充线条】按钮，在【填充】选项组中选中【渐变填充】单选按钮，将【类型】设置为【射线】，将【方向】设置为【中心辐射】，将左侧渐变光圈的颜色设置为【黑色，文字 1，淡色 35%】，将右侧渐变光圈的颜色设置为【黑色，文字 1，淡色 15%】，将其他渐变光圈删除，如图 9-328 所示。

step 22 在任务窗格中将当前选择设置为【系列“上年实际数”】，单击【填充线条】按钮，在【填充】选项组中将【颜色】设置为【蓝色】，如图 9-329 所示。

step 23 在该任务窗格中单击【系列选项】按钮，在【系列选项】选项组中将【系列重叠】、【分类间距】分别设置为 0、150，如图 9-330 所示。

step 24 将当前选择设置为【系列“本年实际数”】，单击【填充线条】按钮，在【填充】选项组中将【颜色】设置为【橙色】，如图 9-331 所示。

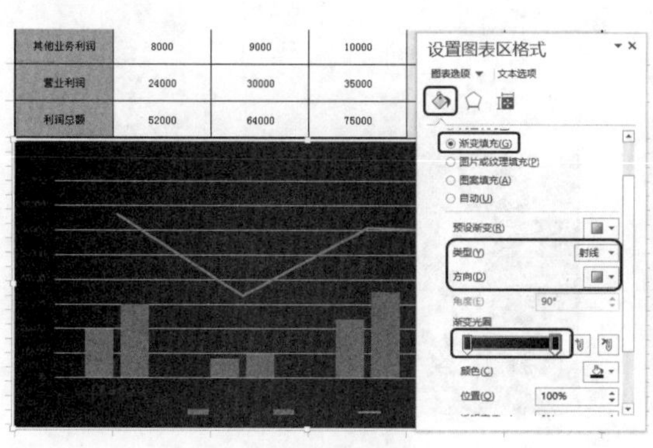

图 9-328 设置渐变填充

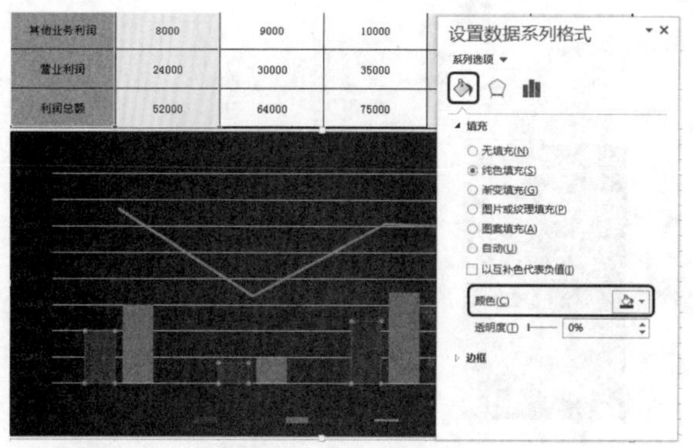

图 9-329 设置系列【上年实际数】填充颜色

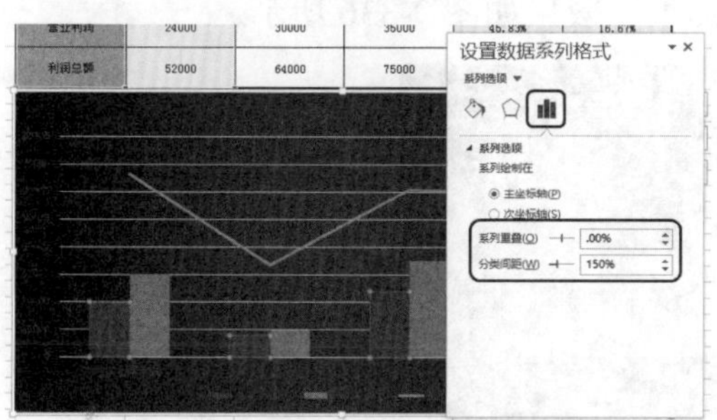

图 9-330 设置系列选项参数

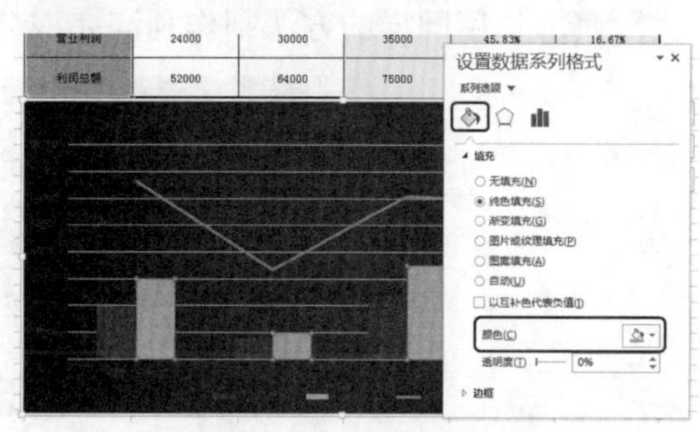

图 9-331 设置填充颜色

step 25 再在该任务窗格中单击【效果】按钮，在【阴影】选项组中单击【预设】右侧的按钮，在弹出的下拉菜单中选择【右下斜偏移】命令，如图 9-332 所示。

step 26 将当前选择设置为【系列“利润增长率”】，单击【填充线条】按钮，在【线条】选项组中将【颜色】的 RGB 值设置为 155、187、89，如图 9-333 所示。

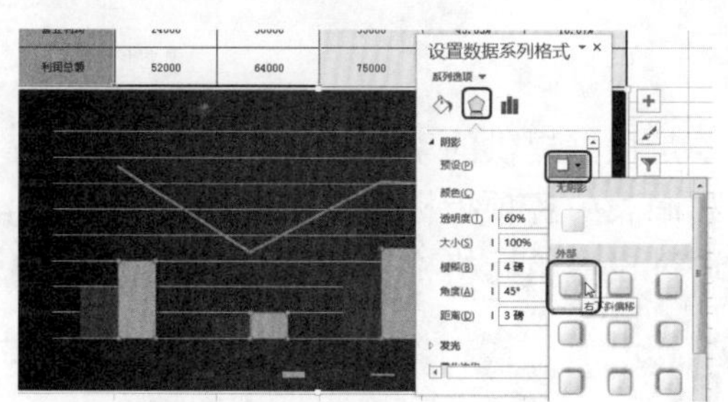

图 9-332 添加阴影效果

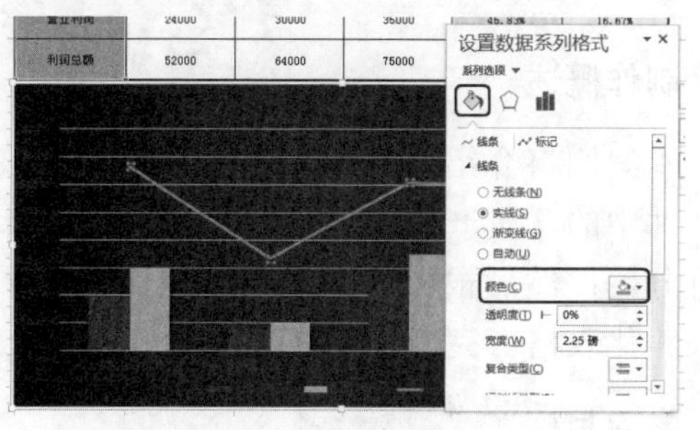

图 9-333 设置线条颜色

step 27 在该任务窗格中单击【标记】，在【数据标记选项】选项组中选中【内置】单选按钮，选择一种类型，将【大小】设置为 7，在【填充】选项组中选中【纯色填充】单选按钮，在【边框】选项组中将【颜色】的 RGB 值设置为 155、187、89，将【宽度】设置为 1.75 磅，如图 9-334 所示。

step 28 将图表中的文字设置为白色，修改标题内容，并将标题进行加粗，效果如图 9-335 所示。

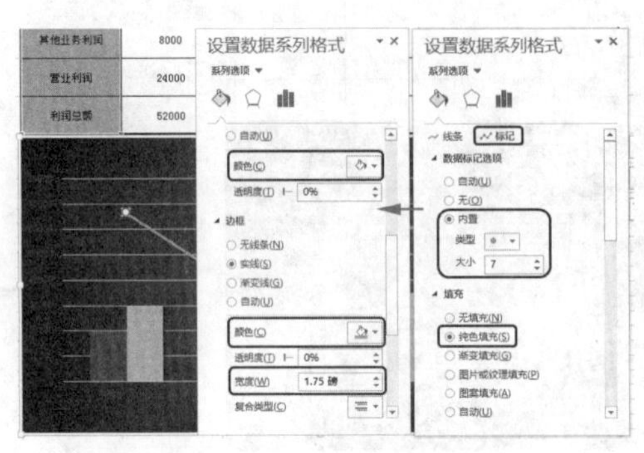

图 9-334　设置标记参数

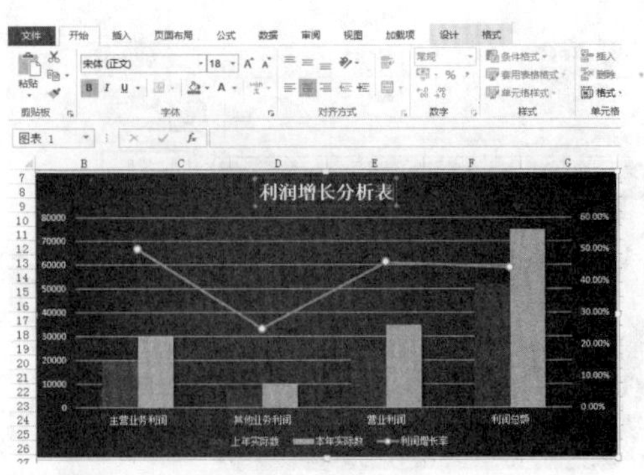

图 9-335　修改图表中的文字

step 29 使用同样的方法制作利润完成分析图表，效果如图 9-336 所示。

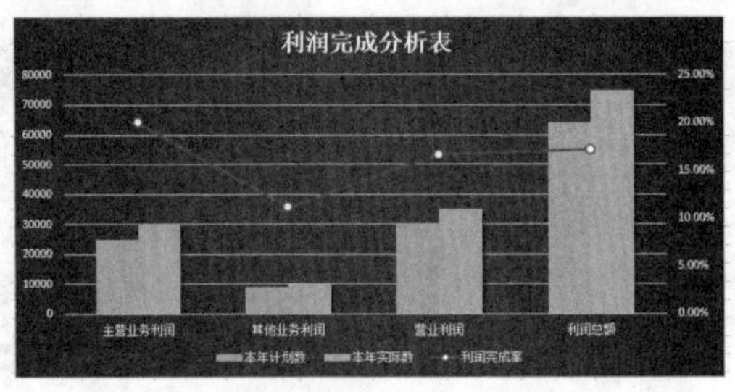

图 9-336　制作其他图表后的效果

案例精讲 089　利润表比率分析

案例文件：CDROM\场景\Cha09\利润表比率分析.xlsx

视频文件：视频教学\Cha09\利润表比率分析.avi

制作概述

本案例将介绍制作利润表比率分析。该例主要是根据提供的素材文件中的【资产负债表】和【利润表】计算出利润表中各项指标的百分比；然后根据参考值计算是否正常；最后通过设置单元格格式来美化表格。完成后的效果如图 9-337 所示。

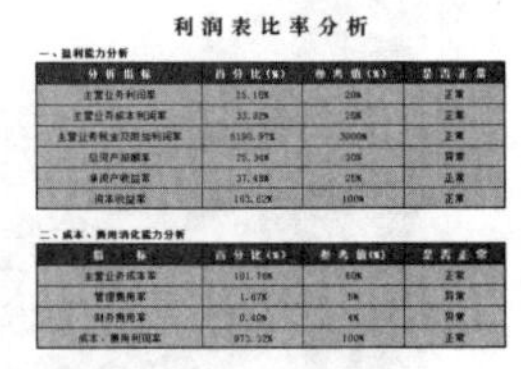

图 9-337　利润表比率分析

学习目标

- 学习自动填充公式的方法。
- 掌握设置单元格格式的方法。

操作步骤

step 01 按 Ctrl+O 组合键，在弹出的界面中选择【计算机】，单击【浏览】按钮，弹出【打开】对话框，在该对话框中选择素材文件【资产负债.xlsx】，单击【打开】按钮，如图 9-338 所示。

知识链接

利润表分析是分析企业如何组织收入、控制成本费用支出实现盈利的能力，评价企业的经营成果。同时还可以通过收支结构和业务结构分析，分析与评价各专业业绩成长对公司总体效益的贡献，以及不同分公司经营成果对公司总体盈利水平的贡献。通过利润表分析，可以评价企业的可持续发展能力，它反映的盈利水平对于上市公司的投资者更为关注，它是资本市场的“晴雨表”。

step 02 即可打开选择的素材文件，效果如图 9-339 所示。

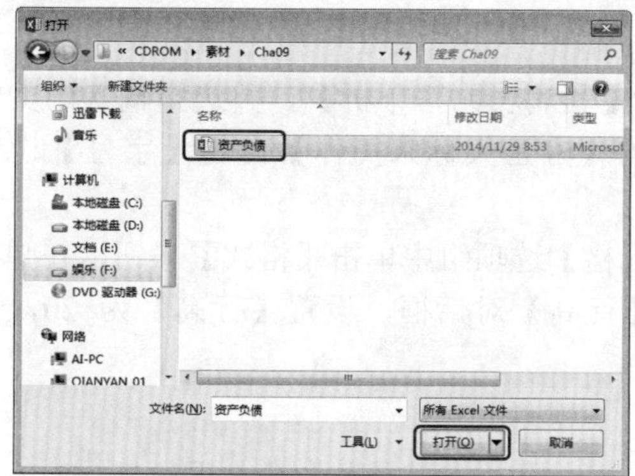

图 9-338　选择素材文件

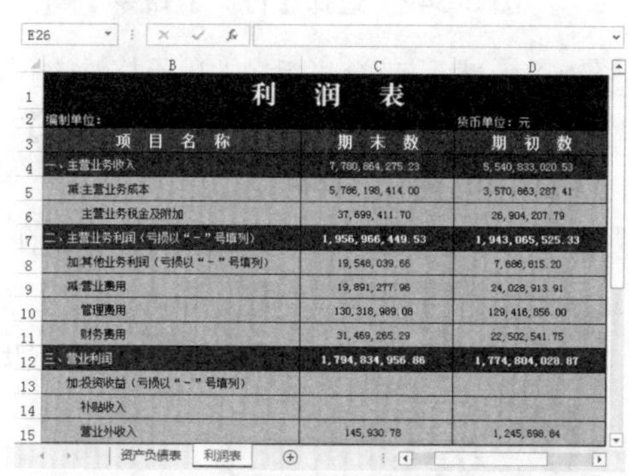

利　润　表		
编制单位:		货币单位：元
项　目　名　称	期　末　数	期　初　数
一、主营业务收入	7,780,864,275.23	5,540,833,020.53
减:主营业务成本	5,786,198,414.00	3,570,863,287.41
主营业务税金及附加	37,699,411.70	26,904,207.79
二、主营业务利润（亏损以“－”号填列）	1,956,966,449.53	1,943,065,525.33
加:其他业务利润（亏损以“－”号填列）	19,548,039.66	7,686,815.20
减:营业费用	19,891,277.96	24,028,913.91
管理费用	130,318,989.08	129,416,856.00
财务费用	31,469,265.29	22,502,541.75
三、营业利润	1,794,834,956.86	1,774,804,028.87
加:投资收益（亏损以“－”号填列）		
补贴收入		
营业外收入	145,930.78	1,245,698.84

图 9-339　打开的素材文件

step 03 在标签栏中单击【新工作表】按钮⊕，新建一个工作表，将其重命名为【利润表比率分析】，如图 9-340 所示。

step 04 选择 B2:E2 单元格区域，在【开始】选项卡的【对齐方式】选项组中单击【合并后居中】按钮，如图 9-341 所示。

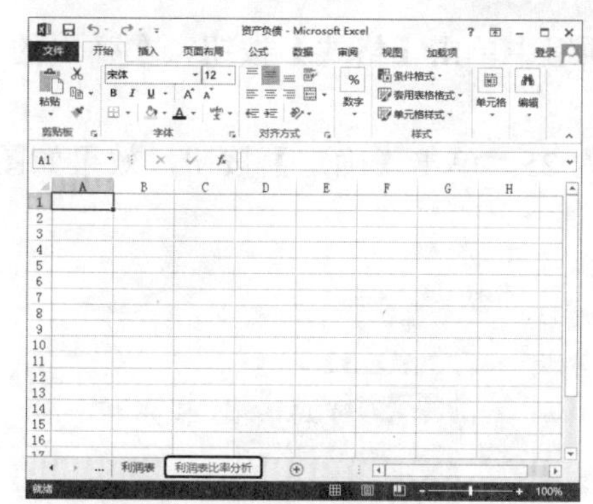

图 9-340　新建并重命名工作表

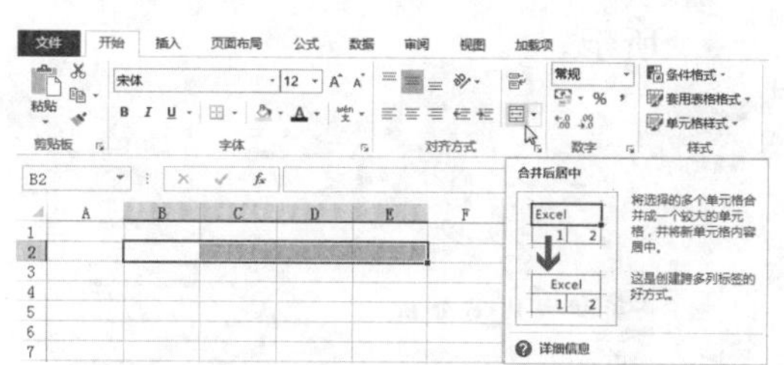

图 9-341　单击【合并后居中】按钮

step 05 即可将选择的单元格合并，然后在【单元格】选项组中单击【格式】按钮，在弹出的下拉菜单中选择【行高】命令，如图 9-342 所示。

step 06 弹出【行高】对话框，设置【行高】为 30，单击【确定】按钮，效果如图 9-343 所示。

图 9-342 选择【行高】命令

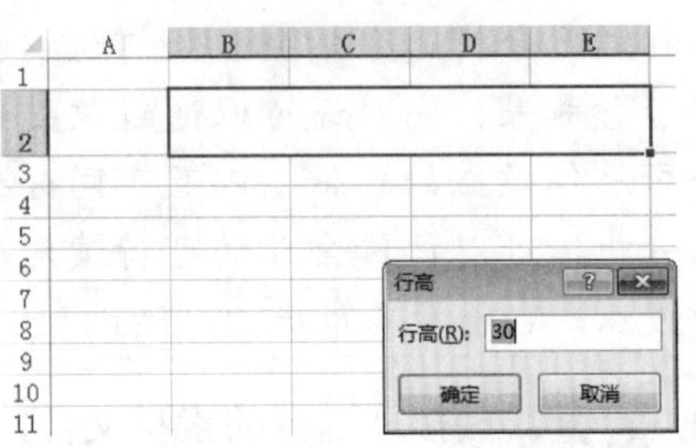

图 9-343 设置单元格【行高】

step 07 然后在合并后的单元格中输入文字【利润表比率分析】，并选择输入的文字，在【字体】选项组中将【字体】设置为【方正大标宋简体】，将【字号】设置为 20，如图 9-344 所示。

step 08 选择 B3:E10 单元格区域，在【单元格】选项组中单击【格式】按钮，在弹出的下拉菜单中选择【行高】命令，弹出【行高】对话框，设置【行高】为 20，单击【确定】按钮，效果如图 9-345 所示。

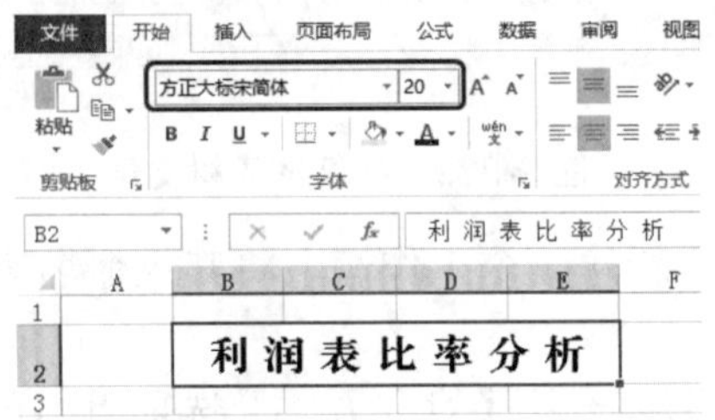

图 9-344 输入文字并设置

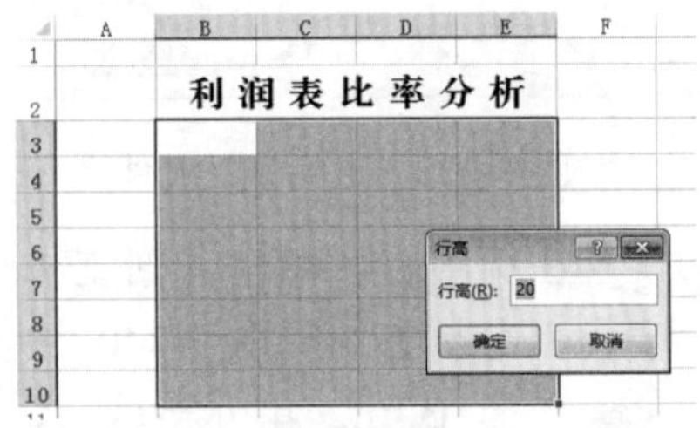

图 9-345 设置单元格【行高】

step 09 选择 B 列单元格，在【单元格】选项组中单击【格式】按钮，在弹出的下拉菜单中选择【列宽】命令，如图 9-346 所示。

step 10 弹出【列宽】对话框，设置【列宽】为 25，单击【确定】按钮，效果如图 9-347 所示。

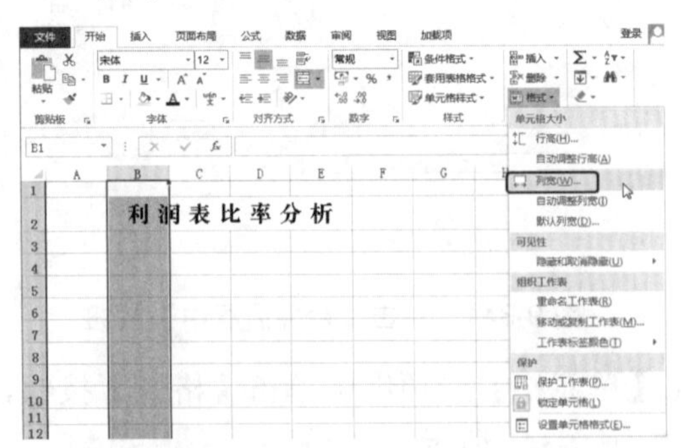

图 9-346 选择【列宽】命令

图 9-347 设置【列宽】

step 11 选择 C3:E3 单元格区域，将【列宽】设置为 15，效果如图 9-348 所示。

step 12 然后在单元格中添加内容，效果如图 9-349 所示。

C3
利润表比率分析

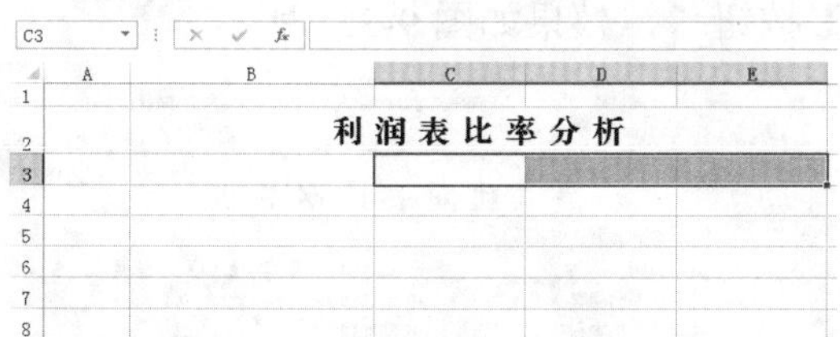

图 9-348 设置单元格【宽度】

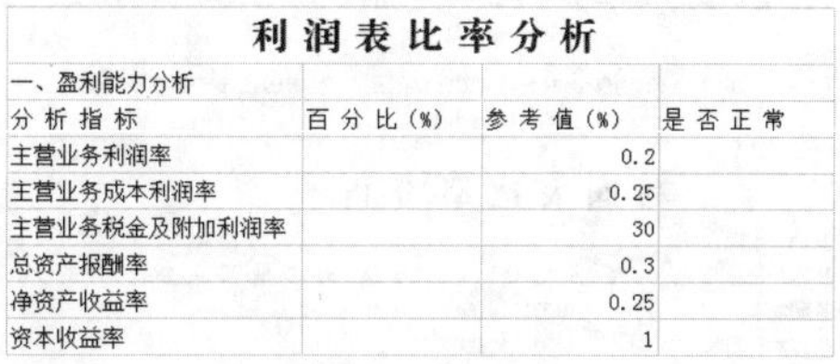

利润表比率分析
一、盈利能力分析
分析指标
百分比(%)
参考值(%)
是否正常
主营业务利润率
0.2
主营业务成本利润率
0.25
主营业务税金及附加利润率
30
总资产报酬率
0.3
净资产收益率
0.25
资本收益率
1

图 9-349 添加内容

step 13 选择 C5 单元格，然后输入等号(=)，如图 9-350 所示。

step 14 输入等号后，切换到【利润表】，在该工作表中选择 C7 单元格，并输入【/】，输入完成后选择 C4 单元格，然后单击【输入】按钮✓，如图 9-351 所示。

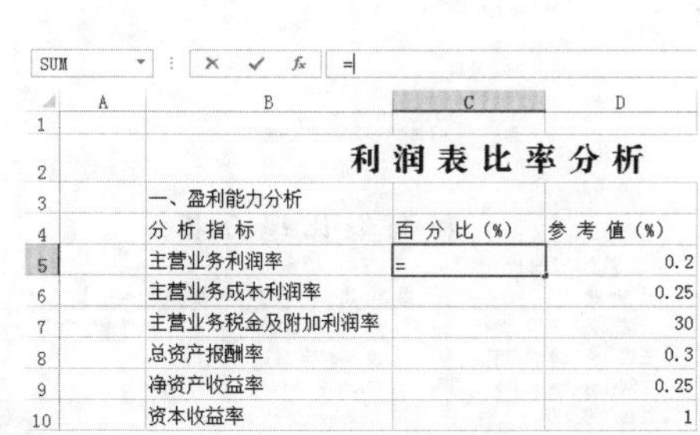

SUM
=
利润表比率分析
一、盈利能力分析
分析指标
百分比(%)
参考值(%)
主营业务利润率
0.2
主营业务成本利润率
0.25
主营业务税金及附加利润率
30
总资产报酬率
0.3
净资产收益率
0.25
资本收益率
1

图 9-350 输入【=】

资产负债 - Microsoft Excel
=利润表!C7/利润表!C4
利润表
项目名称
期末数
期初数
资产负债表
利润表
利润表比率分析

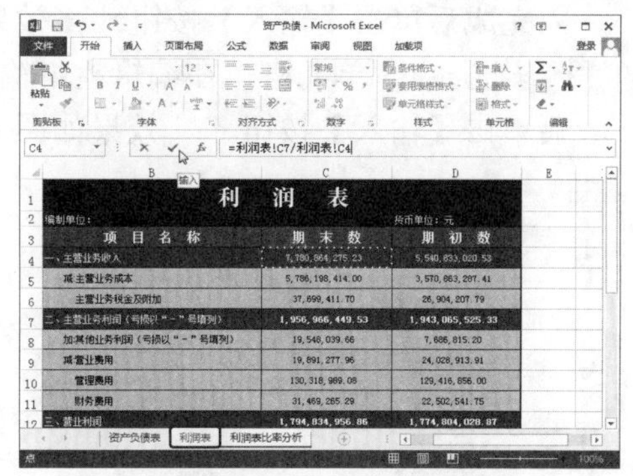

图 9-351 输入公式

step 15 即可返回到【利润表比率分析】工作表中，选择 C6 单元格，在编辑栏中输入公式【=利润表!C7/利润表!C5】，输入完成后单击【输入】按钮✓，效果如图 9-352 所示。

step 16 选择 C7 单元格，在编辑栏中输入公式【=利润表!C7/利润表!C6】，输入完成后单击【输入】按钮✓，效果如图 9-353 所示。

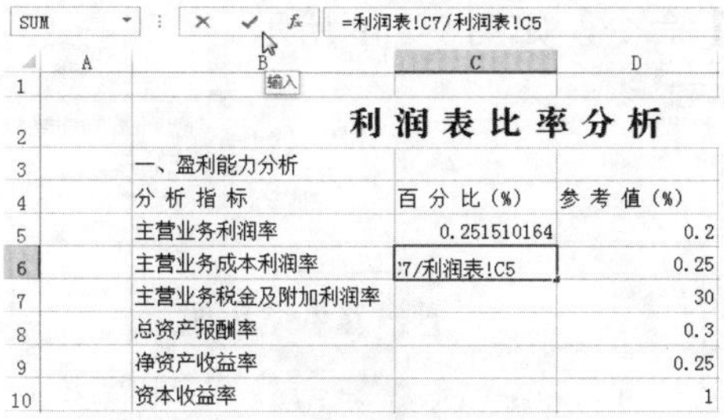

SUM
=利润表!C7/利润表!C5
输入
利润表比率分析
一、盈利能力分析
分析指标
百分比(%)
参考值(%)
主营业务利润率
0.251510164
0.2
主营业务成本利润率
:7/利润表!C5
0.25
主营业务税金及附加利润率
30
总资产报酬率
0.3
净资产收益率
0.25
资本收益率
1

图 9-352 在 C6 单元格中输入公式

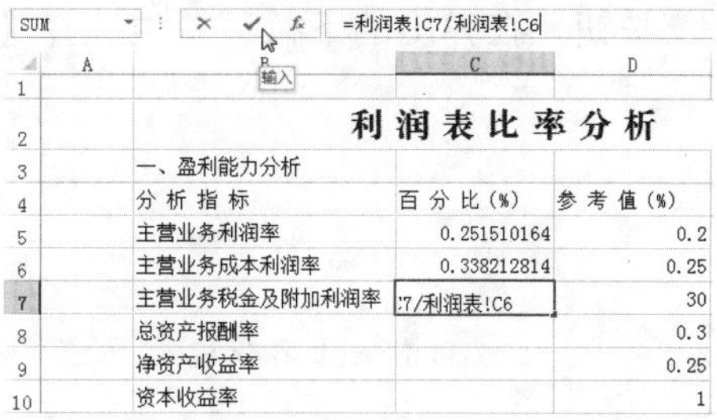

SUM
=利润表!C7/利润表!C6
输入
利润表比率分析
一、盈利能力分析
分析指标
百分比(%)
参考值(%)
主营业务利润率
0.251510164
0.2
主营业务成本利润率
0.338212814
0.25
主营业务税金及附加利润率
:7/利润表!C6
30
总资产报酬率
0.3
净资产收益率
0.25
资本收益率
1

图 9-353 在 C7 单元格中输入公式

step 17 选择 C8 单元格，在编辑栏中输入公式【=(利润表!C17+利润表!C11)/((资产负债表!D43+资产负债表!E43)/2)】，输入完成后单击【输入】按钮✓，效果如图 9-354 所示。

step 18 选择 C9 单元格，在编辑栏中输入公式【=利润表!C19/((资产负债表!H42+资产负债表!I42)/2)】，输入完成后单击【输入】按钮✓，效果如图 9-355 所示。

=(利润表!C17+利润表!C11)/((资产负债表!D43+资产负债表!E43)/2)

	C	D	E
利润表比率分析			
盈利能力分析			
析指标	百分比(%)	参考值(%)	是否正常
营业务利润率	0.251510164	0.2	
营业务成本利润率	0.338212814	0.25	
营业务税金及附加利润率	51.90973443	30	
资产报酬率	债表!E43)/2)	0.3	
资产收益率		0.25	
收益率		1	

图 9-354　在 C8 单元格中输入公式

SUM　=利润表!C19/((资产负债表!H42+资产负债表!I42)/2)

	B	C	D	E
1				
2	利润表比率分析			
3	一、盈利能力分析			
4	分析指标	百分比(%)	参考值(%)	是否正常
5	主营业务利润率	0.251510164	0.2	
6	主营业务成本利润率	0.338212814	0.25	
7	主营业务税金及附加利润率	51.90973443	30	
8	总资产报酬率	0.253446537	0.3	
9	净资产收益率	债表!I42)/2)	0.25	
10	资本收益率		1	

图 9-355　在 C9 单元格中输入公式

step 19 选择 C10 单元格，在编辑栏中输入公式【=利润表!C19/资产负债表!H35】，输入完成后单击【输入】按钮✓，效果如图 9-356 所示。

step 20 选择 E5 单元格，在编辑栏中输入公式【=IF(C5<D5,"异常","正常")】，输入完成后单击【输入】按钮✓，效果如图 9-357 所示。

SUM　=利润表!C19/资产负债表!H35

	B	C	D
1			
2	利润表比率分析		
3	一、盈利能力分析		
4	分析指标	百分比(%)	参考值(%
5	主营业务利润率	0.251510164	
6	主营业务成本利润率	0.338212814	
7	主营业务税金及附加利润率	51.90973443	
8	总资产报酬率	0.253446537	
9	净资产收益率	0.374773953	
10	资本收益率	负债表!H35	
11			

图 9-356　在 C10 单元格中输入公式

SUM　=IF(C5<D5,"异常","正常")

	B	C	D	E
1				
2	利润表比率分析			
3	一、盈利能力分析			
4	分析指标	百分比(%)	参考值(%)	是否正常
5	主营业务利润率	0.251510164	0.2	常","正常")
6	主营业务成本利润率	0.338212814	0.25	
7	主营业务税金及附加利润率	51.90973443	30	
8	总资产报酬率	0.253446537	0.3	
9	净资产收益率	0.374773953	0.25	
10	资本收益率	1.636172749	1	
11				

图 9-357　在 E5 单元格输入公式

step 21 确认 E5 单元格处于选择状态，将光标放置到被选中的单元格的右下角，此时光标会变成黑心十字形状，在按住鼠标左键的同时向下拖动鼠标，拖动至第 10 行释放鼠标，即可自动输入公式，效果如图 9-358 所示。

step 22 选择 C 列单元格，在【开始】选项卡的【数字】选项组中单击【常规】右侧的▾按钮，在弹出的下拉菜单中选择【百分比】命令，如图 9-359 所示。

E5　=IF(C5<D5,"异常","正常")

	B	C	D	E
1				
2	利润表比率分析			
3	一、盈利能力分析			
4	分析指标	百分比(%)	参考值(%)	是否正常
5	主营业务利润率	0.251510164	0.2	正常
6	主营业务成本利润率	0.338212814	0.25	正常
7	主营业务税金及附加利润率	51.90973443	30	正常
8	总资产报酬率	0.253446537	0.3	异常
9	净资产收益率	0.374773953	0.25	正常
10	资本收益率	1.636172749	1	正常
11				

图 9-358　自动输入公式

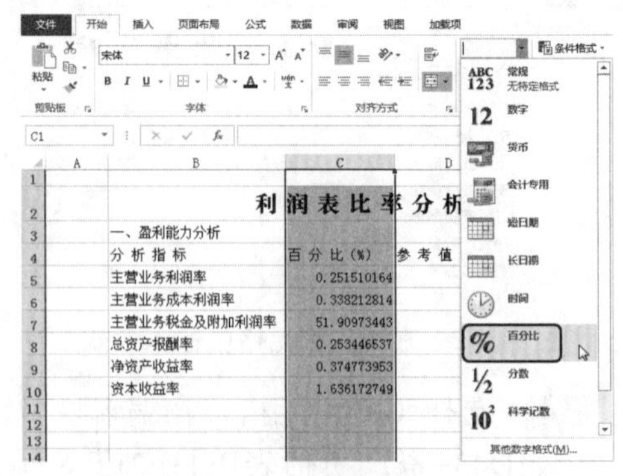

图 9-359　设置数字格式

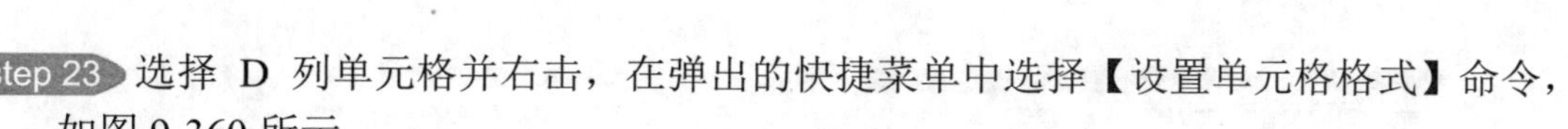

step 23 选择 D 列单元格并右击，在弹出的快捷菜单中选择【设置单元格格式】命令，如图 9-360 所示。

step 24 弹出【设置单元格格式】对话框，选择【数字】选项卡，在【分类】列表框中选择【百分比】，将【小数位数】设置为 0，单击【确定】按钮，如图 9-361 所示。

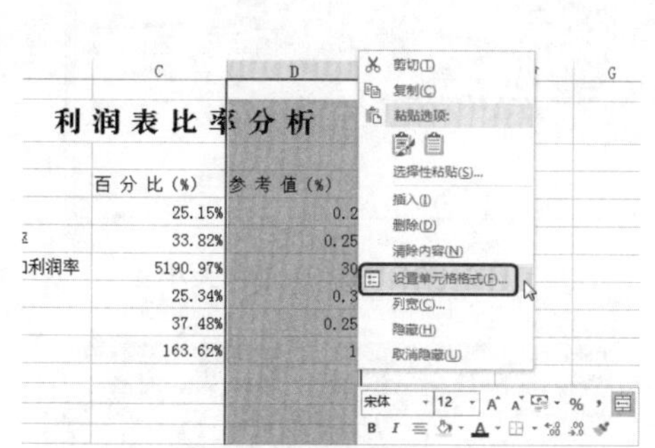

图 9-360 选择【设置单元格格式】命令

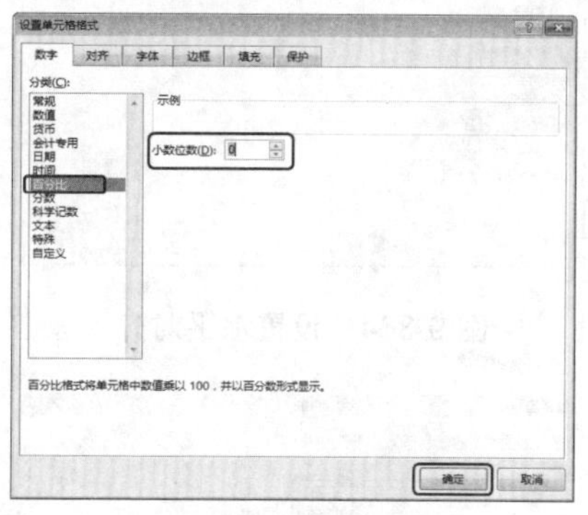

图 9-361 设置数字格式

step 25 设置数字格式后的效果如图 9-362 所示。

step 26 选择 B3 单元格，在【开始】选项卡的【字体】选项组中，将【字号】设置为 10，单击【加粗】按钮 B，如图 9-363 所示。

利润表比率分析			
一、盈利能力分析			
分析指标	百分比(%)	参考值(%)	是否正常
主营业务利润率	25.15%	20%	正常
主营业务成本利润率	33.82%	25%	正常
主营业务税金及附加利润率	5190.97%	3000%	正常
总资产报酬率	25.34%	30%	异常
净资产收益率	37.48%	25%	正常
资本收益率	163.62%	100%	正常

图 9-362 设置数字格式后的效果

图 9-363 设置文字

step 27 选择 B4:E10 单元格并右击，在弹出的快捷菜单中选择【设置单元格格式】命令，弹出【设置单元格格式】对话框，选择【对齐】选项卡，在【文本对齐方式】选项组中将【水平对齐】设置为【居中】，如图 9-364 所示。

step 28 选择【字体】选项卡，将【字号】设置为 10，如图 9-365 所示。

step 29 选择【边框】选项卡，在【样式】列表框中选择如图 9-366 所示的线条样式，在【预置】选项组中单击【外边框】按钮，即可设置单元格外边框。

step 30 在【样式】列表框中选择如图 9-367 所示的线条样式，在【预置】选项组中单击【内部】按钮，即可设置单元格内边框。

step 31 选择【填充】选项卡，将【背景色】设置为图 9-368 所示的颜色，并单击【确定】按钮。

step 32 设置单元格格式后的效果如图 9-369 所示。

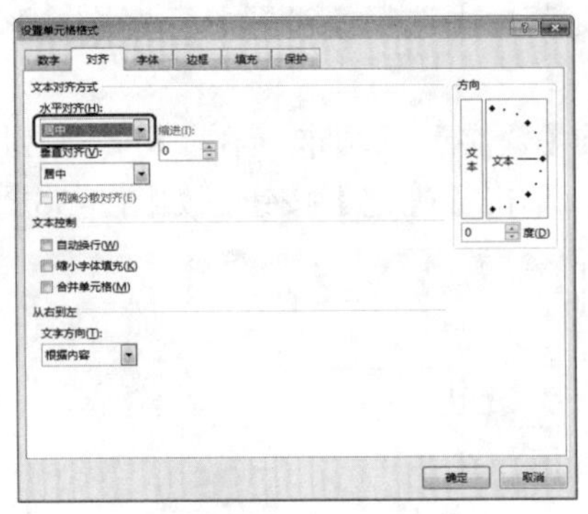

图 9-364　设置水平对齐

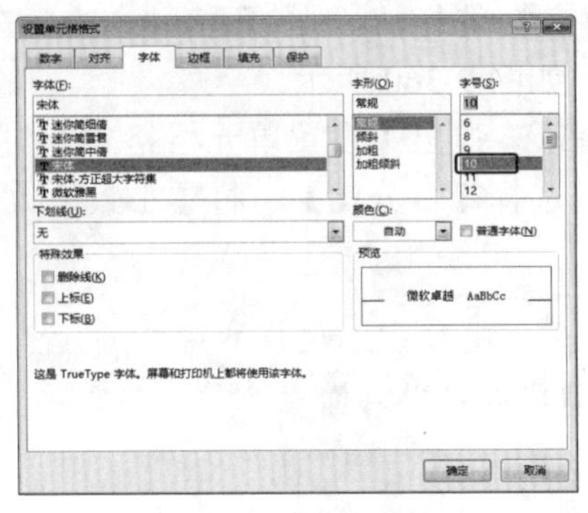

图 9-365　设置文字大小

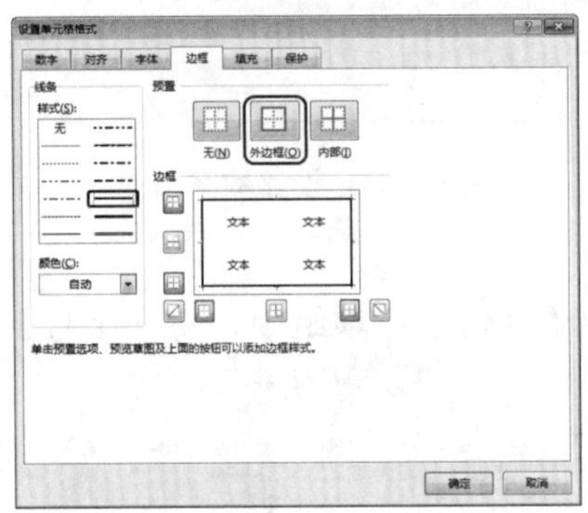

图 9-366　设置单元格外边框

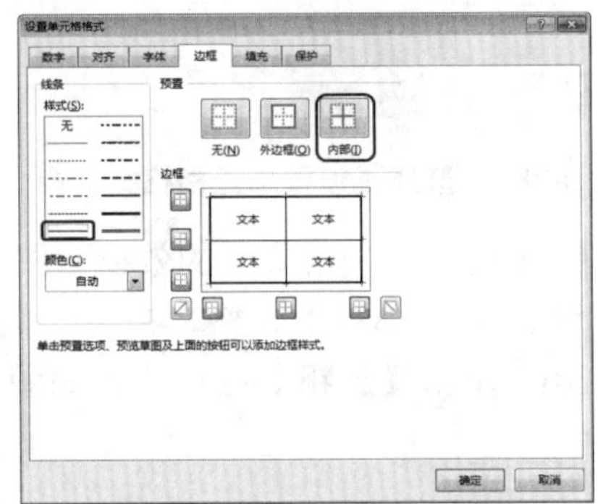

图 9-367　设置单元格内框线

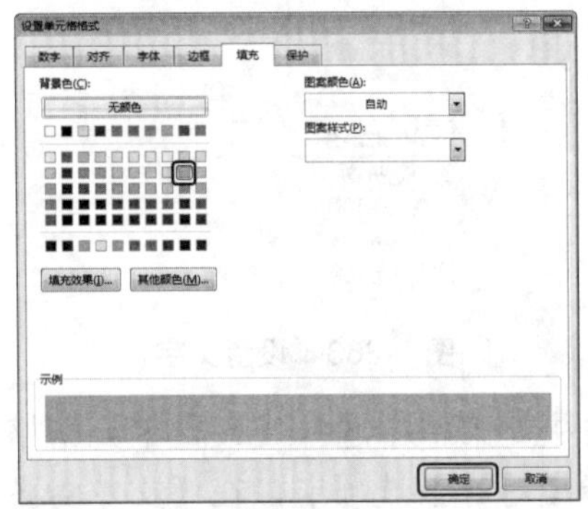

图 9-368　设置单元格背景颜色

利润表比率分析

一、盈利能力分析

分析指标	百分比(%)	参考值(%)	是否正常
主营业务利润率	25.15%	20%	正常
主营业务成本利润率	33.82%	25%	正常
主营业务税金及附加利润率	5190.97%	3000%	正常
总资产报酬率	25.34%	30%	异常
净资产收益率	37.48%	25%	正常
资本收益率	163.62%	100%	正常

图 9-369　设置单元格格式后的效果

step 33 选择 B4:E4 单元格区域并右击，在弹出的快捷菜单中选择【设置单元格格式】命令，弹出【设置单元格格式】对话框，在【填充】选项卡中将【背景色】设置为图 9-370 所示的颜色。

step 34 选择【字体】选项卡，将【字形】设置为【加粗】，将【颜色】设置为【白色】，单击【确定】按钮，如图 9-371 所示。

step 35 设置单元格格式后的效果如图 9-372 所示。

step 36 结合前面介绍的方法，在 B12:E17 单元格区域中输入文字，并对输入的文字和单元格进行设置，效果如图 9-373 所示。

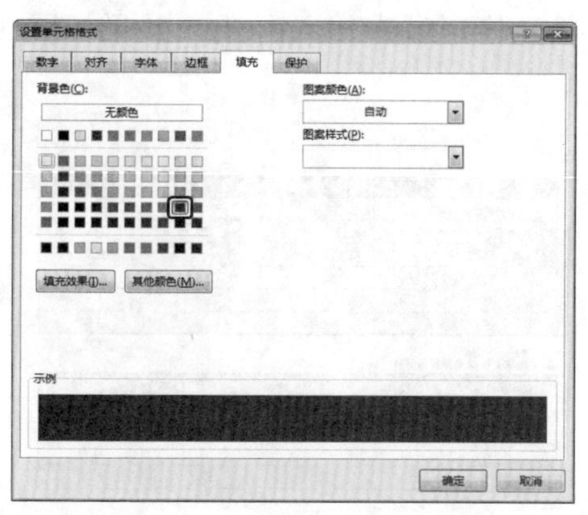

图 9-370　设置单元格背景颜色

图 9-371　设置字体

利润表比率分析

一、盈利能力分析

分析指标	百分比(%)	参考值(%)	是否正常
主营业务利润率	25.15%	20%	正常
主营业务成本利润率	33.82%	25%	正常
主营业务税金及附加利润率	5190.97%	3000%	正常
总资产报酬率	25.34%	30%	异常
净资产收益率	37.48%	25%	正常
资本收益率	163.62%	100%	正常

图 9-372　设置单元格格式后的效果

利润表比率分析

一、盈利能力分析

分析指标	百分比(%)	参考值(%)	是否正常
主营业务利润率	25.15%	20%	正常
主营业务成本利润率	33.82%	25%	正常
主营业务税金及附加利润率	5190.97%	3000%	正常
总资产报酬率	25.34%	30%	异常
净资产收益率	37.48%	25%	正常
资本收益率	163.62%	100%	正常

二、成本、费用消化能力分析

指标	百分比(%)	参考值(%)	是否正常
主营业务成本率		80%	
管理费用率		5%	
财务费用率		4%	
成本、费用利润率		100%	

图 9-373　制作其他内容

step 37 选择 C14 单元格，在编辑栏中输入公式【=利润表!C9/利润表!C8】，输入完成后单击【输入】按钮✓，效果如图 9-374 所示。

step 38 使用同样的方法，在 C15 单元格中输入公式【=利润表!C10/利润表!C4】，在 C16 单元格中输入公式【=利润表!C11/利润表!C4】，在 C17 单元格中输入公式【=利润表!C17/(利润表!C9+利润表!C10+利润表!C11)】。效果如图 9-375 所示。

SUM　=利润表!C9/利润表!C8

	B	C	D	E
4	分析指标	百分比(%)	参考值(%)	是否正常
5	主营业务利润率	25.15%	20%	正常
6	主营业务成本利润率	33.82%	25%	正常
7	主营业务税金及附加利润率	5190.97%	3000%	正常
8	总资产报酬率	25.34%	30%	异常
9	净资产收益率	37.48%	25%	正常
10	资本收益率	163.62%	100%	正常
11				
12	二、成本、费用消化能力分析			
13	指标	百分比(%)	参考值(%)	是否正常
14	主营业务成本率	!C9/利润表!C8	80%	
15	管理费用率		5%	
16	财务费用率		4%	
17	成本、费用利润率		100%	

图 9-374　输入公式

C17　=利润表!C17/(利润表!C9+利润表!C10+利润表!C11)

	B	C	D	E
4	分析指标	百分比(%)	参考值(%)	是否正常
5	主营业务利润率	25.15%	20%	正常
6	主营业务成本利润率	33.82%	25%	正常
7	主营业务税金及附加利润率	5190.97%	3000%	正常
8	总资产报酬率	25.34%	30%	异常
9	净资产收益率	37.48%	25%	正常
10	资本收益率	163.62%	100%	正常
11				
12	二、成本、费用消化能力分析			
13	指标	百分比(%)	参考值(%)	是否正常
14	主营业务成本率	101.76%	80%	
15	管理费用率	1.67%	5%	
16	财务费用率	0.40%	4%	
17	成本、费用利润率	973.32%	100%	

图 9-375　在其他单元格中输入公式

step 39 选择 E14 单元格，在编辑栏中输入公式【=IF(C14<D14,"异常","正常")】，输入完成后单击【输入】按钮✓，效果如图 9-376 所示。

step 40 按照前面介绍的方法，在 E15:E17 单元格区域中输入公式，效果如图 9-377 所示。

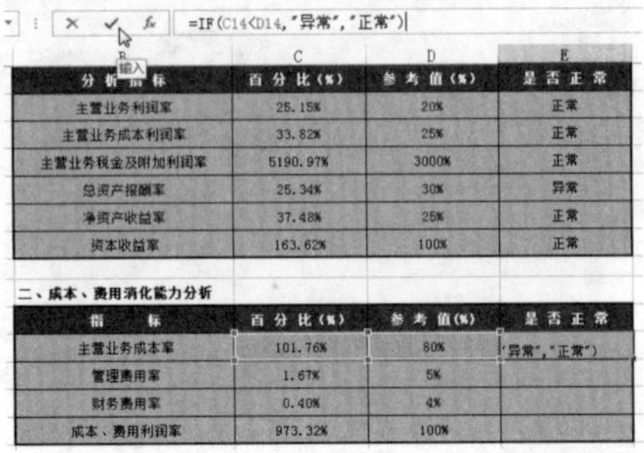

=IF(C14<D14,"异常","正常")

分析指标	百分比(%)	参考值(%)	是否正常
主营业务利润率	25.15%	20%	正常
主营业务成本利润率	33.82%	25%	正常
主营业务税金及附加利润率	5190.97%	3000%	正常
总资产报酬率	25.34%	30%	异常
净资产收益率	37.48%	25%	正常
资本收益率	163.62%	100%	正常

二、成本、费用消化能力分析

指标	百分比(%)	参考值(%)	是否正常
主营业务成本率	101.76%	80%	"异常","正常")
管理费用率	1.67%	5%	
财务费用率	0.40%	4%	
成本、费用利润率	973.32%	100%	

图 9-376　输入公式

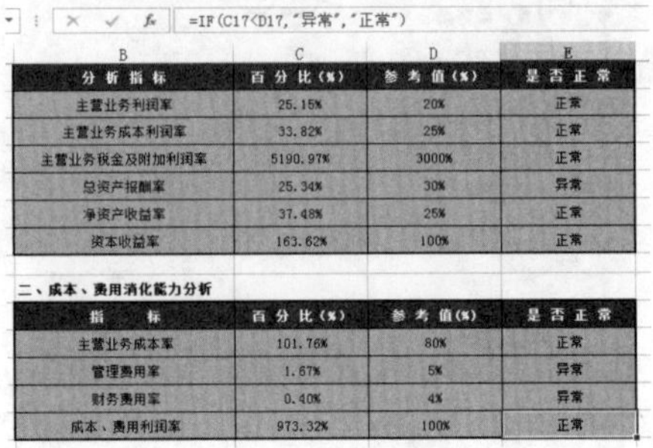

=IF(C17<D17,"异常","正常")

分析指标	百分比(%)	参考值(%)	是否正常
主营业务利润率	25.15%	20%	正常
主营业务成本利润率	33.82%	25%	正常
主营业务税金及附加利润率	5190.97%	3000%	正常
总资产报酬率	25.34%	30%	异常
净资产收益率	37.48%	25%	正常
资本收益率	163.62%	100%	正常

二、成本、费用消化能力分析

指标	百分比(%)	参考值(%)	是否正常
主营业务成本率	101.76%	80%	正常
管理费用率	1.67%	5%	异常
财务费用率	0.40%	4%	异常
成本、费用利润率	973.32%	100%	正常

图 9-377　在其他单元格中输入公式

第 10 章 销售管理

本章重点

- 销售记录单
- 商品代码表
- 出库单
- 出库统计表
- 销售对比表

营销管理是为了实现各种组织目标，创造、建立和保持与目标市场之间的有益交换和联系而设计的方案的分析、计划、执行和控制。通过计划、执行及控制企业的销售活动，以达到企业的销售目标。

案例精讲 090　销售记录单

案例文件：CDROM\场景\Cha10\销售管理.xlsx

视频文件：视频教学\Cha10\销售记录单.avi

制作概述

本案例将介绍如何制作销售记录单。首先调整单元格的列宽及行高；然后再设置单元格属性；最后通过输入文字并对其进行设置来完成制作。效果如图 10-1 所示。

销售记录表

销售日期	商品名称	规格型号	单位	销售数量	销售单价	销售金额	客户名称
2014年5月25日	空调	美的KFR-26GW/BD	台	12	¥3,699.00	¥44,388.00	宜家敬老院
2014年5月25日	冰箱	海尔BLN-225WBCY	台	20	¥6,780.00	¥135,600.00	金源度假酒店
2014年5月28日	冰箱	海信BXM-560WMO	台	25	¥3,899.00	¥97,475.00	康乐酒店
2014年5月28日	冰箱	美的BLY-635MLT	台	20	¥2,538.00	¥50,760.00	宜家敬老院
2014年6月24日	空调	长虹KFR-35GW/BCT	台	10	¥1,450.00	¥14,500.00	康乐酒店
2014年6月30日	电视	创维AC6603V	台	10	¥2,400.00	¥24,000.00	宜家敬老院
2014年7月10日	电视	创维65EAKL6	台	35	¥2,350.00	¥82,250.00	宜家敬老院
2014年7月10日	电视	长虹KFR-26GW/ALD	台	20	¥2,780.00	¥55,600.00	金源度假酒店
2014年7月10日	冰箱	美的BLY-4020MT	台	15	¥4,600.00	¥69,000.00	宜家敬老院
2014年7月10日	冰箱	海信BXM-587GHYA	台	30	¥2,356.00	¥70,680.00	康乐酒店
2014年7月18日	空调	美的KFR-35GW/BPO	台	10	¥2,500.00	¥25,000.00	金源度假酒店
2014年7月25日	冰箱	海尔BLN-268LMEE	台	35	¥3,498.00	¥122,430.00	金源度假酒店

图 10-1　销售记录单

学习目标

- 掌握如何为工作表命名。
- 掌握单元格格式的设置。

操作步骤

step 01 启动 Excel 2013 软件，在打开的界面中选择【空白工作簿】选项，如图 10-2 所示。

step 02 在工作表标签上右击，在弹出的快捷菜单中选择【重命名】命令，如图 10-3 所示。

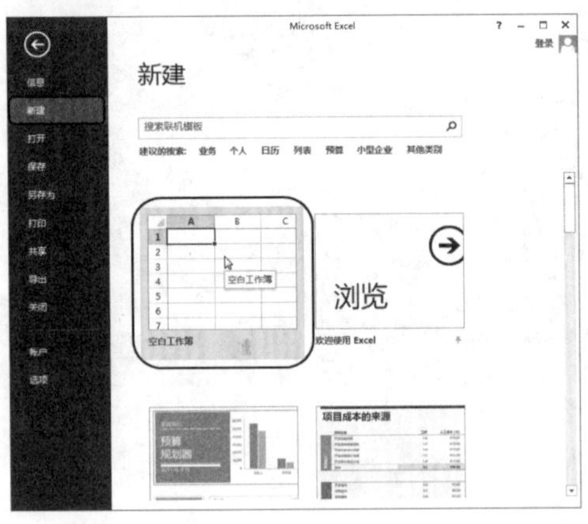

图 10-2　选择【空白工作簿】选项

图 10-3　选择【重命名】命令

step 03 将该工作表命名为【销售记录表】，选中 A1 单元格，选择【开始】选项卡，在【单元格】选项组中单击【格式】按钮，在弹出的下拉菜单中选择【列宽】命令，如图 10-4 所示。

step 04 在弹出的对话框中将【列宽】设置为 1.25，设置完成后，单击【确定】按钮，选择 B1:I1 单元格区域，选择【开始】选项卡，在【对齐方式】选项组中单击【合

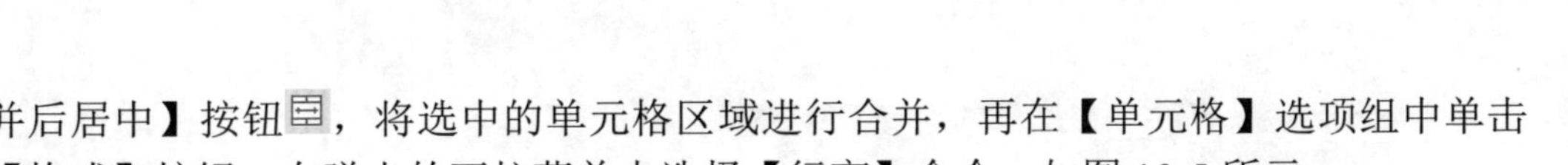

并后居中】按钮，将选中的单元格区域进行合并，再在【单元格】选项组中单击【格式】按钮，在弹出的下拉菜单中选择【行高】命令，如图 10-5 所示。

图 10-4　选择【列宽】命令

图 10-5　选择【行高】命令

step 05 在弹出的对话框中将【行高】设置为 51，设置完成后，单击【确定】按钮，继续选中该单元格并右击，在弹出的快捷菜单中选择【设置单元格格式】命令，如图 10-6 所示。

step 06 在弹出的对话框中选择【字体】选项卡，在【字体】选项组中选择【微软雅黑】，在【字形】选项组中选择【加粗】，在【字号】选项组中选择 24，将【颜色】设置为【白色】，如图 10-7 所示。

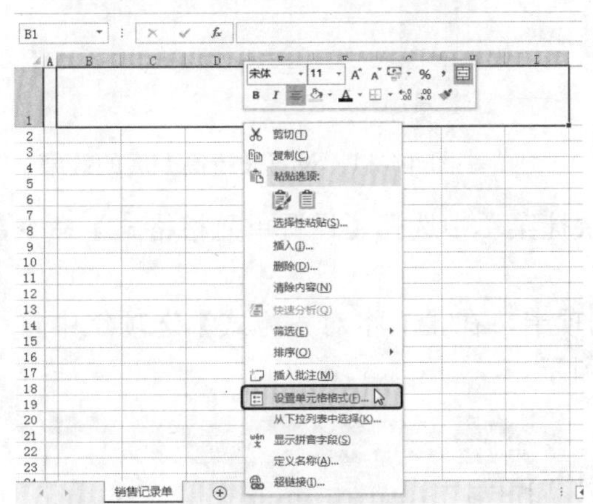

图 10-6　选择【设置单元格格式】命令

图 10-7　设置字体参数

step 07 再在该对话框中选择【填充】选项卡，在【背景色】选项组中选择单元格的背景颜色，如图 10-8 所示。

step 08 设置完成后，单击【确定】按钮，即可为选中的单元格应用该单元格格式，在该单元格中输入文字，效果如图 10-9 所示。

step 09 选择 B2:B14 单元格区域，选择【开始】选项卡，在【单元格】选项组中单击【格式】按钮，在弹出的下拉菜单中选择【行高】命令，如图 10-10 所示。

step 10 在弹出的对话框中将【行高】设置为 35，设置完成后，单击【确定】按钮，如图 10-11 所示。

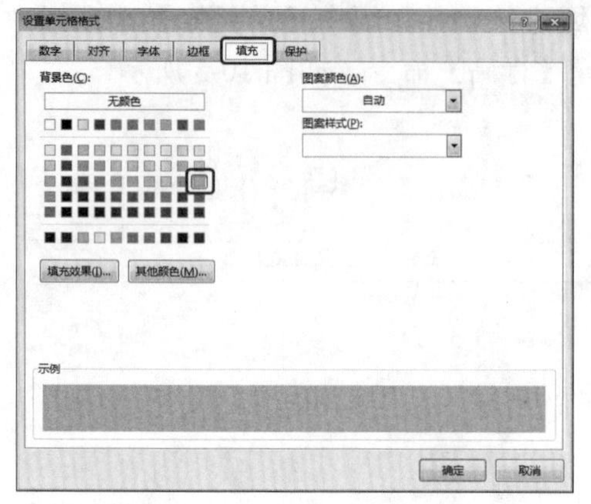

图 10-8　选择背景颜色

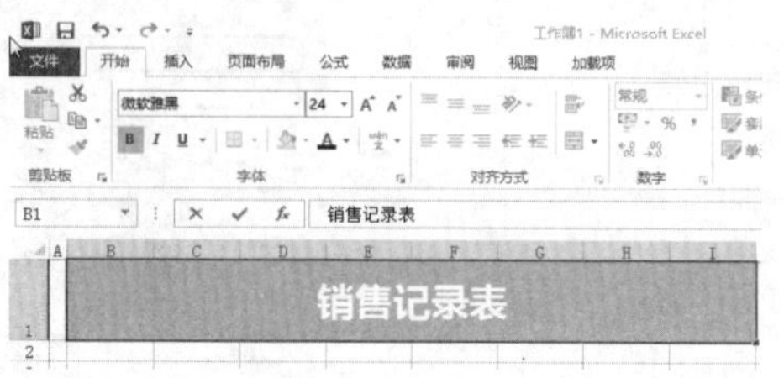

图 10-9　输入文字

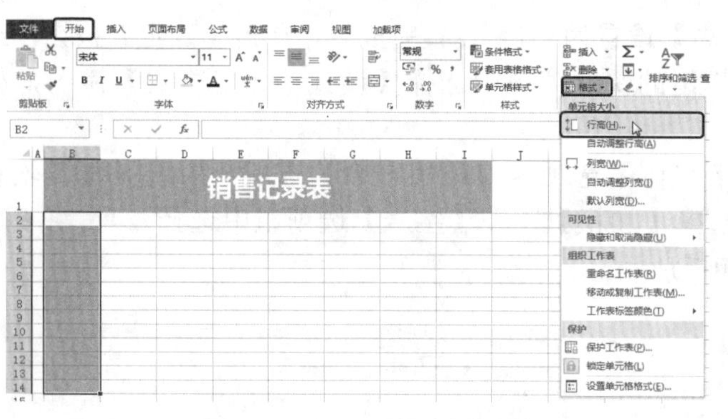

图 10-10　选择【行高】命令

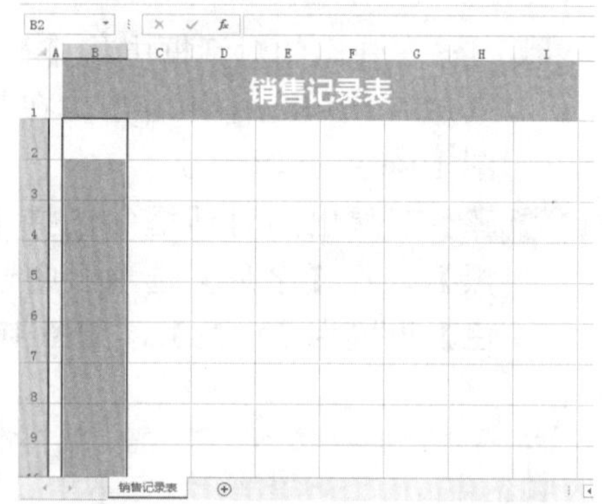

图 10-11　设置【行高】后的效果

step 11 选择 B2 单元格并右击，在弹出的快捷菜单中选择【设置单元格格式】命令，如图 10-12 所示。

step 12 在弹出的对话框中选择【对齐】选项卡，在【文本对齐方式】选项组中将【水平对齐】设置为【居中】，如图 10-13 所示。

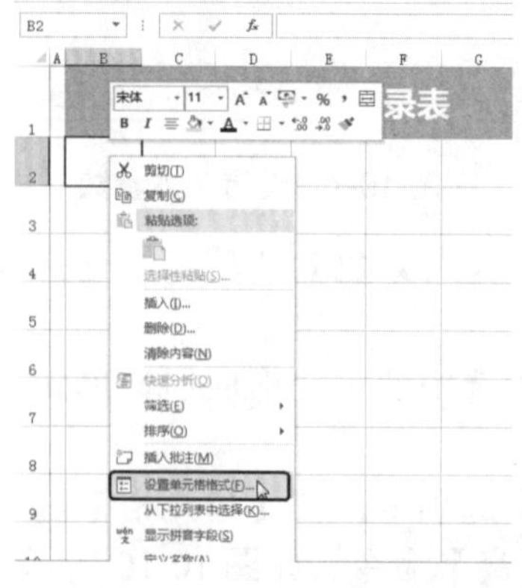

图 10-12　选择【设置单元格格式】命令

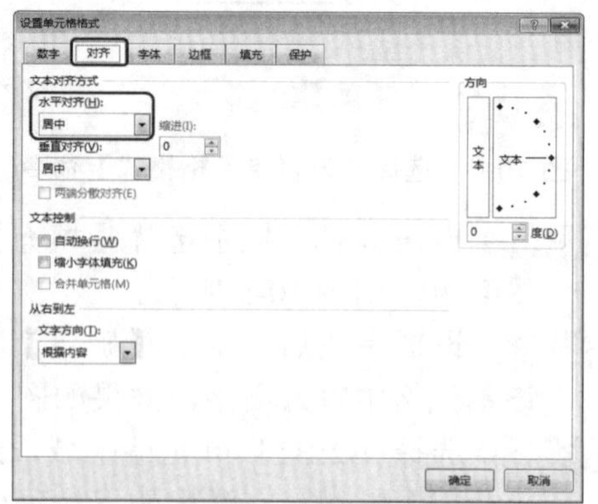

图 10-13　设置文本对齐方式

step 13 再在该对话框中选择【字体】选项卡，在【字体】选项组中选择【宋体(标题)】，在【字形】选项组中选择【加粗】，在【字号】选项组中选择 11，将【颜色】设置为【白色】，如图 10-14 所示。

step 14 在该对话框中选择【边框】选项卡，在【线条】选项组中的【样式】列表框中选择线条样式，将【颜色】设置为【白色】，单击右侧边框按钮，如图 10-15 所示。

提示　由于在此将边框颜色设置成了白色，所以在图中无法边框样式。

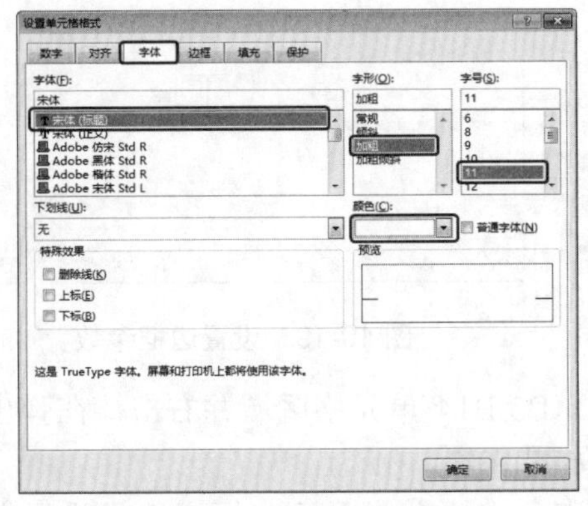

图 10-14　设置字体参数

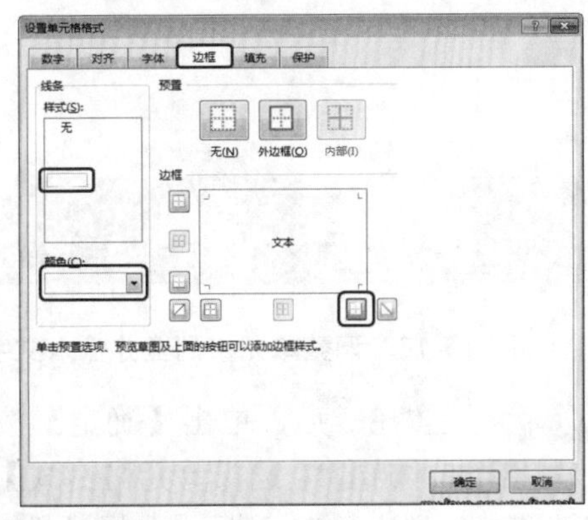

图 10-15　设置边框参数

step 15 在【设置单元格格式】对话框中选择【填充】选项卡，在【背景色】选项组中选择背景颜色，如图 10-16 所示。

step 16 选择完成后，单击【确定】按钮，继续选中 B2 单元格，输入文字，选择【开始】选项卡，在【单元格】选项组中单击【格式】按钮，在弹出的下拉菜单中选择【列宽】命令，如图 10-17 所示。

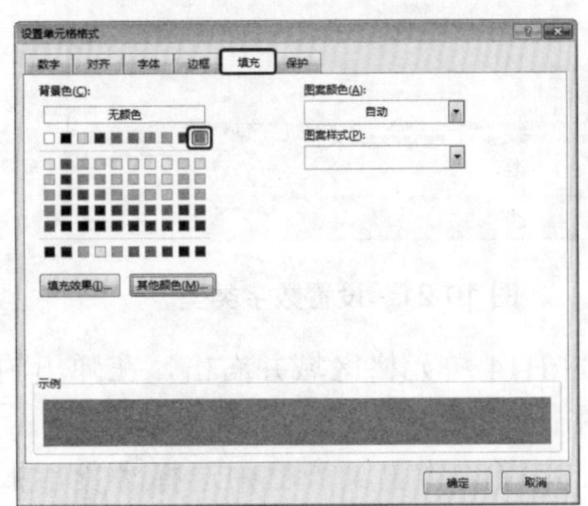

图 10-16　选择背景颜色

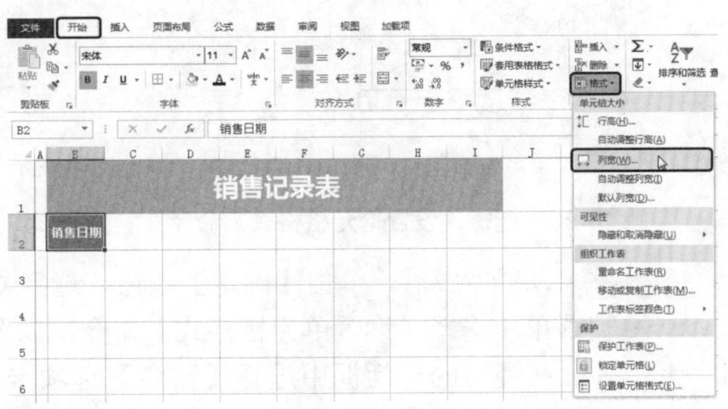

图 10-17　选择【列宽】命令

step 17 在弹出的对话框中将【列宽】设置为 16.88，设置完成后，单击【确定】按钮，继续选中该单元格，选择【开始】选项卡，在【剪贴板】中单击【格式刷】按钮，选择 C2:I2 单元格区域，为其应用与 B2 单元格相同的格式，调整单元格的列宽，并输入文字，效果如图 10-18 所示。

step 18 选中 I2 单元格并右击，在弹出的快捷菜单中选择【设置单元格格式】命令，在弹出的对话框中选择【边框】选项卡，在【边框】选项组中单击右侧边框按钮，取消右侧边框，如图 10-19 所示。

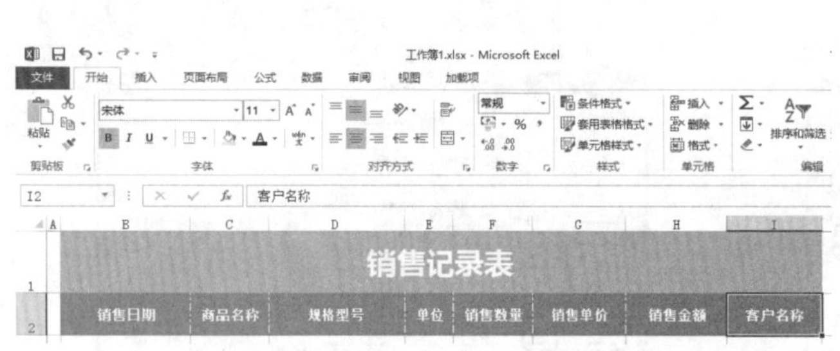

图 10-18 调整单元格列宽并输入文字

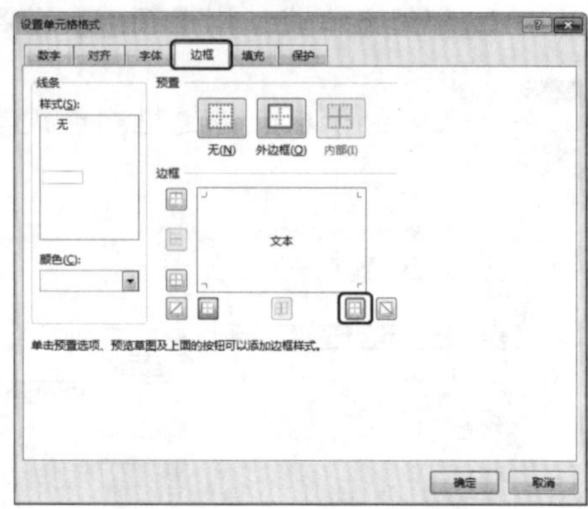

图 10-19 设置边框参数

step 19 设置完成后，单击【确定】按钮，选择 B3:B14 单元格区域并右击，在弹出的快捷菜单中选择【设置单元格格式】命令，如图 10-20 所示。

step 20 在弹出的对话框中选择【数字】选项卡，在【分类】列表框中选择【日期】选项，在【类型】列表框中选择数字类型，如图 10-21 所示。

图 10-20 选择【设置单元格格式】命令

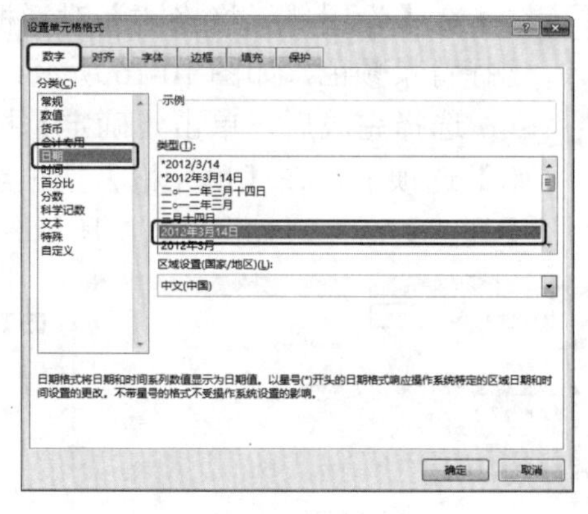

图 10-21 设置数字类型

step 21 设置完成后，单击【确定】按钮，选择 G3:H14 单元格区域并右击，在弹出的快捷菜单中选择【设置单元格格式】命令，如图 10-22 所示。

step 22 在弹出的对话框中选择【数字】选项卡，在【分类】列表框中选择【货币】选项，在【负数】列表框中选择货币样式，如图 10-23 所示。

step 23 设置完成后，单击【确定】按钮，在单元格中输入文字，并将输入的文字居中对齐，效果如图 10-24 所示。

step 24 选择 B3:I14 单元格区域并右击，在弹出的快捷菜单中选择【设置单元格格式】命令，如图 10-25 所示。

图 10-22　选择【设置单元格格式】命令

图 10-23　设置数字类型

3	2014年5月25日	空调	美的KFR-26GW/BD	台	12	¥3,699.00	¥44,388.00	宜家敬老院
4	2014年5月25日	冰箱	海尔BLN-225WBCY	台	20	¥6,780.00	¥135,600.00	金源度假酒店
5	2014年5月28日	冰箱	海信BXM-560WMO	台	25	¥3,899.00	¥97,475.00	康乐酒店
6	2014年5月28日	冰箱	美的BLY-635MLT	台	20	¥2,538.00	¥50,760.00	宜家敬老院
7	2014年6月24日	空调	长虹KFR-35GW/BCT	台	10	¥1,450.00	¥14,500.00	康乐酒店
8	2014年6月30日	电视	创维AC6603V	台	10	¥2,400.00	¥24,000.00	宜家敬老院
9	2014年7月10日	电视	创维65EAKL6	台	35	¥2,350.00	¥82,250.00	宜家敬老院
10	2014年7月10日	电视	长虹KFR-26GW/ALD	台	20	¥2,780.00	¥55,600.00	金源度假酒店
11	2014年7月10日	冰箱	美的BLY-4020MT	台	15	¥4,600.00	¥69,000.00	宜家敬老院
12	2014年7月10日	冰箱	海信BXM-587CHYA	台	30	¥2,356.00	¥70,680.00	康乐酒店
13	2014年7月18日	空调	美的KFR-35GW/BPO	台	10	¥2,500.00	¥25,000.00	金源度假酒店
14	2014年7月25日	冰箱	海尔BLN-268LMEE	台	35	¥3,498.00	¥122,430.00	金源度假酒店

图 10-24　输入文字并居中对齐

图 10-25　选择【设置单元格格式】命令

step 25 在弹出的对话框中选择【边框】选项卡，在【线条】选项组中的【样式】列表框中选择边框样式，将【颜色】的 RGB 值设置为 112、173、71，单击【外边框】与【内部】按钮，如图 10-26 所示。

step 26 再在【样式】列边框中选择边框样式，在【边框】选项组中单击底部边框按钮及左侧边框按钮，如图 10-27 所示。

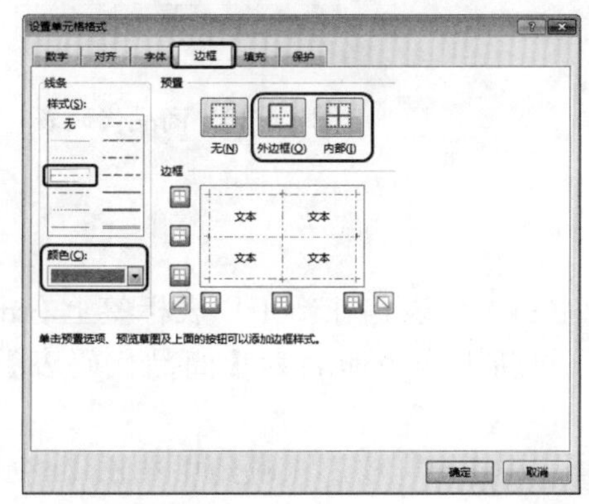

图 10-26　添加外边框及内部框线

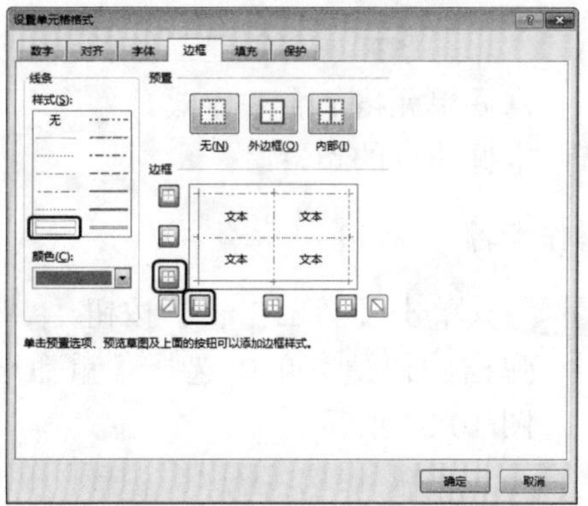

图 10-27　添加底部及左侧边框

step 27 设置完成后，单击【确定】按钮，添加边框后的效果如图 10-28 所示。

step 28 选择 B3:I3、B5:I5、B7:I7、B9:I9、B11:I1、B13:I13 单元格区域，在功能区选择【开始】选项卡，在【字体】选项组中单击【填充颜色】右侧的下三角按钮，在弹出的下拉菜单中选择【绿色，着色 6，淡色 80%】命令，如图 10-29 所示。

2014年5月25日	冰箱	海尔BLN-225WBCY	台	20	¥6,780.00	¥135,600.00	金源度假酒店
2014年5月28日	冰箱	海信BXM-560WMO	台	25	¥3,899.00	¥97,475.00	康乐酒店
2014年5月28日	冰箱	美的BLY-635MLT	台	20	¥2,538.00	¥50,760.00	宜家敬老院
2014年6月24日	空调	长虹KFR-35GW/BCT	台	10	¥1,450.00	¥14,500.00	康乐酒店
2014年6月30日	电视	创维AC6603V	台	10	¥2,400.00	¥24,000.00	宜家敬老院
2014年7月10日	电视	创维65EAKL6	台	35	¥2,350.00	¥82,250.00	宜家敬老院
2014年7月10日	电视	长虹KFR-26GW/ALD	台	20	¥2,780.00	¥55,600.00	金源度假酒店
2014年7月10日	冰箱	美的BLY-4020MT	台	15	¥4,600.00	¥69,000.00	宜家敬老院
2014年7月10日	冰箱	海信BXM-587GHYA	台	30	¥2,356.00	¥70,680.00	康乐酒店
2014年7月18日	空调	美的KFR-35GW/BPO	台	10	¥2,500.00	¥25,000.00	金源度假酒店
2014年7月25日	冰箱	海尔BLN-268LMEE	台	35	¥3,498.00	¥122,430.00	金源度假酒店

图 10-28　添加边框后的效果

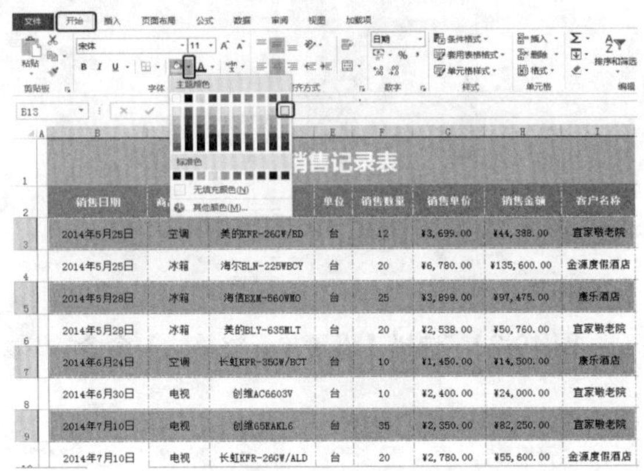

图 10-29　设置填充颜色

案例精讲 091　商品代码表

案例文件：CDROM\场景\Cha10\销售管理.xlsx

视频文件：视频教学\Cha10\商品代码表.avi

制作概述

本案例将介绍如何制作商品代码表。商品代码又称商品代号、商品编号，它是赋予某种或某类商品的一个或一组有序的符号排列，是便于人或计算机识别商品与处理商品的代表符号。效果如图 10-30 所示。

商品代码表				
商品代码	商品名称	规格型号	单位	成本单价
1001	冰箱	海尔BLN-225WBCY	台	¥5,450.00
1002	冰箱	海尔BLN-268LMEE	台	¥2,265.00
2001	冰箱	海信BXM-587GHYA	台	¥1,080.00
2002	冰箱	海信EXM-560WMO	台	¥2,450.00
3001	冰箱	美的BLY-635MLT	台	¥1,230.00
3002	冰箱	美的BLY-4020MT	台	¥3,200.00
4001	空调	美的KFR-35GW/BPO	台	¥1,300.00
4002	空调	美的KFR-26GW/BD	台	¥2,958.00
4003	空调	长虹KFR-35GW/BCT	台	¥1,200.00
5001	电视	长虹KFR-26GW/ALD	台	¥1,890.00
5002	电视	创维AC6603V	台	¥2,050.00
6001	电视	创维65EAKL6	台	¥1,600.00

图 10-30　商品代码表

学习目标

- 学习并掌握如何新建工作表。
- 掌握单元格的合并方式。
- 掌握边框的设置。

操作步骤

step 01 单击【新工作表】按钮⊕，新建一个空白工作表，在新工作表标签上右击，在弹出的快捷菜单中选择【重命名】命令，将新工作表命名为【商品代码表】，如图 10-31 所示。

step 02 选择 A1 单元格，选择【开始】选项卡，在【单元格】选项组中单击【格式】按钮，在弹出的下拉菜单中选择【列宽】命令，如图 10-32 所示。

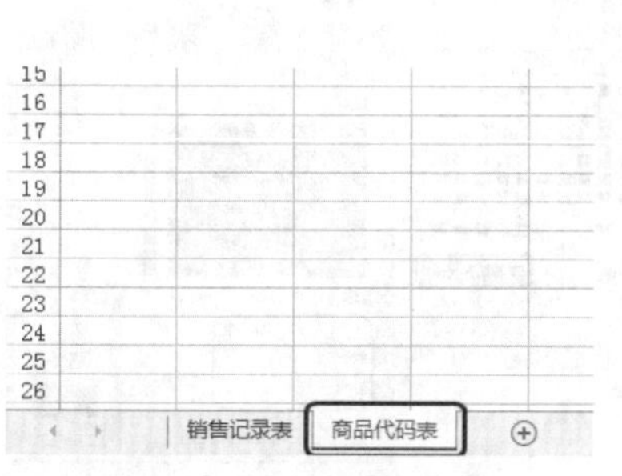

图 10-31 新建工作表

图 10-32 选择【列宽】命令

step 03 在弹出的对话框中将【列宽】设置为 1.38，设置完成后，单击【确定】按钮，选择 B1:F1 单元格区域，选择【开始】选项卡，在【对齐方式】选项组中单击【合并后居中】按钮，在【单元格】选项组中单击【格式】按钮，在弹出的下拉菜单中选择【行高】命令，如图 10-33 所示。

step 04 在弹出的对话框中将【行高】设置为 45，设置完成后单击【确定】按钮，选中合并后的单元格并右击，在弹出的快捷菜单中选择【设置单元格格式】命令，如图 10-34 所示。

图 10-33 选择【行高】命令

图 10-34 选择【设置单元格格式】命令

step 05 在弹出的对话框中选择【字体】选项卡，在【字体】选项组中选择【华文新魏】，在【字形】选项组中选择【加粗】，在【字号】选项组中选择 11，将【颜色】设置为【白色】，如图 10-35 所示。

step 06 再在该对话框中选择【填充】选项卡，在【背景色】选项组中单击【其他颜色】按钮，在弹出的对话框中将 RGB 值设置为 254、189、160，如图 10-36 所示。

step 07 设置完成后，单击两次【确定】按钮，即可完成对单元格格式的设置，继续选中该单元格，输入文字，效果如图 10-37 所示。

step 08 选择 B2:B14 单元格区域，选择【开始】选项卡，在【单元格】选项组中单击【格式】按钮，在弹出的快捷菜单中选择【行高】命令，如图 10-38 所示。

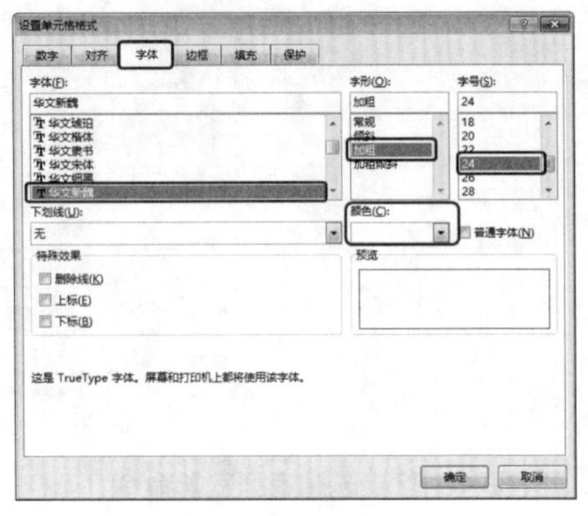

图 10-35　设置字体参数

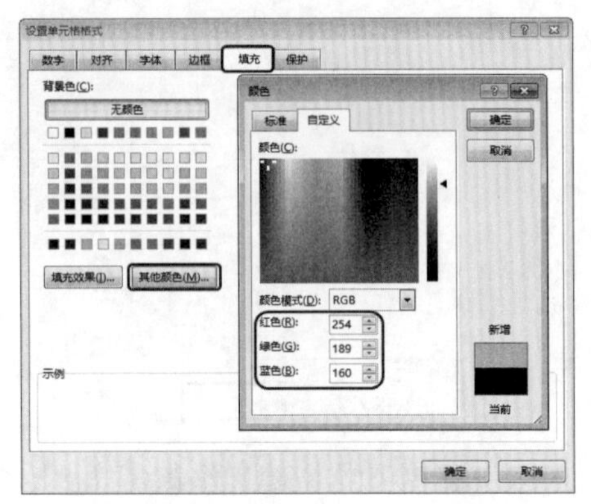

图 10-36　设置背景色参数

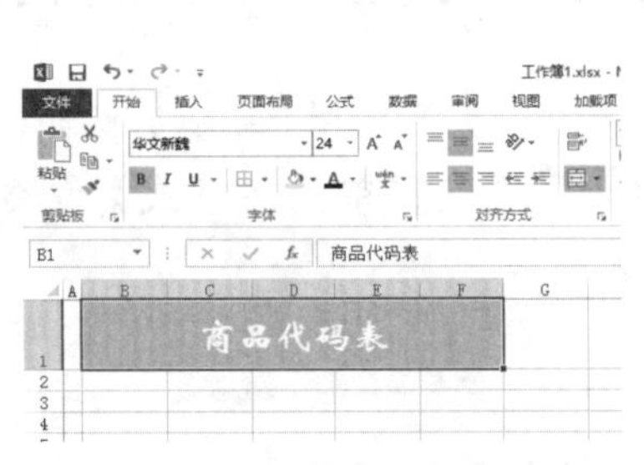

图 10-37　设置单元格并输入文字后的效果

图 10-38　选择【行高】命令

step 09 在弹出的对话框中将【行高】设置为 25，设置完成后，单击【确定】按钮，效果如图 10-39 所示。

step 10 选择 B2:F2 单元格区域并右击，在弹出的快捷菜单中选择【设置单元格格式】命令，如图 10-40 所示。

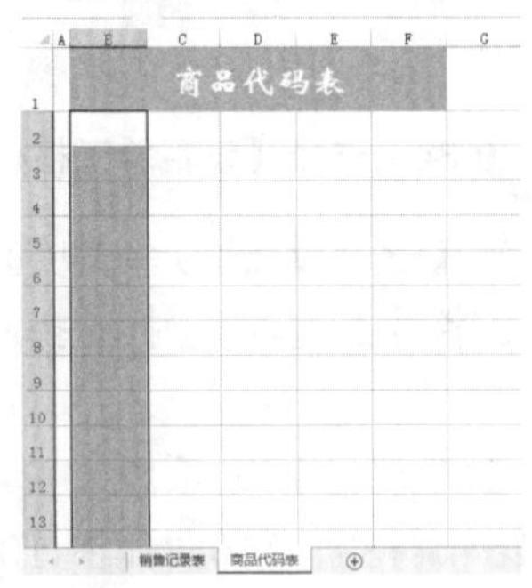

图 10-39　设置【行高】后的效果

图 10-40　选择【设置单元格格式】命令

step 11 在弹出的对话框中选择【对齐】选项卡，在【文本对齐方式】选项组中将【水平对齐】设置为【居中】，如图 10-41 所示。

step 12 再在该对话框中选择【字体】选项卡，在【字体】选项组中选择【宋体(标题)】，在【字形】选项组中选择【加粗】，在【字号】选项组中选择 11，将【颜

色】的 RGB 值设置为 198、89、17，如图 10-42 所示。

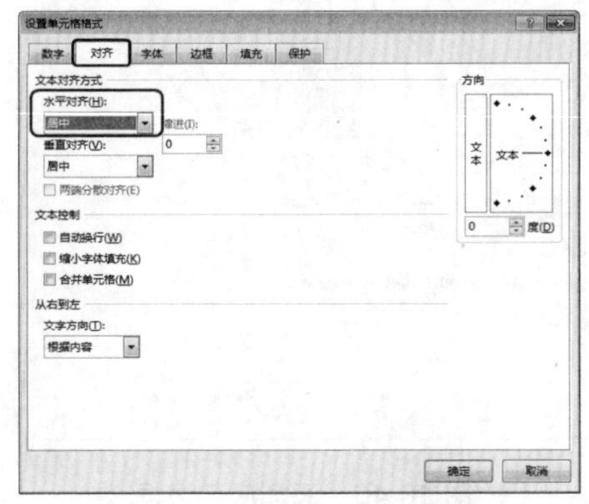

图 10-41 设置文本对齐方式

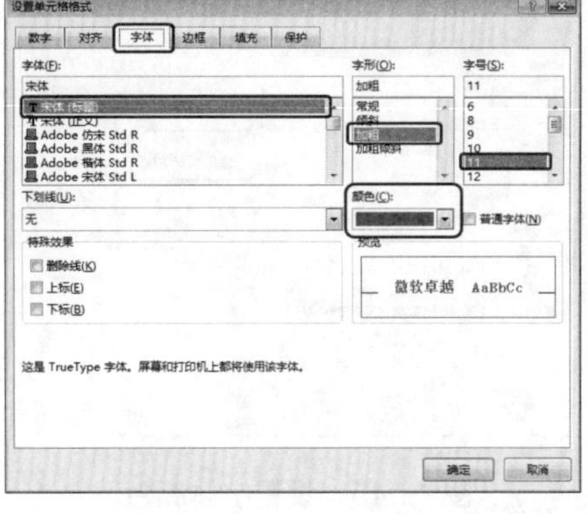

图 10-42 设置文字参数

step 13 在该对话框中选择【边框】选项卡，使用其默认线条样式，将【颜色】的 RGB 值设置为 237、125、49，在【边框】选项组中单击顶部边框按钮与底部边框按钮，如图 10-43 所示。

step 14 设置完成后，单击【确定】按钮，在 B2:F2 单元格区域中输入文字，并调整单元格列宽，效果如图 10-44 所示。

图 10-43 添加边框

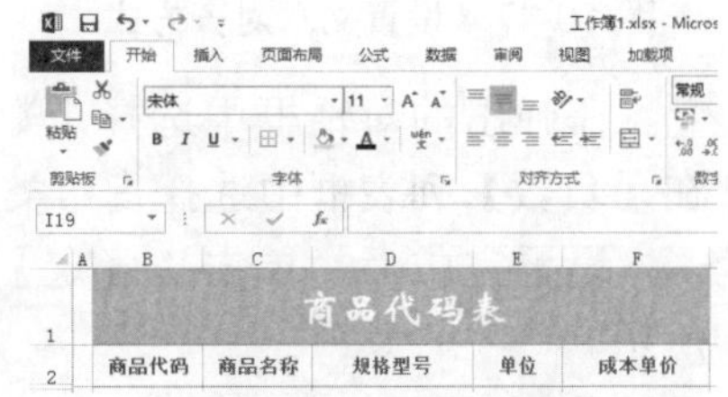

图 10-44 输入文字并设置单元格列宽

step 15 选择 B2:F14 单元格区域并右击，在弹出的快捷菜单中选择【设置单元格格式】命令，在弹出的对话框中选择【字体】选项卡，将【颜色】的 RGB 值设置为 198、89、17，如图 10-45 所示。

step 16 再在该对话框中选择【边框】选项卡，在【边框】选项组中单击底部边框按钮，添加底部边框，如图 10-46 所示。

step 17 在该对话框中选择【对齐】选项卡，在【文本对齐方式】选项组中将【水平对齐】设置为【居中】，如图 10-47 所示。

step 18 设置完成后，单击【确定】按钮，选择 F3:F14 单元格区域并右击，在弹出的快捷菜单中选择【设置单元格格式】命令，如图 10-48 所示。

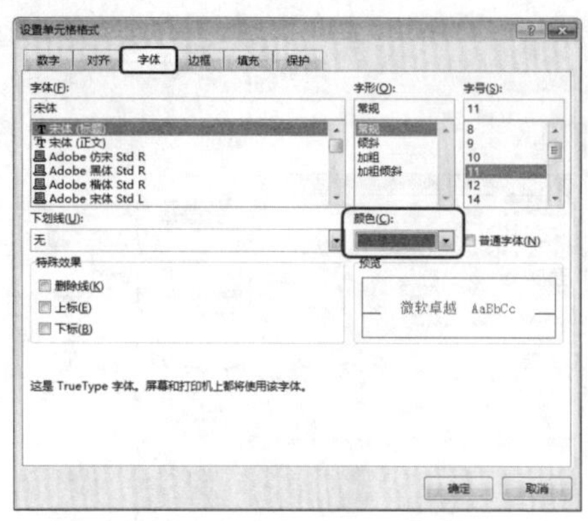

图 10-45　设置字体颜色

图 10-46　添加底部边框

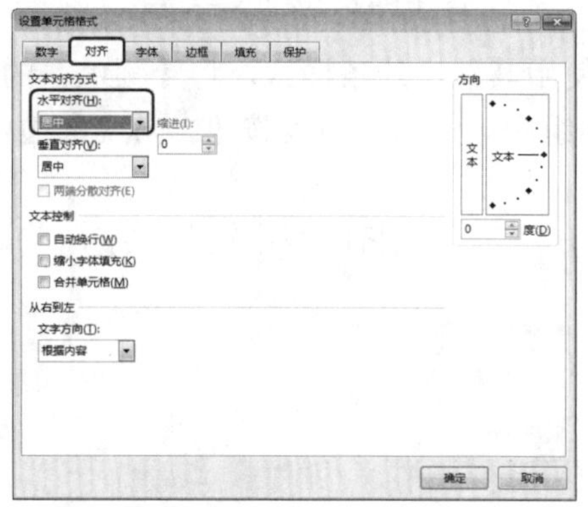

图 10-47　设置文本对齐方式

图 10-48　选择【设置单元格格式】命令

step 19 在弹出的对话框中选择【数字】选项卡，在【分类】列表框中选择【货币】，在【负数】列表框中选择货币类型，如图 10-49 所示。

step 20 设置完成后，单击【确定】按钮，在各个单元格中输入文字，效果如图 10-50 所示。

图 10-49　设置单元格格式

商品代码表				
商品代码	商品名称	规格型号	单位	成本单价
1001	冰箱	海尔BLN-225WBCY	台	¥5,450.00
1002	冰箱	海尔BLN-268LMEE	台	¥2,265.00
2001	冰箱	海信BXM-587GHYA	台	¥1,080.00
2002	冰箱	海信EXM-560WMO	台	¥2,450.00
3001	冰箱	美的ELY-635MLT	台	¥1,230.00
3002	冰箱	美的ELY-4020MT	台	¥3,200.00
4001	空调	美的KFR-35GW/BPO	台	¥1,300.00
4002	空调	美的KFR-26GW/ED	台	¥2,958.00
4003	空调	长虹KFR-35GW/BCT	台	¥1,200.00
5001	电视	长虹KFR-26GW/ALD	台	¥1,890.00
5002	电视	创维AC6603V	台	¥2,050.00
6001	电视	创维65EAKL6	台	¥1,600.00

图 10-50　输入文字后的效果

step 21 选择 B3:F3、B5:F5、B7:F7、B9:F9 、B11:F11、B13:F13 单元格区域，选择

【开始】选项卡，在【字体】选项组中单击【填充颜色】右侧的下三角按钮，在弹出的下拉菜单中选择【橙色，着色 2，淡色 80%】命令，如图 10-51 所示。

step 22 根据前面介绍的方法设置其他边框效果，效果如图 10-52 所示。

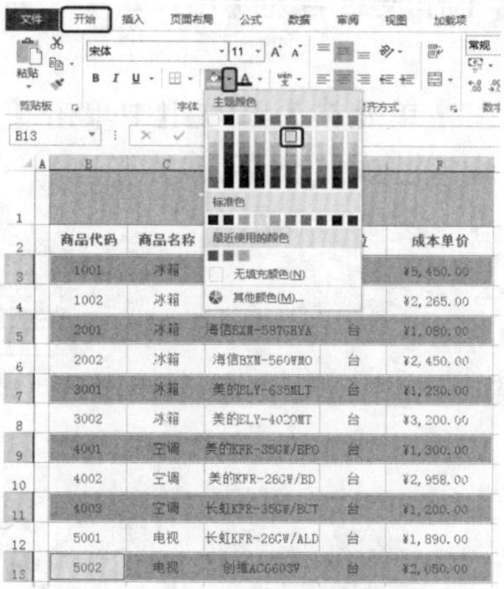

图 10-51　设置填充颜色

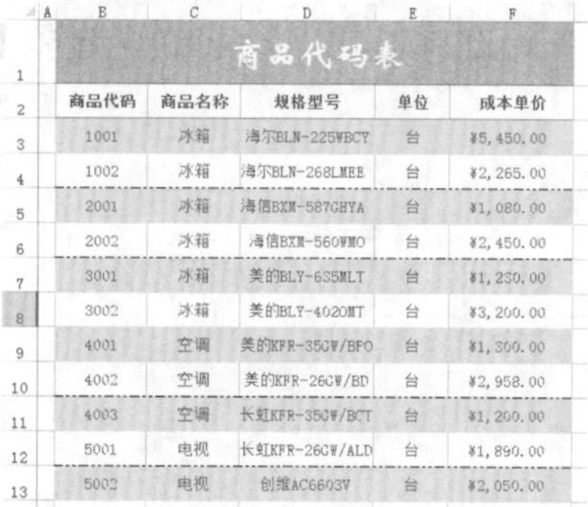

商品代码表				
商品代码	商品名称	规格型号	单位	成本单价
1001	冰箱	海尔BLN-225WBCY	台	¥5,450.00
1002	冰箱	海尔BLN-268LMEE	台	¥2,265.00
2001	冰箱	海信BXM-587GHYA	台	¥1,080.00
2002	冰箱	海信BXM-560WMO	台	¥2,450.00
3001	冰箱	美的BLY-635MLT	台	¥1,230.00
3002	冰箱	美的BLY-4020MT	台	¥3,200.00
4001	空调	美的KFR-35GW/BPO	台	¥1,300.00
4002	空调	美的KFR-26GW/BD	台	¥2,958.00
4003	空调	长虹KFR-35GW/BCT	台	¥1,200.00
5001	电视	长虹KFR-26GW/ALD	台	¥1,890.00
5002	电视	创维AC6603V	台	¥2,050.00

图 10-52　添加边框后的效果

案例精讲 092　出库单

案例文件：CDROM\场景\Cha10\销售管理.xlsx

视频文件：视频教学\Cha10\出库单.avi

制作概述

本案例将介绍如何制作出库单。首先调整单元格的行高与列宽；然后对单元格进行合并；最后再设置单元格格式并输入公式，从而完成出库单的制作。效果如图 10-53 所示。

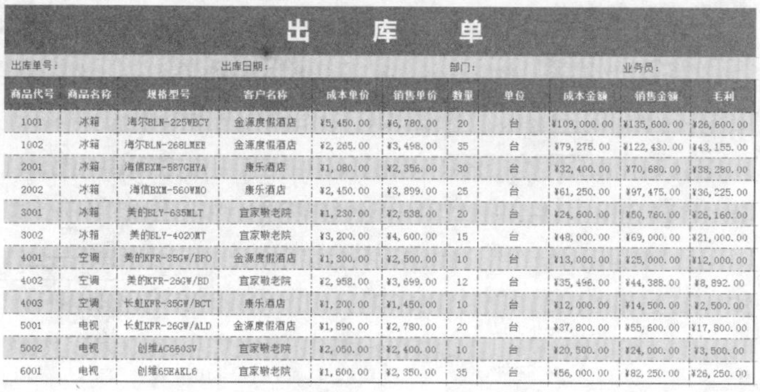

出　　库　　单										
出库单号：			出库日期：				部门：		业务员：	
商品代号	商品名称	规格型号	客户名称	成本单价	销售单价	数量	单位	成本金额	销售金额	毛利
1001	冰箱	海尔BLN-225WBCY	金源度假酒店	¥5,450.00	¥6,780.00	20	台	¥109,000.00	¥135,600.00	¥26,600.00
1002	冰箱	海尔BLN-268LMEE	金源度假酒店	¥2,265.00	¥3,498.00	35	台	¥79,275.00	¥122,430.00	¥43,155.00
2001	冰箱	海信BXM-587GHYA	康乐酒店	¥1,080.00	¥2,356.00	30	台	¥32,400.00	¥70,680.00	¥38,280.00
2002	冰箱	海信BXM-560WMO	康乐酒店	¥2,450.00	¥3,899.00	25	台	¥61,250.00	¥97,475.00	¥36,225.00
3001	冰箱	美的BLY-635MLT	宜家敬老院	¥1,230.00	¥2,538.00	20	台	¥24,600.00	¥50,760.00	¥26,160.00
3002	冰箱	美的BLY-4020MT	宜家敬老院	¥3,200.00	¥4,600.00	15	台	¥48,000.00	¥69,000.00	¥21,000.00
4001	空调	美的KFR-35GW/BPO	金源度假酒店	¥1,300.00	¥2,500.00	10	台	¥13,000.00	¥25,000.00	¥12,000.00
4002	空调	美的KFR-26GW/BD	宜家敬老院	¥2,958.00	¥3,699.00	12	台	¥35,496.00	¥44,388.00	¥8,892.00
4003	空调	长虹KFR-35GW/BCT	康乐酒店	¥1,200.00	¥1,450.00	10	台	¥12,000.00	¥14,500.00	¥2,500.00
5001	电视	长虹KFR-26GW/ALD	金源度假酒店	¥1,890.00	¥2,780.00	20	台	¥37,800.00	¥55,600.00	¥17,800.00
5002	电视	创维AC6605V	宜家敬老院	¥2,050.00	¥2,400.00	10	台	¥20,500.00	¥24,000.00	¥3,500.00
6001	电视	创维65EAKL6	宜家敬老院	¥1,600.00	¥2,350.00	35	台	¥56,000.00	¥82,250.00	¥26,250.00

图 10-53　出库单

学习目标

- 学习并掌握如何设置单元格分散对齐。
- 掌握本案例中公式的输入。
- 掌握自动填充公式的方法。

操作步骤

step 01 单击【新工作表】按钮⊕，新建一个空白工作表，在新工作表标签上右击，在弹出的快捷菜单中选择【重命名】命令，将新工作表命名为【出库单】，如图 10-54 所示。

step 02 选择 A1 单元格，选择【开始】选项卡，在【单元格】选项组中单击【格式】按钮，在弹出的下拉菜单中选择【行高】命令，如图 10-55 所示。

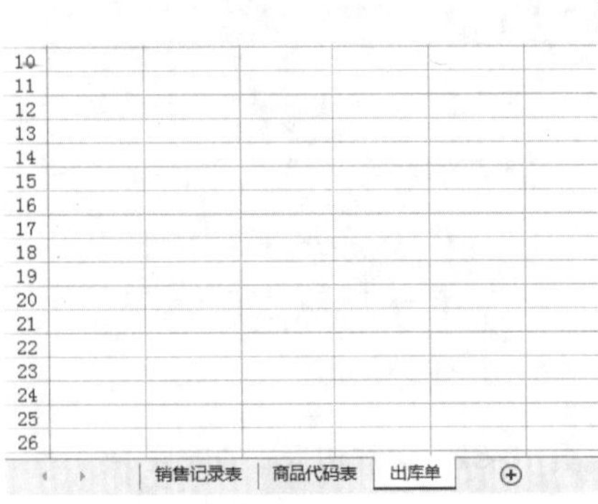

图 10-54　新建工作表

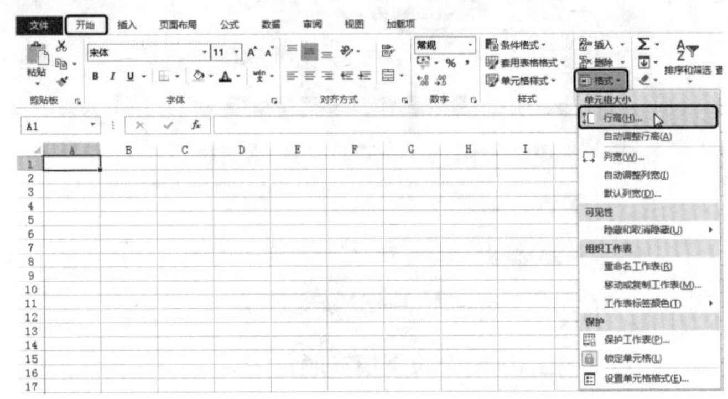

图 10-55　选择【行高】命令

step 03 在弹出的对话框中将【行高】设置为 55，设置完成后单击【确定】按钮，再次选中 A1:B1 单元格区域，在【单元格】选项组中单击【格式】按钮，在弹出的下拉菜单中选择【列宽】命令，如图 10-56 所示。

step 04 在弹出的对话框中将【列宽】设置为 9.63，设置完成后，单击【确定】按钮，选择 A1:K1 单元格区域并右击，在弹出的快捷菜单中选择【设置单元格格式】命令，如图 10-57 所示。

图 10-56　选择【列宽】命令

图 10-57　选择【设置单元格格式】命令

step 05 在弹出的对话框中选择【对齐】选项卡，在【文本对齐方式】选项组中将【水平对齐】设置为【分散对齐(缩进)】，选中【两端分散对齐】复选框，如图 10-58 所示。

step 06 再在该对话框中选择【字体】选项卡，在【字体】选项组中选择【微软雅黑】，在【字形】选项组中选择【加粗】，在【字号】选项组中选择 26，将【颜色】设置为【白色】，如图 10-59 所示。

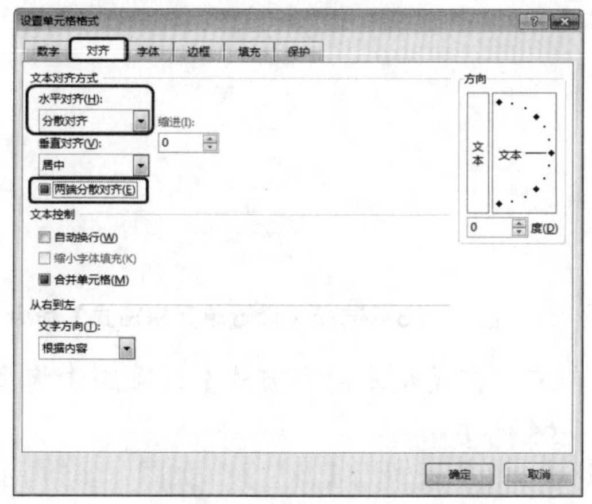

图 10-58　设置文本对齐方式

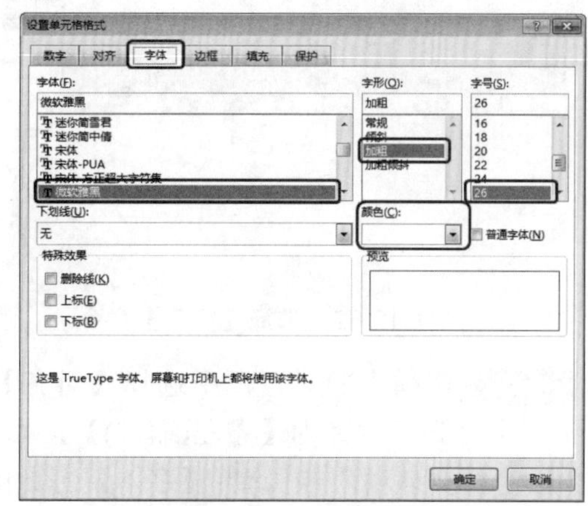

图 10-59　设置文字参数

step 07 在该对话框中选择【填充】选项卡，在【背景色】选项组中选择背景颜色，如图 10-60 所示。

step 08 设置完成后，单击【确定】按钮，选择 D1:H1 单元格区域，选择【开始】选项卡，在【对齐方式】选项组中单击【合并后居中】右侧的下三角按钮，在弹出的下拉菜单中选择【合并单元格】命令，然后在合并后的单元格中输入文字，效果如图 10-61 所示。

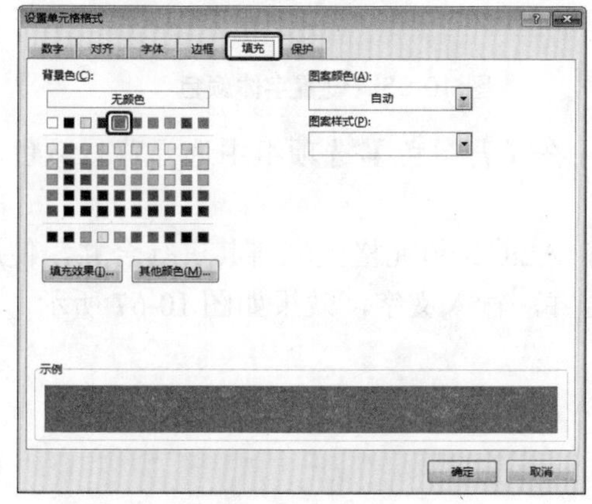

图 10-60　选择背景颜色

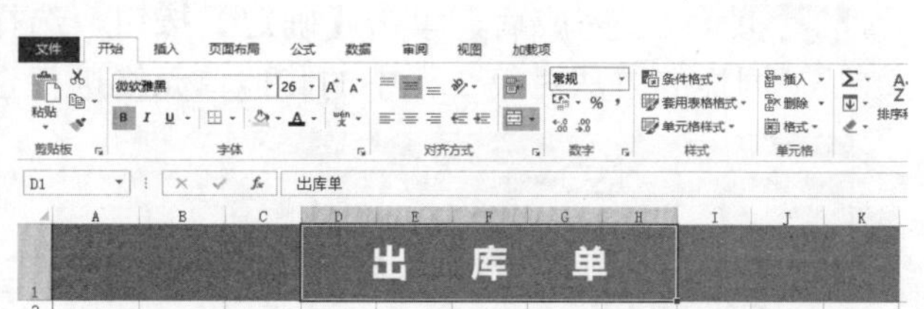

图 10-61　合并单元格并输入文字

step 09 选中 A2:K2 单元格区域，选择【开始】选项卡，在【单元格】选项组中单击【格式】按钮，在弹出的下拉菜单中选择【行高】命令，如图 10-62 所示。

step 10 在弹出的对话框中将【行高】设置为 24，单击【确定】按钮，继续选中该单元格区域并右击，在弹出的快捷菜单中选择【设置单元格格式】命令，如图 10-63 所示。

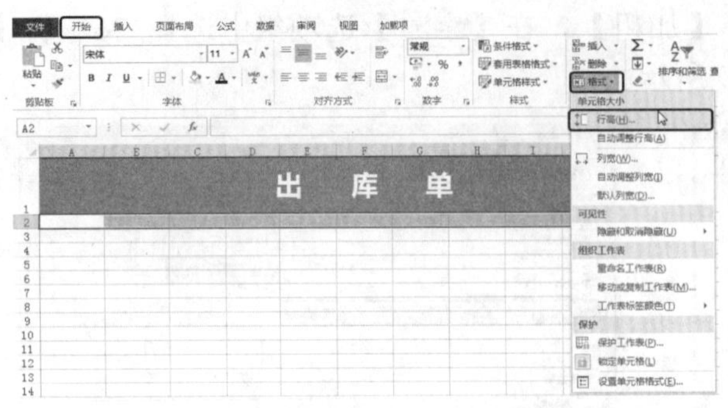

图 10-62　选择【行高】命令

图 10-63　选择【设置单元格格式】命令

step 11 在弹出的对话框中选择【对齐】选项卡，在【文本对齐方式】选项组中将【水平对齐】设置为【靠左(缩进)】，如图 10-64 所示。

step 12 在该对话框中选择【字体】选项卡，将【颜色】设置为【蓝色】，如图 10-65 所示。

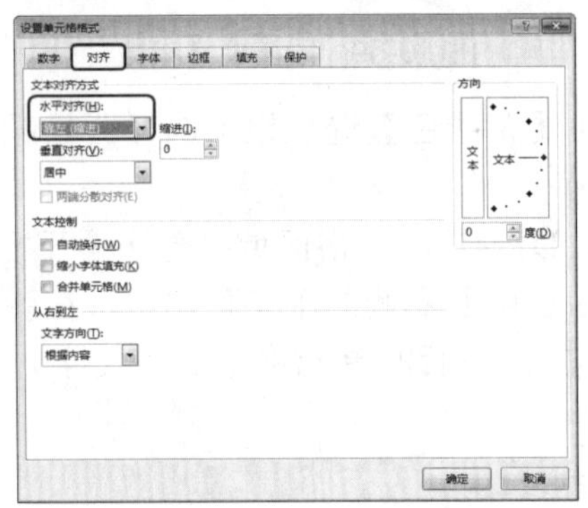

图 10-64　设置文本对齐方式

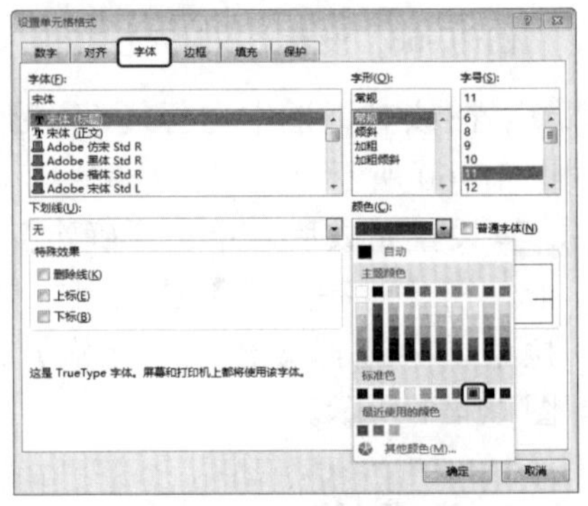

图 10-65　设置字体颜色

step 13 再在该对话框中选择【填充】选项卡，在【背景色】选项组中选择背景颜色，如图 10-66 所示。

step 14 设置完成后，单击【确定】按钮，选择 A2:C2 单元格区域将其进行合并，使用同样的方法对第 2 行中的其他单元格进行合并，输入文字，效果如图 10-67 所示。

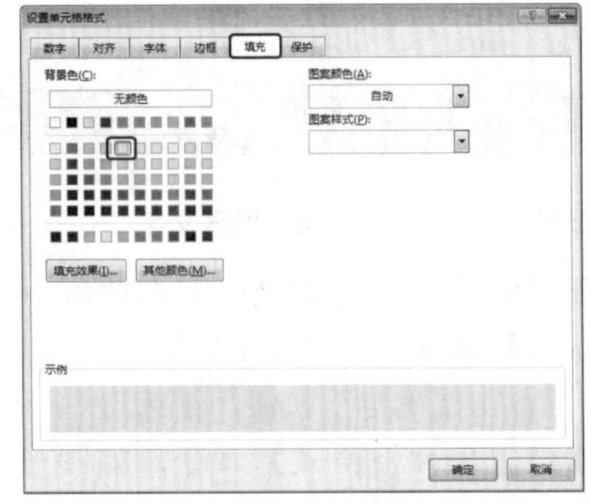

图 10-66　选择背景颜色

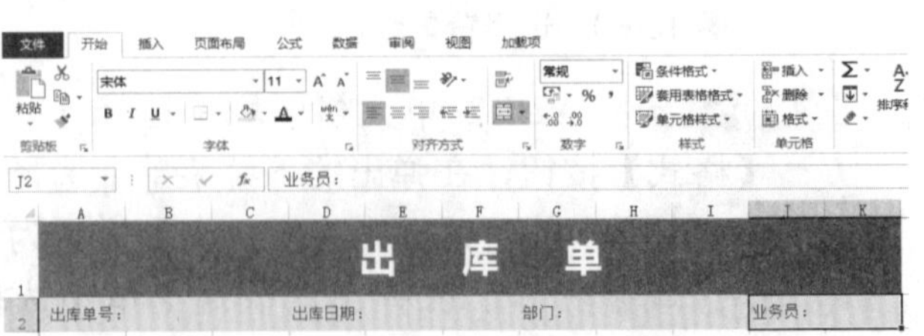

图 10-67　合并单元格并输入文字

step 15 选择 A3:K3 单元格区域，选择【开始】选项卡，在【单元格】选项组中单击【格式】按钮，在弹出的下拉菜单中选择【行高】命令，如图 10-68 所示。

step 16 在弹出的对话框中将【行高】设置为 36，设置完成后单击【确定】按钮，继续选中该单元格区域并右击，在弹出的快捷菜单中选择【设置单元格格式】命令，如图 10-69 所示。

图 10-68 选择【行高】命令

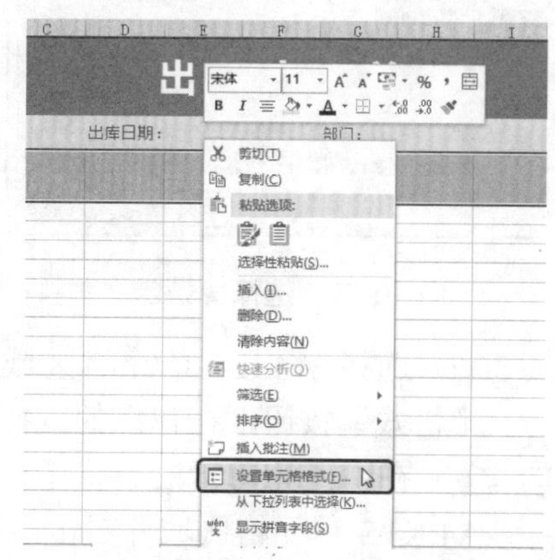

图 10-69 选择【设置单元格格式】命令

step 17 在弹出的对话框中选择【对齐】选项卡，在【文本对齐方式】选项组中将【水平对齐】设置为【居中】，如图 10-70 所示。

step 18 在该对话框中选择【字体】选项卡，在【字形】选项组中选择【加粗】，将【颜色】设置为【白色】，如图 10-71 所示。

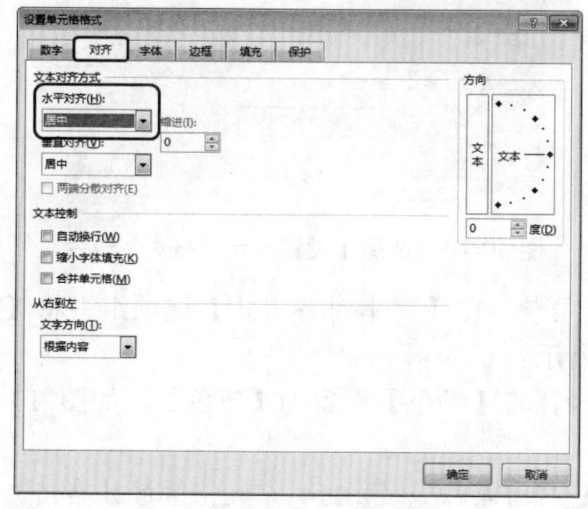

图 10-70 设置文本对齐方式

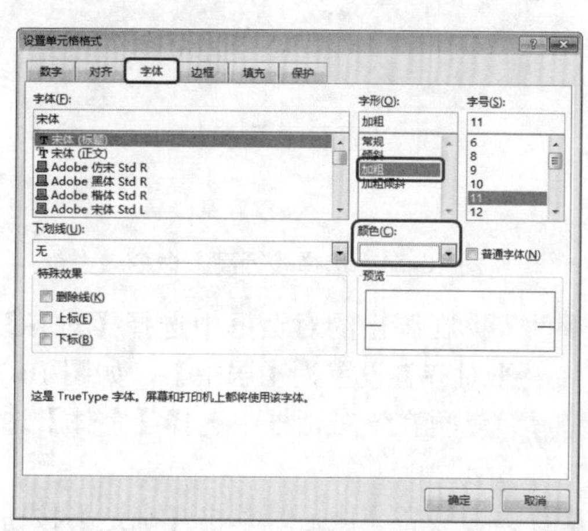

图 10-71 设置文字参数

step 19 再在该对话框中选择【填充】选项卡，在【背景色】选项组中选择背景颜色，如图 10-72 所示。

step 20 设置完成后单击【确定】按钮，调整各列单元格的列宽，并输入文字，效果如图 10-73 所示。

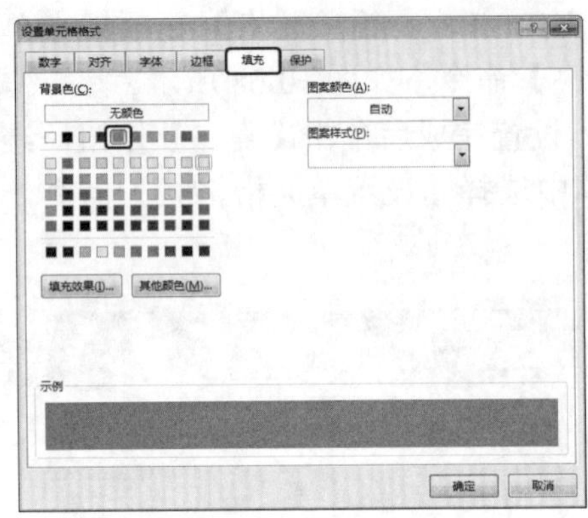

图 10-72　选择背景色

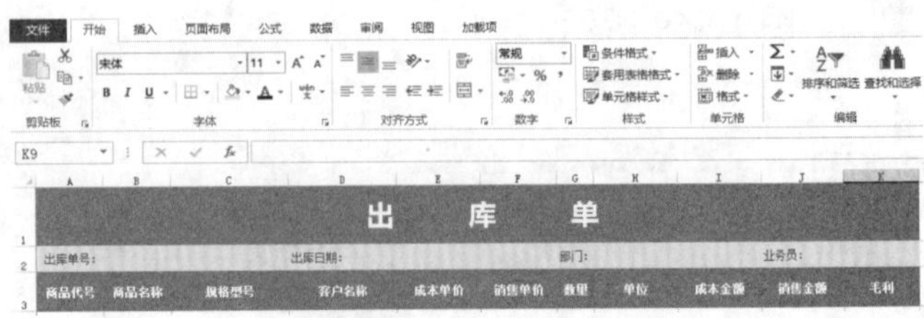

图 10-73　调整单元格列宽并输入文字

step 21 选择 A4:K4 单元格区域，选择【开始】选项卡，在【单元格】选项组中单击【格式】按钮，在弹出的下拉菜单中选择【行高】命令，如图 10-74 所示。

step 22 在弹出的对话框中将【行高】设置为 25，设置完成后单击【确定】按钮，选择 A4:K15 单元格区域并右击，在弹出的快捷菜单中选择【设置单元格格式】命令，如图 10-75 所示。

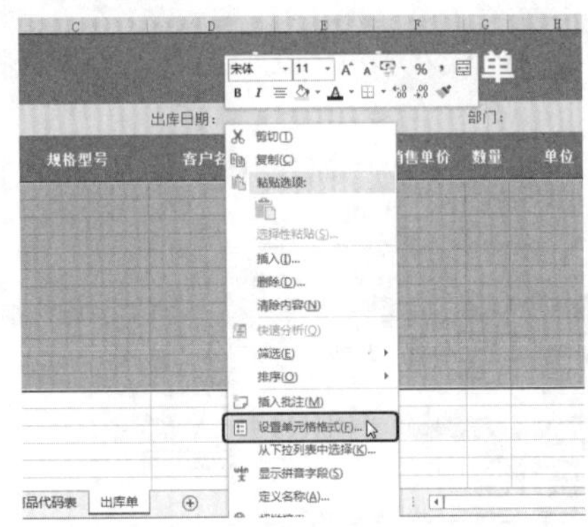

图 10-74　选择【行高】命令

图 10-75　选择【设置单元格格式】命令

step 23 在弹出的对话框中选择【对齐】选项卡，在【文本对齐方式】选项组中将【水平对齐】设置为【居中】，如图 10-76 所示。

step 24 再在该对话框中选择【字体】选项卡，将【颜色】设置为【蓝色】，如图 10-77 所示。

step 25 设置完成后，单击【确定】按钮，选择 E4:F15、I4:K14 单元格区域并右击，在弹出的快捷菜单中选择【设置单元格格式】命令，如图 10-78 所示。

step 26 在弹出的对话框中选择【数字】选项卡，在【分类】列表框中选择【货币】选项，在【负数】列表框中选择货币样式，如图 10-79 所示。

step 27 设置完成后，单击【确定】按钮，在 A4:H15 单元格区域中输入文字，效果如图 10-80 所示。

step 28 选择 I4 单元格，在该单元格中输入公式，如图 10-81 所示。

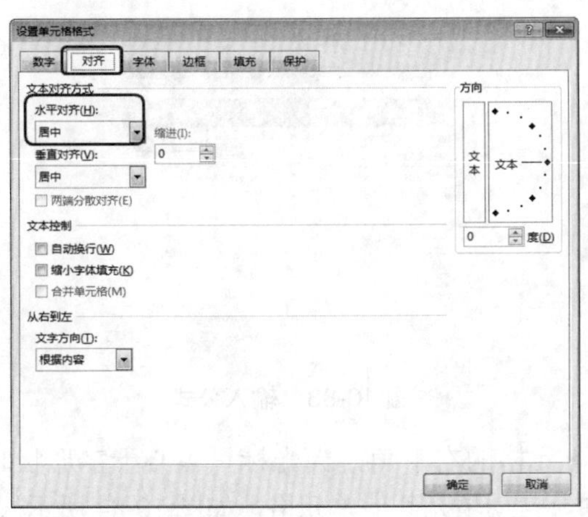

图 10-76　设置文本对齐方式

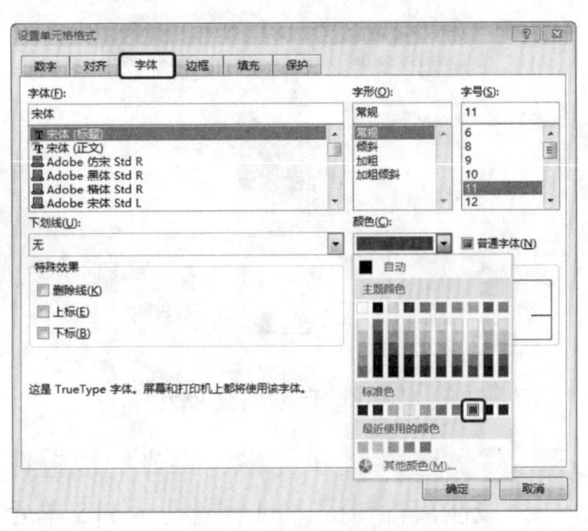

图 10-77　设置字体颜色

图 10-78　选择【设置单元格格式】命令

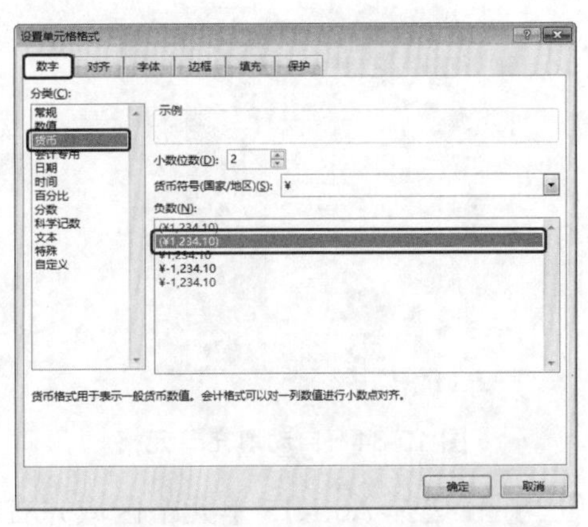

图 10-79　选择货币样式

	商品代号	商品名称	规格型号	客户名称	成本单价	销售单价	数量	单位
4	1001	冰箱	海尔BLN-225WBCY	金源度假酒店	¥5,450.00	¥6,780.00	20	台
5	1002	冰箱	海尔BLN-268LMEE	金源度假酒店	¥2,265.00	¥3,498.00	35	台
6	2001	冰箱	海信BXM-587GHYA	康乐酒店	¥1,080.00	¥2,356.00	30	台
7	2002	冰箱	海信BXM-560WMO	康乐酒店	¥2,450.00	¥3,899.00	25	台
8	3001	冰箱	美的BLY-635MLT	宜家敬老院	¥1,230.00	¥2,538.00	20	台
9	3002	冰箱	美的BLY-4020MT	宜家敬老院	¥3,200.00	¥4,600.00	15	台
10	4001	空调	美的KFR-35GW/BPO	金源度假酒店	¥1,300.00	¥2,500.00	10	台
11	4002	空调	美的KFR-26GW/BD	宜家敬老院	¥2,958.00	¥3,699.00	12	台
12	4003	空调	长虹KFR-35GW/BCT	康乐酒店	¥1,200.00	¥1,450.00	10	台
13	5001	电视	长虹KFR-26GW/ALD	金源度假酒店	¥1,890.00	¥2,780.00	20	台
14	5002	电视	创维AC6603V	宜家敬老院	¥2,050.00	¥2,400.00	10	台
15	6001	电视	创维65EAKL6	宜家敬老院	¥1,600.00	¥2,350.00	35	台

图 10-80　输入文字后的效果

出　库　单

部门：　业务员

称	成本单价	销售单价	数量	单位	成本金额	销售
酒店	¥5,450.00	¥6,780.00	20	台	=E4*G4	
酒店	¥2,265.00	¥3,498.00	35	台		
店	¥1,080.00	¥2,356.00	30	台		
店	¥2,450.00	¥3,899.00	25	台		
院	¥1,230.00	¥2,538.00	20	台		
院	¥3,200.00	¥4,600.00	15	台		
酒店	¥1,300.00	¥2,500.00	10	台		
院	¥2,958.00	¥3,699.00	12	台		
店	¥1,200.00	¥1,450.00	10	台		
酒店	¥1,890.00	¥2,780.00	20	台		

图 10-81　输入公式

step 29 选中 I4 单元格，将光标放置在 I4 单元格的右下角，当光标呈黑心十字形状时，按住鼠标左键，向下拖动至 I15 单元格中，自动填充其他单元格，如图 10-82 所示。

step 30 选择 J4 单元格，在该单元格中输入公式，如图 10-83 所示。

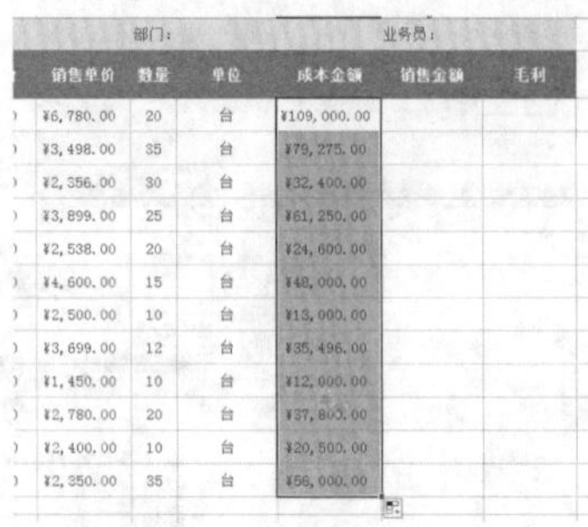

图 10-82　自动填充单元格

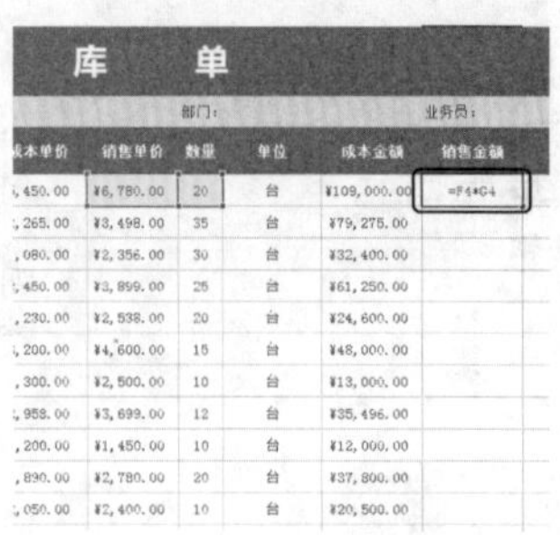

图 10-83　输入公式

step 31 选中 J4 单元格，将光标放置在 J4 单元格的右下角，当光标呈黑心十字形状时，按住鼠标左键，向下拖动至 J15 单元格中，自动填充其他单元格，如图 10-84 所示。

step 32 使用同样的方法在 K4:K15 单元格区域中输入公式，效果如图 10-85 所示。

图 10-84　自动填充单元格

图 10-85　输入公式后的效果

step 33 选择 A3:K15 单元格区域并右击，在弹出的快捷菜单中选择【设置单元格格式】命令，在弹出的对话框中选择【边框】选项卡，在【线条】选项组中的【样式】列表框中选择线条样式，将【颜色】设置为【蓝色】，单击【内部】按钮，如图 10-86 所示。

step 34 再在【样式】列表框中选择一种线条样式，单击底部边框和右侧边框按钮，添加底部及右侧边框，如图 10-87 所示。

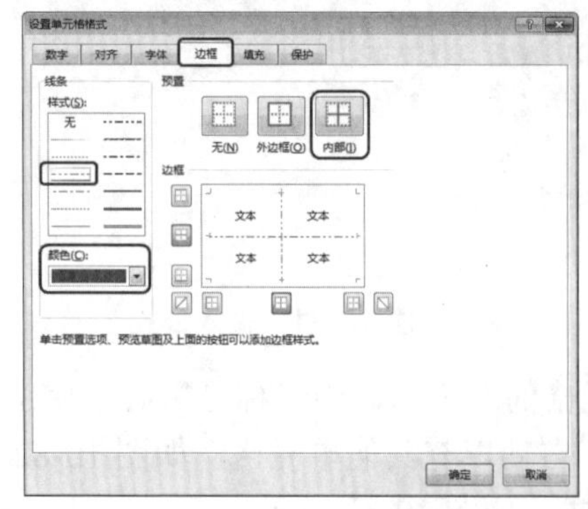

图 10-86　添加【内部】框线

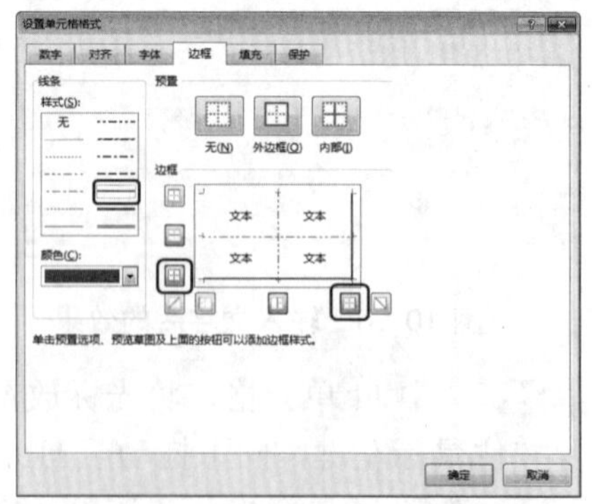

图 10-87　添加底部及右侧边框

step 35 设置完成后，单击【确定】按钮，为单元格添加边框后的效果如图 10-88 所示。

step 36 选择 A4:K4、A6:K6、A8:K8、A10:K10、A12:K12、A14:K14 单元格区域，选择【开始】选项卡，在【字体】选项组中单击【填充颜色】右侧的下三角按钮，在弹出的下拉菜单中选择【蓝色，着色 1，淡色 80%】命令，如图 10-89 所示。

图 10-88　为单元格添加边框后的效果

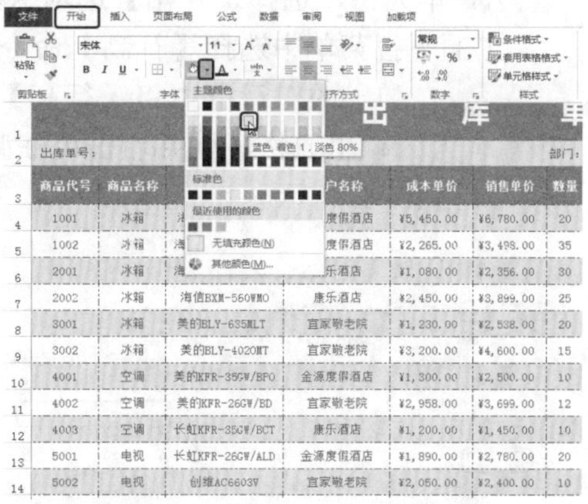

图 10-89　设置单元格填充颜色

案例精讲 093　出库统计表

案例文件：CDROM\场景\Cha10\销售管理.xlsx

视频文件：视频教学\Cha10\出库统计表.avi

制作概述

本案例将介绍如何制作出库统计表。首先新建工作表并设置单元格的格式；然后调整行高及列宽；最后在不同的单元格中输入引用公式。效果如图 10-90 所示。

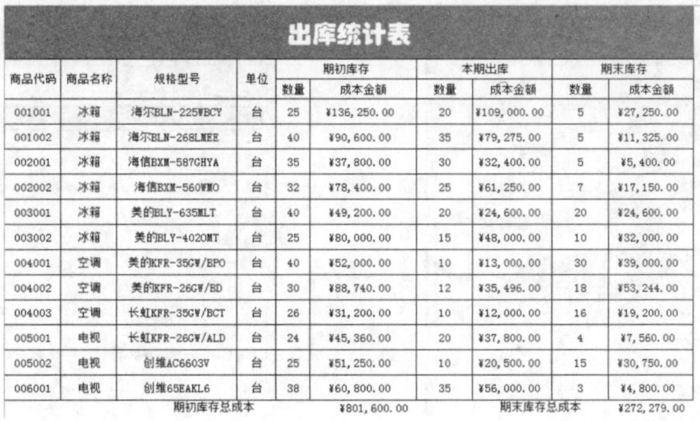

出库统计表									
商品代码	商品名称	规格型号	单位	期初库存		本期出库		期末库存	
				数量	成本金额	数量	成本金额	数量	成本金额
001001	冰箱	海尔BLN-225WBCY	台	25	¥136,250.00	20	¥109,000.00	5	¥27,250.00
001002	冰箱	海尔BLN-268LMEE	台	40	¥90,600.00	35	¥79,275.00	5	¥11,325.00
002001	冰箱	海信BXM-587GHYA	台	35	¥37,800.00	30	¥32,400.00	5	¥5,400.00
002002	冰箱	海信BXM-560WMO	台	32	¥78,400.00	25	¥61,250.00	7	¥17,150.00
003001	冰箱	美的BLY-635MLT	台	40	¥49,200.00	20	¥24,600.00	20	¥24,600.00
003002	冰箱	美的BLY-4020MT	台	25	¥80,000.00	15	¥48,000.00	10	¥32,000.00
004001	空调	美的KFR-35GW/BPO	台	40	¥52,000.00	10	¥13,000.00	30	¥39,000.00
004002	空调	美的KFR-26GW/BD	台	30	¥88,740.00	12	¥35,496.00	18	¥53,244.00
004003	空调	长虹KFR-35GW/BCT	台	26	¥31,200.00	10	¥12,000.00	16	¥19,200.00
005001	电视	长虹KFR-26GW/ALD	台	24	¥45,360.00	20	¥37,800.00	4	¥7,560.00
005002	电视	创维AC6603V	台	25	¥51,250.00	10	¥20,500.00	15	¥30,750.00
006001	电视	创维65EAKL6	台	38	¥60,800.00	35	¥56,000.00	3	¥4,800.00
		期初库存总成本			¥801,600.00		期末库存总成本		¥272,279.00

图 10-90　出库统计表

学习目标

- 掌握引用公式的运用。
- 掌握 SUM 函数的应用。

操作步骤

step 01 单击【新工作表】按钮⊕，新建一个空白工作表，在新工作表标签上右击，在弹出的快捷菜单中选择【重命名】命令，将新工作表命名为【出库统计表】，选择A1 单元格，选择【开始】选项卡，在【单元格】选项组中单击【格式】按钮，在弹出的下拉菜单中选择【行高】命令，如图 10-91 所示。

step 02 在弹出的对话框中将【行高】设置为 52.5，设置完成后单击【确定】按钮，选择 A1:J1 单元格区域并右击，在弹出的快捷菜单中选择【设置单元格格式】命令，如图 10-92 所示。

图 10-91 选择【行高】命令

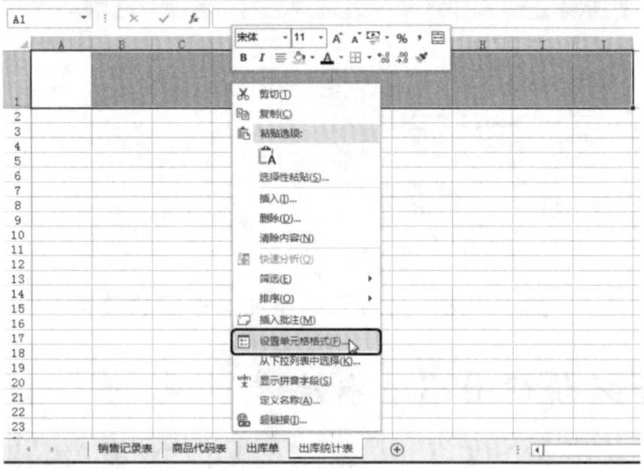

图 10-92 选择【设置单元格格式】命令

step 03 在弹出的对话框中选择【对齐】选项卡，在【文本对齐方式】选项组中将【水平对齐】设置为【居中】，如图 10-93 所示。

step 04 在该对话框中选择【字体】选项卡，在【字体】选项组中选择【华文琥珀】，在【字号】选项组中选择 24，将【颜色】设置为【白色】，如图 10-94 所示。

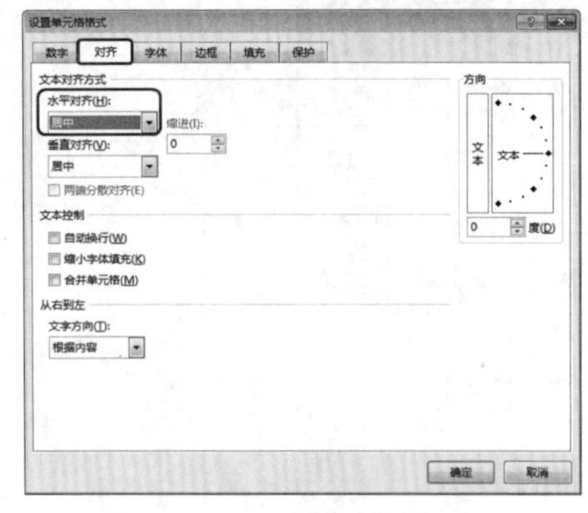

图 10-93 设置文本对齐方式

图 10-94 设置文字参数

step 05 再在该对话框中选择【填充】选项卡，在【背景色】选项组中选择背景颜色，如图 10-95 所示。

step 06 设置完成后，单击【确定】按钮，将选中的单元格区域进行合并，在合并后的单元格中输入文字，效果如图 10-96 所示。

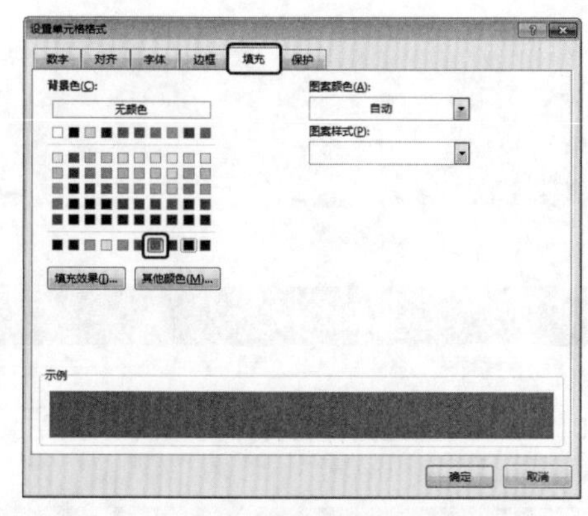

图 10-95 选择背景颜色

图 10-96 输入文字

step 07 选择 A2:A3 单元格区域，选择【开始】选项卡，在【单元格】选项组中单击【格式】按钮，在弹出的下拉菜单中选择【行高】命令，如图 10-97 所示。

step 08 在弹出的对话框中将【行高】设置为 20，设置完成后单击【确定】按钮，将选中的单元格区域进行合并，如图 10-98 所示。

图 10-97 选择【行高】命令

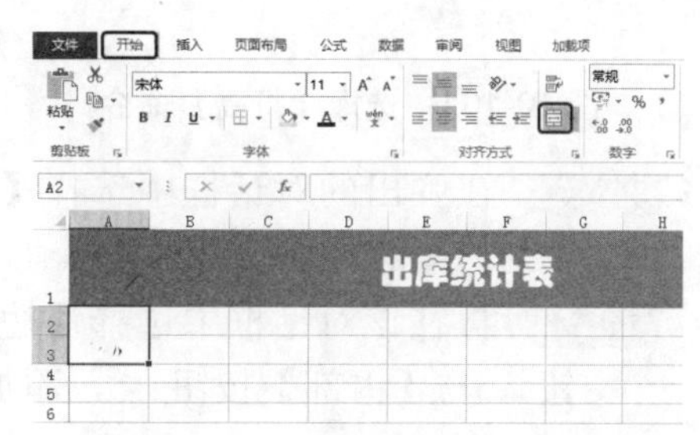

图 10-98 设置行高并合并单元格

step 09 使用同样的方法对 B2:B3 单元格进行合并，选择 C2:C3 单元格区域，选择【开始】选项卡，在【单元格】选项组中单击【格式】按钮，在弹出的下拉菜单中选择【列宽】命令，如图 10-99 所示。

step 10 在弹出的对话框中将【列宽】设置为 18.75，设置完成后单击【确定】按钮，继续选中该单元格区域，将其进行合并，并使用同样的方法调整其他单元格列宽，并对单元格进行合并，效果如图 10-100 所示。

step 11 选择 A4:A15 单元格区域，选择【开始】选项卡，在【单元格】选项组中单击【格式】按钮，在弹出的下拉菜单中选择【行高】命令，如图 10-101 所示。

step 12 在弹出的对话框中将【行高】设置为 25，设置完成后，单击【确定】按钮，选择 A2:J15 单元格区域并右击，在弹出的快捷菜单中选择【设置单元格格式】命令，如图 10-102 所示。

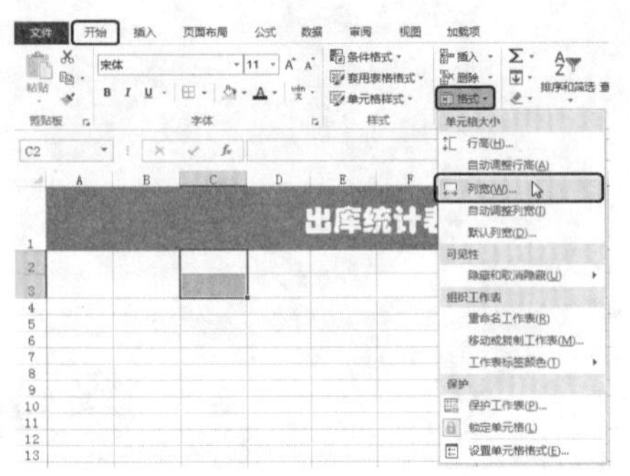

图 10-99　选择【列宽】命令

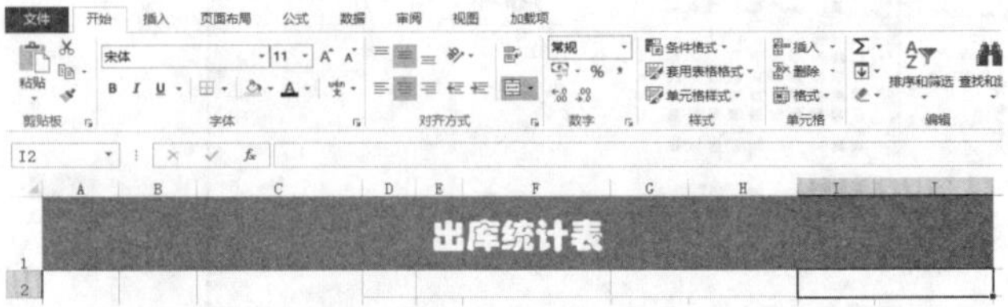

图 10-100　调整列宽并合并单元格后的效果

图 10-101　选择【行高】命令

图 10-102　选择【设置单元格格式】命令

step 13 在弹出的对话框中选择【对齐】选项卡，在【文本对齐方式】选项组中将【水平对齐】设置为【居中】，如图 10-103 所示。

step 14 再在该对话框中选择【边框】选项卡，在【预置】选项组中单击【外边框】按钮与【内部】按钮，添加边框，如图 10-104 所示。

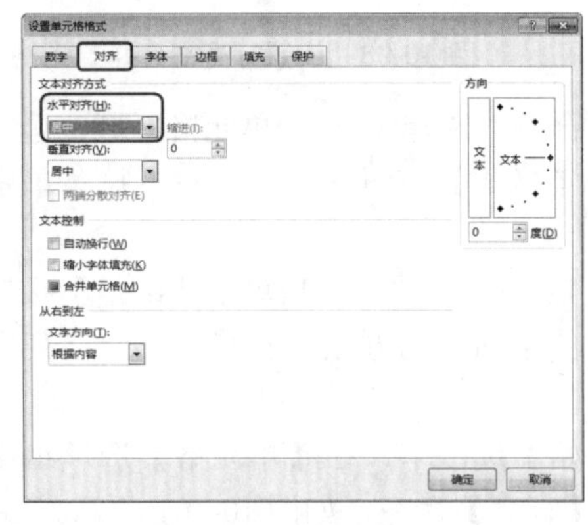

图 10-103　设置对齐方式

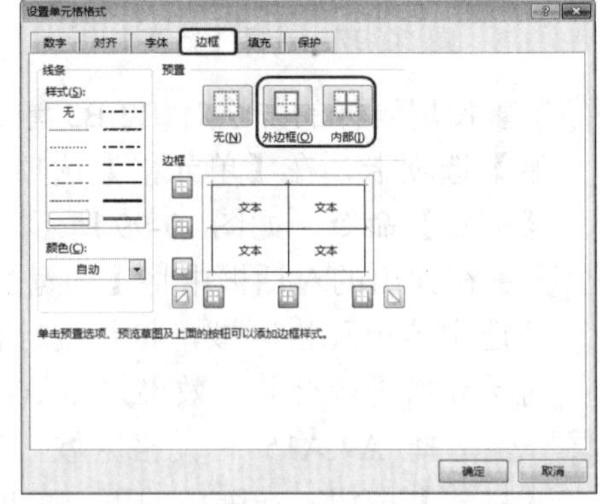

图 10-104　添加边框

step 15 设置完成后，单击【确定】按钮，选择 F4:F16、H4:H15、J4:J16 单元格区域并右击，在弹出的快捷菜单中选择【设置单元格格式】命令，如图 10-105 所示。

step 16 在弹出的对话框中选择【数字】选项卡，在【分类】列表框中选择【货币】，

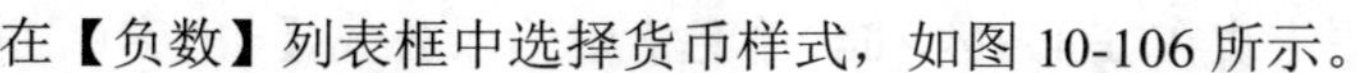

在【负数】列表框中选择货币样式，如图 10-106 所示。

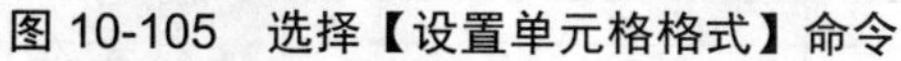

图 10-105 选择【设置单元格格式】命令

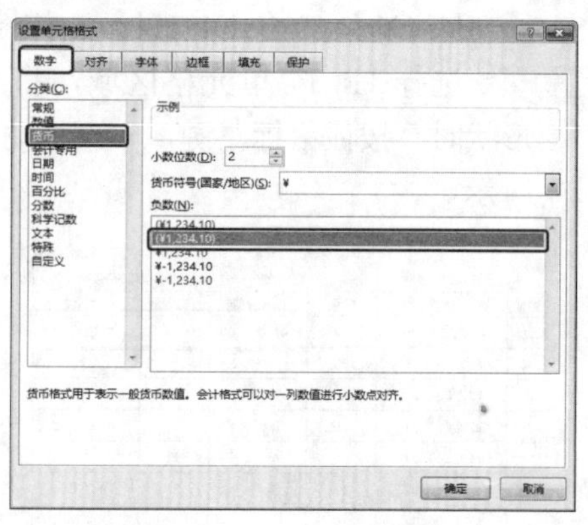

图 10-106 选择货币样式

step 17 设置完成后，单击【确定】按钮，使用前面所介绍的方法对其他单元格进行合并，并在各个单元格中输入文字，效果如图 10-107 所示。

step 18 选择 F4 单元格，在该单元格中输入公式【=出库单!E4*E4】，如图 10-108 所示。

图 10-107 合并单元格并输入文字

图 10-108 输入公式

step 19 选中 F4 单元格，将光标放置在 F4 单元格的右下角，当光标呈黑心十字形状时，按住鼠标左键，向下拖动至 F15 单元格中，自动填充其他单元格，如图 10-109 所示。

step 20 选择 G4 单元格，在该单元格中输入【=出库单!G4】，选中 G4 单元格，将光标放置在 G4 单元格的右下角，当光标呈黑心十字形状时，按住鼠标左键，向下拖动至 G15 单元格中，自动填充其他单元格，如图 10-110 所示。

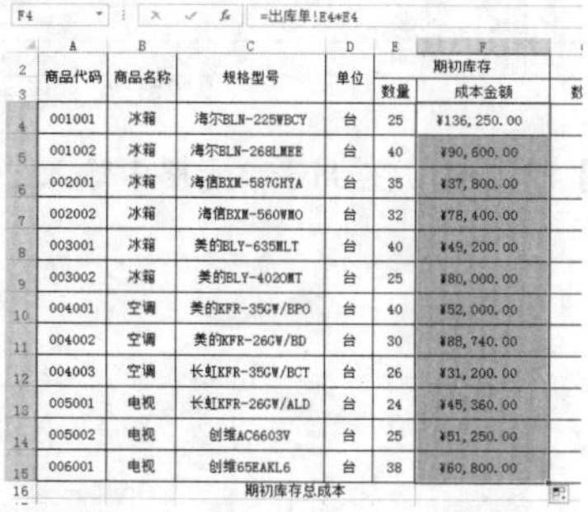

图 10-109 自动填充公式

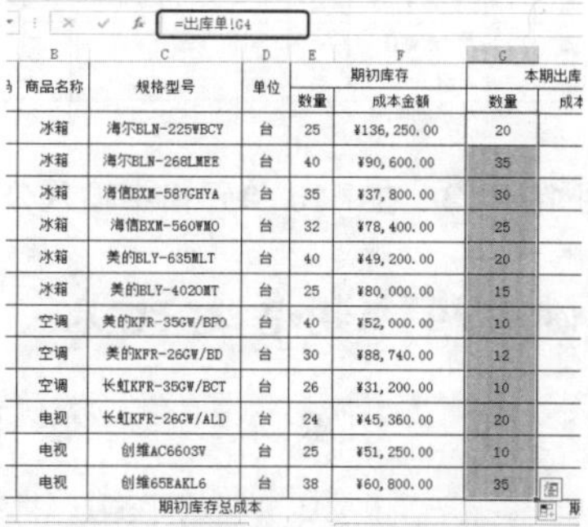

图 10-110 输入公式并自动填充公式

step 21 使用同样的方法依次在 H4、I4、J4 单元格中输入公式【=出库单!E4*G4】、【=E4-G4】、【=F4-H4】，如图 10-111 所示。

step 22 选择 H4:J4 单元格区域，将光标放置在 J4 单元格的右下角，当光标呈黑心十字形状时，按住鼠标左键，向下拖动至 J15 单元格中，自动填充其他单元格，如图 10-112 所示。

E	F	G	H	I	J
期初库存		本期出库		期末库存	
数量	成本金额	数量	成本金额	数量	成本金额
25	¥136, 250. 00	20	¥109, 000. 00	5	¥27, 250. 00
40	¥90, 600. 00	35			
35	¥37, 800. 00	30			
32	¥78, 400. 00	25			
40	¥49, 200. 00	20			
25	¥80, 000. 00	15			
40	¥52, 000. 00	10			
30	¥88, 740. 00	12			
26	¥31, 200. 00	10			
24	¥45, 360. 00	20			
25	¥51, 250. 00	10			
38	¥60, 800. 00	35			
			期末库存总成本		

图 10-111 输入公式

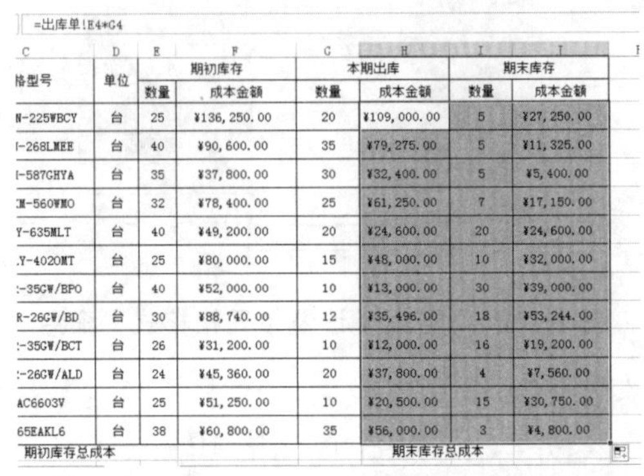
=出库单!E4*G4

C	D	E	F	G	H	I	J
格型号	单位	期初库存		本期出库		期末库存	
		数量	成本金额	数量	成本金额	数量	成本金额
N-225WBCY	台	25	¥136, 250. 00	20	¥109, 000. 00	5	¥27, 250. 00
I-268LMEE	台	40	¥90, 600. 00	35	¥79, 275. 00	5	¥11, 325. 00
I-587GHYA	台	35	¥37, 800. 00	30	¥32, 400. 00	5	¥5, 400. 00
M-560WMO	台	32	¥78, 400. 00	25	¥61, 250. 00	7	¥17, 150. 00
Y-635MLT	台	40	¥49, 200. 00	20	¥24, 600. 00	20	¥24, 600. 00
.Y-4020MT	台	25	¥80, 000. 00	15	¥48, 000. 00	10	¥32, 000. 00
:-35GW/BPO	台	40	¥52, 000. 00	10	¥13, 000. 00	30	¥39, 000. 00
R-26GW/BD	台	30	¥88, 740. 00	12	¥35, 496. 00	18	¥53, 244. 00
:-35GW/BCT	台	26	¥31, 200. 00	10	¥12, 000. 00	16	¥19, 200. 00
:-26GW/ALD	台	24	¥45, 360. 00	20	¥37, 800. 00	4	¥7, 560. 00
AC6603V	台	25	¥51, 250. 00	10	¥20, 500. 00	15	¥30, 750. 00
65EAKL6	台	38	¥60, 800. 00	35	¥56, 000. 00	3	¥4, 800. 00
期初库存总成本					期末库存总成本		

图 10-112 自动填充多个单元格后的效果

step 23 选择 F16 单元格，在该单元格中输入公式【=SUM(F4:F15)】，如图 10-113 所示。

知识链接

SUM 函数用于计算某一单元格区域中所有数字的总和。

step 24 选择 J16 单元格，在该单元格中输入公式【=SUM(J4:J15)】，如图 10-114 所示。

=SUM(F4:F15)

B	C	D	E	F	G
商品名称	规格型号	单位	期初库存		本期
			数量	成本金额	数量
冰箱	海尔BLN-225WBCY	台	25	¥136, 250. 00	20
冰箱	海尔BLN-268LMEE	台	40	¥90, 600. 00	35
冰箱	海信BXM-587GHYA	台	35	¥37, 800. 00	30
冰箱	海信BXM-560WMO	台	32	¥78, 400. 00	25
冰箱	美的BLY-635MLT	台	40	¥49, 200. 00	20
冰箱	美的BLY-4020MT	台	25	¥80, 000. 00	15
空调	美的KFR-35GW/BPO	台	40	¥52, 000. 00	10
空调	美的KFR-26GW/BD	台	30	¥88, 740. 00	12
空调	长虹KFR-35GW/BCT	台	26	¥31, 200. 00	10
电视	长虹KFR-26GW/ALD	台	24	¥45, 360. 00	20
电视	创维AC6603V	台	25	¥51, 250. 00	10
电视	创维65EAKL6	台	38	¥60, 800. 00	35
	期初库存总成本			¥801, 600. 00	

图 10-113 在 F16 单元格中输入公式

=SUM(J4:J15)

C	D	E	F	G	H	I	J
号	单位	期初库存		本期出库		期末库存	
		数量	成本金额	数量	成本金额	数量	成本金额
5WBCY	台	25	¥136, 250. 00	20	¥109, 000. 00	5	¥27, 250. 00
LMEE	台	40	¥90, 600. 00	35	¥79, 275. 00	5	¥11, 325. 00
GHYA	台	35	¥37, 800. 00	30	¥32, 400. 00	5	¥5, 400. 00
0WMO	台	32	¥78, 400. 00	25	¥61, 250. 00	7	¥17, 150. 00
MLT	台	40	¥49, 200. 00	20	¥24, 600. 00	20	¥24, 600. 00
20MT	台	25	¥80, 000. 00	15	¥48, 000. 00	10	¥32, 000. 00
W/BPO	台	40	¥52, 000. 00	10	¥13, 000. 00	30	¥39, 000. 00
W/BD	台	30	¥88, 740. 00	12	¥35, 496. 00	18	¥53, 244. 00
W/BCT	台	26	¥31, 200. 00	10	¥12, 000. 00	16	¥19, 200. 00
W/ALD	台	24	¥45, 360. 00	20	¥37, 800. 00	4	¥7, 560. 00
03V	台	25	¥51, 250. 00	10	¥20, 500. 00	15	¥30, 750. 00
KL6	台	38	¥60, 800. 00	35	¥56, 000. 00	3	¥4, 800. 00
库存总成本			¥801, 600. 00		期末库存总成本		¥272, 279. 00

图 10-114 在 J16 单元格中输入公式

案例精讲 094 销售对比表

案例文件：CDROM\场景\Cha10\销售管理.xlsx

视频文件：视频教学\Cha10\销售对比表.avi

制作概述

本案例将介绍如何制作销售对比表。首先要制作销售记录表；然后通过选中相应的数据，并为其应用相应的表格样式来制作对比图表。效果如图 10-115 所示。

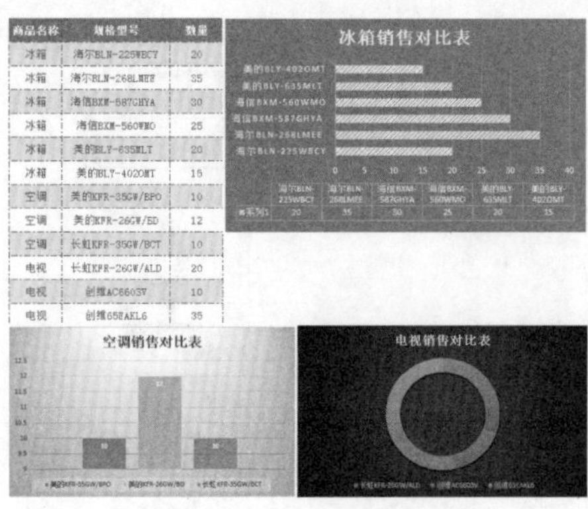

图 10-115 销售对比表

学习目标

- 掌握图表的插入。
- 掌握图表的设置及调整。

操作步骤

step 01 单击【新工作表】按钮⊕，新建一个空白工作表，在新工作表标签上右击，在弹出的快捷菜单中选择【重命名】命令，将新工作表命名为【销售对比表】，选择 A1:A13 单元格区域，选择【开始】选项卡，在【单元格】选项组中单击【格式】按钮，在弹出的下拉菜单中选择【行高】命令，如图 10-116 所示。

step 02 在弹出的对话框中将【行高】设置为 25，设置完成后单击【确定】按钮，选择 B 列单元格并右击，在弹出的快捷菜单中选择【列宽】命令，如图 10-117 所示。

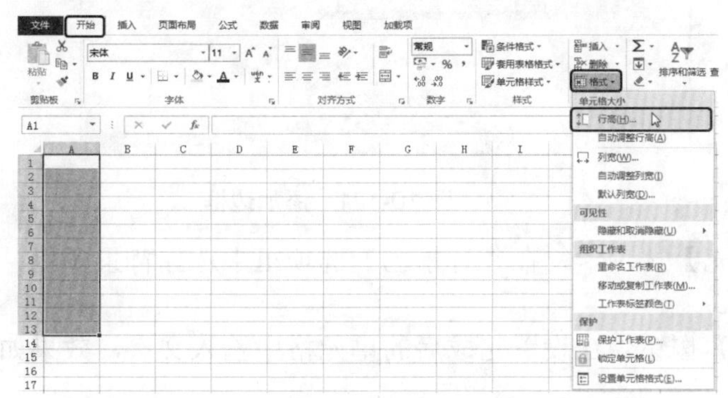

图 10-116 选择【行高】命令

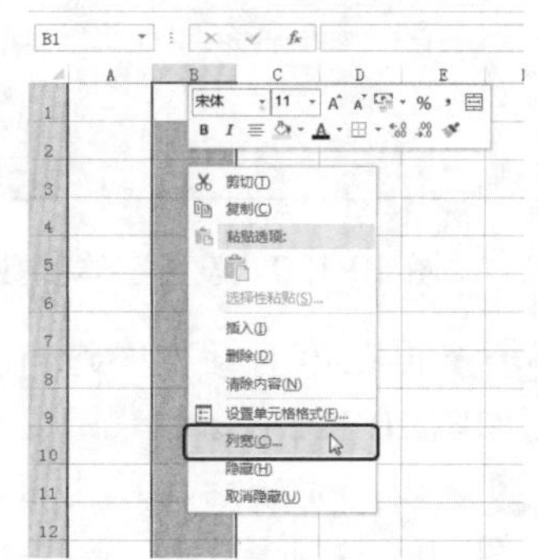

图 10-117 选择【列宽】命令

step 03 在弹出的对话框中将【列宽】设置为 18，设置完成后单击【确定】按钮，选择

A1:C1 单元格区域并右击，在弹出的快捷菜单中选择【设置单元格格式】命令，如图 10-118 所示。

step 04 在弹出的对话框中选择【对齐】选项卡，在【文本对齐方式】选项组中将【水平对齐】设置为【居中】，如图 10-119 所示。

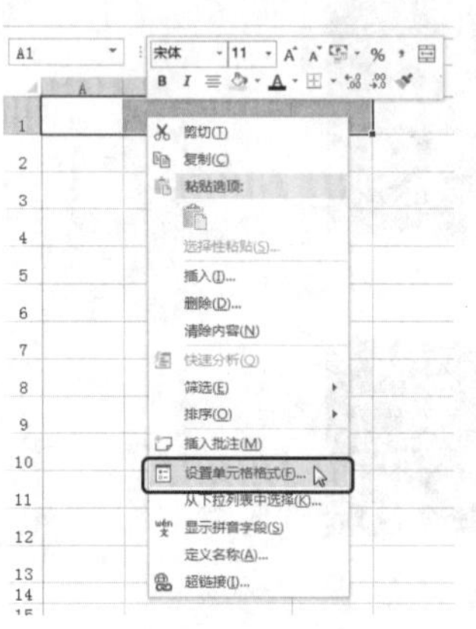

图 10-118　选择【设置单元格格式】命令

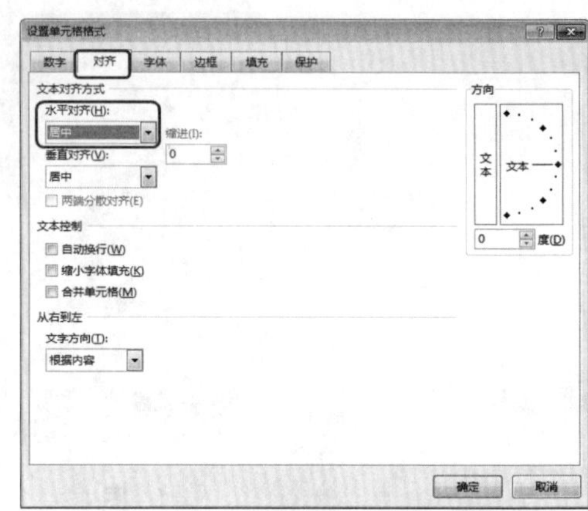

图 10-119　设置水平对齐方式

step 05 在该对话框中选择【字体】选项卡，在【字形】选项组中选择【加粗】，将【颜色】设置为【白色】，如图 10-120 所示。

step 06 在该对话框中选择【边框】选项卡，在【线条】选项组中的【样式】列表框中选择边框样式，将【颜色】设置为【蓝色】，单击【内部】按钮，单击右侧边框按钮，如图 10-121 所示。

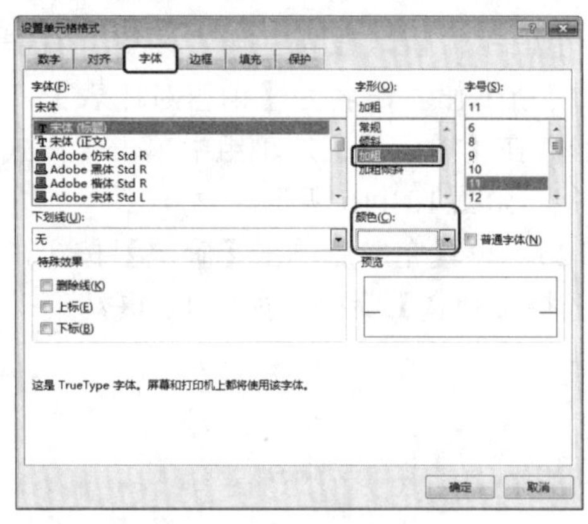

图 10-120　设置字体参数

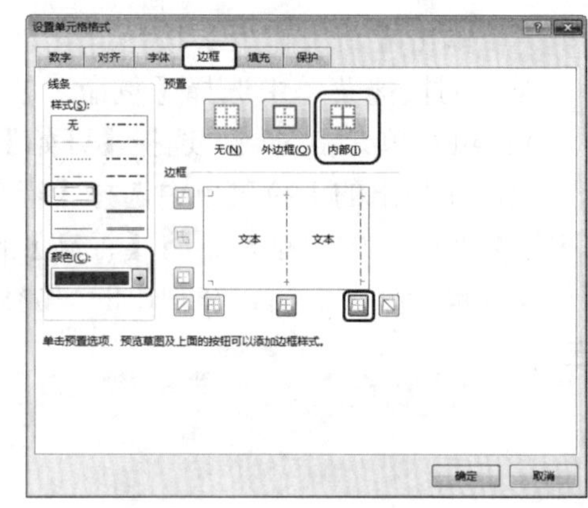

图 10-121　添加边框

step 07 再在该对话框中选择【填充】选项卡，在【背景色】选项组中选择背景颜色，如图 10-122 所示。

step 08 设置完成后，单击【确定】按钮，在设置完成后的单元格中输入文字，效果如图 10-123 所示。

step 09 选择 A2:C13 单元格区域并右击，在弹出的快捷菜单中选择【设置单元格格式】命令，如图 10-124 所示。

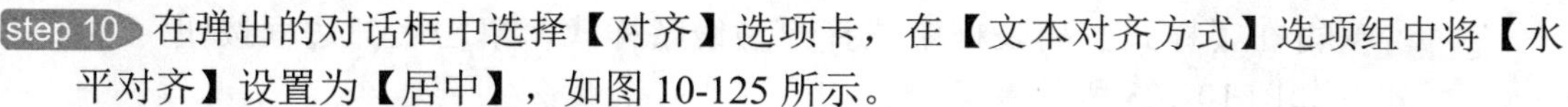

step 10 在弹出的对话框中选择【对齐】选项卡，在【文本对齐方式】选项组中将【水平对齐】设置为【居中】，如图 10-125 所示。

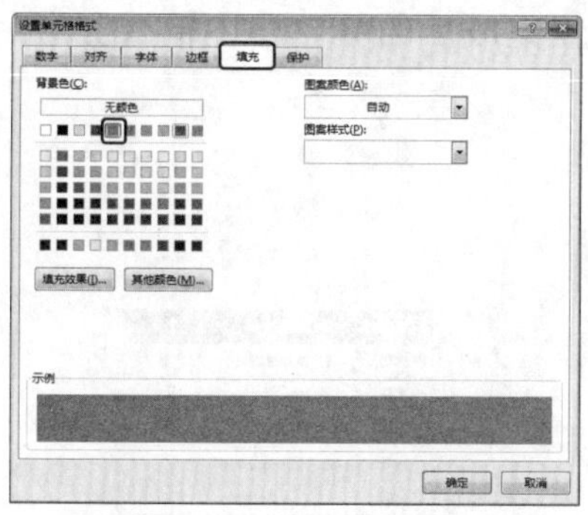

图 10-122　选择背景颜色

图 10-123　输入文字

图 10-124　选择【设置单元格格式】命令

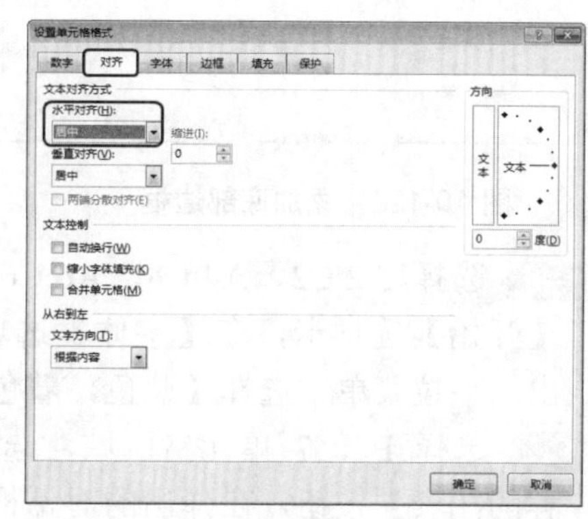

图 10-125　设置文本对齐方式

step 11 在该对话框中选择【字体】选项卡，将【颜色】设置为【蓝色】，如图 10-126 所示。

step 12 再在该对话框中选择【边框】选项卡，在【线条】选项组中的【样式】列表框中选择边框样式，将【颜色】设置为【蓝色】，单击【外边框】按钮与【内部】按钮，添加边框，如图 10-127 所示。

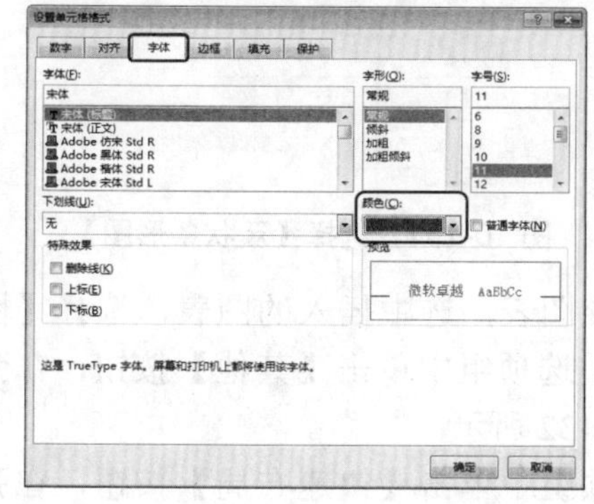

图 10-126　设置字体颜色

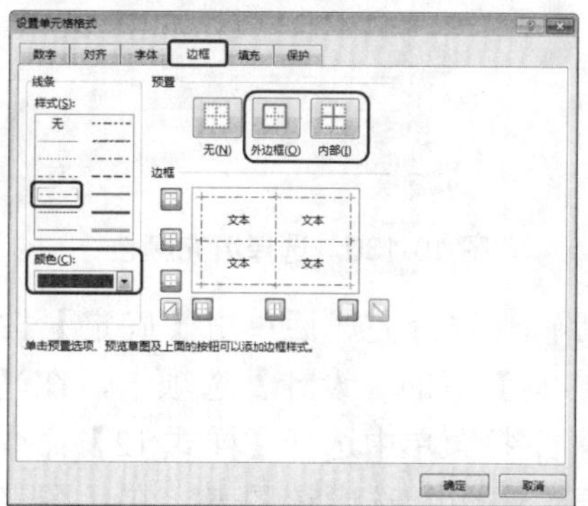

图 10-127　添加边框

step 13 再在【样式】列表框中选择一种线条样式，单击底部边框按钮，添加底部边框，如图 10-128 所示。

step 14 设置完成后，单击【确定】按钮，在设置完成后的单元格中输入文字，效果如图 10-129 所示。

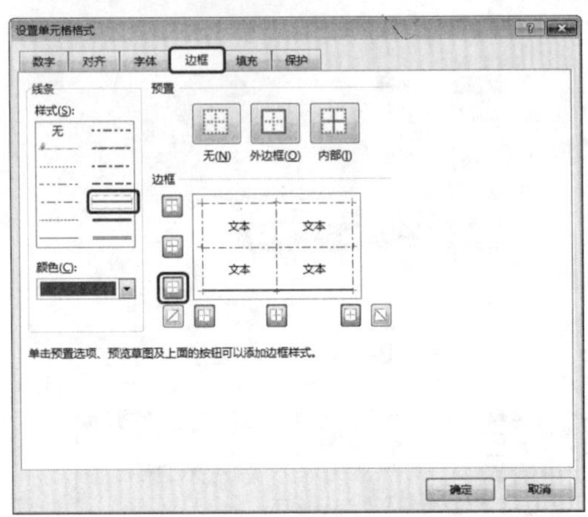

图 10-128　添加底部边框

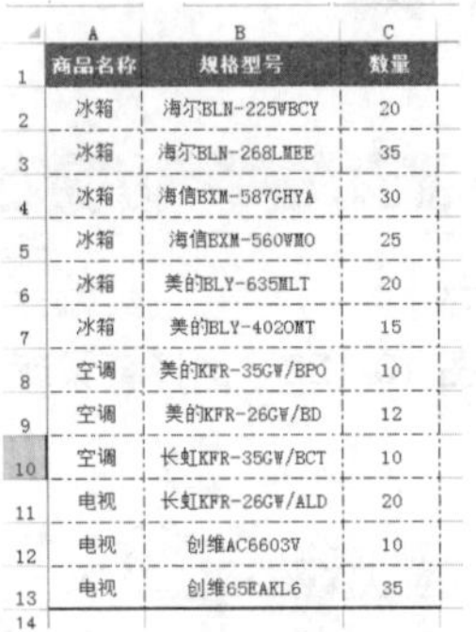

商品名称	规格型号	数量
冰箱	海尔BLN-225WBCY	20
冰箱	海尔BLN-268LMEE	35
冰箱	海信BXM-587GHYA	30
冰箱	海信BXM-560WMO	25
冰箱	美的BLY-635MLT	20
冰箱	美的BLY-402OMT	15
空调	美的KFR-35GW/BPO	10
空调	美的KFR-26GW/BD	12
空调	长虹KFR-35GW/BCT	10
电视	长虹KFR-26GW/ALD	20
电视	创维AC6603V	10
电视	创维65EAKL6	35

图 10-129　输入文字后的效果

step 15 选择 A2:C2、A4:C4、A6:C6、A8:C8、A10:C10、A12:C12 单元格区域，选择【开始】选项卡，在【字体】选项组中单击【填充颜色】右侧的下三角按钮，在弹出的下拉菜单中选择【蓝色，着色 1，淡色 80%】命令，如图 10-130 所示。

step 16 选择 B2:C7 单元格区域，选择【插入】选项卡，在【图表】选项组中单击【推荐的图表】按钮，在弹出的对话框中选择【簇状条形图】，如图 10-131 所示。

商品名称	规格型号	数量
冰箱	海尔BLN-225WBCY	20
冰箱	海尔BLN-268LMEE	35
冰箱	海信BXM-587GHYA	30
冰箱	海信BXM-560WMO	25
冰箱	美的BLY-635MLT	20
冰箱	美的BLY-402OMT	15
空调	美的KFR-35GW/BPO	10
空调	美的KFR-26GW/BD	12
空调	长虹KFR-35GW/BCT	10
电视	长虹KFR-26GW/ALD	20
电视	创维AC6603V	10
电视	创维65EAKL6	35

图 10-130　选择填充颜色

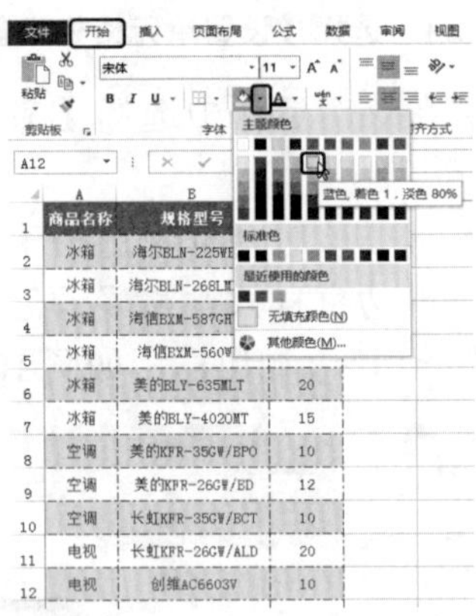

图 10-131　选择【簇状条形图】

step 17 选择完成后单击【确定】按钮，插入该图表，选中插入的图表，选择【图表工具】下的【设计】选项卡，在【图表样式】选项组中单击【其他】按钮，在弹出的下拉菜单中选择【样式 12】命令，如图 10-132 所示。

step 18 继续选中该图表，在【图表布局】选项组中单击【快速布局】按钮，在弹出的下拉菜单中选择【布局 5】命令，如图 10-133 所示。

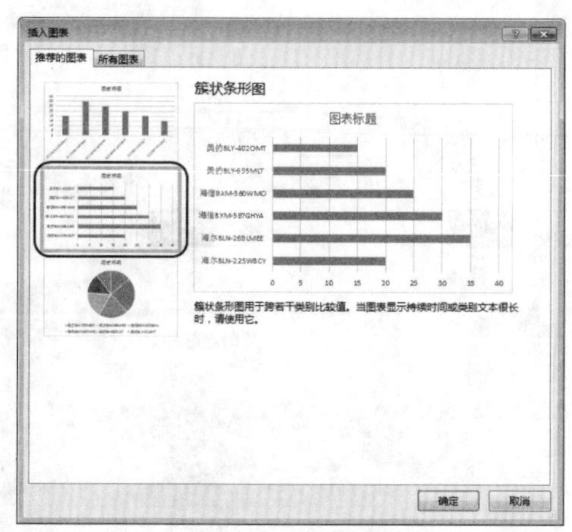

图 10-132　选择图表样式

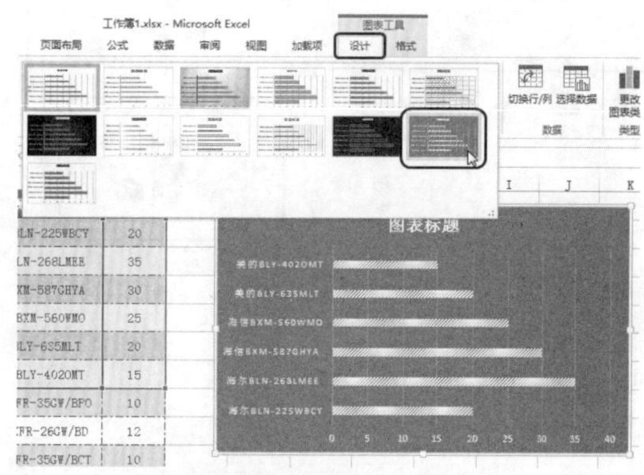

图 10-133　选择快速布局

step 19 选择【图表工具】下的【格式】选项卡，在【形状样式】选项组中单击【设置形状格式】按钮，在弹出的面板中将当前选择设置为【系列 1】，单击【系列选项】按钮，在【系列选项】选项组中将【系列重叠】、【分类间距】分别设置为-20、100，如图 10-134 所示。

step 20 将垂直(类别)轴的字体大小设置为 9，将图表标题的字体大小设置为 18，并修改该图表的名称，效果如图 10-135 所示。

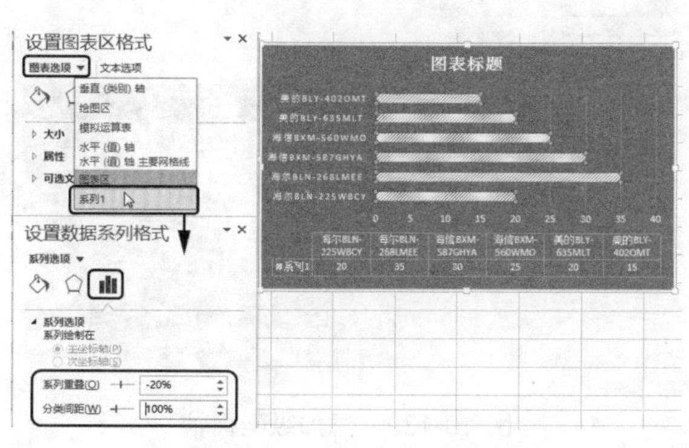

图 10-134　设置系列选项

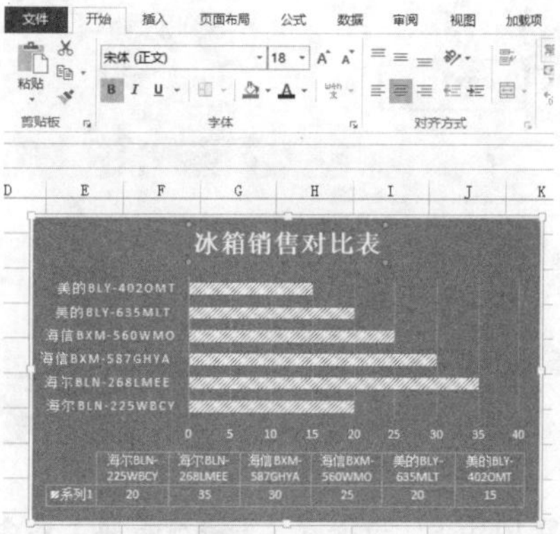

图 10-135　设置文字大小并修改内容后的效果

step 21 选择 B8:C10 单元格区域，选择【插入】选项卡，在【图表】选项组中单击【推荐的图表】按钮，在弹出的对话框中选择【所有图表】选项卡，选择图 10-136 所示的图表样式。

step 22 单击【确定】按钮，调整该图表的位置，选中该图表，选择【图表工具】下的【设计】选项卡，在【图表样式】选项组中单击【其他】按钮，在弹出的下拉菜单中选择【样式 4】命令，如图 10-137 所示。

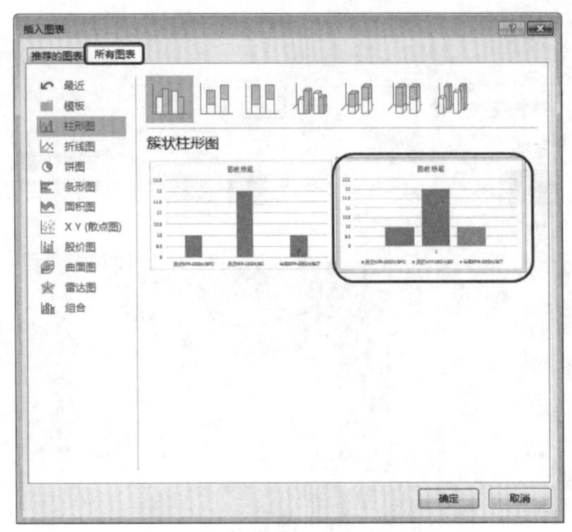

图 10-136 选择图表样式

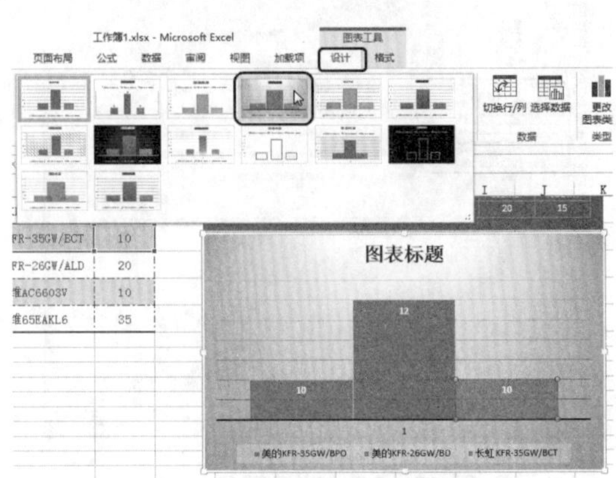

图 10-137 选择图表样式

step 23 在【图表布局】选项组中单击【添加图表元素】按钮，在弹出的下拉菜单中选择【坐标轴】→【主要横坐标轴】命令，如图 10-138 所示。

step 24 再在【图表布局】选项组中单击【添加图表元素】按钮，在弹出的下拉菜单中选择【坐标轴】→【主要纵坐标轴】命令，如图 10-139 所示。

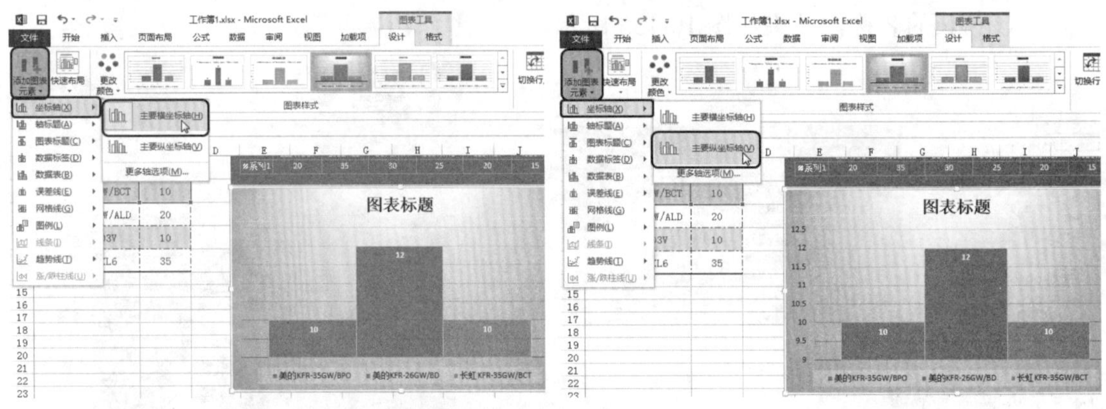

图 10-138 选择【主要横坐标轴】命令

图 10-139 添加纵坐标轴

step 25 在【图表样式】选项组中单击【更改颜色】按钮，在弹出的下拉菜单中选择【颜色 3】命令，如图 10-140 所示。

step 26 选中图表中的系列选项，在面板中单击【系列选项】按钮，在【系列选项】选项组中将【系列重叠】、【分类间距】分别设置为-27、219，如图 10-141 所示。

step 27 根据前面介绍的方法更改图表的标题内容，效果如图 10-142 所示。

step 28 使用同样的方法制作电视销售对比表，效果如图 10-143 所示。

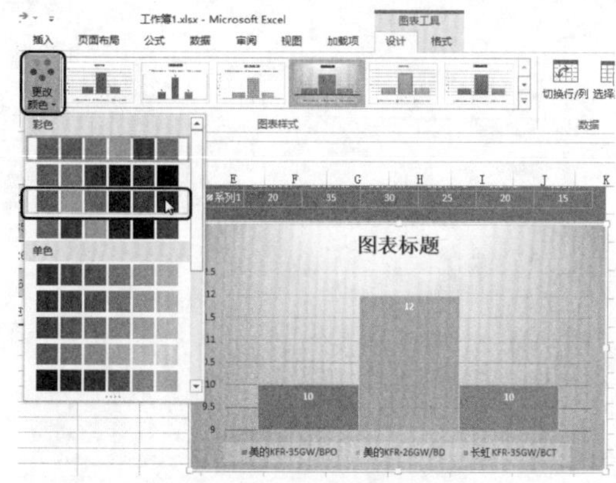

图 10-140　更改图表颜色

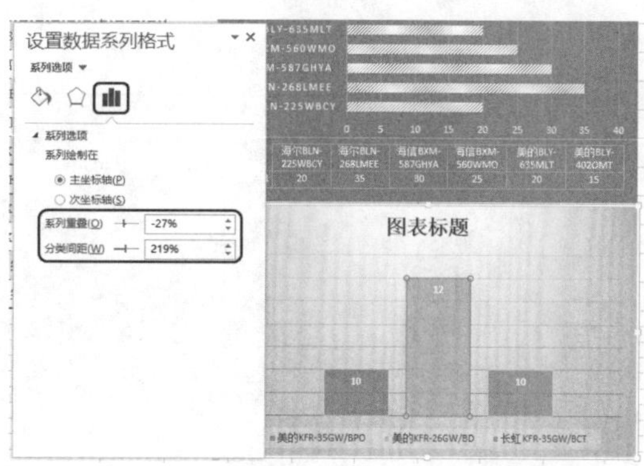

图 10-141　设置系列选项

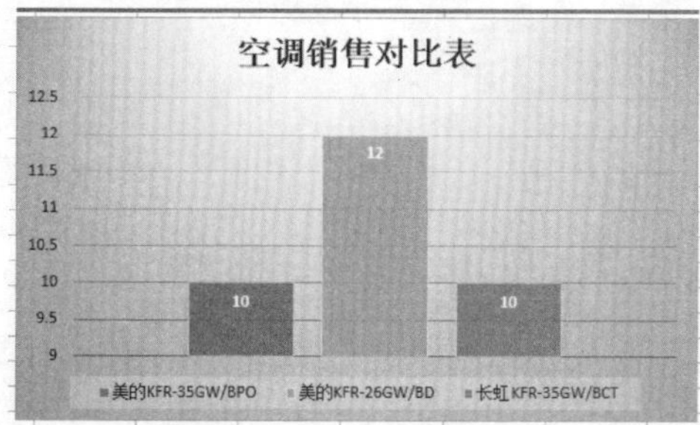

图 10-142　更改图表标题

图 10-143　制作电视销售对比表后的效果

第 11 章

采购管理表

本章重点

- 采购申请单
- 采购统计表

采购计划管理是对企业的采购计划进行制定和管理，为企业提供及时、准确的采购计划和执行路线。通过对多对象、多元素的采购计划的编制、分解，将企业的采购需求变为直接的采购任务，系统支持企业以销定购、以销定产、以产定购的多种采购应用模式，支持多种设置灵活的采购单生成流程。本章将介绍如何制作采购申请单和采购统计表。

案例精讲 095　采购申请单

案例文件：CDROM\场景\Cha08\采购申请单.xlsx

视频文件：视频教学\Cha08\采购申请单.avi

制作概述

采购申请单是为了采购物品而提出支钱的申请凭证，采购申请单包括采购申请单基本信息与采购物品基本信息，填写好后需要通过审批才能进一步采购。本案例将介绍如何制作采购申请单，完成后的效果如图 11-1 所示。

采购申请单

申请部门：施工部　　申请人：白文才　　申请日期：2014年12月1日

序号	材料名称	规格型号	用途	需求时间	需求数量	库存数量	申购数量
1	PVC塑料扣板	300mm×200mm×5mm	用于厨房吊顶	2015/1/20	6m²	0m²	6m²
2	纸面石膏板	1200mm×2400mm×12mm	用于客厅吊顶	2015/1/5	13张	8张	5张
3	壁纸	5.3m² /卷	用于客厅沙发背景墙	2015/1/20	4卷	0卷	4卷
4	壁纸胶套装	糯米胶	用于贴壁纸	2015/1/20	1套	0套	1套
5	乳胶漆	18L	用于涂刷墙面	2015/1/10	3桶	0桶	3桶
6	装饰石膏角线	2440mm×100mm	用于客厅和卧室吊顶	2015/1/5	23根	0根	23根

部门负责人签核：　　仓库负责人签核：　　总经理签核：

图 11-1　采购申请单

学习目标

- 学习如何制作采购申请单。
- 掌握如何为单元格填充背景图案和设置边框。

操作步骤

step 01 启动 Excel 软件后，在打开的界面中选择【空白工作簿】选项即可新建一个空白的工作簿，如图 11-2 所示。

step 02 选择 C、F～I 列单元格，将【列宽】设置为 10，将 D、E 列的【列宽】设置为 18，将 B 列的【列宽】设置为 5，选择第 2 行，将【行高】设置为 35，将第 3、5～10 行的【行高】设置为 20，将第 4、11 行的【行高】设置为 25，完成后的效果如图 11-3 所示。

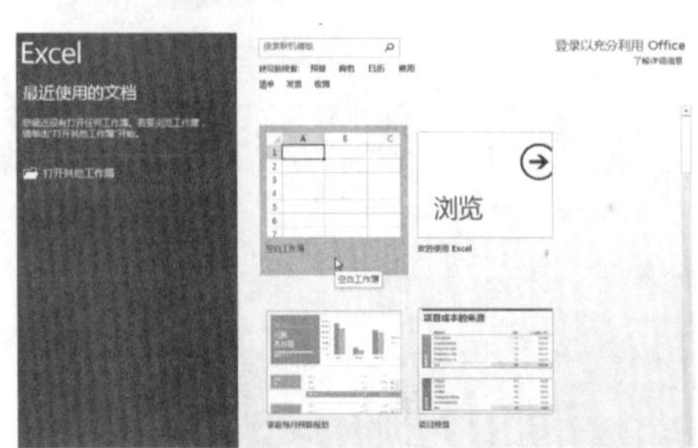

图 11-2　选择【空白工作簿】选项

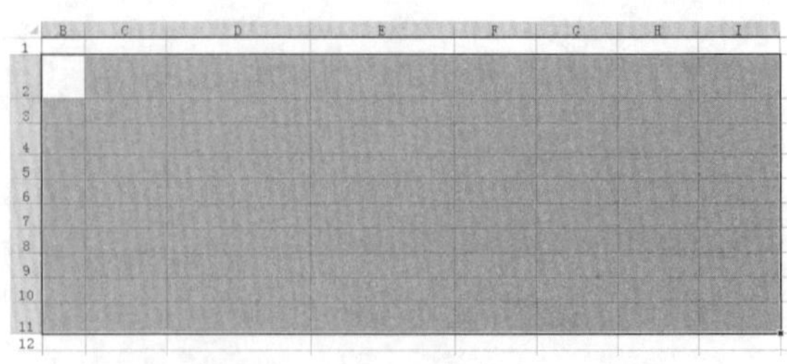

图 11-3　设置完成后的效果

step 03 选择 B2:I2 单元格，在【开始】选项卡中单击【对齐方式】选项组中的【合并后居中】按钮，完成后的效果如图 11-4 所示。

step 04 在合并后的单元格中输入文字，在该单元格上右击，在弹出的快捷菜单中选择【设置单元格格式】命令，如图 11-5 所示。

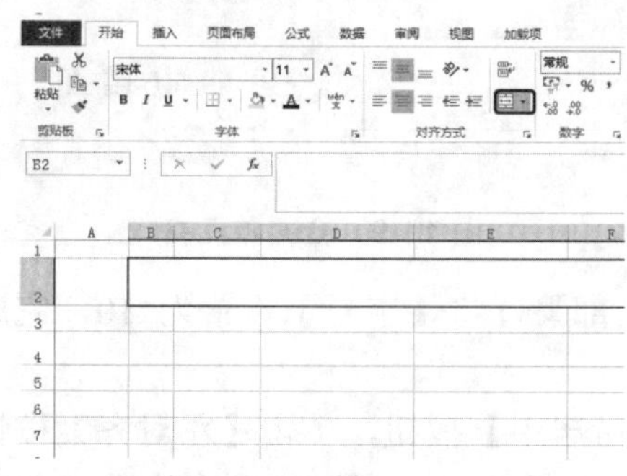

图 11-4　合并单元格

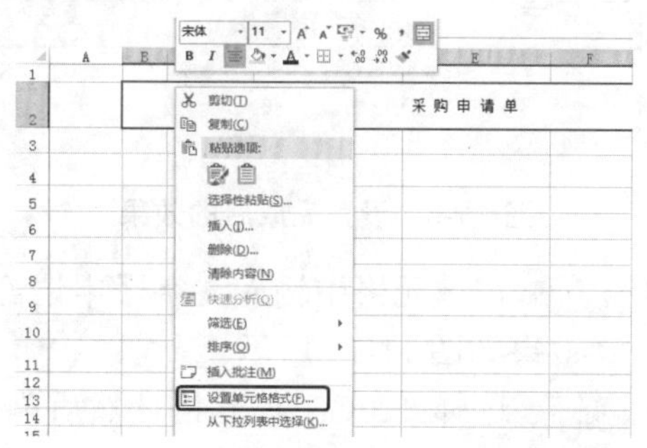

图 11-5　选择【设置单元格格式】命令

step 05 在弹出的对话框中选择【字体】选项卡，将【字体】设置为【经典特宋简】，将【字号】设置为 24，将【颜色】设置为【蓝色】，完成后的效果如图 11-6 所示。

step 06 选择【填充】选项卡，将【图案颜色】设置为【蓝色，着色 1，淡色 60%】，将【图案样式】设置为【细，逆对角线，条纹】选项，如图 11-7 所示。

知识链接

在【图案样式】下拉列表框中共包括【75%灰色】、【垂直条纹】、【逆对角线条纹】、【对角线】、【剖面线】等 17 种图案。

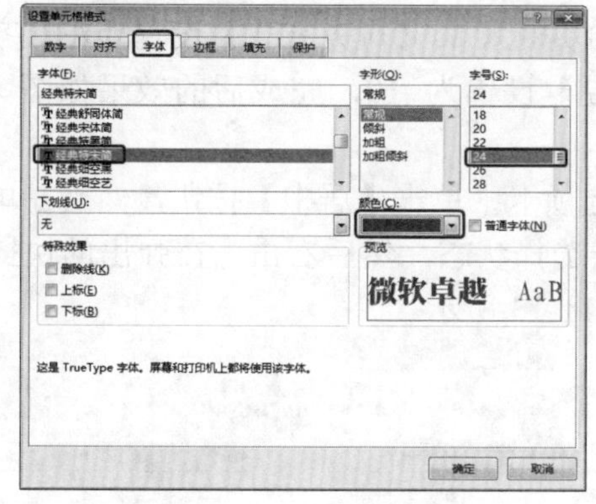

图 11-6　设置字体参数

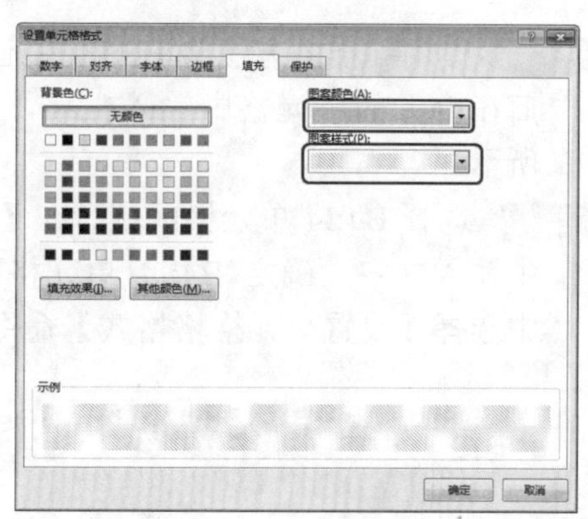

图 11-7　设置填充图案

step 07 单击【确定】按钮，即可为选择的单元格设置字体属性和填充图案，完成后的效果如图 11-8 所示。

step 08 选择 B3:D3 单元格区域，在【开始】选项卡中单击【合并后居中】按钮，然后单击【左对齐】按钮，如图 11-9 所示。

图 11-8　设置完成后的效果

图 11-9　合并单元格

step 09 在单元格中输入文字【申请部门：施工部】，将【字号】设置为 10，完成后的效果如图 11-10 所示。

step 10 选择 E3:G3 单元格，然后单击【合并后居中】按钮，单击【左对齐】按钮，在合并后的单元格中输入文字，将【字号】设置为 10，完成后的效果如图 11-11 所示。

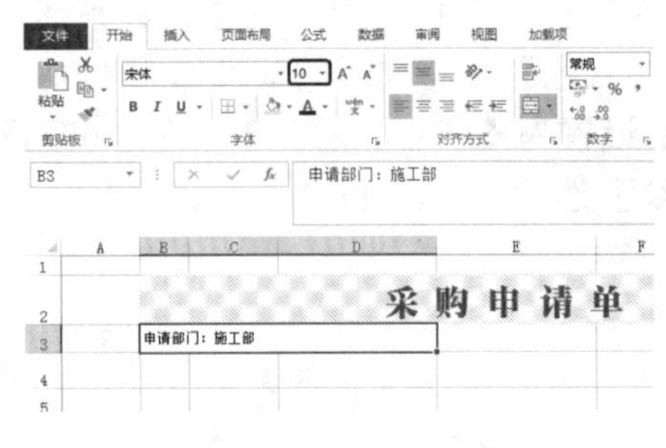

图 11-10　输入文字

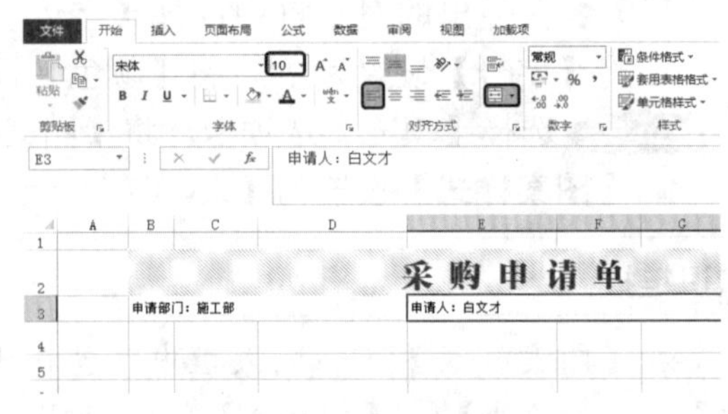

图 11-11　输入文字

step 11 使用同样的方法将 H3:I3 单元格进行合并，将其【对齐方式】设置为左对齐，然后在合并的单元格中输入文字，将【字号】设置为 10，完成后的效果如图 11-12 所示。

step 12 选择 B4:I4 单元格区域，在【开始】选项卡中单击【居中】按钮，然后在单元格中输入文字。确定 B4:I4 单元格区域处于选择状态，然后右击，在弹出的快捷菜单中选择【设置单元格格式】命令，如图 11-13 所示。

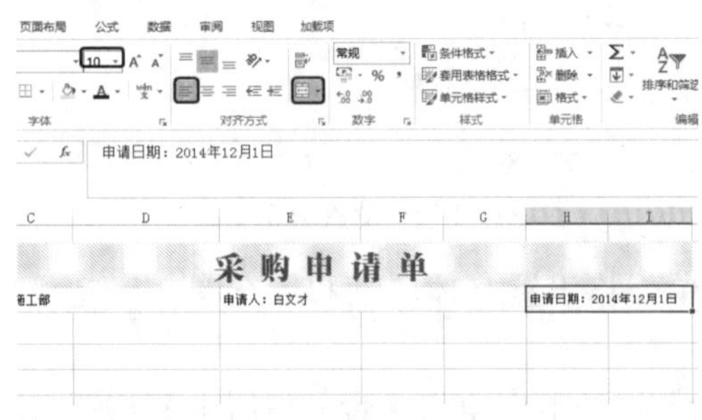

图 11-12　输入文字并设置

图 11-13　选择【设置单元格格式】命令

step 13 在弹出的对话框中选择【填充】选项卡，将【图案颜色】设置为【蓝色，着色

1，淡色 60%】，将【图案样式】设置为【细，逆对角线，条纹】，如图 11-14 所示。

step 14 选择【字体】选项卡，将【字体】设置为【宋体】，将【字形】设置为【加粗】，将【字号】设置为 11，将【颜色】设置为【黑色】，如图 11-15 所示。

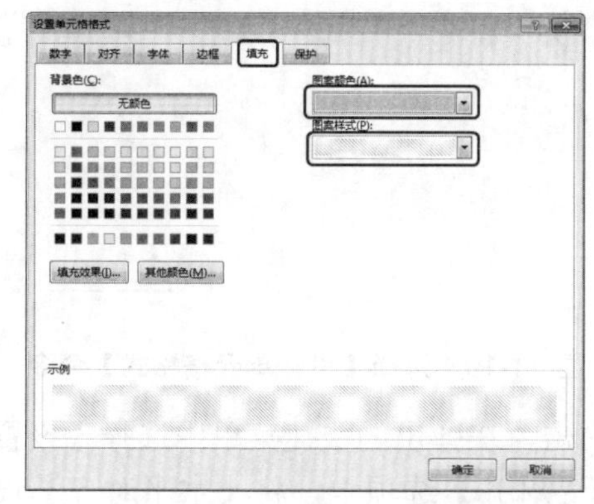

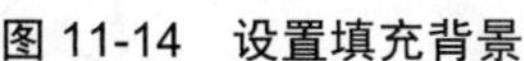

图 11-14 设置填充背景

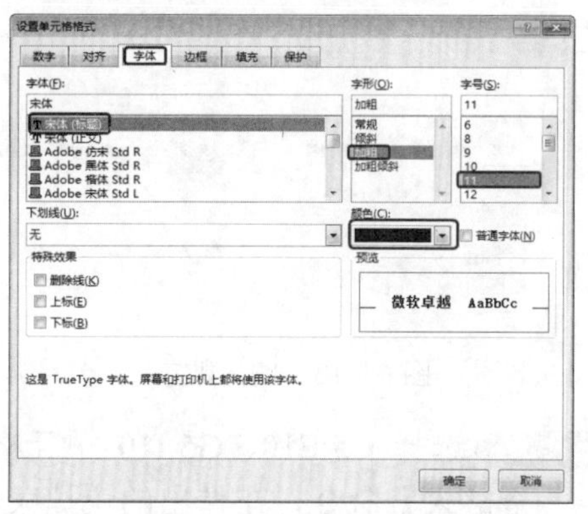

图 11-15 设置字体参数

step 15 单击【确定】按钮，完成后的效果如图 11-16 所示。

step 16 选择 B5:B10 单元格区域，在【开始】选项卡中单击【对齐方式】选项组中的【居中】按钮，如图 11-17 所示。

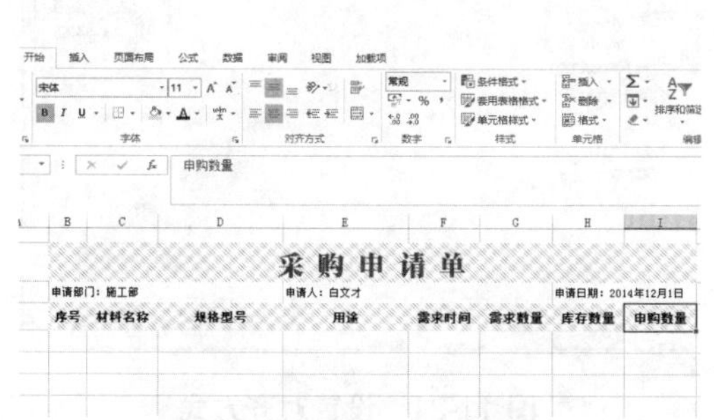

图 11-16 设置完成后的效果

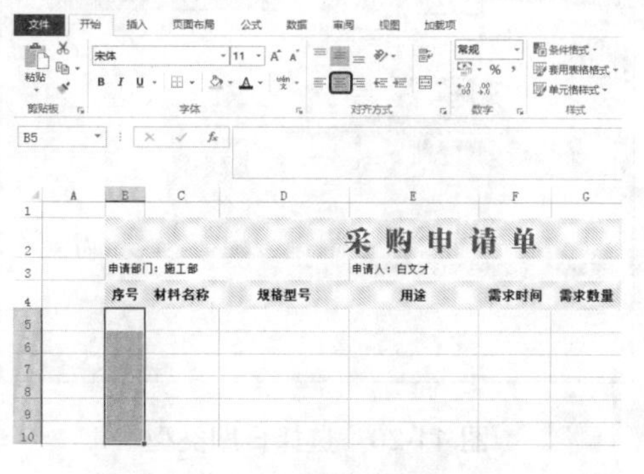

图 11-17 设置对齐方式

step 17 在 B5 单元格中输入文字 1，将光标移动至 B5 单元格中的右下角，当光标变成黑色十字形状时，按住 Ctrl 键向下拖动至 B10 单元格，将【字号】设置为 10，如图 11-18 所示。

提示 在此处如果不按 Ctrl 键向下拖动，则在单元格填充的数字均为 1。

step 18 选择 F5:F10 单元格区域并右击，在弹出的快捷菜单中选择【设置单元格格式】命令，如图 11-19 所示。

step 19 在弹出的对话框中选择【数字】选项卡，在【分类】列表框中选择【日期】选项，然后在【类型】列表框中选择如图 11-20 所示的选项。

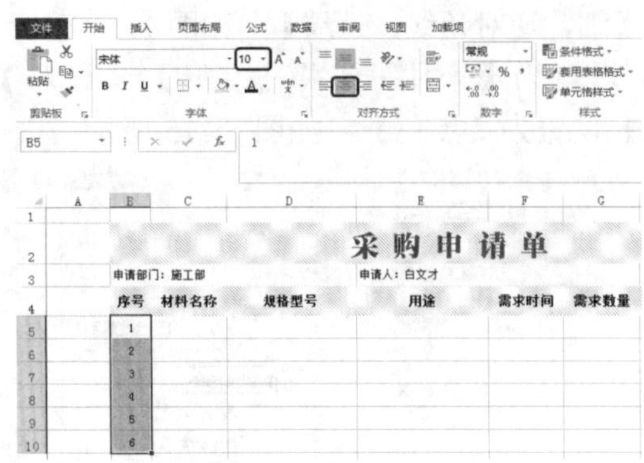

图 11-18　输入数字

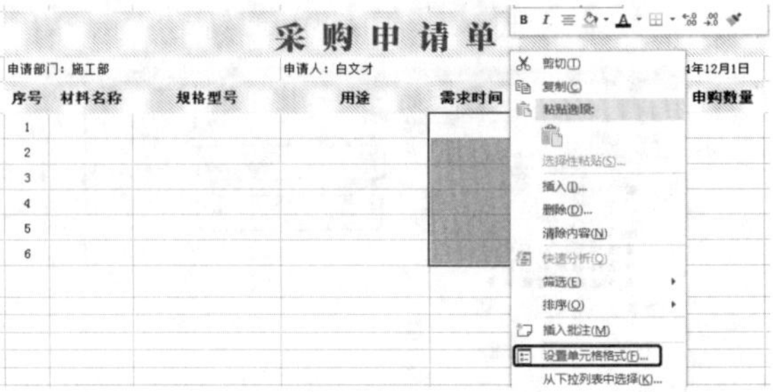

图 11-19　选择【设置单元格格式】命令

step 20 选择 C5:E10、G5:I10 单元格区域并右击，在弹出的快捷菜单中选择【设置单元格格式】命令，在弹出的快捷菜单中选择【对齐】选项卡，将【水平对齐】设置为【居中】，完成后的效果如图 11-21 所示。

图 11-20　选择日期类型

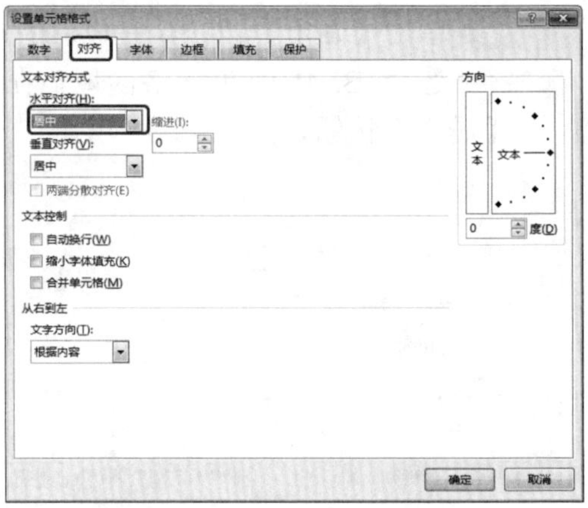

图 11-21　设置对齐方式

step 21 选择【字体】选项卡，将【字体】设置为【宋体】，将【字号】设置为 10，如图 11-22 所示。

step 22 单击【确定】按钮，然后在单元格中输入文字，完成后的效果如图 11-23 所示。

step 23 选择 B2 单元格并右击，在弹出的快捷菜单中选择【设置单元格格式】命令，在弹出的对话框中选择【边框】选项卡，选择如图 11-24 所示的线条，然后将【颜色】设置为【蓝色，着色 1，深色 25%】，然后单击【外边框】按钮。

step 24 选择 B4:I10 单元格区域并右击，在弹出的快捷菜单中选择【设置单元格格式】命令，在弹出的对话框中选择【边框】选项卡，选择如图 11-25 所示的线条，将【颜色】设置为【蓝色，着色 1，深色 25%】，然后单击【外边框】按钮。

step 25 选择如图 11-26 所示的线条，然后单击【内部】按钮，如图 11-26 所示。

step 26 单击【确定】按钮，即可为选择的单元格设置边框，完成后的效果如图 11-27 所示。

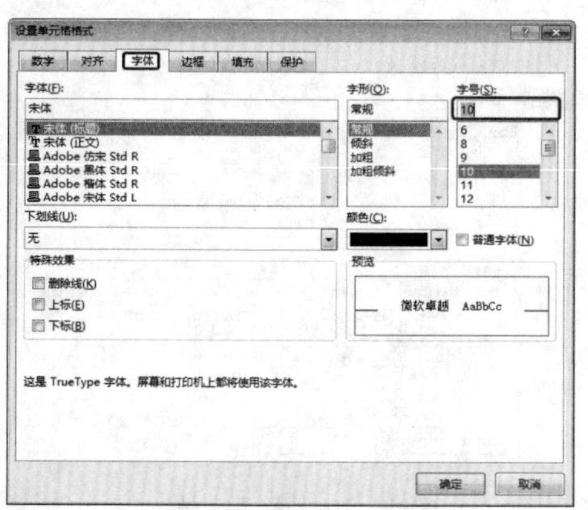

图 11-22　设置字体参数

采购申请单

申请部门：施工部			申请人：白文才			申请日期：2014年12月1日	
序号	材料名称	规格型号	用途	需求时间	需求数量	库存数量	申购数量
1	PVC塑料扣板	300mm×200mm×5mm	用于厨房吊顶	2015/1/20	6m²	0m²	6m²
2	纸面石膏板	1200mm×2400mm×12mm	用于客厅吊顶	2015/1/5	13张	8张	5张
3	壁纸	5.3m² /卷	用于客厅沙发背景墙	2015/1/20	4卷	0卷	4卷
4	壁纸胶套装	糯米胶	用于贴壁纸	2015/1/20	1套	0套	1套
5	乳胶漆	18L	用于涂刷墙面	2015/1/10	3桶	0桶	3桶
6	装饰石膏角线	2440mm×100mm	用于客厅和卧室吊顶	2015/1/5	23根	0根	23根

图 11-23　输入文字

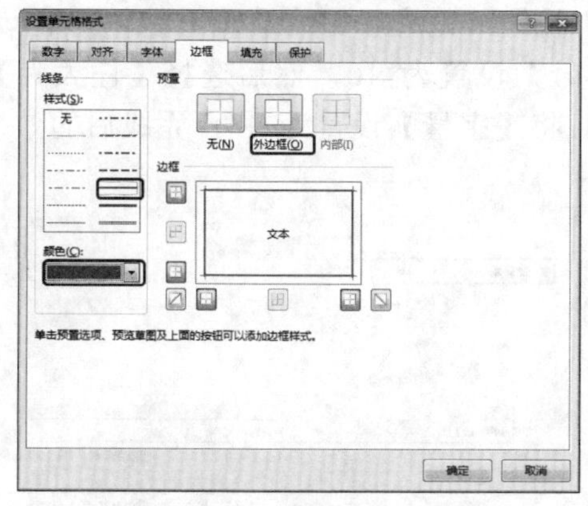

图 11-24　设置【外边框】

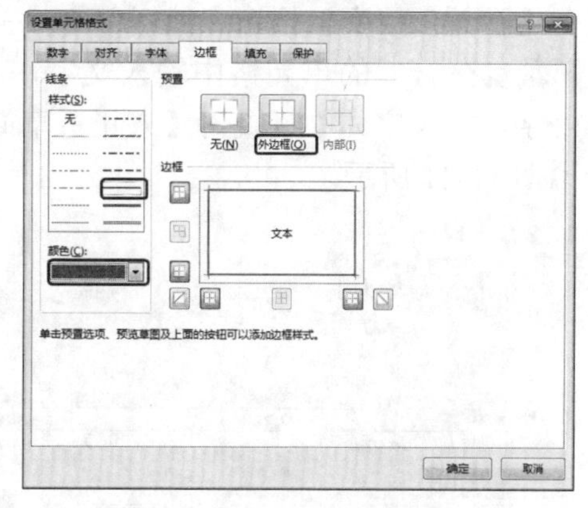

图 11-25　设置【外边框】

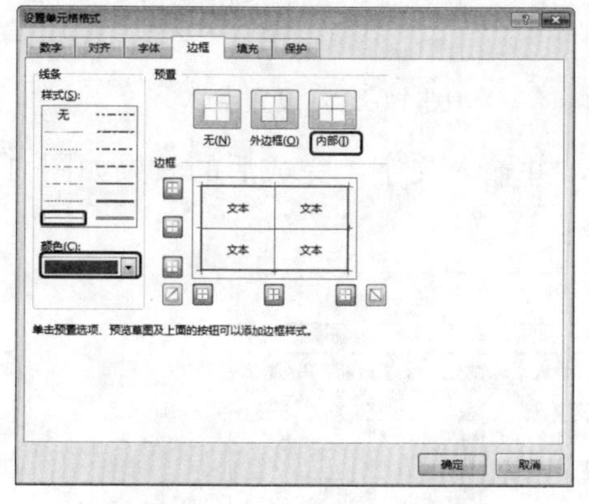

图 11-26　设置【内部】框线

采购申请单

申请部门：施工部			申请人：白文才			申请日期：2014年12月1日	
序号	材料名称	规格型号	用途	需求时间	需求数量	库存数量	申购数量
1	PVC塑料扣板	300mm×200mm×5mm	用于厨房吊顶	2015/1/20	6m²	0m²	6m²
2	纸面石膏板	1200mm×2400mm×12mm	用于客厅吊顶	2015/1/5	13张	8张	5张
3	壁纸	5.3m² /卷	用于客厅沙发背景墙	2015/1/20	4卷	0卷	4卷
4	壁纸胶套装	糯米胶	用于贴壁纸	2015/1/20	1套	0套	1套
5	乳胶漆	18L	用于涂刷墙面	2015/1/10	3桶	0桶	3桶
6	装饰石膏角线	2440mm×100mm	用于客厅和卧室吊顶	2015/1/5	23根	0根	23根

图 11-27　设置完成后的效果

step 27 选择 B11:D11 单元格区域，在【开始】选项卡中单击【对齐方式】选项组中的【合并后居中】按钮，然后单击【左对齐】按钮，完成后的效果如图 11-28 所示。

step 28 在合并的单元格中输入文字，将【字号】设置为 10，然后选择【高甲斌】文字，将【字体】设置为【方正黄草简体】，将【字号】设置为 14，完成后的效果如

图 11-29 所示。

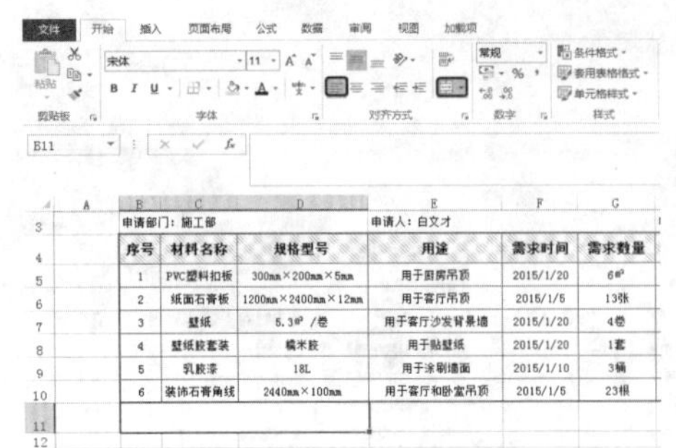

图 11-28　合并单元格

图 11-29　设置字体

step 29 选择 E11:G11 单元格区域，单击【开始】选项卡下【对齐方式】选项组中的【合并后居中】按钮，然后单击【左对齐】按钮，完成后的效果如图 11-30 所示。

step 30 在合并的单元格中输入文字，将【字号】设置为 10，然后选择【任大为】文字，将【字体】设置为【方正黄草简体】，将【字号】设置为 14，完成后的效果如图 11-31 所示。

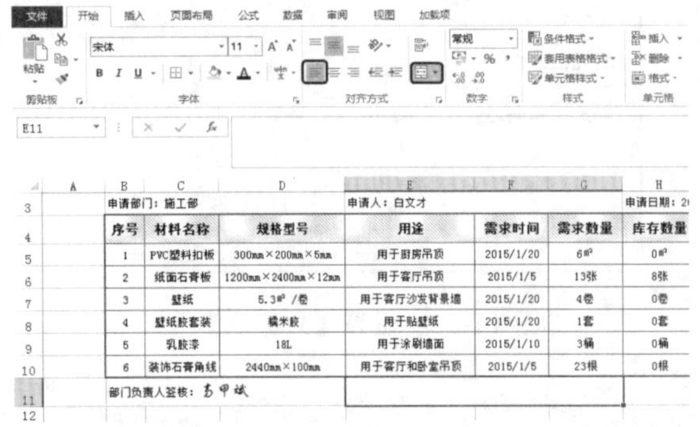

图 11-30　合并单元格

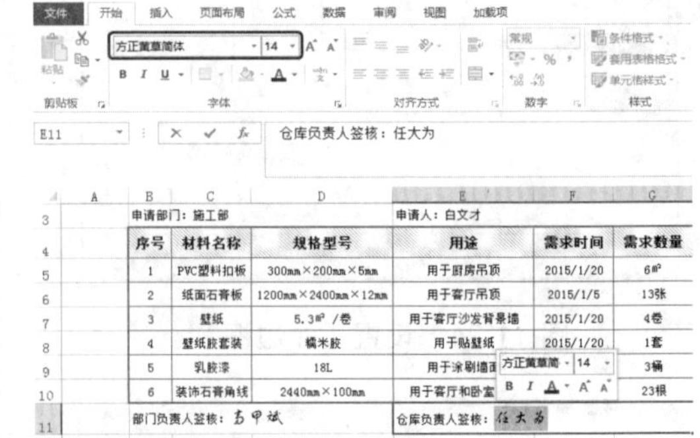

图 11-31　设置字体

step 31 使用同样的方法合并 H11:I11 单元格，并输入文字，完成后的效果如图 11-32 所示。

采 购 申 请 单

申请部门：施工部			申请人：白文才			申请日期：2014年12月1日	
序号	材料名称	规格型号	用途	需求时间	需求数量	库存数量	申购数量
1	PVC塑料扣板	300mm×200mm×5mm	用于厨房吊顶	2015/1/20	6m²	0m²	6m²
2	纸面石膏板	1200mm×2400mm×12mm	用于客厅吊顶	2015/1/5	13张	8张	5张
3	壁纸	5.3m² /卷	用于客厅沙发背景墙	2015/1/20	4卷	0卷	4卷
4	壁纸胶套装	糯米胶	用于贴壁纸	2015/1/20	1套	0套	1套
5	乳胶漆	18L	用于涂刷墙面	2015/1/10	3桶	0桶	3桶
6	装饰石膏角线	2440mm×100mm	用于客厅和卧室吊顶	2015/1/5	23根	0根	23根
部门负责人签核：高甲斌			仓库负责人签核：任大为			总经理签核：刘鹏磊	

图 11-32　设置完成后的效果

step 32 双击【Sheet1】，使其处于编辑状态，然后输入文字【采购申请单】，按 Enter 键完成操作。

案例精讲 096 采购统计表

案例文件：CDROM\场景\Cha08\采购统计表.xlsx

视频文件：视频教学\Cha08\采购统计表.avi

制作概述

本案例将介绍如何制作采购统计表。首先设置单元格的行高与列宽；然后对单元格的属性进行设置，并输入文字与公式；最后设置单元格边框。完成后的效果如图 11-33 所示。

采购统计表								
材料名称		规格型号	供应商	采购时间	采购数量	单位	单价	总计金额
顶面装修	PVC塑料扣板	300mm×200mm×5mm	鸿达装饰材料批发	2015/12/15	6	m²	¥ 40.00	¥ 240.00
	纸面石膏板	1200mm×2400mm×12mm	南盛装饰材料大卖场	2015/12/10	5	张	¥ 50.00	¥ 250.00
	小计							¥ 490.00
墙面装修	壁纸	5.3m² /卷	世明装饰材料	2015/12/20	4	卷	¥ 320.00	¥ 1,280.00
	壁纸胶套装	糯米胶	世明装饰材料	2015/12/20	1	套	¥ 198.00	¥ 198.00
	乳胶漆	18L	红鑫装饰材料	2015/12/12	3	桶	¥ 380.00	¥ 1,140.00
	小计							¥ 1,478.00
装饰线条	装饰石膏角线	2440mm×100mm	南盛装饰材料大卖场	2015/12/10	23	根	¥ 15.00	¥ 345.00
	小计							¥ 345.00
总计								¥ 3,453.00

图 11-33 采购统计表

学习目标

- 学习如何制作采购统计表。
- 掌握设置单元格格式和 SUBTOTAL 公式的应用。

操作步骤

step 01 在工作表标签处单击【新工作表】按钮，新建工作表，将工作表的名称命名为【采购统计表】，如图 11-34 所示。

step 02 选择 C、F、G、I、J 列，在选择的单元格上右击，在弹出的快捷菜单中选择【列宽】命令，如图 11-35 所示。

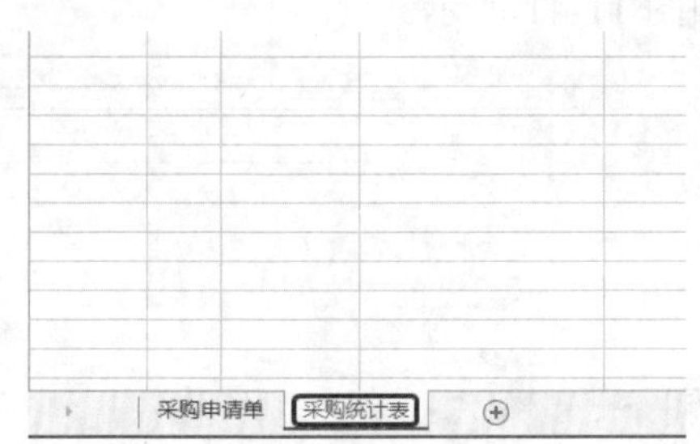

图 11-34 新建工作表并命名

图 11-35 选择【列宽】命令

step 03 选择该命令后弹出【列宽】对话框，在该对话框中的【列宽】文本框中输入 10，单击【确定】按钮，如图 11-36 所示。

step 04 选择 D、E 列，将【列宽】设置为 18，选择 B、H 列，将【列宽】设置为 5，选择 4～12 行单元格并右击，在弹出的快捷菜单中选择【行高】命令，如图 11-37 所示。

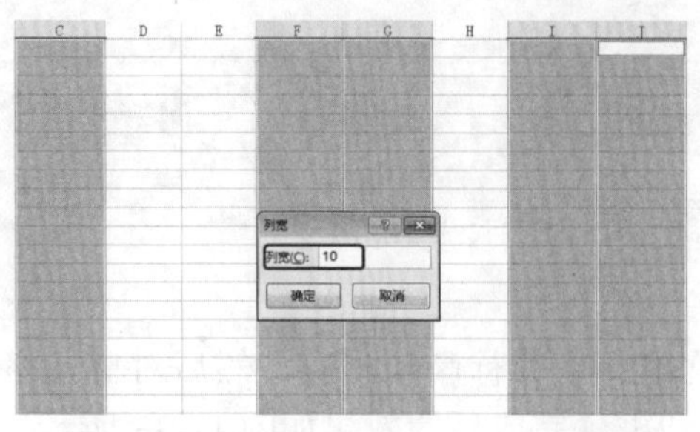

图 11-36　设置【列宽】

图 11-37　选择【行高】命令

step 05 选择该命令后弹出【行高】对话框，在该对话框中的【行高】文本框中输入 20，单击【确定】按钮，如图 11-38 所示。

step 06 将第 2 行的【行高】设置为 35，将第 3、13 行的【行高】设置为 25，完成后的效果如图 11-39 所示。

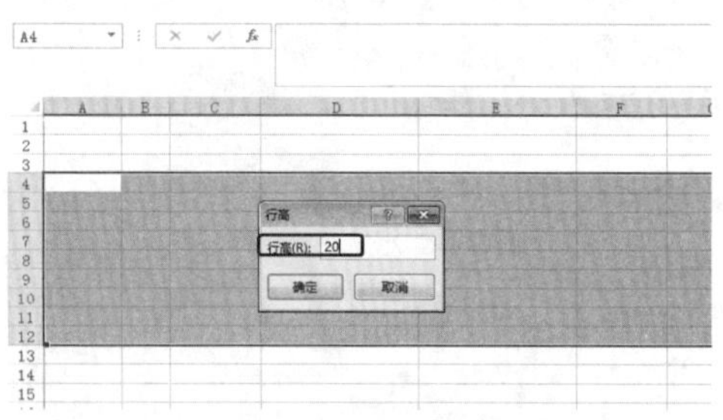

图 11-38　设置【行高】

图 11-39　设置完成后的效果

step 07 选择 B2:J2 单元格，在【开始】选项卡中单击【对齐方式】选项组中的【合并后居中】按钮，如图 11-40 所示。

step 08 在合并的单元格中输入文字【采购统计表】，在该单元格上右击，在弹出的快捷菜单中选择【设置单元格格式】命令，如图 11-41 所示。

图 11-40　合并单元格

图 11-41　选择【设置单元格格式】命令

step 09 在弹出的对话框中选择【字体】选项卡，将【字体】设置为【经典特宋简】，将【字号】设置为 24，将【颜色】设置为【蓝色】，完成后的效果如图 11-42 所示。

step 10 选择【填充】选项卡，将【图案颜色】设置为【蓝色，着色 1，淡色 60%】，将【图案样式】设置为【细，逆对角线，条纹】，如图 11-43 所示。

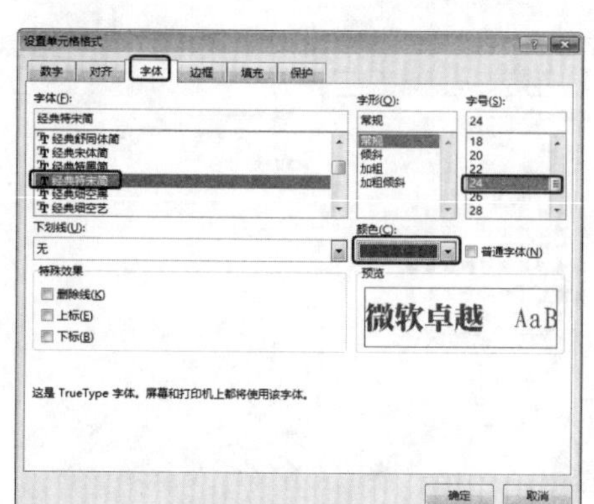

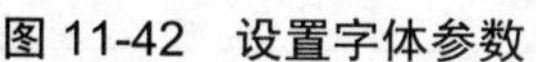

图 11-42　设置字体参数

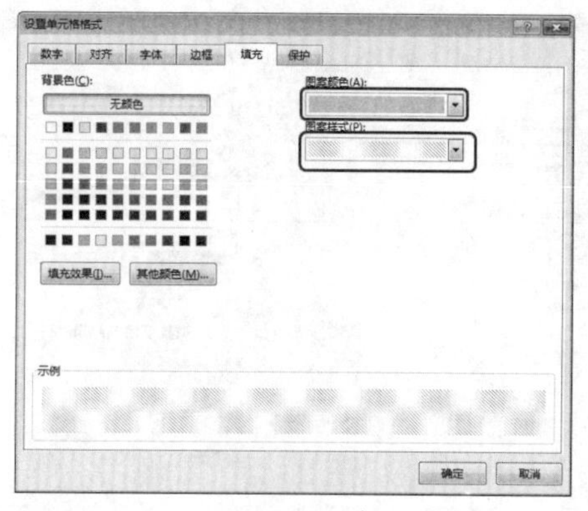

图 11-43　设置填充图案

step 11 单击【确定】按钮，即可为选择的单元格设置填充图案和文字属性，完成后的效果如图 11-44 所示。

step 12 选择 B3:C3 单元格，在【开始】选项卡中的【对齐方式】选项组中单击【合并后居中】按钮，合并单元格，完成后的效果如图 11-45 所示。

图 11-44　设置完成后的效果

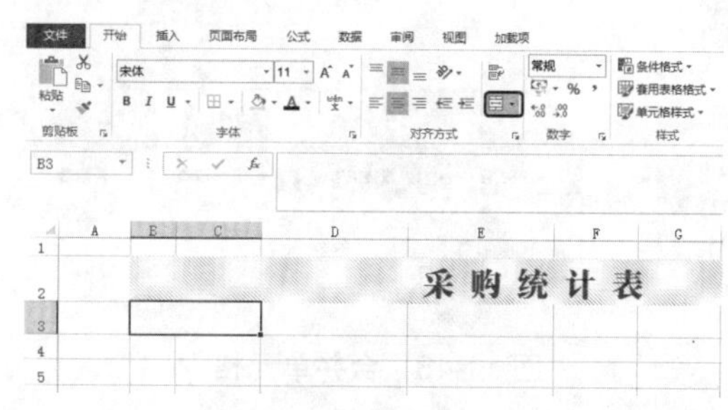

图 11-45　合并单元格

step 13 选择 D3:J3 单元格，在【开始】选项卡中单击【居中】按钮，在 B3:J3 单元格中输入文字，选择 B3:J3 单元格并右击，在弹出的快捷菜单中选择【设置单元格格式】命令，在弹出的对话框中选择【字体】选项卡，将【字体】设置为【宋体】，将【字形】设置为【加粗】，将【字号】设置为 11，将【颜色】设置为【黑色】，完成后的效果如图 11-46 所示。

step 14 选择【填充】选项卡，在【背景色】选项组中选择图 11-47 所示的背景颜色。

step 15 单击【确定】按钮，然后选择 B4:B6 单元格区域，在【开始】选项卡中单击【对齐方式】选项组中的【合并后居中】按钮和【自动换行】按钮，如图 11-48 所示。

step 16 在合并后的单元格中输入文字，将【字号】设置为 10，使用同样的方法选择 B7:B10 单元格区域，单击【合并后居中】按钮和【自动换行】按钮，然后在单元格中输入文字，将【字号】设置为 10，完成后的效果如图 11-49 所示。

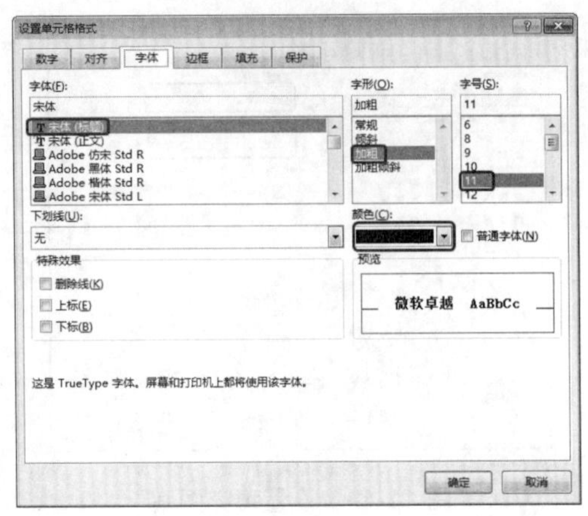

图 11-46 设置字体参数

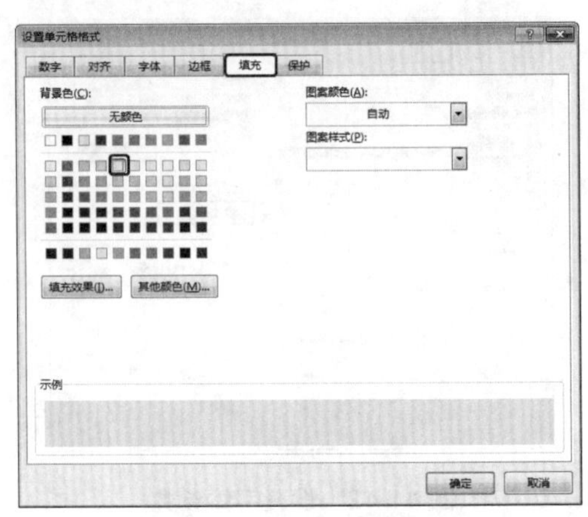

图 11-47 设置背景颜色

图 11-48 合并单元格

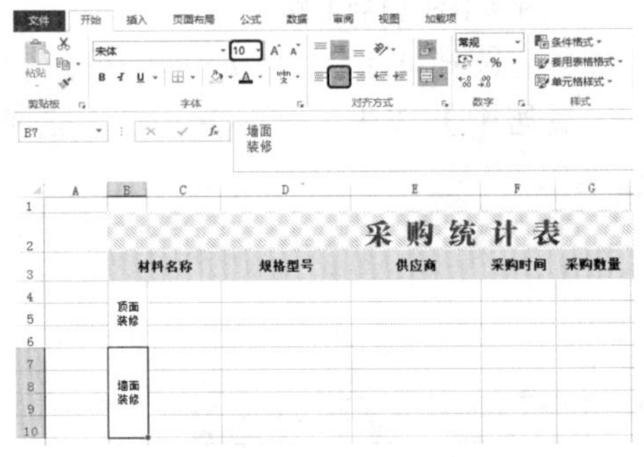

图 11-49 输入文字

step 17 选择 C4 单元格，在该单元格中输入公式【=采购申请单!C5】，按 Enter 键完成操作，将【字号】设置为 10，单击【居中】按钮，完成后的效果如图 11-50 所示。

step 18 选择 C5 单元格，在该单元格中输入公式【=采购申请单!C6】，按 Enter 键完成操作，将【字号】设置为 10，单击【居中】按钮，完成后的效果如图 11-51 所示。

图 11-50 输入公式

图 11-51 输入公式

step 19 在 D4 单元格中输入公式【=采购申请单!D5】，按 Enter 键完成操作，然后将

【字号】设置为 10，单击【居中】按钮，完成后的效果如图 11-52 所示。

step 20 在 D5 单元格中输入公式【=采购申请单!D6】，按 Enter 键完成操作，然后将【字号】设置为 10，单击【居中】按钮，完成后的效果如图 11-53 所示。

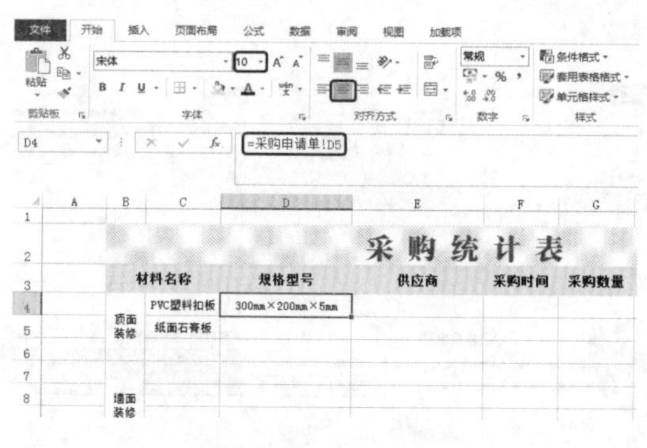

图 11-52 输入公式

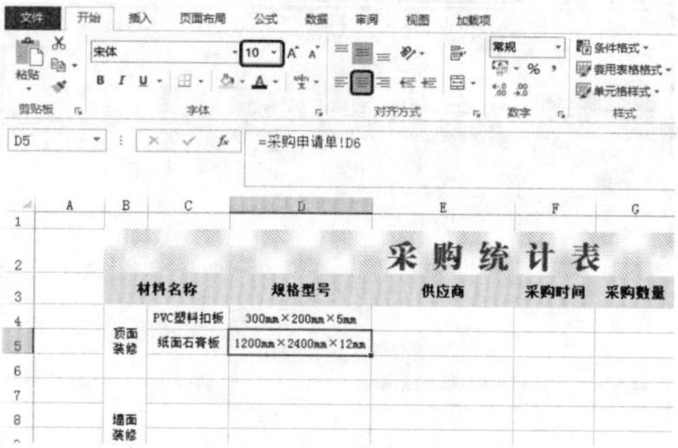

图 11-53 输入公式

step 21 选择 F4:F5、F7:F9、F11 单元格区域并右击，在弹出的快捷菜单中选择【设置单元格格式】命令，如图 11-54 所示。

step 22 在弹出的对话框中选择【数字】选项卡，在【分类】列表框中选择【日期】选项，然后在【类型】列表框中选择图 11-55 所示的选项。

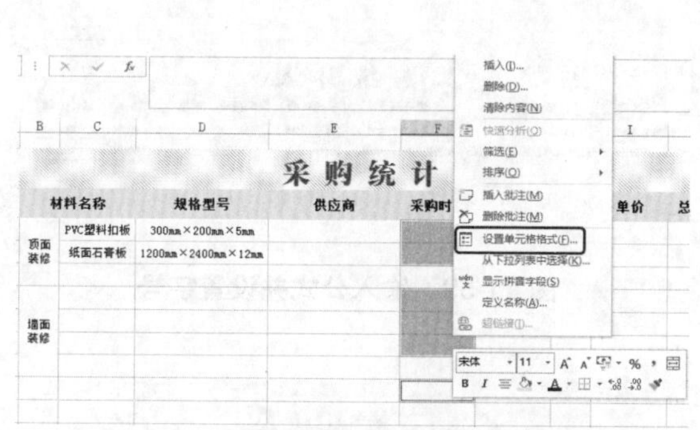

图 11-54 选择【设置单元格格式】命令

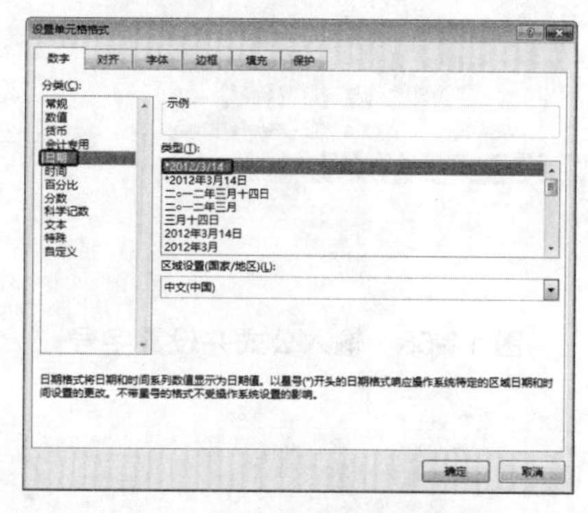

图 11-55 【数字】选项卡

step 23 单击【确定】按钮，选择 I4:I5、I7:I9、I11、J4:J13 单元格区域并右击，在弹出的快捷菜单中选择【设置单元格格式】命令，在弹出的对话框中选择【数字】选项卡，在【分类】列表框中选择【会计专用】选项，如图 11-56 所示。

step 24 单击【确定】按钮，然后在单元格中输入文字，将【字号】设置为 10，单击【对齐方式】选项组中的【居中】按钮，完成后的效果如图 11-57 所示。

step 25 在 J4 单元格中输入公式【=G4*I4】，按 Enter 键完成操作，将【字号】设置为 10，效果如图 11-58 所示。

step 26 选择 J5 单元格输入公式【=G5*I5】，按 Enter 键完成操作，将【字号】设置为 10，效果如图 11-59 所示。

step 27 选择 C6:J6 单元格区域，在【开始】选项卡中单击【对齐方式】选项组中的【居中】按钮和【字体】选项组中的【加粗】按钮，如图 11-60 所示。

step 28 在选择的单元格上右击，在弹出的快捷菜单中选择【设置单元格格式】命令，如图 11-61 所示。

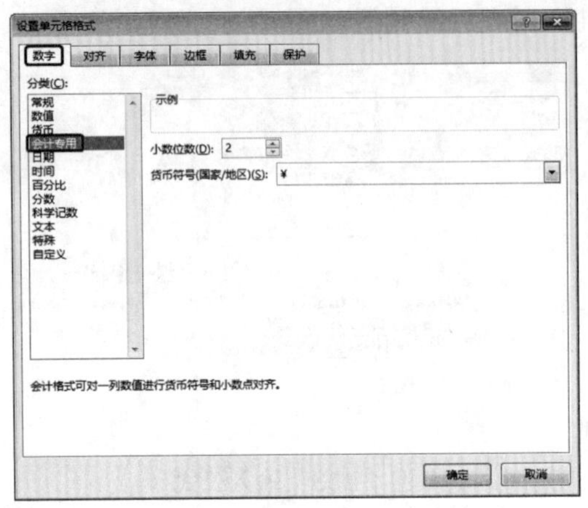

图 11-56 选择【会计专用】选项

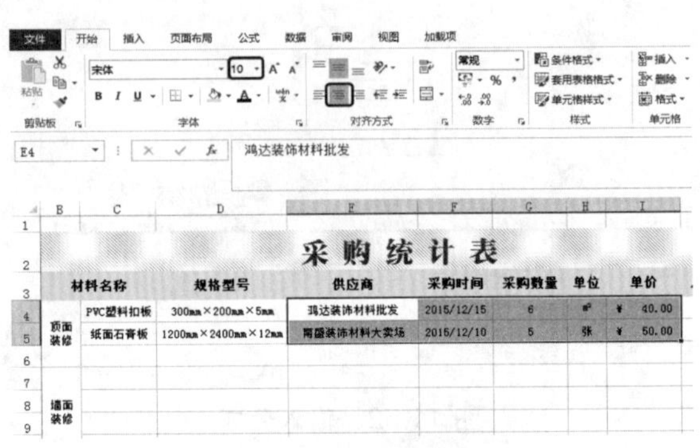

图 11-57 输入文字

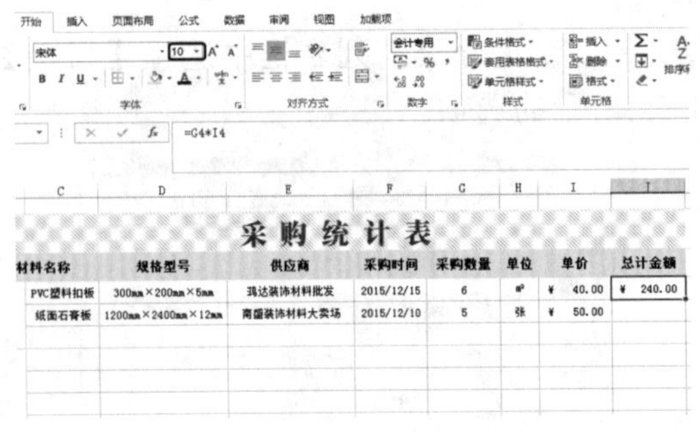

图 11-58 输入公式并设置字号

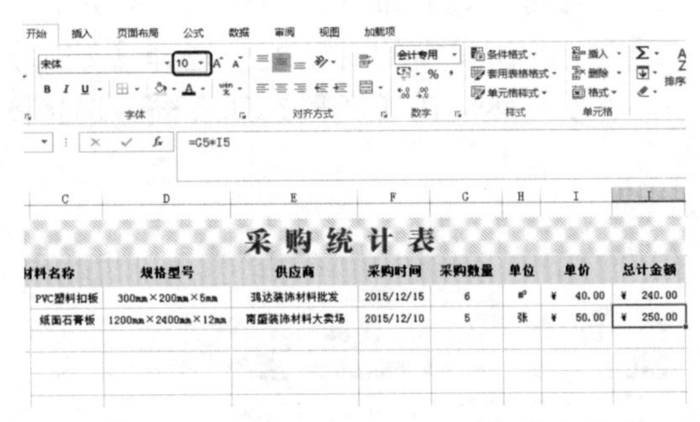

图 11-59 输入公式并设置字号

图 11-60 设置单元格

图 11-61 选择【设置单元格格式】命令

step 29 在弹出的对话框中选择【字体】选项卡，将【字号】设置为 10，完成后的效果如图 11-62 所示。

step 30 选择【填充】选项卡，将【图案颜色】设置为【蓝色，着色 1，淡色 60%】，将【图案样式】设置为【细，逆对角线，条纹】，如图 11-63 所示。

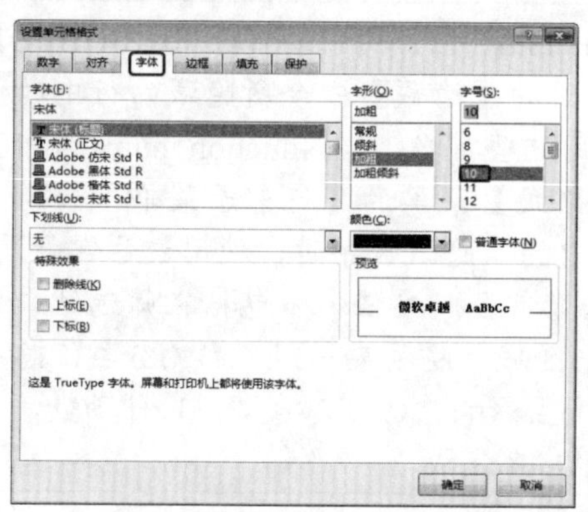

图 11-62 设置字体参数

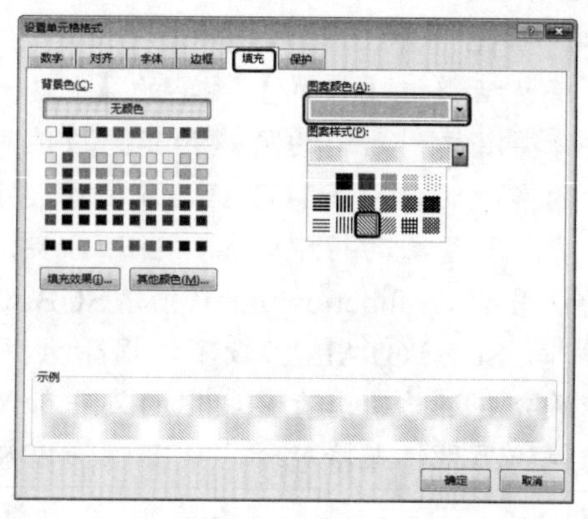

图 11-63 设置填充图案

step 31 单击【确定】按钮，即可对单元格填充设置的图案，完成后的效果如图 11-64 所示。

step 32 在 C6 单元格中输入文字【小计】，完成后的效果如图 11-65 所示。

采购统计表								
	材料名称	规格型号	供应商	采购时间	采购数量	单位	单价	总计金额
顶面装修	PVC塑料扣板	300mm×200mm×5mm	鸿达装饰材料批发	2015/12/15	6	㎡	¥ 40.00	¥ 240.00
	纸面石膏板	1200mm×2400mm×12mm	南盛装饰材料大卖场	2015/12/10	5	张	¥ 50.00	¥ 250.00
墙面装修								

图 11-64 填充图案后效果

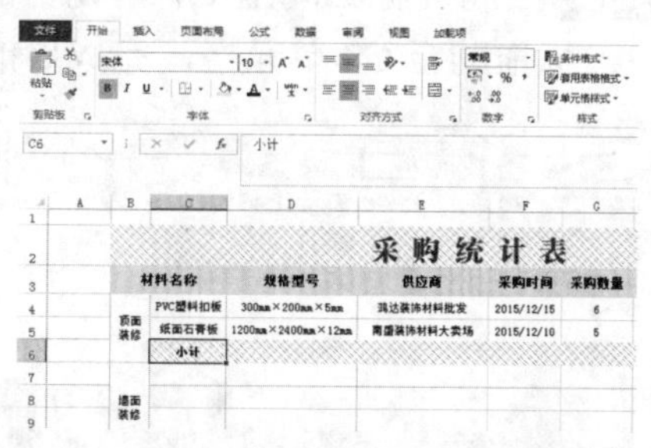

图 11-65 输入文字后的效果

step 33 选择 J6 单元格，在该单元格中输入公式【=SUBTOTAL(9,J4:J5)】，按 Enter 键完成操作，效果如图 11-66 所示。

图 11-66 输入公式

知识链接

SUBTOTAL 函数

主要功能：返回指定平均值和标准偏差的正态累积分布函数的反函数值。

使用格式：= SUBTOTAL(function_num,ref1,ref2, ...)

参数说明：function_num 为 1～11(包含隐藏值)或 101～111(忽略隐藏值)之间的数字，指定使用何种函数在列表中进行分类汇总计算。

SUBTOTAL 函数还有 3 个特点，分别是：①如果在 ref1, ref2,... 中有其他的分类汇总(嵌套分类汇总)，将忽略这些嵌套分类汇总，以避免重复计算。也就是在数据区域中有

SUBTOTAL 获得的结果将被忽略！②当 function_num 为 1～11 的常数时，SUBTOTAL 函数将包括通过【格式】菜单的【行】子菜单下面的【隐藏】命令所隐藏的行中的值。当要分类汇总列表中的隐藏和非隐藏值时，请使用这些常数。当 function_num 为 101～111 的常数时，SUBTOTAL 函数将忽略通过【格式】菜单的【行】子菜单下面的【隐藏】命令所隐藏的行中的值。当只分类汇总列表中的非隐藏数字时，使用这些常数。但不论使用什么 function_num 值，SUBTOTAL 函数都会忽略任何不包括在筛选结果中的行。而 SUBTOTAL 函数不适用于数据行或水平区域。隐藏某一列不影响分类汇总。但是隐藏分类汇总的垂直区域中的某一行就会对其产生影响。③可以代替 11 种函数，当有上面说的两种特点情况时，就可以使用 SUBTOTAL 来完成。

step 34 在 C7 单元格中输入公式【=采购申请单!C7】，按 Enter 键完成操作，将【字号】设置为 10，然后单击【对齐方式】选项组中的【居中】按钮，完成后的效果如图 11-67 所示。

step 35 将光标移动至 C7 单元格的右下角处，当光标变成黑色实心十字形状时，按住鼠标拖动至 C9 单元格，完成后的效果如图 11-68 所示。

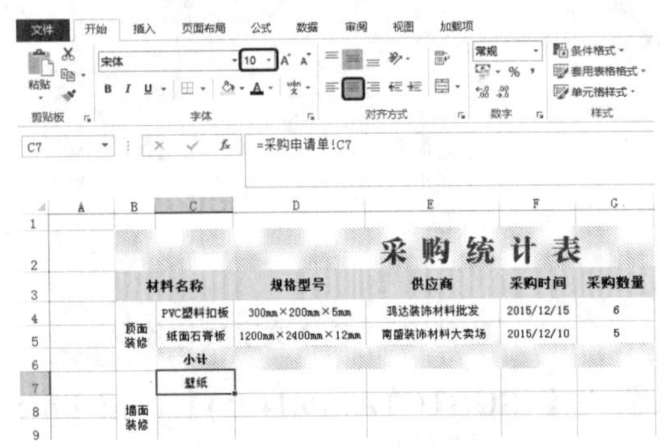

图 11-67　输入公式

图 11-68　利用自动填充功能

step 36 在 D7 单元格中输入公式【=采购申请单!D7】，按 Enter 键完成操作，将【字号】设置为 10，然后单击【对齐方式】选项组中的【居中】按钮，完成后的效果如图 11-69 所示。

step 37 利用自动填充功能从 D7 单元格填充至 D9 单元格，完成后的效果如图 11-70 所示。

step 38 选择 E7:J9 单元格并右击，在弹出的快捷菜单中选择【设置单元格格式】命令，在弹出的对话框中选择【字体】选项卡，将【字号】设置为 10，如图 11-71 所示。

step 39 选择【对齐】选项卡，在【文本对齐方式】选项组中将【水平对齐】设置为【居中】对齐，完成后的效果如图 11-72 所示。

step 40 单击【确定】按钮，然后在单元格中输入文字，完成后的效果如图 11-73 所示。

step 41 在 J7 单元格中输入公式【=G7*I7】，按 Enter 键完成操作，完成后的效果如图 11-74 所示。

step 42 将光标移动至 J7 单元格的右下角处，当光标变成黑色实心十字形状时，按住鼠标拖动至 J9 单元格，完成后的效果如图 11-75 所示。

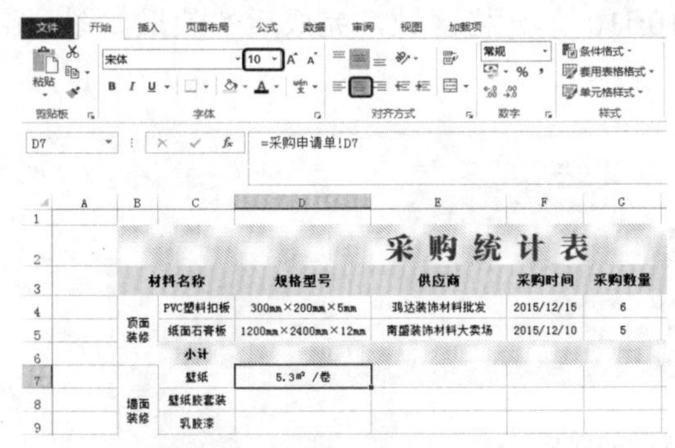

图 11-69 输入公式

图 11-70 自动填充

图 11-71 设置字号

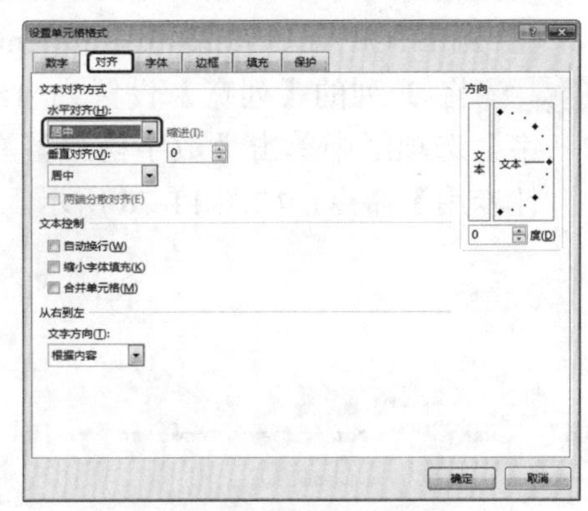

图 11-72 设置对齐方式

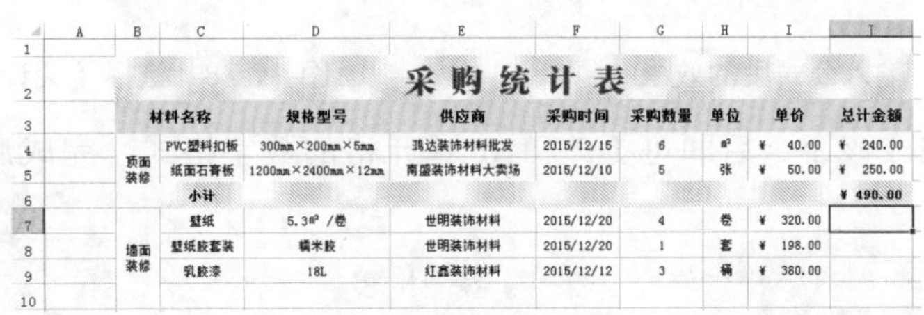

图 11-73 输入文字

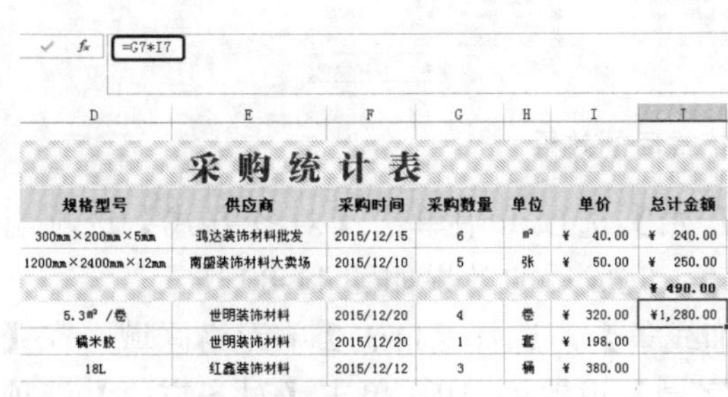

图 11-74 输入公式

图 11-75 利用自动填充功能

step 43 选择 C6 单元格，然后单击【开始】选项卡下【剪贴板】选项组中的【格式刷】

按钮，当光标变成形状时，选择 C10:J10 单元格区域，完成后的效果如图 11-76 所示。

	A	B	C	D	E	F	G	H	I	J
1										
2		采购统计表								
3		材料名称		规格型号	供应商	采购时间	采购数量	单位	单价	总计金额
4		顶面装修	PVC塑料扣板	300mm×200mm×5mm	鸿达装饰材料批发	2015/12/15	6	m²	¥ 40.00	¥ 240.00
5			纸面石膏板	1200mm×2400mm×12mm	南盛装饰材料大卖场	2015/12/10	5	张	¥ 50.00	¥ 250.00
6			小计							¥ 490.00
7		墙面装修	壁纸	5.3m² /卷	世明装饰材料	2015/12/20	4	卷	¥ 320.00	¥1,280.00
8			壁纸胶套装	糯米胶	世明装饰材料	2015/12/20	1	套	¥ 198.00	¥ 198.00
9			乳胶漆	18L	红鑫装饰材料	2015/12/12	3	桶	¥ 380.00	¥1,140.00
10										

图 11-76　完成后的效果

step 44 在 C10 单元格中输入文字【小计】，然后在 J10 单元格中输入公式【=SUBTOTAL(9,J7:J8)】，按 Enter 键完成操作，效果如图 11-77 所示。

step 45 将 J 列的【列宽】设置为 15，选择 J10 单元格，在【开始】选项卡中的【数字】选项组中单击【数字格式】右侧的下三角按钮，在弹出的下拉菜单中选择【会计专用】命令，如图 11-78 所示。

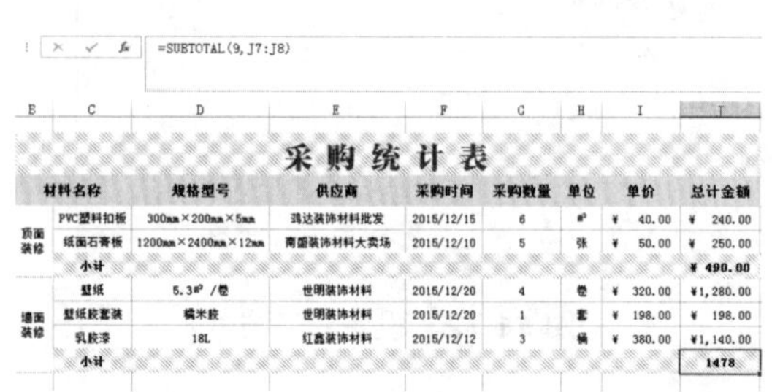

图 11-77　输入公式后的效果

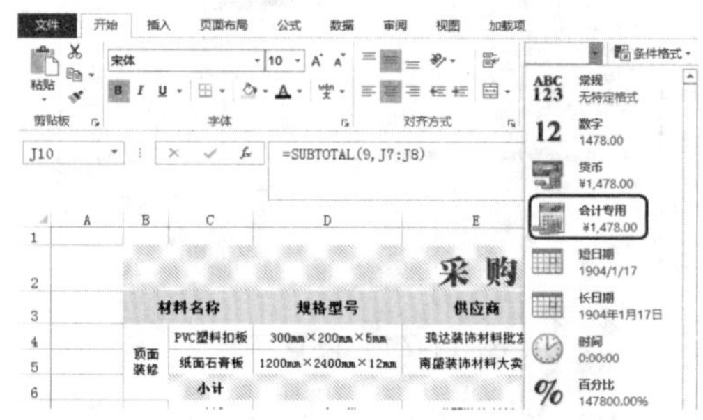

图 11-78　选择【会计专用】命令

step 46 设置完成该命令后即可更改 J10 单元格的数字格式，完成后的效果如图 11-79 所示。

采购统计表								
材料名称		规格型号	供应商	采购时间	采购数量	单位	单价	总计金额
顶面装修	PVC塑料扣板	300mm×200mm×5mm	鸿达装饰材料批发	2015/12/15	6	m²	¥ 40.00	¥ 240.00
	纸面石膏板	1200mm×2400mm×12mm	南盛装饰材料大卖场	2015/12/10	5	张	¥ 50.00	¥ 250.00
	小计							¥ 490.00
墙面装修	壁纸	5.3m² /卷	世明装饰材料	2015/12/20	4	卷	¥ 320.00	¥ 1,280.00
	壁纸胶套装	糯米胶	世明装饰材料	2015/12/20	1	套	¥ 198.00	¥ 198.00
	乳胶漆	18L	红鑫装饰材料	2015/12/12	3	桶	¥ 380.00	¥ 1,140.00
	小计							¥ 1,478.00

图 11-79　设置完格式后的效果

step 47 选择 B11:B12 单元格区域，在【开始】选项卡中单击【对齐方式】选项组中【合并后居中】按钮和【自动换行】按钮，完成后的效果如图 11-80 所示。

step 48 在合并后的单元格中输入文字【装饰线条】，选择 C11:J12 单元格区域，在【开始】选项卡中将【字体】选项组中的【字号】设置为 10，单击【对齐方式】选项组中的【居中】按钮，如图 11-81 所示。

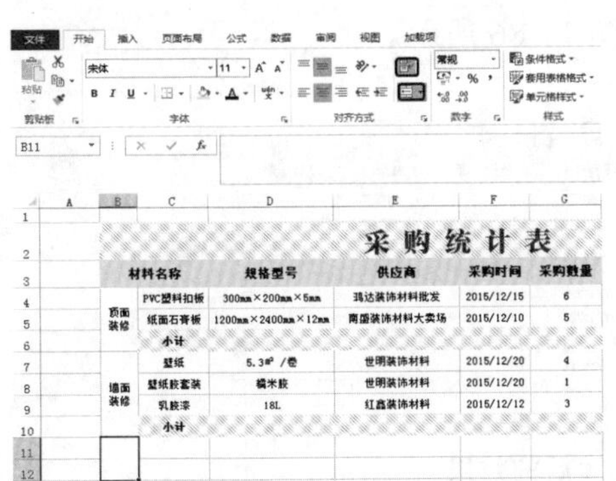

图 11-80　合并单元格

图 11-81　设置字号和对齐方式

step 49 在 C11 单元格中输入公式【=采购申请单!C10】，按 Enter 键完成操作，如图 11-82 所示。

step 50 在 D11 单元格中输入公式【=采购申请单!D10】，按 Enter 键完成操作，然后在 E11:I11 单元格区域输入文字，完成后的效果如图 11-83 所示。

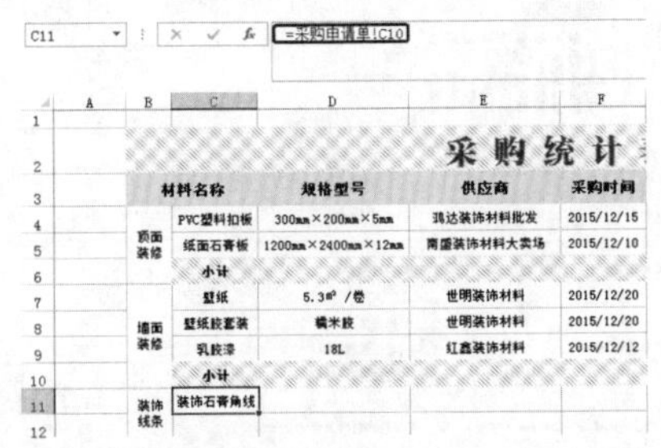

图 11-82　输入公式

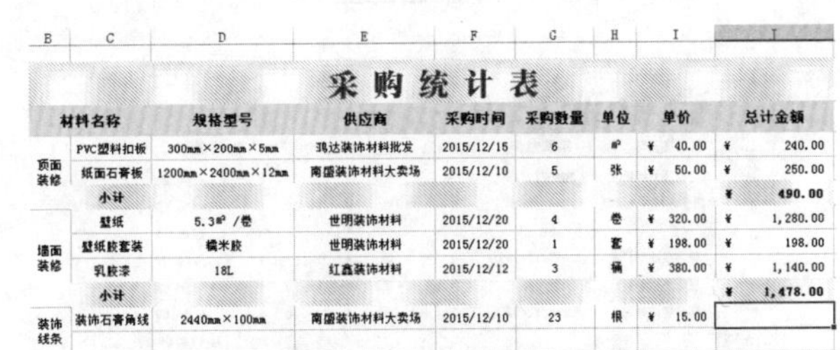

图 11-83　输入文字后的效果

step 51 选择 J11 单元格，在该单元格中输入公式【=G11*I11】，按 Enter 键完成操作，效果如图 11-84 所示。

step 52 选择 C12:J12 单元格区域，在【开始】选项卡中单击【字体】选项组中的【加粗】按钮，然后右击，在弹出的快捷菜单中选择【设置单元格格式】命令，在弹出的对话框中选择【填充】选项卡，将【图案颜色】设置为【蓝色，着色 1，淡色 60%】，将【图案】设置为【细，逆对角，条纹】，如图 11-85 所示。

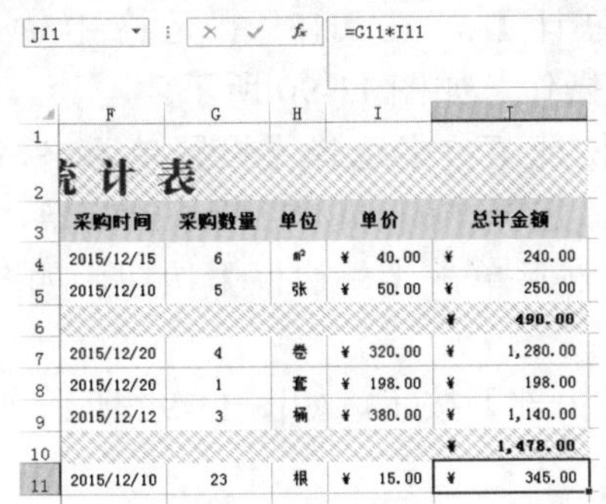

图 11-84　输入公式

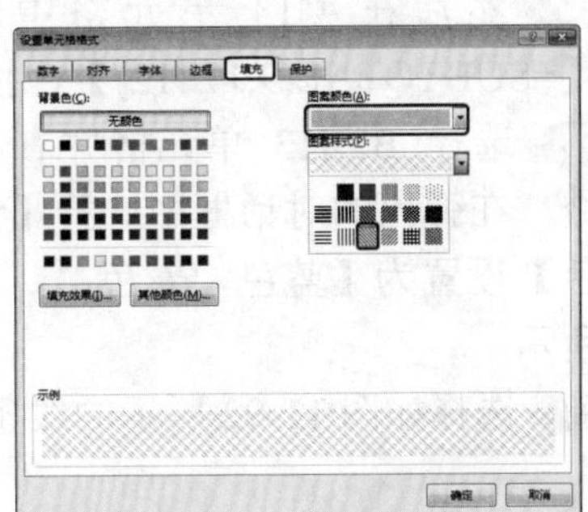

图 11-85　设置图案

step 53 单击【确定】按钮，完成后的效果如图 11-86 所示。

材料名称		规格型号	供应商	采购时间	采购数量	单位	单价	总计金额
顶面装修	PVC塑料扣板	300mm×200mm×5mm	鸿达装饰材料批发	2015/12/15	6	㎡	¥ 40.00	¥ 240.00
	纸面石膏板	1200mm×2400mm×12mm	南盛装饰材料大卖场	2015/12/10	5	张	¥ 50.00	¥ 250.00
	小计							¥ 490.00
墙面装修	壁纸	5.3㎡ /卷	世明装饰材料	2015/12/20	4	卷	¥ 320.00	¥ 1,280.00
	壁纸胶套装	糯米胶	世明装饰材料	2015/12/20	1	套	¥ 198.00	¥ 198.00
	乳胶漆	18L	红鑫装饰材料	2015/12/12	3	桶	¥ 380.00	¥ 1,140.00
	小计							¥ 1,478.00
装饰线条	装饰石膏角线	2440mm×100mm	南盛装饰材料大卖场	2015/12/10	23	根	¥ 15.00	¥ 345.00

图 11-86 设置填充图案后的效果

step 54 在 C12 单元格中输入文字【小计】，然后在 J12 单元格中输入公式【=SUBTOTAL(9,J11:J11)】，按 Enter 键完成操作，如图 11-87 所示。

step 55 选择 B13:J13 单元格区域，将【填充颜色】设置为【蓝色，着色 1，淡色 80%】，完成后的效果如图 11-88 所示。

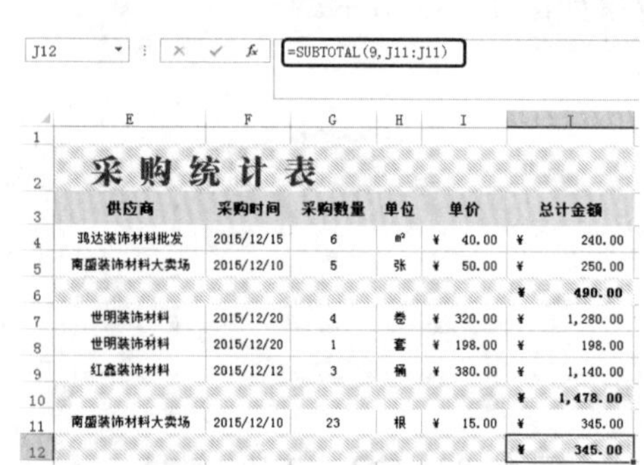

图 11-87 输入公式

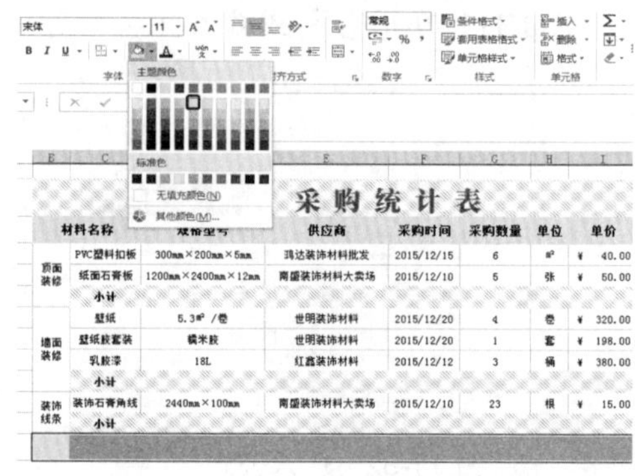

图 11-88 设置填充颜色

step 56 选择 D13:I13 单元格区域，在【开始】选项卡中单击【对齐方式】选项组中的【合并后居中】按钮，选择 C13:J13 单元格区域并右击，在弹出的快捷菜单中选择【设置单元格格式】命令，在弹出的对话框中选择【字体】选项卡，选择【字形】选项组中的【加粗】按钮，然后将【字号】设置为 11，将【颜色】设置为【蓝色】，如图 11-89 所示。

step 57 然后在 C13 单元格中输入文字【总计】，在 J13 单元格中输入公式【=SUBTOTAL(9,J4:J12)】，按 Enter 键完成操作，如图 11-90 所示。

step 58 选择 B2:J13 单元格并右击，在弹出的快捷菜单中选择【设置单元格格式】命令，在弹出的对话框中选择【边框】选项卡，选择如图 11-91 所示的线条，将【颜色】设置为【蓝色，着色 1，深色 25%】，然后单击【外边框】按钮，如图 11-91 所示。

step 59 选择如图 11-92 所示的线条，然后单击【内部】按钮，如图 11-92 所示。

图 11-89　设置字体参数

=SUBTOTAL(9,J4:J12)

采 购 统 计 表

材料名称		规格型号	供应商	采购时间	采购数量	单位	单价	总计金额
顶面装修	PVC塑料扣板	300mm×200mm×5mm	鸿达装饰材料批发	2015/12/15	6	m²	¥ 40.00	¥ 240.00
	纸面石膏板	1200mm×2400mm×12mm	南盛装饰材料大卖场	2015/12/10	5	张	¥ 50.00	¥ 250.00
	小计							¥ 490.00
墙面装修	壁纸	5.3m² /卷	世明装饰材料	2015/12/20	4	卷	¥ 320.00	¥ 1,280.00
	壁纸胶套装	糯米胶	世明装饰材料	2015/12/20	1	套	¥ 198.00	¥ 198.00
	乳胶漆	18L	红鑫装饰材料	2015/12/12	3	桶	¥ 380.00	¥ 1,140.00
	小计							¥ 1,478.00
装饰线条	装饰石膏角线	2440mm×100mm	南盛装饰材料大卖场	2015/12/10	23	根	¥ 15.00	¥ 345.00
	小计							¥ 345.00
	总计							¥ 3,453.00

图 11-90　输入公式后的效果

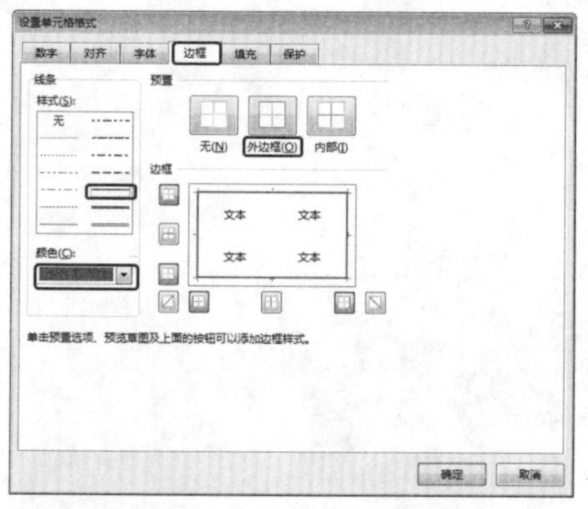

图 11-91　设置【外边框】

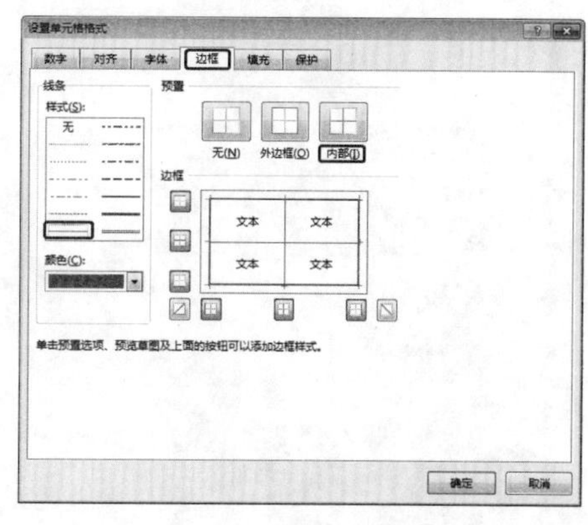

图 11-92　设置【内部】框线

step 60 单击【确定】按钮，即可为选择的单元格设置边框，完成后的效果如图 11-93 所示。

step 61 在【开始】选项卡中单击【字体】选项组中的【下边框】右侧的下三角按钮，在弹出的下拉菜单中选择【擦除边框】命令，然后在需要删除的边框上单击完成后的效果如图 11-94 所示。

采 购 统 计 表

材料名称		规格型号	供应商	采购时间	采购数量	单位	单价	总计金额
顶面装修	PVC塑料扣板	300mm×200mm×5mm	鸿达装饰材料批发	2015/12/15	6	m²	¥ 40.00	¥ 240.00
	纸面石膏板	1200mm×2400mm×12mm	南盛装饰材料大卖场	2015/12/10	5	张	¥ 50.00	¥ 250.00
	小计							¥ 490.00
墙面装修	壁纸	5.3m² /卷	世明装饰材料	2015/12/20	4	卷	¥ 320.00	¥ 1,280.00
	壁纸胶套装	糯米胶	世明装饰材料	2015/12/20	1	套	¥ 198.00	¥ 198.00
	乳胶漆	18L	红鑫装饰材料	2015/12/12	3	桶	¥ 380.00	¥ 1,140.00
	小计							¥ 1,478.00
装饰线条	装饰石膏角线	2440mm×100mm	南盛装饰材料大卖场	2015/12/10	23	根	¥ 15.00	¥ 345.00
	小计							¥ 345.00
	总计							¥ 3,453.00

图 11-93　设置边框后的效果

采 购 统 计 表

材料名称		规格型号	供应商	采购时间	采购数量	单位	单价	总计金额
顶面装修	PVC塑料扣板	300mm×200mm×5mm	鸿达装饰材料批发	2015/12/15	6	m²	¥ 40.00	¥ 240.00
	纸面石膏板	1200mm×2400mm×12mm	南盛装饰材料大卖场	2015/12/10	5	张	¥ 50.00	¥ 250.00
	小计							¥ 490.00
墙面装修	壁纸	5.3m² /卷	世明装饰材料	2015/12/20	4	卷	¥ 320.00	¥ 1,280.00
	壁纸胶套装	糯米胶	世明装饰材料	2015/12/20	1	套	¥ 198.00	¥ 198.00
	乳胶漆	18L	红鑫装饰材料	2015/12/12	3	桶	¥ 380.00	¥ 1,140.00
	小计							¥ 1,478.00
装饰线条	装饰石膏角线	2440mm×100mm	南盛装饰材料大卖场	2015/12/10	23	根	¥ 15.00	¥ 345.00
	小计							¥ 345.00
	总计							¥ 3,453.00

图 11-94　擦除边框

step 62 至此，采购管理表就制作完成了，将文件进行保存即可。

第 12 章

企业月末账表

本章重点

- 科目汇总表
- 财务总账表

月末是会计人员最忙碌的时间，因为从我国的会计实际来说，除某些单位因为自身的业务量大有自己定义结账日外，一般月末结账的时间点都是自然月末。本章制作的企业月末账表包括科目汇总表和财务总账表。通过本章的学习，使读者掌握月末账表的制作方法。

案例精讲 097　科目汇总表

案例文件：CDROM\场景\Cha12\企业月末账表.xlsx

视频文件：视频教学\Cha12\科目汇总表.avi

制作概述

本案例将介绍如何制作科目汇总表。首先制作科目汇总表表格；然后使用 SUM 函数计算出借方金额和贷方金额的总额；最后设置表格的边框。完成后的效果如图 12-1 所示。

科目汇总表

日期：2014年12月31日

行号	科目代码	科目名称	借方金额	贷方金额
1	1001	库存现金	¥ 30,000.00	¥ 21,700.00
2	1002	银行存款	¥ 2,520,000.00	¥ 2,630,000.00
3	1122	应收账款	¥ 165,000.00	¥ -
4	1243	库存商品	¥ 950,000.00	¥ 900,000.00
5	1123	预付账款	¥ 90,000.00	¥ 124,000.00
6	5101	主营业务收入	¥ 2,485,000.00	¥ 1,485,000.00
7	5401	主营业务成本	¥ 1,320,000.00	¥ 2,320,000.00
8	2176	其他应交款	¥ -	¥ 500.00
9	5502	管理费用	¥ 42,000.00	¥ 42,000.00
10	2171	应交税金	¥ 330,000.00	¥ 408,800.00
合　计			¥7,932,000.00	¥7,932,000.00

图 12-1　科目汇总表

学习目标

- 学习如何制作科目汇总表；
- 学习 SUM 函数的使用方法；

知识链接

科目汇总表也称“记账凭证汇总表”。定期对全部记账凭证进行汇总，根据各个会计科目列出其借方发生额和贷方发生额的一种汇总凭证。依据借贷记账法的基本原理，科目汇总表中各个会计科目的借方发生额合计与贷方发生额合计应该相等，因此，科目汇总表具有试算平衡的作用。并且科目汇总表是科目汇总表核算形式下总分类账登记的依据。

操作步骤

step 01 启动 Excel 2013，在登录界面中选择【空白工作簿】选项，如图 12-2 所示，新建一个空白工作簿。

step 02 选中 B1:F1 单元格，单击【对齐方式】选项组中的【合并后居中】按钮，在合并后的单元格中输入文字【科目汇总表】，然后在【字体】选项组中，将【字体】设置为【汉仪超粗宋简】，【字号】设置为 20，然后设置【字体颜色】，如图 12-3 所示。

图 12-2　选择【空白工作簿】选项

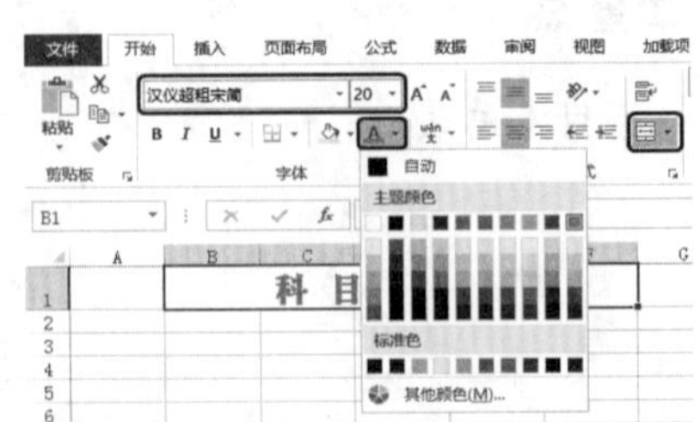

图 12-3　输入文字并设置

在输入【科目汇总表】时，文字之间都输入一个空格，将文字隔开。

step 03 选择 B～F 列单元格，在所选的单元格中右击，在弹出的快捷菜单中选择【列宽】命令，如图 12-4 所示。

step 04 在弹出的【列宽】对话框中，将【列宽】设置为 15，然后单击【确定】按钮，如图 12-5 所示。

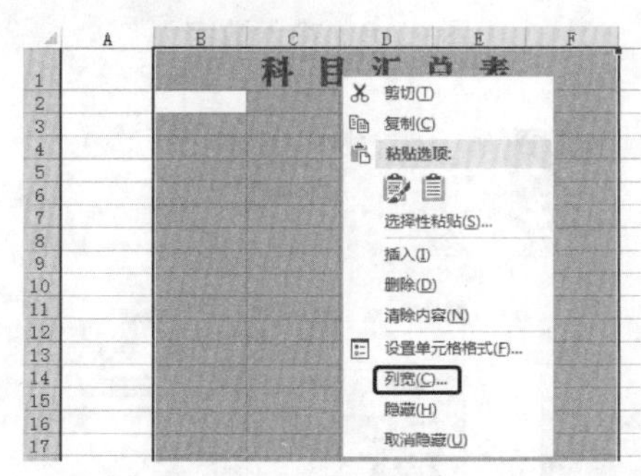

图 12-4 选择【列宽】命令

图 12-5 设置【列宽】

step 05 选择 E2:F2 单元格，在【对齐方式】选项组中，单击【合并后居中】按钮右侧的下拉箭头按钮，在弹出的下拉菜单中选择【合并单元格】命令，如图 12-6 所示。

step 06 在合并后的单元格中输入文字【日期：2014 年 12 月 31 日】，将【字号】设置为 10，【字体颜色】设置为【绿色，着色 6】，然后单击【右对齐】按钮，如图 12-7 所示。

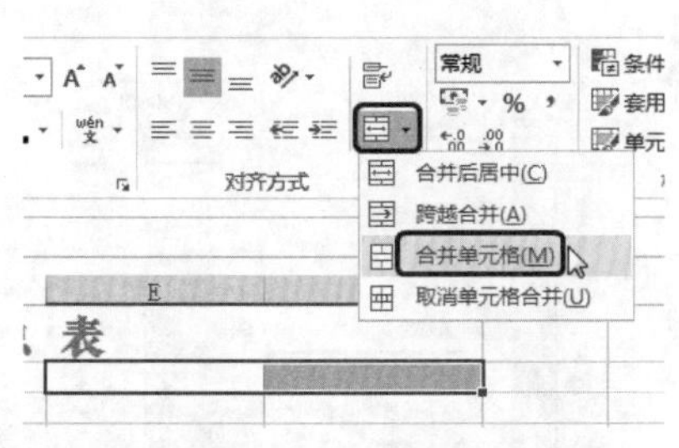

图 12-6 选择【合并单元格】命令

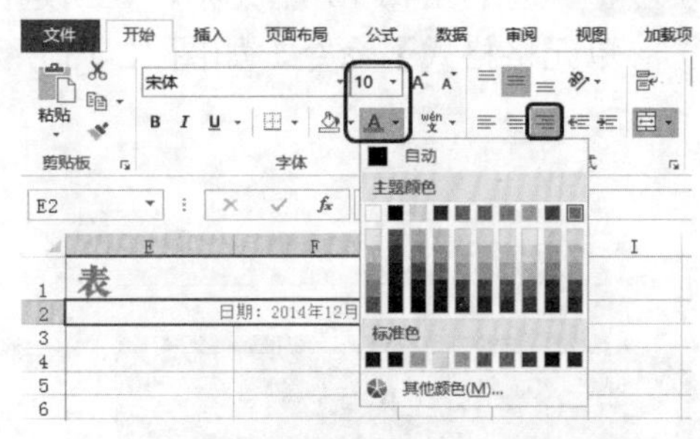

图 12-7 输入文字并设置

step 07 在 B3:F3 单元格中输入文字，在【字体】选项组中单击【加粗】按钮，设置【填充颜色】和【字体颜色】，在【对齐方式】选项组中单击【居中】按钮，如图 12-8 所示。

step 08 在 B4:B5 单元格中输入数字，如图 12-9 所示。

step 09 选中 B4:B5 单元格，当光标在 B5 单元格的右下角呈黑心十字形状时，按住鼠标左键，向下拖动到 B13 单元格，自动填充其他单元格，如图 12-10 所示。

step 10 选中 B4:B13 单元格，将【字号】设置为 10，在【对齐方式】选项组中，单击【居中】按钮，如图 12-11 所示。

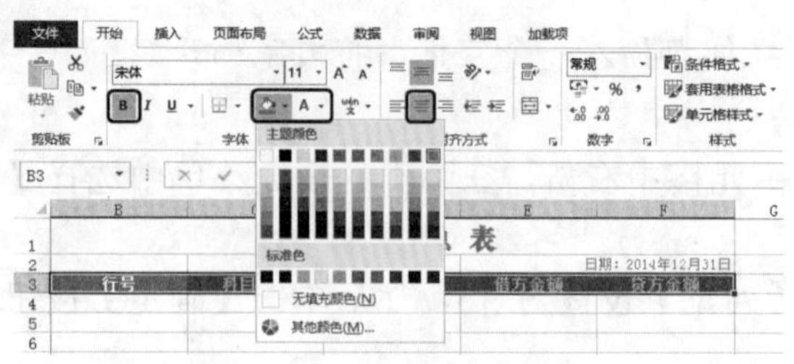

图 12-8　输入文字并设置

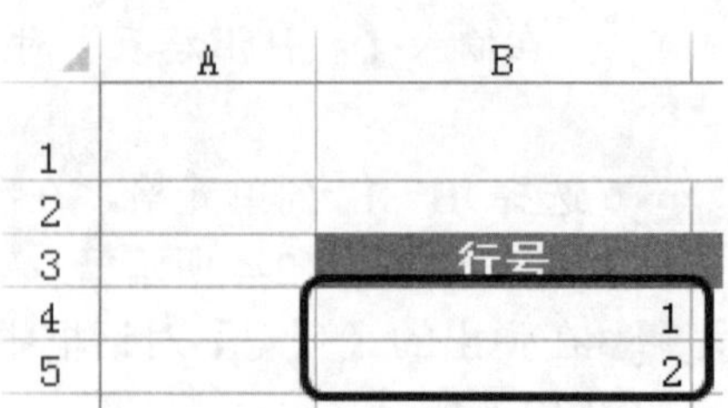

图 12-9　输入数字

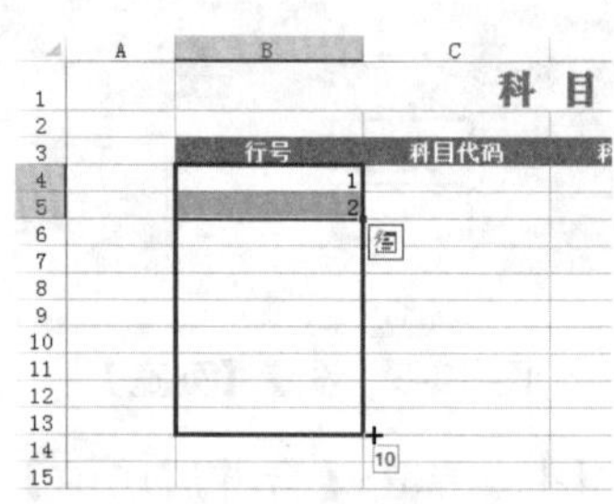

图 12-10　自动填充其他单元格

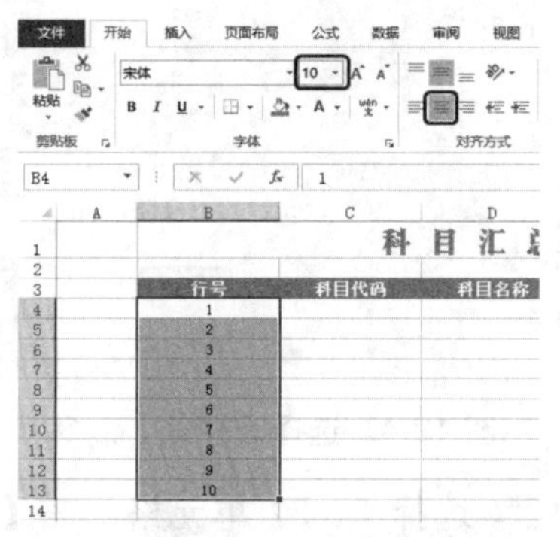

图 12-11　设置数字格式

step 11 在 C4:F13 单元格中输入数据信息，然后选中 C4:F13 单元格，将【字号】设置为 10，在【对齐方式】选项组中，单击【居中】按钮，如图 12-12 所示。

step 12 选中 E4:F13 单元格，在所选的单元格中右击，在弹出的快捷菜单中选择【设置单元格格式】命令，如图 12-13 所示。

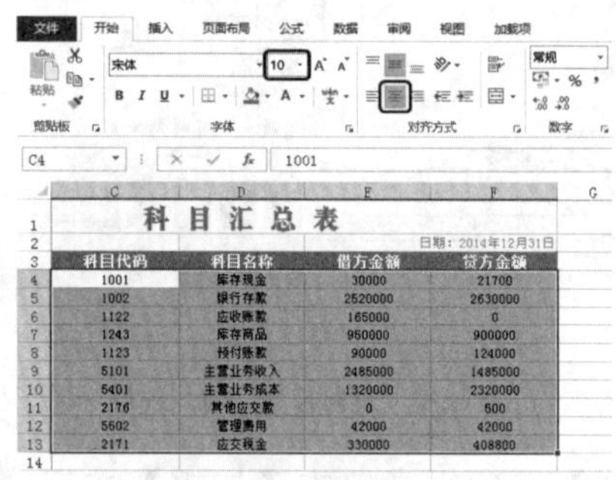

图 12-12　输入文字并设置

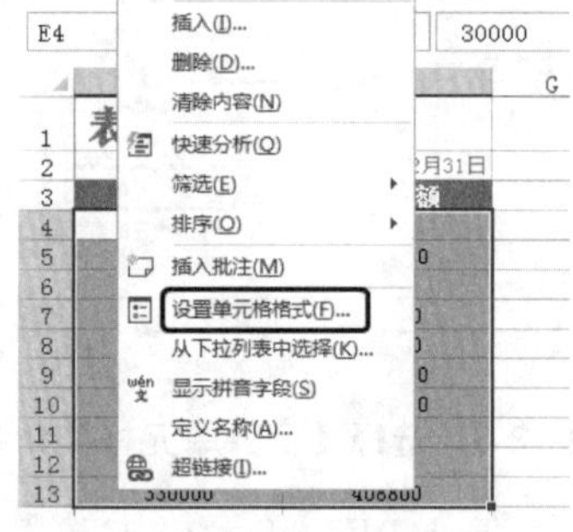

图 12-13　选择【设置单元格格式】命令

step 13 在弹出的【设置单元格格式】对话框中，切换至【数字】选项卡，在【分类】列表框中选择【会计专用】选项，然后单击【确定】按钮，如图 12-14 所示。

step 14 选中 B14:D14 单元格，单击【对齐方式】选项组中的【合并后居中】按钮，在合并后的单元格中输入文字【合计】，然后在【字体】选项组中将【字号】设置为 10，如图 12-15 所示。

图 12-14 【设置单元格格式】对话框

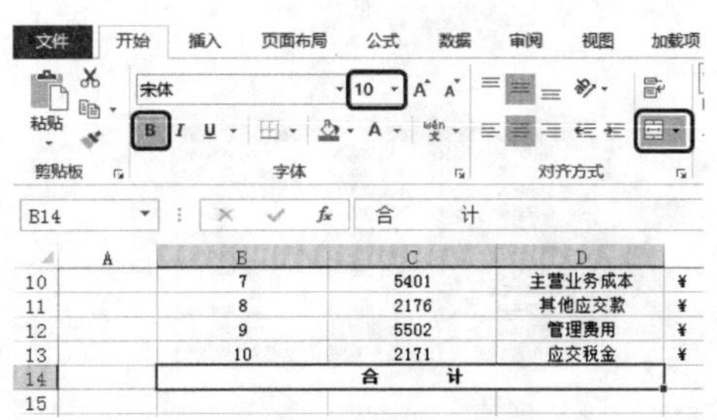

图 12-15 输入并设置文字

在输入【合计】时，文字之间输入 6 个空格，将文字隔开。

step 15 在 E14 单元格中输入函数公式【=SUM(E4:E13)】，按 Enter 键确认输入，如图 12-16 所示。

step 16 选中 E14 单元格，光标在 E14 单元格的右下角呈黑心十字形状时，按住鼠标左键，向右拖动到 F14 单元格，自动填充其他单元格，如图 12-17 所示。

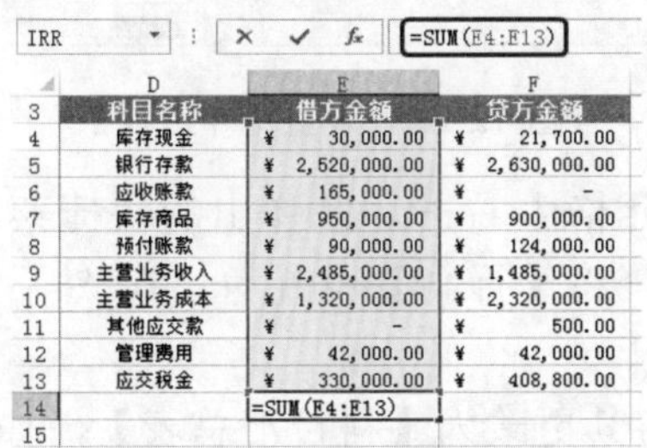

图 12-16 输入函数公式

图 12-17 自动填充单元格

在输入函数公式【=SUM(E4:E13)】时，可以通过使用光标选取 E4:E13 单元格的方法，添加括号中的【E4:E13】。

step 17 选择 E14:F14 单元格，在【字体】选项组中，将【字号】设置为 10，并单击【加粗】按钮 B，如图 12-18 所示。

step 18 按住 Ctrl 键，选中 B5:F5、B7:F7、B9:F9、B11:F11、B13:F13 单元格，在【字体】选项组中，将【填充颜色】设置为【绿色，着色 6，淡色 60%】，如图 12-19 所示。

step 19 选择 B3:F14 单元格，在所选的单元格中右击，在弹出的快捷菜单中选择【设置单元格格式】命令。在弹出的【设置单元格格式】对话框中，切换至【边框】选项卡。在【线条】选项组中，选择【样式】和【颜色】，然后单击【预置】选项组中的【内部】按钮，如图 12-20 所示。

step 20 然后在【线条】选项组中，选择另一个【样式】，并单击【预置】选项组中的【外边框】按钮，单击【确定】按钮，如图 12-21 所示。

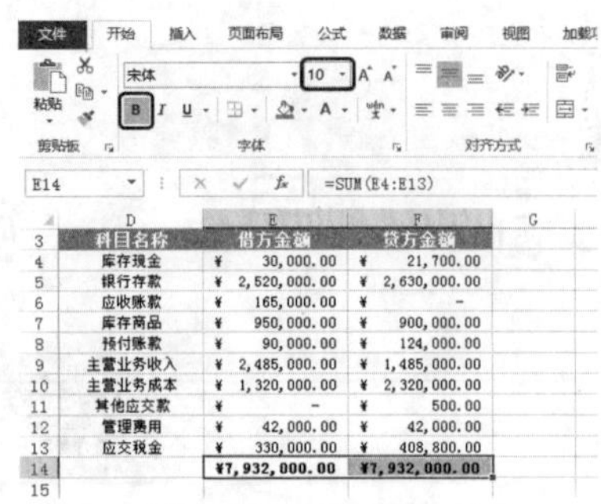

图 12-18　设置字号

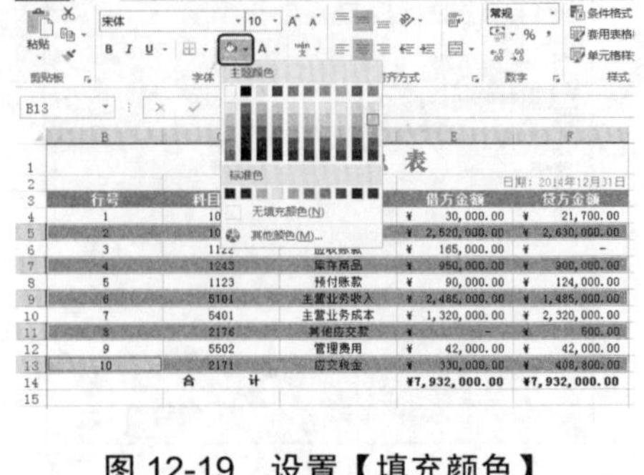

图 12-19　设置【填充颜色】

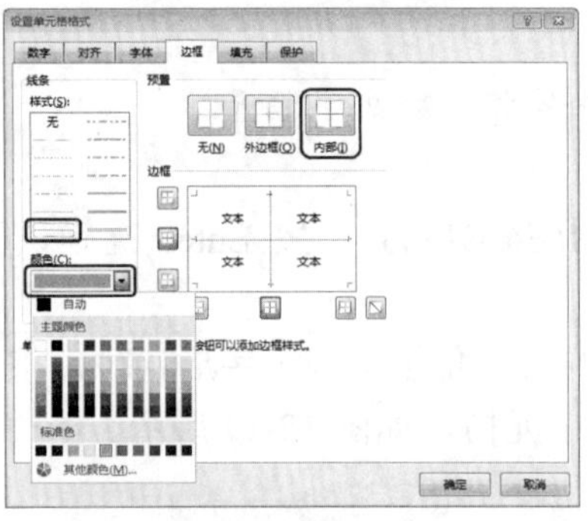

图 12-20　设置【内部】框线

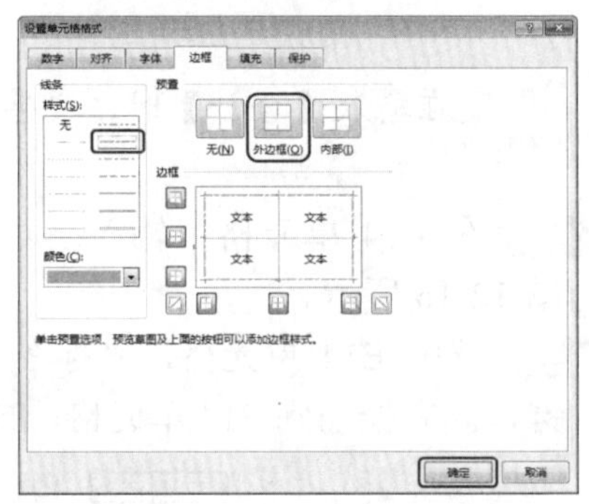

图 12-21　设置【外边框】

step 21 选择第 3～14 行单元格，在所选的单元格中右击，在弹出的快捷菜单中选择【行高】命令。在弹出的【行高】单元格中，将【行高】设置为 25，然后单击【确定】按钮，如图 12-22 所示。

step 22 在工作表的底部双击【Sheet1】标签，将其更改为【科目汇总表】，如图 12-23 所示。

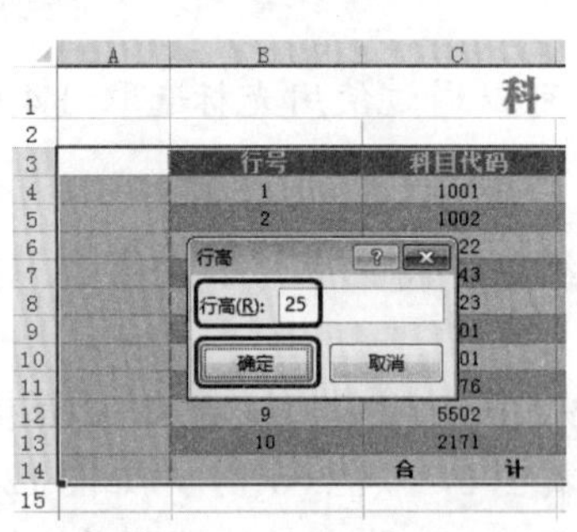

图 12-22　设置【行高】

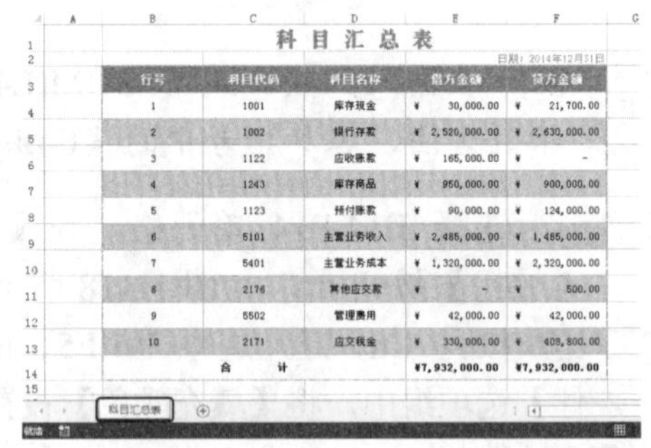

图 12-23　更改工作表名

案例精讲 098　财务总账表

案例文件：CDROM\场景\Cha12\企业月末账表.xlsx

视频文件：视频教学\Cha12\财务总账表.avi

制作概述

本案例将介绍如何制作财务总账表。首先设置表格的标题和列标题，然后输入科目代码并进行升序排序。通过 VLOOKUP 和 SUMIF 函数填充表格中的数据，然后输入计算公式，计算出期末余额，最后设置表格样式。完成后的效果如图 12-24 所示。

财务总账

日期：2014年12月31日

科目代码	科目名称	期初余额	本月发生额		期末余额
			借方金额	贷方金额	
1001	库存现金	¥ 9,000.00	¥ 30,000.00	¥ 21,700.00	¥ 17,300.00
1002	银行存款	¥ 1,101,400.00	¥ 2,520,000.00	¥ 2,630,000.00	¥ 991,400.00
1122	应收账款	¥ 56,000.00	¥ 165,000.00	¥ -	¥ 221,000.00
1123	预付账款	¥ -	¥ 90,000.00	¥ 124,000.00	¥ -34,000.00
1243	库存商品	¥ 35,001.00	¥ 950,000.00	¥ 900,000.00	¥ 85,001.00
2171	应交税金	¥ 375,500.00	¥ 330,000.00	¥ 408,800.00	¥ 296,700.00
2176	其他应交款	¥ 1,501,000.00	¥ -	¥ 500.00	¥ 1,500,500.00
5101	主营业务收入	¥ 620.00	¥ 2,485,000.00	¥ 1,485,000.00	¥ 1,000,620.00
5401	主营业务成本	¥ 3,500.00	¥ 1,320,000.00	¥ 2,320,000.00	¥ -996,500.00
5502	管理费用	¥ 101,025.00	¥ 42,000.00	¥ 42,000.00	¥ 101,025.00

图 12-24　财务总账表

学习目标

- 学习如何制作财务总账表。
- 学习 VLOOKUP 函数的使用方法。
- 学习 SUMIF 函数的使用方法。

知识链接

总账表一般采用订本式账簿。总账表的账页格式，一般采用“借方”“贷方”“余额”三栏式，根据实际需要，也可以在“借方”“贷方”两栏内增设“对方科目”栏。

总分类账的登记依据和方法，主要取决于所采用的会计核算形式。它可以直接根据各种记账凭证逐笔登记，也可以先把记账凭证按照一定方式进行汇总，编制成科目汇总表或汇总记账凭证等，然后，据以登记。

操作步骤

step 01 继续上一实例的操作，单击工作表底部的【新工作表】按钮⊕，如图 12-25 所示。

step 02 将新工作表的名称更改为【财务总账表】，如图 12-26 所示。

科目汇总表

日期：2014年12月31日

行号	科目代码	科目名称	借方金额	贷方金额
1	1001	库存现金	¥ 30,000.00	¥ 21,700.00
2	1002	银行存款	¥ 2,520,000.00	¥ 2,630,000.00
3	1122	应收账款	¥ 165,000.00	¥ -
4	1243	库存商品	¥ 950,000.00	¥ 900,000.00
5	1123	预付账款	¥ 90,000.00	¥ 124,000.00
6	5101	主营业务收入	¥ 2,485,000.00	¥ 1,485,000.00
7	5401	主营业务成本	¥ 1,320,000.00	¥ 2,320,000.00
8	2176	其他应交款	¥ -	¥ 500.00
9	5502	管理费用	¥ 42,000.00	¥ 42,000.00
10	2171	应交税金	¥ 330,000.00	¥ 408,800.00
合计			¥7,932,000.00	¥7,932,000.00

图 12-25　单击【新工作表】按钮

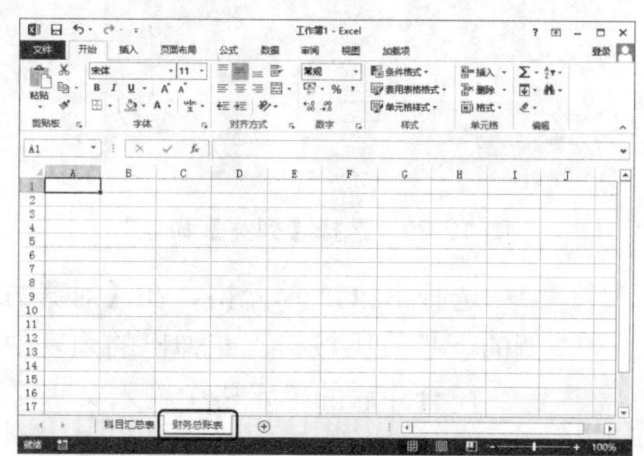

图 12-26　更改工作表名称

step 03 选中 B1:G1 单元格，单击【对齐方式】选项组中的【合并后居中】按钮，在合并后的单元格中输入文字【财务总账】，然后单击【字体】选项组右下角的【字体设置】按钮，如图 12-27 所示。

step 04 在弹出的【设置单元格格式】对话框的【字体】选项卡中，将【字体】设置为【汉仪粗宋简】，【字号】设置为 20，然后设置【颜色】，单击【确定】按钮，如图 12-28 所示。

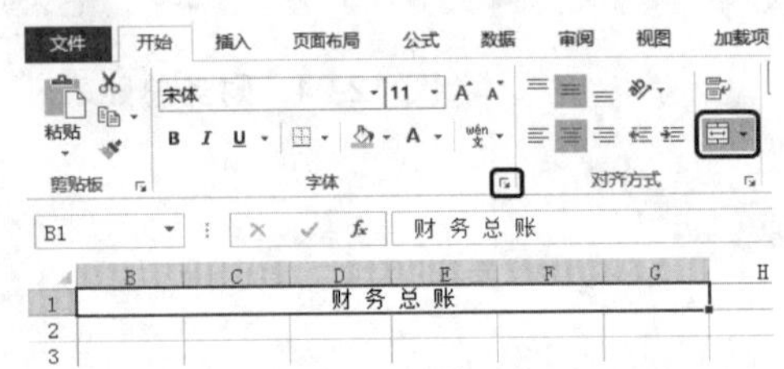

图 12-27 合并单元格并输入文字

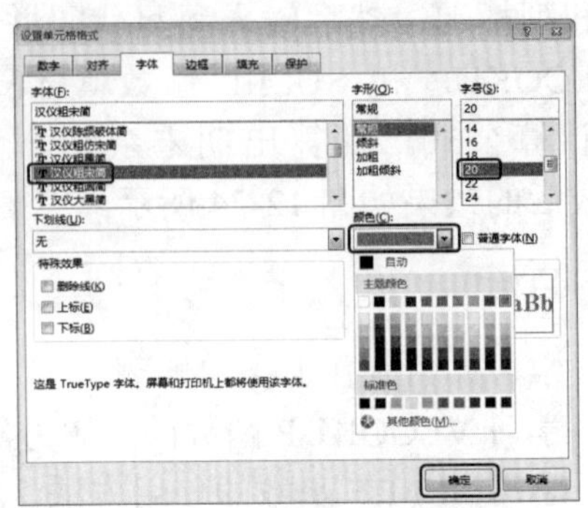

图 12-28 设置字体参数

在输入【财务总账】时，文字之间都输入一个空格，将文字隔开。

step 05 选择 B～F 列单元格，在所选的单元格中右击，在弹出的快捷菜单中选择【列宽】命令，如图 12-29 所示。

step 06 在弹出的【列宽】单元格中，将【列宽】设置为 15，然后单击【确定】按钮，如图 12-30 所示。

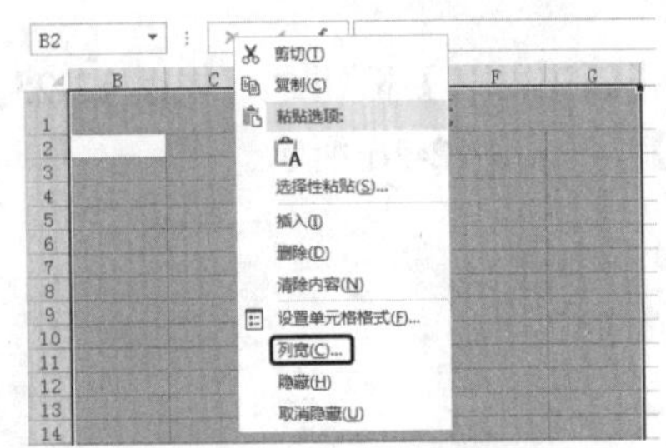

图 12-29 选择【列宽】命令

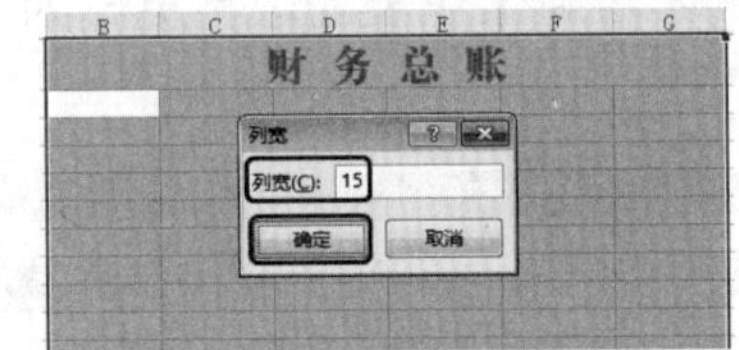

图 12-30 设置【列宽】

step 07 选择 F2:G2 单元格，在【对齐方式】选项组中，单击【合并后居中】按钮右侧的下拉箭头按钮，在弹出的列表中选择【合并单元格】命令，如图 12-31 所示。

step 08 在合并后的单元格中输入文字【日期：2014 年 12 月 31 日】，将【字号】设置为 10，【字体颜色】设置为【绿色，着色 6】，然后单击【右对齐】按钮，如图 12-32 所示。

step 09 按住 Ctrl 键，分别选择 B3:B4、C3:C4、D3:D4、E3:F3、G3:G4 单元格，然后在【对齐方式】选项组中，单击【合并后居中】按钮，如图 12-33 所示。

step 10 在 B3、C3、D3 和 G3 单元格中分别输入【科目代码】、【科目名称】、【期初余额】和【期末余额】，然后选中 B3、C3、D3 和 G3 单元格，在【字体】选项组中单击【加粗】按钮，设置【填充颜色】和【字体颜色】，如图 12-34 所示。

step 11 在 E3 单元格中输入文字【本月发生额】，然后将【字号】设置为 10，单击【加粗】按钮 B，然后单击【填充颜色】按钮和【字体颜色】按钮 A 进行设置，如图 12-35 所示。

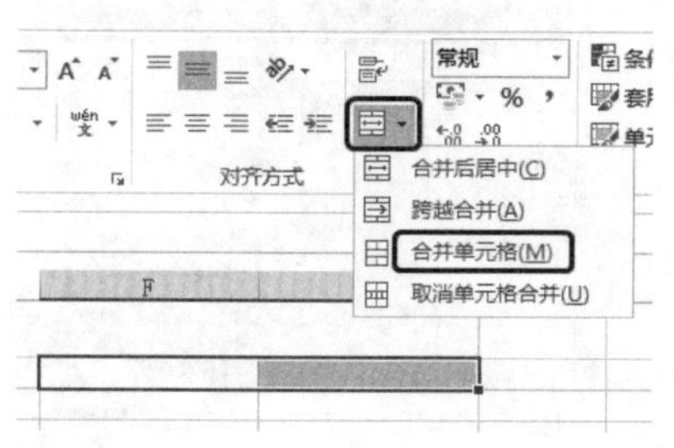

图 12-31 选择【合并单元格】命令

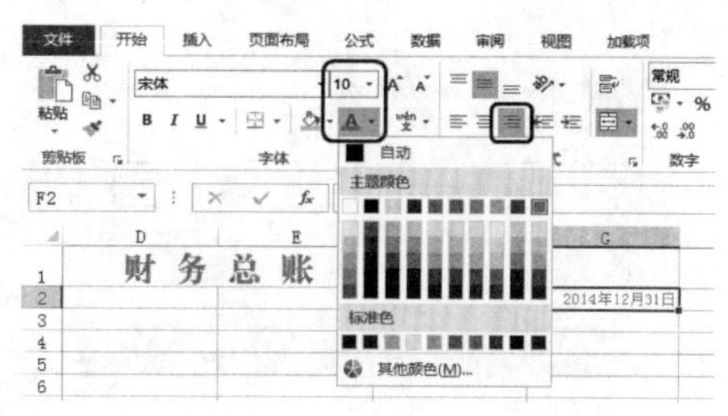

图 12-32 输入文字并设置

图 12-33 合并单元格

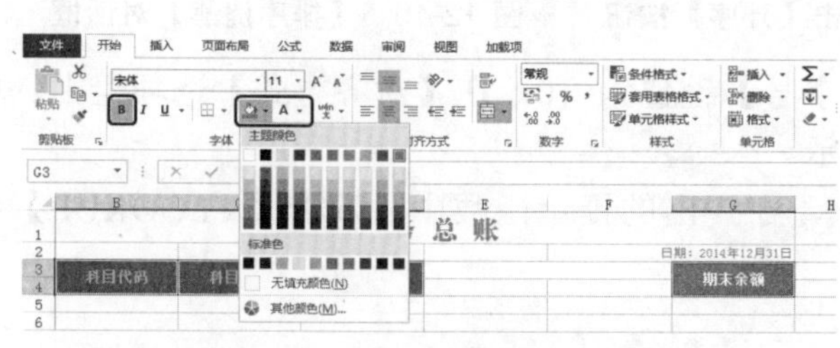

图 12-34 输入文字并设置

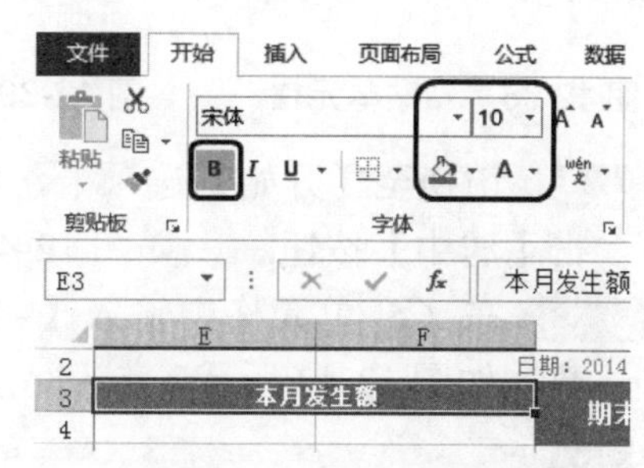

图 12-35 输入文字并设置

step 12 在 E4 和 F4 单元格中分别输入【借方金额】和【贷方金额】。将【字号】设置为 10，单击【加粗】按钮 B，然后单击【填充颜色】按钮和【字体颜色】按钮 A，在【对齐方式】选项组中，单击【居中】按钮，如图 12-36 所示。

step 13 切换至【科目汇总表】，选择 C4:C13 单元格，在【剪切板】选项组中，单击【复制】按钮，如图 12-37 所示。

step 14 切换至【财务总账表】，选中 B5 单元格，在【剪切板】选项组中，单击【粘贴】按钮，在弹出的列表中选择【值】，如图 12-38 所示。

step 15 确认选中 B5:B14 单元格，切换至【数据】选项卡，在【排序和筛选】选项组中，单击【升序】按钮，如图 12-39 所示。

step 16 在弹出的【排序提醒】对话框中，选择【以当前选定区域排序】选项，然后单击【排序】按钮，如图 12-40 所示。

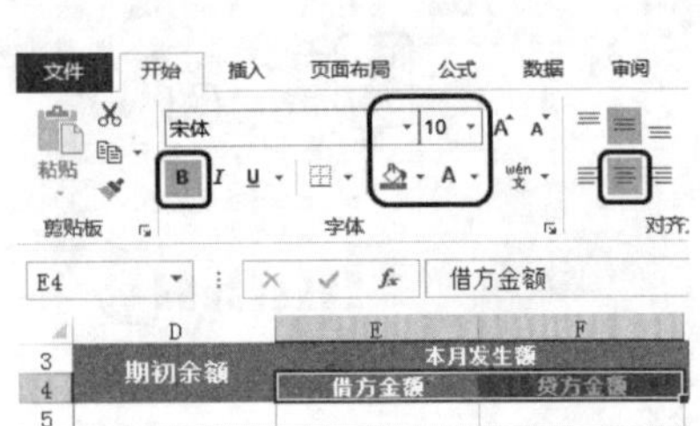

图 12-36 输入文字并设置

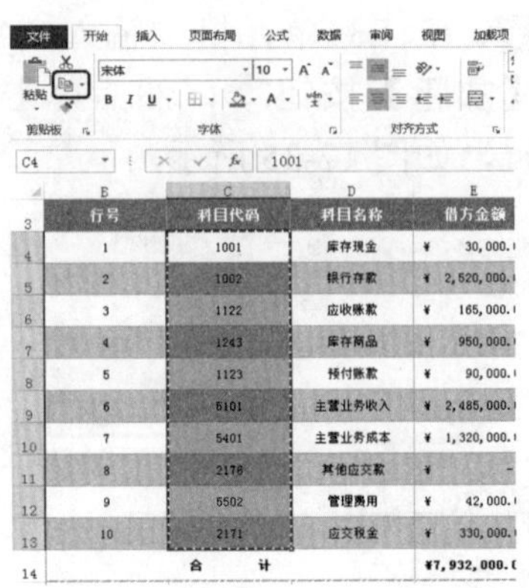

图 12-37 复制单元格

图 12-38 粘贴单元格

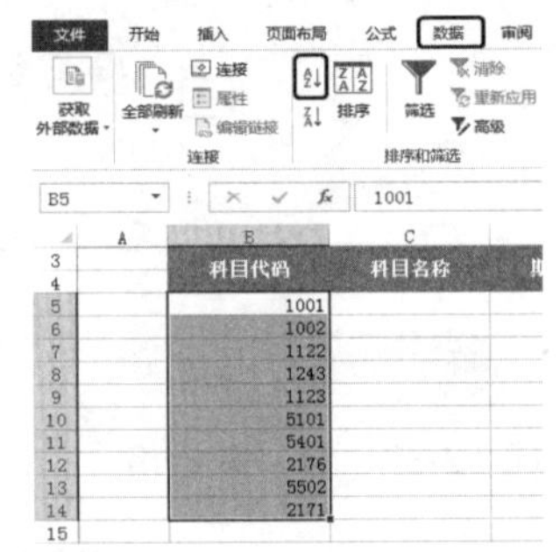

图 12-39 单击【升序】按钮

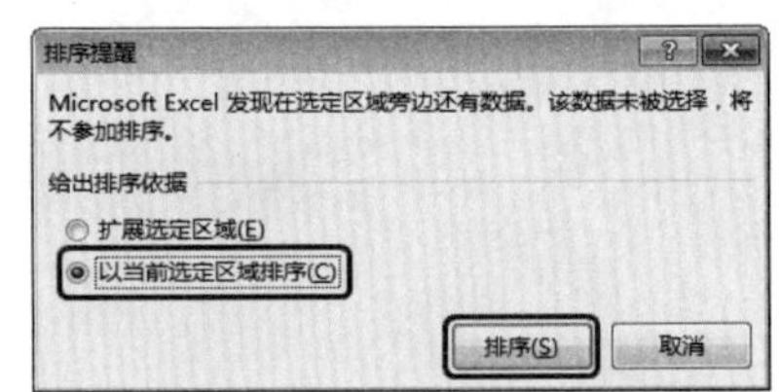

图 12-40 【排序提醒】对话框

step 17 切换至【开始】选项卡，将【字号】设置为 10，在【对齐方式】选项组中，单击【居中】按钮，如图 12-41 所示。

step 18 在 C5 单元格中输入【=VL】，在弹出的提示函数中，双击【VLOOKUP】函数，如图 12-42 所示。

图 12-41 设置数字

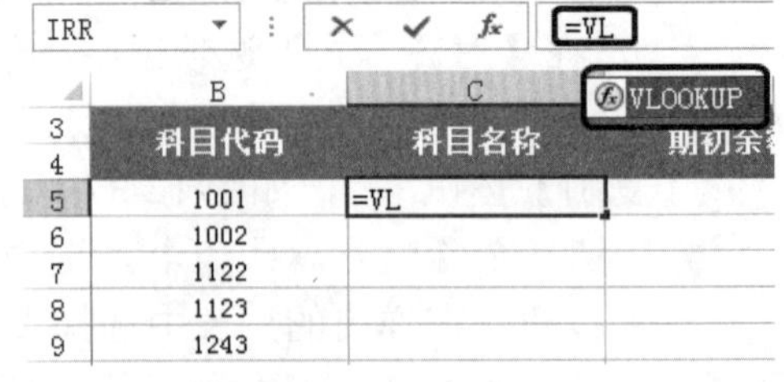

图 12-42 输入函数

step 19 在函数中输入【B5,】，如图 12-43 所示。

step 20 切换至【科目汇总表】，选中 C4:D13 单元格作为数据区域，如图 12-44 所示。

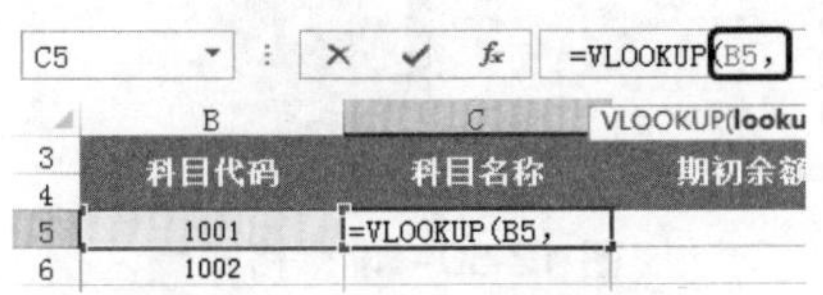

图 12-43 输入单元格名称

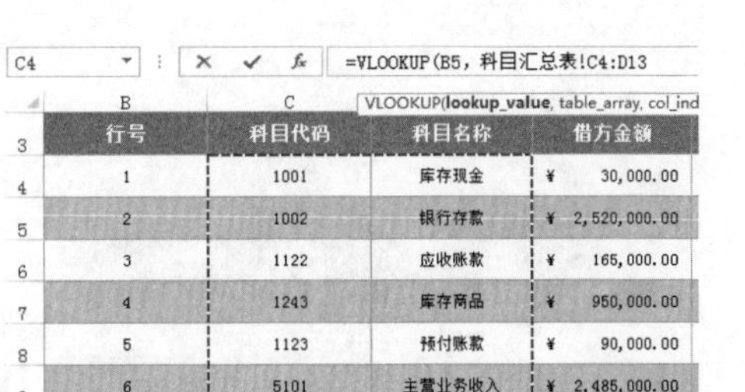

行号	科目代码	科目名称	借方金额
1	1001	库存现金	¥ 30,000.00
2	1002	银行存款	¥ 2,520,000.00
3	1122	应收账款	¥ 165,000.00
4	1243	库存商品	¥ 950,000.00
5	1123	预付账款	¥ 90,000.00
6	5101	主营业务收入	¥ 2,485,000.00
7	5401	主营业务成本	¥ 1,320,000.00
8	2176	其他应交款	¥ -
9	5502	管理费用	¥ 42,000.00
10	2171	应交税金	¥ 330,000.00
合	计		¥7,932,000.00

图 12-44 选择单元格

step 21 然后继续输入【,2,】，在弹出的提示函数中，双击【FALSE-精确匹配】，如图 12-45 所示。

step 22 切换至【财务总帐表】，将函数公式中的【C4:D13】更改为【$C$4:$D$13】，如图 12-46 所示。

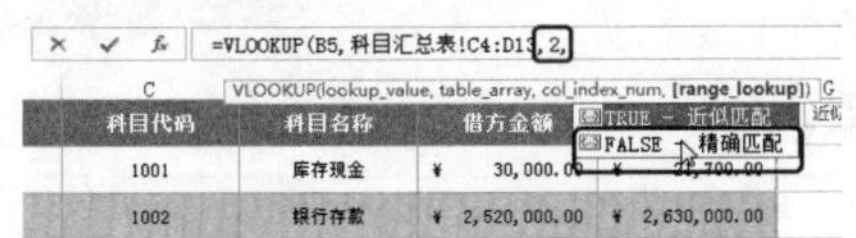

图 12-45 输入函数内容

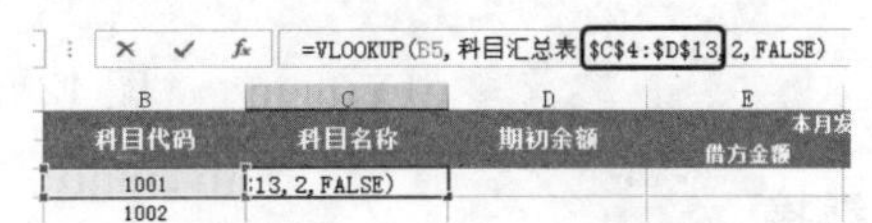

图 12-46 修改函数内容

step 23 选中 C5 单元格，光标在 C5 单元格的右下角呈黑心十字形状时，按住鼠标左键，向下拖动到 C14 单元格，自动填充其他单元格，如图 12-47 所示。

step 24 确认选中 C5:C14 单元格，将【字号】设置为 10，在【对齐方式】选项组中，单击【居中】按钮，如图 12-48 所示。

科目代码	科目名称
1001	库存现金
1002	
1122	
1123	
1243	
2171	
2176	
5101	
5401	
5502	

图 12-47 自动填充

科目代码	科目名称	期初余额
1001	库存现金	
1002	银行存款	
1122	应收账款	
1123	预付账款	
1243	库存商品	
2171	应交税金	
2176	其他应交款	
5101	主营业务收入	
5401	主营业务成本	
5502	管理费用	

图 12-48 设置文字

step 25 在 D5:D14 单元格中输入【期初金额】的数额，如图 12-49 所示。

step 26 选中 D5:D14 单元格，将【字号】设置为 10，在【数字】选项组中，将【数字格式】设置为【会计专用】，如图 12-50 所示。

	B	C	D
3–4	科目代码	科目名称	期初余额
5	1001	库存现金	9000
6	1002	银行存款	1101400
7	1122	应收账款	56000
8	1123	预付账款	0
9	1243	库存商品	35001
10	2171	应交税金	375500
11	2176	其他应交款	1501000
12	5101	主营业务收入	620
13	5401	主营业务成本	3500
14	5502	管理费用	101025

图 12-49　输入数额

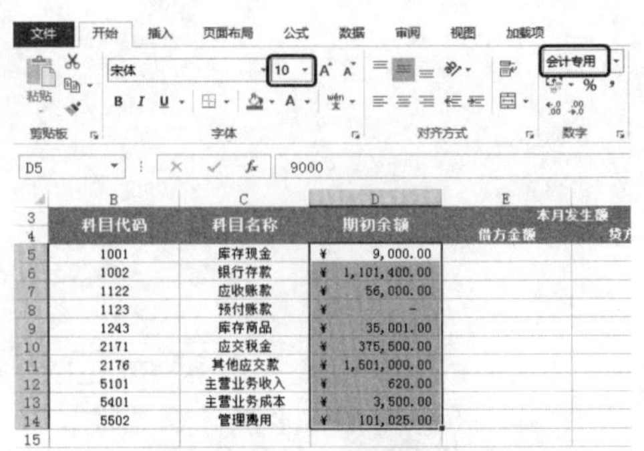

图 12-50　设置格式

step 27 在 E14 单元格中输入函数公式【=SUMIF(科目汇总表!C$4:C$13,财务总账表!B5,科目汇总表!E$4:E$13)】，按 Enter 键确认输入，如图 12-51 所示。

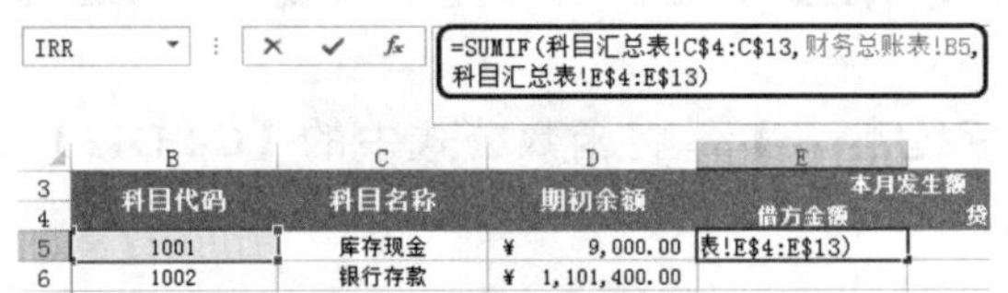

图 12-51　输入函数公式

知识链接

SUMIF 函数

主要功能：根据指定条件对若干单元格、区域或引用求和。

使用格式：=SUMIF(Range,Criteria,Sum_range)

参数说明：Range 为条件区域，用于条件判断的单元格区域。Criteria 是求和条件，为确定哪些单元格将被相加求和的条件，其形式可以由数字、逻辑表达式等组成的判定条件。Sum_range 为实际求和区域，需要求和的单元格、区域或引用。当省略第三个参数时，则条件区域就是实际求和区域。

step 28 在 F5 单元格中输入函数公式【=SUMIF(科目汇总表!C$4:C$13,财务总账表!B5,科目汇总表!F$4:F$13)】，按 Enter 键确认输入，如图 12-52 所示。

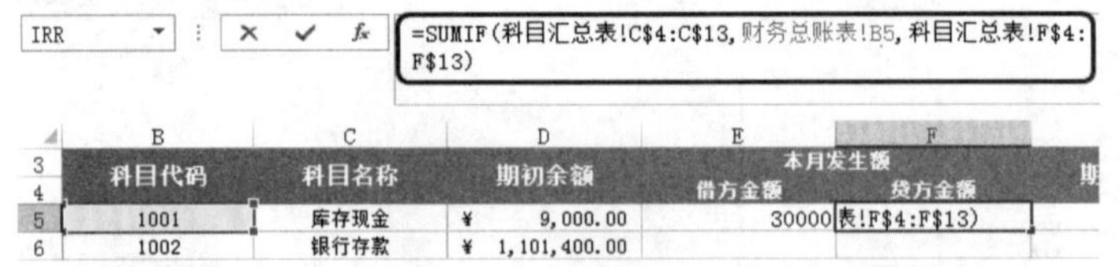

图 12-52　输入函数公式

step 29 选中 E5:F5 单元格，光标在 F5 单元格的右下角呈黑心十字形状时，按住鼠标左键，向下拖动到 F14 单元格，自动填充其他单元格，如图 12-53 所示。

step 30 选择 E5:F14 单元格，将【字号】设置为 10，在【数字】选项组中，将【数字格式】设置为【会计专用】，如图 12-54 所示。

	D	E	F
3	期初余额	本月发生额	
4		借方金额	贷方金额
5	¥ 9,000.00	30000	21700
6	¥ 1,101,400.00		
7	¥ 56,000.00		
8	¥ -		
9	¥ 35,001.00		
10	¥ 375,500.00		
11	¥ 1,501,000.00		
12	¥ 620.00		
13	¥ 3,500.00		
14	¥ 101,025.00		
15			

图 12-53 自动填充其他单元格

D	E	F	
初余额	本月发生额		期末
	借方金额	贷方金额	
9,000.00	¥ 30,000.00	¥ 21,700.00	
1,400.00	¥ 2,520,000.00	¥ 2,630,000.00	
56,000.00	¥ 165,000.00	¥ -	
-	¥ 90,000.00	¥ 124,000.00	
35,001.00	¥ 950,000.00	¥ 900,000.00	
75,500.00	¥ 330,000.00	¥ 408,800.00	
1,000.00	¥ -	¥ 500.00	
620.00	¥ 2,485,000.00	¥ 1,485,000.00	
3,500.00	¥ 1,320,000.00	¥ 2,320,000.00	
1,025.00	¥ 42,000.00	¥ 42,000.00	

图 12-54 设置格式

step 31 在 G5 单元格中输入函数公式【=D5+E5-F5】，按 Enter 键确认输入，如图 12-55 所示。

	D	E	F	G
3	期初余额	本月发生额		期末余额
4		借方金额	贷方金额	
5	¥ 9,000.00	¥ 30,000.00	¥ 21,700.00	=D5+E5-F5
6	¥ 1,101,400.00	¥ 2,520,000.00	¥ 2,630,000.00	

图 12-55 输入计算公式

step 32 选中 G5 单元格，光标在 G5 单元格的右下角呈黑心十字形状时，按住鼠标左键，向下拖动到 G14 单元格，自动填充其他单元格。确认选中 G5:G14 单元格，将【字号】设置为 10，单击【加粗】按钮 B，如图 12-56 所示。

step 33 将光标放置在 G 列的右侧，光标呈双向箭头形状(✛)时，双击鼠标左键，Excel 将自动对 G 列的单元格的【列宽】进行调整，如图 12-57 所示。

step 34 按住 Ctrl 键，分别选择 D5:D14 和 G5:G14 单元格，在【样式】选项组中，选择【条件格式】→【突出显示单元格规则】→【大于】，如图 12-58 所示。

	E	F	G
3	本月发生额		期末余额
4	借方金额	贷方金额	
5	¥ 30,000.00	¥ 21,700.00	¥ 17,300.00
6	¥ 2,520,000.00	¥ 2,630,000.00	¥ 991,400.00
7	¥ 165,000.00	¥ -	¥ 221,000.00
8	¥ 90,000.00	¥ 124,000.00	¥ -34,000.00
9	¥ 950,000.00	¥ 900,000.00	¥ 85,001.00
10	¥ 330,000.00	¥ 408,800.00	¥ 296,700.00
11	¥ -	¥ 500.00	¥1,500,500.00
12	¥ 2,485,000.00	¥ 1,485,000.00	¥1,000,620.00
13	¥ 1,320,000.00	¥ 2,320,000.00	¥ -996,500.00
14	¥ 42,000.00	¥ 42,000.00	¥ 101,025.00

图 12-56 自动填充单元格并设置格式

G
期末余额
¥ 17,300.00
¥ 991,400.00
¥ 221,000.00
¥ -34,000.00
¥ 85,001.00
¥ 296,700.00
¥1,500,500.00
¥1,000,620.00
¥ -996,500.00
¥ 101,025.00

图 12-57 调整【列宽】

图 12-58 选择【大于】

step 35 在弹出的【大于】对话框中，将【为大于以下值的单元格设置格式】设置为【500000】，将【设置为】选择为【红色文本】，然后单击【确定】按钮，如图 12-59 所示。

step 36 按住 Ctrl 键，选中 B6:G6、B8:G8、B10:G10、B12:G12、B14:G14 单元格，在【字体】选项组中，将【填充颜色】设置为【绿色，着色 6，淡色 60%】，如图 12-60 所示。

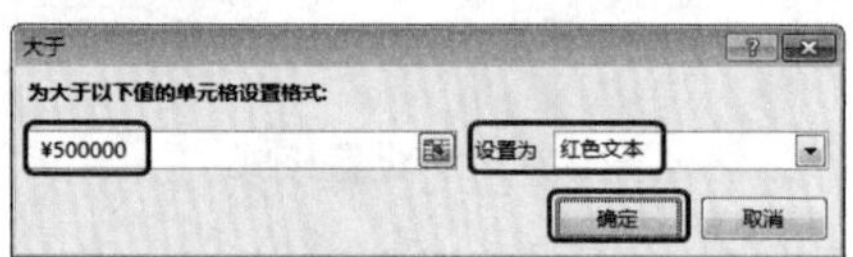

图 12-59 【大于】对话框

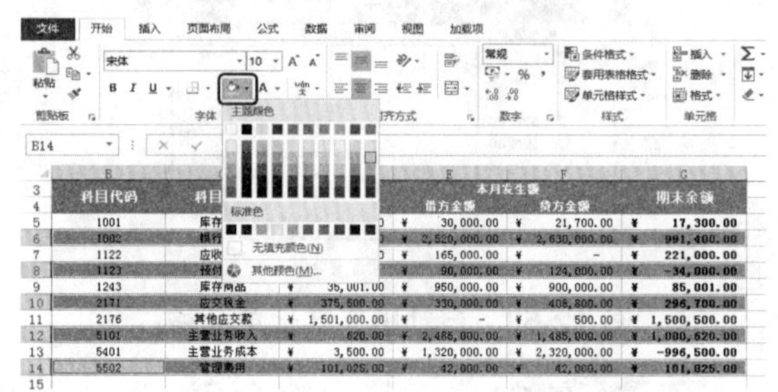

图 12-60 设置【颜色填充】

step 37 选择 B3:G14 单元格，在所选的单元格中右击，在弹出的快捷菜单中选择【设置单元格格式】命令。在弹出的【设置单元格格式】对话框中，切换至【边框】选项卡。在【线条】选项组中，选择【样式】和【颜色】，然后单击【预置】选项组中的【内部】按钮，如图 12-61 所示。

step 38 然后在【线条】选项组中，选择另一个【样式】，并单击【预置】选项组中的【外边框】按钮，单击【确定】按钮，如图 12-62 所示。

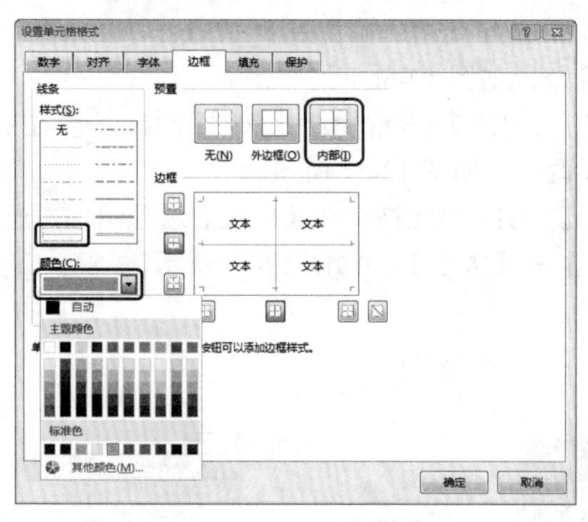

图 12-61 设置【内部】框线

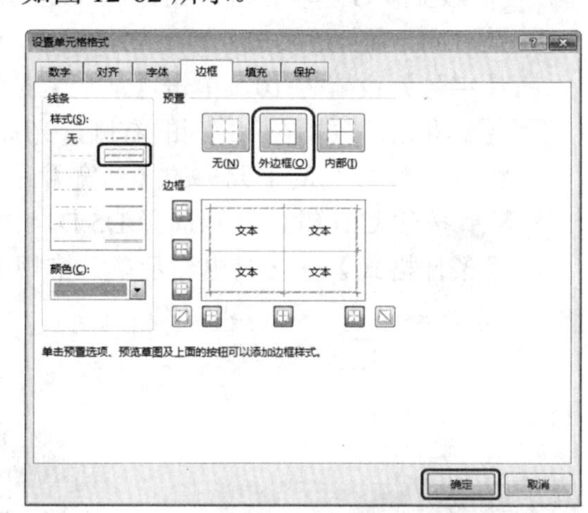

图 12-62 设置【外边框】

step 39 选择第 3～14 行单元格，在所选的单元格中右击，在弹出的快捷菜单中选择【行高】命令。在弹出的【行高】单元格中，将【行高】设置为 25，然后单击【确定】按钮，如图 12-63 所示。

step 40 切换至【文件】选项卡，选择【另存为】→【计算机】→【浏览】，在弹出的【另存为】对话框中，选择文件保存位置，将【文件名】设置为【企业月末账

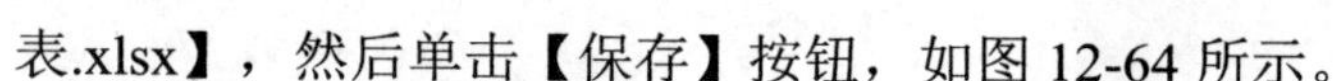
表.xlsx】，然后单击【保存】按钮，如图 12-64 所示。

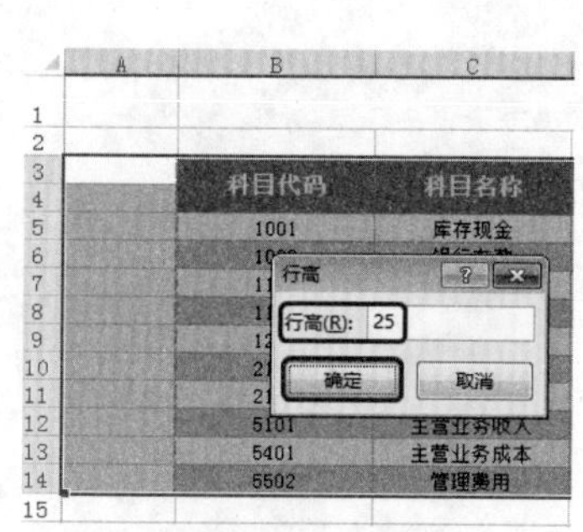

图 12-63　设置【行高】

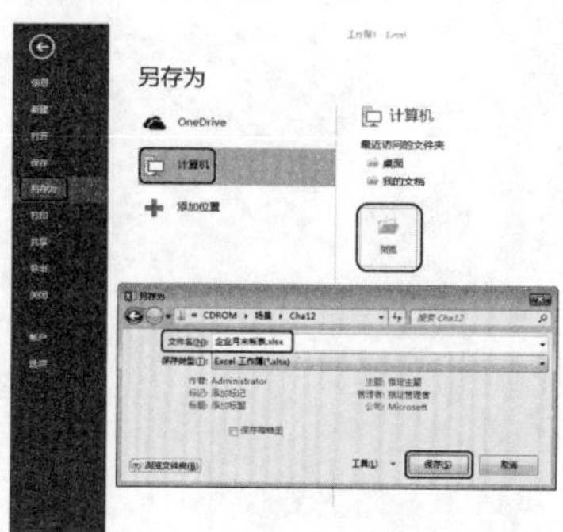

图 12-64　保持文件

第 13 章 员工工资管理

本章重点

- 员工基本工资表
- 员工工龄工资表
- 员工出勤统计表
- 加班工资明细表
- 员工工资明细表
- 个人所得税表
- 计算员工实发工资

工资是指给普通劳力的报酬，以劳动时间为基础来计算，通常是以金钱作为报酬，并且依据计时、计天或计件工作来支付。工资包括基本工资、工龄工资、加班工资及奖金等。本章将介绍员工工资管理表的制作。

案例精讲 099　员工基本工资表

案例文件：CDROM\场景\Cha13\员工工资管理.xlsx

视频文件：视频教学\Cha13\员工基本工资表.avi

制作概述

本案例将介绍员工基本工资表的制作。首先输入和编辑表格标题；然后设置表格布局及美化表格；最后输入表格内容和公式。完成后的效果如图 13-1 所示。

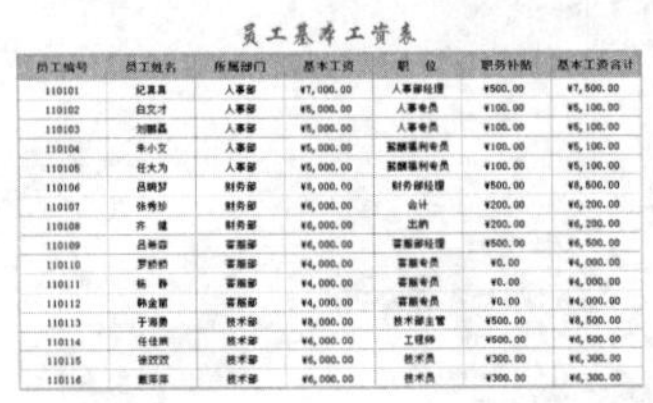

图 13-1　员工基本工资表

学习目标

- 学习输入公式的方法。
- 掌握数据验证的方法。

操作步骤

step 01 按 Ctrl+N 组合键新建一个空白工作簿，选择 B1:H1 单元格，在【开始】选项卡的【对齐方式】选项组中单击【合并后居中】按钮，如图 13-2 所示。

知识链接

工作簿是用于储存并处理数据的文件，工作簿名就是文件名。启动 Excel 2013 后，系统会自动打开一个新的、空白的工作簿，Excel 给它赋予一个临时的名字——工作簿1，其扩展文件名为.xlsx。一个工作簿中含有多张工作表。一般来说，一张工作表保存一类相关的信息，这样在一个工作簿中可以管理多个类型的信息。

step 02 即可将选择的单元格合并，然后在【单元格】选项组中单击【格式】按钮，在弹出的下拉菜单中选择【行高】命令，如图 13-3 所示。

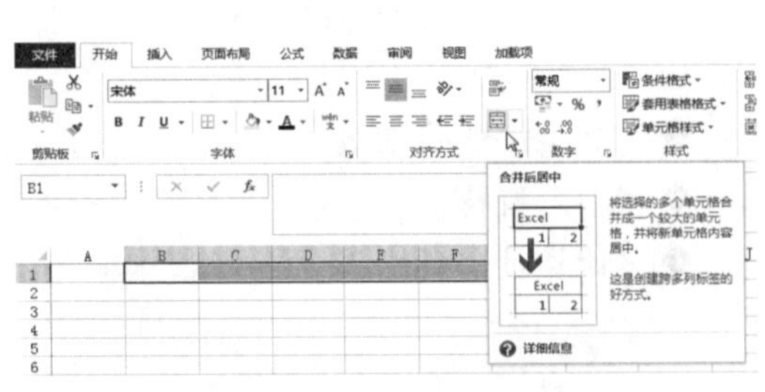

图 13-2　单击【合并后居中】按钮

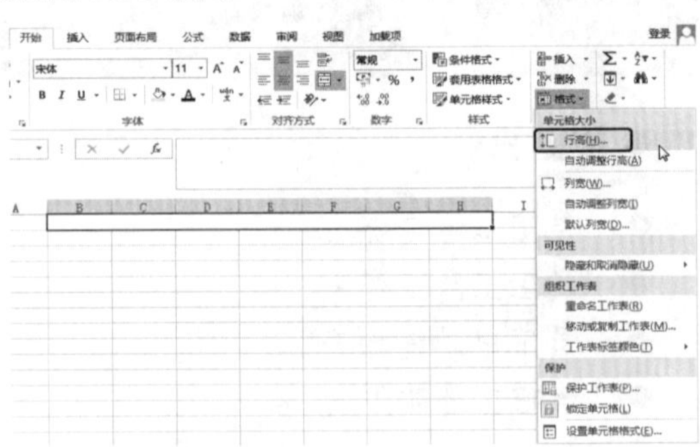

图 13-3　选择【行高】命令

step 03 弹出【行高】对话框，设置【行高】为 35，单击【确定】按钮，效果如图 13-4 所示。

step 04 在合并后的单元格中输入文字【员工基本工资表】，并选择输入的文字，在【字体】选项组中将【字体】设置为【方正行楷简体】，将【字号】设置为 24，将【字体颜色】设置为【橙色，着色 2】，如图 13-5 所示。

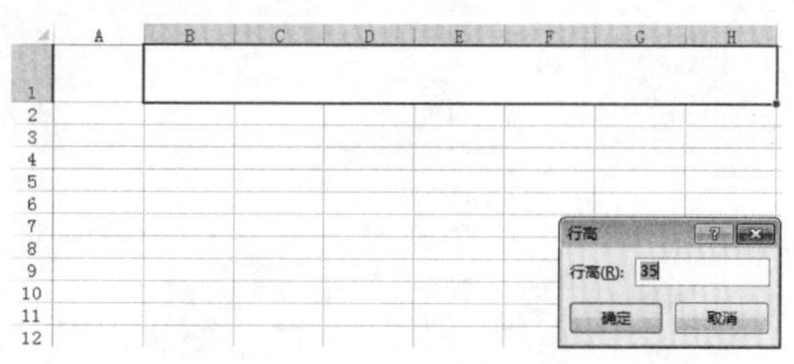

图 13-4 设置单元格高度

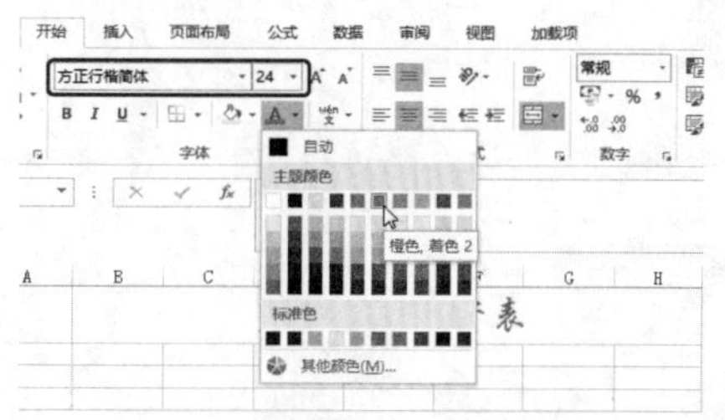

图 13-5 输入文字并设置

step 05 选择 B2:H2 单元格，在【单元格】选项组中单击【格式】按钮，在弹出的下拉菜单中选择【行高】命令，弹出【行高】对话框，设置【行高】为 25，单击【确定】按钮，效果如图 13-6 所示。

step 06 再次单击【格式】按钮，在弹出的下拉菜单中选择【列宽】命令，如图 13-7 所示。

图 13-6 设置单元格高度

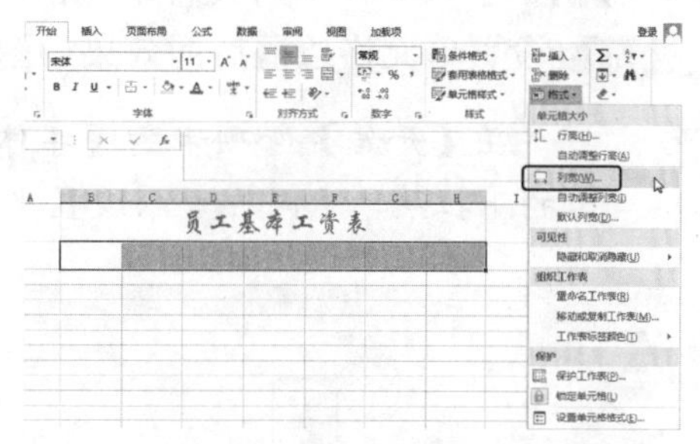

图 13-7 选择【列宽】命令

step 07 弹出【列宽】对话框，设置【列宽】为 13，单击【确定】按钮，如图 13-8 所示。

step 08 选择 B3:H18 单元格，在【单元格】选项组中单击【格式】按钮，在弹出的下拉菜单中选择【行高】命令，弹出【行高】对话框，设置【行高】为 18，单击【确定】按钮，效果如图 13-9 所示。

图置 13-8 设单元格宽度

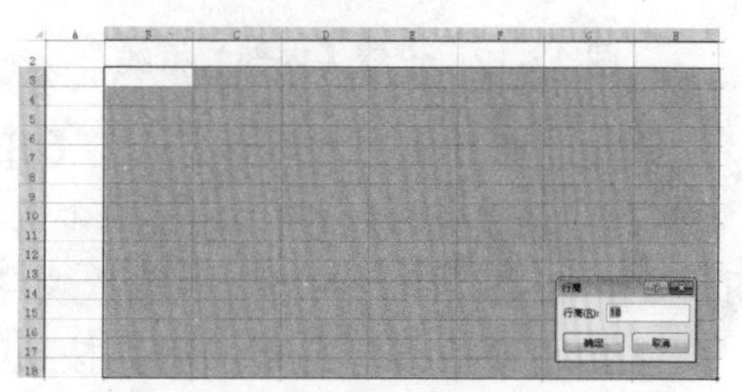

图 13-9 设置单元格高度

step 09 选择 B2:H18 单元格，并右击，在弹出的快捷菜单中选择【设置单元格格式】命令，如图 13-10 所示。

step 10 弹出【设置单元格格式】对话框，选择【边框】选项卡，在【样式】列表框中选择图 13-11 所示的线条样式，将【颜色】设置为【橙色，着色 2，淡色 40%】，在【预置】选项组中单击【外边框】按钮，即可设置单元格外边框。

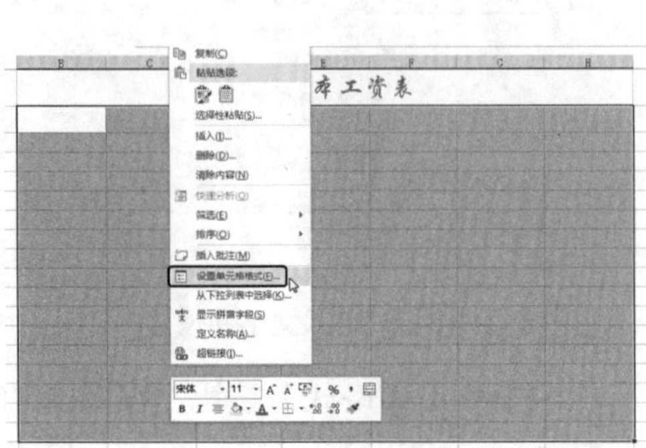

图 13-10 选择【设置单元格格式】命令

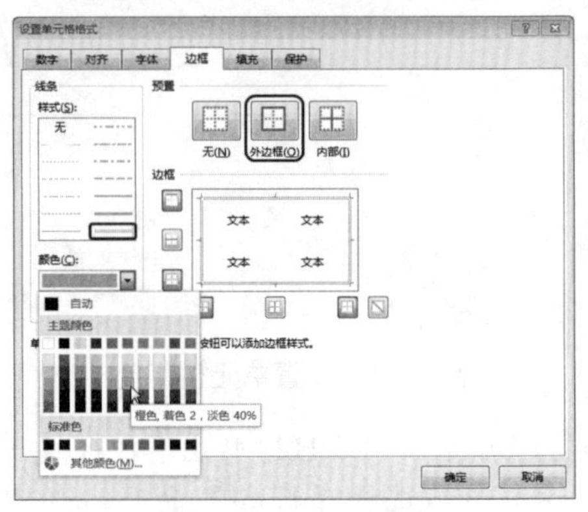

图 13-11 设置【外边框】

step 11 在【样式】列表框中选择图 13-12 所示的线条样式，在【预置】选项组中单击【内部】按钮，即可设置单元格内边框，并单击【确定】按钮。

step 12 设置单元格边框后的效果如图 13-13 所示。

提示

在【开始】选项卡的【字体】选项组中单击【下框线】右侧的按钮，在弹出的下拉菜单中同样可以设置单元格边框。

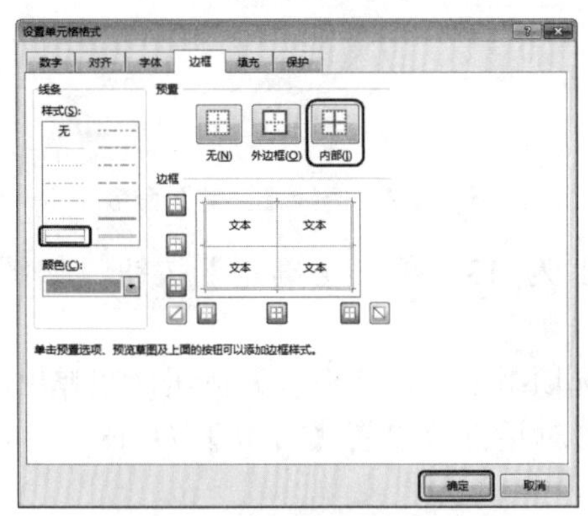

图 13-12 设置【内部】框线

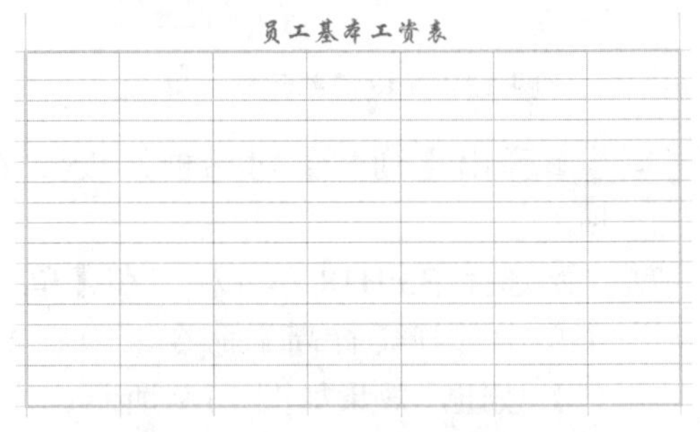

图 13-13 设置单元格边框后的效果

step 13 选择 B2:H2 单元格，在【开始】选项卡的【样式】选项组中，单击【单元格样式】按钮，在弹出的下拉菜单中选择单元格样式【40%-着色 2】，如图 13-14 所示。

step 14 在 B2:H2 单元格中输入文字，并选择输入的文字，在【开始】选项卡的【字体】选项组中单击【加粗】按钮，将【字体颜色】设置为【橙色，着色 2，深色 50%】，在【对齐方式】选项组中单击【居中】按钮，效果如图 13-15 所示。

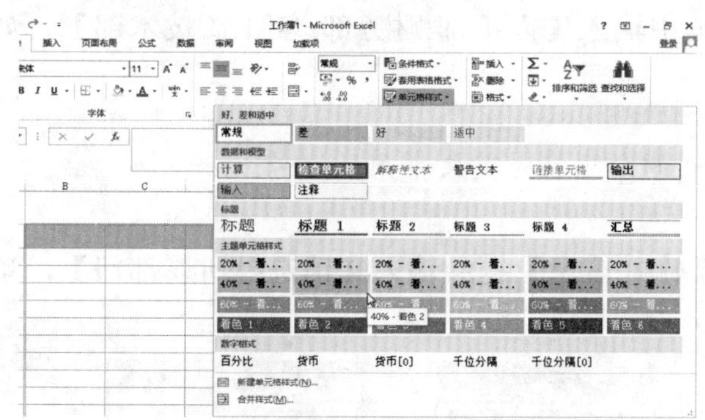

图 13-14 选择单元格样式

图 13-15 输入文字并设置

step 15 在 B3 和 B4 单元格中分别输入【110101】和【110102】，然后选择 B3 和 B4 单元格，如图 13-16 所示。

step 16 将光标放置到被选中的单元格的右下角，此时光标会变成黑心十字形状，在按住鼠标左键的同时向下拖动鼠标，拖动至第 18 行中释放鼠标，即可自动填充员工编号。效果如图 13-17 所示。

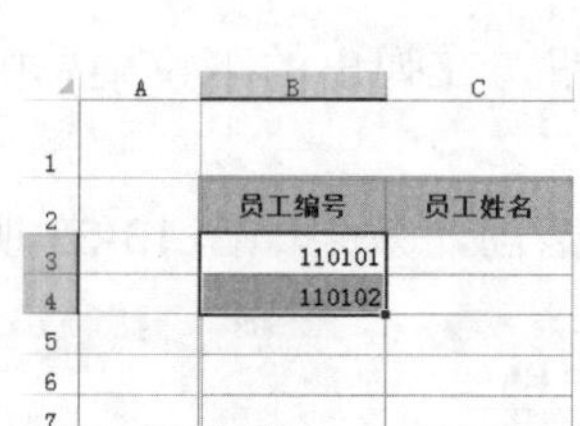

图 13-16 输入数字并选择单元格

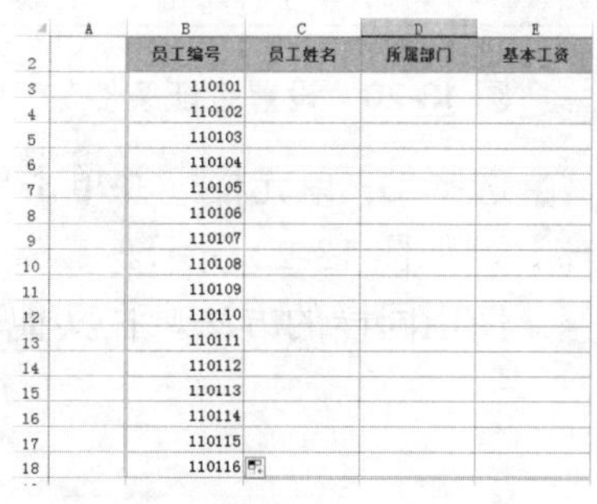

图 13-17 自动填充员工编号

step 17 在其他单元格中输入文字，效果如图 13-18 所示。

step 18 选择 D3:D18 单元格，然后选择【数据】选项卡，在【数据工具】选项组中单击【数据验证】按钮，如图 13-19 所示。

员工编号	员工姓名	所属部门	基本工资	职 位	职务补贴	基本工资合计
110101	纪真真		7000	人事部经理	500	
110102	白文才		5000	人事专员	100	
110103	刘鹏磊		5000	人事专员	100	
110104	朱小文		5000	薪酬福利专员	100	
110105	任大为		5000	薪酬福利专员	100	
110106	吕晓梦		8000	财务部经理	500	
110107	张秀珍		6000	会计	200	
110108	齐 健		6000	出纳	200	
110109	吕希森		6000	客服部经理	500	
110110	罗娇娇		4000	客服专员	0	
110111	杨 静		4000	客服专员	0	
110112	韩金丽		4000	客服专员	0	
110113	于海勇		8000	技术部主管	500	
110114	任佳辰		6000	工程师	500	
110115	徐双双		6000	技术员	300	
110116	戴萍萍		6000	技术员	300	

图 13-18 在其他单元格中输入文字

图 13-19 单击【数据验证】按钮

step 19 弹出【数据验证】对话框，选择【设置】选项卡，在【允许】下拉列表框中选择【序列】选项，在【来源】输入框中输入【人事部,财务部,客服部,技术部】，如图 13-20 所示。

在【来源】文本框中各选项之间的分隔符是英文半角的逗号。

step 20 选择【输入信息】选项卡，在【输入信息】框中输入【请选择所属部门】，单击【确定】按钮，如图 13-21 所示。

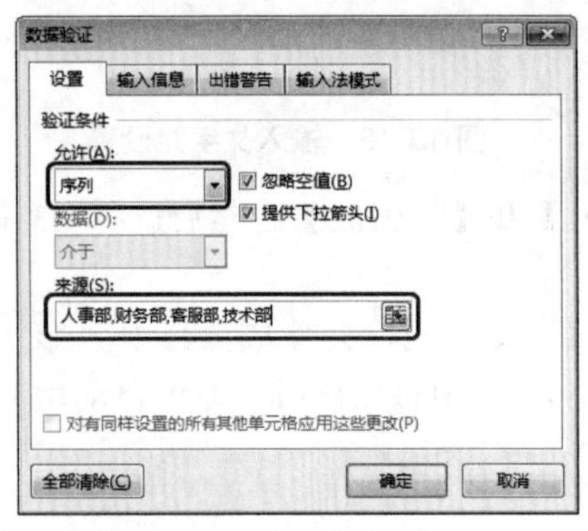

图 13-20　设置验证条件

图 13-21　输入显示信息

step 21 选择 D3 单元格，并单击单元格右侧的▼按钮，在弹出的下拉菜单中选择【人事部】，如图 13-22 所示。

step 22 使用同样的方法，在其他单元格中选择所属部门，效果如图 13-23 所示。

	A	B	C	D	E
1					员工基本工
2		员工编号	员工姓名	所属部门	基本工资
3		110101	纪真真		7000
4		110102	白文才	人事部	5000
5		110103	刘鹏磊	财务部	5000
6		110104	朱小文	客服部 技术部	5000
7		110105	任大为		5000
8		110106	吕晓梦		8000
9		110107	张秀珍		6000
10		110108	齐　健		6000
11		110109	吕希森		6000

图 13-22　选择【人事部】

员工编号	员工姓名	所属部门	基本工资	职　位
110101	纪真真	人事部	7000	人事部经理
110102	白文才	人事部	5000	人事专员
110103	刘鹏磊	人事部	5000	人事专员
110104	朱小文	人事部	5000	薪酬福利专员
110105	任大为	人事部	5000	薪酬福利专员
110106	吕晓梦	财务部	8000	财务部经理
110107	张秀珍	财务部	6000	会计
110108	齐　健	财务部	6000	出纳
110109	吕希森	客服部	6000	客服部经理
110110	罗娇娇	客服部	4000	客服专员
110111	杨　静	客服部	4000	客服专员
110112	韩金丽	客服部	4000	客服专员
110113	于海勇	技术部	8000	技术部主管
110114	任佳辰	技术部　请选择所属部门	6000	工程师
110115	徐双双	技术部	6000	技术员
110116	戴萍萍	技术部	6000	技术员

图 13-23　选择所属部门

step 23 选择 E 列、G 列和 H 列单元格，然后选择【开始】选项卡，在【数字】选项组中单击【常规】右侧的▼按钮，在弹出的下拉菜单中选择【货币】命令，如图 13-24 所示。

step 24 更改数字格式后的效果如图 13-25 所示。

step 25 选择 H3 单元格，并输入公式【=E3+G3】，如图 13-26 所示。

step 26 输入完成后按 Enter 键即可。然后选择 H3 单元格，将光标放置到被选中的单元格的右下角，此时光标会变成黑心十字形状，在按住鼠标左键的同时向下拖动鼠

标，拖动至第 18 行中释放鼠标，即可自动输入公式，效果如图 13-27 所示。

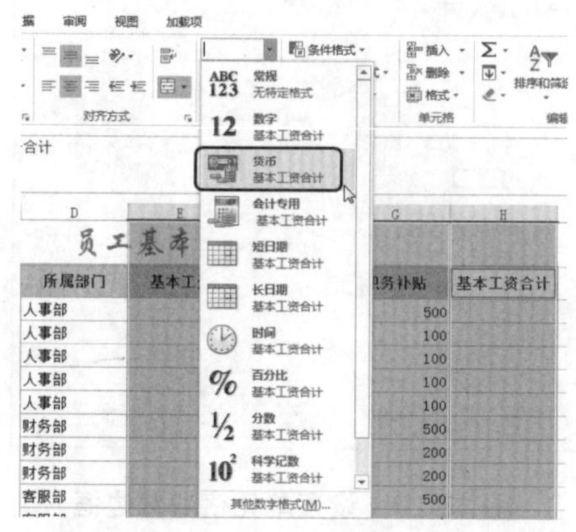

图 13-24 选择【货币】命令

基本工资	职 位	职务补贴	基本工资合计
¥7,000.00	人事部经理	¥500.00	
¥5,000.00	人事专员	¥100.00	
¥5,000.00	人事专员	¥100.00	
¥5,000.00	薪酬福利专员	¥100.00	
¥5,000.00	薪酬福利专员	¥100.00	
¥8,000.00	财务部经理	¥500.00	
¥6,000.00	会计	¥200.00	
¥6,000.00	出纳	¥200.00	
¥6,000.00	客服部经理	¥500.00	
¥4,000.00	客服专员	¥0.00	
¥4,000.00	客服专员	¥0.00	
¥4,000.00	客服专员	¥0.00	
¥8,000.00	技术部主管	¥500.00	
¥6,000.00	工程师	¥500.00	
¥6,000.00	技术员	¥300.00	
¥6,000.00	技术员	¥300.00	

图 13-25 更改数字格式后的效果

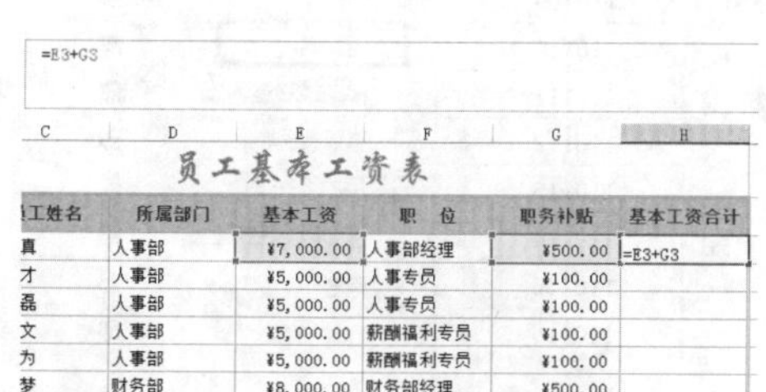

=E3+G3

员工基本工资表

工姓名	所属部门	基本工资	职 位	职务补贴	基本工资合计
真	人事部	¥7,000.00	人事部经理	¥500.00	=E3+G3
才	人事部	¥5,000.00	人事专员	¥100.00	
磊	人事部	¥5,000.00	人事专员	¥100.00	
文	人事部	¥5,000.00	薪酬福利专员	¥100.00	
为	人事部	¥5,000.00	薪酬福利专员	¥100.00	
梦	财务部	¥8,000.00	财务部经理	¥500.00	

图 13-26 输入公式

=E3+G3

工姓名	所属部门	基本工资	职 位	职务补贴	基本工资合计
真	人事部	¥7,000.00	人事部经理	¥500.00	¥7,500.00
才	人事部	¥5,000.00	人事专员	¥100.00	¥5,100.00
磊	人事部	¥5,000.00	人事专员	¥100.00	¥5,100.00
文	人事部	¥5,000.00	薪酬福利专员	¥100.00	¥5,100.00
为	人事部	¥5,000.00	薪酬福利专员	¥100.00	¥5,100.00
梦	财务部	¥8,000.00	财务部经理	¥500.00	¥8,500.00
珍	财务部	¥6,000.00	会计	¥200.00	¥6,200.00
健	财务部	¥6,000.00	出纳	¥200.00	¥6,200.00
森	客服部	¥6,000.00	客服部经理	¥500.00	¥6,500.00
娇	客服部	¥4,000.00	客服专员	¥0.00	¥4,000.00
静	客服部	¥4,000.00	客服专员	¥0.00	¥4,000.00
丽	客服部	¥4,000.00	客服专员	¥0.00	¥4,000.00
勇	技术部	¥8,000.00	技术部主管	¥500.00	¥8,500.00
辰	技术部	¥6,000.00	工程师	¥500.00	¥6,500.00
双	技术部	¥6,000.00	技术员	¥300.00	¥6,300.00
萍	技术部	¥6,000.00	技术员	¥300.00	¥6,300.00

图 13-27 自动输入公式

step 27 选择 B18 和 H18 单元格并右击，在弹出的快捷菜单中选择【设置单元格格式】命令，如图 13-28 所示。

提示 在工作表中可以看到 B18 和 H18 单元格的底部边框与 C18:G18 单元格底部边框不同。因此，为了美观，需要将其底部边框与其他单元格底部边框统一起来。

step 28 弹出【设置单元格格式】对话框，选择【边框】选项卡，在【样式】列表框中选择图 13-29 所示的线条样式，在【边框】选项组中单击按钮，即可设置单元格底部边框，然后单击【确定】按钮。

step 29 选择 B3:H18 单元格，在【字体】选项组中将【字号】设置为 10，在【对齐方式】选项组中单击【居中】按钮，如图 13-30 所示。

step 30 在工作表名称上右击，在弹出的快捷菜单中选择【重命名】命令，如图 13-31 所示。然后输入工作表名称为【员工基本工资表】，输入完成后按 Enter 键即可。

图 13-28　选择【设置单元格格式】命令

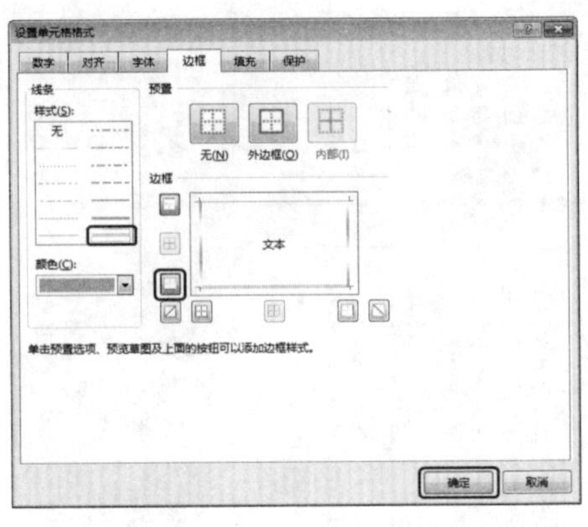

图 13-29　设置单元格底部边框

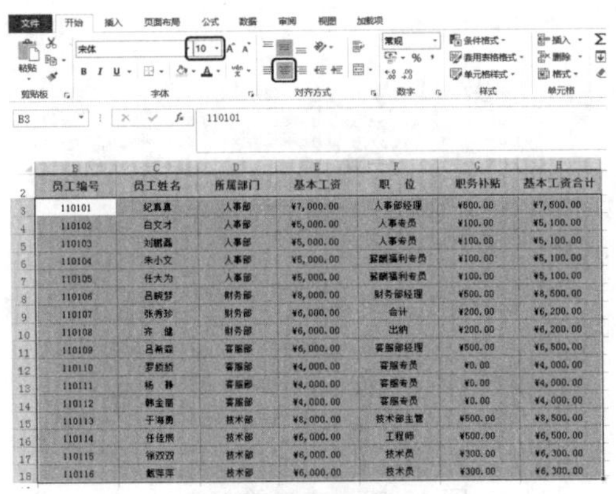

图 13-30　设置文字

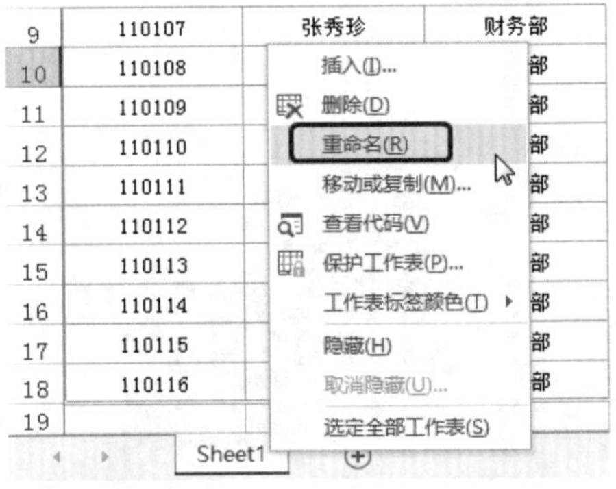

图 13-31　选择【重命名】命令

案例精讲 100　员工工龄工资表

案例文件：CDROM\场景\Cha13\员工工资管理.xlsx

视频文件：视频教学\Cha13\员工工龄工资表.avi

制作概述

本案例将介绍员工工龄工资表的制作。首先引用【员工基本工资表】中的部分内容；然后通过输入公式计算出员工工龄和工龄工资；最后美化表格，并输入工龄工资的设定标准。完成后的效果如图 13-32 所示。

图 13-32　员工工龄工资表

学习目标

- 学习输入并设置文字的方法。
- 掌握计算员工工龄和工龄工资的方法。

操作步骤

step 01 在标签栏中单击【新工作表】按钮⊕，新建一个工作表，将其重命名为【员工工龄工资表】，如图 13-33 所示。

知识链接

工作表是工作簿的重要组成部分。工作表位于工作簿窗口的中央区域，由行号、列标和网格线构成。工作表也被称为电子表格，它是 Excel 用来存储和处理数据的最主要的文档。它是 Excel 组织和管理数据的地方，可以在工作表上输入数据、编辑数据、设置数据格式、排序数据和筛选数据等。

位于工作表左侧的编号区为各行行号，位于工作表上方的字母区为各列列标。在 Excel 2013 中，每一个工作表最多有 1 048 576 行和 16 384 列。行和列相交形成单元格，它是存储数据和公式及进行运算的基本单位。Excel 用列标、行号来表示某个单元格，如 A1 代表第 1 行第 A 列处的单元格。

尽管一个工作簿文件可以包含许多工作表，但在某一时刻，只能在一张工作表上进行工作。这意味着只有一个工作表处于活动的状态，通常把该工作表称为活动工作表或当前工作表，其工作标签以反白显示，名称下方有单下划线。

step 02 选择 B1:G1 单元格，在【开始】选项卡的【对齐方式】选项组中单击【合并后居中】按钮，如图 13-34 所示。

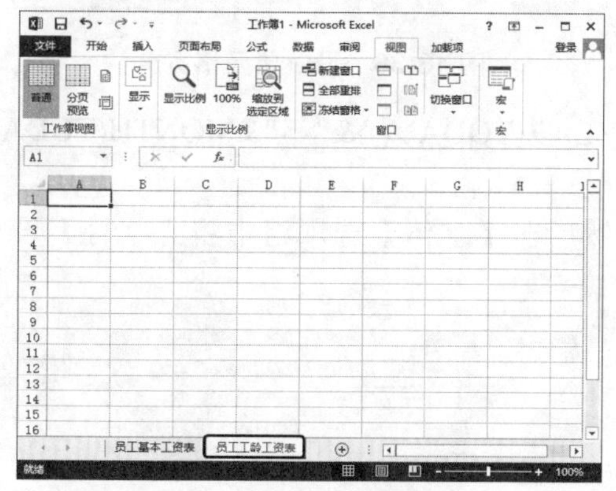

图 13-33 新建工作表

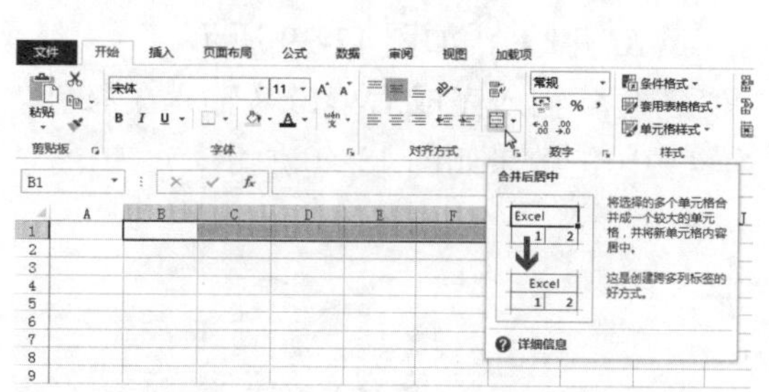

图 13-34 单击【合并后居中】按钮

step 03 即可将选择的单元格合并，然后在【单元格】选项组中单击【格式】按钮，在弹出的下拉菜单中选择【行高】命令，弹出【行高】对话框，设置【行高】为 35，单击【确定】按钮，效果如图 13-35 所示。

step 04 在合并后的单元格中输入文字【员工基本工资表】，并选择输入的文字，在【字体】选项组中将【字体】设置为【方正行楷简体】，将【字号】设置为 24，将【字体颜色】设置为【橙色，着色 2】，如图 13-36 所示。

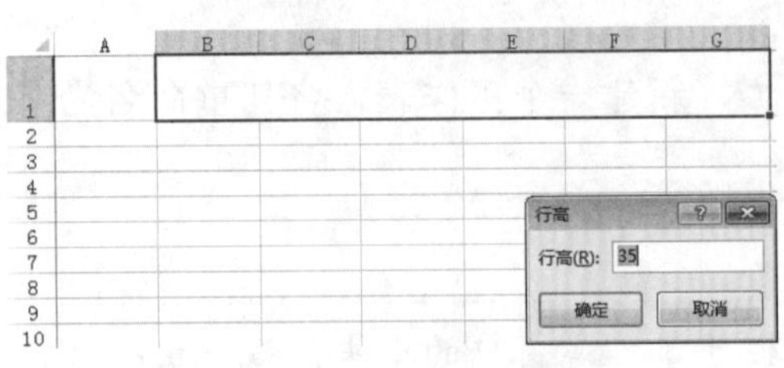

图 13-35 设置单元格高度

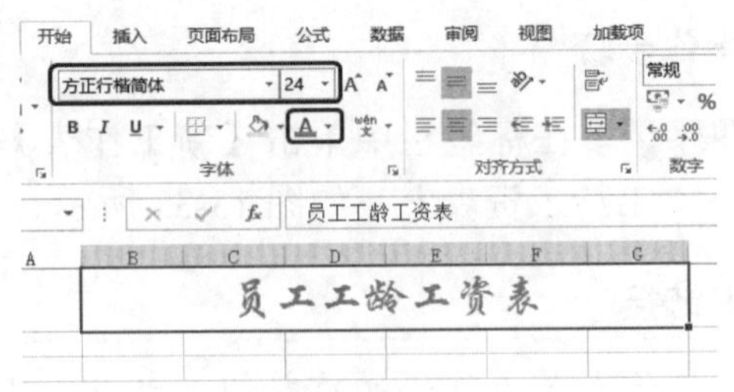

图 13-36 输入文字并设置

step 05 选择 B2:G2 单元格，在【单元格】选项组中单击【格式】按钮，在弹出的下拉菜单中选择【行高】命令，弹出【行高】对话框，设置【行高】为 20，单击【确定】按钮，效果如图 13-37 所示。

step 06 再次单击【格式】按钮，在弹出的下拉菜单中选择【列宽】命令，弹出【列宽】对话框，设置【列宽】为 10，单击【确定】按钮，效果如图 13-38 所示。

图 13-37 设置单元格高度

图 13-38 设置单元格宽度

step 07 选择 G2 单元格，并输入公式【=YEAR(TODAY())&"年"&MONTH(TODAY())&"月"】，如图 13-39 所示。

step 08 输入完成后单击【输入】按钮✓，然后在【字体】选项组中将【字号】设置为 10，效果如图 13-40 所示。

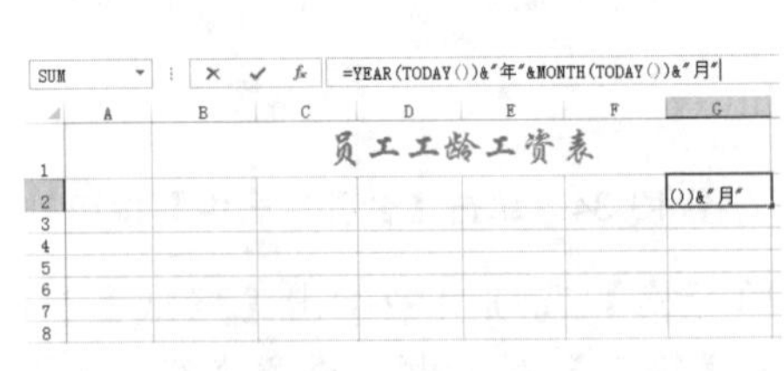

图 13-39 输入公式

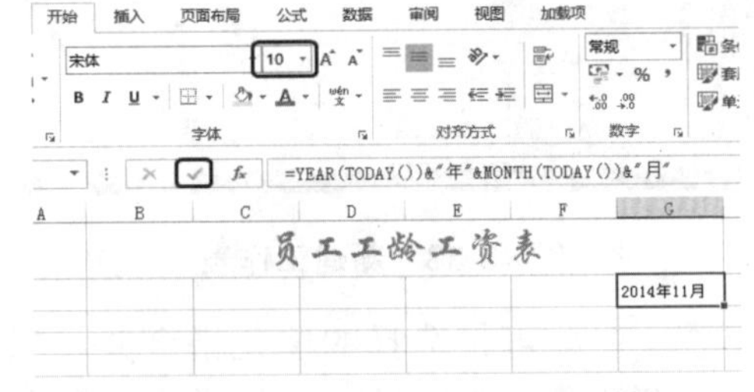

图 13-40 输入公式后的效果

step 09 将 B3:G3 单元格的【行高】设置为 30，并输入文字，效果如图 13-41 所示。

step 10 选择 B4 单元格，然后输入等号(=)，如图 13-42 所示。

step 11 输入等号后，切换到【员工基本工资表】，然后在该工作表中选择 B3 单元格，并单击【输入】按钮✓，如图 13-43 所示。

step 12 即可返回到【员工工龄工资表】中，确认 B4 单元格处于选择状态，将光标放置

到被选中的单元格的右下角，此时光标会变成黑心十字形状，在按住鼠标左键的同时向下拖动鼠标，拖动至第 19 行中释放鼠标，即可自动输入公式，效果如图 13-44 所示。

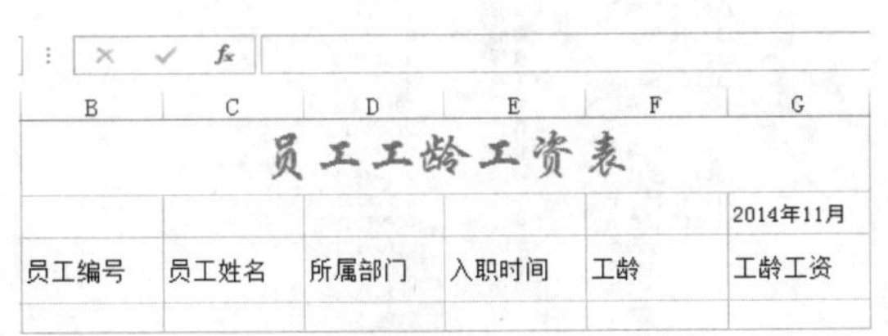

图 13-41　设置单元格高度并输入文字

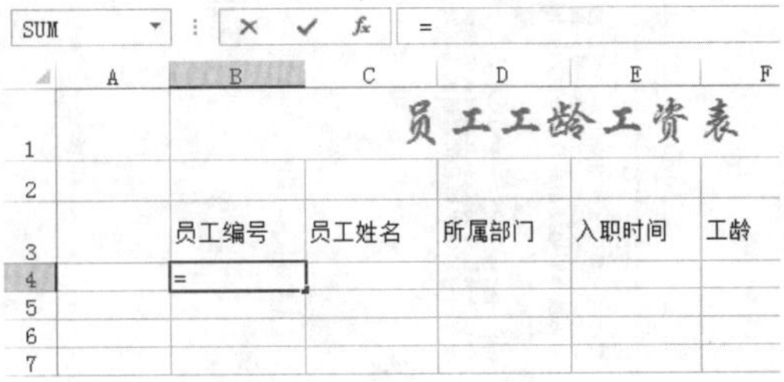

图 13-42　输入等号

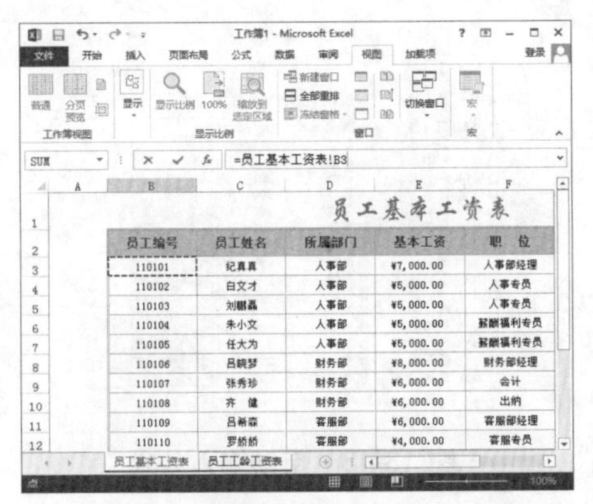

图 13-43　选择单元格

图 13-44　自动输入公式

step 13 使用同样的方法，在其他单元格中填充内容，效果如图 13-45 所示。

step 14 然后在 E 列单元格中输入员工的入职时间，效果如图 13-46 所示。

知识链接

Excel 规定了严格的输入格式，如果 Excel 能够识别出所输入的是日期和时间，则单元格的格式将由【常规】数字格式变为内部的日期或时间格式。如果 Excel 不能识别出当前输入的日期或时间，则作为文本处理。

输入日期：可以用 【/】或【-】来分隔日期的年、月、日。

输入时间：小时与分钟或秒之间用冒号分隔，Excel 一般把插入的时间默认为上午时间。若输入的是下午时间，则在时间后面加一空格，然后输入 PM 来表示下午。

输入系统当前日期的快捷键为 Ctrl+;，输入系统当前时间的快捷键为 Ctrl+Shift+;。

---

step 15 选择 F4 单元格，输入计算员工工龄的公式，输入完成后单击【输入】按钮✓，效果如图 13-47 所示。

step 16 确认 F4 单元格处于选择状态，将光标放置到被选中的单元格的右下角，此时光标会变成黑心十字形状，在按住鼠标左键的同时向下拖动鼠标，拖动至第 19 行中释放鼠标，即可自动输入公式，效果如图 13-48 所示。

员工工龄工资表

					2014年11月
员工编号	员工姓名	所属部门	入职时间	工龄	工龄工资
110101	纪真真	人事部			
110102	白文才	人事部			
110103	刘鹏磊	人事部			
110104	朱小文	人事部			
110105	任大为	人事部			
110106	吕晓梦	财务部			
110107	张秀珍	财务部			
110108	齐　健	财务部			
110109	吕希森	客服部			
110110	罗娇娇	客服部			
110111	杨　静	客服部			
110112	韩金丽	客服部			
110113	于海勇	技术部			
110114	任佳辰	技术部			
110115	徐双双	技术部			
110116	戴萍萍	技术部			

图 13-45　在其他单元格中填充内容

员工工龄工资表

					2014年11月
员工编号	员工姓名	所属部门	入职时间	工龄	工龄工资
110101	纪真真	人事部	2005/5/15		
110102	白文才	人事部	2012/6/15		
110103	刘鹏磊	人事部	2011/8/1		
110104	朱小文	人事部	2012/6/1		
110105	任大为	人事部	2001/8/8		
110106	吕晓梦	财务部	2003/4/1		
110107	张秀珍	财务部	2014/2/1		
110108	齐　健	财务部	2014/6/15		
110109	吕希森	客服部	2003/7/1		
110110	罗娇娇	客服部	2014/6/1		
110111	杨　静	客服部	2002/8/15		
110112	韩金丽	客服部	2008/5/15		
110113	于海勇	技术部	2001/7/1		
110114	任佳辰	技术部	2005/9/1		
110115	徐双双	技术部	2014/3/1		
110116	戴萍萍	技术部	2006/8/1		

图 13-46　输入员工入职时间

```
=IF(MONTH(TODAY())>=MONTH(E4),YEAR(TODAY())-YEAR(E4),IF(MONTH(TODAY())<MONTH(E4),YEAR(TODAY())-YEAR(E4)-1))
```

员工工龄工资表

					2014年11月
工编号	员工姓名	所属部门	入职时间	工龄	工龄工资
110101	纪真真	人事部	2005/5/15	(E4)-1))	
110102	白文才	人事部	2012/6/15		
110103	刘鹏磊	人事部	2011/8/1		
110104	朱小文	人事部	2012/6/1		
110105	任大为	人事部	2001/8/8		
110106	吕晓梦	财务部	2003/4/1		
110107	张秀珍	财务部	2014/2/1		
110108	齐　健	财务部	2014/6/15		
110109	吕希森	客服部	2003/7/1		

图 13-47　输入公式

员工工龄工资表

					2014年11月
员工编号	员工姓名	所属部门	入职时间	工龄	工龄工资
110101	纪真真	人事部	2005/5/15	9	
110102	白文才	人事部	2012/6/15	2	
110103	刘鹏磊	人事部	2011/8/1	3	
110104	朱小文	人事部	2012/6/1	2	
110105	任大为	人事部	2001/8/8	13	
110106	吕晓梦	财务部	2003/4/1	11	
110107	张秀珍	财务部	2014/2/1	0	
110108	齐　健	财务部	2014/6/15	0	
110109	吕希森	客服部	2003/7/1	11	
110110	罗娇娇	客服部	2014/6/1	0	
110111	杨　静	客服部	2002/8/15	12	
110112	韩金丽	客服部	2008/5/15	6	
110113	于海勇	技术部	2001/7/1	13	
110114	任佳辰	技术部	2005/9/1	9	
110115	徐双双	技术部	2014/3/1	0	
110116	戴萍萍	技术部	2006/8/1	8	

图 13-48　自动输入公式

step 17 选择 G4 单元格，输入计算工龄工资的公式，输入完成后单击【输入】按钮✓，效果如图 13-49 所示。

step 18 确认 G4 单元格处于选择状态，将光标放置到被选中的单元格的右下角，此时光标会变成黑心十字形状，在按住鼠标左键的同时向下拖动鼠标，拖动至第 19 行中释放鼠标，即可自动输入公式，效果如图 13-50 所示。

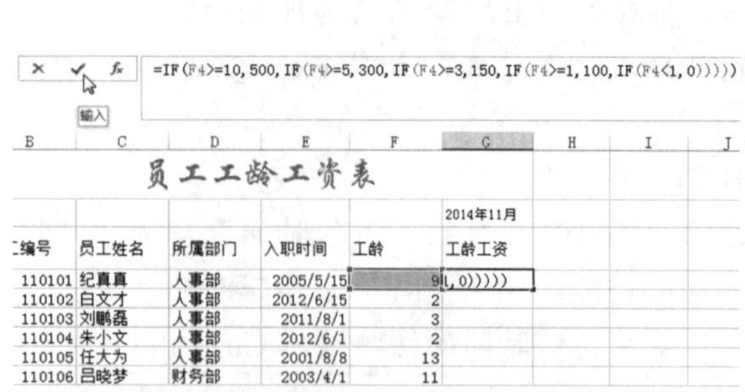

```
=IF(F4>=10,500,IF(F4>=5,300,IF(F4>=3,150,IF(F4>=1,100,IF(F4<1,0)))))
```

员工工龄工资表

					2014年11月
工编号	员工姓名	所属部门	入职时间	工龄	工龄工资
110101	纪真真	人事部	2005/5/15	9	1,0)))))
110102	白文才	人事部	2012/6/15	2	
110103	刘鹏磊	人事部	2011/8/1	3	
110104	朱小文	人事部	2012/6/1	2	
110105	任大为	人事部	2001/8/8	13	
110106	吕晓梦	财务部	2003/4/1	11	

图 13-49　输入计算工龄工资的公式

员工工龄工资表

					2014年11月
员工编号	员工姓名	所属部门	入职时间	工龄	工龄工资
110101	纪真真	人事部	2005/5/15	9	300
110102	白文才	人事部	2012/6/15	2	100
110103	刘鹏磊	人事部	2011/8/1	3	150
110104	朱小文	人事部	2012/6/1	2	100
110105	任大为	人事部	2001/8/8	13	500
110106	吕晓梦	财务部	2003/4/1	11	500
110107	张秀珍	财务部	2014/2/1	0	0
110108	齐　健	财务部	2014/6/15	0	0
110109	吕希森	客服部	2003/7/1	11	500
110110	罗娇娇	客服部	2014/6/1	0	0
110111	杨　静	客服部	2002/8/15	12	500
110112	韩金丽	客服部	2008/5/15	6	300
110113	于海勇	技术部	2001/7/1	13	500
110114	任佳辰	技术部	2005/9/1	9	300
110115	徐双双	技术部	2014/3/1	0	0
110116	戴萍萍	技术部	2006/8/1	8	300

图 13-50　自动输入公式

step 19 选择 G 列单元格，在【开始】选项卡的【数字】选项组中单击【常规】右侧的▾按钮，在弹出的下拉菜单中选择【货币】命令，如图 13-51 所示。

step 20 更改数字格式后的效果如图 13-52 所示。

图 13-51 选择数字格式

员工工龄工资表

					2014年11月
员工编号	员工姓名	所属部门	入职时间	工龄	工龄工资
110101	纪真真	人事部	2005/5/15	9	¥300.00
110102	白文才	人事部	2012/6/15	2	¥100.00
110103	刘鹏磊	人事部	2011/8/1	3	¥150.00
110104	朱小文	人事部	2012/6/1	2	¥100.00
110105	任大为	人事部	2001/8/8	13	¥500.00
110106	吕晓梦	财务部	2003/4/1	11	¥500.00
110107	张秀珍	财务部	2014/2/1	0	¥0.00
110108	齐　健	财务部	2014/6/15	0	¥0.00
110109	吕希森	客服部	2003/7/1	11	¥500.00
110110	罗娇娇	客服部	2014/6/1	0	¥0.00
110111	杨　静	客服部	2002/8/15	12	¥500.00
110112	韩金丽	客服部	2008/5/15	6	¥300.00
110113	于海勇	技术部	2001/7/1	13	¥500.00
110114	任佳辰	技术部	2005/9/1	9	¥300.00
110115	徐双双	技术部	2014/3/1	0	¥0.00
110116	戴萍萍	技术部	2006/8/1	8	¥300.00

图 13-52 更改数字格式后的效果

step 21 结合上一实例制作的方法，对单元格和输入的文字进行设置，包括设置单元格外边框、内边框、填充颜色、单元格高度、文字大小和文字对齐方式等，效果如图 13-53 所示。

step 22 选择 B21:G21 单元格，在【对齐方式】选项组中单击【合并后居中】按钮右侧的按钮，在弹出的下拉菜单中选择【合并单元格】命令，如图 13-54 所示。

					2014年11月
员工编号	员工姓名	所属部门	入职时间	工龄	工龄工资
110101	纪真真	人事部	2005/5/15	9	¥300.00
110102	白文才	人事部	2012/6/15	2	¥100.00
110103	刘鹏磊	人事部	2011/8/1	3	¥150.00
110104	朱小文	人事部	2012/6/1	2	¥100.00
110105	任大为	人事部	2001/8/8	13	¥500.00
110106	吕晓梦	财务部	2003/4/1	11	¥500.00
110107	张秀珍	财务部	2014/2/1	0	¥0.00
110108	齐　健	财务部	2014/6/15	0	¥0.00
110109	吕希森	客服部	2003/7/1	11	¥500.00
110110	罗娇娇	客服部	2014/6/1	0	¥0.00
110111	杨　静	客服部	2002/8/15	12	¥500.00
110112	韩金丽	客服部	2008/5/15	6	¥300.00
110113	于海勇	技术部	2001/7/1	13	¥500.00
110114	任佳辰	技术部	2005/9/1	9	¥300.00
110115	徐双双	技术部	2014/3/1	0	¥0.00
110116	戴萍萍	技术部	2006/8/1	8	¥300.00

图 13-53 调整单元格和文字

图 13-54 选择【合并单元格】命令

step 23 即可将选择的单元格合并，然后在【单元格】选项组中单击【格式】按钮，在弹出的下拉菜单中选择【行高】命令，弹出【行高】对话框，设置【行高】为 70，单击【确定】按钮，效果如图 13-55 所示。

step 24 结合前面介绍的方法为合并后的单元格设置边框，并在单元格中输入文字，效果如图 13-56 所示。

在单元格中按 Alt+Enter 组合键即可换行。

step 25 确认合并后的单元格处于选择状态，在【字体】选项组中将【字号】设置为 10，将【字体颜色】设置为【橙色，着色 2，深色 50%】，如图 13-57 所示。

step 26 在单元格中选择第一行文字，在【字体】选项组中单击【加粗】按钮，加粗文字，效果如图 13-58 所示。

图 13-55 设置单元格高度

图 13-56 输入文字

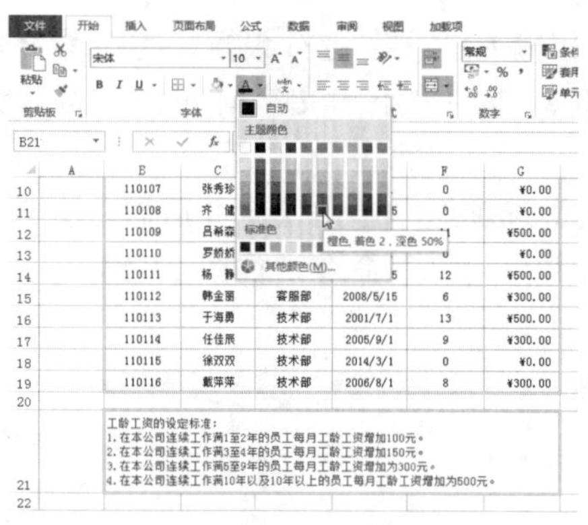

图 13-57 设置文字

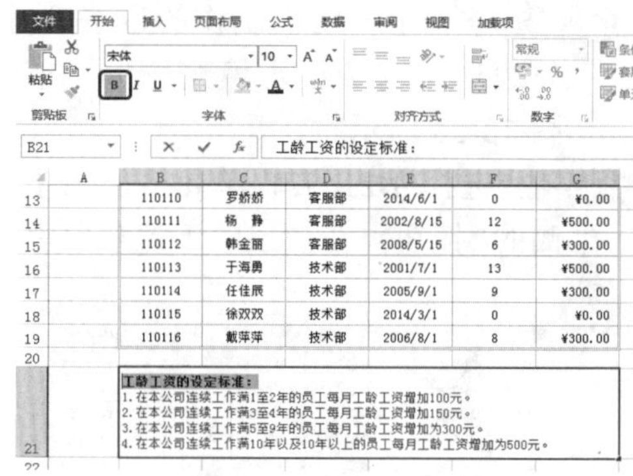

图 13-58 加粗文字

案例精讲 101 员工出勤统计表

案例文件：CDROM\场景\Cha13\员工工资管理.xlsx

视频文件：视频教学\Cha13\员工出勤统计表.avi

制作概述

本案例将介绍员工出勤统计表的制作。首先输入标题并引用【员工基本工资表】中的部分内容；然后输入请假日期、请假类别和请假天数等内容，并输入公式计算员工应扣工资；最后美化表格，输入请假规范。完成后的效果如图 13-59 所示。

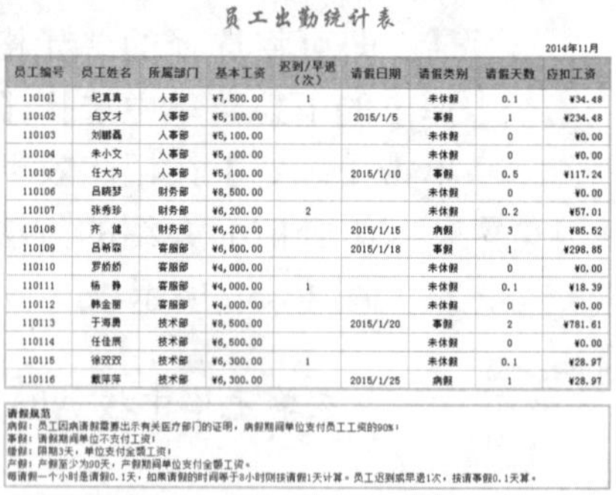

图 13-59 员工出勤统计表

学习目标

- 学习设置单元格数字格式的方法。
- 掌握计算员工缺勤扣款的方法。

操作步骤

step 01 在标签栏中单击【新工作表】按钮⊕，新建一个工作表，将其重命名为【员工出勤统计表】，如图 13-60 所示。

step 02 选择 B1:J1 单元格，在【开始】选项卡的【对齐方式】选项组中单击【合并后居中】按钮，如图 13-61 所示。

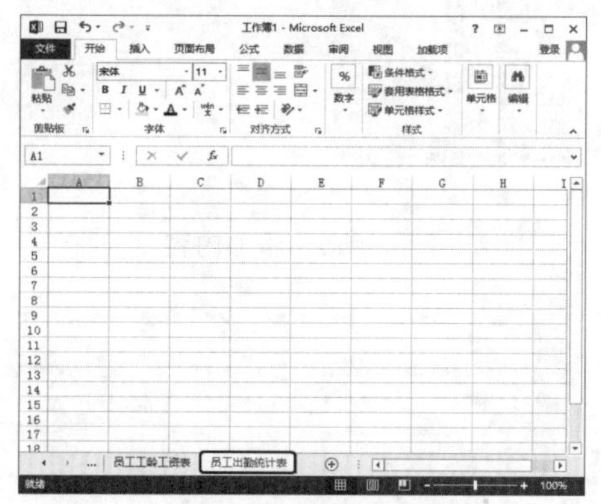

图 13-60 新建工作表

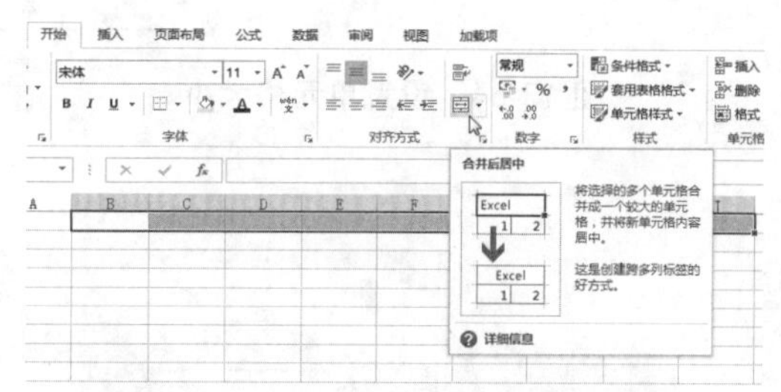

图 13-61 单击【合并后居中】按钮

step 03 即可将选择的单元格合并，然后在【单元格】选项组中单击【格式】按钮，在弹出的下拉菜单中选择【行高】命令，弹出【行高】对话框，设置【行高】为 35，单击【确定】按钮，效果如图 13-62 所示。

step 04 在合并后的单元格中输入文字【员工出勤统计表】，并选择输入的文字，在【字体】选项组中将【字体】设置为【方正行楷简体】，将【字号】设置为 24，将【字体颜色】设置为【橙色，着色 2】，如图 13-63 所示。

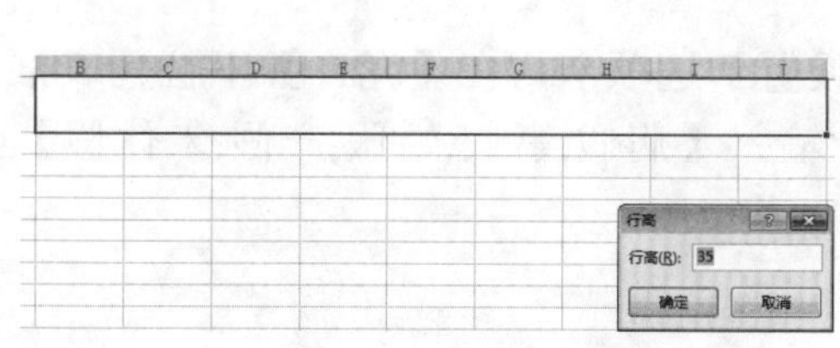

图 13-62 设置单元格高度

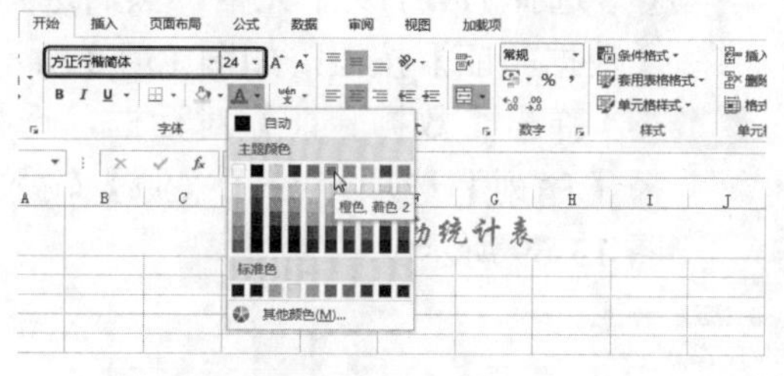

图 13-63 输入文字并设置

step 05 将第 2 行的【行高】设置为 20，将第 3 行的【行高】设置为 30，然后选择 B3:J3 单元格，将【列宽】设置为 10，如图 13-64 所示。

step 06 结合上一实例介绍的方法，在单元格中添加内容，效果如图 13-65 所示。

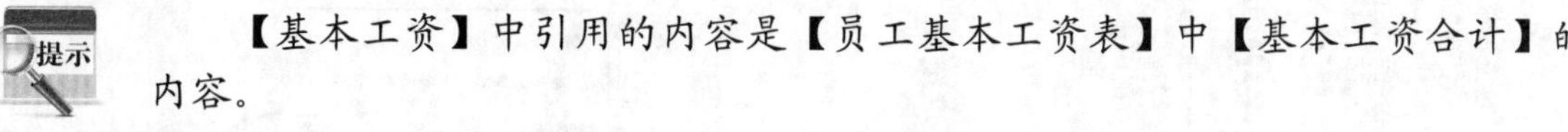

提示 【基本工资】中引用的内容是【员工基本工资表】中【基本工资合计】的内容。

step 07 选择 E 列单元格，在【开始】选项卡的【数字】选项组中单击【常规】右侧的按钮，在弹出的下拉菜单中选择【货币】命令，如图 13-66 所示。

step 08 选择 F3 单元格，在【对齐方式】选项组中单击【自动换行】按钮，效果如图 13-67 所示。

图 13-64 设置单元格大小

图 13-65 添加内容

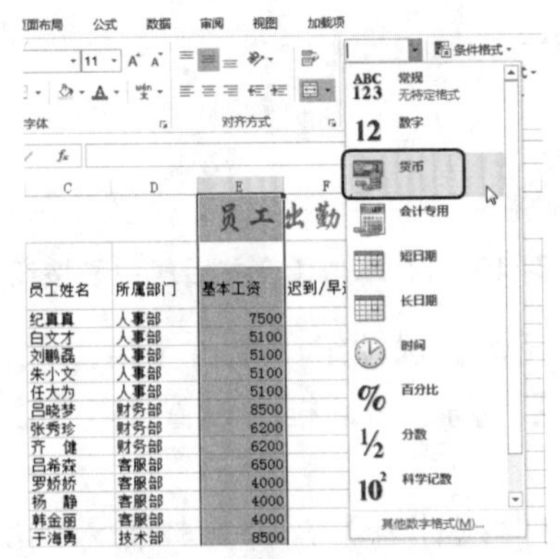

图 13-66 设置数字格式

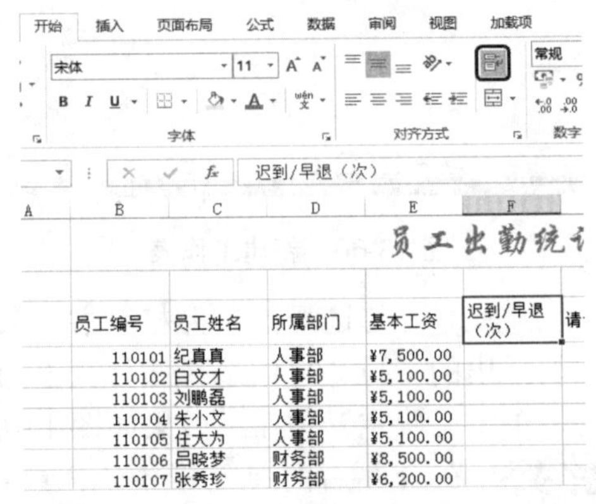

图 13-67 设置自动换行

step 09 选择 H4:H19 单元格，然后选择【数据】选项卡，在【数据工具】选项组中单击【数据验证】按钮，如图 13-68 所示。

step 10 弹出【数据验证】对话框，选择【设置】选项卡，在【允许】下拉列表框中选择【序列】选项，在【来源】输入框中输入【病假,事假,婚假,产假,未休假】，如图 13-69 所示。

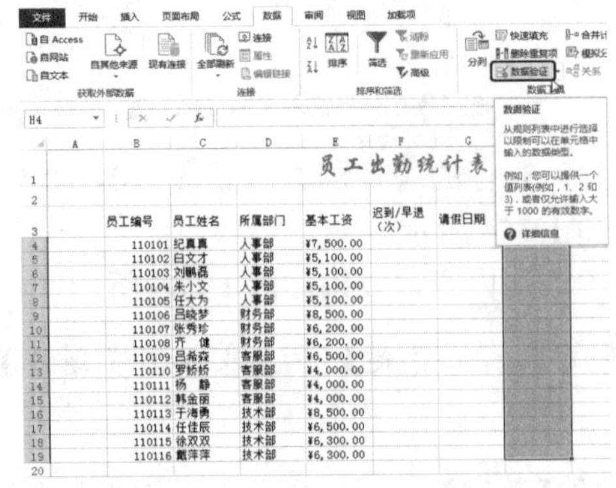

图 13-68 单击【数据验证】按钮

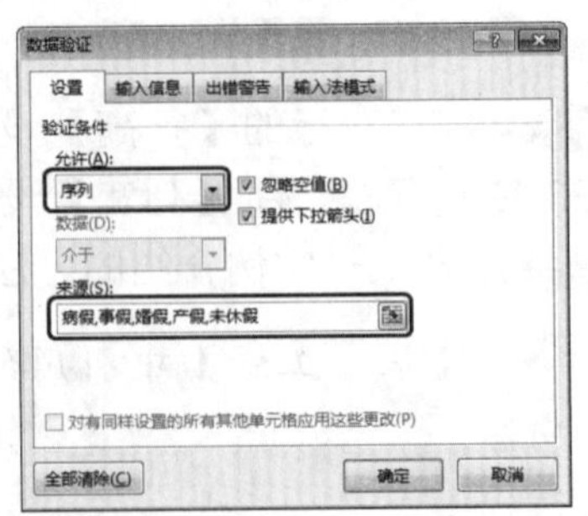

图 13-69 设置验证条件

step 11 选择【输入信息】选项卡，在【输入信息】文本框中输入【请选择请假类别】，单击【确定】按钮，如图 13-70 所示。

step 12 选择 H4 单元格，并单击单元格右侧的▼按钮，在弹出的下拉列表框中选择【未休假】选项，如图 13-71 所示。

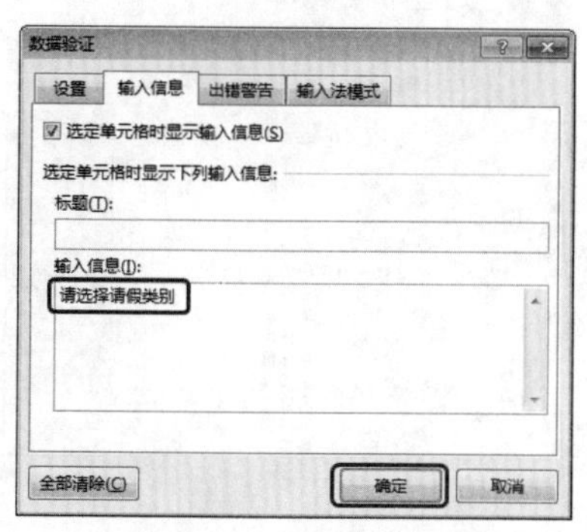

图 13-70　输入显示信息

员工出勤统计表

员工姓名	所属部门	基本工资	迟到/早退（次）	请假日期	请假类别	请假
纪真真	人事部	¥7,500.00				
白文才	人事部	¥5,100.00				
刘鹏磊	人事部	¥5,100.00				
朱小文	人事部	¥5,100.00				
任大为	人事部	¥5,100.00				
吕晓梦	财务部	¥8,500.00				
张秀珍	财务部	¥6,200.00				
齐　健	财务部	¥6,200.00				
吕希森	客服部	¥6,500.00				
罗娇娇	客服部	¥4,000.00				
杨　静	客服部	¥4,000.00				
韩金丽	客服部	¥4,000.00				
于海勇	技术部	¥8,500.00				
任佳辰	技术部	¥6,500.00				
徐双双	技术部	¥6,300.00				
戴萍萍	技术部	¥6,300.00				

图 13-71　选择【未休假】选项

step 13 使用同样的方法，在其他单元格中选择请假类别，效果如图 13-72 所示。

step 14 在统计表中输入员工迟到/早退次数、请假日期和请假天数，效果如图 13-73 所示。

知识链接

在输入过程中如果发现输入错误，按 Backspace 键可以删除插入点前的一个字符，或按 Delete 键删除插入点的后一个字符，可以按方向键移动插入点。输入完成后，按 Tab 键，从而转到下一个单元格的输入状态。

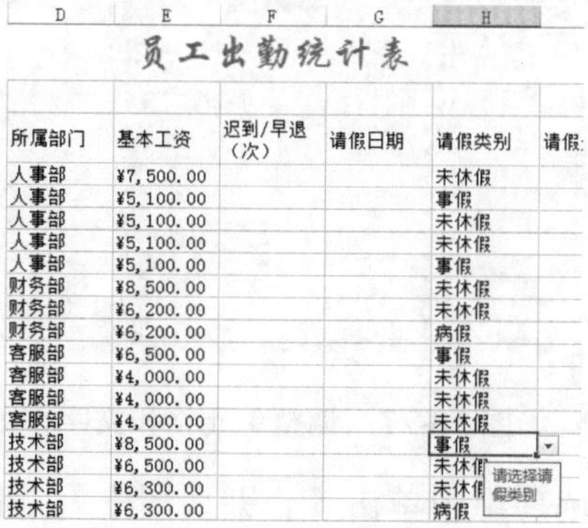

员工出勤统计表

所属部门	基本工资	迟到/早退（次）	请假日期	请假类别	请假
人事部	¥7,500.00			未休假	
人事部	¥5,100.00			事假	
人事部	¥5,100.00			未休假	
人事部	¥5,100.00			未休假	
人事部	¥5,100.00			事假	
财务部	¥8,500.00			未休假	
财务部	¥6,200.00			未休假	
财务部	¥6,200.00			病假	
客服部	¥6,500.00			事假	
客服部	¥4,000.00			未休假	
客服部	¥4,000.00			未休假	
客服部	¥4,000.00			未休假	
技术部	¥8,500.00			事假	
技术部	¥6,500.00			未休假	
技术部	¥6,300.00			未休假	
技术部	¥6,300.00			病假	

请选择请假类别

图 13-72　选择请假类别

员工出勤统计表

					2014年11月
基本工资	迟到/早退（次）	请假日期	请假类别	请假天数	应扣工资
¥7,500.00	1		未休假	0.1	
¥5,100.00		2015/1/5	事假	1	
¥5,100.00			未休假	0	
¥5,100.00			未休假	0	
¥5,100.00		2015/1/10	事假	0.5	
¥8,500.00			未休假	0	
¥6,200.00	2		未休假	0.2	
¥6,200.00		2015/1/15	病假	3	
¥6,500.00		2015/1/18	事假	1	
¥4,000.00			未休假	0	
¥4,000.00	1		未休假	0.1	
¥4,000.00			未休假	0	
¥8,500.00		2015/1/20	事假	2	
¥6,500.00			未休假	0	
¥6,300.00	1		未休假	0.1	
¥6,300.00		2015/1/25	病假	1	

图 13-73　输入其他内容

step 15 选择 J4 单元格，输入计算应扣工资的公式，输入完成后单击【输入】按钮✓，效果如图 13-74 所示。

在输入的公式中有一个数字是 27.15，27.15 为月计薪天数。

step 16 确认 J4 单元格处于选择状态，将光标放置到被选中的单元格的右下角，此时光标会变成黑心十字形状，在按住鼠标左键的同时向下拖动鼠标，拖动至第 19 行中释放鼠标，即可自动输入公式，效果如图 13-75 所示。

图 13-74 输入公式

员工出勤统计表

基本工资	迟到/早退（次）	请假日期	请假类别	请假天数	应扣工资
					2014年11月
¥7,500.00	1		未休假	0.1	34.4827586
¥5,100.00		2015/1/5	事假	1	234.482759
¥5,100.00			未休假	0	0
¥5,100.00			未休假	0	0
¥5,100.00		2015/1/10	事假	0.5	117.241379
¥8,500.00			未休假	0	0
¥6,200.00	2		未休假	0.2	57.0114943
¥6,200.00		2015/1/15	病假	3	85.5172414
¥6,500.00		2015/1/18	事假	1	298.850575
¥4,000.00			未休假	0	0
¥4,000.00	1		未休假	0.1	18.3908046
¥4,000.00			未休假	0	0
¥8,500.00		2015/1/20	事假	2	781.609195
¥6,500.00			未休假	0	0
¥6,300.00	1		未休假	0.1	28.9655172
¥6,300.00		2015/1/25	病假	1	28.9655172

图 13-75 自动输入公式

step 17 选择【开始】选项卡，在【数字】选项组中单击【常规】右侧的按钮，在弹出的下拉菜单中选择【货币】命令，如图 13-76 所示。

step 18 结合上一实例制作的方法，对单元格和文字进行设置，包括设置单元格外边框、内边框、填充颜色、单元格高度、文字大小和文字对齐方式等，效果如图 13-77 所示。

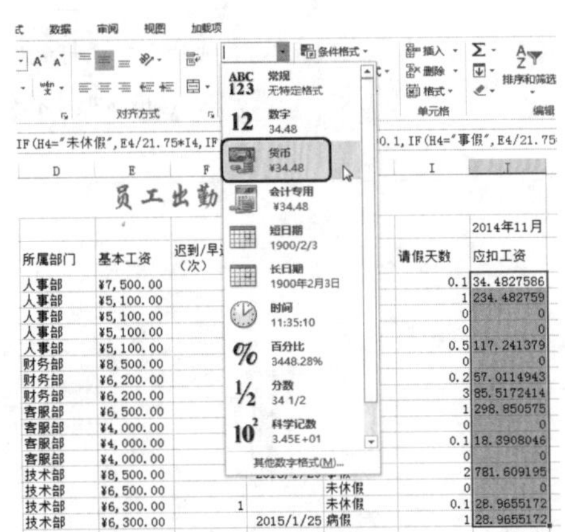

图 13-76 设置数字格式

员工出勤统计表

员工编号	员工姓名	所属部门	基本工资	迟到/早退（次）	请假日期	请假类别	请假天数	应扣工资
								2014年11月
110101	纪真真	人事部	¥7,500.00	1		未休假	0.1	¥34.48
110102	白文才	人事部	¥5,100.00		2015/1/5	事假	1	¥234.48
110103	刘鹏磊	人事部	¥5,100.00			未休假	0	¥0.00
110104	朱小文	人事部	¥5,100.00			未休假	0	¥0.00
110105	任大为	人事部	¥5,100.00		2015/1/10	事假	0.5	¥117.24
110106	吕晓梦	财务部	¥8,500.00			未休假	0	¥0.00
110107	张秀珍	财务部	¥6,200.00	2		未休假	0.2	¥57.01
110108	齐　健	财务部	¥6,200.00		2015/1/15	病假	3	¥85.52
110109	吕希森	客服部	¥6,500.00		2015/1/18	事假	1	¥298.85
110110	罗娇娇	客服部	¥4,000.00			未休假	0	¥0.00
110111	杨　静	客服部	¥4,000.00	1		未休假	0.1	¥18.39
110112	韩金丽	客服部	¥4,000.00			未休假	0	¥0.00
110113	于海勇	技术部	¥8,500.00		2015/1/20	事假	2	¥781.61
110114	任佳辰	技术部	¥6,500.00			未休假	0	¥0.00
110115	徐双双	技术部	¥6,300.00	1		未休假	0.1	¥28.97
110116	戴萍萍	技术部	¥6,300.00		2015/1/25	病假	1	¥28.97

图 13-77 调整单元格和文字

step 19 选择 B21:J21 单元格，在【对齐方式】选项组中单击【合并后居中】按钮右侧的按钮，在弹出的下拉菜单中选择【合并单元格】命令，如图 13-78 所示。

step 20 即可将选择的单元格合并，并将其【行高】设置为 80，然后结合前面介绍的方法为合并后的单元格设置边框，并在单元格中输入文字，效果如图 13-79 所示。

step 21 确认合并后的单元格处于选择状态，在【字体】选项组中将【字号】设置为 10，将【字体颜色】设置为【橙色，着色 2，深色 50%】，如图 13-80 所示。

step 22 在单元格中选择第一行文字，在【字体】选项组中单击【加粗】按钮，加粗

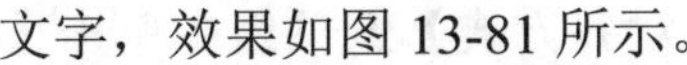

文字，效果如图 13-81 所示。

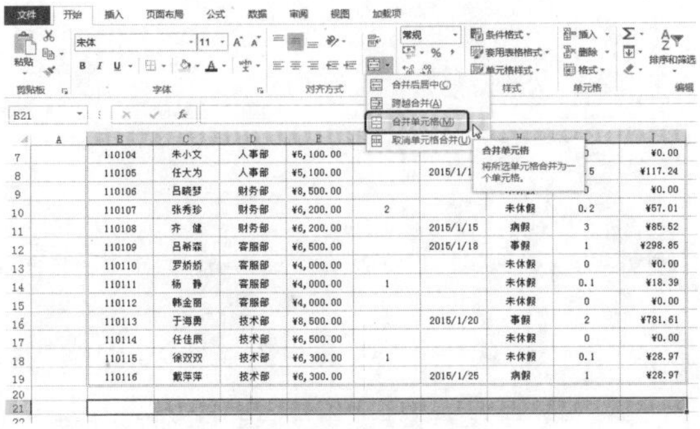

图 13-78 选择【合并单元格】命令

图 13-79 输入文字

图 13-80 设置文字

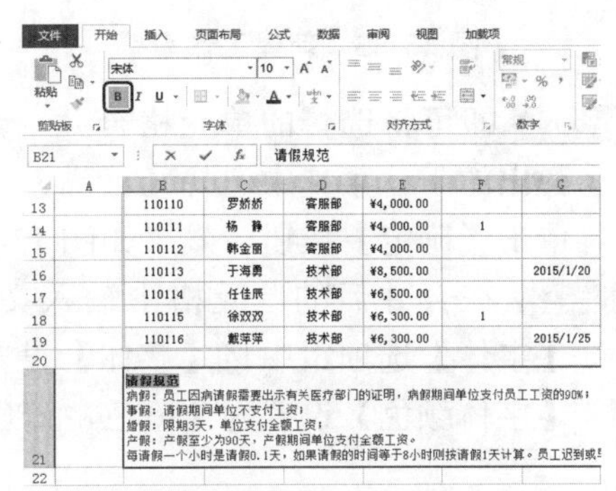

图 13-81 加粗文字

案例精讲 102 加班工资明细表

案例文件：CDROM\场景\Cha13\员工工资管理.xlsx

视频文件：视频教学\Cha13\加班工资明细表.avi

制作概述

本案例将介绍加班工资明细表的制作。首先输入标题并引用【员工基本工资表】中的部分内容；然后输入加班时间并计算加班工资；最后美化表格，输入加班费计算标准。完成后的效果如图 13-82 所示。

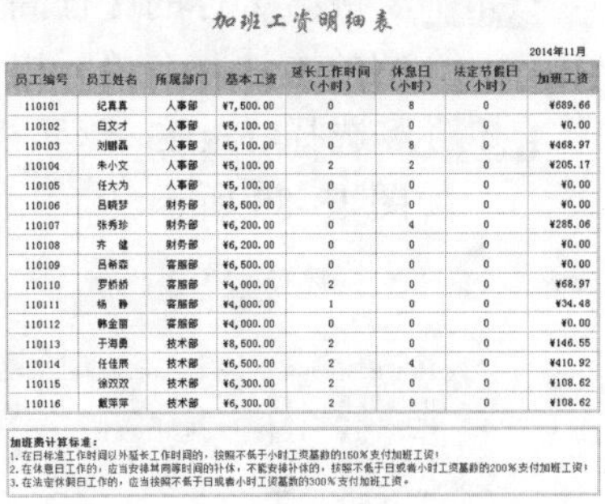

图 13-82 加班工资明细表

学习目标

- 学习新建并重命名工作表的方法。
- 掌握计算加班工资的方法。

操作步骤

step 01 在标签栏中单击【新工作表】按钮⊕，新建一个工作表，将其重命名为【加班工资明细表】，如图 13-83 所示。

step 02 选择 B1:I1 单元格，在【开始】选项卡的【对齐方式】选项组中单击【合并后居中】按钮，如图 13-84 所示。

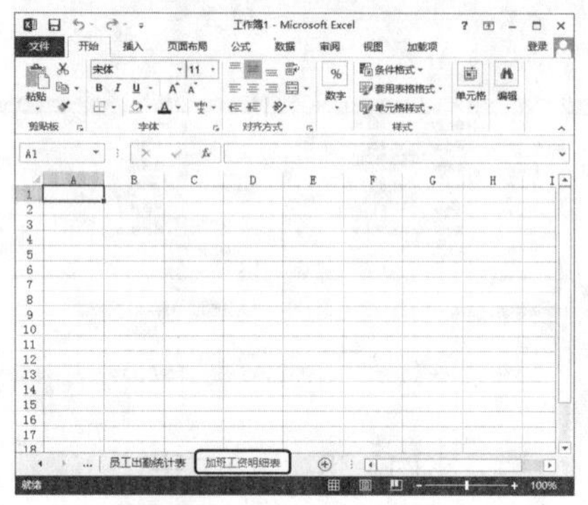

图 13-83　新建工作表

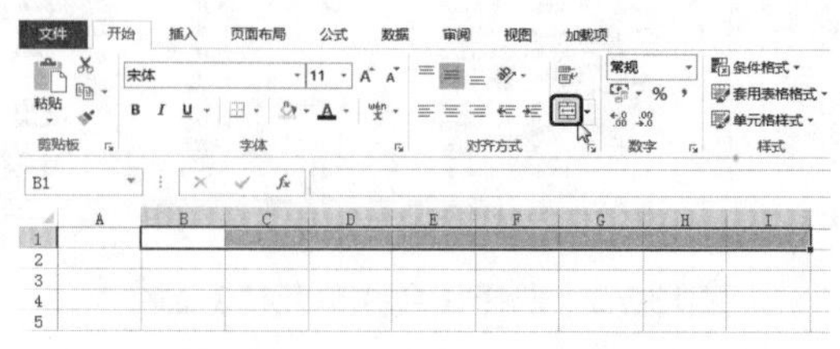

图 13-84　单击【合并后居中】按钮

step 03 即可将选择的单元格合并，然后在【单元格】选项组中单击【格式】按钮，在弹出的下拉菜单中选择【行高】命令，弹出【行高】对话框，设置【行高】为 35，单击【确定】按钮，效果如图 13-85 所示。

step 04 在合并后的单元格中输入文字【加班工资明细表】，并选择输入的文字，在【字体】选项组中将【字体】设置为【方正行楷简体】，将【字号】设置为 24，将【字体颜色】设置为【橙色，着色 2】，如图 13-86 所示。

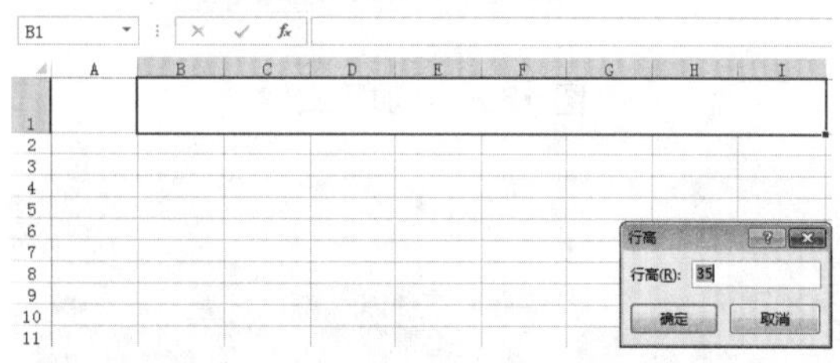

图 13-85　设置单元格高度

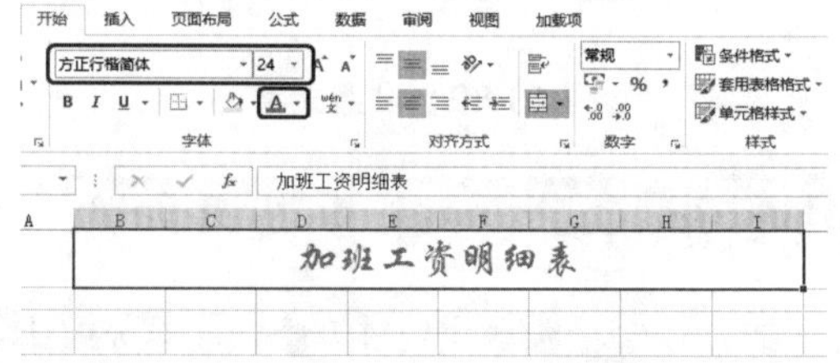

图 13-86　输入文字并设置

step 05 将第 2 行的【行高】设置为 20，将第 3 行的【行高】设置为 30，结合上一实例介绍的方法，在单元格中添加内容，效果如图 13-87 所示。

step 06 选择 F3:H3 单元格，在【对齐方式】选项组中单击【自动换行】按钮，效果如图 13-88 所示。

图 13-87　设置单元格高度并添加内容

图 13-88　设置自动换行

step 07 选择 B3:E3、G3 和 I3 单元格，在【单元格】选项组中单击【格式】按钮，在弹出的下拉菜单中选择【列宽】命令，弹出【列宽】对话框，将【列宽】设置为 10，如图 13-89 所示。

step 08 使用同样的方法，将 F3 单元格的宽度设置为 13，将 H3 单元格的宽度设置为 12，效果如图 13-90 所示。

加班工资明细表

员工编号	员工姓名	所属部门	基本工资	延长工作时间（小时）	休息日（小时）	法定节假日（小时）	2014年11月 加班工资
110101	纪真真	人事部	7500				
110102	白文才	人事部	5100				
110103	刘鹏磊	人事部	5100				
110104	朱小文	人事部	5100				
110105	任大为	人事部	5100				
110106	吕晓梦	财务部	8500				
110107	张秀珍	财务部	6200				
110108	齐　健	财务部	6200				
110109	吕希森	客服部	6500				
110110	罗娇娇	客服部	4000				
110111	杨　静	客服部	4000				
110112	韩金丽	客服部	4000				

图 13-89　设置单元格宽度

加班工资明细表

基本工资	延长工作时间（小时）	休息日（小时）	法定节假日（小时）	2014年11月 加班工资
7500				
5100				
5100				
5100				
5100				
8500				
6200				
6200				
6500				
4000				
4000				
4000				
8500				
6500				
6300				
6300				

图 13-90　设置其他单元格宽度

step 09 在明细表中输入延长工作时间、休息日加班时间和法定节假日加班时间，效果如图 13-91 所示。

step 10 选择 I4 单元格，输入计算加班工资的公式，输入完成后单击【输入】按钮✓，效果如图 13-92 所示。

知识链接

在 Excel 中可以使用多种方法选择单个单元格：

使用鼠标选择是最常用、最快速的方法，只需要在单元格上单击即可。被选择的单元格称为当前单元格。如果要选定的单元格没有显示在窗口中，可以通过移动滚动条使其显示在窗口中，然后再选取。

在编辑栏中输入单元格名称，如输入【M8】，按 Enter 键即可选择 M 列第 8 行交汇处的单元格。

使用键盘上的上、下、左、右 4 个方向键，也可以选择单元格，在运行 Excel 2013 时，默认的选择是 A1，按向下方向键就选择下一个单元格，即 A2 单元格，按向右方向键就选择右面的单元格，即 B1 单元格。

在【开始】选项卡的【编辑】选项组中单击【查找和选择】按钮，在打开的下拉菜单中选择【转到】命令，弹出【定位】对话框，在【引用位置】文本框中输入 M8 单元格，单击【确定】按钮，这时 M8 单元格就成为当前单元格。

step 11 确认 I4 单元格处于选择状态，将光标放置到被选中单元格的右下角，此时光标会变成黑心十字形状，在按住鼠标左键的同时向下拖动鼠标，拖动至第 19 行中释放鼠标，即可自动输入公式，效果如图 13-93 所示。

step 12 选择 E 列和 I 列单元格，在【数字】选项组中单击【常规】右侧的▾按钮，在弹出的下拉菜单中选择【货币】命令，如图 13-94 所示。

图 13-91 输入加班时间

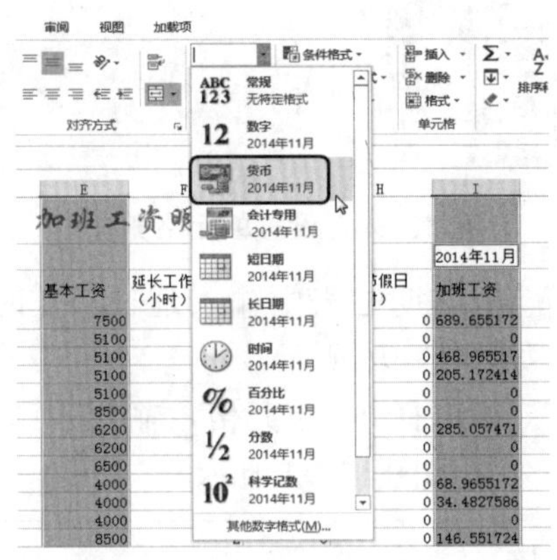

图 13-92 输入公式

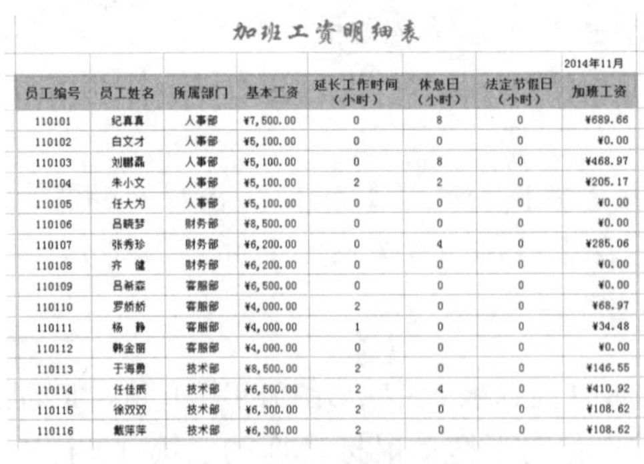

图 13-93 自动输入公式

图 13-94 设置数字格式

step 13 结合上一实例制作的方法，对单元格和文字进行设置，包括设置单元格外边框、内边框、填充颜色、单元格高度、文字大小和文字对齐方式等，效果如图 13-95 所示。

step 14 选择 B21:I21 单元格，在【对齐方式】选项组中单击【合并后居中】按钮右侧的按钮，在弹出的下拉菜单中选择【合并单元格】命令，如图 13-96 所示。

图 13-95 调整单元格和文字

图 13-96 选择【合并单元格】命令

step 15 即可将选择的单元格合并，并将其【行高】设置为 60，然后结合前面介绍的方

法为合并后的单元格设置边框，并在单元格中输入文字，效果如图 13-97 所示。

step 16 确认合并后的单元格处于选择状态，在【字体】选项组中将【字号】设置为 10，将【字体颜色】设置为【橙色，着色 2，深色 50%】，并将第一行的文字加粗，效果如图 13-98 所示。

图 13-97 输入文字

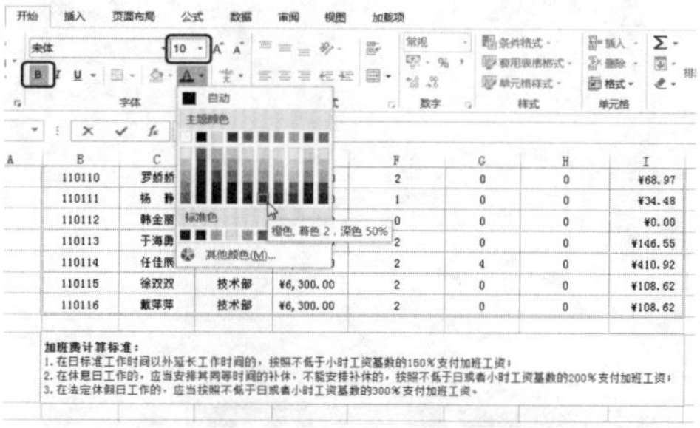

图 13-98 设置文字

案例精讲 103 员工工资明细表

案例文件：CDROM\场景\Cha13\员工工资管理.xlsx

视频文件：视频教学\Cha13\员工工资明细表.avi

制作概述

本案例将介绍员工工资明细表的制作。其制作比较简单，首先输入标题并引用其他工作表中的部分内容；然后输入公式，计算员工全勤奖和员工应发工资；最后美化表格。完成后的效果如图 13-99 所示。

图 13-99 员工工资明细表

学习目标

- 学习计算员工应发工资的方法。
- 掌握计算全勤奖的方法。

操作步骤

step 01 在标签栏中单击【新工作表】按钮⊕，新建一个工作表，将其重命名为【员工工资明细表】，如图 13-100 所示。

step 02 选择 B1:M1 单元格，在【开始】选项卡的【对齐方式】选项组中单击【合并后居中】按钮，如图 13-101 所示。

还可以使用编辑栏选择单元格区域。在编辑栏中输入【B1:M1】，按 Enter 键即可选择 B1:M1 单元格区域。

图 13-100　新建工作表

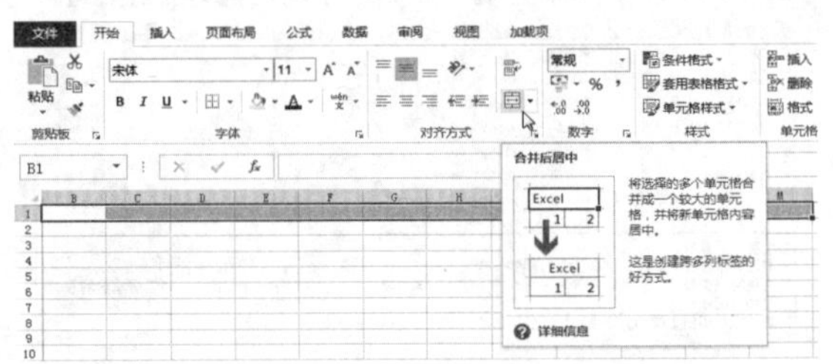

图 13-101　单击【合并后居中】按钮

step 03 即可将选择的单元格合并，然后在【单元格】选项组中单击【格式】按钮，在弹出的下拉菜单中选择【行高】命令，弹出【行高】对话框，设置【行高】为 35，单击【确定】按钮，效果如图 13-102 所示。

step 04 在合并后的单元格中输入文字【员工工资明细表】，并选择输入的文字，在【字体】选项组中将【字体】设置为【方正行楷简体】，将【字号】设置为 24，将【字体颜色】设置为【橙色，着色 2】，如图 13-103 所示。

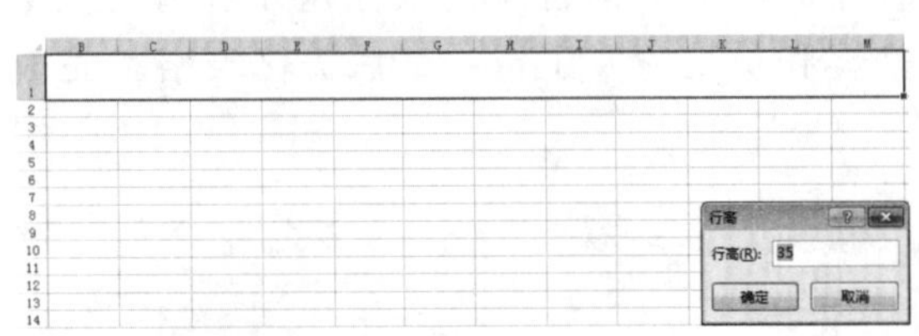

图 13-102　设置单元格高度

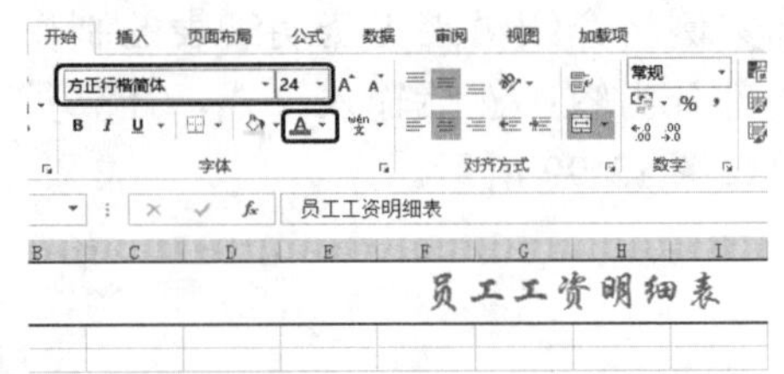

图 13-103　输入文字并设置

step 05 将第 2 行的【行高】设置为 20，将第 3 行的【行高】设置为 25，结合上一实例介绍的方法，在单元格中添加内容，效果如图 13-104 所示。

step 06 选择 F4 单元格，然后输入等号(=)，如图 13-105 所示。

员工工资明细表

2014年11月

员工编号	员工姓名	所属部门	基本工资	工龄工资	缺勤扣款	加班工资	全勤奖	应发工资	保险费扣	应纳税额	实发工资
110101	纪真真	人事部	7500								
110102	白文才	人事部	5100								
110103	刘鹏磊	人事部	5100								
110104	朱小文	人事部	5100								
110105	任大为	人事部	5100								
110106	吕晓梦	财务部	8500								
110107	张秀珍	财务部	6200								
110108	齐　健	财务部	6200								
110109	吕希森	客服部	6500								
110110	罗娇娇	客服部	4000								
110111	杨　静	客服部	4000								
110112	韩金丽	客服部	4000								
110113	于海勇	技术部	8500								
110114	任佳辰	技术部	6500								
110115	徐双双	技术部	6300								
110116	戴萍萍	技术部	6300								

图 13-104　设置单元格高度并添加内容

图 13-105　输入【=】

step 07 输入等号后，切换到【员工工龄工资表】，然后在该工作表中选择 G4 单元格，并单击【输入】按钮✓，如图 13-106 所示。

step 08 即可返回到【员工工资明细表】中，确认 F4 单元格处于选择状态，将光标放置到被选中的单元格的右下角，此时光标会变成黑心十字形状，在按住鼠标左键的同时向下拖动鼠标，拖动至第 19 行中释放鼠标，即可自动输入公式，效果如图 13-107 所示。

知识链接

相对引用指单元格的引用会随公式所在单元格的位置变化而变化。复制公式时，系统不是把原来单元格地址原样照搬，而是根据公式原来位置和复制的目标位置来推算出公式中单元格地址相对于原来位置的变化。在横向复制公式时，列标发生变化，行号不变；在纵向复制公式时，行号发生变化，列标不变。默认情况下，公式使用的是相对引用。操作步骤中的自动输入公式就是相对引用。

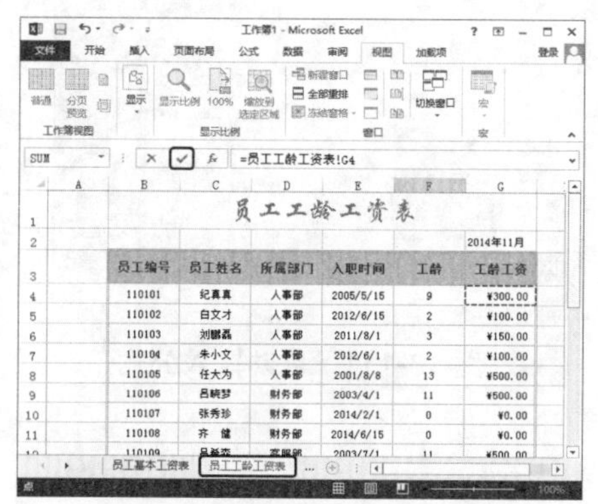

图 13-106 选择单元格

图 13-107 自动输入公式

step 09 使用同样的方法，在其他单元格中填充相应的内容，效果如图 13-108 所示。

step 10 选择 B3:M3 单元格，在【单元格】选项组中单击【格式】按钮，在弹出的下拉菜单中选择【列宽】命令，弹出【列宽】对话框，将【列宽】设置为 10，如图 13-109 所示。

step 11 选择 I4 单元格，输入计算全勤奖的公式，输入完成后单击【输入】按钮✓，效果如图 13-110 所示。

step 12 确认 I4 单元格处于选择状态，将光标放置到被选中的单元格的右下角，此时光标会变成黑心十字形状，在按住鼠标左键的同时向下拖动鼠标，拖动至第 19 行中释放鼠标，即可自动输入公式，效果如图 13-111 所示。

step 13 选择 J4 单元格，输入计算应发工资的公式，输入完成后单击【输入】按钮✓，效果如图 13-112 所示。

step 14 确认 J4 单元格处于选择状态，将光标放置到被选中的单元格的右下角，此时光标会变成黑心十字形状，在按住鼠标左键的同时向下拖动鼠标，拖动至第 19 行中释放鼠标，即可自动输入公式，效果如图 13-113 所示。

图 13-108　填充其他内容

图 13-109　设置单元格宽度

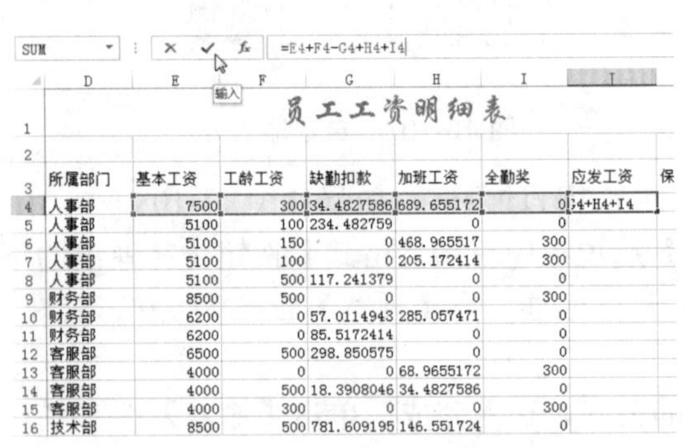

图 13-110　输入公式

图 13-111　自动输入公式

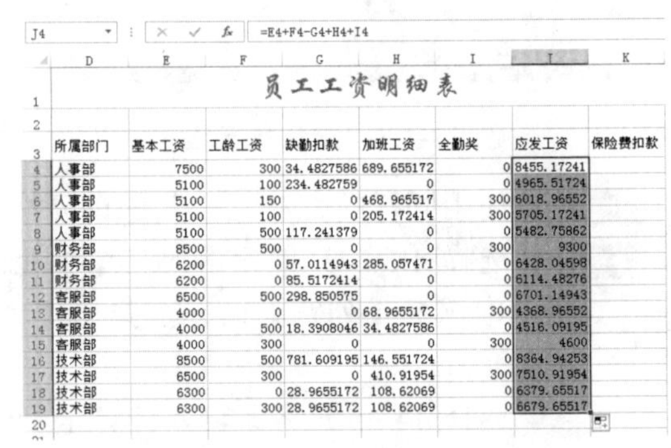

图 13-112　输入公式

图 13-113　自动输入公式

step 15 选择 E4:M19 单元格，在【数字】选项组中单击【常规】右侧的 按钮，在弹出的下拉菜单中选择【货币】命令，如图 13-114 所示。

step 16 设置数字格式后的效果如图 13-115 所示。

step 17 结合上一实例制作的方法，对单元格和文字进行设置，包括设置单元格外边框、内边框、填充颜色、单元格高度、文字大小和文字对齐方式等，完成的效果如图 13-116 所示。

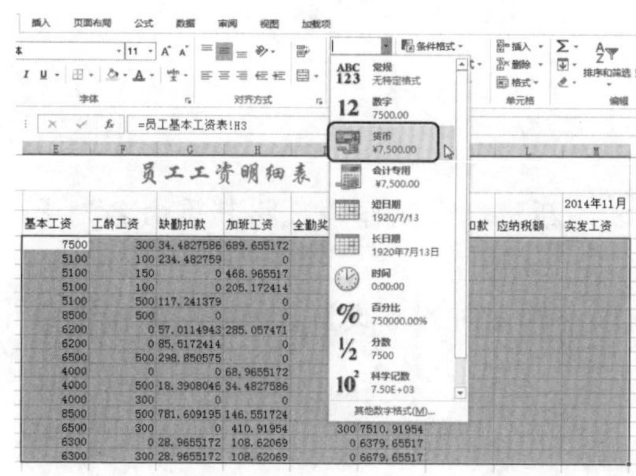

图 13-114 设置数字格式

员工工资明细表

								2014年11月
基本工资	工龄工资	缺勤扣款	加班工资	全勤奖	应发工资	保险费扣款	应纳税额	实发工资
¥7,500.00	¥300.00	¥34.48	¥689.66	¥0.00	¥8,455.17			
¥5,100.00	¥100.00	¥234.48	¥0.00	¥0.00	¥4,965.52			
¥5,100.00	¥150.00	¥0.00	¥468.97	¥300.00	¥6,018.97			
¥5,100.00	¥100.00	¥0.00	¥205.17	¥300.00	¥5,705.17			
¥5,100.00	¥500.00	¥117.24	¥0.00	¥0.00	¥5,482.76			
¥8,500.00	¥500.00	¥0.00	¥0.00	¥300.00	¥9,300.00			
¥6,200.00	¥0.00	¥57.01	¥285.06	¥0.00	¥6,428.05			
¥6,200.00	¥0.00	¥85.52	¥0.00	¥0.00	¥6,114.48			
¥6,500.00	¥500.00	¥298.85	¥0.00	¥0.00	¥6,701.15			
¥4,000.00	¥0.00	¥0.00	¥68.97	¥300.00	¥4,368.97			
¥4,000.00	¥500.00	¥18.39	¥34.48	¥0.00	¥4,516.09			
¥4,000.00	¥300.00	¥0.00	¥0.00	¥300.00	¥4,600.00			
¥8,500.00	¥500.00	¥781.61	¥146.55	¥0.00	¥8,364.94			
¥6,500.00	¥300.00	¥0.00	¥410.92	¥300.00	¥7,510.92			
¥6,300.00	¥0.00	¥28.97	¥108.62	¥0.00	¥6,379.66			
¥6,300.00	¥300.00	¥28.97	¥108.62	¥0.00	¥6,679.66			

图 13-115 设置数字格式后的效果

员工工资明细表

											2014年11月
员工编号	员工姓名	所属部门	基本工资	工龄工资	缺勤扣款	加班工资	全勤奖	应发工资	保险费扣款	应纳税额	实发工资
110101	纪真真	人事部	¥7,500.00	¥300.00	¥34.48	¥689.66	¥0.00	¥8,455.17			
110102	白文才	人事部	¥5,100.00	¥100.00	¥234.48	¥0.00	¥0.00	¥4,965.52			
110103	刘鹏磊	人事部	¥5,100.00	¥150.00	¥0.00	¥468.97	¥300.00	¥6,018.97			
110104	朱小文	人事部	¥5,100.00	¥100.00	¥0.00	¥205.17	¥300.00	¥5,705.17			
110105	任大为	人事部	¥5,100.00	¥500.00	¥117.24	¥0.00	¥0.00	¥5,482.76			
110106	吕晓梦	财务部	¥8,500.00	¥500.00	¥0.00	¥0.00	¥300.00	¥9,300.00			
110107	张秀珍	财务部	¥6,200.00	¥0.00	¥57.01	¥285.06	¥0.00	¥6,428.05			
110108	齐　健	财务部	¥6,200.00	¥0.00	¥85.52	¥0.00	¥0.00	¥6,114.48			
110109	吕希森	客服部	¥6,500.00	¥500.00	¥298.85	¥0.00	¥0.00	¥6,701.15			
110110	罗娇娇	客服部	¥4,000.00	¥0.00	¥0.00	¥68.97	¥300.00	¥4,368.97			
110111	杨　静	客服部	¥4,000.00	¥500.00	¥18.39	¥34.48	¥0.00	¥4,516.09			
110112	韩金丽	客服部	¥4,000.00	¥300.00	¥0.00	¥0.00	¥300.00	¥4,600.00			
110113	于海勇	技术部	¥8,500.00	¥500.00	¥781.61	¥146.55	¥0.00	¥8,364.94			
110114	任佳辰	技术部	¥6,500.00	¥300.00	¥0.00	¥410.92	¥300.00	¥7,510.92			
110115	徐双双	技术部	¥6,300.00	¥0.00	¥28.97	¥108.62	¥0.00	¥6,379.66			
110116	戴萍萍	技术部	¥6,300.00	¥300.00	¥28.97	¥108.62	¥0.00	¥6,679.66			

图 13-116 设置单元格和文字

案例精讲 104 个人所得税表

案例文件：CDROM\场景\Cha13\员工工资管理.xlsx

视频文件：视频教学\Cha13\个人所得税表.avi

制作概述

本案例将介绍个人所得税的制作。首先制作【个人所得税税率表】；然后根据该表计算员工应纳税额。完成后的效果如图 13-117 所示。

个人所得税

员工编号	员工姓名	所属部门	应发工资	应纳税所得额	税率	速算扣除数	应纳税额
110101	纪真真	人事部	¥8,455.17	¥4,695.17	20.00%	¥555.00	¥384.03
110102	白文才	人事部	¥4,965.52	¥1,205.52	3.00%	¥0.00	¥36.17
110103	刘鹏磊	人事部	¥6,018.97	¥2,258.97	10.00%	¥105.00	¥120.90
110104	朱小文	人事部	¥5,705.17	¥1,945.17	10.00%	¥105.00	¥89.52
110105	任大为	人事部	¥5,482.76	¥1,722.76	10.00%	¥105.00	¥67.28
110106	吕晓梦	财务部	¥9,300.00	¥5,540.00	20.00%	¥555.00	¥553.00
110107	张秀珍	财务部	¥6,428.05	¥2,668.05	10.00%	¥105.00	¥161.80
110108	齐　健	财务部	¥6,114.48	¥2,354.48	10.00%	¥105.00	¥130.45
110109	吕希森	客服部	¥6,701.15	¥2,941.15	10.00%	¥105.00	¥189.11
110110	罗娇娇	客服部	¥4,368.97	¥608.97	3.00%	¥0.00	¥18.27
110111	杨　静	客服部	¥4,516.09	¥756.09	3.00%	¥0.00	¥22.68
110112	韩金丽	客服部	¥4,600.00	¥840.00	3.00%	¥0.00	¥25.20
110113	于海勇	技术部	¥8,364.94	¥4,604.94	20.00%	¥555.00	¥365.99
110114	任佳辰	技术部	¥7,510.92	¥3,750.92	10.00%	¥105.00	¥270.09
110115	徐双双	技术部	¥6,379.66	¥2,619.66	10.00%	¥105.00	¥156.97
110116	戴萍萍	技术部	¥6,679.66	¥2,919.66	10.00%	¥105.00	¥186.97

个人所得税税率表

级数	应纳税所得额	税率	速算扣除数
1	不超过1500元	3	0
2	超过1500元至4500元的部分	10	105
3	超过4500元至9000元的部分	20	555
4	超过9000元至35000元的部分	25	1005
5	超过35000元至55000元的部分	30	2755
6	超过55000元至80000元的部分	35	5505
7	超过80000元的部分	45	13505

计算公式

应纳税所得额=工资收入金额－各项社会保险费－起征点(3500元)

应纳税额=应纳税所得额×税率－速算扣除数

图 13-117 个人所得税表

学习目标

- 学习计算应纳税所得额的方法。
- 掌握计算税率的方法。

- 掌握计算速算扣除数的方法。
- 掌握计算应纳税额的方法。

操作步骤

step 01 在标签栏中单击【新工作表】按钮⊕，新建一个工作表，将其重命名为【个人所得税】，如图 13-118 所示。

step 02 选择 K2:N2 单元格，在【开始】选项卡的【对齐方式】选项组中单击【合并后居中】按钮，如图 13-119 所示。

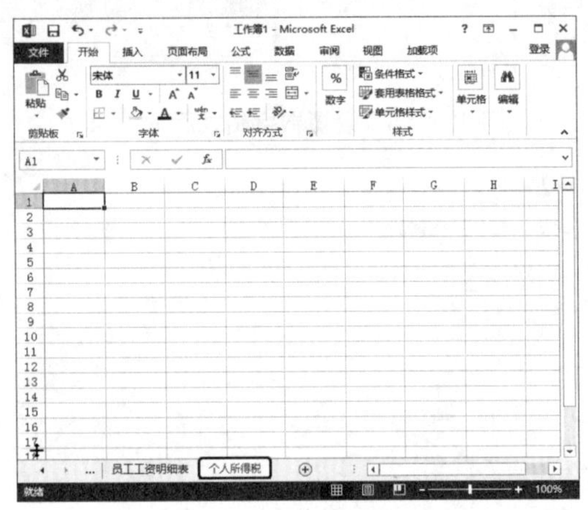

图 13-118　新建工作表

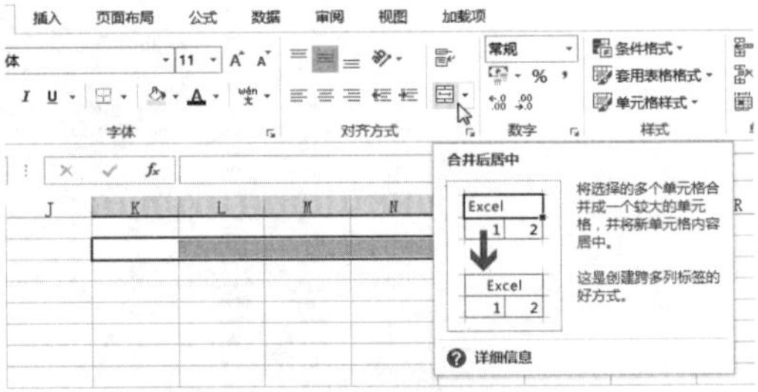

图 13-119　单击【合并后居中】按钮

step 03 即可将选择的单元格合并，然后在【单元格】选项组中单击【格式】按钮，在弹出的下拉菜单中选择【行高】命令，弹出【行高】对话框，设置【行高】为 25，单击【确定】按钮，效果如图 13-120 所示。

step 04 选择 J3:K3 单元格，在【单元格】选项组中单击【格式】按钮，在弹出的下拉菜单中选择【列宽】命令，弹出【列宽】对话框，设置【列宽】为 4，单击【确定】按钮，效果如图 13-121 所示。

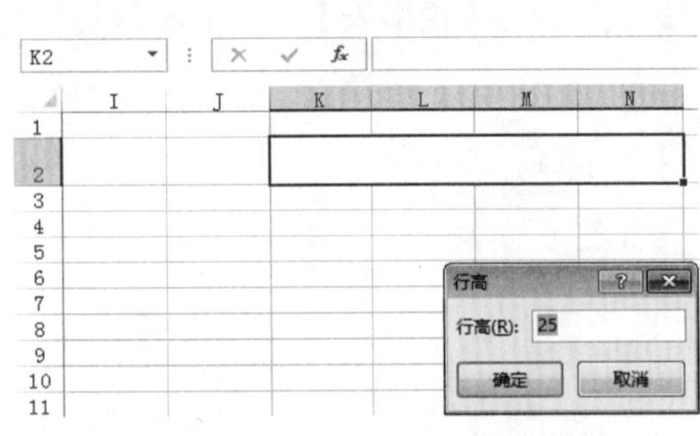

图 13-120　设置单元格高度

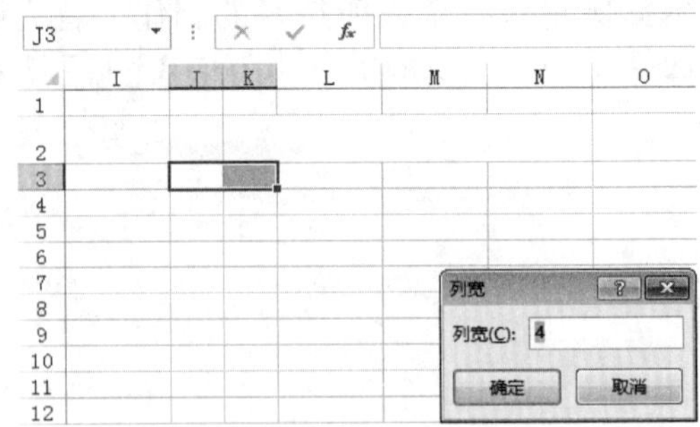

图 13-121　设置单元格宽度

step 05 选择 L3 单元格，将【列宽】设置为 25，然后选择 M3 和 N3 单元格，将【列宽】设置为 10，如图 13-122 所示。

step 06 选择 K3:N18 单元格，将【行高】设置为 18，效果如图 13-123 所示。

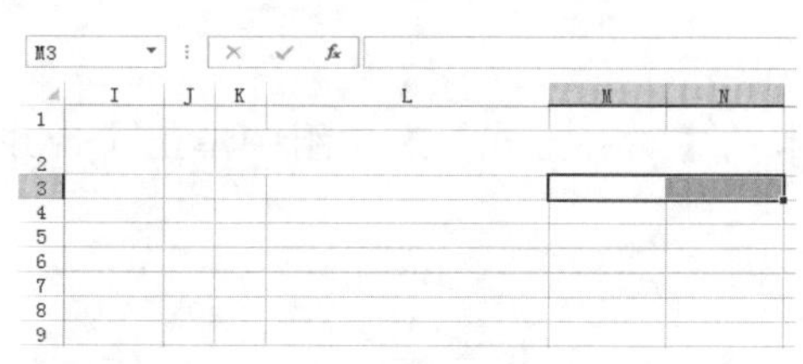

图 13-122 设置单元格宽度

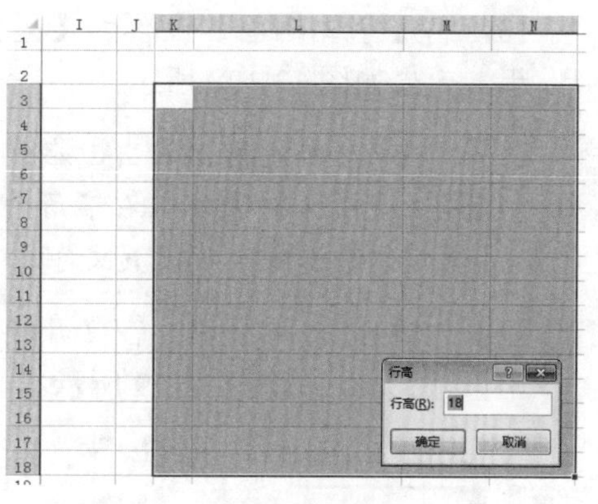

图 13-123 设置单元格高度

step 07 在工作表中输入内容，效果如图 13-124 所示。

step 08 结合上一实例制作的方法，对单元格和文字进行设置，包括设置单元格外边框、内边框、填充颜色、文字大小和文字对齐方式等，效果如图 13-125 所示。

个人所得税税率表			
级数	应纳税所得额	税率	速算扣除数
1	不超过1500元	3	0
2	超过1500元至4500元的部分	10	105
3	超过4500元至9000元的部分	20	555
4	超过9000元至35000元的部分	25	1005
5	超过35000元至55000元的部分	30	2755
6	超过55000元至80000元的部分	35	5505
7	超过80000元的部分	45	13505

图 13-124 输入内容

个人所得税税率表			
级数	应纳税所得额	税率	速算扣除数
1	不超过1500元	3	0
2	超过1500元至4500元的部分	10	105
3	超过4500元至9000元的部分	20	555
4	超过9000元至35000元的部分	25	1005
5	超过35000元至55000元的部分	30	2755
6	超过55000元至80000元的部分	35	5505
7	超过80000元的部分	45	13505

图 13-125 设置单元格和文字

step 09 选择 K12:N14 单元格，在【对齐方式】选项组中单击【合并后居中】按钮右侧的按钮，在弹出的下拉菜单中选择【合并单元格】命令，如图 13-126 所示。

step 10 即可将选择的单元格合并，然后结合前面介绍的方法为合并后的单元格设置边框，并在单元格中输入文字，效果如图 13-127 所示。

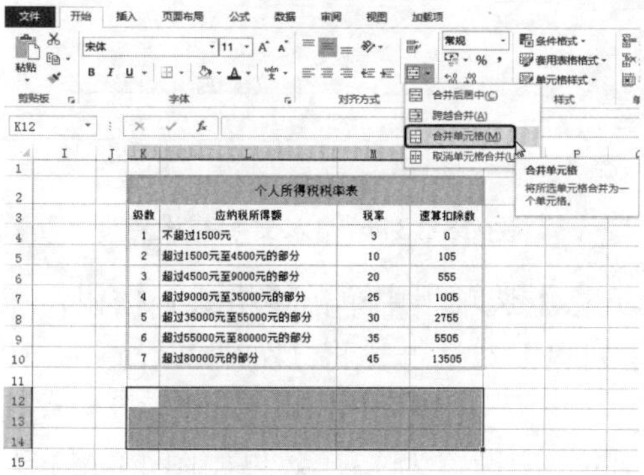

个人所得税税率表			
级数	应纳税所得额	税率	速算扣除数
1	不超过1500元	3	0
2	超过1500元至4500元的部分	10	105
3	超过4500元至9000元的部分	20	555
4	超过9000元至35000元的部分	25	1005
5	超过35000元至55000元的部分	30	2755
6	超过55000元至80000元的部分	35	5505
7	超过80000元的部分	45	13505

合并后居中(C)
跨越合并(A)
合并单元格(M)
取消单元格合并(U)
合并单元格
将所选单元格合并为一个单元格。

图 13-126 选择【合并单元格】命令

个人所得税税率表			
级数	应纳税所得额	税率	速算扣除数
1	不超过1500元	3	0
2	超过1500元至4500元的部分	10	105
3	超过4500元至9000元的部分	20	555
4	超过9000元至35000元的部分	25	1005
5	超过35000元至55000元的部分	30	2755
6	超过55000元至80000元的部分	35	5505
7	超过80000元的部分	45	13505

计算公式
应纳税所得额=工资收入金额－各项社会保险费－起征点(3500元)
应纳税额=应纳税所得额x税率－速算扣除数

图 13-127 输入文字

step 11 确认合并后的单元格处于选择状态，在【字体】选项组中将【字号】设置为

10，将【字体颜色】设置为【橙色，着色 2，深色 50%】，并将第一行的文字加粗，效果如图 13-128 所示。

可以在单元格上右击，在弹出的浮动工具条中对输入的文字进行设置；还可以单击【字体】选项组右下角的按钮，在弹出的【设置单元格格式】对话框中的【字体】选项卡下设置文字。

step 12 选择 B1:I1 单元格，在【开始】选项卡的【对齐方式】选项组中单击【合并后居中】按钮，如图 13-129 所示。

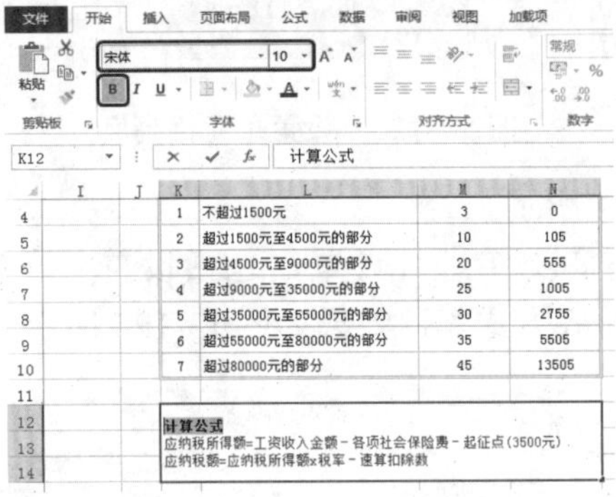

	K	L	M	N
4	1	不超过1500元	3	0
5	2	超过1500元至4500元的部分	10	105
6	3	超过4500元至9000元的部分	20	555
7	4	超过9000元至35000元的部分	25	1005
8	5	超过35000元至55000元的部分	30	2755
9	6	超过55000元至80000元的部分	35	5505
10	7	超过80000元的部分	45	13505

计算公式
应纳税所得额=工资收入金额－各项社会保险费－起征点(3500元)
应纳税额=应纳税所得额x税率－速算扣除数

图 13-128　设置文字

图 13-129　单击【合并后居中】按钮

step 13 即可将选择的单元格合并，然后在【单元格】选项组中单击【格式】按钮，在弹出的下拉菜单中选择【行高】命令，弹出【行高】对话框，设置【行高】为 35，单击【确定】按钮，效果如图 13-130 所示。

step 14 在合并后的单元格中输入文字【个人所得税】，并选择输入的文字，在【字体】选项组中将【字体】设置为【方正行楷简体】，将【字号】设置为 24，将【字体颜色】设置为【橙色，着色 2】，如图 13-131 所示。

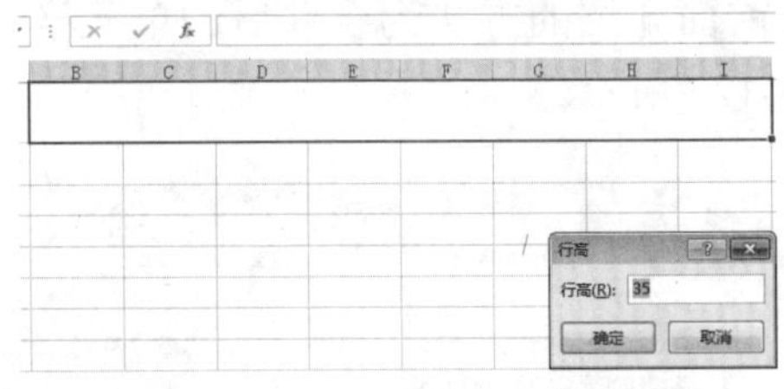

图 13-130　设置单元格高度

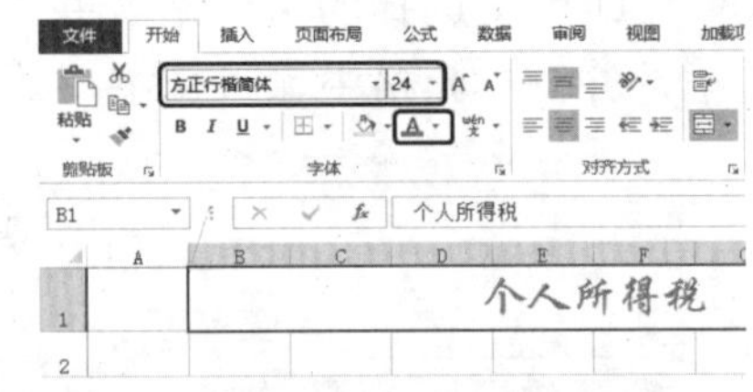

图 13-131　输入文字并设置

step 15 选择 B2:D2、G2:I2 单元格，在【单元格】选项组中单击【格式】按钮，在弹出的下拉菜单中选择【列宽】命令，弹出【列宽】对话框，将【列宽】设置为 10，如图 13-132 所示。

step 16 使用同样的方法，将 E2 和 F2 单元格的宽度设置为 13，效果如图 13-133 所示。

step 17 结合上一实例介绍的方法，在单元格中添加内容，效果如图 13-134 所示。

step 18 切换到【员工工资明细表】中，输入员工的保险费扣款为 260 元，效果如图 13-135 所示。

图 13-132　设置单元格宽度

图 13-133　设置其他单元格宽度

=员工工资明细表!J4

员工编号	员工姓名	所属部门	应发工资	应纳税所得额
110101	纪真真	人事部	8455.172414	
110102	白文才	人事部	4965.517241	
110103	刘鹏磊	人事部	6018.965517	
110104	朱小文	人事部	5705.172414	
110105	任大为	人事部	5482.758621	
110106	吕晓梦	财务部	9300	
110107	张秀珍	财务部	6428.045977	
110108	齐　健	财务部	6114.482759	
110109	吕希森	客服部	6701.149425	
110110	罗娇娇	客服部	4368.965517	
110111	杨　静	客服部	4516.091954	
110112	韩金丽	客服部	4600	
110113	于海勇	技术部	8364.942529	
110114	任佳辰	技术部	7510.91954	
110115	徐双双	技术部	6379.655172	
110116	戴萍萍	技术部	6679.655172	

图 13-134　添加内容

缺勤扣款	加班工资	全勤奖	应发工资	保险费扣款	应纳税额	实发工资
¥34.48	¥689.66	¥0.00	¥8,455.17	¥260.00		
¥234.48	¥0.00	¥0.00	¥4,965.52	¥260.00		
¥0.00	¥468.97	¥300.00	¥6,018.97	¥260.00		
¥0.00	¥205.17	¥300.00	¥5,705.17	¥260.00		
¥117.24	¥0.00	¥0.00	¥5,482.76	¥260.00		
¥0.00	¥0.00	¥300.00	¥9,300.00	¥260.00		
¥57.01	¥285.06	¥0.00	¥6,428.05	¥260.00		
¥85.52	¥0.00	¥0.00	¥6,114.48	¥260.00		
¥298.85	¥0.00	¥0.00	¥6,701.15	¥260.00		
¥0.00	¥68.97	¥300.00	¥4,368.97	¥260.00		
¥18.39	¥34.48	¥0.00	¥4,516.09	¥260.00		
¥0.00	¥0.00	¥300.00	¥4,600.00	¥260.00		
¥781.61	¥146.55	¥0.00	¥8,364.94	¥260.00		
¥0.00	¥410.92	¥300.00	¥7,510.92	¥260.00		
¥28.97	¥108.62	¥0.00	¥6,379.66	¥260.00		
¥28.97	¥108.62	¥0.00	¥6,679.66	¥260.00		

员工工资明细表　个人所得税

图 13-135　设置保险费扣款

step 19 切换到【个人所得税】工作表中，选择 F3 单元格，并输入【=E3-】，如图 13-136 所示。

step 20 输入【=E3-】后切换到【员工工资明细表】，然后在该工作表中选择 K4 单元格，并输入【-3500】，输入完成后单击【输入】按钮✓，如图 13-137 所示。

=E3-

员工编号	员工姓名	所属部门	应发工资	应纳税所得额
110101	纪真真	人事部	8455.172414	=E3-
110102	白文才	人事部	4965.517241	
110103	刘鹏磊	人事部	6018.965517	
110104	朱小文	人事部	5705.172414	
110105	任大为	人事部	5482.758621	
110106	吕晓梦	财务部	9300	
110107	张秀珍	财务部	6428.045977	
110108	齐　健	财务部	6114.482759	
110109	吕希森	客服部	6701.149425	

图 13-136　输入【=E3-】

=E3-员工工资明细表!K4-3500

缺勤扣款	加班工资	全勤奖	应发工资	保险费扣款
¥34.48	¥689.66	¥0.00	¥8,455.17	¥260.00
¥234.48	¥0.00	¥0.00	¥4,965.52	¥260.00
¥0.00	¥468.97	¥300.00	¥6,018.97	¥260.00
¥0.00	¥205.17	¥300.00	¥5,705.17	¥260.00
¥117.24	¥0.00	¥0.00	¥5,482.76	¥260.00
¥0.00	¥0.00	¥300.00	¥9,300.00	¥260.00

图 13-137　完成公式的输入

step 21 即可返回到【个人所得税】工作表中，确认 F3 单元格处于选择状态，将光标放置到被选中的单元格的右下角，此时光标会变成黑心十字形状，在按住鼠标左键的同时向下拖动鼠标，拖动至第 18 行中释放鼠标，即可自动输入公式，效果如图 13-138 所示。

step 22 选择 G3 单元格，输入计算税率的公式，输入完成后单击【输入】按钮✓，效果如图 13-139 所示。

知识链接

输入公式的操作类似于输入文字。用户可以手写输入也可以单击输入。

手写输入：手写输入公式是指用手动来输入公式。在选定的单元格中输入等号(=)，后面输入公式。输入时，字符会同时出现在单元格和编辑栏中。

单击输入：单击输入更简单、快速，不容易出问题。可以直接单击单元格引用，而不是完全靠手动输入。

F3 =E3-员工工资明细表!K4-3500

个人所得税

员工编号	员工姓名	所属部门	应发工资	应纳税所得额	税率
110101	纪真真	人事部	8455.172414	4695.172414	
110102	白文才	人事部	4965.517241	1205.517241	
110103	刘鹏磊	人事部	6018.965517	2258.965517	
110104	朱小文	人事部	5705.172414	1945.172414	
110105	任大为	人事部	5482.758621	1722.758621	
110106	吕晓梦	财务部	9300	5540	
110107	张秀珍	财务部	6428.045977	2668.045977	
110108	齐　健	财务部	6114.482759	2354.482759	
110109	吕希森	客服部	6701.149425	2941.149425	
110110	罗娇娇	客服部	4368.965517	608.9655172	
110111	杨　静	客服部	4516.091954	756.091954	
110112	韩金丽	客服部	4600	840	
110113	于海勇	技术部	8364.942529	4604.942529	
110114	任佳辰	技术部	7510.91954	3750.91954	
110115	徐双双	技术部	6379.655172	2619.655172	
110116	戴萍萍	技术部	6679.655172	2919.655172	

图 13-138　自动输入公式

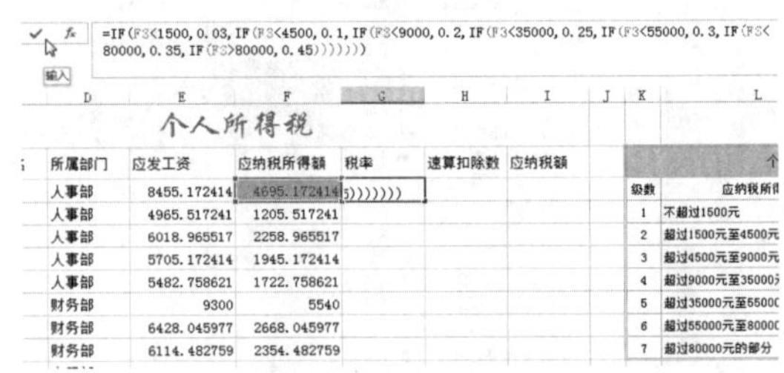

=IF(F3<1500,0.03,IF(F3<4500,0.1,IF(F3<9000,0.2,IF(F3<35000,0.25,IF(F3<55000,0.3,IF(F3<80000,0.35,IF(F3>80000,0.45)))))))

个人所得税

所属部门	应发工资	应纳税所得额	税率	速算扣除数	应纳税额
人事部	8455.172414	4695.172414	5)))))))		
人事部	4965.517241	1205.517241			
人事部	6018.965517	2258.965517			
人事部	5705.172414	1945.172414			
人事部	5482.758621	1722.758621			
财务部	9300	5540			
财务部	6428.045977	2668.045977			
财务部	6114.482759	2354.482759			

级数	应纳税所得
1	不超过1500元
2	超过1500元至4500元
3	超过4500元至9000元
4	超过9000元至35000
5	超过35000元至5500
6	超过55000元至8000
7	超过80000元的部分

图 13-139　输入公式

step 23 确认 G3 单元格处于选择状态，将光标放置到被选中的单元格的右下角，此时光标会变成黑心十字形状，在按住鼠标左键的同时向下拖动鼠标，拖动至第 18 行中释放鼠标，即可自动输入公式，效果如图 13-140 所示。

step 24 选择 H3 单元格，输入计算速算扣除数的公式，输入完成后单击【输入】按钮✓，效果如图 13-141 所示。

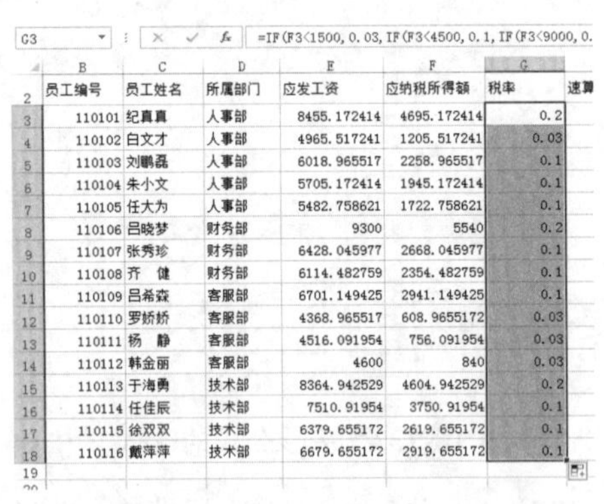

G3 =IF(F3<1500,0.03,IF(F3<4500,0.1,IF(F3<9000,0.

员工编号	员工姓名	所属部门	应发工资	应纳税所得额	税率
110101	纪真真	人事部	8455.172414	4695.172414	0.2
110102	白文才	人事部	4965.517241	1205.517241	0.03
110103	刘鹏磊	人事部	6018.965517	2258.965517	0.1
110104	朱小文	人事部	5705.172414	1945.172414	0.1
110105	任大为	人事部	5482.758621	1722.758621	0.1
110106	吕晓梦	财务部	9300	5540	0.2
110107	张秀珍	财务部	6428.045977	2668.045977	0.1
110108	齐　健	财务部	6114.482759	2354.482759	0.1
110109	吕希森	客服部	6701.149425	2941.149425	0.1
110110	罗娇娇	客服部	4368.965517	608.9655172	0.03
110111	杨　静	客服部	4516.091954	756.091954	0.03
110112	韩金丽	客服部	4600	840	0.03
110113	于海勇	技术部	8364.942529	4604.942529	0.2
110114	任佳辰	技术部	7510.91954	3750.91954	0.1
110115	徐双双	技术部	6379.655172	2619.655172	0.1
110116	戴萍萍	技术部	6679.655172	2919.655172	0.1

图 13-140　自动输入公式

=IF(G3=0.03,0,IF(G3=0.1,105,IF(G3=0.2,555,IF(G3=0.25,1005,IF(G3=0.3,2755,IF(G3=0.35,5505,IF(G3=0.45,13505)))))))

税所得额	税率	速算扣除数	应纳税额
95.172414	0.2	5)))))))	
05.517241	0.03		
58.965517	0.1		
45.172414	0.1		
22.758621	0.1		
5540	0.2		
68.045977	0.1		
54.482759	0.1		

个人所得税税率表

级数	应纳税所得额	税率	速算扣除数
1	不超过1500元	3	0
2	超过1500元至4500元的部分	10	105
3	超过4500元至9000元的部分	20	555
4	超过9000元至35000元的部分	25	1005
5	超过35000元至55000元的部分	30	2755
6	超过55000元至80000元的部分	35	5505
7	超过80000元的部分	45	13505

图 13-141　输入计算速算扣除数的公式

step 25 确认 H3 单元格处于选择状态，将光标放置到被选中的单元格的右下角，此时光标会变成黑心十字形状，在按住鼠标左键的同时向下拖动鼠标，拖动至第 18 行中释放鼠标，即可自动输入公式，效果如图 13-142 所示。

step 26 选择 I3 单元格，输入计算应纳税额的公式，输入完成后单击【输入】按钮✓，效果如图 13-143 所示。

	E	F	G	H	I
2	应发工资	应纳税所得额	税率	速算扣除数	应纳税额
3	8455.172414	4695.172414	0.2	555	
4	4965.517241	1205.517241	0.03	0	
5	6018.965517	2258.965517	0.1	105	
6	5705.172414	1945.172414	0.1	105	
7	5482.758621	1722.758621	0.1	105	
8	9300	5540	0.2	555	
9	6428.045977	2668.045977	0.1	105	
10	6114.482759	2354.482759	0.1	105	
11	6701.149425	2941.149425	0.1	105	
12	4368.965517	608.9655172	0.03	0	
13	4516.091954	756.091954	0.03	0	
14	4600	840	0.03	0	
15	8364.942529	4604.942529	0.2	555	
16	7510.91954	3750.91954	0.1	105	
17	6379.655172	2619.655172	0.1	105	
18	6679.655172	2919.655172	0.1	105	

图 13-142　自动输入公式

SUM　=F3*G3-H3

	E	F	G	H	I
1	个人所得税				
2	应发工资	应纳税所得额	税率	速算扣除数	应纳税额
3	8455.172414	4695.172414	0.2	555	=F3*G3-H3
4	4965.517241	1205.517241	0.03	0	
5	6018.965517	2258.965517	0.1	105	
6	5705.172414	1945.172414	0.1	105	
7	5482.758621	1722.758621	0.1	105	
8	9300	5540	0.2	555	
9	6428.045977	2668.045977	0.1	105	

图 13-143　输入计算应纳税额的公式

step 27 确认 I3 单元格处于选择状态，将光标放置到被选中的单元格的右下角，此时光标会变成黑心十字形状，在按住鼠标左键的同时向下拖动鼠标，拖动至第 18 行中释放鼠标，即可自动输入公式，效果如图 13-144 所示。

step 28 选择 E 列、F 列、H 列和 I 列单元格，在【数字】选项组中单击【常规】右侧的 按钮，在弹出的下拉菜单中选择【货币】命令，如图 13-145 所示。

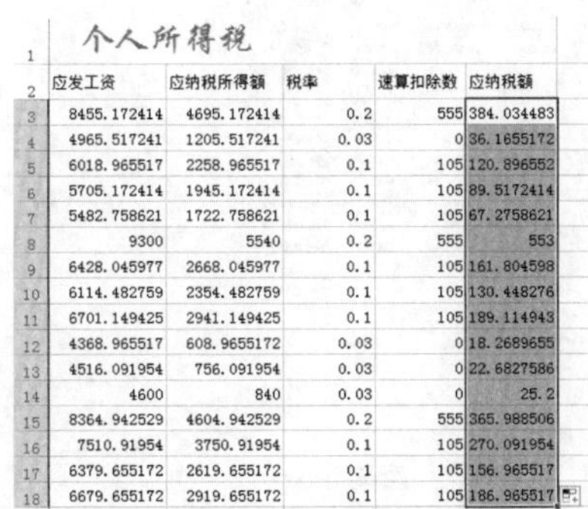

1	个人所得税				
2	应发工资	应纳税所得额	税率	速算扣除数	应纳税额
3	8455.172414	4695.172414	0.2	555	384.034483
4	4965.517241	1205.517241	0.03	0	36.1655172
5	6018.965517	2258.965517	0.1	105	120.896552
6	5705.172414	1945.172414	0.1	105	89.5172414
7	5482.758621	1722.758621	0.1	105	67.2758621
8	9300	5540	0.2	555	553
9	6428.045977	2668.045977	0.1	105	161.804598
10	6114.482759	2354.482759	0.1	105	130.448276
11	6701.149425	2941.149425	0.1	105	189.114943
12	4368.965517	608.9655172	0.03	0	18.2689655
13	4516.091954	756.091954	0.03	0	22.6827586
14	4600	840	0.03	0	25.2
15	8364.942529	4604.942529	0.2	555	365.988506
16	7510.91954	3750.91954	0.1	105	270.091954
17	6379.655172	2619.655172	0.1	105	156.965517
18	6679.655172	2919.655172	0.1	105	186.965517

图 13-144　自动输入公式

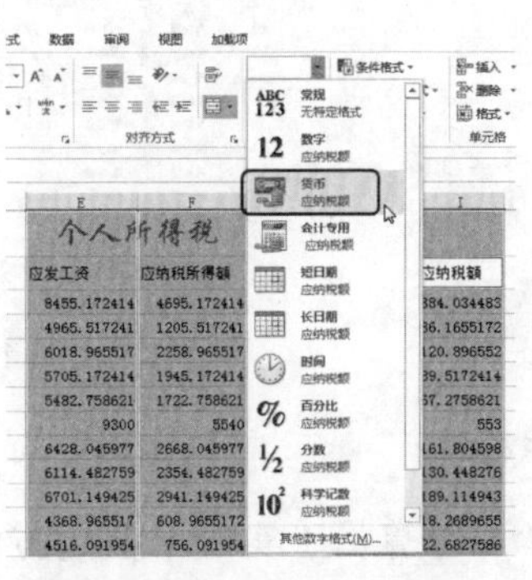

图 13-145　设置数字格式

step 29 然后选择 G 列单元格，将数字格式设置为【百分比】，设置数字格式后的效果如图 13-146 所示。

step 30 结合上一实例制作的方法，对单元格和文字进行设置，包括设置单元格外边框、内边框、填充颜色、文字大小和文字对齐方式等，效果如图 13-147 所示。

D	E	F	G	H	I
所属部门	应发工资	应纳税所得额	税率	速算扣除数	应纳税额
人事部	¥8,455.17	¥4,695.17	20.00%	¥555.00	¥384.03
人事部	¥4,965.52	¥1,205.52	3.00%	¥0.00	¥36.17
人事部	¥6,018.97	¥2,258.97	10.00%	¥105.00	¥120.90
人事部	¥5,705.17	¥1,945.17	10.00%	¥105.00	¥89.52
人事部	¥5,482.76	¥1,722.76	10.00%	¥105.00	¥67.28
财务部	¥9,300.00	¥5,540.00	20.00%	¥555.00	¥553.00
财务部	¥6,428.05	¥2,668.05	10.00%	¥105.00	¥161.80
财务部	¥6,114.48	¥2,354.48	10.00%	¥105.00	¥130.45
客服部	¥6,701.15	¥2,941.15	10.00%	¥105.00	¥189.11
客服部	¥4,368.97	¥608.97	3.00%	¥0.00	¥18.27
客服部	¥4,516.09	¥756.09	3.00%	¥0.00	¥22.68
客服部	¥4,600.00	¥840.00	3.00%	¥0.00	¥25.20
技术部	¥8,364.94	¥4,604.94	20.00%	¥555.00	¥365.99
技术部	¥7,510.92	¥3,750.92	10.00%	¥105.00	¥270.09
技术部	¥6,379.66	¥2,619.66	10.00%	¥105.00	¥156.97
技术部	¥6,679.66	¥2,919.66	10.00%	¥105.00	¥186.97

图 13-146　设置数字格式后的效果

个人所得税

员工编号	员工姓名	所属部门	应发工资	应纳税所得额	税率	速算扣除数	应纳税额
110101	纪真真	人事部	¥8,455.17	¥4,695.17	20.00%	¥555.00	¥384.03
110102	白文才	人事部	¥4,965.52	¥1,205.52	3.00%	¥0.00	¥36.17
110103	刘鑫磊	人事部	¥6,018.97	¥2,258.97	10.00%	¥105.00	¥120.90
110104	朱小文	人事部	¥5,705.17	¥1,945.17	10.00%	¥105.00	¥89.52
110105	任大为	人事部	¥5,482.76	¥1,722.76	10.00%	¥105.00	¥67.28
110106	吕晓梦	财务部	¥9,300.00	¥5,540.00	20.00%	¥555.00	¥553.00
110107	张秀珍	财务部	¥6,428.05	¥2,668.05	10.00%	¥105.00	¥161.80
110108	齐　健	财务部	¥6,114.48	¥2,354.48	10.00%	¥105.00	¥130.45
110109	吕森森	客服部	¥6,701.15	¥2,941.15	10.00%	¥105.00	¥189.11
110110	罗娇娇	客服部	¥4,368.97	¥608.97	3.00%	¥0.00	¥18.27
110111	杨　静	客服部	¥4,516.09	¥756.09	3.00%	¥0.00	¥22.68
110112	韩金丽	客服部	¥4,600.00	¥840.00	3.00%	¥0.00	¥25.20
110113	于海勇	技术部	¥8,364.94	¥4,604.94	20.00%	¥555.00	¥365.99
110114	任佳熙	技术部	¥7,510.92	¥3,750.92	10.00%	¥105.00	¥270.09
110115	徐双双	技术部	¥6,379.66	¥2,619.66	10.00%	¥105.00	¥156.97
110116	戴萍萍	技术部	¥6,679.66	¥2,919.66	10.00%	¥105.00	¥186.97

图 13-147　设置单元格和文字

输入数字后再输入%号，同样可以将单元格数字格式更改为百分比。例如，需要输入 20%，只需输入 20 后按 Shift+5(不是小键盘上的)组合键输入%号即可。

案例精讲 105　计算员工实发工资

案例文件：CDROM\场景\Cha13\员工工资管理.xlsx

视频文件：视频教学\Cha13\计算员工实发工资.avi

制作概述

本案例将介绍员工实发工资的计算。该例的制作比较简单，只需计算出员工应纳税额后，便可计算出员工的实发工资。完成后的效果如图 13-148 所示。

员工工资明细表

2014年11月

员工编号	员工姓名	所属部门	基本工资	工龄工资	缺勤扣款	加班工资	全勤奖	应发工资	保险费扣款	应纳税额	实发工资
110101	纪真真	人事部	¥7,500.00	¥300.00	¥34.48	¥689.66	¥0.00	¥8,455.17	¥260.00	¥384.03	¥7,811.14
110102	白文才	人事部	¥5,100.00	¥100.00	¥234.48	¥0.00	¥0.00	¥4,965.52	¥260.00	¥36.17	¥4,669.35
110103	刘鹏磊	人事部	¥5,100.00	¥150.00	¥0.00	¥468.97	¥300.00	¥6,018.97	¥260.00	¥120.90	¥5,638.07
110104	朱小文	人事部	¥5,100.00	¥100.00	¥0.00	¥205.17	¥300.00	¥5,705.17	¥260.00	¥89.52	¥5,355.66
110105	任大为	人事部	¥5,100.00	¥500.00	¥117.24	¥0.00	¥0.00	¥5,482.76	¥260.00	¥67.28	¥5,155.48
110106	吕晓梦	财务部	¥8,500.00	¥500.00	¥0.00	¥0.00	¥300.00	¥9,300.00	¥260.00	¥553.00	¥8,487.00
110107	张秀珍	财务部	¥6,200.00	¥0.00	¥57.01	¥285.06	¥0.00	¥6,428.05	¥260.00	¥161.80	¥6,006.24
110108	齐　健	财务部	¥6,200.00	¥0.00	¥85.52	¥0.00	¥0.00	¥6,114.48	¥260.00	¥130.45	¥5,724.03
110109	吕希森	客服部	¥6,500.00	¥500.00	¥298.85	¥0.00	¥0.00	¥6,701.15	¥260.00	¥189.11	¥6,252.03
110110	罗娇娇	客服部	¥4,000.00	¥0.00	¥0.00	¥68.97	¥300.00	¥4,368.97	¥260.00	¥18.27	¥4,090.70
110111	杨　静	客服部	¥4,000.00	¥500.00	¥18.39	¥34.48	¥0.00	¥4,516.09	¥260.00	¥22.68	¥4,233.41
110112	韩金丽	客服部	¥4,000.00	¥300.00	¥0.00	¥0.00	¥300.00	¥4,600.00	¥260.00	¥25.20	¥4,314.80
110113	于海勇	技术部	¥8,500.00	¥500.00	¥781.61	¥146.55	¥0.00	¥8,364.94	¥260.00	¥365.99	¥7,738.95
110114	任佳辰	技术部	¥6,500.00	¥300.00	¥0.00	¥410.92	¥300.00	¥7,510.92	¥260.00	¥270.09	¥6,980.83
110115	徐双双	技术部	¥6,300.00	¥0.00	¥28.97	¥108.62	¥0.00	¥6,379.66	¥260.00	¥156.97	¥5,962.69
110116	戴萍萍	技术部	¥6,300.00	¥300.00	¥28.97	¥108.62	¥0.00	¥6,679.66	¥260.00	¥186.97	¥6,232.69

图 13-148　计算员工实发工资

学习目标

- 学习计算员工实发工资的方法。
- 掌握添加并设置数据条的方法。

操作步骤

step 01 切换到【员工工资明细表】中，选择 L4 单元格，并输入等号(=)，如图 13-149 所示。

step 02 输入等号后，切换到【个人所得税】工作表中，然后在该工作表中选择 I3 单元格，并单击【输入】按钮✓，如图 13-150 所示。

step 03 即可返回到【员工工资明细表】中，确认 L4 单元格处于选择状态，将光标放置到被选中的单元格的右下角，此时光标会变成黑心十字形状，在按住鼠标左键的同时向下拖动鼠标，拖动至第 19 行中释放鼠标，即可自动输入公式，效果如图 13-151 所示。

step 04 选择 M4 单元格，在编辑栏中输入计算实发工资的公式【=J4-K4-L4】，输入完成后单击【输入】按钮✓，效果如图 13-152 所示。

图 13-149 输入等号

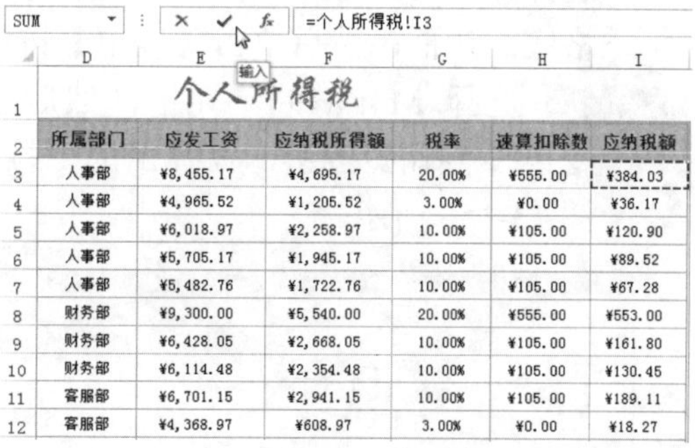

图 13-150 选择单元格

图 13-151 自动输入公式

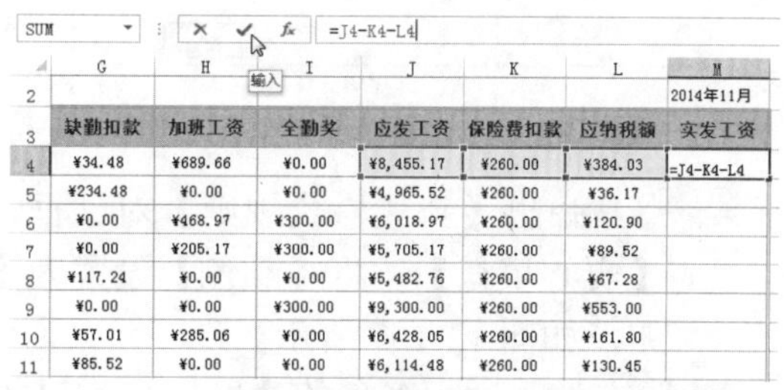

图 13-152 输入公式

step 05 确认 M4 单元格处于选择状态，将光标放置到被选中的单元格的右下角，此时光标会变成黑心十字形状，在按住鼠标左键的同时向下拖动鼠标，拖动至第 19 行中释放鼠标，即可自动输入公式，效果如图 13-153 所示。

step 06 选择 L19 和 M19 单元格并右击，在弹出的快捷菜单中选择【设置单元格格式】命令，如图 13-154 所示。

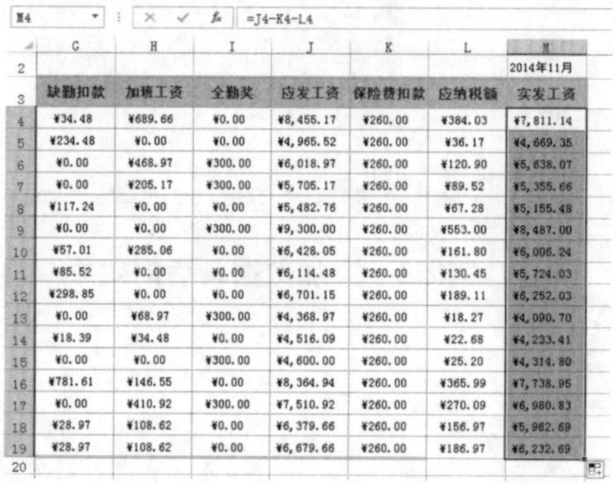

图 13-153 自动输入公式

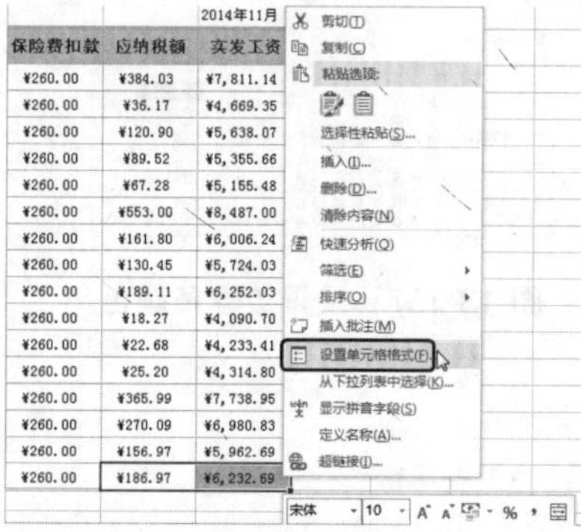

图 13-154 选择【设置单元格格式】命令

step 07 弹出【设置单元格格式】对话框，选择【边框】选项卡，在【样式】列表框中

选择如图 13-155 所示的线条样式，在【边框】选项组中单击按钮，即可设置单元格底部边框，然后单击【确定】按钮。

step 08 选择 M4:M19 单元格，然后选择【开始】选项卡，在【样式】选项组中单击【条件格式】按钮，在弹出的下拉菜单中选择【数据条】→【其他规则】命令，如图 13-156 所示。

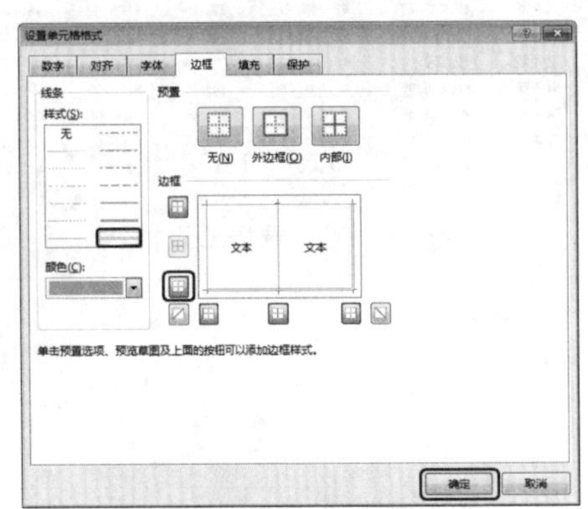

图 13-155 设置单元格底部边框

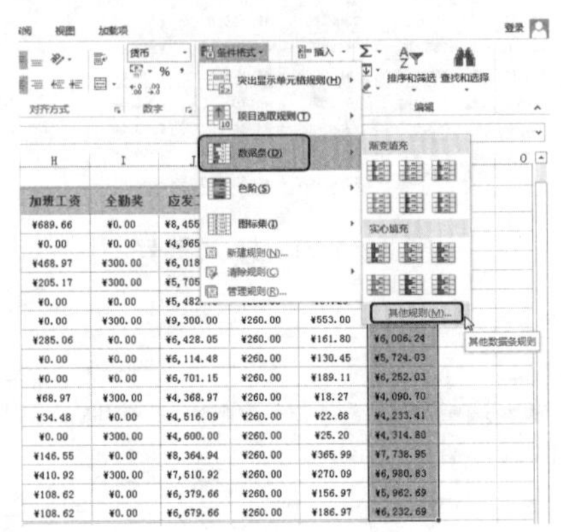

图 13-156 选择【其他规则】命令

step 09 弹出【新建格式规则】对话框，在【条形图外观】选项组中将【填充】设置为【实心填充】，将【颜色】设置为【橙色，着色 2，淡色 80%】，单击【确定】按钮，如图 13-157 所示。

step 10 添加数据条后的效果如图 13-158 所示。

图 13-157 设置数据条颜色

					2014年11月
加班工资	全勤奖	应发工资	保险费扣款	应纳税额	实发工资
¥689.66	¥0.00	¥8,455.17	¥260.00	¥384.03	¥7,811.14
¥0.00	¥0.00	¥4,965.52	¥260.00	¥36.17	¥4,669.35
¥468.97	¥300.00	¥6,018.97	¥260.00	¥120.90	¥5,638.07
¥205.17	¥300.00	¥5,705.17	¥260.00	¥89.52	¥5,355.66
¥0.00	¥0.00	¥5,482.76	¥260.00	¥67.28	¥5,155.48
¥0.00	¥300.00	¥9,300.00	¥260.00	¥553.00	¥8,487.00
¥285.06	¥0.00	¥6,428.05	¥260.00	¥161.80	¥6,006.24
¥0.00	¥0.00	¥6,114.48	¥260.00	¥130.45	¥5,724.03
¥0.00	¥0.00	¥6,701.15	¥260.00	¥189.11	¥6,252.03
¥68.97	¥300.00	¥4,368.97	¥260.00	¥18.27	¥4,090.70
¥34.48	¥0.00	¥4,516.09	¥260.00	¥22.68	¥4,233.41
¥0.00	¥300.00	¥4,600.00	¥260.00	¥25.20	¥4,314.80
¥146.55	¥0.00	¥8,364.94	¥260.00	¥365.99	¥7,738.95
¥410.92	¥300.00	¥7,510.92	¥260.00	¥270.09	¥6,980.83
¥108.62	¥0.00	¥6,379.66	¥260.00	¥156.97	¥5,962.69
¥108.62	¥0.00	¥6,679.66	¥260.00	¥186.97	¥6,232.69

图 13-158 添加数据条后的效果

附　　录

一、Excel 2013 功能操作快捷键

序号	快捷键	功能说明
1	F1	显示“Excel 帮助”任务窗格
2	Ctrl+F1	将显示或隐藏功能区
3	Alt+F1	可在当前区域中创建数据的嵌入图表
4	Alt+Shift+F1	可插入新的工作表
5	F2	编辑活动单元格并将插入点放在单元格内容的末尾。如果禁止在单元格中进行编辑，它也会将插入点移到编辑栏中
6	Shift+F2	可添加或编辑单元格批注
7	Ctrl+F2	可显示 Backstage 视图中“打印”选项卡上的打印预览区域
8	F3	显示“粘贴名称”对话框。仅适用于在工作簿中已定义名称的情况(“公式”选项卡，“已定义名称”组，“定义名称”)
9	Shift+F3	将显示“插入函数”对话框
10	F4	重复上一个命令或操作(如有可能)当公式中选定单元格引用或区域时，按 F4 可在绝对和相对引用的所有各种组合中循环切换
11	Ctrl+F4	可关闭选定的工作簿窗口
12	Alt+F4	可关闭 Excel
13	F5	显示“定位”对话框
14	Ctrl+F5	可恢复选定工作簿窗口的窗口大小
15	F6	在工作表、功能区、任务窗格和缩放控件之间切换。在已拆分(通过依次单击“视图”菜单，“管理此窗口”“冻结拆分窗格”“拆分窗口”命令来进行拆分)的工作表中，在窗格和功能区区域之间切换时，按 F6 键可包括已拆分的窗格
16	Shift+F6	可以在工作表、缩放控件、任务窗格和功能区之间切换
17	Ctrl+F6	如果打开了多个工作簿窗口，则可切换到下一个工作簿窗口
18	F7	显示“拼写检查”对话框，以检查活动工作表或选定范围中的拼写
19	Ctrl+F7	如果工作簿窗口未最大化，则可对该窗口执行“移动”命令。使用箭头键移动窗口，并在完成时按 Enter 键，或按 Esc 键取消
20	F8	打开或关闭扩展模式。在扩展模式中，“扩展选定”将出现在状态行中，并且按箭头键可扩展选定范围
21	Shift+F8	通过按 Shift+F8 组合键，可以使用箭头键将非邻近单元格或区域添加到单元格的选定范围中

续表

序号	快捷键	功能说明
22	Ctrl+F8	当工作簿未最大化时，可执行“大小”命令(在工作簿窗口的“控制”菜单上)
23	Alt+F8	可显示“宏”对话框，用于创建、运行、编辑或删除宏
24	F9	计算所有打开的工作簿中的所有工作表
25	Shift+F9	可计算活动工作表
26	Ctrl+Alt+F9	可计算所有打开的工作簿中的所有工作表，不管它们自上次计算以来是否已更改
27	Ctrl+Alt+Shift+F9	按此键会重新检查从属的公式，然后计算所有打开的工作簿中的所有单元格，其中包括未标记为需要计算的单元格
28	Ctrl+F9	可将工作簿窗口最小化为图标
29	F10	打开或关闭按键提示(按 Alt 键也能实现同样目的)
30	Shift+F10	可显示选定项目的快捷菜单
31	Alt+Shift+F10	可显示用于“错误检查”按钮的菜单或消息
32	Ctrl+F10	可最大化或还原选定的工作簿窗口
33	F11	在单独的图表工作表中创建当前范围内数据的图表
34	Shift+F11	可插入一个新工作表
35	Alt+F11	可打开 Microsoft Visual Basic for Applications 编辑器，可以在该编辑器中通过使用 Visual Basic for Applications(VBA)来创建宏
36	F12	显示“另存为”对话框

二、Excel 2013 Ctrl 组合操作快捷键

序号	快捷键	功能说明
1	Ctrl+PgDn	在工作表选项卡之间从左至右进行切换
2	Ctrl+PgUp	在工作表选项卡之间从右至左进行切换
3	Ctrl+Shift+&	将轮廓边框应用于选定单元格
4	Ctrl+Shift+_	从选定单元格删除轮廓边框
5	Ctrl+Shift+~	应用“常规”数字格式
6	Ctrl+Shift+$	应用带有两位小数的“货币”格式(负数放在括号中)
7	Ctrl+Shift+%	应用不带小数位的“百分比”格式
8	Ctrl+Shift+^	应用带有两位小数的科学计数格式
9	Ctrl+Shift+#	应用带有日、月和年的“日期”格式
10	Ctrl+Shift+@	应用带有小时和分钟以及 AM 或 PM 的“时间”格式
11	Ctrl+Shift+!	应用带有两位小数、千位分隔符和减号(-)(用于负值)的“数值”格式

续表

序号	快捷键	功能说明
12	Ctrl+Shift+*	选择环绕活动单元格的当前区域(由空白行和空白列围起的数据区域)，在数据透视表中，它将选择整个数据透视表
13	Ctrl+Shift+:	输入当前时间
14	Ctrl+Shift+"	将活动单元格上方的单元格的值复制到单元格或编辑栏中
15	Ctrl+Shift++	显示用于插入空白单元格的“插入”对话框
16	Ctrl+Shift+−	显示用于删除选定单元格的“删除”对话框
17	Ctrl+;	输入当前日期
18	Ctrl+`	在工作表中切换显示单元格值和公式
19	Ctrl+'	将公式从活动单元格上方的单元格复制到单元格或编辑栏中
20	Ctrl+1	显示“设置单元格格式”对话框
21	Ctrl+2	应用或取消“加粗”格式设置
22	Ctrl+3	应用或取消“倾斜”格式设置
23	Ctrl+4	应用或取消下划线
24	Ctrl+5	应用或取消删除线
25	Ctrl+6	在隐藏对象和显示对象之间切换
26	Ctrl+8	显示或隐藏分级显示符号
27	Ctrl+9	隐藏选定的行
28	Ctrl+0	隐藏选定的列
29	Ctrl+A	选择整个工作表
30	Ctrl+B	应用或取消加“粗格”式设置
31	Ctrl+C	复制选定的单元格
32	Ctrl+D	使用“向下填充”命令将选定范围内最顶层单元格的内容和格式复制到下面的单元格中
33	Ctrl+E	使用列周围的数据将多个值添加到活动列中
34	Ctrl+F	显示“查找和替换”对话框，其中的“查找”选项卡处于选中状态
35	Shift+F5	也会显示此选项卡，而按 Shift+F4 组合键则会重复上一次“查找”操作
36	Ctrl+Shift+F	将打开“设置单元格格式”对话框，其中的“字体”选项卡处于选中状态
37	Ctrl+G 或 F5	显示“定位”对话框，按 F5 键也会显示此对话框
38	Ctrl+H	显示“查找和替换”对话框，其中的“替换”选项卡处于选中状态
39	Ctrl+I	应用或取消倾斜格式设置
40	Ctrl+K	为新的超链接显示“插入超链接”对话框，或为选定的现有超链接显示“编辑超链接”对话框
41	Ctrl+L	显示“创建表”对话框
42	Ctrl+N	创建一个新的空白工作簿
43	Ctrl+O	显示“打开”对话框以打开或查找文件

续表

序号	快捷键	功能说明
44	Ctrl+Shift+O	可选择所有包含批注的单元格
45	Ctrl+P	在 Microsoft Office Backstage 视图中显示“打印”选项卡
46	Ctrl+Shift+P	将打开“设置单元格格式”对话框，其中的“字体”选项卡处于选中状态
47	Ctrl+Q	当有单元格包含选中的数据时，将为该数据显示“快速分析”选项
48	Ctrl+R	使用“向右填充”命令将选定范围最左边单元格的内容和格式复制到右边的单元格中
49	ctrl+S	使用其当前文件名、位置和文件格式保存活动文件
50	ctrl+T	显示“创建表”对话框
51	Ctrl+U	应用或取消下划线
52	Ctrl+Alt+V	将在展开和折叠编辑栏之间切换
53	Ctrl+V	在插入点处插入剪贴板的内容，并替换任何所选内容。只有在剪切或复制了对象、文本或单元格内容之后，才能使用此快捷键
54	Ctrl+Alt+V	可显示“选择性粘贴”对话框。只有在剪切或复制了工作表或其他程序中的对象、文本或单元格内容之后才能使用此快捷键
55	Ctrl+W	关闭选定的工作簿窗口
56	Ctrl+X	剪切选定的单元格
57	Ctrl+Y	重复上一个命令或操作(如有可能)
58	Ctrl+Z	使用“撤销”命令来撤销上一个命令或删除最后输入的内容

三、Excel 2013 其他操作快捷键

序号	快捷键	功能说明
1	Alt	在功能区上显示“按键提示”(新快捷方式)，如 Alt、W、P 可将工作表切换到“页面视图”
2	方向键上+方向键下+方向键左+方向键右	在工作表中上移、下移、左移或右移一个单元格
3	Ctrl+方向键上+方向键下+方向键左+方向键右	可移动到工作表中当前数据区域 (数据区域:包含数据的单元格区域，该区域周围为空白单元格或数据表边框)的边缘
4	Shift+方向键上+方向键下+方向键左+方向键右	可将单元格的选定范围扩大一个单元格
5	Ctrl+Shift+方向键上+方向键下+方向键左+方向键右	可将单元格的选定范围扩展到活动单元格所在列或行中的最后一个非空单元格，或者如果下一个单元格为空，则将选定范围扩展到下一个非空单元格

续表

序号	快捷键	功能说明
6	alt+方向键下	可打开选定的下拉列表框
7	Backspace	在编辑栏中删除左边的一个字符，也可清除活动单元格的内容，在单元格编辑模式下，按该键将会删除插入点左边的字符
8	Delete	从选定单元格中删除单元格内容(数据和公式)，而不会影响单元格格式或批注。在单元格编辑模式下，按该键将会删除插入点右边的字符
9	End	可打开或关闭结束模式
10	Ctrl+End	可移至工作表上的最后一个单元格，即所使用的最下面一行与所使用的最右边一列的交汇单元格。如果光标位于编辑栏中，则按Ctrl+End组合键会将光标移至文本的末尾
11	Ctrl+Shift+End	可将单元格选定区域扩展到工作表上所使用的最后一个单元格(位于右下角)。如果光标位于编辑栏中，则按 Ctrl+Shift+End 组合键可选择编辑栏中从光标所在位置到末尾处的所有文本，这不会影响编辑栏的高度
12	Enter	从单元格或编辑栏中完成单元格输入，并(默认)选择下面的单元格。在数据表单中，按该键可移动到下一条记录中的第一个字段
13	Alt+Enter	可在同一单元格中另起一个新行
14	Ctrl+Enter	可使用当前条目填充选定的单元格区域
15	Shift+Enter	可完成单元格输入并选择上面的单元格
16	Esc	取消单元格或编辑栏中的输入。关闭打开的菜单或子菜单、对话框或消息窗口
17	Home	移到工作表中某一行的开头
18	Ctrl+Home	可移到工作表的开头
19	Ctrl+Shift+Home	可将单元格的选定范围扩展到工作表的开头
20	PgDn	在工作表中下移一个屏幕
21	Alt+PgDn	可在工作表中向右移动一个屏幕
22	Ctrl+PgDn	可移到工作簿中的下一个工作表
23	Ctrl+Shift+PgDn	可选择工作簿中的当前和下一个工作表
24	PgUp	在工作表中上移一个屏幕
25	Alt+PgUp	可在工作表中向左移动一个屏幕
26	Ctrl+ PgUp	可移到工作簿中的上一个工作表
27	Ctrl+Shift+ PgUp	可选择工作簿中的当前和上一个工作表
28	Space	在对话框中，执行选定按钮的操作，或者选中或清除复选框
29	Ctrl+Space	可选择工作表中的整列
30	Shift+Space	可选择工作表中的整行
31	Ctrl+Shift+Space	可选择整个工作表，如果工作表包含数据，则将选择当前区域

续表

序号	快捷键	功能说明
32	Alt+Space	可显示 Excel 窗口的“控制”菜单
33	Tab	在工作表中向右移动一个单元格，在受保护的工作表中，可在未锁定的单元格之间移动
34	Shift+Tab	可在工作表中移至前一个单元格，或在对话框中移至前一个选项
35	Ctrl+Tab	在对话框中，可切换到下一个选项卡
36	Ctrl+Shift+Tab	在对话框中，可切换到前一个选项卡